Sprichwörterlexikon

Horst und Annelies Beyer

Sprichwörter-lexikon

Sprichwörter
und
sprichwörtliche Ausdrücke
aus deutschen Sammlungen
vom 16. Jahrhundert
bis
zur Gegenwart

Büchergilde Gutenberg

Mit 204 Holzschnitten aus dem
15. und 16. Jahrhundert

Lizenzausgabe für die Büchergilde Gutenberg,
Frankfurt am Main, Olten, Wien, mit Genehmigung
der C. H. Beck'schen Verlagsbuchhandlung, München. 1985

Druck: C. H. Beck'sche Buchdruckerei, Nördlingen
Printed in Germany · ISBN 3 7632 3132 3

Einleitung

Sprichwörter sind so lebendig wie eh und je, mag auch ihre Funktion anders, ihre Zahl geringer sein als vor Jahrhunderten. Gewiß werden sie nicht mehr ohne weiteres als goldene Lebensregeln oder Weisheiten verstanden, sind sie nicht mehr schlechthin unentbehrliche Medien bei der Vermittlung sozialer Erfahrung und Moral von einer Generation zur anderen. Eher ist heute ein freierer, oft sogar spielerischer Umgang mit Sprichwörtern zu beobachten, in dem sich ein überlegenes Verhältnis zu den überkommenen Ausdrücken zeigt. Und dennoch: Wer ein Sprichwort gebraucht, ob im Ernst oder spöttisch, ob vollständig oder nur andeutungsweise, darf darauf rechnen, seiner Aussage einen besonderen Nachdruck zu verleihen. Das Prägnante und das Formelhafte des Sprichworts geben ihm nach wie vor eine eindringliche, suggestive Kraft, die im Alltag wie von Presse, Werbung und bei vielen anderen Gelegenheiten ausgiebig genutzt wird. Sprichwörtliches „kommt an".

Jeder verfügt über einen durchaus nicht kleinen, ihm zumindest bekannten Sprichwörterschatz, ohne den der Effekt sprichwörtlicher Pointen und Anspielungen nicht denkbar wäre. Auf diesen mehr oder minder geläufigen Bestand konzentrieren sich durchweg die in den letzten Jahrzehnten erschienenen Sammlungen und bieten damit nicht sehr viel Nachschlagenswertes, das man nicht ohnehin parat hätte, sondern nur neue Zusammenstellungen – gewöhnlich nach Sachgruppen. Zwar dürfte sich in solchen Sammlungen der größte Teil des heutzutage verbreiteten Sprichwortguts finden, doch gesichert ist selbst dies nicht, denn es mangelt an einschlägigen Untersuchungen.

Im ganzen tut sich ein eigentümlicher Widerspruch auf: Sprichwörter erfreuen sich, ob variiert oder in ursprünglicher Gestalt, keineswegs geringer Beliebtheit. Auch was andere Völker zu bieten haben, erweckt Aufmerksamkeit, und immer häufiger erscheinen Ausgaben mit Übertragungen, die im einzelnen nicht selten identisch sind mit einheimischen Ausdrücken, denen man in unseren Sammlungen nur nicht mehr begegnet. Was aber eben das Deutsche angeht, so halten sich die für eine breite Öffentlichkeit bestimmten Sprichwortsammlungen derzeit an einen recht schmalen Vorrat, der dem bestehenden Interesse eigentlich nicht gerecht wird. Dabei hat die wissenschaftliche Beschäftigung mit diesem Gebiet sichtlich zugenommen, so daß sich – zugespitzt gesagt – mehr über das Sprichwort als an Sprichwörtern selbst nachschlagen läßt. Reprints älterer Sammlungen, kostspielige zumeist, vermögen wohl auf die Dauer eine größere moderne, auf ein reichhaltiges Angebot und leichten Zugriff bedachte Ausgabe nicht zu ersetzen. Was den geflügelten Worten, Zitaten und sprichwörtlichen Redensarten – die mit umfassenden und zweckmäßig angelegten neuen Sammlungen vertreten sind – recht ist, sollte den Sprichwörtern billig sein.

An einem Sprichwörterlexikon fehlt es im Grunde seit Jahrzehnten. Vor gut einem Jahrhundert setzte K. F. W. Wanders monumentales „Deutsches Sprichwörter-Lexikon" (1867–1880) gewissermaßen den Schlußpunkt hinter die bedeutenden Sammlungen des 16. bis 19. Jh. Seither ist den Sprichwörtern ein meist bescheidener Platz in Zitatenbüchern zugewiesen, während sich die üblichen Sprichwörterbücher in den erwähnten engen Grenzen bewegen, die ihnen überdies schon durch ihre Sachgruppenordnung gesetzt sind. Diesen recht verbreiteten Ausgaben soll hier nun keine weitere hinzugefügt werden. Aber vielleicht ist der Versuch gerechtfertigt, ein wirkliches Nachschlagewerk vorzulegen, das unseren durch die Jahrhunderte gewachsenen Sprichwörterschatz nicht in relativ karger Beschränkung, sondern in seiner Vielfalt und auch im Reichtum der Varianten vorstellt und erschließt. Kulturgeschichtliches Interesse und das Bedürfnis nach Bereicherung sprachlichen Ausdrucks lassen ein Werk geraten erscheinen, das sich nicht nur an das allzu Bekannte und jedem Geläufige hält und das zugleich handhabbar ist: eben ein alphabetisch angelegtes Sprichwörterlexikon.

Das neue „Sprichwörterlexikon" greift den 1813 von Wagener und später auch von Wander verwendeten Titel wieder auf, um seinen Charakter deutlich auszuweisen: Es ist ein Werk von praktischem Zuschnitt, zum Nachschlagen bestimmt. Ungefähr 15000 Sprichwörter sind unter rund 5000 alphabetisch geordneten Stichwörtern aufgeführt, teilweise mit Hinweisen zur Verwendung und mit Quellenangaben versehen. Das ermöglicht den raschen Zugriff zum passenden Sprichwort, ebenfalls das Aufsuchen unvollständig bekannter Ausdrücke von den verschiedensten Findewörtern her und nicht zuletzt natürlich das Blättern aus kulturgeschichtlichem Interesse oder einfach aus Freude am Sprichwort. So mag dieses Lexikon manchem Anliegen dienen, das sich dem Sprichwort heute zuwendet. Mit seiner, wie wir hoffen, praktikablen Anlage kann es außerdem als Ratgeber bei sprachlich-stilistischer Gestaltung helfen. In gewissem Sinne steht nämlich das Sprichwort an der Schwelle von Sprache und Literatur, rechnet einerseits zur Volksdichtung, ist aber in vieler Hinsicht auch mit den bildlichen Stilmitteln der volkstümlichen Metaphorik und mit den redensartlich-phraseologischen Möglichkeiten unserer Sprache verbunden.[1]

*

Was ist ein Sprichwort? Die noch heute übliche Bezeichnung leitet sich von *sprechen* her und bedeutet ursprünglich soviel wie ‚geläufiges, vielgesprochenes Wort'; sie setzte sich um 1200 gegenüber älteren Ausdrücken wie *altsprochen wort*, althochdeutsch *bîscaft, -spel, -wurt* durch. In der schier unübersehbaren Literatur gibt es eine Fülle voneinander abweichender Definitionen.[2] Im allgemeinen werden jedoch Satzcharakter, Volkstümlichkeit, Einprägsamkeit und eine auf verallgemeinerter Erfahrung beruhende, zur praktischen Lebensregel verdichtete Aussage als bestimmend angesehen. Man kann demnach sagen: Sprichwörter sind allgemein oder zumindest weithin bekannte, fest und dauerhaft geprägte Sätze, die eine prägnant formulierte Lebensregel bzw. verallgemeinerte Lebenserfahrung enthalten. In ihrer komplexen Aussage und ausgefeilten Gestalt bilden sie zugleich Miniaturtexte von manchmal großem poetischem Reiz. Prägnanz und Volkstümlichkeit nach Inhalt und Form sind unerläßliche Voraussetzungen für die Geläufigkeit des Sprichworts und für eine weitgehend mündliche, oft über die Jahrhunderte reichende Überlieferung.

In der Kürze liegt die Würze – dieses Wort steht für die knappe, zupackende Prägnanz der Gattung selbst und läßt zudem Formelhaftigkeit, Reim und Rhythmus als Gestaltungselemente erkennen. Der Reim tritt als Endreim *(Was du heute kannst besorgen, das verschiebe nicht auf morgen)*, als Binnenreim *(Narrenhände beschmieren Tisch und Wände, Eile mit Weile)*, als Stabreim *(Gleich und gleich gesellt sich gern)* und in komplizierteren Formen auf. Er ist für die Merkfähigkeit ebenso wichtig wie die oft durch Auslassungen erzielte Knappheit *(Ende gut, alles gut)* und der einprägsame Rhythmus, der auch Prosasprichwörtern eigen ist *(Hunger ist der beste Koch)*. Zu den auffälligen Merkmalen gehört ferner die Zweigliedrigkeit, der Parallelismus, der mit einander genau entspre-

1 Vgl. Wolfgang Fleischer, Phraseologie der deutschen Gegenwartssprache, Leipzig 1982, S. 80 f.; Wolfgang Pfeifer, Volkstümliche Metaphorik, in: Bausteine zur Sprachgeschichte des Neuhochdeutschen, Bd. 58, Berlin 1978, S. 92 f.

2 Vgl. Wolfgang Mieder, Deutsche Sprichwörter und Redensarten, Stuttgart 1979, S. 14 ff.; Bartlett Jere Whiting, The Nature of the Proverb, in: Harvard Studies and Notes in Philology and Literature 14 (1932), S. 273 ff.

chenden Bauteilen *(Kommt Zeit, kommt Rat, Keine Würde ohne Bürde)* die Formelhaftigkeit verstärkt und vielfach ein Gegensatzverhältnis ausdrückt *(Kleine Ursachen, große Wirkungen, Heute mir, morgen dir)*. Der Kontrast kann bis zur Paradoxie gehen *(Eines Mannes Rede ist keines Mannes Rede, Geteilte Freude ist doppelte Freude)* und sich auch mit einem Wortspiel verbinden *(Vorsicht ist besser als Nachsicht)*. Nicht weniger ins Auge springend ist der Umstand, daß viele Sprichwörter nach einheitlichen, formelhaften Grundmustern konstruiert sind, z. B. „Kein A ohne B" *(Keine Rose ohne Dornen, Kein Haus ohne Winkel)*, „Wie A, so B" *(Wie gewonnen, so zerronnen, Wie der Mann, so das Werk)*, „Besser/Lieber A als B" *(Besser spät als nie, Lieber ein kluger Tadel als ein dummes Lob)*, „Erst A, dann B" *(Erst besinn's, dann beginn's, Erst die Wiege, dann das Kind)*, „Wer A tut, tut B" *(Wer flüstert, lügt, Wer nichts tut, sündigt genug)*. Einen Eindruck von der Produktivität eines solchen Bauschemas gibt beispielsweise das Stichwort „besser" in diesem Lexikon.

Hervorstechend und für das Genre charakteristisch ist die vielfach ausgeprägte Bildhaftigkeit*, die das ganze Sprichwort *(Mit Speck fängt man Mäuse, Kein Rauch ohne Feuer)* oder auch nur einen Teil davon *(Alte Liebe rostet nicht, Ein gutes Gewissen ist ein sanftes Ruhekissen)* erfassen kann. Sie zeigt sich ebenso in der Personifizierung von Gegenständen *(Bargeld lacht)* und abstrakten Begriffen *(Die Furcht hat große Augen, Lügen haben kurze Beine)* bis zur Bildung sprechender Namen wie *Eilesehr, Faulert, Herr von Schenk, Kannicht, Sparmund* u. dgl. Die konkreten, aus vertrauten Lebensbereichen gewonnenen, jedermann verständlichen Bilder machen in ihrer Anschaulichkeit eine wesentliche Komponente der Volkstümlichkeit aus. Der Inhalt solcher Sprichwörter erschließt sich nicht unmittelbar aus dem Wortlaut, nicht aus dem eigentlich mitgeteilten Sachverhalt, sondern über eine metaphorische, verallgemeinerte Bedeutung, die als „tieferer Sinn" zugrunde liegt.[3] Andererseits ist diese Bildhaftigkeit und die ihr innewohnende Deutbarkeit ein wichtiger Grund für das Überleben von Sprichwörtern, die einer Zeit entstammen, die nicht mehr die unsere ist. Und nicht zuletzt liegt in den Bildern ein gut Teil dessen, was die Sprichwörter zu einem Stück Poesie, zu einer Kleinform der Volksdichtung macht.

„Für das Sprichwort gilt immer, ... daß seine Herkunft für den, der es anwendet, von keinerlei Bedeutung ist."[4] Wer es benutzt, nimmt nicht – wie beim Zitat – den Gedanken einer einzelnen, meist bedeutenden Persönlichkeit in Anspruch, sondern die gangbare Münze kollektiver Erfahrung und Bewertung, und zwar gleichgültig, ob er sich ihr anschließt oder sie bezweifelt. Sprichwörter sind Gemeingut. Das gilt in mehrfachem Sinne: Für die Entstehung insofern, als „gültige Ansichten einer größeren Menschengruppe"[5] von meist Unbekannten auf eine treffende Formel gebracht wurden; für Gebrauch und Überlieferung, weil nur das als Sprichwort gelten kann, was – unabhängig davon, ob es aus dem Volksmund, aus literarischer Quelle oder aus Entlehnung stammt – von breiten Volksschichten wirklich aufgenommen, benutzt (dabei oft umgemodelt und abgeschliffen) und weitergetragen wird.

Allgemeingültigkeit im Sinne von unumstößlichen Lebensweisheiten besitzen Sprichwörter nicht. „Die scheinbare Verbindlichkeit des Sprichworts für jedermann ergibt sich vornehmlich aus der jeweils herrschenden Moral"[6], und ohne deren Stütze verliert sich die Gültigkeit von Lebensregeln. Vieles ist in diesem Sinne historisch begrenzt: *Das Tor ist gesegnet, da eine tote Tochter ausgetragen wird* ist allein zu verstehen aus einer Zeit, als Töchter nur mit entsprechender Mitgift an den Mann gebracht werden konnten und so z. B. für den Erhalt eines Bauernhofes eine Last oder gar Gefahr bedeuteten. Zum anderen sind sprich-

* Wir halten uns an die in der Sprichwortliteratur übliche Bezeichnung, obwohl man genauer von Bildlichkeit sprechen kann.

3 Wolfgang Fleischer, a. a. O., S. 80.

4 Lutz Röhrich, Wolfgang Mieder, Sprichwort, Stuttgart 1977, S. 4.

5 Friedrich Redlich, Sprichwort, in: Deutsche Volksdichtung. Eine Einführung, Leipzig 1979, S. 224.

6 Ders., S. 228.

wörtliche Erfahrungssätze ihrer Natur nach im Erkenntniswert eingeschränkt, beruhen häufig auf der Annahme einer einfachen Analogie und schöpfen, indem sie letzten Endes „von der Situation aus gedacht“[7] und verallgemeinert sind, die „unterschiedlichen Möglichkeiten eines Erfahrungsbereiches“[8] nicht aus. Dies bedingt Einseitigkeiten, zumal Sprichwörter ihre Aussagen meist auf zugespitzte, nachdrückliche Weise vortragen, ohne auf die Komplexität einer Erscheinung Rücksicht zu nehmen. Unterschiedliche, widersprüchliche Möglichkeiten und Sichtweisen finden daher gewöhnlich auch nur in verschiedenen, einander manchmal kraß widersprechenden Worten ihren Ausdruck: *Jung gefreit hat nie gereut – Jung gefreit hat oft gereut.* Diese bedingte Geltung gehört freilich zum Wesen des Sprichworts und macht seine Aussagen nicht widersinnig: „Die Situation, die das Sprichwort anweist“, schreibt Werner Krauss, „unterscheidet sich von der Episode durch die feste Erwartung einer häufigen Wiederkehr. Eine Episode ist einmalig – der im Sprichwort beschriebene Vorgang kann sich jeden Augenblick wiederholen.“[9] Diese Wiederkehr ist nicht zwangsläufig, aber nach der Erfahrung zu gewärtigen und wird im Sprichwort vorausgesetzt.

*

Manche Sprichwörter verkünden sehr allgemeine Leitsätze: *Erst wäg's, dann wag's, Versuch's, so geht's* usw. Sie könnten im Grunde zu jeder Zeit entstanden sein. Für einen großen Teil gilt indes, daß seine Herkunft geschichtlich und sozial fixiert ist. Gegen die Auffassung von Seiler (1922), daß die meisten und verbreitetsten unserer Sprichwörter aus einer Zeit stammten, „in der das geistige Leben des Volkes, seine Empfindungs- und Ausdrucksweise noch einheitlich und nicht nach Ständen und Gesellschaftsklassen geschieden war“[10], hatte schon Jolles 1930 polemisiert: „Es scheint mir nicht ganz leicht, sich jene Zeit ohne Trennung nach Klassen, Ständen usw. sprachlich oder soziologisch vorzustellen. Ich wage sogar, die Möglichkeit eines solchen kulturhistorischen Idylls zu bezweifeln.“[11] In der Tat wird ein romantischer Volksbegriff den Sprichwörtern nicht gerecht.

Ein Großteil unseres Sprichwörterschatzes geht auf das Mittelalter zurück und beruht nicht allein von der Bildwahl her auf damaligen Lebensumständen, ist nicht bloß generell auf dem Hintergrund damaliger Moral- und Rechtsauffassungen zu sehen *(Den Dieb soll man henken, die Hure ertränken)*, sondern trägt teilweise auch deutliche Züge sozialer Differenzierung jener Zeit. Was den Herrschaftsanspruch von Adel und Klerus unverblümt zum Ausdruck bringt *(Ein Knecht soll Knecht sein, ein Herr Herr, Jeder halte sich nach seinem Stande, Gehorsam macht fromm)*, ist zumeist vergessen. Weitaus häufiger spiegelt sich dagegen die Sichtweise von Handwerkern und Bauern wider, und dort tritt, wie Seiler feststellt, „der Gegensatz zwischen den ‚Herren‘ und dem Volk ... schroff, zum Teil geradezu feindlich in die Erscheinung“[12]. *Herren und Pfaffen machen viel zu schaffen, Adel – Tadel, Mit großen Herren ist nicht gut Kirschen essen, Wenn sich die Herren raufen, so müssen die Bürger und Bauern Haare dazu leihen* – die Zahl dieser kritischen, aus der Bedrückung heraus formulierten Sprichwörter ist Legion. Stichwörter wie „Herr, Adel, Fürst, Hof“ u. dgl. enthalten bei Wander nahezu ausnahmslos solche Bekundungen des Gegensatzes. Freilich kam dem nicht immer die Haltung oppositionellen Aufbegehrens zu, die beispielsweise in dem Sprichwort *Als Adam grub und Eva spann, wo war denn da der Edelmann?* deutlich wird, sondern auch eine gewisse Ventilfunktion, wie bereits Goethe anmerkte: „Denn da Sprüchworte und Denk-

7 Werner Krauss, Die Welt im spanischen Sprichwort, Leipzig 1971, S. 27.
8 Kleine Enzyklopädie Die Deutsche Sprache, hrsg. von Erhard Agricola, Wolfgang Fleischer und Helmut Protze, Leipzig 1969, S. 597.
9 Werner Krauss, a. a. O., S. 23.
10 Friedrich Seiler, Deutsche Sprichwörterkunde, München 1922, S. 3.
11 André Jolles, Einfache Formen, Halle 1930, S. 152.
12 Friedrich Seiler, a. a. O., S. 335.

reime vom Volke ausgehn, welches, weil es gehorchen muß, doch wenigstens gern reden mag, die Oberen dagegen durch die Tat sich zu entschädigen wissen ...: so kann es in unserer Sprache an Ernst und Scherz nicht fehlen, den man von unten nach oben hinauf ausgeübt hat."[13] Zudem mangelt es nicht an Zeugnissen der Bescheidung und nüchterner Einsicht in eine Lage, der sich der einzelne nicht entziehen konnte.

Andererseits reduziert sich die Differenzierung unseres älteren Sprichwortguts nicht auf ein generelles Oben und Unten von weltlicher und geistlicher feudaler Obrigkeit und breiten Volksschichten. Da Sprichwörter „in ihrer Aussage als Meinung einer größeren sozialen Gruppe"[14] zu verstehen sind, zeigen sich unterschiedliche Standpunkte und Interessen auf vielfältige Weise: Selbstbewußtheit drückt sich in zahllosen alten Handwerkersprichwörtern aus *(Handwerk hat goldenen Boden)*, kaufmännisches Geschick wird vom städtebürgerlichen Standpunkt gelobt, aus bäuerlicher Sicht eher als betrügerisch angesehen, Unterschiede zwischen Stadt und Land manifestieren sich in Ausdrücken wie *Städtebürger – Bauernwürger* und andererseits *Der Bauer ist ein Schlauer.* Als Ausweg aus der Leibeigenschaft erscheint die Stadt in dem Wort *Stadtluft macht frei.* Einer weitverbreiteten Bauernverachtung *(Der Bauer und sein Stier sind ein Tier)* stehen Zeugnisse bäuerlichen Selbstbewußtseins gegenüber *(Der Papst und ein Bauer wissen mehr als der Papst allein, Nur keine Angst vor Herren, die Bauern sind auch Leute)*. Die auf der untersten sozialen Stufe Stehenden, Gesinde und Ausgestoßene, mußten auch im Sprichwort die ganze Last der Geringschätzung tragen *(Gesindel und Gesind sind Geschwisterkind)*.

Keineswegs alle Sprichwörter sind jedoch als Reflex gegensätzlicher Auffassungen zu verstehen. Soziale Gebundenheit zeigt sich vielmehr auch darin, daß unterschiedliche Gruppen ihre eigenen, für ihr Dasein wesentlichen Erfahrungen sprichwörtlich prägten, so z. B. Bauern die für sie wichtigen Bauernregeln, die sich auf Wetter, Saat, Ernte und Viehzucht beziehen; selbst spezielle Berufserfahrungen einzelner Gewerke haben zuweilen ihren Niederschlag gefunden.

Bei all dem darf nicht vergessen werden, daß sehr viele Sprichwörter von individuellen Beziehungen ausgehen, von Liebe und Freundschaft, Frohsinn und Trauer, Besonnenheit und Leichtsinn, Arbeitsamkeit, Ehrlichkeit, Geschwätzigkeit usw. Aber unser lebendiger, weitgehend jahrhundertealter Sprichwörterschatz besteht eben durchaus nicht nur aus Sätzen, die von vornherein als allgemeinste Lebensregeln angelegt waren. Manches sprichwörtliche Werturteil hat deshalb nur in sehr veränderter Auslegung und in geänderter Fassung überleben können; auf diese Weise wurde aus dem verächtlichen *Was der Bauer nicht kennt, das frißt er nicht* das vergleichsweise harmlose *Was der Bauer nicht kennt, das ißt er nicht.* Oftmals mag sich eine sprichwörtliche Verallgemeinerung auch erst allmählich herausgebildet haben, während anfänglich die wörtliche Bedeutung im Vordergrund stand. Ein so bekanntes Wort wie *Wer zuerst kommt, mahlt zuerst* findet sich in ähnlicher Form bereits im ältesten deutschen Rechtsbuch, dem „Sachsenspiegel" des Eike von Repgow, und hatte ursprünglich seinen direkten Bezug auf das Mühlenrecht des 13. Jh. Es bedeutete nichts anderes, als daß eine mittelalterliche Kundenmühle, in der die Bauern ihr Korn mahlen ließen, die Anlieferer strikt der Reihe nach abzufertigen hatte. Diese ursprüngliche geschichtliche Einbettung ist jedoch für die spätere und namentlich für die heutige Verwendung ohne Belang. Die Geschichte unserer Sprichwörter – die im folgenden Abschnitt nur angedeutet werden kann – ist mithin immer auch die Geschichte ihrer Aufnahme und Weitergabe, damit zugleich ihrer Anpassungsfähigkeit an neue moralische, rechtliche und andere Normen; manches sinkt nach der Lösung aus ehemaligen Bindungen allerdings zur bloßen Trivialität herab (*Einmal ist keinmal* u. a. m.).

Äußerliche Modernität ist für das Weiterleben von Sprichwörtern offensichtlich nicht entscheidend: Archaische, altfränkisch wir-

13 Dichtung und Wahrheit, 15. Buch, in: Goethe (Berl. Ausg.), Bd. 13, Berlin 1967, S. 692 f.
14 Friedrich Redlich, a. a. O., S. 223.

kende Gestalt, Bildwahl aus altem Handwerk und Feldbau, aus noch wilder Natur mit Bären und Wölfen, aus früheren Rechtspraktiken usw., ja selbst ungewohnte, verdunkelte Wörter *(Wie der Herr, so's Gescherr)* stehen dem weiteren Gebrauch nicht im Wege. Wichtig ist, daß die sprachliche Prägnanz nach wie vor als eingängig empfunden wird und daß – vor allem – die „tiefere Bedeutung" als gültige Anschauung entweder erhalten bleibt oder sich anzupassen vermag, gegebenenfalls bis zur völligen Umdeutung.

*

Von unserem frühesten Sprichwortgut ist wenig bekannt. Das älteste überlieferte deutsche Sprichwort findet sich im althochdeutschen „Hildebrandslied" (9. Jh.): *mit gêru scal man geba infâhan, ort widar orte* (‚Mit dem Speer soll der Mann Gabe empfangen, Spitze gegen Spitze'), ein Zeugnis der Ehrbegriffe des germanischen Kriegeradels aus der Zeit der Völkerwanderung. Erst im 11. Jh. kommen erneut einzelne deutsche Sprichwörter im Werk des St. Galler Mönches Notker Labeo vor; trotz ihrer geringen Zahl lassen sie den Einfluß einer durch Seßhaftigkeit und Christianisierung veränderten Moral erkennen. Aus so spärlicher Überlieferung ist nicht zu schließen, daß es zu jener Zeit nur wenig Sprichwörtliches gegeben habe. Vielmehr liegt nahe, daß es gerade unter einer weitgehend analphabetischen Bevölkerung auf früher Entwicklungsstufe eine wesentliche Funktion als Mittler sozialer Erfahrung, gewohnheitsrechtlicher und moralischer Normen innehatte. Was an später Aufgezeichnetem jedoch auf Älteres, vorher allein mündlich Tradiertes zurückgeht, läßt sich nicht mehr sicher bestimmen.

Hinzu kommt, daß mittelalterliches deutsches Sprichwortgut noch bis ins 15. Jh. selten in unmittelbarer Gestalt, sondern vorwiegend auf indirekte Weise überliefert ist: entweder literarisch verarbeitet und umgeformt (so bei Spruchdichtern wie Herger und Spervogel bzw. in größeren didaktischen Werken wie Freidanks „Bescheidenheit" und Hugo von Trimbergs „Renner") oder aber in latinisierter Form. Als unsere älteste Sprichwortsammlung gilt „Fecunda ratis" (Das vollbeladene Schiff), um 1023 von Egbert von Lüttich verfaßt; sie enthält neben anderem auch deutsche Sprichwörter in lateinischer Fassung. Solche Sammlungen dienten dem Lateinunterricht und der Morallehre an Dom- und Klosterschulen, halfen aber zugleich volkssprachliches Sprichwortgut bewahren.

Die aus dem 11. bis 15. Jh. erhaltenen Sammlungen und Einzelbelege lassen in aller Deutlichkeit erkennen, daß unser mittelalterlicher Sprichwörterschatz nicht aus einer einzigen Quelle gespeist ist: Er setzt sich zusammen aus einheimischen volkssprachlichen Ausdrücken, aus volkstümlich gewordenen literarischen Sentenzen und Sprüchen und aus Lehnsprichwörtern, die aus anderen Sprachen stammen. Uns so vertraute Worte wie *Schuster, bleib bei deinem Leisten* und *Eine Hand wäscht die andere* gehen auf die Antike zurück, *Den Seinen gibt's der Herr im Schlaf* oder *Hochmut kommt vor dem Fall* auf die Bibel, *Lügen haben kurze Beine, Neue Besen kehren gut* oder *Der Krug geht so lange zu Wasser, bis er bricht* finden sich von vornherein mit genauen Entsprechungen bei anderen europäischen Völkern, sind also offenbar durch Wanderung verbreitet worden.

Daraus ergibt sich zweierlei: Sprichwörter weisen oft internationale Übereinstimmungen auf, sind also übertragbar und integrierbar, wenn sie auf gleichartige Auffassungen stoßen. Zum zweiten muß längst nicht jede Übereinstimmung als Entlehnung aufgefaßt werden: Ähnliche Lebensverhältnisse führen zu ähnlichen Erfahrungen und Bewertungen, und einfachste Analogien und Bilder stehen nahezu überall zu Gebote. (Permjakov hat völlig parallele Sprichwörter auch bei Völkern festgestellt, die nachweislich keinerlei Berührung miteinander hatten.)[15]

Immerhin stammt eine nicht geringe Anzahl unserer Sprichwörter aus der Antike,

15 G. N. Permjakov, Ot pogovorki do skazki, Moskau 1970, S. 19 ff., zit. nach: Zoltán Kanyó, Sprichwörter – Analyse einer einfachen Form, Budapest 1981, S. 108.

vermittelt vor allem durch die Kirche und den Humanismus. Um die Wende des 15./16. Jh. wandten sich humanistische Gelehrte sowohl der Sammlung einheimischer Sprichwörter in oder mit lateinischer Übersetzung zu (u. a. Bebel, „Proverbia Germanica", 1508, für das Niederdeutsche Tunnicius, „Monosticha", 1514) als auch besonders der systematischen Aufnahme sprichwörtlicher Ausdrücke und Sentenzen aus der griechischen und römischen Literatur: Die „Adagiorum collectanea" (Gesammelte Sprichwörter, 1500) des Erasmus von Rotterdam waren ein europäisches Ereignis.

Das 15. und 16. Jh. wurde zur Blütezeit des deutschen Sprichworts; hier und noch bis zur Mitte des 17. Jh. erfuhr es seine reichste Entfaltung. Sprichwörter wurden gleichsam als Weisheitslehren und als „starckhe beweissung" (Luther) angesehen und erlangten in didaktischen Schriften, Satiren, Predigten und Pamphleten eine kaum zu überschätzende Bedeutung und Verbreitung. Sebastian Brant, Hans Sachs, Thomas Murner und viele andere machten die volkssprachlichen Ausdrücke unmittelbar literaturfähig; Sprichwörter wurden dabei nicht selten als kompositorisches Element, als Ausgangspunkt oder Zusammenfassung didaktisch-satirischer Darstellung verwendet, so auch in Fabeln und Schwänken. Neben der praktischen Lebensbewältigung fanden die schweren sozialen, politischen und geistig-religiösen Auseinandersetzungen des 16. Jh. in zahlreichen, dabei häufig zeitgebundenen (z. B. gegen Hofleben, Mönchs- und Ablaßwesen, Ketzerei u. ä. gerichteten), daher später zum Teil ungebräuchlichen Neu- und Umprägungen ihren Ausdruck. Grob herabsetzende und viele Narrensprichwörter spiegelten weniger Erfahrung als vielmehr die Schärfe der Konfrontation wider. Martin Luther vor allem und andere herausragende Persönlichkeiten (obgleich nicht alle), aber auch unbekannte Verfasser von Flugschriften der Reformation und des Bauernkrieges erkannten und nutzten die Schlagkraft des Sprichworts, um sich unmittelbar an den „gemeinen Mann" zu wenden.

Luther selbst legte sich eine handschriftliche Sammlung zum eigenen Gebrauch an. Gleichzeitig verschaffte er mit seiner Bibelübersetzung (1522/34) den biblischen Sprichwörtern, die zwar schon vorher in lateinischen und deutschen Versionen in Umlauf waren, ihre kraftvolle Volkstümlichkeit und allgemeine Verbreitung. Diese Bibelstellen sind nicht eigentlich als geflügelte Worte, sondern als Lehnsprichwörter zu verstehen, denn „die meisten der biblischen Sprichwörter sind in der Bibel nicht erstmalig belegt. Vielmehr gehören auch diese bereits der mündlichen Tradierung an, bevor sie im hebräischen und griechischen Urtext und schließlich in der lateinischen Übersetzung der Bibel schriftlich festgehalten wurden."[16]

Die Zeit war damals reif für deutsche Sprichwörtersammlungen ohne lateinische Einkleidung. Den Anfang machte Johannes Agricola 1529 mit seinen „Drey hundert Gemeyner Sprichwörter, der wir Deutschen vns gebrauchen", denen er noch im selben Jahr „Das Ander teyl", 1534 die Zusammenfassung „Sybenhundert und Fünfftzig Teutscher Sprichwörter" und 1548 abermals eine Fortsetzung folgen ließ. Reformatorische Gesinnung und bürgerliches Selbstbewußtsein, das Arbeit und Tugend lobt, mit Privilegien, Hofsitten und Unmoral in den Erläuterungen scharf ins Gericht geht, vereinigten sich hier mit der Liebe und dem Bekenntnis zur deutschen Sprache. Davon zeugten auch Sebastian Francks „Sprichwörter" (1541), die mit einem sofort anschließenden zweiten Teil bereits 7000 Ausdrücke umfaßten. Ein nun schon breiteres lesekundiges Publikum nahm diese Werke bereitwillig auf. Durchschlagenden Erfolg hatte dann der Verleger Egenolff mit seiner sinnvoll gestrafften, durch Register zweckmäßig erschlossenen Kompilation aus Agricola und Franck, die unter dem Titel „Sprichwörter, Schöne, Weise Klugreden" 1548 erschien und bis zum Ende des 17. Jh. ständig gedruckt wurde. Diese Ausgaben eröffneten die Reihe bedeutender Sprichwortsammlungen, die sich bis ins 19. Jh. fortsetzen und auf die sich unser Lexikon vornehmlich stützt.

16 Lutz Röhrich, Wolfgang Mieder, a. a. O., S. 31.

In lebendiger Tradition standen gleichfalls die beiden umfassenden Sammlungen des 17. Jh., „Der Teutschen Weißheit" von Friedrich Peters (1604/05) und „Florilegium Politicum" von Christoph Lehmann (1630) mit 22000 bzw. 23000 Angaben. Beide Herausgeber nennen neben Vorgängern und Literatur auch „tägliche Unterredung" und „eigene Erfahrung" als Quelle. Auf Erläuterungen und moralisierende Zutaten verzichten sie fast ganz. Peters erkannte aber bereits den eigenständigen Charakter der Redensarten und schloß sie aus. Sprachforscher wie Henisch und Schottel nahmen sich ebenfalls des sprichwörtlichen Guts an, und Namen wie Angelus Silesius, Logau und Grimmelshausen zeugten weiterhin von einer engen Beziehung zur Literatur. Dennoch zeichnete sich ab, daß sich der Stellenwert des Sprichworts verändert hatte.

In einer zunehmend von aufklärerischem Geist geprägten, auf Emanzipation des „dritten Standes" gerichteten Kultur, für die Vernunft, rationale Erkenntnis und Befreiung aus geistiger Bevormundung zentrale Werte bildeten, büßten Erfahrungssätze, zumal mittelalterlicher Herkunft, ihre einstige Geltung und öffentliche Wertschätzung weitgehend ein. Aus dem Blickwinkel von Bildung und Wissenschaft wurden Sprichwörter als anachronistisch, vorwissenschaftlich empfunden, sogar bekämpft. Nicht mehr ernst genommen, dienten sie teilweise als Staffage für Komplimentierbüchlein für „alamodische Damen", als Vorlage für Unterhaltungs- und Stegreifspiele oder wurden einfach ignoriert. Moralische Belehrung mußte nicht mehr unbedingt aus dem Sprichwortgut geschöpft werden. Ihre einstige Bedeutung als faßliche, verbindliche Wiedergabe von rechtlichen Normen kam inzwischen auch den Rechtssprichwörtern nicht mehr zu, von denen es in einer Prozeßregel aus dem 15. Jh. noch geheißen hatte: „Wo du ein sprichwort kannst anhengen, tu es, denn nach sprichwörtern pflegen Bauern gern zu richten."[17] Dessenungeachtet erhielten sich manche Ausdrücke dieser Art, nicht zuletzt rechtskritische, die ebenfalls dazu gerechnet werden *(Die kleinen Diebe hängt man, die großen läßt man laufen)*. Wenn auch keineswegs eine allgemeine Distanz zum Sprichwörtlichen bestand – Herder verteidigte es vielmehr, Lessing, Goethe, auch Schiller nutzten es künstlerisch –, so engte sich doch die schriftliche Überlieferung im 18. Jh. ein, die Sammlung riß bis auf unbedeutende Ausgaben sogar ab.

Die mündliche Überlieferung war damit keineswegs zugleich abgebrochen. Sie konzentrierte sich aber in erster Linie, besonders mundartlich, auf die ländliche Bevölkerung, in den Städten auf handwerklich-kleinbürgerliche Schichten und auf die rasch wachsende Zahl von Manufaktur-, später Industriearbeitern. Die erste im 19. Jh. erschienene Sprichwörtersammlung spricht daher auch etwas herablassend von „Weisheit auf der Gasse". Der gebräuchliche Sprichwortschatz blieb überwiegend traditionell, bereichert vor allem um witzig-scherzhafte Bildungen, und erfuhr auch durch die sich formierende Arbeiterbewegung keinen erheblichen Zuwachs: Sprichwörter waren für ihre Forderungen, wie für theoretisch begründete Anschauungen schlechthin, nicht mehr das geeignete Medium. Wo proletarische Standpunkte sprichwortartig-prägnant formuliert wurden, überwiegt der Losungscharakter *(Fünf Finger sind eine Faust, Wer heute aussperrt, sperrt morgen ein)*.

Das vorhandene Sprichwortgut wurde in Auswahlausgaben vielfältig erschlossen, wobei Wageners Sprichwörterlexikon (1813) und die Sammlungen von Körte, Eiselein und Simrock die praktikable alphabetische Ordnung anwendeten. Sie fanden ihr Publikum ebenso wie kleinere populäre Sprichwörterbücher, die z.T. eigens für Schulzwecke herausgegeben wurden, denn im Elementarunterricht hatten Sprichwortauslegungen im Rahmen der Religions- und Sittenlehre ihren Platz. In der Belletristik wandten sich insbesondere realistische Erzähler wie Hebel, Gotthelf und Storm verstärkt den volkssprachlichen Ausdrücken zu, aber auch Kleist hatte deren Möglichkeiten im „Zerbrochenen Krug" genutzt, um

17 Günter Grundmann, Michael Strich, Werner Richey, Rechtssprichwörter, Leipzig 1980, S. 141.

pralle Lebensechtheit zu erzielen. Später entwickelten sich die Anfänge einer volkskundlich-philologisch bestimmten Sprichwortforschung (Parömiologie), und wissenschaftliche Sammlungen begannen sich auch auf die Erfassung der in den Mundarten lebendigen Sprichwörter zu erstrekken.

Das Verdienst einer umfassenden Bestandsaufnahme gebührt Karl Friedrich Wilhelm Wander. Der streitbare Pädagoge, wegen seiner demokratischen Gesinnung und seines Eintretens für eine durchgreifende Bildungsreform aus dem preußischen Schuldienst gewiesen, schuf mit seinem fünfbändigen „Deutschen Sprichwörter-Lexikon" (1867–1880) ein Werk von einmaliger Vollständigkeit (ca. 250000 Sprichwörter), an dem keine ernsthafte Beschäftigung mit unserem Sprichwortgut vorbeigehen kann. Ein „Hausschatz für das deutsche Volk", wie der Herausgeber anstrebte, konnte es allerdings so nicht werden. In der Folge bestimmten Zitatenschätze und schmale Auswahlbändchen das Bild.

Die Belebung der Sammel- und Herausgabetätigkeit hatte, wo sie nicht auf wissenschaftlichem Antrieb und (wie bei Wander) auf wirklicher Volksverbundenheit beruhte, zweifellos auch ihre Kehrseite. Populäre Ausgaben, deren Titel („Altdeutsches Herz und Gemüth", „Notpfennig für Jedermann, besonders für den lieben Handwerker- und Hausstand", „Urväter Hausrath", „Deutsche Treue in Sprichwörtern") bereits für sich sprechen, richteten sich nach einem banalen, spießigen Sprichwortgebrauch, der sich v. a. in kleinbürgerlichen Kreisen breitmachte, und bestärkten ihn. Die später oft vertretene Meinung, daß die Tendenz von Sprichwörtern rückschauend, ihr Charakter resignierend sei (Jolles)[18], daß sie „meistens nicht als Appell zu aktiver Gestaltung und Änderung" gelten könnten, „sondern eher als Hinweis auf eine Gesetzlichkeit, die passiv zu erdulden oder klugerweise in Rechnung zu stellen" sei (Bausinger)[19], hat besonders diesen engstirnigen Gebrauch im Auge.

An kritischen Stimmen zum Sprichwort, wo es zum spießerhaften Weltanschauungsersatz gemacht *(Trautes Heim, Glück allein)* oder gedankenlos wiederholt wird, hat es gerade in neuerer Zeit nicht gefehlt. Sprachpflegerische Kritik kann hier übergangen werden. Aber bereits Wander wies 1872 darauf hin, daß Ausdrücke wie *Der Klügere gibt nach, Man muß mit den Wölfen heulen, Was nicht zu ändern ist, ist nicht zu ändern* geradezu zur „schweren Artillerie des deutschen Philisters"[20] geworden seien. Karl Kraus wandte sich mit geschliffenen Aphorismen und Sprichwortverfremdungen *(Liebe deinen Nächsten wie dich selbst. Denn: Jeder ist sich selbst der Nächste)* gegen phrasenhafte Selbstgerechtigkeit. Herbert Jhering erkannte die Verführbarkeit einer kleinbürgerlichen Denkweise, die sich hinter bequemen Formeln wie *Das Hemd ist uns näher als der Rock, Was ich nicht weiß, macht mich nicht heiß* verschanzt, und warnte angesichts des drohenden Faschismus kurz vor der Reichstagswahl 1932 in seinem Aufsatz „Die kleinen Redensarten" vor der Gefährlichkeit „an sich völlig harmloser Redewendungen", wenn ihnen Spießergesinnung „weltanschauliche Bedeutung" zumißt: „Das Banalste ist in einer kritischen Situation gerade gut genug, um die Gleichgültigkeit zu motivieren und zu stützen".[21]

Bekanntlich hat sich die Nazipropaganda auch solche passive Gleichgültigkeit zunutze gemacht, und sie betrieb ihrerseits eine beispiellose Sprichwortmanipulation[22] – vom Mißbrauch des alten Rechtswortes „Gemeinnutz geht vor Eigennutz" im Programm der NSDAP über „Ahnenweisheit" und „Rassenpflege im Sprichwort" (so die Titel von Sammlungen) bis zu einer Zusam-

18 André Jolles, a. a. O., S. 158.

19 Hermann Bausinger, Formen der „Volkspoesie", Berlin 1968, S. 98.

20 N. R. Dove (= K. F. W. Wander), Politisches Sprichwörterbrevier, Leipzig 1872, S. 225. Vgl. auch Helmut Liebsch, Zur Erforschung und Anwendung des Sprichwortes durch K. F. W. Wander, in: Linguistische Studien/ZISW/A 56 (1979), S. 81 ff.

21 Herbert Jhering, Die kleinen Redensarten, in: Der Kampf ums Theater und andere Streitschriften 1918–1933, Berlin 1974, S. 59 f.

22 Vgl. Friedrich Redlich, a. a. O., S. 238; Wolfgang Mieder, Sprichwörter unterm Hakenkreuz, in: Muttersprache 93 (Wiesbaden 1983), S. 1 ff.

menstellung antisemitischer Scheußlichkeiten, die der „Stürmer"-Verlag 1942 in eindeutiger Absicht herausbrachte. Was Vorurteil, was Aberglaube in Jahrhunderten hatte entstehen lassen und was zumeist längst vergessen war, wurde wiederbelebt und mit Erfundenem, nie sprichwörtlich Gewesenem vermischt, ja selbst so alltägliche Sprichwörter wie *Der Apfel fällt nicht weit vom Stamm* wurden in rassistischem Sinne gedeutet. Nackter Zynismus schließlich schrieb *Jedem das Seine* und *Arbeit macht frei* über die Lagertore von Buchenwald und Auschwitz. Dieser Mißbrauch hat einen Schatten fallen lassen auf einige geläufige Sprichwörter, aber es bleibt ein Mißbrauch und spricht weder gegen das Genre noch gegen dessen angemessene, nicht auf Verdummung gerichtete Verwendung im politischen Sprachgebrauch. Daß ein Sprichwort sehr wohl eine zutreffende politische Aussage wirksam unterstützen kann, zeigt eine Anti-Hitler-Karikatur zur Juliwahl 1932 mit der Unterschrift *Nur die allerdümmsten Kälber ...*[23] Mit der Auslassung des zweiten Teils *(wählen ihre Metzger selber)*, dessen Kenntnis vorausgesetzt wird, bedient sich der Karikaturist Rudolf Hermann außerdem schon der heute sehr verbreiteten sprichwörtlichen Anspielung.

*

Das, was gegenwärtig als sprichwörtlich empfunden wird, ist eine Mischung von Sprichwörtern und geflügelten Worten. Bei den letzteren sorgen griffige Formulierungen aus Literatur und Öffentlichkeit für ständigen Nachschub. Eigentliche Sprichwörter entstehen indes heute nur noch selten, selbst wenn man geläufige Formeln wie *Nimm dir Zeit und nicht das Leben* hinzurechnet. Rascher wechselnde neue Erfahrungen, komplizierte Sachverhalte und Beziehungen unserer Zeit entziehen sich der sprichwörtlichen Verallgemeinerung. Nicht zufällig kommen z. B. Industrie und moderne Technik im Sprichwort nicht vor. Für manche Lebenssituationen aber hat sich der verbliebene traditionelle Sprichwörterschatz immer noch als recht brauchbar und anpassungsfähig erwiesen. Das betrifft offenkundig nicht allein den häuslichen Alltag, wie manchmal angenommen wird, denn Presse und Publizistik stehen in der Anwendung nicht zurück. In unserer neuesten Literatur ist Bertolt Brecht wohl das markanteste Beispiel für eine souveräne Nutzung des Sprichwörtlichen, die sich von volkssprachlicher Charakterisierung bis zu aphoristischer Verfremdung erstreckt.

Nach wie vor produktiv ist die Gruppe der sogenannten Sagwörter oder Beispielsprichwörter, nach der Dickensschen Figur des Samuel Weller (der in den „Pickwick Papers" ständig damit schwadroniert) auch Wellerismen genannt. Hier wird ein Sprichwort oder ein ähnlicher Ausspruch von jemandem „gesagt" und gleichzeitig in eine Situation gestellt, die zur Äußerung gewissermaßen wie die Faust aufs Auge paßt: *Was sich liebt, das neckt sich, sagte die Katze zur Maus und fraß sie, Was soll's auch ewig halten, sagte der Maurer, da fiel ihm der Backofen über dem Kopf zusammen.* Charakteristisch ist dabei der komische Effekt, der sich durch den überraschenden Kontrast von Ausspruch und Handlung (Vorgang) einstellt. Sagwörter verstehen sich nicht als ernsthafte Lebensregeln, ironisieren diese vielmehr und treten bei uns als jüngere, humorvolle und oftmals derb-witzige Sonderform meistens erst nach dem Mittelalter auf, besonders häufig im Niederdeutschen. Auch heute entstehen laufend neue Wellerismen, vielfach als sonst absichtslose Wortwitze, zuweilen als spöttelnder Seitenhieb *(Zeit ist Geld, sagte der Ober und addierte das Datum mit)*. Größtenteils bleiben solche Neubildungen allerdings Eintagsfliegen.

Ein freies Verhältnis zu Sprichwörtern zeigt sich ebenso in einer ausgesprochen modernen Vorliebe für sprichwörtliche Variationen und Parodien. Dabei können den traditionellen Sätzen neue Seiten abgewonnen und neue Einsichten hinzugefügt werden *(Selbst ist die Frau, Kleinmut kommt vor dem Fall, Reich und reich gesellt sich gern, Die klügsten Bauern haben die größten Kartoffeln, Gut Ding will Eile haben)*, ein Verfahren, das auch von Kabarettisten und Satirikern für treffsi-

23 Klaus Drobisch, Reichstag in Flammen, Berlin 1983, S. 4.

chere aktuelle Anspielungen gern benutzt wird. Häufig wird der Wahrheitsanspruch eines Sprichwortes durch geringfügige Abwandlungen in Frage gestellt: *Der Klügere gibt nicht nach;* ähnlich schon im vorigen Jahrhundert *Not lehrt schaffen* als aktives Gegenstück zu *Not lehrt beten.* Manches ist allerdings einfach scherzhaftes Spiel mit den Moralsätzen *(Ordnung ist das halbe Leben, Schweinerei das ganze, Geld macht nicht glücklich, aber es beruhigt)* oder tendiert mehr oder weniger zu Ulk und Nonsens *(Wie man sich fettet, so riecht man, Lügen haben schöne Beine, Wo ein Wille ist, da ist auch ein Gebüsch)* bis zu grotesken Sprichwortmischungen *(Wer im Glashaus sitzt, krümmt sich beizeiten, Ein blindes Huhn studiert nicht gern).* Freilich ergibt sich dann nicht selten ein Abgleiten in modisches Kalauern, für das Sprichwörter nur noch billige Schablonen abgeben.

Daß Werbung, Gesundheits- und Verkehrserziehung sprichwörtliche Formeln auf mannigfache Weise nutzen, ist allgemein bekannt und muß hier nicht näher belegt werden. Auch wo nicht unmittelbar auf altbekannte Ausdrücke *(Qualität währt am längsten* zu *Ehrlich währt am längsten)* zurückgegriffen wird, folgen Werbeslogans häufig sprichwörtlichen Baumustern. Ähnliches gilt von schlagkräftigen Losungen und Appellen, im journalistischen Bereich von effektvollen Schlagzeilen, denen manchmal schon eine Andeutung genügt: *Im Glashaus, Wer den Pfennig nicht ehrt ...* Dabei kommt es zu knappen Anspielungsformeln[24] mit redensartlich-phraseologischem Charakter *(Qual der Wahl, steter Tropfen, neue Besen, blindes Huhn, das Eisen schmieden),* in denen sich die feste sprichwörtliche Prägung auflöst, so daß neue sprachlich-stilistische Möglichkeiten erschlossen werden, die das jeweils zugehörige Sprichwort assoziativ einbeziehen.

All das ist indes nur möglich, weil zahlreiche Sprichwörter auch in ihrer traditionellen Gestalt und Aussage lebendig geblieben sind.

Die Vielfalt heutigen Sprichwortgebrauchs konnte hier nur angedeutet, nicht umrissen werden. Das Sprichwort ist in unserem Jahrhundert schon des öfteren totgesagt worden, als unzeitgemäße „altväterische Formel" verworfen.[25] Solche Voraussagen haben sich nicht erfüllt. Ohne Zweifel hat es alte Funktionen verloren, aber auch neue dafür übernommen: „Das Sprichwort ist keineswegs im Absterben begriffen, es scheint sogar in abgewandelter Form an Beliebtheit zu gewinnen", urteilt Mieder.[26] Dem kann man zustimmen, wenn man dabei im Auge behält, daß sich diese Variation vor dem Hintergrund eines erhalten gebliebenen, nicht minder beliebten, wenn auch eingeschränkten herkömmlichen Sprichwortbestands vollzieht.

*

Unsere Ausgabe ist keineswegs umfassend, aber doch umfangreich. Der Ausgangspunkt ist kein nostalgischer, Verklärung des Alten nicht unser Ziel. Der im einzelnen schwer, regional schon gar nicht zu führende Nachweis gegenwärtiger Gebräuchlichkeit sollte allerdings nicht das einzige Kriterium sein für diese lexikalische Zusammenstellung, denn die volkstümliche Gattung der Sprichwörter darf wohl auch mit ihrem überlieferten Erbe unsere Aufmerksamkeit beanspruchen. Aufgenommen wurde daher, was an deutschem Sprichwortgut als lebendig gelten kann oder kulturgeschichtlich und als Zeugnis des Volkswitzes heute noch beachtenswert ist. Und da gibt es in der Tat mehr als das Wohlbekannte, da gibt es vielleicht sogar einiges neu zu entdecken zur Bereicherung sprachlich-stilistischen Ausdrucks, nicht zuletzt weil die Varianten, wie sie für das Genre charakteristisch sind und die oft den gebräuchlichsten Formen an Prägnanz nicht nachstehen, in der lexikalischen Ordnung zu ihrem Recht kommen.

Alle verzeichneten Sprichwörter sind belegt, und zwar in deutschsprachigen Sammlungen seit dem 16. Jh., die unserer Ausgabe zugrunde liegen.[27] Die Schreibweise ist der heute üblichen angeglichen, sofern

24 Vgl. Wolfgang Mieder, Das Sprichwort in unserer Zeit, Frauenfeld 1975, S. 51 ff.

25 Hermann Bausinger, a. a. O., S. 91.

26 Wolfgang Mieder, Antisprichwörter I, Wiesbaden 1982, S. XIII.

27 Vgl. Anhang (Abschnitt II), S. 708.

nicht altertümliche oder eigenwillige Formen zum Gepräge einzelner Ausdrücke gehören. Weil die Neubildung von Sprichwörtern in unserem Jahrhundert stark abgenommen hat, waren neuere Sammlungen im wesentlichen zu Vergleichszwecken heranzuziehen; nur ganz vereinzelt konnte daher auch ein neuerer Hörbeleg Aufnahme finden.

Bis ins 19. Jh. kann ständige Entlehnung aus fremden Sprachen angenommen werden. Wo solche Lehnsprichwörter Eingang gefunden haben in deutschsprachige allgemeine Sammlungen, sind sie in unsere Auswahl einbezogen. Unberücksichtigt blieben dagegen deutschsprachige Sammlungen ausländischer Sprichwörter (fremdsprachige ohnehin), ebenso neue Zutaten fremder Herkunft in heutigen Sprichwörterbüchern; hier erschien uns die Einbürgerung nicht sicher. Nicht berücksichtigt – bis auf wenige weitverbreitete Ausnahmen – sind auch mundartliche Formen sowie reine Bauern- und Wetterregeln: Sie sind so zahlreich, daß sie eigenständigen Ausgaben vorbehalten bleiben müssen.

Schwieriger sind die Übergänge zu verwandten Bereichen. Bis ins 19. Jh. finden sich in Sprichwörtersammlungen gewöhnlich auch *sprichwörtliche Redensarten* (deren linguistische Zuordnung hier nicht erörtert sein soll). Phraseologismen dieser Art zeichnen sich zwar ebenfalls durch prägnante, bildkräftige Gestaltung und eine nicht unmittelbar aus dem Wortlaut erschließbare Bedeutung aus; sie sind jedoch, um nur diesen wichtigen Unterschied zu nennen, keine festen Satzkonstruktionen wie die Sprichwörter, sondern feste Wortverbindungen und müssen zu einem Satz erst ergänzt werden. Bei Fügungen wie *etwas auf dem Kerbholz haben, jemanden ins Bockshorn jagen,* ebenso bei Zwillingsformeln wie *außer Rand und Band, weder Fisch noch Fleisch* u. dgl. liegt dies auf der Hand.

Unmittelbare Wechselbeziehungen zum Sprichwort sind relativ selten, doch können sprichwörtliche Redensarten – wie auch andere phraseologische Einheiten – Bestandteile von Sprichwörtern sein oder gelegentlich zum Sprichwort vervollständigt werden *(Man muß den Teufel nicht an die Wand malen)*; deutliche Parallelität gibt es in Fällen wie *sich nach der Decke strecken – Jeder strecke sich nach seiner Decke; mit den Wölfen heulen – Mit den Wölfen muß man heulen.*

Während die Grenzen zu solchen Wendungen verhältnismäßig genau zu bestimmen sind, ergeben sich unvermeidlich Überschneidungen zum weiten Bereich sprichwortähnlicher Bildungen mit Satzcharakter. Das betrifft zunächst den Sammelbegriff der *Redensart,* wie er von Wörterbüchern verwendet wird und unter dem neben eigentlichen Phraseologismen auch Gemeinplätze und schablonenhafte Ausdrücke aller Art zusammengefaßt sind. Zweifellos kann man das Sprichwort *Die linke Hand kommt von Herzen*, das sich ursprünglich auf die morganatische Ehe zur Linken, die unebenbürtige Liebesheirat bezog, vom heutigen Standpunkt als bloße Floskel und Ausdrücke wie *Geschenkt ist geschenkt* einfach als geläufige Schablonen auffassen. Hier ist der (auch am unterschiedlichen Herangehen der Wörterbücher erkennbare) Ermessensspielraum nicht geringer als z. B. bei Scherzwörtern, die keine wirkliche Lebensregel oder -erfahrung bieten.

Übergänge gibt es außerdem gelegentlich zu der heterogenen, durch eine nachweisbare oder vermutete Quelle charakterisierte Gruppe landläufiger Zitate, die man nach Georg Büchmanns Sammlung (erstmalig 1864) als *geflügelte Worte* bezeichnet. Darunter findet sich auch Sprichwörtliches, und nicht immer vermag der scharfsinnig geführte Quellennachweis in diesen Fällen zu überzeugen (*Selbst ist der Mann* ist z. B. von Goethe lediglich als Sprichwort benutzt worden und kommt bereits in den Sammlungen des 16. Jh. vor). Büchmann selber rechnete zu den geflügelten Worten jedenfalls auch „Sprichwörter ..., die sich auf einen bestimmten literarischen oder historischen Ausgangspunkt zurückführen lassen“.[28]

Sowohl mit geflügelten Worten wie mit Sprichwörtern berühren sich *Sentenzen,*

28 Vorwort zur 5. Aufl. 1869, zit. nach: Georg Büchmann, Geflügelte Worte. Der Zitatenschatz des deutschen Volkes, durchges. von Alfred Grunow, Bd. I, München 1967, S. 8.

kurze, einprägsame Aussprüche in Satzform, die einem Werk entnommen sind, also einen bekannten Verfasser oder Ursprung haben. Sie vermitteln eine Lebenserkenntnis, gewöhnlich aber mehr philosophisch betrachtender Art (*Dem Mimen flicht die Nachwelt keine Kränze* aus Schiller, Wallensteins Lager).

Als eigene literarische Gattungen, aus denen gleichwohl einzelnes zum Sprichwort geworden ist, gelten:

Sprüche und *Epigramme* (Sinngedichte); sie besitzen eine bewußte poetische Formung und drücken einen Gedanken in lehrhafter, als Epigramm nicht selten in pointierter Weise aus. Wo sie – wie bei den mittelhochdeutschen Spruchdichtern Spervogel und Freidank oder im 17. Jh. bei dem Epigrammatiker Friedrich von Logau – auf sprichwörtliches Gedankengut zurückgehen, haben sie wiederum das Sprichwortgut bereichern können. Dies gilt freilich in erster Linie für besonders volkstümliche Zweizeiler, während Mehrzeiler schon infolge geringerer Merkfähigkeit ausscheiden (daher auch in diesem Lexikon nur selten und vor allem dann vertreten sind, wenn sie auch in Teilen sprichwörtlichen Charakter angenommen haben).

Aphorismen sind originelle, geistreiche Gedankensplitter und als solche eine schon in der Antike gepflegte, in der Renaissance wiederbelebte und bei uns seit Lichtenberg immer wieder mit bedeutenden Leistungen vertretene Kunstform. In ihrer betont individuellen, polemischen oder skeptisch-kritischen Aussage stehen sie dem Sprichwort fern. Eine besondere, moderne Form ist der sprichwörtliche Aphorismus[29], der sprichwörtliche Erfahrungssätze in Frage stellt (Marie von Ebner-Eschenbach: *Ausnahmen sind nicht immer Bestätigung der alten Regel; sie können auch die Vorboten einer neuen Regel sein,* Bertolt Brecht: *Wer a sagt, der muß nicht b sagen. Er kann auch erkennen, daß a falsch war*). Den Aphorismen eng verwandt sind *Maximen* und *Reflexionen* als subjektiv verstandene Leitsätze und Aussagen.

29 Wolfgang Mieder, Antisprichwörter I, Wiesbaden 1982, S. XII; darin auch die folgenden Beispiele unter Nr. 69 und 1.

Vom Grundsatz her blieben die hier kurz skizzierten, mehr oder weniger benachbarten Bereiche in diesem Lexikon unberücksichtigt. Bis auf Grenzfälle, wo es sich gleichzeitig um Sprichwörter handeln dürfte, sind also Redewendungen, Zitate, geflügelte Worte, Aphorismen u. dgl., ebenso Slogans und Losungen nicht aufgenommen worden. Scharfe Trennungslinien sind freilich nicht möglich. Wer wollte schließlich in einem solchen Lexikon auf wohlbekannte Sprichwörter wie *Die Axt im Haus erspart den Zimmermann* einfach verzichten, weil sie natürlich auch geflügelte Worte sind; auf *Andre Städtchen, andre Mädchen* oder *Es ist noch nicht aller Tage Abend,* weil sie auch als Redensarten angesehen werden könnten; auf Gemeinplätze wie *Morgen ist auch noch ein Tag,* weil ihnen bisweilen ein besonderer Status zugesprochen wird[30], oder auf sprichwörtlich gewordene Bibelstellen, Scherzwörter, Reimsprüche u. dgl., nur weil sie einem eng aufgefaßten Sprichwortbegriff vielleicht nicht in jedem Fall genügen?

Zugegeben, der Rahmen dieses Lexikons mag einem auf Definitionsstrenge bedachten Betrachter möglicherweise zu weit, manchem praktischen Benutzer hingegen sogar zu eng erscheinen: Mit diesem Widerspruch aber, der sich gleichermaßen aus dem Charakter des Sprichworts und seiner Übergangsbereiche, aus der Zweckbestimmung einer Ausgabe und zudem selbstverständlich aus dem subjektiven Ermessen des Auswählenden ergibt, hat bisher jede größere Sammlung leben müssen – und so wohl auch diese. Der Untertitel unseres Lexikons spricht daher von „Sprichwörtern und sprichwörtlichen Ausdrücken", letzteres ohne terminologischen Anspruch einfach als Sammelbegriff für jene Ausdrücke, die aus den sprichwörtlichen Randzonen und aus den verschiedenen angrenzenden Bereichen im Einzelfall zur Abrundung aufgenommen worden sind.

Schon Wander war sich der Schwierigkeiten bewußt: „Aber ich sehe nicht ein", meinte er dazu 1866 in der Vorrede seines Werkes,

30 Vgl. Florian Coulmas, Routine im Gespräch, Wiesbaden 1981, S. 62 ff.

„warum ich nicht berechtigt sein soll, das, was die Form des Sprichworts hat, auch Sprichwort zu nennen.“[31]

*

Sprichwörter sind keine Philosophie, sondern Erfahrungssätze von zwar verallgemeinertem, aber keinesfalls allgemeingültigem Charakter. Gegen Mackensens Verdikt „Machte sich einer daran, eine Ethik der Sprichwörter zu schreiben, aus seinem Buche sähe das etwas dümmliche Spießergesicht des ewigen Besserwissers auf den Leser“[32] darf man daher wohl zu Recht die Feststellung von Werner Krauss setzen: „Wer ... die Sätze der volkstümlichen Erfahrung zu einer Lehre zusammenfügt, trägt immer selbst den Widerspruch in die Welt des Sprichworts hinein.“[33] Jedes Sprichwort steht im Grunde für sich allein, oft im Widerspruch zu anderen; jedes ist auch ein Kind seiner Zeit, drückt zunächst – wenn man von sehr allgemeinen Lebensregeln absieht – die Anschauungen einer bestimmten Gesellschaft, einer bestimmten sozialen Gruppe oder auch nur eines einzelnen Berufsstandes aus; aber jedes Sprichwort, das überdauert, beweist damit zugleich seine Anpassungsfähigkeit und Ausdeutbarkeit: Letzten Endes entscheidet der Standpunkt des jeweiligen Benutzers und der von ihm beim Partner vorausgesetzte Moralkodex über den Gebrauch und die konkrete Auslegung eines Sprichworts. Zusammenhang und Situation tun ein Übriges.

Man bezieht heutzutage seine Weisheit gewiß nicht aus Sprichwörtern, sondern wendet diese an, um seine eigene Auffassung zu bekräftigen. Dabei erweist sich vielfach die Ambivalenz auch des scheinbar Überholten und Abgetanen. *Jeder ist sich selbst der Nächste,* ganz unbildlich und inhaltlich eindeutig, muß beispielsweise keineswegs als moralische Maxime verstanden werden; es kann resignierend, doch ebenso kritisch oder ironisch gemeint sein. Bei manchen Ausdrücken ist eine scherzhafte Umdeutung seit langem vollzogen, man denke nur an das biblische *Den Seinen gibt's der Herr im Schlaf.* Von großer Anpassungsfähigkeit sind viele bildhafte Ausdrücke, wo die Metapher im Laufe der Zeit unterschiedlichen Akzentuierungen dienen kann und in ihrer konkreten Bestimmtheit mehr und mehr verblaßt: *Schuster, bleib bei deinem Leisten* oder *Die dümmsten Bauern haben die größten Kartoffeln* wird kaum jemand noch mit Schuhmachern und Bauern in Verbindung bringen. Überhaupt ist der sprichwörtliche Gott nicht Gott, der Teufel kein Teufel, der Kaiser kein Kaiser und der Arme oft kein Armer – sie sind vielmehr Bestandteil von Sprachbildern, Metaphern, jedenfalls dazu geworden: *Der Teufel scheißt immer auf den größten Haufen* wäre vom Wortsinn her gar nicht zu begreifen. Nur Mißverstehen könnte in einem scherzhaften Schelmenwort wie *Die Arbeit ist kein Hase, sie läuft dir nicht davon* eine Verherrlichung asozialen Verhaltens, nur blinder Glaubenseifer in *Je näher Rom, je ärger Christen* eine Blasphemie sehen. Alle diese Sprichwörter tragen auf die eine oder andere Art den Stempel ihrer Herkunft, uns Heutigen aber stehen sie durchaus nicht als inhaltsleere Floskeln, doch häufig mit großer Spannweite und Wandlungsfähigkeit des Ausdrucks zu relativ freier Verfügung, und zwar wiederum auf dem Hintergrund *unserer* Erfahrungen und Verhaltensnormen.

Dieser Gesichtspunkt bestimmte unser Verhältnis zum überkommenen sprichwörtlichen Gut und somit unsere Auswahl. Es schien uns nicht berechtigt, alles, was gegenwärtigem Wissen und heutigen Auffassungen auf den ersten Blick nicht entspricht, einfach auszuscheiden. Zwar kann das Sprichwörterlexikon ohnehin nur einen Bruchteil überlieferter Sprichwörter aufführen, und es waren Grenzen zu ziehen: zunächst dort, wo bereits von der sprachlichen Gestaltung her kein Zugang ist; inhaltlich dort, wo historische Gebundenheit, beson-

31 Karl Friedrich Wilhelm Wander, Deutsches Sprichwörter-Lexikon. Ein Hausschatz für das deutsche Volk, Bd. 1, Leipzig 1867 (Neudruck Darmstadt 1964), S. XXIX.

32 Gutes Deutsch in Schrift und Rede, hrsg. von Lutz Mackensen, Gütersloh 1969, S. 95. Vgl. auch Werner Koller, Redensarten. Linguistische Aspekte, Vorkommensanalysen, Sprachspiel, Tübingen 1977, S. 125 f.

33 Werner Krauss, a. a. O., S. 19.

ders an mittelalterliche Herrschafts- und Rechtsverhältnisse, ausführliche Kommentare erfordern würde *(Wer scheucht das Wild von Wald und Feld, dem wird es kosten großes Geld)* oder wo sich früherer Aberglaube *(Im Maien ist nicht gut freien)*, konfessionelle Fehden u. dgl. kundtun. Zu Recht vergessen, auf jeden Fall hier nicht zu konservieren sind Sprichwörter von antisemitischer, nationalistischer u. ä. Färbung, überhaupt beleidigende und grob herabsetzende Ausdrücke – in der Regel Belege früherer Geringschätzung des arbeitenden Menschen und einer niederen Stellung der Frau. Dasselbe betrifft überholte Erziehungsgrundsätze *(Die Rut macht Kinder gut)*, einstige Feiertagsgebote *(Was man des Sonntags spinnt, gerät nicht)* und ähnliches mehr.

Im übrigen hielten wir es allerdings für angebracht, neben Geläufigem auch Älteres, wo es noch verständlich, bedenkenswert und interessant ist, zu Wort kommen zu lassen und nicht vorschnell auf vermeintlich Veraltetes oder in Vergessenheit Geratenes zu verzichten. Einer generellen Distanz zum traditionellen Sprichwortgut, wie sie sich gelegentlich – im folgenden zwar nur als offene Frage – äußert, vermögen wir uns nicht anzuschließen: „Inwieweit in Sprichwörtern allerdings Weisheiten und nicht vielmehr allgemein verbreitete Dummheiten, Vorurteile und Ressentiments ihren Ausdruck finden, muß ... dahingestellt bleiben."[34] Gewiß, auch das gibt es – und Knechtsinn dazu, aber es macht das Wesen der Gattung nicht aus. Was uns als dumpfer Bodensatz erscheint, ist eher als Reflex finsterer Zeiten und harter Erfahrungen des Volkes zu verstehen, als daß es berechtigte, einfach den Stab zu brechen über unser Sprichwortgut und seine Schöpfer. Krauss hat darauf aufmerksam gemacht, daß eine Sichtweise, die in sprichwörtlichen Äußerungen „nichts als den lauernden Hintersinn der Dummheit" erkennt, am Kern der Sache vorbeigeht.[35] Aber für das Gros der Sprichwörter gilt ohnehin bei aller Beschränkung auf altes Erfahrungswissen eher witzige als bornierte Hintergründigkeit, und dieser Volkswitz vor allem sollte in diesem Lexikon auch mit solchen Belegen vertreten sein, die man sonst in Sprichwörterbüchern nicht mehr antrifft.

Vieles volkstümlich Derbe und Unbotmäßige ist im vorigen Jahrhundert der moralischen Elle der Sammler zum Opfer gefallen und damit allein der mündlichen Überlieferung, also häufig auch dem Vergessen anheimgegeben worden. Wächter beispielsweise schied 1883 alles „Verkehrte, Frivole"[36] aus, und Körte verzichtete in seiner seit 1837 mehrfach gedruckten Ausgabe bei allem Engagement nicht auf den Hinweis, „derbe Sprachweise" des Volkes und „Untugenden der Menschenkinder" hätten „manches sehr bedenkliche Sprichwort in Curs gesetzt; wenn man nun vor dergleichen sich zu hüten hat, so muß man sich doch noch viel sorgfältiger vor solchen Leuten in Acht nehmen, die sich solcher anrüchiger Sprichwörter gern bedienen"[37]. Wo derlei dann, selten genug, noch Aufnahme fand, wurde es an den anstößigen Stellen punktiert. K. F. W. Wander, der auch darin mit seinem „Deutschen Sprichwörter-Lexikon" eine erfrischende Ausnahme machte, urteilte sarkastisch: „Es ist eine sonderbare Tugend, die das, was sie dem Leser zu denken zumuthet, selbst nur durch Punkte andeutet, als wenn die Moral in den Punkten und in ein paar unterdrückten Buchstaben steckte. Es geht fast über das Komische hinaus, wie weit die affectirte Zimperlichkeit einzelner Schriftsteller hierin geht. Die kräftigsten deutschen Ausdrücke, die sich gar nicht durch andere ersetzen lassen, stellen sie durch den Anfangsbuchstaben und durch ... Punkte dar. Binder z. B. in seinem Lateinischen Sprichwörterschatz punktirt – selbst den Teufel ... Was in aller Welt soll uns ein punktirter Teufel!"[38] Das Massenpublikum allerdings erreichten die populären, gereinigten Ausgaben, nicht Wanders Monumentalwerk, und sie bestimmten als

34 Florian Coulmas, a. a. O., S. 60.
35 Werner Krauss, a. a. O., S. 31.
36 Vgl. Friedrich Seiler, a. a. O., S. 147.
37 Wilhelm Körte, Die Sprichwörter und sprichwörtlichen Redensarten der Deutschen, Leipzig 1861, S. XIV.
38 Karl Friedrich Wilhelm Wander, a. a. O., S. XV.

Quellen in gewissem Maße, von den Punkten abgesehen, vielfach noch die Auswahl späterer Sammlungen.
Auch an Gepfeffertem war also, was jedenfalls den Rahmen einer allgemeinen Sammlung angeht[39], etliches wieder ans Licht zu bringen, denn es gehört einfach dazu. Unsere Sprichwörter spiegeln das Leben in seiner ganzen Fülle, und so manches ist kein Kind von Traurigkeit: Neben praktischer Erfahrung und Lebensklugheit, moralischer Erwartung und harscher Kritik an Unrecht findet sich das ganze Spektrum der Daseinsfreude – Frohsinn und Feiern, die Lust an Essen und Trinken, das Lob der Freundschaft und besonders der Liebe. Da gibt es Zartes und Inniges, aber eben auch herzhaft Derbes und manche Frozzelei, die man nicht als Herabsetzung der Geschlechter übelnehmen sollte: Was sich liebt, neckt sich schließlich noch heute. Außerdem ist es kein Schade, daß mancher Ernst der Vergangenheit von unseren Sprichwörtern abgefallen ist und heute vielfach der vergnügliche Scherz im Vordergrund steht – und daß wir nicht zuletzt wissen, daß wir es nicht mit ewigen Weisheiten und unumstößlichen Lebensregeln zu tun haben.

*

Unsere Ausgabe bemüht sich um Sorgfalt in der Auswahl und Wiedergabe; ihr Zweck ist jedoch ein praktischer, kein wissenschaftlicher. Der Forschende wird ohnehin unmittelbar auf die Quellen zurückgreifen. Beim einzelnen Sprichwort konnte daher auf Quellenhinweise auf die benutzten Sammlungen (vgl. Anmerkung 27) verzichtet werden. Wo literarische Quellen – einschließlich der Bibel – zugrunde liegen, sind sie genannt, sofern es sich um direkte Entsprechungen und nicht um lose Anknüpfungen handelt. Nicht bezeichnet sind Lehnsprichwörter sowie Spruchgut, das deutlich auf Sprichwörtern beruht (z. B. bei Freidank), und erste literarische Belege von Sprichwörtlichem. Wer auf diese Quellen bzw. ersten Erwähnungen Wert legt, findet sie u. a. bei Wander, Seiler (Lehnsprichwörter), Singer, Zingerle, z. T. auch in Sammlungen geflügelter Worte. Die Fragen der Sprichwortentlehnung und -wanderung sind nicht endgültig geklärt, und die oft nur gedankliche Rückführung auf die Antike erscheint zuweilen problematisch; Mehrfachentstehung ist nicht immer auszuschließen. Bedurfte es für *Liebe macht blind* unbedingt einer philosophischen Passage bei Plato, für *Nach Lachen kommt Weinen* wirklich einiger sinngemäß ähnelnder Bibelstellen? Vollends bedenklich ist es, wenn Büchmann unser Sprichwort *Wer gut schmiert, der gut fährt* auf eine ganz anders lautende Sentenz bei C. Petronius Arbiter bezieht, nämlich auf *Quisquis habet nummos, secura navigat aura*, ‚Wer Geld hat, segelt mit sicherem Wind'.[40] Was hier vom Standpunkt des geflügelten Wortes als bestechender Spürsinn erscheint, richtet sich am Ende gegen das Sprichwort: Es wäre dann zu großen Teilen nichts anderes als „gesunkenes Kulturgut"[41] – eine These, die sich schon deswegen als brüchig erweist, weil Völker, die auf keine Antike und keine entwickelte Literatur zurückgreifen konnten, gleichfalls reich an Sprichwörtern sind. Wir wollen damit Lehngut und den (im Lexikon belegten) Anteil der Literatur überhaupt nicht leugnen, hielten es aber dennoch für vertretbar, dem Sprichwort zu lassen, was des Sprichworts ist: seine weitgehende Anonymität. Sprichwörter teilen im übrigen das Schicksal aller Genres der traditionellen Volksdichtung: Ihre Überlieferung ist anfänglich schriftlos, mündlich, ihre Aufzeichnung dann schon nicht das Werk der Schöpfer, sondern gebildeter Schichten[42], denen auch die Kenntnis der Literatur zur Verfügung stand und denen meist die stützende Berufung auf anerkannte Autoritäten, auf Bibel, Kirchenväter und antike Autoren, am Herzen lag. So ergibt sich eine zwiespältige Quellenlage und wohl auch ein kompliziertes Wechselverhältnis von Bildungsgut und volkssprachlicher Schöpfung. Mag aber ein Sprichwort

39 Spezielle Auswahlsammlungen liegen vor.

40 Georg Büchmann, a. a. O., Bd. II, S. 564 f.

41 Hermann Bausinger, a. a. O., S. 99.

42 Vgl. Geschichte der deutschen Volksdichtung, hrsg. von Hermann Strobach, Berlin 1981, S. 11f.

letzten Endes auf einen bekannten oder einen unbekannten einzelnen zurückgehen, so ist jedenfalls die Aufnahme und Verwendung und die sich oftmals verändernde Prägung immer die Sache der vielen, und erst dadurch wird es wirklich zum Sprichwort.

*

Ob dieses Lexikon brauchbar und ihm eine Hilfe ist, mag der Benutzer entscheiden. Wir haben das Unsrige getan, so gut wir es vermochten, und sind allen dankbar, die mit Anregungen oder auf andere Weise zu seiner Fertigstellung beigetragen haben. Unser besonderer Dank gilt den Herren Prof. Dr. H. Rötzsch und Dr. H.-M. Pleßke von der Deutschen Bücherei für freundliche Unterstützung bei der Beschaffung schwer zugänglicher Materialien und Frau H. Röseler, die großen Anteil an der Bild- und Textgestaltung hat. Bei der Ordnung der vielen Belege standen uns unsere Söhne hilfreich zur Seite.

Hinweise zur Benutzung

1. Das Lexikon ist alphabetisch angelegt nach Stichwörtern, die in den jeweiligen Sprichwörtern enthalten und für das Aufsuchen wichtig sind. Innerhalb der Artikel gilt ebenfalls alphabetische Folge, und zwar nach den Anfangswörtern.
2. Die Stichwortanordnung dient der Erschließung, wobei die Stichwortnester in der Regel eine repräsentative Auswahl des vorhandenen Sprichwortgutes bieten sollen. Das einzelne Sprichwort taucht, soweit nötig, mehrfach (durchschnittlich etwa zweimal) unter verschiedenen Stichwörtern auf, um das Auffinden eines „treffenden" oder auch nicht vollständig bekannten Ausdrucks von mehreren Ansatzpunkten her zu ermöglichen. So findet sich *Wer andern eine Grube gräbt, fällt selbst hinein* unter *andere, der; Grube; hineinfallen.* Zusätzlich wird von *selber/selbst* auf *andere, der* verwiesen. Das Lexikon enthält also bei rund 15000 Sprichwörtern etwa 30000 Angaben. Damit erübrigt sich ein umfassendes Registersystem, das für den Benutzer unpraktisch und bei den meist einzeiligen Sprichwörtern keineswegs raumsparender wäre.
3. Verweisungen sind sparsam gegeben, und zwar 1. zur Verflechtung eng zusammenhängender, reichhaltiger Artikel (z. B. *alt – jung*), die miteinander abgestimmt sind, sowie 2. bei einigen nahe zusammenstehenden Artikeln innerhalb derselben Buchstabengruppe (z. B. *anfangen – aufhören*), um unnötige Wiederholungen zu vermeiden. Bestimmend waren dabei keine systematischen, sondern praktische Gesichtspunkte der Benutzbarkeit: Auf größere Artikel ist nur verwiesen, wenn dort mehreres zu finden ist; ein einzelnes Sprichwort muß leicht auffindbar sein, am Anfang oder unter wenigen anderen.
4. Die Stichwörter sind dem Prinzip nach Findewörter. Ihre Bedeutung wird vorausgesetzt. Bedeutungsuntergliederungen sind überwiegend nicht vorgenommen. Lediglich dort, wo die Bedeutungen gänzlich verschieden sind und gleichzeitig zu den jeweiligen Bedeutungen mehrere Sprichwörter vorkommen, wird zum besseren Auffinden mit zusätzlicher Bedeutungs- oder Sachgebietsangabe unterteilt, z. B. *ausziehen (entkleiden) – ausziehen (wegziehen), Gericht (Rechtsprechung) – Gericht (Speise).* Wörterbuchmäßige Exaktheit ist nicht angestrebt; reiche Bedeutungsabstufung mußte außer Betracht bleiben.
5. Substantivierungen bilden keine gesonderten Stichwörter, wenn vom Sprichwortbestand her ein enger Zusammenhang mit dem Grundwort besteht *(groß – das Große)*, schwankende Schreibung vor-

liegt *(haushalten – Haushalten)* oder die Substantivierung nur gelegentlicher Natur ist *(das Aber)*. Ausgenommen sind substantivierte Adjektive/Partizipien als Personenbezeichnungen *(der Große, Kahlköpfige, Gehängte)*; hier erschien ein eigenes Stichwort angebracht.

6. Partizipien stehen unter dem jeweiligen Verb (*Frisch gewagt ist halb gewonnen* unter *wagen* und *gewinnen*); Perfektpartizipien, die als attributives Adjektiv verwendet sind, jedoch als gesondertes Stichwort (*Ein geschlagener Feind ist nicht überwunden* unter *geschlagen*).
7. Innerhalb eines Sprichworts können in Klammern mögliche Varianten bzw. Erweiterungen des Wortlauts angegeben sein; bei Mehrfachaufnahme geschieht dies nicht an allen Stellen.
8. Sofern erforderlich, stehen unter den Sprichwörtern Quellenangaben oder Hinweise zur Verwendung. Die Hinweise zur Verwendung bzw. Bedeutung beschränken sich auf das Nötigste und beziehen sich auch ggf. auf ähnliche Fälle in der Umgebung; sie sind lediglich als Anregung zu verstehen und sollen das Verständnis nicht einschränken.

A

A

Auf A folgt B in unserm Abc.

Wer A sagt, kommt zuletzt bis zum Z.

Wer A sagt, muß auch B sagen.

Aal

Wer den Aal hält beim Schwanz,
hat ihn weder halb noch ganz.

Aas

Wo Aas ist, da sind Fliegen.

Wo Aas ist, da sammeln sich die Adler.
Nach Matthäus 14,28; Lukas 17,37.

abbeißen

Man kann es nicht allen Leuten recht machen, und wenn man sich die Nase abbeißt.

Abbitte

Abbitte ist die beste Buße.

Die beste Abbitte ist nicht mehr tun.

abbrechen

Geduld baut, Ungeduld bricht ab.

Wenn's Unglück sein soll, kann man sich den Finger in der Nase abbrechen.

Wer Pech hat, bricht den Finger im Arsch ab.

abbrennen

Dreimal umgezogen ist so gut wie einmal abgebrannt.

Abc

Das Abc macht das meiste Weh.

Wer das Abc recht kann, hat die schwerste Arbeit getan.

Abel

Jeder Abel hat seinen Kain.
Einen Neider gibt es immer.

Abend

Abend rot, Morgen grau gibt das schönste Tagesblau.

Am Abend gekammert, am Morgen gejammert.

Am Tage errungen, am Abend verschlungen.

Auf einen bösen Tag gehört ein guter Abend.
Man soll Sorgen und Streit nicht mit ins Bett nehmen.

Der Abend ist labend, der Morgen voll Sorgen.

Der Abend lobt den Tag.

Der Morgen ist weiser als der Abend.
Der nächste Morgen.

Ein guter Abend währt nicht lange.
Angenehmes ist kurzweilig.

Ein jeder Tag hat seinen Abend.

Es ist noch nicht aller Tage Abend.

Es kann vor Abend anders werden, als es am frühen Morgen war.

Heller Abend, heitrer Morgen.

Je näher der Abend, je weiter nach Haus.
Von Geschwätzigen.

Je später der Abend, je schöner die Gäste (Leute).

Je wärmer der Abend, je mehr quaken die Frösche.

Man soll den Tag nicht vor dem Abend loben.

Vögel, die morgens singen, holt am Abend die Katze.

Wer am Tage Gutes tut,
hat am Abend frohen Mut.

↗ *Morgen*

Abendbrot

Kurz Abendbrot macht lange Lebenszeit.

Langes Abendbrot macht dem Magen große Not.

Abendrede

Abendrede und Morgenrede kommen selten überein.

Ein Wortspiel mit Rede und Röte.

Abendrot

Abendrot – Gutwetterbot.

abends

Abends geschwelgt, morgens gekelcht.

Abends ohne Schulden ist morgens reich.

Abends vull, morgens null.

Abends wird der Faule fleißig.

Abends zechen, morgens ratschlagen.

Wer abends geigt, kann morgens tanzen.

Abenteuer

Abenteuer ist selten geheuer.

aber

Aber, wenn und gar sind des Teufels War'.

Kein Mensch ist ohne ein Aber.

Ohne Aber ist nichts in der Welt.

Wäre nicht das Aber,
jedes Pferd hätt' seinen Haber.

abern

Wer ewig abert, holt keinen Hasen ein.

Aberwitz

Aberwitz ist keinem nütz.

abfallen

Man kann viel hören, ehe einem ein Ohr abfällt.

Ein Unbescholtener braucht Verleumdungen nicht zu fürchten.

Was reif ist, das fällt ab.

Wenn auch der Kuhschwanz wackelt, so fällt er doch nicht ab.

abfließen

Wo es abfließt, muß es auch zufließen.

Abfluß

Vom Abfluß wird kein Meer voll.

abgehen

Was abgeht an der Gestalt,
ersetzt die Kunst an jung und alt.

Wer viel (nichts) begehrt, dem geht viel (nichts) ab.

Abgötterei

Furcht macht Abgötterei.

Abgrund

Es hat nicht jeder Abgrund ein Geländer.

Jeder sucht sich den Weg zum Abgrund selber.

Solange man am Abgrund steht, muß man sich mit dem Teufel gut stellen.

abhelfen

Ungeduld hilft dem Übel nicht ab.

Ablaß

Wer Ablaß verkauft, hat immer guten Markt.

ablegen

Alte Gewohnheiten legen sich nicht so leicht ab wie alte Hemden.

ablernen

Wer ablernt, ist ein ehrlicher Dieb.

abnehmen

Was bald zunimmt, das nimmt bald ab.

Wer die Prügel hat, dem nimmt sie niemand ab.

Wo Hochmut zunimmt, da nimmt Glück ab.

abraten

Ratet mir gut, sagte die Braut, aber ratet mir nicht ab.

abrechnen

Abgerechnet ist gut bezahlt.
Sofort zahlen ist am besten.

abreden

Abgeredet vor der Zeit
gibt nachher keinen Streit.

Abschied

Wie das Willkommen, so der Abschied.

Wo Verdacht einkehrt, nimmt die Ruhe Abschied.

abschlagen

Die erste Bitte kann man niemand abschlagen.

Freundlich abgeschlagen ist halb zugesagt.

Kurz abschlagen ist eine Freundschaft erweisen.

Lieber freundlich abgeschlagen als mürrisch gegeben.

Wer verzagt ist im Bitten, macht beherzt im Abschlagen.

Wie gebeten, also abgeschlagen.

abschleifen

Umgang schleift ab.

abschneiden

Abschneiden ist leichter als ansetzen.

Dreimal abgeschnitten und immer noch zu kurz.

Ehe man einmal abschneidet, muß man zweimal messen.

abschwitzen

Abschwitzen ist besser als abfaulen.

Absicht

Absicht ist die Seele der Tat.

Wenn Eva nascht, kostet auch Adam.

Eine gute Absicht macht eine böse Tat nicht gut.

Absolution

Wie der Priester, so die Absolution.

abspeisen

Mit Worten abspeisen ist wohlfeil.

Abt

Ein guter Abt lobt sein Kloster.

Ein strenger Abt macht bußfertige Mönche.

Wenn der Abt zum Glase greift, so greifen die Mönche zum Kruge.

Wer ins Kloster geht, darf's nicht mit dem Abt verderben.

Wie der Abt, so sind die Mönche.

Wo der Abt die Würfel gibt, da dobbeln die Mönche.

abtrocknen

Was nützt das Abtrocknen, wenn man nicht aus dem Regen geht.

abtropfen

Wo wenig ist, da tropft wenig ab.

abtun

Ist's abgetan, ist jeder ein guter Ratsmann.

abwarten

Besser abwarten als übereilen.

Der Kluge wartet die Zeit ab.

Abwechslung

Abwechslung macht Appetit.

Abweg

Je weiter das Ziel, je mehr Abwege.

abwehren

Was davonläuft, ist leicht abzuwehren.

abweiben

Es weibt sich einer ebensobald die Gurgel ab, als er sie absäuft.

Abwesende, der

Der Abwesende muß Haare lassen.

Die Abwesenden haben unrecht.

Die Knochen sind für die Abwesenden.

abwischen

Geredet ist geredet, man kann's mit keinem Schwamm mehr abwischen.

Man muß sich selbst erst dreimal abwischen, eh' man andre putzen will.

abzahlen

Mit einem Wagen voll Sorgen wird nicht ein Pfennig abgezahlt.

abziehen

Man kann auch einem Ochsen die Haut nur einmal abziehen.

Man muß den Wolf erst fangen, ehe man ihm das Fell abziehen kann.

Wozu die Haut abziehen, wenn man sie nicht verkaufen will.

ach

Ach steigt aufs schönste Dach.

Sorgen gibt es überall.

Auf Rach' folgt Ach.

Auf Weh und Ach folgt Freude nach.

Ein Ach wohnt unter jedem Dach.

Es sind nicht alle krank, die ach und weh schreien.

Achsel

Auf vielen Achseln ist gut tragen.

Wer auf beiden Achseln trägt, sitzt zwischen zwei Stühlen nieder.

acht

Vor dem, der niemals lacht, nimm dich in acht.

Wenn der Fuchs predigt, so nimm die Hühner in acht.

Wer sich nicht selber nimmt in acht,
bei dem nützt weder Hut noch Wacht.

achten

Achte du mein, so acht' ich dein.

Auch kleine Dinge achte nicht geringe.

Einer acht's, der andere lacht's, was macht's!

Einer acht's, der andere verlacht's.

Man achtet nicht, was die Sau auch schreit.

Was man hat, das achtet man nicht.

Was täglich geschieht, das achtet man nicht.

Wer es nicht achtet, dem tut es nicht weh.

Wie es nützt, so wird es geachtet.

Wie man es achtet, so ist es.

achtern

Von achtern ist die Kuh blind.

Vorn fix, achtern nix.

achtgeben

Wenn die Wirte lachen,
dann gib acht auf deine Sachen.

Achtung

Eine Handvoll Achtung ist besser als eine Metze Geld.

Acker

Auf fremdem Acker steht die Saat gut.

Der Acker muß schwächer sein als der Bauer.

Seiner Aufgabe muß man gewachsen sein.

Der Fuß des Herrn düngt den Acker.

Es ist kein Acker, der nicht einmal brachliegt.

Faule Bauern finden keinen guten Acker.

Friede düngt den Acker wohl.

In gutem Acker wächst auch Unkraut.

Kein Acker ohne Disteln.

Wer den Acker pflegt, den pflegt der Acker.

Wer den Acker sät, der mäht.

Wer mit fremdem Schweiße düngt, dem trägt der Acker nur Disteln.

Wie der Acker, so die Frucht.

Wie der Acker, so die Rüben,
wie der Vater, so die Büben.

Wo der Acker leidet Not,
fehlt's dem Bauern bald an Brot.

ackern

Besser ackern und düngen
als beten und singen.

Ohne eigene Anstrengung gelingt nichts.

Wer keine Pferde hat, der ackert mit Ochsen.

Ackerpferd

Die Ackerpferde fressen am wenigsten.

Ackerwerk

Ackerwerk hat Mühe.

Ackerwerk soll nähren.

Adam

Adam muß eine Eva han,
der er zeihe, was er getan.

Adam sündigt im Paradies, Luzifer im Himmel.

Als Adam grub und Eva spann,
wo war denn da der Edelmann?

Nach John Ball.

Wenn Eva nascht, kostet auch Adam.

Adamsapfel

Adamsäpfel werden nie reif.

Adel

Der Adel sitzt im Gemüt, nicht im Geblüt.

Je älter der Adel, je morscher der Baum.

Auf seinen Lorbeeren kann man nicht ausruhen.

Tugend ist der beste Adel.

Adler

Adler brüten keine Tauben.

Es meint mancher, er sei ein Adler, und ist nur ein Pfau.

Wenn man den Habicht nicht fangen kann, muß man ihn Adler rufen.

Admiral

Auf einer Pfütze ist die Fliege ein Admiral.

Advokat

Advokaten – Schadvokaten.

Auch von Rechthabern.

Auch Arzt und Advokat brauchen fremden Rat.

Die Wahrheit ist der beste Advokat.

Gute Advokaten sind schlimme Nachbarn.

In einer leichten Sache kann jeder Advokat sein.

Je mehr Advokaten, je mehr Prozesse.

Auch von Rechthaberei.

Wo viel Streit ist, da halten die Advokaten Ernte.

Affe

Der Affe bleibt ein Aff',
und würd' er König oder Pfaff'.

Je höher der Affe steigt, je mehr zeigt er den Hintern.

Not lehrt den Affen geigen.

Was von Affen kommt, will lausen;
was von Katzen kommt, will mausen.

Wer den Affen hat, braucht für den Kater nicht zu sorgen.

äffen

Wer sich äffen läßt, den narrt man.

Ahn

Verdienste sind die besten Ahnen.

Ähre

Eine Ähre macht keine Garbe.

Je hohler die Ähre, desto höher die Nase.

Keine Garbe ohne taube Ähren.

Kornblumen sind schön, aber Ähren sind besser.

Leere Ähren stehen aufrecht.

Schwere Ähren und volle Köpfe neigen sich.

Wie die Ähren, so die Garben.

akkurat

Akkurat scheißt kein Bauer.

Man soll es nicht zu genau nehmen.

akzeptieren

Wer akzeptiert, muß (be)zahlen.

albern

So albern ist keiner, er weiß seine Not zu klagen.

all

Alle Eide kann man nicht halten.

Nicht alle guten Vorsätze.

Alle Frauen sind Evas Töchter.

Alle Jahre wird ein Feld leer.

Allen Leuten (Menschen) recht getan
ist eine Kunst, die niemand kann.

Aller guten Dinge sind drei.

Adler brüten keine Tauben.

Aller Leut Freund, jedermanns Geck.

Alle Tage ist kein Sonntag.

Alle Tag weh stirbt nimmermeh'.

Wer dauernd klagt, ist meist gar nicht so krank.

Alle Wege führen nach Rom (aber mancher eher als der andere).

Bei Nacht sind alle Katzen grau.

Die Teufel sind alle schwarz.

Ein Jahr ist nicht alle Jahr.

Es gibt für alle Wunden Pflaster.

Gute Gelegenheit kommt nicht alle Tage.

Keiner ist alle Stunden weise.

Man kann nicht alle Köpfe unter einen Hut bringen.

Man muß in allen Sätteln gerecht sein.

Nicht alle Leute schlafen, die zu Bett gegangen sind.

Nicht alle Pfeile treffen.

Wer alle Tage feiert, fragt nicht nach dem Sonntag.

Wohin ein Hund pißt, dahin pissen alle.

alle

Alle können nicht alles.

Allen glauben ist zuviel, keinem glauben zuwenig.

Allen kann auch kein König gefallen.

Allen muß man nicht gefallen.

Alle wissen guten Rat,
nur der nicht, der ihn nötig hat.

Eines schickt sich nicht für alle.
Goethe, Beherzigung (nach antikem Vorbild).

Es fechten nicht alle, die viel drohen.

Es hören nicht alle, die Ohren haben.

Es schlafen nicht alle, die die Augen zu haben.

Es sind nicht alle krank, die klagen.

Es sind nicht alle lustig, die tanzen.

Höflich gegen alle, aber mit wenigen vertraut.

Im Glück sind alle geduldig.

Viele sind wohl geladen, aber nicht alle erwischen den Braten.

Was allen gefällt, ist schwer zu behalten.

Was über allen schwebt, kann alle treffen.

Wer alle grüßt, dem dankt niemand.

Wer allen dienen will, kommt immer am schlimmsten weg.

Wer allen gefällt, muß noch geboren werden.

Wer allen helfen will, hilft niemand.

Wer's allen recht machen will, muß früh aufstehen.

Wir sind alle gebrechlich, sagte die Äbtissin, da ging sie mit einem Kind.

Wo alle hinken, lacht man über gesunde Füße.

Wo alle nackt gehen, da lacht man über das Hemd.

Wo alle närrisch sind, da lacht man keinen aus.

Wo alle stehlen, ist es schwer, einen Dieb zu fangen.

↗ *jeder, keiner, niemand*

allein

Allein getan, allein gebüßt.

Allein kann niemand freveln.

Besser allein als in böser Gemein.

Das Maul findet man alleine.

Dein Leid behalt alleine
oder klag es dem Steine.

Der Mensch lebt nicht vom Brot allein.
Nach Matthäus 4,4.

Der Schmollende schläft allein.
Übelnehmen bestraft sich selber.

Der Starke ist am mächtigsten allein.
Nach Schiller, Wilhelm Tell.

Die Sense allein tut's nicht.
Grobe Mittel allein helfen nicht.

Einer allein macht keinen Tanz.

Ein großes Maul tut's nicht allein.

Ein Kopf allein rennt keine Mauer ein.

Ein Pfennig allein macht nicht reich.

Ein Unglück kommt selten allein.

Es ist nicht gut, daß der Mensch allein sei.
Nach 1. Mose 2,18.

Es ist niemand allein klug.

Keiner weiß alles allein.

Niemand lebt für sich allein.

Von der Liebe allein kann man nicht leben.

Was du weißt allein, nur das ist dein.

Was jedermann leiden muß, das kann einer allein auch leiden.

Wem es an Gesellschaft fehlt, der macht seine Narrheiten allein.

Wer allein läuft, wird stets Sieger.

Wer allein schläft, bleibt lange kalt,
zwei wärmen sich einander bald.

Wer allein zankt, zankt nicht lange.

Alleingut

Gemeingut ist kein Alleingut.

allerlei

Allerlei ist zweierlei.

Allermann

Allermanns Freund ist Allermanns Narr.

Allermanns Freund, jedermanns Geck.

Allermanns Wort lügt selten.

allerorten

Es gibt allerorten zerbrochene Töpfe.

alles

Alles getan mit Bedacht
hat niemand ins Unglück gebracht.

Alles hat ein Ende, nur die Wurst hat zwei.

Alles hat sein Aber (Für und Wider).

Alles hat seine Grenzen.

Alles hat seinen Preis, sagte die Frau, die faule Äpfel verkaufte.

Alles hat seine Zeit.

Nach Prediger Salomo 3,1.

Alles hat sein Warum.

Alles mit Maßen (sagte der Schneider und schlug seine Frau mit der Elle tot).

Alles neu, alles gut.

Alles vergeht, Tugend besteht.

Alles, was lebt, das lebt gern.

Alles zu seiner Zeit.

Nach Prediger Salomo 3,11.

Am Glück ist alles gelegen.

Arbeit vermag alles.

Auch für Gold kann man nicht alles kaufen.

Dem Reinen ist alles rein.

Nach Titus 1,15.

Der Mensch gewöhnt sich an alles.

Der Teufel muß alles getan haben.

Man sucht gern einen Sündenbock, dem man alles zuschiebt.

Die Zeit frißt alles.

Ehre verloren, alles verloren.

Einem gesunden Magen ist alles gesund.

Einer kann nicht alles.

Ein gutes Schwein frißt alles.

Scherzhaft, um zu sagen, daß gegessen wird, was auf den Tisch kommt.

Ende gut, alles gut.

Erfahrung ist alles.

Es fällt nicht alles, was wackelt.

Es hat alles zwei Seiten.

Es ist alles gut, was man umsonst gibt.

Es ist alles vergänglich.

Es ist nicht alles Butter, was von Kühen kommt.

Es ist nicht alles Gold, was glänzt.

Es läßt sich alles sagen, aber Butter und Brot läßt sich essen.

Es läßt sich nicht alles über einen Leisten schlagen.

Es sind nicht alles Freunde, die einen anlachen.

Fleiß (Geduld) überwindet alles.

Gewinn wagt alles.

Glaube nicht alles, was du hörst;
sag nicht alles, was du weißt;
gib nicht alles, was du hast;
verlange nicht alles, was du siehst;
tue nicht alles, was du kannst.

Rat zur Besonnenheit.

Keiner kann nichts und keiner kann alles.

Könnte man alles zweimal machen,
so stünd' es besser in allen Sachen.

Kopf verloren, alles verloren.

Kopflosigkeit verdirbt alles.

Man darf wohl alles wissen, aber nicht alles tun.

Man hält alles aus, nur keine guten Tage (Reihe von guten Tagen).

Eine Ähre macht keine Garbe.

Man kann nicht alles auf dem Markte predigen.

Man muß nicht alles an die große Glocke hängen.

Man muß nicht alles haben.

Mut macht alles gut.

Narren wissen alles.

Nicht alles, was süß ist, ist Honig.

Viele können (wissen) viel, niemand alles.

Wer alles fürchtet, hat sonst nichts zu fürchten.

Spott auf Überängstlichkeit.

Wer alles haben will, bekommt am Ende nichts.

Wer alles lobt, hat nichts gelobt.

Wer alles tun will, tut nichts recht.

Wer alles weiß, wird auch betrogen.

Wer trübe Fenster hat, dem erscheint alles grau.

Von Schwarzseherei.

Wer warten kann, dem kommt alles zur rechten Zeit.

Wer zuviel wagt, verliert alles.

Wo alles in Stücken, ist nichts zu flicken.

alle werden

Die Dummen werden nicht alle.

Viel wird auch alle.

all(e)zeit

Allzeit fröhlich ist unmöglich.

Allzeit trauern kann nicht dauern.

Besser einmal fett als allezeit mager.

Dankbarkeit ziert allezeit.

Es weht nicht allezeit ein guter Wind.

Hoffnung und Mut sind allzeit gut.

Niemand ist allzeit weise.

Selten ist allezeit willkommen.

Wer nicht zur Last fällt, ist gern gesehen.

Wahre Freud währt allezeit.

Wem's allezeit zu früh dünkt, der kommt meist zu spät.

Wer allzeit säuft und allzeit schlemmt,
behält zuletzt kein ganzes Hemd.

Wer einmal stiehlt, heißt allezeit ein Dieb.

allgemach

Allgemach kommt auch wohl nach.

Allgemach kommt man weit.

allzu(-)

Allzu bekannt hat wenig Ehr' und viel Schand.

Allzu fein bricht leicht ein Bein.

Allzu fein hält nicht.

Allzufett ist ungesund.

Allzufromm ist Nachbars Spott.

Allzufromm taugt nicht.
Von Scheinheiligkeit.

Allzufrüh kommt (auch) unrecht.

Allzu gemein macht klein.

Allzu gerecht macht's meist schlecht.

Allzu gerecht tut unrecht.

Allzu gesund (Allzugut) ist ungesund.

Allzugut ist liederlich.

Allzugut taugt auch nichts.

Allzugut verdirbt's ganz.

Allzu keck liegt bald im Dreck.

Allzu klug ist dumm.

Allzu klug macht närrisch.

Allzu klug regiert nicht gut.

Allzu klug schießt daneben.

Allzukurz taugt kein Schurz.

Allzunah mindert die Freundschaft.

Allzu pfiffig ist nicht klug.

Allzu satt macht Ekel.

Allzu satt macht matt.

Allzu scharf macht schartig.

Allzu schön wird bald vergehn.

Allzu spitz bricht.

Allzu spitz, das sticht nicht; allzu scharf, das schneidet nicht.

Allzu spitzig ist nicht witzig.

Allzu spröde taugt nicht.

Allzu straff gespannt zerspringt der Bogen.
Nach Schiller, Wilhelm Tell (nach einem alten Sprichwort).

Allzuviel ist bitter, und wär's auch Honig.

Allzuviel ist nicht genug.

Allzuviel ist ungesund.

Allzu weise ist töricht.

alt

Alt an Jahren hat viel erfahren.

Alte Bäume biegt man nicht mehr.
Auch mit dem Singular.

Alte Besen wirft man ins Feuer.

Alte Böcke haben harte (steife) Hörner.

Alte Böcke (Ziegen) lecken auch noch gern Salz.

Alte Brüche sind schwer zu heilen.

Alte Eier, alte Freier, alter Gaul sind gewöhnlich faul.

Alte Esel will niemand loben.

Alte Fässer rinnen gern.
Von schwatzhaften Alten.

Alte Fehler halten fest.

Alte Feindschaft (Freundschaft) ist bald erneuert.

Alte Freunde und alter Wein sind am besten.

Alte Freunde und Wege soll man nicht verlassen.

Alte Füchse, alte List.

Alte Fuhrleute sind gute Wegweiser.
Lob der Erfahrung.

Alte Fürze stinken.

Alte Gewohnheiten legen sich nicht so leicht ab wie alte Hemden.

Alte Gewohnheit soll man nicht brechen.

Alte Häuser haben trübe Fenster.
Alte Leute sehen manchmal mehr die Schattenseiten.

Alte Häute bedürfen viel Gerbens (Schmierens).
Ältere Leute sind oft wenig einsichtig.

Alte Haut, kalte Braut.

Alte Hunde haben stumpfe Zähne.

Alte Jäger hören noch gern blasen.

Alte Karren gern knarren.

Alte Kutscher knallen gern.

Alte Leute, alte Häute.

Alte Leute, alte Leiden.

Alte Leute, alte Ränke,
junge Füchse, neue Schwänke.

Alte Leute sind wunderlich; wenn es regnet, wollen sie Heu machen.

Alte Leute werden wieder zu Kindern.

Alte Leut' haben kranke Häut'.

Von Empfindlichen.

Alte Katzen liegen gern am Ofen.

Alte Komödien, neue Komödianten.

Alte Liebe rostet nicht (alter Neid vergeht nicht).

Alte Mäuse fressen auch gern frischen Speck.

Wenn alte Leute nach jüngeren Partnern Ausschau halten.

Altem Diener und altem Hunde trieft kein Fett vom Munde.

Altem Haus und neuem Freund ist nicht leicht zu trauen.

Alten Zank (Dreck) soll man nicht aufrühren.

Alte Ochsen machen gerade Furchen.

Alte Pferde haben steife Beine.

Alte Philosophen taugen nicht zu jungen Zofen.

Alte Röhren tropfen gern.

Von schwatzhaften Alten.

Alter Speck macht fette Suppen.

Weisheit und Erfahrung der Alten sind wertvoll.

Alter Sünder tut fromm.

Alter Teufel kriecht zu Kreuz.

Alter Wein ist mild.

Alte Leute.

Alter Witz hinkt.

Alter Zank ist bald erneuert.

Alte Säcke brauchen viel Flecke.

Altes Brot will gute Zähne.

Altes Dach ist schwer zu flicken.

Altes Fleisch will sich laben.

Altes klappert, Neues klingt.

Altes Leder will Schmiere.

Altes Pferd bekommt der Schinder.

Alte Städte, alte Bräuche.

Alte Stämme, gute Früchte.

Wert der Erfahrung.

Alte Sünden machen neue Schande.

Alte Sünden, neue Buße.

Alte Übel sind schwer zu heilen.

Alte Vögel lassen sich nicht gern rupfen.

Nämlich nicht gern etwas abschwatzen.

Alte Ware gilt nichts.

Alte Weiden haben dicke Köpfe.

Alte Wunden sind schwer zu heilen.

Alte Wunden soll man nicht aufreißen.

Alt genug und doch nicht klug.

Alt ist noch nicht Recht.

Altes Unrecht bleibt Unrecht.

Alt möcht jeder gern werden,
aber alt sein mag niemand auf Erden.

Alt und alt gesellt sich bald.

Alte Bäume biegt man nicht mehr.

An einem alten Haus hat man immer was zu flicken.

Auf frohe Tage ein guter Trunk
macht alte Leute wieder jung.

Aus altem Groll wird Haß.

Aus alten Eichen läßt sich viel Holz schlagen.

Bei alten Münzen zweifelt niemand.

Gewohntes erregt keinen Argwohn.

Besser ein alter Topf als ein neuer Scherben.

(Blinde) Gewalt wird nicht alt.

Das Alte behalte.

Das Alte ist bequem, das Neue angenehm.

Das alte Lied, das alte Leid.

Das Alte muß dem Neuen weichen.

Der alte Brauch ist der beste.

Der alte Teufel lebt noch.

Der beste Spiegel ist ein alter Freund.

Der Wolf wird wohl älter, aber nicht besser.

Die alte Geiß hüpft auch.

Die alten Freunde halten in der Not.

Ein alter Fuchs läßt sich nicht prellen.

Ein alter Irrtum hat mehr Freunde als eine neue Wahrheit.

Ein alter Mann und eine junge Frau, gewisse Kinder.

Ein alter Narr wird selten klug.

Ein alter Pelz ist selten ohne Läuse.

Ein alter Rücken krümmt sich.

Eine alte Geiß frißt sauber auf.

Eine alte Geiß leckt auch gern Salz.

Einen alten Baum soll man nicht verpflanzen.

Einen alten Hund ist schlecht bellen lehren.

Ein junger Koch, ein alter Brater.

Es gibt mehr junge Greise als alte.

Es ist kein Kinderspiel, wenn alte Leute auf Stecken reiten.

Es ist kein Mensch so alt, er kann noch etwas lernen.

Früh alt, früh kalt.

Im alten Geleise geht es sich sicher.

Im alten Geleise wird niemand weise.

In alten Häusern fehlt's selten an Mäusen.

In alten Kleidern ist einem am wohlsten.

In alten Schlössern spuken die Geister am liebsten.

Alte Leute haben manchmal wunderliche Einfälle.

In alten Schuhen geht man am bequemsten.

Ist der Teufel alt, so will er Mönch werden.

Je älter der Adel, je morscher der Baum.

Je älter der Bock, je härter das Horn.

Je älter der Kater, je steifer der Schwanz.

Je älter, je eigensinniger.

Je älter der Spieß, je stumpfer die Spitze.

Je älter der Vogel, je fester sitzen die Federn.

Je älter die Kuh, je hübscher das Kalb.

Je älter die Weide, je hohler der Stamm.

Je älter, je karger; je länger, je arger.

Je älter, je schlimmer, je größer, je dümmer.

Je älter man wird, je mehr muß man lernen.

Je öller, je döller.

Junger Schlinger, alter Singer.

Junge Säufer, alte Bettler.

Junge Spaßmacher, alte Sauertöpfe.

Jung gewohnt, alt getan.

Jung zu jung, alt zu alt,
jeder sich zu seinesgleichen halt'.

Man ist nie zu alt zum Lernen (sagte die alte Frau, da lernte sie noch hexen).

Man ist oft zu jung zum Freien, aber niemals zu alt zum Lieben.

Man ist so alt, wie man sich fühlt.

Man wird alt wie eine Kuh
und lernt immer noch dazu.

Mit alten Hunden ist die sicherste Jagd.

Erfahrene Helfer sind die beste Gewähr.

Nicht alles Alte ist gut, nicht alles Neue schlecht.

Niemand ist so alt, er kann noch ein Jahr leben.

Man soll nichts zu früh aufgeben.

Sieh dich vor, wenn alte Hunde bellen.

Vom alten Hahn lernt der junge sein Kikeriki.

Was alt ist, brummt gern.

Was der Teufel nicht weiß, das weiß ein altes Weib.

Von Klatschbasen.

Weit vom Schuß gibt alte Kriegsleut.

Wenn alle Sünden alt werden, wird der Geiz jung.

Wenn alte Scheuern brennen, hilft kein Löschen.

Bei verliebten alten Leuten gibt's kein Halten.

Wenn der Wolf alt wird, so reiten ihn die Krähen.

Wenn die alten Gäule in Gang kommen, sind sie nicht zu halten.

Wenn junges Laub kommt, fällt das alte ab.

Wenn man den Teufel getauft hat, ist es der alte Teufel.

Von nutzlosen Bemühungen.

Wer alte Narben aufreißt, schafft neue Wunden.

Wer alt werden will, tue früh dazu.

Wer jung reitet, muß alt gehen.

Wenn etwas zu großspurig angefangen wird und dann mißrät.

Wer nicht alt werden will, muß sich jung hängen lassen.

Zehn alte Weiber, elf Krankheiten.

Zum Lernen ist keiner zu alt.

↗ *jung, neu*

Altar

Kommt der Teufel in die Kirche, so will er auch auf den Altar.

Umsonst wird kein Altar gedeckt.

Alten, die

Alten muß man ihre Weise lassen.

Alte soll man ehren, Junge soll man lehren,
Weise soll man fragen, Narren vertragen.

Bei den Alten ist man gut gehalten.

Der Wein macht die Alten beritten.

Die Alten sind auch keine Narren gewesen.

Die Alten zum Rat, die Jungen zur Tat.

Die Klugheit ist die Tapferkeit der Alten.

Ein guter Trunk macht Alte jung.

Es verdrießt den Alten, daß man ihn am Barte zupft.

Man reize niemanden unnötig.

Narren und Alten muß man viel zugute halten.

Wer guten Rat will, frage die Alten.

Wie die Alten sungen,
so zwitschern die Jungen.

Alter

Alter bringt Erfahrung.

Alter erfährt alle Tage etwas Neues.

Nämlich neues Übel.

Alter geht vor Schönheit.

Meist scherzhaft.

Alter hat Vorrecht.

Alter macht zwar immer weiß, aber nicht immer weise.

Alter schützt vor Torheit nicht.

Auch das Alter hat seine Freuden.

Das Alter bessert sich nicht.

Das Alter geht vor (sagte Eulenspiegel, da stieß er seine Mutter die Treppe hinunter).

Das Alter hat den Kalender im Leibe.

Das Alter ist geschwätzig.

Das Alter ist ungelehrig.

Das Alter kommt ungerufen.

Das Alter soll man ehren.

Nach 3. Mose 19,32.

Die Runzeln zeigen das Alter.

Die Stöße der Jugend fühlt man im Alter.

Es ist gut alt werden, wo man das Alter in Ehren hält.

Im Alter kommt der Psalter.

Von Frömmelei.

Jedes Alter hat seine Weise.

Jedes Alter hat sein Spielzeug.

Junges Alter ist gut, alte Jugend taugt nicht.

Kein Alter ohne Jugend.

Wer das Alter nicht ehrt,
ist des Alters nicht wert.

Wer im Alter ernten will, muß in der Jugend säen.

altklug

Altklug nie Frucht trug.

Amboß

Ein guter Amboß fürchtet keinen Hammer.

Heute Amboß, morgen Hammer.

Kein Streich macht den Amboß weich.

Lieber Hammer als Amboß.

Mit einem alten Weibe führt der Teufel keinen Prozeß.

Wer nicht rast in der Jugend, der muß im Alter rasen.

Wer verzagt ist in der Jugend, verzweifelt im Alter.

Wild in der Jugend bringt im Alter Tugend.

↗ *Jugend*

alte(r)n

Dank altert schnell.

Früh alten, früh kalten.

Mutterliebe altert nicht.

Narrheit altert nicht.

Nichts altert mehr als Lob und Ehr'.

Wahrheit altert wohl, aber sie stirbt nicht.

amen

Amen, sagte der Küster, und die Kirche war aus.

Wer predigt, soll auch amen sagen.
Man muß seine Sache zu Ende bringen.

Amme

Die beste Amme ersetzt keine Mutter.

Um des Kindes willen küßt man die Amme.

Amt

Amt bringt Samt.

Amt gibt Kappen.

Ander Amt, andre Sorge.

Das Amt lehrt regieren.

Das Amt macht wohl satt, aber nicht klug.

Der Mann ehrt das Amt, nicht das Amt den Mann.

Der Mann stirbt, aber das Amt bleibt.

Je höher Amt, je tiefer Fall.

Kein Amt so klein, es trägt was ein.

Neu Amt, neue Sitten.

Wem Gott ein Amt gibt, dem gibt er auch Verstand.

Ämtlein

Jedes Ämtlein hat sein Schlämplein.

anbellen

Den Unbekannten bellt der Hund an.
Fremdes wird oft beargwöhnt.

Der Hund bellt Narren und Weise an.

Es sind nicht alle Spitzbuben, die von Hunden angebellt werden.
Von übler Nachrede.

Was kümmert's den Mond, wenn ihn die Hunde anbellen.

Wenn der Wolf alt wird, bellen ihn die Hunde an.

Anbeter

Es ist nichts so lächerlich, es findet Anbeter.

anbinden

Wer die Geiß anbindet, muß sie auch hüten.

Wo die Ziege angebunden ist, da muß sie grasen.

anblasen

Es ist bald ein Feuer angeblasen, aber nicht so bald gelöscht.

Wozu ein Feuer anblasen, das von selber brennt.

Andacht

Es fahren viel Leute vor großer Andacht zum Teufel.

Lange Gebete haben wenig Andacht.
Lange Ermahnungen fruchten wenig.

Lange Predigt, kurze Andacht.

Wozu der Mensch Lust hat, dazu hat er auch Andacht.

andächtig

Es sind nicht alle heilig, die sich andächtig stellen.

ander

Andere Gedanken kommen über Nacht.

Andere Hand, anderes Glück.

Andere Hände haben immer die fettesten Schnitten.

Andere Jahr', andere Haar';
andere Zeit, andere Freud'.

Andere Jahre, andere Leute;
andere Glocken, ander Geläute.

Andere Krankheit, andere Arznei.

Andere Länder, andere Sitten.

Andere Leute haben auch einen Kopf.

Andere Leute haben auch Fäuste.

Andere Leute haben auch Häute.
Sind auch verletzlich.

Andere Leute sind auch keine Narren.

Andere Leute wollen auch leben.

Anderer Kopf, andere Gedanken.

Anderer Leute Brot schmeckt allzeit besser.

Anderer Leute Geld ist auch kein Blei.

Anderer Leute Speck ist immer fetter.

Andere Städtchen, andere Mädchen.

Andere Zeit, andere Freud.

Andere Zeit, anderes Geschmeid.

Andere Zeiten, andere Lieder.

Andere Zeiten, andere Sitten.

Ander Handel, ander Wandel.

Ander Jahr, ander Glück.

Ander Land, ander Glück.

Ander Wind, ander Wetter.

Andrer Leute Schmerzen tun nicht weh.

Auf anderer Leute Rücken ist leicht tragen.

Aus anderer Leute Schaden ist gut klug werden.

Bei anderer Leute Feuer kann man sich auch wärmen.

Der eine Teufel ist immer ärger als der andere.

Der ist ein Narr, der andere Leute für dumm hält.

Ein anderer Ort, ein anderer Mensch.

Ein ander Tag, ein ander Plag'.

Ein Dienst ist des anderen wert.

Eine andere Mutter hat auch ein liebes Kind.

Eine Dohle sitzt gern bei der andern.

Eine Hand wäscht die andere.

Eine Liebe ist der andern wert.

Eine List betrügt die andere.

Eine Lüge reicht der anderen die Hand.

Ein Esel kraut den andern.

Eingebildete loben sich gegenseitig.

Eine Stunde ist nicht wie die andere.

Ein Freund ist des andern Spiegel.

Ein Kopf weicht selten dem andern.

Ein Messer wetzt das andere.

Ein Narr gefällt dem andern.

Ein Pfennig lockt den anderen.

Ein Schmerz stillt den andern.

Ein Tag lehrt den andern.

Ein Teufel tut dem andern nichts.

Ganoven halten zusammen.

Ein Übel vertreibt das andere.

Es ist nicht ein Mensch (Tag) wie der andere.

Geschwind kommt oft ein andrer Wind.

In ander Leut Garten ist auch gut grasen.

Kein Wolf beißt den andern.

Man höre auch den andern Teil.

Man muß nicht jeden hassen, der eine andere Nase hat.

Niemand stinkt nach anderer Leute Schweiß.

↗ *eines*

andere, der

Andern ist gut predigen.

Andern vergib viel, dir selbst nichts.

Aus eines andern Beutel ist mild geben.

Aus eines andern Sack ist gut austeilen.

Dem einen gefällt die Mutter, dem andern die Tochter.

Die Geschmäcker sind verschieden.

Dem einen kommt's in Strömen, dem andern will's nicht tropfen.

Der eine gewinnt, der andere verliert.

Der eine hat den Fleiß, der andere den Preis.

Wenn es ungerecht zugeht.

Der eine hat den Genuß, der andere den Verdruß.

Der eine hat die Mühe, der andere die Brühe.

Der eine jagt das Wild, der andere ißt den Braten.

Der eine sät, der andere erntet.

Der eine sattelt das Pferd, der andere reitet es.

Des einen Schaden ist des andern Glück.

Die einen sterben, die andern erben.

Einer baut es, der andere kriegt es.

Einer liebt's, den anderen betrübt's.

Einer macht den Kreis, der andere den Punkt.

Einer pocht, der andere gibt nichts drauf.

Einer sündigt, der andere muß büßen.

Einer trage des andern Last.

Nach Galater 6,2.

Einer verliert, der andere gewinnt.

Erst selber glatt, dann andere hobeln.

Es ist ein schlimmes Lachen, wobei ein anderer weint.

Es ist ein schwacher Trost, daß es andern auch schlecht geht.

Es schwatzt einer den andern von der Bank und setzt sich dann selbst darauf.

Hör auch, was der andre sagt,
wenn du hörst, was einer klagt.

Laß andere dich loben.

Lerne selber, ehe du andere lehrst.

Mancher trägt andern Wasser zu und läßt sein Haus brennen.

Man muß sich selbst erst dreimal abwischen, eh' man andre putzen will.

Mit eines andern Arsch ist gut durchs Feuer fahren.

Was andere haben, gefällt uns, und was wir haben, gefällt anderen.

Was andere verschweigen sollen, muß man selber nicht ausplaudern.

Was dem einen recht ist, ist dem andern billig.

Was der eine wegwirft, hebt der andere auf.

Was du nicht willst, daß man dir tu,
das füg auch keinem andern zu.

Was einem schadet, nützt dem andern.

Was einem zustößt, kann auch dem andern begegnen.

Was ich selber tu, trau ich andern zu.

Was man selber nicht gelernt hat, kann man andere nicht lehren.

Wem andere Dank schulden, der hat einen schönen Schatz.

Wer andere betrügt, muß nicht über Untreue klagen.

Wer andere foppt, kommt auch an die Reihe.

Wer andere kratzt, den wird man wieder kratzen.

Wer andere plagt, hat selbst keine Ruhe.

Wer andere quält, schläft selbst nicht gut.

Wer andere richtet, verurteilt sich selber.

Wer andere schwarz macht, ist selber noch nicht weiß.

Von Intriganten.

Wer andere treiben will, muß selber laufen.

Wer andern die Wahrheit sagt, soll dabei sich selbst nicht vergessen.

Wer andern eine Grube gräbt, fällt selbst hinein.

Andern ist gut predigen.

Wer andern Schlingen legt,
sich selbst darin zu fangen pflegt.

Wer das Messer für andere wetzt, schneidet sich meist selber in die Finger.

Wer den anderen jagt, wird auch selber müde.

Wer für andere bürgt, muß selber zahlen.

Wer für andere stiehlt, wird für sich gehangen.

Wer nicht mehr tut als ein anderer, der ist auch nicht besser als ein anderer.

Wer seine Schuld auf andere wälzt, will sich nicht bessern.

Wer sich an andern spiegelt, spiegelt sich sanft.

Wer sich auf andere verläßt, ist verlassen genug.

Wer sich für andere verbürgt, wird für andere gewürgt.

Wer sich selbst gefällt, mißfällt andern.

Wer sich selbst nicht kennt, wie soll der andere kennen.

Wer sich selbst nichts gönnt, gönnt auch anderen nichts.

Wer sich selbst wegwirft, den heben auch die andern nicht auf.

Wer sich selbst zu raten weiß, braucht keinen andern zu fragen.

Wer will, daß man Gutes von ihm rede, der rede nichts Schlechtes von anderen.

Wie geht's so ungleich in der Welt, einer (der eine) hat den Beutel, der andere das Geld.

Will einer nicht, so will der andere.

↗ *einer, selber/selbst*

andermal

Gerät es nicht einmal, so gerät es ein andermal.

ändern

Ändern ist noch nicht bessern.

Der Wolf ändert wohl sein Haar,
aber er bleibt, wie er war.

Die Jahre ändern viel.

Die Klage ändert nichts am Vertrage.

Abgemacht ist abgemacht.

Die Zeiten ändern sich und wir mit ihnen.

Drei Dinge ändern sich geschwind:
Weib, Glück und Wind.

Natur läßt sich nicht ändern.

Was nicht zu ändern ist, ist nicht zu ändern.

Was sein muß, das soll niemand ändern.

Wetter und Wind ändern sich geschwind.

Wie die Zeit, so ändern sich die Leut.

Würden ändern die Sitten.

anders

Anders machen ist nicht besser machen.

Anders spricht der Herr, anders der Knecht.

Das Herz denkt oft anders, als der Mund redet.

Dem geschieht recht, der es anders nicht haben will.

Es kann vor Abend anders werden, als es am frühen Morgen war.

Es kommt oft anders, als man denkt.

Scherzhaft auch: Erstens kommt es anders, zweitens als man denkt.

Vorzeiten war's anders.

Wenn's nicht anders geht, muß man zum Teufel Vetter sagen.

anderswo

Anderswo ist auch gut Brot essen.

Anderswo ist die Welt auch nicht mit Brettern vernagelt.

Anderswo sind auch Leute.

Anfang

Aller Anfang ist schwer.

Anfang heiß, Mitte lau, Ende kalt.

Anfang und Ende reichen einander die Hände.

Das Ende des Zorns ist der Reue Anfang.

Gerücht ist der Klage Anfang.

Guter Anfang, gutes Ende.

Guter Anfang ist halbe Arbeit.

Müßiggang ist aller Laster Anfang.

Sich selbst vergessen ist der Anfang der Torheit.

Süßer Anfang, saures Ende.

Wehre den Anfängen.

Nach Ovid, Heilmittel gegen die Liebe.

Wie der Anfang, so das Ende.

anfangen

Anfangen ist leicht, Beharren ist Kunst.

Anfangen ist leichter als aufhören.

Bei der untersten Sprosse fängt die Leiter an.

Der stärkste Regen fängt mit Tropfen an.

Ein guter Tag fängt morgens an.

Ein Narr fängt das Lied an, und die Klugen singen mit.

Diejenigen, die sich für klug halten.

Ein Streit ist bald angefangen, aber schwer geendet.

Fange viel an, richte wenig aus.

Frisch angefangen ist halb getan.

Gut angefangen und schlecht geendet
heißt das ganze Werk geschändet.

Klein fängt man an, groß hört man auf.

Von Unredlichkeit.

Man muß mit Pfennigen anfangen, wo man mit Talern aufhören will.

Was spitz anfängt, hört stumpf auf.

Wenn einer verrückt wird, so fängt's im Kopfe an.

Wer alles reformieren will, der soll bei sich selbst anfangen.

Wer andere strafen will, muß bei sich selbst anfangen.

Wer anfängt mit Lügen,
hört auf mit Betrügen.

Wer bald anfängt, muß bald aufhören.

Wer leicht anfängt, läßt leicht liegen.

Wer mit Narren anfängt, muß mit Narren aufhören.

Wer nicht anfängt, muß nicht aufhören.

Wer oft anfängt, kann oft ausruhen.

Wer viel anfängt, endet wenig.

Wie man die Sache anfängt, so gerät sie.

Wo der Himmel aufhört, da fängt die Hölle an.

Wo der Verstand aufhört, fängt das Glück an.

Wo Lohn anfängt, hört Liebe auf.

↗ *aufhören*

Anfänger

Ein Anfänger ist kein Meister.

anfassen

Wer Butter anfaßt, bekommt fette Finger.

Wer Pech anfaßt (angreift), besudelt sich.

Nach Jesus Sirach 13,1.

Wer viel anfaßt, behält wenig.

Anfechtung

Anfechtung macht gute Christen.

Bewährung macht stark.

anfragen

Anfragen steht frei.

angeben

Wer angibt, hat mehr vom Leben.

angeboren

Angeboren ist besser als angelernt.

Angeboren ist unverloren.

angehen

Was dich nicht angeht, das laß stehen,
was du nicht halten kannst, laß gehen.

Was dich nicht angeht, das nimm dir nicht an.

Angel

Mit einer goldenen Angel ist leicht Fische fangen.

Ohne Angel fischt man umsonst.

angeln

Wer immer angelt, dem nimmer mangelt.

angenehm

Bald ist angenehm.

Freundlichkeit macht angenehm.

Kurz und gut ist angenehm.

Was neu ist, das ist angenehm,
was alt ist, das ist unbequem.

Was teuer ist, das ist angenehm.

Wer angenehm spricht, dem hört jeder gern zu.

Wer etwas mitbringt, ist immer angenehm.

Angst

Wer Angst hat, ist leicht zu fangen.

Wer keine Angst hat, dem tun die Hunde auch nichts.

Anker

Auf hoher See wirft niemand Anker.

Der beste Anker ist das Haus.

Anklage

Die Anklage hören viele, die Rechtfertigung wenige.

anklagen

Erst anklagen, dann richten.

Niemand klagt sich selber an.

Wer sich verteidigt, klagt sich an.

ankleben

Was Hänschen getan, klebt Hansen an.

Was wir gewohnt sind, klebt uns an.

anklopfen

Der Teufel klopft wohl an, aber der Mensch ruft herein.

Im Scherz klopft man an, im Ernst wird aufgetan.

Wenn das Glück anklopft, muß man um Verstand bitten.

Wenn das Unglück anklopft, schlafen die Freunde.

Wenn der Pfennig anklopft, ruft jedermann herein.

Wenn Gebhardt anklopft, tut Nemhardt auf.

Scherzhaft zu geben und nehmen.

Wer gute Nachricht bringt, klopft stark an.

Gute Nachrichten braucht man niemandem schonend beizubringen.

Wer mit der hohlen Hand anklopft, findet selten Gehör.

Wer (nicht) anklopft, dem wird (nicht) aufgetan.

Nach Matthäus 7,7.

Wo das Glück einkehrt, da klopft auch der Neid an.

Wo Dukaten anklopfen, springt das Schloß allein auf.

Wo Liebe anklopft, da macht Liebe auf.

Wo Taubheit herrscht, ist das Anklopfen umsonst.

ankommen

Schlechte Nachrichten kommen rasch an.

Wer langsam geht, kommt auch an.

ankommen (auf)

Auf die Worte kommt's nicht an,
die Tat macht den Mann.

Es kommt auf ein Haar nicht an, wenn man die Kuh schert.

Wenn's aufs Schwören ankommt, ist die Kuh unser.

Behaupten ist leicht.

anlachen

Ein junges Herz lacht die ganze Welt an.

Es sind nicht alles Freunde, die einen anlachen.

Anlauf

Ein guter Anlauf ist der halbe Sprung.

anpreisen

Wer die Ware anpreist, will sie los sein.

Anrede

Auf gute Anrede folgt guter Bescheid.

anschauen

Vom Anschauen fällt kein Baum.

anschwärzen

Wer andere anschwärzt, ist darum nicht weiß.

anschwellen

Wenn der Strom anschwillt, ist das Wasser trübe.

ansehen

Ansehen kostet nichts.

Ansehen macht freien.

Wie man die Arbeit ansieht, so sieht sie einen wieder an.

Ansehen

Graue Haare allein machen kein Ansehen.

Je größer das Gebell, je größer das Ansehen.

Reichtum gibt Ansehen.

Ansicht

Die Ansicht eines Weisen
und den Rat eines Greisen
soll man nicht von sich weisen.

anspannen

Wem das Pferd gehört, der spannt es an.

Wenn der Wagen zum Pferde kommt, ist's Zeit anzuspannen.

Wer sich anspannen läßt, muß sich auch treiben lassen (muß ziehen).

Anstand

Alles mit Anstand, sagte der Teufel und nahm den Pfaffen im Ornat.

Anstand ziert und kostet nichts.

anständig

Etwas Umstände machen ist anständig.

anstecken

Fröhlichkeit (Gähnen) steckt an.

anstehen

Schönem Mann steht alles an.

anstinken

Wer kann gegen ein Fuder Mist anstinken.

Anstoß

Hohe Dinge haben viel Anstoß.

anstoßen

Eine lange Nase stößt oft an.

Von Neugier.

Ein hochmütiger Kopf stößt überall an.

Wer sich viel bückt, stößt wenig an.

Antlitz

Schön(es) Antlitz verkauft ein räudig(es) Gesäß.

Antreiber

Ein guter Antreiber ist mehr wert als zehn Arbeiter.

Meist als Scherzwort.

antun

Kein größer Leid, als was man sich selber antut.

Antwort

Auf eine gute (dumme) Frage gehört eine gute (dumme) Antwort.

Besser eine kluge Antwort langsam als eine dumme schnell.

Arbeit macht aus Steinen Brot.

Ein gutes Wort bringt eine gute Antwort.

Es gibt nicht auf jede Frage eine Antwort.

Gute Antwort bricht den Zorn.

Keine Antwort ist auch eine Antwort.

Schweigen ist auch eine Antwort.

So manches Wort, so manche Antwort.

Wer mit Ochsen spricht, dem geben Ochsen Antwort.

Wer viel fragt, bekommt (kriegt) viel Antwort.

Wie die Frage, so die Antwort.

Wo Klage ist, muß Antwort sein.

antworten

Antworte nicht, man frage dich denn.

Auf eine kluge Frage soll man nicht dumm antworten.

Ein Narr antwortet, ehe er hört.

Es ruft sich nicht gut, wenn niemand antwortet.

Wenn ein Stock gefragt wird, so antwortet ein Stock.

anvertrauen

Das ist ein närrisches Schaf, das sich dem Wolf anvertraut.

anwenden

Der Pfennig ist gut angewandt, der einen Groschen erspart.

anziehen

Wem die Jacke paßt, der mag sie anziehen.

Wem der Schuh paßt, der zieht ihn sich an.

anzünden

Man soll die Stadt nicht anzünden, ehe der Feind kommt.

Man muß nicht in Panik verfallen.

Man zündet auch wohl dem Teufel ein Lichtlein an.

Wer ein Licht anzündet, dem geht ein Licht auf.

Apfel

Der Apfel fällt nicht weit vom Stamm.

Goldene Äpfel wachsen nicht am Wege.

Im schönsten Apfel sitzt der Wurm.

Je strenger das Verbot, je süßer schmecken die Äpfel.

Nach süßen Äpfeln muß man hoch steigen, saure hängen unten.

Verbotene Äpfel sind süß.

Wenn der Apfel reif ist, fällt er ab.

Wenn der Fürst einen Apfel braucht, nehmen seine Diener den ganzen Baum.

Äpfelbraten

Es gehört Kunst zum Äpfelbraten.

Auch das Einfachste will gelernt sein.

Apostel

Es ist nicht jeder ein Apostel, der hingeht in alle Welt.

Jeder hat seinen eigenen Apostel.

Sein Idol.

Apotheke

Die Apotheke ist eine teure Küche.

Apotheker

Das Schaf macht auch Pillen und ist doch kein Apotheker.

Appetit

Abwechslung macht Appetit.

An verlorenem Appetit stirbt man nicht.

Appetit ist die beste Soße.

Dem Armen fehlt Brot, dem Reichen Appetit.

Dem Greise fehlt's nicht an Appetit, aber beißen kann er nicht.

Der Appetit kommt beim Essen.

Nach Rabelais, Gargantua.

Immer Kuchen verdirbt den Appetit.

Je weniger zu essen, desto mehr Appetit.

April

April, April, der macht, was er will.

Kommt Ostern nicht im März, so kommt's doch im April.

Was sicher ist, kann man ruhig erwarten.

Aprilwetter

Frauengunst und Aprilwetter sind veränderlich.

Fürstengunst, Aprillenwetter,
Frauenlieb' und Rosenblätter,
Würfelspiel und Kartenglück
wechseln jeden Augenblick.

Arbeit

Arbeit adelt.

Arbeit ernährt, Müßiggang verzehrt.

Arbeit (Freude), Mäßigkeit und Ruh
schließt dem Arzt die Türe zu.

Nach Logau, Sinngedichte.

Arbeit gibt Brot, Faulheit gibt Not.

Arbeit hat Gulden, Müßiggang macht Schulden.

Arbeit ist des Lebens Würze.

Arbeit macht aus Steinen Brot.

Arbeit macht das Leben süß (Faulheit stärkt die Glieder).

Nach G. W. Burmann.

Arbeit schändet nicht (ist keine Schande).

Nach Hesiod, Werke und Tage.

Arbeit vermag alles.

Der eine hat die Arbeit, der andere den Lohn.

Einer Frau Arbeit ist nie getan.

Erst die Arbeit, dann das Vergnügen.

Faule Leute haben die meiste Arbeit.

Wenn man ihren Reden glaubt.

Gern tun macht leichte Arbeit.

Gesundheit ist eine Tochter der Arbeit.

Guter Anfang (Mut) ist halbe Arbeit.

Guter Lohn macht Arbeit leicht.

Halbe Arbeit ist gar keine.

Hölzerner Lohn, hölzerne Arbeit.

Jede Arbeit verdient ihren Lohn (ist ihres Lohnes wert).

Vergleiche Arbeiter.

Nach getaner Arbeit ist gut ruhn.

Saure Arbeit, süßer Schlaf.

Schmutzige Arbeit, blanker Lohn.

Stöhnen ist die halbe Arbeit.

Unwillig macht schlechte Arbeit.

Viele Hände, wenig Arbeit.

Weil viele Hände rasch ein Ende machen.

Was man gern tut, ist keine Arbeit.

Weit von der Arbeit, nah beim Teufel.

Wem die Arbeit soll gedeihn,
der muß nicht allzu hastig sein.

Wer ungebeten zur Arbeit kommt, geht unbelohnt davon.

Wer zuschaut, dem ist keine Arbeit zu schwer.

Wie der Lohn, so die Arbeit.

Wie der Mensch, so die Arbeit; wie die Arbeit, so der Mensch.

Wie die Arbeit, so der Lohn.

Wie man die Arbeit ansieht, so sieht sie einen wieder an.

Wie zum Essen, so zur Arbeit.

Wie zur Arbeit, so zum Essen.

Zusehen ist halbe Arbeit.

Wenn man Erfahrung sammelt.

arbeiten

Arbeiten hat seine Zeit, und Feiern hat seine Zeit.

Lebe, als solltest du morgen sterben, und arbeite, als solltest du ewig leben.

Mancher säuft, daß er schwitzt, und arbeitet, daß er friert.

Man kann arbeiten wie ein Ackergaul,
für Zuschauer ist man immer zu faul.

Niemand arbeitet gern umsonst.

Wann soll ich arbeiten? sagte der Faule; im Frühjahr ist viel Wasser, im Herbst viel Schmutz, im Sommer ist's heiß und im Winter kalt.

Wer arbeitet, hat keine Langeweile.

Wer gern arbeitet, dem fehlt's nicht an zu tun.

Wer nicht arbeitet, soll auch nicht essen.

Nach 2. Thessalonicher 3,10.

Wer nicht gern arbeitet, findet immerzu eine Ausrede.

Wie einer ißt, so arbeitet er auch.

Wie man arbeitet, so ißt man.

Willst du nicht arbeiten, so hilft dir kein Beten.

Arbeiter

Gewohnheit macht gute Arbeiter.

Gutes Werkzeug gibt einen guten Arbeiter.

Jeder Arbeiter ist seines Lohnes wert.

Nach Lukas 10,7; 1. Timotheus 5,18.

Arbeitsschweiß

Der beste Gewinn kommt aus Arbeitsschweiß.

Arche

Jeder Noah findet seine Arche.

arg

Arg denkt arg.

Arger Vater, ärger Kind.

Von schlechtem Vorbild.

Besser karg als arg.

Das Ärgste ist gewöhnlich wahr.

Der ärgste Feind ist in uns selber.

Der eine Teufel ist immer ärger als der andere.

Je ärger das Stück, je besser das Glück.

Dreistigkeit siegt.

Je ärger Strick, je besser Glück.

Von unverdientem Glück.

Je ärger Student, je frömmer Pastor.

Je besser Spiel, je ärger Schalk.

Je edler Roß, je ärger Laune.

Je kärger, je ärger.

Je länger, je ärger; je älter, je kärger.

Je näher der Freund, je ärger der Teufel.

Wenn die Freundschaft zu Bruch gegangen ist.

Je näher Rom, je ärger Christen.

Je schöner, je ärger.

Von redlichen Leuten denkt man nichts Arges.

Was zu arg ist, ist zu arg.

Wer sich heute nicht bessert, wird morgen ärger.

Arge, der

Die Nächsten sind die Ärgsten.

Es ist keiner so arg, er findet einen Ärgeren.

Ärger

Ärger bezahlt keine Schulden.

Ärger verdirbt die Schönheit.

Ärger zahlt sich nicht aus.

Des Trunkenen Freude ist des Nüchternen Ärger.

Im Ärger ist Wahrheit.

Man verliert dann nämlich seine Illusionen.

ärgern

Der eine ärgert sich über das Licht, der andere über den Schatten.

Wer krank ist, den ärgert die Fliege an der Wand.

arglos

Ein argloses Herz wird leicht betrogen.

Argwohn

Argwohn betrügt den Mann.

Argwohn beweist nichts (ist kein Beweis).

Argwohn ist blind.

Die Klugheit ist die Tapferkeit der Alten.

Argwohn ist des Teufels Hure.

Argwohn ist ein böser Nachbar.

Argwohn trifft oft den Nagel auf den Kopf.

Wo Argwohn wurzelt, muß Liebe welken.

arm

Arme Freier werden nicht eingelassen.

Arme Leute, arme Küchen.

Heute scherzhaft, wenn man nicht viel anbieten kann.

Arme Leute haben wenig Vettern.

Arme Leute kochen dünne Suppen.

Arme Leute machen reiche Heilige, singen die Mönche.

Arme Leute schieben kleine Karren.

Auch von Erfolglosen.

Arme Leute zählen ihre Schäflein zweimal.

Armen Mann kennt niemand.

Armer Leute Pfennige sind auch Geld.

Armer Leute Weisheit hat keinen Kurs.

Armer Leut Gäste gehen früh nach Haus.

Arme Vettern gelten wenig.

Arm oder reich, der Tod macht alles gleich.

Besser arm in Ehren als reich in Schanden.

Brand macht arme Leute.

Der Geiz nimmt sich arm.

Der ist ein armer Mann,
der sich selbst nicht helfen kann.

Der Reiche wird nicht ärmer, wenn man auf das Geld schilt.

Die Karte und die Kanne
macht manchen zum armen Manne.

Ein armer Mann hat keine Neider.

Ein armer Mann hat keine reichen Vettern.

Von einem Erfolglosen zieht man sich zurück.

Ein armer Teufel muß das Holz zur Hölle selber tragen.

Einem armen Mann läuft der Ruhm nicht nach.

Ein Knauser ist immer arm.

Habsucht macht arm.

In der Tasche eines armen Mannes verdirbt viel Weisheit.

Wer nichts gilt, dessen Rat gilt auch nichts.

Je geiziger, je ärmer.

Lässige Hand macht arm.

Viel Mönche machen arme Klöster.

Vom Nehmen wird man nicht arm.

Wer nicht rechnen kann, wird nicht reich; wer gut rechnen kann, wird nicht arm.

Wer nie genug hat, ist immer arm.

Wer sich nicht freuen kann, ist ein armer Mann.

Arm

Besser den Arm brechen als den Hals.

Des Teufels Arme sind immer offen.

Große Sachen brauchen starke Arme.

Je stärker die Zunge, je schwächer die Arme.

Von Maulhelden.

Mit fremden Armen ist gut roden.

Stiller Harm lähmt den Arm.

Träger Arm macht keine Stube warm.

Wer rückwärts geht, läuft dem Teufel in die Arme.

Arme, der

An des Armen Truh' wischt jeder die Schuh'.

Das Unglück trifft nur den Armen.

Dem Armen fehlt Brot, dem Reichen Appetit.

Dem Armen fehlt viel, dem Geizigen alles.

Dem Armen läuft die Armut nach.

Den Armen bittet niemand zur Hochzeit.

Den Armen friert überall.

Der Arme fängt den Fuchs, der Reiche trägt den Pelz.

Der Arme hat's überall schwer.

Nach Ovid, Fasti.

Der Arme ist überall im Wege.

Der Arme mästet dem Reichen die Kühe.

Der Reiche stiehlt, und der Arme wird gehängt.

Wenn der Arme etwas hat, so gibt er gern.

Wenn die Reichen bauen, haben die Armen zu tun.

Ärmel

Was nicht ins Maul geht, geht in den Ärmel.

Scherzhaft bei einem reichlichen Gastmahl.

Wer den Gecken im Ärmel hat, dem guckt er leicht heraus.

Armschmalz

Armschmalz fettet.

Armut

Armut braucht List.

Armut ist des Reichen Kuh.

Armut ist eine Sünde, die der Reiche nie vergibt.

Armut ist ein schlimmer Gast.

Armut lehrt geigen.

Armut macht die Erfindungen, Reichtum benutzt sie.

Armut schändet nicht.

Armut tut weh, Elend noch meh'.

Faulheit lohnt mit Armut.

Geiz ist die größte Armut.

Hochmut kommt nicht von Armut.

Jäher Reichtum, lange Armut.

Wer auf dem Wagen der Hoffnung fährt, hat die Armut zum Gefährten.

Wer in Betrug lebt, stirbt in Armut.

Zur Armut führen viele Straßen.

Arsch

Alte Hunde reiten auf dem Arsch.

Am Jüngsten Tage wird man sehen, wer den größten Arsch hat.

Am Schluß wird abgerechnet.

Auf fremden Arsch ist gut schlagen.

Aus einem verdrießlichen Arsch fährt kein fröhlicher Furz.

Ein grauer Kopf schützt nicht vor einem närrischen Arsch.

Ein kleiner Arsch braucht keine großen Hosen.

Ein kleiner Arsch muß sich auf keine große Brille setzen.

Es ist keiner so heilig, er hat einen beschissenen Arsch.

Von Scheinheiligen.

Es ist schlimm, wenn man seinem Arsche keinen Furz mehr anvertrauen kann.

Wenn man keinem vertrauen kann.

Gevatter hin, Gevatter her, der Arsch gehört in die Hosen.

Je glatter Maul, je fauler Arsch.

Man kann nicht alle Stühle mit einem Arsch besetzen.

Mit eines andern Arsch ist gut durchs Feuer fahren.

Was hilft's, die Nase hoch zu tragen, wenn der Arsch bloß ist.

Wenn man's Hemd aufhebt, wird der Arsch bloß.

Wer den Arsch bei sich hat, der hat gut scheißen.

Wer den Großen in den Arsch kriecht, kommt leicht auf den Mist.

Wer Pech hat, bricht den Finger im Arsch ab.

Wer selten reitet, dem tut der Arsch bald weh.

Wer sich zwischen zwei Stühle setzt, kommt mit dem Arsch auf die Erde.

Arschbacke

Man verwechselt wohl die Handschuhe, aber nicht die Arschbacken.

Arschleder

Viel Bergleute, viel Arschleder.

Art

Art läßt nicht von Art.

Der Bock läßt wohl vom Bart,
aber nicht von der Art.

Jeder Vogel lebt nach seiner Art.

Speck und Schwart' sind von einer Art.

Arznei

Andere Krankheit, andere Arznei.

Bittere Arzneien sind die wirksamsten.

Die beste Arznei ist die Geduld.

Geduld ist eine bittere Arznei.

Je heftiger die Krankheit, je schärfer die Arznei.

Mäßigkeit ist die beste Arznei.

Neue Seuchen verlangen neue Arzneien.

Was soll der Tochter die Arznei, wenn der Mutter der Magen verdorben ist.

Wenn der Kranke tot ist, kommt die Arznei zu spät.

Wenn man einem Mißstand nicht rechtzeitig begegnet, nützt es nichts mehr.

Arzt

Auch Arzt und Advokat brauchen fremden Rat.

Das Leiden selber ist ein Arzt.

Die Zeit ist der beste Arzt.

Ein guter Arzt bedarf keiner Posaune.

Ein guter Freund, ein guter Arzt.

Ein guter Koch, ein guter Arzt.

Es ist eine teure Gesundheit, die man beim Arzt kauft.

Fressen und Saufen macht die Ärzte reich.

Jeder Arzt hält seine Pillen für die besten.

Man soll die Pest bekämpfen, aber nicht den Arzt.

Viele Ärzte sind des Kranken Tod.

Wer gern krank ist, lacht den Arzt aus.

Wie der Patient, so der Arzt.

Wo die Ärzte streiten, da erntet der Tod.

Asche

Bedecktes Feuer glimmt unter der Asche.

Feuer macht alles zu Asche.

Man bläst so lange in die Asche, bis einem die Funken in die Augen fliegen.

Was man im Feuer verloren, muß man in der Asche suchen.

Arme Leute machen reiche Heilige.

Wenn das Feuer erloschen ist, spielen die Kinder mit der Asche.

Wenn die Gefahr vorbei ist, kann man leicht mutig sein.

Wer des Feuers bedarf, der sucht es in der Asche.

Streitsucht findet stets einen Anlaß.

Wo man mit Feuerbränden wirft, bläst der Teufel in die Asche.

Ast

Der muß nicht in den Wald gehen, der vor jedem Ast erschrickt.

Es sägt niemand gern den Ast ab, auf dem er sitzt.

Wer den Zweig nicht biegt, der wird den Ast nicht biegen.

ästimieren

Wie geziert, so ästimiert.

Atem

Fremder Atem stinkt immer.

aufbauen

Wer ein Kartenhaus aufbaut, dem stürzt ein Kartenhaus ein.

Zerstören ist leichter als aufbauen.

aufblähen

Das Glück bläht auf.

Kunst bläht auf.

Können macht eitel.

Wer groß ist, braucht sich nicht aufzublähen.

aufdecken

Die Wunden, die man heilen will, muß man erst aufdecken.

Wer seine eigene Schande nicht hören will, muß die seines Nachbarn nicht aufdecken.

aufgeben

Was man aufgibt, ist verloren.

Bei Schiller, Maria Stuart: Was man nicht aufgibt, hat man nie verloren.

Wer aufgibt, bekommt nichts.

Wer die Partie aufgibt, verliert sie.

aufgehen

Alte Beutel gehen nicht gern auf.

Die Haustür geht nach innen auf.

Die Sonne geht auf über Böse und Gute.

Guter Samen geht bald auf.

Was spät gesät wird, das geht spät auf.

Wenn das Bier eingeht, geht der Mund auf.

Wer ein Licht anzündet, dem geht ein Licht auf.

Wo die Sonne aufgeht, wird es Tag.

Wo Vernunft waltet.

aufhalten

Den Sack aufhalten ist leichter als ihn füllen.

Ein Bach ist leichter aufzuhalten als ein Strom.

Es ist gleichviel, ob der eine stiehlt und der andere den Sack aufhält.

Man kann den Mund lange aufhalten, bis eine gebratene Taube hineinfliegt.

Reisende Leute soll man nicht aufhalten.

Was man nicht aufhalten kann, soll man laufenlassen.

Wer zum Teufel fahren will, läßt sich nicht aufhalten.

aufheben

Aufgeschoben ist nicht aufgehoben.

Ein Eid hebt den andern auf.

Was der eine wegwirft, hebt der andere auf.

Was du nicht hingelegt hast, das hebe auch nicht auf.

Wer sich selbst wegwirft, den heben auch die andern nicht auf.

Wohl aufgehoben ist gut gefunden.

aufhören

Beim Gelde hört die Freundschaft auf.

Beim Spiel ist Aufhören das beste.

Mit Kleinem fängt man an, mit Großem hört man auf.

Predigen ist keine Kunst, sondern Aufhören ist eine Kunst.

Wenn der Spaß am besten ist, soll man aufhören.

Wenn man selber nichts hat, hört's Schenken auf.

Wenn's am besten schmeckt, soll man aufhören.

Wo die Hoffnung aufhört, fängt die Furcht an.

Wo die Weisheit aufhört, fängt die Narrheit an.

↗ *anfangen*

aufladen

Man muß sich nicht mehr aufladen, als man tragen kann.

Wer das Kalb trägt, dem lädt man die Kuh auf.

Wer gern trägt, dem ladet jeder auf.

Wo man umwirft, da ladet man wieder auf.
Kleine Fehler darf man nicht zu genau nehmen.

aufmachen

Wer den Mund nicht aufmacht, dem regnet es nicht hinein.

Wer's Maul nicht aufmacht, der muß den Beutel aufmachen.

Wo Liebe anklopft, da macht Liebe auf.

aufnehmen

Wer gewarnt ist, kann es mit zweien aufnehmen.

aufpacken

Einem willigen Esel packt jeder auf.

aufrecht

Aufrecht hinkt nicht.
Von moralischer Geradheit.

Ein leerer Sack steht nicht aufrecht.

Leere Ähren stehen aufrecht.

aufreißen

Wer alte Narben aufreißt, schafft neue Wunden.

aufrichtig

Ein aufrichtiges Donnerwetter ist besser als ein falsches Vaterunser.

aufrühren

Alten Dreck (Zank) soll man nicht aufrühren.

Aufschieb

Aufschieb ist ein Tagedieb.

aufschieben

Aufgeschoben ist nicht aufgehoben.

aufschießen

Was hoch aufschießt, wird (unten) bald dürr.

aufschütten

Wer nicht aufschüttet, kann nicht mahlen.

aufsetzen

Wer kegeln will, muß aufsetzen.

Aufsicht

Gute Aufsicht ist halbe Erziehung.

Je mehr Aufsicht, je weniger Einsicht.

aufsperren

Wer's Maul aufsperrt, dem regnet's hinein.

aufspielen

Wem das Glück aufspielt, der tanzt auf einem Bein.

Wer gern tanzt, dem ist leicht aufzuspielen.

aufstehen

Der hat einen kurzen Morgen, der zu Mittag aufsteht.

Der müßte früh aufstehen, der es allen recht machen wollte.

Der Neid steht früh auf.

Ein Kluger steht früh auf.

Es fällt keiner, der nicht gern wieder aufstünde.

Es steht mancher wieder auf, der auf dem Boden liegt.

Fallen ist keine Schande, aber nicht wieder aufstehen.

Fallen ist leichter als aufstehen.

Früh aufstehen macht nicht eher tagen.

Wenn ein Dragoner vom Pferd fällt, so steht ein Muskætier wieder auf.

Wenn Groschen kommt, muß Heller aufstehen.

Wer allen gefallen will, muß früh aufstehen.

Wer bei Tische schläft, steht hungrig auf.

Man darf die Gelegenheit nicht verstreichen lassen.

Wer früh aufsteht, kann viel erfahren.

Wer im Ruf steht, früh aufzustehen, der kann schlafen bis Mittag.

Wer im Zorn aufsteht, setzt sich mit Schaden nieder.

Wer in Schmutz fällt, steht nicht rein wieder auf.

Wer mit Hunden zu Bett geht, steht mit Flöhen auf.

Wer mit Ochsen schlafen geht, steht mit Hornvieh auf.

Wer nie fiel, der stand nie auf.

Wer oft fällt, der muß oft aufstehen.

Wer ohne Schulden schlafen geht, steht morgens reich auf.

Jedenfalls im Verhältnis zum Verschuldeten.

Wer sich mit Lumpen niedersetzt, steht mit Lumpen wieder auf.

Wo nichts fällt, kann nichts aufstehen.

aufsteigen

Je mehr der Rauch aufsteigt, je mehr zergeht er.

auftischen

Wer Vorrat hat, kann leicht auftischen.

auftun

Das Maul tut einer leichter auf als den Beutel.

Unglück lehrt die Augen auftun.

Wenn eine Tür sich schließt, tut eine andere sich auf.

Es gibt stets neue Möglichkeiten.

Wer den Mund nicht auftut, muß den Beutel auftun.

Wer die Augen nicht selber auftut, dem werden sie aufgetan.

Wer etwas haben will, muß das Maul auftun.

Wo einer hinwill, da tut ihm das Glück die Tür auf.

Der Entschlossene erreicht etwas.

aufwachen

Schulden wachen mit auf.

Wer zu lange schläft, wacht zu spät auf.

Wo Hoffnung einschläft, wacht Hoffnung auf.

Und zwar eine andere.

aufwachsen

Wer ohne Zucht aufwächst, stirbt ohne Ehre.

Womit einer aufgewachsen, das ist ihm auch angewachsen.

aufwärmen

Alten Brei muß man nicht aufwärmen.

aufwärts

Wer aufwärts will, muß aufwärts blicken.

aufwecken

Klagen weckt keinen Toten auf.

Verlorenen Dingen soll man nicht nachtrauern.

Wenn die Sorge schläft, muß man sie nicht aufwecken.

Wer selbst schläft, kann andere nicht aufwecken.

aufzehren

Kleiner Vorrat ist bald aufgezehrt.

aufziehen

Wer eine Schlange aufzieht, dem wird mit Gift gelohnt.

aufzwingen

Wohltaten kann man nicht aufzwingen.

Auge

Auch die Augen des Narren werden naß.

Man soll sich nicht von jeder Träne rühren lassen.

Augen auf, Kauf ist Kauf.

Augen auf und Mund zu
gibt ein Leben in Ruh'.

Spießerweisheit.

Auge um Auge, Zahn um Zahn.

Nach 2. Mose 21,24.

Aus den Augen, aus dem Sinn.

Bei Freunden muß man ein Auge zudrükken.

Das Auge der Frau hält die Stube rein.

Das Auge des Herrn putzt das Pferd.

Das Auge ist ein treuer Zeuge.

Was man mit eigenen Augen gesehen hat, braucht sonst keinen Beweis.

Das Auge kennt kein Verbot.

Das Auge muß nicht größer sein als der Magen.

Das Auge will auch etwas haben.

Das Herz sieht schärfer als die Augen.

Das Herz und die Augen kann niemand füllen.

Das Maul ist schnell gefüllt, aber langsam das Auge.

Der Kluge hält die Augen offen.

Der Tag hat Augen, die Nacht hat Ohren.

Der Wald (Busch) hat Ohren, das Feld hat Augen.

Ein Geheimnis darf man nirgends ausplaudern.

Des Gastes Auge sieht scharf.

Des Herren Auge düngt den Acker wohl.

Des Herren Auge füttert das Pferd.

Die Augen glauben sich selbst, die Ohren andern Leuten.

Die Augen kann niemand füllen.

Die Augen sind der Spiegel der Seele.

Die Furcht hat große Augen.

Draußen hat man hundert Augen, daheim kaum eins.

Ehr' und Auge leiden keinen Scherz.

Eigenliebe macht die Augen trübe.

Ein Auge macht den Kohl nicht fett.

Scherzhaftes Wortspiel mit dem Fettauge in der Brühe und dem Auge, das hineinschaut.

Ein Auge sieht nicht alles.

Eine Krähe hackt der andern die Augen nicht aus (kein Auge aus).

Nach Macrobius, Saturnalien.

Ein Stoß ans Schienbein macht klare Augen.

Es schlafen nicht alle, die die Augen zu haben.

Fremder Rauch beißt die Augen.

Gescheite Leute haben die Augen im Kopfe, die Narren in den Füßen.

Je länger man sieht, je größer wird das Auge.

Kauf ist Kauf; Käufer, tu die Augen auf.

Kein Auge sieht sich selbst.

Man sieht einem wohl in die Augen, aber nicht ins Herz.

Man sieht wohl den Splitter im fremden Auge, aber nicht den Balken im eigenen.

Nach Matthäus 7,3–5.

Neid hat scharfe Augen.

Nur mit fremden Augen kann man eigne Fehler sehen.

Regiment muß Augen haben.

Spiel will Augen haben.

Wortspiel mit dem Auge als Zählwert der Karten und als Metapher für Wachsamkeit.

Steinerne Herzen machen keine nassen Augen.

Ungleiches Teil macht scheele Augen.

Unglück schärft die Augen.

Viel Glanz blendet die Augen.

Vier Augen sehen mehr als zwei.

Was das Auge sieht, glaubt das Herz.

Was dem Herzen gefällt, suchen die Augen.

Was ein Auge sieht, können auch zehn sehen.

Wenn das Auge nicht sieht und das Ohr nicht hört, tut dem Herzen nichts weh.

Wer die Augen nicht auftut, muß den Beutel auftun.

Wer die Augen nicht selber auftut, dem werden sie aufgetan.

Wer die Welt sehen will, muß Augen mitbringen.

Wer einkauft, braucht hundert Augen, wer verkauft, hat an einem genug.

Wer ins Feuer bläst, dem fliegen die Funken in die Augen.

Wer kranke Augen hat, braucht scharfe Ohren.

Wer auf die eine Art nichts erfährt, muß es auf eine andere Weise versuchen.

Wer sehen will, muß gute Augen haben.

Wo die Augen sprechen, kann die Zunge schweigen.

Wo du nicht selbst bist, da sind keine Augen.

Wo meine Liebe ist, da ist mein Auge.

Augenblick

Auch die Heiligen haben ihre schwachen Augenblicke.

Augenfreund

Augenfreunde, falsche Freunde.

Augenschein

Augenschein ist aller Welt Zeugnis.

aus

Besser ein Fenster aus als ein Haus ein.

Nach dem Schmaus ist die Freundschaft aus.

Wenn die Hochzeit aus,
gehen die Gäste nach Haus.

ausbaden

Wer mit einsteigt, muß mit ausbaden.

ausbeißen

Wer sich des Morgens die Zähne ausbeißt, kann am Abend nicht kauen.

ausbleiben

Was sein soll, kann nicht ausbleiben.

ausbreiten

Man muß die schmutzige Wäsche nicht auf dem Markt ausbreiten.

Augen auf, Kauf ist Kauf.

ausbrüten

Wie es zum Nest zieht, so brütet es Junge aus.

Ausdauer

Ausdauer verdient den Preis.

ausdienen

Ein Lügner hat bald ausgedient.

Weil ihm keiner mehr glaubt.

auserwählen

Viele sind berufen, (aber) wenige sind auserwählt.

Nach Matthäus 20,16 und 22,14.

ausessen

Selbst eingebrockt, selbst ausgegessen.

Wer die Suppe eingebrockt hat, muß sie auch ausessen.

ausfliegen

Wenn die Jungen groß sind, fliegen sie aus.

Ausgabe

Die Ausgabe ist die Tochter der Einnahme.

Die kleinen Ausgaben sind die schlimmsten.

Ausgang

Der Ausgang krönt das Werk.

ausgeben

Ausgeben ist leicht, einnehmen schwer.

Man gibt oft zuviel aus, wenn man nicht genug ausgibt.

Gegen Sparen am falschen Platz.

Viel ausgeben macht leere Beutel.

Wenn man mit Scheffeln ausgibt und mit Löffeln einnimmt, so währt es nicht lange.

Wer ausgibt, muß auch einnehmen.

Wer mit einer Hand einnimmt und mit zweien ausgibt, wird bald fertig sein.

Wer Scherz ausgibt, muß Scherz einnehmen.

Wie man einnimmt, so gibt man wieder aus.

ausgehen

An einem schönen Tage muß man nicht ohne Mantel ausgehen.

Man soll rechtzeitig vorsorgen.

Geht ein Ochse aus, kommt ein Rind nach Haus.

Mancher geht nach Wolle aus
und kommt geschoren nach Haus.

Wer am Tage ausgeht, bedarf keiner Laterne.

Wer in fremden Kleidern ausgeht, kommt nackt wieder heim.

Wer nach Händeln ausgeht, kommt mit Beulen zurück.

Wer nie ausgeht, kommt nie heim.

aushalten

Haushalten hilft aushalten.

Im Leid halt aus, im Genuß halt ein.

Man hält alles aus, nur keine guten Tage.

Wer aushält, überwindet.

Zum Aushalten findet man viel Leute, zum Haushalten wenig.

ausharren

Wer ausharrt, ermüdet das Unglück.

auskehren

Beim Auskehren muß man sich auf der Seite des Besenstiels halten.

auskommen

Mit vielem hält man haus,
mit wenigem kommt man aus.

auslachen

Unbedacht wird ausgelacht.

Wenn die Gefahr vorbei ist, wird der Heilige ausgelacht.

Gute Vorsätze werden leicht vergessen.

Wer sich wichtig macht, wird ausgelacht.

Wo alle närrisch sind, da lacht man keinen aus.

Wo Verstand nicht Mode ist, da lacht man den Weisesten aus.

auslegen

Es ist nichts so gut gesagt, der Teufel legt es für sich aus.

Böser Wille dreht alles um.

Mißgunst legt alles übel aus.

Wer alles zum besten auslegt, macht sich viel Freunde.

auslernen

Der Mensch lernt nie aus.

In der Schule der Geduld lernt man nie aus.

Viele wissen viel, aber keiner hat ausgelernt.

auslöffeln

Was man sich eingebrockt hat, muß man auslöffeln.

Wer viel einrührt, muß viel auslöffeln.

Nach Terenz, Phormio.

ausmessen

Wie man ausmißt, so wird einem wieder eingemessen.

Ausnahme

Ausnahmen bestätigen die Regel.

Keine Regel ohne Ausnahme.

ausplaudern

Was andere verschweigen sollen, muß man selber nicht ausplaudern.

Was die Kinder hören im Haus,
das plaudern sie auf der Straße aus.

Ausrede

Ausrede muß sein.

Eine gute Ausrede ist drei Batzen wert.

Eine gute Ausrede und ein Nudelbrett sind überall daheim.

Jeder Fehler hat seine Ausrede.

Wer eine Ausrede sucht, findet zehn.

Wer nicht helfen will, hat leicht eine Ausrede.

Wer nichts geben will, findet immer eine Ausrede.

ausreichen

Eine Braut reicht aus.

ausreißen

Haar für Haar reißt man dem Esel den Schwanz aus.

ausrichten

Bei dem Herrn Schulzen richtet man mehr aus als beim Schulzen.

Wenn man was erreichen will, soll man es an höflicher Ehrerbietung nicht fehlen lassen.

Ein Narr kann mehr befehlen, als zehn Kluge ausrichten können.

Fange viel an, richte wenig aus.

Mit Zorn richtet man wenig aus.

Wer gegen die Sonne redet, richtet nichts aus.

Offenbare Tatsachen lassen sich nicht bestreiten.

Wo ein Kluger nichts ausrichtet, schickt man einen Dummen hin.

ausruhen

Wer oft anfängt, kann oft ausruhen.

Zu Haus ruht man am besten aus.

Aussaat

Karge Aussaat, spärliche Ernte.

Wie die Aussaat, so die Ernte.

aussäen

Sät man gut aus, so schneidet man gut ein.

Wie man aussät, scheuert man ein.

ausschlagen

Ein Hund schlägt keinen Knochen aus.

Was das Glück bringt, soll man nicht ausschlagen.

ausschöpfen

Mit dem Löffel kann man das Meer nicht ausschöpfen.

ausschütten

Man soll das Kind nicht mit dem Bade ausschütten.

ausschwätzen

Schwätz aus dem Haus nicht alles aus.

außen

Außen blank, innen Stank.

Außen fein, inwendig ein Schwein.

Außen hui und innen pfui.

Außen schimmert's, innen wimmert's.

Außen wenig, innen gar nichts.

Von außen fix, von innen nix.

↗ *innen*

Aussicht

Einsicht gibt Aussicht.

ausspielen

Wer schön ausspielt, dem gibt man schön zu.

aussterben

Die Narren sterben nicht aus.

austeilen

Aus eines andern Sack ist gut austeilen.

Mit Austeilen gewinnt man Freunde.

Wer austeilen will, muß auch einnehmen.

Wer Schläge austeilt, muß Schläge einnehmen.

Auster

Faule Austern geben die schönsten Perlen.

austrinken

Wer austrinkt, muß einschenken.

Wer das Meer austrinken will, muß einen großen Bauch haben.

Auswahl

Wer zuerst nimmt, hat die Auswahl.

auswendig

Auswendig Freud', inwendig Leid.

Auswendig geziert, inwendig geschmiert.

auswerfen

Das Netz auswerfen tut's nicht allein.

Es wirft mancher das Netz aus und fängt nichts.

Wirf das Netz aus, der Zufall bringt die Fische.

ausziehen (entkleiden)

Einen Nackten kann man nicht ausziehen.

Wenn man die Kleider auszieht, soll man auch die Sorgen ausziehen.

ausziehen (wegziehen)

Wo der Zorn einkehrt, muß der Verstand ausziehen.

Zieht der Wein ein, zieht das Geheimnis aus.

Axt

Die Axt im Haus erspart den Zimmermann.
Nach Schiller, Wilhelm Tell.

Eine stumpfe Axt fällt keine Eiche.

Hartes Holz will eine starke Axt.

B

Bacchus

Wenn Bacchus das Feuer schürt, sitzt Venus beim Ofen.

Bach

Aus einem kleinen Bach wird ein großer Fluß.

Brausender Bach läßt bald nach.

Zorn legt sich.

Ein Bach ist leichter aufzuhalten als ein Strom.

Es ersaufen (ertrinken) mehr im Becher als im Bach.

Es ist kein Strom, in den nicht trübe Bäche münden.

Im Bach ersaufen auch Leute.

Kleine Ursachen richten oft viel an.

Jenseits des Baches wohnen auch Leute.

Kleine Bäche machen das meiste Geräusch.

Man kann dem Strom eher trauen als dem Bach.

Überm Bache verstehn sie auch die Sache.

Viele Bäche machen einen Fluß.

Zu einem Strom gehören viel Bäche.

Bächlein

Viele Bächlein geben einen Bach.

Wer dem Bächlein nachgeht, kommt zur Quelle.

Backe

Graben und Hacken macht rote Backen.

Mit vollen Backen bläst sich's schlecht.

Von Bestechung.

backen

Aus einem Körnchen Wahrheit bäckt die Lüge einen Laib Brot.

Backen und brauen geraten nicht immer.

Nicht alles kann gelingen.

Kalter Ofen bäckt kein Brot.

Was der eine nicht backt, das braut der andere.

Wenn die Weiber waschen und backen, haben sie den Teufel im Nacken.

Zuerst kneten, dann backen.

Bäckerin

Der Kuchen schmeckt immer nach der Bäkkerin.

Backofen

Gegen den Backofen ist übel gaffen.

Wer gegen einen Backofen blasen will, der muß ein großes Maul haben.

Wer sich einem Stärkeren widersetzt.

Bad

Bad, Wein und Weib erquicken den Leib.

Beim Raben hilft kein Bad.

Was schwarz ist, läßt sich nicht weiß machen.

Man soll das Kind nicht mit dem Bade ausschütten.

Wer krätzig ins Bad kommt, kommt räudig heraus.

baden

Was hilft's, daß der Rabe badet; er bleibt doch schwarz.

Wenn die Sau gebadet ist, legt sie sich wieder in den Dreck.

Wer im Sumpf badet, kommt nicht rein heraus.

Wo baden Brauch ist, gehört Nacktheit zur Sitte.

Bagatelle

Bagatelle führt zur Hölle.

Bahn

Bekannte Bahn und alte Freunde sind die besten.

bald

Allzu schön wird bald vergehn.

Bald bezahlt ist gut bezahlt.

Bald geben ist doppelt geben.

Bald genug ist gut genug.

Bald getan ist wohlgetan.

Bald gewonnen, bald verloren.

Bald gutgemacht ist nur halb verschuldet.

Bald ist angenehm.

Der ist bald überwunden, der nicht widersteht.

Der Ungeschickte hat bald Feierabend.

Eine kleine Tasche ist bald gefüllt.

Eine schwankende Wand ist bald umgestoßen.

Eine Torheit ist bald begangen.

Ein guter Ruf ist bald verloren.

Ein kahler Kopf ist bald geschoren.

Ein kleines Pferd ist bald gestriegelt.

Ein kurzer Reigen ist bald getanzt.

Ein kurzes Lied ist bald gesungen.

Ein Pfeil ist bald verschossen.

Ein unbedachtes Wort.

Es ist bald getan, was lange reuen kann.

Es ist bald zerronnen,
was mit Unrecht begonnen.

Fremdes Leid ist bald vergessen.

Für gute Freunde ist bald gekocht.

Gestohlen ist bald was.

Ein Fehler ist schnell geschehen.

Glatt ist bald geschliffen.

Kindeshand ist bald gefüllt.

Kurzes Haar ist bald gebürstet.

Kleinigkeiten sind rasch erledigt.

Langsam erspart ist bald verzehrt.

Leichter Gewinn ist bald dahin.

Man wärmt sich bald bei großem Feuer.

Not ist bald vergessen.

Selbst getan ist bald getan.

Übel erworben ist bald verdorben.

Unglück ist bald bei der Hand.

Unversehen ist bald geschehen.

Jenseits des Baches wohnen auch Leute.

Viele Hände machen bald ein Ende.

Was bald grünt, verdirbt bald.

Was bald kommt, vergeht auch bald.

Was bald reif wird, wird bald faul.

Was bald wächst, verdorrt auch leicht.

Was bald zunimmt, das nimmt bald ab.

Was du tun willst, das tue bald.

Wer bald anfängt, muß bald aufhören.

Wer bald hilft, der hilft doppelt.

Wer bald ja sagt, sagt auch bald nein.

Wer fortgeht, ist bald vergessen.

Wer geben will, der gebe bald.

Wer heftig schilt, vergibt bald.

Wer Streit sucht, findet bald eine Ursache.

Wer willig ist, der kommt bald.

Zornige Leute kommen bald zu einer Beule.

Balg

Stirbt der Fuchs, so gilt der Balg.

Balken

Man sieht wohl den Splitter im fremden Auge, aber nicht den Balken im eigenen.

Nach Matthäus 7,3–5.

Morsches Holz gibt keine festen Balken.

Starke Bäume geben starke Balken.

Wasser hat keine Balken.

Wo nur ein Splitter drin ist, kann man keinen Balken herausziehen.

Ball

Wie man den Ball wirft, so fliegt er.

Ballast

Wenn das Schiff geladen ist, braucht man keinen Ballast.

Man muß sich eine Aufgabe nicht unnötig erschweren.

Band

Gleichheit ist der Liebe Band.

Auch von Gleichheit der Interessen.

Treuer Liebe Band hält über Meer und Land.

bändigen

Alte Hunde lassen sich nicht bändigen (sind nicht gut bändig zu machen).

bange

Lange macht dem Herzen bange.

Wem bange ist, den beißt der Teufel.

Zwang macht bang.

bangen

Sorgen und Bangen vertreibt die Rosen von den Wangen.

Bank

Auf harten Bänken ist nicht gut sitzen.

Besser von der Bank fallen als vom Dach.

Es schwatzt einer den andern von der Bank und setzt sich dann selbst darauf.

Unter der Bank neidet man niemand.

Wer immer predigt, kriegt leere Bänke.

Wer unter die Bank will, den stößt man bald darunter.

Bann

Was man nicht haben kann,
das tut man in den Bann.

Bär

Auch junge Bären brummen schon.

Bär und Petz ist eine Hetz.

Bär bleibt Bär, fährt man ihn auch übers Meer.

Ein gelehrter Bär kommt im Walde nicht weit.

Von Unpraktischen.

In der Höhle des Bären braucht man nicht nach Honig zu suchen.

Jeder Bär tanzt, wie er's versteht.

Man muß den Pelz nicht verteilen, ehe der Bär geschossen (erlegt) ist.

Not lehrt den Bären tanzen.

Viele jagen den Bären, aber niemand will ihn stechen.

Wenn der Bär auch brummt, tanzen muß er doch.

Wilde Bären muß man nicht ins Haus begehren.

Barbier

Wer zum Barbier geht, bleibt nicht ungeschoren.

barbieren

Erst einseifen, dann barbieren.

barfuß

Die Gänse gehen überall barfuß.

Lieber barfuß als in geborgten Schuhen.

Mäulchen, willst du Branntwein trinken, Füßchen, mußt du barfuß gehen.

So geht es in der Welt zu, einer geht barfuß, der andre trägt die Schuh'.

Wer auf anderer Leute Schuhe wartet, der muß lange barfuß gehen.

Wer barfuß geht, den drückt kein Schuh.

Wer barfuß geht, soll keine Dornen säen.

Bargeld

Bargeld (Bares Geld) lacht.

Bargeld kauft wohlfeil.

Bargeld macht den Kauf.

Ein guter Name ist besser als Bargeld.

Kredit ist so gut als Bargeld.

Vertrauen fördert.

Barmherzigkeit

Barmherzigkeit gegen die Wölfe ist Unrecht gegen die Schafe.

Barmherzigkeit ist größer als Recht.

Baron

Wer sich als Baron ausgibt, muß auch als Baron bezahlen.

Barschaft

Sparschaft bringt Barschaft.

Bart

Am Bart des Narren lernt das Messer scheren.

Besser den Bart verlieren als den Kopf.

Der Bart macht nicht den Gelehrten (Mann).

Der Bart macht (ziert) den Mann.

Der Kleine läßt sich auch nicht in den Bart greifen.

Ein Kuß ohne Bart ist eine Suppe ohne Salz.

Der Mann sollte nicht zu jung sein.

Es sind nicht alles Philosophen, die lange Bärte tragen.

Es verdrießt den Alten, daß man ihn am Barte zupft.

Man reize niemanden unnötig.

Niemand speit in seinen eigenen Bart.

↗ *Bock*

Baß

Der Baß kommt aus dem Faß.

Batzen

Besser ein geschwinder Batzen als ein langsamer Sechser.

Ein Batzen im Säckel ist besser als ein Gulden draußen.

Es ist ein guter Batzen, der einen Gulden erspart.

Mancher sieht auf den Pfennig und läßt den Batzen fahren.

Wer nach Batzen freit, ist nicht gescheit.

Wo der Kreuzer zu Hause ist, gilt er einen Batzen.

Bauch

Auf einem vollen Bauche ist gut liegen.

Auf einem vollen Bauch steht ein fröhliches Haupt.

Besser den Bauch zersprengt
als dem Wirt einen Tropfen geschenkt.

Dem hungrigen Bauch schmeckt alles gut.

Der Bauch hat keine Ohren.

Der Bauch hört keine Predigt.

Der Bauch ist ein schlechter Ratgeber.

Der Bauch ist leichter gefüllt als die Augen.

Der Bauch läßt sich mit Worten nicht abspeisen.

Der Bauch treibt die Faulen zur Arbeit.

Der Bauch will nicht borgen.

Der Mund ist des Bauches Henker und Arzt.

Des Schulzen Bauch drückt auf die ganze Gemeinde.

Von Korruption.

Dicke Bäuche, leere Köpfe.

Ein hungriger Bauch hat keine Scham.

In einer Notlage sind Förmlichkeiten nicht am Platze.

Ein voller Bauch, ein fauler Gauch.

Es ist gut Fastenpredigt halten, wenn der Bauch voll ist, sagte der Bettler zum Pater.

Es kommt alles in einen Bauch.

Fetter Bauch macht mageres Hirn.

Große Bäuche, frühe Leiche.

Im Bauche Schmer, im Kopfe leer.

Ist der Bauch satt, so ist das Herz froh.

Man kann lange predigen, ehe der Bauch voll wird.

Man sieht wohl auf den Rock, aber nicht auf den Bauch.

Vollem Bauch schmeckt alles bitter.

Voller Bauch lobt das Fasten.

Voller Bauch studiert nicht gern.

Volle Schläuche, dicke Bäuche.

Von Worten wird der Bauch nicht voll.

bauen

Auf den Traum ist nicht zu bau'n.

Auf die Schwüre der Verliebten ist nicht viel zu bauen.

Auf eigenem Grunde baut man am besten.

Man soll sich nach eigenem Urteil richten.

Auf gutem Grund ist gut bauen.

Bauen hat ein weites Maul.

Bauen ist schwerer als einreißen.

Bauen macht den Beutel schlapp.

Eines Mönches wegen baut man kein Kloster.

Ein jeder baut sein Nest,
wie's ihm dünket aufs best.

Eintracht baut das Haus, Zwietracht reißt es nieder.

Erst schauen, dann bauen.

Fleißige Hand baut Leut und Land.

Geduld baut, Ungeduld bricht ab.

Mit nichts kann man kein Haus bauen.

Wenn die Könige baun, haben die Kärrner zu tun.

Nach Schiller, Xenien.

Wenn die Reichen bauen, haben die Armen zu tun.

Wenn du ein Haus baust, so laß es nicht ohne Dach.

Angefangenes muß man vollenden.

Wer am Wege baut, der hat viel Meister.

Wer dem Glücke traut, hat auf Sand gebaut.

Wer will bauen an der Straßen,
muß die Leute reden lassen.

Bauer

Besser ein reicher Bauer als ein armer Edelmann.

Dem Bauer wird die Suppe sauer.

Der Acker muß schwächer sein als der Bauer.

Man muß seiner Aufgabe gewachsen sein.

Der Bauer ist ein Schlauer.

Der Papst und ein Bauer wissen mehr als der Papst allein.

Die dümmsten Bauern haben die größten Kartoffeln.

Von unverdientem Glück.

Faule Bauern finden keinen guten Acker.

Hat der Bauer Geld, hat's die ganze Welt.

Kurze Predigt und lange Bratwürste haben die Bauern gern.

Schlafen die Bauern, so wachen die Gänse.

Stiehlt der Knecht, so zahlt der Bauer.

Was der Bauer nicht kennt, das ißt er nicht.

Was der Bauer nicht muß, das tut er nicht.

Was weiß der Bauer von Safran?

Wenn sich die Herren (Könige) raufen, müssen die Bauern Haare lassen.

Wer einen Bauer betrügen will, muß einen Bauern mitbringen.

Bäuerin

Jede Bäuerin lobt ihre Kuh.

Bauernkind

Bauernkinder geben auch Doktoren.

Baum

Alte Bäume biegt man nicht mehr.

An der Frucht erkennt man den Baum.
Nach Matthäus 12,33.

Aus einem kleinen Samen wird ein großer Baum.

Der eine pflanzt den Baum,
der andre ißt die Pflaum'.

Ein Baum fällt nicht von einem Streich.

Einen alten Baum soll man nicht verpflanzen.

Ein hoher Baum fängt viel Wind.

Es fällt kein Baum vom ersten Hieb.

Es gefällt dem Dieb kein Baum, daran er hängen soll.

Es ist dafür gesorgt, daß die Bäume nicht in den Himmel wachsen.

Es müßt' ein schöner Baum sein, daran einen gelüstete zu hängen.

Hohe Bäume trifft der Blitz.

Hohe Bäume tun schwere Fälle.

Hohe Bäume werfen lange Schatten.

Je höher der Baum, je schwerer der Fall.

Je tiefer in den Wald, je mehr Bäume.
Wenn sich bei einer Arbeit die Schwierigkeiten häufen, je mehr man vorankommt.

Krumme Bäume tragen auch Früchte.

Nach den Blättern fallen die Bäume.

Starke Bäume geben starke Balken.

Unter den Bäumen regnet es zweimal.

Vom Anschauen fällt kein Baum.

Vor dem Baum soll man sich neigen, von dem man Schatten hat.

Wenn der Baum fällt, will jeder Späne lesen.

Wenn der Baum gefällt ist, rühmt man seinen Schatten.

Wenn der Fürst einen Apfel braucht, nehmen seine Diener den ganzen Baum.

Der Kuchen schmeckt immer nach der Bäckerin.

Wenn die Zweige verdorren, verdorrt auch der Baum.

Wie der Baum, so die Frucht.

Wie der Wind weht, so biegen sich die Bäume.

Wo der Baum hinfällt, da liegt er auch.

Baumeister

Es ist ein schlechter Baumeister, der mit dem Dach anfängt.

bäurisch

Besser bäurisch gefahren als herrisch gegangen.

Versprechen ist herrisch, halten bäurisch.

beantworten

Ein Narr kann mehr fragen, als zehn Kluge beantworten können.

(be)bauen

Wie man das Feld baut, so trägt es Früchte.

Becher

Es ertrinken mehr im Becher als im Meer.

Man ist nie frecher als beim Becher.

Zwischen Becher und Mund wird manches kund.

↗ Bach

Bedacht

Alles getan mit Bedacht
hat niemand ins Unglück gebracht.

Wer was tut, tu's mit Bedacht,
denn sonst wird er ausgelacht.

bedecken

Man kann noch so sehr mit Ruhm bedeckt sein, sagte der Kürschner, man friert im Winter ohne Pelz.

bedenken

Besser früh bedacht als spät bereut.

Das Ende bedacht hat viel Gutes gebracht.

Ein Ding ist besser bedacht als bereut.

Erst bedacht, dann gemacht.

Gut bedacht, gut gemacht.

Lange bedacht, geschwind gemacht.

Schenken hat sein Bedenken.

Was du tust, bedenke das Ende.

Nach Jesus Sirach 7,40.

Wer gar zu viel bedenkt, wird wenig leisten.

Nach Schiller, Wilhelm Tell.

bedeuten

Zwist unter Liebesleuten
hat nicht viel zu bedeuten.

bedienen

Große Herren wollen bedient sein.

Spöttisch, wenn jemand Ansprüche stellt.

Wer gut bedient sein will, bediene sich selbst.

Wer gut zahlt, wird gut bedient.

bedürfen

Die Wahrheit bedarf keiner Schminke.

Ein Mensch bedarf des andern.

Glückliche Narren bedürfen keiner Weisheit.

Je größer man ist, je mehr man bedarf.

Wer am Tage ausgeht, bedarf keiner Laterne.

Wo der Löffel reicht, bedarf's der Kelle nicht.

Wo Taten sprechen, bedarf es keiner Worte.

Zwischen ehrlichen Leuten bedarf's keiner Rechnung.

beenden

Besser nicht beginnen als nicht beenden.

Wer beginnt und nicht beendet,
hat seine Kraft verschwendet.

Wie ein Narr begonnen, wie ein Narr beendet.

↗ beginnen

Beere

Die Beeren geben den Wein.

Befehl

Befehl ist der Herren Bitte.

Der Hahn kräht nicht auf Befehl.

befehlen

Bitten ist lang, befehlen kurz.

Der Herr befiehlt's dem Knecht, der Knecht befiehlt's der Katze und die Katze ihrem Schwanze.

Wenn sich keiner zuständig fühlt.

Ein Narr kann mehr befehlen, als zehn Kluge ausrichten können.

Gehorchen ist leichter als befehlen.

Was vielen befohlen ist, das tut keiner.

Allgemeine Erwartungen fruchten wenig.

Wer befehlen will, muß gehorchen können.

befolgen

Der ist ein guter Prediger, der seine eigenen Lehren befolgt.

Gutes Beispiel schafft Vertrauen.

Kein Rat ist gut, man befolge ihn denn.

begeben

Es begibt sich viel zwischen Löffel und Gaumen.

Dazwischenkommen kann immer noch etwas.

begehen

Ein großer Mann begeht keine kleine Torheit.

begehren

Das ist gut, was jedermann begehrt.

Eines andern Schaden soll niemand begehren.

Ein Traum gewährt, was man wachend begehrt.

Es ist leicht zu haben, was niemand begehrt.

Freier wissen wohl, was sie begehren, aber nicht, was sie bekommen.

Je länger begehrt, je süßer gerührt.

Langerhofftes wird verklärt.

Je mehr man hat, je mehr man begehrt.

Was jeder begehrt, wird keinem beschert.

Was jedermann begehrt, ist schwer zu bekommen.

Was viele begehren, ist schwer zu hüten.

Wer etwas begehrt, muß danach gehen.

Wer nichts begehrt, dem geht nichts ab.

Wer nichts geben kann, der soll auch nicht begehren.

Wer Rat begehrt, dem ist zu helfen.

Wer viel begehrt, dem mangelt viel.

Wer zuviel begehrt, bekommt am Ende gar nichts.

begehrlich

Zu begehrlich bleibt nicht ehrlich.

Begierde

Begierde wird nie satt.

begießen

Wegen der Rosen begießt man die Dornen.

Willst du mit genießen, mußt du auch mit begießen.

Beginn

Böser Sinn stört den Beginn.

Die Ladung ist der Sache Beginn.

beginnen

Erst besinn's, dann beginn's.

Es ist bald zerronnen,
was mit Unrecht begonnen.

Frisch begonnen, halb gewonnen.

Viel gewinnt, wer frisch beginnt.

Was böse begonnen, muß böse enden.

Was du beginnst, beginne gescheit.

Wer viel beginnt, endet wenig.

Zorn beginnt mit Torheit und endet mit Reue.

↗ *beenden*

beglücken

Der Morgen bedrückt, der Abend beglückt.

begnügen

Der hat genug, der sich begnügt.

Man muß sich mit Mondschein begnügen, wenn man keinen Sonnenschein hat.

begraben

Gestorben, begraben.

Geschehenes läßt sich nicht ändern.

Laß die Toten ihre Toten begraben.

Nach Matthäus 8,22.

Schinden und Schaben wird mit begraben.

Der Geizhals hat bis zum Tode keinen Lohn für seine Mühe.

Wenn der Wolf begraben wird, tanzen die Schafe.

Wer vor Schreck stirbt, wird mit Fürzen begraben.

Feiglinge verachtet man.

Begräbnis

Lachende Erben lieben stille Begräbnisse.

Zum Begräbnis der Wahrheit gehören viel Schaufeln.

Bad, Wein und Weib erquicken den Leib.

begreifen

Wenn etwas geschehen ist, begreift's auch der Narr.

behagen

Ein jeder ringt nach dem, was ihm behagt.

behalten

Behalten ist leichter als gewinnen.

Besser halb behalten als ganz verloren.

Das Alte behalte.

Grobe Köpfe behalten lange.

Von Nachtragenden.

Jeder muß die Prügel behalten, die er bekommen hat.

Man kann nicht Speck haben und das Schwein behalten.

Man kann wohl Haare lassen, aber man muß die Haut behalten.

Niemand kann geben und behalten.

Prüfe das Neue und das Alte,
und das Beste behalte.

Schöne Dinge behält man nicht lange.

Verliert man die Schuhe, so behält man doch die Füße.

Trost bei erträglichen Verlusten.

Wer behält, wenn er hat, der findet, wenn er braucht.

Wer einen Narren kauft, muß einen Narren behalten.

Wer gern gibt, der behält genug.

Wer nicht spinnt, behält seinen Flachs.

Wer Recht hat zu nehmen, der hat auch Recht zu behalten.

Wer sich wehrt, behält sein Pferd.

Wer viel anfaßt, behält wenig.

Beharrlichkeit

Beharrlichkeit führt zum Ziel.

behaupten

Behaupten ist nicht Beweisen.

behelfen

Behelfen ist kein Sattessen.

Viel muß man haben, mit wenig behilft man sich auch.

Wer sich behilft, hat nichts übrig.

behende

Frauenarbeit ist behende,
nimmt aber nie ein Ende.

Zu behende bringt nichts zu Ende.

Behendigkeit

Was Stärke nicht kann, das tut Behendigkeit.

beherrschen

Der Zorn beherrscht nur schwache Leute.

Wer andere regieren will, muß zuvor sich selbst beherrschen können.

Wer seinen Zorn beherrschen kann,
das ist ein starker Mann.

beherzt

Beherzt geredet ist halb gefochten.

behüten

Behüt' uns Gott vor Feuer,
vor Zimmerleut und Mäuer;
die eine Stunde arbeiten sie,
die andere essen sie,
die dritte rauchen sie Tabak,
und so vergeht der ganze Tag.

Gott behüte mich vor meinen Freunden, vor meinen Feinden will ich mich schon selber schützen.

Behutsamkeit

Behutsamkeit gewinnt den Streit.

Beichte

Beicht' macht leicht.

Sich aussprechen erleichtert.

beichten

Bei jungen Pfaffen beichten die Weiber gern.

Es sind nur die kleinen Sünden, die man beichtet.

Man beichtet seine Sünden und nicht seine guten Werke.

Beichtvater

Der Hochmut ist unter allen Beichtvätern der gefährlichste.

beide

Eines Mannes Rede ist keines Mannes Rede, man soll sie billig hören beede.

Wer auf beiden Achseln trägt, sitzt zwischen zwei Stühlen nieder.

beieinanderliegen

Wenn zwei beieinanderliegen, so wärmen sie sich.

beieinanderstehen

Wenn zwei beieinanderstehen,
pflegt's über den Dritten herzugehen.

Beil

Die ungeschicktesten Zimmerleute brauchen die schärfsten Beile.

Viel hauen macht stumpfe Beile.

Bein

Allzufein bricht leicht ein Bein.

Auf einem Bein kann man nicht stehen.

Besser ein Bein brechen als den Hals.

Besser gesunde Beine als goldene Krücken.

Dankbar sein bricht kein Bein.

Eigene Beine sind die besten.

Ein glückliches Herz macht hüpfende Beine.

Furcht macht Beine.

Hast bricht Beine.

Je stärker der Wein, je schwächer das Bein.

Lange Finger machen lange Beine.

Lügen haben kurze Beine.

Man muß die Schritte nach den Beinen machen.

Sich nach seinen Möglichkeiten richten.

Müden Beinen ist schwer pfeifen.

Ohne Beine ist schlecht tanzen.

Spottvogel hat selbst krumme Beine.

Was man nicht im Kopf hat, muß man in den Beinen haben.

Der Vergeßliche muß manchen zusätzlichen Weg machen.

Was nicht gehen will, dem muß man Beine machen.

Wer gesunde Beine hat, braucht keine Krücken.

Wer in der Nacht tanzt, hat am Tage müde Beine.

Wer jedem Strohhalm aus dem Wege geht, bricht zuerst ein Bein.

Übervorsicht schadet auch.

Wer keinen Mut hat, muß gute Beine haben.

Wer nach jeder Pfeife tanzt, hat bald müde Beine.

Zu schnell macht müde Beine.

Zur Heirat gehört mehr als vier nackte Beine ins Bett.

Zwei Krücken sind noch lange kein gesundes Bein.

beinahe

Beinahe bringt keine Mücke um.

Beinahe ist nicht ganz.

Beinbruch

Einmal fallen ist nicht immer ein Beinbruch.

Ein Wort ist kein Beinbruch.

Eine hingeworfene Äußerung darf man nicht überbewerten.

beisammen

Faul und gefräßig ist gern beisammen.

Beispiel

Beispiele beweisen nichts.

Beispiele tun oft mehr
als viele Wort' und Lehr'.

Beispiel ist stumme Ermahnung.

Beispiel von oben ist doppelt zu loben.

Vorbild des Vorgesetzten.

Ein gutes Beispiel ist der beste Lehrmeister.

Gutes Beispiel, halbe Predigt.

Lehre ist ein langer Weg, Beispiel ein kurzer.

Schlechte (Böse) Beispiele verderben gute Sitten.

Nach 1. Korinther 15,33 und antikem Vorbild.

Worte sind Zwerge, aber Beispiele sind Riesen.

beißen

Bei Hunden und Katzen ist Beißen und Kratzen.

Bellende Hunde beißen nicht.

Den letzten beißen die Hunde.

Die freundlichsten Hunde beißen am schlimmsten.

Einer hilft sich mit Reden, der andere mit Beißen.

Einer kann's so treiben, daß ihn seine eigenen Hunde beißen.

Wenn einer es sich mit allen verdirbt.

Ein Floh kann auch beißen.

Ein junger Hund muß beißen lernen.

Ein toter Hund beißt nicht.

Es ist eine harte Sache, wenn man auf einen Stein beißt.

Es ist ein Unterschied zwischen Küssen und Beißen.

Es möchte mancher beißen, wenn er nur Zähne hätte.

Mach kein Feuer, so beißt dich kein Rauch.

Machst du dich selbst zum Schaf, so beißen dich die Hunde.

Man muß die Zähne nicht eher zeigen, bis man beißen will.

Viel Münder beißen viel hin.

Vorn gleiß' ich, hinten beiß' ich.

Was einen nicht beißt, muß man nicht kratzen.

Wem bange ist, den beißt der Teufel.

Wenn die Haushunde sich gebissen haben, belecken sie sich.

Wenn die Katze nicht beißt, so beißt der Kater.

Wenn man nicht beißen kann, muß man nicht bellen.

Wer den Pelz voll Läuse hat, den beißen sie auch.

Wo der Trog leer ist, beißen sich die Schweine.

↗ *bellen*

beistehen

Wer den Seinen nicht beisteht, wird Fremden nicht helfen.

beizeiten

Beizeiten ist gut löschen.

Lernt es beizeiten, so könnt ihr's bei den Leuten.

Was ein Häkchen werden will, krümmt sich beizeiten.

Was man tun muß, das tue man beizeiten.

Was stechen will, spitzt sich beizeiten.

Was zur Nessel werden will, brennt beizeiten.

bejahen

Wer schweigt, bejaht.

Bekannte, der

Viel Bekannte, wenig Freunde.

Bekanntschaft

Verwandtschaft geht über Bekanntschaft.

bekehren

Alte Leute sind schwer zu bekehren.

bekennen

Bekannt ist halb gebüßt.

Bekennen bricht den Hals.

beklagen

Besser verhütet als beklagt.

Über gute Zeiten beklagt man sich nicht.

Wer einen Igel streichelt, muß sich nicht über die Stiche beklagen.

Wer's so gewollt hat, ist nicht zu beklagen.

↗ *belachen*

bekleiden

Besser schlecht bekleidet als ganz nackt.

bekommen

Blöde bekommt nichts.

Den Kranz bekommt nur der Sieger.

Es genügt nicht, Recht zu haben, man muß es auch bekommen.

Faul bekommt wenig ins Maul.

Haben ist haben, aber bekommen eine Kunst.

Man weiß wohl, was man hat, aber nicht, was man bekommt.

Wenn man die Trauben nicht bekommen kann, schilt man sie sauer.

Wer alles haben will, bekommt nichts.

Wer aufgibt, bekommt nichts.

Wer den Ochsen bekommt, bekommt auch seine Hörner.

Wer die Schläge bekommen hat, der muß sie behalten.

Wer nach zweien greift, bekommt nicht eins.

Wer nicht da ist, bekommt die Knochen.

Wer nicht zugreift, bekommt nichts.

Wer viel verlangt, bekommt gar nichts.

bekümmert

Bekümmert Herz treibt selten Scherz.

belachen

Erst belacht, dann beklagt.

Mancher belacht vorher, was er nachher beweint.

beleidigen

Mit Schweigen beleidigt man keinen.

Wer einen beleidigt, droht vielen.

Wer sein Recht gebraucht, beleidigt niemand.

Wer sich verspricht, beleidigt noch nicht.

beliebt

Beliebt macht eine süße Zunge.

Alles, was man sagt, wird so für gut gehalten.

Der Gefällige ist überall beliebt.

bellen

Bellen und Beißen soll man den Hunden überlassen.

Bellt ein Hund, so kläffen sie alle.

Der Hund bellt vor der eigenen Tür.

Man soll woanders nicht zuviel ausplaudern.

Der Hund läßt das Bellen nicht.

Die Hunde bellen, aber die Karawane zieht weiter.

Die Leute müssen was zu reden haben, die Hunde was zu bellen.

Ein Hund bellt nicht lange.

Unterwürfige begehren nur kurz auf.

Es ist schwer, Hunde bellen zu lehren.

Wenn jemand etwas völlig Unnötiges versucht.

Es schadet nicht, wenn die Hunde bellen, wenn sie nur nicht beißen.

Getroffene Hunde bellen.

Hunde, die bellen, beißen nicht.

Laß den Hund bellen, singen kann er nicht.

Sieh dich vor, wenn alte Hunde bellen.

Was von Hunden kommt, bellt gern.

Wenn die alten Hunde bellen, soll man hinaussehen.

Wenn man mit einem Knochen nach dem Hunde wirft, so bellt er nicht.

Wo der Hund bellt, da mag er auch fressen.

Wo die Hunde bellen, ist's Dorf nicht weit.

↗ *beißen*

benehmen

Wer sich grob benimmt, wird auch grob behandelt.

beneiden

Besser beneidet als bemitleidet.

Wer nicht beneidet sein will, muß sich seines Glücks nicht rühmen.

Wenn die Reichen bauen,
haben die Armen zu tun.

Wer nicht beneidet wird, hat noch nichts Großes getan.

Wer unter dem Tisch sitzt, wird nicht beneidet.

bequem

Das Alte ist bequem, das Neue angenehm.

In alten Schuhen geht man am bequemsten.

Ohne Joch lenkt der Ochs sich am bequemsten.

bequemen

Bequeme dich, Gast, sonst bist du zur Last.

beraten

Je mehr da beraten, je dümmer die Taten.

Wer guten Rat annimmt, ist gut beraten.

Wer selbst für sich sorgt, ist am besten beraten.

beredt

Beredter Mund geht nicht zugrund.

Leichter Schmerz ist beredt.

bereit

Bereit sein ist alles.

Nach Shakespeare, Hamlet.

bereuen

Besser früh bedacht als spät bereut.

Ehrlichkeit ward nie bereut.

Geschwind getan, geschwind bereut.

Herzlich bereut ist genug gebüßt.

Heiraten in Eile bereut man mit Weile.

Je mehr du zerstreust, je mehr du bereust.

Was man bereuen muß, ist um jeden Preis zu teuer.

Was man verspricht (tut) in Eile,
bereut man mit Weile.

Wer des Geldes wegen freit,
der bereut's in kurzer Zeit.

Wer kauft in Eil', bereut in Weil'.

Wer sich irrt in Eile,
der bereut in Weile.

Wohl bereut ist halb gebüßt.

Berg

Besser ein grüner Hügel als ein kahler Berg.

Das Wasser läuft immer den Berg hinab.

Der Glaube versetzt Berge.

Nach 1. Korinther 13,2.

Die Türschwelle ist der höchste Berg.

Der erste Schritt ist der schwerste.

Es gibt nicht bloß Berge, es müssen auch Täler sein.

Es verspricht mancher goldene Berge und hat keine bleiernen.

Gemach fährt man den Berg hinauf.

Hinter dem Berge wohnen auch Leute.

Je höher der Berg, je tiefer das Tal,
je größer der Mann, je tiefer der Fall.

Liebe kann Berge versetzen.

Liegt Reif auf den Bergen, so ist's kalt im Tal.

Lobe die Berge und bleibe im Tal.

Ironisch von Furchtsamen.

Wenn der Berg nicht zum Propheten kommen will, muß der Prophet zum Berge gehen (kommen).

Wer die Freude auf Bergen sucht, verliert sie im Tal.

Nämlich im Alltag.

bergab

Bergab geht's rasch.

bergauf

Bergauf sachte, bergab achte, geradeaus trachte!

bergen

Ehrgeiz kann sich nicht bergen.

Feuer kann niemand bergen.

Leidenschaft bricht hervor.

Bergleute

Viel Bergleute, viel Arschleder.

berufen

Viele sind berufen, (aber) wenige sind auserwählt.

Nach Matthäus 20,16 und 22,14.

Bescheid

Auf gute Anrede folgt guter Bescheid.

In seinem Hause weiß jeder Bescheid.

Vorher Bescheid gibt nachher keinen Streit (schützt vor Streit).

Weise Leute geben kurzen Bescheid.

Nämlich klare Antwort.

bescheiden

Bescheidenes Glück kommt alle Tage.

Je weiser, je bescheidener.

Wissen macht bescheiden.

Bescheidenheit

Bescheidenheit, das schönste Kleid.

Bescheidenheit ist eine Zier,
doch weiter kommt man ohne ihr.

Bescheidenheit öffnet alle Türen.

bescheißen

Meinen ist nicht wissen; wer's nicht merkt, wird beschissen.

Oben beglissen, unten beschissen.

Wer dem Teufel traut, wird beschissen.

bescheren

Der Winter verzehrt, was der Sommer beschert.

Krieg verzehrt, was Friede beschert.

Wer den Pfennig ehrt, dem wird der Taler beschert.

beschirmen

Weisheit beschirmt.

beschließen

Wie die Gemeinde beschlossen,
so wird die Glocke gegossen.

beschmieren

Narrenhände beschmieren Tisch und Wände.

beschmutzen

Das ist ein sauberer Vogel, der das eigene Nest beschmutzt.

Beschränkung

In der Beschränkung zeigt sich (erst) der Meister.

Nach Goethe, Was wir bringen.

beschützen

Wer sein Haus beschützt, den beschützt es wieder.

Beschwer

Durst nach Ehr' macht viel Beschwer.

Ehr' hat Beschwer (sagte die Magd, ich bin froh, daß ich meine los bin).

Neuer Herr, neu Beschwer.

beschweren

Was man gewöhnt ist, beschwert nicht.

Zuviel beschwert den Magen.

beschwerlich

Ehrlich ist beschwerlich.

Knapp und ehrlich ist manchem beschwerlich.

Versprechen ist ehrlich, halten beschwerlich.

besehen

Besser gut befühlt als schlecht besehen.

Das Besehen hat man umsonst.

Wer eine Kröte fressen soll, muß sie nicht lange besehen.

Besen

Alte Besen wirft man ins Feuer.

Ein alter Besen scheut keinen Dreck.

Neue Besen kehren gut.

besetzen

Man kann nicht alle Stühle mit einem Arsch besetzen.

besiegen

Der kämpft gut, der nicht besiegt wird.

Sich selbst besiegen ist der größte Sieg.

Wer seinen Zorn bezwingt, hat einen Feind besiegt.

besingen

Wenn der Streich gelungen,
dann wird er besungen.

besinnen

Beim Freien und Pillenschlucken muß man sich nicht lange besinnen.

Bis sich der Händler besinnt, besinnt sich auch der Käufer.

Erst besinn's, dann beginn's.

Während sich der Kluge besinnt, kann sich der Narr auch besinnen.

Wer Gutes tun will, besinne sich nicht lange.

besitzen

Niemand besitzt alle Tugenden.

Was man nicht gebraucht, besitzt man nicht.

Wer viel besitzt, hat viel zu streiten.

besorgen

Was du heute kannst besorgen,
das verschiebe nicht auf morgen.

besser

Anders machen ist nicht besser machen.

Besser allein als in böser Gemein.

Besser am Dreck gewinnen als am Weihrauch verlieren.

Besser am Rande sparen als am Boden.

Also zur rechten Zeit.

Besser arm in Ehren als reich in Schanden.

Besser auf dem rechten Wege hinken als auf dem falschen reiten.

Besser auf eigenen Füßen als auf fremden Stühlen.

Besser auf Worte hören als auf Schläge warten.

Besser beim Herren als beim Herrlein.

Man muß sich an den Richtigen wenden.

Besser da läuft er als da liegt er.

Lieber nachgeben als den Schaden haben.

Besser demütig gefahren als hochmütig gegangen.

Besser den Esel treiben als selbst Säcke tragen.

Besser den Hut verloren als den Kopf.

Besser den Hut ziehen als den Beutel.

Besser den Magen gekränkt
als dem Wirt was geschenkt.

Besser der Neid des Feindes als das Mitleid des Freundes.

Besser durch Schaden klug als durch Vorteil unklug.

Besser Ehre ohne Leben als Leben ohne Ehre.

Besser den Magen gekränkt
als dem Wirt was geschenkt.

Besser ehrlich gewichen als schändlich gefochten.

Besser eigen Brot als fremden Braten.

Besser ein alter Topf als ein neuer Scherben.

Besser einäugig als ganz blind.

Besser ein Bein brechen als den Hals.

Besser eine kluge Antwort langsam als eine dumme schnell.

Besser eine Laus im Kraut als gar kein Fleisch.

Besser eine leere Tasche als ein leerer Kopf.

Besser eine Lüge, die heilt, als eine Wahrheit, die verwundet.

Besser ein Ende mit Schrecken als ein Schrecken ohne Ende.

Besser einen haben als zwei kriegen.

Besser einen Schoppen zuviel bezahlt als zuviel getrunken.

Besser einer, der's gesehen, als zwei, die's gehört.

Besser ein Esel, der mich trägt,
als ein Pferd, das mich schlägt.

Besser ein Fenster aus als ein Haus ein.

Besser ein freier Vogel als ein gefangener König.

Besser ein geborgtes Hemd als gar keins.

Besser ein geschwinder Batzen als ein langsamer Sechser.

Besser ein gutes Wort als einen verlorenen Freund.

Besser ein hölzerner Riegel als eine offene Tür.

Besser ein kleiner Schimpf (Verdruß) als großer Schaden.

Besser ein lahmes Pferd als ein leeres Halfter.

Besser ein Lot Gold als ein Pfund Blei.

Besser einmal als nie.

Besser einmal fragen als zweimal irregehen.

Besser einmal gut als zweimal schlecht.

Besser einmal helfen mit der Hand als zweimal mit dem Maul.

Besser einmal schreien als immer.

Wer dauernd klagt, wird lästig.

Besser ein ordentlicher Regen als ein stetes Tröpfeln.

Besser ein Spatz in der Hand als eine Taube auf dem Dach.

Besser ein Tag bei einem Weisen als ein Jahr bei einem Narren.

Besser ein Wort vorher als zwei danach.

Besser etwas als nichts.

Besser Flöhe gefangen als müßiggegangen.

Besser früh bedacht als spät bereut.

Besser geblinzelt als gar nichts gesehen.

Besser geniest als gehustet.

Besser geschämt als gegrämt.

Besser geschwiegen als das Maul verbrannt.

Besser gesunde Beine als goldene Krücken.

Besser grob als falsch.

Besser gut geschritten als schlecht geritten.

Besser gutlos als ehrlos.

Besser haben als hoffen.

Besser halb behalten als ganz verloren.

Besser halten als versprechen.

Besser hartes Brot als leiden Not.

Besser heimlicher Schade als offene Schande.

Besser heute ein Ei als morgen die Henne.

Besser heut' ein Groschen als morgen ein Gulden.

Besser ich hab's als ich hätt's.

Besser im Leben eine Brotrinde als nach dem Tode ein Denkmal.

Besser in der Tasche kein Geld
als ohne Freund in dieser Welt.

Besser ist besser, sagte der Teufel und nahm den Pfaffen gleich mit.

Besser karg als arg.

Besser kaufen als bitten.

Besser keine Frau als eine Närrin.

Besser klein Gebimmel als gar kein Geläut.

Besser mit den Füßen stolpern als mit der Zunge.

Besser mit den Weisen weinen als mit Narren lachen.

Besser mit Recht anklagen als mit Unrecht argwöhnen.

Besser mit Schaden klug werden als mit Schanden.

Besser mit Worten als mit Schlägen.

Besser nicht beginnen als nicht beenden.

Besser ohne Bart als ohne Kopf.

Besser ohne Fest als ohne Nest.

Besser ohne Löffel als ohne Brei.

Besser schenken als borgen.

Besser Scheu als Reu'.

Besser schlecht geritten als gut gelaufen.

Besser schlichten als richten.

Besser spät als nie.

Besser Tugend als Tugenden.

Besser schlecht geritten als gut gelaufen.

Besser unbegonnen als unvollendet.

Besser verwahrt als beklagt.

Besser viel wissen als viel reden.

Besser von der Bank fallen als vom Dach.

Besser was als gar nichts, sagte der Wolf, da fraß er eine Mücke.

Besser wenig mit Liebe als viel mit Fäusten.

Besser zu früh als zu spät.

Besser zuviel (tun) als zuwenig.

Besser zwanzig Meilen auf Rosen als eine auf Dornen.

Besser zweimal überlegt als einmal verpfuscht.

Das Bessere ist der Feind des Guten.
Nach Voltaire, Dictionnaire Philosophique.

Das Halbe ist oft besser als das Ganze.

Das vorige Jahr war immer besser.

Der Hehler ist nicht besser als der Stehler.

Der Mann ist nicht besser als sein Wort.

Der Sperling in der Hand ist besser als die Taube auf dem Dach.

Der Tadel des Weisen ist besser als das Lob des Narren.

Der Wolf wird wohl älter, aber nicht besser.

Doppelt (genäht) hält besser.

Ehrliche Schelte ist besser als falsches Lob.

Ein alter Freund ist besser als zwei neue.

Ein aufrichtiges Donnerwetter ist besser als ein falsches Vaterunser.

Ein dürrer Habich ist besser als ein fetter Hättich.

Eine Handvoll guter Gelegenheit ist besser als ein Fuder guter Rat.

Ein ehrlicher Pfennig ist besser als ein gestohlener Taler.

Ein ehrliches Nein ist besser als zwei falsche Ja.

Einen besseren Weg einschlagen ist nie zu spät.

Ein feiner Verstand ist besser als eine grobe Faust.

Ein Frieden ist besser als zehn Siege.

Ein gescheiter Teufel ist besser als ein dummer Engel.

Ein goldener Zaum macht das Pferd nicht besser.

Ein Groschen von Herzen ist besser als ein Taler von der Hand.

Ein guter Name ist besser als Bargeld.

Ein guter Rat ist besser als hundert Hände.

Ein Heute ist besser als zehn Morgen.

Ein Jetzt ist besser als zwei Dann.

Ein kleines Etwas ist besser als ein großes Garnichts.

Ein kluger Schweiger ist besser als ein dummer Schwätzer.

Ein Löffel voll Tat ist besser als ein Scheffel voll Rat.

Ein magerer Vergleich ist besser als ein fetter Prozeß.

Einmal gesehen ist besser als zehnmal gehört.

Ein Nachbar an der Hand ist besser als ein Freund über Land.

Eins ist besser als keins.

Es gibt kein besseres Leben als ein gutes Leben.

Wer gut lebt, sollte damit auch zufrieden sein.

Es ist leichter veracht' als besser gemacht.

Es kommt selten was Besseres nach.

Man soll eine Gelegenheit nicht verstreichen lassen, weil man auf mehr hofft.

Fliegen fangen ist immer noch besser als Grillen fangen.

Freundlich versagen ist besser als mit Unwillen geben.

Genug ist besser als zuviel.

Gerechter Tadel ist besser als falsches Lob.

Gutes Maß ist besser als schlechter Glaube.

Exakte Abrechnung gibt keinen Streit.

Gut machen ist besser als gut meinen.

Je ärger Strick, je besser Glück.

Von unverdientem Glück.

Je besser der Köder, je leichter der Fang.

Je besser der Weg, je mehr rollt der Wagen.

Je besser die Weide, je fetter die Schafe.

Je besser man pflügt, je reicher man fährt.

Je reicher die Ernte, die man einfahren kann.

Je fetter das Gras, je besser die Milch.

Je größer Fest, je besser Keile.

Wenn viel getrunken wird.

Je höher Ziel, je besser Schütz.

Je kleiner die Herde, desto besser die Weide.

Je weniger Teile, desto größer der Anteil.

Je toller, je besser.

Je weniger Gesetz, je besser Recht.

Kein besser Gemach als eigen Dach.

Kluges Schweigen ist besser als dummes Reden.

Könnte man alles zweimal machen,
so stünd' es besser in allen Sachen.

Lob macht den Guten besser, den Bösen schlimmer.

Meister Klüglein ist der Mann,
der alles besser machen kann.

Nachbars Weizen steht immer besser.

Nachfreude ist besser als Vorfreude.

Niemand kann's besser, als der's gelernt hat.

Recht tun ist besser als recht haben.

Schatten macht nicht größer, Lob nicht besser.

Schlimmer wird's immer, besser wird's nimmer.

Um einen raschen Entschluß zu rechtfertigen.

Schweigen ist gut, Reden ist besser.

Sich zu helfen wissen ist besser als viel wissen.

Spät ist besser als gar nicht.

Tadeln ist leichter als besser machen.

Vergleichen und Vertragen ist besser als Zanken und Klagen.

Vorbeugen ist besser als heilen.

Vorsicht ist besser als Nachsicht.

Wagen ist besser als wägen.

Wasser in Frieden ist besser als Wein in Zank.

Wenn das Gute fehlt, muß man das Bessere nehmen.

Wer nicht mehr tut als ein anderer, der ist auch nicht besser als ein anderer.

Wer nichts Besseres hat, muß mit seiner Frau vorliebnehmen.

Zu weite Schuhe sind besser als zu enge.

Milde ist besser als zu große Strenge.

Zwei Köpfe sind besser als einer.

↗ *lieber*

bessern

Ändern und bessern ist zweierlei.

Bessern ist oft bösern.

Das Alter bessert sich nicht.

Der Trinker bessert sich immer morgen.

Dinge, die sich bessern, sind gut.

Ein Fehler, den man erkennt, ist schon halb gebessert.

Furcht bessert nicht.

Man verändert sich oft, aber bessert sich selten.

Sich zu bessern ist keinem verboten.

Strafen ist leicht, bessern schwer.

Was man nicht bessern kann, das muß man bleibenlassen.

Was man verlacht, bessert sich nicht.

Wer sich heute nicht bessert, wird morgen ärger.

Wer den Guten ermahnt, bessert ihn.

Ein ordentlicher Mensch nimmt Lehre an.

Wer Schaden tut, muß Schaden bessern.

Zu jung ist ein Fehler, der sich täglich bessert.

Besserung

Einsicht ist der erste Schritt zur Besserung.

Es ist niemand so krank, er hofft auf Besserung.

best

Alte Wege und alte Freunde sind allezeit die besten.

Beste Ware, bester Kauf.

Das Beste am Schweinskopf ist die Sau.

Das Beste holt der Teufel zuerst.

Das Beste ist, was man in der Hand hat.

Das Beste kommt (selten) nach.

Das Beste kommt zuletzt.

Das Kopfkissen ist der beste Ratgeber.

Man soll eine Sache überschlafen.

Das Letzte, das Beste.

Das sind die besten Freunde, die man bei sich im Säckel trägt.

Der beste Gewinn kommt aus Arbeitsschweiß.

Der beste Spiegel ist ein alter Freund.

Der Dümmste gibt oft den besten Rat.

Der eigene Pfennig zahlt am besten.

Der erste Eindruck ist der beste.

Der kürzeste Weg ist nicht immer der beste.

Die beste Krankheit taugt nichts.

Die besten Eltern haben oft ungeratene Kinder.

Die besten Gedanken kommen immer hinterher.

Die besten Kirschen fressen die Vögel.

Die besten Mahner sind die schlimmsten Zahler.

Die besten Räte und hinkende Pferde kommen gewöhnlich zuletzt.

Die besten Steuerleute sind an Land.

Spott auf Krittelei.

Die ersten Einfälle sind oft die besten.

Die gröbsten Lügen sind die besten.

Wer unverfroren lügt, dem wird oft zunächst geglaubt.

Die kürzesten Narrheiten sind die besten.

Die Narren haben das beste Leben.

Die schnellen Entschlüsse sind die besten.

Die Zuschauer sind die besten Spieler.

Durst ist der beste Kellner.

Eigener Tisch ist der beste.

Eigene Wolle wärmt am besten.

Was man selbst geschaffen hat, erscheint einem fehlerfrei.

Ein ehrliches Gesicht ist der beste Reisepaß.

Ein guter Freund ist der beste Arzt.

Es ist eine schlimme Rotte, wo der Teufel der Beste ist.

Frisch zu Werke, die beste Stärke.

Früh nieder, früh auf ist der beste Lebenslauf.

Geduld ist der beste Harnisch.

Gern gesehen ist das beste Gericht.

Wo man willkommen ist, fühlt man sich wohl.

Gewohnheit ist der beste Lehrmeister.

Gleich wieder ist die beste Bezahlung.

Gleichzu trifft am besten.

Hunger ist der beste Koch (mag er's nicht, so ißt er's doch).

Im Zorn ist Zaudern das beste.

In seiner Haut lebt sich's am besten.

Jeder weiß am besten, wo ihn der Schuh drückt.

Kurze Händel sind die besten.

Kurze Predigten sind die besten.

Kurzer Scherz ist der beste.

Man muß das Beste hoffen, das Schlimme kommt von selbst.

Mäßig Feuer kocht am besten.

Beherrschte Leidenschaft.

Nicht fürchten ist der beste Harnisch.

Schönheit ist die beste Mitgift.

Seinem eigenen Mund gibt jeder gern das Beste.

Selbst ist der beste Bote.

Verstand ist das beste Kapital.

Verzeihen ist die beste Rache.

Vorrat ist der beste Rat.

Wenn's am besten schmeckt, soll man aufhören.

Wer alles zum besten auslegt, macht sich viel Freunde.

Wer in der Fülle lebt, lebt am besten.

Wer's am besten kann, der ist Meister.

Wer zuletzt lacht, lacht am besten.

bestehen

Ein Gewarnter kann gegen zwei bestehen.

Gezwungen Ding besteht nicht.

Schönheit vergeht, Tugend besteht (sagt das alte Weib und liegt im Rinnstein).

bestellen

Wer die Musik (Musikanten) bestellt, muß sie auch bezahlen.

Besuch

Kurze Besuche verlängern die Freundschaft.

besudeln

Man verklagt keine Sau, die einen besudelt.

Um üble Nachrede kümmere man sich nicht.

Wer Pech anfaßt (angreift), besudelt sich.

Nach Jesus Sirach 13,1.

Betbruder

Wenn ein Betbruder eine Betschwester heiratet, gibt es noch lange kein betendes Ehepaar.

beten

Besser ackern und düngen als beten und singen.

Ohne eigene Anstrengung erreicht man nichts.

Der Mund betet und die Hand tötet.

Von Heuchelei.

Es beten nicht alle, die in die Kirche gehen.

Not lehrt beten (schaffen).

Wer zum Teufel betet, den kann Gott nicht erhören.

Willst du nicht arbeiten, so hilft dir kein Beten.

Beter

Das Gebet ist wie der Beter.

betreffen

Einmal betroffen, neunmal getan.

betrinken

Was ein Lump werden will, betrinkt sich beizeiten.

betrüben

Einer liebt's, den anderen betrübt's.

Herzlich geliebt, schmerzlich betrübt.

Was liebt, betrübt.

Wer redet, was ihm beliebt, muß hören, was ihn betrübt.

Betrug

An dem feinsten Laken ist der größte Betrug.

Bei großem Gewinn ist großer Betrug.

Betrug hat kurzen Flug.

Betrug schleift glatte Worte.

Große Pracht, großer Betrug.

Irrtum ist kein Betrug.

Sobald Gesetz ersonnen, wird Betrug begonnen.
Ganoven sind trickreich.

Was Betrug gewonnen, ist bald zerronnen.

Wer in Betrug lebt, stirbt in Armut.

betrügen

An Vorwand fehlt es keinem, wenn er betrügen will.

Argwohn betrügt den Mann.

Aus einem Jungen, der lügt,
wird ein Alter, der betrügt.

Betrügen macht nur kurz Vergnügen.

Der Spiegel lügt, der Schein betrügt.

Der Vater lügt, der Sohn betrügt.
Schlechtes Vorbild verführt.

Der Weise wird nur einmal betrogen.

Die Welt will betrogen sein.
Von Leichtgläubigkeit.

Durch den Glauben wird mancher betrogen.
Nämlich durch das, was er selber glaubt.

Ein argloses Herz wird leicht betrogen.

Ein Schelm betrügt den andern.

Es ist besser, wir betrügen den Teufel, als daß der Teufel uns betrügt.

Gewiß betrügt niemand, aber Ungewiß trügt alle Welt.

Klug oder betrogen.

Sich selbst betrügen ist die leichteste Arbeit.

Unversehens ist einer leicht betrogen.

Wer alles weiß, wird auch betrogen.
Von Selbstüberschätzung.

Wer andere betrügt, muß nicht über Untreue klagen.

Wer betrügen will, spinnt feine Fäden.

Wer dem Fuchs glaubt, wird betrogen.

Wer den Acker betrügt, der betrügt sich selber.

Wer den Teufel betrügen will, muß sehr klug sein.

Wer dich einmal betrügt, tut dir unrecht; wer dich zweimal betrügt, tut dir recht.

Wer leicht glaubt (traut), wird leicht betrogen.

Wer lügt, der betrügt.

Wer selbst geht, den betrügt der Bote nicht.

Wer sich selbst betrügt, der ist am ärgsten betrogen.

Wer's zu gut haben will, wird oft betrogen.

Wer tauschen will, will betrügen.

Wer tausendmal trügt, wird auch wohl einmal selbst betrogen.

Wer zu kaupeln Lust hat, der hat auch Lust zu betrügen.

Zu Rom wird mancher betrogen.

Betrüger

Heute ein Betrüger, morgen ein Betrogener.

Betrügerei

Schwägerei ist Betrügerei.
Von Vetternwirtschaft.

Betrunkene, der

Narren, Kinder und Betrunkene sagen die Wahrheit.

Betschwester

Junge Hure, alte Betschwester.

↗ Betbruder

Bett

Auf harten Betten schläft sich's sanft.

Dem Kranken hilft kein goldenes Bett.

Der letzte ins Bett, der erste heraus.

Eine Schöne ins Bett, eine Reiche in die Küche.

Eine, die reichhaltig zu kochen versteht.

Es schläft nicht jeder, der im Bette liegt.

Es sind noch nicht alle zu Bett, die heut eine böse Nacht haben werden.

Gespött zerreißt dir kein Bett.

Im Bett ist alles wett.

Im eigenen Bett schläft sich's am besten.

In den weichsten Betten sitzen die Flöhe am liebsten.

Wo Wohlstand ist, finden sich Schmarotzer ein.

Nimm den Zorn nicht mit ins Bett.

Teilt sich das Bett, so scheiden sich die Herzen.

Viele Federn machen ein Bett.

Wer das Bett verhökert, muß auf Stroh schlafen.

Wer Frauen ohne Fehler sucht und Pferde ohne Mängel, hat nie ein gutes Pferd im Stall, im Bett nie einen Engel.

Wer mit den Hühnern zu Bett geht, kann auch mit den Hühnern aufstehen.

Wer mit Hunden zu Bett geht, steht mit Flöhen auf.

Wer nicht schlafen kann, klagt über das Bett.

Wir machen uns auch eine Freude, sagte der Bauer zu seiner Frau, als sie ihn bei der Magd im Bette traf.

Wissenschaft liegt nicht auf weichem Bette.

Zu Bett und Tisch soll man sich nicht schämen.

Zu Bett, zu Bett, wer eine hat; wer keine hat, muß auch ins Bett.

Zwei Strohsäcke sind auch ein Bett.

Bettel

Bettel hat langen Zettel.

betteln

Auch zum Betteln gehört Glück.

Besser betteln als borgen (stehlen).

Im Bett ist alles wett.

Ehre betteln ist Schimpf begehren.

Wer kauft, braucht nicht zu betteln.

Bettelsack

Der Bettelsack hat keinen Boden.

Bettelstab

Wer sein Gut wegwirft, muß nicht über den Bettelstab klagen.

betten

Wie man sich bettet, so schläft (liegt) man.

Bettler

Bettler und Borger dürfen nicht wählerisch sein.

Das Glück macht aus Bettlern Könige und aus Königen Bettler.

Heute reich, morgen ein Bettler.

Von unsicherem Glück.

Junge Faulenzer (Säufer), alte Bettler.

Junger Schlemmer, alter Bettler.

Wo man Brot austeilt, fehlt es nicht an Bettlern.

beugen

Sich beugen ist keine Unehre, aber sich beugen lassen.

Beule

Eine eiserne Stirn stößt sich keine Beulen.

Ein kleiner Stein kann eine große Beule machen.

Ein Schneckenhorn stößt keine Beulen.

Einen kleinen Puff muß man schon vertragen.

Große Keulen schlagen große Beulen.

Je größer der Flegel, je größer die Beule.

Kein Kind wird groß ohne Beulen.

Nach dem Falle kommt die Beule.

Nicht jeder Schlag gibt eine Beule.

Raschmann kommt leicht zu Beulen.

Verwegenheit bringt Beulen an den Kopf.

Wer nach Händeln ausgeht, kommt mit Beulen zurück.

Wer selber einen Kropf hat, was geht den des Nachbars Beule an.

Zornige Leute kommen bald zu einer Beule.

Beute

Beute entzweit die Leute.

Dem Sieger gehört die Beute.

Der Tüchtige hat den Erfolg.

Keine Beute ohne Streit.

Man soll die Beute nicht vor dem Siege teilen.

Mit dem Löwen ist nicht gut Beute teilen.

Wenn die Beute verzehrt ist, frißt ein Wolf den andern.

Beutel

Alte Beutel gehen nicht gern auf.

Aus eines andern Beutel ist mild geben.

Aus fremdem Beutel ist gut zechen (blechen).

Besser den Hut ziehen als den Beutel.

Das ist das Leiden in der Welt, der eine hat den Beutel, der andere das Geld.

Das Maul tut einer leichter auf als den Beutel.

Der erste Einsatz macht den Beutel leer.

Ein Pfennig zieht den andern aus dem Beutel.

Ein schwerer Beutel macht leicht eitel.

Nach Abraham a Santa Clara.

Ein schwerer Kopf und ein leerer Beutel sind oft zusammen.

Ein voller Beutel hat viel Freunde.

Freigebig mit dem Maul, karg mit dem Beutel.

Guter Kauf leert den Beutel.

Durch gute Gelegenheit läßt man sich verleiten.

Habdank füllt den Beutel nicht.

Halb fromm, halb Schalk füllt Beutel und Balg.

Von eigennütziger Scheinheiligkeit.

Kleiner Gewinn füllt den Beutel.

Leere Beutel klingen nicht.

Leichter Gewinn macht schwere Beutel.

Überfluß leert den Beutel.

Viel ausgeben macht leere Beutel.

Voller Beutel hat gut predigen.

Wegen eines Dreiers braucht man keinen Beutel.

Wenn der Beutel klingt, so tanzt der Kellner.

Wohlfeil leert den Beutel.

bewachen

Wer nicht immer wacht, der ist schlecht bewacht.

bewahren

Bewahren ist so gut wie erwerben.

Gott bewahre uns vor Katzen,
die vorn lecken und hinten kratzen.

Vor dem Feuer kann man sich bewahren, aber nicht vor bösen Menschen.

Was man erfahren, muß man bewahren;
so wird man klug mit den Jahren.

Wer den Frieden hütet, bewahrt einen teuren Schatz.

Wer in der Jugend spart, ist im Alter bewahrt.

Wer sein eigenes Geheimnis nicht bewahren kann, dem darf man kein fremdes anvertrauen.

bewähren

Erst im Streit bewährt sich ein gutes Schwert.

Prüfstein ist die Praxis.

Geduld bewährt sich im Unglück.

Glück erwirbt Freunde, Unglück bewährt sie.

beweinen

Gut gemeint wird oft beweint.

↗ *belachen*

Beweis

Argwohn ist kein Beweis.

Dem Kläger gebührt der Beweis.

Eine Tatsache wiegt schwerer als ein Fuder Beweise.

Ein Narr ist kein Beweis.

Klingende Beweise überzeugen am meisten.

beweisen

Beweisen macht wahr.

Im Unglück beweist sich der Mann.

Was man beweisen kann, braucht man nicht zu beschwören.

↗ *behaupten, Beispiel*

bewundern

Es ist kein Tor so groß, es gibt noch einen größeren, der ihn bewundert.

bezahlen

Abgerechnet ist gut bezahlt.

Sofort zahlen ist am besten.

Bald bezahlt ist gut bezahlt.

Besser einen Schoppen zuviel bezahlt als zuviel getrunken.

Bezahlen ist besser als bürgen.

Eine Stunde bezahlt alles.

Gerechnet ist nicht bezahlt.

Hoch geprahlt, schlecht bezahlt.

Klagen bezahlen keine Schulden.

Liebe wird mit Liebe bezahlt.

Süß getrunken, sauer bezahlt.

Verdruß bezahlt die Schulden nicht.

Was der Deutsche bezahlt, das ißt er auch.

Was der Mund redet, muß der Hals bezahlen.

Für dummes Gerede muß man geradestehen.

Was die Zunge redet, muß der Rücken bezahlen.

Was gut ist, bezahlt man nicht zu teuer.

Was man für vier Kreuzer haben kann, muß man nicht mit acht bezahlen.

Wer akzeptiert, muß bezahlen.

Wer den Tanz bestellt hat, muß ihn auch bezahlen.

Wer den Topf zerbrochen, mag ihn auch bezahlen.

Wer die Schmiede wechselt, muß die alten Eisen bezahlen.

Beim Wechsel persönlicher oder geschäftlicher Beziehungen erleidet man oft Einbußen.

Wer gut bezahlt, den drückt kein Pfand.

Wer gutsagt, muß bezahlen.

Wer Schulden macht mit Lust, wird sie mit Unlust bezahlen.

Wer schuldig ist, der muß bezahlen.

Wer sein Lob kauft, bezahlt es stets zu teuer.

Wer Wasser trinkt, hat keinen Wein zu bezahlen.

Wer zur Hochzeit geht, muß seine Suppe teuer bezahlen.

↗ *borgen*

Bezahler

Nachsicht macht schlechte Bezahler.

Bezahlung

Gleich wieder ist die beste Bezahlung.

Höflichkeit ist halbe Bezahlung.

bezwingen

Wer fröhlich singt, sein Leid bezwingt.

Bibel

Gottes Wort kommt in Schwung, sagte der Teufel und schmiß seiner Großmutter die Bibel an den Kopf.

Im Munde Bibel, im Herzen übel.

Was der Teufel in der Bibel sucht, das findet er.

Wenn es dem Teufel an Jüngern fehlt, erklärt er die Bibel.

biegen

Alte Bäume biegt man nicht mehr.

Besser biegen als brechen.

Die Jahre biegen den stärksten Mann.

Ein Klotz läßt sich nicht biegen.

Was man krumm haben will, muß man jung biegen.

Wer das Recht biegt, bricht es.

Wer den Zweig nicht biegt, der wird den Ast nicht biegen.

Biene

Der Stachel macht keine Biene.

Eine Biene macht keinen Schwarm.

Jede Biene hat ihren Stachel.

Schwärmende Bienen stechen bald.

Wenn die Biene sticht, verliert sie den Stachel.

Bier

Auch gutes Bier macht böse Köpfe.

Aus dem schlechtesten Bier entsteht der gesundeste Kater.

Beim Bier gibt's viel tapfere Leut'.

Bier auf Wein, das laß sein;
Wein auf Bier, das rat' ich dir.

Das Bier schmeckt gern nach dem Faß.

Eine schöne Blume steht nicht lange am Wege.

Eine schöne Wirtin verkauft auch saures Bier.

Es ist keine Kunst, gutes Bier zu trinken.
Wohlleben ist leicht.

Ist das Bier im Manne,
ist der Verstand in der Kanne.

Ohne Hopfen kein Bier.
Bittere Erfahrungen macht jeder.

Starkes Bier und schwache Köpfe passen nicht zusammen.

Wenn das Bier eingeht, geht der Mund auf.

bieten

Bieten und Wiederbieten machen den Kauf.

Das Glück bietet seine Hand dem Kühnen.

Handeln und bieten macht Kaufleute.

Loben und bieten gehört zum Kauf.

Wenn man dem Mund was bietet, so nimmt er sich was.

Bild

Ein Bild ist besser als tausend Wörter.

Ein falscher Spiegel gibt kein richtiges Bild.

Bildung

Bildung bessert Geist und Herz.

Geburt ist viel, Bildung ist mehr.

Anlagen müssen ausgebildet werden.

billig (gerecht)

Was dem einen recht ist, ist dem andern billig.

billig (preiswert)

Billiger Verkauf hat viel Zulauf.

Billig und gut sind selten beisammen.

Gekauft ist oft billiger als geschenkt.

Gute Zahler kaufen billig.

Wenn es Häute regnet, wird das Leder billig.

binden

Erst überwunden, dann gebunden.

Geschenke binden die Gelenke.

Höfliche Worte binden niemand.

Wem die Hände gebunden sind, der kann wenig tun.

Birne

Ist die Birne reif, so fällt sie vom Baum.

Bischof

Wie die Bischöfe sind, so ist auch ihre Lehre.

Man muß sich die Vertreter einer Auffassung ansehen.

bißchen

Ein bißchen krumm ist nicht dumm.

Ein bißchen schief ist ehrlich.

Ein bißchen zu spät ist viel zu spät.

Ein bißchen zuviel schadet mehr als ein bißchen zuwenig.

Bissen

Auf einen guten Bissen gehört ein guter Trunk.

Das sind keine guten Bissen,
daran die Gäste würgen müssen.

Von unpassenden Bemerkungen.

Ein Bissen im Munde ist besser als ein versprochener Braten.

Ein kleiner Bissen stillt großen Hunger.

Je größer der Bissen, je weiter das Maul.

Viele Teile machen schmale Bissen.

Wo Schmalhans Koch ist, da fallen die Bissen klein aus.

bissig

Ein bissiger Hund zeigt die Zähne nicht.

Je kleiner das Dorf, je bissiger die Hunde.

Je klatschsüchtiger die Leute.

Bitte

Befehl ist der Herren Bitte.

Die erste Bitte kann man niemand abschlagen.

Eine Bitte ist frei (das Abschlagen auch).

Heiße Bitte, kalter Dank.

Kein Ding ist so gering, es ist einer Bitte wert.

bitten

Bitten ist lang, befehlen kurz.

Bitten ist niemand verwehrt.

Bittens und Wünschens geht viel in einen Sack.

Bittet, so wird euch gegeben.

Nach Matthäus 7,7.

Der Herren Bitten ist Gebieten.

Geben ist leichter als bitten.

Viel danken heißt heimlich mehr bitten.

Was man mit Bitten kauft, hat man nicht umsonst.

Wem man die Not klagt, der ist genug gebeten.

Wer einen Hammel will, muß um einen Ochsen bitten.

Wer gern gibt, läßt sich nicht lange bitten.

Wer mit leeren Händen kommt, bittet vergeblich.

Wer nehmen kann, braucht nicht zu bitten.

Wer nicht helfen kann, den bittet man vergeblich.

Wer verzagt ist im Bitten, macht beherzt im Abschlagen.

Wer willig ist, den kann man leicht bitten.

Wie gebeten, also abgeschlagen.

Wo keine Gnade ist, da ist alles Bitten umsonst.

bitter

Aus einer bitteren Quelle fließt kein süßes Wasser.

Bitter im Mund ist dem Herzen gesund.

Dem Kranken schmeckt alles bitter.

Ein bitteres Wort kommt aus bitterem Herzen.

Je bitterer die Schale, je süßer der Kern.

Je bitterer die Wurzel, je süßer die Frucht.

Kluger Tadel ist bittere Arznei.

Muß ist ein bitteres Kraut.

Vergoldete Pillen sind auch bitter.

Vorgegessen Brot schmeckt bitter.

Wenn die Maus satt ist, ist das Mehl bitter.

Wer Galle im Mund hat, dem schmeckt alles bitter.

Zuviel ist bitter, und wenn's lauter Honig wäre.

↗ *Arznei*

Blamage

Courage schützt vor Blamage.

blank

Außen blank, innen Stank.

Blanke Schwerter sind kein Kinderscherz.

Fleißiger Spaten ist immer blank.

Schmutzige Arbeit, blanker Lohn.

blasen

Alte Jäger hören noch gern blasen.

Einmal blasen macht kein Feuer.

Hänschen tanzt, wie Hans bläst.

Man bläst so lange in die Asche, bis einem die Funken in die Augen fliegen.

Man kann nicht suppen und blasen zu gleicher Zeit.

Mit vollem Munde ist bös blasen.

Was dich nicht brennt, das blase nicht.

Wer Geld hat, läßt blasen.

Wer in die Funken bläst, macht das Feuer groß.

Wer in Staub bläst, hat die Augen bald voll.

Blatt

Die Wahrheit nimmt kein Blatt vor den Mund.

Dürres Blatt und Fürstenwort
nimmt ein jeder Wind mit fort.

Nach den Blättern fallen die Bäume.

Viel Blätter, wenig Trauben.

Wer sich vor Blättern fürchtet, muß nicht in den Wald gehen.

blau

Mancher schießt ins Blaue und trifft ins Schwarze.

Montag blau, Dienstag Hunger.

blechen

Aus fremdem Beutel ist gut blechen.

Trunken gezecht, nüchtern geblecht.

Blei

Anderer Leute Geld ist auch kein Blei.

Eigene Last ist stets von Blei, die des Nachbarn nur von Flaum.

Jeder hält sein Blei für Silber.

Wer rennen muß, hat Blei an den Füßen.

bleiben

Bleib auf deinem Miste.

Bleibe im Lande und nähre dich redlich.
Nach Psalm 37,3.

Bleibt ein jeder bei seinem Fach,
fällt kein Schneider vom Dach.

Dabei bleibt's, sagt Spelter Hans.

Der Fuchs ändert's Haar und bleibt, was er war.

Der Mann stirbt, aber das Amt bleibt.

Der Strom verrinnt, der Sand bleibt.

Die Feste vergehen, der Narr bleibt.

Die Kirche muß im Dorf bleiben.

Die Rosen verblühen, aber die Dornen bleiben.

Dumm geboren, dumm geblieben.

Ein richtiger Ochse bleibt auf seinem Wege.

In leerem Haus bleibt keine Maus.

Jeder bleibt bei seiner Weise.

Kräht der Hahn auf dem Mist, ändert sich das Wetter, oder es bleibt, wie es ist.

Laß laufen, was nicht bleiben will.

Lobe die Berge und bleibe im Tal.
Ironisch von Furchtsamen.

Lobe die See, aber bleib auf dem Lande.

Morgengäste bleiben nicht.

Recht muß Recht bleiben.

Schuster, bleib bei deinem Leisten!

Teufel bleibt Teufel, ob schwarz oder weiß.

Was getan ist, muß getan bleiben.
Daran soll man nicht herummäkeln.

Was man denkt, das bleibt einem.

Was man jung lernt, das bleibt.

Was wahr ist, muß wahr bleiben.

Wer schreibt, der bleibt.
Wer etwas schriftlich festhält, hat immer einen Beweis und vergißt nichts.

Wo die Wahrheit einkehrt, kann die Lüge nicht bleiben.

Wo man die Taler läßt, da bleibt auch die Freundschaft.

Bleiche

Gute Lauge, gute Bleiche.

bleichen

Stetes Verlangen bleicht die Wangen.
Unerfüllte Sehnsucht.

Wer selber schwarz ist, muß andere nicht bleichen wollen.

blenden

Den einen wärmt die Sonne, den andern blendet sie.

Gold blendet Narren.

Viel Glanz blendet die Augen.

Wer im Schatten steht, den blendet die Sonne nicht.

blind

Argwohn ist blind.

Besser geschielt als ganz blind.

Besser taub als blind.
Lieber Gehörtem (Gerede) nicht trauen als Gesehenem.

Blinde Gewalt wird nicht alt.

Blinde Rache, schlimme Sache.

Blinder Eifer schadet nur.
Nach Lichtwer, Die Katzen und der Hausherr.

Blinder Glaube führt irre.

Eigenliebe ist blind.

Ein blinder Gaul findet die Krippe auch.

Ein blinder Gaul geht geradezu.
Verblendung sieht keine Gefahr.

Ein blinder Richter hört's Geld auch klingen.

Ein blindes Huhn findet auch (ein)mal ein Korn.

Ein blindes Pferd soll man nicht spornen.

Geschenke machen die Weisen blind.

Keiner ist blinder, als der nicht sehen will.

Liebe macht blind.

Den Bock erkennt man an den Hörnern.

Mancher Fuhrmann hat nur blinde Pferde.

Ironisch von solchen, die nie die Schuld bei sich selber suchen.

Man vertauscht oft ein einäugiges Pferd gegen ein blindes.

Von achtern ist die Kuh blind.

Wahn ist eine blinde Kuh.

Wer die Sonne nicht sieht, muß sehr blind sein.

Blinde, der

Befehlen die Blinden, so wird sich viel zu tadeln finden.

Es ist gefährlich, wenn der Blinde den Blinden führt.

Unter den Blinden ist der Einäugige (ein Einäugiger) König.

Wo Geld gezählt wird, sehen auch Blinde.

Blindheit

Nicht sehen wollen ist die ärgste Blindheit.

Wen die Götter verderben wollen, den schlagen sie mit Blindheit.

blinzeln

Besser geblinzelt als gar nichts gesehen.

Blitz

Blitze zielen nicht.

Der Blitz trifft eher einen Turm als eine Hütte.

Hohe Bäume trifft der Blitz.

Block

Ist kein Block im Wege, so fällt man über einen Span.

Von großen Blöcken haut man große Späne.

blöken

Wenn ein Schaf blökt, blöken die andern auch.

Wo man blöken hört, da sind Schafe.

bloß

Die Freundschaft muß bloß gehen.

Einem Freund muß man sich so zeigen, wie man wirklich ist.

Heute groß, morgen bloß.

Keine Sünde läßt sich gern bloß sehen.

Laster bemäntelt man gern.

Wenn man's Hemd aufhebt, wird der Hintern bloß.

Blöße

Keine Größe ohne Blöße.

blühen

Blüht der Markt, pfeifen die Krämer.

Ein friedlicher Strom hat blühende Ufer.

Man muß die Blumen pflücken, wenn sie blühen.

Rosen blühen, Dornen stechen.

Siedet der Topf, so blüht die Freundschaft.

Was nicht blüht, das körnert nicht.

Blume

Die Blumen machen den Garten, nicht der Zaun.

Eine Blume macht keinen Kranz.

Eine schöne Blume steht nicht lange am Wege.

Gemalte Blumen duften nicht.

Heute Blume, morgen Heu.

Jede Blume hat ihren Duft.

Wie die Blume, so der Duft.

Blut

Blut ist kein Wasser.

Böser Mut macht böses Blut.

Der nächste am Blut, der erste am Gut.

Eigen Blut geht vor.

Heißes Blut tut nicht gut.

Junges Blut hat Mut.

Junges Blut kocht bald über.

Unschuldig Blut schreit zum Himmel.
Nach 1. Mose 4,10.

Wer die Hand in Blut wäscht, muß sie in Tränen baden.

Wider Willen gibt böses Blut.

Blüte

An der Blüte erkennt man die Frucht.

Blüten sind noch keine Früchte.

Viel Blüten, wenig Früchte.

Wie die Blüte, so die Frucht.

bluten

Heimliche Wunden bluten nicht.

blutig

Hart schneuzen macht blutige Nasen.

Bock

Alte Böcke haben steife Hörner.

Alte Böcke lecken auch gern Salz.

Aus Zicklein werden Böcke.

Den Bock erkennt man am Bart (an den Hörnern).

Der Bock läßt sein Stoßen nicht.

Der Bock läßt wohl vom Bart,
aber nicht von der Art.

Der Bock taugt nicht zum Gärtner.

Der eine melkt den Bock, der andere hält das Sieb unter.
Von unsinnigem Tun.

Geile Böcke stoßen.

Je älter der Bock, je härter das Horn.

Man muß den Bock nicht zum Gärtner machen.

Wenn der Bock satt ist, jucken ihm die Hörner.

Wer die Geiß im Hause hat, dem kommt der Bock vor die Tür.

Wer die Ziegen im Haus hat, der hat den Bock auf der Hecke.

Wer stößig ist, den nennt man Bock.

Wird der Bock zu gut gefüttert, so wird er stößig.

bocken

Das Bocken geht leicht, das Lammen schwer.

Geschnäbelt ist noch nicht gebockt.

Boden

Besser am Rande sparen als am Boden.

Es steht mancher wieder auf, der auf dem Boden liegt.

Handwerk hat goldenen Boden.

Je besser der Boden, je schlechter der Weg.

Schenken hat keinen Boden.

Vom eigenen Boden kommt das Beste.
Man muß sich auf die eigenen Fähigkeiten stützen.

Bogen

Allzu straff gespannt zerspringt der Bogen.

Schiller, Wilhelm Tell (nach altem Sprichwort).

Vom schlaffen Bogen fliegt kein Pfeil.

bohren

Wer auf einem Punkte bohrt, macht bald ein Loch.

↗ *Brett*

Bolzen

Einer fiedert den Bolzen, ein anderer schießt ihn.

Es kommt viel zwischen Bolzen und Ziel.

Boot

Vom Boot kommt man in den Nachen.

Bord

Wer unter Segel gegangen ist, muß an Bord bleiben.

Borg

Dem Borg ist nichts zu teuer.

Wer auf Borg kauft, kauft teuer.

Wer auf Borg trinkt, betrinkt sich zweimal.

Wer auf Borg verkauft, wird viel los.

borgen

Aufs bloße (ehrliche) Gesicht borgt man nicht.

Auf Wolltich und Solltich borgt man kein Geld.

Besser einmal kaufen als zehnmal borgen.

Besser schenken als borgen.

Borgen hat viel Nachreu.

Borgen macht Sorgen.

Borgen und Schmausen enden mit Grausen.

Dem guten Zahler ist leicht borgen.

Dem ist gut Gerste borgen, der Weizen genug hat.

Eine Hand wäscht die andere.

Der Magen borgt nicht lange.

Versprechungen stillen keinen Hunger.

Gestern (Heut) soll dem Morgen nichts borgen.

Gewechselt kriegt man eher als geborgt.

Hochmut, verlaß mich nicht; Bruder, borg mir 'nen Sechser.

Spott auf Prahler.

Hüte dich vor Borgen, so schläfst du ohne Sorgen.

Lang geborgt ist nicht geschenkt.

Ohne Pfand ist schlecht borgen.

Rechten und Borgen macht Kummer und Sorgen.

Soll ich trauen, so komm morgen,
heute will ich nicht borgen.

Sorgen auf borgen und borgen auf Sorgen.

Sorgen macht borgen.

Wer borgt, muß zahlen.

Wer eigene Hände hat, braucht fremde nicht zu borgen.

Wer Eigenes hat, braucht nicht zu borgen.

Wer gern borgt, bezahlt nicht gern.

Wer nicht borgt, der braucht kein Pfand.

Wer seine Ehre zum Pfand setzt, dem ist übel borgen.

Borger

Borger ist Leihers Knecht.

Nach Sprüche Salomos 22,7.

Ein Borger macht einen Sorger.

Guter Borger, schlechter Zahler.

Viel Borger, wenig Zahler.

↗ *Bettler*

Börse

Wenn die Börse redet, muß der Mund schweigen.

Borste

Viel Borsten machen einen Besen.

böse

Auf einen bösen Tag folgt selten eine gute Nacht.

Auf einen bösen Tag gehört ein guter Abend.

Sorgen und Ärger gehören nicht mit ins Bett.

Aus Bösem kommt nichts Gutes.

Aus bösen Gedanken entspringen böse Taten.

Böse Beispiele verderben gute Sitten.

Nach 1. Korinther 15,33 und antikem Vorbild.

Böse für den einen, gut für den andern.

Böse Gewohnheit nimmt ein böses Ende.

Böser Anfang, böses Ende.

Böser Mund muß einen starken Rücken haben.

Böser Scherz geht ans Herz.

Böser Sinn stört den Beginn.

Böser Vogel, böses Ei.

Aus Bösem entsteht Böses.

Böse Saat trägt böse Frucht.

Böse sein ist bald gelernt.

Böses erfährt man früh genug.

Böses glaubt man gern.

Böse Sitten lernt man schnell.

Böses muß man mit Bösem vertreiben.

Böses schreibt man in Stein, Gutes in Sand.

Böses Vorspiel macht böses Nachspiel.

Böse Tat bleibt nicht verborgen.

Böse Tat trägt böse Frucht.

Böse Werke geben bösen Lohn.

Böse Zunge, böses Herz.

Böse Zungen schonen niemand.

Bös vorn, arg hinten.

Das Böse hat keinen Herrn.

Es beherrscht einen.

Das Böse lernt sich leicht, das Gute schwer.

Das Böse straft sich selber.

Das Böse verdirbt das Gute.

Dem Bösen braucht man keinen Boten senden.

Der ein böses Weib hat, der hat sein Fegefeuer im Hause.

Der nichts tut, tut Böses.

Ein böser Geselle führt den andern zur Hölle.

Ein böses Maul ist schärfer als ein Schwert.

Einem bösen Menschen kommt auch sein böser Tag.

Ein Jahr böse, hundert Jahre böse.

Es gibt nur eine böse Schwiegermutter, aber jeder glaubt, er habe sie.

Es ist ein böses Handwerk (Gewerbe), das seinen Meister an den Galgen bringt.

Es ist ein böses Spiel, wo der eine weint und der andere lacht.

Es ist nichts böse gesagt, wenn man's nicht böse nimmt.

Es ist nichts so böse, etwas Gutes ist dabei.

Borgen macht Sorgen.

Gar zu scharf gesehen macht böse Augen.

Guter Wein macht böse Köpfe.

Jedes Böse bringt sein Gutes.

Je größer Stock, je böser Hund.

Kein schärfer Schwert als böse Zunge.

Neid sucht böse Wege.

Sanftes Gänschen, böse Gans.

Sät einer Gutes, so schneidet er nichts Böses.

Tue nichts Böses, so widerfährt dir nichts Böses.

Nach Jesus Sirach 7,1.

Vor bösen Mäulern kann sich niemand hüten.

Vor dem Feuer kann man sich bewahren, aber nicht vor bösen Menschen.

Wahrer Scherz, böser Scherz.

Was böse begonnen, muß böse enden.

Wen der Himmel strafen will, dem beschert er ein böses Weib.

Wer alles Böse rächen wollt', der würde nie stillsitzen.

Wer Böses denkt, hat's halb getan.

Wer Böses leiden kann, vermag auch Gutes zu ertragen.

Wer Böses nicht straft, lädt es zu Hause.

Wer Böses tut, darf nichts Gutes hoffen.

Wer böse wird, hat unrecht.

Wer's nie bös macht, der macht's nie gut.

Wider Willen gibt böses Blut.

Wo man singt, da laß dich ruhig nieder;
böse Menschen haben keine Lieder.

Nach J. G. Seume, Die Gesänge.

Zu bösen Sachen kann man nicht viel Gutes reden.

Zu spät ist ein böses Wort.

Zuviel ist böses Spiel.

Böse, der

Bei Bösen wird man böse.

Die Sonne geht auf über Böse und Gute.

Gute und Böse wohnen in der Welt,
Gute und Böse bauen das Feld.

Man muß die Menschen nehmen, wie sie sind.

Von Guten lernt man Gutes, von Bösen Böses.

Wenn der Böse schläft, wiegt ihn der Teufel.

bösern

Bösern ist nicht bessern.

Bosheit

Bosheit ist bald gelehrt.

Bosheit ist ihr eigener Henker.

Die Bosheit ist immer bedeckt.

Von Verschlagenheit.

Wo die Bosheit Gast ist, da ist der Teufel Wirt.

Wo Bosheit lacht, muß Tugend weinen.

Bote

Das Unglück schickt keine Boten.

Der beste Bote, wenn man selber geht.

Der hinkende Bote kommt nach.

Das Unangenehme folgt.

Man braucht dem Teufel keinen Boten zu schicken.

Schlimme Boten reiten schnell.

Selbst ist der beste Bote.

Botschaft

Der kommt nicht zu spät, der böse Botschaft bringt.

brachliegen

Es ist kein Acker, der nicht einmal brachliegt.

Brand

Brand macht arme Leute.

Der Rauch zeigt den Brand.

Entferntes Wasser löscht keinen nahen Brand.

Ist der Brand gelöscht, dann bringt jedermann Wasser herbei.

Jeder Brand hat seinen Rauch.

Schadenfroh löscht keinen Brand.

Wasser bei der Hand löscht den Brand.

Branntwein

Branntwein stürzt das Haus ein.

Branntwein und Not schlägt die Leute tot.

Mäulchen, willst du Branntwein trinken, Füßchen, mußt du barfuß gehen.

braten

Brätst du mir die Wurst, so lösch ich dir den Durst, sagte der Kellner zum Koch.

Gebrannt ist nicht gebraten.

Haben wir keine Eier, so braten wir's Nest.

Wer nicht braten kann, bleibe aus der Küche.

Wie der Mann ist, so wird ihm die Wurst gebraten.

Braten

Der eine schießt den Hasen, der andere ißt den Braten.

Fetten Braten braucht man nicht zu spikken.

Wer den Tisch voll Braten hat, läßt die Grütze stehen.

Wie die Würze, so der Braten.

Zuviel Hitze verdirbt den Braten.

Bratpfanne

Hat man nur den Hasen, die Bratpfanne findet sich schon.

Bratwurst

Den Hund schickt man nicht nach Bratwürsten.

Die Katze will auch Bratwürste.

Kurze Predigt und lange Bratwürste haben die Bauern gern.

Lange Bratwurst, kurzer Sermon.

Wenn man Prügel hat, braucht man nicht mit Bratwürsten zu werfen.

Wer keinen Knüppel hat, muß mit Bratwürsten werfen.

Was im bösen nicht geht, geht im guten.

Brauch

Alte Städte, alte Bräuche.

Brauch und Zunft kennen keine Vernunft.

Der alte Brauch ist der beste.

Von seinen Gewohnheiten läßt man nicht gern.

Landes Brauch ist Landes Recht.

Wo's Brauch ist, trägt man den Kuhschwanz als Halsband.

brauchen

Der Tag kommt, an dem die Kuh den Schwanz braucht.

Manches sieht man erst später ein.

Die Wahrheit braucht keinen Advokaten.

Eine leere Scheuer braucht kein Dach.

Einer braucht den Zaum, der andere die Sporen.

Ein großes Schiff braucht viel Wasser.

Ein guter Steiger braucht auch Glück.

Ein gutes Pferd braucht keine Sporen.

Ein Kind braucht mehr als eine Wiege.

Ein tapferer Mann braucht keinen langen Degen.

Froher Mut braucht keinen Doktor.

Gutes Recht braucht gute Hilfe.

Eine gute Sache muß auch gut vertreten werden.

Hast du viel, so brauchst du mehr.

Je mehr man hat, je mehr man braucht.

Liebe braucht keinen Lehrer.

Man braucht keinen Speck zum Speck.

Man braucht starke Füße, um gute Tage zu ertragen.

Mancher sorgt sich um einen Zentner und braucht kein Lot.

Man lobt keinen, außer er braucht's.

Schlechte Ware braucht viel Worte.

Wenn die Sonne scheint, braucht man keine Laterne.

Wer den Pflug nicht braucht, dem rostet er.

Wer ein böses Weib hat, braucht keinen Teufel.

Wer eine Lampe braucht, darf das Öl nicht sparen.

Wer Glück hat, braucht keinen Verstand.

Wer kein Pferd hat, braucht keine Peitsche.

Wer Nachsicht braucht, soll auch Nachsicht gewähren.

Wer nichts zu messen hat, der braucht keine Elle.

Wer spart, wenn er hat, der findet, wenn er braucht.

Zur Suppe braucht man keine Zähne.

brauen

Brauen und Backen gerät nicht immer.

Böse Zunge, böses Herz.

Was der eine nicht backt, das braut der andere.

Brauhaus

Wo ein Brauhaus steht, da kann kein Backhaus sein.

Was vertrunken ist, fehlt am Essen.

Braut

Alte Haut, kalte Braut.

Aus Knaben werden Leute,
aus Mädchen werden Bräute.

Das war ein Tag, sagte Hans und zog der Braut das Hemd aus.

Eine Braut reicht aus.

Eine schöne Braut gefällt ohne Schmuck.

Einmal ist keinmal, sagte die Braut.

Gleiche Häute, gleiche Bräute.

Ist das Geld die Braut, so wird die Ehe selten gut.

Jeder hält seine Braut für die schönste.

Keck holt die Braut weg.

Ratet mir gut, sagte die Braut, aber ratet mir nicht ab.

Sachte mit der Braut, sie ist ja noch jung.

Schämige Freier, dreiste Bräute.

Soviel Hunde, soviel Schwänze;
soviel Bräute, soviel Kränze.

Weinende Braut, lachende Frau.

Wenn die Braut nicht tanzen will, ist alles Fiedeln umsonst.

Wer das Glück hat, geht mit der Braut zu Bett.

Wer die Braut liebt, fragt nicht nach der Mitgift.

Wer leicht dem andern traut,
dem schläft man bei der Braut.

Wer schläfrig ist, was soll der bei der Braut.

Wer's Glück hat, führt die Braut heim.

Bräutigam

Ein jeder macht's, so gut er kann,
sagte zur Braut der Bräutigam.

Für einen Bräutigam ist gut Bürge sein.

Wenn man den Bräutigam zur Braut treiben muß, ist die Liebe nicht groß.

Wer die Braut hat, der ist der Bräutigam.

Nach Johannes 3,29.

brav

Ein braver Mann geht geradeaus.

Läßt sich nicht beirren.

brechen

Alte Gewohnheit soll man nicht brechen.

Böse Zunge bricht den Hals.

Den eigenen oder den fremden, weil Verleumdung auf jeden Fall Schaden anrichtet.

Bricht ein Ring, so bricht die ganze Kette.

Das Herz siegt oder bricht.

Das morsche Rad bricht zuerst.

Der Krug geht so lange zu Wasser, bis er bricht.

Der Stärkste bricht die Beine zuerst.

Eile brach den Hals.

Ei und Eid ist bald gebrochen.

Es knarrt so lange, bis es bricht.

Fenster brechen alle von selbst.

Es will niemand gewesen sein.

Fleiß bricht das Eis.

Geradezu bricht oft den Hals.

Glück und Glas, wie leicht bricht das.

Gram bricht auch ein starkes Herz.

Goldener Hammer bricht eisernes Tor.

Güte bricht einem kein Bein.

Hast bricht Beine.

Leicht versprochen, leicht gebrochen.

Mit Sorgen bricht man keinen Strohhalm.

Not bricht Eisen.

Überladen bricht den Wagen.

Versprechen soll man nicht brechen.

Vorwitz bricht den Hals.

Was nicht hält, das bricht.

Wenn man die Gerechtigkeit biegt, so bricht sie.

Wer den Hals brechen will, findet die Leiter im Finstern.

↗ *biegen*

Brei

Alten Brei muß man nicht aufwärmen.

Ein faules Ei verdirbt den ganzen Brei.

Mit schönen Worten kocht man keinen Brei.

Viele Köche verderben den Brei.

Wenn es Brei regnet, hat man keine Schüsseln.

Wer den Brei gekocht hat, soll ihn auch aussessen.

Wer keine Zähne hat, muß Brei essen.

breit

Das Unglück hat breite Füße.

Es kann viel niedertrampeln.

Der Weg zur Hölle ist breit.

Wer breit schneidet, dem fällt schmal zu.

Wer zuviel will, erhält wenig.

Wer ein großes Maul hat, muß auch einen breiten Rücken haben.

Wer viel tragen will, muß breite Schultern haben.

brennen

Auf altem Herde brennt es leicht.

Man hat leicht wirtschaften, wenn die Sache eingefahren ist.

Bald brennt ein Haus,
aber langsam löscht man's aus.

Von Zorn und Streit.

Erst raucht es, ehe es brennt.

Es ist das schlimmste, wenn das Haus von innen brennt.

Es ist schlecht löschen, wo das Herz brennt.

Feuer kann nichts als brennen.

Feuer und Stroh brennt lichterloh.

Gebrannt ist nicht gebraten.

Gestohlenes Holz brennt auch.

Je mehr man anlegt, je besser brennt es.

Lösch nicht, wenn's dich nicht brennt.

Man muß nicht Feuer rufen, ehe es brennt.

Nasses Stroh brennt nicht.

Schürt man das Feuer, so brennt's.

Spötters Haus brennt auch gut.

Vom Funken brennt das Haus.

Was dich nicht brennt, das blase nicht.

Was dich nicht brennt, laß ungelöscht.

Was du heute löschen kannst, laß nicht bis morgen brennen.

Wenn alte Scheuern brennen, ist kein Löschen mehr.

Bei verliebten alten Leuten gibt's kein Halten.

Wenn das Herz brennt, muß der Kopf Wasser holen.

Wenn des Nachbars Haus brennt, so trägt man Wasser zum eigenen.

Wenn die Scheune brennt, ist das Haus in Gefahr.

Wenn's Hemd brennt, ist schlecht stillsitzen.

Wer ruft: es brennt, hat halb gelöscht.

Wer zünden will, muß selber brennen.

Wo man gelöscht hat, hat es gebrannt.

Wo's nicht brennt, da raucht's nicht.

Wozu ein Feuer anblasen, das von selber brennt.

Brett

Anderswo ist die Welt auch nicht mit Brettern vernagelt.

Je dicker die Bretter, je tiefer der Bolz;
je dümmer der Bengel, je größer der Stolz.

Man muß das Brett bohren, wo es am dünnsten ist.

Brief

Alte Gewohnheit ist stärker als Brief und Siegel.

Briefe schämen sich nicht.

Urkunden sind eindeutig.

Briefe sind besser als Zeugen.

Die ältesten Briefe gehen vor.

Die ältesten Rechtsansprüche.

Brille

Erst die Nase und dann die Brille.

Guter Wille braucht keine Brille.

Jeder sieht durch seine eigene Brille.

Je größer der Mann, je größer die Brille.

Wer durch die Finger sieht, braucht keine Brille.

Wer gut sehen kann, braucht keine Brille.

Wer nicht sehen will, dem hilft keine Brille.

↗ *Buchstabe*

bringen

Amt bringt Samt.

Ein Irrtum bringt den andern.

Ein Streit bringt den andern.

Fast bringt nichts ins Haus.

Fleiß bringt Brot, Faulheit Not.

Geholt ist nicht gebracht.

Hast bringt Reue.

Jeder Tag bringt neue Lehre.

Neue Erkenntnis und Erfahrung.

Meiden bringt Leiden.

Neue Gedanken bringen neuen Wandel.

Nicht jede Taube bringt einen Ölzweig.

Niemand weiß, was der Abend bringt.

Sorge bringt nichts in die Küche.

Was das Glück bringt, soll man nicht ausschlagen.

Was die Flut bringt, nimmt die Ebbe wieder.

Wer bringt, dem gelingt.

Wer bringt, ist überall willkommen.

Wer etwas Gutes bringt, kommt nicht zu oft.

Wer gute Nachricht bringt, kommt nie zu spät.

Wer mir was bringt, den hab ich lieb,
und wer was nimmt, der ist ein Dieb.

Wer viel bringt, wird viel finden.

Zeit bringt Leid.

brocken

Schönheit brockt man nicht in die Schüssel.

Brocken

Ein guter Magen verdaut auch harte Brokken.

Viele Teile, schmale Brocken.

Brot

Ähre auf Ähre gibt auch Brot.

Altes Brot will gute Zähne.

Ander Leut Brot schmeckt allzeit besser.

Arbeit gibt Brot, Faulheit gibt Not.

Arbeit macht aus Steinen Brot.

Besser eigen Brot als fremden Braten.

Besser hartes Brot als leiden Not.

Brot essen ist keine Kunst.

Anderswo ist die Welt
auch nicht mit Brettern vernagelt.

Dem Armen fehlt Brot, dem Reichen Appetit.

Den Stolz hat man umsonst, das Brot muß man kaufen.

Der Mensch lebt nicht vom Brot allein.
Nach Matthäus 4,4.

Des einen Tod, des andern Brot.

Eigen Brot nährt am besten.

Einer hat das Brot und der andere den Hunger.

Ein satter Hund spielt mit dem Brot.

Erst Brot, dann Tugend.

Es ist allenthalben gut Brot essen.

Es läßt sich alles reden, aber Brot und Käse läßt sich essen.

Fehlt das Brot im Haus,
zieht der Friede aus.

Gegessen Brot ist bald vergessen.

Heimlich Brot ist angenehm.

In andern Ländern ißt man auch Brot, aber daheim schmeckt's besser.

Je heißer der Ofen, je härter das Brot.

Kalter Ofen bäckt kein Brot.

Krumen sind auch Brot.

Kunst geht nach Brot.

Man ißt so lange Brot, bis man sich nach Kuchen sehnt.

Man muß mehr können als Brot essen.

Man sagt viel, und es wird kein Brot daraus.

Not macht aus Steinen Brot.

Ohne Wein und Brot
ist die Liebe tot.

Schlafen bringt kein Brot ins Haus.

Teig ist noch kein Brot.
Talent muß erst ausgebildet werden.

Trocken Brot macht Wangen rot (Butterbröter noch viel röter).

Um Brot ist alles feil.

Ungegönnt Brot macht auch satt.

Vorgegessen Brot schmeckt bitter.

Was ans Brot gewöhnt ist, kommt wieder.

Wer alle Tage Kuchen ißt, sehnt sich nach Brot.

Wer Brot will, darf den Schweiß nicht scheuen.

Wer hungrig ist, dem ist kein Brot zu schwarz.

Wer neunundneunzig Jahre dient, hat im hundertsten kein Brot.
Von Undank.

Wes Brot ich ess', des Lied ich sing'.

Wie der Teig, so das Brot.

Brotkorb

Je höher der Brotkorb, desto mehr langt man danach.

Brotrinde

Besser im Leben eine Brotrinde als nach dem Tode ein Denkmal.

Bruch

Alte Brüche sind schwer zu heilen.

Mit Sanftmut wird der Bruch geheilt.

brüchig

Brüchige Räder knarren am meisten.
Die Unzuverlässigsten schimpfen am meisten.

Brücke

Auch die beste Brücke tritt man mit Füßen.

Dem fliehenden Feinde soll man goldene Brücken bauen.

Sind die Pfeiler morsch, so bricht die Brücke.

Wie der Fluß, so die Brücke.

Bruder

Der Hochmut ist der Bruder des Stolzes.

Ein Bruder hilft dem andern (in der Not).
Nach Jesus Sirach 40,24.

Ein Nachbar in der Nähe ist besser als ein Bruder in der Ferne.
Nach Sprüche Salomos 27,10.

Gleiche Brüder, gleiche Kappen.

Meiner und Lügner sind zwei Brüder.

Pfennig ist Pfennigs Bruder.

Stiehlt mein Bruder, so hängt ein Dieb.

Ungleiche Schüssel macht schielende Brüder.

brudern

Beim Handel wird nicht gebrudert.

Mit Vatern ist nicht gut brudern.
Man soll es Eltern und Vorgesetzten gegenüber nicht an Achtung fehlen lassen.

Brühe

Der eine hat die Brühe, der andere die Mühe.

Die Brühe ist besser als der Fisch.

Keine Brühe ohne Mühe.

Viel Brühe, wenig Fleisch.

Wie das Fleisch, so die Brühe.

brüllen

Bei einer leeren Krippe brüllt die beste Kuh.

Wenn der Löwe brüllt, zittert der Wald.

Wie der Ochs brüllt, so muht auch die Kuh.

brummen

Was alt ist, brummt gern.

Wenn der Bär auch noch so brummt, tanzen muß er doch.

Brummer

Brummers Sohn nimmt sich Nörglers Tochter.

Brunnen

An kleinen Brunnen löscht man auch den Durst.

Das Kamel geht nicht leer vom Brunnen.

Der Krug geht so lange zum Brunnen (zu Wasser), bis er bricht.

Es ist ein schlechter Brunnen, in den man Wasser tragen muß.

Man deckt den Brunnen zu spät, wenn das Kind ertrunken ist.

Man muß den Brunnen vor dem Durste graben.

Wenn der Brunnen trocken ist, schätzt man erst das Wasser.

Wer des Wassers bedarf, sucht es im Brunnen.

brüten

Adler brüten keine Tauben.

Bube

Aus Buben werden Männer.

Ein Bube hilft dem andern über den Bach.

Ein Bube lernt vom andern.

Wenn dich die bösen Buben locken, so folge ihnen nicht.

Nach Sprüche Salomos 1,10.

Wo man für Buben deckt, da setzen sie sich zu Tisch.

Bubenrecht

Dreimal ist Bubenrecht.

Buch

Bücher machen Narren und Weise.

Bücher sind stumme Lehrer.

Buch macht (nicht) klug.

Ein gutes Buch lobt sich selbst.

Ein Lehrer ist besser als zwei Bücher.

Es studieren nicht alle, die Bücher tragen.

Jahre lehren mehr als Bücher.

Kein Buch so schlecht, es steckt was Gutes darin.

Lügen lernt man ohne Buch.

Neue Bücher, neue Lehre.

Sieben alte Bücher hecken leicht ein neues aus.

Viel Bücher, viel Irrtum.

Wer Bücher kauft und nicht liest,
bei Tische sitzt und nicht ißt,
auf die Jagd geht und nicht schießt,
der ist ein Narr, daß ihr's wißt.

Wer ein gutes Buch verliert, verliert einen Schatz.

Wer lernen will ohne Buch, schöpft mit einem Siebe Wasser in einen Krug.

Wie der Schreiber, so das Buch.

Büchse

Wenn die Büchse nicht knallt, hört man sie nicht.

Buchstabe

Der Buchstabe tötet (der Geist macht lebendig)

Nach 2. Korinther 3,6.

Wer die Buchstaben nicht kennt, kann auch durch die Brille nicht lesen.

Buckel

Fremder Buckel drückt nicht.

Hinter dem Buckel ist gut fechten.

Mit dem Kamel wächst auch sein Buckel.

Wenn der Mund nicht kann, muß der Buckel dran.

Wenn man sich nicht herausreden kann, muß man die Strafe tragen.

Wie der Schreiber, so das Buch.

Wenn man die Katze streichelt, reckt sie den Buckel.

bücken

Besser sich bücken als Beulen stoßen.

Lieber einmal nachgeben.

Je niedriger die Tür, je mehr muß man sich bücken.

Man muß sich oft bücken, ehe der Sack voll ist.

Muß sich der Lange bücken, so muß sich der Kurze strecken.

Vor leeren Taschen bückt sich niemand.

Wer grasen will, muß sich bücken.

Wer sich nicht bückt, ackert schlecht.

Wer sich viel bückt, stößt wenig an.

Wer springen will, bückt sich.

Will dir nichts glücken,
so fang an, dich zu bücken.

Bude

Ein guter Hund scheißt nicht in seine Bude.

büffeln

Wer nicht büffelt, wird gerüffelt.

buhlen

Buhlst du hier, so buhl' ich dort.

Bühne

Wer erst auf der Bühne ist, kommt auch hinter die Kulissen.

Bulle

Mit Gewalt kann man wohl einen Bullen melken.

bummeln

Bummeln kostet Geld.

Bummler

Gleich zu gleich, sagte der Bummler zum Lump.

Bündnis

Bündnis macht die Schwachen stark.

bunt

Die Kuh kostet nicht mehr, weil sie bunt ist.

Auf Nebensachen kommt es nicht an.

Einen bunten Hund kennt jeder.

Bürde

Auch kleine Bürde drückt auf die Länge.

Auf dem Wege schultert man die Bürde.

Einmal begonnen, läßt sich alles leichter vollbringen.

Bürde bringt Würde.

Die Bürden des Nachbars fühlt man nicht.

Fremde Bürde ist immer leichter.

Geduld hilft Bürde tragen.

Gewohnheit ist eine leichte Bürde.

Gleiche Bürde bricht niemand den Rücken.

Gute Hilfe macht leichte Bürde.

Hoffnung macht die schwerste Bürde leichter.

Keine Würde ohne Bürde.

Viel Jahr, viel Bürden.

Bürge

Bürgen müssen zahlen.

Bürgen soll man würgen.

Gute Zahler brauchen keinen Bürgen.

↗ *Bräutigam*

bürgen

Wer für andere bürgt, muß selber zahlen.

Bürger

Wenn's der Stadt wohl geht, so geht's den Bürgern auch wohl.

Die Lage des Ganzen bedingt auch die Situation des einzelnen.

bürsten

Kurzes Haar ist bald gebürstet.

Kleinigkeiten sind rasch erledigt.

Busch

Der Busch hat Ohren, das Feld hat Augen.

Der eine klopft auf den Busch, der andere fängt den Vogel.

Jeder Busch hat seinen Schatten.

Schrecken jagt den Hasen aus dem Busch.

Wer sich vor dem Busch fürchtet, kommt nie in den Wald.

Buße

Abbitte ist die beste Buße.

Alte Sünden, neue Buße.

Buße gehört auf die Sünd'
wie die Laus auf den Grind.

Nicht mehr tun ist die beste Buße.

Wo keine Reue ist, da ist keine Buße.

büßen

Allein getan, allein gebüßt.

Bekannt ist halb gebüßt.

Einer sündigt, der andere muß büßen.

Herzlich gereut ist genug gebüßt.

Mit gesündigt, mit gebüßt.

Trunken gesündigt, nüchtern gebüßt.

Was Großhans sündigt, muß Kleinhans büßen.

Wer gewinnt, genieße;
wer verliert, der büße.

Wenn der Prozeß zu Ende ist.

Wohl bereut ist halb gebüßt.

Büßer

Es gibt viel Büßer, aber wenig Lasser.

Große Sünder, große Büßer.

bußfertig

Ein strenger Abt macht bußfertige Mönche.

Bütte

Kleine Krämer, kleine Bütten.

Büttel

Wo ein Gericht ist, soll ein Büttel sein.

Das Recht muß durchgesetzt werden.

Butter

Aus einem schönen Gesicht kann man keine Butter schlagen.

Von der Schönheit allein kann man nicht leben.

Butter im Munde, Schwerter im Herzen.

Die Butter will oben sein.

Es ist nicht alles Butter, was von Kühen kommt.

Es kommt leicht ein Haar in die Butter.

Handeln und tauschen ohne Not
nimmt die Butter vom Brot.

Hat man kein anderes Futter,
so schmeckt auch Brot und Butter.

Was keine Butter wird, gibt Quark.

Was nützt aller Verstand, wenn die Butter auf dem Brot nicht kleben will.

Wer Butter anfaßt, bekommt fette Finger.

Wer Butter auf dem Kopf hat, muß nicht in die Sonne gehen.

buttern

Buttert's, so buttert's.

Mancher denkt zu buttern und hat dann Quark im Faß.

Wer gut futtert, der gut buttert.

C|D

Christ

Es waren selten die besten Christen,
die am meisten die Heiligen küßten.

Je näher Rom, je schlimmer Christ.

christlich

Ein heidnisches Pfand ist besser als ein christliches Versprechen.

Courage

Courage ist gut, aber Ausdauer (ist) besser.
Nach Fontane, Der Stechlin.

Courage schützt vor Blamage.

Wer dreschen will, findet leicht einen Flegel.

da

Da ist's gut, wo wir nicht sind.

Dach

Altes Dach ist schwer zu flicken.

Besser das Dach verloren als das Haus.

Der Spatz (Sperling) in der Hand ist besser als die Taube auf dem Dach.

Eine leere Scheuer braucht kein Dach.

Ein Loch im Dache verdirbt das ganze Haus.

Es ist kein Dach, es hat zerbrochene Ziegel.

Jedes Dach hat sein Ach.

Jedes Dach hat sein Gemach (Ungemach).

Man fällt besser vom Stuhl als vom Dach.

Unter eigenem Dach schläft man am sichersten.

Vom hohen Dache fällt man tief.

Wem der Teufel auf dem Dache sitzt, dem scheißt er in die Esse.

Wenn du ein Haus baust, so laß es nicht ohne Dach.
Angefangenes muß man vollenden.

Wenn's regnet, sucht auch der Narr ein Dach.

Dachte

Dachte sind keine Lichte.
Wortspiel mit ‚Dochte' und dem entschuldigenden ‚Ich dachte'.

dafürkönnen

Was kann die Rose dafür, wenn ein Hund daran pißt.

dagegen

Dagegen hab' ich nichts, sagte der Bauer, als er sich loben hörte.

daheim

Daheim ist daheim.

Daheim ist der Himmel blauer.

Daheim ist ein Mann zwei.

Daheim ist gut gelehrt sein.

Daheim ist mancher ein Mann.

Daheim ist man König.

Daheim ist's am besten.

Daheim ist's geheim.

Daheim kann einer ein Liedlein singen.

Der Hund ist daheim am stolzesten.

Die an allen Orten wohnen, sind an keinem daheim.

Hans Tunichtgut ist überall daheim.

Wer auf die Jagd geht, darf die Flinte nicht daheim lassen.

Wer unter den Seinen ist, der ist daheim.
↗ *draußen*

dahin

Froher Sinn ist schnell dahin.

Leichter Gewinn ist bald dahin.

Man schätzt das Gute erst, wenn es dahin ist.

Was dahin ist, kommt nicht wieder.

Dame

Faulheit ist eine vornehme Dame.
Sie ist sich nämlich zu gut zum Arbeiten.

daneben

Allzu klug schießt daneben.

Dicht dabei ist auch daneben.

Dicht daneben ist auch vorbei.

Dank

Dank altert schnell.

Dank ist der beste Klang.

Heiße Bitte, kalter Dank.

Langsame Gabe verliert den Dank.

Leichte Gabe, leichter Dank.

Mit Dank kann man keine Schuhe schmieren.

Mit Dank verdient man Dank.

Später Dank, schlechter Dank.

Stank ist des Teufels Dank.
Von großer Undankbarkeit.

Stille Gabe, lauter Dank.

Um Dank dient keiner.

Wem andere Dank schulden, der hat einen schönen Schatz.

Wer Wohltat sät, der erntet Dank.

Wie der Gruß, so der Dank.

Wie die Gabe, so der Dank.

Wohltat hat keinen Dank.

dankbar

Dankbar sein bricht kein Bein.

Dankbarkeit

Dankbarkeit gefällt, Undank haßt die ganze Welt.

Dankbarkeit ziert allezeit.

danken

Danken bricht keinem das Maul.

Grüßen ist Höflichkeit, Danken ist Schuldigkeit.

Ich danke, sagte die Ziege, als der Wolf sie zum Mittagsmahl einlud.

Viel danken heißt heimlich mehr bitten.

Wer dankt, will mehr haben.

Wer halb gibt, dem wird halb gedankt.

Wie man grüßt, so wird auch gedankt.

dankenswert

Ein gutes Mahl ist dankenswert.

Gabe um Gabe ist nicht dankenswert.

dann

Ein Jetzt ist besser als zwei Dann.

darben

Besser an eigenem Tische darben als an fremdem schwelgen.

Immer sparen heißt immer darben.

Ohne Garben muß man darben.

Wer im Sommer nicht erntet, muß im Winter darben.

Wer sich selbst darben läßt, der läßt seinen Nachbarn verhungern.

darin

Schüsseln genug, aber nichts darin.
Von leeren Versprechungen.

Darm

Lieber den Darm (Magen) verrenkt
als dem Wirt einen Tropfen geschenkt.

darum

Jedes Warum hat sein Darum.

darunter

Wer auf dem Wagen ist, kann auch leicht darunter kommen.

dasein

Wer nicht da ist, bekommt die Knochen.

Wer nicht da ist, dem wäscht man den Pelz nicht.

Wer nicht da ist, hat immer unrecht.

Wer nicht da ist, wird nicht mitgezählt.

dasselbe

Wenn zwei dasselbe tun, so ist es nicht dasselbe (das gleiche).

Dauer

Übermaß hat keine Dauer.

dauern

Allzeit trauern kann nicht dauern.

Der Sommer dauert nicht das ganze Jahr.

Der Trab eines Esels dauert nicht lange.

Die Ernte des Weisen dauert das ganze Jahr.

Ein gutes Jahr dauert nicht lange.

Endlich dauert nicht ewig.

Es ist keine wahre Freude, die nicht dauert.

Geborgte Schönheit dauert nicht.

Liebesschwüre dauern nicht.

davongehen

Wer ungebeten kommt, geht ungedankt davon.

davonlaufen

Was davonläuft, ist leicht abzuwehren.

dazukommen

Wo was ist, da muß auch wieder was dazukommen.

dazulernen

Man wird alt wie eine Kuh
und lernt immer noch dazu.

dazutun

Wo ein Haufen ist, da tut ein Hund noch einen dazu.

dazwischen

Ein Zaun dazwischen mag die Liebe erfrischen.

Decke

Das Schweigen ist des Narren Decke.

Ist die Decke über dem Kopf, so sind die Eheleute gleich reich.

Man muß sich nach der Decke strecken.

Wer sich nicht nach der Decke streckt,
dem bleiben die Füße unbedeckt.

Deckel

Auf einen schiefen Topf gehört ein schiefer Deckel.

Jeder Topf findet seinen Deckel.

Wie der Topf, so der Deckel.

decken

Die Pfründe deckt die Sünde.

Von einträglicher Scheinheiligkeit.

Ein Haus deckt viel Schande.

Es ist nicht für jeden der Tisch gedeckt.

Degen

Großmauls Degen sticht nicht.

Je tapferer Mann, je kürzer Degen.

Mut kämpft ohne Degen.

Wem das Herz fehlt, dem nützt der Degen nichts.

↗ *Dolch*

deichen

Wer nicht kann deichen, der muß weichen.

Wer das Seine nicht schützt.

dein

In der Ehe mag kein Frieden sein,
regiert darin das Mein und Dein.

deinesgleichen

Halt dich zu deinesgleichen.

Demut

Demut kommt überall durch.

Hochmut liebt Demut.

Und zwar bei anderen.

Zuviel Demut ist halber Stolz.

demütig

Besser demütig gefahren als stolz zu Fuß gegangen.

dengeln

Gut gedengelt ist halb gemäht.

denken

Arg denkt arg.

Das Herz denkt oft anders, als der Mund redet.

Denke langsam, handle schnell.

Denken macht oft seufzen.

Denken und tun ist zweierlei.

Denke zweimal, eh' du einmal sprichst.

Denk, was du willst, und iß, was du hast.

Der Mensch denkt, Gott lenkt.

Nach Sprüche Salomos 16,9; heute meist ironisch, wenn es anders kommt, als man es sich wünscht.

Der Treiber und der Esel denken nicht dasselbe.

Der Zecher denkt anders als der Schenk.

Ein jeder denkt, sein Unglück sei das größte.

Eins denkt der Gast, der Wirt das andere.

Erst denken, dann handeln (sprechen).

Es mag einer denken, was er will, aber reden muß er, was sich ziemt.

Fürs Denken tut (kann) man keinen henken.

Strafbar ist die Tat.

Glauben ist leichter als denken.

Ist von der Kuh die Rede, so denkt man an die Milch.

Mancher denkt nicht weiter als ein fettes Schwein springt.

Ohne Denken und Sinnen
muß man nichts beginnen.

Ums Denken kann man keinen kränken.

Von redlichen Leuten denkt man nichts Arges.

Was ich denk' und tu',
trau' ich auch dem andern zu.

Was man denkt, das bleibt einem.

Was der Nüchterne denkt, das redet der Volle.

Denkmal

Besser im Leben eine Brotrinde als nach dem Tode ein Denkmal.

derb

Auf grobe Lüge derbe Wahrheit.

deuten

Man deutet ein Recht mit dem andern.

Deutsch

Das beste Deutsch ist, das von Herzen kommt.

Im Deutschen lügt man, wenn man höflich ist.

Nach Goethe, Faust II.

Wer Dreck schickt,
kriegt Dreck wieder.

Deutsche, der

Was der Deutsche bezahlt, das ißt er auch.

dicht

Je tiefer im Walde, je dichter das Holz.

Dichter

Lorbeerkränze machen keinen Dichter.

dick

Alte Weiden haben dicke Köpfe.

Das dicke Ende kommt nach.

Dicke Bäuche, leere Köpfe.

Dicker Trank macht fette Schweine.

Klein und dick gibt auch ein Stück.

Kurz und dick hat kein Geschick.

Volle Schläuche, dicke Bäuche.

dicktun

Dicktun ist mein Reichtum, zwei Pfennige mein Vermögen.

Dieb

An der Diebe Schwören darf man sich nicht kehren.

Auch ein kluger Dieb wird einmal gefangen.

Bei Dieben lernt man stehlen.

Das hat seine Schwierigkeit, sagte der Dieb, als er einen Amboß stehlen wollte.

Das Maul bringt den Dieb an den Galgen.

Der Schuldige verrät sich selbst.

Der Dieb läßt das Stehlen nicht.

Schlechte Gewohnheiten sind dauerhaft.

Der Dieb meint, sie stehlen alle.

Diebe im Haus sind ärger als die Laus.

Die kleinen Diebe hängt man, die großen läßt man laufen.

Ein Dieb heißt den andern Spitzbub.

Ein Dieb stiehlt sich selten reich.

Ein schöner Raub macht kühnen Dieb.

Es gefällt dem Dieb kein Baum, daran er hängen soll.

Es sind nicht alle Diebe, die der Hund anbellt.

Gelegenheit macht Diebe.

Geringe Vorteile machen große Diebe.

Junge Faulenzer, alte Diebe.

Kein Mädchen ohne Liebe,
kein Jahrmarkt ohne Diebe.

Kleine Lügner, große Diebe.

Auf der schiefen Bahn geht es schnell voran.

Man hängt keinen Dieb, man hätte ihn denn.

Offene Tür lockt den Dieb.

Schlechte Wacht macht viele Diebe.

Stehler, Hehler und Befehler sind drei Diebe.

Stiehlt mein Bruder, so hängt ein Dieb.

Wenn der Wächter nicht wacht, so wacht der Dieb.

Wer ablernt, ist ein ehrlicher Dieb.

Wer die Leiter hält, ist so schuldig wie der Dieb.

Wer einmal stiehlt, heißt allezeit ein Dieb.

Wer Liebe stiehlt, ist kein Dieb.

Wer mit Dieben stiehlt, muß mit Dieben laufen.

Wo Schätze sind, da sind auch Diebe.

dieben

Wo's spukt, da diebt sich's.

Diele

Auf fremden Dielen ist gut tanzen.

dienen

Der vielen dient, dient niemand.

Man dient für Lohn und liebt sich für Geschenke.

Niemand kann zweien Herren dienen.

Nach Matthäus 6,24 und Lukas 16,13.

Um Dank dient niemand.

Wen man liebt, dem dient man gern.

Wer allen dienen will, kommt immer am schlimmsten weg.

Wer bei Verwandten dient, braucht die Hölle nicht mehr zu fürchten.

Wer dem Kloster dient, muß vom Kloster leben.

Wer dem Teufel dienen will, hat einen schlimmen Herrn.

Wer dem Wolf dient, kann der Herde nicht dienen.

Wer der Mode dient, hat eine strenge Herrin.

Wer der Zeit dient, der dient ehrlich.

Wer neun Jahre gut dient und eines schlecht, der ist zehn Jahr ein schlimmer Knecht.

Wer neunundneunzig Jahre dient, hat im hundertsten kein Brot.

Von Undank.

Wer sein eigener Herr sein kann, der diene keinem andern.

Diener

Altem Diener und altem Hunde
trieft kein Fett vom Munde.

Der Eifer ist ein guter Diener, aber ein schlechter Herr.

Geld ist ein guter Diener, aber ein böser Herr.

Wenn der Fürst einen Apfel braucht, nehmen seine Diener den ganzen Baum.

Dienst

Angebotener Dienst ist halb umsonst.

Dienst ist Dienst (und Schnaps ist Schnaps).

Dienst ohne Lohn macht Diebe.

Ein Dienst ist des anderen wert.

Guter Dienst bleibt unverloren.

Nicht jeder Dienst ist ein Liebesdienst.

Ungebetener Dienst hat keinen (wenig) Dank.

Wer Dienste will, muß Dienste erweisen.

Wie der Lohn, so der Dienst.

Wo keine Dienste, da sind keine Geschenke.

Dietrich

Wer stehlen will, dem schmiedet der Teufel leicht einen Dietrich.

Ding

Alle Dinge mit Maßen: das eine soll man tun, das andere nicht lassen.

Aller guten Dinge sind drei.

An drei Dingen erkennt man den Weisen: Schweigen, wenn Narren reden; denken, wenn andere glauben; und handeln, wenn Faule träumen.

An sichern Dingen ist der Zweifel gut.

Auch ein leichtes Ding wird schwer, wenn man's ungern tut.

Auch kleine Dinge achte nicht geringe.

Bei Gott ist kein Ding unmöglich.

Nach Matthäus 19,26; heute meist scherzhaft.

Das Ding läuft verkehrt, sagte Töffel, als er einen Krebs gehen sah.

Der Zufall kann große Dinge tun.

Die Dinge sind stärker als Worte.

Dinge, die sich bessern, sind gut.

Drei Dinge ändern sich geschwind: Weib, Glück und Wind.

Drei Dinge erquicken unsere Leiber: Bad, Wein und Weiber.

Drei Dinge schließen dem Arzt die Türe zu: Freude, Mäßigkeit und Ruh.

Dumme Dinge sind nicht von Dauer.

Ein Ding ist besser bedacht als bereut.

Ein jegliches Ding hat seine Zeit.

Es ist ein verdrießlich Ding um eine böse Zunge.

Es lassen sich alle Dinge reden, aber Brot und Käse lassen sich essen.

Geschehene Dinge haben keine Umkehr.

Gezwungen Ding besteht nicht.

Gut Ding kommt alle Tage recht.

Gut Ding will Weile haben.

Hohe Dinge haben viel Anstoß.

Jedes Ding hat ein Warum.

Jedes Ding hat seinen Haken.

Jedes Ding hat zwei Seiten.

Jedes Ding will ein Ende haben.

Jedes Ding will seine Ursache haben.

Neue Dinge, neue Namen.

Nichts übereile, gut Ding braucht Weile.

Schöne Dinge behält man nicht lange.

Sieh selbst nach deinen Dingen,
wenn sie sollen wohl gelingen.

Wenn ein Ding geschehen ist, kommt guter Rat zu spät.

Wenn ein Ding geschehen ist, verstehen es auch die Narren.

Wer alle Dinge wüßte, der täte nie unrecht.

dingen

Dingen ist noch nicht kaufen.

Distel

Disteln tragen keine Trauben.

Disteln wachsen schneller als Rosen.

Kein Acker ohne Disteln.

Wer Disteln sät, wird Stacheln ernten.

Wer mit fremdem Schweiße düngt, dem trägt der Acker nur Disteln.

Für seine Angelegenheiten sorge man selbst.

Dohle

Eine Dohle sitzt gern bei der andern.

Doktor

Der Hut macht nicht den Doktor.

Es würd' ein jeder Doktor sein,
wenn's Wissen einging wie der Wein.

Froher Mut braucht keinen Doktor.

Frohsinn ist der beste Doktor.

Man muß nicht jeden blauen Fleck zum Doktor tragen.

Schlichte Kost braucht keinen Doktor.

Dolch

Hast du einen Dolch, so hab' ich einen Degen.

Donner

Auf Donner folgt Regen.

Es ist nicht der Donner, der die Leute totschlägt.

Vom Donner fällt kein Baum.

Donnerwetter

Ein aufrichtiges Donnerwetter ist besser als ein falsches Vaterunser.

doof

Doof bleibt doof, da helfen keine Pillen.

doppelt

Doppelt (genäht) hält besser.

Doppelt gibt, wer gleich (schnell) gibt.
Nach Publilius Syrus.

Geteilte Freude ist doppelte Freude.

Nimm's doppelt, so wird's kürzer.
Scherzhafter Rat an einen, der sich langweilt.

Schnelle Wohltat ist doppelt wert.

Unnütze Klugheit ist doppelte Torheit.

Verborgene Leiden sind doppelt schwer.

Wer bald hilft, der hilft doppelt.

Wer sich der Sünde rühmt, sündigt doppelt.

Wer spart, hat doppelt.

Dorf

Die Kirche muß im Dorf bleiben.

Einer kann nur Schulze sein im Dorf.

Es ist nicht gut, der Poet im Dorf zu sein.

Je kleiner das Dorf, je bissiger die Hunde.
Je klatschsüchtiger die Leute.

Lieber der Erste im Dorf als der Letzte in der Stadt.

Man muß (soll) die Kirche im Dorf lassen.

Wart ein Weilchen ist auch ein Dorf.

Wenn der Wolf im Dorfe ist, ist keine Zeit, Hunde zu füttern.

Wo die Hunde bellen, ist's Dorf nicht weit.

Dorn

Die Rosen verblühen, aber die Dornen bleiben.

Dorn und Distel stechen sehr,
falsche Zungen noch viel mehr.

Es sticht beizeiten, was ein Dorn werden will.

Keine Rose ohne Dornen.

Rosen blühen, Dornen stechen.

Unter Dornen wachsen Rosen.

Wegen der Rosen begießt man die Dornen.

Wer barfuß geht, soll keine Dornen säen.

Wer Dornen sät, darf nicht barfuß gehen.

Wer in Dornen greift, sticht sich.

Wo Rosen sind, da sind auch Dornen.

dort

Je länger hier, je später dort.

↗ *hier*

Drachenzähne

Wer Drachenzähne sät, kann keinen Frieden ernten.

Was drei wissen, erfahren hundert.

Dragoner

Wenn ein Dragoner vom Pferd fällt, so steht ein Musketier wieder auf.

dran

Es ist kein Span, es ist was dran.

drankommen

Wer gern bis morgen wartet, kommt auch übermorgen noch nicht dran.

draußen

Draußen ein Luchs, daheim ein Maulwurf.

Draußen gejucht, drinnen geflucht.

Draußen hat man hundert Augen, daheim kaum eins.

Draußen ist's gut, daheim aber am besten.

Es kommt auf eins hinaus, draußen oder vor der Tür.

Vor der Tür ist draußen.

Was man im Hause hat, braucht man nicht draußen zu suchen.

Zu Hause ein Löwe, draußen ein Lamm.

Von Hauspaschas.

Zu Hause ein Igel und draußen ein Schniegel.

Dreck

Allzu keck liegt bald im Dreck.

Alten Dreck soll man nicht aufrühren.

Besser am Dreck gewinnen als am Weihrauch verlieren.

Der Sau ist im Dreck am wohlsten.

Die Sonne scheint auch auf den Dreck.

Dreck gehört auf den Mist.

Dreck hält warm.

Dreck macht fett.

Dreck nährt.

Eigen Dreck stinkt nicht.

Eigenen Dreck riecht jedermann gern.

Ein alter Besen scheut keinen Dreck.

Eine Sau riecht den Dreck über neun Zäune.

Von Verleumdern.

Ein rechtschaffener Ochse geht mitten durch den Dreck.

Je mehr man den Dreck rüttelt, je mehr stinkt er.

Je mehr Regen, je mehr Dreck.

Lieber Dreck stinkt nicht.

Mit Dreck wäscht man sich nicht rein.

Schneit es in den Dreck, so geht man drüber weg.

Speck trägt durch den Dreck.

Wem zu wohl ist, der geht in den Dreck.

Wenn man den Dreck auch vergoldet, er stinkt doch.

Wer den Karren in den Dreck geschoben hat, muß ihn wieder herausziehen.

Wer Dreck schickt, kriegt Dreck wieder.

Wer keinen Lehm hat, der muß mit Dreck mauern.

Wer kein Wasser hat, der löscht mit Dreck.

Wer seine Hände in Dreck steckt, zieht sie beschissen heraus.

Wer sich mit Dreck abgibt, wird schmutzig.

Wer sich zu Dreck macht, den wirft man auf den Mist.

Wirf nur mit Dreck, es bleibt was kleben.

drehen

Was rund ist, will sich drehen.

drei

Aller guten Dinge sind drei.

Auch der Teufel kann bis drei zählen.

Man soll keinen Gegner für dumm halten.

Drei halten den besten Rat, wenn zwei nicht dabei sind.

Drei Heller sind auch Geld.

Drei ist uneben.

Drei leben friedlich, wenn zwei nicht daheim sind.

Drei machen ein Kollegium.

Nach dem römischen Corpus iuris.

Drei sagen die Wahrheit: Kinder, Narren und Volle.

Einem zu enge, dreien zu weit, zweien gerecht.

Ein Geheimnis.

Gast und Fisch bleiben kaum drei Tage frisch.

Unter dreien ist immer eine Sau.

Was drei wissen, erfahren hundert.

Was für zwei ist, ist nicht für drei.

Was unter dreien übereinkommt, muß der vierte halten.

Wenn drei an einem Tische sitzen, findet auch der vierte Platz.

Wer drei Feinde hat, muß sich mit zweien vertragen.

dreien

Was sich zweit, das dreit sich gern.

Dreier

Neue Leier, neue Dreier.

Wegen eines Dreiers braucht man keinen Beutel.

Wie die Taler pfeifen, so tanzen die Dreier.

dreimal

Dreimal ist Bubenrecht.

Dreimal umziehen (umgezogen) ist so gut wie einmal abgebrannt.

Nach Benjamin Franklin, Way to wealth.

Ein Narr lacht dreimal.

Man muß dreimal messen, ehe man einmal schneidet.

dreist

Dreist macht feist.

Schämige Freier, dreiste Bräute.

dreiviertel

Dreiviertel ist kein Pfund.

dreschen

Man drischt das Korn nicht um der Spreu willen.

Man soll dem Ochsen, der da drischt, das Maul nicht verbinden.

Nach 5. Mose 25,4.

Reden und Dreschen sind zwei verschiedene Dinge.

Gegen Polterer.

Was nützt die Scheune, wenn man nichts zu dreschen hat.

Wer dreschen will, findet leicht einen Flegel.

Wer mit essen will, muß auch mit dreschen.

Wo das Korn fehlt, nützt das Dreschen nicht viel.

Drescher

Gute Tenne, gute Drescher.

drin

Was hilft eine hübsche Schüssel, wenn nichts drin ist.

Was nützt alles Gerede, wenn man nichts zu sagen weiß.

Wo nichts drin ist, kommt nichts ’raus.

Dritte, der

Wenn zwei beieinanderstehen,
pflegt’s über den Dritten herzugehen.

Von Klatschbasen.

Wenn zwei wollen, ist der Dritte ein Narr.

Wo sich zwei vertragen,
hat der Dritte nichts zu sagen.

Wo (Wenn) zwei sich streiten, freut sich der Dritte.

Wo zwei zanken, da sei nicht der Dritte.

Zwei können den Dritten an den Galgen lügen.

Von betrügerischer Kumpanei.

drohen

Die drohen, fürchten sich am meisten.

Drohen schreckt Narren (wie Donner die Kinder).

Es zittert mancher, der droht.

Man droht erst, ehe man schlägt.

Vom Drohen fällt kein Haar.

Vom Drohen stirbt man nicht.

Wer droht, der will nicht schlagen.

Wer einen beleidigt, droht vielen.

Wer lange droht, macht dich nicht tot.

Wer vom Drohen stirbt, den soll man mit Fürzen begraben.

drücken

Auf die Länge drückt ein Strohhalm.

Des Schulzen Bauch drückt auf die ganze Gemeinde.

Von Korruption.

Die Last drückt zuletzt am meisten.

Ein faules Pferd drückt jeder Sattel.

Ein glänzendes Joch drückt auch.

Erst drückt's, dann glückt's.

Fremder Buckel drückt nicht.

Jeder weiß am besten, wo ihn der Schuh drückt.

Wen der Schuh drückt, der schreit.

Wen's nicht drückt, der hat gut tragen.

Wer barfuß geht, den drückt kein Schuh.

Wer gut bezahlt, den drückt kein Pfand.

du

Sieh erst auf dich und die Deinen,
dann schilt mich und die Meinen.

Wie du mir, so ich dir.

dudeln

Wie gedudelt wird, so tanzt man.

Duft

Am Duft erkennt man die Blumen.

Jede Blume hat ihren Duft.

Wie die Blume, so der Duft.

duften

Die schönste Rose duftet nicht für sich.

Einer duftet, der andere stinkt.

Je nachdem, ob er einem gefällt.

Gemalte Rosen duften nicht.

Dukaten

Auf einen Dukaten kommen viel Pfennige.

Wer keine Pfennige hat, lästert die Dukaten.

Wo Dukaten anklopfen, springt das Schloß allein auf.

dulden

Dulden geht schon an, wenn man nur hoffen kann.

Man muß oft dulden, was man nicht will, um zu bekommen, was man will.

Viel Schulden, viel Dulden.

dumm

Allzu klug ist dumm.

Besser stumm als dumm.

Das dümmste Vieh schreit am lautesten.

Der ist ein Narr, der andere Leute für dumm hält.

Der Mensch mag noch so dumm sein, er muß sich nur zu helfen wissen.

Der muß sehr dumm sein, der keine Ausrede weiß.

Die dümmsten Bauern haben die größten Kartoffeln.

Dumme Dinge sind nicht von Dauer.

Dumme Leute haben dumme Träume.

Dummer Schnack gilt auch.

Dumm freit auch.

Dumm geboren, dumm geblieben.

Ein dummer Kerl ist nie gescheit.

Einen dummen Streich muß man nicht zweimal machen.

Ein gescheiter Teufel ist besser als ein dummer Engel.

Ein guter Weg um ist nicht immer dumm.

Manchmal ist der Umweg besser als der gerade.

Ein gutes Lamm, ein dummes Schaf.

Im Stall ist der Hund am dümmsten.

In seinen eigenen Angelegenheiten ist man oft nicht sehr gescheit.

Je älter, je dümmer.

Je dicker die Bretter, je tiefer der Bolz;
je dümmer der Bengel, je größer der Stolz.

Je krümmer, je dümmer.

Kein Narr ist so dumm, er findet einen, der ihn für klug hält.

Lieber ein kluger Tadel als ein dummes Lob.

Reich und dumm vertragen sich gut.

Durst macht aus Wasser Wein.

Viel Wein macht dumme Leute.

Wenn dumme Leute zu Markt kommen, kriegen die Kaufleute Geld.

Wer dumm ist, muß Wasser saufen.

Wer dumm kommt, geht dumm.

Dumme, der

Dem Dummen hilft der liebe Gott.

Ironisch, wenn jemand trotz seines Ungeschicks zurechtkommt.

Den Dummen trifft's Glück.

Der Dümmste gibt oft den besten Rat.

Die Dummen wachsen von selbst.

Die Dummen werden nicht alle.

Die Dümmsten haben das meiste Glück.

Die Dümmsten sind überall die Schlimmsten.

Mit Dummen dumm, mit Weisen weis'.

Wenn der Dumme schweigt, gilt er für klug.

Wenn die Dummen zu Markt gehen, kriegen die Klugen Geld.

Wo ein Kluger nichts ausrichtet, schickt man einen Dummen hin.

Dummert

Wohlleb, Dummert und Faulert sind Brüder.

Dummheit

Die Dummheit kommt überall fort.

Die Dummheit straft sich selbst.

Dummheit und Stolz wachsen auf einem Holz.

Jeder macht seine Dummheiten auf eigene Rechnung.

Mit der (Gegen) Dummheit kämpfen Götter selbst vergebens.

Nach Schiller, Jungfrau von Orleans.

Was nützt Weisheit, wo Dummheit Trumpf ist.

Wer mit der Dummheit kämpft, muß scharfe Pfeile haben.

Wo Eigensinn bei Dummheit ficht,
wird durch Vernunft nichts ausgericht'.

dun

Ein duner Kerl und ein nüchternes Kalb fallen sich nicht zu Tode.

düngen

Der Fuß des Herrn düngt den Acker.

Der Teufel scheißt nirgends lieber hin, als wo gedüngt ist.

Wo Vermögen ist, kommt noch was hinzu.

Des Herren Auge düngt den Acker wohl.

Des Herrn Fuß düngt am besten.

Die Sense düngt nicht.

Scharfe Maßnahmen schaffen kein Vertrauen.

Friede düngt den Acker wohl.

Was stinkt, das düngt.

Wer nicht gut düngt, der kann auch nicht gut ernten.

Wer nicht sät, dem nützt das Düngen nichts.

Wer wohl düngt, fährt wohl ein.

Dunkel

Gute Taten leuchten auch im Dunkeln.

Man muß sie nicht prahlerisch ins rechte Licht setzen.

Im Dunkeln ist gut munkeln (aber nicht gut Flöhe fangen).

Im Dunkeln sind alle Katzen grau.

Dünkel

Dünkel geht auf Stelzen.

Jeder Winkel hat seinen Dünkel.

Je weniger Verstand, je mehr Dünkel.

dünken

Der Zweig dünkt sich klüger als der Baum.

Jedem dünkt seine Braut die Schönste.

Mit Dünken verletzt man das Recht.

dünn

Arme Leute kochen dünne Suppen.

Es reißt am ersten, wo's dünn ist.

Gute Freunde sind dünn gesät.

Man muß das Brett bohren, wo es am dünnsten ist.

Viele Ferkel machen den Trank dünn.

Dunst

Was als Dunst aufsteigt, fällt als Regen nieder.

durchgehen

Alte Pferde gehen nicht durch.

durchkommen

Demut kommt überall durch.

Fromm, doch nicht allzufromm,
damit man auch durchkomm'.

Mit klingender Münze kommt man überall durch.

durchschauen

Frauen sind schwer zu durchschauen.

Wenn ich darf, wie ich will,
so tue ich, wie ich will.

dürfen

Darf's der eine tun, so darf's der andere sagen.

Der Rebbe (Rabbi) darf.

Man darf wohl alles wissen, aber nicht alles tun.

Wenn ich darf, wie ich will, so tue ich, wie ich will.

dürr

Dürres Reis gibt rasches Feuer.

Von der Verliebtheit der Alten.

Je dürrer die Zeit, je grüner die Hoffnung.

Durst

An kleinen Brunnen löscht man auch den Durst.

Brätst du mir die Wurst, so lösch ich dir den Durst, sagte der Kellner zum Koch.

Durst ist der beste Kellner.

Durst macht aus Wasser Wein.

Durst nach Ehr' macht viel Beschwer.

Man muß den Brunnen vor dem Durste graben.

Was hilft's Trinken, wenn's den Durst nicht löscht.

Wasser stillt wohl den Durst, aber singen lehrt es nicht.

Im Unterschied zum Wein.

Wem das Wasser nicht schmeckt, der hat keinen Durst.

Wer trinkt ohne Durst und ißt ohne Hunger, der stirbt desto junger.

Wie der Durst, so der Trank.

Zuviel Wein macht Durst.

dursten/dürsten

Je mehr einer trinkt, je mehr ihn dürstet.

Wer an der Quelle sitzt, braucht nicht zu dursten.

durstig

Einem durstigen Gaumen schmeckt jeder Wein.

Ein trauriges Herz ist immer durstig.

Ironisch über ausgiebiges Trinken beim Leichenschmaus.

Durstige, der

Dem Durstigen schmeckt der Brunnen wie Most.

dußlig

Wer dußlig kommt, geht dußlig fort.

Dutzend

Das (Der) Schönste kommt aufs Dutzend.

Heute ironisch; ursprünglich vom Musterstück, das als ‚Ausbund' auf den Warenballen kam.

E

Ebbe

Auf Ebbe folgt Flut.

Was die Flut bringt, nimmt die Ebbe wieder.

eben

Auf ebenem Wege soll man keine Hügel suchen.

Keinen Anlaß zum Streit.

Es ist kein Weg so eben, man kann darauf straucheln.

Echo

Das Echo behält das letzte Wort.

Man kann lange rufen, ehe das Echo schweigt.

Wer mit dem Echo streitet, hat stets unrecht.

echt

Wer in allen Farben spielt, ist in keiner echt.

Ecke

Auch in der Ecke muß es rein sein.

Jeder Stecken hat zwei Ecken.

Alles hat zwei Seiten.

Kein Winkel ohne Ecke.

Um die Ecke kann man nicht schießen.

Unmögliches kann man nicht verlangen.

edel

Edle Sitten sind der beste Adel.

Je edler Roß, je ärger Laune.

Edelmann

Als Adam grub und Eva spann,
wo (wer) war denn da der Edelmann?

Nach John Ball.

Ein Handwerker zu Fuß ist größer als ein Edelmann zu Pferde.

Heute ein Edelmann, morgen ein Bettelmann.

Edelstein

Mit Edelsteinen pflastert man nicht.

Egge

Einer guten Egge fehlt kein Zahn.

ehe

Ehe der Sturm kommt, warnt der Wind.

Ehe es regnet, pflegt's zu tröpfeln.

Ehe man die Schöpse schlachtet, mästet man sie.

Von Dummenfang.

Ehe man gibt, muß man haben.

Man kann lange gähnen, ehe einem eine gebratene Taube ins Maul fliegt.

Man muß nicht Feuer rufen, ehe es brennt.

Ehe

Die Ehe ist Himmel und Hölle.

Die Ehen werden im Himmel gemacht,
auf Erden erfüllt und zu Ende gebracht.

Die Hochzeiten werden in der Stille gefeiert, der Lärm fängt in der Ehe an.

Ehen werden im Himmel geschlossen (und die Torheiten auf Erden begangen).

Es ist keine Ehe, sie hat ihre Wehe.

Es ist kein Liebesfeuer so heiß, die Ehe kühlt es.

Gezwungene Ehe bringt Herzen Wehe.

Heimlich Verlöbnis stiftet keine Ehe.

In der Ehe kann kein Frieden sein,
regiert darin das Mein und Dein.

Ist das Geld die Braut, so wird die Ehe selten gut.

Keine Schenke ohne Trank, keine Ehe ohne Zank.

Neue Ehe, neue Freud'.

Ohne Ehe ist einem weder wohl noch wehe.

Wenn die Frau nichts hat und der Mann nichts tut, wird die Ehe selten gut.

Ehebett

Aus dem Ehebett soll man nicht schwatzen.

Ehebruch

Ehebruch reißt das Eheband.

Eheleute

Ist die Decke über dem Kopf, so sind die Eheleute gleich reich.

eher

Der Magen wird eher gefüllt als die Augen.

Man bittet nicht eher zu Gevatter, bis man ein Kind hat.

Man muß die Peitsche nicht eher kaufen als den Gaul.

Ehestand

Ehestand ohne Fried' ist ein schlechtes Lied.

Ehestand, Wehestand.

Ehre

Allzu bekannt hat wenig Ehr' und viel Schand.

Allzuviel Ehre ist eine halbe Schande.

Auf Ehr' leiht niemand einen Kreuzer.

Besser arm mit Ehren als reich mit Schanden.

Besser Ehre ohne Leben als Leben ohne Ehre.

Besser ein Heller in Ehren als ein Taler in Schande.

Besser mit Ehren sterben als mit Schanden gelebt.

Besser mit Schanden geflohen als mit Ehren totgeblieben.

Scherzhafte Warnung vor allzu großem Risiko.

Den Schlüssel zur Ehre darf man nicht verborgen.

Der die Ehre verdient, hat sie oft nicht, der sie hat, verdient sie oft nicht.

Des Landes Weise ist des Landes Ehre.

Des Mannes Wort, des Mannes Ehre.

Die Ehre ist wie der Schnee.

Jeder Fleck darauf ist zu sehen.

Die Ehre verändert den Menschen.

Durst nach Ehr' macht viel Beschwer.

Ehre betteln ist Schimpf begehren.

Ehre, dem Ehre gebührt.

Nach Römerbrief 13,7.

Ehre geht vor Gut und Geld.

Ehre, Glück und Glas,
wie leicht bricht das.

Ehre hat Neid zum Gefährten.

Ehre hat Schwere.

Ehre ist der Tugend Lohn.

Ehre kannst du nirgends borgen,
mußt schon selber dafür sorgen.

Ehren beschweren, Würden sind Bürden.

Ehre und Geld treibt alle Welt.

Ehre verloren, alles verloren.

Ehre, wem Ehre gebührt, sagte der Bauer und warf den Küster die Treppe hinab.

Ehre will Schweiß.

Ehre wird schwer erworben und bald verloren.

Ehr' hat Beschwer (sagte die Magd, ich bin froh, daß ich meine los bin).

Ehr' hat Müh.

Ehr' und Auge leiden keinen Scherz.

Eine Ehre ist der andern wert.

Einen Kuß (Ein Küßchen) in Ehren kann niemand verwehren.

Eines Ehre ist des andern Verdruß.

Ein Pünktchen macht die ganze Ehre schwarz.

Es ist gut alt werden, wo man das Alter in Ehren hält.

Als Adam grub und Eva spann, wo war denn da der Edelmann?

Fragen und lehren bringt manchen zu Ehren.

Geld gibt Ehre, sagte der Frosch und setzte sich auf einen Heller.

Gott die Ehre und dem Pfaffen die Wurst.
Von geschäftstüchtiger Scheinheiligkeit.

Hintenan hat keine Ehre.

Je größere Ehre, je größerer Neid.

Je mehr (Viel) Feind, je mehr (viel) Ehr', sagte der Junge und schlug in einen Schwarm Mücken.

Lob und Ehr' veralten sehr.

Lustig (Fröhlich) in Ehren kann niemand wehren.

Mannes Wort ist Mannes Ehre.

Nichts altert mehr als Lob und Ehr'.

Roß und Mähre haben nicht die gleiche Ehre.

Verlorene Ehr' kommt nimmermehr.

Viel Ehre, viel Last.

Wächst die Ehre spannenlang,
wächst die Torheit ellenlang.

Was nützt die Ehr', wenn der Beutel leer.

Wenn mancher Mann wüßt', wer mancher Mann wär', gäb' mancher Mann manchem Mann manchmal mehr Ehr'.

Wer keine Scham hat, der hat auch keine Ehre.

Wer nach Ehre jagt, ist immer außer Atem.

Wer seine Ehre zum Pfand setzt, dem ist übel borgen.

Wo Furcht ist, da ist auch Ehre,
wo Ehre ist, da ist auch Scham,
wo aber keine Ehre ist, da ist eitel Schande.

Wo keine Ehre ist, da ist auch keine Schande.

Wo Saufen eine Ehre ist, da ist das Speien keine Schande.

Zuviel hat keine Ehre.

ehren

Das Alter soll man ehren.
Nach 3. Mose 19,32.

Der Mann ehrt das Amt, nicht das Amt den Mann.

Der Pfennig ist gern da, wo man ihn ehrt.

Geehrt werden und kitzeln tut wohl.

Jung gelehrt, alt geehrt.

Kluge Rede ehrt den Mann.

Kunst ehrt ihren Meister.

Wer andere nicht ehrt, verunehrt sich selber.

Wer das Alter nicht ehrt, ist des Alters nicht wert.

Wer den Pfennig nicht ehrt, ist des Talers nicht wert.

Ehrenpreis

Ehrenpreis ist besser als Tausendguldenkraut.
Ein Wortspiel.

Ehrgefühl

Ein Hund hat kein Ehrgefühl.

Ehrgeiz

Ehrgeiz kann sich nicht (ver)bergen.

Ehrgeiz und Flöhe springen gern in die Höhe.

Ehrgeiz und Groll machen den Menschen toll.

Ehrgeiz und Neid erregen Streit.

ehrlich

Aufs ehrliche Gesicht borgt man nicht.

Bei ehrlichen Leuten geht's ehrlich zu.

Besser ehrlich gewichen als schändlich gefochten.

Ehrliche Leute gehen keine krummen Wege.

Ehrliche Schelte ist besser als falsches Lob.

Ehrlich hält ewig (sagte der Schneider, und dann kann man noch einen Schlafrock daraus machen).

Ehrlich hat die Kuh gestohlen.

Spöttisch, wenn jemand seine Ehrlichkeit zu sehr betont.

Ehrlich ist beschwerlich.

Ehrlich ist der rechte Weg.

Ehrlich macht reich (aber langsam geht's her).

Ehrlich währt am längsten.

Eine ehrliche Lüge schadet nicht.

Eine ehrliche Ohrfeige ist besser als ein falscher Kuß.

Ein ehrlicher Groschen (Pfennig) ist besser als ein gestohlener Taler.

Ein ehrlicher Mann ist überall daheim.

Überall gern gesehen.

Ein ehrlicher Sinn, ein ehrliches Kleid.

Ein ehrlicher Tausch ist kein Schelmenstück.

Ein ehrliches Gesicht ist der beste Reisepaß.

Ein ehrliches Nein ist besser als zwei falsche Ja.

In einen offenen Kasten greift auch wohl eine ehrliche Hand.

Sträflicher Leichtsinn kann sich nicht beklagen.

Knapp und ehrlich ist manchem beschwerlich.

Lieber zehn ehrlich machen als einen zum Schelm.

Man macht keine Schloß für ehrliche Leute.

Schwören ist ehrlich, Halten beschwerlich.

Wer der Zeit dient, der dient ehrlich.

Zu begehrlich bleibt nicht ehrlich.

Zwischen ehrlichen Leuten bedarf's keiner Rechnung.

Ehrlichkeit

Ehrlichkeit bringt's weit.

Ehrlichkeit ward nie bereut.

ehrlos

Ehrlos gelebt, schändlich gestorben.

Lieber gutlos als ehrlos.

Ei

Auch ein schwarzes Huhn legt weiße Eier.

Auf Eiern tanzen und mit Weibern umgehen will gelernt sein.

Auf ungelegte Eier ist ungewiß hoffen.

Besser heute ein Ei als morgen ein Kücken.

Böser Vogel, böses Ei.

Aus Bösem entsteht Böses.

Das Ei will immer klüger sein als die Henne.

Das Geschrei bringt die Henne ums Ei.

Der muß leise gehen, der Eier unter den Füßen hat.

Ein Ei gibt groß Geschrei.

Ein faules Ei verdirbt den Brei.

Etwas schlottert jedes Ei.

Jeder hat seine Mängel.

Faule Eier schwimmen oben.

Geschenkte Eier sind immer frisch.

Haben wir keine Eier, so braten wir's Nest.

Je mehr Hühner, je mehr Eier.

Man gibt eher das Ei als die Henne.

Viel Eier machen große Kuchen.

Viel Gegacker und wenig Eier.

Viel Geschrei und doch kein Ei.

Wem's glückt, dem legt ein Hahn Eier.

Wer an einem Ei genugt hat, läßt die Henne laufen.

Wer viel Eier hat, macht viel Schalen.

Wie der Vogel, so das Ei.

Wo die Henne kein Ei findet, da legt sie keins hin.

Worte sind gut, aber Hühner legen Eier.
Taten sind besser als schöne Reden.

Eiche

Aus alten Eichen läßt sich viel Holz schlagen.

Eine stumpfe Axt fällt keine Eiche.

Es ist keine Eiche so stark,
das Beil dringt ihr ins Mark.

Große Eichen machen große Schatten.

Je größer die Stürme, desto fester wurzelt die Eiche.

Pilze wachsen schneller als Eichen.
Das Solide braucht mehr Zeit.

Von einem Streiche fällt keine Eiche.

Eid

Alle Eide kann man nicht halten.
Nicht alle guten Vorsätze.

Eide schwören ist nicht Rüben graben.

Ein Eid hebt den andern auf.

Ei und Eid ist bald gebrochen.

Eifer

Blinder Eifer schadet nur.
Nach Lichtwer, Die Katzen und der Hausherr.

Der Eifer ist ein guter Diener, aber ein schlechter Herr.

Wo kein Eifer ist, da ist auch keine Liebe.

Eifersucht

Eifersucht ist eine Leidenschaft,
die mit Eifer sucht, was Leiden schafft.

eigen

An fremden Fehlern erkennt man die eigenen.

An fremden Gebrechen erkennt man eigne Schwächen.

Auf eigenem Grunde baut man am besten.
Man richte sich nach seinem eigenen Urteil.

Auf eigenem Sattel reitet man sicher.

Auf eigenem Schlitten fährt sich's am besten.

Besser an eigenem Tisch darben als an fremdem schwelgen.

Besser auf eigenen Füßen als auf fremden Stühlen.

Besser eigen Brot als fremden Braten.

Das ist ein sauberer Vogel, der das eigene Nest beschmutzt.

Den Fleck auf dem eigenen Arsch will niemand sehen.

Den Narren bringt sein eigenes Glück um.

Der eigene Mund ist der nächste Vetter.

Der eigene Pfennig zahlt am besten.

Der hat meist den schlechtesten Herrn, der sein eigener Herr ist.
An sich selber stellt man oft die höchsten Ansprüche.

Der Horcher an der Wand
hört seine eigne Schand.

Der Hund bellt vor der eigenen Tür.
Man soll woanders nichts ausplaudern.

Der Hund ist keck im eignen Haus.

Der ist ein guter Prediger, der seine eigenen Lehren befolgt.

Die eigenen Geschäfte gehen vor.

Die ihr Eigenes versäumen, haben viel zu regieren in ander Leut Häusern.

Die Welt hat ihren eigenen Kopf.

Eigen Blut geht vor.

Eigen Brot nährt am besten.

Eigen Dreck stinkt nicht.

Eigene Beine sind die besten.

Eigene Erfahrung ist der rechte Meister.

Eigene Erfahrung muß viel leiden.

Eigene Fürze riechen angenehm.

Eigene Fehler übersieht man.

Eigene Hand ist die nächste.

Eigene Hand ist Herr im Land.

Um seine Angelegenheiten sollte man sich selber kümmern.

Eigene Kraft schafft.

Eigene Küche die beste.

Eigene Last ist stets von Blei, die des Nachbarn nur von Flaum.

Eigene Mängel (Fehler) sieht man nicht.

Eigenen Dreck riecht jedermann gern.

Eigene Pfütze ist besser als fremder Teich.

Eigener Fleiß macht den Schornstein rauchen.

Eigener Herd ist Goldes wert.

Eigener Rauch ist heller als fremdes Feuer.

Eigener Schaden tut am wehesten.

Eigener Tisch ist der beste.

Eigener Wille bringt in die Hölle.

Man hat sich manches selbst zuzuschreiben.

Eigenes Hemd wärmt mehr als ein fremder Pelz.

Eigene Sporen und fremde Pferde machen kurze Meilen.

Eigene Wolle wärmt am besten.

Was man selbst geschaffen hat, erscheint einem fehlerfrei.

Eigen Feuer kocht wohl.

Eigen Kind, liebes Kind.

Eigen Kleid wärmt am besten.

Eigen Nest ist das best.

Eigen was, wie gut ist das.

Eine eigene Elle ist besser als eine fremde Meile.

Eine Gans hat ihren eigenen Kopf.

Ein eigener Pfennig ist besser als ein fremder Gulden.

In einen offenen Kasten greift auch eine ehrliche Hand.

Ein jeder kehre vor seiner eigenen Tür.

Ein jeder kennt sein eigenes Herz am besten.

Fremde Tränen können eigene ersparen.

Wenn man aus fremdem Mißgeschick Schlußfolgerungen zieht.

Geiz ist seine eigene Stiefmutter.

Geschenke machen eigen.

Sie verpflichten.

Im eigenen Bett schläft sich's am besten.

Im eigenen Garten ist am besten grasen.

Im eigenen Lande geht die Sonne am schönsten auf.

In eigener Sache ist niemand klug.

In seinem eigenen Haus ist jeder König.

Jeder fasse sich an seine eigene Nase.

Jeder hat in seinem eigenen Garten genug zu jäten.

Jeder ist weise im eigenen Hause.

Jeder klagt sein eigen Leid.

Jeder krautet in seinem eigenen Garten.

Jeder leitet das Wasser auf seine eigene Mühle.

Jeder macht seine Dummheiten auf eigene Rechnung.

Jeder muß seine eigene Haut zu Markte tragen.

Nämlich selber für die Folgen seiner Handlungen einstehen.

Jeder singt sein eigen Lied.

Jeder spricht sein eigenes Latein.

Kein besser Gemach als eigen Dach.

Man bekommt mit dem eigenen Stock oft die schönsten Prügel.

Mancher schneidet sich eine Gerte für den eigenen Rücken.

Man sieht wohl den Splitter im fremden Auge, aber nicht den Balken im eigenen.

Nach Matthäus 7,3–5.

Mit eigenem Löffel ißt sich's am besten.

Mit eigenem Ruder fährt sich's am besten.

Mit eigenen Füßen läuft man am weitesten.

Mit eigenen Nägeln kratzt man sich am besten.

Neid frißt seinen eigenen Herrn.

Niemand kann Richter in eigener Sache sein.

Niemand kann über seinen eigenen Schatten springen.

Niemand schändet sein eigen Gesicht.

Man soll seinen Ruf nicht aufs Spiel setzen.

Nur mir fremden Augen kann man eigne Fehler sehen.

Sein eigener Feind ist niemandes Freund.

Seinem eigenen Mund gibt jeder gern das Beste.

Seinem Eigen steht einer selbst am besten vor.

Unter eigenem Dach schläft man am sichersten.

Vom eigenen Boden kommt das Beste.

Von eigenem Können.

Was gemein ist, ist auch eigen.

Was allen gehört, gehört auch jedem.

Wer aus fremder Tasche wenig gibt, der gibt aus eigener nichts.

Wer durch eigene Schuld fällt, klagt umsonst.

Wer eigene Fürze hat, braucht fremde nicht zu riechen.

Wer eigene Hände hat, braucht fremde nicht zu borgen.

Wer Eigenes hat, braucht nicht zu borgen.

Wer in sein eigenes Nest scheißt, der liegt im Dreck.

Wer seine eigene Schande nicht hören will, muß die seines Nachbarn nicht aufdecken.

Wer sein eigener Herr sein kann, der diene keinem andern.

Auch von eigener Meinung.

Wer sein eigener Lehrmeister ist, der hat einen Narren zum Schüler.

Wer sein eigenes Geheimnis nicht bewahren kann, dem darf man kein fremdes anvertrauen.

Wer seinem Feinde traut, ist sein eigener Feind.

Eigenliebe

Eigenliebe macht die Augen trübe.

Eigenlob

Eigenlob stinkt (Freundeslob hinkt).

Eigennutz

Gemeinnutz geht vor Eigennutz.

Wo man mit Eigennutz düngt, kann die Tugend nicht gedeihen.

Eigensinn

Beim Eigensinn ist kein Gewinn.

Durch Eigensinn und Neid
entsteht der meiste Streit.

Eigensinn ist ein böser Ratgeber.

Wo Eigensinn bei Dummheit ficht,
wird durch Vernunft nichts ausgericht'.

eigensinnig

Die Frommen sind eigensinnig.

Eile

Der Vornehmen Eile braucht geraume Weile.

Auch spöttisch, wenn jemand mit dem Ankleiden nicht fertig wird.

Die am wenigsten zu tun haben, haben immer die größte Eile.

Eile brach den Hals.

Eile geht dem Unglück entgegen.

In Eile gefreit, in Muße bereut.

Je größer Eil', je minder Werk.

Nicht zu geschwind, Eile macht blind.

Wen der Teufel treibt, der hat Eile.

Was man tut in Eile, bereut man mit Weile.

Wer kauft in Eil', bereut in Weil'.

Wer sich irrt in Eile, der bereut in Weile.

eilen

Die zu sehr eilen, haben spät Feierabend.

Eile langsam.

Eile mit Weile (den Tag eine Meile).

Eilen kommt spät ans Ende.

Eilen macht heulen.

Eilen tut selten gut.

Wer zu sehr eilt, kommt gern zu spät.

Wer zu sehr eilt, wird bald müde.

Zur Sünde eilt man, zur Tugend schleicht man.

Eiler

Der Schleicher kommt mit dem Eiler.

Übereilung bringt nichts ein.

Der Warter tut oft mehr als der Eiler.

Eilesehr

Eilesehr bricht den Hals.

Wartmann kommt weiter als Eilesehr.

Eileviel

Eileviel kommt spät ans Ziel.

eilig

Wer hastig klettert, wird eilig fallen.

Wer's eilig hat, der gehe langsam.

einäugig

Besser einäugig als ganz blind.

Einäugig und scheel sind gern beieinander.

Ein Zeuge ist einäuge.

Man vertauscht oft ein einäugiges Pferd gegen ein blindes.

Einäugige, der

Unter den Blinden ist der Einäugige König.

Einbildung

Ausbildung verhindert Einbildung.

einbringen

Es ist ein guter Pfennig, der hundert einbringt.

Geduldig sein bringt Segen ein.

Müßig sein bringt nichts ein.

einbrocken

Selbst eingebrockt, selbst ausgegessen.

Was die Herren einbrocken, müssen die Bauern ausessen.

Was man sich eingebrockt hat, muß man auch auslöffeln.

Wer viel einbrockt, muß viel aussuppen.

Einbuße

Wo viel Überfluß, da ist viel Einbuße.

einbüßen

Wer mit Gedanken handelt, büßt wenig ein.

Eindruck

Der erste Eindruck ist der beste.

einer

Besser einer, der's gesehen, als zwei, die's gehört.

Böse für den einen, gut für den andern.

Darf's der eine tun, so darf's der andere sagen.

Das Glück des einen müssen die andern beweinen.

Dem einen das Fleisch, dem andern die Knochen.

Dem einen gefällt der Pastor, dem andern die Pastorin.

Der eine brennt die Ziegel, der andere deckt sein Haus damit.

Der eine gewinnt, der andere verliert.

Der eine hat die Arbeit, der andere den Lohn.

Der eine hat die Brühe, der andere die Mühe.

Der eine ist des Geldes Herr, der andere sein Sklave.

Der eine klopft auf den Busch, der andere fängt den Vogel.

Der eine pflanzt den Baum, der andre ißt die Pflaum'.

Der eine sagt weiß, der andere schwarz.

Der eine schießt den Hasen, der andere ißt den Braten.

Der eine schneidert, der andere flickt.

Der eine sorgt für die Wiege, der andere für das Kind.

Der eine spricht davon, und der andere tut daran.

Der eine weint, der andere lacht.

Der eine zerbricht Häfen, der andere Krüge.

Von unharmonischen Ehen.

Des einen Freud', des andern Leid.

Des einen Genuß ist des andern Verdruß.

Die Rede von einem ist die Rede von keinem.

Man muß auch den anderen Part hören.

Einem trauen ist genug,
keinem trauen ist nicht klug.

Einem zu enge, dreien zu weit, zweien gerecht.

Ein Geheimnis.

Einer acht's, der andere verlacht's.

Einer braucht den Zaum, der andere die Sporen.

Einer erwirbt, der andere verdirbt.

Einer für alle (alle für einen).

Nach Vergil, Äneis.

Einer gegen viel hat immer böses Spiel.

Einer hat das Brot und der andere den Hunger.

Einer hat's, der andere hat's gehabt, der dritte hätt's gern.

Einer hat zuviel, der andere zuwenig, aber keiner genug.

Einer hilft dem andern übern Zaun.

Einer ist des andern Teufel.

Wo keine Verträglichkeit herrscht.

Einer kann nicht alles.

Einer kann nur Schulze sein im Dorf.

Einer muß der Letzte sein.

Einer nur kann predigen, aber viele können singen.

Einer redet von Mose, der andere von den Propheten.

Der eine von diesem, der andere von jenem.

Einer sät, der andere erntet.

Einer sattelt das Pferd, und der andere reitet es.

Einer trage des andern Last.

Nach Galater 6,2.

Einer tut's, der andere muß es tragen.

Einer will Feuer, der andere Wasser.

Einer will Gesottenes, der andere Gebratenes.

Einer will sauer, der andere süß.

Es ist ein schlimmer Handel, wo der eine lacht und der andere weint.

Hassen mich die einen, so lieben mich die andern.

Kann einer eines, so kann ein anderer ein anderes.

Kennst du einen, so kennst du alle.

Man muß einen haben, der einschenkt, und einen, der austrinkt.

Nur einer kann Kaiser sein.

Regnet's auf einen, so tropft es auf den andern.

Sieben warten nicht auf einen.

So geht es in der Welt:
Der eine steigt, der andre fällt.

Tausend können mehr als einer.

Viel Schützen, aber nur einer wird König.

Was dem einen nützt, das schadet dem andern.

Eigen Feuer kocht wohl.

Was dem einen recht ist, ist dem andern billig (muß dem andern nicht unrecht sein).

Was der eine nicht kauft, kauft der andere.

Was einer nicht kann, das vermögen zwei.

Was nicht in einem ist, das bringt man nicht in ihn.

Wat den eenen sin Uhl, dat is den annern sin Nachtigall.

Weil einer den Schnupfen hat, soll die ganze Stadt niesen.

Wenn du hörst, was einer klagt,
so hör auch, was der andere sagt.

Wenn einer gafft, so gaffen auch die anderen.

Wer einen erwürgt, darf zehn ermorden (erwürgen).

Wer einen straft, droht hundert.

Wie einer ist, so macht er Mist.

Zwei sehen (wissen) mehr als einer.

↗ *andere, der*

einerlei

Einerlei Kinder, mancherlei Sinn.

Einerlei Sinn macht Freunde.

Wo einerlei Grund und Ursach ist, da soll auch einerlei Recht sein.

Man soll mit gleichem Maß messen.

eines

Eines schickt sich nicht für alle.

Nach Goethe, Beherzigung (und antikem Vorbild).

Eins denkt der Gast, der Wirt das andere.

Eins geben ist besser als zwei versprechen.

Eins gewährt, eins verwehrt.

Man muß nicht jeden Wunsch erfüllen.

Eins ums andere, nichts umsonst.

Man muß das eine tun und das andere nicht lassen.

Wenn eins kommt, muß das andere gehen.

Wer das eine will, muß das andere mögen.

Wer eins nicht kann, der lerne das andere.

einfach

Je einfacher die Uhr, je besser geht sie.

Spitzfindigkeit richtet wenig aus.

einfahren

Wer wohl düngt, fährt wohl ein.

Einfall

Die ersten Einfälle sind (oft) die besten.

Einfälle sind besser als Ausfälle.

einfallen

Nicht alles, was wackelt, fällt ein.

Was von selbst einfällt, muß man nicht stoßen.

Einfalt

Einfalt wird alt.

Einfältige, der

Der Einfältige sagt's, der Kluge macht's.

Gott hält es mit den Einfältigen.

Heute ironisch.

einhalten

Im Leid halt aus, im Genuß halt ein.

einheizen

Wem der Teufel einheizt, der friert nicht.

einholen

Eine Schnecke holt keinen Hasen ein.

Mit Ruhe holt man einen Hasen ein.

Es rennt ein Rad dem andern nach, aber es holt keins das andere ein.

Was Hänschen versäumt, holt Hans nicht mehr ein.

Einigkeit

Auf den Streit folgt wieder Einigkeit.

Einigkeit macht stark.

Es gibt keine festere Mauer als Einigkeit.

Einigkeit vermehrt, Uneinigkeit verzehrt.

einkaufen

Wer einkauft, braucht hundert Augen, wer verkauft, hat an einem genug.

einkehren

Wo das Glück einkehrt, da klopft auch der Neid an.

Wo der Zorn einkehrt, muß der Verstand ausziehen.

Wo die Wahrheit einkehrt, kann die Lüge nicht bleiben.

Wo's Glück einkehrt, wandert der Verstand aus.

Wo Sorge ist, kehrt Sorge ein.

Wo Verdacht einkehrt, nimmt die Ruhe Abschied.

einkellern

Wer gut einkellert, kann gut auskellern.

Einkommen

Redlichkeit ist das beste Einkommen.

Einlaß

Wer's mit dem Pförtner hält, findet bald Einlaß.

einmal

Besser einmal als nie.

Besser einmal gut als zweimal schlecht.

Besser einmal helfen mit der Hand als zweimal mit dem Maul.

Der Mensch lebt nur einmal.

Der Pfarrer predigt nur einmal.

Der Weise wird nur einmal betrogen.

Einmal betroffen, neunmal getan.

Einmal ein Judas, immer ein Judas.

Verrätern traut man nicht.

Einmal ertappt ist hundertmal schuldig.

Einmal fallen ist nicht immer ein Beinbruch.

Einmal gesehen ist besser als zehnmal gehört.

Einmal gestohlen ist immer verloren.

Einmal hat's die Mutter erlaubt, sagte das Mädchen.

Einmal ist genug und zweimal von Übel.

Einmal ist keine Gewohnheit.

Einmal ist keinmal (sagte die Braut).

Einmal ist nicht immer,
zweimal ist schon schlimmer,
dreimal ist nicht wohlgetan,
viermal fängt die Sünde an.

Einmal ist nicht oft und zweimal nicht immer.

Einmal vergibt's der Pfarrer.
Warnung, etwas noch einmal zu tun.

Einmal versäumt ist für immer versäumt.

Gerät es einmal, so gerät es doch nicht immer.
Von waghalsigen Unternehmungen.

Immer noch einmal, sagte das Mädchen, meine Mutter schlägt mich doch.

Man ist nur einmal jung.

Man kann auch einem Ochsen die Haut nur einmal abziehen.

Tut man's einmal, tut man's mehr.

Was ein fauler Esel ist, der trägt sich auf einmal zu Tode.

Wer einmal lügt, dem glaubt man nicht,
und wenn er auch die Wahrheit spricht.

Wer einmal stiehlt, heißt allezeit ein Dieb.

Wer einmal sündigt, ist nicht mehr rein.

Wer einmal trifft, ist noch kein Schütze.

Zweierlei auf einmal ist zuviel.

einnehmen

Ausgeben ist leicht, einnehmen schwer.

Leicht eingenommen, leicht hingeworfen.

Wer ausgibt, muß auch einnehmen.

Wer mit einer Hand einnimmt und mit zweien ausgibt, wird bald fertig sein.

Wer Scherz ausgibt, muß Scherz einnehmen.

Wer Schläge austeilt, muß Schläge einnehmen.

Wie man einnimmt, so gibt man wieder aus.

einprügeln

Verstand läßt sich nicht einprügeln.

einreißen

Bauen ist schwerer als einreißen.

Liebe deinen Nachbar, reiß aber den Zaun nicht ein.

einrühren

Wer viel einrührt, muß viel auslöffeln.

eins

Es ist eins, wenn der eine stiehlt und der andere den Sack aufhält.

Gleich sein ist nicht eins sein.

Wo zwei in einem Haus sind, da bleiben sie selten eins.
Wo zwei den Herren spielen wollen.

einsammeln

Einsammeln mit Scheffeln
und ausgeben mit Löffeln.

Einsatz

Der erste Einsatz macht den Beutel leer.

einschenken

Aus einer leeren Flasche ist schlecht einschenken.

Man muß einen haben, der einschenkt, und einen, der austrinkt.

Wer austrinkt, muß einschenken.

einschlagen

Auf einen geduldigen Esel schlägt alles ein.

einseifen

Gut eingeseift ist halb geschoren.

Einsicht

Einsicht gibt Aussicht.

Einsicht ist der erste Schritt zur Besserung.

Je mehr Aufsicht, je weniger Einsicht.

einspannen

Gut eingespannt ist halb gefahren.

einsteigen

Wer mit einsteigt, muß mit ausbaden.

Wer zuerst einsteigt, badet zuerst aus.

einstürzen

Wenn große Häuser einstürzen, gibt es viel Staub.

Wer ein Kartenhaus aufbaut, dem stürzt ein Kartenhaus ein.

Eintracht

Eintracht baut das Haus, Zwietracht reißt es nieder.

Eintracht ernährt, Zwietracht verzehrt.

Eintracht hat große Macht.

Die Ente lacht über das Watscheln der Gans.

eintragen

Kein Amt so klein, es trägt was ein.

Was einträgt, hat man gern.

Wer viel einträgt, trägt viel aus.

eintreten

Man redet so lange von einem Ding, bis es eintritt.

einwilligen

Schweigen ist nicht einwilligen.

Wer schweigt, willigt ein.

einzig

Ein einziger Sohn, ein liebes Kind.

Eis

Das Eis knackt so lange, bis es bricht.

Den Esel führt man nur einmal aufs Eis.

Fleiß bricht das Eis.

Wenn dem Esel zu wohl ist, geht er aufs Eis tanzen.

Wer selber von Eis ist, kann andere nicht wärmen.

Eisen

Das Eisen läßt sein Rosten nicht.

Der Fleiß hämmert das Eisen heiß.

Der Fleißige macht aus Eisen Wachs.

Ein Eisen wetzt das andere.

Gewalt bricht Eisen.

Man muß das Eisen schmieden, solange es heiß ist.

Not bricht Eisen.

Rost frißt Eisen, Sorge den Menschen.

Schlag auf Schlag schmiedet man das Eisen.

Wie man aufs Eisen schlägt, so klingt es.

eisern

Eine eiserne Stirn stößt sich keine Beulen.

Ein silberner Hammer bricht ein eisernes Tor.

Liebe zum Golde macht eiserne Zeit.
Der Geizige gönnt sich selber nichts.

eitel (eingebildet)

Ein schwerer Beutel macht leicht eitel.
Nach Abraham a Santa Clara.

Jede Wöchnerin ist eitel.
D. h. jeder, der etwas hervorgebracht hat.

eitel (nichtig)

Alles ist eitel.

Nach Prediger Salomo 1,2.

Dem grauen Scheitel dünkt alles eitel.

Eitelkeit

Verletzte Eitelkeit hat hundert Krallen.

Wenn Stolz und Eitelkeit sich zur Ehe nehmen, gibt's närrische Kinder.

Ekel

Allzu satt macht Ekel.

Überfluß macht Ekel.

Elend

Elend kommt über Nacht.

Jammer steht vor der Tür, und das Elend schlägt die Trommel.

Wo viel Unglück sich zuträgt.

Wer Elend sucht, braucht keine Brille.

Wo Schulden sind und Streit,
ist das Elend auch nicht weit.

Elle

Eine eigene Elle ist besser als eine fremde Meile.

Ein Zoll zu kurz ist soviel wie eine Elle zu kurz.

Man kann die Seele nicht mit der Elle messen.

Mit kurzer Elle kann man viel messen.

Was für die Meile zu lang ist, muß man nicht mit der Elle messen.

Wenn der Schneider nicht von der Elle redet, so redet er vom Tuch.

ellenlang

Wächst die Ehre spannenlang,
wächst die Torheit ellenlang.

Elster

Die Elster läßt ihr Hüpfen nicht.

Die Elster stiehlt, so gut sie schwatzt.

Eltern

Die besten Eltern haben oft ungeratene Kinder.

Die Eltern arbeiten den Kindern vor.

Die Schuld der Eltern soll man den Kindern nicht vorwerfen.

Wer Eltern bald vergessen kann,
nimmt sich der Kinder auch nicht an.

Wie die Eltern, so die Kinder.

empfangen

Nach dem Kleide wird man empfangen, nach dem Verstande entlassen.

Wer gibt, schweige; wer empfängt, rede.

Wie empfangen, so gegangen.

empfehlen

Ein schönes Kleid empfiehlt die Leut.

Empfehlung

Ein schönes Gesicht ist die beste Empfehlung.

empfinden

Die haben gut schinden, die es nicht empfinden.

Ende

Alles hat ein Ende, nur die Wurst hat zwei.

Anfang heiß, Mitte lau, Ende kalt.

Anfang und Ende reichen einander die Hände.

Besser ein Ende mit Schrecken als ein Schrecken ohne Ende.

Nach Ferdinand von Schill.

Böse Gewohnheit nimmt ein böses Ende.

Das dicke Ende kommt nach.

Das Ende bedacht hat viel Gutes gebracht.

Das Ende des Zorns ist der Reue Anfang.

Das Ende krönt das Werk.

Das Ende muß die Last tragen.

Ende gut, alles gut.

Es gibt keinen schlechten Weg, wenn er zu Ende ist.

Jedes Ding will ein Ende haben.

Süßer Anfang, saures Ende.

Viele Hände machen bald ein Ende.

Was du tust, bedenke das Ende.

Nach Jesus Sirach 7,40.

Wie der Anfang, so das Ende.

Zu behende bringt nichts zu Ende.

enden

Ein Streit ist bald angefangen, aber schwer geendet.

Gut angefangen und schlecht geendet,
heißt das ganze Werk geschändet.

Gut ist, was gut endet.

Was böse begonnen, muß böse enden.

Wer viel anfängt, endet wenig.

endlich

Endlich ist nicht ewig.

Endlich ist vergänglich.

Was lange währt, wird endlich gut.

eng

Ein enger Schuh drückt, ein weiter stolpert.

Von zu strenger und zu milder Erziehung.

Eng Recht ist ein weit Unrecht.

In engen Schuhen ist nicht gut tanzen.

Je enger der Käfig, je schöner die Freiheit.

Je enger Herz, je kleiner Gabe.

Je enger Schuh, je kürzer Schritt.

Engel

Die Menschen sind keine Engel.

Ein gescheiter Teufel ist besser als ein dummer Engel.

Ein junger Engel wird wohl ein alter Teufel.

Jeder hält seinen Teufel für einen Engel.

Wenn's keine Engel gibt, machen wir Teufel draus.

Wer sich mit Engeln die Hüfte verrenkt, muß nicht mit dem Teufel kämpfen.

Wer sich vor dem Teufel verwahrt, ist vor den Engeln noch nicht sicher.

entbehren

Der Geizige entbehrt, was er hat, und begehrt, was er nicht hat.

Wer nichts hat, entbehrt genug.

Wer nicht viel hat, der kann nicht viel entbehren.

*In schönen Wassern
kann man auch ertrinken.*

Ente

Die Ente lacht über das Watscheln der Gans.

Die Enten können nichts anderes als schnattern.

Je fetter die Ente, je besser schmeckt sie.

entfernt

Je weiter entfernt, je größer die Sehnsucht.

entschließen

Halb und halb entschlossen
ist bald ganz verdrossen.

Entschluß

Die schnellen Entschlüsse sind die besten.

Schneller Entschluß bringt viel Verdruß.

entschuldigen

Unwissend entschuldigt nicht.

Wer sich entschuldigt, klagt sich an.

entstehen

Haß entsteht, wenn Liebe vergeht.

Was schnell entsteht, bald vergeht.

entzweien

Beute entzweit die Leute.

er

Wenn er ja sagt, spricht sie nein;
will er aus, so will sie ein;
will er Bier, so will sie Wein;
will er dies, so will sie das;
singt er Alt, brummt sie den Baß;
greift er zum Prügel,
so nimmt sie die Schlüssel;
wirft er die Tiegel, so wirft sie die Schüssel.
Von uneinigen Eheleuten.

Erbarmen

Erbarmen läßt nicht verarmen.

erbauen

Rom ist (auch) nicht an einem Tage erbaut.
Alles braucht seine Zeit.

Erbe

Jeder ist ein Erbe seiner Taten.

Lachende Erben lieben stille Begräbnisse.

Ohne Erben stirbt niemand.

Viel Erben machen schmale Teile.

erben

Die einen sterben, die andern erben.

Wer sich verläßt aufs Erben, mag als Narr verderben.

Wer will erben, der muß werben.

Erbgut

Erbgut ist bald vertan.

erbitten

Was man erbitten muß, ist teuer erkauft.

Erbschaft

Auf Erbschaft harren macht viel Narren.

Fette Küche, magere Erbschaft.

Keine Erbschaft, kein Prozeß (Streit).

Erde

Die Lerche fliegt hoch, aber sie baut ihr Nest auf der Erde.

Lieber eine Hütte auf der Erde als einen Thron in den Wolken.

Wer auf ebener Erde fällt, kann leicht wieder aufstehen.

Wer sich an den Himmel hält, der hat kein Glück auf Erden.
Auch von hochfliegenden Plänen.

Wer sich zwischen zwei Stühle setzt, kommt mit dem Arsch auf die Erde.

erdichten

Erdichtet ist nicht verrichtet.

erdrücken

Zu schwere Last erdrückt den Esel.

erdulden

Was wir verschulden, müssen wir erdulden.

erfahren

Alt an Jahren hat viel erfahren.

Böses erfährt man früh genug.

Erfahren kommt mit den Jahren.

Erfahren wir's nicht neu, so erfahren wir's doch alt.

Erfahr's, so weißt du's.

Jeder kann erfahren, daß drei machen einen zum Narren.

Jung an Jahren kann noch viel erfahren.

Selbst erfahren ist die beste Kunst.

Was drei wissen, das erfahren hundert.

Was man erfahren, muß man bewahren; so wird man klug mit den Jahren.

Wer früh aufsteht, kann viel erfahren.

Wer's versucht, der wird's erfahren.

Wer viel erfährt, der muß viel leiden.

Erfahrenheit

Erfahrenheit macht Narren gescheit.

Erfahrung

Alter bringt Erfahrung.

Aus der Erfahrung ist gut schwatzen.

Erfahrung ist alles.

Erfahrung ist eine teure Schule, aber Narren gehen in keine andere.

Erfahrung ist ein langer Weg.

Erfahrung macht den Meister.

Erfahrung macht klug.

Erfahrung witzigt.

Hoffnungen machen den Mund groß, Erfahrungen machen ihn klein.

Umgang gibt Erfahrung.

erfinden

Das Lernen hat kein Narr erfunden.

Der Teufel hat das Suchen erfunden und seine Großmutter das Warten.

erfinderisch

Liebe ist erfinderisch.

Not macht erfinderisch.

Erfindung

Armut macht die Erfindungen, Reichtum benutzt sie.

Erfolg

Der Erfolg gibt recht.

Vor den Erfolg haben die Götter den Schweiß gesetzt.
Nach Hesiod, Werke und Tage.

erfreuen

Der Wein erfreut des Menschen Herz.
Nach Psalm 104,15.

Was Junges erfreut das Herz.

erfrieren

Am warmen Ofen erfriert man nicht.

Wer erfrieren soll, der erfriert in den Hundstagen.

erfüllt

Erfüllte Wünsche machen nicht satt.

ergötzen

Wer sich an Seifenblasen ergötzt, hat kurze Freude.

ergreifen

Der muß eine glückliche Hand haben, der das Glück ergreifen will.

Tollkühn ergreift das Glück.

Wer zuviel auf einmal ergreift, behält nichts.

erhalten

Erhalten ist mehr als erwerben.

Gute Gebräuche soll man erhalten.

Gute Hut erhält das Gut.

Kleine Geschenke erhalten die Freundschaft.

Mäßigkeit erhält die Gesundheit.

Sparsamkeit erhält das Haus.

Wer das Seine erhält, verliert nichts.

erhöhen

Seltener Genuß erhöht das Vergnügen.

Wer sich selbst erhöht, der wird erniedrigt werden.
Nach Matthäus 23,12.

erinnern

An überstandene Leiden erinnert man sich gern.

erjagen

Was man nicht erjagen kann, muß man erschleichen.

erkalten

Viel versprechen, wenig halten
läßt die Freundschaft bald erkalten.

Wenn die Lüge erkaltet, so stinkt sie.

erkannt

Erkannter Irrtum führt zur Wahrheit.

erkaufen

Erbeten ist oft teuer erkauft.

Teuer erkauft schmeckt am besten.
Man schätzt, was Mühe gemacht hat.

erkennen

Am Geblök erkennt man die Schafe.

Am Gefährten erkennt man den Mann.

Am Gesicht erkennt man den Mohren,
an den Worten den Toren.

Am Handel erkennt man die Ware.

Am Hinken erkennt man den Lahmen.

Am Morgen erkennt man den Tag.

Am Schilde erkennt man die Gilde.

Am Schreien erkennt man den Esel.

Am Trillern erkennt man die Lerche.

An den Federn erkennt man den Vogel.

An den Klauen erkennt man den Löwen.

An den Sporen erkennt man den Hahn.

An der Blüte erkennt man die Frucht.

An der Frucht erkennt man den Baum.
Nach Matthäus 12,33.

An der Krone erkennt man den Kaiser.

An der Rede erkennt man den Toren
wie den Esel an den Ohren.

An fremden Gebrechen erkennt man eigne Schwächen.

An ihren Früchten sollt ihr sie erkennen.
Nach Matthäus 7,16.

An seinem Umgang erkennt man den Menschen.

An seinen Räten erkennt man den Fürsten.

Beim Trunk erkennt man die Narren.

Beim Wein erkennt man die Leute.

Den Bock erkennt man an den Hörnern.

Den guten Steuermann erkennt man im Sturm.

Auf einen geduldigen Esel schlägt alles ein.

Den Säufer erkennt man an der Nase.
Um zu sagen, daß man etwas durchschaut hat.

Die Glocken erkennt man am Klange, den Vogel am Gesange.

Ein Fehler, den man erkennt, ist schon halb gebessert.

Freunde erkennt man in der Not.

Erkenntnis

Erkenntnis des Fehlers ist halbe Besserung.

erlauben

Eine Frage ist erlaubt.

Einmal hat's die Mutter erlaubt, sagte das Mädchen.

Gegenwehr ist erlaubt.

Was nicht verboten ist, ist erlaubt.

Wem viel erlaubt ist, der soll sich am wenigsten erlauben.

Erlaubnis

Mit Erlaubnis zieht man dem Bauer die Kuh aus dem Stall.

erleben

Wer lange lebt, erlebt viel.

erleichtern

Wer seine Schmerzen klagt, erleichtert sie.

erlernen

Was einer nicht erlernt hat, das versteht er auch nicht.

Was man nicht erlernt, das kann man erwandern.

Ursprünglich von den Wanderjahren der Handwerksgesellen.

erlogen

Gemein Gerücht ist selten erlogen.

An dem, was so geredet wird, ist oft etwas dran.

Hörensagen ist halb erlogen.

erlöschen

Strohfeuer erlischt bald.

Wenn das Feuer erloschen ist, spielen die Kinder mit der Asche.

Wenn die Gefahr vorbei ist, kann man leicht mutig sein.

ermahnen

Wer den Guten ermahnt, bessert ihn.

Ein ordentlicher Mensch nimmt Lehre an.

Ermahnung

Beispiel ist stumme Ermahnung.

ermüden

Auch Wunder ermüden zuletzt.

Auf bekanntem Wege ermüdet man nicht.

Wer langsam geht, ermüdet nicht.

ernähren

Arbeit ernährt, Müßiggang verzehrt.

Der Krieg zerstört, der Friede ernährt.

Eine Mutter (Ein Vater) kann eher zehn Kinder ernähren als zehn Kinder eine Mutter (einen Vater).

Feuer kann wohl verzehren, aber nicht ernähren.

Friede ernährt, Unfriede verzehrt.

Putzen und Kehren kann niemand ernähren.

Wen das Land ernährt, der soll das Land schützen.

erneuern

Alter Zank ist bald erneuert.

Der Liebenden Streit die Liebe erneut.

erniedrigen

Reue erniedrigt nicht.

↗ *erhöhen*

Ernst

Aus Scherz kann leicht Ernst werden.

Ernst mit Scherz trifft das Herz.

Ernst und Scherz sind oft Nachbarn.

Es ist ein armer Scherz, der nicht etwas Ernst enthält.

Im Scherz klopft man an, im Ernst wird aufgetan.

Im Spaß gesagt, im Ernst gemeint.

Mit Ernst ist nicht gut scherzen.

Wer die Hand zum Scherz in Feuer hält, wird sich im Ernst verbrennen.

Mit manchen Dingen ist nicht zu spaßen.

Wer zum Spaß stiehlt, wird im Ernst gehängt.

Ernte

Auch nach einer schlechten Ernte muß man wieder säen.

Mißerfolge muß man verkraften.

Die Ernte des Weisen dauert das ganze Jahr.

Gute Saat, gute Ernte.

Karge Aussaat, spärliche Ernte.

Wer mit fremden Ochsen pflügt, hat eine magere Ernte.

Wer zur Ernte schläft, wacht im Winter auf.

Nämlich vor Hunger.

Wie das Feld, so die Ernte.

Wie die Saat, so die Ernte.

Zwischen Saat und Ernte kann viel geschehen.

ernten

Einer sät, der andere erntet.

Was der Mensch sät, das wird er ernten.

Was du säst, das wirst du ernten.

Wer ernten will, muß säen.

Wer Funken sät, wird Flammen ernten.

Wer Haß sät, erntet Reue.

Wer im Alter ernten will, muß in der Jugend säen.

Wer im Sommer nicht erntet, muß im Winter darben.

Wer kärglich sät, wird kärglich ernten.

Nach 2. Korinther 9,6.

Wer Liebe ernten will, der muß auch Liebe säen.

Wer Narrheit sät, wird Torheit ernten.

Wer nicht sät, soll auch nicht ernten.

Wer redet, der sät, wer hört, der erntet.

Wer Wind sät, wird Sturm ernten.

Nach Hosea 8,7.

Wer Wohltat sät, der erntet Dank.

erobern

Erspart ist auch erobert.

erreichen

Mit Warten erreicht man viel.

Wenn der Fuchs die Trauben nicht erreichen kann, so sagt er, sie sind sauer.

Wer nach dem Höchsten strebt, wird wenigstens das Hohe erreichen.

Wer zuviel will, erreicht nichts.

erringen

Am Tage errungen, am Abend verschlungen.

Was man nicht erringen kann, das muß man erwarten.

ersaufen

Ersoffen ist ersoffen, am Ufer oder im Meer.

Es ersaufen mehr im Becher als im Bach.

Wer gegen den Strom schwimmt, muß ersaufen.

erschlagen

Wer heut' erschlagen wird, kann morgen nicht fechten.

erschleichen

Erschleiche, was du nicht erlaufen kannst.

Es ist gleich, ob man's erschleicht oder erläuft.

erschöpfen

Eine schwache Quelle ist bald erschöpft.

Man erschöpft auch den tiefsten Brunnen.

erschrecken

Den Schuldigen erschreckt eine Maus.

Der muß nicht in den Wald gehen, der vor jedem Ast erschrickt.

Wer sich fürchtet, ist leicht zu erschrecken.

Zu Tode erschrocken ist auch gestorben.

ersetzen

Die beste Amme ersetzt keine Mutter.

ersparen

Die Axt im Haus erspart den Zimmermann.

Nach Schiller, Wilhelm Tell.

Erspart ist so gut als erworben.

Es ist ein guter Gulden, der hundert erspart.

Es wird mehr erspart als gewonnen.

Fremde Tränen können eigene ersparen.

Wenn man aus fremdem Mißgeschick Schlußfolgerungen zieht.

Geschmierter Wagen erspart ein Pferd.

Langsam erspart ist bald verzehrt.

Vorrede erspart Nachrede.

Rechtzeitige Abrede.

Was erspart der Mund, das kriegt zuletzt der Hund.

Es nützt nichts, sich etwas vom Munde abzusparen.

Wer das Saatkorn ißt, erspart sich den Erntewagen.

Wer ohne Zaun pflanzt, erspart sich die Ernte.

erspart

Ein ersparter Heller ist zweifach verdient.

Ein ersparter Taler ist zweimal gewonnen.

erst

Erst anklagen, dann richten.

Erst bedacht, dann gemacht.

Erst belacht, dann beklagt.

Erst besinn's, dann beginn's.

Erst Brot, dann Tugend.

Erst das Hemd und dann der Rock.

Erst das Kind und dann die Wiege.

Erst das Nest und dann der Vogel.

Erst die Arbeit, dann das Vergnügen.

Erst die Nase und dann die Brille.

Erst die Pfarre, dann die Quarre.

Vor dem Kind (Quarre) soll man für das Auskommen sorgen.

Erst drückt's, dann glückt's.

Erst gepfiffen, dann gesungen.

Erst gerungen, dann gesungen.

Man jubele nicht zu früh.

Erst geschaut, dann getraut.

Erst geschossen, dann genossen.

Erst höre, dann rede.

Erst leckt die Katze, dann krallt sie.

Erst löffelweise gewonnen,
dann scheffelweise zerronnen.

Erst messen, dann schneiden.

Man muß erst mähen, ehe man dreschen kann.

Erst Rat, dann Tat.

Erst raucht es, ehe es brennt.

Selber essen macht fett.

Erst schauen, dann bauen.

Erst sehen, dann gehen.

Erst sehen, dann verstehen.

Man soll Klagen und Entschuldigungen nicht unbesehen glauben.

Erst selber glatt, dann andere hobeln.

Erst sieh auf dich, dann richte mich.

Erst sieh in dein Haus, dann sieh heraus.

Erst tun, dann ruhn.

Erst überwunden, dann gebunden.

Erst wäg's, dann wag's.

Erst zahlen, dann prahlen.

Erst zielen, dann abdrücken.

erst-

An einem runden Tische ist jeder Platz der erste.

Auf das erste Wort muß man achtgeben.

Auf den ersten Streich fällt kein Baum.

Aus erster Hand ist der beste Kauf.

Das erste Mal ist's geschenkt.

Der erste Eindruck ist der beste.

Der erste Einsatz macht den Beutel leer.

Der erste Kauf ist der beste.

Man soll die Gelegenheit nicht versäumen, indem man auf eine bessere wartet.

Der erste Schritt ist der schwerste.

Der erste Schritt tut die andern mit.

Die erste Bitte kann man niemand abschlagen.

Die erste Kälte tut am wehesten.

Die erste Liebe ist die beste.

Die ersten Einfälle (Gedanken) sind oft die besten.

Die erste Not muß gekehrt werden.

Die ersten Pflaumen sind madig.

Die ersten Gewinne beim Kartenspiel.

Die ersten Schüsseln sind die wärmsten.

Es ist nur um das erste Glas zu tun.

Am Anfang entscheidet man sich.

Hüte dich vor dem ersten Schritt (Streich).

Wer ohne Sünde ist, der werfe den ersten Stein.

Nach Johannes 8,7.

erste, der

Besser der Erste im Dorf als der Letzte in der Stadt.

Der nächste am Blut, der erste am Gut.

Der erste an der Schüssel, der letzte heraus.

Der Erste geht voran.

Der erste in der Zeit, der erste im Rechte.

Der letzte ins Bett, der erste heraus.

Die Ersten werden die Letzten sein (und die Letzten werden die Ersten sein).

Nach Matthäus 19,30.

Lieber unter den Letzten der Erste als unter Ersten der Letzte.

Wenn es zur Schlacht geht, will keiner der erste sein.

erstens

Erstens kommt es anders, zweitens als man denkt.

ersticken

Der hat zuviel geschluckt, der daran erstickt.

Ein guter Rat erstickt den andern.

ertappen

Die Klügsten werden am ersten ertappt.

Einmal ertappt ist hundertmal schuldig.

ertragen

Nichts ist schwerer zu ertragen
als eine Reihe von guten Tagen.

ertränken

Wer sich ertränken will, findet überall Wasser.

ertrinken

Es ertrinken mehr im Wein als im Wasser.

Im Becher ertrinken mehr als im Bache.

Im Meer ertrinkt kein Fisch.

Was man gewöhnt ist, macht einem nichts aus.

In schönen Wassern kann man auch ertrinken.

Wenn das Kind ertrunken ist, deckt man den Brunnen zu.

Wer aus Scherz ins Wasser springt, kann leicht darin ertrinken.

Wer ertrinken will, kann's im nächsten Teich.

Wer nicht schwimmen kann, ertrinkt schon am Ufer.

Von lähmender Furcht.

Wer Pech hat, ertrinkt in der Pfütze.

erwägen

Erst wohl erwogen, dann rasch vollzogen.

Erwäg's, dann wag's (sag's).

Lange erwogen, schnell getan.

erwarten

Angreifen kann jeder, aber der Mutige erwartet's.

Wer den Schlag erwartet, den trifft er nur halb.

Wer die Zeit erwarten kann, der bekommt, was er wünscht.

Wer einen Narren schickt, darf keinen Weisen erwarten.

Wer Güte erweist, kann Güte erwarten.

Wer nichts Gutes tut, kann nichts Gutes erwarten.

erweichen

Mit Schmeicheln erweicht man die Herzen.

erwerben

Bewahren ist so gut wie erwerben.

Ehre wird schwer erworben und bald verloren.

Einer erwirbt, der andere verdirbt.

Erwerben ist leichter als erhalten.

Es läßt sich geschwind verzehren, was man langsam erworben hat.

Fleiß erwirbt, Faulheit verdirbt.

Freunde muß man sich erwerben.

Glück erwirbt Freunde, Unglück bewährt sie.

Leicht erworben, leicht verdorben.

Sauer erworben, schnell verdorben.

Übel erworben ist bald verdorben.

Viel vertun und wenig erwerben
ist der nächste Weg zum Verderben.

Was man mit Mühe erworben hat, kann man mit Lust genießen.

Wer erwirbt, tut viel; wer spart, tut mehr.

erworben

Ein erworbener Taler ist besser als zehn ererbte.

Erworbenes will bewahrt sein.

erwürgen

Der schreit zu spät, den der Wolf erwürgt.

Wer einen erwürgt, darf zehn ermorden.

Erz

Wer Erz hat, mag wohl Glocken gießen.

erzählen

Die Nacht kann viel erzählen.

Trockene Zunge erzählt nicht gern.

Verhehlen ist schwerer als erzählen.

Wenn einer eine Reise tut, so kann er was erzählen.

Nach Matthias Claudius, Urians Reise um die Welt.

Wer Gerste säen will, muß es den Hühnern nicht erzählen.

Man sollte nicht alle Pläne ausplaudern.

Erzähler

Aus einem guten Zuhörer wird ein guter Erzähler.

Man muß immer damit rechnen, daß Anvertrautes weitererzählt wird.

Erziehung

Gute Aufsicht ist halbe Erziehung.

Gute Gewöhnung ist gute Erziehung.

erzwingen

Liebe kann man nicht erzwingen.

Ruhe erzwingt, was sonst nicht gelingt.

Will es nicht gelingen,
so kannst du's nicht erzwingen.

Esel

Alte Esel will niemand loben.

Auch ein Esel fragt: Warum schlägst du mich?

Auf einen geduldigen Esel schlägt alles ein.

Besser den Esel treiben als selbst Säcke tragen.

Besser ein Esel, der mich trägt,
als ein Pferd, das mich schlägt.

Dem Pferde den Hafer, dem Esel das Stroh.

Den Esel führt man nur einmal aufs Eis.

Den Esel kennt man bei den Ohren
und bei den Worten den Toren.

Den Sack schlägt man, den Esel meint man.

Nach Petronius Arbiter, Satiricon.

Der Esel geht voran.

Der Esel nennt sich selbst zuerst.

Der Esel reckt die Ohren hervor.

Der Esel weiß auch was.

Spöttisch von Vorlauten.

Der Hund frißt dem Esel keine Disteln weg.

Der Sattel wird dem Esel nicht angerechnet.

Die tägliche Mühe wird oft gar nicht gesehen.

Der Trab eines Esels dauert nicht lange.

Der Treiber und der Esel denken nicht dasselbe.

Einem willigen Esel packt jeder auf.

Ein Esel ging in die Fremde, und ein Esel kam heim.

Ein Esel hat überall Vettern.

Ein Esel kraut den andern.

Eingebildete loben sich gegenseitig.

Ein Esel nennt den andern Langohr (Sackträger).

Ein unwissender Fürst ist ein gekrönter Esel.

Es ist ein Esel, der mit einem Esel streitet.

Es ist mancher ein Esel, der keine Säcke trägt.

Es ist nicht alles recht, was dem Esel wohlgefällt.

Es kommt niemand gern vom Pferd auf den Esel.

Haar für Haar reißt man dem Esel den Schwanz aus.

Hastige Leute müssen keinen Esel reiten.

Ich und der Esel sind zusammen die Treppe heruntergefallen.

Wenn jemand sich selber zuerst nennt.

Jedermanns Esel hat der Wolf vorm Jahr gefressen.

Klopft man auf den Sack, so klopft man auch auf den Esel.

Liebe zwingt auch den Esel durch's Feuer.

Man muß die Schuld des Esels nicht auf den Sattel schieben.

Man muß nicht jedesmal Lärm schlagen, wenn ein Esel über die Straße geht.

Man muß wissen, wen man treibt, wenn man einen Esel vor sich hat.

Man ruft den Esel nicht anders zu Hofe, als wenn er Säcke tragen soll.

Man schmücke den Esel, er behält doch seine Ohren.

Nicht alle Esel haben vier Beine.

Nur Geduld, sagte der Wolf zum Esel.

Viel Säcke sind des Esels Tod.

Was dich die Gans nicht lehrt, das lerne vom Esel.

Wenn jemand auf Unverständige hört.

Was ein fauler Esel ist, der trägt sich auf einmal zu Tode.

Was ein guter Esel werden will, der grieset schon im Mutterleibe.

Was man dem Esel predigt, ist verloren.

Wenn dem Esel zu wohl ist, geht er aufs Eis tanzen.

Wenn der Esel seine Tracht hat, weiß er, wie er gehen soll.

Wenn man den Esel nennt, kommt er gerennt.

Wenn's die Farbe täte, wäre der Esel eine Nachtigall.

Wer keine Ochsen hat, muß Esel treiben.

Wer sich zum Esel macht, der muß Säcke tragen.

Wer vom Pferde gefallen ist, muß keinen Esel reiten.

Wo der Esel sein Futter findet, da drängt er hin.

Wo ein Esel eingeht, kommt auch ein Esel wieder heraus.

Wo sich der Esel wälzt, da muß er Haare lassen.

Zu schwere Last erdrückt den Esel.

Esse

Die Esse fürchtet den Rauch nicht.

Eine kalte Esse raucht nicht.

In einer kleinen Esse fliegen auch Funken.

Jede Esse hat ihren Rauch.

Wem der Teufel auf dem Dache sitzt, dem scheißt er in die Esse.

Wer die Esse scheuert, macht sich schwarz.

Wer sich selber in die Esse hängt, der muß nicht über Rauch klagen.

essen

Bei essen und trinken vergeht die Zeit.

Beim Trinken und Essen
wird der Kummer vergessen.

Das Essen bringt mehr um als das Schwert.

Der Appetit kommt beim Essen.
Nach Rabelais, Gargantua.

Der eine pflanzt den Baum,
der andre ißt die Pflaum'.

Der Mann muß wohl alles essen, aber nicht alles wissen.

Die was leisten, essen auch was.

Einmal essen ist göttlich, zweimal menschlich, dreimal viehisch.

Es ist allenthalben gut Brot essen.

Es ist bös' essen, wo kein Brot ist.

Es können viele aus einer Schüssel essen.

Es läßt sich alles essen, aber Hobelspäne sind zäh, sagte der Tischlerjunge.

Es läßt sich alles sagen, aber Butter und Brot läßt sich essen.
Man halte sich an Realitäten.

Essen läßt sich nicht vergessen.
Der Hunger meldet sich von selber.

Essen sehen macht nicht satt.

Essen Sie und trinken Sie, Herr Pfarrer, sagte der Bauer, es kriegt sonst die Katze.

Essen und Trinken hält Leib und Seele zusammen.

Es wird nichts so heiß gegessen, wie es gekocht wird.

Gut gesessen ist halb gegessen.
Behaglichkeit gehört zum Wohlbefinden.

In andern Ländern ißt man auch Brot, aber daheim schmeckt's besser.

Ißt man nicht von der Schönheit, so reibt man sich gern daran.

Iß, was du hast, und denke, was du willst.
Man muß sich nicht um alles kümmern.

Iß, was gar ist,
trink, was klar ist,
sag, was wahr ist.

Iß, wenn du hast, und faste, wenn du mußt.

Je weniger zu essen, desto mehr Appetit.

Kleider mit Tressen und nichts zu essen.
Von solchen, die mit äußerem Glanz prahlen.

Lang essen und viel
ist ein schlimmes Spiel.

Man ißt so lange Brot, bis man sich nach Kuchen sehnt.

Man kann alles sagen, aber nicht alles essen.

Man muß die Suppe nicht heißer anrichten, als man sie essen kann.

Man muß die Wurst essen, solange sie warm ist.

Man muß mehr können als Brot essen.

Man soll essen, um zu leben, und nicht leben, um zu essen.

Man soll niemand zu seinem Freunde wählen, bevor man einen Scheffel Salz mit ihm gegessen hat.

Also erst nach langer Zeit.

Mit eigenem Löffel ißt sich's am besten.

Muß ist ein saures Essen.

Nach dem Essen soll man ruhn
oder tausend Schritte tun.

Nichts ist bald gegessen.

Schönheit kann man nicht essen.

Selber essen macht fett.

Suppe essen ist keine Kunst.

Ungemessen wird auch gegessen.

Das, was einem nicht gegönnt wird.

Viel Essen, viel Krankheit.

Viel Gerichte machen viel essen.

Vor dem Essen hängt man's Maul,
nach dem Essen ist man faul.

Vor dem Essen wird kein Tanz.

Was der Bauer nicht kennt, das ißt er nicht.

Was der Deutsche bezahlt, das ißt er auch.

Was im Hause gekocht wird, soll man auch im Hause essen.

Was in der Schule gekocht wird, soll auch in der Schule gegessen werden.

Man soll nicht aus der Schule plaudern.

Was man gern ißt, schmeckt süß.

Was man kocht, das muß man essen.

Was man selber ißt, schmeckt am besten.

Was nützt ein guter Platz, wenn man nichts zu essen hat.

Wenn das Essen nichts taugt, wird es vom Salzen nicht besser.

Wenn du mit Wölfen essen willst, mußt du mit Wölfen heulen.

Wer einen Mund hat, will essen.

Jeder hat seine Interessen und Ansprüche.

Wer immer Torte ißt, sehnt sich nach Schwarzbrot.

Wer keinen Löffel hat, ißt mit den Fingern.

Wer keine Zähne hat, muß Brei essen.

Wer mit dem Teufel essen will, muß einen langen Löffel haben.

Wer mit essen will, muß auch mit dreschen.

Wer mit gegessen hat, muß auch mit zahlen.

Wer nicht arbeitet, soll auch nicht essen.

Nach 2. Thessalonicher 3,10.

Wer schießen soll, muß laden; wer arbeiten soll, muß essen.

Wer sich nicht satt essen kann, der kann sich auch nicht satt lecken.

Wer sich schämt zu essen, wird bald vergessen.

Wes Brot ich ess', des Lied ich sing'.

Wie einer ißt, so arbeitet er auch.

Wie einer sich zum Essen schickt, so schickt er sich auch zur Arbeit.

Wie man's gesalzen hat, so muß man's essen.

Wie zum Essen, so zur Arbeit.

Wie zur Arbeit, so zum Essen.

Will er essen, will sie fasten;
will er gehn, so will sie rasten.

Eulen und Licht vertragen sich nicht.

Wo vier essen, wird auch der fünfte satt.

Zum Essen wird sich keiner vergessen.

Esser

Der Esser liebt die Esser nicht.

Der Besitzende gönnt anderen nichts.

Ein guter Esser ist ein schlechter Faster.

Was einer liebt, entbehrt er nicht gern.

Essig

Aus süßem Wein wird saurer Essig.

Essig ist auch ein Sohn des Weins.

Geschenkter Essig ist besser als gekaufter Honig.

Scharfer Essig frißt das Faß.

Der Zänkische schadet sich selber.

Essigtopf

Es sieht niemand gern in einen Essigtopf.

Von einem mürrischen Partner.

etwas

Besser etwas als nichts.

Ein kleines Etwas ist besser als ein großes Garnichts.

Etwas bleibt immer hängen.

Nach Plutarch.

Etwas will (muß) der Mensch haben.

Heute Herr von Etwas, morgen Herr von Nichts.

Jedem etwas ist eine gute Teilung.

Wo etwas ist, da streut's auch Körner.

Da fällt etwas für andere ab.

Eule

Eulen und Licht vertragen sich nicht.

Je finsterer die Nacht, je heller sieht die Eule.

Mit Unwissenden hat der Hinterlistige leichtes Spiel.

Eva

Adam muß eine Eva han,
der er zeihe, was er getan.

Alle Frauen sind Evas Töchter.

Die Weiber heißen alle Eva.

Wenn Eva nascht, kostet auch Adam.

Wo Eva gemalt steht, da ist die Schlange auch nicht weit.

Evangelium

Mancher hat das Evangelium im Munde und den Teufel im Herzen.

Redet Gutes und sinnt auf Schlechtes.

ewig

Ein Fest dauert nicht ewig.

Es währt nicht ewig, daß zwei sich raufen.

Ewig ist ein langer Kauf.

Lang ist nicht ewig.

Lebe, als solltest du morgen sterben, und arbeite, als solltest du ewig leben.

Ewigkeit

Ein Tag ist keine Ewigkeit.

Ewigkeit hat kein Ende.

Exempel

Ein Exempel macht keine Regel.

Ein Exempel tut mehr als viele Lehr'.

Exempel verführen manchen Mann.

Gute Exempel, halbe Predigt.

F

Fach

Bleibt ein jeder bei seinem Fach,
fällt kein Schneider vom Dach.

Fackel

Wer den Teufel zum Freunde haben will, der zündet ihm eine Fackel (ein Licht) an.

fackeln

Starke Hand fackelt nicht.

Fädchen

Lange(s) Fädchen, faule(s) Mädchen.

Faden

Alle Tage einen Faden macht des Jahres ein Hemd.

Aus Fäden werden Stricke.

Hast du die Nadel, ich habe den Faden.

Eine Hand wäscht die andere.

Je gröber Flachs, je stärker Faden.

Wer betrügen will, spinnt feine Fäden.

Wer das Knäuel sucht, muß dem Faden folgen.

Wo der Faden am schwächsten ist, da reißt er.

Zu fein gesponnen, reißt der Faden.

Fähre

Gute Schmiere, gute Fähre.

fahren

Besser bäurisch gefahren als herrisch gegangen.

Besser demütig gefahren als stolz zu Fuß gegangen.

Besser schlecht gefahren als gut gegangen.

Gut eingespannt ist halb gefahren.

Je besser man pflügt, je reicher man fährt.

Je reicher die Ernte, die man einfahren kann.

Knallen kann mancher, aber nicht fahren.

Knarrende Wagen fahren am längsten.

Laß fahren, was nicht bleiben will.

Lieber bettelmännisch gefahren als edelmännisch gegangen.

Mit der Flut fährt sich's gut.

Umgekehrt ist auch gefahren.

Vor Jahren war gut fahren.

Von denen, die stets der „guten alten Zeit" nachtrauern.

Wer den Teufel geladen hat, muß ihn auch fahren.

Wer gemächlich fährt, der kommt auch noch zum Markt.

Wer gut füttert, hat gut fahren.

Wer gut schmiert, der gut fährt.

Wer keinen Wagen hat, muß mit dem Karren fahren.

Wer langsam fährt, kommt auch in die Stadt.

Wer mit Ochsen fährt, kommt auch zu Markt.

Wer nicht lenken kann, soll auch nicht fahren.

Wer nicht umwirft, lernt nicht fahren.

Wer viel fährt, der muß viel Räder haben.

Wie du fütterst, so fährst du.

fahrenlassen

Mancher sieht auf den Pfennig und läßt den Batzen fahren.

Wer die Zügel fahrenläßt, kommt bald aus dem Sattel.

Fahrt

Guter Wind, gute Fahrt.

Falke

Aus einer Krähe wird kein Falke.

Falken und Tauben muß man nicht zusammentun.

Fall

Ein Fehltritt ist genug zum Fall.

Hochmut kommt vor dem Fall.
Nach Sprüche Salomos 16,18.

Hohe Bäume tun schwere Fälle.

Je höher Amt, je tiefer Fall.

Je höher der Berg, je tiefer das Tal,
je größer der Mann, je tiefer der Fall.

Nach dem Falle kommt die Beule.

Schwanken kommt vor dem Fall.

Wer erst ins Stolpern kommt, ist nah dem Fall.

Wie der Fall, so der Knall.

Zu große Zuversicht ist nah dem Falle.

Falle

Alte Füchse gehen nicht in die Falle.

Alte Mäuse gehen auch in die Falle.

Die Maus in der Falle freut kein Speck.

Wo gemaust wird, muß man Fallen legen.

fallen

Auf den ersten Streich fällt kein Baum.

Das eine wächst, das andere fällt.

Das Schwere fällt, das Leichte steigt.

Der Apfel fällt nicht weit vom Stamm.

Die Katze fällt immer wieder auf die Füße.

Durch Fallen lernt man gehen.

Ein Baum fällt nicht von einem Streich.

Einer Wand, die fallen will, gibt jeder gern einen Schubs.

Einmal fallen ist nicht immer ein Beinbruch.

Es fallen nicht alle weich, die hoch sitzen.

Es fällt keiner, der nicht gern wieder aufstünde.

Es fällt kein Span ohne Hieb.

Es fällt mancher, der noch nicht gestiegen.

Es fällt nicht alles, was wackelt.

Es gibt Steine, über die auch ein Kluger fällt.

Es ist nicht zum Lachen, wenn einer vom Turm fällt.

Es ist noch kein Meister vom Himmel gefallen.

Es kommt vor, daß einer fällt und findet nichts.

Fallen ist keine Schande, aber nicht wieder aufstehen.

Fallen ist leichter als aufstehen.

Heilige Leute können auch fallen.

Hohe Steiger fallen tief.

Je höher man steht, je tiefer fällt man.

Mancher steigt einen Zoll und fällt sieben Klafter.

Man fällt besser vom Stuhl als vom Dach.

Nach den Blättern fallen die Bäume.

Reife Früchte fallen in den Dreck.

So geht es in der Welt:
Der eine steigt, der andre fällt.

Stolpern ist besser als fallen.

Vom Donner fällt kein Baum.

Vom hohen Dach fällt man tief.

Von einem goldenen Rade fällt ein goldener Nagel.

Von einem Streiche fällt keine Eiche.

Von hohen Treppen fällt man hart.

Was fällt, fällt immer nach unten.

Wenn das Kind in den Brunnen gefallen ist, wird er zugedeckt.

Wenn das Roß fällt, hat der Reiter den Schaden.

Wenn der Baum fällt, will jeder Späne lesen.

Wenn der Kluge fällt, dann fällt er hart.

Wenn der Starke fällt, wanken auch die Schwachen.

Wenn der Stein fällt, so fällt er auf den kranken Fuß.

Wenn der Trunkene fällt, muß er dem Wein keine Vorwürfe machen.

Wenn der Wagen fällt, hat er fünf Räder.
Von Ausreden, die eigenes Ungeschick bemänteln.

Wenn ein Thron fällt, gibt's viel Staub.

Wer da fällt, über den läuft alle Welt.

Wer durch eigene Schuld fällt, klagt umsonst.

Wer hastig klettert, wird eilig fallen.

Wer höher steigt, als er sollte,
fällt tiefer, als er wollte.

Wer in eine Pfütze fällt, wird nicht trocken aufstehen.

Wer in Schmutz fällt, steht nicht rein wieder auf.

Wer ins Wasser fällt, braucht den Regen nicht zu fürchten.

Wer kann wissen, wie der Würfel fällt.

Wer kriecht, fällt nicht hoch.

Wer liegt, kann nicht fallen.

Wer nie fiel, der stand nie auf.

Wer nur nach dem Himmel sieht, fällt leicht mit der Nase auf die Erde.

Wer oft fällt, der muß oft aufstehen.

Wer schwankt, ist dem Fallen nah.

Wer vom Pferde gefallen ist, muß keinen Esel reiten.

Wer von selbst fällt, weint nicht.

Wer zu hoch fliegen will, fällt zuletzt in den Dreck.

Wie es geht, so geht's, wie es fällt, so fällt's.

Wie's fällt, so poltert es.

Wo gehobelt wird, da fallen Späne.

Wo nichts fällt, kann nichts aufstehen.

fällen

Viele Streiche fällen die stärkste Eiche.

Wenn der Baum gefällt ist, rühmt man seinen Schatten.

Wollust fällt den stärksten Held.

falsch

Besser auf dem rechten Wege hinken als auf dem falschen reiten.

Besser grob als falsch.

Man soll seine Feinde nicht zählen, sondern schlagen.

Eine ehrliche Ohrfeige ist besser als ein falscher Kuß.

Ein ehrliches Nein ist besser als zwei falsche Ja.

Ein falscher Freund ist schlimmer als ein offener Feind.

Ein falscher Spiegel gibt kein richtiges Bild.

Ein falscher Verdacht hat Teufelsmacht.

Es hat mancher schöne Zähne, weil er falsche hat.

Falsche Herzen und untreue Hände findet man aller Ende.

Falsche Münze gibt's überall.

Falscher Leute Rat führt auf schlimmen Pfad.

Falsches Lob ist sicherer Spott.

Falsche Treue, falsches Geld.

Von Kumpanei.

Falsche Zeugen gelten nicht.

Falsche Zungen sind wohlfeil.

Gerechter Tadel ist besser als falsches Lob.

Leere Worte, falsche Herzen.

Was gestern richtig war, kann morgen falsch sein.

Wer falsch verstanden hat, kann nicht richtig antworten.

Falschheit

Falschheit ist des Teufels Tochter.

Falschheit liebt die geraden Wege nicht.

Fang

Je besser der Köder, je leichter der Fang.

fangen

Als der Wolf gefangen war, da wollte er fromm werden.

Von scheinheiligen Reuebekenntnissen.

Alte Vögel sind nicht leicht zu fangen.

Auch im Traum fängt die Spinne Fliegen.

Den Fuchs muß man mit Füchsen fangen.

Der Arme fängt den Fuchs, der Reiche trägt den Pelz.

Der, den man fängt, hat auch seine Haut.

Der eine klopft auf den Busch, der andere fängt den Vogel.

Der frühe Vogel fängt den Wurm.

Der Vogel schreit zu spät, wenn er gefangen ist.

Eine tote Katze fängt keine Maus.

Ein junger Vogel wird leicht gefangen.

Es wirft mancher das Netz aus und fängt nichts.

In alten Pelzen ist gut Läuse fangen.

In kleinen Gewässern fängt man auch Fische.

Jagst du nicht, so fängst du nicht.

Löwen fangen keine Mäuse.

Man fängt nicht viel, wenn man die Hunde zum Laufen nötigen muß.

Man kann alle Tage jagen, aber nicht alle Tage fangen.

Man soll den Pelz nicht verkaufen, ehe man den Bären gefangen hat.

Mit der Klapper fängt man keine Vögel.

Wer seine Pläne ausplaudert, dem gelingen sie nicht.

Mit Gaben fängt man die Götter.

Mit glatten Worten fängt man die Leute.

Mit Katzen fängt man Mäuse.

Mit leeren Schlingen fängt man keine Krähe.

Mit Lob fängt man die Narren.

Mit Speck fängt man Mäuse.

Schlaue Füchse werden auch gefangen.

Vogel Sicher ist leicht zu fangen.

Wenn man den Habicht nicht fangen kann, muß man ihn Adler rufen.

Wenn man Fische fängt, werden die Hände naß.

Auch von unlauteren Geschäften, bei denen man sich die Hände schmutzig macht.

Wer Angst hat, ist leicht zu fangen.

Wer den Hasen fängt, der hat ihn.

Wer den Wurm nicht wagt, wird den Fisch nicht fangen.

Wer einen Gründling fängt, der fängt auch einen Fisch.

Wer Fische fangen will, findet bald ein Netz.

Wer Grillen jagt, wird Grillen fangen.

Wer Vögel fangen will, muß nicht mit Prügeln dreinwerfen.

Wo alle stehlen, ist es schwer, einen Dieb zu fangen.

Zu schnell fängt nichts.

↗ *mitgehen*

Farbe

Es ist nicht jeder ein Maler, der Farbe verschmiert.

Mit einem Blinden läßt sich nicht von der Farbe reden.

Wenn's die Farbe täte, wäre der Esel eine Nachtigall.

Wer in allen Farben spielt, ist in keiner echt.

farzen

Gefarzt ist nicht geschworen.
Um einen großen Unterschied zu bezeichnen.

↗ *furzen*

Fasching

Je kürzer der Fasching, je mehr wird getanzt.

Faß

Alte Fässer rinnen gern.
Von redseligen Alten.

Am Faß und Brunnen schmeckt's am besten.
Aus erster Hand.

Besser die eigene Wanne als das fremde Faß.

Das Bier schmeckt gern nach dem Faß.

Das Faß riecht nach dem ersten Wein.

Der Baß kommt aus dem Faß.

Der Wein schmeckt nach dem Faß.
Wie das Herz, so ist die Rede.

Je leerer das Faß, je heller der Klang.

Leere Fässer klingen hohl.

Leeres Faß macht nicht naß.

Solches Faß, solches Naß.

Unmaß sprengt das Faß.

Volle Fässer brauchen starke Reifen.

Volles Faß hat keinen Klang.

Wenn der Wein gärt, muß man das Faß nicht verstopfen.

Wenn's Faß leer ist, kommt's Sparen zu spät.

fassen

Fasse, was du halten kannst.

Jeder fasse sich an seine eigene Nase.

Man muß nicht fassen, was man nicht halten kann.

Wer viel faßt, läßt viel fallen.

fast

Fast bringt nichts ins Haus.

fasten

Auf Rasten folgt Fasten.
Wer nicht arbeitet, hat nichts zu essen.

Bei vollem Magen ist gut fasten.

Heute gegastet, morgen gefastet.

Iß, wenn du hast, und faste, wenn du mußt.

Voller Bauch lobt das Fasten.

Wer kein Fleisch essen kann, lobt das Fasten.

Wer nicht hungert, kann gut vom Fasten predigen.

Wer satt ist, lobt das Fasten.

Fastenpredigt

Es ist gut Fastenpredigt halten, wenn der Bauch voll ist, sagte der Bettler zum Pater.

Faster

Ein guter Esser ist ein schlechter Faster.
Was man mag, entbehrt man nicht gern.

Heute ein Faster, morgen ein Fresser.

faul

Alte Eier, alte Freier, alter Gaul sind gewöhnlich faul.

Alte Netze, faule Maschen.

Bin ich hungrig, häng' ich's Maul,
bin ich satt, so bin ich faul.

Ein fauler Hund ist voller Flöhe.

Ein faules Ei verdirbt den ganzen Brei.

Ein faules Pferd drückt jeder Sattel.

Faul bekommt wenig ins Maul.

Faule Bauern finden keinen guten Acker.

Faule Eier schwimmen oben.

Faule Leute haben die meiste Arbeit.

Wenn man ihren Reden glaubt.

Faule Leute haben lange Tage.

Faule Leute kommen leicht in Schweiß.

Faule Leut', listige Leut'.

Um sich vor der Arbeit zu drücken, sind sie erfinderisch.

Fauler Vogel, fauler Gesang.

Faules Wasser löscht auch Feuer.

Faules Fleisch wächst gern.

Faulheit nimmt ständig zu.

Faule Tage sind schwer zu tragen.

Faul und gefräßig ist gern beisammen.

Großmaul ist bei der Arbeit faul.

Ist das Wasser faul, so mag es kein Gaul.

Je fauler der Stamm, je wohler dem Wurm.

Je glatter Maul, je fauler Arsch.

Man kann arbeiten wie ein Ackergaul,
für Zuschauer ist man immer zu faul.

Morgen, morgen, nur nicht heute,
sagen alle faulen Leute.

Nach C. F. Weiße, Der Aufschub.

Reich und faul sind gern beisammen.

Schnippisch mit dem Maul, sonst stinkend faul.

Spät nieder und spät auf ist aller faulen Leute Brauch.

Stehendes Wasser wird faul.

Voller Mann, fauler Mann.

Voll macht faul.

Vor dem Essen hängt man's Maul,
nach dem Essen ist man faul.

Was bald reif wird, wird bald faul.

Was ein fauler Esel ist, der trägt sich auf einmal zu Tode.

Faule, der

Abends wird der Faule fleißig.

Der Bauch treibt die Faulen zur Arbeit.

Der Fleiß verjagt, was Faule plagt.

Des Faulen Hände sind zart.

Die Faulen und die Dreisten schreien am meisten.

Die Näpfe des Faulen sind leer.

Faule haben lange Tage.

Sie wissen nicht, was sie anfangen sollen.

Für den Faulen ist jeden Tag Kirmes.

Wie man's findet, muß man's nehmen.

Im Hause des Faulen ist immer Feiertag.

Lobe die Faulen, so werden sie flink.

Tadel ist des Faulen Tagelohn.

Um nicht einen Schritt zu machen, macht der Faule zwei.

Wann soll ich arbeiten? sagte der Faule; im Frühjahr ist viel Wasser, im Herbst viel Schmutz, im Sommer ist's heiß und im Winter kalt.

Wenn der Tag zu Ende,
regt der Faule die Hände.

↗ *Fleißige, der*

faulen

Unreif fault bald.

Von unausgereiften Plänen.

Was reif ist, das fault gern.

faulenzen

Auch Faulenzen hat seine Grenzen.

Wer etwas lernen will, darf nicht faulenzen.

Faulenzer

Der Faulenz und der Lüderli
sind zwei gleiche Brüderli.

Junge Faulenzer, alte Bettler (Diebe).

Faulheit

Arbeit gibt Brot, Faulheit gibt Not.

Arbeit macht das Leben süß, Faulheit stärkt die Glieder.

Nach G. W. Burmann (1737–1805) mit scherzhaftem Zusatz.

Faulheit ist eine vornehme Dame.

Sie ist sich zu gut zum Arbeiten.

Faulheit kommt nicht weit.

Faulheit lohnt mit Armut.

Fleiß bringt Brot, Faulheit Not.

Fleiß erwirbt, Faulheit verdirbt.

Faust

Andere Leute haben auch Fäuste.

Besser in die Faust als ins Gesicht lachen.

Besser wenig mit Liebe als viel mit Fäusten.

Das Herz schlägt den Mann, nicht die Faust.

Ohne Mut sind Schwierigkeiten nicht zu überwinden.

Ein feiner Verstand ist besser als eine grobe Faust.

Fünf Finger sind eine Faust.

In der Faust liegt kein Recht.

Wer keine Hand hat, macht keine Faust.

Ohne Mittel kann man nicht drohen.

Wo es an Gründen fehlt, gebraucht man die Fäuste.

fechten

Beherzt geredet ist halb gefochten.

Besser ehrlich gewichen als schändlich gefochten.

Der ist noch kein guter Soldat, der mit der Zunge fechten kann.

Es fechten nicht alle, die viel drohen.

Frisch vom Leder ist halb gefochten.

Hinterm Rücken ist gut fechten.

Wer fechten will, kann das Schwert nicht in der Scheide lassen.

Wer heut' erschlagen wird, kann morgen nicht fechten.

Wer nicht ficht, dem rostet der Degen in der Scheide.

Wer sich nicht ums Ganze wehrt, muß ums Halbe fechten.

Wohl geflohen, wohl gefochten.

Wer sich mit Anstand aus der Affäre zieht.

Wo kein Feind ist, da ist gut fechten.

Fechter

Die sich großer Streiche rühmen, sind selten gute Fechter.

Schwätzer sind keine Fechter.

Wie der Fechter, so die Klinge.

Feder (Schreibfeder)

Der Feder Kunst bringt Geld und Gunst.

Die Feder regiert das Schwert.

Der Gedanke lenkt die Tat.

Es ist nicht jeder ein Schreiber, der an der Feder kaut.

Jeder Schreiber lobt seine Feder.

Wenn der Schreiber nichts taugt, gibt er der Feder die Schuld.

Feder (Vogelfeder)

Die Federn machen den Vogel.

Die Tauben müssen Federn lassen.

Der allzu Friedfertige hat das Nachsehen.

Eine Gans wird so lange gerupft, als sie Federn hat.

Wenn sich jemand ausnutzen läßt.

Je älter der Vogel, je fester sitzen die Federn.

Man kennt den Pfau an seinen Federn.

Schöne Vögel, schöne Federn.

Viele Federn machen ein Bett.

Wer eine Gans rupfen will, fängt bei den Federn an.

Wer Federn hat, den kann man rupfen.

Wer zu hoch fliegt, verbrennt sich die Federn.

Fegefeuer

Der ein böses Weib hat, der hat sein Fegefeuer im Hause.

Wem die Heirat übel gerät, der hat's Fegefeuer im Hause.

fegen

Ein jeder soll vor seinem Hause fegen,
dann wird es rein auf allen Wegen.

Erst überlegt, dann gut gefegt.

Jeder fege vor seiner eigenen Tür, dann hat er genug zu tun.

Wer ein sauberes Haus haben will, muß selber fegen.

Wo man zu lange überlegt, wird nicht gefegt.

Fehde

Alte Fehde ist bald erneuert.

Verständige Rede schützt vor Fehde.

Fehl

Es ist kein Fehl und Laster,
man find't dafür ein Pflaster.

Niemand ist ohne Fehl.

fehlen

An dummen Leuten fehlt's nicht.

Bei vollen Flaschen fehlt's an Freunden nicht.

Dem Armen fehlt Brot, dem Reichen Appetit.

Dem Gesunden fehlt viel, dem Kranken nur eins.

Dem Glücklichen fehlt's an Vettern nicht.

Dem Greise fehlt's nicht an Appetit, aber beißen kann er nicht.

Dem Narren fehlt nichts als der Verstand.

Dem Verschwender fehlt viel, dem Geizigen alles.

Der freigebigen Hand fehlt es an Freunden nicht.

Einem Sänger fehlt es nie an Liedern.

Einer guten Küche fehlt's nie an Freunden.

Fehlt das Brot im Haus, zieht der Friede aus.

Fehlt's an Wind, so greif zum Ruder.

Manchem Kopf fehlt nichts als das Gehirn.

Nach der Schlacht fehlt's nicht an tapferen Leuten.

Oft fehlt's an Rat, doch nie an Räten.

Was helfen die Gäule, wenn der Hafer fehlt.

Was nützt die Suppe, wenn der Löffel fehlt.

Wem das Herz fehlt, dem nützt der Degen nichts.

Wem es an Gesellschaft fehlt, der macht seine Narrheiten allein.

Wem es an Weisen fehlt, der muß sich mit Narren behelfen.

Wenn das Kind getauft ist, fehlt's nicht an Paten.

Wenn der Wagen zerbrochen ist, fehlt's nicht an Wegweisern.

Wer Gedanken hat, dem fehlt's auch nicht an Worten.

Wer genug hat, dem fehlt nichts.

Wer mault mit der Schüssel, dem fehlt's am Rüssel.

Man soll sich's nicht selbst verderben.

Wer seinen Kummer klagt, dem fehlt's an Worten nicht.

Wer viel wünscht, dem fehlt viel.

Wo das Korn fehlt, nützt das Dreschen nicht viel.

Wo die Hälfte dran fehlt, da fehlt viel.

Wo es an Kohlen fehlt, geht das Feuer aus.

Wo es an Stühlen fehlt, setzt man sich auf die Erde.

Wo es an verständigen Männern fehlt, steigen die Narren im Kurse.

Wo Geld fehlt, da ist das Brot teuer.

Wo keine Frau ist, da fehlt's am besten Hausrat.

Wo Tauben sind, da fehlt es nicht an Habichten.

Fehler

Alte Fehler halten fest.

An fremden Fehlern erkennt man die eigenen.

Aus kleinen Fehlern werden große.

Der Freunde Fehler soll man kennen, aber nicht nennen.

Die Jugend ist kein Fehler und das Alter kein Verdienst.

Eigene Fehler sieht man nicht.

Eines andern Fehler ist ein guter Lehrer.

Ein Fehler aus Versehen ist leicht geschehen.

Ein Fehler, den man erkennt, ist schon halb gebessert.

Ein verborgener Fehler ist schon halb verziehen.

Weil er keinen Anstoß erregt.

Gewohnheit macht den Fehler schön.

Große Leute, große Fehler; kleine Leute, kleine Fehler.

Großer Leute Fehler sieht man weit.

Große Tugenden, große Fehler.

Jeder Fehler hat seine Ausrede.

Jeder Mensch hat seine Fehler.

Wer den Teich hat, der hat auch die Fische.

Ohne Licht sieht man die Fehler nicht.

Zu jung ist ein Fehler, der sich täglich bessert.

fehlgehen

Wer nichts hofft, dem geht nichts fehl.

fehlschlagen

Nimm dir nichts vor, dann schlägt dir nichts fehl.

fehltreten

So sicher geht niemand, er tritt einmal fehl.

Fehltritt

Ein Fehltritt ist genug zum Fall.

Feierabend

Der Ungeschickte hat bald Feierabend.

Die zu sehr eilen, haben spät Feierabend.

Not hat keinen Feierabend.

Vorteil hat bald Feierabend.

feiern

Arbeiten hat seine Zeit und Feiern hat seine Zeit.

Der Teufel feiert nicht.

Es ist kein Heiliger, er will gefeiert sein.

Faule Leute feiern viel.

Kleine Heilige feiert man nicht.

Wer alle Tage feiert, fragt nicht nach dem Sonntag.

↗ *Fest*

Feiertage

Feiertage haben auch ihre Plage.

Was man am Feiertag vertut, muß man am Werktag büßen.

feig

Je feiger Herz, je größer Zunge.

Feige, der

Dem Feigen zeigt das Glück den Rücken.

Dem Kühnen hilft das Glück,
den Feigen weist's zurück.

feil

Es ist bös kaufen, wo nichts feil ist.

Feile

Eine Feile schärft die andere.

Rost und Feile werden nie Freunde.

feilschen

Die viel feilschen, kaufen am wenigsten.

fein

Allzu fein taugt nicht.

Aus grober Wolle wird nie feines Tuch.

Auswendig fein, inwendig ein Schwein.

Das Herz hört feiner als die Ohren.

Es ist nichts so fein gesponnen,
es kommt doch endlich an die Sonnen.

Feine Leute, feine Sachen.

Scherzhaft, wenn sich jemand etwas Neues gekauft hat.

Feiner Rauch macht auch schwarz.

In einem feinen Hemde gibt's auch Flöhe.

Viel und fein, das kann nicht sein.

Zu fein geschliffen hält nicht.

feind

Je näher verwandt, je feinder einand'.

Feind

Das Bessere ist der Feind des Guten.

Nach Voltaire, Dictionnaire Philosophique.

Der ärgste Feind ist in uns selber.

Die eigenen Schwächen.

Der Himmel schütze uns vor kleinen Feinden, vor großen nehmen wir uns wohl selber in acht.

Die nächsten Freunde, die ärgsten Feinde.

Einem fliehenden Feind soll man goldene Brücken bauen.

Wenn jemand nachgibt, soll man auch selber einlenken.

Ein Feind ist zuviel, und hundert Freunde sind nicht genug.

Ein geschlagener Feind ist noch nicht überwunden.

Ein heimlicher Feind ist der schlimmste.

Es sind viele tapfer, wenn die Feinde fort sind.

Feindes Geschenke haben Ränke.

Gaben vom Feind sind selten gut gemeint.

Gefahr macht aus Feinden Freunde.

Gemeinsame Gefahr verbindet.

Heute Freund, morgen Feind.

Je mehr (Viel) Feind, je mehr (viel) Ehr', sagte der Junge und schlug in einen Schwarm Mücken.

Kleine Feinde haben Löwenmark.

Sie sind daher nicht geringzuschätzen.

Leihe deinem Freunde und mahne deinen Feind.

Man kann sich eher vor einem Feind als vor einem falschen Freund hüten.

Man schlägt den Feind eher mit Rat als mit Tat.

Überlegtes Vorgehen ist am wirksamsten.

Man sei der Sachen Feind und des Mannes Freund.

Bei Meinungsverschiedenheiten.

Man soll die Stadt nicht anzünden, ehe der Feind kommt.

Man soll nicht in Panik verfallen.

Man soll seine Feinde nicht zählen, sondern schlagen.

Man soll Schwierigkeiten nicht überschätzen.

Man soll weder dem Feinde noch dem Freunde den Rücken kehren.

Meines Feindes Mund lobt mich zu keiner Stund.

Mit Wohltun gewinnt man den ärgsten Feind.

Sein eigener Feind ist niemandes Freund.

Seinen Feind soll man nicht verachten.

Man unterschätzt ihn sonst leicht.

Soviel Sklaven, soviel Feinde.

Wen man schlecht behandelt, von dem kann man keine Freundschaft erwarten.

Wenn deine Feinde uneins sind, so sei guten Mutes.

Wenn der Feind flieht, ist es leicht tapfer sein.

Wenn der Feind im Hause ist, muß man ihn nicht draußen suchen.

Wenn dich dein Feind rechts schickt, so gehe links.

Wer ausharrt, ermüdet die Feinde.

Wer drei Feinde hat, muß sich mit zweien vertragen.

Wer Großes will, hat viel Feinde.

Viel Schwierigkeiten.

Wer keinen Feind hat, der hat auch keinen Freund.

Von den Lauen, die nie Partei nehmen.

Wer nicht leiht, verliert die Freunde,
und wer leiht, der macht sich Feinde.

Wer seinem Feinde traut, ist sein eigener Feind.

Wer uns nicht schadet, der ist nicht unser Feind.

Wo kein Feind ist, da ist gut fechten.

↗ *Freund*

feindlich

Ins Gesicht freundlich, im Herzen feindlich.

Feindschaft

Alte Feindschaft ist bald erneuert.

Die Feindschaft des Weisen ist besser als die Freundschaft des Toren.

Feindschaft soll sterblich, Freundschaft aber unsterblich sein.

Jähe Liebe, lange Feindschaft.

Versöhnter Feindschaft und geflickter Freundschaft ist nicht zu trauen.

↗ *Freundschaft*

Feine, der

Die Feinen scheinen.

Mit den Feinen hab' ich die meisten Umstände, sagte der Teufel, die Groben kommen allein.

feist

Dreist macht feist.

Der Ruf macht die Sau feister, als sie ist.

Ein feistes Schwein entläuft dem Metzger nicht.

Der Schuldige entgeht seiner Strafe nicht.

Ein guter Gockel wird nie feist.

Feld

Auf gepflügtem Felde ist gut säen.

Das Feld muß schwächer sein als der Bauer.

Man muß seiner Aufgabe gewachsen sein.

Der Weizen auf dem Feld ist noch kein Geld.

Nicht jedes Feld trägt jede Frucht.

Was man seinem Felde leiht, bekommt man mit Zinsen wieder.

Wer täglich sieht nach seinem Feld,
findet täglich ein Stück Geld.

Wie das Feld, so die Ernte.

Wie man das Feld baut, so trägt es Früchte.

Feldherr

Viele Feldherren verlieren die Schlacht.

Wie viele Köche den Brei verderben.

Fell

Aus fremdem Felle kann man gut Sohlen schneiden.

Das Fell zittert, wenn andere geschoren werden.

Der Fleiß hämmert das Eisen heiß.

Man muß den Wolf erst fangen, ehe man ihm das Fell abziehen kann.

Man muß nicht das Fell geben, wenn man mit der Wolle zahlen kann.

Wenn du mir den Hammel schenkst, so schenk' ich dir das Fell.

Felsen

Hohe Felsen spaltet der Blitz zuerst.

Not spaltet Felsen.

Rührige Hand macht aus Felsen Gartenland.

Verstand sprengt Felsen.

Fenster

Alte Häuser haben trübe Fenster.

Alte Leute sehen oft mehr die Schattenseiten.

Besser ein Fenster aus als ein Haus ein.

Fenster brechen alle von selbst.

Es will niemand gewesen sein.

Gemalte Fenster machen die Stube nicht hell.

Große Fenster, große Scheiben.

Große Fenster zieren das Haus.

Je größer die Fenster, je stärker das Licht.

Mit Gedanken schlägt man keine Fenster ein.

Wer trübe Fenster hat, dem erscheint alles grau.

Von Schwarzsehern.

Ferkel

Aus einem Ferkel wird eine Sau.

Um zu sagen, daß man Kindern nicht jedes Benehmen nachsehen kann.

Ein schorfiges Ferkel wird oft das beste Schwein.

Was in einem steckt, merkt man erst später.

Jede Sau nennt ihre Ferkel schön.

Viele Ferkel machen den Trank dünn.

Viele Erben machen den Anteil gering.

Von der Sau lernen die Ferkel grunzen.

Wenn man das Ferkel anrührt, so schreit es.

Wenn das Ferkel satt ist, stößt es den Trog um.

fern

Ein ferner Freund ist lange gesund.

Ferne Gäste kommen spät.

Auf entfernte Bekannte oder Verwandte kann man in einer Notlage kaum rechnen.

Ferne Pläne sind eitel Späne.

Ferne Reisen, große Lügen.

Über Entferntes läßt sich leicht flunkern.

Fern vom Haus ist nahe beim Schaden.

Wo man sich nicht auskennt, muß man aufpassen.

Von ferne ist gut lügen.

Von fern lügt man gern.

Wo die Götter walten, sind die Teufel nicht fern.

Ferne

Besser in der Ferne einen Freund als in der Nähe einen Feind.

Die Ferne macht aus einem silbernen Becher einen goldenen Kelch.

Die Liebe aus der Ferne bleibt am längsten warm.

Die Trommel klingt am schönsten aus der Ferne.

Ein halber Doktor in der Nähe ist besser als ein ganzer in der Ferne.

Ein Nachbar in der Nähe ist besser als ein Bruder in der Ferne.

Nach Sprüche Salomos 27,10.

Wer in der Ferne pocht, schweigt in der Nähe.

Fersengeld

Fersengeld ist oft die beste Münze.

fertig

Wenn das Nest fertig ist, legt der Vogel seine Eier.

Fessel

Goldene Fesseln sind auch Fesseln.

fest

Es gibt keine festere Mauer als Einigkeit.

Guter Zwirn gibt feste Naht.

Je fester die Naht, je größer der Riß.

Von Zerwürfnissen.

Je größer die Stürme, desto fester wurzelt die Eiche.

So fest ist nichts, es geht eine goldene Kugel hindurch.

Wer frei sein will, dem ist keine Kette zu fest.

Fest

Besser ohne Fest als ohne Nest.

Das Notwendige geht vor.

Die Feste vergehen, der Narr bleibt.

Feste geben Klopfe auf die Weste.

Von Streit bei Trinkgelagen.

In anderer Leute Häusern ist gut Feste feiern.

Ist das Fest vorbei, kommt wieder Erbsenbrei.

Jedes Fest hat seine Narren.

Je größer Fest, je besser Keile.

Wenn viel getrunken wird.

Man muß die Feste feiern, wie sie fallen.

Man redet so lange vom Feste, bis es kommt.

Nach dem Fest ist ein Narr übrig.

Ohne Fiedel ist kein Fest.

Ungeladene Gäste gehören nicht zum Feste.

Wenn das Fest vorbei ist, fängt das Kopfkratzen an.

Wenn's zum Feste geht, hört ein lahmes Weib auf zu hinken.

Wer kommt nach dem Feste,
muß vorliebnehmen mit dem Reste.

Wo nichts ist, da feiert man keine Feste.

fett

Altes Fleisch gibt fette Suppen.

Anderer Leute Kohl (Speck) ist immer fetter.

Auf fremder Weide ist immer das fetteste Vieh.

Der fettesten Sau gehört allzeit der größte Dreck.

Die Faulsten beanspruchen stets das meiste.

Dicker Trank macht fette Schweine.

Die fettesten Träume machen nicht satt.

Dreck macht fett.

Ein fettes Leben macht ein mageres Testament.

Ein guter Hahn wird selten fett.

Ein magerer Vergleich ist besser als ein fetter Prozeß.

Ein unruhiges Schwein wird nicht fett.

Fette Hennen legen nicht.

Fette Küche, magere Erbschaft.

Fetten Braten braucht man nicht zu spikken.

Fette Vögel singen mager.

Guter Gewinn macht fette Suppen.

Im Lande der Hoffnung wird man nicht fett.

Je besser die Weide, je fetter die Schafe.

Je fetter das Gras, je besser die Milch.

Je fetter der Floh, je magerer der Hund.

Je fetter der Ochs, je schlechter das Fell.

Je fetter die Ente ist, je besser schmeckt sie.

Je dicker die Lüge, desto glaubhafter erscheint sie oft.

Reiche Leute haben fette Katzen.

Selber essen macht fett.

Viel Wechsel macht nicht fett.

Vom Lecken wird keiner fett.

Von Sorgen wird niemand fett.

Was weiß das Schwein, wovon es fett wird.

Wer fett werden will, muß sich selber mästen.

Wer von Versprechungen lebt, wird nicht fett.

Fett

Altem Diener und altem Hunde trieft kein Fett vom Munde.

Fett schwimmt oben.

Wer Fett übrig hat, schmiere des Nachbars Wagen.

Vom Überfluß soll man abgeben.

fetten

Armschmalz fettet.

feucht

Wo es feucht ist, da wächst es gut.

Feuer

Alte Besen wirft man ins Feuer.

Bedecktes Feuer glimmt unter der Asche.

Von verhaltener Leidenschaft.

Bedecktes Feuer hitzt am meisten.

Das Feuer macht den Koch.

Dem schadet kein Rauch mehr, der im Feuer umgekommen ist.

Der Kessel scheut das Feuer nicht.

Die Spritze, die morgen kommt, löscht heute kein Feuer.

Dürres Holz gibt rasches Feuer.

Von der Verliebtheit der Alten.

Eigen Feuer kocht wohl.

Einer will Feuer, der andere Wasser.

Ein Fünkchen ist auch Feuer.

Ein kleiner Topf braucht wenig Feuer.

Einmal blasen macht kein Feuer.

Erst Rauch, dann Feuer.

Es ist bald ein Feuer angeblasen, aber nicht so bald gelöscht.

Es ist gut Feuer machen, wenn der Nachbar das Holz gibt.

Feuer im Herzen bringt Rauch in den Kopf.

Feuer ist ein guter Diener, aber ein schlimmer Meister.

Feuer kann nichts als brennen.

Feuer kann niemand bergen.

Leidenschaft bricht hervor.

Feuer prüft das Gold, Unglück das Herz.

Feuer und Stroh brennt lichterloh.

Feuer verzehrt, Wasser ernährt.

Frisches Holz macht lustiges Feuer.

Gebranntes Kind scheut das Feuer.

Große Feuer bläst der Wind nicht aus.

Großes Feuer, großer Rauch.

Ist Feuer im Herzen, so muß man kein Pulver in den Kopf tun.

Je heller das Feuer, je weniger der Rauch.

Von lauterer Leidenschaft.

Je näher dem Feuer, je näher der Hitze (je eher verbrannt).

Kein Feuer ohne Rauch (keine Tugend ohne Neid).

Kein Feuer so heiß, ein Wasser kann es löschen.

Krummes Holz gibt auch gerades Feuer.

Liebe zwingt auch den Esel durch's Feuer.

Mach kein Feuer, so beißt dich kein Rauch.

Man leidet den Rauch des Feuers wegen.

Man muß nicht Feuer rufen, ehe es brennt.

Man wärmt sich bald bei großem Feuer.

Mäßig Feuer kocht am besten.

Beherrschte Leidenschaft.

Mit eines andern Arsch ist gut durchs Feuer fahren.

Mit Mühe schlägt man Feuer aus dem Stein.

Nahe am Feuer schmilzt das Wachs.

Ohne Feuer ist kein Leben.

Ohne Reibung kein Feuer.

Schmieds Kinder fürchten das Feuer nicht.

Schreien löscht das Feuer nicht.

Solange es noch raucht, ist das Feuer nicht gelöscht.

Stroh muß man nicht zum Feuer legen.

Viel Rauch, wenig Feuer.

Viel Späne machen auch ein Feuer.

Was Feuer geschaffen, kann auch Feuer fressen.

Was man im Feuer verloren, muß man in der Asche suchen.

Wasser und Feuer werden nicht Freunde.

Wo Aas ist, da sind Fliegen.

Wenn Bacchus das Feuer schürt, sitzt Venus beim Ofen.

Wenn das Feuer erloschen ist, spielen die Kinder mit der Asche.

Wenn die Gefahr vorbei ist, kann man leicht mutig sein.

Wenn man das Feuer schürt, so brennt es.

Wenn zwei Kieselsteine zusammenstoßen, gibt es Feuer.

Wer das Feuer scheut, muß kein Schmied werden.

Wer dem Feuer zusieht, den frißt es.

Wer den Rauch fürchtet, kommt nicht zum Feuer.

Wer des Feuers bedarf, der sucht es in der Asche.

Streitsucht findet immer einen Anlaß.

Wer die Hand in Feuer steckt, verbrennt sich die Finger.

Wer ins Feuer bläst, dem fliegen die Funken in die Augen.

Wer löschen will, darf das Feuer nicht fürchten.

Wer sich bei einem Geizigen wärmen will, muß das Feuer mitbringen.

Wer sich immer zu Hause gewärmt, sehnt sich nach fremdem Feuer.

Wer von Stroh ist, muß sich vor dem Feuer hüten.

Wer von Wachs ist, muß nicht zum Feuer kommen.

Wo Rauch ist, ist auch Feuer.

Wozu ein Feuer anblasen, das von selber brennt.

↗ *Flamme*

Feuerbrand

Wo man mit Feuerbränden wirft, bläst der Teufel in die Asche.

Fichte

Eine Fichte ist noch kein Wald.

Fieber

Besser ein Rausch als ein Fieber.

Ist das Fieber fort, so verliert sich der Durst.

Fiedel

Ohne Fiedel ist kein Fest.

fiedeln

Dem ist leicht gefiedelt, der gerne tanzt.

Gefiedelt ist nicht gespielt.

Wenn die Braut nicht tanzen will, ist alles Fiedeln umsonst.

finden

Das findet sich, sagt der Bauer.

Das Gleiche sucht sich, das Rechte findet sich.

Das Kind findet sich leichter als die Wiege.

Das Maul findet man alleine.

Das Schöne findet man, das Wahre muß man suchen.

Der Ochse findet den Weg zur Krippe.

Der Weise sucht die Weisheit, der Narr hat sie gefunden.

Der Witwer findet leicht eine Frau, aber die Waisen schwer eine Mutter.

Ein blinder Gaul findet die Krippe auch.

Ein blindes Huhn findet auch (ein)mal ein Korn.

Ein Freund ist leichter verloren als gefunden.

Ein gutes Pferd findet bald einen Reiter.

Ein jedes Häslein findet sein Gräslein.

Ein Lahmer findet überall eine Krücke.

Irgendeine Ausrede gibt es immer.

Ein Stümper findet kein gutes Werkzeug.

Es ist keiner so arg, er findet einen Ärgeren.

Es ist keiner so gut, er findet seinesgleichen.

Es ist kein Narr, er findet einen größeren.

Es suchen viele, aber nur wenige finden.

Es vergehen viel Jahre, ehe man einen Schatz findet.

Finden und verhehlen ist so gut wie stehlen.

Gleich sucht sich, gleich findet sich.

Hat man nur den Hasen, die Bratpfanne findet sich schon.

Ist nur Speck da, die Mäuse finden sich schon.

Jeder Noah findet seine Arche.

Jeder Töffel findet seine Grete.

Jedes Töpfchen findet sein Deckelchen.

Man findet eher einen, der Geld tadelt, als den, der es verschmäht.

Man findet überall zerbrochene Töpfe.

Man kann bald einen Stein finden, an dem man sich stößt.

Soll der Hund Schläge haben, findet sich bald ein Stock.

Suchet, so werdet ihr finden.

Nach Matthäus 7,7; oft scherzhaft, wenn man etwas vermißt.

Verlieren ist leichter als finden.

Volle Schüssel findet viel Freunde.

Was der Teufel in der Bibel sucht, das findet er.

Was sich sucht, das findet sich.

Wer dreschen will, findet leicht einen Flegel.

Wer eine Ausrede sucht, findet zehn.

Wer einen Pfennig findet, hat für einen Taler Freude.

Unerwartetes Glück freut doppelt.

Wer etwas tadeln will, der findet wohl Ursache.

Wer finden soll, braucht nicht zu suchen.

Wer finden will, muß suchen.

Wer gern findet, stiehlt gern.

Wer Hilfe sucht im Glück, der findet sie im Unglück.

Wer lehren will, findet überall eine Schule.

Wer nichts sucht, der findet nichts.

Wer nichts weggelegt hat, kann auch nichts finden.

Wer sich aufs Finden verlegt, der findet bald, wo niemand verloren hat.

Wer sich ertränken will, findet überall Wasser.

Auch von Schwarzsehern.

Wer spart, wenn er hat, der findet, wenn er braucht.

Wer Streit sucht, findet bald eine Ursache.

Wer viel bringt, wird viel finden.

Wie man's findet, muß man's nehmen.

Wohl aufgehoben ist gut gefunden.

Wo man nicht hinlegt, da findet man nicht.

Wo nichts ist, da findet man nichts.

Zwei Gleiche werden schwer gefunden.

Finger

Der Finger einer Frau zieht stärker als ein Paar Ochsen.

Gib dem Teufel einen Finger, und er greift nach der ganzen Hand.

Grobes Handwerk macht grobe Finger.

Jede Hand ist fünf Finger wert.

Lange Finger machen lange Beine.

Man muß die Finger nicht zwischen Tür und Angel stecken.

Sich nicht in Ehestreit mischen.

Man sieht nicht allen durch die Finger.

Wenn man einem den kleinen Finger bietet (reicht), so nimmt er die ganze Hand.

Wenn's Unglück sein soll, kann man sich den Finger in der Nase abbrechen.

Wer Butter knetet, bekommt fette Finger.

Wer das Messer für andere wetzt, schneidet sich meist selber in die Finger.

Wer dem Finger nicht folgt, muß der Hand folgen.

Wer den Finger nicht heilt, verliert die Hand.

Wer den Verstand in den Fingern hat, der kann ihn nicht im Kopfe haben.

Als scherzhaftes Lob der Geschicklichkeit.

Wer die Hand in Teig steckt, dem bleibt er an den Fingern kleben.

Wer durch die Finger sieht, braucht keine Brille.

Wer erst die Finger hat, der hat auch die Hand.

Wer keine Finger hat, kann keine Faust machen.

Wer mit Honig umgeht, leckt auch einmal die Finger.

Wer Pech hat, bricht sich den Finger im Arsch ab.

finster

Am Fuß der Kerze ist's finster.

Im Umkreis eines großen Geistes halten es oft nur kleine aus.

Das Maul findet man auch im Finstern.

Jeder kennt seine eigenen Interessen.

Die Wunder geraten am besten im Finstern.

Bei Licht besehen sind sie keine.

Es ist gleich, ob im Finstern oder ohne Licht.

Im Finstern ist gut mausen.

Je finsterer die Nacht, je heller sieht die Eule.

Mit Unwissenden hat der Hinterlistige leichtes Spiel.

Wer sich nicht stoßen will, muß nicht im Finstern gehen.

Finsternis

Auch ein kleines Licht leuchtet in der Finsternis.

Fisch

Der Fisch fängt am Kopf an zu stinken.

Die Brühe ist besser als der Fisch.

Fisch will schwimmen.

Nach Petronius Arbiter, Satiricon.

Gast und Fisch bleiben kaum drei Tage frisch.

Große Fische fressen die kleinen.

Im Meer ertrinkt kein Fisch.

Was man gewöhnt ist, macht einem nichts aus.

In einem großen Teich gibt's viel Fische.

In großen Wassern fängt man große Fische.

In kleinen Gewässern fängt man auch Fische.

Je mehr Fische, je trüber das Wasser.

Kleine Fische machen große Hechte.

Mit einer goldenen Angel ist leicht Fische fangen.

Was nützt das beste Netz, wenn die Fische fehlen.

Wenn man Fische fängt, werden die Hände naß.

Auch von unlauteren Geschäften, bei denen man sich die Hände schmutzig macht.

Wer den Teich hat, der hat auch die Fische.

Wer den Wurm nicht wagt, wird den Fisch nicht fangen.

Wer Fische fangen will, findet bald ein Netz.

Wie der Fisch, so die Suppe.

fischen

Auf dem Trocknen ist nicht gut fischen.

Der eine fischt auf dem Sande, und der andere fängt im Wasser nichts.

Es ist nirgends besser fischen als im Wasser.

Fischen und Jagen macht hungrige Magen.

Von nutzlosem Tun.

Hinterm Netz ist schlecht fischen.

In fremden Weihern ist gut fischen.

In trüben Wassern (Im Trüben) ist gut fischen.

Mancher meint, er fische, und er krebst nur.

Wortspiel mit krebsen.

Man muß fischen, wenn man nicht jagen kann.

Nach dem Regen ist gut fischen.

Ohne Angel fischt man umsonst.

Ohne Netz kann man nicht fischen,
ohne Gabel nicht tischen.

Wer im Nebel fischt, fängt Dunst.

Fischer

Auch wenn die Fischer schlafen, gehen die Fische ins Netz.

Dem klügsten Fischer entwischt ein Aal.

Vor des Fischers Tür ist schlecht fischen.

Wie der Fischer, so die Netze.

Fischweib

Die Fische sind stumm, aber die Fischweiber nicht.

Fischzug

Wer im Winter keine Reusen flicht, kann im Sommer keinen Fischzug halten.

fix

Oben fix und unten nix.

Von außen fix, von innen nix.

Vorn fix, hinten nix.

Fixigkeit

Fixigkeit (Geschwindigkeit) ist keine Hexerei.

Flachs

Grober Flachs gibt kein feines Linnen.

Je gröber Flachs, je stärker Faden.

Was zu Flachs gewachsen ist, muß sich auch durch die Hechel ziehen lassen.

Wer nicht spinnt, behält seinen Flachs.

Wie der Flachs, so das Garn.

Jung gefreit hat nie gereut.

Flamme

Die Flamme ist die Seele des Feuers.

Keine Flamme ohne Rauch, keine Tugend ohne Neid.

Mancher flieht vor dem Rauch und fällt in die Flammen.

Wer Feuer im Maul hat, der speit Flammen.

Flasche

Aus einer leeren Flasche ist schlecht einschenken.

Bei vollen Flaschen fehlt's an Freunden nicht.

Ein Freund bei der Flasche leert deine Tasche.

In den kleinsten Flaschen ist der beste Likör.

Schluck auf Schluck wird die Flasche leer.

Volle Flaschen machen leere Taschen.

Wer die Flasche hält, verdurstet nicht.

Wer an der Quelle sitzt.

Fleck

Alte Säcke brauchen viel Flecke.

Auch die Sonne hat ihre Flecken.

Auf einen groben Sack gehört ein grober Fleck.

Besser ein Fleck als ein Loch.

Den Fleck auf dem eigenen Arsch will niemand sehen.

Ein Kleid mit Löchern braucht viel Flecke.

Niemand jagt mehr nach Ehren, als der seine Schande damit zu bedecken hat.

Es gibt nicht immer schwarze Flecken, wo der Teufel gesessen hat.

Kein Zaun ohne Stecken,
kein Mensch ohne Flecken.

Liebesaugen sehen keine Flecke.

Man muß nicht jeden blauen Fleck zum Doktor tragen.

Man setzt keinen neuen Fleck auf alte Lumpen.

flecken

Wenn's nicht flecken will, dann fleckt's nicht.

Flegel

Das beste Korn entgeht dem Flegel nicht.

Ein Flegel schlägt den andern.

Je größer der Flegel, je größer die Beule.

Was ist eine Garbe unter viel Flegeln!

Wer den Flegel ergreift, muß die Harfe vergessen.

Wer dreschen will, findet leicht einen Flegel.

Wer sich unter Flegel stellt, muß nicht über Beulen klagen.

Zum Flegel gehört der Schlegel.

Fleisch

Altes Fleisch gibt fette Suppen.

Altes Fleisch will sich laben.

Besser eine Laus im Kraut als gar kein Fleisch.

Dem einen das Fleisch, dem andern die Knochen.

Der Geist ist willig, aber das Fleisch ist schwach.

Nach Matthäus 26,41, heute häufig scherzhaft verwendet.

Faules Fleisch wächst gern.

Faulheit nimmt zu.

Fettes Fleisch lockt.

Fleisch, Wein und Brot
sind gut für Hungersnot.

Scherzhaft bei üppigem Essen.

Frisches Fleisch braucht nicht viel Würze.

Jugend hat Reiz genug.

Gutes Fleisch verkauft sich selber.

Gutes Aussehen.

Je stärker Fleisch, je schwächer Geist.

Kein Fleisch ohne Bein, kein Fisch ohne Grät'.

Mag das Fleisch auch noch so hoch hängen, der Hund wartet auf die Knochen.

Viel Brühe, wenig Fleisch.

Was in Fleisch und Blut steckt, kann man nicht ausschwitzen.

Was kann man von einem Rindvieh anders verlangen als ein gutes Stück Fleisch.

Wie das Fleisch, so die Brühe.

Fleischer

Wenn der Fleischer füttert, will er mästen.

Von eigennützigen Wohltaten.

Fleiß

Der eine hat den Fleiß, der andere den Preis.

Wenn es ungerecht zugeht.

Der Fleiß hämmert das Eisen heiß.

Der Fleiß verjagt, was Faule plagt.

Der Fleiß weiß.

Der Fleißige stellt sich nicht dumm an.

Der Jugend Fleiß, des Alters Preis.

Eigener Fleiß macht den Schornstein rauchen.

Fleiß bricht das Eis.

Fleiß hat immer etwas übrig.

Fleiß ist des Glückes rechte Hand, Sparsamkeit die linke.

Fleiß ist keine Mühe.

Wenn er Gewohnheit ist.

Fleiß rührt den Mörtel.

Fleiß überwindet alles.

Fleiß und kluger Sinn
bringt den sichersten Gewinn.

Fleiß und Sparsamkeit hilft auch durch schlechte Zeit.

Geht der Fleiß zur Tür hinaus, steigt die Not zum Fenster hinein.

Hans ohne Fleiß wird niemals weis'.

Kunst will Fleiß.

Mühe und Fleiß erhalten den Preis.

Ohne Fleiß kein Preis.

Seines Fleißes darf sich jeder(mann) rühmen.

Nach Lessing, Hamburgische Dramaturgie.

Zu großer Fleiß bleibt nicht lange heiß.

↗ *Faulheit*

fleißig

Abends wird der Faule fleißig.

Dem fleißigen Hamster schadet der Winter nicht.

Die fleißige Spinne hat ein großes Gewebe.

Ein fleißiger Gaul wird nicht fett.

Ein fleißiges Huhn findet auf jedem Mist zu tun.

Fleißige Hand baut Leut und Land.

Fleißige Hörer (Schüler) machen fleißige Lehrer.

Fleißiger Spaten ist immer blank.

Liebe macht fleißige Hand.

Fleißige, der

Der Fleißige hat (findet) immer etwas zu tun.

Der Fleißige hat stets Zeit genug, der Faule nie.

Der Fleißige läuft sich tot, der Faule trägt sich tot.

Der Fleißige macht aus Eisen Wachs.

Des Fleißigen Hand macht reich.

Für den Fleißigen hat die Woche sieben Heute, für den Faulen sieben Morgen.

Wer immer zu tun hat, der ist nicht allemal der Fleißigste.

Von leerer Geschäftigkeit.

Flickarbeit

Flickarbeit verdirbt die Zeit.

flicken

Altes Dach ist schwer zu flicken.

An einem alten Haus hat man immer was zu flicken.

Beim Flicken geht das Kleid in Stücken.

Von Flickwerk an Projekten u. dgl.

Der eine schneidert, der andere flickt.

Flicken ist schwerer als einreißen.

Geflickt hält so lange als ganz.

Was nützt das Flicken, wenn das Loch größer wird.

Von zerrütteten Beziehungen.

Wer Händel flickt, der macht selten etwas besser.

Wer die Kappe gemacht hat, kann sie auch flicken.

Wo alles in Stücken, ist nichts zu flicken.

Flicken

Besser einen Flicken als ein Loch.

Der Flicken muß größer sein als das Loch.

Vorbeugen ist billiger als heilen.

Ein Flicken ist keine Schande, aber ein Loch.

Flickerei

Durch Flickerei wird ein alter Rock nicht neu.

Fliege

Auch Fliegen haben ihre Galle.

Man muß auch mit dem Zorn des Unbedeutenden rechnen.

Auf einer Pfütze ist die Fliege ein Admiral.

Besser Fliegen fangen als müßiggegangen.

Eine Fliege setzt sich auch dem König auf die Nase.

Fliegen fangen ist immer noch besser als Grillen fangen.

In der Not frißt der Teufel Fliegen.

In einer kalten Küche bleiben keine Fliegen.

Wo Aas ist, da sind Fliegen.

Wo es Honig gibt, da sammeln sich die Fliegen.

fliegen

Es soll keiner fliegen, es seien ihm denn Flügel gewachsen.

Ohne die nötigen Mittel gelingt nichts.

Gebratene Tauben fliegen einem nirgends ins Maul.

Wer niedrig fliegt, der stößt sich nicht.

Wer zu hoch fliegen will, fällt zuletzt in den Dreck.

Wo du fliegen kannst, sollst du nicht kriechen.

fliehen

Besser geflohen als gestorben.

Von Aussichtslosem soll man ablassen.

Besser mit Schanden geflohen als mit Ehren totgeblieben.

Scherzhafte Warnung vor allzugroßem Risiko.

Dem fliehenden Feinde soll man goldene Brücken bauen.

Der flieht nicht, der zurückweicht, sagte der Bauer und schmierte seine Stiefeln mit Hasenfett.

Auf fremden Schultern ist leicht tragen.

Die Gefahr flieht, wenn man ihr ins Auge sieht.

Es fliehen nicht alle, die den Rücken wenden.

Fliehst du, so liegst du.

Vom Rechtsstreit.

Mancher flieht vor dem Rauch und fällt in die Flammen.

Wenn der Feind flieht, ist es leicht tapfer sein.

Wer flieht, den jagt man.

Wer flieht, der ist leicht geschlagen.

Wer flieht, gibt sich schuldig.

Ein altes Rechtssprichwort.

Wer flieht, sieht sich nicht viel um.

Wer vorm Unglück flieht, den jagt es.

Wohl geflohen, wohl gefochten.

Wenn sich einer mit Anstand aus der Affäre zieht.

fließen

Alles Wasser fließt ins Meer.

Aus einer bitteren Quelle fließt kein süßes Wasser.

Kleine Wasser fließen in die großen.

Wenn das Wasser fließt, so geht die Mühle.

flink

Je langsamer die Hand, je flinker die Not.

Kälte macht flinke Leute.

Lobe die Faulen, so werden sie flink.

Flinte

Die Flinte kennt ihren Herrn nicht.

Ohne Pulver ist die Flinte nur ein Stock.

Viel Flinten und nichts dahinten.

Wer auf die Jagd geht, darf die Flinte nicht daheimlassen.

Flitterwochen

Nach den Flitterwochen kommen die Zitterwochen.

Floh

Besser Flöhe (Fliegen) gefangen als müßiggegangen.

Der Floh sticht zwar, aber er schadet nicht.

Geringe Unannehmlichkeiten muß man ertragen.

Einen Sack voll Flöhe hütet man leichter als ein junges Mädchen.

Ein fauler Hund ist voller Flöhe.

Ein Floh im Ohr macht große Beschwerden.

Ein Floh kann auch beißen.

Es ist kein Unglück, wenn ein Floh auf ein weißes Tuch hustet.

Man soll es nicht gar zu genau nehmen.

In den weichsten Betten sitzen die Flöhe am liebsten.

In einem feinen Hemde gibt's auch Flöhe.

Je fetter der Floh, je magerer der Hund.

Je mehr Hunde, je mehr Flöhe.

Wer mit Hunden zu Bett geht, steht mit Flöhen auf.

flöhen

Es flöht ein Hund den andern.

flötengehen

In Nöten geht die Liebe flöten.

Fluch

Flüche und Zoten sind des Teufels Boten.

fluchen

Draußen gejucht, drinnen geflucht.

Fluchen lernt sich leichter als Lesen.

Fluchen und Wünschen geht viel in einen Sack.

Wen der Teufel holen soll, dem braucht man nicht zu fluchen.

flüchtig

Flüchtiger Mann, schuldiger Mann.

Alter Rechtsgrundsatz.

Flüchtige, der

Der Flüchtige hat einen Weg, der Verfolger hundert.

Flüchtling

Einem Flüchtling ist alles im Wege.

Flüchtlinge sind schlechte Ratgeber.

Von solchen, die überall nur Gefahr sehen.

Flug

Am Fluge erkennt man den Vogel.

Im Fluge wachsen die Schwingen.

Jeder wächst mit seinen Aufgaben.

Flügel

Das Glück hat Flügel.

Die Flügel sind dem Vogel keine Last.

Krankes Vöglein läßt die Flügel hängen.

Wer goldene Flügel hat, fliegt am höchsten.

Worte haben Flügel.

flügge

Wenn die Jungen (Vögel) flügge sind, fliegen sie aus.

Fluß

Alle Flüsse laufen ins Meer.

Aus einem kleinen Bach wird ein großer Fluß.

Der Fluß kommt nach der Quelle.

Die kleinen Flüsse gehen in die großen.

Ein rinnender Fluß läßt sich schwer aufhalten.

Was einmal in Gang gebracht ist, kann man oft nicht mehr aufhalten.

Es läuft kein Fluß den Berg hinan.

Große Flüsse, große Fische, große Städte, große Diebe.

Von Korruption.

Große Flüsse haben selten klares Wasser.

In großen Flüssen ertrinkt man leicht.

Tiefe Flüsse gehen langsam.

Von besonnenen, bedächtigen Menschen.

Viele Bäche machen einen Fluß.

Wer dem Fluß nachgeht, kommt bis ans Meer.

Wie der Fluß, so die Brücke.

flüstern

Wer flüstert, lügt.

Flut

Große Flut löscht keine Glut.

Jede Flut hat ihre Ebbe.

Mit der Flut fährt sich's gut.

Was die Flut bringt, nimmt die Ebbe wieder.

Fohlen

Am Fohlen erkennt man das Pferd.

Die rauhesten Fohlen werden die glattesten Pferde.

folgen

Auf einen trüben Morgen folgt ein heiterer Tag.

Auf großen Zorn folgt große Reue.

Auf Lachen folgt Weinen.

Auf Plage folgen heitere Tage.

Auf Schuld folgt Strafe.

Das Schaf folgt der Herde.

Dem Wort folgt die Tat.

Der Neid folgt dem Glück.

Der Ruf geht voran, der Ruhm folgt dem Mann.

Der Schwanz muß dem Fuchs folgen.

Nebensachen richten sich nach der Hauptsache.

Geht es recht zu, so folgt das Kalb der Kuh.

Gewohnheit macht's, daß ein Schaf dem andern folgt.

Was soll guter Rat, wenn niemand folgt.

Wenn dich die bösen Buben locken, so folge ihnen nicht.

Nach Sprüche Salomos 1,10.

Wer dem Finger nicht folgt, muß der Hand folgen.

Wo Ermahnungen nichts fruchten.

Wer selber folgt, ist leicht zu ziehen.

Wohl vorgehen macht wohl folgen.

Folger

Viel Hörer, wenig Folger.

foppen

Wer andere foppt, kommt auch an die Reihe.

fordern

Es sind gute Pferde, die ihr Futter fordern.

Der Tüchtige kennt seinen Wert.

Fordern steht jedem frei.

Erfüllen aber anderen.

Mühe fordert Lohn.

Wem man oft schenkt, der lernt fordern.

Wer nicht fordert, bekommt nichts.

Wer viel kann, von dem wird viel gefordert.

Wer zuviel fordert, dem wird viel verweigert.

fördern

Wer nicht fördert, hindert genug.

fortfahren

Fortfahren bringt jedes Ding zu Ende.

fortgehen

Wer fortgeht, ist bald vergessen.

fortkommen

Geschickte Leute kommen überall fort.

Man kommt fort, auch wenn bloß Ochsen ziehen.

Wer fortwill, kommt auch fort.

Wer langsam geht, der kommt auch fort.

fortschicken

Wenn man ein Kalb fortschickt, kommt ein Ochse wieder.

Frage

Auf eine gute Frage gehört eine gute Antwort.

Auf eine kluge Frage soll man nicht dumm antworten.

Auf schnelle Fragen gib langsame Antwort.

Eine Frage gibt die andere.

Eine Frage ist erlaubt.

Eine Frage ist keine Klage.

Man soll sie nicht gleich übelnehmen.

Es gibt nicht auf jede Frage eine Antwort.

Wie die Frage, so auch die Antwort.

fragen

Am vielen Fragen erkennt man den Narren.

Besser zweimal fragen als einmal irregehen.

Das Fragen hat man umsonst.

Den Wirt muß man nicht fragen, ob er guten Wein hat.

Der Hungrige fragt nicht nach der Rechnung.

Der Teufel hat das Fragen geschaffen.

Die Liebe fragt nicht, ob sich's schickt.

Durch Fragen wird man klug.

Ein Narr kann mehr fragen, als zehn Kluge beantworten können.

Fragen kostet nichts.

Fragen und lehren bringt manchen zu Ehren.

Fragt meinen Gevatter, ob ich ein Dieb bin.

Mancher ist auf der Straße und fragt nach dem Wege.

Ein gutes Schwein frißt alles.

Mit Fragen kommt man durch die ganze Welt.

Schweigen ist leicht, wenn niemand fragt.

Wem die Sonne scheint, der fragt nicht nach den Sternen.

Wenn ein Stock gefragt wird, so antwortet ein Stock.

Wenn's die Klugen nicht wissen, so frage die Narren.

Wer fragt, der lernt.

Wer fragt, weiß den Weg nicht.

Wer gern gibt, fragt nicht lange.

Wer guten Rat will, frage die Alten.
Die Erfahrenen.

Wer (lange) fragt, der gibt nicht gern.

Wer viel fragt, bekommt viel Antwort.

Wer viel fragt, geht viel irre.

Wer viel fragt, wird viel gewiesen.

Wer's weiß, braucht nicht zu fragen.

Frau

Alle Frauen sind Evas Töchter.

Alte Kleider und schöne Frauen bleiben überall hängen.

Am Spiegel ist keine Frau häßlich.

Auf ein gutes Mahl und eine gute Frau wartet man nicht zu lange.

Auf heiteren Himmel und lachende Frauen ist nicht zu bauen.

Aus einer Tochter kann man nicht zwei Frauen machen.

Bei junger Frau und altem Wein ist gut fröhlich sein.

Das Auge der Frau hält die Stube (das Haus) rein.

Der Finger einer Frau zieht stärker als ein Paar Ochsen.

Der Mann macht die Frau und die Frau den Mann.
Vom gegenseitigen Einfluß in der Ehe.

Der Witwer findet leicht eine Frau, aber die Waisen schwer eine Mutter.

Die Frau des Schusters hat selten ganze Schuhe.

Die Frauen haben immer anderthalbmal recht.

Die Frauen sagen wohl die Wahrheit – aber nie ganz.

Die Frauen sind die Schlauen.

Die Frau hat ihre Waffen bei sich.

Die Schönheit seiner Frau muß man nicht vor anderen loben.

Neid soll man nicht herausfordern.

Drei Frauen, drei Gänse und drei Frösche machen einen Jahrmarkt.

Von Klatschbasen.

Ein alter Mann und eine junge Frau, gewisse Kinder.

Eine Frau kann mit der Schürze mehr aus dem Hause tragen, als der Mann mit dem Erntewagen einfährt.

Eine Frau sei noch so klein,
sie stellt dem Teufel ein Bein.

Sie läßt sich nicht so leicht unterkriegen.

Eine Frau und ein Gewitter sind immer zu fürchten.

Eine gute Frau betet nur ein Vaterunser.

Ein Wortspiel für die eheliche Treue.

Eine gute Frau ist Goldes wert.

Eine gute Frau macht aus einem Achtziger einen Vierziger, eine böse aus einem Vierziger einen Achtziger.

Eine kluge Frau macht erst den Mann vernünftig.

Eine launische Frau ist das Fegefeuer im Hause.

Einer reinlichen Frau fehlt es nie an Wasser.

Eine schöne Frau hat immer recht.

Eine schöne Frau macht noch keinen Hausstand.

Auf Äußerlichkeiten kommt's nicht an.

Eine schöne Frau will jeder küssen.

Es gibt nur eine gute (böse) Frau, aber jeder meint, er habe sie.

Es hat noch kein Spiegel einer Frau gesagt, daß sie häßlich ist.

Frauen machen aus Pfennigen Taler, Männer aus Talern Pfennige.

Frauen, Pferde und Uhren soll man nicht verleihen.

Frauen sind schwer zu durchschauen.

Frömmelnden Frauen ist nie zu trauen.

Gegen Scheinheiligkeit.

Ist die Frau vor dem Spiegel,
so vergißt sie den Tiegel.

Jeder hält seine Frau für die beste.

Junge Frau und alter Mann
sind ein trauriges Gespann.

Kindern und Frauen muß man ihr Spielzeug lassen.

Nicht jede Frau, welche das Feuer anbläst, will kochen.

Nichts als gute Mädchen und überall böse Frauen.

Scherzwort, wenn über Ehefrauen geklagt wird.

Ohne Frauen keine Freude.

Pferde und Frauen muß man genau beschauen.

Schöne Tage lobt man abends, schöne Frauen morgens.

Selbst ist die Frau.

Tanzt die Frau, so hüpft die Magd.

Viel Frauen, viel Worte.

Volle Kammern machen kluge Frauen.

Weinende Braut, lachende Frau.

Wenn der Mann einlöffelt und die Frau ausscheffelt, geht die Wirtschaft zugrunde.

Wenn die Frau nichts hat und der Mann nichts tut, wird die Ehe selten gut.

Wenn die Frau will, kann sie alles.

Wenn Mann und Frau sich streiten,
so bleibe du im Weiten.

Wenn Schmieds Frau einen Nagel braucht, muß sie ihn beim Krämer kaufen.

Wenn zwei Frauen zusammenkommen,
wird eine dritte in die Mache genommen.

Wer bei den Frauen keine Gunst hat, kann sich leicht der Keuschheit rühmen.

Wer die Frau nimmt beim Feste und den Mann beim Balle, der geht in die Falle.

Wer eine Frau der Schönheit wegen nimmt, hat gute Nächte, aber schlimme Tage.

Wer eine Frau nimmt, der nimmt einen Herrn.

Wer Frauen ohne Fehler sucht
und Pferde ohne Mängel,
hat nie ein gutes Pferd im Stall,
im Bett nie einen Engel.

Wer in seinem Hause Friede haben will, der muß tun, was die Frau will.

Wer nichts Besseres hat, muß mit seiner Frau vorliebnehmen.

Wo keine Frau ist, da fehlt's am besten Hausrat.

Zorn ist ein Mann, Sanftmut eine Frau.

Empfiehlt das Einlenken im Ehestreit.

Zwei Frauen in einem Haus, da ist eine zuviel.

Frauenarbeit

Frauenarbeit ist behende,
nimmt aber nie ein Ende.

Von traditioneller Hausarbeit.

Frauengunst

Frauengunst und Aprilwetter sind veränderlich.

Frauenhaar

Das Pferd leitet man an einer Leine, den Mann an einem Frauenhaar.

Ein Frauenhaar zieht mehr als ein Glockenseil.

Frauenhand

Eine Frauenhand findet immer zu tun.

Frauenliebe

Es ist kein schöner Ding auf Erden
als Frauenlieb', wem sie mag werden.

Frauenlieb' und süßer Wein
kann morgen beides Essig sein.

Frauenlist

Es ist keine List über Frauenlist.

Nach Jesus Sirach 25,18.

Frauenzimmer

Häßlichkeit entstellt das schönste Frauenzimmer.

Wem der Teufel einheizt,
der friert nicht.

frech

Man ist nie frecher als beim Becher.

Frechheit

Frechheit siegt.

frei

Besser ein freier Vogel als ein gefangener König.

Der ist nicht frei, der seine Ketten mit sich trägt.

Die Gedanken sind frei.

Eine Bitte ist frei, das Abschlagen auch.

Stadtluft macht frei.

In der Stadt erlangte ein entflohener Leibeigener seine Freiheit, wenn er nicht binnen zwei Jahren zurückgefordert wurde.

Verstand will freie Hand.

Wer Gaben nimmt, der ist nicht frei.

Wer frei sein kann, mache sich nicht selber zum Knecht.

Wer frei sein will, dem ist keine Kette zu fest.

Zuviel frei bringt oft Reu.

freien

Am Freien liegt eines Mannes Gedeihen.

Ansehen macht freien.

Beim Freien und Pillenschlucken muß man sich nicht lange besinnen.

Dumm freit auch.

Es freit sich niemand reich.

Geldheirat macht nicht glücklich.

Es hat noch niemand je gefreit,
der's nicht manchmal schwer bereut.

Freien geht vor Tanzen, sagte das Mädchen, da nahm sie einen Lahmen.

Freien ist kein Pferdekauf.

Freien ist wie Pferdekauf: Freier, tu die Augen auf.

Freien und Backen geraten nicht immer.

Heute gefreit, morgen gereut.

In Eile gefreit, in Muße bereut.

Jung gefreit hat nie (oft) gereut.

Lange freien macht gereuen.

Wer wählerisch ist, findet kaum das Richtige.

Man ist oft zu jung zum Freien, aber niemals zu alt zum Lieben.

Mit der Zeit wird die Magd gefreit.

Oft freien macht Schande.

Vorschnell gefreit selten gedeiht.

Wer auf Schönheit freit, hat gute Nächte, aber böse Tage.

Wer des Geldes wegen freit,
der bereut's in kurzer Zeit.

Wer die Weisheit freien will, muß sie jung lieben.

Wer die Witwe freit, freit auch die Schulden.

Wer freien will, der nehme seinesgleichen.

Wer freien will, hat sieben Häute über den Augen.

Wer freit, ist nicht gescheit.

Von der Blindheit des Freiers.

Wer nach Batzen freit, ist nicht gescheit.

Wo der Schornstein raucht, ist gut freien.

Wenn jemand sich ins gemachte Nest setzt.

Freier

Alte Eier, alte Freier, alter Gaul sind gewöhnlich faul.

Arme Freier werden nicht eingelassen.

Wer die nötigen Voraussetzungen nicht hat, bewirbt sich vergeblich um etwas.

Auf Freiers Schwören ist nicht zu hören.

Freier wissen wohl, was sie begehren, aber nicht, was sie bekommen.

Schämige Freier, dreiste Bräute.

Spröde Magd macht kühne Freier.

Viele Freier, wenig Nehmer.

freigebig

Der freigebigen Hand fehlt es an Freunden nicht.

Freigebig mit dem Maul, karg mit dem Beutel.

In einem leeren Haus ist es gut freigebig sein.

Wer im Kleinen sparsam ist, kann im Großen freigebig sein.

Freiheit

Der muß nicht von Freiheit reden, dem Hände und Füße gebunden sind.

Die größte Freiheit: keines Lasters Knecht zu sein.

Freiheit geht über allen Reichtum.

Freiheit ist nicht auf dem Markte feil.

Freiheit verloren, alles verloren.

Freiheit, wie gering,
ist doch ein teuer Ding.

Je enger der Käfig, um so schöner die Freiheit.

Freimut

Freimut ist die Tugend der Toren.

freiwillig

Alle Sünden geschehen freiwillig.

fremd

An fremden Gebrechen erkennt man eigne Schwächen.

An fremden Tischen schmeckt es wohl.

Auf einen fremden Hund schlägt alles ein.

Auf fremdem Acker steht die Saat gut.

Auf fremden Arsch ist gut schlagen.

Auf fremden Dielen ist gut tanzen.

Auf fremden Schultern ist leicht tragen.

Auf fremder Weide ist immer das fetteste Vieh.

Aus einer fremden Tasche ist gut zahlen.

Aus fremdem Beutel ist gut zechen.

Aus fremdem Felle kann man gut Sohlen schneiden.

Aus fremden Häuten ist gut Riemen schneiden.

Aus fremder Küche schmeckt die Suppe gut.

Besser durch fremden Schaden klug werden als durch eigenen.

Besser eigen Brot als fremden Braten.

Der fremde Koch macht gute Suppen.

Eine eigene Elle ist besser als eine fremde Meile.

Einem fremden Hunde wirft man kein Brot vor.

Ein fremder Pelz wärmt nicht.

Ein fremdes Kleid macht einen fremden Mann.

Es ist gut spinnen von fremdem Flachs.

Fremde Bürde ist immer leichter.

Fremde Enten sind immer so groß wie Schwäne.

Fremde Haut ist leicht schinden.

Fremde Kühe, fremde Kälber.

Fremde Leute, fremde Wege.

Fremder Atem stinkt immer.

Fremder Buckel drückt nicht.

Fremder Leute Kühe haben immer größere Euter.

Fremder Rauch beißt die Augen.

Fremder Schmerz geht nicht ans Herz.

Fremdes Garn ist bald abgehaspelt.

Fremdes Leid ist bald vergessen.

Fremde Sorgen hängt man an den Nagel.

Fremdes Unglück vergißt man schnell.

Fremde Tränen können eigene ersparen.
Wenn man aus fremdem Mißgeschick lernt.

Fremde Wunden schmerzen nicht.

In einer fremden Stadt geniert man sich nicht.

In fremden Weihern ist gut fischen.

Je fremder, je besser.
Reiz des Exotischen.

Man kann nicht mit einem fremden Kopf aus dem Fenster sehen.
Ein anderer sieht die Dinge anders als man selber.

Man mißt gern fremdes Getreide mit seinem eigenen Scheffel.

Man muß sich nicht an fremden Kohlen die Finger verbrennen.

Mische dich nicht in fremde Händel.

Mit fremden Armen ist gut roden.

Mit fremden Fingern ist's leicht, Kastanien aus dem Feuer zu holen.

Mit fremden Händen ist gut Kohlen schüren.

Mit fremden Ochsen ist gut pflügen.

Von fremdem Schaden hinkt niemand.

Von fremdem Schweiß riecht niemand.

Vor fremden Türen kehren die Leute am liebsten.

Was fremd ist, danach hat man Gelüst.

Was fremd ist, das ist angenehm.

Wer auf fremdem Pferde reitet, kommt zu Fuß heim.

Wer einen kalten Herd hat, der wärmt sich gern in fremden Küchen.

Wer in fremden Kleidern ausgeht, kommt nackt wieder heim.

Wer mit fremdem Schweiße düngt, dem trägt der Acker nur Disteln.

Um seine Angelegenheiten soll man sich selbst kümmern.

Wer mit fremden Ochsen pflügt, hat eine magere Ernte.

Wer nach fremdem Gut trachtet, verliert das seine.

Wer sich immer zu Hause gewärmt, sehnt sich nach fremdem Feuer.

Wer vor fremden Leuten weint, verschwendet seine Tränen.

Fremde

Die Fremde hat keine Freunde.

Ein Esel ging in die Fremde, und ein Esel kam heim.

Ein guter Kopf kommt nirgends in die Fremde.

Fremde macht Leute.

Von sich eingenommene, aber auch gebildete.

In der Fremde fließt das Wasser bergauf.

Wenn man denen glauben wollte, die davon erzählen.

Wer aus der Fremde kommt, bringt Neues mit.

Wer in der Fremde ist, muß den schönsten Rock tragen.

Woanders wird man zunächst nach seinem Äußeren beurteilt.

fressen

Auch dem besten Hirten frißt der Wolf ein Schaf.

Aus Liebe frißt der Wolf das Schaf.

Von scheinheiliger Eigennützigkeit.

Das Pferd muß fressen, wo es angebunden ist.

Der Wolf findet leicht eine Ursache, wenn er das Schaf fressen will.

Der Wolf frißt die Schafe, wenn der Hirt nicht dabei ist.

Mangelnde Vorsicht begünstigt die Gefahr.

Frohem Sinn fehlt's nicht an Liedern.

Die Ackerpferde fressen am wenigsten.

Die besten Kirschen fressen die Vögel.

Die großen Fische fressen die kleinen.

Die Küche frißt oft das Haus.

Durch Saufen und Fressen wird viel Weisheit vergessen.

Ein gutes Schwein frißt alles.

Scherzhaft, um zu sagen, daß gegessen wird, was auf den Tisch kommt.

Ein schlechtes Pferd frißt so viel als ein gutes.

Ein Steckenpferd frißt mehr als zehn Ackergäule.

Fressen, vergessen.

Von Undankbarkeit.

Fressen und Saufen macht die Ärzte reich.

Friß, Vogel, oder stirb!

Von einer Zwangslage.

Gescheite Hähne fressen die Füchse auch.

Ich koche, wie ich kann; frißt nicht mein Hund, so frißt doch mein Mann.

In der Not frißt der Teufel Fliegen (und fängt sie auch noch selber).

Jedermanns Esel hat der Wolf vorm Jahr gefressen.

Man jagt die Katze zu spät vom Speck, wenn er gefressen ist.

Neid frißt nichts Schlechtes.

Neid frißt seinen eigenen Herrn.

Rost frißt Eisen, Sorge den Weisen (Menschen).

Spart's der Mund, so frißt's der Hund.

Was man sich vom Munde abspart, nützt einem nichts.

Was die Maus nicht fressen soll, muß man der Katze geben.

Was hintennach kommt, das fressen die Hunde.

Was übrig ist, fressen die Mäuse.

Wenn die Lerche zu hoch fliegt, frißt sie der Habicht.

Wenn man den Hund schlagen will, so hat er Leder gefressen.

Wer eine Kröte fressen will (soll), muß sie nicht lange besehen.

Unangenehmes soll man rasch hinter sich bringen.

Wer hat, was er will, der frißt, was er mag.

Von robusten Egoisten.

Wer sich mausig macht, den frißt die Katze.

Wer sich unter die Kleie mengt, den fressen die Säue.

Wer sich zum Lamm macht, den fressen die Wölfe.

Wo der Hund bellt, da mag er auch fressen.

Die Zeit frißt alles.

Zeit frißt Eisen.

Fresser

Ein Fresser wird nicht geboren, er wird erzogen.

Heute ein Faster, morgen ein Fresser.

Wo der Wirt ein Fresser ist, bleibt den Gästen nicht viel.

Freude

Arme Leute haben wenig Freude.

Auch das Alter hat seine Freuden.

Auf Freud' folgt Leid.

Auf Leid folgt Freud'.

Auf Weh und Ach folgt Freude nach.

Auswendig Freud', inwendig Leid.

Bei Tische soll die Freude den Vorsitz führen.

Des einen Freud', des andern Leid.

Des Trunkenen Freude ist des Nüchternen Ärger.

Die einen singen vor Freude, und den andern bricht das Herz.

Freude im Herzen macht schöne Farbe.

Freude schwätzt gern.

Freud' und Leid kommt nie allein.

Geteilte Freude ist doppelte Freude.

Große Freud', großes Leid.

Keine Freude ist vollkommen.

Keine Freude ohne Leid.

Kommt Freude, kommt Scherz.

Kurze Freud', langes Leid.

Nach dem Jammer kommt die Freude.

Ohne Frauen keine Freude.

Schadenfreude ist die reinste Freude.

Trunkene Freud', nüchternes Leid.

Viel sorgen und wachen vertreibt Freude und Lachen.

Wahre Freud' währt allezeit.

Wem's gelingt, vor Freude springt.

Wer die Freude auf Bergen sucht, verliert sie im Tal.

Wer einen Taler findet, hat für zwei Taler Freude.

Wer's haben kann, hat Freude dran.

Wiedersehen macht Freude.

Wie die Gabe, so die Freude.

Wir machen uns auch eine Freude, sagte der Bauer zu seiner Frau, als sie ihn bei der Magd im Bette traf.

Wo Freude ist, da ist Gesundheit (Leben).

Wo Freude wachsen soll, da muß man Liebe säen.

freuen

Die Maus in der Falle freut kein Speck.

Gruß freut den Gast und ehrt den Wirt.

Wenn die Narren zu Markte gehen, freuen sich die Krämer.

Wenn (Wo) zwei sich streiten, freut sich der Dritte.

Wer sich nicht freuen kann, ist ein armer Mann.

Wer sich zuletzt freut, freut sich am besten.

Freund

Aller Leut Freund, jedermanns Geck.

Allermanns Freund ist Allermanns Narr.

Allerwelts Freund, niemands Freund.

Alte Freunde und alter Wein sind am besten.

Alte Freunde und Wege soll man nicht verlassen.

Altem Haus und neuem Freund ist nicht leicht zu trauen.

An eines Königs Hof ist jeder selbst sein bester Freund.

Arme Leute haben keinen Freund.

Bei Freunden muß man ein Auge zudrükken.

Besser ein gutes Wort als einen verlorenen Freund.

Besser in der Tasche kein Geld
als ohne Freund in dieser Welt.

Das Schwert kennt keinen Freund.

Das sind die besten Freunde, die man bei sich im Säckel trägt.

Dem es wohl geht, der hat viele Freunde.

Dem Freunde ist eine Meile kein Umweg.

Der freigebigen Hand fehlt es an Freunden nicht.

Der ist mein Freund, der es redlich mit mir meint.

Der ist reich, der Freunde hat.

Der Wein schmeckt nie so gut, als wenn man ihn mit Freunden trinkt.

Des Freundes Mängel soll man kennen, aber nicht nennen.

Die alten Freunde halten in der Not.

Ein alter Freund ist besser als zwei neue.

Ein alter Irrtum hat mehr Freunde als eine neue Wahrheit.

Einer guten Küche fehlt's nie an Freunden.

Die Frommen sind eigensinnig.

Einerlei Sinn macht Freunde.

Ein falscher Freund ist schlimmer als ein offener Feind.

Ein Freund im Glück bleibt in der Not zurück.

Ein Freund in der Not ist ein Freund in der Tat.

Ein Freund ist des andern Spiegel.

Ein Freund ist eher verloren als gefunden.

Ein guter Freund, ein guter Arzt.

Ein guter Freund kommt ungebeten.

Ein guter Freund warnt.

Ein Leben ohne Freund ist eine Welt ohne Sonne.

Ein reicher Mann kennt seine Freunde nicht.

Weil er von Schmeichlern umgeben ist.

Ein treuer Freund ist ein großer Schatz.

Nach Jesus Sirach 6,4.

Ein voller Beutel hat viel Freunde.

Es sind nicht alles Freunde, die einen anlachen.

Fremdes Lob klingt, Freundes Lob hinkt.

Freunde erkennt man in der Not.

Freunde in der Not gehen hundert auf ein Lot.

Freunde mit dem Mund, einer auf ein Pfund; Freunde in der Not, tausend auf ein Lot.

Freunden ist keine Tür verschlossen.

Freunde verzehren, Feinde verheeren.

Freund unter Augen, Feind hinterm Rükken.

Für gute Freunde ist bald gekocht.

Gebende Hand hat viel Freunde.

Geiz ist niemands Freund.

Gleich und gleich macht gute Freunde.

Glück erwirbt Freunde, Unglück bewährt sie.

Gott beschütze mich vor meinen Freunden; mit meinen Feinden will ich schon selber fertig werden.

Nach J. Manlius, Loci communes.

Gut Freund, gut Pfand.

Im Unglück fliehen die Freunde.

Die falschen jedenfalls.

Im Unglück zeigt sich der Freund.

In alten Kleidern und bei alten Freunden ist einem am wohlsten.

In der Not sind die Freunde tot.

In der Not spürt man den Freund.

In ein kleines Haus gehen viele Freunde.

Jedermanns Freund ist keines Freund.

Jedermanns Freund, jedermanns Narr.

Jedermanns Gesell ist niemands Freund.

Je näher der Freund, je ärger der Teufel.

Wenn die Freundschaft zerbricht.

Keine größere Wunde als ein falscher Freund.

Keine Mühle ohne Mehl, kein Freund ohne Fehl.

Lob macht Freunde.

Man hat lieber mit Fremden zu tun als mit Freunden.

Dienstliches und Persönliches soll man trennen.

Man kann niemand zum Freunde prügeln.

Man muß auch in der Hölle einen guten Freund haben.

Man muß dem Freunde nicht verschweigen, was der Feind weiß.

Man muß erst einen Scheffel Salz mit einem essen, ehe man ihn zum Freunde nimmt.

Mit Austeilen gewinnt man Freunde.

Mit Leihen gewinnt man einen Freund, mit Wiedergeben verliert man einen.

Nach dem Schmaus gehen die Freunde nach Haus.

Naher Freund, naher Vormund.

Neuer Freund, neuer Wein.

Neuer Papst, neue Freunde.

Rost und Feile werden nie Freunde.

Sprich gut von deinen Freunden und schweig von deinen Feinden.

Unglück bringt seltsame Freunde.

Unglück verscheucht die Freunde.

Vertrauen macht Freunde.

Viel Bekannte, wenig Freunde.

Viel Gulden, viel Freunde.

Viel Vettern, wenig Freunde.

Volle Schüssel findet viel Freunde.

Vorn Freund, hinten Feind.

Was mir nicht schmeckt, das schmeckt meinem Freunde auch nicht.

Wen das Glück verläßt, den verlassen auch die Freunde.

Wenn das Unglück anklopft, schlafen die Freunde.

Wenn die Not am Tische sitzt, braucht man für Freunde nicht zu decken.

Weil sie sich nicht sehen lassen.

Wer den Habicht hegt, ist kein Freund der Tauben.

Wer den Teufel zum Freunde haben will, der zündet ihm ein Licht an.

Wer den Teufel zum Freunde hat, kann leicht zur Hölle fahren.

Wer Gönner hat, kommt voran.

Wer den Teufel zum Freund hat, der hat die Hölle umsonst.

Wer einen guten Freund hat, braucht keinen Spiegel.

Wer einen Wolf zum Freund hat, braucht einen Hund zum Wächter.

Wer mir die Schlinge zeigt, der ist mein Freund.

Wer neue Freunde sucht, vergesse nicht die alten.

Wer ohne Freund ist, lebt nur halb.

Wer Pfennige hat, hat auch Freunde.

Wer sich selbst lobt, hat gewiß keinen Freund.

Wer viel gibt, der hat viel Freunde.

Wer vor der Hölle wohnt, muß den Teufel zum Freund behalten.

Wer zwischen zwei Freunden richtet, verliert den einen.

Wird der Ofen kalt, gehen die Freunde bald.

Wohl dem, dem's nicht an Freunden fehlt; weh dem, der zu sehr auf sie zählt.

Zu guten Freunden ist der Weg nicht weit.

↗ *Feind, Flasche*

freundlich

Die freundlichsten Hunde beißen am schlimmsten.

Freundlich abgeschlagen ist halb zugesagt.

Freundlich grüßen kostet nicht viel.

Freundlich mit allen, gemein mit wenigen.

Ins Gesicht freundlich, im Herzen feindlich.

Lieber freundlich versagen als unfreundlich gewähren.

Wer freundlich gibt, gibt reichlich.

Wer regieren will, muß einen freundlichen Kopf aufsetzen.

Freundlichkeit

Freundlichkeit macht angenehm.

Freundschaft

Alte Freundschaft ist bald erneuert.

Bei einem Schwager ist die Freundschaft mager.

Beim Gelde (In Geldsachen) hört die Freundschaft auf.

Die Freundschaft muß bloß gehen.

Einem Freunde muß man sich so zeigen, wie man wirklich ist.

Eine verlorene Freundschaft ist eine gewonnene Feindschaft.

Eine Wurst über den Zaun und eine Wurst herüber erhält die Freundschaft.

Ein guter Vergleich erhält die Freundschaft.

Man muß versuchen, den Streit gütlich zu schlichten.

Etwas Verwandtschaft macht gute Freundschaft.

Freundschaft, die nicht traut, ist auf Sand gebaut.

Freundschaft geht über Verwandtschaft.

Freundschaft ist des Lebens Salz.

Freundschaft ist Liebe mit Verstand.

Geflickte Freundschaft wird nie (selten) wieder ganz.

Gleiches Unglück macht Freundschaft.

Gleichgesinnt macht gute Freundschaft.

Halbe Gabe, halbe Freundschaft.

Im Spiel gibt's keine Freundschaft.

Im Zorn geht Freundschaft verloren.

Kann man's nicht tun in Freundschaft, so muß man's tun mit Recht.

Kleine Geschenke erhalten die Freundschaft.

Kleine Zeche, große Freundschaft.

Kurz abgeschlagen ist eine Freundschaft erweisen.

Kurze Besuche verlängern die Freundschaft.

Kurze Rechnung, lange Freundschaft.

Liebschaft geht über Freundschaft.

Nach dem Schmaus ist die Freundschaft aus.

Schläge machen keine Freundschaft.

Schweigen bricht Freundschaft.

Siedet der Topf, so blüht die Freundschaft.

Trinken macht Freundschaft.

Schafft ungute Vertraulichkeit.

Ungleich trennt Freundschaft.

Viel versprechen, wenig halten
läßt die Freundschaft bald erkalten.

Warme Suppe, warme Freundschaft.

Wo man die Taler läßt, da bleibt auch die Freundschaft.

Zu hart bringt selten Freundschaft.

Zur Freundschaft gehören zwei.

↗ *Feindschaft*

freveln

Allein kann niemand freveln.

Friede(n)

Der Sieger kann gut Frieden schließen.

Eh'stand ohne Fried' ist ein schlechtes Lied.

Ein Friede ist besser als zehn Siege.

Ein schlechter Friede ist besser als ein guter Krieg.

Es kann der Frömmste nicht in Frieden leben, wenn es dem bösen Nachbar nicht gefällt.

Nach Schiller, Wilhelm Tell.

Friede düngt den Acker wohl.

Friede ernährt, Unfriede verzehrt.

Frieden nur so lange währt,
als dein Nachbar ihn begehrt.

Gute Hut macht guten Frieden.

Krieg verzehrt, was Friede beschert.

Wo Pfützen sind, da sind auch Frösche.

Nach dem Schaden macht der Narr Frieden.

Schweigen hat Frieden.

Unter Gleichen ist der beste Friede.

Wasser in Frieden ist besser als Wein in Zank.

Wer den Frieden hütet, bewahrt einen teuren Schatz.

Wer Drachenzähne sät, kann keinen Frieden ernten.

Wer in Frieden lebt, schläft in Ruhe.

Willst du Frieden, so gib Frieden.

Wo Frieden ist, da ist Segen.

Wo keine Gerechtigkeit ist, da ist auch kein Friede.

Wo kein Frieden ist, da ist kein Glück.

friedlich

Drei leben friedlich, wenn zwei nicht daheim sind.

Ein friedlicher Strom hat blühende Ufer.

frieren

Den Armen friert überall.

Es frieren mehr, als mit den Zähnen klappern.

Wem der Teufel einheizt, der friert nicht.

Wer nicht will frieren,
der muß sich rühren.

frisch

Alte Mäuse fressen auch gern frischen Speck.

Wenn alte Leute nach jüngeren Partnern Ausschau halten.

Der Gast ist wie ein Fisch,
er bleibt nicht lange frisch.

Eine frische Wunde ist schnell geheilt.

Frisch begonnen, halb gewonnen.

Frisches Fleisch braucht nicht viel Würze.

Jugend hat Reiz genug.

Frisches Holz macht lustiges Feuer.

Frisch gewagt ist halb gewonnen.

Frisch vom Leder ist halb gefochten.

Frisch zu Werke, die beste Stärke.

Viel gewinnt, wer frisch beginnt.

frischauf

Frischauf, ihr Gesellen, die Hühner braten schon.

Frißauf

Hebauf hat was, Frißauf hat nichts.

froh

Auf frohe Tage ein guter Trunk
macht alte Leute wieder jung.

Ein froher Gast ist niemands Last.

Frohem Sinn fehlt's nicht an Liedern.

Froher Mut braucht keinen Doktor.

Froher Sinn, halbes Leid.

Froher Sinn ist schnell dahin.

Der kann froh sein, der nichts von Sorgen weiß.

Wer Gutes tut, hat frohen Mut.

Zufriedenheit macht froh.

fröhlich

Allzeit fröhlich ist unmöglich.

Aus einem fröhlichen Herzen kommen keine Seufzer.

Bei Brot und Wein kann man fröhlich sein.

Der Wein ist gut, der fröhlich macht.

Ein fröhlicher Wirt macht fröhliche Gäste.

Es ist nicht jeder fröhlich, der tanzt.

Fröhliche Gabe macht fröhlichen Mut.

Fröhliche Leute gähnen nicht.

Fröhlich, wenn ich kann, traurig, wenn ich muß.

Heute fröhlich, morgen traurig.

Immer fröhlich ist selten reich.

Ohne Frauen und Wein
kann niemand fröhlich sein.

Wer schaffen will, muß fröhlich sein.

Nach Fontane, Lieder und Sprüche.

Wo man singt, da laß dich fröhlich nieder (sagte der Bauer und setzte sich in den Bienenschwarm).

Fröhliche, der

Mit Fröhlichen soll man fröhlich sein, mit Traurigen traurig.

Fröhlichkeit

Fröhlichkeit steckt an.

Fröhlichkeit und Mäßigkeit sind die besten Ärzte.

Fröhlichkeit vertreibt das Leid.

Die schlechtesten Früchte sind es nicht, an denen die Wespen nagen.

Frohsinn

Frohsinn ist der beste Doktor.

Mit einem Pfennig Frohsinn vertreibt man ein Pfund Kummer (Sorge).

fromm

Allzu fromm ist Nachbars Spott.

Übertreibung schadet.

Alter Sünder tut fromm.

Einem frommen Mantel ist nicht zu trauen.

Ein gerechter König ist besser als ein frommer.

Es trägt einer schwer am frommen Mann.

Fromm aus Zwang währt nicht lang.

Fromm, doch nicht allzu fromm,
damit man auch durchkomm'.

Gemalte Mönche sind die frömmsten.

Nur Idealfiguren sind fehlerlos.

Halb fromm, halb Schalk
füllt Beutel und Balg.

Je ärger Student, je frömmer Pastor.

Je frömmer Mann, je größer Kreuz.

Heute meist scherzhaft.

Man läßt das Schöne nicht fromm sein.

Neid bringt Schönheit in Verruf.

Wenn der Fuchs schläft, hält ihn die Welt für fromm.

Wer eine Kutte trägt, den hält man für fromm.

Wer Geld hat, ist fromm genug.

Wer's mit Frommen hält, wird fromm (sagte der Mönch und schlief in einer Nacht bei sechs Nonnen).

Zu einem frommen Mann gehört viel.

Spöttisch, wenn einer seine Ehrlichkeit zur Schau trägt.

Fromme, der

Die Frommen sind eigensinnig.

Frömmigkeit

Wer nach Rom geht, lasse die Frömmigkeit zu Hause.

Frosch

Der Frosch läßt sein Quaken nicht.

Je schmutziger die Lache, je wohler ist dem Frosch.

Je wärmer der Abend, je mehr quaken die Frösche.

Setz einen Frosch auf goldenen Stuhl,
er springt doch wieder in den Pfuhl.

Wenn sich der Frosch zum Ochsen bläst, so muß er platzen.

Wo Frösche sind, da sind auch Störche.

Wo Pfützen sind, da sind auch Frösche.

Frost

Gegen den Frost hilft kein Zittern.

Angst wendet ein Unheil nicht ab.

Je größer Frost, je schwerer Last.

Frucht

Alte Stämme, gute Früchte.
Wert der Erfahrung.

Altklug nie Frucht trug.

An der Frucht erkennt man den Baum.
Nach Matthäus 12,33.

An ihren Früchten sollt ihr sie erkennen.
Nach Matthäus 7,16.

Blüten sind noch keine Früchte.

Böse Saat (Tat) trägt böse Frucht.

Die Frucht schmeckt nach dem Baume.

Die schlechtesten Früchte sind es nicht, an denen die Wespen nagen.

Je bitterer die Wurzel, je süßer die Frucht.

Jede Frucht will ihre Zeit.

Krumme Bäume tragen auch Früchte.

Reife Früchte fallen in den Dreck.

Verbotene Früchte sind süß.

Viel Blüten, wenig Früchte.

Viel Früchte, viel Maden.

Wie der Acker, so die Frucht.

Wie die Blüte, so die Frucht.

Wie man das Feld baut, so trägt es Früchte.

Wo die Wurzel nichts taugt, da ist auch die Frucht nichts wert.

früh

Allzu früh kommt auch unrecht.

Besser eine Stunde zu früh als eine Minute zu spät.

Besser früh bedacht als spät bereut.

Der frühe Vogel fängt den Wurm.

Der Neid steht früh auf.

Früh alten, früh kalten.

Früh aufstehen macht nicht eher tagen.

Frühe Hochzeit, lange Liebe.

Frühe Laster, späte Reue.

Frühe Liebe, frühes Leid.

Frühe Vögel kriegt die Katze.

Früh gesattelt, spät geritten.
Von Leuten, die früh aufbrechen wollen, aber einfach nicht fortkommen.

Früh krümmt sich, was ein Häkchen werden will.

Früh nieder und früh auf macht langen Lebenslauf.

Früh reif, früh faul.

Früh übt sich, was ein Meister werden will.
Nach Schiller, Wilhelm Tell.

Früh wild, früh zahm.

Früh zum Wein, früh verdorben,
früh betrunken, früh gestorben.

Große Bäuche, frühe Leiche.

In Teufels Küche kommt man immer noch früh genug.

Je früher die Sonne aufgeht, desto später geht sie unter.

Schlimme Nachrichten kommen immer zu früh.

Wem's allezeit zu früh dünkt, der kommt meist zu spät.

Wer alt werden will, tue früh dazu.

Wer früh aufsteht, kann viel erfahren.

Wer früh aufsteht, wird reich.

Wer früh sät, der früh mäht (der erntet auch früh).

Wer früh Wein trinkt, wird spät reich.

Wer langsam reitet, muß früh satteln.

Wer's allen (jedem) recht machen will, muß früh aufstehen.

Wer zu früh rechnet, muß zweimal rechnen.

Zu einer Schlägerei kommt man immer zu früh.

Zu früh aus der Lehr' ersetzt sich schwer.

Zu früh verzagt ist auch verspielt.

Zum Unglück kommt man immer früh genug.

Frühling

Jeder Frühling bringt neue Lieder.

frühstücken

Wer reichlich frühstückt, muß sparsam vespern.

Wo die Lüge gefrühstückt hat, da kann sie nicht zu Mittag essen.

Weil sie so lange nicht Bestand hat.

Fuchs

Alte Füchse, alte List.

Alte Füchse gehen nicht in die Falle.

Aus jungen Füchsen werden alte.

Bei Füchsen muß man listig sein.

Das Schicksal neckt sich auch mit Füchsen.

Auch mit Schlauen.

Dem Raben auf dem Dach und dem Fuchs vor der Tür ist nicht zu trauen.

Den Fuchs muß man mit Füchsen fangen.

Schlaue legt nur ein Schlauer herein.

Der Arme fängt den Fuchs, der Reiche trägt den Pelz.

Der Balg ist das Beste am Fuchs.

Der Fuchs ändert's Haar
und bleibt, was er war.

Der Fuchs geht nicht zum zweitenmal ins Garn.

Der Fuchs kennt mehr als ein Loch.

Von Durchtriebenheit.

Der Fuchs träumt gern von Gänsen.

Der schlaueste Fuchs findet seinen Kürschner.

Ein alter Fuchs läßt sich nicht prellen.

Es ist um die Hühner geschehen,
wenn die Füchse zu Rate gehen.

Jedem Fuchs gefällt sein Bau.

Jeder Fuchs lobt seinen Bau.

Man kann nicht Fuchs und Hase zugleich sein.

Man kennt den Fuchs am Schwanz.

Man muß nicht einem jeden sagen, wo der Fuchs Eier legt.

Schlaue Füchse werden auch gefangen.

Sei Fuchs mit dem Fuchs.

List gegen List.

Stirbt der Fuchs, so gilt der Balg.

Ursprünglich Rechtssprichwort: Für ein geliehenes Tier, das gestorben war, brauchte man nicht zu haften, wenn man seine Unschuld an dessen Tod nachweisen konnte; man mußte aber den Balg vorweisen.

Was der Löwe nicht kann, das kann der Fuchs.

Wenn dem Fuchs die Trauben zu hoch hängen, so sagt er, sie sind sauer.

Wenn der Fuchs predigt, so nimm die Hühner in acht.

Wer dem Fuchs glaubt, wird betrogen.

Wer mit dem Fuchs geht, muß mit dem Schwanze wedeln.

Fuder

Gegen ein Fuder Mist kann man nicht anstinken.

fügen

Es fügt sich wohl, was sein soll.

fühlen

Die Stöße der Jugend fühlt man im Alter.

Fühlen macht glauben.

Was man mit Händen greifen kann, leuchtet ein.

Jeder fühlt sein Weh am meisten.

Wer aus Liebe leidet, fühlt keine Pein.

Wer nicht hören will, muß fühlen.

führen

Alle Wege führen nach Rom (aber mancher eher als der andere).

Beharrlichkeit führt zum Ziel.

Den Esel führt man nur einmal aufs Eis.

Die selber irren, können andere führen.

Ein gutes Wort führt die Kuh in den Stall.

Es ist gefährlich, wenn der Blinde den Blinden führt.

Führe mich zu Leuten, sagt der Blinde.

Wer nicht gehen will, ist schwer zu führen.

Fuhrmann

Alte Fuhrleute sind gute Wegweiser.

Auf geradem Wege ist gut Fuhrmann sein.

Der beste Fuhrmann wirft einmal um.

Wer dem Fuchs glaubt, wird betrogen.

Ein guter Fuhrmann will auch gute Fracht.

Ein schlechter Fuhrmann, der nicht umkehren kann.

Mancher Fuhrmann hat nur blinde Pferde.

Ironisch von solchen, die nie die Schuld bei sich selber sehen.

Wer die Wege nicht kennt, gibt keinen guten Fuhrmann.

Wie der Fuhrmann, so das Gespann.

Fülle

Viel Hülle, wenig Fülle.

Wer in der Fülle lebt, lebt am besten.

füllen

Das Maul ist schnell gefüllt, aber langsam das Auge.

Die Augen kann niemand füllen.

Jammern füllt keine (leeren) Kammern.

Jeder füllt seinen Sack.

Kinderhand ist bald gefüllt,
Kinderzorn ist bald gestillt.

Klagen füllt keinen Magen.

Kleiner Gewinn füllt den Beutel.

Versprechungen füllen keinen Sack.

Viel Geschwätz füllt wenig Maul.

Worte füllen den Bauch nicht.

Füllen

Sobald das Füllen zu traben anfängt, wird ihm auch die Landstraße zu eng.

Wie das Füllen, so das Pferd.

Wilde Füllen werden muntere Pferde.

Fund

Einen Fund verhohlen ist so gut wie gestohlen.

fünf

Man muß auch mal fünfe gerade sein lassen.

Fünkchen

Ein Fünkchen ist auch Feuer.

Funke

Ein schlechter Schmied, der die Funken fürchtet.

In einer kleinen Esse fliegen auch Funken.

In ein Herz voll Zunder muß man keine Funken werfen.

Je härter der Stein, je schöner die Funken.

Je schärfer die Kanten, je größer die Funken.

Vom Funken brennt das Haus.

Wenn man den Kiesel schlägt, gibt es Funken.

Wer Funken sät, wird Flammen ernten.

Wer in die Funken bläst, macht das Feuer groß.

Wie man auf einen Stein schlägt, so gibt er Funken.

für

Alles hat sein Für und Wider.

Furche

Alte Ochsen machen gerade Furchen.

Scharfe Pflüge machen tiefe Furchen.

Ungeschickt macht krumme Furchen.

Ungleich Gespann macht schlechte (krumme) Furchen.

Williger Ochs macht gerade Furchen.

Furcht

Die Furcht hat große Augen.

Die Furcht ist oft größer als die Gefahr.

Ein gutes Gewissen kennt keine Furcht.

Furcht bessert nicht.

Furcht hat kein Gesetz.

Von Panik.

Furcht hütet das Haus.

Furcht lähmt.

Furcht macht Abgötterei.

Furcht macht lange Schritte.

Furcht sieht überall Gespenster.

Furcht vergrößert die Gefahr.

Keine Strafe, keine Furcht.

Allzuviel Nachsicht taugt auch nicht.

Man kann wohl Waffen gegen die Feinde, aber nicht gegen die Furcht schmieden.

Ohne Geld, ohne Furcht.

Wer recht tut, kennt keine Furcht.

Wo die Hoffnung aufhört, fängt die Furcht an.

Wo Furcht ist, da ist auch Ehre; wo Ehre ist, da ist auch Scham; wo aber keine Ehre ist, da ist nur Schande.

Zur Furcht kann man die Leute zwingen, ihre Liebe muß man gewinnen.

Zuviel Furcht zerbricht das Glas.

fürchten

Der Tapfere fürchtet den Tod nicht.

Die drohen, fürchten sich am meisten.

Die Esse fürchtet den Rauch nicht.

Ein grindiger Kopf fürchtet den Kamm.

Ein guter Amboß fürchtet keinen Hammer.

Es geht nie so gut, um nicht fürchten zu müssen, und nie so schlecht, um nicht hoffen zu können.

Geht dir's wohl, so fürchte den Fall.

Hüte dich vor denen, die dich fürchten.

Ich fürchte mich nicht, sagte die Spinne, aber es überläuft mich ein Schauer.

Spöttisch über lächerliche Ausreden.

Man fürchtet nur die Schweigenden.

Die heimlich Grollenden.

Man muß nicht fürchten, was man nicht vermeiden kann.

Nicht fürchten ist der beste Harnisch.

Vor dem Hunde fürchte ich mich nicht, sagte der Hirsch, aber das Bellen kann ich nicht vertragen.

Was man fürchtet, glaubt man leicht.

Wen man fürchtet, den liebt man nicht.

Wer alles fürchtet, hat sonst nichts zu fürchten.

Spott auf Überängstlichkeit.

Wer aufs Meer geht, darf die Wellen nicht fürchten.

Wer das Laub fürchtet, bleibe aus dem Walde.

Wer das Wasser fürchtet, lernt nie schwimmen.

Wer den Rauch fürchtet, kommt nicht zum Feuer.

Wer den Teufel fürchtet, den holt er.

Wer es fürchtet, den jagt es.

Wer fürchtet, er tue zuviel, der tut immer zuwenig.

Wer gern verzeiht, braucht niemand zu fürchten.

Wer löschen will, darf das Feuer nicht fürchten.

Wer naß ist, fürchtet den Regen nicht.

Wer nichts hat, der fürchtet nichts.

Wer nichts hofft, der fürchtet auch nichts.

Wer recht tut, braucht niemand zu fürchten.

Wer sich fürchtet, den beißt der Teufel.

Wer sich fürchtet, der ist schon halb geschlagen.

Wer sich fürchtet, droht gern.

Wer sich fürchtet, ist leicht zu erschrecken.

Wer sich fürchtet, ist nirgends sicher.

furchtsam

Besser furchtsam als unvorsichtig.

Ein furchtsames Herz ist immer in Gefahr.

Furchtsame Leute haben kein Glück.

Je furchtsamer das Tier, je schneller läuft es.

Furchtsame, der

Dem Furchtsamen rauschen alle Blätter.

Der Furchtsame sieht überall Gespenster.

Furie

Wer den Furien in die Hände fällt, ruft umsonst nach Gnade.

Fürsprecher

Jedes Laster hat seine Fürsprecher.

Fürst

An seinen Räten erkennt man den Fürsten.

Ein unwissender Fürst ist ein gekrönter Esel.

Gehe nie zu deinem Fürst (Ferscht),
wenn du nicht gerufen wirst (werscht).

Sprichwörtlicher Scherz.

Jeder Fürst ist Kaiser in seinem Lande.

Kleine Fürsten haben gern große Hofnarren.

Neue Fürsten, neue Gesetze.

Wenn der Fürst einen Apfel braucht, nehmen seine Diener den ganzen Baum.

Wer dem Günstling schmeichelt, macht dem Fürsten den Hof.

Wie der Fürst, so die Räte.

. Jeder sucht sich seine Vertrauten selber aus.

Fürstengunst

Fürstengunst, Aprillenwetter,
Frauenlieb' und Rosenblätter,
Würfelspiel und Kartenglück
wechseln jeden Augenblick.

fürstlich

Fürstliche Schreiben soll man dreimal lesen.

Fürwitz

Fürwitz macht viel Toren.

Wilde Füllen werden muntere Pferde.

Furz

Alte Fürze stinken.

Aus einem verdrießlichen Arsch fährt kein fröhlicher Furz.

Eigene Fürze riechen angenehm.

Eigene Fehler sieht man nicht.

Eine Rede ist kein Pfeil, ein Furz kein Donnerkeil.

Von geringeren Beleidigungen und Rüpeleien, die man nicht überbewerten sollte.

Ein Wort und einen Furz kann man nicht zurücknehmen.

Es ist schlimm, wenn man seinem Arsche keinen Furz mehr anvertrauen kann.

Man kann nicht jeden Furz auf die Waage bringen.

Nicht alles auf die Goldwaage legen.

Wer eigene Fürze hat, braucht fremde nicht zu riechen.

Wer vom Drohen stirbt, den soll man mit Fürzen begraben.

Wer vor Schreck stirbt, wird mit Fürzen begraben.

Feiglinge verachtet man.

furzen

Ein toter Mann furzt nicht mehr.

Wenn von jemandem oder von einer Sache keine Gefahr mehr zu erwarten ist.

Gefurzt ist nicht geschworen.

Wo es nicht stinken soll, muß man nicht furzen.

Fuß

Am Gaul kauft man die Füße.

Auch die beste Brücke tritt man mit Füßen.

Besser auf eigenen Füßen als auf fremden Stühlen.

Besser mit den Füßen stolpern als mit der Zunge.

Das Unglück hat breite Füße.

Es kann viel niedertrampeln.

Der flüchtige Fuß macht den schuldigen Mann.

Der Fuß des Herrn düngt den Acker.

Der Fuß muß gehen, wohin der Kopf will.

Die Gerechtigkeit hat lahme Füße.

Die Katze fällt immer wieder auf die Füße.

Ein lahmer Fuß macht vorsichtig.

Ein Schuh paßt nicht für jeden Fuß.

Ein williges Herz macht leichte Füße.

Es ist besser den Fuß als den Hals gebrochen.

Es ist schwer, ohne Füße zu tanzen.

Gold macht dem Lahmen Füße.

Guter Wille hat geschwinde Füße.

Ich verlasse mich auf meine Füße, sagte der Hase.

Je mehr Füße ein Wurm hat, je langsamer geht er.

Viele Beteiligte machen die Sache schwerfällig.

Liebe im Herzen macht schnelle Füße.

Man braucht starke Füße, um gute Tage zu ertragen.

Mancher zerbricht mit den Füßen, was er mit den Händen aufbaut.

Man soll seine Füße nicht in fremde Schuhe stecken.

Nicht in fremde Angelegenheiten.

Mit eigenen Füßen läuft man am weitesten.

Nahrung will Füße haben.

Ohne Füße ist schlecht tanzen.

Verliert man die Schuhe, so behält man doch die Füße.

Trost bei erträglichen Verlusten.

Was man nicht im Kopfe hat, muß man in den Füßen haben.

Der Vergeßliche muß manchen zusätzlichen Weg machen.

Wem das Glück nicht wohlwill, den tritt es mit Füßen.

Wem's in den Füßen juckt, der tanzt ohne Musik.

Wenn der Stein fällt, so fällt er auf den kranken Fuß.

Wer auf die Leiter will, muß den Verstand in den Füßen haben.

Wer auf fremdem Pferde reitet, kommt zu Fuß heim.

Wer dir auf den Fuß tritt, wird dir bald auf den Kopf treten.

Wer einen Fuß im Steigbügel hat, kommt leicht in den Sattel.

Wer einen lahmen Fuß hat, stößt überall an.

Wer gesunde Füße hat, braucht keine Krücke.

Wer keinen Kopf hat, der hat Füße.

Wer kein Geld hat, reitet zu Fuß.

Wer mit den Händen wegwirft, muß mit den Füßen suchen.

Wer rennen muß, hat Blei an den Füßen.

Wer sich vor die Füße legt, der wird getreten.

Wer zu Fuß geht, dem kann man's Pferd nicht nehmen.

Williger Sinn macht leichte Füße.

Wo alle hinken, lacht man über gesunde Füße.

Fußweg

Auf einem Fußweg wächst kein Gras.

futsch

Futsch ist futsch und hin ist hin.

Futter

Das Futter ist teurer als das Pferd.

Vor einer Anschaffung wollen die Folgekosten überlegt sein.

Das Pferd ist seines Futters wert.

Es sind gute Pferde, die ihr Futter fordern.

Der Tüchtige kennt seinen Wert.

Hat man kein anderes Futter,
so schmeckt auch Brot und Butter.

Ruhe ist halbes Futter.

Wärme ist das halbe Futter.

Wenn man Kinder großzieht.

Wo der Esel sein Futter findet, da drängt er hin.

füttern

Des Herren Auge füttert das Pferd.

Gut geputzt ist halb gefüttert.

Man füttert den Hund um des Herrn willen.

Solange man den Rüden füttert, wedelt er mit dem Schwanz.

Wenn der Fleischer füttert, will er mästen.

Von eingennützigen Wohltaten.

Wenn der Wolf im Dorfe ist, ist keine Zeit, Hunde zu füttern.

Wer dem Schmeichler zuhört, muß ihn füttern.

Wer den Gaul mietet, muß ihn auch füttern.

Wer den Hund füttert, dem leckt er die Hände.

Wer die Katze nicht füttert, muß die Maus füttern.

Wer die Kuh füttert, der melkt sie.

Wer gut futtert, der gut buttert.

Wer gut füttert, hat gut fahren.

Wer sich füttern läßt, wird langsam satt.

Wie du fütterst, so fährst du.

Wird der Bock zu gut gefüttert, so wird er stößig.

G

Gabe

Die Gaben sind verschieden.

Eine kleine Gabe ist auch willkommen.

Fröhliche Gabe macht fröhlichen Mut.

Gabe macht Gunst.

Gaben machen taub.

Gaben sind wie der Geber.

Gaben vom Feind sind selten gut gemeint.

Gabe um Gabe ist nicht dankenswert.

Gabe und Verehrung betört auch den Weisen.

Gabe will Gegengabe.

Gute Gabe (Alles Gute) kommt von oben, sagte der Junge, als ihm eine faule Birne ins Maul fiel.

Halbe Gabe, halbe Freundschaft.

Je enger Herz, je kleiner Gabe.

Langsame Gabe verliert den Dank.

Leichte Gabe, leichter Dank.

Man soll nicht auf die Gabe sehen, sondern auf die Hand.

Milde Gabe mehrt die Habe.

Die gute Tat bereichert den Gebenden.

Mit Gaben fängt man die Götter.

Mit kleinen Gaben fängt man große.

Neue Gabe, neuer Dank.

Stille Gabe, lauter Dank.

Wer die Gabe verschmäht, verachtet den Geber.

Wer Gaben nimmt, der ist nicht frei.

Wer Gaben nimmt, der muß Geschenke wiedergeben.

Wer mit der Gabe zaudert, hat den Dank schon eingenommen.

Wie die Gabe, so die Freude (der Dank).

gabeln

Wer schnabeln will, muß erst gabeln.

Vor dem Genuß kommt die Mühe.

gackern

Gackere du, die Hühner legen die Eier.

Spöttisch über einen Schwätzer.

Hinterher gackern die Hühner.

Hühner, die viel gackern, legen wenig Eier.

gaffen

Wenn einer gafft, so gaffen auch die anderen.

gähnen

Bei einer Lobrede gähnt man nicht.

Es müssen sich nicht alle heiraten, die einmal zusammen gähnen.

Fröhliche Leute gähnen nicht.

Sie haben keine Langeweile.

Man kann lange gähnen, ehe einem eine gebratene Taube ins Maul fliegt.

Wenn einer gähnt, so gähnen alle.

Galgen

Das Maul bringt den Dieb an den Galgen.

Der Schuldige verrät sich selber.

Der Galgen ist nur für die kleinen Diebe.

Die großen läßt man bekanntlich laufen.

Der Galgen trägt nur kleine Leute.

Es ist ein böses Handwerk, das seinen Meister an den Galgen bringt.

Man kann sich eher an den Galgen lügen als herunter.

Unaufrichtigkeit führt zu nichts.

Nimm den Schurken vom Galgen, und er wird dich daranhängen.

Wenn einer nützt, so nimmt man ihn vom Galgen.

Wer in einem Jahre reich werden will, kommt in sechs Monaten an den Galgen.

Von unredlichem Besitzstreben.

Zwei können den Dritten an den Galgen lügen.

Von betrügerischer Kumpanei.

Galgenstrick

Ein Galgenstrick hat's meiste Glück.

Galle

Fromme Leute haben auch Galle.

Auch den Friedfertigsten kann man reizen, und er weiß sich zu wehren.

Honig im Munde, Galle im Herzen.

Von Verschlagenen.

Wer Galle im Munde hat, dem schmeckt alles bitter.

Galopp

Wer im Galopp lebt, fährt im Trabe zum Teufel.

Ein schlimmes Leben nimmt ein böses Ende.

galoppieren

Wer nicht galoppieren kann, muß traben.

Gang

Je häßlicher die Leute, je stolzer der (ihr) Gang.

Gans

Aus einer Gans wird kein Adler.

Das Huhn des Nachbars ist eine Gans.

Neid vergrößert.

Die Gans bückt sich, wenn sie durchs Tor geht.

Der Eingebildete aber reckt sich und eckt an.

Die Gänse gehen überall barfuß.

Die Gans läßt ihr Schnattern nicht.

Die Gans lehrt den Schwan singen.

Jedenfalls glaubt sie es zu können.

Der Fuchs träumt gern von Gänsen.

Eine feiste Gans muß man nicht spicken.

Eine Gans geht gern mit der andern.

Eine Gans hat ihren eigenen Kopf.

Eine Gans übers Meer, eine Gans wieder her.

Eine Gans wird so lange gerupft, als sie Federn hat.

Es hütet keiner die Gänse umsonst.

Es ist um die Gänse geschehen, wenn der Fuchs sie hütet.

Gutes Gänslein, böse Gans;
faules Hänslein, dummer Hans.

Hans hinüber, Gans herüber.

Jeder hält seine Gänse für Schwäne.

Sanftes Gänschen, böse Gans.

Schlafen die Bauern, so wachen die Gänse.

Was dich die Gans nicht lehrt, das lerne vom Esel.

Wenn jemand auf Unverständige hört.

Wehe der Gans, die dem Fuchs traut.

Wenn die Gans das Wasser sieht, so zappelt ihr der Steiß.

Wenn die Gänse schnattern, schweigt die Nachtigall.

Wenn eine Gans kackt, gähnt der andern 's Löchel.

Wer eine Gans rupfen will, fängt bei den Federn an.

Wo Gänse sind, da ist Geschnatter.

ganz

Allzugut verdirbt's ganz.

Beinahe ist nicht ganz.

Besser halb behalten als ganz verloren.

Das Halbe ist oft besser als das Ganze.

Der Heller macht die Gulden ganz.

Der Teil ist oft mehr als das Ganze.

Die Frau des Schusters hat selten ganze Schuhe.

Ein Loch im Dache verdirbt das ganze Haus.

Es hält so lange geflickt als ganz.

Ganz gibt Glanz.

Geflickte Freundschaft wird nie wieder ganz.

Halb und halb ist nicht ganz.

Lieber das Halbe ganz als das Ganze halb.

Sehen tut's halb, Hören ganz.

Vom bloßen Sehen kennt man einen Menschen noch nicht genau; man muß ihn auch sprechen hören.

Was zerbrochen ist, wird nicht wieder ganz.

Wer das Ganze will, verliert das Ganze.

Wer sich nicht ums Ganze wehrt, muß ums Halbe fechten.

Zerbrochene Töpfe werden nicht mehr ganz.

Von erloschener Liebe und Freundschaft.

Zwei Halbe machen ein Ganzes.

Garaus

Garaus macht böse Hosen.

Garbe

Eine Ähre macht keine Garbe.

Keine Garbe ohne taube Ähren.

Ohne Garben muß man darben.

Wie die Ähren, so die Garben.

Gardinenpredigt

Gardinenpredigt ist nachts.

gären

Was sich soll klären, das muß erst gären.

Wenn der Wein gärt, muß man das Faß nicht verstopfen.

Garn

Der Fuchs geht nicht zum zweitenmal ins Garn.

Fremdes Garn ist bald abgehaspelt.

Grobes (Gutes) Garn gibt grobes (gutes) Tuch.

Wer spinnt, hat Garn.

Wie das Garn, so das Tuch.

Wie der Flachs, so das Garn.

garstig

Das ist garstig, sagte die Eule, da sah sie ihre Jungen an.

Garten

Den Garten muß man warten.

Der Garten wird geliebt, solange er gibt.

Die Blumen machen den Garten, nicht der Zaun.

Es wächst mehr im Garten, als man gesät hat.

Auf Überraschungen muß man gefaßt sein.

Im eigenen Garten ist am besten grasen.

In ander Leut Garten ist auch gut grasen.

Jeder hat in seinem eigenen Garten genug zu jäten.

Jeder krautet in seinem eigenen Garten.

Man grüßt oft den Zaun des Gartens wegen (um des Gartens willen).

Unkraut wächst in jedermanns Garten.

Wenn die Rose sich schmückt, so schmückt sie auch den Garten.

Gärtner

Der Bock taugt nicht zum Gärtner.

Jeder Gärtner lobt seinen Kohl.

Wenn der Gärtner schläft, pflanzt der Teufel Unkraut.

Wie der Gärtner, so der Garten.

Gasse

Auf der Gasse ein Engel, zu Hause ein Teufel.

Auf der Gasse hui und im Hause pfui.

Stolz auf der Gasse, keinen Heller in der Tasche.

Wer Hans in allen Gassen ist, der ist in keiner zu Hause.

Wer in allen Gassen wohnt, der wohnt übel.

Schönes Gefieder macht schöne Vögel.

Gast

Armer Leut' Gäste gehen früh nach Haus.

Armut ist ein schlimmer Gast.

Auf anderer Leute Kirchweih ist gut Gäste laden.

Das sind keine guten Bissen,
daran die Gäste würgen müssen.

Von unpassenden Äußerungen.

Der Gast im Hause ist ein Zeuge gegen dich.

Der Gast ist wie ein Fisch,
er bleibt nicht lange frisch.

Der Gast sei wie das Haus.

Er soll sich anpassen.

Des Gastes Auge sieht scharf.

Dreitägiger Gast ist eine Last,
den vierten stinkt er fast.

Einem Gast ist der andere zuwider.

Ein froher Gast ist niemands Last.

Ein fröhlicher Wirt macht fröhliche Gäste.

Ein gastliches Haus lockt Gäste herbei.

Ein Gast sieht mehr in einer Stunde als der Herr im Jahr.

Ein schlimmer Wirt ist ein guter Gast.

Eins denkt der Gast, der Wirt das andere.

Ein täglicher Gast ruiniert die Küche.

Ferne Gäste kommen spät.

Auf entfernte Bekannte oder Verwandte kann man in einer Notlage kaum rechnen.

Gern Gäste, selten Wirt.

Gruß freut den Gast und ehrt den Wirt.

Je geringer der Gast, je kürzer der Willkommen.

Je lieber der Gast, je voller der Teller.

Je später der Abend, je schöner die Gäste.

Laß den Gast ziehen, ehe das Gewitter ausbricht.

Mit Gästen keinen Streit.

Liebe Gäste kommen ungeladen.

Mancher hat gern Gäste, legt aber nicht gern Teller auf.

Man kann gut Gäste laden in anderer Leute Häuser.

Wer sich auf Kosten anderer beliebt macht.

Sei mein Wirt, ich bin dein Gast.

Treue ist ein seltener Gast;
halt ihn fest, wenn du ihn hast.

Ungeladene Gäste gehören nicht zum Feste.

Ungeladene Gäste sind die liebsten.

Wenn die Hochzeit aus,
gehen die Gäste nach Haus.

Viele Gäste machen Reste.

Wer den Teufel zu Gast bittet, zu dem kommt er.

Wer Gast ist, muß auch Wirt sein.

Wer nützt, ist ein willkommener Gast.

Wer sein Haus dem Teufel öffnet, dem bleiben andere Gäste fern.

Wer selber nichts hat, muß keine Gäste laden.

Wie die Gäste, so die Schüsseln.

Wie die Gäste, so ist der Wirt.

Wie du mir, so ich dir.

Wo der Wirt ein Fresser ist, bleibt den Gästen nicht viel.

Wo der Wirt vor der Tür steht, da sind nicht viel Gäste.

Wo man aufdringlich anpreist.

Zu einer guten Suppe finden sich leicht Gäste.

gasten

Heute gegastet, morgen gefastet.

Gasthof

Eine schöne Wirtin macht einen teuren Gasthof.

Gastmahl

Bei einem Gastmahl ohne Wein
kann keine Freude sein.

Viel Gastmahl und wenig Freude.

Gastwirt

Ein Gastwirt hört auf jeden Namen.

Gaul

Am Gaul kauft man die Füße.

Auch der beste Gaul stolpert einmal.

Der Gaul ist oft klüger als der Reiter.

Die Krippe kommt nicht zum Gaul.

Ein blinder Gaul findet die Krippe auch.

Ein blinder Gaul geht geradezu.

Er sieht weder Gefahr noch Hindernis.

Einem geschenkten Gaul
sieht man nicht ins Maul.

Ein fleißiger Gaul wird nicht fett.

Es hat seinen Grund, wenn der Gaul den Schwanz hebt.

Man muß die Peitsche nicht eher kaufen als den Gaul.

Voller Gaul springt.

Was helfen die Gäule, wenn der Hafer fehlt.

Wenn der Gaul von selber läuft, muß man ihn nicht treiben.

Wenn die alten Gäule in Gang kommen, sind sie nicht zu halten.

Wenn man dem Kutscher schenkt, so läuft der Gaul.

Wer den Gaul mietet, muß ihn auch füttern.

Wer sich zum Gaul macht, den will jeder reiten.

Wohin man den Gaul lenkt, dahin geht er.

Gaumen

Einem durstigen Gaumen schmeckt jeder Wein.

Gebärde

Gebärden sind des Herzens Fenster.

Gebell

Je größer das Gebell, je größer das Ansehen.

geben

Aus eines andern Beutel ist mild (leicht) geben.

Bald geben ist doppelt geben.

Besser eine Unze geben als einen Zentner versprechen.

Bittet, so wird euch gegeben.

Nach Matthäus 7,7.

Das Glück gibt vielen zuviel, aber niemandem genug.

Den Seinen gibt's der Herr im Schlaf.

Ironisch, wenn jemand unverdientes Glück hat; nach Psalm 127,2.

Der Mensch gibt mit Löffeln,
das Glück mit Scheffeln.

Der Milde gibt sich reich, der Geizige nimmt sich arm.

Doppelt gibt, wer gleich (schnell) gibt.
Nach Publilius Syrus.

Ehe man gibt, muß man haben.

Eine Hand gibt, die andere nimmt.

Ein Narr gibt und ein Gescheiter nimmt.

Eins geben ist besser als zwei versprechen.

Es ist genug, was man umsonst gibt.

Es ist unverloren, was man guten Freunden gibt.

Für nichts gibt man nichts.

Geben ist leichter als bitten.

Geben ist seliger denn Nehmen.
Nach Apostelgeschichte 20,35.

Geben macht Leben.

Gebt, so wird euch gegeben.
Nach Lukas 6,38.

Gib dem Teufel einen Finger, und er greift nach der ganzen Hand.

Gibst du deinem Vieh, so gibt es dir wieder.

Gibst du mir, so geh' ich mit dir (halt' ich's mit dir).

Gott gibt einem wohl den Ochsen, aber nicht bei den Hörnern.

Ich gebe, wie ich's habe, und nehme, wie ich's kriege.

Lehrgeld muß jeder geben.

Lieber freundlich abgeschlagen als mürrisch gegeben.

Mancher gibt mit dem Munde und nimmt mit beiden Händen.

Mancher nimmt's mit Scheffeln und gibt mit Löffeln.

Man gibt eher das Ei als die Henne.

Man gibt kein Pferd um eine Pfeife.

Man soll dem Kaiser geben, was des Kaisers ist.
Nach Matthäus 22,11.

Nach und nach gibt auch ein Stück.

Nehmen ist leichter als geben.

Nehmen ist seliger als Geben, sagen die Klosterherrn.
Scherzhafte Umkehrung des Bibelspruches Apostelgeschichte 20,35.

Niemand kann geben und behalten.

Nur wer etwas hat, kann etwas geben.
Von einem Nichtskönner ist nichts zu erwarten.

Seinem eigenen Mund gibt jeder gern das Beste.

Spiegel geben keine Schönheit.

Voller Kasten gibt nicht gern.

Vom Geben wird der Speicher nicht leer.

Vor einer Tür gibt man nicht zweimal.
Wenn jemand mit Bitten lästig fällt.

Was einer selbst nicht hat, das kann er andern nicht geben.
Wer selbst nicht überzeugt ist, kann andere nicht überzeugen.

Was man umsonst gibt, ist gut genug.

Wem Gott ein Amt gegeben, dem gibt er auch Verstand.

Wem man Speck gibt, dem soll man auch den Kohl geben.
Wer das eine will, muß das andere mögen.

Wem man zweimal gibt, der fordert.

Wem's der Herr gibt, dem gibt er's mit Haufen.
Bei unverdientem Glück.

Wer bald gibt, verdient doppelten Dank.

Wer da hat, dem wird gegeben.
Nach Matthäus 13,12.

Wer das Kalb nicht geben will, den kostet's oft die Kuh.

Wer freundlich gibt, gibt reichlich.

Wer geben soll, der hört nicht gut.

Wer geben will, der gebe bald.

Wer gern gibt, der behält genug.

Wer gern gibt, fragt nicht lange (viel).

Wer gern gibt, läßt sich nicht lange bitten.

Wer gibt, der hat auch.

Wer gibt, lehrt geben.

Wer gibt, schweige; wer empfängt, rede.

Wer halb gibt, dem wird halb gedankt.

Wer mir ein Schwein schenkt, dem geb' ich gern eine Wurst.

Wer mir gibt, den hab ich lieb.

Wer nicht geben kann, der soll auch nichts begehren.

Wer nicht gibt, der nimmt nicht.

Wer nichts geben will, findet immer eine Ausrede.

Wer nichts hat, kann nichts geben.

Wer rät, der gibt nichts.

Wer viel gibt, der hat viel Freunde.

Wer viel verspricht, gibt wenig.

Wer wenig gibt, kann oft geben.

Geber

Der Schenker ist gestorben, der Geber ist verdorben, aber der Nehmer lebt noch.

Um einen lästigen Bittsteller loszuwerden.

Ein großer Versprecher, ein kleiner Geber.

Ein Nehmer ist kein Geber.

Übler Rat ist Gebers Schad'.

Gebert

Der alte Schenk ist tot, und Gebert hat's Bein gebrochen.

Gebet

Das Gebet ist wie der Beter.

Kurze Gebete, lange Bratwürste (haben die Bauern gern).

Eigentlich von Kirmesfeiern. Scherzhaft, um zu sagen, daß zu einer fröhlichen Feier keine langen erbaulichen Reden passen.

Lange Gebete haben wenig Andacht.

Lange Ermahnungen fruchten wenig.

Viel Gebet, wenig gute Werke.

Gebhardt

Wenn Gebhardt anklopft, tut Nemhardt auf.

Scherzhaftes Wortspiel zu geben und nehmen.

Geblök

Am Geblök erkennt man die Schafe.

geboren

Dumm geboren, dumm gestorben (geblieben).

Wer allen gefällt, muß noch geboren werden.

Wer zur Jacke geboren ist, kommt zu keinem Rock.

Wie einer geboren, so wird er geschoren.

Wo der Prophet geboren ist, da gilt er nichts.

Der Gerechte muß viel leiden.

geborgt

Besser ein geborgtes Hemd als gar keins.

Ein geborgter Mantel hält nicht warm.

Geborgte Kleider wärmen nicht lange.

Geborgte Schönheit dauert nicht.

Gebot

Not kennt kein Gebot.

Viel Gebot, wenig gute Werke.

gebrannt

Gebranntes Kind scheut das Feuer.

gebraten

Einer will Gesottenes, der andere Gebratenes.

Gebratene Tauben fliegen einem nirgends ins Maul.

Gebrauch

Alte Gebräuche kann man nicht so schnell ablegen wie ein Paar alte Hosen.

Der Gebrauch macht erfahren.

Gebrauch tut mehr als aller Meister Lehr'.

Gute Gebräuche soll man erhalten.

Wissen ohne Gebrauch ist Feuer ohne Rauch.

gebrauchen

Mancher hat viel und kann's nicht gebrauchen.

Man kann alles gebrauchen, sagte der Dieb und nahm eine goldene Uhr.

Was man nicht gebraucht, besitzt man nicht.

Gebrechen

An fremden Gebrechen erkennt man eigne Schwächen.

Eigene Gebrechen sieht man nicht.

gebrechlich

Wir sind alle gebrechlich, sagte die Äbtissin, da ging sie mit einem Kind.

gebühren

Ehre, dem Ehre gebührt.

Nach Römerbrief 13,7.

Ehre, wem Ehre gebührt, sagte der Bauer und warf den Küster die Treppe hinab.

Geburt

Geburt ist viel, Bildung ist mehr.

Anlagen müssen ausgebildet werden.

Keine Geburt ohne Wehen.

Geck

Aller Leut Freund, jedermanns Geck.

Aus einem Gecken wird leicht ein Narr.

Der Geck guckt doch hervor.

Die Gecken sind jederzeit voran.

Je älter der Geck, je schlimmer.

Jeder Geck hat seinen Fleck.

Der Narr verrät sich immer.

Wer den Gecken im Ärmel hat, dem guckt er leicht heraus.

Gedächtnis

Der Glückliche verliert das Gedächtnis.

Der Lügner muß ein gutes Gedächtnis haben.

Ein gutes Wort bleibt lange im Gedächtnis.

Kommt der Ruhm, so schwindet das Gedächtnis.

Was nicht im Gedächtnis ist, das ist nicht unser.

Wer Leichensteine liest, darf kein gutes Gedächtnis haben.

Gedanke

Andere Gedanken kommen über Nacht.

Anderer Kopf, andere Gedanken.

Aus einem großen Gedanken werden viele kleine.

Der Gedanke von gestern ist nicht der Gedanke von heute.

Der Gedanke ist schneller, als das Auge sieht.

Die besten Gedanken kommen immer hinterher.

Die ersten Gedanken sind (nicht immer) die besten.

Die Gedanken sind frei.

Die Gesunden und Kranken
haben ungleiche Gedanken.

Die Nacht ist die Mutter der Gedanken.

Die Zunge soll nicht schneller sein als der Gedanke.

Gedanken sind zollfrei, aber nicht höllenfrei.

Graue Köpfe und blonde Gedanken passen nicht zusammen.

Gute Gedanken brauchen wenig Worte.

Kurz von Gedanken und lang von Schlackwurst.

Mit Gedanken schlägt man keine Fenster ein.

Neue Gedanken bringen neuen Wandel.

Träume und Gedanken kennen keine Schranken.

Wer Gedanken hat, dem fehlt's auch nicht an Worten.

Wer keine Gedanken hat, muß Füße haben.
Der Vergeßliche muß zweimal gehen.

Wer mit Gedanken handelt, büßt wenig ein.

gedeihen

Ein kleines Verzeihen bringt großes Gedeihen.

Katzendreck gedeiht nicht.
Aus Wertlosem wird nichts.

Unrecht Gut gedeiht nicht.
Nach Sprüche Salomos 10,2.

Wem die Arbeit soll gedeih'n,
der muß nicht allzu hastig sein.

Wenig gedeiht, zuviel zerstreut.

Wer gedeihen will, sehe selber nach dem Seinigen.

Wo man mit Eigennutz düngt, kann die Tugend nicht gedeihen.

Geduld

Das Kräutlein Geduld wächst nicht in allen Gärten.

Die beste Arznei ist die Geduld.

Es ist kein Unglück so groß, Geduld kann es überwinden.

Geduld baut, Ungeduld bricht ab.

Geduld behält das Feld.

Geduld frißt den Teufel.

Geduld heilt alle Schmerzen.

Geduld hilft Bürde tragen.

Geduld ist der beste Harnisch.

Geduld ist die Schwester der Weisheit.

Geduld ist eine bittere Arznei.

Geduld ist gut predigen.

Geduld lehrt hoffen.

Geduld überwindet alles.

Geduld und Fleiß erringt den Preis.

Geduld und Zeit lindern alle Traurigkeit.

Geduld vergibt alle Schuld.

Geduld, Vernunft und Hafergrütze,
die sind zu allen Dingen nütze.

In der Schule der Geduld lernt man nie aus.

Leichter trägt, was er trägt,
wer Geduld zur Bürde legt.

Mit Geduld und Spucke
vertreibt man manche Mucke.

Mit Geduld und Zeit kommt man weit.

Nur Geduld, sagte der Wolf zum Esel.

War es deine Schuld, so trag es mit Geduld.
Nämlich die Folgen.

Wem Gott ein Weib gibt, dem gibt er auch Geduld.

Wer Geduld aufträgt, ladet Gewalt zu Gaste.

Wo kein Schlüssel paßt, da öffnet Geduld.

Wo Liebe ist, da ist Geduld.

gedulden

Wer sich gedulden kann,
ist ein tapferer Mann.

geduldig

Auf einen geduldigen Esel schlägt alles ein.

Bist du schuldig, so sei geduldig.
Und nimm die Folgen auf dich.

Ein großes Herz ist geduldig.

Es gehen viel geduldige Schafe in einen Stall.

Es ist leicht geduldig sein, wenn es einem gut geht.

Im Glück sind alle geduldig.

Papier ist geduldig.

Gefahr

Bei großem Glück ist große Gefahr.

Der ist außer Gefahr, der die Sturmglocke läutet.

Die Gefahr flieht, wenn man ihr ins Auge sieht.

Ein furchtsames Herz ist immer in Gefahr.

Es ist leicht raten, wenn man selbst nicht in Gefahr ist.

Gefahr macht aus Feinden Freunde.

Gemeinsame Gefahr.

Gefahr macht die Leute einig.

Ist die Gefahr vorbei, wird der Heilige ausgelacht.

Gute Vorsätze werden leicht vergessen, wenn es einem wieder gut geht.

Je größer die Gefahr, je größer der Mut.

Je mehr Gefahr, je mehr Vorsicht.

Je minder Sorge, je größer Gefahr.

Man kann nicht jede Gefahr vermeiden.

Nahe Gefahr will rasche Hilfe.

Viel Jahr, viel Gefahr.

Wenn die Gefahr vorüber ist, wird das Gelübde vergessen.

Wenn die Scheune brennt, ist das Haus in Gefahr.

Wenn man den Wolf zum Hirten macht, ist die Herde in Gefahr.

Wer die Gefahr sucht, geht darin unter.

Wer sich in Gefahr begibt, kommt darin um.

Nach Jesus Sirach 3,27.

Wo keine Gefahr ist, da sind alle tapfer.

gefährden

Wer den Wolf schont, der gefährdet die Schafe.

gefährlich

Der Hochmut ist unter allen Beichtvätern der gefährlichste.

Es ist gefährlich, den Wolf bei den Ohren zu halten.

Es ist gefährlich, wenn der Blinde den Blinden führt.

Gefährte

Am Gefährten erkennt man den Mann.

Das ist kein Gewinn, der den Schaden zum Gefährten hat.

Neid ist des Glücks Gefährte.

Süß hat Sauer zum Gefährten.

Wer auf dem Wagen der Hoffnung fährt, hat die Armut zum Gefährten.

Wer einen Gefährten hat, hat einen Meister.

Gerechtigkeit ist leichter als Gold.

gefallen

Allen muß man nicht gefallen.

Dankbarkeit gefällt, Undank haßt die ganze Welt.

Das ist schön, was den Leuten gefällt.

Dem einen gefällt der Pastor, dem andern die Pastorin.

Dem einen gefällt die Mutter, dem andern die Tochter.

Die Geschmäcker sind verschieden.

Dem Storch gefällt sein Klappern.

Einem jeden gefällt seine Weise.

Eine schöne Braut gefällt ohne Schmuck.

Ein Narr gefällt dem andern.

Es gefällt dem Dieb kein Baum, an dem er hängen soll.

Gefallen macht den Kauf.

Gefällt der Henne der Hahn, so gefällt ihr auch der Hühnerhof.

Gefällt dir das Stehlen, so laß dir auch das Hängen gefallen.

Hübsch (Schön) ist, was gefällt.

Jedem Fuchs gefällt sein Bau.

Jedem Löffel gefällt sein Stiel.

Jedem Narren gefällt seine Kappe.

Jedem Vogel gefällt sein Nest.

Jeder küßt, was ihm gefällt.

Was allen gefällt, ist schwer zu behalten.

Was andere haben, gefällt uns, und was wir haben, gefällt anderen.

Was dem Herzen gefällt, das suchen die Augen.

Was (den Leuten) gefällt, ist leicht verkauft.

Was der Wolf tut, gefällt der Wölfin.

Was einem gefällt, das liebt man.

Was man sich selber singt, gefällt am besten.

Wem ich gefalle, dem bin ich schön genug.

Wer sich selbst gefällt, der gefällt einem Narren.

Wer sich zum Hecht macht, muß sich auch das Schuppen gefallen lassen.

Zu Hof ist recht, was dem Herrn gefällt.

gefällig

Ist's noch einmal gefällig, Hochwürden? fragte das Stiftsfräulein.

Gefällige, der

Der Gefällige ist überall beliebt.

gefangen

Auch ein gefangener Löwe ist noch ein Löwe.

Besser ein freier Vogel als ein gefangener König.

Gefieder

Auch dem Spatz gefällt sein Gefieder.

Schönes Gefieder macht schöne Vögel.

Schönes Gefieder, schlechte Lieder.

geflickt

Besser geflickte Schuhe als gar keine.

Geflickte Freundschaft wird nie wieder ganz.

gefräßig

Faul und gefräßig ist gern beisammen.

Gefühl

Gefühl macht glauben.

Gegacker

Viel Gegacker und wenig Eier.

Gegensatz

Gegensätze ziehen sich an.

Gegenwehr

Gegenwehr ist erlaubt.

Gehängte, der

Im Hause des Gehängten redet man nicht vom Strick.

geheim

Daheim ist's geheim.

Geheime Glut ist gefährlich.

Geheime Sünde ist halb verziehen.

Wenn sie kein Aufsehen erregt.

geheimhalten

Der Wein hält nichts geheim.

Geheimnis

Des Talers Geheimnis sitzt im Pfennig.

Ein Geheimnis juckt auf der Zunge.

Wer sein eigenes Geheimnis nicht bewahren kann, dem darf man kein fremdes anvertrauen.

Zieht der Wein ein, zieht das Geheimnis aus.

gehen

Besser schlecht gefahren als gut gegangen.

Der muß leise gehen, der Eier unter den Füßen hat.

Dünkel geht auf Stelzen.

Durch Fallen lernt man gehen.

Erst sehen, dann gehen.

Es geht, wie es mag, und nicht, wie es will.
Nur das Mögliche ist erreichbar.

Geht der Zorn, so kommt die Reue.

Geht's nicht mit dem Hammer, so nimmt man den Stiel.

Greif ans Rad, so geht der Karren.

In alten Schuhen geht man am bequemsten.

In Pfennigen kommt's und in Talern geht's.

Pfennig kommt, Pfennig geht.

Schritt für Schritt geht man meilenweit.

Selber gehen erspart den Botenlohn.

Was gut geht, tut der Bauer selbst.

Was nicht gehen will, dem muß man Beine machen.

Was nicht von Herzen kommt, geht nicht zu Herzen.

Wenn dich dein Feind rechts schickt, so gehe links.

Wenn man weit geht, so wird man weit gewiesen.

Wenn's nicht anders geht, muß man zum Teufel Vetter sagen.

Wenn's nicht geht, wie man will, muß man wollen, wie man kann.

Wer danach geht, der kriegt was.

Wer das Pferd am Zügel führt, der geht zu seinem Vergnügen.

Wer das Reiten gewohnt ist, dem wird das Gehen sauer.

Wer gehen kann, lernt auch springen.

Wer gehen will, den soll man nicht halten.

Wer im Regen geht, wird naß.

Wer jung reitet, muß alt gehen.
Wenn etwas zu großspurig angefangen wird und dann mißrät.

Wer langsam geht, geht sicher.

Wer langsam geht, kommt auch zu Markt.

Wer nicht gehen kann, muß kriechen.

Wer nicht gehen will, ist schwer zu führen.

Wer was haben will, der muß danach gehen.

Wer was Liebes hat, geht danach.

Wer schnell geht, wird bald müde.

Wer selbst geht, den betrügt der Bote nicht.

Wie es geht, so geht's, wie es fällt, so fällt's.

Wie man's treibt, so geht's, sagte der Bauer und nahm die Kuh beim Schwanz.

Wo ein gerader Weg ist, da geht man keinen krummen.

Wohin der Hammel geht, dahin gehen auch die Schafe.

Wo jedermann geht, da wächst kein Gras.

Wo viele gehen, da geht man mit.

↗ *mitgehen*

geheuer

Abenteuer ist selten geheuer.

Gehirn

Manchem Kopf fehlt nichts als das Gehirn.

Gehör

Wer kein Gehör hat, wie soll der geigen!

Wer mit der hohlen Hand anklopft, findet selten Gehör.

gehorchen

Gehorchen aus Muß macht nur Verdruß.

Gehorchen ist leichter als befehlen.

Wer befehlen will, muß gehorchen können.

Wo man übel regiert, da wird auch übel gehorcht.

gehören

Auf eine gute (dumme) Frage gehört eine gute (dumme) Antwort.

Auf einen groben Klotz gehört ein grober Keil.

Auf einen schiefen Topf gehört ein schiefer Deckel.

Auf ein Roß gehören nicht zwei Sättel.

Dem Mutigen gehört die Welt.

Dem Ochsen gehört Haberstroh.

Dem Sieger gehört die Beute.

Einem Trunkenen gehört die ganze Welt.
Einem Begeisterten.

Es gehört Kunst zum Äpfelbraten.
Auch das Einfachste will gelernt sein.

Es gehört mehr zum Tanz als rote Schuhe.
Wenn man etwas anfängt, muß man auch die rechte Lust dazu haben.

Klappern gehört zum Handwerk.

Loben und bieten gehört zum Kauf.

Nonnen gehören ins Kloster.

Predigen gehört in die Kirche.
Wenn man Ermahnungen satt hat.

Was dir nicht gehört, das wischt eine Maus mit dem Schwanz weg.
Darauf gibt nämlich mancher nicht acht.

Was einem gehört, das muß ihm werden.

Wem das Kalb gehört, dem gehört auch der Strick.

Wem das Pferd gehört, der spannt es an.

Wem die Kuh gehört, dem gehört auch die Milch.

Wer das Schaf hat, dem gehört auch die Wolle.

Wer gehört zur Innung, der hat auch die rechte Gesinnung.

Wer zugreift, dem gehört die Welt.

Zu einem großen Sprung gehört ein großer Anlauf.

Zu einem Müller gehört mehr als ein weißer Rock.

Zu einem Strome gehören viel Bäche.

Zum Flegel gehört der Schlegel.

Zum Heiraten (Zanken) gehören zwei.

Zum Kauf (Tanz) gehören immer zwei.

Zum Meer gehören auch die Ufer.
Man muß sich vor Neuem nicht fürchten.

Zur Freundschaft gehören zwei.

Zur Genüge gehört viel.

Zur Heirat gehört mehr als vier nackte Beine ins Bett.

gehörnt

Was nicht gehörnt ist, muß sich nicht mit dem Hornvieh stoßen.

Gehorsam

Wo kein Gehorsam ist, kann kein Regiment bestehen.

Geier

Der Geier hol' die alte Leier.

Geige

Ohne Geige tanzt man nicht.

geigen

Hunger lehrt geigen.

Wer tanzen will, dem ist gut geigen.

geil

Geile Böcke stoßen.

Geiß

Die alte Geiß hüpft auch.

Eine alte Geiß frißt sauber auf.

Eine alte Geiß leckt auch gern Salz.

Gemach mit der Geiß, der Markt ist erst morgen.

Keine Geiß ohne Bart,
kein Speck ohne Schwart'.

Wenn es der Geiß zu wohl ist, scharrt sie.

Wer die Geiß anbindet, muß sie auch hüten.

Wer die Geiß im Hause hat, dem kommt der Bock vor die Tür.

Geist

Der Buchstabe tötet, (aber) der Geist macht lebendig.

Nach 2. Korinther 3,6.

Der Geist ist willig, aber das Fleisch ist schwach.

Nach Matthäus 26,41.

Geist ist gut, aber Verstand besser.

In alten Schlössern spuken die Geister am liebsten.

Alte Leute haben manchmal wunderliche Einfälle.

Je stärker Fleisch, je schwächer Geist.

Kein Schloß ohne Geist.

Um das etwas Außergewöhnliche bilden sich leicht Legenden.

Geiz

Beim Geiz ist wenig Glück.

Dem Geiz mangelt alles.

Den Geiz und die Augen kann niemand füllen.

Der Geiz nimmt sich arm.

Der Geiz wächst mit dem Gelde.

Geiz bringt Not ins Haus.

Geiz ist die größte Armut.

Geiz ist niemands Freund.

Geiz ist seine eigene Stiefmutter.

Wenn alle Laster alt werden, wird der Geiz jung.

geizen

Mancher geizt um Pfennige und wirft Taler weg.

Geizhals

Der Geizhals hinterläßt lachende Erben.

Geizhals und Verschwender haben beide nichts.

geizig

Je geiziger, je ärmer.

Geizige, der

Dem Armen mangelt viel, dem Geizigen alles.

Der Geizige entbehrt, was er hat, und begehrt, was er nicht hat.

Der Geizige hängt sich auf, um das Pulver zu sparen.

Der Geizige sammelt sich arm.

Der Milde gibt sich reich, der Geizige nimmt sich arm.

Der Geizige hat nie genug.

Wer sich bei einem Geizigen wärmen will, muß das Feuer mitbringen.

gekauft

Gekaufte Treue hat wenig Wert.

Geschenkter Essig ist besser als gekaufter Honig.

geklagt

Geklagtes Leid ist halbes Leid.

Gelächter

Je mehr Narren, je mehr Gelächter.

Gelage

Auf das Gelage folgt die Zeche.

Fröhlichkeit verdirbt kein Gelage.

Geläut

Besser klein Gebimmel als gar kein Geläut.

Ein Pfennig macht kein Geläut.

Erst muß man für den Schlitten sorgen, dann fürs Geläut.

Viel Glocken, viel Geläute.

Man soll nicht mehr Leute ins Vertrauen ziehen als nötig, sonst bleibt nichts geheim.

Wo keine Glocke ist, da ist auch kein Geläut.

Geld

Altes Geld und junge Weiber
sind gute Zeitvertreiber.

Auf sich halten kostet kein Geld.

Aus leeren Säcken kann niemand Geld zählen.

Bares Geld lacht.

Beim Gelde hört die Freundschaft auf.

Besser in der Tasche kein Geld
als ohne Freund in dieser Welt.

Danach Geld, danach Ware.

Das Geld liegt auf der Straße (man muß es nur aufzuheben verstehen).

Das ist das Leiden in der Welt, der eine hat den Beutel, der andere das Geld.

Das liebe Geld kann alles.

Der eine ist des Geldes Herr, der andere sein Sklave.

Der Reiche wird nicht ärmer, wenn man auf das Geld schilt.

Der Weizen auf dem Feld ist noch kein Geld.

Drei Heller sind auch Geld.

Ein blinder Richter hört's Geld auch klingen.

Einer hat's Geld, der andere hat's gehabt, der dritte hätt's gern.

Es ist alles möglich, aber es regnet kein Geld.

Es streiten viele für die Religion, aber alle ums Geld.

Von Scheinheiligkeit.

Für Geld läßt man den Teufel tanzen.

Gleiche Paare geben den besten Tanz.

Geld befördert die Esel.

Geld führt die Braut heim.

Geld gefällt.

Geld gibt Courage.

Geld gibt Ehre. sagte der Frosch und setzte sich auf einen Heller.

Geld heilt alle Wunden.
Rechtssprichwort: Körperverletzungen konnnten mit Geldbußen gesühnt werden.

Geld ist die Seele des Geschäfts.

Geld ist eine Hure, es will immer unter Leuten sein.

Geld ist ein guter Diener, aber ein böser Herr.

Geld ist weder bös noch gut,
es liegt an dem, der's brauchen tut.

Geld kann viel, Liebe alles.

Geld lehrt Künste.

Geld löst die Zunge.

Geld macht aus Vogelscheuchen Grazien.

Geld macht nicht glücklich (aber es beruhigt).

Geld macht schöne Leute.

Geld macht stumm (taub).

Geld paßt in alle Taschen.

Geld regiert die Welt.

Geld stillt keinen Hunger.

Geld stinkt nicht.
Nach Cicero und Vespasian.

Geld und Gut macht Übermut.

Geld versüßt die Arbeit.

Geld will zu Geld (ist gern bei Geld).
Von Geldheiraten.

Geld zerrinnt, wie man's gewinnt.

Gute Tage kosten Geld.

Hat der Bauer Geld, hat's die ganze Welt.

Ist das Geld die Braut, so wird die Ehe selten gut

Je mehr Geld, desto mehr Sorgen.

Kein Geld, keine Paternoster.

Klug reden kostet kein Geld.

Neues Geld, alte Narren.
Von Verschwendern, die alles gleich verjubeln.

Prahlen ist kein Geld.

Schnacken kostet kein Geld.

Viel Geld schellt.

Viel Geld, viel Freunde.

Viel Geld, wenig Verstand.

Was man mit Geld nicht bezahlen kann, das soll man wenigstens mit Dank bezahlen.

Wenig Geld, wenig Sorge.

Wenn das Geld im Kasten klingt,
die Seele in den Himmel springt.
Ursprünglich vom Ablaßhandel.

Wer des Geldes wegen freit,
der bereut's in kurzer Zeit.

Wer Geld hat, dem geht der Teufel aus dem Wege.

Wer Geld hat, hat auch Freunde.

Wer Geld hat, ist fromm genug.

Wer Geld hat, läßt blasen.

Wer Geld hat, wird überall verstanden.

Wer kein Geld hat, der zahlt mit der Haut.
Galt einst wörtlich, da die Besitzenden sich von Körperstrafen freikaufen konnten.

Wer kein Geld hat, muß Honig im Munde haben.

Wer kein Geld hat, reitet zu Fuß.

Wer seinem Freunde Geld leiht, mahnt seinen Feind.

Wer täglich sieht nach seinem Feld,
findet täglich ein Stück Geld.

Wie die Ware, so das Geld.

Wo Geld fehlt, da ist das Brot teuer.

Wo Geld gezählt wird, sehen auch Blinde.

Wo Geld ist, da kommt Geld hin.

Wo Geld ist, da läuft Geld zu.

Wo Geld redet, muß Verstand schweigen.

Wohlfeil kostet viel Geld.

Zeit ist Geld.

Gelegenheit

Eine Handvoll guter Gelegenheit ist besser als ein Fuder guter Rat.

Gelegenheit macht Diebe (Liebe).

Gute Gelegenheit kommt nicht alle Tage.

Guter Wille findet bald Gelegenheit.

Man muß der Zeit und der Gelegenheit die Hände bieten.

Wenn man keine Gelegenheit hat, muß man eine machen.

Wer lustig ist zu Zank und Streit,
der findet bald Gelegenheit.

gelehrt

Allzu gelehrt taugt nicht.

Daheim ist gut gelehrt sein.

Ein gelehrter Bär kommt im Walde nicht weit.

Von Unpraktischen.

Es gibt auch gelehrte Narren.

Es ist keiner so gelehrt, er kann noch lernen.

Gelehrten Leuten ist gut predigen.

Gelehrte Ochsen haben teures Fleisch.

Von Eingebildeten.

Je gelehrter, je verkehrter.

Jung gelehrt, alt geehrt.

Mancher ist gelehrt genug, aber nicht geschickt genug.

Man schläft sich nicht gelehrt.

Was hilft's, daß einer gelehrt ist, und es weiß keiner.

Gelehrte, der

Der Bart macht nicht den Gelehrten.

Die Gelehrten sind nicht immer die Weisesten.

Die Gelehrten sind selten einer Meinung.

Die Gelehrtesten sind die Verkehrtesten, die Geschicktesten sind die Liederlichsten, und die Gescheitesten machen die dümmsten Streiche.

Ein Erfahrener ist besser als zehn Gelehrte.

Besserwisserei hilft nicht.

Ein Gelehrter in seinem Revier
liest nur sein eigen Brevier.

Gelehrte Narren sind die besten.

Große Gelehrte sind selten große Heilige.

Kein Gelehrter ohne Schiefer.

Wir Gelehrten wissen schon, was gut schmeckt, sagte der Esel zum Schaf, als er nach einer Distel schnappte.

Gelehrsamkeit

Es gehört mehr zur Gelehrsamkeit als Erbsen lesen.

Geleise

Im alten Geleise geht es sich sicher.

Im alten Geleise wird niemand weise.

Wer im Geleise bleibt, geht nicht irre.

Geliebte, die

Es gibt keinen schönen Kerker und keine häßliche Geliebte.

Was die Geliebte tut, ist alles gut.

geliehen

Verdienter Rock wärmt mehr als ein geliehener Mantel.

gelingen

Es gelingt, wonach man ringt.

Halte maß in allen Dingen,
so wird dir jedes Werk gelingen.

Heute gelungen, morgen zersprungen.

Klingt's, so gelingt's.

Mit Geschick und Geist gelingt das meist'.

Nichts gelingt, wenn's Geld nicht klingt.

Ohne Glück ist kein Gelingen.

Ohne Müh' gelingt es nie.

Ruhe erzwingt, was sonst nicht gelingt.

Soll es dir gelingen,
so sieh selbst nach deinen Dingen.

Wenn der Streich gelungen,
dann wird er besungen.

Wer bringt, dem gelingt.

Wer gut springt, dem gelingt.

Wie gerungen, so gelungen.

Will es nicht gelingen,
so kannst du's nicht erzwingen.

geloben

Die viel geloben, halten wenig.

Geloben ist ehrlich, halten beschwerlich.

gelten

Alte Ware gilt nichts.

Arme Vettern gelten wenig.

Das letzte Wort gilt.

Das Mehr gilt.

Der Koch gilt soviel als der Kellner.

Gleich und gleich gesellt sich gern.

Der Prophet gilt nichts in seinem Vaterlande.

Nach Matthäus 13,57.

Des Königs Spreu gilt mehr als anderer Leute Korn.

Dummer Schnack gilt auch.

Ein Pfennig gilt soviel wie der andere.

Ein verlorener Taler gilt nicht mehr als ein verlorener Pfennig.

Falsche Zeugen gelten nicht.

Jeder gilt, soviel er hat.

Auch von Kenntnissen.

Maulspitzen gilt nicht, es muß gepfiffen sein.

Recht ist, was gilt.

Schwarz auf weiß gilt.

Urkunden sind Beweis genug.

Stirbt der Fuchs, so gilt der Balg.

Was hinter dem Wein geredet wird, gilt nicht.

Was nicht scheint, das gilt nicht.

Was nicht weither ist, gilt nicht viel.

Wenn's gilt, so gilt's.

Wer da will gelten, der komme (mach' sich) selten.

Wer nichts hat, der gilt nichts.

Gelüst

Was fremd ist, danach hat man Gelüst.

gemach

Gemach fährt man den Berg hinauf.

Gemach (Gemächlich) kommt man auch weit.

Gemach mit der Geiß, der Markt ist erst morgen.

Gemach, sagt Herr Paulsen, daß wir desto eher fertig werden.

Nur gemach mit der Braut.

Gemach

Jedes Dach hat sein Gemach.

Kein besser Gemach als eigen Dach.

gemein

Allzu gemein macht (dich) klein.

Freundlich mit allen, gemein mit wenigen.

Was gemein ist, ist auch eigen.

Was allen gehört, gehört auch jedem.

Gemeinde

Der Nacken der Gemeinde ist stark.

Des Schulzen Bauch drückt auf die ganze Gemeinde.

Von Korruption.

Wie die Gemeinde beschlossen,
so wird die Glocke gegossen.

Gemeindeesel

Der Gemeindeesel hat viel zu tragen.

Der Gutwillige wird Gemeindeesel.

Gemeingut

Gemeingut ist kein Alleingut.

Gemeinnutz

Gemeinnutz geht vor Eigennutz.

gemeinsam

Gemeinsames Unglück tröstet.

Gemeinsam leiden macht die Bürde leichter.

Gemüt

Bekümmert Gemüt macht trübe Augen.

Der Adel sitzt im Gemüt, nicht im Geblüt.

Wie die Rede, so das Gemüt.

Gemütlichkeit

In Geldsachen hört die Gemütlichkeit auf.

Nach D. Hansemann.

genau

Da hätte Gott viel zu tun, wenn er alles so genau nehmen wollte.

Genaue Rechnung macht leichte Bezahlung.

Korrektheit spart Verdruß.

Pferde und Frauen muß man genau beschauen.

genehmigen

Wer schweigt, der genehmigt.

genesen

Ist der Kranke genesen,
zahlt er ungern die Spesen.

Mancher ist genesen, aber nicht gesund.

Genie

Ein Genie braucht keinen Adelsbrief.

genieren

In einer fremden Stadt geniert man sich nicht.

genießen

Erst geschossen, dann genossen.

Frauen und Wein wollen mit Maß genossen sein.

Je saurer verdient, je süßer genossen.

Soll ich's nicht genießen, so will ich's auch nicht wissen.

Was man mit Mühe erworben hat, kann man mit Lust genießen.

Wer das Gute genossen hat, wischt sich den Mund.

Wer nicht heiratet, genießt sein Leben nur halb.

Wer sein Gut will genießen,
muß es gut verschließen.

Willst du mit genießen, mußt du auch mit begießen.

genug

Allzuviel ist nicht genug.

Bald genug ist gut genug.

Der hat genug, der sich begnügt.

Der hat nichts, der nicht genug hat.

Der tut genug, der tut, was er kann.

Die Kuh weiß, wann sie genug hat.

Um zu sagen, daß nicht jeder Mensch es weiß.

Einmal ist genug und zweimal von Übel.

Es ist genug, was man umsonst gibt.

Es ist nicht genug, das Gute zu wissen.

Man muß es auch tun.

Genug geht viel in einen Sack.

Genug haben ist mehr als viel haben.

Genug ist besser als zuviel.

Genug ist genug, zuviel ist böses Spiel.

Geschenkt ist schön genug.

Guter Wille ist genug.

Habsucht hat nie genug.

Lunten genug, aber kein Pulver.

Niemand hat an sich selber genug.

Schnell genug ist gut genug.

Umsonst ist immer genug.

Viele haben zuviel, niemand genug.

Was man genug hat, dessen ist man satt, sagte der Bauer, da war er drei Tage verheiratet.

Wer genug getan, hat recht getan.

Wer genug hat, dem fehlt nichts.

Wer nichts tut, sündigt genug.

Wer nie genug hat, ist immer arm.

Wo genug ist, da mästet man sich.

Wo genug ist, kann eine Sau kochen.

genügen

Dem klugen Kopfe genügt ein Wort.

Es genügt nicht, Recht zu haben, man muß es auch bekommen.

Genügen ist ein reicher Tisch.

Genügen ist Reichtum.

Nach jedermanns Genügen
kann sich kein Teufel fügen.

Wem das wenige nicht genügt, dem ist nichts genug.

Wer allen genügen will, muß früh aufstehen.

Wer zu hören weiß, dem genügen wenig Worte.

Genügsamkeit

Genügsamkeit ist mehr als Reichtum.

Genügsamkeit schützt vor Mangel.

Genugtuung

Abbitte ist die beste Genugtuung.

Genuß

Der eine hat den Genuß, der andere den Verdruß.

Des einen Genuß ist des andern Verdruß.

Genuß tötet die Liebe.

Im Leid halt aus, im Genuß halt ein.

Jeder Genuß hat seinen Stachel.

Kein Genuß ohne Verdruß.

Seltener Genuß erhöht das Vergnügen.

Überfluß verdirbt den Genuß.

Wer den Genuß hat, muß auch die Last tragen.

Gepäck

Für leichtes Gepäck ist wenig nötig.

gepflügt

Auf gepflügtem Felde ist gut säen.

Geplärr

Das gemeine Geplärr ist keine Lehr'.
Auf Gerüchte muß man nichts geben.

Gemein Geplärr ist nie ganz leer.

Geprahle

Groß Geprahl, schmaler Bissen.

gerade

Alte Ochsen machen gerade Furchen.

Auf geradem Wege ist gut Fuhrmann sein.

Dreh's zehnmal um, gerad wird nicht krumm.

Ein Gleiches und ein Ungleiches machen ein Gerades.

Gerad ist der kürzeste Pfad.

Krummes Holz gibt auch gerades Feuer.

Krumme Wege sind oft die geradeste Straße.

Krumm kann nicht gerade sein.

Man muß auch mal fünfe gerade sein lassen.

Recht ist gerade.

Wird es gebeugt, so ist es keins mehr.

Was man in der Jugend krümmt, wird im Alter nicht mehr gerade.

Man muß nicht alles an die große Glocke hängen.

Wenn man auch schief sitzt, so muß man doch gerade sprechen.

Für Unaufrichtigkeit gibt es keine Ausrede.

Wer gerade ist, dem wird vieles krummgenommen.

Williger Ochs macht gerade Furchen.

Wo ein gerader Weg ist, da geht man keinen krummen.

Zwei Ungleiche machen ein Gerades.

geradeaus

Ein braver Mann geht geradeaus.

Geradeaus gibt gute Renner.

Ohne Umschweife kommt man schnell zum Ziel.

geradeheraus

Geradeheraus ist Meister.

Aufrichtigkeit ist am besten.

gerademachen

Wer alles Krumme gerademachen will, hat viel zu tun.

geradezu

Der beste Rat heißt: geradezu!

Ein blinder Gaul geht geradezu.

Er sieht weder Gefahr noch Hindernis.

Geradezu bricht oft den Hals.

Geradezu ist der nächste Weg.

Geradezu trifft am ersten.

geraten

Backen und Brauen geraten nicht immer.

Nicht alles kann gelingen.

Gerät es einmal, so gerät es doch nicht immer.

Gerät es nicht einmal, so gerät es ein andermal.

Gerät's, so gerät's.

Gut gemeint, übel geraten.

Wenn's gerät, so kälbert der Ochs'.

Wie man die Sache anfängt, so gerät sie.

Geratewohl

Aufs Geratewohl ist kühn, aber nicht klug.

Aufs Geratewohl legt man die Eier zum Brüten.

gerben

Alte Häute bedürfen viel Gerbens.

Ältere Leute sind oft wenig einsichtig.

gerecht

Allzu gerecht macht's meist schlecht.

Allzu gerecht tut unrecht.

Auch wenig Schwerter sind genug, eine gerechte Sache zu verfechten.

Der Schmerz ist kein gerechter Richter.

Ein gerechter König ist besser als ein frommer.

Erst gerecht, dann wohltätig.

Gerechter Tadel ist besser als falsches Lob.

Gerechte Sache hilft sich selbst.

Gerechte, der

Der Gerechte muß viel leiden.

Nach Psalm 34,20; meist ironisch.

Für Gerechte gibt es kein Gesetz.

Gerechtigkeit

Die Gerechtigkeit hat lahme Füße.

Die Gerechtigkeit ist oft krank, aber sie stirbt nicht.

Die größte Gerechtigkeit ist die größte Ungerechtigkeit.

Von pedantischer Paragraphenreiterei.

Gerechtigkeit ist leichter als Gold.

Wo es korrupt zugeht.

Gerechtigkeit macht Unterschiede.

Indem sie Umstände berücksichtigt.

Gerechtigkeit will Mut haben.

Sie setzt sich nicht von allein durch.

Wenn man die Gerechtigkeit biegt, so bricht sie.

Wo Gewalt Herr ist, da ist Gerechtigkeit Knecht.

Wo keine Gerechtigkeit ist, da ist auch kein Friede.

Gericht (Rechtsprechung)

Es kann nicht sein ein recht Gericht,
wo der Pfennig das Urteil spricht.

Mit einem Prozeß geht man aufs Gericht, mit zweien kommt man wieder.

Schlecht und recht kommt selten vor Gericht.

Wer den Richter kennt, der kennt noch nicht das Gericht.

Wer Gericht hält, soll nüchtern sein.

Wo Gericht ist, soll ein Büttel sein.

Das Recht muß durchgesetzt werden.

Gericht (Speise)

Ein freundlicher Wirt – das beste Gericht.

Viel Gerichte machen viel essen.

Viel Gerichte, viel Krankheiten.

Wenn das Gericht gut ist, braucht man zum Zulangen nicht zu nötigen.

gering

Ein Geringes nützt, ein Geringes schadet.

Eine Kleinigkeit gibt oft den Ausschlag zum Guten oder Bösen.

Es ist ein geringer Mangel, wenn ein Floh auf ein weißes Tuch hustet.

Man darf es nicht zu genau nehmen.

Geringe Vorteile machen große Diebe.

Je geringer der Gast, je kürzer der Willkommen.

Kein Ding ist so gering, es ist einer Bitte wert.

Man soll ein Geringes nicht sparen, um ein Großes zu erhalten.

Wer im Geringsten treu ist, ist auch im Großen treu.

Wer das Geringe nicht ehrt, ist das Große nicht wert.

geringachten

Auch kleine Dinge achte nicht geringe.

gern

Alte Jäger hören noch gern blasen.

Geld ist gern bei Geld.

Von Geldheiraten.

Gern Gäste, selten Wirt.

Gern gesehen kommt ungebeten.

Gern gewähren, ungern bitten.

Gern tun macht leichte Arbeit.

Hans Schenk, den Herrn, sieht jeder gern.

Jeder Vogel ist gern in seinem Nest.

Kurz hat man's gern.

Narrenmaul leckt gern.

Neue Lieder singt man gern.

Neue Weise hört man gern.

Was einer liebt, das hat er gern.

Was man gern hört, glaubt man gern.

Was man gern ißt, schmeckt süß.

Was man gern trägt, wird einem nicht sauer.

Was man gern tut, davon spricht man auch gern.

Was man gern tut, geht leicht von der Hand.

Was man gern tut, ist keine Arbeit.

Wer fragt, gibt nicht gern.

Wer gern findet, stiehlt gern.

Wer gern lacht, der kitzelt sich selber.

Wer gern lügt, der stiehlt auch gern.

Wer gern tanzt, dem ist leicht aufzuspielen.

Wer gern tauscht, täuscht gern.

Wer gern urteilt, kennt sich selber nicht.

Von selbstgefälligen Kritikern.

Wer hat's nicht gern, daß man ihn lobt.

Wer nicht gern kommt, zögert lange.

Wo einem wohl ist, da ist man gern.

Wo einer nicht gern ist, da bleibt er nicht lange.

Gernegroß

Gernegroß zieht Stiefeln an,
in denen er nicht gehen kann.

Gerste

Dem ist gut Gerste borgen, der Weizen genug hat.

Wer Gerste säen will, muß es den Hühnern nicht erzählen.

Man sollte nicht alle Pläne ausplaudern.

Gerte

Mancher schneidet sich eine Gerte für den eigenen Rücken.

Wer mit der Gerte ausschlägt, dem wird mit dem Knüppel geantwortet.

Geruch

Der Koch wird vom Geruch satt.

Gerücht

Das Gerücht ist blind, aber es läuft schneller als der Wind.

Das Gerücht ist immer größer als die Wahrheit.

Weil es eine Kleinigkeit aufbauscht.

Das Gerücht kommt weiter als der Mann.

Das Gerücht tötet den Mann.

Gemein Gerücht ist selten erlogen.

Gerücht ist der Klage Anfang.

Ursprünglich Gerüft, d. h. das öffentliche Ausrufen eines Vergehens.

Gerücht schläft nicht.

Wie die Ohren, so die Gerüchte.

Wo man selber spricht, schweigt das Gerücht.

Gesalbte, der

Es gibt auch Geschmierte unter den Gesalbten.

Von Scheinheiligen.

Gesang

Den Vogel kennt man am Gesang.

Ein guter Gesang wischt den Staub vom Herzen.

Fauler Vogel, fauler Gesang.

Heitrer Gesang hält das Rädchen in Gang.

Laß die Störche klappern, es ist ihr Gesang.

Wer nicht liebt Wein, Weib und Gesang,
der bleibt ein Narr sein Leben lang.

Angeblich nach Luther.

Geschäft

Die eigenen Geschäfte gehen vor.

Geld ist die Seele des Geschäfts.

Neue Geschäfte, neue Kräfte.

Viel Geschäfte, wenig Gewinn.

Wer sein Geschäft nicht treibt, den treibt sein Geschäft.

Man muß sich rechtzeitig um die eigenen Angelegenheiten kümmern.

geschäftig

Wer geschäftig ist, dem macht jeder zu schaffen.

geschehen

Dem geschieht recht, der es anders nicht haben will.

Es geschieht nichts ohne Ursache (sagte die Magd, als ihr das Kleid zu eng wurde).

Wo keine Gnade ist,
da ist alles Bitten umsonst.

Es geschieht selten, daß Morgen und Abend zusammenkommen.

Es geschieht nichts Neues unter der Sonne.

Nach Prediger Salomo 1,9.

Es geschieht viel unter der Sonne, was kluge Leute nicht verstehen.

Es ist bald geschehen, was lange reut.

Es ist um die Gänse geschehen, wenn der Fuchs sie hütet.

Es kann viel geschehen in einem Handumdrehen.

Geschehene Dinge haben keine Umkehr.

Geschehenes kann man (läßt sich) nicht ungeschehen machen.

Geschehen ist geschehen, sagte die Nonne, als der Abt ging.

Man redet so lange von einem Dinge, bis es geschieht.

Unversehen(s) ist bald geschehen.

Was geschehen ist, ist geschehen.

Was im Kuhstall geschieht, weiß der Ratsschreiber nicht.

Was schon vor Jahr und Tag geschehen,
das laß nicht wieder auferstehen.

Wenn etwas geschehen ist, begreift's (versteht's) auch der Narr.

Wie ich glaube, so geschieht mir.

Eine vorgefaßte Meinung findet sich durch alles bestätigt.

Wo viel Hebammen sind, ist's ums Kind geschehen.

Zu geschehenen Taten ist nicht mehr zu raten.

Zwischen Saat und Ernte kann viel geschehen.

gescheit

Das Pferd ist oft gescheiter als der Reiter.

Der ist nicht gescheit, der nicht einmal ein Narr sein kann.

Die Zeit macht gescheit.

Ein dummer Kerl ist nie gescheit.

Eine gescheite Hexe kann auch ohne Besenstiel tanzen.

Ein gescheiter Teufel ist besser als ein dummer Engel.

Ein jeder Narr ist in seiner Sache gescheit.

Erfahrenheit macht Narren gescheit.

Es ist eine große Kunst, unter Narren gescheit zu sein.

Es ist kein Narr, er hält sich für gescheit.

Gar zu gescheit ist doppelt närrisch.

Gescheite Hähne fressen die Füchse auch.

Gescheite Leute haben allzeit viel zu tun.

Gescheite Leute haben keine Ohren.

Für üble Nachrede.

Immer was Neues und nie was Gescheites.

Wären wir alle gescheit, so gälte ein Narr hundert Taler.

Wein macht gescheite Köpfe.

Wer freit, ist nicht gescheit.

Der Freier ist blind.

Geschenk

Ein Geschenk ist bald vergessen.

Ein Narr sieht aufs Geschenk, ein Weiser aufs Herz.

Ein versprochenes Geschenk ist ein gegebenes.

Versprechen sind zu halten.

Geschenke binden die Gelenke.

Geschenke brechen Felsen.

Geschenke bringen Ränke.

Geschenke machen die Weisen blind.

Geschenke machen eigen.

Sie verpflichten.

Geschenk und Gaben, die will ich haben.

Von Unverschämtheit.

Kleine Geschenke erhalten die Freundschaft.

Man dient für Lohn und liebt sich für Geschenke.

Mit Geschenken ist gut lenken.

Wo keine Dienste, da sind keine Geschenke.

geschenkt

Einem geschenkten Gaul
sieht man nicht ins Maul.

Ein geschenkter Pfennig ist besser als ein versprochener Taler.

Geschenkte Eier sind immer frisch.

Geschichte

Der Spiegel der Geschichte ist der beste Wahrsager.

Geschick

Geschick hat Glück.

Der Geschickte hat oft auch das Glück des Tüchtigen.

Kurz und dick hat kein Geschick.

Seinem Geschick kann niemand entgehen.

geschickt

Gewohnte Arbeit, geschickter Meister.

Mancher ist gelehrt genug, aber nicht geschickt genug.

Mancher ist so geschickt, daß er sich selbst die linke Hand mit der rechten abhaut.

Not ist ein geschickter Mann.

Geschirr

Jeder Töpfer lobt sein Geschirr.

geschlagen

Geschlagener Feind ist nicht überwunden.

Geschlagene, der

An einem Geschlagenen will jeder zum Ritter werden.

Geschlecht

Die Seele hat kein Geschlecht.

Geschmack

Am Geschmack erkennt man den Wein.

Die Geschmäcker sind verschieden.

Soviel Lecker, soviel Geschmäcker.

Über den Geschmack läßt sich nicht streiten.

Vom Salz kommt der Geschmack.

Wer keinen Geschmack hat, trinkt Wasser für Wein.

Geschmeid

Andere Zeit, anderes Geschmeid.

geschmiert

Geschmierter Wagen erspart ein Pferd.

Geschnatter

Wo Gänse sind, da ist Geschnatter.

Geschrei

Aus einer kleinen Sache wird oft ein großes Geschrei.

Bei großem Geschrei ist wenig Klugheit.

Das Geschrei bringt die Henne ums Ei.

Viel Geschrei und doch kein Ei.

Viel Geschrei und wenig Wolle.

Eigentlich Gescherei, d. h. Scheren.

Wenn's über einen hergehen soll, ist jedes Geschrei gut genug.

Geschwätz

Böses Geschwätz verdirbt gute Sitten.

Nach 1. Korinther 15,33.

Guter Wein, lang Geschwätz.

Viel Geschwätz füllt wenig Maul.

Viel Geschwätz, wenig Tat.

Viel Geschwätz, wenig Glauben.

Wo viel Geschwätz ist, da fehlt es auch an Narren nicht.

geschwätzig

Das Alter ist geschwätzig.

Das Glück ist geschwätzig.

Der Glückliche kann es nicht für sich behalten.

Je leerer der Kopf, desto geschwätziger die Zunge.

Geschwätzigkeit

Geschwätzigkeit bringt Herzeleid.

geschwind

Geschwind getan, geschwind bereut.

Geschwind gewinnt.

Geschwind kommt oft ein andrer Wind.

Guter Wille hat geschwinde Füße.

Nicht zu geschwind, Eile macht blind.

Wetter und Wind ändern sich geschwind.

Geschwindigkeit

Geschwindigkeit ist keine Hexerei.

Geschwisterzank

Geschwisterzank dauert nicht lang.

Geselle

Böse Gesellen verleiten manchen zur Höllen.

Die Schuld ist ein schlimmer Gesell.

Böses Gewissen peinigt.

Ein böser Geselle führt den andern zur Hölle.

Es gibt mehr Gesellen als Meister.

Jedermanns Gesell ist niemands Freund.

Mit einem guten Gesellen geht man zum Teufel in die Höllen.

Wer dem Haufen folgt, hat viele Gesellen.

gesellen

Alt und alt gesellt sich bald.

Gleich und gleich gesellt sich gern (sagte der Teufel, da kam er unter die Kohlenbrenner).

Wer sich gesellt zu Narren und Affen,
dem geben sie gar viel zu schaffen.

Gesellschaft

Es ist eine saubere Gesellschaft, in welcher der Teufel der Beste ist.

Gute Gesellschaft ist die beste Wegkürzerin.

In Gesellschaft schmeckt's besser.

Ist die Gesellschaft noch so gut,
einmal greift man nach dem Hut.

Schlechte Gesellschaft verdirbt guten Charakter.

Nach Menander.

Wem es an Gesellschaft fehlt, der macht seine Narrheiten allein.

Gesetz

Ein Gesetz gilt nicht überall.

Für Gerechte gibt es kein Gesetz.

Sie brauchen nämlich keins.

Gesetze ohne Strafen sind Glocken ohne Klöppel.

Je mehr Gesetz, je mehr Übertretung.

Gängelei erreicht das Gegenteil.

Je mehr Gesetz, je weniger Recht.

Je weniger Gesetz, je besser Recht.

Gesetze machen noch keinen Gehorsam.

Sobald Gesetz ersonnen, wird Betrug begonnen.

Ganoven sind trickreich.

Viel Gesetz, viel Gezänk.

Was soll ein Gesetz, das man nicht handhabt?

Wer ein Gesetz gibt, muß es auch selbst befolgen.

Wie die Gesetze, so die Richter.

Wo kein Gesetz ist, da ist auch keine Übertretung.

Was nicht verboten ist, ist erlaubt.

Gesicht

Aufs bloße (ehrliche) Gesicht borgt man nicht.

Aus einem schönen Gesicht kann man keine Butter schlagen.

Den Ehepartner soll man nicht nur nach dem Aussehen wählen.

Das Gesicht bringt das Mädchen unter die Haube.

Wenn etwas Anklang finden soll, muß es schon äußerlich gefallen.

Das Gesicht ist ein falscher Wicht.

Von Verstellung.

Das Gesicht lügt nicht.

Dem Armen bläst der Wind immer ins Gesicht.

Ein ehrliches Gesicht ist der beste Reisepaß.

Ein freundliches Gesicht hat oft den Teufel im Nacken.

Was hilft ein goldener Ring an der Nase?

Ein hübsches Gesicht ist die halbe Mitgift.

Ein reizendes Gesicht hat viel Gewicht.

Ein schönes Gesicht ist die beste Empfehlung.

Ins Gesicht freundlich,
aber im Herzen feindlich.

Je häßlicher das Gesicht, je falscher schilt man den Spiegel.

Niemand schändet sein eigen Gesicht.

Man setze seinen Ruf nicht aufs Spiel.

Schöne Gesichter haben viel Richter.

Wem der Wind ins Gesicht weht, der lernt die Nase drehen.

gesinnt

Wie einer gesinnt ist, so ist er auch geschnäbelt.

So weiß er zu reden.

Gesinnung

Wer gehört zur Innung, der hat auch die rechte Gesinnung.

Gesottenes

Einer will Gesottenes, der andere Gebratenes.

Gespann

Ein kühner Mann fährt ein rasches Gespann.

Handelt kurz entschlossen.

Junge Frau und alter Mann
sind ein trauriges Gespann.

Ungleich Gespann macht krumme Furchen.

Wie der Fuhrmann, so das Gespann.

Wie der Mann, so sein Gespann.

Sein Auftreten usw.

Gespenst

Es ist nicht immer ein Gespenst, was in der Tochter Kammer geht.

Wenn einer allzu vertrauensselig ist.

Furcht sieht überall Gespenster.

Je mehr Wein, je mehr Gespenster.

Wo das Gespenst ist, ist der Teufel nicht weit davon.

Aberglaube führt zu nichts Gutem.

Gespiele

Der Teufel hat seine Gespielen.

Gespött

Gespött zerreißt dir kein Bett.

Gespräch

Gutes Gespräch kürzt den Weg.

Lange Gespräche machen kurze Tage.

Schlechte Gespräche verderben gute Sitten.

Gestalt

Was abgeht an der Gestalt,
ersetzt die Kunst an jung und alt.

Gestank

Der Teufel scheidet immer mit Gestank.

Zuletzt zeigt sich stets die häßliche Kehrseite des Schlechten.

Die Sau geht dem Gestank nach.

Wenn die Sonne auf einen Misthaufen scheint, so antwortet er mit Gestank.

Wie der Teufel, so der Gestank.

Willst du keinen Gestank, so wühle nicht im Mist.

gestehen

Was einer gesteht, braucht er nicht zu beschwören.

gestern

Das Gestern muß man heut' nicht lästern.

Der Gedanke von gestern ist nicht der Gedanke von heute.

Gestern soll dem Morgen nichts borgen.

Gestern soll morgen ein Lehrmeister sein.

Was gestern richtig war, kann morgen falsch sein.

gestohlen

Ein ehrlicher Groschen ist besser als ein gestohlener Taler.

Gestohlenes Gut liegt schwer im Magen.

Gestohlenes Holz brennt auch.

Gestohlenes Wasser ist Wein.

gestreng

Gestrenge Herren regieren nicht lange.

Mit Härte erreicht man auf die Dauer nicht viel.

gestrig

Der heutige Tag ist der Jünger des gestrigen.

Die Mühle dreht sich nicht vom gestrigen Winde.

Von der gestrigen Mahlzeit wird heute niemand satt.

gesund

Allzu gesund ist ungesund.

Außen gesund und innen wund.

Besser gesunde Beine als goldene Krücken.

Einem gesunden Magen ist alles gesund.

Gesund hat zum Klagen keinen Grund.

Lachen ist gesund.

Man braucht keinen Kranken zu fragen, ob er gesund sein will.

Mäßiger Mund erhält den Leib gesund.

Wer gesund bleiben will, muß sich vor dem Krankwerden hüten.

Wer gesunde Beine hat, braucht keine Krücken.

Wer gesund ist, bedarf keines Doktors.

Wer gesund ist, soll nicht klagen.

Gesunde, der

Dem Gesunden fehlt viel, dem Kranken nur eins.

Dem Gesunden ist alles gesund.

Der Gesunde ist unwissend reich.

Der Gesunde weiß nichts von seinem Reichtum.

Die Gesunden und Kranken
haben ungleiche Gedanken.

Einem Gesunden schmeckt auch eine Wassersuppe.

Was der Sieche nicht mag, das mag der Gesunde.

Gesundheit

Arbeit erhält die Gesundheit.

Die Gesundheit des Leibes ist ein Schlaftrunk der Seele.

Die Gesundheit schätzt man erst, wenn man krank ist.

Es gibt tausend Krankheiten, aber nur eine Gesundheit.

Es ist eine teure Gesundheit, die man beim Arzt kauft.

Gesundheit ist der größte Reichtum.

Gesundheit kann man nicht beim Krämer kaufen.

Gesundheit macht Mut.

Keine bessere Schminke als Gesundheit.

Mäßigkeit erhält die Gesundheit.

Nach der Gesundheit leben ist ein elendes Leben.

Wo Freude ist, da ist Gesundheit.

geteilt

Geteilte Freude ist doppelte Freude,
geteilter Schmerz ist halber Schmerz.

Geteiltes Feuer brennt nicht lange.

Von Erbteilung, die den Besitz (Herdfeuer) zersplittert.

Getränk

Stark Getränk macht wilde Leut'.

Wie der Schenk, so das Getränk.

Getreide

Jedes Getreide hat sein Stroh.

Man mißt gern fremdes Getreide mit seinem eigenen Scheffel.

Gevatter

Gevatter hin, Gevatter her, der Arsch gehört in die Hosen.

Gevatter über den Zaun, Gevatter wieder her.

Man bittet nicht eher zu Gevattern, bis man ein Kind hat.

gewähren

Eine Stunde gewährt, was die andere versagt.

Eins gewährt, eins verwehrt.

Man muß nicht jeden Wunsch erfüllen.

Gern gewähren, ungern bitten.

Laß es gewähren, wie's geht.

Gewalt

Bei Gewalt soll Gnade sein.

Bei großer Gewalt ist große Narrheit.

(Blinde) Gewalt wird nicht alt.

Dem Willigen geschieht keine Gewalt.

Es gibt keine größere Gewalt als Wortgewalt.

Gewalt führt die Kuh nicht in den Stall.

Wer andern eine Grube gräbt,
fällt selbst hinein.

Gewalt geht vor Recht.
Nach Habakuk 1,3.

Gewalt gibt kein Recht.

Gewalt tut, was ihr gefällt.

Gewalt und Zwang währt nicht lang.

Läßt Gewalt sich blicken,
geht das Recht auf Krücken.

Mit Gewalt kann man wohl einen Bullen melken.

Was Gewalt nicht vermag,
das steckt List in den Sack.

Wer Geduld aufträgt, ladet Gewalt zu Gaste.

Wo Gewalt herrscht, schweigen die Rechte.

Wo Gewalt Recht ist, hat das Recht keine Gewalt.

Wo Recht keine Gewalt hat, da wird Gewalt Recht.

gewarnt

Ein gewarnter Mann steht für zwei.

Gewarnter Mann ist halb gerettet.

Gewässer

In kleinen Gewässern fängt man auch Fische.

Geweih

Am Geweih erkennt man den Spießer.

Gewicht

Volles Gewicht scheut die Prüfung nicht.

Gewinn

Bei großem Gewinn ist großer Betrug.

Das ist kein Gewinn, der den Schaden zum Gefährten hat.

Der beste Gewinn kommt aus Arbeitsschweiß.

Ein kleiner Gewinn ist auch ein Gewinn.

Fleiß und kluger Sinn
bringt den sichersten Gewinn.

Gewinn geht über Scham.

Gewinn wagt alles.

Großer Gewinn verkehrt des Mannes Sinn.

Guter Gewinn macht fette Suppen.

Kein Gewinn ohne Mühe.

Kleiner Gewinn füllt den Beutel.

Leichter Gewinn ist bald dahin.

Leichter Gewinn macht schwere Beutel.

Schwankender Sinn hat keinen Gewinn.

Viel Geschäfte, wenig Gewinn.

Was des einen Gewinn, das ist des andern Schade.

Was man aus dem Schiffbruch rettet, ist Gewinn.
Man soll nicht nur sein Pech beklagen, sondern auch das Glück im Unglück sehen.

gewinnen

Bald gewonnen, bald verloren.

Behalten ist leichter als gewinnen.

Besser am Dreck gewinnen als am Weihrauch verlieren.

Besser nicht gewinnen als verlieren.

Der eine gewinnt, der andere verliert.

Der gewinnt genug, der seine Sorgen verliert.

Einer verliert, der andere gewinnt.

Ein Tag gewonnen ist oft ein Jahr gewonnen.

Erst löffelweis gewonnen,
dann scheffelweis zerronnen.

Es ist ein schlimmes Spiel, wobei niemand gewinnt.

Es ist leichter, ein Dorf zu vertun, als ein Haus zu gewinnen.

Es spielen viele, aber nur einer kann gewinnen.

Frisch gewagt ist halb gewonnen.

Frisch vom Leder ist halb gewonnen.

Gewinnen ist der Abend vor dem Verlieren.

Drohrede beim Kartenspiel.

Gewinnen und Sparen macht bald reich.

Gewonnen mit Schand' geht schnell von der Hand; gewonnen mit Ehr', das wird immer mehr.

Gewonnen wagt alles.

Gut gewonnen ist gut zu halten.

Ehrlich Erworbenes achtet man.

Im Saus gewonnen, im Braus zerronnen.

Je mehr man gewinnt,
je mehr man drauf sinnt.

Leicht gewonnen, leicht zerronnen.

Mit klarem Ziel gewinnt man viel.

Mit nichts gewinnt man nichts.

Mit nichts spielt man, mit nichts gewinnt man.

Nicht nachlassen gewinnt (sagte die Braut).

Selbst gesponnen, selbst gewonnen.

Um einen Taler zu gewinnen, kann man schon einen Pfennig opfern.

Viel gewinnt, wer frisch beginnt.

Wagen macht gewinnen, zagen macht zerinnen.

Was der Würfel gewonnen, ist bald zerronnen.

Was man spart, das hat man gewonnen.

Was mit Trommeln gewonnen wird, geht mit Pfeifen wieder dahin.

Wer gewinnt, genieße;
wer verliert, der büße.

Wenn der Prozeß zu Ende ist.

Wer nicht setzt, kann nicht gewinnen.

Wer nicht sparen kann, dem nützt das Gewinnen nichts.

Wer nicht spielt, hat schon gewonnen.

Wer nicht spinnt, der nicht gewinnt.

Wer nicht wagt, der nicht gewinnt,
wer nicht heirat', kriegt kein Kind.

Wer wagt, gewinnt.

Wie gewonnen, so zerronnen.

gewiß

Das Gewisse findet man im Ungewissen.

Ein Gewisses ist besser als zehn Ungewisse.

Es ist gewiß, daß sich der Hintern zuerst niedersetzt.

Gewiß betrügt niemand, aber Ungewiß trügt alle Welt.

Gewiß geht vor ungewiß.

Man soll das Gewisse nicht um Hoffnung geben.

Gewissen

Das Gewissen läßt sich nicht zwingen.

Dem (bösen) Gewissen kann niemand entfliehen.

Der Markt hat kein Gewissen.

Ein gutes Gewissen ist ein sanftes Ruhekissen.

Ein gutes Gewissen kennt keine Furcht.

Man entgeht wohl der Strafe, aber nicht dem Gewissen.

Viel Wissen, viel Gewissen.

Wer kein Gewissen hat, kann leicht schwören.

Wo kein Gewissen ist, da ist auch keine Schande.

Gewissensfrage

Das ist eine Gewissensfrage, ob die Braut noch Jungfer ist.

Gewißheit

Vermutung ist nicht Gewißheit.

Warnung vor allzu raschem Urteil.

Gewitter

Eine Frau und ein Gewitter sind immer zu fürchten.

Gewitter ohne Regen ist ohne Segen.

Schelte ohne Güte.

Gewitter reinigen die Luft.

gewöhnen

Auch der Hering gewöhnt sich an seine Tonne.

Der Mensch gewöhnt sich an alles.

Ein alter Hund gewöhnt sich schwer an ein Halsband.

Was ans Brot gewöhnt ist, kommt wieder.

Was Hänschen sich gewöhnt, wird Hans nicht lassen.

Was man gewöhnt ist, beschwert nicht.

Wer bei der Schmiede wohnt, gewöhnt sich ans Hämmern.

↗ *gewohnt*

Gewohnheit

Alte Gewohnheiten legen sich nicht so leicht ab wie alte Hemden.

Alte Gewohnheit ist stärker als Brief und Siegel.

Alte Gewohnheit soll man nicht brechen.

Eigentlich von der Rechtsgewohnheit.

Einmal ist keine Gewohnheit.

Gewohnheit ist der beste Lehrmeister.

Gewohnheit ist die Deuterin des Rechts.

Gewohnheit ist eine leichte Bürde (Last).

Gewohnheit macht den Fehler schön.

Gewohnheit macht gute Arbeiter.

Gewohnheit macht's, daß ein Schaf dem andern folgt.

Gewohnheit will Recht sein.

Gute Gewohnheit, gutes Recht.

Gute Gewohnheit soll man behalten.

Gutes Recht ist gute Gewohnheit.

Lange Gewohnheit gehört zur Gesundheit.

Mißbrauch ist keine Gewohnheit.

Gewohnheitstier

Der Mensch ist ein Gewohnheitstier.

gewohnt

Jung gewohnt, alt getan.

Was einer gewohnt ist, das kommt ihn nicht sauer an.

Was wir gewohnt sind, klebt uns an.

Wer das Reiten gewohnt ist, dem wird das Gehen sauer.

Wie gewohnt, so getan.

↗ *gewöhnen*

Gewöhnung

Gute Gewöhnung ist gute Erziehung.

Gezänk

Dreier Weiber Gezänk macht einen Jahrmarkt.

Viel Gesetz, viel Gezänk.

Von kleinlichen Vorschriften.

Giebel

Die Giebel stehen überall in die Höhe.

Von Angebern.

Gift

Kein Gift ohne Gegengift.

Kein schädlicher Gift als eine böse Zunge.

Willst du Gift meiden, so setze dich zu keiner Schlange.

giftig

Je giftiger der Pilz, je schöner die Kappe.

Giftzahn

Die Schlange wechselt wohl die Haut, aber nicht die Giftzähne.

Gilde

Am Schilde erkennt man die Gilde.

Gimpel

Auch ein Gimpel trägt eine schwarze Kappe.

Es ist selten ein Wald ohne Gimpel.
Dumme und Angeber gibt's überall.

Jung ein Gimpel, alt ein Simpel.
Nach W. Busch, Sprikker.

Gipfel

Wer auf den Gipfel will, muß beim Fuße anfangen.

Gitter

Auch ein goldenes Gitter ist ein Gitter.

Glanz

Auch Perlen verlieren ihren Glanz.

Ganz gibt Glanz.

Viel Glanz blendet die Augen.

glänzen

Die Tugend leuchtet wohl, aber sie glänzt nicht.

Es ist nicht alles Gold, was glänzt.

Glas

Am Rande des Glases tanzen böse Geister.

Beim Glase lernt man die Menschen besser kennen.

Ein Glas zieht das andere nach sich.

Ein leeres Glas, was nützt mir das.

Es ist nur um das erste Glas zu tun.
Am Anfang entscheidet man sich.

Glück und Glas, wie leicht bricht das.

Hast du kein Glas, trink aus dem Faß.
Man muß sich zu helfen wissen.

Im Glase ertrinken auch alte Leute.

Im letzten Glase liegt der Rausch.

Je feiner die Gläser, desto leichter zerbrechen sie.

Wenn der Abt zum Glase greift, so greifen die Mönche zum Kruge.

Wer das Glas zerbricht, muß es bezahlen.
Wer den Schaden anrichtet, muß dafür geradestehen.

Zuviel Sorge zerbricht das Glas.

Zwischen Glas und Lippe gibt's manche Klippe.
Es kann einem immer noch etwas dazwischenkommen.

Gläschen

Aus dem Gläschen noch so klein
kann man saufen wie ein Schwein.

Heute ein Gläschen, morgen ein Mäßchen.

Glaser

Der Glaser will auch leben.
Wenn eine Scheibe zerbricht.

Glashaus

Wer im Glashaus sitzt, soll nicht mit Steinen werfen.

glatt

Die rauhesten Fohlen werden die glattesten Pferde.

Erst selber glatt, dann andere hobeln.

Glatt geschliffen ist bald gewetzt.

Glatt ist bald geschliffen.

Je glatter Maul, je fauler Arsch.

glätten

Auch ein neuer Spiegel glättet alte Runzeln nicht.

Glatze

Lieber eine Glatze als gar keine Haare.

Sprichwörtlicher Scherz.

Wer mit einer Glatze weggeht, kommt kahlköpfig zurück.

Wer im Gras schläft, hat grüne Träume.

Glatzkopf

Ein Glatzkopf ist schwer zu rupfen.

Wo nichts ist, ist nichts zu holen.

Ein Kahler schilt den andern Glatzkopf.

Glaube

Der Glaube kann Berge versetzen (versetzt Berge).

Nach 1. Korinther 13,2.

Der Glauben geht auf Stelzen.

Von selbstgerechten Anschauungen.

Durch den Glauben wird mancher betrogen.

Durch das, was er selber glaubt.

Glaube ist nicht Wissenschaft.

Glauben ist nicht kennen.

Glaube leidet keinen Zweifel.

Gutes Maß ist besser als schlechter Glaube.

Man sollte sich nicht zu sehr auf seine Gutgläubigkeit verlassen.

Kannst du den Glauben, so kann ich das Vaterunser.

Viel Geschwätz, wenig Glauben.

Wie der Glaube des Menschen, so ist sein Gott.

Jeder macht sich seine Vorstellungen selber.

Wie der Glaube, so das Opfer.

Wenn es nicht nur auf Worte ankommt, zeigt sich, ob eine Überzeugung echt ist.

Zweifel ist des Glaubens Feind.

glauben

Allen glauben ist zuviel, keinem glauben zuwenig.

An Meinen und Glauben bindet man kein Pferd fest.

Der ist kein Narr, der es sagt, sondern der ist ein Narr, der es glaubt.

Es gehört viel Wissen zum Glauben.

Gegen unüberlegte Vermutungen.

Es glaubt keiner, daß er kahl sei, er greife es denn.

Es ist keine Lüge so groß, man findet Leute, die ihr glauben.

Fühlen macht glauben.

Was man mit Händen greifen kann, leuchtet ein.

Glaube nicht alles, was du hörst;
sag nicht alles, was du weißt;
gib nicht alles, was du hast;
verlange nicht alles, was du siehst;
tue nicht alles, was du kannst.

Glauben ist leichter als denken.

Glauben und Meinen bringt Reu' und Weinen.

Man glaubt an keinen scheißenden Heiligen.

Mit Händen greifen macht glauben.

Niemand glaubt, daß einem andern weh ist.

Was das Auge sieht, glaubt das Herz.

Was man fürchtet, glaubt man leicht.

Was man wünscht (hofft), das glaubt man gern.

Wer dem Fuchs glaubt, wird betrogen.

Wer einmal lügt, dem glaubt man nicht, und wenn er auch die Wahrheit spricht.

Wer glaubt, der denkt nicht.

Wenn sich jemand mit „Ich glaubte ..." entschuldigen will.

Wer glaubt ohne Pfand, hat keinen Verstand.

Wer heute lügt, dem kann man morgen nicht glauben.

Wer leicht glaubt, wird leicht betrogen.

Wer nichts weiß, glaubt leicht.

Wer's glaubt, gibt 'n Taler; wer's nicht glaubt, gibt zwei.

Wer's glaubt, wird selig.

Nach Markus 16,16, ironisch gewendet.

Wer's nicht glaubt, läßt's bleiben.

Wer viel glaubt, irrt viel.

Wie ich glaube, so geschieht mir.

Eine vorgefaßte Meinung findet sich durch alles, was kommt, bestätigt.

Wissen geht über Glauben.

Gläubige, der

Die Gläubigen muß man fern vom Kloster suchen.

gleich

Das Gleiche sucht sich, das Rechte findet sich.

Ein Gleiches und ein Ungleiches machen ein Gerades.

Es gibt mehr Gleiches als Liebes.

Es ist gleich, ob im Finstern oder ohne Licht.

Es ist gleich, ob man's erschleicht oder erläuft.

Es ist gleich, ob man von der Katze oder vom Kater gekratzt wird.

Es sind nicht alle gleich, die mit dem Kaiser reiten.

Es sind nicht alle Tage gleich.

Gleiche Brüder, gleiche Kappen.

Gleiche Bürde bricht niemand den Rücken.

Gleiche Häute, gleiche Bräute.

Gleiche Jahre, die besten Paare.

Gleiche Lumpen, gleiche Lappen.

Gleiche Paare geben den besten Tanz.

Gleiche Pferde ziehen am besten.

Gleiche Rechte, gleiche Pflichten.

Gleicher Kopf, gleicher Hut.

Gleiches Pferd, gleicher Zaum.

Gleiche Ursache, gleiche Wirkungen.

Gleiche Vögel, gleicher Sang.

Gleich sein ist nicht eins sein.

Gleich sucht sich, gleich findet sich.

Gleich und gleich gesellt sich gern (sagte der Teufel, da kam er unter die Kohlenbrenner).

Gleich und gleich macht gute Freunde.

Hin wie her ist gleich weit.

In die Hölle ist es überall gleich weit.

Man soll nicht Gleiches mit Gleichem vergelten.

Roß und Reiter haben nicht den gleichen Sinn.

Wenn zwei das gleiche tun, so ist es noch lange nicht dasselbe.

Gleiche, der

Gleiche haben gleichen Sinn.

Unter Gleichen ist der beste Friede.

Zwei Gleiche werden schwer gefunden.

gleichen

Nichts gleicht einem rechtschaffenen Menschen mehr als ein Schelm.

Was sich gleicht, das kriegt sich.

Was sich gleicht, gefällt sich leicht.

gleichgesinnt

Gleichgesinnt macht gute Freunde.

Gleichheit

Gleichheit ist der Liebe Band.

Auch von Gleichheit der Interessen.

Gleichnis

Alle Gleichnisse hinken.

gleichviel

Es ist gleichviel, ob der eine stiehlt und der andere den Sack aufhält.

Es ist gleichviel, wo einer sitzt, wenn er nur etwas weiß.

Der Tüchtige setzt sich durch.

Gleichviel ist gleich schwer.

Wenn jemand sagt, es sei ihm gleichviel.

Gleichviel sind zwei halbe Groschen.

gleißen

Vorn gleiß' ich, hinten beiß' ich.

Glied

Ein Glied macht keine Kette.

Ist der Magen satt, sind die Glieder matt.

Wenn das Haupt krank ist, so trauern alle Glieder.

Wie das Haupt, so die Glieder.

glimmen

Bedecktes Feuer glimmt unter der Asche.

Glocke

Die Glocken erkennt man am Klange, den Vogel am Gesange.

Jede Glocke hat ihren Klöppel.

Je höher die Glocke, je heller ihr Klang.

Je mehr Glocken, je mehr Geklingel.

Man kann nicht läuten ohne Glocke.

Man muß nicht alles an die große Glocke hängen.

Viel Glocken, viel Geläute.

Man soll nicht mehr Leute ins Vertrauen ziehen als nötig, sonst bleibt die Sache nicht geheim.

Vornehme Glocken klingen nicht alle Tage.

Wenn ein Eingebildeter sich rar macht.

Wer Erz hat, mag wohl Glocken gießen.

Wie die Glocke geläutet wird, so klingt sie.

Wie die Glocke, so der Klang.

Wie einer lebt, so klingen ihm die Glocken.

So redet man von ihm.

Wie man den Strang zieht, so läuten die Glocken.

Wo geläutet wird, da sind auch Glocken.

Wo keine Glocke ist, da ist auch kein Geläut.

Glockenstrang

Ein Frauenhaar zieht mehr als ein Glockenstrang.

Glück

Am Glück ist alles gelegen.

Ander Jahr, ander Glück.

Auch zum Betteln gehört Glück.

Bei großem Glück ist große Gefahr.

Bei großem Glück ist wenig Klugheit.

Bei jedem Unglück ist auch ein Glück.

Einen tröstenden Umstand gibt es immer.

Bei kleinem Glück ist kleine Sorge.

Beim Geiz ist wenig Glück.

Das Glück besucht die Narren wohl, aber es setzt sich nicht bei ihnen nieder.

Das Glück bietet seine Hand dem Kühnen.

Das Glück bläht auf.

Das Glück des einen müssen die andern beweinen.

Das Glück gibt manchem viel, doch niemandem genug.

Das Glück hat seine Launen.

Das Glück hat viel Neider.

Das Glück hilft keinem, der sich nicht selbst hilft.

Das Glück hilft keinem Hasenfuß.

Das Glück im Streit ist ungewiß.

Das Glück ist aus Flandern,
es geht von einem zum andern.

Das Glück ist geschwätzig.

Das Glück ist keinem treu.

Das Glück ist wandelbar.

Das Glück kommt über Nacht.

Das Glück macht aus Bettlern Könige und aus Königen Bettler.

Das Glück macht Könige und Narren.

Das Glück muß man erobern.

Den Narren bringt sein eigenes Glück um.

Aus Gras wird Heu.

Der hat gut lachen, dem das Glück wohlwill.

Des einen Unglück ist des andern Glück.

Die Dümmsten haben das meiste Glück.

Die ihr Glück nicht kennen,
kann man nicht glücklich nennen.

Die Liebe und das Glück sind blind.

Ein Galgenstrick hat's meiste Glück.

Ein guter Steiger braucht auch Glück.

Ein kleines Glück ist auch ein Glück.

Ein Quentlein Glück ist besser als ganze Fässer voll Weisheit.

Es gehört ein starker Magen dazu, großes Glück zu verdauen.

Fleiß ist des Glückes rechte Hand, Sparsamkeit die linke.

Furchtsame Leute haben kein Glück.

Geschick hat Glück.

Glück bringt Neider.

Glück erbt nicht.

Glück erwirbt Freunde, Unglück bewährt sie.

Glück im Spiel, Unglück in der Liebe.

Glück macht Hochmut.

Glück macht Narren.

Glück muß der Mensch haben.

Glück und Glas, wie leicht bricht das.

Glück und Haar wächst alle Jahr.

Glück und Verstand gehen nicht Hand in Hand.

Großes Glück ist schwer zu tragen.

Hans Ungeschick hat selten Glück.

Im Glück ist Tugend leicht.

Im Glück sind alle geduldig.

Je ärger das Stück, je besser das Glück.

Je ärger Strick, je besser Glück.
Von unverdientem Glück.

Jeder ist seines Glückes Schmied.

Je größer Glück, je größer Neid.

Je größer Tück, je größer Glück.

Je toller Kerl, je besser Glück.

Je weniger Verstand, desto mehr Glück.

Liederlich hat's meiste Glück.

Man darf nicht schlafen, wenn das Glück vor der Tür steht.

Man muß das Glück beim Schopfe packen.

Narren haben das beste (meiste) Glück.

Neues Spiel, neues Glück.

Ohne Glück ist kein Gelingen.

Rat ist besser als Glück.

Stilles Glück verfolgt kein Neid.

Über Leichen führt kein Weg zum Glück.

Was das Glück bringt, soll man nicht ausschlagen.

Wem das Glück aufspielt, der tanzt auf einem Bein.

Wem das Glück lacht, der gewinnt im Traum.

Wem das Glück nicht wohlwill, den tritt es mit Füßen.

Auf einen groben Klotz gehört ein grober Keil.

Wem das Glück wohlwill, dem kalbt ein Ochse.

Wem das Glück zu wohl will, den macht es zum Narren.

Wen das Glück verläßt, den verlassen auch die Freunde.

Wenn das Glück anklopft, muß man um Verstand bitten.

Wenn das Glück uns verläßt, so bleibt uns die Hoffnung.

Wer das Glück hat, geht mit der Braut zu Bett.

Wer dem Glücke traut, hat auf Sand gebaut.

Wer Glück haben will, darf nichts dem Glück überlassen.

Wer Glück hat, braucht keinen Verstand; wer Verstand hat, braucht kein Glück.

Wer sein Glück nicht sucht, der versäumt es.

Wer's Glück hat, führt die Braut heim.

Wie einer tut, so hat er Glück.

Wo das Glück einkehrt, da klopft auch der Neid an.

Wo einer hinwill, da tut das Glück die Tür auf.

Wo Hochmut zunimmt, da nimmt Glück ab.

Wo kein Frieden ist, da ist kein Glück.

Wo kein Vergnügen ist, da ist auch kein Glück.

Wo's Glück einkehrt, wandert der Verstand aus.

Zag hat kein Glück.

Zuviel Glück ist Unglück.

glücken

Erst drückt's, dann glückt's.

Es will nicht glücken, mit Mäusen Katzen zu jagen.

Frisch gezückt ist halb geglückt.

Wem's glückt, dem legt ein Hahn Eier.

Wie sich einer schickt, so's ihm glückt, sagte der Bauer und lag unter dem Wagen.

Will dir nichts glücken,
so fang an, dich zu bücken.

glücklich

Der ist glücklich genug, der keine Zeit hat, unglücklich zu sein.

Der tätige Mensch also.

Der muß eine glückliche Hand haben, der das Glück ergreifen will.

Ein glückliches Herz macht hüpfende Beine.

Geld macht nicht glücklich.

Glückliche Narren bedürfen keiner Weisheit.

Glücklich ist, wer das Seine zusammenhält.

Glücklich ist, wer vergißt,
was nicht mehr zu ändern ist.

Je närrischer, je glücklicher.

Man soll keinen vor seinem Tode glücklich preisen.

Nach Solon.

Niemand ist immer glücklich.

Wer zufrieden ist, ist glücklich.

Wo einer weise ist, sind zwei glücklich.

Glückliche, der

Dem Glücklichen fehlt's an Vettern nicht.

Dem Glücklichen schlägt keine Stunde.

Nach Schiller, Piccolomini.

Der Glückliche hat gut trösten.

Der Glückliche kennt den Unglücklichen nicht.

Er kann sich in dessen Lage nicht versetzen.

Der Glückliche verliert das Gedächtnis.

Der Seufzer des Glücklichen wiegt nicht schwer.

Glücksgaul

Wer auf dem Glücksgaul reitet, ist vor dem Abwerfen nicht sicher.

Glückshaar

Ein Glückshaar zieht mehr als hundert Pferde.

Glückskind

Das Glückskind hat immer guten Wind.

Glut

Geheime Glut ist gefährlich.

Gnade

Bei Gewalt soll Gnade sein.

Gnade geht vor Recht.

Gnade hat kein Warum.

Wer auf Gnade sündigt, dem wird mit Zorn gelohnt.

Wer sich auf die Gutmütigkeit anderer verläßt, bekommt deren Zorn zu spüren.

Wer von der Gnade der Reichen leben will, bekommt fette Worte und magere Suppen.

Wo keine Gnade ist, da ist alles Bitten umsonst.

Wo Reue ist, da ist auch Gnade.

Gockel

Ein guter Gockel wird nie feist.

Narren und Gockel sitzen gern hoch.

Zwei Gockel in einem Hof vertragen sich nicht.

Gold

Dem Gold ist jeder hold.

Dem Gold ist kein Riegel zu stark.

Eigener Herd ist Goldes wert.

Eine Unze Gold wiegt mehr als ein Zentner Wahrheit.

Es ist nicht alles Gold, was glänzt.

Gesundheit geht vor Silber und Gold.

Gold bleibt ohne Makel.

Gold hat keine Flecken.

Man sieht ihm nicht an, wie es erworben wurde.

Gold macht dem Lahmen Füße.

Gold öffnet alle Türen.

Guter Ruf ist Goldes wert.

Je mehr man das Gold schlägt, je mehr dehnt es sich.

Liebe zum Golde macht eiserne Zeit.

Der Geizige gönnt sich selber nichts.

Mit Gold beweist man seine Unschuld am besten.

Morgenstunde hat Gold im Munde.

Reden ist Silber, Schweigen ist Gold.

Reich an Gold, reich an Sorgen.

Wenn Gold redet, schweigt alle Welt.

Wer sein Gold hütet, hat eiserne Zeit.

Wissen ist Gold.

Wo Gold das Wort führt, hilft alles Reden nichts.

golden

An einem goldenen Strick führt der Hase den Löwen.

Auf einen goldenen Schoß will sich jeder setzen.

Besser gesunde Beine als goldene Krücken.

Dem fliehenden Feinde soll man goldene Brücken bauen.

Dem Kranken hilft kein goldenes Bett.

Die Henne lebt nicht mehr, die goldene Eier legt.

Ein goldener Zaum macht das Pferd nicht besser.

Ein silberner Schlüssel findet leicht ein goldenes Schloß.

Goldene Ketten sind auch Ketten.

Goldener Hammer bricht eisernes Tor.

Goldene Waffen, sicherer Sieg.

Handwerk hat goldenen Boden.

So fest ist nichts, es geht eine goldene Kugel hindurch.

Von einem goldenen Rade fällt ein goldener Nagel.

Was hilft ein goldener Ring an der Nase?

Goldliebe

Goldliebe macht das Leben trübe.

Goldmann

Goldmanns Tochter findet jeder schön.

Goldscheißer

Ein Goldscheißer sitzt nirgends im Wege.

Goldwaage

Man muß nicht jedes Wort auf die Goldwaage legen.

Nach Jesus Sirach 28,29.

gönnen

Ein jeder gönnt sich selbst am meisten.

Gebe ich nicht, so gönne ich doch.

Was nicht gegönnt war, schmeckt am besten.

Wer sich selbst nichts gönnt, gönnt auch anderen nichts.

Wie man es einem gönnt, so gibt man es ihm.

Gosche

Dem Schwätzer und dem Frosche
wackelt gern die Gosche.

Gott

Bei Gott ist nichts (kein Ding) unmöglich.

Meist scherzhaft nach Lukas 1,37.

Da hätte Gott viel zu tun, wenn er alles so genaunehmen wollte.

Dem Dummen hilft der liebe Gott.

Ironisch, wenn jemand trotz seines Ungeschicks zurechtkommt.

Den Gast senden die Götter.

So jedenfalls soll man ihn behandeln.

Der liebe Gott hat wunderliche Kostgänger.

Der Mensch denkt, Gott lenkt.

Nach Sprüche Salomos 16,9; heute meist ironisch, wenn es anders kommt, als man es sich wünscht.

Der Reiche hat seinen Gott im Kasten.

Nämlich das Geld.

Die Götter geben ihre Güter keinem Faulen.

Es ist nicht alles Gottes Wort, was gepredigt wird; es bringt auch mancher seine eigene Ware mit zu Markte.

Gebt dem Kaiser, was des Kaisers ist, und Gott, was Gottes ist.

Nach Matthäus 22,14.

Gibt Gott Moneten, so gibt er auch Pasteten.

Gott beschütze mich vor meinen Freunden; mit meinen Feinden will ich schon selber fertig werden.

Nach J. Manlius, Loci communes.

Gott bewahre uns vor Katzen,
die vorn lecken und hinten kratzen.

Gott die Ehre und dem Pfaffen die Wurst.

Von geschäftstüchtiger Scheinheiligkeit.

Gottes Mühlen mahlen langsam, aber trefflich klein.

Nach Logau, Sinngedichte.

Gottes Wege sind unerforschlich.

Oft spöttisch.

Gottes Wort kommt in Schwung, sagte der Teufel und schmiß seiner Großmutter die Bibel an den Kopf.

Gottes Wunder sind groß, sagte der fromme Greis, als sein junges Weib alljährlich ein Kind bekam.

Gott führt seine Heiligen wunderlich.

Nach Psalm 4,4.

Gott gibt den Verstand, der Hopfen nimmt ihn.

Gott gibt einem wohl den Ochsen, aber nicht bei den Hörnern.

Gott läßt dem Ochsen die Hörner nicht umsonst wachsen.

Gott sieht alles.

Scherzhafte Warnung.

Hilf dir selbst, so hilft dir Gott (das Glück).

Je näher dem Kloster, je weiter von Gott.

Mit der (Gegen die) Dummheit kämpfen Götter selbst vergebens.

Nach Schiller, Jungfrau von Orleans.

Mit Gaben fängt man die Götter.

Viel Götter, wenig Nothelfer.

Vor den Erfolg haben die Götter den Schweiß gesetzt.

Nach Hesiod, Werke und Tage.

Was einer liebt, das ist sein Gott.

Was Gott zusammen(ge)fügt, das soll der Mensch nicht scheiden.

Nach Matthäus 19,6.

Was Gott zusammengefügt hat, das braucht der Schreiner nicht zu leimen.

Wem Gott ein Amt gibt, dem gibt er auch Verstand.

Wem Gott ein Weib gibt, dem gibt er auch Geduld.

Wen die Götter verderben wollen, den schlagen sie mit Blindheit.

Wenn die Not am größten, ist Gott am nächsten.

Häufig scherzhaft gebraucht.

Wie einer ist, so ist sein Gott.

Der Selbstbewußte braucht keinen fremden Halt.

Wo die Götter walten, sind die Teufel nicht fern.

Wo Gott seine Kirche hat, da hat der Teufel seine Kapelle.

Vor Bosheit ist man nie sicher.

Große Stadt braucht große Tore.

Gottesdienst

Viel Tempel, wenig Gottesdienst.

Zuviel Äußerlichkeit erstickt das Wesentliche.

Gottlose, der

Die Gottlosen kriegen die Neige.

Scherzhaft beim Umtrunk; nach Psalm 75,9.

Götze

Soviel Götzen, soviel Tempel.

Wenn der Götze tot ist, so wirft man ihn in den Dreck.

graben

Graben und Hacken macht rote Backen.

Je weiter wir graben, je tiefer wir kommen.

Wer will haben, der muß graben.

Graben

Hoffnung und Mut helfen über manchen Graben.

Man muß nicht jauchzen, bevor man über den Graben ist.

Solange man noch auf dem Stege ist, soll man nicht über den Graben spotten.

gram

Wem man gram, den wünscht man lahm.

Gram

Gram bricht auch ein starkes Herz.

Gram zahlt keine Schulden.

Gram zehrt im stillen.

grämen

Besser geschämt als gegrämt.

Gras

Auf einem Fußweg wächst kein Gras.

Aus Gras wird Heu.

Je fetter das Gras, je besser die Milch.

Je höher das Gras, je näher die Sense.

Wenn über eine dumme Sache endlich Gras gewachsen ist, kommt sicher ein Kamel gelaufen, das alles wieder 'runterfrißt.

Sprichwörtlicher Scherz.

Wer im Gras schläft, hat grüne Träume.

Wo jedermann geht, da wächst kein Gras.

grasen

In ander Leut Garten ist auch gut grasen.

Wer grast, der heut nicht.

Grashalm

Ein Grashalm macht keine Wiese.

Gräslein

Ein jedes Häslein findet sein Gräslein.

grau

Bei Nacht sind alle Katzen grau.

Dem grauen Scheitel dünkt alles eitel.

Ein grauer Kopf schützt nicht vor einem närrischen Arsch.

Es wird mancher grau, aber nicht weiß.

Wortspiel mit weiß und weise.

Graue Köpfe und blonde Gedanken passen nicht zusammen.

Grauer Morgen, heller Abend.

Hoffnung macht graue Haare.

Weil man darüber alt wird.

In grauen Haaren steckt auch ein guter Hengst.

Je grauer, je schlauer.

Zu grauen Haaren passen keine grünen Gedanken.

Grazie

Geld macht aus Vogelscheuchen Grazien.

greifen

Greif ans Rad, so geht der Karren.

Halten ist besser als greifen.

In einen offenen Kasten greift auch wohl eine ehrliche Hand.

Was man nicht greifen kann, muß man glauben.

Greis

Dem Greise fehlt's nicht an Appetit, aber beißen kann er nicht.

Ein verliebter Greis ist ein junger Narr.

Es gibt mehr junge Greise als alte.

Viele Greise und wenig Weise.

greisen

Mancher greiset, bevor er weiset.

Wird grau, aber nicht weise.

Grenzstein

Ein Grenzstein verhütet viel Streit.

Grete

Hans ist seiner Grete wert.

Jeder Hans findet seine Grete.

Jeder hat seine Grete lieb, und ist sie auch beschnuddelt.

Grille

Wem's nicht geht nach seinem Willen,
den stechen leicht die Grillen.

Wer Grillen jagt, wird Grillen fangen.

Grind

Grind lehrt kratzen.

Im Grind geht es der Laus gut.

Je mehr Läuse, je mehr Grind.

In einem großen Teich gibt's viel Fische.

grindig

Ein grindiger Kopf fürchtet den Kamm.

Wohin man räudig geht, von da kommt man grindig wieder.

grob

Auf einen groben Klotz gehört ein grober Keil.

Auf grobe Lüge derbe Wahrheit.

Bei den Groben wird man grob.

Es ist ein grober Scherz, der Taschen leert.

Grobe Köpfe behalten lange.

Grobes Garn gibt grobes Tuch.

Grobes Handwerk macht grobe Finger.

Grob hält gut.

Barsche Leute sind oft verläßlich.

Je gröber Flachs, je stärker Faden.

Lieber grob als falsch.

Ungeschickt haut grobe Späne.

Wer sich grob benimmt, wird auch grob behandelt.

Grobheit

Gar zu höflich sein ist auch eine Grobheit.

Groll

Aus altem Groll wird Haß.

Der Groll der Liebenden ist von kurzer Dauer.

Groll macht toll.

Heimlicher Groll sitzt tief.

Groschen

Besser heut' ein Groschen als morgen ein Gulden.

Das ist ein guter Groschen, der einen Gulden spart.

Die Groschen schlagen sich nicht in der Tasche.

Ein ehrlicher Groschen ist besser als ein gestohlener Taler.

Ein Groschen schützt den andern.

Besitz weiß sich zu verteidigen.

Ein Groschen von Herzen ist besser als ein Taler von der Hand.

Ein Groschen zum andern wird mit der Zeit ein Schatz.

Ein schneller Groschen ist besser als ein langsamer Sechser.

Wenn Groschen kommt, muß Heller aufstehen.

Wer den Groschen nicht ehrt wie den Gulden, der kommt bald zu Schulden.

Wer den Pfennig nicht spart, kommt nicht zum Groschen.

Wer einen Groschen spart, hat zwei verdient.

groß

Auf großen Seen sind große Wellen.

Auf großen Zorn folgt große Reue.

Aus kleinen Fehlern werden große.

Bei großem Geschrei ist wenig Klugheit.

Das Gerücht ist immer größer als die Wahrheit.

Weil es eine Kleinigkeit aufbauscht.

Das Unglück zeigt den großen Mann.

Der Teufel scheißt immer auf den größten Haufen.

Der Zufall kann große Dinge tun.

Die dümmsten Bauern haben die größten Kartoffeln.

Die Furcht hat große Augen.

Ein großer Mann begeht keine kleine Torheit.

Ein großer Teufel braucht eine große Hölle.

Ein großer Versprecher, ein kleiner Geber.

Ein großer Vogel braucht ein großes Nest.

Ein großes Herz ist geduldig.

Ein großes Licht verdunkelt das kleine.

Ein großes Maul ist schwer zu stopfen.

Ein großes Maul tut's nicht allein.

Ein kleiner Stein kann eine große Beule machen.

Ein kleines Etwas ist besser als ein großes Garnichts.

Es ist kein Mann so groß, er kann sich noch strecken, und keiner so klein, er kann sich noch bücken.

Es ist kein Tor so groß, es gibt noch einen größeren, der ihn bewundert.

Große Dinge gehen schwer an.

Große Fenster, große Scheiben.

Große Feuer bläst der Wind nicht aus.

Große Flüsse, große Fische,
große Städte, große Diebe.

Von Korruption.

Große Freud', großes Leid.

Große Hast kommt oft zu spät.

Große Herren haben lange Arme.

Große Herren wollen bedient sein.

Große Hörner, schöne Ochsen.

Große Keulen schlagen große Beulen.

Große Leute irren auch.

Große Leute, kleine Schwächen.

Große Liebe, großer Schmerz.

Große Löffel haben lange Stiele.

Der Arm eines Einflußreichen reicht weit.

Große Männer, kleine Rache.

Große Meere, große Wellen.

Große Not lehrt kleine tragen.

Große Prahler, schlechte Zahler.

Großer Leute Fehler sieht man weit.

Großer Schmerz ist stumm.

Große Sachen brauchen starke Arme.

Große Sager, kleine Wager.

Große Schiffe, große Wasser.

Großes Feuer, großer Rauch.

Große Siege kosten viel Leute.

Großes Maul, kleines Herz.

Große Stadt braucht große Tore.

Eine große Sache muß mit Großzügigkeit betrieben werden.

Große Städte, große Sünden.

Große Sünder, große Büßer.

Große Tugenden, große Fehler.

Große Worte, kleine Taten.

Groß mit Worten, wenig in der Tat.

Groß und gut ist selten beisammen.

Groß und klein, wie's der Hirt zum Tor hinaustreibt.

Man muß es nehmen, wie's kommt, eben gemischt.

Heute groß, morgen bloß.

In einem großen Teich gibt's viel Fische.

In großen Flüssen ertrinkt man leicht.

In großen Häusern stecken große Sorgen.

Je feiger Herz, je größer Zunge.

Je größer das Gebell, je größer das Ansehen.

Je größer der Hund, je größer der Knüppel.

Je größer der Narr, desto größer die (seine) Schelle.

Je größer der Planet, je weiter von der Sonne.

Je kälter also.

Je größer der Stein, je mehr plumpst es.

Je größer die Fenster, je stärker das Licht.

Je größer Eil', je minder Werk.

Je größer Lump, je größer Gunst.

Je größer, je schlimmer; je älter, je dümmer.

Je größer man ist, je mehr man bedarf.

Je größer Maul, je kleiner Kopf.

Je größer Narr, je größer Pfarr'.

Von unverdientem Glück.

Je größer Narr, je größer Stolz.

Je größer Neid, je größer Glück.

Je größer Stock, je böser Hund.

Je schöner Kind, je größer Liebe.

Was gefällt, findet Zuneigung.

Kleine Diebe hängt man, große läßt man laufen.

Kleine Kinder, kleine Sorgen,
große Kinder, große Sorgen.

Kleine Leute, große Herzen.

Kleine Ursachen, große Wirkungen.

Man muß nicht alles an die große Glocke hängen.

Man wärmt sich bald bei großem Feuer.

Mit großen Herren ist nicht gut Kirschen essen.

Mit Kleinem fängt man an, mit Großem hört man auf.

Sich selber kennen ist die größte Weisheit.

Sich selbst überwinden ist der größte Sieg.

Viele Kleine machen ein Großes.

Von großen Herrn halt dich fern.

Wenn große Häuser einstürzen, gibt es viel Staub.

Wer das Geringe verachtet, dem wird das Große nicht gebracht.

Wer das Große will, muß das Kleine opfern.

Wer ein großes Maul hat, muß einen breiten Rücken haben.

Um die Schläge einzustecken, die man für seine Großmäuligkeit bekommt.

Wer Großes will, hat's halb getan.

Wer Großes will, hat viel Feinde.

Viel Hindernisse zu überwinden.

Wer Großes will, muß Großes wagen.

Wie die großen Uhren schlagen, so folgen die kleinen.

Zorn ist der Stachel zu großen Taten.

Zu einem großen Sprung gehört ein großer Anlauf.

Zwei Kleine machen ein Großes, zwei Wenig machen ein Viel.

Gutes Maß ist besser als schlechter Glaube.

Große, der

Dem Großen ein Stück, dem Kleinen ein Stückchen.

Die Kleinen jagen die Großen.

Die kleinen Trümpfe beim Kartenspiel.

Wenn die Großen sich rupfen, verlieren die Bauern die Haare.

Wer den Großen in den Arsch kriecht, kommt leicht auf den Mist.

Größe

An der Größe liegt nicht viel.

Keine Größe ohne Blöße.

Was an der Größe abgeht, muß die Menge ersetzen.

Großhans

Was Großhans sündigt, muß Kleinhans büßen.

Großmaul

Großmaul ist bei der Arbeit faul.

Großmauls Degen sticht nicht.

Großmut

Bei einer Pfennigseele muß man nicht nach Großmut fragen.

Großmutter

Der hat gut leben, dessen Großmutter hexen kann.

großtun

Großtun ist keine Kunst.

Großtun ist mein Leben; Bruder, leih mir einen Sechser.

Großtun ist mein Reichtum, Nichtshaben mein Vetter.

Grube

Wer andern eine Grube gräbt, fällt selbst hinein.

Nach Sprüche Salomos 26,27.

grün

Auch das schönste Grün wird einmal Heu.

Je dürrer die Zeit, je grüner die Hoffnung.

Je grüner das Holz, je dicker der Rauch.

Grund

Auf eigenem Grunde baut man am besten.

Man richte sich nach seinem eigenen Urteil.

Es hat seinen Grund, wenn der Gaul den Schwanz hebt.

Für Toren gibt es keine guten Gründe.

Was in aller Leute Mund,
ist nicht immer ohne Grund.

Wer ohne Ursache zürnt, der versöhnt sich ohne Grund.

Wie der Grund, so das Gebäude.

Wo einerlei Grund und Ursach ist, da soll auch einerlei Recht sein.

Man soll mit gleichem Maß messen.

Wo es an Gründen fehlt, gebraucht man die Fäuste.

Zwei Gründe sind weniger als einer.

Gründling

Wer einen Gründling fängt, der fängt auch einen Fisch.

grünen

Was bald grünt, verdirbt bald.

grunzen

Sogar eine Sau grunzt, wenn sie vorbeigeht.

Wenn jemand nicht grüßt.

Von der Sau lernen die Ferkel grunzen.

Gruß

Gruß freut den Gast und ehrt den Wirt.

Gruß kommt von Hofe.

Gruß soll man mit Gruß vergelten.

Guter Gruß, guter Dank.

Wie der Gruß, so der Dank.

grüßen

Freundlich grüßen kostet nicht viel.

Grüßen ist Höflichkeit, Danken ist Schuldigkeit.

Man grüßt oft den Zaun des Gartens wegen.

Ungeschickt läßt grüßen.

Wie gegrüßt, so gedankt.

Wie man dich grüßt, so sollst du danken.

Grütze

Hat man nur erst die Grütze, so findet sich auch der Löffel.

gucken

Jeder gucke in seinen Rinnstein.
Und kehre dann vor seiner Tür.

Gulden

Aus Kreuzern werden Gulden.

Der Heller macht den Gulden ganz.

Ein versprochener Gulden ist keinen halben wert.

Heller zu Heller, so wird ein Gulden draus.

Viel Gulden, viel Freunde.

Viel Pfennige geben auch einen Gulden.

Wenn hundert Gulden vor dem Bett stehen, schläft sich's desto sanfter.

Wer einen Pfennig stiehlt, stiehlt auch wohl einen Gulden.

Gunst

Die erste Gunst ist Gunst, die zweite schon Pflicht.

Ein Quentchen Gunst gilt mehr als ein Scheffel Recht.
Bei vorhandenem Wohlwollen erlangt man mehr, als wenn man das, was einem rechtens zusteht, durchsetzen muß.

Gabe macht Gunst.

Gunst bekommt man nicht umsunst.

Gunst ist blind.

Gunst ist wetterwendisch.

Heute Gunst, morgen Ungunst.

Je größer Lump, je größer Gunst.

Kunst hat Gunst.

Mangelt die Gunst, so brauch deine Kunst.

Wer bei den Frauen keine Gunst hat, kann sich leicht der Keuschheit rühmen.

Wer die Gunst hat, braucht für die Gabe nicht zu sorgen.

Wer Gunst hat, sitzt bald oben (dem wird der Sack bald voll).

Wo die Gunst redet, muß die Zunge schweigen.

Günstling

Wer dem Günstling schmeichelt, macht dem Fürsten den Hof.

Gurgel

Man kann sich die Gurgel ebensobald abweiben wie absaufen.

Gürtel

Unter dem Gürtel ist kein Verstand.

Guß

Starke Güsse sind nicht von Dauer.

gut

Aller guten Dinge sind drei.

Alles Gute kommt von oben.
Scherzwort, wenn etwas von oben herabfällt, besonders Vogeldreck.

Allzu gute Worte haben wenig Glauben.

Am schönsten kleiden gute Sitten.

Auch des Guten kann man zuviel tun.

Auch des Guten wird man überdrüssig.

Auf gute Anrede folgt guter Bescheid.

Aus Bösem kommt nichts Gutes.

Bei gutem Wetter kann jeder Steuermann sein.

Besser einmal gut als zweimal schlecht.

Böses schreibt man in Stein, Gutes in Sand.

Das Bessere ist der Feind des Guten.

Nach Voltaire, Dictionnaire Philosophique.

Das Böse lernt sich leicht, das Gute schwer.

Das Ende bedacht hat viel Gutes gebracht.

Das Gute bleibt unvergessen.

Das Gute lobt sich selbst.

Das Gute sagt man, aber man tut's nicht; das Böse tut man und sagt's nicht.

Das Gute tue gut, das Rechte recht.

Das Gute wirkt im stillen.

Das ist gut, was jedermann begehrt.

Der gute Wille tut viel.

Der Spaß ist gut, wenn jeder lacht.

Der Tabak ist gut, sagte der Bauer, wo ist der Dreck her?

Spöttisches Lob auf eine schlechte Sache.

Der Weg zur Hölle ist mit lauter guten Vorsätzen gepflastert.

Der Wein ist gut, der fröhlich macht.

Die guten Jahre müssen die schlechten tragen.

Eine gute Sache braucht nicht viel Worte.

Ein guter Freund, ein guter Arzt.

Ein guter Freund kommt ungebeten.

Ein guter Hund scheißt nicht in seine Bude.

Ein guter Kopf hat hundert Hände.

Ein guter Magen kann viel vertragen.

Ein guter Name ist der schönste Orden.

Ein guter Ruf ist bald verloren.

Ein guter Schütze zielt nicht lange.

Selbstvertrauen macht entschlossen.

Ein guter Trunk macht Alte jung.

Ein gutes Jahr dauert nicht lange.

Ein gutes Wort vermag viel.

Ein gutes Wort verwundet nicht.

Hilfreiche Kritik ist nicht verletzend.

Ende gut, alles gut.

Es braucht wenig Zeit, viel Gutes zu tun, aber auch wenig Zeit, viel Böses zu stiften.

Es geht nie so gut, um nicht fürchten zu müssen, und nie so schlecht, um nicht hoffen zu können.

Es ist alles gut, was man umsonst gibt.

Es ist nicht alles gut, was nach Wunsch geht.

Es ist nicht genug, das Gute zu wissen.

Man muß es auch tun.

Es ist nicht jeder ein guter Streiter, der ein gutes Schwert trägt.

Es ist nichts so gut, man kann es mißbrauchen.

Es ist nichts so schlimm, es hat sein Gutes.

Es ist selten gut, was einer aus Zorn tut.

Etwas Gutes zu lernen ist es nie zu spät.

Für Toren gibt es keine guten Gründe.

Gar zu gut ist halb schlimm.

Gelehrte reden viel Gutes, aber keiner tut es.

Gut bedacht, gut gemacht.

Gut Ding will Weile haben.

Gute Antwort bricht den Zorn.

Gute Aufsicht ist halbe Erziehung.

Gute Gebräuche soll man erhalten.

Gute Gedanken kommen über Nacht.

Gute Gewöhnung ist gute Erziehung.

Gute Hut macht guten Frieden.

Gute Lehrlinge werden gute Meister.

Gute Leute können viel tun.

Guter Anfang, gutes Ende.

Guter Anlauf, guter Sprung.

Guter Gruß, guter Dank.

Guter Lohn macht hurtige Hände.

Guter Markt leert den Beutel.

Guter Mut ist halbe Arbeit.

Guter Rat kommt nie zu spät.

Guter Samen geht bald auf.

Guter Sold schlägt den Feind.

Ohne Anerkennung keine Leistung.

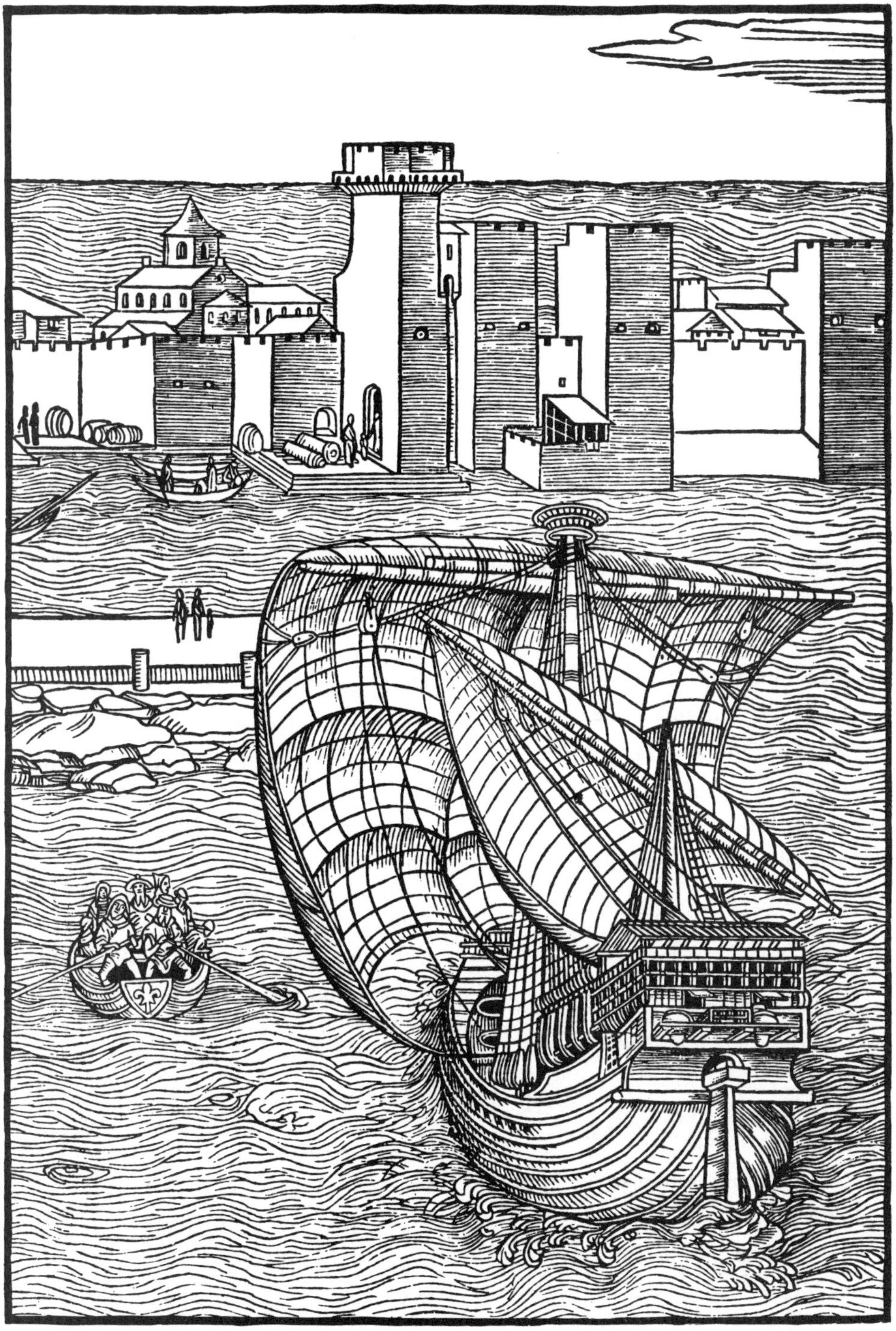

Mit gutem Wind ist gut segeln.

Guter Ton gibt gute Töpfe.

Guter Umgang verbessert schlechte Sitten.

Guter Wein, lang Geschwätz.

Guter Wein macht böse Köpfe.

Guter Wein macht muntere Pferde.

Guter Wille findet bald Gelegenheit.

Guter Wille, gute Tat.

Guter Wille hat geschwinde Füße.

Guter Wille vermag viel.

Guter Wind, gute Fahrt.

Guter Zwirn gibt feste Naht.

Gute Saat, gute Ernte.

Gutes Korn gibt gutes Brot.

Gutes Land will gute Pflege.

Gutes Leder dehnt sich.

Gutes Maß ist besser als schlechter Glaube.

Exakte Abrechnung gibt keinen Streit.

Gutes Mehl, gutes Brot.

Gutes Pferd, kurzer Ritt.

Gutes Recht braucht gute Hilfe.

Eine gute Sache muß auch gut vertreten werden.

Gutes trägt seinen Lohn in sich.

Gutes tun ist nie zu spät.

Gutes tun soll heimlich geschehen.

Gutes Wort hilft fort.

Gute Tage fordern Schweiß.

Sie wollen erarbeitet sein.

Gute Taten leuchten auch im Dunkeln.

Man muß sie nicht prahlerisch ins rechte Licht setzen.

Gute Vorbereitung ist das halbe Werk.

Gute Ware lobt sich selbst.

Gute Zimmerleute machen wenig Späne.

Gut Freund, gut Pfand.

Gut gemeint wird oft beweint.

Gut genug taugt selten viel.

Gut gepfeffert ist halb verdaut.

Gut ist genug.

Gut ist, was gut endet.

Gut kommt nicht zu oft.

Gut machen ist besser als gut meinen.

Ich sitze gut, sagte die Katze, da saß sie auf dem Speck.

Immer was Neues, selten was Gutes (was Gescheites).

In der Wut tut niemand gut.

Ist nur die Wirtin schön, ist der Wein auch gut.

Jedes Böse bringt sein Gutes.

Kein Buch so schlecht, es steckt was Gutes drin.

Machst du's gut, so hast du's gut.

Man kann des Guten nicht zuviel tun, sagte die Frau und ertränkte sich im Weihwasser.

Man schätzt das Gute erst, wenn es dahin ist.

Man wird auch der guten Tage überdrüssig.

Mißtrauen kann nichts Gutes erbauen.

Mit gutem Winde ist gut segeln.

Mut macht alles gut.

Sät einer Gutes, so schneidet er nichts Böses.

Schnell genug ist gut genug.

Tue Gutes und sieh dich nicht um.

Man soll sich auf dem rechten Wege nicht beirren lassen.

Über gute Zeiten beklagt man sich nicht.

Vom Guten spricht man wenig, vom Bösen desto mehr.

Was gut ist, bezahlt man nicht zu teuer.

Was gut ist, das ist schön genug.

Auf Äußerlichkeiten kommt es nicht mehr an, wenn die Sache insgesamt gefällt.

Was gut ist, holt der Teufel zuerst.

Was gut ist, muß man auch gut sein lassen.

Was lange währt, wird endlich gut.

Was Liebe tut, ist alles gut.

Wem es nicht schlecht geht, dem geht's gut genug.

Wenn das Gute fehlt, muß man das Bessere nehmen.

Wer am Tage Gutes tut,
hat am Abend frohen Mut.

Wer Böses tut, darf nichts Gutes hoffen.

Wer das Gute genossen hat, wischt sich den Mund.

Wer etwas Gutes bringt, kommt nicht zu oft.

Zwei Krücken sind noch lange kein gesundes Bein.

Wer Gutes weiß, soll nichts Böses reden.

Wer gut futtert, der gut buttert.

Wer gut füttert, hat gut fahren.

Wer gut schmiert, der gut fährt.

Wer gut zahlt, wird gut bedient.

Wer mir Gutes bringt, dem lass' ich die Hälfte, wer mir Böses bringt, dem lass' ich's ganz.

Wer nichts Gutes tut, der tut schon Böses genug.

Wer nichts Gutes tut, kann nichts Gutes erwarten.

Wer's nie bös macht, der macht's nie gut.

Wer will, daß man Gutes von ihm rede, der rede nichts Schlechtes von anderen.

Wer's zu gut haben will, wird oft betrogen.

Wo man das Gute hegt, da wächst es.

Zu bösen Sachen kann man nicht viel Gutes reden.

Zu guten Freunden ist der Weg nicht weit.

Gut

Ander Leut Gut, ander Leut Sorge.

Der nächste am Blut, der erste am Gut.
Bei der Erbfolge.

Ehre geht vor Gut und Geld.

Gestohlenes Gut liegt schwer im Magen.

Großes Gut, große Sorge.

Güter brauchen Hüter.

Gut hin, Mut hin.

Gut macht Freunde.

Gut macht Mut.

Gut verloren, nichts verloren,
Mut verloren, halb verloren,
aber Ehre verloren, alles verloren.

Gut will Hut.

Gut will zu Gut.
Bei der Geldheirat.

Je mehr Gut, je mehr Sorge.

Leib an Leib, Gut an Gut.
Von der Ehe.

Unrecht Gut gedeiht nicht.
Nach Sprüche Salomos 10,2.

Unrecht Gut tut nimmer gut.

Viel Gut, wenig Herz.

Wer nach fremdem Gut trachtet, verliert das seine.

Wer sein Gut wegwirft, muß nicht über den Bettelstab klagen.

Wer sein Gut will genießen,
muß es gut verschließen.

Gute, der

Gute und Böse wohnen in der Welt,
Gute und Böse bauen das Feld.
Nicht alle sind, wie man's gern hätte.

Sei der Guten Freund, so brauchst du dich vor den Schlechten nicht zu fürchten.

Von Guten lernt man Gutes, von Bösen Böses.

Von Guten redet man gut.

Wer bei einem Guten niedersitzt, der steht bei einem Guten wieder auf.

Guter Umgang hat guten Einfluß.

Wer den Guten ermahnt, bessert ihn.

Ein ordentlicher Mensch nimmt Lehre an.

Wer die Schlechten schont, schadet den Guten.

Güte

Güte bricht einem kein Bein.

Güte tut mehr als Gewalt.

Wer Güte erweist, kann Güte erwarten.

Gutgenug

Der Gutgenug macht's schlecht genug.

gutmachen

Bald gutgemacht ist nur halb verschuldet.

Wenn etwas gutzumachen ist, muß man selber gehen.

gutmütig

Allzu gutmütig ist Nachbars Narr.

gutsagen

Wer gutsagt, muß bezahlen.

guttun

Eilen tut selten gut.

Heißes Blut tut nicht gut.

Übermut tut selten (niemals) gut.

Was dem Schneider guttut, bringt den Schuster um.

Gutwillige, der

Der Gutwillige wird Gemeindeesel.

H

Haar

Auch ein Haar hat seinen Schatten.

Den Willigen kann man mit einem Haar herbeiziehen.

Der Abwesende muß Haare lassen.

Es kommt auf ein Haar nicht an, wenn man die Kuh schert.

Für graue Haare passen keine grünen Gedanken.

Glück und Haar wächst alle Jahr.

Grauem Haar steht Weisheit wohl.

Haar für Haar reißt man dem Esel den Schwanz aus.

Haar und Schaden wachsen alle Tage.

Haar und Unglück wächst über Nacht.

Im langen Haar stecken auch Fechter.

Immer nur ein Haar, und der Mann wird kahl.

In grauen Haaren steckt auch ein guter Hengst.

Jedes Jahr fordert Haar.

Krause Haare, krauser Sinn.

Kurzes Haar ist bald gebürstet.
Kleinigkeiten sind rasch erledigt.

Lange Haare, kurzer Sinn (Verstand).
Ein sprichwörtliches Vorurteil.

Mancher greift erst zum Kamm, wenn er keine Haare mehr hat.

Man kämmt vergeblich, wo kein Haar ist.

Man kann wohl Haare lassen, aber man muß die Haut behalten.

Sorgen und Jahre machen graue Haare.

Viele Haare geben eine Bürste.

Wem seine Haare lieb sind, der muß keine Händel anfangen.

Wenn sich die Könige raufen, müssen die Bauern Haare lassen.

Wer sich ein Haar krümmen läßt, dem krümmt man bald den Rücken.

Wer sich mit dem Teufel rauft, muß Haare lassen.

Wo das Pferd liegt, da läßt es auch Haare.

Wo Haare sind, da kann man raufen.

Wo sich der Esel wälzt, da muß er Haare lassen.

Habdank

Habdank füllt den Beutel nicht.

Habe

Wer seine Habe vertut, der greift leicht zu fremdem Gut.

haben

Besser haben als hoffen (hätten).

Der Geizige entbehrt, was er hat, und begehrt, was er nicht hat.

Ehe man gibt, muß man haben.
Auch von Kenntnissen.

Einer hat's, der andere hat's gehabt, der dritte hätt's gern.

Einer hat zuviel, der andere zuwenig, aber keiner genug.

Es ist leicht zu haben, was niemand begehrt.

Genug haben ist mehr als viel haben.

Habe gehabt ist ein armer Mann, habe gewußt ein dummer.

Haben ist haben, aber bekommen eine Kunst.

Haben und kriegen ist zweierlei.

Haben wir keine Eier, so braten wir's Nest.

Haben wir keine Semmel, so haben wir doch Brot.

Man muß sich einzurichten wissen.

Hab ich, was klingt,
so krieg ich, was singt.

Hast du die Nadel, ich habe den Faden.

Eine Hand wäscht die andere.

Hast du viel, so brauchst du mehr.

Hast du was, so bist du was.

Hat man keine, so will man verzagen,
hat man eine, so ist man geschlagen.

Hat man keins, so macht man eins.

Hat man viel, so vertut man auch viel.

Ich gebe, wie ich's habe, und nehme, wie ich's kriege.

Iß, wenn du hast, und faste, wenn du mußt.

Jeder gilt, soviel er hat.

Auch von Fähigkeiten.

Je mehr man hat, je mehr man braucht.

Je mehr man hat, je mehr man will,
nie schweigen unsre Wünsche still.

Keiner hat alles und keiner hat nichts.

Läufst du nicht, so hast du nicht.

Lerne was, so kannst du was;
schaffe was, so hast du was.

Machst du's gut, so hast du's gut.

Man hängt keinen Dieb, bevor man ihn hat.

Man hängt keinen, man habe ihn denn.

Man kann (muß) nicht alles haben.

Man muß nicht wollen, was man nicht haben kann.

Man weiß wohl, was man hat, aber nicht, was man bekommt.

Mehr will mehr haben.

Nur wer etwas hat, kann etwas geben.

Von einem Nichtskönner ist auch nicht viel zu erwarten.

Selber haben ist besser als borgen.

Selber tun, selber haben.

Spare in der Zeit, so hast du in der Not.

Spare was, so hast du was.

Sparwas hat was.

Viel wissen ist besser als viel haben.

Was andere haben, gefällt uns, und was wir haben, gefällt anderen.

Was du hast, das laß dir lieb sein.

Was einer gern hätte, davon träumt ihm.

Was einer haben soll, das kriegt er auch.

Was einer nicht hat, das kann er nicht verlieren.

Was einer selbst nicht hat, das kann er andern nicht geben.

Nur der Überzeugte kann überzeugen.

Was ich hab', das hab' ich.

Was ich hab', das mag ich nicht, und was ich mag, das hab' ich nicht.

Was man hat, das achtet man nicht.

Was man hat, das hat man.

Was man hat, muß man nützen.

Was man nicht haben kann,
das tut man in den Bann.

Was sich haben soll, das kriegt sich (auch).

Wenig haben ist bald gezählt.

Wer da hat, dem wird gegeben.

Nach Matthäus 13,12.

Wer das eine haben will, muß sich das andere gefallen lassen.

Wer etwas haben will, muß zulangen.

Man muß seine Chance nützen.

Wer genug hat, dem fehlt nichts.

Wer gibt, der hat auch.

Wer haben will, ist selten willkommen.

Wer hat, dem trägt jedermann zu.

Wer hat, was er will, der frißt, was er mag.

Von Egoisten.

Wer nicht hat, was er will, muß wollen, was er hat.

Wer nichts hat, dem kann man nichts nehmen.

Wer nichts hat, entbehrt genug.

Wer nichts hat, kann nichts geben.

Wer nicht will, der hat schon.

Wer nie genug hat, ist immer arm.

Wer spart, wenn er hat, der findet, wenn er braucht.

Wer's so haben will, dem geschieht kein Unrecht.

Wer viel haben will, der muß viel wagen.

Wer viel hat, dem traut man viel.

Wer viel hat, hat selten genug.

Wer viel hat, will mehr haben.

Wer was haben will, der muß danach gehen.

Wer was hat, der was kann.

Wer was spart, der was hat.

Wer wenig hat, kann wenig missen.

Wer will haben, der muß graben.

Wie man's treibt, so hat man's.

Habenichts

Sparnichts und Habenichts wohnen unter einem Dach.

Haber

Kurzer Haber, lange Säcke.

Wenig Lohn macht langsame Arbeiter.

Wäre nicht das Aber,
jedes Pferd hätt' seinen Haber.

↗ *Hafer*

Habich

Ein dürrer Habich ist besser als ein fetter Hättich.

Habicht

Aus einer Taube wird kein Habicht.

Laß die Lerche fliegen, der Habicht kriegt sie doch.

Wenn man den Habicht nicht fangen kann, muß man ihn Adler rufen.

Wer den Habicht hegt, ist kein Freund der Tauben.

Wo Habichte wohnen, schlagen keine Nachtigallen.

Wo Tauben sind, da fehlt es nicht an Habichten.

Habsucht

Habsucht macht arm.

Hab und Gut

Viel Hab und Gut macht tolles Blut.

Hacke

Als der Herr die Hacke schuf, da schuf er auch den Stiel.

hacken

Graben und Hacken macht rote Backen.

Wie man in einen Klotz hackt, so fallen die Späne.

hadern

Wer da hadert um ein Schwein,
nehm' eine Wurst und lass' es sein.

Rat zum gütlichen Vergleich.

Wer gern hadert, wird oft geschlagen.

Wer nichts zu hadern hat, der nehme ein Weib.

Hafen

Der eine zerbricht Häfen, der andere Krüge.

Jeder Hafen hat seinen Deckel.

Hafer

Das Pferd will wohl den Hafer, aber nicht den Sattel.

Das Pferd zieht nicht, aber der Hafer.

Dem Pferde den Hafer, dem Esel das Stroh.

Im stillen ist gut Hafer säen.

Man muß mit Klee füttern, wenn man keinen Hafer hat.

Mit Hafer lockt man, mit Sporen fährt man.

Was helfen die Gäule, wenn der Hafer fehlt.

↗ *Haber*

Hahn

An den Sporen erkennt man den Hahn.

Dem alten Hahn ein junges Hühnchen.

Den Hahn kennt man beim Kamm.

Der Hahn ist König auf seinem Miste.

Der Hahn ist kühn (stolz) auf seinem Mist.

Der Hahn kräht nicht auf Befehl.

Der Morgen kommt, auch wenn der Hahn nicht kräht.

Die Schule ist unnütz, in der der Hahn krähen lernen soll.

Ehe der Hahn kräht, schlägt er mit den Fittichen.

Ein guter Hahn wird selten fett.

Ein jeder ist Hahn auf seinem Mist.

Ein kleiner Hahn ist auch ein Mann.

Ein magerer Hahn kräht gut.

Gescheite Hähne frißt der Fuchs auch.

Kräht der Hahn auf dem Mist, ändert sich's Wetter, oder es bleibt, wie's ist.

Trittst du mein Huhn, so wirst du mein Hahn.

Ursprünglich Rechtssprichwort: Wer eine Leibeigene heiratete, wurde selber hörig.

Viel besser krähet jeder Hahn,
wenn er die Kehle feuchtet an.

Vom alten Hahn lernt der junge sein Kikeriki.

Was zum Hahn werden soll, rötet bald den Kamm.

Wem's glückt, dem legt ein Hahn Eier.

Wenn der Hahn krähen will, fliegt er auf einen Pfahl.

Von Eitlen, die sich gern bewundern lassen.

Wenn ein Hahn kräht, so krähen sie alle.

Wie die alten Hähne krähen, so krähen auch die jungen.

Zwei Hähne auf einem Mist vertragen sich nicht.

Häkchen

Früh krümmt sich, was ein Häkchen werden will.

Was ein Häkchen werden will, krümmt sich beizeiten.

halb

Allzuviel Ehre ist halbe Schande.

Beherzt geredet ist halb gefochten.

Besser halb verloren als ganz.

Das Halbe ist oft besser als das Ganze.

Ein guter Anlauf ist der halbe Sprung.

Ein gutes Wort ist halbes Futter.

Ein halber Doktor in der Nähe ist besser als ein ganzer in der Ferne.

Ein kranker Mensch, ein halber Mensch.

Frisch angefangen ist halb getan.

Frisch gewagt ist halb gewonnen.

Frisch vom Leder ist halb gefochten.

Gar zu gut ist halb schlimm.

Geheime Sünde ist halb verziehen.

Wenn sie kein Aufsehen erregt.

Geklagtes Leid ist halbes Leid.

Geteilter Schmerz ist halber Schmerz, geteilte Freude ist doppelte Freude.

Gewarnter Mann ist halb gerettet.

Gute Aufsicht ist halbe Erziehung.

Gute Exempel, halbe Predigt.

Guter Anfang (Mut) ist halbe Arbeit.

Gut gekaut ist halb verdaut.

Gut gelobt ist halb verkauft.

Gut gepfeffert ist halb verdaut.

Gut geputzt ist halb gefüttert.

Gut gesagt ist halb getan.

Gut geschlagen ist halb geschliffen.

Gut gesessen ist halb gegessen.

Behaglichkeit gehört zum Wohlbefinden.

Halbe Arbeit ist gar keine.

Halbe Gabe, halbe Freundschaft.

Halb erbeten, halb erlaufen.

Halb fromm, halb Schalk
füllt den Beutel und Balg.

Halb und halb entschlossen
ist bald ganz verdrossen.

Halb und halb ist nicht ganz.

Höflichkeit ist halbe Bezahlung.

Jeder Zwerg ist ein halber Riese.

Von Geltungssucht.

Lieber das Halbe ganz als das Ganze halb.

Lieber gar nichts als halb.

Ordnung ist das halbe Leben.

*Wer den Habicht hegt,
ist kein Freund der Tauben.*

Rast ist die halbe Mast.

Reinlichkeit ist's halbe Leben.

Sehen tut's halb, Hören ganz.

Man kennt einen Menschen erst, wenn man weiß, wie er denkt und redet.

Stöhnen ist die halbe Arbeit.

Wer auf halbem Wege umkehrt, der irrt nur zur Hälfte.

Wer den Schlag erwartet, den trifft er nur halb.

Wer Großes will, hat's halb getan.

Wer halb gibt, dem wird halb gedankt.

Wer ohne Freund ist, lebt nur halb.

Wer sich fürchtet, der ist halb geschlagen.

Wer sich nicht ums Ganze wehrt, muß ums Halbe fechten.

Wer über die Türschwelle ist, hat die Reise halb getan.

Wer zögert, hat das Spiel halb verloren.

Wer zu gescheit ist, ist halb ein Narr.

Wohl bereut ist halb gebüßt.

Wohl überlegt ist halb getan.

Zusehen ist halbe Arbeit.

Wenn man Erfahrung sammelt.

Zu sehr gelobt ist halb gescholten.

Zwei Halbe machen ein Ganzes.

Halbheit

Man muß der Halbheit auch ihr Recht lassen.

Nicht immer erreicht man alles.

halbwegs

Wenn's halbwegs ist, muß man's ganz loben.

Hälfte

Die Hälfte ist mehr als das Ganze.

Nach Hesiod, Werke und Tage.

Wer einen Schritt zur Hölle getan, der hat die Hälfte des Weges hinter sich.

Wer auf die schiefe Bahn gerät, sinkt leicht immer tiefer.

Wer zehn Schritte zurücklegen will, hat mit neunen noch nicht die Hälfte.

Wer zur Tür hinaus ist, hat die Hälfte der Reise getan.

Wo die Hälfte dran fehlt, da fehlt genug.

Halm

Wenn man den reifen Halm schüttelt, so fallen die Körner heraus.

Hals

Aus einem verzagten Halse kommt kein lustiges Lied.

Bekennen bricht den Hals.

Der Geständige gibt sich schuldig.

Besser ein Bein brechen als den Hals (das Genick).

Böse Zunge bricht den Hals.

Den eigenen oder den fremden, weil Verleumdung auf jeden Fall Schaden anrichtet.

Der Hals ist bald trocken, wenn er umsonst singen soll.

Eile brach den Hals.

Geradezu bricht oft den Hals.

Jeder stiehlt auf seinen Hals.

Vorwitz bricht den Hals.

Was der Mund redet, muß der Hals bezahlen.

Für unüberlegtes Gerede muß man geradestehen.

Wer den Hals brechen will, findet die Leiter im Finstern.

Wo Reden den Hals kostet, ist Schweigen eine Tugend.

Halsband

Wo's Brauch (Mode) ist, trägt man den Kuhschwanz als Halsband.

halsen

Viel Halsen, wenig Herzen.

halten

Alle Eide kann man nicht halten.

Nicht alle guten Vorsätze.

Allzu fein hält nicht.

Auf den man nicht wartet, von dem hält man nichts.

Auf sich halten kostet kein Geld.

Die alten Freunde halten in der Not.

Die am meisten versprechen, pflegen am wenigsten zu halten.

Doppelt (genäht) hält besser.

Ehrlich hält ewig (sagte der Schneider, und dann kann man noch einen Schlafrock draus machen).

Einer hält es mit dem Pastor, der andere mit der (Frau) Pastorin.

Ein Schalk hält's mit dem andern.

Ein Sieb hält kein Wasser.

Von Klatschbasen.

Fein auf fein hält nicht.

Feiner Zwirn hält nicht.

Geflickt hält so lange als ganz.

Geloben ist ehrlich, Halten beschwerlich.

Grob hält gut.

Halten ist besser als greifen.

Halten ist eins und versprechen ein anderes.

Halt es mit den Lebendigen.

Hältst du mit mir, so halt' ich mit dir.

Jeder hält das Seine für schön.

Jeder hält sein Blei für Silber.

Jeder hält seine Braut für die schönste.

Jeder hält seine Gänse für Schwäne.

Jeder hält seine Last für die schwerste.

Jeder hält seinen Teufel für einen Engel.

Jeder hält seine Puppe für die schönste.

Laß laufen, was du nicht halten kannst.

Treuer Liebe Band
hält über Meer und Land.

Versprechen ist herrisch, halten bäurisch.

Viel zusagen, wenig halten.

Was einer nicht in Händen hat, kann er auch nicht halten.

Was langsam wächst, hält lange.

Was man nicht halten kann, muß man nicht geloben (versprechen).

Was nicht hält, das bricht.

Was nicht halten will, muß reißen.

Was soll's auch ewig halten, sagte der Maurer, da fiel ihm der Backofen über dem Kopf zusammen.

Wenn die alten Gäule in Gang kommen, sind sie nicht zu halten.

Wer den Mehlsack trägt, den hält man für den Müller.

Wer die Leiter hält, ist so schuldig wie der Dieb.

Wer drauf hält, dem wird's wahr.

Wer eine Kutte trägt, den hält man für fromm.

Wer gehen will, den soll man nicht halten.

Wer nichts verspricht, braucht nichts zu halten.

Wer sich für gut hält, fängt an, schlecht zu werden.

Wer sich Störche hält, muß auch für Frösche sorgen.

Wer's mit dem Pförtner hält, findet bald Einlaß.

Wer über einen Maulesel gesetzt ist, hält sich auch für einen Herrn.

Wer von sich selber viel hält, von dem halten andere am wenigsten.

Wie sich einer hält, so redet man ihm nach.

Wie sich einer hält, so wird er gehalten.

Zusagen ist keine Kunst, sondern Halten.

Zusagen und halten ist zweierlei.

Hammel

Wenn du mir den Hammel schenkst, so schenk' ich dir das Fell.

Wer einen Hammel will, muß um einen Ochsen bitten.

Wohin der Hammel geht, dahin gehen auch die Schafe.

Hammer

Ein guter Amboß fürchtet keinen Hammer.

Ein guter Hammer macht einen guten Schmied.

Geht's nicht mit dem Hammer, so nimmt man den Stiel.

Goldener Hammer bricht eisernes Tor.

Heute Amboß, morgen Hammer.

Lieber Hammer als Amboß.

Wer zwischen Hammer und Amboß kommt, wird geschlagen.

hämmern

Der Fleiß hämmert das Eisen heiß.

Wer bei der Schmiede wohnt, gewöhnt sich ans Hämmern.

Hamster

Dem fleißigen Hamster schadet der Winter nicht.

Hand

Andere Hand, anderes Glück.

Andere Hände haben immer die fettesten Schnitten.

Andere Leute haben auch Hände.

An schmierigen Händen bleibt viel kleben.

Aus erster Hand ist der beste Kauf.

Bereite Hand lobt alles Land.

Besser einmal helfen mit der Hand als zweimal mit dem Maul.

Besser ein Spatz in der Hand als eine Taube auf dem Dach.

Der freigebigen Hand fehlt es an Freunden nicht.

Der Kopf ist stärker als die Hände.

Der muß nicht von Freiheit reden, dem Hände und Füße gebunden sind.

Des Faulen Hände sind zart.

Des Fleißigen Hand macht reich.

Die Hand muß klüger sein als die Zunge.

Die linke Hand kommt von Herzen.

Eigentlich von der sogenannten Ehe zur linken Hand, der unebenbürtigen Liebesheirat.

Die rechte Hand muß nicht wissen, was die linke tut.

Eigene Hand ist die nächste.

Eigene Hand ist Herr im Land.

Um seine Angelegenheiten sollte man sich selber kümmern.

Eine Hand, die schenkt, wird nicht gekränkt.

Eine Hand gibt, die andere nimmt.

Der Hahn ist König auf seinem Miste.

Eine Hand wäscht die andere.

Nach Epicharmos.

Eine kluge Hand macht nicht alles, was eine närrische Zunge schwatzt.

Eine schöne Hand braucht keine Ringe.

Eine weiße Hand ist rein genug.

Ein guter Kopf hat hundert Hände.

Ein guter Rat ist besser als hundert Hände.

Es beten nicht alle, die die Hände falten.

Fleißige Hand baut Leut und Land.

Fleiß ist des Glückes rechte Hand, Sparsamkeit die linke.

Gebende Hand hat viel Freunde.

Guter Lohn macht hurtige Hände.

Hat der Teufel erst einen Finger, dann kriegt er auch die Hand.

In einen offenen Geldkasten greift auch wohl eine ehrliche Hand.

Jede Hand ist fünf Finger wert.

Je langsamer die Hand, je flinker die Not.

Je reger der Mund, je träger die Hände.

Je weniger die Hände tun, desto mehr tut die Zunge.

Kalte Hände, warme Liebe.

Da Alter vor Liebe nicht schützt.

Laß deine linke Hand nicht wissen, was die rechte tut.

Nach Matthäus 6,3.

Lässige Hand macht arm.

Leeren Händen entfällt nichts.

Liebe macht fleißige Hand.

Liebe und Verstand gehen selten Hand in Hand.

Lob macht rührige Hand.

Mancher gibt mit dem Munde und nimmt mit beiden Händen.

Man hat die Hände gern, wo es weh tut.

Man soll nicht auf die Gabe sehen, sondern auf die Hand.

Milde Hand, starke Hand.

Mit einer Hand kann man nicht klatschen.

Mit fremden Händen ist gut Kohlen schüren.

Mit Händen greifen macht glauben.

Offene Hand macht offene Hand.

Reine Hände braucht man nicht zu waschen.

Starke Hand fackelt nicht.

Viele Hände machen bald (rasch) ein Ende.

Viel Hände, wenig Arbeit.

Voller Hand öffnet sich jede Tür.

Was die rechte Hand tut, weiß auch die linke.

Von faulen Ausreden.

Was durch viele Hände geht, wird nicht besser.

Was Hände bauten, können Hände stürzen.

Nach Schiller, Wilhelm Tell.

Wem die Hände gebunden sind, der kann wenig tun.

Wenn der Tag zu Ende,
regt der Faule die Hände.

Wenn man einem (dem Teufel) den kleinen Finger bietet, so will er die ganze Hand.

Wer dem Finger nicht folgt, muß der Hand folgen.

Wo Ermahnungen nichts fruchten.

Wer den Finger nicht heilt, verliert die Hand.

Wer die Hand in Blut wäscht, muß sie in Tränen baden.

Wer die Hand zum Scherz in Feuer hält, wird sich im Ernst verbrennen.

Wer eigene Hände hat, braucht fremde nicht zu borgen.

Wer erst die Finger hat, der hat auch die Hand.

Wer keine Hand hat, macht keine Faust.

Ohne Mittel kann man nicht drohen.

Wer knetet, dem bleibt Teig an den Händen.

Wer mit den Händen wegwirft, muß mit den Füßen suchen.

Wer mit der hohlen Hand anklopft, findet selten Gehör.

Wer mit einer Hand einnimmt und mit zweien ausgibt, wird bald fertig sein.

Wer mit leeren Händen kommt, bittet vergeblich.

Wer nach dem Schatten greift, hat nichts in der Hand.

Wer nichts in der Hand hat, dem fällt nichts heraus.

Wer seine Hände in Dreck steckt, zieht sie beschissen heraus.

Wie die Hand, so das Schwert.

Wo die Wunde, da die Hand.

Wo es der Hände bedarf, da sind Worte nichts nütze.

Zwischen Hand und Mund
geht viel zugrund.

Handel

Am Handel erkennt man die Ware.

Ander Handel, ander Wandel.

Beim Handel wird nicht gebrudert.

Das Wort macht den Handel.

Ein schlechter Handel, wo niemand gewinnt.

Es ist ein schlimmer Handel, wo der eine lacht und der andere weint.

Handel hat Wandel.

Handel ohne Verstand, Schaden vor der Hand.

Jeder Handel hat seinen Kniff.

Je mehr Handel, je mehr Händel.

Händel

Alte Rechnungen machen neue Händel.

Kein Jahrmarkt ohne Händel.

Kurze Händel sind die besten.

Mische dich nicht in fremde Händel.

Mit Reden macht man die Händel aus.

Prächtige Händel machen arme Leute.

Wem seine Haare lieb sind, der muß keine Händel anfangen.

Wer gern Händel hat, findet sie überall.

Wer nach Händeln ausgeht, kommt mit Beulen zurück.

Wo viel Juristen, da sind viel Händel.

Auch von rechthaberischen Menschen.

handeln (etwas tun)

Denke langsam, handle schnell.

Erst denken, dann handeln.

Handeln macht den Mann.

Wer recht handelt, braucht das Licht nicht zu scheuen.

handeln (Handel treiben)

Die mit Rauch handeln, kommen im Rauch um.

Handeln und bieten macht Kaufleute.

Handeln und tauschen ohne Not
nimmt die Butter vom Brot.

Wer mit Gedanken handelt, büßt wenig ein.

Händler

Bis sich der Händler besinnt, besinnt sich auch der Käufer.

Handumdrehen

Es kann viel geschehen
in einem Handumdrehen.

Handvoll

Eine Handvoll Achtung ist besser als eine Metze Geld.

Eine Handvoll guter Gelegenheit ist besser als ein Fuder guter Rat.

Eine Handvoll Macht ist besser als ein Sack voll Recht.

Was man nicht durchsetzen kann, nützt einem nichts.

Handwerk

Ein Handwerk läßt seinen Meister nicht verderben.

Ein jeder redet von seinem Handwerk.

Ein schmieriges Handwerk nährt auch.

Es ist ein böses Handwerk, das seinen Meister an den Galgen bringt.

Es ist kein Handwerk, es hat seinen Nutzen.

Grobes Handwerk macht grobe Finger.

Handwerk hat goldenen Boden.

Handwerk nährt seinen Meister.

Jeder lobt sein Handwerk.

Jedes Handwerk hat seine Plage.

Kein Handwerk macht lauter reiche Leute.

Kein Handwerk ohne Stümper.

Klappern gehört zum Handwerk.

Seines Handwerks braucht sich niemand zu schämen.

Viel Handwerke verderben den Meister.

Alleskönner sind meistens Nichtskönner.

Viel Mundwerk, wenig Handwerk.

Vierzehn Handwerke, fünfzehn Unglücke.

Von Pfuscherei.

Wer vom Handwerk ist, beschämt den Meister nicht.

Wer vom Handwerk ist, kann vom Handwerk reden.

Handwerker

Ein Handwerker zu Fuß ist größer als ein Edelmann zu Pferde.

Handwerksneid

Handwerksneid ist der beste Polizeidiener.

Wer einem anderen den Erfolg neidet, schwärzt ihn gern an.

hängen

An den Nagel kann man alles hängen.

Der Reiche stiehlt, und der Arme wird gehängt.

Die kleinen Diebe hängt man, die großen läßt man laufen.

Die Nürnberger hängen keinen, sie hätten ihn denn.

Es gefällt dem Dieb kein Baum, daran er hängen soll.

Es müßt' ein schöner Baum sein, daran einen gelüstete zu hängen.

Gefällt dir das Stehlen, so laß dir auch das Hängen gefallen.

Man hängt keinen Dieb, man hätte ihn denn.

Man hängt keinen zweimal.

Man muß den Mantel nach dem Winde hängen.

Man muß nicht alles an die große Glocke hängen.

Stiehlst du nicht, so hängst du nicht.

Stiehlt mein Bruder, so hängt ein Dieb.

Vor dem Essen hängt man's Maul,
nach dem Essen ist man faul.

Wenn der Maurer gesündigt hat, soll man nicht den Zimmermann hängen.

Wer bei Nacht stiehlt, wird bei Tage gehängt.

Wer besoffen stiehlt, muß nüchtern hängen.

Wer einen schlechten Ruf hat, ist halb gehängt.

Wer für andere Leute stiehlt, wird für sich selbst gehängt.

Wer hängen soll, ersäuft nicht.

Wer nicht alt werden will, muß sich jung hängen lassen.

Wer reich werden will in einem Jahr, der wird gehängt in sechs Monaten.

Wer zum Spaß stiehlt, wird im Ernst gehängt.

↗ *mitgehen*

hängenbleiben

Etwas bleibt immer hängen.
Nach Plutarch.

hängenlassen

Krankes Vöglein läßt die Flügel hängen.

Wer lang hat, der läßt lang hängen.

Hannemann

Hannemann (Hahnemann), geh du voran, du hast die größten Stiefeln (Stiebeln) an.
Nach dem Schwank von den 7 Schwaben.

Hans

Gutes Gänslein, böse Gans;
faules Hänslein, dummer Hans.

Hans hinüber, Gans herüber.

Hans ist des alten Hansen Sohn.

Hans ist seiner Grete wert.

Hans Unfleiß wird niemals weis'.

Jeder Hans findet seine Grete.

Jeder Hans tanzt mit seiner Trine.

Nachgerade kommt Hans ins Wams.

Wer Hans in allen Gassen ist, der ist in keiner zu Hause.

Wer Hans liebt, liebt auch Hansens Hund.

Wie der Topf, so die Pfanne;
wie der Hans, so die Hanne.

Hänschen

Hänschen tanzt, wie Hans bläst.

Was Hänschen getan, klebt Hansen an.

Was Hänschen lernt, kann Hans.

Was Hänschen nicht lernt, lernt Hans nimmermehr.

Was Hänschen nicht ließ, läßt Hans nimmermehr.

Was Hänschen versäumt, holt Hans nicht mehr ein.

Harfe

Wer den Flegel ergreift, muß die Harfe vergessen.

Harm

Stiller Harm lähmt den Arm.

Harnisch

Der Harnisch macht den Ritter nicht.

Ein guter Streiter kommt nicht bald in Harnisch.

Es ist nicht jeder ein Held, der einen Harnisch trägt.

Geduld ist der beste Harnisch.

Kleine Leute sind bald im Harnisch.
Von Kleingewachsenen.

Nicht fürchten ist der beste Harnisch.

Wo kein Harnisch ist, da ist auch kein Ritter.
Wo die Mittel fehlen, kann kein Anspruch erhoben werden.

harren

Auf Erbschaft harren macht viel Narren.

Hoffen und Harren macht manchen zum Narren.

Man soll nicht harren auf einen Narren.

Mit Harren und Hoffen hat's mancher getroffen.

hart

Besser hartes Brot als leiden Not.

Ein guter Magen verdaut auch harte Brokken.

Es ist eine harte Sache, wenn man auf einen Stein beißt.

Es ist kein Stein so hart, man kann ihn polieren.

Harte Hand behält recht.

Von Faustrecht.

Harte Köpfe kommen selten überein.

Harte Schläge (Stöße) lehren gut.

Hartes Holz will eine starke Axt.

Hart und hart kommt oft zusammen.

Hart wider (gegen) hart.

Hohe Türen fallen hart.

Je härter der Stein, je schöner die Funken.

Je höher Rang, je härter Zwang.

Muß ist eine harte Nuß.

Unmöglich ist härter als Stein.

Von hohen Treppen fällt man hart.

Was fragt ein Stein nach harten Streichen.

Wer auf Schulden liegt, hat ein hartes Lager.

Wer einen harten Kopf erweichen will, muß sanfte Pflaster auflegen.

Wer selten kämmt, der kämmt hart.

Zu hart bringt selten Freundschaft.

hartnäckig

Je unverständiger, je hartnäckiger.

Hase

Der eine schießt den Hasen, der andere ißt den Braten.

Es gibt mehr Hasen als Jäger.

Hat man nur den Hasen, die Bratpfanne findet sich schon.

Hinterm Ofen fängt man keinen Hasen.

Ich verlasse mich auf meine Füße, sagte der Hase.

Man kann nicht Fuchs und Hase zugleich sein.

Man kann nicht wissen, wie der Hase läuft.

Mein Name ist Hase, ich weiß von nichts.

Mit Ruhe holt man einen Hasen ein.

Schrecken jagt den Hasen aus dem Busch.

Schulden sind keine Hasen.

Sie laufen nicht davon.

Viele Hunde sind des Hasen Tod.

Wenn der Hund lacht, so weint der Hase.

Wenn der Hund nicht geschissen hätte, hätte er den Hasen gehabt.

Wer den Hasen fängt, der hat ihn.

Hasenfuß

Das Glück hilft keinem Hasenfuß.

Hasenherz

Das Löwenmaul hat ein Hasenherz.

Häslein

Kein Häslein, es findet sein Gräslein.

Haß

An Haß und Neid stirbt Heiterkeit.

Aus altem Groll wird Haß.

Ein Haß ist nicht aller Leute Haß.

Niemand kann erwarten, daß andere seine Abneigung teilen.

Haß entsteht, wenn Liebe vergeht.

Haß erregt Hader.

Nach Sprüche Salomos 10,12.

Haß kennt kein Maß.

Haß und Neid bringen viel Leid.

Haß und Neid machen die Hölle weit.

Machen das Zusammenleben zur Hölle.

Haß und Zorn altern langsam.

Jedem was, so gibt's keinen Haß.

Kleiner Haß ist auch Haß.

Neid und Haß wohnen in einem Faß.

Unter dem Mantel der Liebe verbirgt sich viel Haß.

Verachtung ist schlimmer als Haß.

Wer Haß sät, erntet Verdruß.

Wer Haß sät, kann nicht Liebe ernten.

hassen

Hassen mich die einen, so lieben mich die andern.

Hassen und Neiden muß der Redliche leiden.

Man kümmere sich nicht um Mißgunst.

Man muß nicht jeden hassen, der eine andere Nase hat.

Viel Vögel sind, die hassen mich; ich bin ein Kauz und acht' es nicht.

Was du haßt an Kunz, das tue nicht dem Hinz.

Was man trägt, soll man nicht hassen.

Notwendige Lasten werden sonst nur schwerer.

Wer nicht hassen kann, kann auch nicht lieben.

Wer sich selber lobt, den hassen viele.

häßlich

Am (Vor dem) Spiegel ist keine Frau häßlich.

Der muß häßlich tun, der den Teufel schrecken will.

Es gibt keinen schönen Kerker und keine häßliche Geliebte.

Häßliche Leute sind auch Leute.

Je häßlicher das Gesicht, je falscher schilt man den Spiegel.

Je häßlicher die Leute, je stolzer der Gang.

Was häßlich ist zu tun, ist auch häßlich zu sagen.

Häßlichkeit

Häßlichkeit entstellt das schönste Frauenzimmer.

Nach Kalisch, Der gebildete Hausknecht.

Hast

Große Hast kommt oft zu spät.

Hast bricht Beine.

Hast bringt Reue.

Heiraten in Hast bringt lange Last.

Was in Hast geschieht, gedeiht nicht.

(Zu große) Hast hat's oft verpaßt.

hastig

Die zu hastig vorwärts treiben,
müssen am Ende hinten bleiben.

Hastige Leute müssen keinen Esel reiten.

Wem die Arbeit soll gedeihn,
der muß nicht allzu hastig sein.

Wer hastig klettert, wird eilig fallen.

Gut gehoben ist halb getragen.

Hattich

Hattich ist ein armer Mann.

Hättich

Der Hättich fliegt hoch.

Der Hättich und der Wolltich haben beide nichts.

Der Wennich und der Hättich sind zwei arme Brüder.

Ein dürrer Habich ist besser als ein fetter Hättich.

Ein Habich ist besser als zehn Hättich.

hauen

Ungeschickt haut grobe Späne.

Viel hauen macht stumpfe Beile.

Von großen Blöcken haut man große Späne.

Wo man haut, da fallen Späne.

Haufen

Der große Haufen ist nicht immer der beste Lehrmeister.

Der Teufel scheißt immer auf den größten Haufen.

Wo was ist, kommt was dazu.

Ein kleiner Haufen wäre auch gern groß.

Viel Körner machen einen Haufen.

Wem's der Herr gibt, dem gibt er's mit Haufen.

Bei unverdientem Glück.

Wenn's kommt, dann kommt's mit Haufen.

Wer dem Haufen folgt, hat viel Gesellen.

Wo ein Haufen ist, da tut ein Hund noch einen dazu.

Zwei sind ein Paar, drei sind ein Haufen.

Haupt

So manches Haupt, so mancher Sinn.

Viel Häupter, viel Sinne.

Wenn das Haupt krank ist, so trauern alle Glieder.

Wie das Haupt, so die Glieder.

Haus

Alte Häuser haben trübe Fenster.

Alte Leute sehen manchmal mehr die Schattenseiten.

Alte Häuser und junge Mädchen brennen leicht.

Altem Haus und neuem Freund ist nicht leicht zu trauen.

An einem alten Haus hat man immer was zu flicken.

Aus schlichtem Haus sieht oft ein kluger Mann heraus.

Bald brennt ein Haus,
aber langsam löscht man's aus.

Von Zorn und Streit.

Besser ein Fenster aus als ein Haus ein.

Bleib zu Haus und koch den Brei,
so kommst du nicht in Zankerei.

Branntwein stürzt das Haus ein.

Das leere Haus ist voll von Lärm.

Der Gast sei wie das Haus.

Er soll sich anpassen.

Der Hund ist keck im eignen Haus.

Der Verstand ist nicht immer zu Hause.

Die Axt im Haus erspart den Zimmermann.

Nach Schiller, Wilhelm Tell.

Die Seele eines Verliebten ist nie zu Hause.

Durch Weisheit wird ein Haus gebaut und durch Verstand erhalten.

Nach Sprüche Salomos 24,3.

Ein Haus deckt viel Schande.

Ein Haus ist leichter angezündet als gelöscht.

Ein Haus leidet nicht zwei Herren.

Unklare Verhältnisse sind nicht gut.

Ein jeder soll vor seinem Hause fegen,
dann wird es rein auf allen Wegen.

Ein Loch im Dache verdirbt das ganze Haus.

Eintracht baut das Haus, Zwietracht reißt es nieder.

Es gehen nicht viel Freunde in ein kleines Haus.

Von denen gesagt, die sich um ihre Freunde in der Not nicht kümmern.

Fehlt das Brot im Haus,
zieht der Friede aus.

Fern vom Haus ist nah beim Schaden.

Wo man sich nicht auskennt, muß man vorsichtig sein.

Geiz bringt Not ins Haus.

Großes Haus, große Unruhe.

Im Hause des Faulen ist immer Feiertag.

Im Hause des Gehängten redet man nicht vom Strick.

In alten Häusern fehlt's selten an Mäusen.

In einem leeren Haus ist es gut freigebig sein.

In ein kleines Haus gehen viele Freunde.

In großen Häusern stecken große Sorgen.

In leerem Haus bleibt keine Maus.

In seinem eigenen Hause ist jeder König.

In seinem Hause weiß jeder Bescheid.

Jeder ist weise im eigenen Hause.

Jedes Haus hat seine Risse.

Jedes Haus hat seine Tür.

An Ausflüchten mangelt es nie.

Je näher der Abend, je weiter nach Haus.

Von Geschwätzigen.

Katz aus dem Haus, rührt sich die Maus.

Kein Haus ohne Maus.

Kein Haus ohne Winkel.

Alles hat seine dunklen Seiten.

Kleine Häuser haben auch Fenster.

Man kann sein Haus nicht bei sich tragen.

Mein Haus, meine Burg.

Mit dem Wort verändert sich das Haus.

Mit dem Ton, der im Hause herrscht.

Ordnung im Haus ist halbes Sparen.

Schlafen bringt kein Brot ins Haus.

Sieh zuerst in dein Haus, danach hinaus.

Sparsamkeit erhält das Haus.

Spötters Haus brennt auch gut.

Vom Funken brennt das Haus.

Von deinem Hause zu meinem Haus ist es so weit wie von meinem Hause zu deinem Hause.

Jeder kann den ersten Schritt tun.

Wahrmanns Haus steht am längsten.

Was im Hause gekocht wird, soll man auch im Hause essen.

Unangenehmes trage man nicht nach außen.

Was man im Hause hat, braucht man nicht draußen zu suchen.

Wen du ins Haus läßt, der kommt dir auch in die Stube.

Wenn das Haus niedergebrannt ist, bringen alle Leute Wasser.

Wenn der Feind im Hause ist, muß man ihn nicht draußen suchen.

Wenn des Nachbars Haus brennt, so trägt man Wasser zum eigenen.

Wenn die Katze aus dem Haus ist, dann tanzen die Mäuse.

Wenn die Scheune brennt, ist das Haus in Gefahr.

Wenn große Häuser einstürzen, gibt es viel Staub.

Wer die Geiß im Hause hat, dem kommt der Bock vor die Tür.

Wer ein Haus hat, hat Sorgen,
wer kein Geld hat, muß borgen.

Wer ein sauberes Haus haben will, muß selber fegen.

Wer in seinem Hause Frieden haben will, der muß tun, was die Frau will.

Wer kein eigenes Haus hat, ist überall daheim.

Wer sein Haus beschützt, den beschützt es wieder.

Wer sein Haus dem Teufel öffnet, dem bleiben andere Gäste fern.

Wer sein Haus verkaufen will, der schmückt es.

Wer viel ins Haus schwatzt, der schwatzt auch viel heraus.

Wer zwei Häuser hat, dem regnet's in eins.

Von unklaren Verhältnissen.

Wetten bringt um Haus und Betten.

Wie der Hausherr, so das Haus.

Wo der Kreuzer zu Hause ist, gilt er einen Batzen.

Wo ist ein Haus, durch das kein Rauch geht?

In welcher Ehe gäbe es nie Streit.

Wo zwei in einem Haus sind, da bleiben sie selten eins.

Wo zwei den Herren spielen wollen.

Zu Hause bin ich König.

Zu Hause ein Löwe, draußen ein Lamm.
Von Hauspaschas.

Zu Haus ein Igel, draußen ein Schniegel.

Zu Haus ein Maulwurf, draußen ein Luchs.

Zu Haus ist zu Haus, und wär' es noch so schlecht.

Zu Haus ruht man am besten aus.

Zur Hintertür wird das Haus hinausgetragen.

hausen

Kätzchen, willst du hausen, dann mußt du mausen.

Mit viel läßt sich schmausen,
mit wenig läßt sich hausen.

Hausfrau

Die Hausfrau kann mit der Schürze mehr hinaustragen, als der Mann mit dem Wagen einfahren kann.

Hausgenosse

Die Unordnung ist ein teurer Hausgenosse.

haushalten

Haushalten hat ein weites Maul.

Haushalten hilft aushalten.

Heiraten ist leicht, aber Haushalten keucht.

Mit vielem hält man haus,
mit wenigem kommt man aus.

Rechnen hilft haushalten.

Wo Sparsamkeit haushält, da wächst der Speck an den Balken.

Zum Aushalten findet man viel Leute, zum Haushalten wenig.

Haushaltung

Es gehört mehr zur Haushaltung als vier Beine unter dem Tisch.

Hausherr

Des Hausherrn Auge sieht scharf.

Wie der Hausherr, so das Haus.

Haushund

Wenn die Haushunde sich gebissen haben, belecken sie sich.

Hausmannskost

Hausmannskost, gesunde (die beste) Kost.
Von ehelicher Treue.

Hausrat

Viel Hausrat, viel Unrat.

Hausstand

Eine schöne Frau macht noch keinen Hausstand.

Haustür

Die Haustür geht nach innen auf.

Hauszank

Hauszank währt nicht lang.

Haut

Alte Häute bedürfen viel Gerbens.

Alte Haut, kalte Braut.

Alte Leut' haben kranke Häut'.
Von Empfindlichen.

Andere Leute haben auch Häute.
Sind auch verletzlich.

Auf ganzer (heiler) Haut ist gut schlafen.

Aus fremden Häuten ist gut Riemen schneiden.

Der, den man fängt, hat auch seine Haut.

Fremde Haut ist leicht schinden.

Gleiche Häute, gleiche Bräute.

In der schönsten Haut steckt die gefährlichste Schlange.

In seiner Haut lebt sich's am besten.

Jeder muß seine Haut selbst zu Markte tragen.
Für sein Tun muß man einstehen.

Jedes Tier wehrt sich seiner Haut.

Keiner kann aus seiner Haut heraus.

Man soll die Haut nicht verkaufen, ehe man den Bären gefangen hat.

Wenn es Häute regnet, wird das Leder billig.

Wer freien will, hat sieben Häute über den Augen.

Wer kein Geld hat, der zahlt mit der Haut.

Galt einst wörtlich, da die Besitzenden sich von Körperstrafen freikaufen konnten.

Wer sich seiner Haut nicht wehrt, dem wird sie abgezogen.

Wozu die Haut abziehen, wenn man sie nicht verkaufen will.

Hebamme

Wenn's gut geht, sind alle gute Hebammen.

Wo viel Hebammen sind, ist's ums Kind geschehen.

Hebauf

Hebauf hat was, Frißauf hat nichts.

heben

Gut gehoben ist halb getragen (und gut gebunden ist halb gefahren).

Zwei heben mehr als einer.

Hechel

Was zu Flachs gewachsen ist, muß sich auch durch die Hechel ziehen lassen.

hecheln

Gut gehechelt ist halb gesponnen.

Wer andere hechelt, wird wieder gehechelt.

Hecht

Je mehr Hechte, je mehr Karpfen.

Kleine Fische machen große Hechte.

Wer sich zum Hecht macht, muß sich auch das Schuppen gefallen lassen.

Hecke

Eine Hecke macht keinen Zaun.

Liebe geht durch Zaun und Hecke.

Wo Hecken sind, da sind auch Sperlinge (Spatzen).

Hefe

Kein Wein ohne Hefe.

Wie die Hefe, so der Teig.

Zwischen Schaum und Hefe ist das beste Bier.

hegen

Wo man das Gut(e) hegt, da wächst es.

Heger

Ein Heger hat immer seinen Feger.

Ein Sparer einen Abnehmer.

Kein Heger, kein Jäger.

hehlen

Hehlen ist so schlimm als stehlen.

Hehler

Der Hehler ist schlimmer (so schlimm) als der Stehler.

Der Hehler macht den Stehler.

Hehler sind Stehler.

Kein Hehler, kein Stehler.

Stehler, Hehler und Befehler sind drei Diebe.

Wenn nicht wäre der Hehler,
so wäre auch nicht der Stehler.

heidnisch

Ein heidnisches Pfand ist besser als ein christliches Versprechen.

heilen

Alte Brüche sind schwer zu heilen.

Besser eine Lüge, die heilt, als eine Wahrheit, die verwundet.

Die Narbe bleibt, wenn auch die Wunde heilt.

Die Zeit heilt alles Leid.

Eine frische Wunde ist schnell geheilt.

Geduld heilt alle Schmerzen.

Geld heilt alle Wunden.

Rechtssprichwort: Körperverletzungen konnten mit Geldbußen gesühnt werden.

In einer Stunde heilt keine Wunde.

Man muß nicht Schrammen mit Wunden heilen.

Man muß das Übel nicht noch vergrößern.

Mit Sanftmut wird der Bruch geheilt.

Rache heilt keine Wunden.

Scharfe Pflaster heilen am besten.

Tiefe Wunden heilen langsam.

Verborgene Krankheit kann niemand heilen.

Verschwiegen Leid heilt nur die Zeit.

Verletzen ist leicht, heilen schwer.

Verwunden ist leichter als heilen.

Vorbeugen ist besser als heilen.

Wer den Finger nicht heilt, verliert die Hand.

Wer die Krankheit heilen soll, der muß sie kennen.

Wer heilen will, muß weh tun.

Wer nicht heilen kann, soll nicht verwunden.

heilig

Eine Pilgerfahrt macht nicht heilig.

Heilig im älteren Sinne von ‚fromm' (im folgenden oft ebenso).

Es ist keiner so heilig, er hat einen beschissenen Arsch.

Es sind nicht alle heilig, die sich andächtig stellen.

Heilige Leute können auch fallen.

Heilige Reden sind keine heiligen Werke.

Ist die Wurzel heilig, so sind auch die Zweige heilig.

Ist's nicht heilig, so ist's nur heimlich.

Wenn etwas mit viel Geheimnis umgeben wird.

Je heiliger, je teuflischer.

Von Bigotterie.

Kappen sind nicht heilig.

Heilige, der

Arme Leute machen reiche Heilige.

Auch die Heiligen haben ihre schwachen Augenblicke.

Der Heilige des Tages ist der größte unter den Heiligen des Himmels.

Von Idolen.

Der Herr führt seine Heiligen wunderlich.

Oft ironisch nach Psalm 4,4.

Der Küster nimmt den Hut vorm Heiligen nicht ab.

Auch das Ehrwürdige kann alltäglich sein.

Die Heiligen erscheinen den klugen Leuten nicht.

Es wird nichts so heiß gegessen, wie es gekocht wird.

Die Heiligen haben auch ihr Pech.

Die nahen Heiligen tun keine Wunder.

Erstaunliches ist leichter aus der Ferne zu berichten.

Eine offene Tür führt auch einen Heiligen in Versuchung.

Es gibt mehr Sünder als Heilige.

Es ist kein Heiliger, er will gefeiert sein.

Es ist kein Heiliger so klein, er will seine (eigene) Kerze haben.

Es sind nicht alles Heilige, die in die Kirche gehen.

Es waren selten die besten Christen,
die am meisten die Heiligen küßten.

Jedem Heiligen seine Kerze.

Scherzhaft: Jedem die gebührende Ehre.

Man glaubt an keinen scheißenden Heiligen.

Wenn die Gefahr vorbei ist, wird der Heilige ausgelacht.

Gute Vorsätze werden leicht vergessen.

Wer bei Spöttern sitzt, muß nicht von Heiligen reden.

Weil den Spöttern nichts heilig ist.

Wer den Heiligen auf seiner Seite hat, der hat das Wunder.

Bei großer Förderung kommt man rasch voran.

Wie der Heilige, so das Wunder (Opfer).

Wie der Heilige, so der Weihrauch.

Wie der Heilige, so ist sein Himmel.

Wie die Kirche, so die Heiligen.

heiligen

Der Zweck heiligt (nicht) die Mittel.

Nach Macchiavelli.

Heiligtum

Ein jeder Pfaffe lobt sein Heiligtum.

Es ist nicht alles Heiligtum, was die Bauern küssen.

Wer sein eigenes Heiligtum ist, ist andern ein Greuel.

Heimchen

Heimchen kennen die Winkelchen.

heimkommen

Wer nie ausgeht, kommt nie heim.

heimlich

Besser heimlicher Schade als offene Schande.

Ein heimlicher Feind ist der schlimmste.

Es gibt mehr heimliche Wunden als offene.

Gutes tun soll heimlich geschehen.

Heimlich, das ist der Hunde Art.

Heimlicher Groll sitzt tief.

Heimlicher Kummer tut weh.

Heimliche Wunden bluten nicht.

Man redet nicht darüber.

Heimlich Verlöbnis stiftet keine Ehe.

Man schämt sich öffentlich und tut's heimlich.

Offene Türen machen heimliche Diebe.

Tadele heimlich, lobe öffentlich.

Was einer öffentlich nicht tun mag, das soll er auch heimlich lassen.

Wir wollen's heimlich halten, sagte der Mönch zur Nonne.

↗ *heilig*

Heimlichkeit

Heimlichkeit ist einem zu eng, zweien gerecht, dreien zu weit.

Heimlichkeit riecht man weit.

Heirat

Heirat ins Blut tut selten gut.

Wem die Heirat übel gerät, der hat's Fegefeuer im Hause.

Zur Heirat gehört mehr als vier nackte Beine ins Bett.

heiraten

Es müssen sich nicht alle heiraten, die einmal zusammen gähnen.

Heiraten in Eile bereut man mit Weile.

Heiraten in Hast bringt lange Last.

Heiraten ist kein Pferdekauf;
Blinder, tu die Augen auf.

Wenn den Liebenden zu wohl ist, heiraten sie sich.

Wer ehrlich ist, heiratet früh,
wer klug ist, aber nie.

Scherzsprichwort der Junggesellen.

Wer gern wirbt, heiratet nicht gern.

Wer getadelt sein will, muß heiraten; wer gelobt sein will, muß sterben.

Wer nicht heiratet, genießt sein Leben nur halb.

Zum Heiraten gehören zwei.

heiß

Es wird nichts so heiß gegessen, wie es gekocht wird.

Fleiß hämmert das Eisen heiß.

Heiße Bitte, kalter Dank.

Heißes Blut tut nicht gut.

Je heißer der Ofen, je härter das Brot.

Je höher die Sonne, je heißer die Strahlen.

Je näher dem Herd, je heißer es wird.

Kein Feuer so heiß, ein Wasser kann es löschen.

Man muß das Eisen schmieden, solange es heiß ist.

Schwarz auf weiß macht heiß.

Was ich nicht weiß, macht mich nicht heiß.

Zu großer Fleiß bleibt nicht lange heiß.

Von aufdringlichem Eifer.

heißen

Es ist gleich, wie die Kuh heißt, wenn sie nur Milch gibt.

Heiße was, so bist du was.

Nicht jedes Mädchen heißt Marie.

Es ist nicht eine wie die andere.

Wer nicht Schinder heißen will, der muß keiner werden.

heiter

Auf einen trüben Morgen folgt ein heiterer Tag.

Auf Plage folgen heitere Tage.

Heiterer Morgen, schöner Tag.

Leere Stirn ist immer heiter.

Heiterkeit

An Haß und Neid stirbt Heiterkeit.

heizen

Je mehr man heizt, je mehr es raucht.

Wie man den Ofen heizt, so wärmt er.

Held

Auch die Tugend hat ihre Helden.

Auch die Helden siegen nicht immer.

Man muß das Eisen schmieden,
solange es heiß ist.

Es ist nicht jeder ein Held, der einen Harnisch trägt.

Hier stehen wir Helden, sagte der Frosch zum Schwaben.

Nach dem Schwank von den 7 Schwaben.

Je mehr der Held mit Worten prahlt,
je schlechter er mit Taten zahlt.

Nach dem Kriege melden sich viele Helden.

Niemand ist ein Held vor seinem Kammerdiener.

helfen

Beim Raben hilft kein Bad.

Was schwarz ist, läßt sich nicht weiß machen.

Besser einmal helfen mit der Hand als zweimal mit dem Maul.

Das Glück hilft keinem, der sich nicht selbst hilft.

Das Glück hilft keinem Hasenfuß.

Das Klagen hilft den Toten nicht.

Dem Hungrigen hilft keine Predigt.

Dem Kranken hilft kein goldenes Bett.

Der ist ein armer Mann,
der sich selbst nicht helfen kann.

Der Mensch mag noch so dumm sein, er muß sich nur zu helfen wissen.

Der Teufel hilft seinem Volk.
Von unverdientem Glück.

Die Jahre helfen nicht an den Toren.

Die nicht helfen wollen, hindern gern (genug).

Ein Bruder hilft dem andern in (aus) der Not.
Nach Jesus Sirach 40,24.

Einem schweigenden Munde ist nicht zu helfen.

Einer hilft dem andern übern Zaun.

Fleiß und Sparsamkeit hilft auch durch schlechte Zeit.

Gerechte Sache hilft sich selbst.

Hilf dir selbst, so hilft dir Gott (das Glück).

Hilft es nicht, so schadet es doch nicht.

Man (Der Mensch) muß sich zu helfen wissen.

Nachgeben hilft.

Raten ist leichter als helfen.

Schmieren und Salben hilft allenthalben.
Von Bestechung.

Schreien hilft nicht aus der Not.

Sich zu helfen wissen ist besser als viel wissen.

Ungern hilft nicht.

Viele können einem helfen, aber einer kann nicht vielen helfen.

Viele wollen raten, aber nur wenige helfen.

Viel hilft viel.

Was helfen die Gäule, wenn der Hafer fehlt.

Was helfen die Künste, wenn man sie nicht treibt.

Was hilft's, daß der Rabe badet; er bleibt doch schwarz.

Was hilft's, daß der Teufel groß ist, wenn er sonst nichts taugt.

Was hilft's, daß einer gelehrt ist, und es weiß keiner.

Was hilft's, daß man den Hut hält, wenn der Kopf ab ist.

Was hilft's, sein Leid der Stiefmutter zu klagen.

Was hilft's Trinken, wenn's den Durst nicht löscht.

Was hilft's, wenn man den Bock zum Gärtner macht.

Was hilft's, wenn man mit dem Kopf gegen die Wand rennt.

Wem (nicht) zu raten ist, dem ist (auch nicht) zu helfen.

Wenn etwas passieren soll, helfen die Steine auf der Straße dazu.

Wenn's nicht sein soll, so hilft kein Bitten.

Wer allen helfen will, hilft niemand.

Wer bald hilft, der hilft doppelt.

Wer helfen will, soll nicht schelten.

Wer nicht helfen kann, den bittet man vergeblich.

Wer nicht helfen will, hat leicht eine Ausrede.

Wer nichts hat, dem helfen seine Vettern wenig.
Man soll sich auf Hilfe in der Not nicht allzusehr verlassen.

Wo Stärke nicht hilft, muß man List versuchen.

Zittern hilft nicht gegen den Frost.

Helfer

Einen Helfer erkennt man in der Not.

Viel Tröster, wenig Helfer.

hell

Gemalte Fenster machen die Stube nicht hell.

Heller Morgen, trüber Tag.

Je heller das Feuer, je weniger der Rauch.
Von lauterer Leidenschaft.

Je leerer das Faß, je heller der Klang.

Heller

Besser ein Heller in Ehren als ein Taler in Schande.

Der Heller macht den Gulden ganz.

Drei Heller sind auch Geld.

Es ist ein guter Heller, der einen Taler bringt.

Heller zu Heller, so wird ein Gulden draus.

Was man nicht nötig hat, das ist auch für einen Heller zu teuer.

Wenn Groschen kommt, muß Heller aufstehen.

Helm

Ein Helm macht noch keinen Krieger.

Hemd

Alle Tage einen Faden macht des Jahres ein Hemd.

Das Hemd ist mir näher als der Rock.
Nach Plautus, Trinummus.

Das letzte Hemd hat keine Taschen.
Geiz bringt nichts ein.

Eigenes Hemd wärmt mehr als ein fremder Pelz.

Erst das Hemd und dann der Rock.

Nicht in jedem Hemde steckt ein Mann.

Wenn man's Hemd aufhebt, wird der Hintern bloß.

Wenn's Hemd brennt, ist schlecht stillsitzen.

Wie das Garn, so das Hemd.

Wo alle nackt gehen, da lacht man über das Hemd.

Hengst

Wo Hengste sind, da sammeln sich die Stuten.

Henkel

Nicht jeder Topf hat einen Henkel.

Was nützt der Henkel, wenn der Krug entzwei ist.

henken

Fürs Denken kann man niemand henken.
Die Tat ist strafbar.

Henne

Alte Hennen geben fette Suppen.

Auch die Henne scharrt nicht umsonst.

Besser heute ein Ei als morgen die Henne.

Das Ei will klüger sein als die Henne.

Das Geschrei bringt die Henne ums Ei.

Die Henne läßt das Scharren nicht.

Die Henne lebt nicht mehr, die goldene Eier legt.

Hat die Henne ein Ei gelegt, so gackert sie.

Hennen, die viel gackern, legen wenig Eier.

Im Schnabel der Henne hat der Wurm kein Recht.

Kräht die Henne und piept der Hahn, steht's dem Hause übel an.

Man gibt eher das Ei als die Henne.

Nachbars Henne legt immer die größeren Eier.

Was keine Henne ist, muß sich nicht treten lassen.

Wenn die Henne zum Hahn kommt, vergißt sie die Kücken.

Wo die Henne kein Ei findet, da legt sie keins hin.

↗ *Hühnerhof*

herausbringen

Was nicht in einem ist, das bringt auch niemand aus ihm heraus.

herausholen

Man muß was hineinstecken, will man was herausholen.

herauskommen

Es kann nichts aus dem Sack herauskommen, als was darin ist.

Wer einmal in den Mund der Leute kommt, der kommt selten heraus.

Wo ein Esel eingeht, kommt auch ein Esel wieder heraus.

herauskönnen

Niemand kann aus seiner Haut heraus.

herauslassen

Man muß den Narren nicht zu weit herauslassen.

herausschauen

Was hineinschaut, schaut heraus.

Der Ertrag entspricht der aufgewandten Mühe.

heraussehen

Erst sieh in dein Haus, dann sieh heraus.

herausziehen

Wer den Karren in den Dreck geschoben hat, muß ihn wieder herausziehen.

Wo nur ein Splitter drin ist, kann man keinen Balken herausziehen.

herbeilocken

Ein gastliches Haus lockt Gäste herbei.

herbeischaffen

Nachreu schafft nichts wieder herbei.

Herberge

Je näher der Herberge, je länger der Weg.

Wenn einem das letzte Stück schwerfällt.

Herbst

Des Sommers Blumen welken im Herbst.

Herd

Auf altem Herde brennt es leicht.

Eigener Herd ist Goldes wert.

Ein kleiner Herd braucht wenig Holz.

Je näher dem Herd, je heißer es wird.

Wer einen kalten Herd hat, der wärmt sich gern in fremden Küchen.

Wer zuerst zum Herd kommt, setzt seinen Topf, wohin er will.

Die ältesten Rechte gehen vor.

Herde

Das Schaf folgt der Herde.

Der seine Herde zählt, ist arm.

Die Herde folgt dem Treiber.

Je kleiner die Herde, desto besser die Weide.

Je weniger Teile, desto größer der Anteil.

Wer dem Wolf dient, kann der Herde nicht dienen.

Wie der Hirt, so die Herde.

herein

Der Teufel klopft wohl an, aber der Mensch ruft herein.

Wenn der Pfennig anklopft, ruft jedermann herein.

hereinfallen

Wie man hereinfällt, so fällt man auch wieder heraus.

Ein spöttisches oder tröstendes Wortspiel.

hergehen

Wenn's über einen hergehen soll, ist jedes Geschrei gut genug.

herhalten

Der Letzte muß herhalten.

Hering

Auch der Hering gewöhnt sich an seine Tonne.

Heringskopf

Besser einen Heringskopf als gar nichts.

herkommen

Nichts kommt von ungefähr,
alles kommt von etwas her.

Wie es herkommt, so geht es wieder hin.

Herkules

Ein Herkules findet überall eine Keule.

Hier stehen wir Helden,
sagte der Frosch zum Schwaben.

Herr

Alle sind Herren, wer ist Sklave?
Spöttisch, wenn mehrere sich in den Vordergrund spielen wollen.

Anders spricht der Herr, anders der Knecht.

Besser beim Herren als beim Herrlein.

Das Böse hat keinen Herrn.

Der Eifer ist ein guter Diener, aber ein schlechter Herr.

Der Fuß des Herrn düngt den Acker.

Der hat meist den schlechtesten Herrn, der sein eigener Herr ist.
An sich selber stellt man oft die größten Ansprüche.

Der Herr befiehlt's dem Knecht, der Knecht befiehlt's der Katze und die Katze ihrem Schwanze.
Wenn sich keiner zuständig fühlt.

Der Herren Bitten ist Gebieten.

Der Herren Hunde werden auch zu Herren.

Der Muß ist ein großer Herr.

Der Schwache findet überall seinen Herrn.

Des Herren Auge füttert das Pferd.

Die Flinte kennt ihren Herrn nicht.

Eigene Hand ist Herr im Land.
Um seine Angelegenheiten sollte man sich selber kümmern.

Ein Haus leidet nicht zwei Herren.

Frühe Herren, späte Knechte.
Großspurigkeit rächt sich.

Geld ist ein guter Diener, aber ein böser Herr.

Gestrenge (Strenge) Herren regieren nicht lange.
Härte erreicht auf die Dauer nichts.

Große Herren haben lange Arme.

Große Herren und Hunde lassen die Tür offen.
Von Unhöflichkeit.

Große Herren wollen bedient sein.
Spöttisch von Anspruchsvollen.

Hat der Herr den Schnupfen, so niesen die Knechte.

Herren können lange denken, aber schlecht vergessen.
Von Nachtragenden.

Herren und Narren haben frei reden.

Heute Herr von Etwas, morgen Herr von Nichts.

Je blinder der Herr, je heller der Knecht.
Vertrauensseligkeit begünstigt Mißbrauch.

Jeder Hund sucht seinen Herrn.
Von Unterwürfigen.

Je größrer Herr, je wilder Bär.

Man schmeichelt dem Hunde wegen des Herrn.

Mit großen Herren ist nicht gut Kirschen essen.

Neid frißt seinen eigenen Herrn.

Neue Herren, neuer Jammer.

Neuer Herr, neu Beschwer (Gebot).

Niemand kann zweien Herren dienen.

Nach Matthäus 6,24.

Nur keine Angst vor Herren, die Bauern sind auch Leute.

Schlaffe Herren machen träge Knechte.

Von Laschheit.

Viele Herren, viele Risse, sagte die Kröte, als die Egge über sie ging.

Viel Schwache werden eines Starken Herr.

Von großen Herrn halt dich fern.

Was der Herr tut, ist wohlgetan.

Eigenes Tun tadelt man selten.

Wenn große Herren raufen, müssen die Bauern Haare lassen.

Wer dem Teufel dienen will, hat einen schlimmen Herrn.

Wer eine Frau nimmt, der nimmt einen Herrn.

Wer sein eigener Herr sein kann, der diene keinem andern.

Wer über einen Maulesel gesetzt ist, hält sich auch für einen Herrn.

Wie der Herr, so's Gescherr.

Wo Gewalt Herr ist, da ist Gerechtigkeit Knecht.

Wo Herren sind, da klingen die Schellen.

Die der Narren nämlich, von denen sie umgeben sind.

Wo Herren sind, da sind auch Narren.

Wo jeder Herr ist, wer putzt die Pferde?

Wenn sich einer auf den anderen verläßt.

Zu Hof ist recht, was dem Herrn gefällt.

Zwei Herren im Haus, muß einer hinaus.

Herr (Gott)

Als der Herr die Hacke schuf, da schuf er auch den Stiel.

Den Seinen gibt's der Herr im Schlaf.

Ironisch, wenn jemand unverdientes Glück hat; nach Psalm 127,2.

Der Herr führt seine Heiligen wunderlich.

Wem's der Herr gibt, dem gibt er's mit Haufen.

Herrendreck

Herrendreck stinkt nicht.

Herrgott

Da hätt' der Herrgott viel zu tun, wenn er nach allen Mücken schlagen müßte.

Man soll nicht zu kleinlich sein.

herrisch

Besser bäurisch gefahren als herrisch gegangen.

Versprechen ist herrisch, halten bäurisch.

Herrschaft

Neue Herrschaft, neue Lehrzeit.

herrschen

Liebe herrscht ohne Gesetz.

Wo Gewalt herrscht, schweigen die Rechte.

herumziehen

Viel herumziehen macht nicht reich.

herunterkommen

Es fliegt kein Vogel so hoch, er kommt wieder herunter.

Der Stolz erhält seinen Dämpfer.

Herunterzukommen gibt's viel Wege.

hervorgucken

Der Geck guckt doch hervor.

Natur guckt überall hervor.

Herz

Aus einem fröhlichen Herzen kommen keine Seufzer.

Aus kaltem Herzen kommt kein warmes Wort.

Bekümmert Herz treibt selten Scherz.

Böser Scherz geht ans Herz.

Böse Zunge, böses Herz.

Butter im Munde, Schwerter im Herzen.

Das beste Deutsch ist, das von Herzen kommt.

Das Herz denkt oft anders, als der Mund redet.

Das Herz des Toren ist auf seiner Zunge.

Das Herz einer Frau, der Magen einer Sau, der Inhalt einer Worscht bleiben ewig unerforscht.

Sprichwörtlicher Scherz.

Das Herz hat viel Verräter.

Wie einem zumute ist, läßt sich schlecht verbergen.

Das Herz hört feiner als die Ohren.

Das Herz lügt nicht.

Das Herz schlägt den Mann, nicht die Faust.

Das Herz siegt oder bricht.

Das Herz sieht schärfer als die Augen.

Das Herz tut's.

Das Herz und die Augen kann niemand füllen.

Das Herz versteint, wenn's ausgeweint.

Der ist schön, den man im Herzen liebt.

Der Mund redet, wovon das Herz voll ist.

Nach Matthäus 12,34.

Der Mund sagt's, aber das Herz weiß nichts davon.

Der Wein erfreut des Menschen Herz.

Nach Psalm 104,15.

Die Gestalt sieht man im Spiegel, aber das Herz sieht man im Wein.

Die linke Hand kommt von Herzen.

Eigentlich von der sogenannten Ehe zur linken Hand, der unebenbürtigen Liebesheirat.

Ein argloses Herz wird leicht betrogen.

Ein bitteres Wort kommt aus bitterem Herzen.

Einem zufriedenen Herzen scheint die Sonne überall.

Ein feiges Herz macht zahm.

Ein furchtsames Herz ist immer in Gefahr.

Ein glückliches Herz macht hüpfende Beine.

Ein Groschen von Herzen ist besser als ein Taler von der Hand.

Ein großes Herz ist geduldig.

Ein großes Herz macht wenig Worte.

Ein Herz, ein Sinn.

Ein junges Herz lacht die ganze Welt an.

Ein mutiges Herz hält nicht lange Rat.

Ein mutiges Herz ist der beste Reisegefährte.

Ein trauriges Herz ist immer durstig.

Ironisch über ausgiebiges Trinken beim Leichenschmaus.

Ein williges Herz macht leichte Füße.

Es gibt nirgends mehr Schlupfwinkel als im menschlichen Herzen.

Es ist schlecht löschen, wo das Herz brennt.

Es ist schlecht singen, wenn's nicht von Herzen kommt.

Es kommen nicht alle Tränen aus dem Herzen.

Es lächelt mancher, dem das Herz weh tut.

Falsche Herzen und untreue Hände findet man aller Ende.

Feuer im Herzen bringt Rauch in den Kopf.

Fremder Schmerz geht nicht ans Herz.

Freude im Herzen macht schöne Farbe.

Gebärden sind des Herzens Fenster.

Gram bricht auch ein starkes Herz.

Großes Maul, kleines Herz.

Herz um Herz, Ring um Ring.

Honig im Munde, Galle im Herzen.

In ein Herz voll Zunder muß man keine Funken werfen.

Je enger Herz, je kleiner Gabe.

Je feiger Herz, je größer Zunge.

Leere Worte, falsche Herzen.

Liebe im Herzen macht schnelle Füße.

Lügt auch der Mund, das Herz tut's nicht.

Man kann niemandem ins Herz sehen.

Man sieht einem wohl in die Augen, aber nicht ins Herz.

Oft lacht der Mund, und das Herz weiß nichts davon.

Schön ist in der Welt,
was dem Herzen gefällt.

Steinerne Herzen machen keine nassen Augen.

Teilt sich das Bett, so scheiden sich die Herzen.

Tränen machen das Herz leicht.

Viele Worte, wenig Herz.

Viel Herzen, viel Tränen.

Viel Maulwerk, wenig Herz.

Was das Auge sieht, glaubt das Herz.

Was dem Herzen gefällt, das suchen die Augen.

Was der Mutter ans Herz geht, geht dem Vater nur bis an die Knie.

Was die Augen nicht sehen, beschwert das Herz nicht.

Was (nicht) von Herzen kommt, geht (nicht) zu Herzen.

Wem das Herz fehlt, dem nützt der Degen nichts.

Wenn das Herz brennt, muß der Kopf Wasser holen.

Wenn die Vernunft schläft, macht das Herz Schlingen.

Wer kein Herz hat, muß gute Beine haben.

Wer sein Herz öffnet, gibt sich gefangen.

Wes das Herz voll ist, des (dem) geht der Mund über.

Nach Matthäus 12,34.

Wie das Herz, so der Dank.

Wie das Herz, so sind die Reden.

Wie Mund, so Herz.

Wo ein Herz spricht, da hört ein Herz.

herzen

Niemand herzt einen kalten Ofen.

Viel Halsen, wenig Herzen.

Was herzt, das schmerzt.

Was zu Herzen geht.

Herzlichkeit

Viel Komplimente, wenig Herzlichkeit.

hetzen

Wer mit Jägern gehen will, der muß hetzen.

Heu

Im Regen ist schlecht Heu machen.

Man braucht viel Heu, um allen Leuten das Maul zu stopfen.

Was man nicht am Heu hat, hat man am Stroh.

Wo Heu mangelt, muß Stroh aushelfen.

Zu seinem (eigenen) Heu kann jeder Stroh sagen.

Heuchelei

Heuchelei bekommt's Geld, und Wahrheit geht betteln.

heucheln

Rechte Liebe heuchelt nicht.

Wer schmeichelt, der heuchelt.

Heugabel

Den einen sticht man mit der Nadel, den anderen mit der Heugabel.

Mit einer Heugabel ist schlimm kitzeln.

Von plumper Annäherung.

heulen

Bei Wölfen und Eulen lernt man heulen.

Eilen macht oft heulen.

Mit den Wölfen muß man heulen.

heute

Besser heute ein Ei als morgen die Henne.

Besser heute ein Pfennig als morgen ein Taler.

Das Gestern muß man heut' nicht lästern.

Der Gedanke von gestern ist nicht der Gedanke von heute.

Der heute lacht, kann morgen weinen.

Der Kluge lebt heute, der Narr will morgen leben.

Ein Heute ist besser als zehn Morgen.

Heute Amboß, morgen Hammer.

Heute Blume, morgen Heu.

Heute die Lust, morgen die Last.

Heute ein Betrüger, morgen ein Betrogener.

Heute ein Schuldner, morgen ein Zahler.

Heute Freund, morgen Feind.
Von Unzuverlässigen.

Heute fröhlich, morgen traurig.

Heute für Geld, morgen umsonst.

Heute gefreit, morgen gereut.

Heute gegastet, morgen gefastet.

Heute gegeben, morgen genommen.

Heute gekrönt, morgen verhöhnt.
Popularität ist wandelbar.

Heute gelungen, morgen zersprungen.

Heute groß, morgen bloß.

Heute ist die beste Zeit.

Heute ist heute; morgen ist ein unsicherer Tag.

Heute juchhe, morgen o weh.

Heute König, morgen wenig.

Heute mir, morgen dir.
Nach Jesus Sirach 38,23.

Heute oben, morgen unten.

Heute Regen, morgen Wind.

Heute reich, morgen ein Bettler.

Heute rot, morgen tot.

Heute Schmaus und morgen nichts zu Haus.
Von leichtsinniger Vergeudung.

Heute süß und morgen sauer.

Heut im Putz, morgen im Schmutz.

Heut soll dem Morgen nichts borgen.

Ist's nicht heute, so ist's morgen.

Komm ich heut nicht, komm ich morgen, übermorgen ganz bestimmt.

Morgen, morgen, nur nicht heute,
sagen alle faulen Leute.
Nach C. F. Weiße, Der Aufschub.

Was du heute kannst besorgen,
das verschiebe nicht auf morgen.

Was du heute löschen kannst, laß nicht bis morgen brennen.

Was heute nützt, kann morgen schaden.

Wer heute etwas spart, wird morgen etwas haben.

Wer heute lügt, dem kann man morgen nicht glauben.

Wer heut erschlagen wird, kann morgen nicht fechten.

Wer sich heute nicht bessert, wird morgen ärger.

↗ *morgen*

Hexe

Eine gescheite Hexe kann auch ohne Besenstiel tanzen.

hexen

Der hat gut leben, dessen Großmutter hexen kann.

Man ist nie zu alt zum Lernen, sagte die alte Frau, da lernte sie noch hexen.

Wer hexen kann, für den ist es keine Kunst.

Hexenmeister

Wer's kann, ist kein Hexenmeister.

Hexerei

Geschwindigkeit ist keine Hexerei.

Hieb

Auf einen Hieb fällt kein Baum.

Es fällt kein Baum vom ersten Hieb.

hier

Heute hier, morgen dort.

Hier ist Kohl und da ist Kohl.

Es hat alles seine Licht- und seine Schattenseite.

Hier zuwenig, dort zuviel.

Je weiter von hier, je besser Pläsier.

↗ *dort*

Hilfe

Die schnellste Hilfe ist die beste.

Eine Hilfe ist der anderen wert.

Ein Lot Hilfe ist mehr wert als ein Pfund Predigt.

Der Herren Bitten ist Gebieten.

Gutes Recht braucht gute Hilfe.

Eine gute Sache muß auch gut vertreten werden.

Hilfe hat kein Warum.

Wer helfen will, fragt nicht lange.

Hilfe ist gut, wenn sie kein Maul hat.

Kleine Hilfe ist auch Hilfe.

Nahe Gefahr will rasche Hilfe.

Wer Hilfe sucht im Glück, der findet sie im Unglück.

Wer untergehen will, ruft nicht um Hilfe.

Wo keine Hilfe ist, da braucht man keinen Rat.

Besserwisserische Ratschläge nützen nichts.

Wo Mitleid ist, da ist auch Hilfe.

Wo Rat ist, da ist Hilfe.

Zu späte Hilfe, keine Hilfe.

Himmel

Auf heiteren Himmel und lachende Frauen ist nicht zu bauen.

Den Himmel möchte mancher erben, aber er will's auch nicht mit dem Teufel verderben.

Von Rückversicherern.

Der Himmel ist hoch, und der Kaiser ist weit.

Die Ehen werden im Himmel gemacht,
auf Erden erfüllt und zu Ende gebracht.

Ehen werden im Himmel geschlossen (und die Torheiten auf Erden begangen).

Ein gutes Gewissen ist der Himmel, ein böses die Hölle.

Es ist dafür gesorgt, daß die Bäume nicht in den Himmel wachsen.

Es ist noch kein Meister vom Himmel gefallen.

Kein Himmel ohne Wolken.

Nicht jede Leiter führt in den Himmel.

Wen der Himmel strafen will, dem beschert er ein böses Weib.

Wer nicht in den Himmel will, braucht keine Predigt.

Wer nur nach dem Himmel sieht, fällt leicht mit der Nase auf die Erde.

Wer sich an den Himmel hält, der hat kein Glück auf Erden.

Auch von hochfliegenden Plänen.

Wie der Heilige, so ist sein Himmel.

Wo der Himmel aufhört, da fängt die Hölle an.

Wo der Himmel ist, da ist die Hölle nebenan.

Zwei Sonnen sind zuviel an einem Himmel.

Himmelreich

Des Menschen Wille ist sein Himmelreich.

Ein gesunder Leib, ein freundliches Weib, Freunde einander gleich, das sind drei Stück vom Himmelreich.

hin

Futsch ist futsch und hin ist hin.

Gevatter hin, Gevatter her, der Arsch gehört in die Hosen.

Gut hin, Mut hin.

Hin und fort ist einerlei.

Hin wie her ist gleich weit.

Was hin ist, kehrt nicht wieder.

hinauffahren

Gemach fährt man den Berg hinauf.

hinaufsteigen

Wer hinaufsteigen will, muß unten anfangen.

hinaufwollen

Wer die Leiter hinaufwill, muß bei der untersten Sprosse anfangen.

Wer die Treppe hinaufwill, geht Stufe für Stufe.

hinaussein

Wer zur Tür hinaus ist, hat die Hälfte der Reise getan.

Der erste Schritt ist der schwerste.

hinauswerfen

Soll's hinausgeworfen sein, dann ehrlich die Stiegen hinunter.

hindern

Die etwas hindern wollen, die werfen Stühl' und Bänke drein.

Die nicht helfen wollen, hindern gern.

Was man nicht fördern kann, soll man wenigstens nicht hindern.

Wer nicht fördert, hindert genug.

hineinfahren

Wo man nichts hineinfährt, fährt man nichts heraus.

hineinfallen

Wer andern eine Grube gräbt, fällt selbst hinein.

Nach Sprüche Salomos 26,27.

hineingehen

Es ist keine Scheuer so voll, es geht noch eine Garbe hinein.

hineinlangen

Jeder langt in einen offenen Kasten hinein.

hineinrufen

Wie man in den Wald hineinruft, so schallt es heraus.

hineinschauen

Was hineinschaut, schaut heraus.

Wie der Aufwand, so der Ertrag.

hineinziehen

Wer im Sumpf steckt, möchte auch andere hineinziehen.

hinfallen

Hinfallen ist keine Schande, aber liegenbleiben.

Wo der Baum hinfällt, da liegt er auch.

Wo die Liebe hinfällt, da bleibt sie liegen.

hinfließen

Wo was wegfließt, da fließt es wieder hin.

hinken

Am Hinken erkennt man den Lahmen.

Beim reichen Mann hinkt's auch manchmal.

Nirgends geht alles glatt.

Besser auf dem rechten Wege hinken als auf dem falschen reiten.

Der hinkende Bote kommt nach.

Das Unangenehme folgt.

Der Hund hinkt, wenn er will.

Von Leuten, die um Ausreden nicht verlegen sind.

Eigenlob stinkt, Freundeslob hinkt.

Es hinkt keiner an des andern Fuß.

Es ist nicht jeder lahm, der hinkt.

Fremdes Lob klingt, Freundes Lob hinkt.

Jeder Vergleich hinkt.

Jung gestelzt, alt gehinkt.

Lieber hinken als sinken.

Neues klingt, Altes hinkt.

Wenn's zum Feste geht, hört ein lahmes Weib auf zu hinken.

Wo alle hinken, lacht man über gesunde Füße.

hinkommen

Wer überall hinkommt, ist nirgends willkommen.

Wo der Ochse hinkommt, muß er den Pflug ziehen.

Wo Mist ist, kommt Mist hin.

Wo nichts ist, da kommt nichts hin.

hinlegen

Was du nicht hingelegt hast, das hebe auch nicht auf.

Man soll fremdes Eigentum achten.

Wo man nicht hinlegt, da findet man nicht.

hinreichen

Was hinreicht, ist genug.

hinspucken

Wo man oft hinspuckt, wird es nicht trokken.

hinten

Vorne hui, hinten pfui.

Vorn Freund, hinten Feind.

↗ *vorn*

hintenan

Hintenan hat keine Ehre.

hintenaus

Hintenaus verdirbt das Haus.

hintennach

Das hinkende Pferd kommt hintennach.

Die Reue folgt der Tat.

Das Schlimme kommt immer hintennach.

Hintennach kommt Dünnbier.

Was hintennach kommt, fressen die Hunde.

hinter

Hinter dem Berge wohnen auch Leute.

Hinter dem Ofen wachsen keine Lorbeeren.

Hinterm Ofen fängt man keinen Hasen.

Hinterm Rücken ist gut fechten.

Man muß oft hinter sich sehen, wenn man vorwärtskommen will.

hinterher

Die besten Gedanken kommen immer hinterher.

Hinterher gackern die Hühner.

hinterlassen

Der Geizhals hinterläßt lachende Erben.

Hintern

Der Hintern setzt sich zuerst.

Je höher der Affe steigt,
je mehr zeigt er den Hintern.

Wenn man's Hemd aufhebt, wird der Hintern bloß.

Wer sich den Hintern verbrennt, muß auf den Blasen sitzen.

Hintertür(chen)

Es geht nichts über ein gutes Hintertürchen.

Zur Hintertür wird das Haus hinausgetragen.

hintropfen

Es tropft gern hin, wo es schon naß ist.

hinüberspringen

Wo der Zaun am niedrigsten ist, da springt der Teufel hinüber.

hinwerfen

Wo man nicht hinwirft, da wirft man nicht her.

hinwollen

Wo einer hinwill, da tut ihm das Glück die Tür auf.

Hinz

Hinz hat's angezettelt, Kunz muß es ausbaden.

Kommt Kunz hin, kommt Hinz wieder.

Will nicht Hinz, so muß Kunz.

↗ *Kunz*

Hirn

Das Hirn sieht man nicht an der Stirn.

Fetter Bauch macht mageres Hirn.

Hirte

Auch dem besten Hirten frißt der Wolf ein Schaf.

Bei viel Hirten wird übel geweidet.

Irrender Hirt, irrende Schafe.

Je mehr Hirten, je mehr Zank.

Viel Hirten, schlecht gehütet.

Wenn die Hirten sich streiten, hat der Wolf gewonnenes Spiel.

Wenn man den Wolf zum Hirten macht, ist die Herde in Gefahr.

Wenn's dem Hirten schlecht geht, geht's den Schafen nicht gut.

Wie der Hirt, so die Herde.

Hitze

Die Hitze verfliegt mit dem Rauch.

Je näher dem Feuer, je näher der Hitze.

Was gut ist für die Kälte, ist auch gut für die Hitze.

Zuviel Hitze verdirbt den Braten.

hitzig

Hitzig ist nicht witzig.

Hobel

Was unter den Hobel kommt, muß Späne lassen.

hobeln

Wo gehobelt wird, fallen Späne.

hoch

Auf hohen Stühlen sitzt man schlecht.

Auf hohen Türmen wehen starke Stürme.

Bei Narren geht's immer hoch hinaus.

Dem Zuschauer ist kein Spiel zu hoch.

Der Hättich fliegt hoch.

Der Tugend ist kein Ziel zu hoch.

Die hoch stehen, müssen viel übersehen.

Die Türschwelle ist der höchste Berg.

Einem hohen Roß paßt keine niedere Krippe.

Es fallen nicht alle weich, die hoch sitzen.

Es fliegt kein Vogel so hoch, er kommt wieder herunter.

Hoch macht schwindlig.

Hohe Bäume werfen lange Schatten.

Hohe Dinge haben viel Anstoß.

Hohe Masten fangen viel Wind.

Von großem Risiko.

Hoher Rang kommt nicht von Müßiggang.

Hohe Stange steht nicht lange.

Hohe Steiger fallen tief.

Hohe Türen fallen hart.

Je höher Amt, je tiefer Fall.

Je höher das Gras, je näher die Sense.

Je höher die Sonne, je heißer die Strahlen.

Je höher die Sonne, je kleiner die Schatten.

Je höher man steigt, je tiefer kann man fallen.

Je höher Rang, je härter Zwang.

Je höher Ziel, je besser Schütz.

Je mehr man die Katze streichelt, desto höher trägt sie den Schwanz.

Je weniger einer weiß, je höher trägt er die Nase.

Mag das Fleisch auch noch so hoch hängen, der Hund wartet auf die Knochen.

Narren und Gockel sitzen gern hoch.

Von hohen Treppen fällt man hart.

Was dir zu hoch ist, das laß fliegen.

Wer hoch sitzt, hat viel Neider.

Wer hoch steht, den sieht man weit.

Wer hoch steigt, den schwindelt leicht.

Wer hoch steigt, fällt tief.

Wer höher steigt, als er sollte,
fällt tiefer, als er wollte.

Wer nach dem Höchsten strebt, wird wenigstens das Hohe erreichen.

Wer zu hoch fliegen will, fällt zuletzt in den Dreck.

Wer zu hoch fliegt, verbrennt sich die Federn.

hochhalten

Was man täglich sieht, hält man nicht hoch.

Hochmut

Der Hochmut ist unter allen Beichtvätern der gefährlichste.

Hochmut geht voran, Spott und Schaden folgen nach.

Hochmut ist allein klug.

Hochmut kommt nicht von Armut.

Hochmut kommt vor dem Fall.
Nach Sprüche Salomos 16,18.

Hochmut liebt Demut.
Und zwar bei anderen.

Hochmut macht dumm.

Mit den Wölfen muß man heulen.

Hochmut und Stolz wachsen auf einem Holz.

Je größer Narr, je größer Hochmut.

Wenn Hochmut aufgeht, geht Glück unter.

Wo Hochmut zunimmt, da nimmt Glück ab.

hochmütig

Ein hochmütiger Kopf stößt überall an.

Hochmütig im Glück, mutlos im Unglück.

Hochzeit

Den Armen bittet niemand zur Hochzeit.

Die Hochzeiten werden in der Stille gefeiert, der Lärm fängt in der Ehe an.

Eine Hochzeit macht die andere.

Es verlobt sich mancher, der nicht Hochzeit macht.
Vieles wird nicht vollendet, auch wenn es weit gediehen ist.

Frühe Hochzeit, lange Liebe.

Man kann nicht auf zwei Hochzeiten zugleich tanzen.

Ungeladen geht man nicht zur Hochzeit.

Viel Wein, viele Hochzeiten.

Vor der Hochzeit Küsse, nach der Hochzeit Schmisse.

Wenn die Hochzeit aus,
gehen die Gäste nach Haus.

Höcker

Ein Höcker ist seinem Herrn nicht schwer.

Eigene Mängel merkt man nicht.

Hof

Wer den Hof verläßt, den verläßt der Hof.

Weit vom Hof hat wenig Verdruß.

Zu Hof gibt man viel Hände, aber wenig Herzen.

Zu Hof ist jedermann vermummt.

Zu Hof ist recht, was dem Herrn gefällt.

Zu Hof will man Narren haben.

Hoffart

An armer Leute Hoffart wischt der Teufel den Arsch.

Hoffart ist des Dünkels Wassersucht.

Je größer Hoffart, je größer Narr.

hoffen

Besser zu Tode gehofft als zu Tode gezweifelt.

Dulden geht schon an, wenn man nur hoffen kann.

Es geht nie so gut, um nicht fürchten zu müssen, und nie so schlecht, um nicht hoffen zu können.

Es ist ein ungewisses Hoffen auf ungelegte Eier.

Geduld lehrt hoffen.

Hoffen ist ein süßes Leiden.

Hoffen und Harren macht manchen zum Narren.

Hoffen und Träumen läßt vieles versäumen.

Hoffen und Wünschen geht viel in einen Sack.

Hoffe, was du wünschst, und leide, was du mußt.

Man hofft, solange man lebt.

Man soll das Beste hoffen, das Böse kommt von selbst.

Meinen und Hoffen hat's selten getroffen.

Mit Harren und Hoffen hat's mancher getroffen.

Trauen, hoffen und harren
machen manchen Narren.

Was der Mensch wünscht, das hofft er.

Was man hofft, glaubt man gern.

Was man hofft, schickt sich oft.

Wer hoffen will, muß wagen.

Wer nichts hofft, dem geht nichts fehl.

Wer nichts hofft, fürchtet auch nichts.

Wer nichts wagt, hat nichts zu hoffen.

Wer viel hofft, täuscht sich oft.

Hoffnung

Bei Hoffnung ist immer Zweifel.

Den Narren macht die Hoffnung reich.

Die Hoffnung ist der Trägheit Tochter.

Die Hoffnung ist ein langes Seil.

Die Hoffnung ist ein süßes Leiden.

Die Hoffnung ist sehr schön, solange man dabei zu essen hat.

Ein leerer Magen verdaut keine Hoffnung.

Vertröstungen nützen nichts.

Hoffnung braucht man nicht zu kaufen.

Hoffnungen machen den Mund groß, Erfahrungen machen ihn klein.

Hoffnung hilft Lasten tragen.

Hoffnung macht den Schwachen stark.

Hoffnung macht graue Haare.

Weil man darüber alt wird.

Hoffnung und Mut sind allzeit gut.

Im Lande der Hoffnung wird man nicht fett.

In Hoffnung schweben macht süßes Leben.

Je dürrer die Zeit, je grüner die Hoffnung.

Lange Hoffnung, lange Marter (langer Schmerz).

Mit der Hoffnung wächst der Mut.

Wenn das Glück uns verläßt, so bleibt uns die Hoffnung.

Wer auf Hoffnung traut, hat auf Eis gebaut.

Wer liebt, hat alle Taschen voller Hoffnung.

Wer mit der Hoffnung fährt, hat die Armut zum Kutscher (Gefährten).

Wer von Hoffnung lebt, stirbt vor Hunger.

Wo Hoffnung aufhört, fängt Furcht an.

Wo Hoffnung einschläft, wacht Hoffnung auf.

Nämlich eine andere.

Hofhund

Hofhunden ist nicht zu trauen.

höflich

Gar zu höflich sein ist auch eine Grobheit.

Höflich gegen alle, aber mit wenigen vertraut.

Im Deutschen lügt man, wenn man höflich ist.

Nach Goethe, Faust II.

Höflichkeit

Eine Höflichkeit ist der anderen wert.

Grüßen ist Höflichkeit, Danken ist Schuldigkeit.

Höflichkeit ist nicht Schuldigkeit.

Höflichkeit kostet nichts.

Höflichkeit und gute Sitten machen wohlgelitten.

Höflichkeit ziert den Mann.

Höhe

Ehrgeiz und Flöhe springen gern in die Höhe.

hohl

Hohle Töpfe klingen gut.

Je älter die Weide, je hohler der Stamm.

Je hohler die Ähre, desto höher die Nase.

Wer mit der hohlen Hand anklopft, findet selten Gehör.

Hohn

Hohn für Lohn, Stank für Dank.

Hohn rümpft die Nase.

Spott und Hohn trägt schlimmen Lohn.

holen

Das Beste holt der Teufel zuerst.

Geholt ist nicht gebracht.

Holt der Teufel das Pferd, holt er den Zaum dazu.

Niemand vergißt, wo was zu holen ist.

Wenn wir's weit schmeißen, müssen wir's weit holen.

Wer den Teufel fürchtet, den holt er.

Hölle

Bagatelle führt zur Hölle.

Böse Gesellen verleiten manchen zur Höllen.

Der Weg zur Hölle ist mit (lauter) guten Vorsätzen gepflastert.

Die Ehe ist Himmel und Hölle.

Die Hölle ist nicht so heiß, wie sie der Pfaffe macht.

Die Tür zur Hölle steht immer offen.

Eigener Wille bringt in die Hölle.

Manche Unannehmlichkeit hat man sich selbst zuzuschreiben.

Ein armer Teufel muß das Holz zur Hölle selber tragen.

Ein böser Geselle führt den andern zur Hölle.

Ein großer Teufel braucht eine große Hölle.

Ein junger Prediger, eine neue Hölle.

Über jugendlichen Eifer.

Haß und Neid machen die Hölle weit.

Machen das Zusammenleben zur Hölle.

In die Hölle ist es überall gleich weit.

Wer den Teufel zum Freunde hat, hat's gut in der Hölle.

Wer Gönner hat, kommt voran.

Wer einen Schritt zur Hölle getan hat, der hat die Hälfte des Weges hinter sich.

Wer auf die schiefe Bahn gerät, sinkt oft immer tiefer.

Wer vor der Hölle wohnt, muß den Teufel zum Freunde haben.

↗ *Himmel*

Holz

Altes Holz läßt sich nicht biegen.

Aus alten Eichen läßt sich viel Holz schlagen.

Dummheit und Stolz wachsen auf einem Holz.

Dürres Holz gibt gutes Feuer.

Auch Alter hat Leidenschaft.

Ein kleiner Herd braucht wenig Holz.

Es führt mehr als ein Weg ins Holz.

Es ist gut Feuer machen, wenn der Nachbar das Holz gibt.

Frisches Holz macht lustiges Feuer.

Von junger Liebe.

Grünes Holz, große Hitze.

Von hitziger Jugend.

Wie der Hirt, so die Herde.

Hartes Holz will eine starke Axt.

Jedes Holz hat seinen Wurm.

Je grüner das Holz, je dicker der Rauch.

Je krummer das Holz, je besser die Krücke.

Je tiefer im Walde, je dichter das Holz.

Je mehr man vorankommt, je mehr Schwierigkeiten gibt es oft.

Krummes Holz gibt auch gerades Feuer.

Morsches Holz gibt keine festen Balken.

Nicht jedes Holz gibt einen Bolz.

Wenn Holz und Feuer zusammenkommen, dann brennt es.

hölzern

Hölzerne Köpfe geben hölzerne Räte.

Hölzerner Lohn, hölzerne Arbeit.

Holzweg

Wer sucht einen Holzweg, wenn die Straße gut ist.

Holzwurm

Die Holzwürmer haben auch Ohren.

Mahnung zur Vorsicht.

Honig

Allzuviel ist bitter, und wär's auch lauter Honig.

Der Honig ist nicht weit vom Stachel.

Der Honig ist teuer, den man aus Dornen lecken muß.

Gibt's nicht Honig, gibt's doch Wachs.

Honig im Munde, Galle im Schlunde.

Honig im Munde und Galle im Herzen.

Honig ist der Mücke Tod.

Im Munde den Honig, im Herzen den Stachel.

Liebe und Ehe ist voll Honig und Wehe.

Nicht alles, was süß ist, ist Honig.

Wäre der Honig nicht süß, man leckte ihn nicht.

Wer Honig lecken will, darf die Bienen nicht scheuen.

Wer kein Geld hat, muß Honig im Munde haben.

Wer mit Honig umgeht, leckt auch einmal die Finger.

Wer sich zu Honig macht, den benaschen die Fliegen.

Wo es Honig gibt, da sammeln sich die Fliegen.

Hopfen

Gott gibt den Verstand, der Hopfen nimmt ihn.

Ohne Hopfen kein Bier.

Horcher

Der Horcher an der Wand
hört seine eigne Schand'.

hören

Auf Freiers Schwören ist nicht zu hören.

Besser einer, der's gesehen, als zwei, die's gehört.

Besser gut gesehen als schlecht gehört.

Auf das Gesehene kann man vertrauen.

Besser hören als fühlen.

Besser zehnmal hören als einmal sprechen.

Das Herz hört feiner als die Ohren.

Das Lob, das man hört, ist nicht viel wert.

Der ist sehr taub, der nicht hören will.

Der Storch hört sein Klappern gern.

Einen Unglücksvogel hört niemand gern singen.

Warnende Stimmen werden oft nicht gern gehört.

Eines Mannes Rede ist keines Mannes Rede, man soll sie billig hören beede.

Ein Narr hört sich gern loben.

Erst höre, dann rede.

Im Kruge hört man viel Neues.

Lerne viel, sage wenig, höre alles.

Man höre auch den andern Teil.

Man kann viel hören, ehe einem ein Ohr abfällt.

Ein Unbescholtener braucht Verleumdungen nicht zu fürchten.

Man muß erst hören, ehe man urteilt.

Neue Weise hört man gern.

Rede wenig, höre viel.

Vom Hören lernt man lügen.

Vom Hören und Sagen wird mancher aufs Maul geschlagen.

Was der Taube auch hört, er reimt sich's zusammen.

Was die Kinder hören im Haus,
das plaudern sie auf der Straße aus.

Was einem der Neid nachsagt, hört man gern.

Was man gern hört, glaubt man gern.

Wenn die Büchse nicht knallt, hört man sie nicht.

Wenn du hörst, was einer klagt,
so hör auch, was der andere sagt.

Wer einen hört, weiß ein Ding halb; wer zwei hört, weiß es ganz.

Wer geben soll, der hört nicht gut.

Wer gern hört, dem ist leicht rufen.

Wer nicht hören will, muß fühlen.

Wer nicht redet, den kann man nicht hören.

Wer mitreden will, muß sich äußern.

Wer Ohren hat zu hören, der höre.

Nach Matthäus 11,15.

Wer redet, der sät, wer hört, der erntet.

Wer redet, was er nicht sollte,
muß hören, was er nicht wollte.

Wer redet, was ihm beliebt,
muß hören, was ihn betrübt.

Wer schlecht hört, reimt leicht.

Wenn jemand sich etwas zusammenreimt.

Wer spricht, was er will, muß hören, was er nicht will.

Wer viel spricht, der muß viel hören.

Wer zu hören weiß, dem genügen wenig Worte.

Wo die Nachtigall singt, hört man die Krähe nicht.

Wo einer nicht hören will, da ist alles Reden umsonst.

Wo ein Herz spricht, da hört ein Herz.

Wo viel gesprochen wird, hört man wenig Wahrheit.

↗ *Horcher*

Hörensagen

Hörensagen ist halb gelogen.

Sehen geht vor Hörensagen.

Vom Hörensagen lügt man viel.

Vom Hörensagen und Wiedersagen
wird man mit Recht aufs Maul geschlagen.

Vom Hörensagen wurde schon manchem aufs Maul geschlagen.

Hörer

Fleißige Hörer machen fleißige Lehrer.

Viel Hörer, wenig Folger.

Wie der Hörer, so der Lehrer.

Horn

Alte Böcke haben steife Hörner.

Den Bock erkennt man an den Hörnern.

Die Hörner machen keinen Ochsen.

Der Stier hat seine Hörner nicht umsonst.

Einer hält die Hörner, der andere melkt.

Wenn Unverstand etwas Unmögliches zuwege bringen will.

Ein Ochse verläßt sich auf seine Hörner.

Gott gibt einem wohl den Ochsen, aber nicht bei den Hörnern.

Große Hörner, schöne Ochsen.

Je älter der Bock, je härter das Horn.

Man muß den Stier bei den Hörnern packen.

Schöne Weiber, vergoldete Hörner.

Für den Hahnrei.

Stoß nicht, ehe dir Hörner wachsen.

Viel Ziegen, viel Hörner.

Was Hörner hat, will stoßen.

Wem Hörner wachsen, der lernt auch stoßen.

Wenn der Bock satt ist, jucken ihm die Hörner.

Wer den Ochsen bekommt, bekommt auch seine Hörner.

Gefällt der Henne der Hahn,
so gefällt ihr auch der Hühnerhof.

Hornvieh

Wer mit Ochsen schlafen geht, steht mit Hornvieh auf.

Hose

Ein kleiner Arsch braucht keine großen Hosen.

Garaus macht böse Hosen.

Gevatter hin, Gevatter her, der Arsch gehört in die Hosen.

Man sieht's wohl an den Hosen, wo's Bein gebrochen ist.

hüben

Feuer hüben, drüben Wasser, mit den Lippen Freund und mit dem Herzen Hasser.

↗ *drüben*

hübsch

Bist du nicht hübsch, so tu hübsch.

Ein hübsches Gesicht ist die halbe Mitgift.

Hübsche Leute, hübsche Sachen.

Hübsch ist, was gefällt.

Je älter die Kuh, je hübscher das Kalb.

Von Müttern und Töchtern.

Was hilft eine hübsche Schüssel, wenn nichts drin ist.

Was nützt alles leere Gerede.

Was hübsch ist, liebt man.

Hügel

Auf ebenem Wege soll man keine Hügel suchen.

Keinen unnötigen Streit.

Besser ein grüner Hügel als ein kahler Berg.

Ein kleiner Hügel hat auch sein Tal.

Huhn

Auch ein schwarzes Huhn legt weiße Eier.

Auch kluge Hühner scheißen sich ins Nest.

Wenn ein Gescheiter einen Fehler macht.

Das Huhn des Nachbars ist eine Gans.

Neid vergrößert.

Ein blindes Huhn findet auch (ein)mal ein Korn.

Ein fleißiges Huhn findet auf jedem Mist zu tun.

Es ist um die Hühner geschehen,
wenn die Füchse zu Rate gehen.

Fette Hühner legen wenig Eier.

Gackere du, die Hühner legen die Eier.

Spöttisch über einen leeren Schwätzer.

Geh mit den Hühnern schlafen, aber steh mit den Hähnen auf.

Hinterher gackern die Hühner.

Hühner, die viel gackern, legen wenig Eier.

Je mehr Hühner, je mehr Eier.

Kein Huhn scharrt umsonst.

Kluge Hühner legen auch in die Nesseln.

Auch der Vorsichtigste macht mal einen Fehler.

Rückwärts kratzen die Hühner.

Trittst du mein Huhn, so wirst du mein Hahn.

Ursprünglich Rechtssprichwort: Wer eine Leibeigene heiratete, wurde selber hörig.

Was von Hühnern kommt, kratzt gern.

Wenn das Huhn zum Hahn kommt, sind die Kücken vergessen.

Die Kinder aus der vorigen Ehe.

Wenn der Fuchs predigt, so nimm die Hühner in acht.

Wenn der Kropf voll ist, sind die Hühner taub.

Wer mit den Hühnern zu Bett geht, kann auch mit den Hühnern aufstehen.

Hühnerhof

Gefällt der Henne der Hahn, so gefällt ihr auch der Hühnerhof.

hui

Außen hui und innen pfui.

Oben hui, unten pfui.

Vorne hui, hinten pfui.

Hülle

Viel Hülle, wenig Fülle.

Hummel

Wenn die Hummeln schwärmen,
da geht's nicht ohne Lärmen.

humpeln

Humple nicht, ehe du lahm bist.

Hund

Alte Hunde haben stumpfe Zähne.

Alter Hund macht gute Jagd.

Auf einen fremden Hund schlägt alles ein.

Bei Hunden und Katzen
ist Beißen und Kratzen.

Bellt ein Hund, so kläffen sie alle.

Den Hund schickt man nicht nach Bratwürsten.

Den letzten beißen die Hunde.

Der Hund bellt Narren und Weise an.

Der Hund bellt vor der eigenen Tür.

Man soll woanders nicht zuviel ausplaudern.

Der Hund hinkt, wann er will.

Von faulen Ausreden.

Der Hund ist daheim am stolzesten.

Der Hund ist keck im eignen Haus.

Der Hund ist oft schlauer als sein Herr.

Der Hund läßt das Bellen nicht.

Der Hund wedelt nicht umsonst mit dem Schwanze.

Der Knüppel liegt immer beim Hunde.

Man kann oft nicht, wie man möchte.

Der schlimmste Hund hat den schönsten Schwanz.

Die freundlichsten Hunde beißen am schlimmsten.

Ein alter Hund bellt nie umsonst.

Ein alter Hund lernt keine Kunststücke.

Ein bellender Hund taugt nicht zur Jagd.

Mit Leuten, die alles ausplaudern, läßt sich nichts unternehmen.

Ein bissiger Hund zeigt die Zähne nicht.

Einem alten Hunde pißt der Fuchs an den Hals.

Einen bunten Hund kennt jeder.

Einer kann's so treiben, daß ihn seine eigenen Hunde beißen.

Von jemandem, der es sich mit allen verdirbt.

Ein fauler Hund ist voller Flöhe.

Ein guter Hund ist seines Futters wert.

Ein Hund bellt nicht lange.

Unterwürfige Leute begehren nur kurz auf.

Ein Hund hat kein Ehrgefühl.

Ein Hund schlägt keinen Knochen aus.

Ein Knochen und zwei Hunde
geben keine ruhige Stunde.

Ein satter Hund spielt mit dem Brot.

Es gibt überall Hunde, die einen anbellen.

Es gibt viel Hunde, die Pudel heißen.

Es ist ein schlechter Hund, den man zur Jagd tragen muß.

Es ist ein Unterschied zwischen dem Schäfer und seinem Hund.

Es sind nicht alle Diebe, die der Hund anbellt.

Getroffene Hunde bellen.

Hätte der Hund nicht geschissen, so hätte er den Hasen gefangen (gehabt).

Heimlich, das ist der Hunde Art.

Hunde, die bellen, beißen nicht.

Hunde und Herren machen keine Tür zu.

Von Unhöflichkeit.

Hunde und Wirte schmeicheln nicht umsonst.

Im Stall ist der Hund am dümmsten.

Jeder Hund sucht seinen Herrn.

Je fetter der Floh, je magerer der Hund.

Je größer der Hund, je größer der Knüppel.

Je größer Stock, je böser Hund.

Je kleiner das Dorf, je bissiger die Hunde.

Je klatschsüchtiger die Leute.

Je magerer der Hund, je fetter die Flöhe.

Je mehr Hunde, je mehr Flöhe.

Junger Hund muß beißen lernen.

Katz und Hund verträgt sich nicht.

Kommt man über den Hund, so kommt man auch über den Schwanz.

Hat man die größte Schwierigkeit hinter sich, braucht man die kleinen nicht zu fürchten.

Laß den Hund bellen, singen kann er nicht.

Man findet bald einen Stecken, wenn man einen Hund schlagen will.

Vorwände sind billig.

Man füttert den Hund um des Herrn willen.

Man kann den Hunden das Bellen nicht verbieten.

Man kommt oft leichter über den Hund als über den Schwanz.

Der Schluß macht einem oft die größte Mühe.

Man muß die Hunde nicht loslassen, ehe die Jagd beginnt.

Übereifer schadet.

Man muß sich nicht selber zum Hunde machen.

Man muß sich vor dem Hunde hüten, sein Schatten beißt nicht.

Man reizt den Hund so lange, bis er beißt.

Man schmeichelt dem Hunde wegen des Herrn.

Mein Hund und dein Hund sind zweierlei Hund.

Mit alten Hunden ist die sicherste Jagd.

Erfahrene Helfer sind die besten.

Not treibt den Hund an die Kette.

Offene Tür und offener Mund
bringen manchen auf den Hund.

Räudige Hunde haben zähes Leben.

Schlafende Hunde soll man nicht wecken.

Wer kauft, hat hundert Augen nötig, wer verkauft, nur eins.

Schmieds Hund schläft beim Amboß.

Soviel Hunde, soviel Schwänze;
soviel Bräute, soviel Kränze.

Suche dir einen andern Hund, wenn du keine besseren Knochen hast.

Tote Hunde beißen nicht.

Viele Hunde sind des Hasen Tod.

Was hintennach kommt, das fressen die Hunde.

Was kümmert's den Mond, wenn ihn die Hunde anbellen.

Was von Hunden kommt, bellt gern.

Wenn der Hund einen Knochen sieht, wedelt er mit dem Schwanz.

Wenn der Hund lacht, so weint der Hase.

Wenn die alten Hunde bellen, soll man hinaussehen.

Wenn du mich liebst, mußt du meinen Hund auch lieben.

Wenn man den Hund schlagen will, so hat er Leder gefressen.

Wenn man mit einem Knochen nach dem Hunde wirft, so bellt er nicht.

Wenn man vom Hunde redet, wedelt er mit dem Schwanze.

Wer den Hund füttert, dem leckt er die Hände.

Wer keine Angst hat, dem tun die Hunde auch nichts.

Wer mich liebt, liebt auch meinen Hund.

Wer mit Hunden spricht, wird angebellt.

Wer mit Hunden zu Bett geht, steht mit Flöhen auf.

Wo der Hund aufs Kissen kommt, will er mit im Bette liegen.

Wo der Hund bellt, da (dort) mag er auch fressen.

Wo die Hunde bellen, ist's Dorf nicht weit.

Wohin ein Hund pißt, dahin pissen alle.

Wo Hunde sind, da ist auch Hundedreck.

Wo Knochen sind, da sind auch Hunde.

↗ *Hütte*

hundert

Der Pfennig hat hundert Wege.

Ein guter Kopf hat hundert Hände.

Ein Jahr böse, hundert Jahre böse.

Hundert, die wollen, sind stärker als tausend, die müssen.

Hundert Jahre Unrecht ist keine Stunde Recht.

Hundert Pferde, hundert Sättel.

Ist die Pforte für einen geöffnet, dann gehen bald hundert hindurch.

Morgen gehen hundert Jahre wieder an.

Was drei wissen, erfahren hundert.

Wer kauft, hat hundert Augen nötig, wer verkauft, nur eins.

hundertmal

Einmal ertappt ist hundertmal schuldig.

Hunger

Der Hunger kostet wenig, der Überdruß viel.

Der Honig ist nicht weit vom Stachel.

Der Hunger treibt den Wolf ins Dorf.

Einer hat das Brot und der andere den Hunger.

Ein kleiner Bissen stillt großen Hunger.

Geld stillt keinen Hunger.

Hunger ist der beste Koch.

Hunger ist ein scharfes Schwert.

Hunger leiden ist kein Brot sparen.

Hunger treibt's 'rein, und wenn's Schweinebraten ist.

Sprichwörtlicher Scherz.

Hunger tut weh.

Hunger und Durst braten die beste Wurst.

Hunger und Not fürchten nicht den Tod.

Mit Arznei und Pillen kann man nicht den Hunger stillen.

Montag blau, Dienstag Hunger.

Was weiß der Satte (Volle), wie der Hunger tut.

Wenn der Wolf Hunger hat, darf das Schaf nicht blöken.

Wer Hunger hat, fragt erst nach Brot und dann nach Butter.

Wer trinkt ohne Durst und ißt ohne Hunger, der stirbt desto junger.

Wer von Hoffnung lebt, stirbt vor Hunger.

hungern

Wer bei Tage schläft, muß des Nachts hungern.

Wer nicht hungert, kann gut vom Fasten predigen.

Wer selber hungert, muß andern keine Suppe versprechen.

Hungersnot

In Hungersnot gibt's kein schlechtes Brot.

hungrig

Bin ich hungrig, häng' ich's Maul,
bin ich satt, so bin ich faul.

Dem hungrigen Bauch schmeckt alles gut.

Der ist nicht hungrig, dem Käs' und Brot nicht schmeckt.

Einem hungrigen Magen ist nicht gut predigen.

Ein hungriger Bauch hat keine Scham.

In einer Notlage sind Förmlichkeiten nicht am Platze.

Ein hungriger Magen hat keine Ohren.

Ein hungriger Magen lehrt viel Künste.

Ein hungriger Magen liebt kurze Predigten.

Ein hungriger Magen versteht keinen Spaß.

Ein hungriger Ochse sucht die Krippe.

Ein hungriger Wolf hat scharfe Zähne.

Ein hungriges Maul läßt sich nicht lange nötigen.

Ein hungriges Pferd macht eine leere Krippe.

Es gibt kein gutes Mahl ohne hungrigen Magen.

Hungrige Mäuler machen leere Schüsseln.

Hungrige Schweine wühlen am meisten.

Man schläft nicht gut mit hungrigem Magen.

Was nicht sättigt, macht hungrig.

Wer bei Tische schläft, steht hungrig auf.

Wer hungrig ist, dem ist kein Brot zu schwarz.

Hungrige, der

Dem Hungrigen hilft keine Predigt.

Der Hungrige fragt nicht nach der Rechnung.

Der Satte versteht den Hungrigen nicht.

Einem Hungrigen vergeht der Tanz.

Ein Satter glaubt dem Hungrigen nicht.

Für den Hungrigen ist's immer Mittag.

hüpfen

Die Elster läßt ihr Hüpfen nicht.

Tanzt die Frau, so hüpft die Magd.

Hure

In der Not tanzt man mit Huren.

Junge Hure, alte Betschwester (Kupplerin).

hurtig

Guter Lohn macht hurtige Hände.

Leistung will anerkannt sein.

husten

Es ist kein Unglück, wenn ein Floh auf ein weißes Tuch hustet.

Man soll nicht zu pingelig sein.

Wer lange hustet, lebt lange.

Husten

Es haben nicht alle den Husten, die sich räuspern.

Liebe und Husten lassen sich nicht verbergen.

Hut, der

Besser den Hut ziehen als den Beutel.

Der Hut macht nicht den Doktor.

Ein Hut paßt nicht auf alle Köpfe.

Für jeden Hut gibt's einen Kopf.

Gleicher Kopf, gleicher Hut.

Ist die Gesellschaft noch so gut,
einmal greift man nach dem Hut.

Je kleiner der Zwerg, je größer der Hut.

Von einem Gernegroß.

Man kann nicht alle Köpfe unter einen Hut bringen.

Mit dem Hute in der Hand
kommt man durch das ganze Land.

So mancherlei Hüte, so mancherlei Narren.

Übermut verliert den Hut.

Unter einem groben Hut steckt oft ein gescheiter Kopf.

Vor dem Pfennig zieht man den Hut.

Was hilft's, daß man den Hut hält, wenn der Kopf ab ist.

Wie der Mann, so der Hut.

Hut, die

Auf der Hut ist immer gut.

Eigene Hut am besten tut.

Gute Hut erhält das Gut.

Gute Hut macht guten Frieden.

Gut will Hut.

hüten

Es ist leichter, einen Korb voll Flöhe zu hüten als ein junges Mädchen.

Sieben Pferde sind leichter zu hüten als drei Frauensleute.

Spielen ist nicht Schafe hüten.

Was jedem gefällt, ist schwer zu hüten.

Was viele begehren, ist schwer zu hüten.

hüten, sich

Hüte dich, mein Pferd schlägt dich.

Hüte dich vor Borgen,
so schläfst du ohne Sorgen.

Hüte dich vor dem Arzt, der an dir lernen will.

Hüte dich vor dem ersten Schritt (Streich).

Hüte dich vor den Katzen,
die vorne lecken, hinten kratzen.

Wer gesund bleiben will, muß sich vor dem Krankwerden hüten.

Hüter

Güter brauchen Hüter.

Hütte

In einer niedrigen Hütte wohnen auch Leute.

Lieber eine Hütte auf der Erde als einen Thron in den Wolken.

Vor seiner Hütte ist der Hund am wütendsten.

I

ich

Ich und der Esel sind zusammen die Treppe heruntergefallen.

Wenn jemand sich selber zuerst nennt.

Wie du mir, so ich dir.

Igel

Wer einen Igel streichelt, muß sich nicht über die Stiche beklagen.

immer

Beim Traurigen ist immer Nacht.

Der Fleißige hat immer etwas zu tun.

Der Teufel scheißt immer auf den größten Haufen.

Eine schöne Frau hat immer recht.

Einmal ist nicht immer.

Einmal ist nicht oft und zweimal nicht immer.

Etwas bleibt immer hängen.

Nach Plutarch.

Für den Hungrigen ist's immer Mittag.

Im Hause des Faulen ist immer Feiertag.

Immer fröhlich ist selten reich.

Immer krank und doch keine Leiche.

Spöttisch von solchen, die dauernd über ihre Krankheit klagen.

Immer Kuchen verdirbt den Appetit.

Immer oben ist nicht zu loben.

Immer sachte mit den jungen Pferden.

Immer sparen heißt immer darben.

Immer was Neues, selten was Gutes.

Nachbars Weizen steht immer besser.

Niemand ist immer glücklich.

Wem es immer zu früh dünkt, der kommt meist zu spät.

Wer etwas mitbringt, ist immer angenehm.

Wer immer klagt, findet keine offenen Ohren.

Wer immer lügt, wird nicht mehr rot.

Wer immer zu tun hat, der ist nicht allemal der Fleißigste.

Von bloßer Geschäftigkeit.

Wer zufrieden ist, hat immer genug.

↗ *nie, nimmer*

Immerkrank

Immerkrank stirbt nicht.

immerzu

Wo es immerzu tropft, da wird es nie trokken.

in

Was nicht in einem ist, das bringt auch niemand aus ihm.

innen

Außen gesund und innen wund.

Außen Putz, innen Schmutz.

Die Haustür geht nach innen auf.

Familienstreit gehört nicht nach außen.

Es ist das schlimmste, wenn das Haus von innen brennt.

Von außen fix, von innen nix.

Von außen hui, von innen pfui.

↗ *außen*

Innung

Wer gehört zur Innung, der hat auch die rechte Gesinnung.

inwendig

Auswendig fein, inwendig ein Schwein.

Auswendig Freud', inwendig Leid.

irreführen

Blinder Glaube führt irre.

irregehen

Besser zweimal fragen als einmal irregehen.

Daß viele irregehen, macht den Weg nicht richtig.

Gehst du weit um, so gehst du weit irre.

Wer alle Wege wüßte, der ginge nicht irre.

Wer auf halbem Wege umkehrt, der geht nicht ganz irre.

Wer im Geleise bleibt, geht nicht irre.

Wer sich leiten läßt, geht nicht irre.

Wer viel fragt, geht viel irre.

irren

Auch der Klügste kann irren.

Der irrt nicht, der auf unrechtem Wege umkehrt.

Die selber irren, können andere führen.

Irren ist menschlich.

Nach Hieronymus, Epistolae.

Kluge Leute irren auch.

Viel reden, viel irren.

Wer sich irrt in Eile,
der bereut in Weile.

Wer umkehrt, irrt nicht ganz.

Nur Törichte korrigieren ihre Fehler nicht.

Wer viel glaubt, irrt viel.

Wir irren alle, nur jeder irrt anders.

Irrtum

Ein alter Irrtum hat mehr Freunde als eine neue Wahrheit.

Ein Irrtum bringt den andern.

Erkannter Irrtum führt zur Wahrheit.

Im Irrtum verharren führt in gute Pfarren.

Irrtum ist kein Betrug.

Viel Bücher, viel Irrtum.

Irrwisch

Viel Räte, viel Irrwisch.

Istmirgleich

Der Istmirgleich wird niemals reich.

J

ja

Der eine sagt ja, der andere nein.

Ja oder nein, sagte der Pfaffe zur Braut, der Bräutigam hat keine Zeit.

Ja und nein ist ein langer Streit.

Ja und nein macht oft Pein.

Ja und nein scheidet die Leute.

Wer bald ja sagt, sagt auch bald nein.

Wer heute ja sagt und morgen nein,
der kommt mit niemand überein.

Zwischen ja und nein steht der Galgen.

Jacke

Wem die Jacke paßt, der mag sie anziehen.

Jagd

Alter Hund macht gute Jagd.
Von Erfahrung.

jagen

Der eine jagt das Wild, der andere ißt den Braten.

Jagst du (nicht), so fängst du (nicht).

Man kann alle Tage jagen, aber nicht alle Tage fangen.

Man muß fischen, wenn man nicht jagen kann.

Mit Schrecken jagt man die Leute auch.

Schrecken jagt den Hasen aus dem Busch.

Wen man nicht jagt, der soll nicht laufen.

Wer andere (den andern) jagt, wird selber müde.

Wer andere jagt, kann selbst nicht ruhen.

Wer es fürchtet, den jagt es.

Wer flieht, den jagt man.

Wer Grillen jagt, wird Grillen fangen.

Wer leicht läuft, ist leicht gejagt.

Wer mit Katzen jagt, bringt Mäuse heim.

Wer nach Ehre jagt, ist immer außer Atem.

Wer nicht gejagt wird, braucht auch nicht zu laufen.

Wer sich zum Lamm macht, den jagen die Wölfe.

Wer vorm Unglück flieht, den jagt es.

Wo kein Wild ist, kann man nicht jagen.

Jäger

Alte Jäger hören noch gern blasen.

Der beste Jäger kommt oft leer nach Haus.

Der Jäger gehört in den Wald.

Der Jäger macht den Hund, nicht der Hund den Jäger.

Es gibt mehr Hasen als Jäger.

Es ist ein schlimmer Jäger, der seinen Hund schießt statt des Hasen.

Es ist nicht jeder ein Jäger, der einen grünen Rock trägt.

Es sind nicht alle Jäger, die das Horn gut blasen.

Flinke Jäger sind die Weiber,
jagen ohne Schuß und Treiber.

Je schlechter der Jäger, je schlimmer der Hund.

Kein Heger, kein Jäger.

Kluge Jäger streuen den Vögeln Körner.

Wer mit Jägern gehen will, der muß hetzen.

jäh

Jähe Liebe, lange Feindschaft.

Jäher Rat hat Reue zum Gefährten.

Jäher Reichtum währt nicht lange.

Jäher Zorn stiftet viel Böses.

Der eine jagt das Wild,
der andere ißt den Braten.

Jahr

Alle Jahre wird ein Feld leer.

Alt an Jahren, an Verstand ein Kind.

Alt an Jahren hat viel erfahren.

Andere Jahre, andere Leute; andere Glokken, ander Geläute.

Andere Jahre, andere Schuhe.

Ander Jahr, ander Glück.

Andre Jahre, andre Haare; andre Zeit, andre Freud.

An Jahren jung ist ein Fehler, der sich alle Tage bessert.

Das Jahr hat ein großes Maul.

Das Jahr ist immer länger als die Wurst.

Das vorige Jahr war immer besser.

Der Verstand ist im Kopfe, nicht in den Jahren.

Der vorm Jahr starb, ist lange tot.

Die Ernte des Weisen dauert das ganze Jahr.

Die guten Jahre müssen die schlechten tragen.

Die Jahre ändern viel.

Die Jahre biegen den stärksten Mann.

Die Jahre helfen nicht an den Toren.

Die Jahre kommen nicht zurück.

Die Jahre kommen unangesagt.

Die Jahre wissen mehr als die Bücher.

Ein gutes Jahr dauert nicht lange.

Ein Jahr böse, hundert Jahre böse.

Ein Jahr ist nicht alle Jahr.

Erfahren kommt mit den Jahren.

Es vergehen viel Jahre, ehe man einen Schatz findet.

Gleiche Jahre, die besten Paare.

Hundert Jahre Unrecht ist keine Stunde Recht.

In hundert Jahren tut uns kein Zahn mehr weh.

Jedes Jahr fordert Haar.

Jung an Jahren, alt an Verstand.

Jung an Jahren kann noch viel erfahren.

Mit den Jahren kommt der Verstand.

Morgen gehen hundert Jahre wieder an.

Sorgen und Jahre machen graue Haare.

Viel Jahr, viel Bürden.

Viel Jahr, viel Gefahr.

Vor Jahren war gut fahren.
Vergangenes verklärt sich.

Was schon vor Jahr und Tag geschehen,
das laß nicht wieder auferstehen.

Wer in einem Jahre reich werden will, kommt in sechs Monaten an den Galgen.
Von unredlichem Besitzstreben.

Wer neun Jahr gut dient und eins schlecht, ist zehn Jahr ein schlimmer Knecht.

Wer neunundneunzig Jahre dient, hat im hundertsten kein Brot.

Von Undank.

Jahrmarkt

Dreier Weiber Gezänk macht einen Jahrmarkt.

Ein Krämer macht keinen Jahrmarkt.

Kein Jahrmarkt ohne Händel.

Kein Mädchen ohne Liebe,
kein Jahrmarkt ohne Diebe.

Wo eine Kirchweih ist, da will auch ein Jahrmarkt sein.

Jammer

Jammer lehrt weinen.

Jammer steht vor der Tür, und das Elend schlägt die Trommel.

Wo viel Unglück sich zuträgt.

Kurzes Vergnügen, langer Jammer.

Nach dem Jammer kommt die Freude.

jammern

Am Abend gekammert, am Morgen gejammert.

Jammern füllt keine Kammern.

Wem es nicht weh tut, der jammert nicht.

jauchzen

Man muß nicht jauchzen, bevor man über den Graben ist.

je (siehe Untergliederung)

je älter

Je älter der Bock, je härter das Horn.

Je älter der Kater, je steifer der Schwanz.

Je älter, je eigensinniger.

Je älter der Spieß, je stumpfer die Spitze.

Je älter der Vogel, je fester sitzen die Federn.

Je älter die Kuh, je hübscher das Kalb.

Je älter die Weide, je hohler der Stamm.

Je älter, je dümmer.

Je älter, je kälter; je kärger, je ärger.

Je älter, je kärger; je länger, je ärger.

Je älter, je schlimmer; je größer, je dümmer.

Je älter man wird, je mehr muß man lernen.

↗ *je öller*

je ärger

Je ärger das Stück, je besser das Glück.

Von Dreistigkeit.

Je ärger Schelm, je besser Glück.

Je ärger Strick, je besser Glück.

Von unverdientem Glück.

Je ärger Student, je frömmer Pastor.

je besser

Je besser der Boden, je schlechter der Weg.

Je besser der Köder, desto leichter der Fang.

Je besser der Weg, je mehr rollt der Wagen.

Je besser die Wache, je sicherer das Heer.

Je besser die Weide, je fetter die Schafe (das Vieh).

Je besser man pflügt, je reicher man fährt.

Je reicher die Ernte, die man einfahren kann.

Je besser Spiel, je ärger Schalk.

je bitterer

Je bitterer die Schale, je süßer der Kern.

Je bitterer die Wurzel, je süßer die Frucht.

je dicker

Je dicker die Bretter, je tiefer der Bolz;
je dümmer der Bengel, je größer der Stolz.

je dürrer

Je dürrer die Zeit, je grüner die Hoffnung.

je edler

Je edler Roß, je ärger Laune.

je einfacher

Je einfacher die Uhr, je besser geht sie.
Geradlinigkeit ist besser als Spitzfindigkeit.

je enger

Je enger das Bett, je rascher der Strom.

Je enger Schuh, je kürzer Schritt.

je fauler

Je fauler der Stamm, je wohler dem Wurm.

je feiger

Je feiger Herz, je größer Zunge.

je feiner

Je feiner die Gläser, desto leichter zerbrechen sie.

je fester

Je fester die Naht, je größer der Riß.
Von Zerwürfnissen.

je fetter

Je fetter das Gras, je besser die Milch.

Je fetter der Floh, je magerer der Hund.

Je fetter der Ochs, je schlechter das Fell.

Je fetter die Ente ist, je besser schmeckt sie.
Je dicker die Lüge, desto glaubhafter erscheint sie zunächst.

je fremder

Je fremder, je besser.
Vom Reiz des Exotischen.

je frömmer

Je frömmer Mann, je größer Kreuz.
Meist scherzhaft.

je früher

Je früher reif, je früher faul.

je furchtsamer

Je furchtsamer das Tier, je schneller läuft es.

je geiziger

Je geiziger, je ärmer.

je gelehrter

Je gelehrter, je verkehrter.

je geringer

Je geringer der Gast, je kürzer der Willkommen.

je giftiger

Je giftiger der Pilz, je schöner die Kappe.

je glatter

Je glatter Maul, je fauler Arsch.

je grauer

Je grauer, je schlauer.

je gröber

Je gröber Flachs, je stärker Faden.

je größer

Je größer das Gebell, je größer das Ansehen.

Je größer der Bissen, je weiter das Maul.

Je größer der Flegel, je größer die Beule.

Je größer der Hund, je größer der Knüppel.

Je größer der Keil, je weiter der Riß.

Je größer der Mann, je größer die Brille.

Je größer der Mann, je größer die Schelle.

Je größer der Stein, je mehr plumpst es.

Je größer die Fenster, je stärker das Licht.

Je größer die Gefahr, je größer der Mut.

Je größer die Glocke, je tiefer der Ton.

Je größer die Lüge, je schöner der Mantel.
Je mehr wird sie ausgeschmückt.

Je größer die Stürme, desto fester wurzelt die Eiche.

Je größere Ehre, je größerer Neid.

Je größer Eil', je minder Werk.

Je größer Fest, je besser Keile.

Je größer Frost, je schwerer Last.

Je länger etwas Unangenehmes anhält, desto drückender wird es.

Je größer Glück, je größer Neid.

Je größer, je schlimmer; je älter, je dümmer.

Je größer Lump, je größer Gunst.

Je größer man ist, je mehr man bedarf.

Je größer Maul, je kleiner Kopf.

Je größer Narr, je größer Hochmut.

Je größer Narr, je größer Pfarr'.

Je größer Schatz, je größer Sorge.

Je größer Stock, je böser Hund.

Je größer Tück, je größer Glück.

je grüner

Je grüner das Holz, je dicker der Rauch.

je härter

Je härter der Stein, je schöner die Funken.

je häßlicher

Je häßlicher das Gesicht, je falscher schilt man den Spiegel.

je heiliger

Je heiliger, je teuflischer.

Von Bigotterie.

je heißer

Je heißer das Wetter, desto mehr stechen die Fliegen.

Je heißer der Ofen, je härter das Brot.

je heller

Je heller das Feuer, je weniger der Rauch.

Von lauterer Leidenschaft.

je höher

Je höher das Gras, je näher die Sense.

Je höher der Baum, je schwerer der Fall.

Je höher der Berg, je tiefer das Tal,
je größer der Mann, je tiefer der Fall.

Je höher der Brotkorb, desto mehr langt man danach.

Je höher die Sonne, je heißer die Strahlen.

Je höher die Sonne, je kleiner die Schatten.

Je höher man steht, je tiefer man fällt.

Je höher Rang, je härter Zwang.

Je höher Treppe, je schwerer Fall.

je kärger

Je kärger, je ärger.

je kleiner

Je kleiner der Vogel, je kleiner das Nest.

Je kleiner der Zwerg, je größer der Hut.

Von einem Gernegroß.

Je kleiner die Herde, desto besser die Weide.

je krümmer

Je krümmer das Holz, je besser die Krücke.

Je krümmer, je schlimmer.

je kürzer

Je kürzer der Fasching, je mehr wird getanzt.

Je kürzer die Rechnung, je länger die Freundschaft.

Je kürzer die Tage, desto länger die Nächte.

Alles hat auch eine zweite Seite.

je länger

Je länger der Weg, je kürzer (schwerer) der Schritt.

Je länger hier, je später dort.

Je länger, je ärger; je älter, je kärger.

Je länger man lebt, je mehr man lernt.

Je länger man lernt, je weiter man kommt.

Je länger man sieht, je größer wird das Auge.

je langsamer

Je langsamer die Hand, je flinker die Not.

je leerer

Je leerer das Faß, je heller der Klang.

Je leerer der Kopf, desto geschwätziger die Zunge.

Je leerer der Kopf, desto lauter das Maul.

je lieber

Je lieber der Gast, je voller der Teller.

je magerer

Je magerer der Hund, je fetter die Flöhe.

je mehr

Je mehr Advokaten, je mehr Prozesse.
Auch von Rechthaberei.

Je mehr da beraten, je dümmer die Taten.

Je mehr der Mensch weiß, je mehr will er wissen.

Je mehr der Rauch aufsteigt, je mehr zergeht er.

Je mehr der Teufel hat, je mehr will er haben.

Je mehr der Wind geht, je mehr klappern die Mühlen.

Je mehr du zerstreust, je mehr du bereust.

Je mehr einer trinkt, je mehr ihn dürstet.

Je mehr einer weiß, je bescheidener ist er.

Je mehr man liest, je mehr man lernt.

Je mehr es schreit, je eh'r es freit.
Zur Schau getragene Trauer (von Witwen und Witwern) hält nicht lange an.

Je mehr Feind, je mehr Ehr', sagte der Junge und schlug in einen Schwarm Mükken.

Je mehr Fische, je trüber das Wasser.

Je mehr Füße ein Wurm hat, je langsamer geht er.
Viele Beteiligte machen die Sache schwerfällig.

Je mehr Gefahr, je mehr Vorsicht.

Je mehr Gesetz, je mehr Übertretung.
Gängelei erreicht das Gegenteil.

Je mehr Gesetz, je weniger Recht.
Von kleinlichen Vorschriften.

Je mehr Glocken, je mehr Geklingel.

Je mehr Gut, je mehr Sorge.

Je mehr Handel, je mehr Händel.

Je mehr Hechte, je mehr Karpfen.

Je mehr Hühner, je mehr Eier.

Je mehr Hunde, je mehr Flöhe.

Je mehr Läuse, je mehr Grind.

Je mehr Listen, je mehr List.

Je mehr man anlegt, je besser brennt es.

Je mehr man den Dreck rüttelt, je mehr stinkt er.

Je mehr man den Kreisel peitscht, je mehr er schnurrt.

Je mehr man die Katze streichelt, desto höher trägt sie den Schwanz.

Je mehr man gewinnt, je mehr man drauf sinnt.

Je mehr man hat, je mehr man braucht (begehrt).

Je mehr man hat, je mehr man will,
nie schweigen unsre Wünsche still.

Je mehr man heizt, je mehr es raucht.

Je mehr man lernt, je mehr muß man tun.

Je mehr man liest, je mehr man lernt.

Je mehr man quirlt, je mehr es schäumt.

Je mehr man rührt, je mehr es stinkt.

Je mehr man zulegt, desto stärker brennt es.

Je mehr Narren, je mehr Gelächter.

Je mehr Neider, je mehr Glück.

Je mehr Regen, je mehr Dreck.

Je mehr Tränen, je leichter der Schmerz.

Je mehr Tränen, je schöner die Predigt.

Je mehr Tück, je mehr Glück.

Je mehr Verstand, je weniger Worte.

Je mehr Vettern, je mehr Schelme.
Von Vetternwirtschaft.

Je mehr Wein, je mehr Gespenster.

Je mehr Wein, je weniger Kopf.

Je mehr Wölfe, desto weniger Schafe.

je minder

Je minder Sorge, je größer Gefahr.

je näher

Je näher beim Ofen, desto wärmer.

Je näher dem Feuer, je näher der Hitze (je eher verbrannt).

Je näher dem Herd, je heißer es wird.

Je näher dem Kloster, je weiter von Gott.

Je näher dem Papst, je schlimmere Christen.

Je näher den Wolken, je näher dem Wetter.

Je näher der Freund, je ärger der Teufel.
Wenn die Freundschaft zerbricht.

Je näher der Herberge, je länger der Weg.
Das letzte Stück fällt am schwersten.

Je näher, je später.
Die es nicht weit haben, kommen oft am spätesten.

Je näher Rom, je ärger Christen.

Je näher verwandt, je feinder einand'.

je närrischer

Je närrischer, je glücklicher.

je niedriger

Je niedriger die Tür, je mehr muß man sich bücken.

je öller

Je öller, je döller.

je reger

Je reger der Mund, je träger die Hände.

je reicher

Je reicher, je ärmer.
Der Geizige gönnt sich selber nichts.

Je reicher, je klüger.

je saurer

Je saurer verdient, je süßer genossen.

je schärfer

Je schärfer die Kanten, je größer die Funken.

Je schärfer die Spitze, je tiefer die Wunde.

je schiefer

Je schiefer, je lieber, eine Gerade hat jeder.

je schlauer

Je schlauer Rat, je übler Tat.

je schlechter

Je schlechter der Jäger, je schlimmer der Hund.

je schlimmer

Je schlimmer Mensch, je besser Glück.

je schmutziger

Je schmutziger die Lache, je wohler ist dem Frosch.

je schneller

Je schneller der Strom, je stärker die Wellen.

je schöner

Je schöner die Wirtin, desto schwerer die Zeche.
Wenn es einem gefällt, sitzt das Geld locker.

Je schöner die Wirtin, je teurer der Wein.

Je schöner, je ärger (lieber).

je schwerer

Je schwerer die Kunst, je mehr Pfuscher.

Je schwerer die Last, desto leichter wirft man sie ab.

je später

Je später der Abend, je schöner die Gäste.

je stärker

Je stärker der Wein, je schwächer das Bein.

Je stärker der Wind, je größer die Wellen.

Je stärker die Zunge, je schwächer die Arme.

Je stärker Fleisch, je schwächer Geist.

Je stärker getrunken, je schwächer geworden.

je strenger

Je strenger das Verbot, je süßer schmecken die Äpfel.

je tapferer

Je tapferer Mann, je kürzer Degen.

je teurer

Je teurer, je lieber.

je tiefer

Je tiefer im Walde, je dichter das Holz.

je toller

Je toller, je besser.

Je toller Kerl, je besser Glück.

je unverständiger

Je unverständiger, je hartnäckiger.

je unwissender

Je unwissender, um so kecker.

Je weniger einer versteht, je dreister.

je voller

Je voller, je toller.

Je voller Magen, je leerer Kopf.

je weiser

Je weiser, je bescheidener.

je weiter

Je weiter das Ufer, je schwerer der Sprung.

Je weiter das Ziel, je mehr Abwege.

Je weiter entfernt, je größer die Sehnsucht.

Je weiter, je teurer; je teurer, je lieber.

Je weiter von hier, je besser Pläsier.

Je weiter wir graben, je tiefer wir kommen.

je weniger

Je weniger die Hände tun, desto mehr tut die Zunge.

Je weniger einer weiß, je höher trägt er die Nase.

Je weniger Gesetz, je besser Recht.

Je weniger Kühe, je weniger Milch.

Je weniger man redet, je gesünder ist es.

Je weniger Verstand, desto mehr Glück.

Je weniger Verstand, je mehr Dünkel.

Je weniger zu essen, desto mehr Appetit.

je wilder

Je wilder er, je milder sie.

Empfehlung an die Ehefrauen von Hitzköpfen.

jeder (adjektivisch)

Ein jeder Kopf hat seinen Sinn.

Für jede Nacht gibt's eine Lampe.

In jeder Küche gibt's zerbrochene Töpfe.

Jede Arbeit verdient ihren Lohn.

Jede Biene hat ihren Stachel.

Jede Blume hat ihren Duft.

Jede Esse hat ihren Rauch.

Jede Flut hat ihre Ebbe.

Jede Glocke hat ihren Klöppel.

Jede Henne scharrt für sich.

Jede Katze hat ihre Krallen.

Jede Kunst will gelernt sein.

Jedem Fuchs gefällt sein Bau.

Jedem Löffel gefällt sein Stiel.

Jedem Tierchen sein Pläsierchen.

Jede Nadel will ihren Faden haben.

Jeder krautet in seinem eigenen Garten.

Jeder Arbeiter ist seines Lohnes wert.
Nach Lukas 10,7 und 1. Timotheus 5,18.

Jeder Arzt hält seine Pillen für die besten.

Jeder Brand hat seinen Rauch.

Jeder Busch hat seinen Schatten.

Jede Regel hat ihr Aber (ihre Ausnahme).

Jeder Fehler hat seine Ausrede.

Jeder Fürst ist Kaiser in seinem Lande.

Jeder Genuß hat seinen Stachel.

Jeder Handel hat seinen Kniff.

Jeder Hans tanzt mit seiner Trine.

Jeder Krämer lobt seine Ware.

Jeder Mensch hat seine Fehler.

Jeder Morgen hat seinen Abend.

Jeder Ochse wehrt sich seiner Haut.

Jeder Schreiber lobt seine Feder.

Jeder Spaß findet seine Lacher.

Jeder Stecken hat zwei Ecken.
Alles hat zwei Seiten.

Jeder Tag bringt neue Lehre.
Nämlich neue Erkenntnis und Erfahrung.

Jeder Tag hat seine Plage.

Jeder Töpfer lobt sein Geschirr.

Jedes Alter hat seine Weise.

Jedes Dach hat sein Ach.

Jedes Dach hat sein Gemach (Ungemach).

Jedes Ding hat ein Warum.

Jedes Ding hat zwei Seiten.

Jedes Fest hat seine Narren.

Jedes Handwerk hat seine Plage.

Jedes Haus hat seine Risse.

Jedes Korn hat seine Spreu.

Jedes Land hat seine Sitten.

Jedes Land hat seinen Tand.
Jeder hat seine Eigenarten.

Jedes Paradies hat seine Schlange.

Jedes Töpfchen findet sein Deckelchen.

Jede Tür hat ihren Klöppel.
Es gibt immer einen Weg.

Jede Zeit hat ihre Art.

Man kann nicht jeden Furz auf die Waage bringen.
Nicht alles auf die Goldwaage legen.

Nicht in jedem Hemde steckt ein Mann.

Nicht jede Kugel trifft ins Ziel.

Nicht jede Lüge ist ein Scherz.

Nicht jeder Schlag gibt eine Beule.

Nicht jedes Mädchen heißt Marie.
Es ist nicht eine wie die andere.

Wer jeder Schürze nachläuft, bringt keine unter die Haube.
Wer vieles anfängt, endet nichts.

Wer kann jedem Esel aus dem Wege gehen?

Zu jedem Schloß gibt's einen Schlüssel.

jeder (substantivisch)

Das Maul voll nehmen kann jeder.

Die meisten Sorgen macht jeder sich selbst.

Einem jeden gefällt seine Weise.

Einen jeden kleidet seine Tat.

Einen jeden reut sein Schaden.

Ein jeder denkt, sein Unglück sei das größte.

Ein jeder ist Hahn auf seinem Mist.

Ein jeder leitet das Wasser auf seine eigene Mühle.

Ein jeder macht's, so gut er kann,
sagte zur Braut der Bräutigam.

Ein jeder redet von seinem Handwerk.

Ein Schuh ist nicht jedem gerecht.

Es ist nicht für jeden der Tisch gedeckt.

Es ist nicht jeder fröhlich, der tanzt.

Es ist nicht jeder lahm, der hinkt.

Es redet jeder nach seinem Kopfe.

In seinem eigenen Hause ist jeder König.

In seinem Hause weiß jeder Bescheid.

Jedem das Seine ist nicht zuviel.

Jedem das Seine (so hat der Teufel nichts).
Nach Cato.

Jedem (et)was ist gute Teilung.

Jedem ist sein Liebchen schön, und wär's auch ohne Zähne.

Jedem riecht sein eigener Dreck süß.

Jedem vertrauen ist Torheit, niemandem vertrauen Narrheit.

Jedem was, so gibt's keinen Haß.

Jeder bleibe bei seinem Fach,
dann fällt auch kein Schneider vom Dach.

Jeder fege (kehre) vor seiner eigenen Tür.

Jeder findet (einmal) seinen Meister.

Jeder findet seine Kappe hübsch.
Seine Narrenkappe, also seine Marotten.

Jeder fühlt sein Weh am meisten.

Jeder füllt seinen Sack.

Jeder gucke in seinen Rinnstein.

Jeder hält sein Blei (Kupfer) für Silber (Gold).

Jeder hält seine Braut für die schönste.

Jeder hält seine Gänse für Schwäne.

Jeder hält seine Last für die schwerste.

Jeder hält seinen Teufel für einen Engel.

Jeder hat sein Aber.

Jeder hat seine Fehler.

Jeder hat seine Grete lieb, und ist sie auch beschnuddelt.

Jeder hat seinen Sparren, und wer's nicht glaubt, hat zwei.

Jeder hat seinen Splitter.

Jeder hat seinen Verstand.

Jeder hat sein Päckchen (Päcklein) zu tragen.

Jeder hat sein Steckenpferd,
das hält er über alles wert.

Jeder ist ein Erbe seiner Taten.

Jeder ist seines Glückes Schmied.

Jeder ist sich selbst der Nächste.

Jeder ist weise im eigenen Hause.

Jeder kann, soviel er tut.

Jeder kann zu seinem Stroh Heu sagen.

Jeder kennt seine Karte am besten.

Jeder klagt sein eigen Leid.

Jeder krautet in seinem eigenen Garten.

Jeder lenkt, wie er denkt.

Jeder lobt sein Handwerk.

Jeder lobt, was ihm gefällt.

Jeder macht's auf seine Weise (der eine laut, der andre leise).

Jeder macht seine Dummheiten auf eigene Rechnung.

Jeder macht's, wie er's versteht.

Jeder miste seinen Stall.

Jeder muß seine eigene Haut zu Markte tragen.

Für die Folgen seiner Handlungen einstehen.

Jeder nehme sich selbst bei der Nase.

Jeder niest nach seiner Nase.

Jeder nur zu oft vergißt,
daß er allein nicht jeder ist.

Jeder scharrt die Kohlen um seinen Topf.

Jeder schilt's und jeder tut's.

Jeder sieht durch seine eigene Brille.

Jeder singt sein eigen Lied.

Jeder spricht sein eigenes Latein.

Jeder stiehlt auf seinen (eigenen) Hals.

Jeder strecke sich nach seiner Decke.

Jeder trägt nach seinen Schultern.

Jeder treibe sein Handwerk.

Jeder weiß am besten, wo ihn der Schuh drückt.

Man muß nicht einem jeden sagen, wo der Fuchs Eier legt.

Nicht jedem alles auf die Nase binden.

Nach der Tat weiß jeder guten Rat.

Nachher ist jeder klug.

Nicht jeder ist auf die Hochzeit geladen.

Seines Fleißes darf sich jeder rühmen.

Nach Lessing, Hamburgische Dramaturgie.

Was jedem gefällt, ist schwer zu hüten.

Was jeder begehrt, wird keinem beschert.

Was jeder tun soll, tut keiner.

Allgemeine Erwartungen fruchten wenig.

Wer gern trägt, dem ladet jeder auf.

Wer sich zum Esel macht, dem will jeder seinen Sack aufladen.

Wer sich zum Gaul macht, den will jeder reiten.

Wer's jedem recht machen wollte, müßte früh aufstehen.

Wie ein jeder ist, so macht er Mist.

Wo jeder Herr ist, wer putzt die Pferde?

Wenn sich einer nur auf den anderen verläßt.

jedermann

Das Recht ist für jedermann.

Eigenen Dreck riecht jedermann gern.

Es ist nicht ganz ohne, was Herr Jedermann sagt.

Herr Jedermann regiert die Welt.

Spöttisch von leerem Geschwätz.

Herrn Jedermanns Wort ist darum kein Evangelium.

Man darf nicht alles unbesehen glauben, was geredet wird.

Jedermann lobt seine Kuh und glaubt, sie sei die beste.

Jedermann sagt es, niemand weiß es.

Von Gerüchten.

Jedermanns Esel hat der Wolf vorm Jahr gefressen.

Jedermanns Freund, jedermanns Narr.

Jedermanns Gesell ist niemands Freund.

Laß unverachtet jedermann,
du weißt nicht, was ein andrer kann.

Nach jedermanns Genügen
kann sich kein Teufel fügen.

Nicht jedermann läßt mit sich scherzen.

Unkraut wächst in jedermanns Garten.

Was jedermann weiß, das weiß ich auch.

Was jedermann weiß, ist schwer zu verbergen.

Wenn der Pfennig anklopft, ruft jedermann herein.

Wer hat, dem trägt jedermann zu.

Wer will tun, was jedermann gefällt?

Wo jedermann geht, da wächst kein Gras.

jedesmal

Man muß nicht jedesmal Feuer schreien, wenn ein Schornstein raucht.

Man muß nicht jedesmal Lärm schlagen, wenn ein Esel über die Straße geht.

jenseits

Jenseits des Baches wohnen auch Leute.

jetzt

Ein Jetzt ist besser als zwei Dann.

Joch

Ein glänzendes Joch drückt auch.

Ohne Joch lenkt der Ochs sich am bequemsten.

Wer beim Joche singt, mit dem Joche springt.

Was man mit Lust tut, fällt einem nicht schwer.

Joppe

Man setzt keinen neuen Fleck auf alte Joppen.

jubeln

Jubeln und Prassen macht leere Kassen.

juchen

Draußen gejucht, drinnen geflucht.

juchhe

Heute juchhe, morgen o weh.

juchzen

Schluchzen wird oft Juchzen.

jucken

Kraue mich, so juck' ich dich.

Man kratzt einen gern, wo's ihn juckt.

Man pflegt den Leuten gern etwas Angenehmes zu sagen.

Viel Läuse, viel Jucken.

Was dich nicht juckt, das kratze nicht.

Wen's juckt, der kratze sich.

Wenn der Bock satt ist, jucken ihm die Hörner.

Wo es nicht juckt, soll man nicht kratzen.

Judas

Einmal ein Judas, immer ein Judas.

Verrätern traut man nicht.

Jugend

Der Jugend Fleiß, des Alters Preis.

Die Jugend ist kein Fehler und das Alter kein Verdienst.

Die Jugend weiß nicht, das Alter kann nicht.

Die Stöße der Jugend fühlt man im Alter.

Fleißige Jugend macht behagliches Alter.

In der Jugend verzagt ist im Alter verzweifelt.

Ein guter Trunk macht Alte jung.

In der Jugend wild, im Alter mild.

Jugend entflieht, Schönheit verblüht.

Jugend hat keine Tugend.

Eigentlich Rechtssprichwort, das der Jugend ihre Unbesonnenheit zugute hält.

Jugend schadet der Weisheit nicht.

Jugend will sich austoben.

Was man in der Jugend krümmt, wird im Alter nicht mehr gerade.

Was man in der Jugend sät, erntet man im Alter.

Was man in der Jugend wünscht, hat man im Alter genug.

Wer die Jugend verschläft, muß im Alter wachen.

Wer in der Jugend nicht töricht war, wird im Alter nicht weise sein.

Wer in der Jugend spart, ist im Alter bewahrt.

Wer's nicht in der Jugend tut, der tut's im Alter.

Einmal muß man über die Stränge schlagen.

↗ *Alter*

Jugendsünde

Jugendsünden werden Altersschwächen.

jung

An Jahren jung kann alt an Verstand sein.

Auch der Teufel war schön, als er jung war.

Auch junge Bären brummen schon.

Bei jungen Pfaffen beichten die Weiber gern.

Bei junger Frau und altem Wein
ist gut fröhlich sein.

Der junge Kuckuck ruft wie der alte.

Ein guter Trunk macht Alte jung.

Ein junger Hund muß beißen lernen.

Ein junger Prediger, eine neue Hölle.

Von jugendlichem Übereifer.

Ein junges Herz lacht die ganze Welt an.

Jung an Jahren kann noch viel erfahren.

Jung bei jung und alt bei alt.

Junge Faulenzer, alte Bettler (Diebe).

Junge Frau und alter Mann
sind ein trauriges Gespann.

Junge Hure, alte Betschwester.

Jung ein Gimpel, alt ein Simpel.

Nach W. Busch, Sprikker.

Junge Katzen spielen gern.

Junge Mäuse sind der Katzen Spiel.

Unerfahrene fallen leicht herein.

Junge Reiser pfropft man nicht auf alte Stämme.

Junger Most sprengt alte Schläuche.

Junger Schlemmer, alter Bettler.

Junger Springer, alter Stelzer.

Junges Alter ist gut, alte Jugend taugt nicht.

Junges Blut hat Mut.

Junges Blut kocht bald über.

Junges Weib gibt Zeitvertreib.

Junge Tagediebe, alte Schurken.

Jung gefreit hat nie gereut.

Jung gelehrt, alt geehrt.

Jung genug, schön genug.

Jung gestelzt, alt gehinkt.

Jung getan, alt gewohnt.

Gegenstück zu Jung gewohnt, alt getan.

Man ist nur einmal jung.

Was abgeht an der Gestalt,
ersetzt die Kunst an jung und alt.

Was Junges erfreut das Herz.

Was jung ist, das regt sich.

Was jung ist, scherzt gern; was alt ist, brummt gern.

Was man jung lernt, das bleibt.

Was man jung nicht lernt, braucht man alt nicht zu vergessen.

Wer die Weisheit freien will, muß sie jung lieben.

Wer ein junges Weib und ein altes Haus hat, hat genug zu flicken.

Wer trinkt ohne Durst und ißt ohne Hunger, der stirbt desto junger.

Zu jung ist ein Fehler, der sich täglich bessert.

↗ *alt*

Junge (und Alte)

Aus einem Jungen, der lügt,
wird ein Alter, der betrügt.

Der Jungen Spiel wird den Alten oft zuviel.

Der Jungen Tat, der Alten Rat.

Wie die Alten sungen, so zwitschern die Jungen.

Jünger

Ein guter Meister macht gute Jünger.

Junges

Jede Krähe hält ihre Jungen für schön.

Vornehme Krähen haben schöne Jungen.

Wenn die Jungen groß sind, fliegen sie aus.

Jungfer

Es ist um die schönste Jungfer nicht schade.

Jungfernfleisch

Jungfernfleisch ist kein Lagerobst.

Jurist

Die Juristen zerren das Recht, die Schuster das Leder.

Gute Juristen sind schlimme Nachbarn.

Je mehr Juristen, je mehr Unrecht.

Wo viel Juristen, da sind viel Händel.

Auch von rechthaberischen Menschen.

K

kacken

Wenn eine Gans kackt, gähnt der andern 's Löchel.

Wer gut pappt, der gut kackt.

Käfig

Erst den Käfig, dann den Vogel.

Alles der Reihe nach.

Im Käfig lernt der Vogel singen.

Je enger der Käfig, je schöner (süßer) die Freiheit.

kahl

Der kahle Kopf braucht keine Schere.

Ein kahler Kopf ist bald geschoren.

Immer nur ein Haar, und der Mann wird kahl.

Kahle, der

Ein Kahler schilt (nennt) den andern Glatzkopf.

Was soll dem Kahlen ein Kamm.

Kahlkopf

Gleich sucht sich, gleich find't sich, sagte die Glatze zum Kahlkopf.

Was nützt es (schadet's), wenn sich der Kahlkopf kämmt?

kahlköpfig

Wer mit einer Glatze weggeht, kommt kahlköpfig zurück.

Kain

Jeder Abel hat seinen Kain.

Kaiser

Auch das Roß des Kaisers hebt den Schwanz.

Der Himmel ist hoch, und der Kaiser ist weit.

Ein jeder Mann ist Kaiser auf seinem Land.

Es sind nicht alle gleich, die mit dem Kaiser reiten.

Man soll dem Kaiser geben, was des Kaisers ist.

Nach Matthäus 22,21; auch mit der dortigen Fortführung: und Gott, was Gottes ist.

Nur einer kann Kaiser sein.

Wo nichts ist, hat der Kaiser sein Recht verloren.

Kalb

Das Kalb will oft klüger sein als die Kuh.

Die Kuh vergißt, daß sie ein Kalb gewesen ist.

Mancher vergißt, daß er selbst einmal jung war.

Fremde Kühe, fremde Kälber.

Früher ein Kalb, später ein Ochs.

Je älter die Kuh, je hübscher das Kalb.

Kann man die Kuh nicht kriegen, so muß man's Kalb nehmen.

Nur die allergrößten Kälber
wählen ihre Metzger selber.

Wem das Kalb gehört, dem gehört auch der Strick.

Wenn man das Kalb sticht, wird kein Ochse daraus.

Wenn man ein Kalb fortschickt, kommt ein Ochse wieder.

Wer das Kalb nicht geben will, den kostet's oft die Kuh.

Wer das Kalb trägt, dem lädt man die Kuh auf.

Wer das Kalb verkauft, bringt sich um eine Kuh.

Wer die Kuh kauft, hat das Kalb.

Wer ein Kalb stiehlt, stiehlt auch wohl eine Kuh.

kalben

Wem das Glück wohlwill, dem kalbt ein Ochse.

Kalender

Das Alter hat den Kalender im Leibe.

Kalk

Wer keinen Kalk hat, mauert mit Dreck.

kalt

Alte Haut, kalte Braut.

Am kalten Ofen verbrennt man sich nicht.

Aus kaltem Herzen kommt kein warmes Wort.

Eine kalte Esse raucht nicht.

Früh alt, früh kalt.

Heiße Bitte, kalter Dank.

In einer kalten Küche bleiben keine Fliegen.

Je älter, je kälter; je kärger, je ärger.

Kalte Hände, warme Liebe.
Da Alter vor Liebe nicht schützt.

Kalter Ofen bäckt kein Brot.

Liegt Reif auf den Bergen, so ist's kalt im Tal.

Niemand herzt einen kalten Ofen.

Was schnell warm wird, wird rasch kalt.

Wer allein schläft, bleibt lange kalt (zwei wärmen einander bald).

Wer einen kalten Herd hat, der wärmt sich gern in fremden Küchen.

Wird die Küche kalt, so gehen die Freunde bald.

Kalte, der

Der Kalte weiß die Warmen zu regieren.

Kälte

Die erste Kälte tut am wehesten.

Kälte macht flinke Leute.

Kälte vertreibt das Ungeziefer.

Wärme bricht kein Bein, aber die Kälte.

Was gut ist für die Kälte, ist auch gut für die Hitze.

Kamel

Das Kamel geht nicht leer vom Brunnen.

Mit dem Kamel wächst auch sein Buckel.

Wenn über eine dumme Sache endlich Gras gewachsen ist, kommt sicher ein Kamel gelaufen, das alles wieder 'runterfrißt.
Sprichwörtlicher Scherz.

Kamm

Am Kamm kennt man die Hühner.

Den Hahn kennt man beim Kamm.

Ein grindiger Kopf fürchtet den Kamm.

Mancher greift erst zum Kamm, wenn er keine Haare mehr hat.

Man muß nicht alles über einen Kamm scheren.

Was soll dem Kahlen ein Kamm.

Was zum Hahn werden soll, rötet bald den Kamm.

kämmen

Man kämmt vergeblich, wo kein Haar ist.

Wer selten kämmt, der kämmt hart.

Wo kein Haar ist, was will man kämmen?

↗ *Kahlkopf*

Kammer

Es ist nicht immer ein Gespenst, was in der Tochter Kammer geht.

Jammern füllt keine Kammern.

Kleine Kammern, kleine Türen.

Volle Kammern machen kluge Frauen.

Aus dem vollen ist leicht wirtschaften.

Kammerdiener

Für einen Kammerdiener gibt es keinen Helden.

Nach dem Mazedonierkönig Antigonus I. Gonatas.

Kampf

Je näher dem Siege, je schwerer der Kampf.

Ohne Kampf kein Sieg.

Wie Kampf, so Sieg.

kämpfen

Der kämpft gut, der nicht besiegt wird.

Mit der (Gegen) Dummheit kämpfen Götter selbst vergebens.

Nach Schiller, Jungfrau von Orleans.

Mut kämpft ohne Degen.

Wer kämpfen will, kann das Schwert nicht wegleihen.

Wer mit der Dummheit kämpft, muß scharfe Pfeile haben.

Wer mit sich selber kämpft, führt einen guten Kampf.

Wer nicht kämpft, wird nicht gekrönt.

Kandelfreund

Kandelfreund ist Wandelfreund.

Auf Trinkbrüder (Kannenfreunde) ist kein Verlaß.

Kanne

Die Karte und die Kanne
macht manchen zum armen Manne.

Ist das Bier (der Wein) im Manne,
ist der Verstand in der Kanne.

Wenn die Kanne voll ist, so läuft sie über.

Wer nur ein Kännchen vertragen kann, muß keine Kanne trinken.

Kannichtmehr

Kannichtmehr liegt auf dem Kirchhof.

Kanone

Auf Spatzen (Sperlinge) schießt man nicht mit Kanonen.

Kante

Je schärfer die Kante, je größer die Funken.

Kanzel

Auf der Kanzel ist der Mönch keusch.

*Je enger der Käfig,
je schöner die Freiheit.*

Kapelle

Die Kapelle wär' schon recht, aber der Heilige nicht.

Wo Gott seine Kirche hat, da hat der Teufel seine Kapelle.

Vor Bosheit ist man nie sicher.

Kapital

Verstand ist das größte Kapital.

Kappe

Amt gibt Kappen.

Der das Käpplein gemacht hat, kann auch die Kappe machen.

Die Kappe macht keinen Mönch.

Gleiche Brüder, gleiche Kappen.

Jedem (Narren) gefällt seine Kappe.

Jeder Narr lobt seine Kappe.

Je giftiger der Pilz, je schöner die Kappe.

Kappen sind nicht heilig.

Nicht jeder, der eine Kappe trägt, ist ein Narr.

Man soll nicht nach Äußerlichkeiten urteilen.

Viel Narren, viel Kappen.

Wer die Kappe gemacht hat, kann sie auch flicken.

Wo Mönche sind, da sind auch Kappen.

karg

Besser karg als arg.

Je kärger, je ärger.

Je länger, je ärger; je älter, je kärger.

Je reicher, je kärger.

Karge Aussaat, spärliche Ernte.

Karge Säer, arme Schnitter.

Karpfen

Je mehr Hechte, je mehr Karpfen.

Karre(n)

Alte Karren gern knarren.

Es hat jeder seinen Karren zu ziehen.

Greif ans Rad, so geht der Karren.

Man soll den Karren nicht vor die Ochsen spannen.

Wem der Wagen fehlt, der nimmt die Karre.

Wer den Karren in den Dreck schiebt, der soll ihn auch wieder herausziehen.

Wer den Karren schmiert, hilft seinem Ochsen.

Wer die Karre hat, der karrt.

Wer einen Karren voll Schwestern hat, der hat einen Wagen voll Schwäger.

Wie man den Karren schmiert, so fährt (läuft) er.

Kärrner

Wenn die Könige bauen, haben die Kärrner zu tun.

Nach Schiller, Xenien.

Karte

Die Karte und die Kanne
macht manchen zum armen Manne.

Es hat mancher gute Karten, aber er weiß nicht zu spielen.

Jeder kennt seine Karte am besten.

Jeder muß seine Karten selber spielen.

Man gibt die Karten nicht, wie man sie spielt.

Mischt der Zufall die Karten, so verliert der Verstand das Spiel.

Wer die Karten mischt, dem fallen die Blätter nach Wunsch.

Wo die Karten auf dem Tische sind, da ist der Teufel darunter.

Kartenhaus

Wer ein Kartenhaus aufbaut, dem stürzt ein Kartenhaus ein.

Kartenlegerin

Klugheit ist die beste Kartenlegerin.

Kartoffeln

Die dümmsten Bauern haben die größten Kartoffeln.

Käse

Bei Käs' und Brot leidet man keine Not.

Die besten Käse nagen die Mäuse.

Ein fauler Käse kann nur stinken.

Es lassen sich alle Dinge reden, aber Brot und Käse lassen sich essen.

Man halte sich an Tatsachen.

Käse und Brot geht auch zur Not.

Kasse

Jubeln und Prassen macht leere Kassen.

Kasten

Ein offener Kasten verführt einen Heiligen.

In einen offenen Kasten greift auch wohl eine ehrliche Hand.

Sträflicher Leichtsinn kann sich nicht beklagen.

In einen offenen Kasten langt jeder hinein.

Voller Kasten gibt nicht gern.

Volle Tische machen leere Kasten.

Kater

Aus dem schlechtesten Bier entsteht der gesundeste Kater.

Ein alter Kater leckt auch noch gern Milch.

Ein Kater schnurrt wie der andere.

Es ist gleich, ob man von der Katze gebissen wird oder vom Kater.

Je älter der Kater, je steifer der Schwanz.

Je älter, je eigensinniger.

Laß die Katze laufen, der Kater kriegt sie doch.

Laß der Sache ihren Lauf.

Wenn der alte Kater auch nicht mehr mausen kann, so liegt er doch noch gern vor dem Loche.

Wer den Affen hat, braucht für den Kater nicht zu sorgen.

Kätzchen

Kätzchen, willst du hausen, dann mußt du mausen.

Wenn Kätzchen nichts fängt, hat Kätzchen nichts.

Wie das Kätzchen, so die Katze.

Katze

Alte Katzen liegen gern am Ofen.

Auch die kleinste Katze kratzt.

Aus Langeweile frißt die Katze die Maus.

Aus Langeweile geschieht oft Unfug.

Bei Hunden und Katzen ist Beißen und Kratzen.

Bei Katzen lernt man mausen.

Bei Nacht sind alle Katzen grau.

Besser eine lebendige Katze als ein toter Löwe.

Der Katzen Spiel ist der Mäuse Tod.

Die Katze fällt immer wieder auf die Füße.

Die Katze läßt das Mausen nicht.

Die Katze liebt den Speck
und die Sau den Dreck.

Jeder geht seinen Neigungen nach.

Die leben wie Hund und Katzen, haben wenig zu Tisch, aber viel zu kratzen.

Erst leckt die Katze, dann krallt sie.

Es ist eine vornehme Katze, die sich zu mausen schämt.

Frühe Vögel kriegt die Katze.

Gegen gute Ratzen gehören gute Katzen.

Im Schlafe fängt die Katze keine Mäuse.

Je mehr man die Katze streichelt, desto höher trägt sie den Schwanz.

Junge Katzen spielen gern.

Katz aus dem Haus, rührt sich die Maus.

Katz und Hund verträgt sich nicht.

Keine Katze ohne Krallen.

Laß die Katze laufen, Milch gibt sie doch nicht.

Spöttischer Trost, wenn ein Verlust eintritt, der nicht besonders schmerzt.

Man jagt die Katze zu spät vom Speck, wenn er gefressen ist.

Man kauft die Katze nicht im Sack.

Maust die Katze, so maut sie nicht.

Mit Katzen fängt man Mäuse.

Naschende Katzen kriegen was auf die Tatzen.

Näschige Katze macht achtsame Mägde.

Reiche Leute haben fette Katzen.

Vom Sputen ist die Katze gestorben.

Hast bringt nichts ein.

Was von Katzen kommt, will mausen.

Wenn die Katze aus dem Haus ist, tanzen die Mäuse (auf den Bänken).

Wenn die Katze träumt, so ist's von Mäusen.

Wenn man die Katze streichelt, reckt sie den Buckel (Schwanz).

Wer die Katze nicht füttert, muß die Maus füttern.

Wer keine Kuh hat, muß die Katze melken.

Wer mit Katzen jagt, bringt Mäuse heim.

Wer mit Katzen jagt, fängt gern Mäuse.

Wer mit Katzen zum Acker fährt, der eggt mit Mäusen zu.

Wo man die Katze streichelt, da ist sie gern.

Wo Mäuse sind, da sind auch Katzen.

↗ *Kater, kratzen*

Katzendreck

Katzendreck gedeiht nicht.

Aus Wertlosem wird nichts.

kauen

Der kann gut kauen, der sein Maul bei sich hat.

Es ist nicht jeder ein Schreiber, der an der Feder kaut.

Gut gekaut ist halb verdaut.

Kleine Sünden kaut man, große verschluckt man ganz.

Man kann lange an den Nägeln kauen, ehe man satt ist.

Unentschlossenheit erreicht nichts.

Wer sich des Morgens die Zähne ausbeißt, kann am Abend nicht kauen.

Kauf

Augen auf, Kauf ist Kauf.

Aus erster Hand ist der beste Kauf.

Bargeld macht den Kauf.

Beste Ware, bester Kauf.

Der erste Kauf ist der beste.

Gefallen macht den Kauf.

Guter Kauf leert den Beutel.

Durch gute Gelegenheit läßt man sich verleiten.

Kauf braucht hundert Augen, Verkauf hat an einem genug.

Schöne Worte, böser Kauf.

Teurer Kauf spart.

Zum Kauf gehören immer zwei.

kaufen

Am Gaul kauft man die Füße.

Besser kaufen als bitten.

Den Stolz hat man umsonst, das Brot muß man kaufen.

Wer die Kuh kauft, hat das Kalb.

Es ist bös kaufen ohne Geld.

Es ist bös kaufen, wo nichts feil ist.

Es will nicht jeder kaufen, der feilscht.

Gekauft ist nicht geschenkt.

Gekauft ist billiger als geschenkt.

Gute Zahler kaufen billig.

Hoffnung braucht man nicht zu kaufen.

Liebe kann man nicht kaufen.

Man muß kaufen, wenn Markt ist.

Mit leerer Hand kauft man schlecht.

Sehen ist nicht kaufen.

Wahrheit kann man nicht kaufen.

Was der eine nicht kauft, kauft der andere.

Was man mit Bitten kauft, hat man nicht umsonst.

Was man teuer kauft, ist gut.

Hält man für gut.

Wer auf Borg kauft, kauft teuer.

Wer das Pferd kauft, der kauft auch den Schwanz.

Wer die Ware lobt, der kauft sie nicht.

Wer einen Narren kauft, muß einen Narren behalten.

Wer kauft, braucht nicht zu betteln.

Wer kauft, hat hundert Augen nötig, wer verkauft, nur eins.

Wer kauft in Eil', bereut in Weil'.

Wer kostet, der kauft.

Wer Nüsse kauft, bekommt auch Schalen.

Wer schimpft, der kauft.

Wer sein Lob kauft, bezahlt es stets zu teuer.

Wer tadelt, will kaufen.

Der Neidische redet abfällig von dem, was er gern hätte.

Wer will kaufen, was er sieht, muß verkaufen, was er hat.

Käufer

Bis sich der Händler besinnt, besinnt sich auch der Käufer.

Der erste Käufer ist der beste.

Kauf ist Kauf; Käufer, tu die Augen auf.

Viel Käufer machen die Ware teuer.

Viel Käufer, wenig Zahler.

Von leeren Versprechungen.

Kaufmann

Handeln und bieten macht Kaufleute.

Jeder Kaufmann lobt seine Ware.

Richtig zählen, ehrlich messen
darf der Kaufmann nicht vergessen.

Wenn dumme Leute zu Markt kommen, kriegen die Kaufleute Geld.

kaupeln

Wer zu kaupeln Lust hat, der hat auch Lust zu betrügen.

Kauz

Viel Vögel sind, die hassen mich; ich bin ein Kauz und acht' es nicht.

keck

Allzu keck liegt bald im Dreck.

Der Hund ist keck im eignen Haus.

Keck holt die Braut weg.

kegeln

Wer kegeln will, muß aufsetzen.

Kehle

Eine Kehle maust mehr als zehn Katzen.

Viel besser krähet jeder Hahn,
wenn er die Kehle feuchtet an.

Kehraus

Der Kehraus ist der letzte Tanz.

kehren (fegen)

Ein jeder kehre vor seiner eigenen Tür.

Ein jeder kehr' vor seiner Tür, dann braucht er Besen genug.

Man kann die Straße kehren, aber rein bleibt sie nicht.

Neue Besen kehren gut.

Putzen und Kehren kann niemand ernähren.

Vor fremden Türen kehren die Leute am liebsten.

kehren (wenden)

Die erste Not muß gekehrt werden.

kehren, sich – an

An der Krämer Schwören
soll sich niemand kehren.

Wer sich wollt' kehren an alles Geschrei
und antworten auf alles Gespei,
der macht aus einem Unglück zwei.

Kehricht

Der Kehricht aus dem Hause gehört nicht auf die Gasse.

Wo Kehricht liegt, kommt Kehricht hin.

Keil

Auf einen groben Klotz gehört ein grober Keil.

Ein Keil treibt den andern.

Je größer der Keil, je weiter der Riß.

Keile

Je größer Fest, je besser Keile.

kein

Akkurat scheißt kein Bauer.

Eines Mannes Rede ist keines Mannes Rede,
man soll sie billig hören beede.

Keine Antwort ist auch eine Antwort.

Keine Beute ohne Streit.

Keine Erbschaft, kein Prozeß.

Keine Geiß ohne Bart,
kein Speck ohne Schwart'.

Keine Kreuzer, keine Schweizer.

Man tut nichts umsonst. Hergeleitet von den Schweizer Söldnern.

Keine Liebe ohne Leid.

Keine Lust ohne Last.

Keine Regel ohne Ausnahme.

Keine Rose ohne Dornen.

Kein Feuer ohne Rauch, keine Tugend ohne Neid.

Kein Handwerk ohne Stümper.

Kein Haus ohne Winkel.

Alles hat seine dunklen Seiten.

Kein Huhn scharrt umsonst.

Kein Jahrmarkt ohne Händel.

Kein Kläger, kein Richter.

Kein Licht ohne Schatten.

Kein Mensch ohne Aber.

Kein Mensch muß müssen.

Nach Lessing, Nathan der Weise.

Kein Rauch ohne Feuer.

Ohne Fleiß kein Preis.

Wer keinen Feind hat, der hat auch keinen Freund.

Über die Lauen, die nie Partei nehmen.

keiner

Das Glück ist keinem treu.

Es fällt keiner, der nicht gern wieder aufstünde.

Es hat keiner so viel, er hätt' gern mehr.

Es hütet keiner die Gänse umsonst.

Es ist keiner so arg, er findet einen Ärgeren.

Es ist keiner so gut, er findet seinesgleichen.

Es klagt keiner über sich selbst.

Keiner ist alle Stunden weise.

Keiner ist blinder, als der nicht sehen will.

Keiner ist so klug, daß er nicht ein wenig Narrheit übrig hätte.

Keiner kann aus seiner Haut heraus.

Keiner kann nichts und keiner kann alles.

Keiner vergißt sich selbst.

Keiner weiß alles allein.

Man hängt keinen zweimal.

Man lobt keinen, außer er braucht's.

Sich zu bessern ist keinem verboten.

Ums Denken kann man keinen kränken.

Viele haben zuviel, aber keiner genug.

Viele wissen viel, aber keiner hat ausgelernt.

Wenn es zur Schlacht geht, will keiner der erste sein.

Zum Essen wird sich keiner vergessen.

Zum Lernen ist keiner zu alt.

↗ *alle*

keinmal

Einmal ist keinmal, sagte die Braut.

Kelle

Wo der Löffel reicht, bedarf's der Kelle nicht.

Keller

Guter Vorrat schadet dem Keller nicht.

Mit einem leeren Keller ist schlecht haushalten.

Schwelgen und Gasten leert Keller und Kasten.

Was der Keller bietet, muß die Küche nehmen.

Kellner

Der Koch gilt soviel als der Kellner.

Durst ist der beste Kellner.

Wen der Kellner liebt, der trinkt oft.

Wenn der Beutel klingt, so tanzt der Kellner.

kennen

Am Kamm kennt man die Hühner.

Armen Mann kennt niemand.

Beim Zorn kennt man den Toren.

Das Schwert kennt keinen Freund.

Den Hahn kennt man beim Kamm.

Den Mann kennt man an seiner Rede.

Den Teufel kennt man an den Klauen.

Der Teufel kennt seine Leute.

Des Freundes Mängel soll man kennen, aber nicht nennen.

Die einander kennen, grüßen sich von weitem.

Die Flinte kennt ihren Herrn nicht.

Die Krämer kennen einander.

Ehe man jemand kennt, muß man erst einen Scheffel Salz mit ihm gegessen haben.

Einen bunten Hund kennt jeder.

Ein jeder kennt sein eigenes Herz am besten.

Heute gekannt, morgen verbannt.

Jeder kennt sein Handwerk am besten.

Kennst du einen, so kennst du alle.

Man kennt den Fuchs am Schwanz.

Man kennt den Pfau an seinen Federn.
Von Eitlen.

Sich selber kennen ist die größte Weisheit.

Was der Bauer nicht kennt, das ißt er nicht.

Was einer nicht kennt, danach sehnt er sich nicht.

Was man nicht kennt, das begehrt niemand.

Was man nicht kennt, kann man nicht lieben.

Wen man nicht kennt, dem muß man nicht vertrauen.

Wer den Narren kennt, der kauft ihn nicht.

Wer die Krankheit heilen soll, der muß sie kennen.

Wer die Person nicht kennt, der kennt auch die Sache nicht.

Wer die Wege nicht kennt, gibt keinen guten Fuhrmann.

Wer sich selbst kennt, spottet nicht über andere.

Wer sich selbst nicht kennt, wie soll der andere kennen.

kennenlernen

Im Wirtshaus lernt man die Leute kennen.

Wenn's schlecht geht, lernt man die Freunde kennen.

Wer mit Leuten umgeht, lernt Leute kennen.

Kenntnis

Kenntnis geht über Reichtum.

Kerker

Es gibt keinen schönen Kerker und keine häßliche Geliebte.

Kerl

Die rotzigsten Jungen werden die besten Kerle.

Ein dummer Kerl ist nie gescheit.

Je toller Kerl, je besser Glück.

Wer unten liegt, ist auch ein Kerl.

Auch der Tüchtige kann einmal unterliegen.

Wo ein Kerl fällt, kann ein Kerl aufstehen.

Wer die Karre hat, der karrt.

Kern

Der Kern ist unter der Schale.

Gute Kerne haben oft viel Schalen.

In einer harten Schale steckt oft ein weicher Kern.

Je bitterer die Schale, je süßer der Kern.

Viel Schale, wenig Kern.

Kerze

Am Fuß der Kerze ist's finster.

Im Umkreis eines großen Geistes halten es oft nur kleine aus.

Jedem Heiligen seine Kerze.

Scherzhaft: Jedem die gebührende Ehre.

Wen die Predigt nicht wärmt, den wärmen nicht die Kerzen.

Kessel

Der Kessel scheut das Feuer nicht.

Kette

Aus Ringen werden Ketten.

Bricht ein Ring, so bricht die ganze Kette.

Der ist nicht frei, der seine Ketten mit sich trägt.

Ein Glied macht keine Kette.

Es sind nicht alle frei, die über ihre Ketten lachen (spotten).

Nach Lessing, Nathan der Weise.

Goldene Ketten sind auch Ketten.

Not treibt den Hund an die Kette.

Wer frei sein will, dem ist keine Kette zu fest.

Ketzer

Es ist nicht jeder ein Ketzer, der einen andern Rock trägt.

Keule

Ein Herkules findet überall eine Keule.

Große Keulen schlagen große Beulen.

keusch

Auf der Kanzel ist der Mönch keusch.

Kienspan

Besser ein Kienspan als gar kein Licht.

Kiesel

Wenn man den Kiesel schlägt, gibt er Funken.

Kieselstein

Wenn zwei Kieselsteine zusammenstoßen, gibt es Feuer.

Kikeriki

Vom alten Hahn lernt der junge sein Kikeriki.

Kind

Arger Vater, ärger Kind.

Von schlechtem Vorbild.

Aus Kindern werden Leute.

Das Kind findet sich leichter als die Wiege.

Das Kind muß einen Namen haben.

Das Kind muß einen Vater haben.

Es muß eine Ursache oder einen Verantwortlichen geben.

Der eine sorgt für die Wiege, der andere für das Kind.

Der Mann findet leicht wieder eine Frau, die Kinder nie wieder eine Mutter.

Der Mutter Herz ist immer bei den Kindern.

Die besten Eltern haben oft ungeratene Kinder.

Eigen Kind, liebes Kind.

Ein alter Mann und eine junge Frau, gewisse Kinder.

Eine andere Mutter hat auch ein liebes Kind.

Eine Mutter kann zehn Kinder ernähren, aber zehn Kinder nicht eine Mutter.

Einerlei Kinder, mancherlei Sinn.

Ein Kind braucht mehr als eine Wiege.

Ein Vater kann eher zehn Kinder ernähren als zehn Kinder einen Vater.

Erst das Kind und dann die Wiege.

Gebranntes Kind scheut das Feuer.

Ist eine auch schwanger, so hat sie noch kein Kind.

Von Hoffnung bis zur Erfüllung ist ein weiter Weg.

Jeder Mutter Kind ist schön.

Jeder Vater lobt sein Kind.

Je schöner Kind, je größer Liebe.

Was gefällt, findet Zuneigung.

Kein Kind wird groß ohne Beulen.

Kindern und Frauen muß man ihr Spielzeug lassen.

Kinder und Narren sagen die Wahrheit.

Kleine Kinder, kleine Sorgen; große Kinder, große Sorgen.

Kleine Kinder machen Kopfweh, große Kinder Herzweh.

Lieben Kindern gibt man viele Namen.

Man deckt den Brunnen zu spät, wenn das Kind ertrunken ist.

Man küßt oft das Kind um der Mutter willen.

Um des eigenen Vorteils willen tut man manches.

Man soll das Kind nicht mit dem Bade ausschütten.

Nachbars Kinder sind immer die schlimmsten.

Schmieds Kinder fürchten das Feuer nicht.

Schreiende Kinder machen singende Mütter.

Um des Kindes willen küßt man die Amme.

Was die Kinder hören im Haus,
das plaudern sie auf der Straße aus.

Wenn das Kind getauft ist, fehlt's nicht an Paten.

Wenn das Kind in den Brunnen gefallen ist, deckt man ihn zu.

Wer das Kind bei der Hand faßt, greift der Mutter ans Herz.

Gewinnt deren Sympathie.

Wer die Kinder lobt, den lieben sie.

Wie die Eltern, so die Kinder.

Wo Kinder regieren, machen Narren die Gesetze.

Von Kindsköpfen.

Wo viel Hebammen sind, ist's ums Kind geschehen.

Zuviel Pflege tötet das Kind.

Kindermund

Kindermund tut Wahrheit kund.

Kinderscherz

Blanke Schwerter sind kein Kinderscherz.

Kinderspiel

Es ist kein Kinderspiel, wenn alte Leute auf Stecken reiten.

Es ist kein Kinderspiel, wenn ein altes Weib tanzt.

Kinderzeugen

Kinderzeugen ist keine Zwangsarbeit.

Kindeshand

Kindeshand ist bald gefüllt.

Kirche

Amen, sagte der Küster, und die Kirche war aus.

Die Kirche muß im Dorf bleiben.

Es beten nicht alle, die in die Kirche gehen.

Es sind nicht alles Heilige, die in die Kirche gehen.

Je näher der Kirche, je weiter von Gott.

Äußerlichkeiten besagen gar nichts.

Keine Kirche so klein, der Teufel baut eine Kapelle daneben.

Vor Bosheit ist man nie sicher.

Kommt der Teufel in die Kirche, so will er auch auf den Altar.

Man soll die Kirche im Dorf lassen.

Predigen gehört in die Kirche.

Wenn man Ermahnungen satt hat.

Wer eine Kirche hat, braucht keine Kapelle.

Wer lobt, hat eine volle Kirche.

Wie die Kirche, so die Heiligen.

Kirchhof

Magnicht liegt auf dem Kirchhof.

Kirchweih

Auf anderer Leute Kirchweih ist gut Gäste laden.

Wo eine Kirchweih ist, da will auch ein Jahrmarkt sein.

Kirmes

Es ist nicht alle Tage Kirmes.

Für den Faulen ist jeden Tag Kirmes.

Kein Dorf so klein, es hat alle Jahre seine Kirmes.

Wenn die Katze nicht zu Haus ist, haben die Mäuse Kirmes.

Kirsche

Die besten Kirschen fressen die Vögel.

Je größer die Kirsche, je größer der Kern.

Mit großen Herren ist nicht gut Kirschen essen.

Nach reifen Kirschen klettert man hoch.

Wenn man etwas gern hätte, scheut man keine Mühe.

Wenn die Kirschen reif sind, muß man sie pflücken.

Kissen

Wer sich aufs Küssen legt, legt sich auch aufs Kissen.

Wo der Hund aufs Kissen kommt, will er mit im Bette liegen.

Kiste

Ist die Kiste zu, hat die Seele Ruh.

Leere Kisten braucht man nicht zu verschließen.

kitzeln

Geehrt werden und kitzeln tut wohl.

Lob kitzelt jedem in den Ohren.

Mit einer Heugabel ist schlimm kitzeln.

Von plumper Annäherung.

Spaß muß sein, sagte Hans und kitzelte seine Grete mit der Mistgabel.

Wer gern lacht, der kitzelt sich selber.

Wer sich selber kitzelt, der lacht, wie er will.

Kitzlein

Aus Kitzlein werden Böcke.

kläffen

Bellt ein Hund, so kläffen sie alle.

Klage

Die Klage ändert nichts am Vertrage.
Abgemacht ist abgemacht.

Eine Frage ist keine Klage.
Man soll nicht gleich übelnehmen.

Gerücht ist der Klage Anfang.

Klagen bezahlen keine Schulden.

Sorge und Klage wächst alle Tage.

Wo Klage ist, muß Antwort sein.

Klagelied

Wem es wohlgeht, der singt keine Klagelieder.

klagen

Das Klagen hilft den Toten nicht.

Dein Leid behalt alleine
oder klag es dem Steine.

Es klagt keiner über sich selbst.

Es klagt mancher über Brot,
und sein Nachbar leidet Not.

Es sind nicht alle krank, die klagen.

Geklagt ist genug gebeten.

Gesund hat zum Klagen keinen Grund.

Jeder klagt sein eigen Leid.

Klagen füllt keinen Magen.

Klage niemandem dein Leid,
so wird es nicht breit.

Klagen weckt keinen Toten auf.
Verlorenen Dingen soll man nicht nachtrauern.

So albern ist keiner, er weiß seine Not zu klagen.

Über volle Speicher klagt niemand.

Vergleichen und Vertragen ist besser als Zanken und Klagen.

Wem man die Not klagt, der ist genug gebeten.

Wenn du hörst, was einer klagt,
so hör auch, was der andere sagt.

Wer durch eigene Schuld fällt, klagt umsonst.

Wer immer klagt, findet keine offenen Ohren.

Wer nicht schlafen kann, klagt über das Bett.

Wer seinen Kummer klagt, dem fehlt's an Worten nicht.

Wer seine Schmerzen klagt, erleichtert sie.

Wer unrecht hat, klagt zuerst.

Wo niemand klagt, braucht niemand richten.

Kläger

Dem Kläger gebührt der Beweis.

Ein Kläger ist kein Richter.

Der Richter kann kein Kläger sein.

Wo kein Kläger ist, da ist auch kein Richter.

Klang

Dank ist der beste Klang.

Je leerer das Faß, je heller der Klang.

Volles Faß hat keinen Klang.

Wie die Glocke, so der Klang.

Zwang hat keinen Klang.

klappen

Klingt es nicht, so klapp(er)t es doch.

Wenn es nicht klappen will, so klappt es nicht.

klappern

Altes klappert, Neues klingt;
Altes schleicht, Junges springt.

Dem Storch gefällt sein Klappern.

Der Storch hört sein Klappern gern.

Ein leerer Topf am meisten klappert,
ein leerer Kopf am meisten plappert.

Es frieren mehr, als mit den Zähnen klappern.

Je mehr der Wind geht, je mehr klappern die Mühlen.

Je näher die Mühle, je stärker das Klappern.

Klappern gehört zum Handwerk.

Klappern ist keine Münze und Klimpern kein Geld.

Laß die Störche klappern, es ist ihr Gesang.

Leere Schachteln klappern am lautesten.

Man kann lange mit den Zähnen klappern, ehe der Teufel weint.

Man muß die Mühle klappern lassen.

Viel Klappern, aber wenig Mehl.

Wenn die Mühle nicht klappert, so gibt es kein Mehl.

Wer gut klappern kann, ist der beste Mann.

Wer mahlen will, muß auch das Klappern dulden.

↗ *klimpern*

klar

Klare Rechnung macht gute Freunde.

Mit klarem Ziel gewinnt man viel.

Je wahrer, je klarer.

klären

Was sich soll klären, das muß erst gären.

klatschen

Mit einer Hand allein kann man nicht klatschen.

Wer ins Haus klatscht, klatscht auch aus dem Hause.

Klaue

An der Klaue erkennt man den Löwen.

Den Teufel kennt man an den Klauen.

klebenbleiben

An schmierigen Händen bleibt viel kleben.

Wirf nur mit Dreck, es bleibt was kleben.

Klee

Mein Klee ist mir lieber als Nachbars Weizen.

Kleid

Alte Kleider und schöne Frauen bleiben überall hängen.

Bescheidenheit, das schönste Kleid.

Bunte Kleider, bunter Sinn.

Das Kleid macht keinen Mönch.

Das Kleid macht (nicht) den Mann.

Das Kleid wärmt nur den, der's trägt.

Das Kleid ziert den Mann,
wer es hat, der ziehe es an.

Der ist nackt genug, der keine Kleider hat.

Der Schneider trägt zerrissene Kleider.

Die Schleife kostet oft mehr als das Kleid.

Eigen Kleid wärmt am besten.

Ein ehrbar Kleid deckt die Schande nicht.

Ein fremdes Kleid macht einen fremden Mann.

Ein Kleid, das nicht paßt, ist eine Last.

Ein Kleid mit Löchern braucht viel Flicken.

Niemand jagt mehr nach Ehren, als der seine Schande damit zu bedecken hat.

Ein reines Kleid ist ein guter Empfehlungsbrief.

Ein schäbiges Kleid hat wenig Kredit.

Ein schönes Kleid empfiehlt die Leut.

Ein weißes Kleid schützt nicht vor einem schwarzen Namen.

Es gibt kein Kleid, das Schand' und Laster decken kann.

Geborgte Kleider wärmen nicht lange.

Geflicktes Kleid bringt's nicht weit.

Von untauglichen Mitteln.

Grobes Tuch gibt kein feines Kleid.

Im letzten Kleid sind keine Taschen.

Vom Geiz hat man keinen Nutzen.

Im schlichten Kleide ist auch Verstand.

Auf äußeres Gehabe kommt es nicht an.

In alten Kleidern und bei alten Freunden ist einem am wohlsten.

Kleider fressen die Motten und Sorgen das Herz.

Kleider machen Leute.

Kleider mit Tressen und nichts zu essen.

Von solchen, die mit äußerem Glanz prahlen.

Motten kommen in das schönste Kleid.

Nach dem Kleide wird man empfangen, nach dem Verstande entlassen.

Nadel und Faden sind das halbe Kleid.

Neue Kleider, aber noch die alten Filzläuse.

Schlechte Kleider sind leichter abzulegen als schlechte Sitten.

Wem das Kleid paßt, der ziehe es an.

Wenn man die Kleider auszieht, soll man auch die Sorgen ausziehen.

Je mehr der Wind geht, je mehr klappern die Mühlen.

Wer in fremden Kleidern ausgeht, kommt nackt wieder heim.

Wer seine Verdienste im Kleide hat, dem fressen sie die Motten.

Wo Lumpen regieren, machen die Kleider Leute.

kleiden

Am schönsten kleiden gute Sitten.

Besser schlecht gekleidet als ganz nackt.

Jeden kleidet seine Tat.

Jeder kleidet seine Puppe, wie es ihm gefällt.

Kleie

Von Kleie wachsen die Schweine, aber sie werden nicht fett.

Wer sich unter die Kleie mengt, den fressen die Säue.

klein

An kleinen Brunnen löscht man auch den Durst.

Auch ein kleines Licht leuchtet in der Finsternis.

Auch kleine Dinge achte nicht geringe.

Aus dem Kleinen kommt das Große.

Aus einer kleinen Sache wird oft ein großes Geschrei.

Aus einer kleinen Sau wird bald eine große.

Aus kleinen Fehlern werden große.

Bei kleinem Glück ist kleine Sorge.

Bei kleinen Leuten ist die meiste Tugend.

Besser ein kleiner Verdruß als ein großer Schaden.

Das Kleine wird gestohlen, das Große erobert.

Der Galgen ist nur für die kleinen Diebe.

Die großen läßt man bekanntlich laufen.

Der Teufel scheißt auf keinen kleinen Haufen.

Der Weise begeht keine kleine Torheit.

Die kleinen Flüsse gehen in die großen.

Die kleinste Zehe verhindert oft die größte Reise.

Eine kleine Gabe ist auch willkommen.

Eine kleine Sünde ist auch eine Sünde.

Eine kleine Wolke kann den schönsten Tag verderben.

Ein kleiner Arsch braucht keine großen Hosen.

Ein kleiner Graben fließt bald über.

Ein kleiner Hahn ist auch ein Mann.

Ein kleiner Herd braucht wenig Holz.

Ein kleiner Regen macht nicht (auch) naß.

Ein kleiner Topf braucht wenig Feuer.

Ein kleiner Zorn stärkt die Liebe.

Ein kleiner Zwist bringt oft die Herzen näher.

Ein kleines Etwas ist besser als ein großes Garnichts.

Ein kleines Versehen verdunkelt oft ein großes Verdienst.

Es ist nichts Kleines, wenn ein Pferd in der Wiege liegt.

Es sind nur die kleinen Sünden, die man beichtet.

Große Leute, große Fehler; kleine Leute, kleine Fehler.

In den kleinsten Flaschen ist der beste Likör.

In einer kleinen Esse fliegen auch Funken.

In ein kleines Haus gehen viele Freunde.

Je höher die Sonne, je kleiner die Schatten.

Je kleiner das Dorf, je bissiger die Hunde.

Nämlich je klatschsüchtiger die Leute.

Je kleiner der Vogel, je kleiner das Nest.

Je kleiner der Zwerg, je größer der Hut.

Von einem Gernegroß.

Je kleiner die Herde, desto besser die Weide.

Je weniger Teile, desto größer der Anteil.

Je kleiner, je krötiger.

Kein Amt so klein, es trägt was ein.

Klein, aber mein.

Kleine Diebe hängt man, große läßt man laufen.

Kleine Fische machen große Hechte.

Kleine Fürsten haben gern große Hofnarren.

Kleine Geschenke erhalten die Freundschaft.

Kleine Häuser haben auch Fenster.

Kleine Heilige feiert man nicht.

Kleine Hilfe ist auch Hilfe.

Kleine Kammern, kleine Türen.

Kleine Krämer, kleine Bütten.

Kleine Leute haben auch Zorn.

Kleine Leute sieht man nicht (übersieht man).

Scherzwort, wenn jemand übersehen wurde.

Kleine Leute sind bald im Harnisch.

Kleingewachsene sollen empfindlich sein.

Kleine Lügner, große Diebe.

Auf der schiefen Bahn geht es schnell voran.

Kleiner Gewinn füllt den Beutel.

Kleiner Vorrat ist bald aufgezehrt.

Kleiner Vorrat lehrt sparen.

Kleiner Vorteil macht große Schälke.

Kleine Schüsseln, kleine Löffel.

Kleine Sorgen machen viel Worte, große sind stumm.

Kleines Pferd, kleine Last.

Kleines Schiff, kleine Segel.

Kleine Töpfe haben auch Henkel.

Kleine Töpfe laufen bald über.

Kleine Ursachen, große Wirkungen.

Kleine Zeche, große Freundschaft.

Klein fängt man an, groß hört man auf.

Klein und dick gibt auch ein Stück.

Viele kleine Bäche machen einen großen Strom.

Viele Kleine machen ein Großes.

Vom Kleinen kommt man zum Großen.

Was klein ist, das ist niedlich.

Wenn man einem den kleinen Finger bietet (reicht), so will er die ganze Hand.

Wer das Kleine nicht ehrt, ist des Großen nicht wert.

Wer im Kleinen (nicht) treu ist, der ist auch im Großen (nicht) treu.

Nach Lukas 16,10.

Wer im Kleinen spart, kann freigebig sein im Großen.

Zwei Kleine machen ein Großes, zwei Wenig machen ein Viel.

↗ *groß*

Kleine, der

Besser unter den Kleinen der Erste als unter den Großen der Letzte.

Dem Großen ein Stück, dem Kleinen ein Stückchen.

Der Kleine läßt sich auch nicht in den Bart greifen.

Der Kleinste macht den größten Lärm.

Die Kleinen jagen die Großen.

Nämlich die kleinen Trümpfe beim Kartenspiel.

Kleinmut

Kleinmut nährt Hochmut.

Und zwar den Hochmut des andern.

Kleinvieh

Kleinvieh macht auch Mist.

klettern

Wer gern Kirschen ißt, lernt bald klettern.

Wer hastig klettert, wird eilig fallen.

klimmen

Wer hoch klimmt, der fällt hart.

klimpern

Klimpert's nicht, so klappert's doch.

Klinge

Wie der Fechter, so die Klinge.

klingeln

Klingelt es nicht, so rappelt es doch.

klingen

Altes klappert, Neues klingt;
Altes schleicht, Junges springt.

Die Trommel klingt am schönsten aus der Ferne.

Mit fernen Dingen wird gern geprahlt.

Ein blinder Richter hört's Geld auch klingen.

Ein reicher Mann hat klingenden Verstand.

Fremdes Lob klingt, Freundes Lob hinkt.

Hab ich, was klingt, so krieg ich, was singt.

Hohle Töpfe klingen gut.

Klingende Beweise überzeugen am meisten.

Klingt das Schwert, so bricht der Herd.

Klingt's, so gelingt's.

Leere Beutel klingen nicht.

Von nichts wird nichts.

Leeres Faß klingt hohl.

Mit klingender Münze kommt man überall durch.

Neues klingt, Altes hinkt.

Was soll die Schelle, wenn sie nicht klingt.

Wenn der Beutel klingt, so tanzt der Kellner.

Wie die Glocke geläutet wird, so klingt sie.

Wie einer lebt, so klingen ihm die Glocken.

So redet man von ihm.

Wie man aufs Eisen schlägt, so klingt es.

Zersprungener Topf klingt nicht.

Von Zerstrittenen.

klopfen

Der eine klopft auf den Busch, und der andere fängt den Vogel.

Klopft man auf den Sack, so klopft man auch auf den Esel.

Klöppel

Große Türen brauchen große Klöppel.

Jede Glocke hat ihren Klöppel.

Was der Klöppel erzählt, bleibt nicht verborgen.

Was an die große Glocke gehängt wurde.

Kloster

Die Mönche sind gut, aber das Kloster taugt nichts.

Ein guter Abt lobt sein Kloster.

Es muß ein armes Kloster sein, in dem die Mönche verhungern.

Es wohnt mancher im Kloster, der kein Mönch ist.

Je näher das Kloster, desto ärmer die Bauern.

Klöster machen die Stadt nicht fromm.

Viel Mönche machen arme Klöster.

Wenn es aufs Kloster regnet, tröpfelt es auf die Mönche.

Wenn man ans Kloster klopft, kommen die Mönche heraus.

Wer dem Kloster dient, muß vom Kloster leben.

Wer ins Kloster geht, darf's nicht mit dem Abt verderben.

Klotz

Auf einen groben Klotz gehört ein grober Keil.

Man kann nicht aus jedem Klotz eine Bildsäule schnitzen.

Schlechte Klötze geben oft gute Späne.

Von groben Klötzen fallen (haut man) grobe Späne.

Wer Klötze hat, kann Späne machen.

Wie Klotz, so Span; wie Wort, so Mann.

Wie man in einen Klotz hackt, so fallen die Späne.

klug

Allzu klug macht (ist) närrisch.

Allzu pfiffig ist nicht klug.

Auch ein Narr kann einmal ein kluges Wort reden.

Auch kluge Hühner scheißen sich ins Nest.

Auch Gescheite machen Fehler.

Auch kluge Vögel werden gefangen.

Aus anderer Leute Schaden ist gut klug werden.

Aus schlichtem Haus sieht oft ein kluger Mann heraus.

Nicht jedem sieht man an, was in ihm steckt.

Buch macht (nicht) klug.

Daheim ist man am klügsten.

Das Amt macht wohl satt, aber nicht klug.

Ansehen kostet nichts.

Das Ei will klüger sein als die Henne.

Dem klugen Kopfe genügt ein Wort.

Der Gaul ist oft klüger als sein Reiter.

Der Hut will klüger sein als der Kopf.

Der ist noch nicht klug, der nicht zuweilen ein Narr sein kann.

Der kluge Mann baut vor.

Nach Schiller, Wilhelm Tell.

Der klügste Mann kann vom Narren etwas lernen.

Der letzte Tag ist der klügste.

Der Morgen ist klüger als der Abend.

Der nächste Morgen.

Der Wein macht kluge Leute zu Narren.

Der Zweig dünkt sich klüger als der Baum.

Die am wenigsten wissen, wollen immer am klügsten sein.

Die Hand muß klüger sein als die Zunge.

Die Heiligen erscheinen den klugen Leuten nicht.

Durch Schaden wird man klug.

Ein alter Narr wird selten klug.

Eine kluge Maus weiß mehr als ein Loch.

Erfahrung macht klug.

Es geschieht viel unter der Sonne, was kluge Leute nicht verstehen.

Es ist kein Mann so klug, das Weib (die Frau) macht ihn zum Narren.

Es ist niemand allein klug.

Es schweigen mehr kluge Leute als dumme.

Fragen macht klug.

Hochmut ist allein klug.

In eigener Sache ist niemand klug.

Jeder hält sich für klüger, als er ist.

Je reicher, je klüger.

Ironisch, wenn einem Wohlhabenden geschmeichelt wird.

Keiner ist so klug, daß er nicht ein wenig Narrheit übrig hätte.

Kein Narr ist so dumm, er findet einen, der ihn für klug hält.

Kluge Hühner legen auch in die Nesseln.

Auch der Vorsichtigste macht mal einen Fehler.

Kluge Leute irren auch.

Kluge Leute machen auch wohl dumme Streiche.

Kluge Rede ehrt den Mann.

Kluger Tadel ist bittere Arznei.

Kluges Schweigen ist besser als dummes Reden.

Klug reden ist schwer, klug schweigen noch mehr.

Klug reden kann einer im Liegen.

Klug reden (Klugreden) kostet kein Geld.

Lieber durch Schaden klug als durch Vorteil unklug.

Lieber ein kluger Tadel als ein dummes Lob.

Nach der Tat ist jeder klug.

Niemand ist zu allen Zeiten klug.

Sich selbst zu raten ist selten einer klug genug.

Solange es einem gut geht, heißt er klug.

Unter den Narren ist der klügste der größte.

Unter Schwätzern ist Schweigen das klügste.

Versuch macht klug (aber selten reich).

Volle Kammern machen kluge Frauen.

Wenn alle Leute klug wären, so verkaufte man keine Schellen.

Wenn der Dumme schweigt, gilt er für klug.

Wenn man vom Markt kommt, ist man klüger.

Wer klug ist, merkt's.

Ein Wink genügt ihm.

Wer klug ist, schweigt.

Nämlich dann, wenn es ihn nichts angeht.

Wer sich selbst für klug hält, dem fehlt zum Narren nicht viel.

Wer vom Rathaus kommt, ist klüger.

Kluge, der

Auch der Klügste kann irren.

Bei einem Klugen bedarf's nicht vieler Worte.

Der Einfältige sagt's, der Kluge macht's.

Der Kluge gibt nach, der Vernünftige denkt nach; der Weise spürt nach, der Einfältige ahmt nach; der Narr spricht nach, der Tor jagt nach.

Der Kluge hält die Augen offen.

Der Kluge kauft im Sommer seinen Pelz.

Der Kluge lebt heute, der Narr will morgen leben.

Der Klügere gibt nach.

Der Kluge sucht beim Hasen keinen Speck.

Der Narr redet, wenn der Kluge denkt.

Also ohne Überlegung.

Drei Kluge haben zusammen keinen Verstand.

Ein Kluger faßt den Topf an beiden Henkeln.

Ein Kluger steht früh auf.

Ein Narr kann mehr befehlen (fragen), als zehn Kluge ausrichten (beantworten) können.

Es gibt Steine, über die auch ein Kluger fällt.

Narren sagen, was die Klugen denken.

Sechs Kluge sollen nicht harren auf einen Narren.

Vom Narren lernt der Kluge seine Weisheit.

Aus den Dummheiten anderer kann man lernen.

Während sich der Kluge besinnt, kann sich der Narr auch besinnen.

Wenn der Kluge fällt, dann fällt er hart.

Wenn die Dummen zu Markt gehen, kriegen die Klugen Geld.

Wenn's die Klugen nicht wissen, so frage die Narren.

Wo ein Kluger nichts ausrichtet, schickt man einen Dummen hin.

Zwei Kluge können keinen fetten Ochsen teilen.

Sie werden sich nämlich nicht einig.

Klugheit

Bei großem Geschrei (Glück) ist wenig Klugheit.

Die beste Klugheit lernt man von den Toren.

Die Klugheit ist die Tapferkeit der Alten.

Klugheit geht über Stärke.

Klugheit ist die beste Kartenlegerin.

Klugheit ist keine Hexerei.

Klugheit macht Sorgen.

Die sich Dummheit nicht macht.

Klugheit und Witz sind ein guter Besitz.

Unnütze Klugheit ist doppelte Torheit.

Klüglein

Meister Klüglein ist der Mann,
der alles besser machen kann.

klugschnacken

Klugschnacken kostet kein Geld.

Knabe

Aus Knaben werden Leute,
aus Mädchen werden Bräute.

knallen

Alte Kutscher knallen gern.

Knallen kann mancher, aber nicht fahren.

Vom Knallen fällt kein Wild.

Vom Knallen stirbt man nicht.

Wenn die Büchse nicht knallt, hört man sie nicht.

knapp

Das sind knappe Zeiten, sagte der Pfaffe, die Bauern machen ihre Kinder selber.

Knapp und ehrlich ist manchem beschwerlich.

knarren

Alte Karren gern knarren.

Brüchige Räder knarren am meisten.

Es knarrt so lange, bis es bricht.

Knarrende Wagen fahren am längsten.

Von Wehleidigen.

Wenn man die Tür schmiert, so knarrt sie nicht.

Knäuel

Wer das Knäuel sucht, muß dem Faden folgen.

Knauser

Ein Knauser ist immer arm.

Knecht

Anders spricht der Herr, anders der Knecht.

Borger ist Leihers Knecht.
Nach Sprüche Salomos 22, 7.

Der Schuldner ist des Mahners Knecht.
Überfällige Schuld macht abhängig.

Die größte Freiheit, keines Lasters Knecht zu sein.

Ein neuer Knecht macht alles recht.

Faule Knechte sind gute Propheten.
Der Bequeme sieht nur Schwierigkeiten.

Frühe Herren, späte Knechte.
Großspurigkeit rächt sich.

Hat der Herr den Schnupfen, so niesen die Knechte.

Je blinder der Herr, je heller der Knecht.

Jedermanns Knecht, jedermanns Narr.

Lieber ein kleiner Herr als ein großer Knecht.

Schlaffe Herren machen träge Knechte.

Stiehlt der Knecht, so zahlt der Bauer.

Wer der Schönheit dient, wird leicht ihr Knecht.

Wer frei sein kann, mache sich nicht selber zum Knecht.
Von eigenem Urteil.

Wie der Herr, so der Knecht (so's Gescherr).

Wo Gewalt Herr ist, da ist Gerechtigkeit Knecht.

kneten

Wer knetet, dem bleibt Teig an den Händen.

Zuerst kneten, dann backen.

Knie

Man stößt sich immer an das wunde Knie.

Was der Mutter ans Herz geht, das geht dem Vater nur bis an die Knie.

Wer auf den Knien rutscht, kommt nicht weit.

Wer schwache Knie hat, der stolpert leicht.

Kniff

Jeder Handel hat seinen Kniff.

Knirps

Unter Zwergen ist der Knirps ein Riese.

Knoblauch

Nach Knoblauch riecht der eine, der andere nach Zwiebeln.
Seine unangenehmen Seiten hat jeder.

Knochen

Aus fremden Knochen ist gut Mark kochen.

Die Knochen sind für die Abwesenden.

Ein Hund schlägt keinen Knochen aus.

Ein Knochen und zwei Hunde
geben keine ruhige Stunde.

Suche dir einen andern Hund, wenn du keine besseren Knochen hast.

Wenn der Hund einen Knochen sieht, wedelt er mit dem Schwanz.

Wer nicht da ist, bekommt die Knochen.

Wer zu spät kommt, kriegt die Knochen.

Wo Knochen sind, da sind auch Hunde.

Knospe

Aus Knospen werden Rosen.

Knoten

Wer den Knoten nicht lösen kann, muß ihn zerhauen.

Knüppel

Der Knüppel liegt (immer) beim Hund.
Man kann nicht, wie man möchte.

Je größer der Hund, je größer der Knüppel.

Man findet leicht einen Knüppel, wenn man den Hund schlagen will.

Man muß nicht nach jedem Knüppel greifen, der einem nachgeworfen wird.

Was nützt der Knüppel, den man nicht schwingt.

Leere Drohungen bewirken nichts.

Wer keinen Knüppel hat, muß mit Bratwürsten um sich werfen.

Was im bösen nicht geht, geht im guten.

knurren

Ließest du das Knurren, so ließe man das Murren.

Koch

Der fremde Koch macht gute Suppen.

Der Koch gilt soviel als der Kellner.

Der Koch wird vom Geruche satt.

Ein guter Koch, ein guter Arzt.

Ein junger Koch, ein alter Brater.

Es sind nicht alles Köche, die gern Grütze essen.

Es sind nicht alles Köche, die lange Messer tragen.

Herr von Selbst ist der beste Koch.

Hunger ist der beste Koch.

Viele Köche verderben den Brei.

Viel Köche, viel Sinne.

kochen

Eigen Feuer kocht wohl.

Es ist zum Kochen zu spät, wenn man auftragen soll.

Es wird überall nur mit Wasser gekocht.

Es wird nichts so heiß gegessen, wie es gekocht wird.

Für gute Freunde ist bald gekocht.

Ich koche, wie ich kann; frißt nicht mein Hund, so frißt doch mein Mann.

Kocht man's wohl, so schmeckt man's wohl.

Man kann lange schwatzen, ehe eine Suppe kocht.

Mäßiges Feuer kocht am besten.

Beherrschte Leidenschaft.

Neue Töpfe kochen gut.

Nicht jede Frau, die das Feuer anbläst, will kochen.

Vom Plaudern kocht keine Suppe.

Was in der Schule gekocht wird, soll auch in der Schule gegessen werden.

Man soll nicht aus der Schule plaudern.

Was man kocht, das muß man essen.

Wer nicht kochen kann, der bleibe aus der Küche.

Wie man's kocht, so schmeckt's.

Köder

Andere Tiere, andere Köder.

Je besser der Köder, je leichter der Fang.

Kohl

Anderer Leute Kohl ist immer fetter.

Neid vergrößert.

Besser eine Laus im Kohl als gar kein Fleisch.

Ein Auge macht den Kohl nicht fett.

Wortspiel mit dem Fettauge in der Brühe und dem Auge, das hineinschaut.

Hier ist Kohl und da ist Kohl.

Es hat alles seine Licht- und seine Schattenseite.

Jeder Gärtner lobt seinen Kohl.

Wem man den Speck gibt, dem soll man auch den Kohl geben.

Wer das eine will, muß das andere mögen.

Kohle

Die Kohle wird vom Ruß nicht schwärzer.

Jeder scharrt die Kohlen um seinen Topf.

Kollegium

Drei machen ein Kollegium.

Nach dem römischen Corpus iuris.

kommen

Allgemach kommt man weit.

Das Glück kommt über Nacht.

Das Pferd kommt zur Krippe, aber die Krippe nicht zum Pferde.

Das Schlimme kommt immer hintennach.

Den Teufel braucht man nicht rufen, er kommt wohl von selbst.

Der ist leicht zu locken, der selber gern kommt.

Eine Krähe hackt der andern die Augen nicht aus.

Die besten Gedanken kommen immer hinterher.

Die Strafe kommt oft langsam, aber sie kommt.

Ein guter Freund kommt ungebeten.

Ein Unglück kommt selten allein.

Es kommt nicht immer, wie man's denkt.

Faulheit kommt nicht weit.

Gute Gelegenheit kommt nicht alle Tage.

Gut kommt nicht zu oft.

Hintennach kommt Dünnbier.

In Pfennigen kommt's und in Talern geht's.

In Teufels Küche kommt man immer noch früh genug.

Komm ich heut nicht, komm ich morgen, übermorgen ganz bestimmt.

Kommt der Mangel ins Haus,
flieht die Liebe hinaus.

Kommt der Ruhm, so schwindet das Gedächtnis.

Kommt der Teufel in die Kirche, so will er auch auf den Altar.

Kommt Freude, kommt Scherz.

Kommt man über den Hund, so kommt man auch über den Schwanz.

Kommt nicht Kunz, so kommt doch Hinz.

Kommt's nicht mit Scheffeln, so kommt's doch mit Löffeln.

Kommt Zeit, kommt Rat.

Langsam kommt auch ans Ziel.

Liebe Gäste kommen ungeladen.

Man muß es nehmen, wie's kommt.

Man redet so lange vom Feste, bis es kommt.

Man soll das Beste hoffen, das Böse kommt von selbst.

Man spricht von nichts, es kommt von etwas.

Am Gerede ist immer ein bißchen Wahres.

Mit dem Hute in der Hand
kommt man durch das ganze Land.

Mit der Sonne kommt der Tag.

Pfennig kommt, Pfennig geht.

Schritt für Schritt kommt man nach Rom.

Spät kommt auch.

Stufe für Stufe kommt man auf den Turm.

Unverhofft kommt oft.

Von nichts kommt nichts.

Was bald kommt, vergeht auch bald.

Was kommen soll, das kommt.

Was nicht von Herzen kommt, geht nicht zu Herzen.

Was von Hunden kommt, bellt gern.

Wenn eins kommt, muß das andere gehen.

Wenn Groschen kommt, muß Heller aufstehen.

Wenn Lieber kommt, muß Leider weichen.

Wenn man vom Rathaus kommt, ist man klüger.

Wenn man vom Teufel spricht, so kommt er.

Scherzhaft, wenn jemand hereinkommt, von dem man gerade gesprochen hat.

Wenn Neues kommt, vergißt man das Alte.

Wenn's kommt, dann kommt's mit Haufen.

Wer aus der Fremde kommt, bringt Neues mit.

Wer dem Strome folgt, kommt ans Meer.

Wer den Rauch fürchtet, kommt nicht zum Feuer.

Wer dußlig kommt, geht dußlig fort.

Wer etwas Gutes bringt, kommt nicht zu oft.

Wer langsam geht, kommt auch zu Markt (zum Ziel).

Wer langsam kommt, der kommt auch.

Wer mit leeren Händen kommt, bittet vergeblich.

Wer nicht gern kommt, zögert lange.

Wer nicht kommt, braucht nicht zu gehen.

Wer nicht kommt, dem wird der Pelz nicht gewaschen.

Wer nicht kommt, der geht nicht wieder weg.

Wer nicht kommt zur rechten Zeit, muß nehmen, was übrigbleibt.

Wer sachte fährt, kommt auch in die Stadt.

Wer selber kommt, hat einen sicheren Boten.

Wer selten kommt, kommt wohl.

Wer sich rührt, der kommt zu was.

Wer sich Zeit läßt, kommt auch.

Wer spät kommt, der kommt auch.

Wer ungebeten kommt, geht ungedankt davon.

Wer zuerst kommt, mahlt zuerst.

Wer zu früh kommt, kommt auch unrecht.

Wer zuletzt kommt, macht die Tür zu.

Wer zu oft kommt, ist selten willkommen.

Wer zu spät kommt, findet leere Schüsseln.

Wer zu spät kommt, kriegt die Knochen.

Wie es kommt, so muß man's nehmen.

Wie gekommen, so gegangen.

Zum Unglück kommt man immer früh genug.

Komödie

Alte Komödien, neue Komödianten.

Kompliment

Komplimente kosten nichts.

Viel Komplimente, wenig Herzlichkeit.

König

Allen kann auch kein König gefallen.

An eines Königs Hof ist jeder selbst sein bester Freund.

Besser ein freier Vogel als ein gefangener König.

Daheim bin ich König.

Das Glück macht aus Bettlern Könige und aus Königen Bettler.

Das Glück macht Könige und Narren.

Der Hahn ist König auf seinem Miste.

Der König heißt, der Pfennig beißt.

Ohne Mittel kann einer viel befehlen; es wird nichts draus.

Des Königs Spreu gilt mehr als anderer Leute Korn.

Eine Fliege setzt sich auch dem König auf die Nase.

Ein gerechter König ist besser als ein frommer.

Ein jeder ist König in seinem Hause.

Heute König, morgen wenig.

Könige sind auch Menschen.

Pünktlichkeit ist die Höflichkeit der Könige.

Unter den Blinden (Im Lande der Blinden) ist der Einäugige König.

Viel Schützen, aber nur einer wird König.

Wenn der Löwe schläft, ist ein Lamm König.

Wenn sich die Könige raufen, müssen die Bauern Haare lassen.

Wer lange genug wartet, kann König werden.

Wo der König sitzt, da ist's obenan.

Wo der Ochse König ist, da sind die Kälber Prinzen.

↗ *Kärrner*

können

Das Lernen ist schwer, das Können (ist) leicht.

Der tut genug, der tut, was er kann.

Der wohl kann, der wohl mag.

Die am wenigsten können, wollen am meisten.

Die Enten können nichts anderes als schnattern.

Einer kann nicht alles.

Ein jeder macht's, so gut er kann,
sagte zur Braut der Bräutigam.

Es muß einer oft können, was er nicht kann.

Ich kann nicht, sagt der Träge.

Ich wollte wohl, sagte der alte Mann, ich kann bloß nicht.

Jeder kann, soviel er tut.

Jeder tanzt, wie er kann.

Jeder treibe, was er kann.

Kann einer eines, so kann ein anderer ein anderes.

Kann ich nicht, was ich will, so will ich, was ich kann.

Kann sein schützt vor Lügen.
Man soll nichts vorschnell behaupten oder versprechen.

Kannst du's, so treib es; weißt du's, so üb es.

Keiner kann nichts, und keiner kann alles.

Können geht über Wollen.

Können vor Lachen, hat's Mädchen gesagt.

Können wir nicht dichten,
so können wir doch richten.
Kritisieren kann jeder.

Lerne was, so kannst du was.

Nicht können ist keine Schande, aber nicht lernen wollen.

Niemand kann's besser, als der es gelernt hat.

Tu, was du kannst, und lerne, was du nicht weißt.

Viele können mehr als einer.

Viele können viel, niemand alles.

Viel können viel.
Richten viel aus.

Was der Löwe nicht kann, das kann der Fuchs.

Was einer kann, das greift er an.

Was einer nicht kann, das vermögen zwei.

Was einer nicht kann, dem ist er nicht hold.

Was man nicht kann, steht einem nicht an.

Wenn man will, was man soll, kann man alles.

Wer dem Spiel zusieht, der kann's am besten.
Von Krittelei.

Wer etwas kann, ist überall ein Mann.

Wer etwas kann, ist überall willkommen.

Wer kann, der kann.

Wer nicht kann, wie er will, der wolle, wie er kann.

Wer nicht viel kann, hat bald ausgesungen.

Wer nicht will, der kann auch nicht.

Wer nicht will, was er kann, der kann auch nicht, was er will.

Wer's am besten kann, der ist Meister.

Wer's kann, für den ist's keine Kunst.

Wer's kann, ist kein Hexenmeister.

Wer viel kann, muß viel tun.

Wer was hat, der was kann.

Wer will, der kann; wer nicht will, der muß.

Kopf

Alte Weiden haben dicke Köpfe.

Von dickköpfigen Alten.

Andere Leute haben auch einen Kopf.

Anderer Kopf, andere Gedanken.

An manchem Kopf ist das Beste der Zopf.

Auch gutes Bier macht böse Köpfe.

Besser ohne Bart als ohne Kopf.

Dem klugen Kopfe genügt ein Wort.

Der Fisch fängt am Kopf an zu stinken.

Der Fuß muß gehen, wohin der Kopf will.

Der kahle Kopf braucht keine Schere.

Der Kopf ist stärker als die Hände.

Der lernt nichts, der nach seinem Kopf gelehrt werden will.

Dicke Bäuche, leere Köpfe.

Ein dummer (toller) Kopf macht den Füßen Arbeit.

Eine Stecknadel hat auch einen Kopf.

Von der Tücke des Objekts.

Ein grauer Kopf schützt nicht vor einem närrischen Arsch.

Ein grindiger Kopf fürchtet den Kamm.

Ein guter Kopf hat hundert Hände.

Ein guter Kopf kommt nirgends in die Fremde.

Wenn einer sich immer zu helfen weiß.

Ein hochmütiger Kopf stößt überall an.

Ein Hut paßt nicht auf alle Köpfe.

Ein jeder Kopf hat seinen Sinn.

Ein jeder macht's nach seinem Kopf.

Ein kahler Kopf ist bald geschoren.

Ein Kopf allein rennt keine Mauer ein.

Ein Kopf weicht selten dem andern.

Ein schwerer Kopf und ein leerer Beutel sind oft zusammen.

Ein wirrer Kopf macht wirre Leute.

Feuer im Herzen bringt Rauch in den Kopf.

Für jeden Hut gibt's einen Kopf.

Gleicher Kopf, gleicher Hut.

Graue Köpfe und blonde Gedanken passen nicht zusammen.

Grobe Köpfe behalten lange.

Von Nachtragenden.

Guter Wein macht böse Köpfe.

Harte Köpfe kommen selten überein.

Hölzerne Köpfe geben hölzerne Räte.

Im Bauche Schmer, im Kopfe leer.

In einem vollen Kopf ist wenig Verstand.

In jedem Kopf ist etwas Weisheit.

Je leerer der Kopf, desto geschwätziger die Zunge.

Je leerer der Kopf, desto lauter das Maul.

Kann man mit dem Kopf nicht durch die Wand, so kann man durch die Tür.

Kopf verloren, alles verloren.

Kopflosigkeit verdirbt alles.

Kranker Magen, kranker Kopf.

Manchem Kopf fehlt nichts als das Gehirn.

Man kann nicht alle Köpfe unter einen Hut bringen.

Man kann nicht mit einem fremden Kopf aus dem Fenster sehen.

Ein anderer sieht die Dinge anders als man selber.

Mit Worten schlägt man kein Loch in den Kopf.

Schwere Ähren und volle Köpfe neigen sich.

So mancher Kopf, so mancher Tropf;
so manches Hirn, so manche Stirn.

Soviel Köpfe, soviel Sinne.

Soviel Menschen, soviel Köpfe.

Unter einem groben Hut steckt oft ein gescheiter Kopf.

Nur einer kann Kaiser sein.

Unter einer schiefen Perücke ist oft ein recht gerader Kopf.

Viel Köpfe, viel Sinne; viel Hasen, viel Sprünge.

Was hilft's, wenn man mit dem Kopf gegen die Wand rennt.

Was man nicht im Kopf hat, muß man in den Füßen (Beinen) haben.

Der Vergeßliche hat zusätzliche Wege.

Wein macht gescheite Köpfe.

Wen man auf die Schulter steigen läßt, der will ganz auf den Kopf.

Wenn das Herz brennt, muß der Kopf Wasser holen.

Wenn es einem zu rappeln anfängt, dann fängt es oben im Kopf an.

Wenn man den Kopf des Nagels trifft, trifft man auch seine Spitze.

Wer dir auf den Fuß tritt, wird dir bald auf den Kopf treten.

Wer einen harten Kopf erweichen will, muß sanfte Pflaster auflegen.

Wer einen Kopf hat, bekommt leicht einen Hut.

Wer nicht da ist, dem wird der Kopf nicht gewaschen.

Wer seinen Kopf verwetten will, der hat keinen.

Von Leichtsinn.

Wer selbst einen Kopf hat, braucht keinen zu borgen.

Wie der Kopf, so die Rede.

Wo viele Köpfe sind, da ist keiner.

Zwei Köpfe sind besser als einer.

↗ *Kropf*

Kopfkissen

Das Kopfkissen ist der beste Ratgeber.

Schwere Entschlüsse soll man überschlafen.

Kopfkratzen

Wenn das Fest vorbei ist, fängt das Kopfkratzen an.

Kopfweh

Alles wissen macht Kopfweh.

Kopfzerbrechen

Viel sprechen macht Kopfzerbrechen.

Korn (Getreide)

Das beste Korn entgeht dem Flegel nicht.

Eine Scheune voll Korn ist selten ohne Mäuse.

Erst in der Scheune gilt das Korn.

Nur was man sicher hat, nützt einem.

Gutes Korn gibt gutes Brot.

Kein Korn ohne Spreu.

Jedes Korn hat seine Spreu.

Man drischt das Korn nicht um der Spreu willen.

Viel Spreu, wenig Korn.

Was nützt das Korn, wenn's die Mäuse fressen.

Nicht angewandter Überfluß.

Wie das Korn, so das Mehl.

Wo das Korn fehlt, nützt das Dreschen nicht viel.

Wo Stroh ist, da ist auch Korn.

Korn (Samen)

Ein blindes Huhn findet auch mal ein Korn.

Gutes Korn geht nicht verlorn.

Viel Körner machen einen Haufen.

Wo etwas ist, da streut's auch Körner.

Da fällt etwas für andere ab.

Wo keine Spreu ist, da sind auch keine Körner.

Kornblume

Kornblumen sind schön, aber Ähren sind besser.

Kornboden

Auf einen leeren Kornboden kommt keine Maus.

Körnchen

Aus einem Körnchen Wahrheit bäckt die Lüge einen Laib Brot.

Ein Körnchen gibt viel Ernten.

Kost

Die beste Kost, die nicht viel kost'.

Die gute Kost bringt die Fliege ums Leben.

Mit kurzer Kost hält man am längsten haus.

Gesunde Ernährung macht langes Leben.

Schlichte Kost braucht keinen Doktor.

kostbar

Ein kostbarer Sattel macht das Pferd nicht besser.

Auf Äußerlichkeiten soll man nichts geben.

kosten (einen Preis haben)

Ansehen kostet nichts.

Der Hunger kostet wenig, der Überdruß viel.

Die Kuh kostet nicht mehr, weil sie bunt ist.

Auf Nebensachen kommt es nicht an.

Die Schleife kostet oft mehr als das Kleid.

Ein Tropfen Maurerschweiß kostet einen Taler.

Fragen kostet nichts.

Große Siege kosten viel Leute.

Gute Tage kosten Geld.

Gute Worte kosten nichts.

Höflichkeit kostet nichts.

Man muß nie nachrechnen, was guter Kohl gekostet hat.

Man soll sich das Vergnügen nicht selbst verderben.

Titel kosten kein Geld.

Wenn man jemandem schmeicheln will.

Versprechen ist leicht, es kostet nur ein paar Worte.

Was kostet's, fünf Finger und einen Griff.

Was leicht zu haben ist, bekommt man leicht.

Was nichts kostet, taugt (gilt) auch nichts.

Man achtet oft nicht, was man mühelos oder umsonst bekommt.

Was wenig kostet, taugt nicht viel.

Wohlfeil kostet viel Geld.

↗ *Kompliment*

kosten (probieren)

Kosten liegt nicht weit von Mögen.

Wenn Eva nascht, kostet auch Adam.

Wer kostet, der kauft.

Kosten

Wer den Prozeß verliert, bezahlt die Kosten.

Kostgänger

Der liebe Gott hat wunderliche Kostgänger.

Kostverächter

Das Unglück ist kein Kostverächter.

Es kann jeden treffen.

Kraft

Eigene Kraft schafft.

Mut hat Kraft.

Jeder Krämer lobt seine Ware.

Neue Geschäfte, neue Kräfte.

Nur der Träge sagt, mir fehlt die Kraft.

Wie die Kraft, so das Ziel.

Kragen

Man sieht uns nicht in den Magen, aber auf den Kragen.

Samt am Kragen, Kleie im Magen.

Von Großtuern.

Wer den Mantel macht, der mache auch den Kragen.

Krähe

Aus einer Krähe wird kein Falke.

Der Rabe hat der Krähe nichts vorzuwerfen.

Eine Krähe hackt der andern die Augen nicht aus.

Eine Krähe sitzt gern bei der andern.

Eine Krähe wird keine Nachtigall.

Jede Krähe hält ihre Jungen für schön.

Vornehme Krähen haben schöne Jungen.

Wo die Nachtigall singt, hört man die Krähe nicht.

Wo eine Krähe sitzt, da sitzen bald zehn.

krähen

Der Hahn kräht nicht auf Befehl.

Der Morgen kommt, auch wenn der Hahn nicht kräht.

Die Schule ist unnütz, in der der Hahn krähen lernen soll.

Ehe der Hahn kräht, schlägt er mit den Fittichen.

Von Angebern.

Kräht der Hahn auf dem Mist, ändert sich das Wetter, oder es bleibt, wie es ist.

Viel besser krähet jeder Hahn,
wenn er die Kehle feuchtet an.

Wenn ein Hahn kräht, so krähen sie alle.

Wie die alten Hähne krähen, so krähen auch die jungen.

Kralle

An den Krallen erkennt man die Katze.

Keine Katze ohne Krallen.

Verletzte Eitelkeit hat hundert Krallen.

Krämer

An der Krämer Schwören
soll sich niemand kehren.

Blüht der Markt, pfeifen die Krämer.

Die Krämer kennen einander.

Ein Krämer macht keinen Jahrmarkt.

Ein schlechter Krämer, der seine Ware verachtet.

Gesundheit kann man nicht beim Krämer kaufen.

Jeder Krämer lobt seine Ware (seinen Kram).

Kleine Krämer, kleine Bütten.

Wenn die Narren zu Markte gehen, freuen sich die Krämer.

krank

Alte Leut' haben kranke Häut'.

Von Empfindlichen.

Die ganze Woche krank und am Sonntag keine Leiche.

Spöttisch, wenn jemand dauernd klagt, ohne ernstlich krank zu sein.

Die Zunge stößt immer an den kranken Zahn.

Von seinen Wehwehchen redet man gern.

Einer Mutter ist das kränkste Kind das liebste.

Ein kranker Mensch, ein halber Mensch.

Es ist niemand so krank, er hofft auf Besserung.

Immer krank und nimmer tot.

Kranker Magen, kranker Kopf.

Krankes Vöglein läßt die Flügel hängen.

Man sorgt sich leichter krank als reich.

Viel Speise und Trank macht matt und krank.

Wenn das Haupt krank ist, so trauern alle Glieder.

Wenn der Stein fällt, so fällt er auf den kranken Fuß.

Wer gern krank ist, lacht den Arzt aus.

Wer krank ist, dem will jeder gerne Tee kochen.

An guten Ratschlägen fehlt es in einer Notlage nicht.

Wer nicht krank ist, braucht keinen Arzt.

Wer Sorgen hat, ist krank genug.

Kranke, der

Dem Gesunden fehlt viel, dem Kranken nur eins.

Dem Kranken hilft kein goldenes Bett.

Dem Kranken schmeckt alles bitter.

Der Kranke weiß am besten, wo's ihn schmerzt.

Die Gesunden und die Kranken
haben ungleiche Gedanken.

Die Kranken und Gesunden
haben ungleiche Stunden.

Wer eine Kröte fressen will, muß sie nicht lange besehen.

Ist der Kranke genesen,
zahlt er ungern die Spesen.

Man braucht keinen Kranken zu fragen, ob er gesund sein will.

Viele Ärzte sind des Kranken Tod.

Wenn der Kranke tot ist, kommt die Arznei zu spät.

Einem Mißstand muß man rechtzeitig abhelfen.

Zwei Kranke helfen selten einander (können einander nicht helfen).

kränken

Besser den Magen gekränkt
als dem Wirt was geschenkt.

Schweigen und Denken kann niemand kränken.

Empfiehlt gründliche Überlegung statt voreiliger Äußerung.

Ums Denken kann man keinen kränken.

Krankheit

Andere Krankheit, andere Arznei.

Das Mittel ist oft schlimmer als die Krankheit.

Die beste Krankheit taugt nichts.

Es gibt tausend Krankheiten, aber nur eine Gesundheit.

Je heftiger die Krankheit, je schärfer die Arznei.

Krankheit kommt ungerufen.

Krankheit kommt vierspännig und zieht einspännig ab.

Verborgene Krankheit kann niemand heilen.

Viel Essen, viel Krankheit.

Wer die Krankheit heilen soll, der muß sie kennen.

Zehn alte Weiber, elf Krankheiten.

Kranz

Den Kranz bekommt nur der Sieger.

Eine Blume macht keinen Kranz.

kratzen

Bei Hunden und Katzen ist Beißen und Kratzen.

Erst schmeicheln, dann kratzen,
das schickt sich für Katzen.

Es ist gleich, ob man von der Katze oder vom Kater gekratzt wird.

Es kratzt sich keiner, wenn's den Nachbar juckt.

Grind lehrt kratzen.

Hüte dich vor den Katzen,
die vorn lecken und hinten kratzen.

*Man melkt die Kuh
und nicht den Ochsen.*

Man kratzt einen gern, wo's ihn juckt.

Man pflegt den Leuten gern etwas Angenehmes zu sagen.

Man soll nicht kratzen, wo es einen nicht juckt.

Mit eigenen Nägeln kratzt man sich am besten.

Rückwärts kratzen die Hühner.

Tut dir's Kratzen wohl, so laß dich nachher das Beißen nicht verdrießen.

Was dich nicht juckt, das kratze nicht.

Was einen nicht beißt, muß man nicht kratzen.

Wenn man sich hinter den Ohren kratzt, ist es zu spät.

Wen's (nicht) juckt, der kratze sich (nicht).

Wer aus Liebe kratzt, streichelt.

Wer dich kratzt, den kraue wieder.

Wer lange Nägel hat, hat gut kratzen.

krauen

Ein Esel kraut den andern.

Eingebildete loben sich gegenseitig.

Kraue mich, so krau' ich dich.

kraus

Krause Haare, krauser Sinn.

Kraut

Das Kraut kenne ich, sagte der Teufel, da setzte er sich in die Brennesseln.

Gegen die Liebe (den Tod) ist kein Kraut gewachsen.

Muß ist ein bitteres Kraut.

Selbst ist ein gutes Kraut (wächst aber nicht in allen Gärten).

Wie die Rübe, so das Kraut.

krauten

Jeder krautet in seinem eigenen Garten.

Krebs

Ein Krebs lernt niemals vorwärts gehen.

krebsen

Mancher meint, er fische, und er krebst nur.

Wortspiel mit dem Doppelsinn von krebsen (Krebse fangen – sich erfolglos abmühen).

Kredit

Ein schäbiges Kleid hat wenig Kredit.

Kredit hilft manchem aufs Pferd
und manchem unter die Erd'.

Kredit ist so gut als Bargeld.

Wer keinen Kredit hat, ist vor Schulden sicher.

Wer Schulden hat, der hat auch Kredit.

Kreis

Einer macht den Kreis, der andere den Punkt.

Kreisel

Je mehr man den Kreisel peitscht, je mehr er schnurrt.

Je mehr man etwas betreibt, desto besser geht es.

Kreuz

Alter Teufel kriecht zu Kreuz.

Das Kreuz auf der Brust, den Teufel im Herzen.

Von frömmelnden Fanatikern.

Der Schwächste muß das Kreuz tragen.

Ein jeder hat sein Kreuz zu tragen.

Je frömmer Mann, je größer Kreuz.

Heute meist scherzhaft.

Man muß sein Kreuz mit Geduld tragen, sagte der Mann, als er seine Frau auf den Rücken nahm.

Wer kein Kreuz hat, schnitzt sich eins.

Wer keine Sorgen hat, macht sich welche.

Kreuzer

Auf Ehr' leiht niemand einen Kreuzer.

Aus Kreuzern werden Gulden.

Der letzte Kreuzer macht den Gulden voll.

Keine Kreuzer, keine Schweizer.

Man tut nichts umsonst. Hergeleitet von den Schweizer Söldnern.

Meine Kreuzer sind auch Geld.

Viel Kreuzer machen einen Gulden.

Wer den Kreuzer nicht achtet, wird keinen Gulden wechseln.

Wo der Kreuzer zu Hause ist, gilt er einen Batzen.

Kreuzweg

Wer zweifelt, steht am Kreuzweg.

kriechen

Man muß erst kriechen, ehe man laufen kann.

Wer den Großen in den Arsch kriecht, kommt leicht auf den Mist.

Wer nicht gehen kann, muß kriechen.

Wo du fliegen kannst, sollst du nicht kriechen.

Krieg

Der Krieg betrügt allzeit seinen Mann.

Der Krieg zerstört, der Friede ernährt.

Auch von Streitereien.

Ein schlechter Friede ist besser als ein guter Krieg.

Krieg frißt Gold und scheißt Kieselsteine.

Krieg ist leichter angefangen als geendet.

Krieg schlägt Wunden.

Krieg verzehrt, was Friede beschert.

Nach dem Kriege fehlt's nicht an tapferen Leuten.

Nach dem Kriege melden sich viele Helden.

Wer den Spieß kauft, bekommt den Krieg als Zugabe.

Wer kein Pulver riechen kann, der muß nicht in den Krieg ziehen.

Wer Krieg predigt, ist des Teufels Feldprediger.

Wer Streit sucht, kann Krieg finden.

Wo der Krieg einzieht, da zieht das Glück aus.

Wo Krieg ist, da sind Wunden.

kriegen (bekommen)

Besser einen haben als zwei kriegen.

Die Gottlosen kriegen die Neige.

Scherzhaft beim Umtrunk.

Haben und kriegen ist zweierlei.

Hab ich, was klingt, so krieg ich, was singt.

Man muß nicht mehr nehmen, als man kriegen kann.

Was der Mensch haben soll, das kriegt er auch.

Was einer will, das kriegt er nicht, und was er kriegt, das will er nicht.

Was ich habe, weiß ich, aber nicht, was ich kriege.

Was sich haben soll, das kriegt sich auch.

Wer danach geht, der kriegt was.

Wer warten kann, kriegt auch einen Mann.

Man soll sich nicht zu schnell entschließen.

Wer zu spät kommt, kriegt die Knochen.

kriegen (streiten)

An Rechten und Kriegen gewinnt niemand viel.

Beim Kriegen ist kein Vorteil.

Es geht besser ohne Streit.

Hinter dem Ofen ist gut kriegen.

Krieger

Ein Helm macht noch keinen Krieger.

Junger Krieger, alter Kriecher.

Von Streithammeln.

Krippe

Bei einer leeren Krippe brüllt die beste Kuh.

Bei vollen Krippen ist gut satt werden.

Die Krippe kommt nicht zum Gaul.

Ein blinder Gaul findet die Krippe auch.

Einem hohen Roß paßt keine niedere Krippe.

Ein hungriger Ochse sucht die Krippe.

Ein hungriges Pferd macht eine leere Krippe.

Man zankt sich leicht um die leere Krippe.

Wenn die Krippe leer ist, schlagen sich die Pferde.

Wer mir das Pferd zeigt, braucht mir die Krippe nicht zu zeigen.

Krone

An der Krone erkennt man den Kaiser.

Es hilft keine Krone gegen Kopfweh.

krönen

Der Ausgang krönt das Werk.

Heute gekrönt, morgen verhöhnt.

Popularität ist wandelbar.

Wer nicht kämpft, wird nicht gekrönt.

Kropf

Dem Liebenden ist auch der Kropf eine Zierde.

Soviel Köpfe, soviel Kröpfe.

Voller Kropf, toller Kopf.

Voller Topf, voller Kropf.

Wenn der Kropf voll ist, sind die Hühner taub.

Wer selber einen Kropf hat, was geht den Nachbars Beule an.

Wo der Kropf Mode ist, wird ein glatter Hals ausgelacht.

Kröpfchen

Die schlechten ins Kröpfchen,
die guten ins Töpfchen.

Nach dem Märchen vom Aschenbrödel.

Kröte

Kröten lernen niemals fliegen.

Wer eine Kröte fressen will, muß sie nicht lange besehen.

krötig

Je kleiner, je krötiger.

Krücke

Besser gesunde Beine als goldene Krücken.

Ein Lahmer findet überall eine Krücke.

Irgendeine Ausrede gibt es immer.

Je krummer das Holz, je besser die Krücke.

Läßt Gewalt sich blicken,
geht das Recht auf Krücken.

Wer gesunde Beine hat, braucht keine Krücken.

Wer Krücken braucht, soll nicht tanzen gehen.

Zwei Krücken sind noch lange kein gesundes Bein.

Krug (Kanne)

Aus leeren Krügen ist nicht gut trinken.

Der Krug geht so lange zum Brunnen (zu Wasser), bis er bricht.

Kleine Krüge haben große Henkel.

Kinder schnappen viel auf.

Man muß nicht auf den Krug sehen, sondern auf den Wein.

Ein Küßchen in Ehren kann niemand verwehren.

Was nützt der Henkel, wenn der Krug entzwei ist.

Was nützt ein schöner Krug, wenn er leer ist.

Wenn der Abt zum Glase greift, so greifen die Mönche zum Kruge.

Wenn der Krug voll ist, so läuft er (von einem Tropfen) über.

Krug (Wirtshaus)

Im Kruge hört man viel Neues.

Im Kruge kommen mehr um als im Kriege.

Krümel

Krümel (Krumen) sind auch Brot.

krumm

Der rechte Weg ist nicht krumm.

Dreh's zehnmal um, gerad wird nicht krumm.

Ein bißchen krumm ist nicht dumm.

Je krümmer, desto schlimmer (dümmer).

Kehr's um, so wird's krumm.

Fehler muß man korrigieren.

Krumme Bäume tragen auch Früchte.

Krummes Holz gibt auch gerades Feuer.

Krumme Wege sind oft die geradeste Straße.

Krumm kann nicht gerade sein.

Mag einer krumm sitzen, wenn er nur gerade redet.

Spottvogel hat selbst krumme Beine.

Ungeschickt macht krumme Furchen.

Ungleich Gespann macht krumme Furchen.

Was man krumm haben will, muß man jung biegen.

Wo ein gerader Weg ist, da geht man keinen krummen.

krümmen

Auch ein Wurm krümmt sich, wenn er getreten wird.

Ein alter Rücken krümmt sich.

Früh krümmt sich, was ein Häkchen werden will.

Was ein Häkchen werden will, krümmt sich beizeiten.

Was man in der Jugend krümmt, wird im Alter nicht mehr gerade.

Wer sich ein Haar krümmen läßt, dem krümmt man bald den Rücken.

krummnehmen

Wer gerade ist, dem wird viel(es) krummgenommen.

Küche

Arme Leute, arme Küchen.

Auch scherzhaft, wenn man gerade nicht viel anzubieten hat.

Aus fremder Küche schmeckt die Suppe gut.

Die Küche bringt mehr um als das Schwert.

Die Küche frißt oft das Haus.

Eigene Küche die beste.

Einer guten Küche fehlt's nie an Freunden.

Ein täglicher Gast ruiniert die Küche.

Fette Küche, magere Erbschaft.

In einer kalten Küche bleiben keine Fliegen.

In einer warmen Küche fehlt's an Fliegen nicht.

In jeder Küche gibt's zerbrochene Töpfe.

In Teufels Küche kommt man immer noch früh genug.

Was nützen fette Worte, wenn die Küche mager ist.

Wenn die Küche nicht mehr raucht, wird die Liebe kalt.

Wer einen kalten Herd hat, der wärmt sich gern in fremden Küchen.

Wer in der Küche dient, wird vom Geruch satt.

Wer nicht kochen kann, der bleibe aus der Küche.

Wird die Küche kalt, so gehen die Freunde bald.

Kuchen

Auf versprochenen Kuchen muß man lange warten.

Der Kuchen schmeckt immer nach der Bäkkerin.

Ein guter Kuchen findet viel Freunde.

Immer Kuchen verdirbt den Appetit.

Man ißt so lange Brot, bis man sich nach Kuchen sehnt.

Viel Eier machen große Kuchen.

Wer alle Tage Kuchen ißt, sehnt sich nach Brot.

Kücken

Besser heute ein Ei als morgen ein Kücken.

Das Kücken lehrt die Glucke scharren.

Wenn die Henne zum Hahn kommt, vergißt sie die Kücken.

Kuckuck

Der junge Kuckuck ruft wie der alte.

Jeder meint, sein Kuckuck sei eine Nachtigall.

Kugel

Nicht jede Kugel trifft ins Ziel.

So fest ist nichts, es geht eine goldene Kugel hindurch.

Kuh

Auch eine schwarze Kuh gibt weiße Milch.

Aus Lust küßt einer die Kuh, wo sie hübsch ist.

Der Arme mästet dem Reichen die Kühe.

Der da hat die Kühe, der hab' auch die Mühe.

Der Tag kommt, an dem die Kuh den Schwanz braucht.

Die Kuh kostet nicht mehr, weil sie bunt ist.

Auf Nebensachen kommt es nicht an.

Die Kuh melkt durch den Hals.

Ehrlich hat die Kuh gestohlen.

Spöttisch, wenn jemand seine Ehrlichkeit zu sehr betont.

Es gibt mehr als eine bunte Kuh.

Es ist gleich, wie die Kuh heißt, wenn sie nur Milch gibt.

Es ist nicht alles Butter, was von Kühen kommt.

Fremder Leute Kühe haben immer größere Euter.

Gewalt führt die Kuh nicht in den Stall.

Hab' ich Milch, was kümmert mich die Kuh.

Jedermann lobt seine Kuh und glaubt, sie sei die beste.

Kühe machen Mühe.

Man melkt die Kuh und nicht den Ochsen.

Man wird so alt wie eine Kuh
und lernt immer noch dazu.

Satte Kuh legt sich zur Ruh'.

Schenkt man einem die Kuh,
schenkt man ihm auch den Strick dazu.

Viel Kühe, viel Mühe.

Von achtern ist die Kuh blind.

Was soll der Kuh Muskat, sie frißt lieber Haberstroh.

Was von der Kuh geboren ist, bleibt ein Rindvieh.

Was weiß die Kuh vom Sonntag!

Wem die Kuh gehört, der faßt sie bei den Hörnern.

Wenn man die Kuh verkauft, geht das Euter mit.

Wer einen Ochsen kauft, kann keine Kuh melken.

Wer keine Kuh hat, muß die Katze melken.

Man muß sich zu helfen wissen.

Wer rechtet um eine Kuh, geb' lieber eine zu.

Wer seine Kühe anspannt, mag seine Pferde melken.

Man kann nicht alles mehrfach nutzen.

Wie der Ochs brüllt, so muht auch die Kuh.

↗ *Kalb*

kühn

Aufs Geratewohl ist kühn, aber nicht klug.

Der Hahn ist kühn auf seinem Mist.

Ein kühner Mann fährt ein rasches Gespann.

Handelt kurz entschlossen.

Ein kühnes Wort macht Mut.

Ein schöner Raub macht kühnen Dieb.

Kühner Rat ist der beste.

Spröde Magd macht kühne Freier.

Unwissenheit ist kühn.

Weil sie die Folgen nicht bedenkt.

Wein ist ein kühner Redner.

Kühne, der

Dem Kühnen hilft das Glück,
den Feigen weist's zurück.

Was der Pfaffe nicht mag,
das nimmt der Küster.

Kuhschwanz

Wenn auch der Kuhschwanz wackelt, so fällt er doch nicht ab.

Wo's Brauch (Mode) ist, trägt man den Kuhschwanz als Halsband.

Kuhstall

Was im Kuhstall geschieht, weiß der Ratsschreiber nicht.

Kulisse

Wer erst auf der Bühne ist, kommt auch hinter die Kulissen.

Kümmel

Einem lahmen Schimmel hilft ein guter Kümmel.

Kummer

Beim Trinken und Essen
wird der Kummer vergessen.

Der Kummer schwindet, wenn er keine Nahrung findet.

Ein Kummer kommt zum andern.

Heimlicher Kummer tut weh.

Kummer macht alt vor den Jahren.

Kummer vertreibt Schlummer.

Kummer verzehrt die Leute.

Mit einem Pfennig Frohsinn vertreibt man ein Pfund Kummer.

Sorge und Kummer rauben den Schlummer.

Wer seinen Kummer klagt, dem fehlt's an Worten nicht.

kümmern

Was kümmert's den Markt, wenn die Weiber zanken.

Was kümmert's den Mond, wenn ihn die Hunde anbellen.

Was kümmert's mich, was hinter meinem Rücken passiert, sagte der Junge, als er Schläge kriegte.

Wer keine Scham hat, was kümmert den die Schande.

Kumpanei

Kumpanei ist Lumperei.

Kundschaft

Kundschaft macht Freundschaft.

kundtun

Kindermund tut Wahrheit kund.

Kunkel

Was nützt die Kunkel ohne Flachs.

Kunst

Allen Menschen recht getan
ist eine Kunst, die niemand kann.

An Künsten trägt man nicht schwer.

Auch das Schmeicheln ist eine Kunst.

Brotessen ist keine Kunst.

Die Kunst ist lang, das Leben ist kurz.

In seinem Fache lernt man nie aus; nach Hippokrates.

Dreizehn Künste, vierzehn Bettelleute.

Man sollte lieber eines gründlich lernen als vieles flüchtig.

Durch Kunst kommt Gunst.

Ein hungriger Magen lehrt viel Künste.

Not macht erfinderisch.

Ein Narr sein zur rechten Zeit ist auch eine Kunst.

Erfahrung bringt Kunst.

Es gehört Kunst zum Äpfelbraten.

Auch das Einfachste will gelernt sein.

Es ist eine große Kunst, unter Narren gescheit zu sein.

Es ist keine Kunst, gutes Bier zu trinken.

Wohlleben ist leicht.

Großtun (Schaumschlagen) ist keine Kunst.

Jede Kunst will gelernt sein.

Je schwerer die Kunst, je mehr Pfuscher.

Kunst bläht auf.

Können macht eitel.

Kunst ehrt ihren Meister.

Kunst ficht nirgends (oft) umsonst.

Kunst hat (will) Gunst.

Kunst kann man nicht kaufen.

Sein Fach muß man erlernen.

Kunst macht Narren.

Vom Dünkel des Könners.

Kunst und Lehre gibt Gunst und Ehre.

Kunst will Fleiß.

Lästern ist keine Kunst.

Mangelt die Gunst, so brauch deine Kunst.

Not lehrt viel Künste.

Predigen ist keine Kunst, aber Aufhören ist eine Kunst.

Schwatzen ist keine Kunst, aber Reden.

Sich selber kennen (zwingen) ist die größte Kunst.

Suppe essen ist keine Kunst.

Viel Kunst, viel Torheit.

Von Alleskönnern.

Was abgeht an der Gestalt,
ersetzt die Kunst an jung und alt.

Was helfen die Künste, wenn man sie nicht treibt.

Wer hexen kann, für den ist es keine Kunst.

Wer's kann, für den ist's keine Kunst.

Wo viel Kunst, da ist viel Weisheit.

Können ist mit Erfahrung gepaart.

Zusagen ist keine Kunst, sondern Halten.

Künstler

Lob macht Künstler.

Kunststück

Ein alter Hund lernt keine Kunststücke.

Probieren ist kein Kunststück.

Kunz

Kommt nicht Kunz, so kommt doch Hinz.

Läuft Kunz weg, so kommt Hinz wieder.

Was du haßt an Kunz, das tue nicht dem Hinz.

Wen Kunz nicht lobt, den lobt Hinz.

↗ *Hinz*

kurieren

Narren muß man mit Narren kurieren.

kurz

Arme Leute haben kurze Arme.

Der gerade Weg ist der kürzeste.

Der hat einen kurzen Morgen, der zu Mittag aufsteht.

Der längste Weg ist oft der kürzeste.

Ein kurzer Reigen ist bald getanzt.

Ein kurzes Lied ist bald gesungen.

Gerad ist der kürzeste Pfad.

Gutes Pferd, kurzer Ritt.

Je enger Schuh, je kürzer Schritt.

Von Gängelei.

Je kürzer die Tage, desto länger die Nächte.

Alles hat auch eine zweite Seite.

Je tapferer Mann, je kürzer Degen.

Kurze Besuche verlängern die Freundschaft.

Kurze Händel sind die besten.

Kurze Lust, langes Weh.

Kurze Predigten sind die besten.

Kurze Rechnung, lange Freundschaft.

Rasche Abrechnung erhält die Freundschaft.

Kurze Rede, gute Rede.

Kurzer Haber, lange Säcke.

Wenig Lohn macht langsame Arbeiter.

Kurzer Scherz ist der beste.

Kurzes Mahl macht langes Leben.

Kurze Wege sind oft Umwege.

Kurz hat man's gern.

Kurz scheißt die Geiß.

Kurz und dick hat kein Geschick.

Kurz und gut ist angenehm.

Liebe macht kurze Meilen.

Mit kurzer Elle kann man viel messen.

Es gab verschiedene Ellenmaße.

Kurze, der

Muß sich der Lange bücken, so muß sich der Kurze strecken.

Kürze

In der Kürze liegt die Würze.

kürzen

Gutes Gespräch kürzt den Weg.

Kurzweil

Dann und wann muß es Kurzweil geben, sagte der Mann, da kitzelte er seine Frau mit der Mistgabel.

Kurzweil will verstanden sein.

Kuß

Einen Kuß (Ein Küßchen) in Ehren kann niemand verwehren.

Ein Kuß ist kein Muß.

Ein Kuß ohne Bart ist eine Suppe ohne Salz.

Der Mann sollte nicht zu jung sein.

Es kommt nicht jeder Kuß von Herzen.

Vor der Hochzeit Küsse, nach der Hochzeit Schmisse.

Wem man einen Kuß gibt, dem reicht man auch den Mund.

küssen

Eine schöne Frau will jeder küssen.

Es ist ein Unterschied zwischen Küssen und Beißen.

Jeder küßt, was ihm gefällt.

Küß-den-Pfennig kommt zum Taler.

Küssen klebt nicht.

Bindet niemanden.

Schlagen und Küssen ist zweierlei.

Roheit zerstört die Liebe.

Um des Kindes willen küßt man die Amme.

Vor Lust küßt einer die Kuh.

Wer mich liebt, küßt mich,
wer mich haßt, frißt mich.

Wer sich aufs Küssen legt, legt sich auch aufs Kissen.

Küster

Der Küster nimmt den Hut vorm Heiligen nicht ab.

Auch das Ehrwürdige kann alltäglich sein.

Küsters Kuh darf auf dem Kirchhof grasen.

Wer dazugehört, kann sich manches erlauben.

Was der Küster nicht weiß, das weiß der Pastor.

Was der Pfaffe nicht mag, das nimmt der Küster (gern).

Was ich nicht weiß, das weiß mein Küster, sagt der Pastor.

Wenn's auf den Pfarrer regnet, tröpfelt's auf den Küster.

Wie der Pfarrer singt, so antwortet der Küster.

Kutscher

Alte Kutscher knallen gern.

Der kann leicht Kutscher sein, der auf ebener Straße fährt.

Ein trunkener Kutscher macht taumelnde Pferde.

Wenn man dem Kutscher schenkt, so läuft der Gaul.

Kutte

Die Kutte macht keinen Mönch.

Wer eine Kutte trägt, den hält man für fromm.

L

laben

Altes Fleisch will sich laben.

Lache (Pfütze)

Je schmutziger die Lache, je wohler ist dem Frosch.

Man soll nicht aus jeder Lache trinken.
Nicht jedes Gerücht aufgreifen.

lächeln

Ein weiser Mann lächelt, ein Narr lacht.

Es lächelt mancher, dem das Herz weh tut.

lachen

Am Lachen und Flennen
kann man die Narren erkennen.

Am vielen Lachen erkennt man den Narren.

Auf Lachen folgt Weinen.

Bares Geld (Bargeld) lacht.

Besser mit den Weisen weinen als mit Narren lachen.

Der eine weint, der andere lacht.

Der hat gut lachen, dem das Glück wohlwill.

Der heute lacht, wird morgen weinen.

Der Spaß ist gut, wenn jeder lacht.

Der Zorn kann auch lachen.

Die Ente lacht über das Watscheln der Gans.

Die gern lachen, weinen auch gern.

Die Zähne weisen (zeigen) ist noch nicht lachen.

Einer acht's, der andere lacht's, was macht's!

Ein Narr lacht dreimal.

Es ist ein schlimmes Lachen, wobei ein anderer weint.

Es ist nicht zum Lachen, wenn einer vom Turm fällt.

Es ist so leicht gelacht wie geschrien.

Es lachen nicht alle, die das Maul breitmachen.

Es lacht mancher, der beißen will.

Es lacht mancher, der lieber weinen möchte.

Können vor Lachen, hat's Mädchen gesagt.

Lachende Erben lieben stille Begräbnisse.

Lachend sagt der Narr die Wahrheit.

Lachen ist gesund.

Lachen und Weinen sind in einem Sack.

Leicht gelacht, leicht geweint.

Man kann die Wahrheit auch mit lachendem Munde sagen.

Narren lachen über alles.

Oft lacht der Mund, und das Herz weiß nichts davon.

Reiche Leute haben lachende Erben.

Viel sorgen und wachen
vertreibt Freude und Lachen.

Vor dem, der niemals lacht, nimm dich in acht.

Was neu ist, lacht, was alt ist, kracht.

Wem das Glück lacht, der gewinnt im Traum.

Wenn der Hund lacht, so weint der Hase.

Wenn die Wirte lachen,
dann gib acht auf deine Sachen.

Wer am Morgen lacht, weint am Abend.

Wer gern lacht, der kitzelt sich selber.

Wer Schaden leidet, dem vergeht das Lachen.

Wer zuletzt lacht, lacht am besten.

Wo alle hinken, lacht man über gesunde Füße.

Wo alle nackt gehen, da lacht man über das Hemd.

Wo Bosheit lacht, muß Tugend weinen.

↗ *lächeln*

Lacher, der

Jeder Spaß findet seine Lacher.

Lächerlichkeit

Lächerlichkeit tötet.

Lack

Wenn der Lack weg ist, sieht man die Wurmstiche.

laden

Man muß nicht mehr auf den Wagen laden, als die Pferde ziehen können.

Wer den Teufel geladen hat, muß ihn auch fahren.

Laden

Zur Nacht macht man den Laden zu.

Lager

Weisheit ist ein hartes Lager.

Wer auf Schulden liegt, hat ein hartes Lager.

lahm

Besser ein lahmes Pferd als ein leeres Halfter.

Der lahme Teufel ist der schlimmste.

Die Gerechtigkeit hat lahme Füße.

Einem lahmen Schimmel hilft ein guter Kümmel.

Ein lahmer Fuß macht vorsichtig.

Ein lahmes Pferd zieht sich keiner in den Stall.

Es ist nicht jeder lahm, der hinkt.

Man soll nicht verspotten den lahmen Mann, wenn man selber nur hinken kann.

Wem man gram, den wünscht man lahm.

Wenn's zum Feste geht, hört ein lahmes Weib auf zu hinken.

Wer einen lahmen Fuß hat, stößt überall an.

Wer nicht lahm ist, soll nicht hinken.

Lahme, der

Am Hinken erkennt man den Lahmen.

Beim Lahmen lernt man hinken, beim Säufer trinken.

Beim Wein lernt man trinken, bei den Lahmen hinken.

Die Lahmen und die Blinden sind überall dahinten.

Faule und Dumme.

Ein Lahmer findet überall eine Krücke.

Irgendeine Ausrede gibt es immer, um Bequemlichkeit zu bemänteln.

Gold macht dem Lahmen Füße.

Not lehrt auch den Lahmen tanzen.

lähmen

Stiller Harm lähmt den Arm.

Was zähmt, das lähmt.

Wohltaten lähmen.

Laken

An dem feinsten Laken ist der größte Betrug.

Lamm

Auch im Lamm ist Zorn.

Aus einem Wolf wird kein Lamm.

Ein gutes Lamm, ein dummes Schaf.

Wenn der Löwe schläft, ist ein Lamm König.

Wenn der Wolf will, so hat das Lamm unrecht.

Wenn man die Schafe schert, so zittern die Lämmer.

Wer sich zum Lamm macht, den fressen (jagen) die Wölfe.

Zu Hause ein Löwe, draußen ein Lamm.
Von Hauspaschas.

lammen

Bocken ist leicht, Lammen ist schwer.

Gebockt ist nicht gelammt.

Gebockt ist nicht gelammt.

Lampe

Für jede Nacht gibt's eine Lampe.

Wer eine Lampe braucht, darf das Öl nicht sparen.

Land

Andere Länder, andere Sitten.

Ander Land, andere Leute.

Ander Land, ander Glück.

Bleibe im Lande und nähre dich redlich.
Nach Psalm 37,3.

Dem Lande ist mehr zu trauen als dem Wasser.

Des Landes Weise ist des Landes Ehre.

Die besten Steuerleute sind an Land.

Eigene Hand ist Herr im Land.
Um seine Angelegenheiten soll man sich selber kümmern.

Eigenlieb' und Selbstgefallen macht das Land voller Narren.

Ein jeder Mann ist Kaiser auf seinem Land.

Ein jedes Land hat seine Gaben.

Gutes Land will gute Pflege.

Im eigenen Lande geht die Sonne am schönsten auf.

Im Lande der Blinden ist ein Einäugiger König.

Im Lande der Hoffnung wird man nicht fett.

In allen Landen findet man zerbrochene Töpfe.

In andern Ländern ißt man auch Brot, aber daheim schmeckt's besser.

Jeder Fürst ist Kaiser in seinem Lande.

Jedes Land hat seinen Tand.
Jeder hat seine Eigentümlichkeiten.

Landes Brauch ist Landes Recht.

Lobe die See, aber bleib auf dem Lande.

Mit dem Hute in der Hand
kommt man durch das ganze Land.

So manches Land, so manche Weise,
so mancher Koch, so manche Speise.

Von fernen Ländern lügt man viel.

Wen das Land ernährt, der soll das Land schützen.

Wer das Land wechselt, wechselt das Glück.
Woanders sind andere Bedingungen.

Wie das Land, so das Sprichwort.

Wie das Land, so die Sitte.

Landessitte

Landesart, Landessitte.

Landessitte, Landesehre.

Landrecht

Wille ist nicht Landrecht.

Landsknecht

Es sind nicht alles gute Landsknechte, die lange Spieße tragen.

Landstraße

Auf der Landstraße wächst kein Gras.

lang(e)

Auch das längste Lied hat ein Ende.

Auf ein gutes Mahl und eine gute Frau wartet man nicht zu lange.

Auf versprochenen Kuchen muß man lange warten.

Das Jahr ist immer länger als die Wurst.

Der ist lange tot, der vorm Jahr starb.

Der längste Tag hat auch seinen Abend.

Der längste Weg ist oft der kürzeste.

Der Magen borgt nicht lange.

Der Stiel ist länger als die Axt.

Der Trab eines Esels dauert nicht lange.

Die Hoffnung ist ein langes Seil.

Die letzte Meile ist die längste.

Die Leute reden viel, wenn der Tag lang ist.

Ehrlich währt am längsten.

Eine schöne Blume steht nicht lange am Wege.

Ein guter Abend währt nicht lange.

Ein guter Mensch zürnt nicht lange.

Ein guter Schütze zielt nicht lange.
Selbstvertrauen macht entschlossen.

Ein guter Wind weht nicht lange.

Ein gutes Wort bleibt lange im Gedächtnis.

Ein Hund bellt nicht lange.
Unterwürfige begehren nur kurz auf.

Ein hungriges Maul läßt sich nicht lange nötigen.

Ein tapferer Mann braucht keinen langen Degen.

Ein zeitiger Morgen macht einen langen Tag.

Erfahrung ist ein langer Weg.

Es ist bald geschehen (getan), was lange reuen kann.

Ewig ist ein langer Kauf.

Faule haben lange Tage.
Sie wissen nicht, was sie anfangen sollen.

Fromm aus Zwang währt nicht lang.

Frühe Hochzeit, lange Liebe.

Furcht macht lange Schritte.

Gebrechliche Leute leben am längsten.
Wenn jemand immer klagt.

Geschwisterzank dauert nicht lang.

Grobe Köpfe behalten lange.

Große Herren haben lange Arme.

Große Löffel haben lange Stiele.
Der Arm eines Einflußreichen reicht weit.

Hauszank währt nicht lang.

Heiraten in Hast bringt lange Last.

Hohe Stange steht nicht lange.

Im langen Haar stecken auch Fechter.

In langer Zeit kann viel geschehen.

Jähe Liebe, lange Feindschaft.

Jeder will lange leben, aber niemand will alt sein.

Je kürzer die Rechnung, je länger die Freundschaft.

Je länger begehrt, je süßer gerührt.
Langerhofftes wird verklärt.

Je länger der Weg, je kürzer der Schritt.

Je länger hier, je später dort.

Je länger, je ärger; je älter, je kärger.

Je länger, je lieber.

Je länger man lebt, je mehr man lernt.

Je länger man lernt, je weiter man kommt.

Je länger man sieht, je größer das Auge.

Je näher der Herberge, je länger der Weg.
Das letzte Stück fällt oft am schwersten.

Kein Tau ist so lang, man findet ein Ende.

Knarrende Wagen fahren am längsten.
Von Wehleidigen.

Lange bedacht, geschwind gemacht.

Lange Bratwurst, kurzer Sermon.

Lange erwogen, schnell getan.

Lange Finger machen lange Beine.

Lange freien macht gereuen.

Wer zu wählerisch ist, findet kaum das Richtige.

Lange Gebete haben wenig Andacht.

Lange Ermahnungen fruchten wenig.

Lange geborgt ist nicht geschenkt.

Lange gepredigt, wenig studiert.

Wer sich auskennt, macht's kurz.

Lange Gespräche (Reden) machen kurze Tage.

Lange Gewohnheit gehört zur Gesundheit.

Lange Haare, kurzer Verstand.

Heute meist scherzhaft.

Lange Hoffnung, lange Marter (langer Schmerz).

Lange ist nicht ewig.

Lange macht dem Herzen bange.

Lange Nächte geben magere Hühner.

Von allzu lustigem Lebenswandel.

Lange Predigt, kurze Andacht.

Langer Scherz tut niemals gut.

Lange schießen trifft einmal ins Schwarze.

Lange Schritte machen den Weg kurz.

Lange(s) Fädchen, faule(s) Mädchen.

Lang essen und viel ist ein schlimmes Spiel.

Lange Trennung ist der Liebe Tod.

Lang und gut ist angenehm.

Man hat lange zu lernen, bis man alles kann.

Man kann den Mund lange aufhalten, bis eine gebratene Taube hineinfliegt.

Man kann lange an den Nägeln kauen, ehe man satt ist.

Man kann lange mit den Zähnen klappern, bis der Teufel weint.

Man kann lange predigen, ehe der Bauch voll wird.

Man kann lange rufen, ehe das Echo schweigt.

Man kann lange schwatzen, ehe eine Suppe kocht.

Man redet so lange vom Feste, bis es kommt.

Man redet viel an einem langen Sommertage.

Nimmermehr ist eine lange Zeit.

Schöne Dinge behält man nicht lange.

Späte Reue, lange Reue.

Spätes Obst liegt am längsten.

Verdruß und Plage macht lange Tage.

Was für die Meile zu lang ist, muß man nicht mit der Elle messen.

Was lange währt, wird endlich gut.

Was man mit Schaden lernt, behält man lange.

Was zu lange dauert, gefällt nicht mehr.

Wer allein zankt, zankt nicht lange.

Ohne einen Mitmacher gibt es keinen Streit.

Wer etwas tut, dem wird die Zeit nicht lang.

Wer freien will, muß nicht lange wählen.

Wer gern gibt, läßt sich nicht lange bitten.

Wer lange droht, macht dich nicht tot.

Wer lange genug wartet, kann König werden.

Wer lange hustet, lebt lange.

Wer lange lebt, der sündigt viel.

Meist scherzhaft.

Wer lange schläft, der gut läuft.

Er muß sich nämlich beeilen, das Versäumte nachzuholen.

Wer lange suppt, lange huppt.

Scherzhaft von langem Leben.

Wer lang hat, läßt lang hängen.

Von solchen, die großen Aufwand treiben; ursprünglich von Schleppen an den Kleidern.

Wer mäßig lebt, kann lange leben.

Wer mit dem Teufel essen will, muß einen langen Löffel haben.

Wer nicht gern kommt, zögert lange.

Wer wenig aushält, hält nicht lange aus.

Wer zu lange schläft, wacht zu spät auf.

Wo man zu lange überlegt, wird nicht gefegt.

Zwang währt nicht lang.

Lange, der

Muß sich der Lange bücken, so muß sich der Kurze strecken.

Länge

Auf die Länge drückt ein Strohhalm.

Die Länge trägt die Last.

Große Strenge taugt nicht auf die Länge.

Wenn man es in die Länge zieht, so fehlt's in der Breite.

Langeweile

Aus Langeweile frißt die Katze die Maus.

Aus Langeweile geschieht oft Unfug.

Gute Zeit macht keine Langeweile.

Wer schafft (arbeitet), hat keine Langeweile.

langsam

Bald brennt ein Haus,
aber langsam löscht man's aus.

Von Zorn und Streit.

Besser eine kluge Antwort langsam als eine dumme schnell.

Denke langsam, handle schnell.

Die Hand muß langsamer sein als die Zunge.

Mahnung zur Besonnenheit.

Die langsam zürnen, zürnen lang.

Ehrlich macht reich, aber langsam geht's her.

Ein schneller Groschen ist besser als ein langsamer Sechser.

Es läßt sich geschwind verzehren, was man langsam erworben hat.

Eile langsam.

Gottes Mühlen mahlen langsam, aber trefflich klein.

Haß und Zorn altern langsam.

Ins Wirtshaus geht's schnell, doch langsam heraus.

Je langsamer die Hand, je flinker die Not.

Je mehr Füße ein Wurm hat, je langsamer geht er.

Viele Beteiligte machen die Sache nur schwerfälliger.

Langsame Gabe verliert den Dank.

Langsam eilen geht am besten.

Langsame Ochsen kommen auch ans Ziel.

Langsam erspart ist bald verzehrt.

Langsam hat bald Feierabend.

Langsam kommt auch ans Ziel.

Langsam kommt auch, sagte die Schildkröte.

Langsam macht auch ein Stück.

Langsam zum Rat, aber rasch zur Tat.

Schnell ist gut, sagte die Eidechse, langsam ist aber auch gut.

Tiefe Flüsse gehen langsam.

Von besonnenen, bedächtigen Menschen.

Tiefe Wunden heilen langsam.

Trägheit geht langsam voran, Armut schnell hinterdrein.

Was langsam wächst, hält lange.

Was man langsam gelernt, bleibt lange hängen.

Wer langsam fährt, kommt auch in die Stadt.

Wer langsam geht, geht weit (sicher).

Wer langsam geht, kann lange gehen (ermüdet nicht).

Wer langsam geht, kommt auch zu Markt (zum Ziel).

Wer langsam kommt, der kommt auch.

Wer langsam reitet, kommt am weitesten.

Wer langsam reitet, muß früh satteln.

Wer langsam zürnt, zürnt schwer.

Wer's eilig hat, der gehe langsam.

Wer sich füttern läßt, wird langsam satt.

Zur Rache sei langsam, zur Tugend schnell.

Langsamgehen

Das Langsamgehen kommt von selbst.

Man kann es also dem Alter überlassen.

Lanze

Der hat leicht siegen, der mit silbernen Lanzen ficht.

Ein Stich mit der Zunge ist gefährlicher als ein Stich mit der Lanze.

Hast du Pfeile, so habe ich Lanzen.

Lappen

Besser ein Lappen als ein Loch.

Viel Lappen geben ein Stück.

Lärm

Das leere Haus ist voll von Lärm.

Von leerer Betriebsamkeit.

Der Kleinste macht den größten Lärm.

Die Hochzeiten werden in der Stille gefeiert, der Lärm fängt in der Ehe an.

Man muß nicht jedesmal Lärm schlagen, wenn ein Esel über die Straße geht.

Nirgends ist mehr Lärm als um eine leere Krippe.

Was wächst, macht keinen Lärm.

Von ruhiger Entwicklung.

Wo Lärm ist, spricht der Teufel amen.

lärmen

Wenn die Hummeln schwärmen,
da geht's nicht ohne Lärmen.

Larve

Wer keine Larve trägt, der kann keine ablegen.

lassen

Alten muß man ihre Weise lassen.

Art läßt nicht von Art.

Das Eisen läßt sein Rosten nicht.

Der Dieb läßt das Stehlen nicht.

Schlechte Gewohnheiten sind dauerhaft.

Der Frosch läßt sein Quaken nicht.

Der Hund läßt das Bellen nicht.

Der Jugend muß man ihren Lauf lassen.

Die Elster läßt ihr Hüpfen nicht.

Die Gans läßt ihr Schnattern nicht.

*Schwelgen und Gasten
leert Keller und Kasten.*

Die Henne läßt das Scharren nicht.

Die Katze läßt das Mausen nicht.

Die Krähe läßt das Hüpfen nicht.

Die Sau läßt das Wühlen nicht.

Laß dem Narren seine Weise.

Laß die Leute reden, Gänse können's nicht.

Lassen ist gut, wenn man's nicht tun kann.

Laß fahren, wer nicht hören will,
laß fahren, was nicht bleiben will.

Läßt du einen ins Haus, so kommt er dir bald in die Stube.

Läßt sich einer den Mantel nehmen, nimmt man ihm bald den Rock dazu.

Ließest du das Knurren, so ließe man das Murren.

Man kann wohl Haare lassen, aber man muß die Haut behalten.

Man läßt das Schöne nicht fromm sein.

Schönheit wird (aus Neid) oft in Verruf gebracht.

Man muß (soll) das eine tun und das andere nicht lassen.

Nach Matthäus 23,23.

Man muß (soll) die Kirche im Dorf lassen.

Speck läßt von der Schwarte nicht.

Was einer öffentlich nicht tun mag, das soll er auch heimlich lassen.

Was Hänschen nicht ließ, läßt Hans nimmermehr.

Was Hänschen sich gewöhnt, wird Hans nicht lassen.

Wer alles läßt, so wie es ist,
bleibt ungestört auf seinem Mist.

Wo man die Taler läßt, da bleibt auch die Freundschaft.

Lasser, der

Es gibt viel Büßer, aber wenig Lasser.

lässig

Lässige Hand macht arm.

Last

Auf der schwächsten Schulter ruht oft die schwerste Last.

Bequeme dich, Gast, sonst bist du zur Last.

Das Ende muß die Last tragen.

Die Flügel sind dem Vogel keine Last.

Die Länge trägt die Last.

Eigene Last ist stets von Blei, die des Nachbarn nur von Flaum.

Einer trage des andern Last.

Nach Galater 6,2.

Ein Kleid, das nicht paßt, ist eine Last.

Erst die Last, dann die Rast.

Gleiche Last bricht keinen Rücken.

Heiraten in Hast bringt lange Last.

Heute die Lust, morgen die Last.

Hoffnung hilft Lasten tragen.

Jeder hält seine Last für die schwerste.

Je größer Frost, je schwerer Last.

Je länger ein Übel anhält, desto drückender wird es.

Je schwerer die Last, je leichter wirft man sie ab.

Kleines Pferd, kleine Last.

Nach der Last kommt die Rast.

Nicht jeder Rücken paßt zu jeder Last.

Viel Ehre, viel Last.

Was einer gern tut, das ist keine Last.

Wem die Last leicht ist, der trägt nicht schwer.

Wer das Seine verpraßt,
fällt andern zur Last.

Wer den Genuß hat, muß auch die Last tragen.

Wie das Pferd (die Schultern), so die Last.

Zu schwere Last erdrückt den Esel.

Laster

Die größte Freiheit: keines Lasters Knecht zu sein.

Die Laster stehlen der Tugend die Kleider.

Es gibt kein Kleid, das Schand' und Laster decken kann.

Es ist kein Laster, es gibt dafür ein Pflaster.

Es ist schon Tugend, das Laster zu meiden.

Frühe Laster, späte Reue.

Jedes Laster hat seine Fürsprecher.

Laster haben einen süßen Anfang, aber ein bitteres Ende.

Müßiggang ist aller Laster Anfang.

Trunkenheit ist die Hauptstadt aller Laster.

Tugend und Laster sind Nachbarn.

Wenn alle Laster alt werden, wird der Geiz jung.

Wenn man kleine Laster nicht straft, so wachsen die großen.

Wenn sich das Laster erbricht, setzt sich die Tugend zu Tisch.

Wer die Tugend malen soll, muß beim Laster nicht die Farben borgen.

Wer ein Laster nicht tadelt, sät es.

Wo es Gold regnet, da regnet es Laster.

Wo kein Laster, da ist keine Tugend.

Zu einem Laster braucht man keinen Lehrmeister.

Zur Tugend eile, zum Laster kommst du noch früh genug.

lästern

Das Gestern muß man heut' nicht lästern.

Lästern ist keine Kunst.

Wer keine Pfennige hat, lästert die Dukaten.

Wer sich selber lästert, den wird niemand loben.

Zum Lästern haben viele das Maul,
die zum Loben sind zu faul.

Lastträger

Ein Lastträger muß gute Schultern haben.

Latein

Jeder spricht sein eigenes Latein.

Laterne

Große Laternen, kleine Lichter.

Von Angebern.

Mancher ist wie eine Laterne, leuchtet andern, nur sich selber nicht.

Wenn die Sonne scheint, braucht man keine Laterne.

Wenn Gold vorgeht, bedarf man keiner Laterne.

Wer am Tage ausgeht, braucht keine Laterne.

Wer über die Laterne fällt, muß das Licht nicht schelten.

Laub

Wenn junges Laub kommt, fällt das alte ab.

Wer das Laub fürchtet, bleibe aus dem Walde.

lauern

Das Unglück lauert am Wege.

Verrat lauert im verborgenen.

Lauf

Das Wasser muß seinen Lauf haben.

Der Jugend muß man ihren Lauf lassen.

Natur will ihren Lauf haben, sagte der Bock.

laufen

Besser da läuft er als da liegt er.

Lieber rechtzeitig einlenken als den Schaden haben.

Besser schlecht geritten als gut gelaufen.

Der Faule trägt sich zu Tode, der Fleißige läuft sich zu Tode.

Der Faule will alles auf einmal schleppen, der Fleißige geht eher zu oft.

Der wird schlecht laufen, der nicht gehen kann.

Je furchtsamer das Tier, je schneller läuft es.

Läufst du nicht, so hast du nicht.

Man kann nicht wissen, wie der Hase läuft.

Man läuft wohl vom Hofe, aber nicht vom Troge.

Man muß erst kriechen, ehe man laufen kann.

Mit eigenen Füßen läuft man am weitesten.

Mit Laufen gewinnt man am meisten.

Nach Unglück braucht man nicht zu laufen.

Was hilft das Laufen, wenn man nicht auf dem rechten Wege ist.

Wem das Wasser ins Maul läuft, der lernt schwimmen.

Wen man nicht jagt (hetzt), der soll nicht laufen.

Wer allein läuft, wird stets Sieger.

Wer andere treiben will, muß selber laufen.

Wer lange läuft, bekommt müde Beine.

Wer läuft, den jagt man.

Wer läuft, hat schuld.

Eigentlich Rechtssprichwort: Wer floh, galt als schuldig.

Wer leicht läuft, ist leicht gejagt.

Wer nicht warten kann, muß laufen.

Wer nicht zahlen kann, muß laufen.

Wer selber läuft, den braucht man nicht zu treiben.

Wie es geht, läuft es.

Wie man den Karren schmiert, so läuft er.

Zum Laufen gehört mehr als schnell sein.

Nach Prediger Salomo 9,11.

laufenlassen

Die kleinen Diebe hängt man, die großen läßt man laufen.

Laß die Katze laufen, Milch gibt sie doch nicht.

Leeres Faß macht nicht naß.

Laß die Katze nur laufen, der Kater kriegt sie doch.

Laß laufen, was nicht bleiben will.

Wer an einem Ei genug hat, läßt die Henne laufen.

Lauge

Gute Lauge, gute Bleiche.

Laune

Das Glück hat seine Launen.

Je edler Roß, je ärger Laune.

Laus

Besser eine Laus im Kraut als gar kein Fleisch.

Der muß einen kleinen Pinsel haben, der eine Laus anstreichen will.

Ein alter Pelz ist selten ohne Läuse.

Im Grind geht es der Laus gut.

In alten Pelzen geht die Laus auf Stelzen.

Je mehr Läuse, je mehr Grind.

Man braucht niemandem Läuse in den Pelz zu setzen, sie kommen von selbst darein.

Man kann einer Laus nicht mehr nehmen als das Leben.

Viel Läuse, viel Jucken.

Wer den Pelz voll Läuse hat, den beißen sie auch.

lauschen

Beim Tauschen laß niemand lauschen.

Lauscher

Der Lauscher an der Wand
hört seine eigne Schand'.

lausen

Was von Affen kommt, will lausen;
was von Katzen kommt, will mausen.

lausig

Wer erst lausig ist, wird auch bald grindig.

laut

Das dümmste Vieh schreit am lautesten.

Der muß laut schreien, der den Teufel schrecken will.

Die am lautesten schreien, haben den kleinsten Mut.

Jeder macht's auf seine Weise,
der eine laut, der andre leise.

Je hohler der Boden, desto lauter der Schall.

Je leerer der Kopf, desto lauter das Maul.

Je schlechter das Werk, je lauter die Posaune.

Leere Schachteln klappern am lautesten.

Stille Gabe, lauter Dank.

Laute

Die Laute wird nicht gehört, wenn man die Trommel schlägt.

läuten

Der ist außer Gefahr, der die Sturmglocke läutet.

Es läutet so lange, bis endlich Kirmes wird.

Glocken und Toren läuten ganz gern.

Man kann nicht läuten ohne Glocke.

Wie die Glocke geläutet wird, so klingt sie.

Wie man den Strang zieht, so läuten die Glocken.

Wo geläutet wird, da sind auch Glocken.

leben

Alles, was lebt, das lebt gern.

Andere Leute wollen auch leben.

Besser mit Ehren sterben als mit Schanden gelebt.

Der alte Teufel lebt noch.

Der hat gut leben, dessen Großmutter hexen kann.

Der ist ein Narr, der arm lebt, um reich zu sterben.

Der Kluge lebt heute, der Narr will morgen leben.

Der lebt nicht, der nur sich selber lebt.

Der lebt schlecht, der sich nicht bessert.

Der Mensch lebt nicht vom Brot allein.
Nach Matthäus 4,4.

Der Mensch lernt, solange er lebt.

Die Henne lebt vom Scharren.

Die leben wie Hunde und Katzen, haben wenig zu Tisch, aber viel zu kratzen.

Drei leben friedlich, wenn zwei nicht daheim sind.

Ehrlos gelebt, schändlich gestorben.

Ein Hund lebt wie ein Hund.

Es ist niemand so alt, er kann (will) noch ein Jahr leben.
Man soll nichts zu früh aufgeben.

Es kann der Frömmste (Beste) nicht in Frieden leben, wenn es dem bösen Nachbar nicht gefällt.
Nach Schiller, Wilhelm Tell.

Geben macht leben.

Gebrechliche Leute leben am längsten.
Wenn jemand immer klagt.

In Frieden leben ist der beste Schatz auf Erden.

In seiner Haut lebt sich's am besten.

Jeder (Vogel) lebt nach seiner Art.

Jeder will lange leben, aber niemand will alt sein.

Je länger man lebt, je mehr man lernt.

Kurz trauern ist lang leben.
Man soll sich nicht in den Schmerz verbeißen.

Lebe, als solltest du morgen sterben, und arbeite, als solltest du ewig leben.

Leben heißt kämpfen.
Nach Seneca.

Leben und leben lassen (sagte der Knecht, als er zur Magd ins Bett stieg).

Man hofft, solange man lebt.

Man lebt nur einmal (auf der Welt).

Man lebt, um zu lernen, und lernt, um zu leben.

Man soll essen, um zu leben, und nicht leben, um zu essen.
Nach Sokrates.

Niemand lebt für sich allein.

Solange man lebt, so lange man hofft (klagt).

Solange man lebt, so lange man lernt.

Solange wir leben, so lange wir streben.

Ungeschickt lebt lange.
Man wird sich noch oft darüber ärgern können.

Unverschämt lebt besser.

Von der Schönheit kann man nicht leben.

Von Luft und Liebe kann man nicht leben.

Wer als Tyrann lebt, stirbt als Tyrann.

Wer gut lebt, predigt gut.

Wer im Galopp lebt, fährt im Trabe zum Teufel.
Ein schlimmes Leben nimmt ein böses Ende.

Wer in der Fülle lebt, lebt am besten.

Wer in Frieden lebt, schläft in Ruhe.

Wer lange hustet, lebt lange.

Wer lange lebt, der sündigt viel.
Meist scherzhaft.

Wer lange lebt, erlebt viel.

Wer lange tischt, lebt lange.

Wer lebt ohne Liebe, der ist lebendig tot.

Wer mäßig lebt, kann lange leben.

Wer nicht liebt, lebt nicht.

Wer nicht liest, der lebt nicht.

Wer nicht strebt, der nicht lebt.

Wer ohne Freund ist, lebt nur halb.

Wer sich nicht schämt, lebt desto besser.

Wer von Hoffnung lebt, stirbt vor Hunger.

Wer von Versprechungen lebt, wird nicht fett.

Wie einer lebt, so klingen ihm die Glocken.
So redet man von ihm.

Zwischen Narrheit und Klugheit lebt sich's am besten.
Man soll nicht zu klug sein wollen.

Leben

Arbeit ist des Lebens Würze.

Arbeit macht das Leben süß (Faulheit stärkt die Glieder).
Nach G. W. Burmann.

Besser im Leben eine Brotrinde als nach dem Tode ein Denkmal.

Das Leben ist kurz, die Kunst ist lang.
In seinem Fache lernt man nie aus; nach Hippokrates.

Die Narren haben das beste Leben.

Ein fettes Leben macht ein mageres Testament.

Ein Leben ohne Ehr' ist kein Leben mehr.

Ein Leben ohne Freund ist eine Welt ohne Sonne.

Ein unnützes Leben ist ein früher Tod.

Es gibt kein besseres Leben als ein gutes Leben.
Wer gut lebt, sollte damit auch zufrieden sein.

Freundschaft ist des Lebens Salz.

Goldliebe macht das Leben trübe.

Kurzes Mahl macht langes Leben.

Man lernt fürs Leben, nicht für die Schule.
Nach Seneca d. J., Epistolae.

Man muß das Leben eben nehmen, wie das Leben eben ist.

Nach der Gesundheit leben ist ein elendes Leben.

Nichts wissen ist ein elendes Leben.

Nimm dir Zeit und nicht das Leben.

Ordnung ist das halbe Leben.

Reinlichkeit ist's halbe Leben.

Verlorene Stunde, verlorenes Leben.
Vertane Zeit ist nicht gelebt.

Warm ist das Leben, kalt ist der Tod.

Was nützt das Leben dem, der stets vor dem Tode zittert.

Wer angibt, hat mehr vom Leben.

Wer das Leben liebt, vergeudet die Zeit nicht.

Wer nicht heiratet, genießt sein Leben nur halb.

Wer von seinem Leben noch einen Zoll übrig hat, der hat noch tausend Geschäfte.

Wie der Sinn, so das Leben.

Wo Freude ist, da ist Leben.

lebendig

Der Buchstabe tötet, der Geist macht lebendig.
Nach 2. Korinther 3,6.

Lieber eine lebendige Katze als ein toter Löwe.

Lebendige, der

Halt es mit den Lebendigen.

Lebensjahr

Von der Wiege bis zur Bahre
sind die schönsten Lebensjahre.
Sprichwörtlicher Scherz.

Lebenslauf

Früh nieder und früh auf macht langen Lebenslauf.

Lebenszeit

Kurz Abendbrot macht lange Lebenszeit.

Lebtag

Wer den Zwirn nicht spart, kommt sein Lebtag zu keinem Knäuel.

leck

Wenn das Schiff leck ist, sind ihm alle Winde zuwider.

lecken

Alte Böcke (Ziegen) lecken auch gern Salz.

Die sich des Tags zanken, lecken sich des Nachts.

Ein alter Kater leckt auch noch gern Milch.

Eine alte Geiß leckt auch gern Salz.

Erst leckt die Katze, dann krallt sie.

Hüte dich vor den Katzen,
die vorne lecken, hinten kratzen.

Lecken und Kratzen sind Nachbarn.

Narrenmaul leckt gern.

Vom Lecken wird keiner fett.

Wäre der Honig nicht süß, man leckte ihn nicht.

Wer den Hund füttert, dem leckt er die Hände.

Wer mit Honig umgeht, leckt auch einmal die Finger.

Wer sich nicht satt ißt, der leckt sich auch nicht satt.

Wider den Stachel ist nicht gut lecken (löken).

Wo es was zu lecken gibt, da gibt's auch Bienen.

Lecker

Aus einem jungen Schlecker wird ein alter Lecker.

Soviel Lecker, soviel Geschmäcker.

Leder

Altes Leder will Schmiere.

Aus fremdem Leder ist gut Riemen schneiden.

Frisch vom Leder ist halb gefochten.

Gutes Leder dehnt sich.

Mancher zückt das Schwert und zieht doch nicht vom Leder.

Wenn es Häute regnet, wird das Leder billig.

Wo kein Leder ist, da gibt's keine Schuhe.

leer

Alle Tage voll macht das Haus leer.

Auf einen leeren Kornboden kommt keine Maus.

Aus einer leeren Flasche ist schlecht einschenken.

Aus einer leeren Tasche verliert man nichts.

Aus leerem Stroh läßt sich kein Weizen dreschen.

Aus leeren Krügen ist nicht gut trinken.

Aus leeren Säcken kann niemand Geld zählen.

Bei einer leeren Krippe brüllt die beste Kuh.

Besser eine leere Tasche als ein leerer Kopf.

Das Kamel geht nicht leer vom Brunnen.

Der beste Jäger kommt oft leer nach Haus.

Der erste Einsatz macht den Beutel leer.

Dicke Bäuche, leere Köpfe.

Die Maus kommt in kein leeres Haus.

Eine leere Scheuer (Scheune) braucht kein Dach.

Eine leere Tasche ist eine teure Tasche.

Ein hungriges Pferd macht eine leere Krippe.

Ein leerer Magen verdaut keine Hoffnung.

Vertröstungen nützen nichts.

Ein leerer Sack steht nicht aufrecht.

Ein leerer Schrank bringt Streit und Zank.

Ein leerer Topf am meisten klappert,
ein leerer Kopf am meisten plappert.

Ein leerer Wagen rasselt am meisten.

Ein leeres Faß klingt hohl.

Ein leeres Glas, was nützt mir das.

Ein schwerer Kopf und ein leerer Beutel sind oft zusammen.

Ein Tor hat seinen Teller zuerst leer.

Er lebt in den Tag hinein.

Gemein Geplärr ist nie ganz leer.

Großer Tisch macht leere Speicher.

Hungrige Mäuler machen leere Schüsseln.

Im Bauche Schmer, im Kopfe leer.

In einem leeren Haus ist es gut freigebig sein.

In leerem Haus bleibt keine Maus.

Jammern füllt keine leeren Kammern.

Je leerer das Faß, je heller der Klang.

Je leerer der Kopf, desto geschwätziger die Zunge.

Je leerer der Kopf, desto lauter das Maul.

Jubeln und Prassen macht leere Kassen.

Leere Ähren stehen aufrecht.

Leere Beutel klingen nicht.

Leere Kisten braucht man nicht zu verschließen.

Leeren Händen entfällt nichts.

Leere Schachteln klappern am lautesten.

Leere Schüsseln locken niemand zu Tisch.

Leeres Faß macht nicht naß.

Leere Stirn ist immer heiter.

Leere Worte, falsche Herzen.

Lustiger Sinn macht leere Taschen.

Man singt nicht gut mit leerem Magen.

Man zankt sich leicht um die leere Krippe.

Mit leeren Löffeln ist kein Drescher zufrieden.

Mit leerer Hand kauft man schlecht.

Mit leerer Tasche ist schlecht zu Markte gehen.

Naschen macht leere Taschen.

Nirgends ist mehr Lärm als um eine leere Krippe.

Schluck auf (für) Schluck wird die Flasche leer.

Viel ausgeben macht leere Beutel.

Viel Gäste machen ein leeres Nest.

Volle Flaschen machen leere Taschen.

Volle Tische machen leere Kasten.

Vom Geben wird der Speicher nicht leer.

Vor leeren Taschen bückt sich niemand.

Was nützt die Ehr', wenn der Beutel leer.

Was nützt ein schöner Krug, wenn er leer ist.

Wenn der Magen nicht wär',
blieb die Schüssel leer.

Wenn der Sattel leer ist, kann man aufsitzen.

Wenn die Schwalben fort sind, steht das Nest leer.

Wenn man immer schöpft, wird auch der tiefste Brunnen leer.

Wenn's Faß leer ist, kommt's Sparen zu spät.

Wer immer predigt, kriegt leere Bänke.

Wer mit leeren Händen kommt, bittet vergeblich.

Wo der Trog leer ist, beißen sich die Schweine.

leeren

Ein Freund bei der Flasche leert deine Tasche.

Es ist ein grober Scherz, der Taschen leert.

Ein leeres Glas, was nützt mir das.

Guter Kauf (Wohlfeil) leert den Beutel.

Durch gute Gelegenheiten läßt man sich verleiten.

Not leert volle Taschen.

Schwelgen und Gasten leert Keller und Kasten.

Überfluß leert den Beutel.

legen

Eine Schlange legt kein Taubenei.

Fette Hennen legen nicht.

Gackere du, die Hühner legen die Eier.

Spöttisch über einen leeren Schwätzer.

Hühner, die viel gackern, legen wenig Eier.

In neue Nester legen die Hühner gern.

Stroh muß man nicht zum Feuer legen.

Wer sich zwischen Tür und Angel legt, klemmt sich.

Worte sind gut, aber Hühner legen Eier.

Taten sind besser als schöne Reden.

Lehm

Wer keinen Lehm hat, der muß mit Dreck mauern.

Lehre

An guter Lehr' trägt keiner schwer.

Beispiele tun mehr als viele Wort' und Lehr'.

Das gemeine Geplärr ist keine Lehr'.

Auf Gerüchte soll man nichts geben.

Der ist ein guter Prediger, der seine eigenen Lehren befolgt.

Eine neue Lehre bedarf neuer Wunder.

Ein Exempel tut mehr als viele Lehr'.

Gebrauch tut mehr als aller Meister Lehr'.

Gute Lehren muß man nicht bloß hören.

Jeder Tag bringt neue Lehre.

Lehre ist ein langer Weg, Beispiel ein kurzer.

Lehre ist ein Samen, der mit der Zeit Frucht bringt.

Lehre tut viel, das Leben mehr.

Närrische Lehr' hat närrische Zeugnisse.

Natur geht vor Lehre.

Neue Bücher, neue Lehre.

Wenn's gute Lehren vom Himmel regnete, so wär' doch mancher zu faul, sie aufzuheben.

Wer zu einem Schalk in die Lehre geht, kann leicht Meister werden.

Wie die Bischöfe sind, so ist auch ihre Lehre.

Man muß sich die Vertreter einer Auffassung ansehen.

Zu früh aus der Lehr' ersetzt sich schwer.

lehren

Bosheit ist bald gelehrt.

Das Amt lehrt regieren.

Das Kücken lehrt die Glucke scharren.

Der Markt lehrt kaufen.

Die allzeit lehren, sich nimmer bekehren.

Die Erfahrung lehrt alles.

Die Peitsche lehrt das Pferd ziehen.

Die Zeit wird's lehren.

Einen alten Hund ist schlecht bellen lehren.

Ein hungriger Magen lehrt viel Künste.

Ein Tag lehrt den andern.

Geduld lehrt hoffen.

Grind lehrt kratzen.

Harte Schläge (Stöße) lehren gut.

Auch böse Erfahrungen haben manchmal ihr Gutes.

Hunger lehrt geigen.

Jahre lehren mehr als Bücher.

Kleiner Vorrat lehrt sparen.

Lehren bringt Ehren.

Lust lehrt pfeifen.

Man kann nicht lehren, was man selbst nicht weiß.

Man muß erst lernen, ehe man (andere) lehren kann.

Müßiggang lehrt nichts Gutes.

Not lehrt auch den Lahmen tanzen.

Not lehrt den Affen geigen (den Bären tanzen).

Not lehrt viel Künste.

Schorf lehrt krauen.

Sich selber lehren macht gescheit.

Unglück lehrt die Augen auftun.

Was dich die Gans nicht lehrt, das lerne vom Esel.

Wenn jemand auf Unverständige hört.

Was einer selber nicht versteht, das kann er keinen andern lehren.

Wasser stillt wohl den Durst, aber singen lehrt es nicht.

Im Unterschied zum Wein.

Was versehrt, das lehrt.

Von schmerzlicher Erfahrung.

Wer andere lehrt, lernt selbst dabei.

Wer das Lügen leidet, lehrt das Stehlen.

Wer gibt, lehrt geben.

Wer lehren will, findet überall eine Schule.

Wer wenig weiß, kann wenig lehren.

Lehrer

Bücher sind stumme Lehrer.

Eines andern Fehler ist ein guter Lehrer.

Ein Lehrer ist besser als zwei Bücher.

Fleißige Hörer (Schüler) machen fleißige Lehrer.

Liebe braucht keinen Lehrer.

Säumige Lehrer, unwissende Schüler.

Viel Prediger, wenig Lehrer.

Wie der Lehrer, so der Schüler.

Wie der Lehrer, so die Schule.

Lehrgeld

Lehrgeld muß jeder geben.

Wer durch Schaden klug wird, zahlt teures Lehrgeld.

Lehrjahr

Lehrjahre sind keine Herrenjahre.

Lehrjahre sind Scherjahre.

Lehrling

Der Lehrling übertrifft den Meister.

Gute Lehrlinge werden gute Meister.

Lehrlinge sind keine Meister.

Lehrmeister

Der große Haufen ist nicht immer der beste Lehrmeister.

Man muß einen eigenen Standpunkt haben.

Ein gutes Beispiel ist der beste Lehrmeister.

Erfahrung ist die beste Lehrmeisterin.

Gestern soll morgen ein Lehrmeister sein.

Gewohnheit ist der beste Lehrmeister.

Unglück ist ein strenger Lehrmeister.

Vorbilder sind gute Lehrmeister.

Wer (nur) sein eigener Lehrmeister sein will, hat einen Narren zum Schüler.

Zu einem Laster braucht man keinen Lehrmeister.

Lehrstück

Lehrstück ist kein Meisterstück.

Lehrzeit

Neue Herrschaft, neue Lehrzeit.

Leib

Bad, Wein und Weib erquicken den Leib.

Besser was in den Leib als um den Leib.

Das Alter hat den Kalender im Leibe.

Das zieht sich alles nach dem Leib, sagte der Schneider, da hatte er den Ärmel an die Tasche genäht.

Ein gesunder Leib, ein freundliches Weib, Freunde einander gleich, das sind drei Stück vom Himmelreich.

Erst in den Leib, dann auf den Leib.

Erst für's Essen, dann für Kleidung sorgen.

Essen und Trinken hält Leib und Seele zusammen.

Jeder hat sein Teufelchen im Leibe.

Leib an Leib, Gut an Gut.

Mäßiger Mund erhält den Leib gesund.

Was nicht in den Leib geht, das geht in die Säcke.

Wer einem zu Leibe will, findet leicht eine Ursache.

Wer seinem Leibe gar zu wohltut, macht selten alte Beine.

Leiche

Die ganze Woche krank und am Sonntag keine Leiche.

Spöttisch, wenn jemand dauernd klagt, ohne ernstlich krank zu sein.

Große Bäuche, frühe Leiche.

Immer krank und doch keine Leiche.

Von Wehleidigen.

Über Leichen führt kein Weg zum Glück.

Leichenpredigt

Leichenpredigt, Lügenpredigt.

Leichenstein

Wer Leichensteine liest, darf kein gutes Gedächtnis haben.

leicht

Andern predigen ist leichter als selber tun.

Anfangen ist leicht, beharren ist Kunst.

Anfangen ist leichter als aufhören.

Auf fremden Schultern ist leicht tragen.

Ausgeben ist leicht, einnehmen schwer.

Behalten ist leichter als gewinnen.

Beicht macht leicht.

Das Bocken geht leicht, das Lammen schwer.

Das Kind findet sich leichter als die Wiege.

Das Leichte schwimmt oben.

Das Maul ist leicht verbrannt.

Das Zuhören ist leichter als das Tun.

Dem ist leicht gefiedelt, der gerne tanzt.

Dem ist leicht zu pfeifen, der Lust zu tanzen hat.

Dem Willigen kann man leicht winken.

Den Sack aufhalten ist leichter als ihn füllen.

Der ist leicht zu locken, der selber gern kommt.

Ein williges Herz macht leichte Füße.

Erwerben ist leichter als erhalten.

Es ist leichter ein Dorf vertan als ein Haus gewonnen.

Es ist leichter, für andere weise zu sein als für sich selber.

Es ist leichter veracht' als besser gemacht.

Das Kücken lehrt die Glucke scharren.

Es ist leichter versprochen als gehalten.

Es ist leicht verdorben,
was man mit Müh' erworben.

Es ist leicht zu haben, was niemand begehrt.

Es ist nicht leicht, aus einem Klotz einen Zahnstocher zu schnitzen.

Es ist nicht so leicht verdient als vertan.

Es kommt leicht ein Haar in die Butter.

Es wiegt nichts leichter als ein Versprechen.

Fallen ist leichter als aufstehen.

Fremde Bürde ist immer leichter.

Für leichtes Gepäck ist wenig nötig.

Geben ist leichter als bitten.

Geduld macht alles leichter.

Gehorchen ist leichter als befehlen.

Gemeinsam leiden macht die Bürde leichter.

Gern tun macht leichte Arbeit.

Gescholten ist leichter als vergolten.

Von Undank.

Gewohnheit ist eine leichte Bürde.

Glück und Glas, wie leicht bricht das.

Gute Hilfe macht leichte Bürde.

Gute Leute sind leicht zu erbitten.

Heiraten ist leicht, aber Haushalten keucht.

Hintennach ist leicht reden.

Ist man erst im Sattel, dann ist das Reiten leicht.

Je besser der Köder, je leichter der Fang.

Je mehr Tränen, je leichter der Schmerz.

Je schwerer die Last, je leichter wirft man sie ab.

Leichte Gabe, leichter Dank.

Leicht eingenommen, leicht hingeworfen.

Leichter Gewinn ist bald dahin.

Leichter Gewinn macht schwere Beutel.

Leichter Schmerz ist beredt.

Leichter trägt, was er trägt,
wer Geduld zur Bürde legt.

Leicht erworben, leicht verdorben.

Leicht gelacht, leicht geweint.

Leicht gewonnen, leicht zerronnen.

Leicht verletzt, was ergötzt.

Von üblen Scherzen.

Leicht versprochen, leicht gebrochen.

Man gibt leichter das Fell als ein Schaf.

Man kommt oft leichter über den Hund als über den Schwanz.

Der Schluß macht einem oft die größte Mühe.

Man zankt sich leicht um die leere Krippe.

Narrheit ist leicht zu lernen.

Nehmen ist leichter als geben.

Raten ist leichter als helfen.

Sagen ist leichter als tun.

Schweigen ist leicht, wenn niemand fragt.

Schweres fällt, Leichtes steigt.

Sehen ist leichter als vorhersehen.

Tadeln ist leichter als bessermachen.

Trösten ist leichter als leiden.

Unversehens ist einer leicht betrogen.

Vergeben ist leicht, vergessen ist schwer.

Verletzen ist leicht, heilen schwer.

Verlieren ist leichter als finden.

Verschlingen ist leichter als verdauen.

Versprechen ist leicht, es kostet nur ein paar Worte.

Vertun ist leichter als verdienen.

Viele Hände machen leichte Arbeit.

Viele tragen leichter als einer.

Vogel Sicher ist leicht zu fangen.

Wähnen ist leichter als wissen.

Was den Leuten gefällt, ist leicht verkauft.

Was man fürchtet, glaubt man leicht.

Was man gern tut, geht leicht von der Hand.

Wenn man einem wohlwill, so ist ihm leicht geholfen.

Wer Angst hat, ist leicht zu fangen.

Wer einen Fuß im Steigbügel hat, kommt leicht in den Sattel.

Wer gern tanzt, dem ist leicht aufzuspielen.

Wer leicht anfängt, läßt leicht liegen.

Wer leicht glaubt (traut), wird leicht betrogen.

Wer leicht lacht, weint auch leicht.

Wer leicht läuft, ist leicht gejagt.

Wer leicht liebt, der haßt auch leicht.

Wer leicht schwört, der lügt auch.

Wer leicht zürnt, sündigt leicht.

Wer sich fürchtet, ist leicht zu erschrecken.

Wer wenig hat, trägt desto leichter.

Williger Sinn macht leichte Füße.

Wissen ist leichter als tun.

Zerstören ist leichter als aufbauen.

leichtfertig

Der ist leichtfertig, der umsonst lügt.

leichtmachen

Tränen machen das Herz leicht.

Leichtsinn

Leichtsinn und Torheit sind Nachbarn.

leiden

Der Gerechte muß viel leiden.

Nach Psalm 34,20.

Eigene Erfahrung muß viel leiden.

Wenn jemand erst durch Schaden klug wird.

Es müssen oft viele leiden, was einer verschuldet hat.

Gemeinsam leiden macht die Bürde leichter.

Hoffe, was du wünschst, und leide, was du mußt.

Leiden währt nicht immer,
Ungeduld macht's schlimmer.

Lerne leiden, ohne zu klagen.

Scherzhafte Verdrehung: Lerne klagen, ohne zu leiden.

Lieben ist leiden.

Lieber Unrecht leiden als Unrecht tun.

Man leidet den Rauch des Feuers wegen.

Man muß oft leiden, was man nicht will, um zu erlangen, was man will.

Man muß willig leiden, was man nicht kann meiden.

Stillem Leiden ist guter Rat ein Trost.

Trösten ist leichter als leiden.

Unschuld muß viel leiden.

Was du leiden mußt, leide mit Geduld.

Was einer selbst nicht leiden will, das soll er einem andern nicht aufsatteln.

Was ich nicht leiden mag,
das hab' ich alle Tag.

Was jedermann leiden muß, das kann einer allein auch leiden.

Wenn man das eine will, muß man das andere leiden.

Wer die Wahrheit nicht leiden kann, der muß sich mit der Lüge trösten.

Von Selbstbetrug.

Wer Feuer haben will, muß den Rauch leiden.

Wer neidet, der leidet.

Wer schön sein will, muß leiden.

Wer tut, was er will, der muß leiden, was er nicht will.

Wer viel erfährt, der muß viel leiden.

Leid(en)

Alte Leute, alte Leiden.

Alte Leute haben täglich neue Leiden.

An überstandene Leiden erinnert man sich gern.

Auf Leid folgt Freud'.

Auf Liebe (Freude) folgt Leid.

Auswendig Freud', inwendig Leid.

Das alte Lied, das alte Leid.

Das ist das Leiden in der Welt, der eine hat den Beutel, der andere das Geld.

Das Leiden selber ist ein Arzt.

Dein Leid behalt alleine oder klag es dem Steine.

Des einen Leid ist des andern Freud'.

Die Zeit heilt alles Leid.

Fremdes Leid ist bald vergessen.

Froher Sinn, halbes Leid.

Fröhlichkeit vertreibt das Leid.

Frühe Liebe, frühes Leid.

Geklagtes Leid ist halbes Leid.

Hast du kein Leid, so mach dir kein Leid.

Haß und Neid bringen viel Leid.

Hoffen ist ein süßes Leiden.

Im Leid halt aus, im Genuß halt ein.

Jeder klagt sein eigen Leid.

Keine Liebe (Freude) ohne Leid.

Kein größer Leid, als was man sich selber antut.

Klag niemand dein Leid,
du machst es sonst breit.

Kurze Freud', langes Leid.

Leiden sind Lehren.

Nach Äsop.

Leid ist ohne Neid.

Man vergißt viel Leid in vierundzwanzig Stunden.

Meiden bringt Leiden.

Mit der Zeit vergißt man's Leid.

Nach dem Regen kommt der Segen, nach dem Leide kommt die Freude.

Neid macht Leid.

Nur Leid ist ohne Neid.

Schlafende Leiden weckt man nicht gern.

Schwere Leiden haben keine Worte.

Streit schafft Leid.

Trunkene Freud, nüchternes Leid.

Verborgene Leiden sind doppelt schwer.

Verschwiegen Leid heilt nur die Zeit.

Was hilft's, sein Leid der Stiefmutter zu klagen.

Wer ein Leiden fürchtet, der leidet doppelt.

Wer fröhlich singt, sein Leid bezwingt.

Leidenschaft

Leidenschaft nur Leiden schafft.

Leider, der

Der Leider überwindet den Streiter.

Der Geduldige siegt.

leidlich

Wenn's leidlich ist, so soll man's ganz loben.

Leier

Der Geier hol' die alte Leier.

Neue Leier, neue Dreier.

leiern

Besser geleiert als gefeiert.

leihen

Auf Ehr' leiht niemand einen Kreuzer.

Geben heißt auf Wucher leihen.

Leihe deinem Freunde und mahne deinen Feind.

Leihen bringt Reuen.

Leihen macht Freunde.

Mit Leihen gewinnt man einen Freund, mit Wiedergeben verliert man einen.

Was man seinem Felde leiht, bekommt man mit Zinsen wieder.

Wer einen Feind haben will, muß jemandem Geld leihen.

Wer leiht ohne Pfand,
hat einen Wurm im Verstand.

Wer nicht leiht, verliert die Freunde,
und wer leiht, der macht sich Feinde.

Leiher, der

Borger ist Leihers Knecht.
Nach Sprüche Salomos 22,7.

Leim

Unglück ist der beste Leim.
Gemeinsames Unglück verbindet.

Zuviel Leim hält nicht.

leimen

Was Gott zusammengefügt hat, das braucht der Schreiner nicht zu leimen.

leise

Der muß leise gehen, der Eier unter den Füßen hat.

Wer leise geht, geht weit.

leisten

Die was leisten, essen auch was.

Viel tadeln und wenig leisten können die meisten.

Wer ernsthaft will, der leistet viel.

Wer gar zu viel bedenkt, wird wenig leisten.
Nach Schiller, Wilhelm Tell.

Leisten

Es läßt sich nicht alles über einen Leisten schlagen.

Schuster, bleib bei deinem Leisten!
Nach Plinius d. Ä.

Was nicht auf meinen Leisten paßt, ist kein Schuh.
Von Selbstgerechtigkeit.

Wie der Leisten, so der Schuh.

leiten

Das Pferd leitet man an einer Leine, den Mann an einem Frauenhaar.

Jeder leitet das Wasser auf seine Mühle.

Wer sich leiten läßt, geht nicht irre.

Leiter

Bei der untersten Sprosse fängt die Leiter an.

Nicht jede Leiter führt in den Himmel.

Sprosse für Sprosse besteigt man die Leiter.

Wer auf die Leiter will, muß den Verstand in den Füßen haben.

Wer den Hals brechen will, findet die Leiter im Finstern.

Wer die Leiter hält, ist so schuldig wie der Dieb.

Wer die Leiter hinaufwill, muß bei der untersten Sprosse anfangen.

Leithammel

Ein Leithammel führt eine ganze Herde Schöpse an.

lenken

Das Roß lenkt oft den Reiter.

Der Mensch denkt, Gott lenkt.
Nach Sprüche Salomos 16,9; heute meist ironisch, wenn es anders kommt, als man hofft.

Es ist kein Pferd so gut, man muß es lenken.

Es lenken nicht alle, die die Zügel halten.

Jeder lenkt, wie er denkt.

Ohne Joch lenkt der Ochs sich am bequemsten.

Wer nicht lenken kann, soll auch nicht fahren.

Wohin man den Gaul (Ochsen) lenkt, dahin geht er.

lenzen

Es lenzt nicht, ehe es gewintert.

Lerche

Am Trillern erkennt man die Lerche.

Die Lerche fliegt hoch, aber sie baut ihr Nest auf der Erde.

Die Lerche singt anders als die Krähe.

Es gibt mehr Spatzen als Lerchen.

Wo ein Spatz sitzt, kann auch eine Lerche sitzen.

Wo Lerchen singen, hört man Krähen nicht.

lernen

Am Bart des Narren lernt das Messer scheren.

Auf Eiern tanzen und mit Weibern umgehen will gelernt sein.

Bei den Katzen lernt man mausen.

Bei Dieben lernt man stehlen.

Beim Wein lernt man trinken,
bei den Lahmen hinken.

Bei Wölfen und Eulen lernt man heulen.

Böse sein ist bald gelernt.

Das Böse lernt sich leicht, das Gute schwer.

Das Lernen hat kein Narr erfunden.

Das Lernen ist schwer, das Können leicht.

Der klügste Mann kann vom Narren etwas lernen.

Der lernt nichts, der nach seinem Kopf gelehrt werden will.

Der Mensch lernt, solang er lebt.

Der Vogel im Käfig lernt singen.

Die beste Klugheit lernt man von den Toren.

Durch Fallen lernt man gehen.

Durch Lernen wird man zum Meister.

Durch Schlechtmachen lernt man das Rechtmachen.

Ein alter Hund lernt keine Kunststücke.

Ein Bube lernt vom andern.

Ein junger Hund muß beißen lernen.

Es ist keiner so gelehrt, er kann noch lernen.

Es will alles gelernt sein.

Etwas Gutes zu lernen ist es nie zu spät.

Hüte dich vor dem Arzt, der an dir lernen will.

Im Käfig lernt der Vogel singen.

Je älter man wird, je mehr muß man lernen.

Jede Kunst will gelernt sein.

Je länger man lebt, je mehr man lernt.

Je länger man lernt, je weiter man kommt.

Je mehr man lernt, je mehr muß man tun.

Lerne beizeiten, so kannst du's bei den Leuten.

Lernen hat eine bittere Wurzel, aber es trägt süße Frucht.

Lernen kann man alle Tage.

Lernen macht Meister.

Lernen und Probieren machen den Künstler.

Lerne selber, ehe du andere lehrst.

Lerne was, so kannst du was; schaffe was, so hast du was.

Lerne was, so kannst du was vergessen.

Lügen lernt man ohne Buch.

Man hat lange zu lernen, bis man alles kann.

Man ist nie zu alt zum Lernen (sagte die alte Frau, da lernte sie noch hexen).

Man lernt alle Tage etwas Neues.

Man lernt fürs Leben, nicht für die Schule.

Nach Seneca d. J., Epistolae.

Narrheit ist leicht zu lernen.

Nichts wissen ist keine Schande, aber nichts lernen wollen.

Niemand kann's besser, als der's gelernt hat.

Schnell gelernt ist schnell vergessen.

Tu, was du kannst, und lerne, was du nicht weißt.

Untugend lernt sich von selbst.

Vom alten Hahn lernt der junge sein Kikeriki.

Vom Narren lernt der Kluge seine Weisheit.

Indem er aus den Fehlern anderer lernt.

Von der Sau lernen die Ferkel grunzen.

Von Guten lernt man Gutes, von Bösen Böses.

Was Hänschen nicht lernt, lernt Hans nimmermehr.

Was man gelernt, das soll man auch treiben.

Was man jung lernt, das bleibt.

Was man jung nicht lernt, braucht man alt nicht zu vergessen.

Was man selber nicht gelernt hat, kann man andere nicht lehren.

Wem man oft schenkt, der lernt fordern.

Wenn Lernen keine Mühe machte, so würde jedermann geschickt sein wollen.

Wer das Wasser fürchtet, lernt nie schwimmen.

Wer eins nicht kann, der lerne das andere.

Wer fragt, der lernt.

Wer gehen kann, lernt auch springen.

Wer gern Kirschen ißt, lernt bald klettern.

Wer lehrt, der lernt.

Wer lernen will ohne Buch, schöpft mit einem Siebe Wasser in einen Krug.

Wer lernt am Morgen, hat abends keine Sorgen.

Wer nichts gelernt hat, muß die Schweine hüten.

Wer nicht umwirft, lernt nicht fahren.

Wer nicht viel lernt, hat nicht viel zu vergessen.

Wer viel schläft, lernt wenig.

Zu lernen soll sich niemand schämen.

Zum Lernen ist keiner zu alt.

↗ *lesen*

Wie der Lehrer, so die Schule.

lesen

Fluchen lernt sich leichter als Lesen.

Je mehr man liest, je mehr man lernt.

Lesen und nichts verstehen,
Schaffen und nichts davon sehen,
Lieben und nicht genießen,
das möchte den Teufel verdrießen.

Lesen und nicht verstehen ist halbes Müßiggehen.

Wer Bücher kauft und nicht liest,
bei Tische sitzt und nicht ißt,
auf die Jagd geht und nicht schießt,
der ist ein Narr, daß ihr's wißt.

Wer die Buchstaben nicht kennt, kann auch durch die Brille nicht lesen.

Wer nicht liest, der lebt nicht.

letzt

Das Echo behält das letzte Wort.

Das letzte Hemd hat keine Taschen.

Dem Geizigen bleibt nichts.

Das letzte Schwein kriegt den dicksten Trank.

Wenn einer von seiner Bequemlichkeit oder Verspätung noch einen Vorteil hat.

Das letzte Wort gilt.

Der Kehraus ist der letzte Tanz.

Der letzte Kreuzer macht den Gulden voll.

Der letzte Tag ist der klügste.

Die letzte Meile ist die längste.

Die letzten Gedanken sind die besten.

Im letzten Glase liegt der Rausch.

Letzte, der

Besser der Erste im Dorf als der Letzte in der Stadt.

Den letzten beißen die Hunde.

Der erste an der Schüssel, der letzte heraus.

Der letzte hat das Nachsehen.

Der letzte hat den Sack gestohlen.

Der letzte kriegt die Knochen.

Der letzte muß herhalten.

Der letzte macht die Tür zu.

Der letzte zahlt alles.

Die Ersten werden (sollen) die Letzten sein, und die Letzten werden die Ersten sein.

Nach Matthäus 19,30.

Einer muß der letzte sein.

Lieber unter den Letzten der Erste als unter Ersten der Letzte.

leuchten

Auch ein kleines Licht leuchtet in der Finsternis.

Die Tugend leuchtet wohl, aber sie glänzt nicht.

Gute Taten leuchten auch im Dunkeln.

Man muß sie nicht erst ins rechte Licht setzen.

Sterne leuchten wohl, wärmen aber nicht.

Was am Tage nicht scheint, leuchtet nachts.

Auch das Unbedeutende hat seinen Wert, wenn nichts Bedeutendes da ist.

Was nützt ein Licht, das nicht leuchtet.

Wenn der Mond nicht wärmt, so leuchtet er doch.

leugnen

Abbitten ist besser als leugnen.

Könnte man mit Leugnen davonkommen, so würde niemand gehangen.

Solange Leugnen hilft, kommt kein Dieb an den Galgen.

Leumund

Der Leumund tötet den Mann.

Leute

Allen Leuten recht getan
ist eine Kunst, die niemand kann.

Aller Leut Freund, jedermanns Geck.

Alte Leute, alte Häute.

Alte Leute, alte Leiden.

Alte Leute, alte Ränke,
junge Füchse, neue Schwänke.

Alte Leute haben täglich neue Leiden.

Alte Leut' haben kranke Häut'.

Von Empfindlichen.

Alte Leute sind wunderlich; wenn es regnet, wollen sie Heu machen.

Alte Leute werden wieder zu Kindern.

Alte Leute wissen auch nicht alles.

An armen Leuten will jeder sich die Schuhe wischen.

Andere Jahre, andere Leute;
andere Glocken, ander Geläute.

Andere Leute haben auch einen Kopf.

Andere Leute haben auch Fäuste (Hände).

Andere Leute haben auch Häute.

Sind auch verletzlich.

Andere Leute kochen auch nur mit Wasser.

Andere Leute sind auch keine Narren.

Anderer Leute Fehler sind gute Lehrer.

Anderer Leute Geld ist auch kein Blei.

Anderer Leute Kohl (Speck) ist immer fetter.
Neid bauscht auf.

Anderer Leute Schmerzen tun nicht weh.

Andere Zeit, andere Leut.

An der Gesellschaft erkennt man die Leute.

Ander Land, andere Leute.

Ander Leut Brot schmeckt allzeit besser.

Anderswo gibt's auch Leute.

An dummen Leuten fehlt's nicht.

Arme Leute, arme Küchen.

Arme Leute haben kurze Arme.

Arme Leute haben wenig Vettern.

Arme Leute kennt niemand.

Arme Leute kochen dünne Suppen.

Arme Leute machen reiche Heilige, singen die Mönche.

Arme Leute schieben kleine Karren.

Arme Leute zählen ihre Schäflein zweimal.

Armer Leute Korn ist dünn gesät.

Armer Leute Pfennige sind auch Geld.

Armer Leute Weisheit hat keinen Kurs.

Armer Leut Gäste gehen früh nach Haus.

Armer Leut Rede gilt nicht.

Auch kleine Leute werden giftig.

Auf anderer Leute Kirchweih ist gut Gäste laden.

Auf anderer Leute Rücken ist leicht tragen.

Auf dem Markt lernt man die Leute kennen.

Auf frohe Tage ein guter Trunk
macht alte Leute wieder jung.

Aus anderer Leute Haut ist gut Riemen schneiden.

Aus anderer Leute Schaden ist gut klug werden.

Aus Kindern werden Leute.

Bei anderer Leute Feuer kann man sich auch wärmen.

Bei ehrlichen Leuten geht's ehrlich zu.

Bei guten Leuten verliert man nichts.

Bei knauserigen Leuten ist nicht gut kaufen.

Beim Bier gibt's viel tapfere Leut.

Beim Wein erkennt man die Leute.

Beute entzweit die Leute.

Böse Leute, böse Werke.

Brand macht arme Leute.
Streit und Zorn bringt nichts ein.

Das ist schön, was den Leuten gefällt.

Der Galgen trägt nur kleine Leute.
Die großen Diebe läßt man bekanntlich laufen.

Der ist ein Narr, der andere Leute für dumm hält.

Der Teufel kennt seine Leute.

Der Weg will Leute haben.

Der Winter macht rüstige Leute.

Der Zorn beherrscht nur schwache Leute.

Die Fremde bildet die Leute.

Die Leute müssen was zu reden haben, die Hunde was zu bellen.

Die Leute reden viel, wenn der Tag lang ist.

Die Leute sehen nicht in den Magen, aber auf den Kragen.

Die Leute vor uns sind auch keine Narren gewesen.

Die Narren sind auch Leute.

Die Stadt ist gut, sagte der Bauer, aber die Leute taugen nichts.
Spöttisch, wenn jemand mit vielen Einschränkungen kritisiert oder lobt.

Dumme Leute haben dumme Träume.

Ehrliche Leute brauchen nicht viel Worte.

Ehrliche Leute gehen keine krummen Wege.

Ein guter Trunk macht alte Leute jung.

Ein Mann wiegt soviel wie hundert Leute.

Ein wirrer Kopf macht wirre Leute.

Es geschieht viel unter der Sonne, was kluge Leute nicht verstehen.

Es gibt allerhand Leute, nur keine runden, sonst tät' man mit ihnen kegeln.

Es ist bös streiten mit harthörigen Leuten.

Es ist kein Kinderspiel, wenn alte Leute auf Stecken reiten.

Es sind nicht alle Leute Menschen.

Es sind nicht die weisesten Leute, die am meisten reden.

Falscher Leute Rat führt auf schlimmen Pfad.

Faule Leute haben die meiste Arbeit.

Wenn man ihren Reden glaubt.

Faule Leute haben lange Tage.

Faule Leute kommen leicht in Schweiß.

Faule Leut', listige Leut'.

Feine Leute haben feine Sachen.

Scherzhaft, wenn jemand etwas Neues trägt.

Fleißige Hand baut Leut und Land.

Fleißige Leute finden immer etwas zu tun.

Fremde Leute, fremde Wege.

Fremde macht Leute.

Angesehene oder von sich eingenommene.

Fremder Leute Kühe haben immer größere Euter.

Fröhliche Leute gähnen nicht.

Sie haben keine Langeweile.

Fromme Leute haben auch Galle.

Auch den Friedfertigsten kann man reizen.

Führe mich zu Leuten, sagt der Blinde.

Furchtsame Leute haben kein Glück.

Gefahr macht die Leute einig.

Geld macht schöne Leute.

Gescheite Leute haben allzeit viel zu tun.

Gescheite Leute haben die Augen im Kopfe, die Narren in den Füßen.

Gescheite Leute haben keine Ohren.

Für üble Nachrede.

Geschickte Leute kommen überall fort.

Große Leute, große Fehler; kleine Leute, kleine Fehler.

Große Leute irren (stolpern) auch.

Auch ironisch von Großtuern.

Große Leute, kleine Schwächen.

Große Leute sind auch einmal klein gewesen.

Großer Leute Fehler sieht man weit.

Gute Leute können viel tun.

Gute Leute sind keine Nachbarn.

Da man sich bessere wünscht.

Gute Leute sind leicht zu erbitten.

Häßliche Leute sind auch Leute.

Hastige Leute müssen keinen Esel reiten.

Hinter dem Berge wohnen auch Leute.

Hübsche Leute, hübsche Sachen.

Im Bach ersaufen auch Leute.

Kleine Ursachen richten oft viel an.

Im Wirtshaus lernt man die Leute kennen.

Haß und Neid bringen viel Leid.

In anderer Leute Häusern ist gut Feste feiern.

Ja und nein scheidet die Leute.

Je häßlicher die Leute, je stolzer der Gang.

Je schlechter die Leute, je größer das Glück.

Von unverdientem Glück.

Je später der Abend, je schöner die Leute (Gäste).

Kein Handwerk macht lauter reiche Leute.

Kleider machen Leute.

Kleine Leute, große Herzen.

Kleine Leute sieht man nicht.

Scherz, wenn jemand übersehen wurde.

Kleine Leute sind bald im Harnisch.

Kluge Leute irren auch.

Kluge Leute machen auch wohl dumme Streiche.

Laß die Leute reden, Gänse können's nicht.

Leute, die minnen, sind nicht recht bei Sinnen.

Leute und Leute sind zweierlei.

Man kann es nicht allen Leuten recht machen, und wenn man sich die Nase abbeißt.

Man kann nicht allen Leuten ins Herz sehen.

Man macht kein Schloß für ehrliche Leute.

Man muß die Leute nehmen, wie sie sind.

Mit anderer Leute Schaden ist gut weise werden.

Mit guten Leuten ist gut umgehen.

Morgen, morgen, nur nicht heute,
sagen alle faulen Leute.

Nach C. F. Weiße, Der Aufschub.

Müßige Leute haben am meisten zu tun.

Nach der Schlacht fehlt's nicht an tapferen Leuten.

Nicht alle Leute schlafen, die zu Bett gegangen sind.

Nur keine Angst vor Herren, die Bauern sind auch Leute.

Reiche Leute haben fette Katzen.

Reiche Leute haben lachende Erben.

Reicher Leute Kinder geraten selten.

Schlechten Leuten mißfallen ist kein Unglück.

Schwarz auf weiß scheidet die Leute.

Beim Rechtsstreit.

Stolze Leute, hochbeinige Reden.

Trunkenheit macht tolle Leut.

Tue recht und laß die Leute reden.

Tu, was du willst, die Leute reden doch.

Verständigen Leuten ist gut predigen.

Viele Leute, viele Häute; aber jeder steckt in der eigenen.

Viel Leute, aber wenig Menschen.

Viel Wein macht dumme Leute.

Von guten Leuten lernt man Gutes.

Von redlichen Leuten denkt man nichts Arges.

Wachende Leute träumen nicht.

Was den Leuten gefällt, ist leicht verkauft.

Was in aller Leute Mund,
ist nicht immer ohne Grund.

Was man verbeut, das tun die Leut.

Wehleidige Leute sterben nicht so bald.

Weise Leute geben kurzen Bescheid.

Wenn alte Leute tanzen, wird viel Staub.

Wenn dumme Leute zu Markt kommen, kriegen die Kaufleute Geld.

Wer allen Leuten das Maul stopfen will, braucht viel Lumpen.

Wer auf anderer Leute Schuhe wartet, der muß lange barfuß gehen.

Von Erbschleichern.

Wer einmal in den Mund der Leute kommt, der kommt selten heraus.

Wer es allen Leuten recht machen will, muß früh aufstehen.

Wer für andere Leute stiehlt, wird für sich selbst gehängt.

Wer mit Leuten umgeht, lernt Leute kennen.

Wer nicht tun kann, was die Leute verdrießt, gibt keinen Schulzen ab.

Wer sich auf anderer Leute Schüssel verläßt, geht hungrig zu Bett.

Wer will bauen an der Straßen,
muß die Leute reden lassen.

Wie das Wetter, so die Leute.

Wie die Leute, so ihre Reden.

Wie die Zeit, so ändern sich die Leut.

Zornige Leute kommen bald zu einer Beule.

Zwischen ehrlichen Leuten bedarf's keiner Rechnung.

Licht

Auch ein kleines Licht sieht man weit in der Nacht.

Von Unbedeutenden.

Bei Tage braucht man kein Licht aufzustekken.

Besser ein Kienspan als gar kein Licht.

Dachte sind keine Lichte.

Wortspiel mit ‚Dochte' und dem entschuldigenden ‚Ich dachte'.

Die Schönste putzt das Licht.

Ein großes Licht verdunkelt viel kleine.

Es ist gleich, ob im Finstern oder ohne Licht.

Es ist nicht alles Licht, was leuchtet.

Eulen und Licht vertragen sich nicht.

Große Laternen, kleine Lichter.

Von Angebern.

Je größer die Fenster, je stärker das Licht.

Je größer Licht, je heller Tag.

Kein Licht ohne Schatten.

Man muß sein Licht nicht unter den Scheffel stellen.

Nach Matthäus 5,15.

Nachteulen hassen das Licht.

Nicht jedes Licht kommt von der Sonne.

Ohne Licht sieht man die Fehler nicht.

Unbedacht hat manches schon ans Licht gebracht.

Was nützt ein Licht, das nicht leuchtet.

Wenn der Tag kommt, löscht man das Licht aus.

Wer ein Licht anzündet, dem geht ein Licht auf.

Wer recht handelt, braucht das Licht nicht zu scheuen.

Wo viel Licht ist, da ist auch viel Schatten.

lichterloh

Feuer und Stroh brennt lichterloh.

Lichtlein

Man zündet auch wohl dem Teufel ein Lichtlein an.

lieb

Das Nächste, das Liebste.

Der Teufel scheißt nirgends lieber hin, als wo gedüngt ist.

Wo Vermögen ist, kommt noch was hinzu.

Eigen Kind, liebes Kind.

Eine andere Mutter hat auch ein liebes Kind.

Ein einziger Sohn, ein liebes Kind.

Einen lieben Weg wandert man leicht.

Es gibt mehr Gleiches als Liebes.

Es lacht mancher, der lieber weinen möchte.

In den weichsten Betten sitzen die Flöhe am liebsten.

Wo Wohlstand ist, finden sich Schmarotzer ein.

Jeder spricht am liebsten von seiner Kunst.

Je länger, je lieber.

Je lieber der Gast, je voller der Teller.

Je schiefer, je lieber, eine Gerade hat jeder.

Je teurer, je lieber.

Liebe Gäste kommen ungeladen.

Lieben Kindern gibt man viele Namen.

Lieber Dreck stinkt nicht.

Liebes geht über Schönes.

Mancher will lieber im Tal wohnen als auf den Bergen.

Man soll lieber zehn ehrlich machen als einen zum Schelm.

Mein Klee ist mir lieber als des Nachbars Weizen.

Vor fremden Türen kehren die Leute am liebsten.

Was du hast, das laß dir lieb sein.

Was einem lieb ist, holt der Teufel am ersten.

Was lieb ist, das ist schön.

Was verboten ist, tut man am liebsten.

Reiz des (moralisch) Verpönten.

Wem seine Haare lieb sind, der muß keine Händel anfangen.

Wenn ich geben kann, bin ich ein lieber Mann.

Wenn Lieber kommt, muß Leider weichen.

Wer nur recht spendieren kann,
ist überall ein lieber Mann.

Wer was Liebes hat, geht danach.

↗ *lieber*

Liebchen

Jedem ist sein Liebchen schön, wär's auch ohne Zähne.

Liebe

Alte Liebe rostet nicht.

Auf Liebe folgt Leid.

Auf Liebe und Wetter ist kein Verlaß.

Aus Liebe frißt der Wolf das Schaf.

Von Heuchelei.

Besser wenig mit Liebe als viel mit Fäusten.

Der Liebe ist kein Ding unmöglich.

Der Liebe ist kein Wind zu kalt (kein Weg zu weit).

Die erste Liebe ist die beste.

Die Liebe aus der Ferne bleibt am längsten warm.

Die Liebe fragt nicht, ob sich's schickt.

Die Liebe geht durch den Magen.

Die Liebe ist blind.

Die Liebe ist der Liebe Lohn.

Die Liebe kommt vom Sehen.

Die Liebe kriecht, wo sie nicht gehen kann.

Die Liebe will Gezänk haben.

Eine Liebe ist der andern wert.

Ein Zaun dazwischen mag (kann) die Liebe erfrischen.

Freundschaft ist Liebe mit Verstand.

Frühe Hochzeit, lange Liebe.

Frühe Liebe, frühes Leid.

Gegen die Liebe ist kein Kraut gewachsen.

Geld kann viel, Liebe alles.

Gelegenheit macht Liebe.

Genuß tötet die Liebe.

Gleichheit ist der Liebe Band.

Auch von Gleichheit der Interessen.

Glück im Spiel, Unglück (Pech) in der Liebe.

Große Liebe, großer Schmerz.

Haß entsteht, wenn Liebe vergeht.

In Nöten geht die Liebe flöten.

Ist die Schleife ellenlang, ist die Liebe klafterlang.

Jähe Liebe, lange Feindschaft.

Je schöner Kind, je größer Liebe.

Was gefällt, findet Zuneigung.

Kalte Hände, warme Liebe.

Da Alter vor Liebe nicht schützt.

Keine Liebe ohne Leid.

Kein Mädchen ohne Liebe,
kein Jahrmarkt ohne Diebe.

Kommt der Mangel ins Haus,
flieht die Liebe hinaus.

Lange Trennung ist der Liebe Tod.

Liebe braucht keinen Lehrer.

Liebe geht durch Zaun und Hecke.

Liebe hat kein Alter.

Liebe herrscht ohne Gesetz.

Liebe im Herzen macht schnelle Füße.

Liebe ist der größte Reichtum.

Liebe ist erfinderisch.

Liebe kann Berge versetzen.

Liebe kann man nicht erzwingen (kaufen).

Liebe macht blind.

Liebe macht den Topf nicht sieden.

Liebe macht fleißige Hand.

Liebe macht kurze Meilen.

Liebe macht närrisch.

Liebe macht nicht satt.

Liebe mehrt, Haß zerstört.

Liebe muß Zank haben.

Liebe ohne Schmerz bewegt kein Herz.

Liebe überwindet alles.

Liebe und Ehe ist voll Honig und Wehe.

Liebe und Haß haben kein Maß.

Liebe und Husten lassen sich nicht verbergen.

Liebe und Not hat kein Gebot.

Liebe und Verstand gehen selten Hand in Hand.

Liebe weckt Liebe.

Liebe will Vertrauen.

Liebe wird mit Liebe bezahlt.

Liebe wohnt in Hütten und Palästen.

Liebe zum Golde macht eiserne Zeit.

Der Geizige gönnt sich selber nichts.

Liebe zwingt auch den Esel durch's Feuer.

Neue Liebe macht die alte vergessen.

Ohne Wein und Brot ist die Liebe tot.

Prügel vertreiben die Liebe.

Rechte Liebe heuchelt nicht.

Treue ist eine Schwester der Liebe.

Treuer Liebe Band hält über Meer und Land.

Unter dem Mantel der Liebe verbirgt sich viel Haß.

Von der Liebe allein kann man nicht leben.

Was Liebe tut, ist alles gut.

Was Liebe will, das will sie bald.

Wenn man den Bräutigam zur Braut treiben muß, ist die Liebe nicht groß.

Wer aus Liebe kratzt, streichelt.

Wer aus Liebe leidet, fühlt keine Pein.

Wer Haß sät, kann nicht Liebe ernten.

Wer lebt ohne Liebe, der ist lebendig tot.

Wer Liebe ernten will, der muß auch Liebe säen.

Wer Liebe stiehlt, ist kein Dieb.

Wo Argwohn wurzelt, muß Liebe welken.

Wo die Liebe hinfällt, da bleibt sie liegen (und wär's ein Misthaufen).

Wo Freude wachsen soll, da muß man Liebe säen.

Wo kein Eifer ist, da ist auch keine Liebe.

Wo (keine) Liebe ist, ist (keine) Treue.

Wo Liebe anklopft, da macht Liebe auf.

Wo Liebe ist, da ist auch Vertrauen.

Wo Liebe ist, da ist Geduld.

Wo Liebe ist, da mangelt nichts.

Wo Lohn anfängt, hört Liebe auf.

Wo meine Liebe ist, da ist mein Auge.

Zorn und Liebe geben schlechten Rat.

↗ *Liebende, der*

liebeln

Die viel liebeln, machen kein Paar.

lieben

Der ist schön, den man im (von) Herzen liebt.

Der mich liebt, der sieht es nicht,
nach den andern frag' ich nicht.

Scherzhaft, um zu sagen, daß man einen Schmutzfleck o. dgl. nicht gleich beseitigen kann.

Die Katze liebt den Speck
und die Sau den Dreck.

Jeder geht seinen Neigungen nach.

Du sollst deinen Nächsten lieben wie dich selbst.

Nach 3. Mose 19,18; auch ironisch.

Einer liebt die Mutter, der andere die Tochter.

Einer liebt's, den anderen betrübt's.

Ein jeder Vogel liebt sein eigenes Nest.

Hassen mich die einen, so lieben mich die andern.

Herzlich geliebt, schmerzlich betrübt.

Jeder liebt, was ihm gefällt.

Liebe, als müßtest du einmal hassen, und hasse, als müßtest du einmal lieben.

Liebe deinen Nächsten, aber reiße den Zaun nicht nieder.

Lieben ist keine Sünd',
und Küssen macht kein Kind.

Lieben ist leiden.

Lieben und Singen läßt sich nicht zwingen.

Lieb mich, so lieb ich dich wieder.

Man dient für Lohn und liebt sich für Geschenke.

Man ist oft zu jung zum Freien, aber niemals zu alt zum Lieben.

Man liebt den Verrat, nicht den Verräter.

Man liebt nur einmal.

Man liebt oft den Hund um des Herrn willen.

Niemand wird von allen geliebt.

Was einem gefällt, das liebt man.

Was einer liebt, das hat er gern (das ist sein Gott).

Was hübsch ist, liebt man.

Was liebt, betrübt; was herzt, das schmerzt.

Was man hat, das verdirbt, was man nicht hat, das wird geliebt.

Was man liebt, das ist schön.

Was man nicht kennt, kann man nicht lieben.

Was man nicht liebt, das lobt man selten.

Was sich liebt, das neckt sich.

Wen der Kellner liebt, der trinkt oft.

Wen man fürchtet, den liebt man nicht.

Wen man liebt, dem dient man gern.

Wen man nicht sieht, den kann man nicht lieben.

Wer alle liebt, liebt niemand.

Wer das Leben liebt, vergeudet die Zeit nicht.

Wer den Pfennig nicht liebt, wird nicht reich.

Wer Hans liebt, liebt auch Hansens Hund.

Wer liebt, dem ist jeder Tintenfleck eine Venus.

Wer liebt, der rechnet nicht.

Wer liebt, hat alle Taschen voller Hoffnung.

Wer liebt, macht sich die Träume selber.

Wer mich liebt, küßt mich,
wer mich haßt, frißt mich.

Wer mich liebt, liebt auch meinen Hund.

Wer nicht eifert, der liebt nicht.

Wer nicht hassen kann, kann auch nicht lieben.

Wer nicht liebt, lebt nicht.

Wer nicht liebt Wein, Weib und Gesang,
der bleibt ein Narr sein Leben lang.

Angeblich nach Luther.

Wo's spukt, da liebt sich's.

Nicht jede Leiter führt in den Himmel.

Liebende, der

Das Grollen der Liebenden ist von kurzer Dauer.

Dem Liebenden ist auch der Kropf eine Zierde.

Der Liebenden Streit die Liebe erneut.

Wenn den Liebenden zu wohl ist, heiraten sie sich.

lieber (besser)

Lieber aus der Welt als aus der Mode.

Lieber beneidet als bemitleidet.

Lieber bettelmännisch gefahren als edelmännisch gegangen.

Lieber das Halbe ganz als das Ganze halb.

Lieber das Hemd verloren als die Haut.

Lieber den Darm (Magen) verrenkt
als dem Wirt einen Tropfen geschenkt.

Lieber die Wolle verlieren als das Schaf.

Lieber eine Hütte auf der Erde als einen Thron in den Wolken.

Lieber eine Laus im Kohl als gar kein Fleisch.

Lieber ein kleiner Herr als ein großer Knecht.

Lieber ein kluger Tadel als ein dummes Lob.

Lieber ein Tropfen Weisheit als ein Abgrund voll Glück.

Lieber etwas als gar nichts.

Lieber gar nichts als halb.

Lieber gutlos als ehrlos.

Lieber Hammer als Amboß.

Lieber Schaden als Spott.

Lieber sein als scheinen.

Lieber tot als Sklave.

Lieber umkehren als fehlgehen.

↗ *besser, lieb*

Liebesauge

Liebesaugen sehen keine Flecke.

Liebesdienst

Nicht jeder Dienst ist ein Liebesdienst.

Liebesfeuer

Es ist kein Liebesfeuer so heiß, die Ehe kühlt es.

liebeskrank

Liebeskrank stirbt nicht gleich.

Liebesleute

Zwist unter Liebesleuten
hat nicht viel zu bedeuten.

Liebesschwur

Liebesschwüre dauern nicht.

Liebesschwüre haben kurze Beine.

Liebesstück

Liebesstück ist kein Diebesstück.

Liebeszank

Liebeszank, Liebesdank.

Liebeszorn

Liebeszorn ist neuer Liebeszunder.

liebgewinnen

Was man treibt, gewinnt man lieb.

liebhaben

Jeder hat seine Grete lieb, und ist (wär') sie auch beschnuddelt.

Schön hat der Teufel lieb.

Was gefällt, dem wird nachgestellt.

Wer mir gibt, den hab ich lieb.

Liebschaft

Liebschaft geht über Freundschaft.

Neue Liebschaft tötet die alte.

Lied

Andere Zeiten, andere Lieder.

Auch das längste Lied hat ein Ende.

Aus einem verzagten Halse kommt kein lustiges Lied.

Das alte Lied, das alte Leid.

Ehestand ohne Fried' ist ein schlechtes Lied.

Im letzten Glase liegt der Rausch.

Einem Sänger fehlt es nie an Liedern.

Ein gutes Lied singt man wohl zweimal.

Ein jeder singt sein Lied.

Ein kurzes Lied ist bald gesungen.

Ein lustiges Lied macht ein fröhliches Gemüt.

Ein Narr fängt das Lied an, und die Klugen singen mit.
Diejenigen, die sich für klug halten.

Frohem Sinn fehlt's nicht an Liedern.

Jeder Frühling bringt neue Lieder.

Jedes Volk hat seine Lieder.

Kein noch so gut Lied,
man wird seiner müd.

Man fängt das Lied zu hoch nicht an,
daß man's zu Ende singen kann.

Mit Liedern zahlt man keine Zeche.
Mit Klageliedern.

Neue Lieder singt man gern.

Schönes Gefieder, schlechte Lieder.

Wes Brot ich ess', des Lied ich sing'.

Wo man singt, da laß dich ruhig nieder;
böse Menschen haben keine Lieder.
Nach J. G. Seume, Die Gesänge.

liederlich

Allzugut ist liederlich.

Liederlich hat's meiste Glück.

Liederlich macht widerlich.

↗ *Lüderli*

liegen

Alte Katzen liegen gern am Ofen.

Auf einem vollen Bauche ist gut liegen.

Auf Purpurbetten liegt man hart.

Besser da läuft er als da liegt er.

Das Geld liegt auf der Straße.

Der Knüppel liegt beim Hund.
Man kann nicht, wie man möchte.

Es liegt nicht am Meinen, sondern am Sein.

Es liegt nicht am Pfluge, wenn die Beete krumm sind.

Es liegt nicht an viel Worten, sondern an viel tun.

Es liegt viel am Überreden.

Es steht mancher wieder auf, der auf dem Boden liegt.

Klug reden kann einer im Liegen.

Wer gut schläft, liegt auch auf Steinen weich.

Wer in sein eigenes Nest scheißt, der liegt im Dreck.

Wer liegt, kann nicht fallen.

Wie man sich bettet, so liegt man.

Wo der Baum hinfällt, da liegt er auch.

Wo Taler liegen, da rollen Taler hin.

liegenlassen

Es steht geschrieben, was nicht dein ist, das laß liegen.

Satte Tauben lassen die besten Körner liegen.

Was du nicht hingelegt hast, das laß liegen.

Wer leicht anfängt, läßt leicht liegen.

Zufriedenheit ist mein Vergnügen,
alles andre lass' ich liegen.

Spöttisch über einen Bequemen.

Likör

Wer Sorgen hat, hat auch Likör.

Scherzwort nach Wilhelm Busch, Fromme Helene.

Lilie

Wer Nesseln pflanzt, kann keine Lilien finden.

lindern

Geduld und Zeit lindern alle Traurigkeit.

link-

Die linke Hand (Linke) kommt von Herzen.

Scherzhaft, wenn man jemand mit der linken Hand begrüßt. Eigentlich von der sog. Ehe zur linken Hand, der unebenbürtigen Liebesheirat.

Undank ist die linke Hand der Selbstsucht.

Was die Linke tut, laß die Rechte nicht wissen.

Linnen

Grober Flachs gibt kein feines Linnen.

Lippe

Zwischen Glas und Lippe gibt's manche Klippe.

Es kann immer noch etwas dazwischenkommen.

List

Alte Leute, alte Ränke; alter Fuchs, alte List.

Armut braucht List.

Eine List betrügt die andere.

Es ist keine List über Frauenlist.

Nach Jesus Sirach 25,18.

Je mehr Listen, je mehr List.

List geht über Gewalt (Stärke).

List macht guten Mist.

Wer die Kniffe versteht, dem glückt's.

List muß man mit List vertreiben.

List wird gern Lust.

Was Gewalt nicht vermag,
das steckt List in den Sack.

listig

Bei Füchsen muß man listig sein.

Faule Leut', listige Leut'.

Lob

Aus Feindesmund kommt kein Lob.

Das Lob, das man hört, ist nicht viel wert.

Der Tadel des Weisen ist besser als das Lob des Narren.

Ehrliche Schelte ist besser als falsches Lob.

Ein gutes Lob ist Goldes wert.

Falsches Lob ist sicherer Spott.

Fremdes Lob klingt, Freundes Lob hinkt.

Gerechter Tadel ist besser als ungerechtes Lob.

Lieber ein kluger Tadel als ein dummes Lob.

Lob ist der Narren Prob'.

Lob kitzelt jedem in den Ohren.

Lob macht den Guten besser, den Bösen schlimmer.

Lob macht Freunde.

Lob macht Künstler.

Lob macht nicht groß und Tadel nicht klein.

Lob macht nicht satt.

Lob macht rührige Hand.

Lob und Ehr' veralten sehr.

Lob wirkt mehr als Tadel.

Mit Lob fängt man die Narren.

Nach dem Tod kommt das Lob.

Nichts altert mehr als Lob und Ehr'.

Schatten macht nicht größer, Lob nicht besser.

Schönheit bedarf keines Lobes.

Wer gut ist, bedarf keines Lobs.

Wer sein Lob kauft, bezahlt es stets zu teuer.

loben

Alte Esel will niemand loben.

Beispiel von oben ist doppelt zu loben.
Vorbild des Vorgesetzten.

Bereite Hand lobt alles Land.

Dagegen hab' ich nichts, sagte der Bauer, als er sich loben hörte.

Das Gute lobt sich selbst.

Das Werk lobt seinen Meister.
Nach Jesus Sirach 9,24.

Der Abend lobt den Tag.

Der volle Bauch lobt das Fest.

Die Schönheit seiner Frau muß man nicht vor anderen loben.

Ein guter Abt lobt sein Kloster.

Ein jeder Pfaffe lobt sein Heiligtum.

Ein Narr hört sich gern loben.

Ein Narr lobt den andern.

Gute Ware lobt sich selbst.

Gut gelobt ist halb verkauft.

Heute gelobt, morgen gefoppt.

Immer oben ist nicht zu loben.

Jeder Fuchs lobt seinen Bau.

Jeder Krämer lobt seine Ware.

Jeder lobt das Seine.

Jeder lobt seinen Heiligen.
Vorliebe läßt sich nicht verbergen.

Jeder lobt sein Handwerk.

Jeder lobt, was ihm gefällt.

Jedermann lobt seine Kuh und glaubt, sie sei die beste.

Jeder Schreiber lobt seine Feder.

Jeder Töpfer lobt sein Geschirr.

Laß andere dich loben.

Lobe den Narren, so schwillt er.

Lobe die Berge und bleibe im Tal.
Ironisch von Furchtsamen.

Lobe die Faulen, so werden sie flink.

Lobe die See, aber bleib auf dem Lande.

Lobe meine Werke, so rühm' ich deine Stärke.

Loben ist nicht lieben.
Sondern sachliche Anerkennung.

Loben tut nicht weh.

Loben und bieten gehört zum Kauf.

Mancher lobt das Wasser und bleibt auf dem Lande.

Man lobt keinen, außer er braucht's.

Man muß die Suppe erst kosten, ehe man sie lobt.

Man soll den Tag nicht vor dem Abend loben.

Meines Feindes Mund lobt mich zu keiner Stund.

Mit Loben gewinnt man Lieben.

Narren loben sich selber.

Sparsam loben, karg tadeln.

Tadele heimlich, lobe öffentlich.

Voller Magen lobt das Fasten.

Was der eine lobt, schilt der andere.

Was man verkaufen will, das muß man loben.

Was Narren loben, das ist getadelt.

Wen Kunz nicht lobt, den lobt Hinz.

Wenn man den Pfau lobt, breitet er den Schwanz aus.

Wenn man dich lobt, so sieh in den Spiegel.

Wenn's halbwegs ist, muß man's ganz loben.

Wenn's leidlich ist, so soll man's loben.

Wer alles lobt, hat nichts gelobt.

Wer die Kinder lobt, den lieben sie.

Wer die Ware lobt, der kauft sie nicht.

Wer ein blindes Pferd verkaufen will, lobt die Füße.

Wer gelobt sein will, muß sterben.

Wer hat's nicht gern, daß man ihn lobt.

Wer kein Fleisch essen kann, lobt das Fasten.

Wer lobt, hat eine volle Kirche.

Wer satt ist, lobt das Fasten.

Wer sich selber lästert, den lobt niemand.

Wer sich selber lobt, den hassen viele.

Fleißige Hand baut Leut und Land.

Wer sich selbst lobt, hat gewiß keinen Freund.

Wer sich selbst lobt, tadelt sich.

Zu sehr gelobt ist halb gescholten.

Lober

Auf einen Lober kommen zehn Schelter.

Lobrede

Bei einer Lobrede gähnt man nicht.

Loch

Der Flicken muß größer sein als das Loch.

Der Maus ist wohl in ihrem Loch.

Der Schuh weiß, ob (wo) der Strumpf Löcher hat.

Eheleute kennen gegenseitig ihre Schwächen.

Eine kluge Maus weiß (hat) mehr als ein Loch.

Ein Flicken ist keine Schande, aber ein Loch.

Ein Kleid mit Löchern braucht viel Flicken.

Wer eine Schande zu verdecken hat, jagt am meisten nach Ehren.

Ein Loch im Dache verdirbt das ganze Haus.

Es ist kein Stein so klein, er füllt ein Loch.

Es ist schade ums Mehl, wenn der Sack ein Loch hat.

An etwas Unnützes soll man nichts wenden.

Lieber einen Flicken als ein Loch.

Mit Worten schlägt man kein Loch in den Kopf.

Schläger und alte Strümpfe haben immer Löcher.

Wer auf einem Punkte bohrt, macht bald ein Loch.

Wer das Löchlein nicht stopft, muß ein Loch zumachen.

Wozu das Loch stopfen, wenn die Hühner ausgeflogen sind.

Locke

Schöne Locken, schlechte Socken.

Von liederlichen Putzsüchtigen.

locken

Der ist leicht zu locken, der von selber gern kommt.

Ein Pfennig lockt den anderen.

Geld lockt.

Leere Schüsseln locken niemand zu Tisch.

Mit Hafer lockt man, mit Sporen fährt man.

Offene Tür lockt den Dieb.

Mangelnde Umsicht schadet.

Schlechtes Schild lockt keine Gäste.

Wenn dich die bösen Buben locken, so folge ihnen nicht.

Nach Sprüche Salomos 1,10.

Löffel

Besser ohne Löffel als ohne Brei.

Der Mensch gibt mit Löffeln,
das Glück mit Scheffeln.

Ein Löffel voll Tat ist besser als ein Scheffel voll Rat.

Es begibt sich viel zwischen Löffel und Gaumen.

Gib den Löffel nicht aus der Hand, bis du gegessen hast.

Man sollte sich nicht vor der Zeit aufs Altenteil setzen.

Große Löffel haben lange Stiele.

Der Arm eines Einflußreichen reicht weit.

Hat man nur erst die Grütze, so findet sich auch der Löffel.

Jedem Löffel gefällt sein Stiel.

Kleine Schüsseln, kleine Löffel.

Kommt es nicht mit Scheffeln,
so kommt es doch mit Löffeln.

Mancher gibt mit Löffeln
und nimmt mit Scheffeln.

Mit dem Löffel kann man das Meer nicht ausschöpfen.

Mit eigenem Löffel ißt sich's am besten.

Mit leeren Löffeln ist kein Drescher zufrieden.

Steck deinen Löffel nicht in andrer Leut' Töpfe.

Man soll sich nicht in fremde Angelegenheiten mischen.

Was nützt ein Löffel ohne Suppe.

Wenn man mit Löffeln einnimmt und mit Scheffeln ausgibt, so währt es nicht lange.

Wer keinen Löffel hat, ißt mit den Fingern.

Wer mit dem Teufel essen will, muß einen langen Löffel haben.

Wo der Löffel reicht, bedarf's der Kelle nicht.

Löffelei

Löffelei macht keine Hochzeit.

Löffelei hier als Liebelei.

Viel Löffelei, aber schlechte Suppen.

Viel Aufwand und nichts dahinter.

Wo Suppe ist, da ist auch Löffelei.

löffeln

Ist's nicht gescheffelt, so ist's doch gelöffelt.

Scheffelt's nicht, so löffelt's doch.

Lohn

Böse Werke geben bösen Lohn.

Der eine hat die Arbeit, der andere den Lohn.

Die Liebe ist der Liebe Lohn.

Dienst ohne Lohn macht Diebe.

Ehre ist der Tugend Lohn.

Ein (Jeder) Arbeiter ist seines Lohnes wert.

Nach Lukas 10,7; auch: Jede Arbeit ist ihres Lohnes wert.

Guter Lohn macht die Arbeit leicht.

Guter Lohn macht hurtige Hände.

Gutes trägt seinen Lohn in sich.

Hölzerner Lohn, hölzerne Arbeit.

Jede Arbeit verdient ihren Lohn.

Man dient für Lohn und liebt sich für Geschenke.

Schlechter Lohn macht schlechtes Tuch.

Schmutzige Arbeit, blanker Lohn.

Spott und Hohn trägt schlimmen Lohn.

Undank ist der Welt Lohn.

Wie der Lohn, so der Dienst.

Wie die Arbeit, so der Lohn.

Wo Lohn anfängt, hört Liebe auf.

lohnen

Faulheit lohnt mit Armut.

Schlechte Gewohnheit lohnt übel.

So verdient, so gelohnt.

Wem man mit guten Worten lohnt, der wird nicht reich.

Wer auf Gnade sündigt, dem wird mit Zorn gelohnt.

Wer sich auf die Gutmütigkeit anderer frech verläßt, bekommt den Zorn zu spüren.

Lorbeer

Es gibt mehr Spießruten als Lorbeeren.

Hinter dem Ofen wachsen keine Lorbeeren.

Von Lorbeeren wird man nicht satt.

Wer Hasenfüße hat, erläuft keinen Lorbeer.

Lorbeerkranz

Lorbeerkränze machen keinen Dichter.

los

Was man weggibt, das ist man los.

Wer die Ware anpreist, will sie los sein.

Los

Wie man das Los gezogen hat, so gewinnt es.

löschen

Bald brennt ein Haus,
aber langsam löscht man's aus.

Von Zorn und Streit.

Beizeiten ist gut löschen.

Brätst du mir die Wurst, so lösch' ich dir den Durst, sagte der Kellner zum Koch.

Die Spritze, die morgen kommt, löscht heute kein Feuer.

Entferntes Wasser löscht keinen nahen Brand.

Es ist bald ein Feuer im Herzen angeblasen, aber nicht so bald gelöscht.

Es ist schlecht löschen, wo das Herz brennt.

Es ist schwer zu löschen, was man angezündet hat.

Faules Wasser löscht auch Feuer.

Feuer muß man beizeiten löschen.

Große Flut löscht keine Glut.

Hat man kein Wasser, so löscht man mit Mist.

Ist der Brand gelöscht, dann bringt jedermann Wasser herbei.

Kein Feuer so heiß, ein Wasser kann es löschen.

Lösch nicht, wenn's dich nicht brennt.

Man nimmt immer das nächste Wasser zum Löschen.

Schadenfroh löscht keinen Brand.

Schreien löscht das Feuer nicht.

Solange es noch raucht, ist das Feuer nicht gelöscht.

Was dich nicht brennt, sollst du nicht löschen.

Was du heute löschen kannst, laß nicht bis morgen brennen.

Was hilft's Trinken, wenn's den Durst nicht löscht.

Wasser bei der Hand löscht den Brand.

Wenn alte Scheuern brennen, ist kein Löschen mehr.

Wenn das Feuer allenthalben zum Dach ausschlägt, ist es zu spät zum Löschen.

Wer kein Wasser hat, der löscht mit Dreck.

Wer löschen will, darf das Feuer nicht fürchten.

Wer ruft: es brennt, hat halb gelöscht.

Wo man gelöscht hat, hat es gebrannt.

lose

Eine lose Rede schläft in dummen Ohren.

Ein loser Mund ist ungesund.

Ein loses Maul braucht einen starken Rükken.

lösen

Der Wein löst die Zunge.

Ein gutes Pfand löst seinen Herrn.

Geld löst die Zunge.

Wer den Knoten nicht lösen kann, muß ihn zerhauen.

loswerden

Wer seine Sorgen los wird, hat genug gewonnen.

Lot

Besser ein Lot Gold als ein Pfund Blei.

Ein Lot Hilfe ist mehr wert als ein Pfund Predigt.

Freunde mit dem Mund: einer auf ein Pfund; Freunde in der Not: tausend auf ein Lot.

Löwe

An den Klauen erkennt man den Löwen.

An einem goldenen Strick führt der Hase den Löwen.

Mit dem Löwen ist nicht gut Beute teilen.

Auch ein gefangener Löwe ist noch ein Löwe.

Auf einen Löwen kommen viel Hasen.

Besser eine lebendige Katze als ein toter Löwe.

Besser ein Löwe als tausend Mücken.

Lieber ein offener Gegner als viele, die sticheln.

Der Hund ist ein Löwe in seinem Hause.

Liegt der Löwe tot, ist er der Hasen Spott.

Löwen fangen keine Mäuse.

Mit dem Löwen ist nicht gut Beute teilen.

Was der Löwe nicht kann, das kann der Fuchs.

Wecke nicht den Leuen,
es könnte dich gereuen.

Wenn der Löwe brüllt, zittert der Wald.

Wenn der Löwe schläft, ist ein Lamm König.

Wer den Löwen für einen Esel hält, der sattle ihn.

Man soll einen Gegner nicht unterschätzen.

Zu Hause ein Löwe, draußen ein Lamm.

Löwenmaul

Das Löwenmaul hat ein Hasenherz.

Luchs

Zu Haus ein Maulwurf, draußen ein Luchs.

Lücke

Wer die Lücke im Zaun hat, der hat auch den Schaden.

Lüderli

Der Faulenz und der Lüderli
sind zwei gleiche Brüderli.

Luft

Die Luft kann einem niemand verbieten.

Bei kleinlichen Vorschriften und Verboten.

Von Luft und Liebe kann man nicht leben.

Lüge

Auf grobe Lüge derbe Wahrheit.

Auf Lügen läßt sich kein Kohl kochen.

Aus einem Körnchen Wahrheit bäckt die Lüge einen Laib Brot.

Besser eine Lüge, die heilt, als eine Wahrheit, die verwundet.

Die gröbsten Lügen sind die besten.

Wer unverfroren lügt, dem wird oft zunächst geglaubt.

Die halbe Wahrheit ist die gefährlichste Lüge.

Die Lüge bringt sich selber um.

Die Lüge mag noch so geschwind sein, die Wahrheit holt sie ein.

Eine ehrliche Lüge schadet nicht.

Eine Notlüge.

Eine Lüge ist bald fertig.

Eine Lüge macht die ganze Wahrheit verdächtig.

Eine Lüge reicht der anderen die Hand.

Eine Lüge schleppt zehn andere nach sich.

Es gehen viel Lügen in einen Sack.

Es ist keine Lüge, sie findet ihr Mäntlein.

Sie muß mit immer neuen Lügen bemäntelt werden.

Ferne Reisen, große Lügen.

Hohe Schwüre haben die Lüge vor der Türe.

Je größer die Lüge, je schöner der Mantel.

Je mehr wird sie ausgeschmückt.

Kann sein schützt vor Lügen.

Lügen haben kurze Beine.

Lügen sind des Teufels Wahrheiten.

Lügen und Schlangen winden sich.

Lüge und Wahrheit sind oft Nachbarn.

Man braucht sieben Lügen, um eine zu bestätigen.

Nicht jede Lüge ist ein Scherz.

Sag eine Lüge, so hörst du eine (die) Wahrheit.

Schmutzige Wäsche und Lügen sammeln sich an.

Viele Worte, viel Lügen.

Vielleicht sind anderthalb Lügen.

Wahrheit gibt kurzen Bescheid, Lüge macht viel Redens (Worte).

Wenn die Lüge erkaltet, so stinkt sie.

Wenn man der Lüge glauben soll, muß man sie mit Wahrheit flicken.

Wer die Wahrheit nicht leiden kann, der muß sich mit der Lüge trösten.

Mit Selbstbetrug.

Wo die Lüge gefrühstückt hat, da kann sie nicht zu Mittag essen.

Weil sie so lange nicht Bestand hat.

Wo die Wahrheit einkehrt, kann die Lüge nicht bleiben.

Zu einer Lüge gehören immer sieben Lügen.

Zwischen Wahrheit und Lüge ist ein schmaler Pfad.

lügen

Allermanns Wort lügt selten.

Aus der Weite ist gut lügen.

Aus einem Jungen, der lügt,
wird ein Alter, der betrügt.

Das Herz lügt nicht.

Der hat gut lügen, der von weit her ist.

Der ist leichtfertig, der umsonst lügt.

Der Spiegel lügt, der Schein betrügt.

Der Spiegel lügt nicht.

Der Vater lügt, der Sohn betrügt.

Schlechtes Vorbild wirkt weiter.

Hörensagen ist halb gelogen.

Im Deutschen lügt man, wenn man höflich ist.

Nach Goethe, Faust II.

Klatschen und Lügen gehen Hand in Hand.

Lügen braucht viel Worte.

Lügen ist keine Kunst.

Lügen lernt man ohne Buch.

Lügt auch der Mund, das Herz tut's (kann's) nicht.

Man kann sich eher an den Galgen lügen als herunter.

Meinen liegt nicht weit von Lügen.

Mit Lügen und Listen
füllt man Kasten und Kisten.

Ohrenbläser lügen gern.

Viel reden, viel lügen.

Vom Hören lernt man lügen.

Vom Hörensagen lügt man viel.

Von fernen Ländern lügt man viel.

Von fern lügt man gern.

Wahrheit besteht, Lügen vergeht.

Was man heraus lügt, kann man nicht wieder hinein lügen.

Wer anfängt mit Lügen,
hört auf mit Betrügen.

Wer das Lügen leidet, lehrt das Stehlen.

Wer einmal lügt, dem glaubt man nicht,
und wenn er auch die Wahrheit spricht.

Wer flüstert, lügt.

Wer gern lügt, der stiehlt auch gern.
Dem Unredlichen ist nirgends zu trauen.

Wer gern lügt, macht gern Wunder.
Von Aufschneidern.

Liebe geht durch Zaun und Hecke.

Wer heute lügt, dem kann man morgen nicht glauben.

Wer immer lügt, wird nicht mehr rot.

Wer leicht schwört, der lügt auch.

Wer lügt, betrügt.

Wer raunt, der lügt.

Wer schweigt, lügt nicht.

Wer viel schwatzt, lügt viel.

Wo verkauft wird, da wird gelogen.

Zwei können den Dritten an den Galgen lügen.
Von betrügerischer Kumpanei.

Lügner

Der Lügner muß ein gutes Gedächtnis haben.

Der Meiner und der Lügner sind Brüder.

Ein Lügner hat bald ausgedient.

Kleine Lügner, große Diebe.
Auf der schiefen Bahn geht es schnell voran.

Junger Lügner, alter Dieb.

Schuldner sind Lügner.
Von Ausflüchten.

Lump(en)

Es ist kein Lumpen, er findet seinen Lappen.

Gleiche Lumpen, gleiche Lappen.
Von Kumpanei.

Jeder verkauft seine Lumpen auf seinem Markt.
Jeder zeigt sich von der besten Seite in seinem Bekanntenkreis.

Je größer Lump, je größer Gunst.

Von Lumpen gehen dreizehn auf ein Dutzend.

Was ein Lump werden will, betrinkt sich beizeiten.

Wer sich mit Lumpen niedersetzt, steht mit Lumpen wieder auf.

Wo Lumpen regieren, machen die Kleider Leute.

Lumperei

Kumpanei ist Lumperei.

Lunte

Lunten genug, aber kein Pulver.

Lust

Aus Lust küßt einer die Kuh (wo sie hübsch ist).

Dem ist leicht zu pfeifen, der Lust zu tanzen hat.

Heute die Lust, morgen die Last.

Keine Lust ohne Last.

Kurze Lust, langes Weh.

Lust baut das Land.

Lust lehrt pfeifen.

Lust schafft Leute.

Lust und Liebe zum Ding
macht alle Arbeit gering.

Verbot macht Lust.

Was man mit Mühe erworben hat, kann man mit Lust genießen.

Wer Lust hat, sieht einem andern in den Hintern.

Wer Lust hat zu tauschen, hat auch Lust zu betrügen.

Wer Schulden macht mit Lust, wird sie mit Unlust bezahlen.

Wozu der Mensch Lust hat, dazu hat er auch Andacht.

Wozu einer Lust hat, das wird ihm nicht sauer.

Zuviel Lust bringt Unlust.

lüstern

Probieren macht lüsterne Leute.

lustig

Es sind nicht alle lustig, die tanzen.

Frisches Holz macht lustiges Feuer.
Junge Liebe.

Lustige Nächte machen trübe Tage.

Lustiger Sinn macht leere Taschen.

Sauer macht lustig.

Wein macht lustig.

Lustige, der

Einem Lustigen ist gut aufspielen.

Lustigsein

Es ist eine Zeit zum Lustigsein und eine Zeit zum Trauern.

Luzifer

Adam sündigt im Paradies, Luzifer im Himmel.

M

Mache

Wenn zwei Frauen zusammenkommen,
wird eine dritte in die Mache genommen.

Von Klatschbasen.

machen

Der Einfältige sagt's, der Kluge macht's.

Die Erfahrung macht's.

Eine kluge Hand macht nicht alles, was eine närrische Zunge schwatzt.

Ein jeder macht's nach seinem Kopf.

Ein jeder macht's, so gut er kann,
sagte zur Braut der Bräutigam.

Erst bedacht, dann gemacht.

Freundlichkeit macht angenehm.

Gaben machen taub.

Geredet ist nicht gemacht.

Gut bedacht, gut gemacht.

Gut machen ist besser als gut meinen.

Handeln macht den Mann.

Hat man keins, so macht man eins.

Jeder macht Mist, so wie er ist.

Jeder macht's auf seine Weise.

Jeder macht's, wie er's versteht.

Könnte man alles zweimal machen,
so stünd' es besser in allen Sachen.

Lange bedacht, geschwind gemacht.

Mach kein Feuer, so beißt dich kein Rauch.

Machst du's gut, so hast du's gut; machst du's schlecht, geschieht dir recht.

Was einer ist, das kann man aus ihm machen.

Anlagen kann man entwickeln.

Wer das Käppchen gemacht hat, kann auch die Kappe machen.

Wer die Kappe gemacht hat, kann sie auch flicken.

Wer einen guten Tag haben will, muß ihn sich machen.

Wer nichts aus sich macht, der ist nichts.

Wer nichts aus sich macht, wird ausgelacht.

Wer's nie bös macht, der macht's nie gut.

Wie man's macht, macht man's falsch (verkehrt).

Macht

Eine Handvoll Macht ist besser als ein Sack voll Recht.

Was man nicht durchsetzen kann, nützt einem nichts.

Eintracht hat große Macht.

Große Pracht, kleine Macht.

Macht (Gewalt) geht vor Recht.

Von Willkür.

Macht ist nicht Recht.

Macht ohne Verstand hat keinen Bestand.

Nacht hat große Macht.

Wer die Macht hat, der hat auch das Recht.

Von Willkür.

Wo keine Macht ist, da ist auch kein Recht.

Zorn ohne Macht wird ausgelacht.

mächtig

Der Starke ist am mächtigsten allein.

Nach Schiller, Wilhelm Tell.

Vereint sind auch die Schwachen mächtig.

Mädchen

Alte Häuser und junge Mädchen brennen leicht.

Andre Städtchen, andre Mädchen.

Aus Knaben werden Leute,
aus Mädchen werden Bräute.

Einen Sack (voll) Flöhe hütet man leichter als ein junges Mädchen.

Einmal hat's die Mutter erlaubt, sagte das Mädchen.

Freien geht vor Tanzen, sagte das Mädchen, da nahm sie einen Lahmen.

Immer noch einmal, sagte das Mädchen, meine Mutter schlägt mich doch.

Kein Mädchen ohne Liebe,
kein Jahrmarkt ohne Diebe.

Lange(s) Fädchen, faule(s) Mädchen.

Mädchen und Stroh brennen lichterloh.

Nicht jedes Mädchen heißt Marie.

Es ist nicht eine wie die andere.

Nichts als gute Mädchen und überall böse Frauen.

Scherzwort, wenn über Ehefrauen geklagt wird.

Wo es verliebte Mädchen gibt, wird die Tür umsonst verschlossen.

Made

Viel Früchte, viel Maden.

madig

Die ersten Pflaumen sind madig.

In bezug auf die ersten Gewinne beim Kartenspiel.

Magd

Mit der Zeit wird die Magd gefreit.

Spröde Magd macht kühne Freier.

Tanzt die Frau, so hüpft die Magd.

Wenn die Mägde sich zanken, kommt die Wahrheit an den Tag.

Magen

Bei vollem Magen ist gut fasten.

Besser den Magen gekränkt als dem Wirt was geschenkt.

Das Auge muß nicht größer sein als der Magen.

Der Magen borgt nicht lange.

Der Magen hat kein Gewissen.

Hunger kennt kein Gebot.

Der Magen läßt sich nicht vergessen.

Der Magen wird eher gefüllt als die Augen.

Die Liebe geht durch den Magen.

Einem gesunden Magen ist alles gesund.

Wer sät, der mäht.

Einem hungrigen Magen ist kein Brot zu schwarz.

Einem hungrigen Magen ist nicht gut predigen.

Ein guter Magen kann viel (alles) vertragen.

Ein guter Magen verdaut auch harte Brokken.

Ein hungriger Magen hat keine Ohren.

Ein hungriger Magen lehrt viel Künste.

Ein hungriger Magen liebt kurze Predigten.

Ein hungriger Magen versteht keinen Spaß.

Ein leerer Magen verdaut keine Hoffnung.

Vertröstungen nützen nichts.

Ein voller Magen weiß nicht, was Hunger ist.

Erst der Magen, dann der Kragen.

Es gehört ein starker Magen dazu, großes Glück zu verdauen.

Fischen und Jagen macht hungrige Magen.

Von nutzlosem Tun.

Gestohlenes Gut liegt schwer im Magen.

Ist der Magen satt, sind die Glieder matt.

Ist der Magen satt, wird das Herz fröhlich.

Je voller Magen, je leerer Kopf.

Klagen füllt keinen Magen.

Kranker Magen, kranker Kopf.

Langes Abendbrot macht dem Magen große Not.

Leichter Magen macht schweren Sinn.

Man schläft nicht gut mit hungrigem Magen.

Man sieht uns nicht in den Magen, aber auf den Kragen.

Man singt nicht gut mit leerem Magen.

Voller Magen lobt das Fasten.

Voller Magen will Ruhe haben.

Wenn der Magen nicht wär', blieb' die Schüssel leer.

Wo der Magen spricht, da schweigt der Verstand.

Auch von Besitzstreben.

Zuviel beschwert den Magen.

mager

Bei einem Schwager ist die Freundschaft mager.

Besser einmal fett als allezeit mager.

Die mageren Ziegen geben die meiste Milch.

Ein magerer Hahn kräht gut.

Ein magerer Vergleich ist besser als ein fetter Prozeß.

Fettes Leben macht mageres Testament.

Geträumter Speck ist mager.

Je fetter der Floh, je magerer der Hund.

Je magerer der Hund, je fetter die Flöhe.

Lange Nächte geben magere Hühner.

Von allzu lustigem Lebenswandel.

Magere Pferde ziehen gut.

Was nützen fette Worte, wenn die Küche mager ist.

Wer mit fremden Ochsen pflügt, hat eine magere Ernte.

Magnicht

Magnicht liegt auf dem Kirchhof.

mähen

Man muß erst mähen, ehe man dreschen kann.

Wer den Acker sät, der mäht.

Wer früh sät, der früh mäht.

Wer (nicht) sät, der (nicht) mäht.

Mahl

Auf ein gutes Mahl und eine gute Frau wartet man nicht zu lange.

Ein gutes Mahl ist henkenswert.

Es gibt kein gutes Mahl ohne hungrigen Magen.

Kurzes Mahl macht langes Leben.

mahlen

Wer mahlen will, muß auch das Klappern dulden.

Wer nicht aufschüttet, kann nicht mahlen.

Wer zuerst kommt, mahlt zuerst.

Wie man mahlt, so hat man Mehl.

Mahlzeit

Eine gute Mahlzeit läßt die schlechten vergessen.

Mancher sitzt am Tisch und versäumt die Mahlzeit.

Von der gestrigen Mahlzeit wird heute niemand satt.

Zwei Mahlzeiten raufen sich nicht.

mahnen

Wer seinem Freunde Geld leiht, mahnt seinen Feind.

Mahner

Der Schuldner ist des Mahners Knecht.

Überfällige Schuld macht abhängig.

Die besten Mahner sind die schlimmsten Zahler.

Guter Mahner macht guten Zahler.

Je ärger der Mahner, je schlimmer der Zahler.

Mähre

Besser eine alte Mähre als gar kein Pferd.

Das beste Pferd wird einmal zur Mähre.

Roß und Mähre haben nicht die gleiche Ehre.

Mai

Es ist nicht immer Mai.

Makel

Gold bleibt ohne Makel.

Das Edle bleibt rein.

mäkeln

Wer mäkeln kann, ist darum noch kein Meister.

malen

Der Teufel ist nicht so schwarz, wie man ihn malt.

Geschissen ist nicht gemalt.

Um zu sagen, daß etwas sehr verschieden ist.

Male den Teufel nicht an die Wand, sonst sitzt er dir im Nacken.

Wer die Tugend malen soll, muß beim Laster nicht die Farben borgen.

Maler

Es ist nicht jeder ein Maler, der Farbe verschmiert.

manch

So manches Haupt, so mancher Sinn.

So manches Land, so manche Weise,
so mancher Koch, so manche Speise.

Wenn mancher Mann wüßt', wer mancher Mann wär', gäb' mancher Mann manchem Mann manchmal mehr Ehr'.

mancher

Mancher braucht einen neuen Menschen und kauft nur einen neuen Rock.

Mancher geht nach Wolle aus
und kommt geschoren selbst nach Haus.

Mancher hat was Gutes im Sinn, dem was Schlechtes in den Weg kommt.

Mancher heißt Wolf und ist ein Schaf.

Mancher hütet sich vor dem Schwert und kommt an den Galgen.

Mancher säuft, daß er schwitzt, und arbeitet, daß er friert.

Mancher scheint fett und ist doch nur geschwollen.

Mancher springt über einen Besen und fällt über einen Hundedreck.

Mancher tut viel und richtet nichts aus.

Mancher verdirbt, eh' er stirbt.

mancherlei

Einerlei Kinder, mancherlei Sinn.

So mancherlei Hüte, so mancherlei Narren.

Mangel

An Narren ist nirgends Mangel.

Des Freundes Mängel soll man kennen, aber nicht nennen.

Eigene Mängel sieht man nicht.

Es ist ein geringer Mangel, wenn ein Floh auf ein weißes Tuch hustet.

Man soll nicht zu pingelig sein.

Kommt der Mangel ins Haus,
flieht die Liebe hinaus.

Mangel an Jahren ist ein Fehler, der sich mit jedem Tag bessert.

Überfluß bringt mehr um als Mangel.

Wer keinen Mangel leidet, ist reich genug.

mangeln

Dem Armen mangelt viel, dem Geizigen alles.

Dem Kranken mangelt nur eines, dem Gesunden fehlt vieles.

Mangelt die Gunst, so brauch deine Kunst.

Wem nichts mangelt, der ist reich.

Wer immer angelt, dem nimmer mangelt.

Wer viel begehrt, dem mangelt viel.

Wo Heu mangelt, muß Stroh aushelfen.

Wo Liebe ist, da mangelt nichts.

Mann

Alles kommt an den Mann, sagte die Nonne, bloß ich nicht.

Alle Tage findet sich bei einem alten Mann etwas Neues.

Nämlich ein neues Gebrechen.

Alter Mann, guter Rat.

Am Freien liegt eines Mannes Gedeihen.

An der richtigen Ehefrau also.

Ander Mann, ander Glück.

An der Rede erkennt man den Mann.

Armen Mann kennt niemand.

Erfolglose werden gemieden.

Armer Mann, kalte Küche.

Auch ein weiser Mann hat Grillen.

Auf die Worte kommt's nicht an,
die Tat macht den Mann.

Aus Buben werden Männer.

Beim reichen Mann hinkt's auch manchmal.

Nirgends geht alles glatt.

Besser ein Mann ohne Haus als ein Haus ohne Mann.

Daheim ist ein Mann zwei.

Daheim ist mancher ein Mann.

Das Gerücht kommt weiter als der Mann.

Das Herz schlägt den Mann.

Der eigene Mut ist ausschlaggebend.

Das ist ein weiser Mann,
der sich selber raten kann.

Das Kleid ziert den Mann,
wer es hat, der ziehe es an.

Das Pferd leitet man an einer Leine, den Mann an einem Frauenhaar.

Das Unglück zeigt den großen Mann.

Den Mann kennt man an seinen Freunden.

Den Mann nimmt man beim Wort, den Ochsen bei den Hörnern.

Der flüchtige Fuß macht den schuldigen Mann.

Der ist ein armer Mann, der sich selbst nicht helfen kann.

Der ist ein Mann, der sich selbst regieren kann.

Der ist kein Mann, der nicht nein sagen kann.

Der kluge Mann baut vor.

Nach Schiller, Wilhelm Tell.

Der klügste Mann kann vom Narren etwas lernen.

Der Mann ehrt das Amt, nicht das Amt den Mann.

Der Mann findet leicht wieder eine Frau, die Kinder nie wieder eine Mutter.

Der Mann ist nicht besser als sein Wort.

Der Mann macht die Frau und die Frau den Mann.

Vom gegenseitigen Einfluß in der Ehe.

Der Mann muß wohl alles essen, aber nicht alles wissen.

Der Mann stirbt, aber das Amt bleibt.

Der Mann weiß, die Frau weiß besser.

Der reiche Mann hat nie genug.

Der richtige Mann kommt nie zu spät.

Des Mannes Wort, des Mannes Ehre.

Die Frau kann mit der Schürze mehr aus dem Hause tragen, als der Mann mit dem Erntewagen einfährt.

Die Tat tötet den Mann.

Handlungen, nicht Gedanken sind strafbar.

Ein alter Mann und eine junge Frau, gewisse Kinder.

Ein armer Mann hat keine Neider.

Ein armer Mann hat keine reichen Vettern.

Ein böser Mann ist ein Teufel, ein böses Weib eine Hölle.

Ein braver Mann geht geradeaus.

Ein dummer Mann hat dumme Träume.

Ein ehrlicher Mann ist überall daheim.

Überall gern gesehen.

Eine kluge Frau macht erst den Mann vernünftig.

Einem armen Mann läuft der Ruhm nicht nach.

Einem nackten Mann kann man nicht in die Tasche fassen.

Eines Mannes Rede ist keines Mannes Rede; man soll sie hören alle beede.

Eines weisen Mannes Ernte dauert das ganze Jahr.

Ein feiger Mann gewinnt keine Stadt.

Ein fremdes Kleid macht einen fremden Mann.

Ein gewarnter Mann steht für zwei.

Ein großer Mann begeht keine kleine Torheit.

Ein jeder Mann ist Kaiser auf seinem Land.

Ein kleiner Hahn ist auch ein Mann.

Ein kleiner Mann macht oft einen großen Schatten.

Ein kühner Mann fährt ein rasches Gespann.

Handelt kurz entschlossen.

Ein Mann, der will, kann mehr als zehn, die müssen.

Ein Mann, ein Wort.

Ein Mann, kein Mann.

Ein Mann wiegt soviel wie hundert Leute.

Ein reicher Mann hat klingenden Verstand.

Ein reicher Mann kennt seine Freunde nicht.

Weil er von Schmeichlern umgeben ist.

Ein tapferer Mann braucht keinen langen Degen.

Ein toter Mann furzt nicht mehr.

Wenn von jemandem oder von einer Sache keine Gefahr mehr zu erwarten ist.

Ein weiser Mann lächelt, ein Narr lacht.

Ein weiser Mann tut keine kleine Torheit.

Es ist kein Mann so groß, er kann sich noch strecken, und keiner so klein, er kann sich noch bücken.

Es ist kein Mann so klug, das Weib macht ihn zum Narren.

Es verdirbt viel Weisheit in eines armen Mannes Tasche.

Manche gute Idee bleibt unausgeführt, wenn es an Mitteln fehlt, sie zu realisieren.

Flüchtiger Mann, schuldiger Mann.

Alter Rechtsgrundsatz.

Frauen machen aus Pfennigen Taler, Männer aus Talern Pfennige.

Gewarnter Mann ist halb gerettet.

Große Männer, kleine Rache.

Handeln macht den Mann.

Immer nur ein Haar, und der Mann wird kahl.

Im Unglück beweist sich der Mann.

Ist das Bier (der Wein) im Manne,
so ist der Verstand in der Kanne.

Je frömmer Mann, je größer Kreuz.

Meist scherzhaft.

Je größer der Mann, je größer die Schelle.

An seiner Narrenkappe; von Großtuern.

Je tapferer Mann, je kürzer Degen.

Je weniger die Frau befiehlt, desto mehr gehorcht ihr der Mann.

Junge Frau und alter Mann
sind ein trauriges Gespann.

Kluge Rede ehrt den Mann.

Man ehrt den Pfennig, nicht den Mann.

Man macht den Rock nach dem Mann und nicht den Mann nach dem Rock.

Mannes Wort ist Mannes Ehre.

Mann und Weib sind ein Leib.

Man sei der Sachen Feind und des Mannes Freund.

Bei Meinungsverschiedenheiten.

Nicht der Bart macht den Mann.

Nicht das Alter.

Nicht in jedem Hemde steckt ein Mann.

Not ist ein geschickter Mann.

Scheint der Mann, so glänzt die Frau.

Schönem Mann steht alles an.

Meist als Scherzwort.

Schuld tötet den Mann.

Die Last des Gewissens.

Selbst ist der Mann.

Voller Mann, toller Mann (fauler Mann).

Wenn der Mann einlöffelt und die Frau ausscheffelt, so geht die Wirtschaft zugrunde.

Wenn der Mann verwundet ist, soll man nicht die Frau pflastern.

Wenn die Frau nichts hat und der Mann nichts tut, wird die Ehe selten gut.

Wenn ich geben kann, bin ich ein lieber Mann.

Wenn Mann und Frau sich streiten,
so bleibe du im Weiten.

Wer die Frau nimmt beim Feste und den Mann beim Balle, der geht in die Falle.

Wer gut klappern kann, der ist der beste Mann.

Wer schweigen kann, der ist der beste Mann.

Wer sich gedulden kann,
ist ein tapferer Mann.

Wer sich nicht freuen kann, ist ein armer Mann.

Wer warten kann, kriegt auch einen Mann.

Man soll sich nicht zu schnell entschließen.

Wie der Mann ist, so wird ihm die Wurst gebraten.

Wie der Mann, so das Werk.

Wie der Mann, so der Hut (Quast).

Wie der Mann, so die Predigt (Rede).

Wie der Mann, so sein Gespann.

Sein Auftreten usw.

Wie der Mann, so sind seine Träume.

Wie der Mann, so wird ihm getan.

Wie ein Mann sich hält, so wird er gehalten.

Wie Klotz, so Span; wie Wort, so Mann.

Maurerschweiß steht hoch im Preis.

Wo es an verständigen Männern fehlt, steigen die Narren im Kurse.

Zorn ist ein Mann, Sanftmut eine Frau.

Empfiehlt den Ehefrauen von Hitzköpfen das Einlenken im Ehestreit.

Zu einem frommen Mann gehört viel.

Spöttisch, wenn einer seine Ehrlichkeit zur Schau trägt.

Zu einem rechten Mann gehört auch eine rechte Nase.

↗ *manch*

Manneslist

Manneslist ist behende,
Frauenlist hat kein Ende.

Mantel

An einem schönen Tage muß man nicht ohne Mantel ausgehen.

Man soll rechtzeitig vorsorgen.

Aus einem alten Rock läßt sich kein neuer Mantel machen.

Einem frommen Mantel ist nicht zu trauen.

Der Schein trügt oft.

Ein geborgter Mantel hält nicht warm.

Je größer die Lüge, je schöner der Mantel.

Je mehr wird sie ausgeschmückt.

Läßt sich einer den Mantel nehmen, nimmt man ihm bald den Rock dazu.

Man muß den Mantel nach dem Winde hängen.

Unter dem Mantel der Liebe verbirgt sich viel Haß.

Wer den Mantel macht, der mache auch den Kragen.

Märchen

Jedes Märchen hat sein Gläubchen.

Jemanden, der daran glaubt.

Markt

Auf dem Markt lernt man Leute kennen.

Blüht der Markt, pfeifen die Krämer.

Der Markt hat kein Gewissen.

Der Markt lehrt kaufen.

Ein großer Markt ist selten ohne Diebe.

Es ist nicht jeder ein Kaufmann, der auf den Markt geht.

Guter Markt leert den Beutel.

Jeder muß seine Haut selbst zu Markte tragen.

Kein Markt ohne Diebe.

Man kann nicht alles auf dem Markte predigen.

Man muß kaufen, wenn Markt ist.

Mit leerer Tasche ist schlecht zu Markte gehen.

Was kümmert's den Markt, wenn die Weiber zanken.

Wenn der Markt vorüber ist, schließt man die Buden.

Wenn die Dummen zu Markt gehen, kriegen die Klugen Geld.

Wenn die Narren zu Markt gehen, freuen sich die Krämer.

Wenn man vom Markt kommt, ist man klüger.

Wer Ablaß verkauft, hat immer guten Markt.

Wer auf dem Markte singt, dem bellt jeder Hund ins Lied.

Wer langsam geht, kommt auch zu Markt.

Wer mit Ochsen fährt, kommt auch zu Markt.

Wie der Markt, so der Preis.

Man muß sich nach den Umständen richten.

Mars

Wo Mars das Wetter macht, verdirbt das Glück.

Wo Streit herrscht.

marschieren

Am Tage der Schlacht marschiert alles nach dem Kanonendonner.

Das Wichtigste kommt zuerst.

Wer zu schnell marschiert, wird schnell müde.

Marter

Lange Hoffnung, lange Marter.

Maß

Alle Dinge mit Maßen, das soll man tun und lassen.

Alles mit Maßen (sagte der Schneider und schlug seine Frau mit der Elle tot).

Auch ein Ochse kennt sein Maß.

Der alte Rock gibt das Maß für den neuen.

Frauen und Wein wollen mit Maß genossen sein.

Gutes Maß ist besser als schlechter Glaube.

Exakte Abrechnung gibt keinen Streit.

Liebe und Haß haben kein Maß.

Maß besteht, Unmaß vergeht.

Mit dem Maß, mit dem man mißt, wird einem wieder gemessen.

Nach Lukas 6,38.

Wenn's Maß voll ist, läuft es über.

Wer gibt ohne Maß, kommt bald auf die Straß'.

Wo kein Maß, da ist kein Bestand.

Masse

Die Masse macht's.

Massel

Zum Schnorrengehen gehört auch Massel.

Ohne Glück gelingt nichts.

maßhalten

Halte maß in allen Dingen,
so wird dir jedes Werk gelingen.

Wer maßhält in allen Dingen,
der wird es auch zu etwas bringen.

mäßig

Mäßiger Mund erhält den Leib gesund.

Mäßig Feuer kocht am besten.

Beherrschte Leidenschaft.

Mäßig wird alt, zuviel stirbt bald.

Wer mäßig lebt, kann lange leben.

mäßigen, sich

Wer sich mäßigt, siegt.

Mäßigkeit

Arbeit, Mäßigkeit und Ruh'
schließen dem Arzt die Türe zu.

Nach Logau, Sinngedichte.

Fleiß ist des Glückes rechte Hand, Mäßigkeit die linke.

Fröhlichkeit und Mäßigkeit sind die besten Ärzte.

Mäßigkeit erhält die Gesundheit.

Mäßigkeit ist die beste Arznei.

Mast, der

Hohe Masten fangen viel Wind.

Mast, die

Rast ist die halbe Mast.

mästen

Der Arme mästet dem Reichen die Kühe.

Ehe man die Schöpse schlachtet, mästet man sie.

Von Dummenfang.

Mit Räten kann man Säue mästen.

Mit unnützen Ratschlägen.

Nach dem Mästen folgt das Schlachten.

Wenn der Fleischer füttert, will er mästen.

Von eigennützigen Wohltaten.

Wer fett werden will, muß sich selber mästen.

Wo genug ist, da mästet man sich.

matt

Allzusatt macht matt.

Ist der Magen satt, sind die Glieder matt.

Viel Speise und Trank
macht matt und krank.

Mauer

Dem Unglück sind keine Mauern zu hoch.

Ein Kopf allein rennt keine Mauer ein.

Es gibt keine festere Mauer als Einigkeit.

Es ist keine Mauer so fest, als seine Nachbarn zu Freunden haben.

mauern

Wer keinen Kalk hat, mauert mit Dreck.

Maul

Auf Schleichwegen hält der Bach das Maul.

Bauen hat ein weites Maul.

Besser einmal helfen mit der Hand als zweimal mit dem Maul.

Besser pusten als das Maul verbrannt.

Bin ich hungrig, häng' ich's Maul,
bin ich satt, so bin ich faul.

Danken bricht keinem das Maul.

Das Jahr hat ein großes Maul.

Das Maul bringt den Dieb an den Galgen.

Der Schuldige oder der Unvorsichtige verrät sich selbst.

Das Maul findet man alleine.

Das Maul findet man auch im Finstern.

Jeder kennt seine eigenen Interessen.

Das Maul ist leicht verbrannt.

Das Maul ist schnell gefüllt, aber langsam das Auge.

Die Katze läßt das Mausen nicht.

Das Maul tut einer leichter auf als den Beutel.

Das Maul voll nehmen kann jeder.

Der kann gut kauen, der sein Maul bei sich hat.

Der muß ein großes Maul haben, der gegen einen Backofen gähnen will.

Der sich einem Stärkeren widersetzen will.

Der Winter hat ein großes Maul.

Ein böses Maul ist schärfer als ein Schwert.

Ein böses Maul verschont niemand.

Einem geschenkten Gaul sieht man nicht ins Maul.

An einem Geschenk soll man keine Mängel suchen. – Beim Pferdekauf stellt man an den Zähnen das Alter des Tieres fest.

Ein großes Maul ist schwer zu stopfen.

Ein großes Maul tut's nicht allein.

Ein hungriges Maul läßt sich nicht lange nötigen.

Ein loses Maul braucht einen starken Rükken.

Es lachen nicht alle, die das Maul breit machen.

Faul bekommt wenig ins Maul.

Freigebig mit dem Maul, karg mit dem Beutel.

Gebratene Tauben fliegen einem nirgends ins Maul.

Großes Maul, kleines Herz.

Haushalten hat ein weites Maul.

Hilfe ist gut, wenn sie kein Maul hat.

Hungrige Mäuler machen leere Schüsseln.

Je glatter Maul, je fauler Arsch.

Je größer der Bissen, je weiter das Maul.

Je größer Maul, je kleiner Kopf.

Je leerer der Kopf, desto lauter das Maul.

Man braucht viel Heu, um allen Leuten das Maul zu stopfen.

Man kann einem wohl ins Maul, aber nicht ins Herz sehen.

Man muß lange warten, bis einem eine gebratene Taube ins Maul fliegt.

Man soll dem Ochsen, der da drischt, das Maul nicht verbinden.

Nach 5. Mose 25,4.

Mit dem Maul gewackelt ist nicht geredet.

Schnippisch mit dem Maul, sonst stinkend faul.

Viel Geschwätz füllt wenig Maul.

Vom Hörensagen wurde schon manchem aufs Maul geschlagen.

Vor bösen Mäulern kann sich niemand hüten.

Vor dem Essen hängt man's Maul,
nach dem Essen ist man faul.

Was nicht ins Maul geht, geht in den Ärmel.

Wem das Wasser ins Maul läuft, der lernt schwimmen.

Wer das Maul verbrannt hat, bläst in die Suppe.

Wer ein großes Maul hat, muß auch einen breiten Rücken haben.

Wer Feuer im Maul hat, der speit Flammen.

Wer's Maul aufsperrt, dem regnet's hinein.

Wenn jemand verblüfft ist.

Wer's Maul nicht aufmacht, der muß den Beutel aufmachen.

Wie das Maul, so der Wein.

Wie die Speise, so das Maul.

Wüstes Maul, wüstes Herz.

Mäulchen

Mäulchen, willst du Branntwein trinken, Füßchen, mußt du barfuß gehen.

Was Mäulchen nascht, muß Leibchen büßen.

maulen

Wer mault mit der Schüssel, dem fehlt's am Rüssel.

Maulesel

Wer über einen Maulesel gesetzt ist, hält sich auch für einen Herrn.

Maulfreund

Maulfreund, Ohrenfreund.

Nassauer sind auch Schmeichler.

Maulspitzen

Maulspitzen gilt nicht, es muß gepfiffen sein.

Maulwerk

Viel Maulwerk, wenig Herz.

Maulwurf

Zu Haus ein Maulwurf, draußen ein Luchs.

Maurer

Die Zimmerleute und die Maurer,
das sind die rechten Laurer;
eine Stunde essen sie,
eine Stunde messen sie,
eine Stunde rauchen sie Tabak,
und so vergeht der halbe Tag.

Es ist nicht allemal der schlechteste Stein, den der Maurer wegwirft.

Man soll niemanden zu schnell aufgeben.

Wenn der Maurer gesündigt hat, soll man nicht den Zimmermann hängen.

Maurerschweiß

Ein Tropfen Maurerschweiß kostet einen Taler.

Maurerschweiß steht hoch im Preis.

Maus

Alte Mäuse fressen auch gern frischen Speck.

Wenn alte Leute nach jüngeren Partnern Ausschau halten.

Alte Mäuse gehen auch in die Falle.

Auf einen leeren Kornboden kommt keine Maus.

Aus Langeweile frißt die Katze die Maus.

Aus Langeweile geschieht oft Unfug.

Besser eine Maus im Topf als gar kein Fleisch.

Den Schuldigen erschreckt eine Maus.

Der Katzen Spiel ist der Mäuse Tod.

Der Löwe trachtet nicht nach Mäusen.

Der Maus ist wohl in ihrem Loch.

Von Heimlichkeiten.

Die Maus in der Falle freut kein Speck.

Die Maus ist verloren, die mit der Katze spielt.

Die Maus kommt in kein leeres Haus.

Eine kluge Maus weiß (hat) mehr als ein Loch.

Es will nicht glücken, mit Mäusen Katzen zu jagen.

In alten Häusern fehlt's selten an Mäusen.

In eine leere Scheune kommt keine Maus.

Ist nur Speck da, die Mäuse finden sich schon.

Junge Mäuse sind der Katzen Spiel.

Unerfahrene fallen leicht herein.

Katz aus dem Haus, rührt sich die Maus.

Kein Haus ohne Maus.

Mit Speck fängt man Mäuse.

Was die Maus nicht fressen soll, muß man der Katze geben.

Was einem nicht gehört, das trägt (wischt) eine Maus mit dem Schwanz weg.

Was nützt das Korn, wenn's die Mäuse fressen.

Nicht angewandter Überfluß.

Was übrig ist, fressen die Mäuse.

Wenn die Katze aus dem Haus ist, dann tanzen die Mäuse.

Wenn die Katze nicht zu Haus ist, haben die Mäuse Kirmes.

Wenn die Katze träumt, so ist's von Mäusen.

Wenn die Maus satt ist, schmeckt das Mehl bitter.

Wer die Katze nicht füttert, muß die Maus füttern.

Wer mit Katzen jagt, bringt Mäuse heim.

Wer mit Katzen zum Acker fährt, der eggt mit Mäusen zu.

Wo Mäuse sind, da sind auch Katzen.

Mäusedreck

Mäusedreck ist kein Pfeffer.

mausen

Die Katze läßt das Mausen nicht.

Es ist eine vornehme Katze, die sich zu mausen schämt.

Im Finstern ist gut mausen.

Kätzchen, willst du hausen, dann mußt du mausen.

Maust die Katze, so maut sie nicht.

Was von Affen kommt, will lausen;
was von Katzen kommt, will mausen.

Wenn der alte Kater auch nicht mehr mausen kann, so liegt er doch noch gern vor dem Loche.

mausig

Wer sich mausig macht, den frißt die Katze.

meckern

Die Ziege, die am meisten meckert, gibt die wenigste Milch.

Von unproduktiven Meckerern.

Medizin

Lachen ist die beste Medizin.

Meer

Alle Wasser laufen ins Meer.

Nach Prediger Salomo 1,7.

Das Meer besteht aus Tropfen.

Eine Gans übers Meer, eine Gans wieder her.

Solche Leute bleiben sich gleich.

Ein Tropfen macht das Meer nicht voller.

Große Meere, große Wellen.

Im Becher ertrinken mehr als im Meer.

Im Meer ertrinkt kein Fisch.

Was man gewöhnt ist, macht einem nichts aus.

Im Meer ist kein Fischmarkt.

Jedes Meer hat seine Ufer.

Mit dem Löffel kann man das Meer nicht ausschöpfen.

Wenn die Quellen versiegen, vertrocknet auch das Meer.

Wer aufs Meer geht, darf die Wellen nicht fürchten.

Wer das Meer austrinken will, muß einen großen Bauch haben.

Wer dem Strome folgt, kommt ans Meer.

Wer zum Meer will, gehe den Wassern nach.

Zum Meer gehören auch die Ufer.

Man muß sich vor Neuem nicht fürchten.

Mehl

Es ist schade ums Mehl, wenn der Sack ein Loch hat.

An etwas Unnützes oder Aussichtsloses soll man nichts wenden.

Gutes Mehl, gutes Brot.

Hat man nur erst Mehl, der Sack findet sich schon.

Mehl ist Mehl, sagte die Maus und fraß vom besten.

Ohne Mühle gibt's kein Mehl.

Wem man das Mehl gibt, der will auch noch Eier und Butter haben.

Von Unverschämtheit.

Wenn die Maus satt ist, so ist das Mehl bitter.

Wenn die Mühle nicht klappert, so gibt es kein Mehl.

Wie das Korn, so das Mehl.

Mehlsack

Wer den Mehlsack trägt, den hält man für den Müller.

mehr

Beispiele tun oft mehr
als viele Wort' und Lehr'.

Das Mehr gilt.

Der Teil ist oft mehr als das Ganze.

Die Schleife kostet oft mehr als das Kleid.

Ein Exempel tut mehr als viele Lehr'.

Ein Frauenhaar zieht mehr als ein Glockenseil.

Ein Narr kann mehr befehlen, als zehn Kluge ausrichten können.

Ein Schielender sieht mehr als zehn Blinde.

Ein Tor kann mehr fragen, als hundert Gescheite beantworten.

Es gehört mehr zum Tanz als rote Schuhe.

Wenn man etwas anfängt, muß man auch die rechte Lust dazu haben.

Es gehört mehr zur Gelehrsamkeit als Erbsen lesen.

Es gibt mehr Hasen als Jäger.

Es gibt mehr Sünder als Heilige.

Es gibt mehr, was man nicht sieht, als was man sieht.

Es hat keiner so viel, er hätt' gern mehr.

Es saufen sich mehr zu Tode als vor Durst sterben.

Es wächst mehr im Garten, als man gesät hat.

Auf Überraschungen muß man gefaßt sein.

Es wird mehr erspart als gewonnen.

Es wird mehr versprochen als gegeben.

Geburt ist viel, Bildung ist mehr.

Anlagen muß man entwickeln.

Genug haben ist mehr als viel haben.

Hat man viel, so braucht man mehr.

Je mehr Aufsicht, je weniger Einsicht.

Je mehr der Mensch weiß, je mehr will er wissen.

Je mehr der Wind geht, je mehr klappern die Mühlen.

Je mehr einer trinkt, je mehr ihn dürstet.

Je mehr einer weiß, je bescheidener ist er.

Je mehr Füße ein Wurm hat, je langsamer geht er.

Viele Beteiligte machen die Sache schwerfällig.

Je mehr Gefahr, je mehr Vorsicht.

Je mehr Gesetz, je mehr Übertretung.

Gängelei erreicht das Gegenteil.

Je mehr Gesetz, je weniger Recht.

Je mehr Glocken, je mehr Geklingel.

Je mehr Hirten, je mehr Zank.

Je mehr Hunde, je mehr Flöhe.

Je mehr Läuse, je mehr Grind.

Je mehr man anlegt, je besser brennt es.

Je mehr man gewinnt,
je mehr man drauf sinnt.

Je mehr man hat, je mehr man will,
nie schweigen unsre Wünsche still.

Je mehr man quirlt, je mehr es schäumt.

Je mehr man rührt, je mehr es stinkt.

Je mehr Neider, je mehr Glück.

Je mehr Tränen, je schöner die Predigt.

Je mehr Verstand, je weniger Worte.

Je mehr Vettern, je mehr Schelme.
Von Vetternwirtschaft.

Je mehr Wein, je mehr Gespenster.

Je schwerer die Kunst, je mehr Pfuscher.

Lob wirkt mehr als Tadel.

Man muß mehr können als Brot essen.

Mehr will mehr haben.

Schönheit zieht mehr als zehn Ochsen.

Taten sprechen mehr als Worte.

Tausend können mehr als einer.

Tut man's einmal, tut man's mehr.

Viele können mehr als einer.

Wer dankt, will mehr haben.

Wer nicht mehr tut als ein anderer, der ist auch nicht besser als ein anderer.

Wer viel hat, will mehr haben.

Wo ein Vogel ist, da hocken bald mehr.

Zu einem Müller gehört mehr als ein weißer Rock.

Zur Heirat gehört mehr als vier nackte Beine ins Bett.

Zwei sehen (wissen) mehr als einer.

mehren

Liebe mehrt, Haß zerstört.

Viel Stücke mehren den Haufen.

Wer seinen Ruhm mehrt, der tötet ihn.

Zwietracht mehrt oft Eintracht.

meiden

Es ist schon Tugend, das Laster zu meiden.

Meiden bringt Leiden.

Was man nicht kann meiden,
soll man willig leiden.

Wer dich meidet, den suche nicht.

Meile

Besser zwanzig Meilen auf Rosen als eine auf Dornen.

Dem Freunde ist eine Meile kein Umweg.

Die letzte Meile ist die längste.

Fremdes Pferd und eigner Sporn machen kurze Meilen.

Liebe macht kurze Meilen.

Was für die Meile zu lang ist, muß man nicht mit der Elle messen.

meilenweit

Schritt für Schritt geht man meilenweit.

mein

In der Ehe kann kein Frieden sein,
regiert darin das Mein und Dein.

Klein, aber mein.

Mein und dein bringt alles Unglück herein.

Mein und dein ist unser.

Mein und dein macht allen Streit.

meinen

Am Meinen und Glauben bindet man kein Pferd fest.

Das gute Meinen macht manchen weinen.

Den Sack schlägt man, den Esel meint man.
Nach Petronius Arbiter, Satiricon.

Der ist mein Freund, der es redlich mit mir meint.

Es liegt nicht am Meinen, sondern am Sein.

Es meint mancher, er sei ein Adler, und ist nur ein Pfau.

Glauben und Meinen
bringt Reu' und Weinen.

Gut gemeint, übel geraten.

Gut gemeint wird oft beweint.

Gut meinen und gut machen
sind ganz verschiedene Sachen.

Im Spaß gesagt, im Ernst gemeint.

Jeder meint, sein Kuckuck sei eine Nachtigall.

Mancher meint, er fische, und er krebst nur.

Wortspiel mit krebsen.

Meinen ist nicht wissen; wer's nicht merkt, wird beschissen.

Meinen ist Zweifel.

Auf bloße Vermutung darf sich keine Aussage gründen.

Meinen liegt nicht weit von Lügen.

Meinen und Hoffen hat's selten getroffen.

Meinen und Wissen liegen auf zwei Kissen.

Also nicht auf demselben.

Tun geht vor Meinen.

Wer meint, er tue zuviel, der tut gewiß zuwenig.

Wissen und Meinen ist zweierlei.

Meinen, die

Verachte nicht mich und die Meinen,
bedenk zuvor dich und die Deinen.

Meiner, der

Der Meiner und der Lügner sind Brüder.

Meinung

Die Gelehrten sind selten einer Meinung.

Gute Meinung ist der beste Richter.

Viel Meinung bricht Einung.

Zu gelegener Zeit seine Meinung ändern ist Weisheit.

Opportunistenweisheit.

meist

Bedecktes Feuer hitzt am meisten.

Die am meisten feilschen, kaufen am wenigsten.

Die am meisten versprechen, pflegen am wenigsten zu halten.

Die Dümmsten haben das meiste Glück.

Die Last drückt zuletzt am meisten.

Ein Galgenstrick hat's meiste Glück.

Es sind nicht die weisesten Leute, die am meisten reden.

Jeder fühlt sein Weh am meisten.

Liederlich hat's meiste Glück.

Das Werk lobt seinen Meister.

Meister

Aus Lehrjungen werden Meister.

Das Werk lobt seinen Meister.

Nach Jesus Sirach 9,24.

Der Pfuscher hat Brot und der Meister hat Not.

Wenn Gleisner besonderen Zulauf haben.

Der Schüler übertrifft den Meister.

Der Vorteil ist Meister.

Ein Anfänger ist kein Meister.

Ein guter Meister macht gute Jünger.

Ein Handwerk läßt seinen Meister nicht verderben.

Ein Laster lernt sich ohne Meister.

Erfahrung macht den Meister.

Es gibt mehr Gesellen als Meister.

Es ist noch kein Meister vom Himmel gefallen.

Feuer ist ein guter Diener, aber ein schlimmer Meister.

Früh übt sich, was ein Meister werden will.

Nach Schiller, Wilhelm Tell.

Gebrauch tut mehr als aller Meister Lehr'.

Geradeheraus ist Meister.

Aufrichtigkeit ist am besten.

Gute Lehrlinge werden gute Meister.

Handwerk nährt seinen Meister.

In der Beschränkung zeigt sich (erst) der Meister.

Nach Goethe, Was wir bringen.

Jeder findet (einmal) seinen Meister.

Jeder ist Meister in seinem Hause.

Jedes Handwerk will seinen Meister.

Keiner ist allein Meister.

Kein Meister so gut, der nicht noch zuzulernen hätte.

Kunst ehrt ihren Meister.

Lehrlinge sind keine Meister.

Lernen macht Meister.

Übung macht den Meister.

Viel Handwerke verderben den Meister.

Alleskönner sind meistens Nichtskönner.

Wer am Wege baut, hat viel Meister.

Wer das Werk schilt, schilt den Meister.

Wer einen Gefährten hat, hat einen Meister.

Wer mäkeln kann, ist darum noch kein Meister.

Wer's am besten kann, der ist Meister.

Wie der Meister, so das Werk (der Schüler).

Meisterstück

Lehrstück ist kein Meisterstück.

melden

Wenn man Knüppel unter die Hunde wirft, dann meldet sich, wer getroffen wird.

Wer sich getroffen fühlt, der meldet sich.

melken

Der eine melkt den Bock, der andere hält das Sieb unter.

Einer hält die Hörner, der andere melkt.

Wenn Unverstand etwas zuwege bringen will, was nicht geht.

Es ist besser, die Kuh zu melken als zu schlachten.

Eine Einnahmequelle soll man nicht überfordern.

Man melkt die Kuh und nicht den Ochsen.

Mit Gewalt kann man wohl einen Bullen melken.

Wer die Kuh füttert, der melkt sie.

Wer einen Ochsen kauft, kann keine Kuh melken.

Wer keine Kuh hat, muß die Katze melken.

Menge

Was an der Größe abgeht, muß die Menge ersetzen.

mengen

Wer sich in Händel mengt, kommt mit blutiger Nase heim.

Wer sich unter die Kleie (Treber) mengt, den fressen die Säue.

Mensch

Allen Menschen recht getan
ist eine Kunst, die niemand kann.

An seinem Umgang erkennt man den Menschen.

Der ist kein Mensch, der nicht eine Ader vom Narren hat.

Der Mensch denkt, Gott lenkt.

Nach Sprüche Salomos 16,9; heute meist ironisch, wenn es anders kommt, als man es sich wünscht.

Der Mensch gewöhnt sich an alles.

Der Mensch gibt mit Löffeln,
das Glück mit Scheffeln.

Der Mensch ist ein Gewohnheitstier.

Der Mensch lebt nicht vom Brot allein.
Nach Matthäus 4,4.

Der Mensch lernt nie aus.

Der Mensch mag noch so dumm sein, er muß sich nur zu helfen wissen.

Der Mensch muß sich zu helfen wissen.

*Man muß nicht
nach jeder Mücke schlagen.*

Der Wein erfreut des Menschen Herz.
Nach Psalm 104,15.

Des Menschen Wille ist sein Himmelreich.

Die Ehre verändert den Menschen.

Die Menschen sind keine Engel.

Die Menschen wollen betrogen sein.
Sprichwörtlicher Tadel gegen Nachlässigkeit und Unaufmerksamkeit.

Ehrgeiz und Groll machen den Menschen toll.

Ein anderer Ort, ein anderer Mensch.

Einem bösen Menschen kommt auch sein böser Tag.

Ein guter Mensch zürnt nicht lange.

Ein kranker Mensch, ein halber Mensch.

Ein jeder Mensch hat seine Gebrechen.

Ein Mensch ist des andern Spiegel.

Ein Mensch kann nicht alles.

Ein närrischer Mensch hat (auch) närrische Träume.

Es ist ein Unterschied zwischen Menschen und Menschen.

Es ist kein größerer Verlust, als wenn der Mensch sich selbst verliert.

Es ist kein Mensch so alt, er kann noch etwas lernen.

Es ist nicht ein Mensch wie der andere.

Es ist nicht gut, daß der Mensch allein sei.
Nach 1. Mose 2,18.

Es sind nicht alle Leute Menschen.

Glück muß der Mensch haben.

Jeder Mensch hat seine Fehler.

Jeder Mensch hat seine Plage.

Je mehr der Mensch weiß, je mehr will er wissen.

Je schlimmer Mensch, je besser Glück.

Kein Mensch ist ohne Aber.

Kein Mensch muß müssen.
Nach Lessing, Nathan der Weise.

Kein Zaun ohne Stecken,
kein Mensch ohne Flecken.

Man muß die Menschen nehmen, wie sie sind.

Nichts gleicht einem rechtschaffenen Menschen mehr als ein Schelm.

Rost frißt Eisen, Sorge den Menschen.

So mancher Mensch, so manche Sitte.

Soviel Menschen, soviel Köpfe.

Viel Leute, aber wenig Menschen.

Vor dem Feuer kann man sich bewahren, aber nicht vor bösen Menschen.

Was der Mensch haben soll, das kriegt er auch.

Was der Mensch sät, das wird er ernten.

Was der Mensch tut, das tut er sich selber.

Was der Mensch wünscht, das hofft er.

Wie der Mensch, so die Arbeit; wie die Arbeit, so der Mensch.

Wo man singt, da laß dich ruhig nieder;
böse Menschen haben keine Lieder.

Nach J. G. Seume, Die Gesänge.

Wozu der Mensch Lust hat, dazu hat er auch Andacht.

Menschenhand

Menschenhände können viel verrichten.

menschlich

Irren ist menschlich.

Nach Hieronymus, Epistolae.

merken

An den Werken kann man's merken.

Es ist mancher tot und merkt es nicht.

Wer klug ist, merkt's.

Ein Wink genügt ihm.

messen

Die Elle muß sich nicht nach dem Tuch, sondern das Tuch nach der Elle messen lassen.

Erst messen, dann schneiden.

Jeder messe sich mit seinesgleichen.

Man kann die Seele nicht mit der Elle messen.

Man mißt gern fremdes Getreide mit seinem eigenen Scheffel.

Man muß dreimal messen, ehe man einmal schneidet.

Mit kurzer Elle kann man viel messen.

Richtig zählen, ehrlich messen
darf der Kaufmann nicht vergessen.

Was für die Meile zu lang ist, muß man nicht mit der Elle messen.

Wer nichts zu messen hat, der braucht keine Elle.

Wer sich selbst nicht mißt, wird gemessen.

Messer

Einem Narren muß man kein Messer geben.

Ein Messer wetzt das andere (und ein Mann den andern).

Nach Sprüche Salomos 27,17.

Es sind nicht alles Köche, die lange Messer tragen.

Neue Messer haben scharfe Schneiden.

Rost macht ein Messer nicht besser.

Stumpfe Messer, schlimme Wunden.

Von Heimtücke.

Wer das Messer für andere wetzt, schneidet sich meist selber in die Finger.

Wer zürnt, dem reiche kein Messer.

Metzger

Ein feistes Schwein entläuft dem Metzger nicht.

Der Schuldige entgeht seiner Strafe nicht.

Nur die allerdümmsten Kälber
wählen ihre Metzger selber.

Miene

Man muß gute Miene zum bösen Spiel machen.

Milch

Ein alter Kater leckt auch noch gern Milch.

Hab' ich Milch, was kümmert mich die Kuh.

Je fetter das Gras, je besser die Milch.

Je weniger Kühe, je weniger Milch.

Magere Ziegen geben die meiste Milch.

Wem die Kuh gehört, dem gehört auch die Milch.

mild

Alter Wein ist mild.

Alte Leute sind nachsichtig.

In der Jugend wild, im Alter mild.

Je wilder er, je milder sie.

Empfehlung an die Ehefrauen von Hitzköpfen.

Milde Gabe mehrt die Habe.

Die gute Tat bereichert den Gebenden.

Milde Hand, starke Hand.

Milde

Die Strenge hat schon oft gereut, die Milde nie.

Strenges Recht verlangt viel Milde.

minnen

Leute, die minnen, sind nicht recht bei Sinnen.

Minute

Besser eine Stunde zu früh als eine Minute zu spät.

Eine Minute heute ist besser als eine Stunde morgen.

Wer Minuten spart, gewinnt Stunden.

mischen

Mische dich nicht in fremde Händel.

Mischt der Zufall die Karten, so verliert der Verstand das Spiel.

Wer die Karten mischt, dem fallen die Blätter nach Wunsch.

Mißbrauch

Mißbrauch ist keine Gewohnheit.

mißbrauchen

Es ist nichts so gut, man kann es mißbrauchen.

missen

Wer wenig hat, kann wenig missen.

Mißerfolg

Erfolg verbindet, Mißerfolg trennt.

Missetat

Wohltat wird leicht vergessen,
Missetat lang zugemessen.

mißfallen

Schlechten Leuten mißfallen ist kein Unglück.

Wer sich selbst gefällt, mißfällt andern.

Mißgeschick

Mißgeschick schärft (trübt) den Blick.

Mißgunst

Mißgunst frißt ihr eigenes Herz.

Mißgunst legt alles übel aus.

mißlingen

Wer nichts tut, dem mißlingt nichts.

mißraten

Vorbedacht mißrät selten.

Mißtrauen

Mißtrauen ist eine Axt am Baum der Liebe.

Mißtrauen kann nichts Gutes erbauen.

Mißtrauen macht fleißig schauen.

Mist

Bleib auf deinem Miste.

Der Hahn ist König auf seinem Mist.

Der reife Mist am schwersten ist.

Dreck gehört auf den Mist.

Ein jeder ist Hahn auf seinem Mist.

Es ist recht, daß der Mist stinkt.

Gegen ein Fuder Mist kann man nicht anstinken.

Kleinvieh macht auch Mist.

Kräht der Hahn auf dem Mist, ändert sich's Wetter oder bleibt, wie's ist.

List macht guten Mist.
Wer die Kniffe versteht, dem glückt's.

Mist geht über List.
Tricks allein helfen nicht.

Mist kann nichts als stinken.

Niemand stinkt nach anderer Leute Mist.

Wenn man kein Wasser hat, löscht man mit Mist.

Wer sich zu Dreck macht, den wirft man auf den Mist.

Wie einer ist, so macht er Mist.

Willst du keinen Gestank, so wühle nicht im Mist.

Wo Mist ist, kommt Mist hin.

Wo man im Mist wühlt, stinkt es.

Zwei Hähne auf einem Mist vertragen sich nicht.

misten

Jeder miste seinen Stall.

Misthaufen

Wenn die Sonne auf einen Misthaufen scheint, so antwortet er mit Gestank.

mitbringen

Wer etwas mitbringt, ist immer angenehm.

Wer sich bei einem Geizigen wärmen will, muß das Feuer mitbringen.

mitessen

Mitgegessen, mitgesessen; mitgefangen, mitgehangen.

mitgehen

Mitgegangen, mitgefangen, mitgehangen.

Schritt für Schritt geht man auf bösem Wege mit.

Ein jeder leitet das Wasser auf seine Mühle.

Wegweiser gehen nicht mit.

Wer mitgehen will, ist leicht zu ziehen.

Wer nicht vorgehen will, gehe mit.

Wo viele gehen, da geht man mit.

mithängen

Mitgefangen, mitgehangen.

Mitgestohlen, mitgehängt.

Mitgift

Ein hübsches Gesicht ist die halbe Mitgift.

Schönheit ist die beste Mitgift.

Wer die Braut liebt, fragt nicht nach der Mitgift.

Mitleid

Besser der Neid des Feindes als das Mitleid des Freundes.

Besser Neid als Mitleid.

Wo Mitleid ist, da ist auch Hilfe.

mitsingen

Ein Narr fängt das Lied an, und die Klugen singen mit.

Diejenigen, die sich für klug halten.

Mittag

Für den Hungrigen ist's immer Mittag.

Wo die Lüge gefrühstückt hat, da kann sie nicht zu Mittag essen.

Weil sie so lange nicht Bestand hat.

Mitte

Die Mitte ist das Beste.

Die Wahrheit liegt in der Mitte.

Mittel

Das Mittel ist oft schlimmer als die Krankheit.

Der Zweck heiligt (nicht) die Mittel.

Nach Macchiavelli.

Große Zwecke, große Mittel.

Wer den Zweck will, muß auch die Mittel wollen.

Mittelweg

Der Mittelweg ist der beste.

Der sogenannte goldene.

mitten

Ein rechtschaffener Ochse geht mitten durch den Dreck.

Mitten im Strom kann man die Pferde nicht wechseln.

mitzählen

Wer nicht da ist, wird nicht mitgezählt.

Mode

Ein bißchen schief ist Mode.

Jede Mode ist schön.

Keine Mode entrinnt dem Tode.

Lieber aus der Welt als aus der Mode.

Nicht was schön ist, ist Mode, sondern was Mode ist, ist schön.

Was aus der Mode ist, ist aus der Welt.

Wer der Mode dient, hat eine strenge Herrin.

Wo der Kropf Mode ist, wird ein glatter Hals ausgelacht.

Wo es Mode ist, trägt man den Kuhschwanz als Halsband.

Wo Verstand nicht Mode ist, da lacht man den Weisesten aus.

mögen

Es geht, wie es mag, und nicht, wie es will.

Nur das Mögliche ist erreichbar.

Kosten liegt nicht weit von Mögen.

Man muß tun, wie man kann, und nicht, wie man mag.

Was der Pfaffe nicht mag, das nimmt der Küster gern.

Was der Kranke nicht mag, das mag der Gesunde.

Was ich hab', das mag ich nicht, und was ich mag, das hab' ich nicht.

Wer das eine will, muß das andere mögen.

Wer hat, was er will, der frißt, was er mag.

Von robusten Egoisten.

Wer nicht mag, wie er will, der muß tun, wie er kann.

Wer's mag, der mag's; und wer's nicht mag, der mag's wohl nicht mögen.

möglich

Es ist alles möglich, aber es regnet kein Geld.

Möglich ist alles in der Welt.

Wer das Mögliche tut, der tut genug.

Mohr

Einen Mohren kann man nicht weißwaschen.

Mönch

Auf der Kanzel ist der Mönch keusch.

Die Kutte (Kappe) macht keinen Mönch.

Die Mönche sind gut, aber das Kloster taugt nichts.

Die Platte macht nicht den Mönch.

Eines Mönches wegen baut man kein Kloster.

Es ist kein Mönch, er meint, es stecke ein Abt in ihm.

Es ist nicht jeder ein Mönch, der eine Platte hat.

Es muß ein armes Kloster sein, in dem die Mönche verhungern.

Es wohnt mancher im Kloster, der kein Mönch ist.

Gemalte Mönche sind die frömmsten.

Nur Idealfiguren sind fehlerlos.

Ist der Teufel alt, so will er Mönch werden.

Viel Mönche machen arme Klöster.

Wenn der Abt zum Glase greift, so greifen die Mönche zum Kruge.

Wenn es aufs Kloster regnet, tröpfelt es auf die Mönche.

Wenn man ans Kloster klopft, kommen die Mönche heraus.

Wie der Abt, so sind die Mönche.

Wir wollen's heimlich halten, sagte der Mönch zur Nonne.

Wo der Abt die Würfel gibt, da dobbeln die Mönche.

Wo Mönche sind, da sind auch Kappen.

Mond

Der Mond macht keine Trauben reif.

Was kümmert's den Mond, wenn ihn die Hunde anbellen.

Wem der Mond scheint, der fragt nicht nach den Sternen.

Wenn der Mond nicht wärmt, so leuchtet er doch.

Moneten

Gibt Gott Moneten, so gibt er auch Pasteten.

Montag

Ein guter Sonntag will einen guten Montag haben.

Wer gut leben will, muß auch gut arbeiten.

Montag blau, Dienstag Hunger.

Moos

Auch an jähen Felsen wächst Moos.

Auf dem rollenden Stein wächst kein Moos.

Anerkennend von Fleißigen.

Mops

Aus einem Mops wird kein Jagdhund.

Morast

Große Hast führt in den Morast.

morden

Mit Worten totschlagen ist auch gemordet.

morgen

Der Trinker bessert sich immer morgen.

Für den Fleißigen hat die Woche sieben Heute, für den Faulen sieben Morgen.

Für morgen soll man nicht sorgen.

Gegen lähmende Sorge im voraus.

Gemach mit der Geiß, der Markt ist erst morgen.

Gestern (Heut) soll dem Morgen nichts borgen.

Heute ein Faster, morgen ein Fresser.

Heute ein Gläschen, morgen ein Mäßchen.

Heute Herr von Etwas, morgen Herr von Nichts.

Kommst du heut' nicht, kommst du morgen, übermorgen ganz bestimmt.

Lebe, als solltest du morgen sterben, und arbeite, als solltest du ewig leben.

Morgen gehen hundert Jahre wieder an.

Morgen ist auch noch ein Tag.

Morgen ist nicht heute.

Sehr ungleich geht's auf Erden zu, ich heut', der gestern, morgen du.

Soll ich trauen, so komm morgen,
heute will ich nicht borgen.

Verschiebe nicht auf morgen,
was du heute kannst besorgen.

Was man auf morgen aufhebt, fressen die Mäuse.

Was man heute nicht erjagen kann, läuft einem oft morgen selbst in die Hände.

Wenn es heute nicht gerät, so gerät es morgen.

Wer gern bis morgen wartet, kommt auch übermorgen noch nicht dran.

Wer heute spart, hat morgen etwas.

Wer spart für morgen, spart für Mäuse.

↗ *heute*

Morgen

Alle Morgen neue Sorgen.

Am Morgen erkennt man den Tag.

Auf einen trüben Morgen folgt ein heiterer Tag.

Der hat einen kurzen Morgen, der zu Mittag aufsteht.

Der Morgen bedrückt, der Abend beglückt.

Der Morgen ist klüger als der Abend.

Der nächste Morgen.

Der Morgen kommt, auch wenn der Hahn nicht kräht.

Der Ton macht die Musik.

Der Morgen nährt, der Abend verzehrt.

Ein zeitiger Morgen macht einen langen Tag.

Es geschieht selten, daß Morgen und Abend zusammenkommen.

Grauer Morgen, heller Abend.

Heiterer Morgen, schöner Tag.

Heller Morgen, trüber Tag.

Jede Nacht bringt einen Morgen.

Jeder Morgen hat seinen Abend.

Wer am Morgen lacht, weint am Abend.

Wer den Morgen verschläft, kommt um den ganzen Tag.

Wer sich des Morgens die Zähne ausbeißt, kann am Abend nicht kauen.

↗ Abend, Mittag

Morgengast

Morgengäste bleiben nicht.

Morgenrede

Morgenrede und Abendrede kommen selten überein.

Ein Wortspiel mit Rede und Röte.

Morgenrot

Reue ist der Tugend Morgenrot.

morgens

Die morgens junkern,
müssen abends klunkern.

Ein guter Tag fängt morgens an.

Vögel, die morgens singen, holt am Abend die Katze.

Wer morgens was spart, hat abends was.

Wer ohne Schulden schlafen geht, steht morgens reich auf.

Jedenfalls im Verhältnis zum Verschuldeten.

↗ abends

Morgenstunde

Morgenstunde hat Gold im Munde.

morsch

An einem morschen Seil darf man nicht zu stark ziehen.

Das morsche Rad bricht zuerst.

Je älter der Adel, je morscher der Baum.

Morsches Holz gibt keine festen Balken.

Sind die Pfeiler morsch, so bricht die Brücke.

Mörtel

Fleiß rührt den Mörtel.

Schweiß macht guten Mörtel.

Moses

Einer redet von Mose, der andere von den Propheten.

Der eine von diesem, der andere von jenem.

Most

Aus Most wird Wein.

Barthel weiß schon, wo er den Most holt.

Junger Most sprengt alte Schläuche.

Zu Matthäus 9,17.

Motte

Motten kommen in das schönste Kleid.

Mucke

Mit Geduld und Spucke
vertreibt man manche Mucke.

Mücke

Beinahe bringt keine Mücke um.

Besser ein Löwe als tausend Mücken.

Lieber ein offener Gegner als viele, die sticheln.

Honig ist der Mücke Tod.

Man muß nicht nach jeder Mücke schlagen.

müde

Der muß sehr müde sein, der auf Nesseln schläft.

Guter Tage wird man bald müde.

Kein noch so gut Lied, man wird seiner müd.

Müden Beinen ist schwer pfeifen.

Müde Ochsen treten hart.

Stehen macht müde Beine.

Stagnation lähmt.

Ungewohnt macht bald müde.

Wer andere jagt, wird selber müde.

Wer in der Nacht tanzt, hat am Tage müde Beine.

Wer lange läuft, bekommt müde Beine.

Wer müde ist, der ruht auf dem Mist.

Wer nach jeder Pfeife tanzt, hat bald müde Beine.

Wer zu sehr eilt, wird bald müde.

Zugucken macht nicht müde.

Zu schnell macht müde Beine.

Mühe

Ackerwerk hat Mühe.

Den Tauben predigen ist vergebliche Mühe.

Der da hat die Kühe, der hab' auch die Mühe.

Der eine hat die Mühe, der andere die Brühe.

Ehr hat Müh.

Es ist nur Mühe, leeres Stroh zu dreschen.

Fleiß ist keine Mühe.

Wenn er schon Gewohnheit ist.

Keine Brühe ohne Mühe.

Kühe machen Mühe.

Mit Mühe schlägt man Feuer aus dem Stein.

Mühe fordert Lohn.

Mühe und Fleiß bricht das Eis.

Mühe und Fleiß erhalten den Preis.

Ohne Mühe ist nichts in der Welt.

Ohne Müh' gelingt es nie.

Tugend hat Mühe.

Viel Kühe, viel Mühe.

Viel Mühe, wenig Nutzen.

Was man mit Mühe erworben hat, kann man mit Lust genießen.

Wenn Lernen keine Mühe machte, so würde jedermann geschickt sein wollen.

muhen

Wie der Ochs brüllt, so muht auch die Kuh.

Mühle

Die Mühle dreht sich nicht vom gestrigen Winde.

Ein jeder leitet das Wasser auf seine Mühle.

Ein Wasser treibt viele Mühlen.

Es gehören viel Seufzer dazu, eine Mühle zu treiben.

Man soll zupacken, nicht klagen.

Gottes Mühlen mahlen langsam, aber trefflich klein.

Nach Logau, Sinngedichte.

Je mehr der Wind geht, je mehr klappern die Mühlen.

Je näher die Mühle, je stärker das Klappern.

Keine Mühle ohne Mehl, kein Freund ohne Fehl.

Ohne Mühle gibt's kein Mehl.

Trübes Wasser treibt die Mühle auch.

Wenn das Wasser fließt, so geht die Mühle.

Wenn die Mühle nicht klappert, so gibt es kein Mehl.

Mühlstein

Mühlsteine werden nicht moosig.

Müller

Wenn der Müller nicht vom Mehl spricht, so spricht er von Säcken.

Wer den Mehlsack trägt, den hält man für den Müller.

Wie der Müller, so die Mühle.

Zu einem Müller gehört mehr als ein weißer Rock.

Zuviel Wasser ertränkt den Müller.

Mund

Auch mit lachendem Munde kann man die Wahrheit sagen.

Augen auf und Mund zu gibt ein Leben in Ruh'.

Beredter Mund geht nicht zugrund.

Besser einen Mund voll zuviel gegessen als zuviel gesprochen.

Bitter im Mund ist dem Herzen gesund.

Böser Mund muß einen starken Rücken haben.

Butter im Munde, Schwerter im Herzen.

Das Herz denkt oft anders, als der Mund redet.

Der eigene Mund ist der nächste Vetter.

Der Mund betet und die Hand tötet.

Der Mund ist des Bauches Henker und Arzt.

Der Mund ist eher voll als das Auge.

Der Mund macht, daß der Hintern Schläge kriegt.

Der Mund redet, wovon das Herz voll ist.

Der Mund sagt's, aber das Herz weiß nichts davon.

Der Mund verrät des Herzens Grund.

Der muß nicht pfeifen wollen, der den Mund nicht spitzen kann.

Der Wein (Die Wahrheit) nimmt kein Blatt vor den Mund.

Einem schweigenden Munde ist nicht zu helfen.

Ein loser Mund ist ungesund.

Feindes Mund redet selten was Gutes.

Freunde mit dem Mund: einer auf ein Pfund; Freunde in der Not: tausend auf ein Lot.

Hoffnungen machen den Mund groß, Erfahrungen machen ihn klein.

Honig im Munde, Galle im Herzen.

Im Munde Bibel, im Herzen übel.

Im Munde den Honig, im Herzen den Stachel.

In armer Leute Mund verdirbt viel Weisheit.

Je reger der Mund, je träger die Hände.

Lügt auch der Mund, das Herz tut's nicht.

Mach den Mund zu, so kommt keine Fliege hinein.

Schweigen erspart oft Unannehmlichkeiten.

Mancher gibt mit dem Munde und nimmt mit beiden Händen.

Mancher hat das Evangelium im Munde und den Teufel im Herzen.

Redet Gutes und sinnt auf Schlechtes.

Man kann den Mund lange aufhalten, bis eine gebratene Taube hineinfliegt.

Man muß dem Munde nur was bieten.

Man soll (darf) den Mund nicht zu voll nehmen.

Mäßiger Mund erhält den Leib gesund.

Mit dem Munde trommeln ist nicht schwer.

Mit vollem Munde ist bös blasen.

Offene Tür und offener Mund
bringen manchen auf den Hund.

Oft lacht der Mund, und das Herz weiß nichts davon.

Seinem eigenen Mund gibt jeder gern das Beste.

So mancher Mund, so mancher Sinn.

Spart's der Mund, so frißt's der Hund.

Was man sich ohne Not vom Munde abspart, nützt einem nichts.

Trunkener Mund offenbart des Herzens Grund.

Trunkener Mund, wahrer Mund.

Viel im Munde, wenig in der Tat.

Von Großsprecherei.

Viel Münder beißen viel hin.

Was der Mund mag, muß der Magen verdauen.

Was der Mund redet, muß der Hals bezahlen.

Für dummes Gerede muß man geradestehen.

Was der Mund zuviel ausgibt, bekommt der Rücken wieder.

Was in aller Leute Mund,
ist nicht immer ohne Grund.

Was kommt in den dritten Mund,
wird aller Welt kund.

Was man spart vom Mund,
frißt Katz' oder Hund.

Wenn das Bier (der Wein) eingeht, geht der Mund auf.

Wenn der Mund nicht kann, muß der Bukkel dran.

Wenn man sich nicht herausreden kann, muß man die Strafe tragen.

Wenn die Börse redet, muß der Mund schweigen.

Wenn man dem Mund was bietet, so nimmt er sich was.

Wer das Gute genossen hat, wischt sich den Mund.

Wer den Mund hält, dem fliegt keine Mücke hinein.

Wer den Mund nicht aufmacht, dem regnet es nicht hinein.

Wer den Mund nicht auftut, muß den Beutel auftun.

Wer einen Mund hat, will essen.

Jeder hat seine Interessen und Ansprüche.

Wer einmal in den Mund der Leute kommt, der kommt selten heraus.

Wer Galle im Munde hat, dem schmeckt alles bitter.

Wes das Herz voll ist, des (dem) geht der Mund über.

Nach Matthäus 12,34.

Wie Mund, so Herz.

Zucker im Munde, Pfeffer im Herzen.

Zwei Zungen in einem Mund sind nicht gesund.

Zwischen Becher und Mund wird manches kund.

↗ *Morgenstunde*

Mündchen

Mündchen, was sagst du, Herzchen, was denkst du?

Von Doppelzüngigkeit.

munden

Was mundet, das nährt auch.

Mundwerk

Viel Mundwerk, wenig Handwerk.

munkeln

Im Dunkeln ist gut munkeln (aber nicht gut Flöhe fangen).

munter

Guter Wein macht muntere Pferde.

Münze

Am Wappen erkennt man die Münzen.

Bei alten Münzen zweifelt niemand.

Gewohntes erregt keinen Argwohn.

Falsche Münze gibt's überall.

Fersengeld ist oft die beste Münze.

Mit klingender Münze kommt man überall durch.

murren

Ließest du das Knurren,
so ließe man das Murren.

Musik

Der Ton macht die Musik.

Wem's in den Füßen juckt, der tanzt ohne Musik.

Wer die Musik bestellt hat, muß (soll) sie auch bezahlen.

Wie die Musik, so der Tanz.

Musikant

Ehrliche Leute, aber schlechte Musikanten.

Nach Brentano, Ponce de Leon.

Muß

Das Muß ist ein saures Essen.

Der Muß ist ein großer Herr.

Ein Kuß ist kein Muß.

Gehorchen aus Muß macht nur Verdruß.

Muß ist ein bitteres Kraut.

Muß ist eine harte Nuß.

Muße

In Eile gefreit, in Muße bereut.

müssen

Ein Mann, der will, kann mehr als zehn, die müssen.

Es muß sein, und wenn der Teufel auf Stelzen ginge.

Iß, wenn du hast, und faste, wenn du mußt.

Kein Mensch muß müssen.

Nach Lessing, Nathan der Weise.

Müssen ist ein Teufelsfraß.

Muß es sein, so schick dich drein.

Ordnung muß sein.

Spaß muß sein (sagte die Katze zur Maus).

Spaß muß sein, sagte Hans und kitzelte seine Grete mit der Mistgabel.

Strafe muß sein.

Was einer muß, das tut er mit Verdruß.

Was man tun muß, das tue man beizeiten.

Was sein muß, muß sein (sagte der Bursche und küßte der Sau den Arsch).

Mut ist die beste Wehr.

Wer muß, hat keine Wahl.

Wer tragen muß, trägt schwer.

Wer will, der kann; wer nicht will, der muß.

Will nicht Hinz, so muß Kunz.

müßig

Müßige Leute haben am meisten zu tun.

Träge tun geschäftig.

Müßig sein bringt nichts ein.

Wer die Schuhe vertritt, geht nicht müßig.

Von scheinbarer Geschäftigkeit.

Wer ein Weib nimmt, der darf nicht müßig sein.

Müßige, der

Einen Müßigen mietet der Teufel.

Müßiggang

Arbeit ernährt, Müßiggang verzehrt.

Arbeit hat Gulden, Müßiggang macht Schulden.

Arbeit macht das Leben süß, aber Müßiggang ist auch nicht bitter.

Sprichwörtlicher Scherz; erster Teil nach Gottlieb Wilhelm Burmann.

Hoher Rang kommt nicht von Müßiggang.

Müßiggang bringt Untergang.

Müßiggang ist aller Laster Anfang.

Müßiggang lehrt nichts Gutes.

müßiggehen

Besser Flöhe gefangen als müßiggegangen.

Lesen und nicht verstehen ist halbes Müßiggehen.

Vom Müßiggehen wird man selten reich.

Mut

Böser Mut macht böses Blut.

Die am lautesten schreien, haben den kleinsten Mut.

Ein kühnes Wort macht Mut.

Froher Mut braucht keinen Doktor.

Fröhliche Gabe macht fröhlichen Mut.

Gerechtigkeit will Mut haben.

Sie setzt sich nicht von allein durch.

Guter Mut ist die sicherste Wehr.

Guter Mut ist halbe Arbeit (halbes Zehrgeld).

Guter Mut ist nicht verboten.

Gut hin, Mut hin.

Hoffnung und Mut helfen über manchen Graben.

Hoffnung und Mut sind allzeit gut.

Je größer die Gefahr, je größer der Mut.

Junges Blut hat Mut.

Mit der Hoffnung wächst der Mut.

Mut hat Kraft.

Mut ist die beste Wehr.

Mut kämpft ohne Degen.

Mut macht alles gut.

Mut ohne Verstand hat sich oft verrannt.

Unachtsam hat leichten Mut.

Wenn der Mut ausmarschiert, kommt das Ziel ihm entgegen.

Wenn der Mut weg ist, taugt der Mann nichts.

Wer am Tage Gutes tut,
hat am Abend frohen Mut.

Wer Gutes tut, hat frohen Mut.

Wer keinen Mut hat, muß gute Beine haben.

mutig

Ein mutiges Herz hält nicht lange Rat.

Ein mutiges Herz ist der beste Reisegefährte.

Mutige, der

Angreifen kann jeder, aber der Mutige erwartet's.

Dem Mutigen gehört die Welt.

Dem Mutigen hilft das Glück.

Nach Simonides von Keos.

mutlos

Hochmütig im Glück, mutlos im Unglück.

Mutter

Dem einen gefällt die Mutter, dem andern die Tochter.

Die Geschmäcker sind verschieden.

Der Mutter Herz ist immer bei den Kindern.

Der Mutter ist das kranke (kränkste) Kind das liebste.

Der Mutter schenk' ich,
der Tochter denk' ich.

Der Witwer findet leicht eine Frau, aber die Waisen schwer eine Mutter.

Die beste Amme ersetzt keine Mutter.

Die Mutter sagt es, der Vater glaubt es, ein Narr zweifelt daran.

Die Nacht ist die Mutter der Gedanken.

Eine andere Mutter hat auch ein liebes Kind.

Eine Mutter kann man verlieren, aber nicht wiederfinden.

Eine Mutter kann zehn Kinder ernähren, aber zehn Kinder nicht eine Mutter.

Erfahrung ist die Mutter der Wissenschaft.

Jeder Mutter Kind ist schön.

Man küßt oft das Kind um der Mutter willen.

Um des Vorteils willen tut man manches.

Schöne Töchter machen alte Mütter.

Schreiende Kinder machen singende Mütter.

Trägheit ist die Mutter der Sünde.

Vergessenheit ist die Mutter des Irrtums.

Vorsicht ist die Mutter der Porzellankiste.

Was der Mutter ans Herz geht, geht dem Vater nur ans Knie.

Wenn eine Mutter weint, so sind die Tränen echt.

Wer das Kind bei der Hand faßt, greift der Mutter ans Herz.

Gewinnt deren Sympathie.

Wer die Tochter haben will, muß die Mutter streicheln.

Wie die Mutter, so die Tochter.

Mutterhand

Mutterhand schlägt keine Beulen.

Mutterherz

Ein Mutterherz kann nicht lügen.

Mutterliebe

Mutterliebe altert nicht.

Mütze

So mancherlei Mützen, so mancherlei Narren.

Wem die Mütze paßt, der setze sie auf.

N

nach

Nach dem Fest ist ein Narr übrig.

Nach und nach gibt auch ein Stück.

Nach und nach macht der Vogel sein Nest.

Wie vor, so nach.

nachahmen

Wer nachahmt, macht sich zum Sklaven.

Wer nicht nachahmt, wird nicht nachgeahmt.

Nachbar

Allzu fromm ist Nachbars Spott.
Übertreibung schadet.

Allzu gutmütig ist Nachbars Narr.

Argwohn ist ein böser Nachbar.

Besser eine Quelle im Haus als an Nachbars Pumpe gehen.

Böser Nachbar, täglich Unglück.

Das Huhn des Nachbars ist eine Gans.
Neid vergrößert.

Der Zaun ist Friedensstifter unter den Nachbarn.

Die Bürden des Nachbars fühlt man nicht.

Eigene Last ist stets von Blei, die des Nachbarn nur von Flaum.

Ein guter Nachbar ist die beste Wache.

Ein Nachbar an der Hand ist besser als ein Freund über Land.

Ernst und Scherz sind oft Nachbarn.

Es geht dich auch an, wenn des Nachbars Haus brennt.

Es ist keine Mauer so fest, als seine Nachbarn zu Freunden haben.

Es kann der Beste (Frömmste) nicht in Frieden leben, wenn es dem bösen Nachbar nicht gefällt.
Nach Schiller, Wilhelm Tell; auf einem alten Sprichwort beruhend.

Es klagt mancher über Brot,
und sein Nachbar leidet Not.

Es kratzt sich keiner, wenn's den Nachbar juckt.

Frieden nur so lange währt,
als dein Nachbar ihn begehrt.

Gute Advokaten sind schlimme Nachbarn.
Auch von Rechthabern.

Gute Leute sind keine Nachbarn.
Dem Nörgler gefällt niemand.

Halte den Nachbar, so hält er dich wieder.

Jeder ist mit sich zufrieden, aber keiner mit seinem Nachbarn.

Kaufe deines Nachbars Rind
und freie deines Nachbars Kind.
Was man genau kennt, enttäuscht nicht.

Lecken und Kratzen sind Nachbarn.

Liebe deinen Nachbar, reiß aber den Zaun nicht ein.

Mein Klee ist mir lieber als des Nachbars Weizen.

Mit guten Nachbarn hebt man den Zaun auf.

Nachbarn neiden gern.

Nachbars Henne legt immer die größeren Eier.

Nachbars Kinder sind immer die schlimmsten.

Nachbars Weizen steht immer besser.

Nachbar über den Zaun, Nachbar wieder herüber.

Was in Nachbars Garten fällt, ist sein.

Wenn es beim Nachbarn brennt, schützt man sein eigenes Haus.

Wer einen guten Nachbar hat, braucht keinen Zaun.

Wer Fett übrig hat, schmiere des Nachbars Wagen.

Vom Überfluß soll man abgeben.

Wer gute Nachbarn hat, kann ruhig schlafen.

Wer seine eigene Schande nicht hören will, muß die seines Nachbarn nicht aufdecken.

Wer selber einen Kropf hat, was geht den Nachbars Beule an.

Wer sich selber loben muß, hat schlechte Nachbarn.

Wer sich selbst darben läßt, der läßt seinen Nachbarn verhungern.

↗ *Nähe*

Nachbarschaft

Nachbarschaft ist halbe Verwandtschaft.

nachdenken

Wer gut nachdenken kann, braucht nicht viel zu fragen.

Nachen

Ein Schiff kann's besser als ein Nachen.

Vom Boot kommt man in den Nachen.

nachfolgen

Auf Weh und Ach folgt Freude nach.

Geht Überlegung vor, folgt keine Reue nach.

Nachfrage

Je größer die Nachfrage, je teurer die Ware.

Nachfreude

Nachfreude ist besser als Vorfreude.

nachgeben

Der Klügere gibt nach (sagte der Fuchs, als ihm der Jäger das Fell über die Ohren zog).

Nachgeben hilft.

Nachgeben stillt viel Zorn.

Wer nachgibt, verliert nicht immer.

nachgehen

Der recht vorgeht, dem geht man recht nach.

Vorangehen macht nachgehen.

nachgerade

Nachgerade kommt Hans ins Wams.

nachhelfen

Dem Recht will nachgeholfen sein.

nachher

Nachher ist jeder klug.

Vorher Bescheid gibt nachher keinen Streit.

nachkommen

Das dicke Ende kommt nach.

Der hinkende Bote kommt nach.

Das Unangenehme folgt.

Die Reue kommt nach.

Es kommt selten etwas Besseres nach.

Man lasse eine Gelegenheit nicht verstreichen.

Was nachkommt, frißt der Hund.

nachlassen

Brausender Bach läßt bald nach.

Zorn legt sich.

Laß nicht nach, so kommst du hoch.

Nicht nachlassen gewinnt (sagte die Braut).

Wer nicht nachläßt, kommt ans Ziel.

nachlaufen

Einem armen Mann läuft der Ruhm nicht nach.

Der Erfolglose hat es doppelt schwer.

Wer jeder Schürze nachläuft, bringt keine unter die Haube.

Nachmittag

Ein guter Nachmittag ist besser als ein guter Vormittag.

Lieber ein gutes Ende als ein guter Anfang.

nachrechnen

Man muß nie nachrechnen, was guter Kohl gekostet hat.

Man soll sich das Vergnügen nicht selbst verderben.

Nachrechnen hat's Spiel verloren.

Man muß vor dem Schaden klug sein.

Nachrede

Nachrede schläft nicht.

Vorrede erspart Nachrede.

Vorherige Abrede.

nachreden

Wie sich einer hält, so redet man ihm nach.

Nachreue

Borgen hat viel Nachreu.

Nachreu schafft nichts wieder herbei.

Nachricht

Eine gute Nachricht geht durch geschlossene Türen.

Keine Nachricht, gute Nachricht.

Beruhigend, wenn jemand wegen fehlender Nachricht in Sorge ist.

Schlechte Nachrichten kommen rasch an.

Schlechte Nachrichten wandern schnell.

Schlimme Nachrichten kommen immer zu früh.

Wer gute Nachricht bringt, ist stets willkommen.

Wer gute Nachricht bringt, klopft stark an.

Gute Neuigkeiten braucht man niemandem schonend beizubringen.

Wer gute Nachricht bringt, kommt nie zu spät.

nachsagen

Was einem der Neid nachsagt, hört man gern.

nachsehen

Der letzte hat das Nachsehen.

Vorsehen ist besser als nachsehen.

Nachsicht

Je mehr Einsicht, je mehr Nachsicht.

Nachsicht ist keine Quittung.

Auch wer lange wartet, will bezahlt sein.

Nachsicht macht schlechte Bezahler.

Vorsicht ist besser als Nachsicht.

Vorsicht übt Nachsicht.

Wer Nachsicht braucht, soll auch Nachsicht gewähren.

Nachspiel

Böses Vorspiel macht böses Nachspiel.

nächst

Das Nächste, das Liebste.

Die nächsten Freunde, die ärgsten Feinde.

Wenn es zum Bruch kommt.

Eigene Hand ist die nächste.

Geradezu ist der nächste Weg.

Man nimmt immer das nächste Wasser zum Löschen.

Nächste, der

Der Nächste am Blut, der Nächste zum Gut.

Die Nächsten sind die Ärgsten.

Jeder ist sich selbst der Nächste.

Liebe deinen Nächsten, aber reiße den Zaun nicht nieder.

Liebe deinen Nächsten wie dich selbst.

Nach Galater 5,14; auch ironisch.

Nacht

Andere Gedanken kommen über Nacht.

Auch ein kleines Licht sieht man weit in der Nacht.

Auf einen bösen Tag folgt selten eine gute Nacht.

Beim Traurigen ist immer Nacht.

Bei Nacht sind alle Katzen grau.

Das Glück kommt über Nacht.

Der Tag hat Augen, die Nacht hat Ohren.

Die ganze Nacht gesoffen ist auch gewacht.

Die Nacht bringt Rat.

Nahe Gefahr will rasche Hilfe.

Die Nacht ist die Mutter der Gedanken.

Die Nacht kann viel erzählen.

Die sich des Tags zanken, lecken sich des Nachts.

Elend kommt über Nacht.

Es sind noch nicht alle zu Bett, die heut eine böse Nacht haben werden.

Für die Nacht ist jede Haube gut.

Für jede Nacht gibt's eine Lampe.

Gute Gedanken kommen über Nacht.

Guter Rat kommt über Nacht.

Jede Nacht bringt einen Morgen.

Je dunkler (schwärzer) die Nacht, desto schöner der Tag.

Je finsterer die Nacht, je heller sieht die Eule.

Mit Unwissenden hat der Hinterlistige leichtes Spiel.

Je kürzer die Tage, desto länger die Nächte.

Je schwärzer die Nacht, je schöner der Tag.

Lange Nächte geben magere Hühner.

Nacht hat große Macht.

Sorgen kommen über Nacht.

Süße Nächte machen saure Tage.

Über Nacht kommt Rat.

Wer auf Schönheit freit, hat gute Nächte, aber böse Tage.

Wer bei Nacht stiehlt, wird bei Tage gehängt.

Wer in der Nacht tanzt, hat am Tage müde Beine.

Wer keine guten Tage hat, kann doch gute Nächte haben.

Zur Nacht tut man den Laden zu.

Nachteil

Kein Nachteil, er hat seinen Vorteil.

Wer den Vorteil hat, soll auch den Nachteil leiden.

Nachteule

Nachteulen scheuen das Licht.

Nachtigall

Eine Krähe wird keine Nachtigall.

Jeder meint, sein Kuckuck sei eine Nachtigall.

Was nützt dem Tauben die Nachtigall?

Wat den eenen sin Uhl, dat is den annern sin Nachtigall.

Wenn die Gänse schnattern, schweigt die Nachtigall.

Dummes Geschwätz soll man meiden.

Wenn's die Farbe täte, wäre der Esel eine Nachtigall.

Wo die Nachtigall singt, hört man die Krähe nicht.

Wo Habichte wohnen, schlagen keine Nachtigallen.

nachts

Was am Tage nicht scheint, leuchtet nachts.

Auch das Unbedeutende hat seinen Wert, wenn nichts Bedeutendes da ist.

Wer am Tage schläft, muß nachts hungern.

Nachtwächter

Es sind schon Nachtwächter bei Tage gestorben.

nachwerfen

Man muß nicht nach jedem Knüppel greifen, der einem nachgeworfen wird.

Nacken

Der Nacken der Gemeinde ist stark.

Ein freundliches Gesicht hat oft den Teufel im Nacken.

nackt

Der ist nackt genug, der keine Kleider hat.

Einem nackten Mann kann man nicht in die Tasche fassen.

Wer in fremden Kleidern ausgeht, kommt nackt wieder heim.

Wo alle nackt gehen, da lacht man über das Hemd.

Nackte, der

Einen Nackten kann man nicht ausziehen.

Nacktheit

Wo baden Brauch ist, gehört Nacktheit zur Sitte.

Nadel

Eine Nadel kann einen Schneider ernähren.

Auch das Kleine hat seinen Wert.

Hast du die Nadel, ich habe den Faden.

Eine Hand wäscht die andere.

Jede Nadel will ihren Faden haben.

Nadel und Faden sind das halbe Kleid.

Nagel (Fingernagel)

Man kann lange an den Nägeln kauen, ehe man satt ist.

Mit eigenen Nägeln kratzt man sich am besten.

Wer lange Nägel hat, hat gut kratzen.

Nagel (Stift)

An den Nagel kann man alles hängen.

Es liegt nicht immer am Nagel, wenn die Wand nicht hält.

Fremde Sorgen hängt man an den Nagel.

Von einem goldenen Rade fällt ein goldener Nagel.

Von einträglichen Stellungen.

Wenn man den Kopf des Nagels trifft, trifft man auch seine Spitze.

nagen

Die schlechtesten Früchte sind es nicht, an denen die Wespen nagen.

Jeder nagt an den Knochen, die er hat.

nah

Das Hemd ist mir näher als der Rock.

Nach Plautus, Trinummus.

Die nahen Heiligen tun keine Wunder.

Erstaunliches ist leichter aus der Ferne zu berichten.

Fernes Wasser löscht keinen nahen Brand.

Fern vom Haus ist nahe beim Schaden.

Wo man sich nicht auskennt, muß man aufpassen.

Glück und Unglück sind nahe beieinander.

Je höher das Gras, je näher die Sense.

Je höher der Turm, je näher beim Wetter.

Je näher beim Ofen, desto wärmer.

Je näher dem Feuer, je näher der Hitze (je eher verbrannt).

Je näher dem Kloster, je weiter von Gott.

Je näher dem Papst, je schlimmere Christen.

Je näher dem Siege, je schwerer der Kampf.

Je näher den Wolken, je näher dem Wetter.

Je näher der Freund, je ärger der Teufel.
Wenn die Freundschaft zu Bruch gegangen ist.

Je näher der Herberge, je länger der Weg.
Wenn einem das letzte Stück schwerfällt.

Je näher der Mühle, je stärker das Klappern.

Je näher, je später.
Nahestehende helfen oft erst als letzte.

Je näher Rom, je ärger Christen.

Je näher verwandt, je feinder einand'.

Nahe am Feuer schmilzt das Wachs.

Nahe Gefahr will rasche Hilfe.

Naher Freund, naher Vormund.

Was sich zu nahe kommt, das reibt sich.

↗ *nächst*

Nähe

Ein halber Doktor in der Nähe ist besser als ein ganzer in der Ferne.

Ein Nachbar in der Nähe ist besser als ein Bruder in der Ferne.
Nach Sprüche Salomos 27,10.

In der Nähe ist gut schießen, in der Ferne gut lügen.

Wer in der Ferne pocht, schweigt in der Nähe.

nahebei

Nahebei ist nicht getroffen.

nähen

Doppelt genäht hält besser.

Viel Nähen macht den Zwirn kurz.

näherbringen

Ein kleiner Zwist bringt oft die Herzen näher.

nähren

Ackerwerk soll nähren.

Bleibe im Lande und nähre dich redlich.
Nach Psalm 37,3.

Dreck nährt.

Eigen Brot nährt am besten.

Ein schmieriges Handwerk nährt auch.

Erst genährt, dann gelehrt.

Kleinmut nährt Hochmut.
Bei andern.

Von Scheuern und Kehren kann niemand sich nähren.

Was gut schmeckt, das nährt auch gut.

Nahrung

Nahrung will Füße haben.

Wer seine Nahrung nicht treibt, den treibt die Nahrung.

Naht

Die Naht ist wie die Näherin (der Schneider).

Guter Zwirn gibt feste Naht.

Je fester die Naht, je größer der Riß.
Von Zerwürfnissen.

Name(n)

Das Kind muß einen Namen haben.

Die Fürsten ändern sich nicht, sie wechseln nur die Namen.

Ein Gastwirt hört auf jeden Namen.

Ein guter Name ist besser als Bargeld.

Ein guter Name ist der schönste Orden (die schönste Mitgift).

Ein guter Name ist ein reiches Erbteil.

Ein guter Name scheint auch in der Nacht.

Ein schlechter Name ist halb gehängt.

Ein weißes Kleid schützt nicht vor einem schwarzen Namen.

Es geht nichts über einen guten Namen.

Lieben Kindern gibt man viele Namen.

Name ist Schall und Rauch.

Nach Goethe, Faust.

Neue Dinge, neue Namen.

Wer dem andern den guten Namen raubt, macht diesen arm, aber sich nicht reich.

Man verachtet den Verleumder.

Napf

Die Näpfe des Faulen sind leer.

Je näher dem Feuer,
je näher der Hitze.

Narbe

Die Narbe bleibt, wenn auch die Wunde heilt.

Krieg macht Narben.
Narben sind auch Wunden.

Wer alte Narben aufreißt, schafft neue Wunden.

Narr

Allermanns Freund ist Allermanns Narr.

Am Barte des Narren lernt man scheren.

Am Lachen und Flennen
kann man die Narren erkennen.

Am vielen Fragen erkennt man den Narren.

Andere Leute sind auch keine Narren.

An Narren ist nirgends Mangel.

Auch ein Narr kann einmal ein kluges Wort reden.

Auf das Urteil des Narren braucht niemand zu warten.

Auf einen Narren soll man nicht harren.

Auf Erbschaft harren macht viel Narren.

Auf Narren tropft es überall.

Beim Trunk erkennt man die Narren.

Bei Narren geht's immer hoch hinaus.

Bei Narren, Kindern und Wein
kann nichts lange verborgen sein.

Bei Narren wird man zum Narren.

Bist du ein Narr, so laß dir eine Kappe machen.

Bücher machen Narren und Weise.

Das Glück besucht die Narren wohl, aber es setzt sich nicht bei ihnen nieder.

Das Glück ist Kindern und Narren hold.

Das Glück macht Könige und Narren.

Das Lernen hat kein Narr erfunden.

Das Schweigen ist des Narren Decke.

Dem Narren fehlt nichts als der Verstand.

Dem Wind und dem Narren muß man seinen Lauf lassen.

Den Narren bringt sein eigenes Glück um.

Den Narren (kennt man) am Kopf, am Klange den Topf.

Den Narren macht die Hoffnung reich.

Der Hund bellt Narren und Weise an.

Der ist ein Narr, der andere Leute für dumm hält.

Der ist ein Narr, der arm lebt, um reich zu sterben.

Der ist ein Narr, der sich selbst vergißt.

Der ist ein Narr, der sich zweimal an demselben Stein stößt.

Der ist kein Narr, der es sagt, sondern der ist ein Narr, der es glaubt.

Der ist nicht gescheit, der nicht einmal ein Narr sein kann.

Der Kluge lebt heute, der Narr will morgen leben.

Der klügste Mann kann vom Narren etwas lernen.

Der Narr redet, wenn der Kluge denkt.

Also ohne Überlegung.

Der Wein macht kluge Leute zu Narren.

Der Zorn ist ein Narr.

Die Alten sind auch keine Narren gewesen.

Die Feste vergehen, der Narr bleibt.

Die Mutter sagt's, der Vater glaubt's, ein Narr bezweifelt's.

Die Narren haben das beste Leben.

Die Narren sind auch Leute.

Die Narren sterben nicht aus.

Die nüchternen Narren sind die schlimmsten.

Die Zeit macht auch den Narren klug.

Die Zeit vergeht, der Narr besteht.

Der Unbelehrbare ändert sich nicht.

Ein alter Narr wird selten klug.

Einem Narren muß man kein Messer geben.

Ein ganzer Narr ist besser als ein halber.

Man weiß wenigstens, woran man ist.

Ein jeder Narr ist in seiner Sache gescheit.

Ein Narr antwortet, ehe er hört.

Ein Narr fährt den Karren so in den Dreck, daß drei Kluge Mühe haben, ihn herauszubringen.

Ein Narr fängt das Lied an, und die Klugen singen mit.

Diejenigen, die sich für klug halten.

Ein Narr gefällt dem andern.

Ein Narr gibt und ein Gescheiter nimmt.

Ein Narr hat eine schöne Welt.

Dummheit ist sorglos.

Ein Narr hat immer Festtag.

Ein Narr hat viel Brüder.

Ein Narr hört sich gern loben.

Ein Narr ist kein Beweis.

Ein Narr kann mehr befehlen, als zehn Kluge ausrichten können.

Ein Narr kann mehr fragen, als zehn Kluge beantworten können.

Ein Narr lacht dreimal.

Ein Narr läßt sich nicht raten.

Ein Narr lobt den andern.

Ein Narr macht keinen klug.

Ein Narr macht viel Narren.

Ein Narr sein zur rechten Zeit ist auch eine Kunst.

Ein Narr sieht aufs Geschenk, ein Weiser aufs Herz.

Ein Narr verdirbt den andern.

Ein Narr will was zu spielen haben.

Ein rechter Narr, der sich selbst vergißt.

Ein verliebter Greis ist ein junger Narr.

Ein Verliebter und ein Narr geben ein gutes Paar.

Ein weiser Mann lächelt, ein Narr lacht.

Erfahrung ist eine teure Schule, aber Narren gehen in keine andere.

Es gehört Verstand dazu, Narren zu regieren.

Es haben nicht alle Narren Schellen.

Es ist kein Mann so klug, das Weib macht ihn zum Narren.

Es ist kein Narr, er findet einen größeren.

Es ist kein Narr, er hält sich für gescheit.

Es ist leicht, ein Narr zu sein, wenn man keinen Verstand hat.

Gelehrte Narren sind die besten (größten).

Glückliche Narren bedürfen keiner Weisheit.

Große Narren, große Schellen.

Hoffen und Harren macht manchen zum Narren.

Jedem Narren gefällt seine Kappe.

Jeder hat seinen Narren im Ärmel.

Jedermanns Freund (Knecht), jedermanns Narr.

Jedes Fest hat seine Narren.

Je größer Narr, je größer Hochmut (Stolz).

Je größer Narr, je größer Pfarr'.

Von unverdientem Glück.

Je mehr Narren, je mehr Gelächter.

Kein Narr ist so dumm, er findet einen, der ihn für klug hält.

Kinder und Narren sagen die Wahrheit.

Lachend sagt der Narr die Wahrheit.

Laß dem Narren seine Weise.

Lobe den Narren, so schwillt er.

Man muß den Narren nicht zu weit herauslassen.

Mit Lob fängt man die Narren.

Mit Narren ist schlecht scherzen.

Nach dem Schaden macht der Narr Frieden.

Narren haben das beste Glück.

Narren haben Narrenrecht.

Nämlich Narrenfreiheit.

Narren haben närrische Träume.

Narren lachen über alles.

Narren lassen sich keine grauen Haare wachsen.

Narren loben sich selber.

Narren muß man mit Narren kurieren.

Narren reden wie Narren.

Narren sagen, was die Klugen denken.

Narren sitzen gern oben.

Narren und Alten muß man viel zugute halten.

Narren und Heiligen muß man aus dem Wege gehen.

Narren wachsen unbegossen.

Narren wissen alles.

So mancherlei Hüte, so mancherlei Narren.

Unter den Narren ist der klügste der größte.

Wenn sich einer für besonders klug hält.

Verliebte und Narren haben immer einen Sparren.

Viel Narren, viel Kappen.

Vom Narren lernt der Kluge seine Weisheit.

Wenn er aus den Fehlern anderer lernt.

Von einem Narren kommt zuweilen auch ein kluger Rat.

Vormittag ein Narr und nachmittag nicht gescheit.

Während sich der Kluge besinnt, kann sich der Narr auch besinnen.

Was man den Narren verbietet, das tun sie.

Was Narren loben, das ist getadelt.

Wem das Glück zu wohl will, den macht es zum Narren.

Wenn der Narr schweigt, so wird er weise.

Nach Sprüche Salomos 17,28.

Wenn die Narren zu Markte gehen, freuen sich die Krämer.

Wenn einer ein Narr ist, muß man ihn auch einen Narren nennen.

Wenn einer ein Narr ist, so zeigt er es.

Wenn etwas geschehen ist, begreift's auch der Narr.

Wenn Narren reden, haben kluge Ohren Feierabend.

Auf dummes Geschwätz soll man nichts geben.

Wenn's die Klugen nicht wissen, so frage die Narren.

Wenn's regnet, sucht auch der Narr ein Dach.

Wenn zwei wollen, ist der Dritte ein Narr.

Wer das Seine bestellt, ist kein Narr.

Wer den Narren kennt, der kauft ihn nicht.

Wer einen Narren kauft, muß einen Narren behalten.

Wer einen Narren wegschickt, bekommt einen Narren wieder.

Wer kein Narr ist, kann noch einer werden.

Wer mit Narren anfängt, muß mit Narren aufhören.

Wer mit Narren zu Bett geht, steht mit Narren auf.

Wer Narren sucht, muß selber ein Narr sein.

Wer nicht liebt Wein, Weib und Gesang,
der bleibt ein Narr sein Leben lang.

Nach Luther (unverbürgt).

Wer nur sein eigener Lehrmeister sein will, hat einen Narren zum Schüler.

Wer sich gesellt zu Narren und Affen,
dem geben sie gar viel zu schaffen.

Wer sich selbst für klug hält, dem fehlt zum Narren nicht viel.

Wer sich selbst gefällt, gefällt einem Narren.

Wer zu gescheit ist, ist halb ein Narr.

Wie der Narr, so seine Streiche.

Wie ein Narr begonnen, wie ein Narr beendet.

Wo alle Narren sind, lacht man keinen aus.

Wo ein Narr ist, da guckt ein Narr hervor.

Je größer Narr, je größer Stolz.

Wo es an verständigen Männern fehlt, steigen die Narren im Kurse.

Wo Herren sind, da sind auch Narren.

Wo viel Geschwätz ist, da fehlt es auch an Narren nicht.

Wo viel Worte sind, da hört man den Narren.

Zehn Phantasten geben erst einen Narren.

Zorn bringt den Narren um.

Zu Hof will man Narren haben.

Zuviel reden und zuviel schweigen ist allen Narren eigen.

Zuwenig und zuviel ist aller Narren Ziel.

Zwei Narren machen leicht den dritten.

↗ *nach, der Weise*

narren

Wer sich äffen läßt, den narrt man.

Narrenfieber

Das Narrenfieber ist schwer zu heilen.

Narrenhand

Narrenhände beschmieren Tisch und Wände.

Narrenkappe

Jeder hat seine Narrenkappe.

Narrenkönig

Der Narrenkönig hat die meisten Untertanen.

Narrenmaul

Narrenmaul leckt gern.

Narrenspiel

Narrenspiel will Raum haben.

Narrenwerk

Narrenwerk, Narrengeist.

Narrenwerk, Narrenlohn.

Narrenzunft

Die Narrenzunft ist die größte.

Narrenzunge

Narrenzunge stiftet viel Unheil.

Narrheit

Die kürzesten Narrheiten sind die besten.

Es gilt auch als Zeichen von Weisheit, seine Narrheit zu verbergen.

Es ist Narrheit, allein weise sein zu wollen.

Es ist Narrheit, die Ochsen hinter den Pflug zu spannen.

Keiner ist so klug, daß er nicht ein wenig Narrheit übrig hätte.

Narrheit altert nicht.

Narrheit ist leicht zu lernen.

Um Narrheit zu regieren, braucht man Verstand.

Wem es an Gesellschaft fehlt, der macht seine Narrheiten allein.

Wer Narrheit sät, wird Torheit ernten.

Wo die Weisheit aufhört, fängt die Narrheit an.

Zwischen Narrheit und Klugheit lebt sich's am besten.

Man soll nicht zu klug sein wollen.

närrisch

Allzu klug ist närrisch.

Auf närrische Worte gehören taube Ohren.

Eine närrische Zunge kann viel Böses anrichten.

Ein grauer Kopf schützt nicht vor einem närrischen Arsch.

Ein närrischer Mensch hat närrische Träume.

Es ist ein närrisches Schaf, das sich dem Wolf anvertraut.

Es ist närrisch, eine Woche zu verlieren, um einen Tag zu gewinnen.

Es ist nichts närrischer als ein Narr.

Gar zu gescheit ist doppelt närrisch.

Je närrischer, je glücklicher.

Liebe macht närrisch.

Närrische Lehr' hat närrische Zeugnisse.

Wo alle närrisch sind, da lacht man keinen aus.

naschen

Mit genascht, mit gehascht.

Naschende Katzen kriegen was auf die Tatzen.

Naschen macht leere Taschen.

Was Mäulchen nascht, muß Leibchen büßen.

Wenn Eva nascht, kostet auch Adam.

Wer nascht, der stiehlt auch.

Näschen

Erst Näschen haben, dann Prischen nehmen.

Nase

Allzu klug stößt sich zuerst an die Nase.

Auch weißer Wein macht eine rote Nase.

Besser eine schiefe Nase als gar keine.

Den Säufer erkennt man an der Nase.

Um zu sagen, daß man etwas durchschaut hat.

Die Nase geht voran.

Eine Fliege setzt sich auch dem König auf die Nase.

Eine lange Nase stößt oft an.

Von Neugier.

Erst die Nase und dann die Brille.

Jeder fasse sich an seine eigene Nase.

Jeder niest nach seiner Nase.

Je hohler die Ähre, desto höher die Nase.

Je weniger einer weiß, je höher trägt er die Nase.

Man muß die Nase nicht in alles stecken.

Man muß nicht jeden hassen, der eine andere Nase hat.

Man muß sich nicht höher schneuzen, als die Nase ist.

Man verkauft keine Nase aus einem Gesicht.

Schönheit trägt die Nase hoch.

Was hilft ein goldener Ring an der Nase?

Was hilft's, die Nase hoch zu tragen, wenn der Arsch bloß ist.

Wenn's Unglück sein soll, kann man sich den Finger in der Nase abbrechen.

Wer keine Nase hat, kann keine Brille tragen.

Wer das Unterste aus der Kanne trinkt, dem fällt der Deckel auf die Nase.

Wer's zu genau wissen will, erfährt oft Unangenehmes.

Zu einem rechten Mann gehört auch eine rechte Nase.

naß

Alles Wasser macht naß.

Auch die Augen des Narren werden naß.

Man soll sich nicht von jeder Träne rühren lassen.

Besser naß werden als ertrinken.

Das erste Wasser macht naß.

Ein guter Seemann wird auch einmal naß.

Jeder trinkt mal einen über den Durst.

Ein kleiner Regen macht nicht (auch) naß.

Ein nasser Pudel scheut das Wasser nicht.

Es tropft gern hin, wo es vorher schon naß ist.

Leeres Faß macht nicht naß.

Man kann nicht durch den Rhein waten, ohne naß zu werden.

Nasses Stroh brennt nicht.

Steinerne Herzen machen keine nassen Augen.

Wasch mir den Pelz, aber mach mich nicht naß.

Wenn einer nicht naß werden will, der soll nicht ins Bad gehen.

Wenn man Fische fängt, werden die Hände naß.

Von unlauteren Geschäften, bei denen man sich die Hände schmutzig macht.

Wenn's regnet, so wird's naß.

Wer im Regen geht, wird naß.

Wer mich naß macht, macht mich auch wieder trocken.

Wer naß ist, fürchtet den Regen nicht.

Zerrissene Schuhe geben nasse Füße.

Nasse, der

Zwei Nasse können einander nicht trocknen.

Naßwerden

Wer sich unter die Traufe stellt, muß nicht über das Naßwerden klagen.

Natur

Die Natur läßt sich nicht zwingen.

Die Natur will ihr Recht.

Gewohnheit ist die zweite Natur.

Natur geht vor Lehre.

Natur guckt überall hervor.

Natur will ihren Lauf haben, sagte der Bock.

Was die Natur angestrichen hat, färbt nicht ab.

Wo die Natur aufhört, fängt der Unsinn an.

Nebenherr

Nebenherrn hat niemand gern.

nebenhin

Nebenhin ist auch ein Weg.

necken

Was sich liebt, das neckt sich (sagte die Katze zur Maus und fraß sie).

nehmen

Den Mann nimmt man beim Wort, den Ochsen bei den Hörnern.

Der Geiz nimmt sich arm.

Eine Hand gibt, die andere nimmt.

Es hat sich noch keiner müde genommen.

Es ist nicht gut nehmen, wo nichts ist.

Geben ist seliger denn Nehmen.

Nach Apostelgeschichte 20,35.

Gott gibt den Verstand, der Hopfen nimmt ihn.

Heute gegeben, morgen genommen.

Wie's zum Nest zieht, so brütet es Junge.

Ich gebe, wie ich's habe, und nehme, wie ich's kriege.

Läßt sich einer den Mantel nehmen, nimmt man ihm bald den Rock dazu.

Mancher gibt mit dem Munde und nimmt mit beiden Händen.

Mancher nimmt's mit Scheffeln und gibt mit Löffeln.

Man muß es nehmen wie der Teufel die Bauern.

Nämlich wie's gerade kommt.

Man muß nicht mehr nehmen, als man kriegen kann.

Man nimmt kein Schaf ohne Wolle.

Nehmen ist leichter als geben.

Nehmen ist seliger als Geben, sagen die Klosterherrn.

Scherzhafte Umkehrung des Bibelspruches Apostelgeschichte 20,35.

Nimm dir Zeit und nicht das Leben.

Nimm's doppelt, so wird's kürzer.

Nimm, was dir werden mag, und laß das andere fahren.

Reichen gibt man, Armen nimmt man.

Wo Besitz regiert.

Vom Nehmen wird man nicht arm.

Was der Keller bietet, muß die Küche nehmen.

Was der Pastor nicht nimmt, das nimmt der Küster.

Was die Flut bringt, nimmt die Ebbe wieder.

Was einer ist, das kann man ihm nicht nehmen.

Was man vom großen Haufen nimmt, das fühlt man nicht so bald.

Wem der Wagen fehlt, der nimmt die Karre.

Wem zu wohl ist, der nehme ein Weib.

Wer eine Törin nimmt, der hat eine.

Wer Gaben nimmt, der ist nicht frei.

Wer nehmen kann, braucht nicht zu bitten.

Wer nicht gibt, der nimmt nicht.

Rechtssprichwort: Wert gegen Wert.

Wer nicht kommt zur rechten Zeit,
der muß nehmen, was übrigbleibt.

Wer nichts hat, dem kann man nichts nehmen.

Wer nichts nimmt, braucht nichts zu geben.

Wer nimmt, verkauft sich.

Wer Recht hat zu nehmen, der hat auch Recht zu behalten.

Wer sich Zeit nimmt, kommt auch.

Wer zuerst nimmt, hat die Auswahl.

Wie man's findet, muß man's nehmen.

Wo nichts ist, da kann man nichts nehmen.

Nehmer

Der Schenker ist gestorben, der Geber ist verdorben, aber der Nehmer lebt noch.

Um einen lästigen Bittsteller loszuwerden.

Ein Nehmer ist kein Geber.

Viele Freier, wenig Nehmer.

Neid

Alte Liebe rostet nicht, alter Neid vergeht nicht.

An Haß und Neid stirbt Heiterkeit.

Besser der Neid des Feindes als das Mitleid des Freundes.

Der Neid folgt dem Glück.

Der Neid hat noch niemand reich gemacht.

Der Neid steht früh auf.

Durch Eigensinn und Neid
entsteht der meiste Streit.

Ehre hat Neid zum Gefährten.

Gunst hat Neid.

Haß und Neid bringen viel Leid.

Haß und Neid machen die Hölle weit.

Machen das Zusammenleben zur Hölle.

Je größer Glück, je größer Neid.

Je größer Neid, je größer Glück.

Kein Feuer ohne Rauch, keine Tugend ohne Neid.

Lieber Neid als Mitleid.

Neid frißt nichts Schlechtes.

Neid frißt seinen eigenen Herrn.

Neid hat scharfe Augen.

Neid ist des Glücks Gefährte.

Neid ist sein eigener Henker.

Neid kommt nicht weit.

Neid kriecht nicht in leere Scheuern.

Neid macht Leid.

Neid stirbt nicht.

Neid sucht böse Wege.

Neid und Haß wohnen in einem Faß.

(Nur) Leid ist ohne Neid.

Stilles Glück verfolgt kein Neid.

Tugend ist nicht ohne Neid.

Was einem der Neid nachsagt, hört man gern.

Wo das Glück einkehrt, da klopft auch der Neid an.

Wo Neid wuchert, da kann Verdienst nicht aufkommen.

neiden

Nachbarn neiden gern.

Hassen und Neiden muß der Redliche leiden.

Man kümmere sich nicht um Mißgunst.

Wer neidet, der leidet.

Neider

Besser zehn Neider als ein Mitleider.

Ein armer Mann hat keine Neider.

Glück bringt (hat) Neider.

Je mehr Neider, je mehr Glück.

Wer hoch sitzt, hat viel Neider.

Wer keine Neider hat, der hat kein Glück.

Neidhart

Neidhart hat nicht Rast noch Ruh'.

Neige

Auf der Neige ist nicht gut sparen.

Das Sparen ist zu spät,
wenn's auf die Neige geht.

Die Gottlosen kriegen die Neige.

Sprichwörtlicher Scherz.

neigen, sich

Schwere Ähren und volle Köpfe neigen sich.

nein

Der eine sagt ja, der andere nein.

Der ist kein Mann, der nicht nein sagen kann.

Des einen Nein gilt soviel wie des andern Ja.

Ein ehrliches Nein ist besser als zwei falsche Ja.

Ein Nein zu rechter Zeit
erspart viel Widerwärtigkeit.

Ja oder nein, sagte der Pfaffe zur Braut, der Bräutigam hat keine Zeit.

Ja und nein ist ein langer Streit.

Ja und nein macht oft Pein.

Ja und nein scheidet die Leute.

Wer bald ja sagt, sagt auch bald nein.

Wer heute ja sagt und morgen nein,
der kommt mit niemand überein.

Zwischen ja und nein steht der Galgen.

Nemhardt

Wenn Gebhardt anklopft, tut Nemhardt auf.
Wortspiel mit geben und nehmen.

nennen

Der Esel nennt sich selbst zuerst.

Des Freundes Mängel soll man kennen, aber nicht nennen.

Was schwarz ist, muß man nicht weiß nennen.

Wenn man den Esel nennt, so kommt er gerennt.

Wer stößig ist, den nennt man Bock.

Wo der Teufel genannt wird, da will er sein.

Nessel

Der muß sehr müde sein, der auf Nesseln schläft.

Kein Garten ohne Nessel.

Kluge Hühner legen auch in die Nesseln.
Auch der Vorsichtigste macht mal einen Fehler.

Nesseln brennen Freund und Feind.

Was zur Nessel werden will, brennt beizeiten.

Wer Nesseln pflanzt, kann keine Lilien finden.

Nest

Auch kluge Hühner scheißen sich ins Nest.
Auch Gescheite machen Fehler.

Besser ohne Fest als ohne Nest.

Das ist ein sauberer Vogel, der das eigene Nest beschmutzt.

Das Nest verrät den Vogel.

Eigen Nest ist das best.

Eigennutz trägt alles in sein Nest.

Ein faules Ei verdirbt das ganze Nest.

Ein großer Vogel braucht ein großes Nest.

Ein jeder baut sein Nest,
wie's ihm dünket aufs best.

Ein jeder Vogel liebt sein eigenes Nest.

Erst das Nest und dann der Vogel.

Haben wir nicht den Vogel, so braten wir das Nest.

In neue Nester legen die Hühner gern.

Jedem Vogel gefällt sein Nest.

Jeder Vogel ist gern in seinem Nest.

Je kleiner der Vogel, je kleiner das Nest.

Man sieht's am Nest, was für ein Vogel drin wohnt.

Viel Gäste machen ein leeres Nest.

Wenn die Schwalben fort sind, steht das Nest leer.

Wer in sein eigenes Nest scheißt, der liegt im Dreck.

Wie der Vogel, so das Nest.

Wie's zum Nest zieht, so brütet es Junge.

Netz

Alte Netze, faule Maschen.

Das Netz auswerfen tut's nicht allein.

Es wirft mancher das Netz aus und fängt nichts.

In einem Netz fangen sich vielerlei Fische.

Mit goldenem Netz läßt sich auch ein kluger Vogel fangen.

Ohne Netz kann man nicht fischen,
ohne Gabel nicht tischen.

Wer Fische fangen will, findet bald ein Netz.

Wie der Fischer, so die Netze.

Wirf das Netz aus, der Zufall bringt die Fische.

neu

Alles neu, alles gut.

Altes muß dem Neuen weichen.

Aus einem alten Rock läßt sich kein neuer Mantel machen.

Das Neue gefällt.

Das Neue ist immer das Beste.

Das Neue ist selten was Gutes.

Das Neue klingt, das Alte klappert.

Das Neue, schon's; das Alte, flick's, sonst kommst du zu nix.

Durch Flickerei wird ein alter Rock nicht neu.

Ein alter Ochse trägt gern eine neue Schelle.

Ein junger Prediger, eine neue Hölle.
Über jugendlichen Eifer.

Ein neuer Knecht macht alles recht.

Ein neues Wams paßt nicht zu alten Hosen.

Erfahren wir's nicht neu, so erfahren wir's doch alt.

Es geschieht nichts Neues unter der Sonne.
Nach Prediger Salomo 1,9.

Es ist nichts so neu, als was in Vergessenheit geriet.

Im Kruge hört man viel Neues.

Immer was Neues, selten was Gutes.

Immer was Neues und nie was Gescheites.

In neue Nester legen die Hühner gern (am liebsten).

Jeder Frühling bringt neue Lieder.

Man lernt alle Tage etwas Neues.

Man lernt Neues und vergißt das Alte.

Man setzt keinen neuen Fleck auf alte Joppen.

Neue Besen kehren gut.

Neue Bücher, neue Lehre.

Neue Dinge, neue Namen.

Neue Fürsten, neue Gesetze.

Neue Gabe, neuer Dank.

Neue Gedanken bringen neuen Wandel.

Neue Geschäfte, neue Kräfte.

Neue Herren, neuer Jammer.

Neue Herrschaft, neue Lehrzeit.

Neue Kleider, aber noch die alten Filzläuse.

Neue Leier, neue Dreier.

Neue Liebschaft tötet die alte.

Ohne Netz kann man nicht fischen.

Neue Lieder singt man gern.

Neue Messer schneiden gut.

Neuer Freund, neuer Wein.

Neuer Herr, neu Beschwer.

Neuer Papst, neue Freunde.

Neuer Tag, neuer Rat.

Neues Amt, neue Sitten.

Neue Schneider und frische Huren finden bald Zulauf.
Hämisch, wenn jemand rasch Anklang findet.

Neue Seuchen verlangen neue Arzneien.

Neues Geld, alte Narren.

Von Verschwendern, die alles gleich verjubeln.

Neues hört man gern.

Neues klingt, Altes hinkt.

Neue Sohlen hört man weit.

Neue Herren führen das große Wort.

Neues Spiel, neues Glück.

Neues preist man, Altes zerreißt man.

Neue Striegel sind scharf.

Neue Töpfe kochen gut.

Neue Weise hört man gern.

Neu ist angenehm.

Neu macht oft Reu'.

Prüfe das Neue und das Alte,
und das Beste behalte.

Rache ist neues Unrecht.

So neu, so alt, so warm, so kalt.

Was neu ist, das ist angenehm,
was alt ist, das ist unbequem.

Was neu ist, lacht, was alt ist, kracht.

Wenn Neues kommt, vergißt man das Alte.

↗ *alt*

Neuerung

Neuerung macht Teuerung.

Von unüberlegter Neuerungssucht.

Neugier

Zu große Neugier treibt den Vogel in die Schlinge.

Neuheit

Neuheit hat Freiheit.

Neues muß sich bewähren können.

neutral

Neutral will auf Eiern gehen und keins zertreten.

nichts

Aus (Von) nichts wird nichts.

Besser wenig als nichts.

Dem Zugucker ist nichts zu schwer.

Den Herrn von Nichts kann niemand bestehlen.

Der hat nichts, der nicht genug hat.

Der Hättich und der Wolltich haben beide nichts.

Der nichts tut, tut Böses.

Der spart zu spät, der nichts mehr hat.

Eins ums andere, nichts umsonst.

Es ist nichts so gut, man kann es mißbrauchen.

Es ist schlecht stehlen, wo nichts ist.

Es wird nichts so heiß gegessen, wie es gekocht wird.

Fast bringt nichts in Haus.

Feuer kann nichts als brennen.

Fragen kostet nichts.

Für nichts gibt man nichts.

Heute Herr von Etwas, morgen Herr von Nichts.

Keiner kann nichts und keiner kann alles.

Mit nichts gewinnt man nichts.

Mit nichts kann man kein Haus bauen.

Was klein ist, das ist niedlich.

Mit nichts spielt man, mit nichts gewinnt man.

Nichts altert mehr als Lob und Ehr'.

Nichts gelingt, wenn's Geld nicht klingt.

Nichts gleicht einem rechtschaffenen Menschen mehr als ein Schelm.

Nichts ist bald gegessen.

Nichts ist so fein gesponnen,
es kommt doch an die Sonnen.

Nichts ist so schlecht, es ist zu etwas gut.

Nichts kommt von ungefähr,
alles kommt von etwas her.

Nichts tun lehrt Übles tun.

Nichts und nichts macht Zahnweh.

Nichts wissen ist keine Schande, aber nichts lernen wollen.

Ohne Aber ist nichts in der Welt.

Viel Flinten und nichts dahinten.

Von nichts kommt nichts.

Wer alles fürchtet, hat sonst nichts zu fürchten.

Spott auf Überängstlichkeit.

Wer alles lobt, hat nichts gelobt.

Wer alles will, erhält nichts.

Wer aufgibt, bekommt nichts.

Wer aus fremder Tasche wenig gibt, der gibt aus eigener nichts.

Wer nach dem Schatten greift, hat nichts in der Hand.

Wer nicht vollendet, hat nichts getan.

Wer nichts aus sich macht, der ist nichts.

Wer nichts begehrt, dem geht nichts ab.

Wer nichts gelernt hat, muß die Schweine hüten.

Wer nichts hat, entbehrt genug.

Wer nichts hat, kann nichts geben (verlieren).

Wer nichts sucht, der findet nichts.

Wer nichts tut, dem mißlingt nichts.

Wer nichts tut, sündigt genug.

Wer nichts verlangt, bekommt auch nichts.

Wer nichts weiß, kann nichts vergessen.

Wer nichts wünscht, verliert nichts.

Wer zu allem taugt, taugt zu nichts.

Wer zuviel sagt, sagt nichts.

Wer zuviel will, erreicht nichts.

Will dir nichts glücken,
so fang an, dich zu bücken.

Wo man nichts hineinfährt, fährt man nichts heraus.

Wo man nichts verloren hat, da soll man nichts suchen.

Wo nichts fällt, kann nichts aufstehen.

Wo nichts ist, da feiert man keine Feste.

Wo nichts ist, da findet man nichts.

Wo nichts ist, da kann man nichts nehmen.

Wo nichts ist, da kommt nichts hin.

Wo nichts ist, da rieselt's nicht.

Wo nichts ist, hat der Kaiser sein Recht verloren.

Wo nichts ist, kann nichts (noch was) werden.

Wo was ist, da ist der Teufel; wo nichts ist, da ist er zweimal.

Zu schnell fängt nichts.

↗ *nix*

nie

Aus einem Tiger wird nie ein Lamm.

Begierde wird nie satt.

Besser einmal als nie.

Besser spät als nie.

Der Mensch (Man) lernt nie aus.

Der Unzufriedene hat nie genug.

Die Seele eines Verliebten ist nie zu Hause.

Ein dummer Kerl ist nie gescheit.

Ein Geiziger hat nie genug.

Es geht nie so gut, um nicht fürchten zu müssen, und nie so schlecht, um nicht hoffen zu können.

Etwas Gutes zu lernen ist es nie zu spät.

Geflickte Freundschaft wird nie wieder ganz.

Guter Rat kommt nie zu spät.

Habsucht hat nie genug.

In der Schule der Geduld lernt man nie aus.

Jung gefreit hat nie gereut.

Man ist nie frecher als beim Becher.

Oft fehlt's an Rat, doch nie an Räten.

Ohne Müh' gelingt es nie.

Wer nie fiel, der stand nie auf.

Wer nie genug hat, ist immer arm.

Wer's nie bös macht, der macht's nie gut.

Wo es immerzu tropft, da wird es nie trokken.

nieder

Einem hohen Roß paßt keine niedere Krippe.

Früh nieder und früh auf
macht langen Lebenslauf.

niederlassen, sich

Wo man singt, da laß dich fröhlich nieder, sagte der Bauer und setzte sich in den Bienenschwarm.

Wo man singt, da laß dich ruhig nieder;
böse Menschen haben keine Lieder.
Nach J. G. Seume, Die Gesänge.

niederreißen

Eintracht baut das Haus, Zwietracht reißt es nieder.

niedersetzen, sich

Wer im Zorn aufsteht, setzt sich mit Schaden nieder.

Wer sich mit Lumpen niedersetzt, steht mit Lumpen wieder auf.

niedersitzen

Wer auf beiden Achseln trägt, sitzt zwischen zwei Stühlen nieder.

niedlich

Was klein ist, das ist niedlich.

niedrig

Ein niedriger Zaun ist bald übersprungen.

In einer niedrigen Hütte wohnen auch Leute.

Je niedriger die Tür, je mehr muß man sich bücken.

Wo der Zaun am niedrigsten ist, da springt der Teufel hinüber.

Wo die Hecke am niedrigsten ist, springt man drüber.

↗ *nieder*

niemals

Es ist niemals zu spät, Gutes zu tun.

Übermut tut niemals gut.

Verlorene Zeit kommt niemals wieder.

niemand

Allen Menschen recht getan
ist eine Kunst, die niemand kann.

Allerwelts Freund, niemands Freund.

Alte Esel will niemand loben.

Armen Mann (Arme Leute) kennt niemand.

Bitten ist niemand verwehrt.

Böse Zungen schonen niemand.

Das Glück gibt vielen zuviel, aber niemandem genug.

Dem Gewissen kann niemand entfliehen.

Den Geiz und die Augen kann niemand füllen.

Der Niemand hat alles getan.

Der Niemand ist an allem schuld.

Der Niemand stiehlt am meisten.

Der vielen dient, dient niemand.

Es hat noch niemand je gefreit,
der's nicht manchmal schwer bereut.

Es ist ein schlechter Handel, wo niemand gewinnt.

Es ist leicht zu haben, was niemand begehrt.

Es ist niemand allein klug.

Es ist niemand so weise, er wird von den Toren betrogen.

Es sieht niemand gern in einen Essigtopf.

Von einem mürrischen Partner.

Es trinkt sich niemand weise.

Wenn einer nützt,
nimmt man ihn vom Galgen.

Feuer kann niemand bergen.

Leidenschaft bricht hervor.

Fürs Denken kann man niemand henken.

Nur die Tat ist strafbar.

Geiz ist niemands Freund.

Gleiche Bürde bricht niemand den Rücken.

Im alten Geleise wird niemand weise.

In eigener Sache ist niemand klug.

In der Wut tut niemand gut.

Ins Paradies wird niemand getrieben.

Jedem vertrauen ist Torheit,
niemandem vertrauen Narrheit.

Jedermann sagt es, niemand weiß es.

Von Gerüchten.

Jedermanns Gesell ist niemands Freund.

Jeder schnupft, und niemand sagt, es stinkt.

Leere Schüsseln locken niemand zu Tisch.

Man kann niemandem ins Herz sehen.

Man kann niemandem mehr als ein Fell abziehen.

Man kann niemand zum Freunde prügeln.

Niemand hat an sich selber genug.

Niemand hat einen größeren Feind als sich selbst.

Eigene Schwächen schaden am meisten.

Niemand herzt einen kalten Ofen.

Niemand ist durch alle Schulen durch.

Niemand ist ganz golden.

Niemand ist ohne Fehl (Tadel).

Niemand ist ohne Gebrechen.

Niemand ist so alt, daß er nicht noch lernen könnte.

Niemand ist so alt, er kann noch ein Jahr leben.

Man soll nichts zu früh aufgeben.

Niemand ist zu allen Zeiten klug.

Niemand kann alles wissen.

Niemand kann geben und behalten.

Niemand kann Richter in eigener Sache sein.

Niemand kann's besser, als der es gelernt hat.

Niemand kann zugleich blasen und schlukken.

Niemand kann zweien Herren dienen.

Nach Matthäus 6,24 und Lukas 16,13.

Niemand klagt sich selber an.

Niemand läßt sich umsonst prügeln.

Niemand schändet sein eigen Gesicht.

Man soll seinen Ruf nicht aufs Spiel setzen.

Niemand stinkt nach anderer Leute Mist (Schweiß).

Niemand tut alles, niemand tut nichts.

Niemand vergißt, wo was zu holen ist.

Niemand weiß, was der Abend bringt.

Niemand wird von allen geliebt (gehaßt).

Ohne Erben stirbt niemand.

Ohne Frauen und Wein
kann niemand fröhlich sein.

Sein eigener Feind ist niemandes Freund.

Seines Handwerks braucht sich niemand zu schämen.

Tue recht und scheue niemand.

Über volle Speicher klagt niemand.

Um Dank dient niemand.

Viele haben zuviel, niemand genug.

Viele jagen den Bären, aber niemand will ihn stechen.

Viele können (wissen) viel, niemand alles.

Vom Drohen stirbt niemand.

Vor leeren Taschen bückt sich niemand.

Was du niemand geben willst, sollst du auch von niemand verlangen.

Was niemand wissen soll, muß man niemand sagen.

Wer alle grüßt, dem dankt niemand.

Wer alle liebt, liebt niemand.

Wer allen helfen will, hilft niemand.

Wer niemand traut, steckt selber in keiner guten Haut.

Wer recht tut, braucht niemand zu fürchten.

Wo niemand klagt, braucht niemand richten.

niesen

Besser geniest als gehustet.

Hat der Herr den Schnupfen, so niesen die Knechte.

Jeder niest nach seiner Nase.

nimmermehr

Alle Tag weh stirbt nimmermeh'.

Wer dauernd klagt, ist meist gar nicht so krank.

Nimmermehr ist eine lange Zeit.

nirgends

Der ist nirgends, der überall sein will.

Ehre kannst du nirgends borgen,
mußt schon selber dafür sorgen.

Ein Goldscheißer sitzt nirgends im Wege.

Ein guter Kopf kommt nirgends in die Fremde.

Der Findige weiß mit allem umzugehen.

Gebratene Tauben fliegen einem nirgends ins Maul.

Hans Überall ist nirgends.

Wer sich fürchtet, ist nirgends sicher.

Wer überall wohnt, der wohnt nirgends.

nix

Nur immer fix, sonst kriegste nix.

Nach Wilhelm Busch, Sprikker.

Oben fix und unten nix.

Von außen fix, von innen nix.

Vorn fix, hinten nix.

↗ *nichts*

Jeder Noah findet seine Arche.

Noah

Jeder Noah findet seine Arche.

nobel

Nobel geht die Welt zugrunde.

Nonne

Alles kommt an den Mann, sagte die Nonne, bloß ich nicht.

Der Schleier allein macht die Nonne nicht.

Auf Äußerlichkeiten kommt es nicht an.

Es ist nicht alles Spuk, was in der Zelle einer Nonne rumpelt.

Frisch gewagt ist halb gewonnen,
sprach der Pater zu der Nonnen.

Geschehen ist geschehen, sagte die Nonne, als der Abt ging.

Wenn alle Träume wahr wären, bliebe keine Nonne fromm.

Wenn Nonnen tanzen, weint der Teufel nicht.

Wir wollen's heimlich halten, sagte der Mönch zur Nonne.

Nörgler

Brummers Sohn nimmt sich Nörglers Tochter.

Not

Aus der Not hilft kein Schreien.

Branntwein und Not schlägt die Leute tot.

Den wahren Freund erkennt man in der Not.

Nach Quintus Ennius, Hecuba.

Die erste Not muß gekehrt werden.

Die Not hat keinen Feierabend.

Die Not kann nicht schweigen.

Die Not lehrt den Esel traben.

Ein Bruder hilft dem andern in der Not.

Nach Jesus Sirach 40,24.

Ein Freund im Glück
bleibt in der Not zurück.

Ein Freund in der Not ist ein Freund in der Tat.

Elend und Not machen den Menschen tot.

Es klagt mancher über Brot,
und sein Nachbar leidet Not.

Fleiß bringt Brot, Faulheit Not.

Freunde in der Not
gehen hundert auf ein Lot.

Geht der Fleiß zur Tür hinaus, steigt die Not zum Fenster hinein.

Große Not lehrt kleine tragen.

Hunger und Not fürchten nicht den Tod.

In der Not frißt der Teufel Fliegen.

In der Not schmeckt jedes Brot.

In der Not sind die Freunde tot.

In der Not spürt man den Freund.

In Nöten geht die Liebe flöten.

Je langsamer die Hand, je flinker die Not.

Klopft die Not an, macht die Liebe die Tür auf.

Liebe und Not hat kein Gebot.

Not bricht Eisen.

Not geht vor Höflichkeit.

Not hat scharfe Zähne.

Not ist bald vergessen.

Not ist ein geschickter Mann.

Not kennt kein Gebot.

Not leert volle Taschen.

Not lehrt auch den Lahmen tanzen.

Not lehrt beten (schaffen).

Not lehrt den Affen geigen.

Not lehrt den Bären tanzen.

Not lehrt ein altes Weib traben.

Not lehrt viel Künste.

Not macht aus Steinen Brot.

Not macht erfinderisch.

Not spaltet Felsen.

Not treibt den Hund an die Kette.

Not tut Wunder.

Not will kurzen Rat.

So albern ist keiner, er weiß seine Not zu klagen.

So manche Not, so mancher Rat.

Spare in der Zeit, so hast du in der Not.

Wem man die Not klagt, der ist genug gebeten.

Wenn die Not am größten, ist die Hilfe (ist Gott) am nächsten.

Häufig scherzhaft.

Wenn die Not am Tische sitzt, braucht man für Freunde nicht zu decken.

Weil sie sich nicht sehen lassen.

Wo der Acker leidet Not,
fehlt's dem Bauern bald an Brot.

Wo Not ist, da stehen die Ochsen am Berge.
Da ist man ratlos.

Nothelfer

Viel Götter, wenig Nothelfer.

nötig

Was man nicht nötig hat, das ist auch für einen Heller zu teuer.

Wenn man einen nötig hat, nimmt man ihn vom Galgen.

Wer das Feuer nötig hat, sucht es in der Asche.

nötigen

Ein hungriges Maul läßt sich nicht lange nötigen.

Man fängt nicht viel, wenn man die Hunde zum Laufen nötigen muß.

Wer satt ist, den nötigt man umsonst.

Notlüge

Notlüge sündigt nicht.

Notschlag

Ein Notschlag ist kein Totschlag.
Eigentlich Rechtssprichwort.

nottun

Wo Werke nottun, können Worte nicht helfen.

nüchtern

Nüchtern gedacht, voll gesagt.

Nüchtern wird kein Tanz.

Trunkene Freud, nüchternes Leid.

Trunken geschwatzt, nüchtern vergessen.

Trunken gestohlen, nüchtern gehangen.

Trunken gezecht, nüchtern geblecht.

Wer besoffen stiehlt, muß nüchtern hängen.

Wer trunken sündigt, muß nüchtern büßen.

Nüchterne, der

Des Trunkenen Freude ist des Nüchternen Ärger.

Was der Nüchterne denkt, das redet der Volle.

Nuß

Die beste Nuß ist keinen Zahn wert.

Keine Nuß ohne Schale.

Muß ist eine harte Nuß.

Tatsachen sind harte Nüsse.

Wer Nüsse kauft, bekommt auch Schalen.

nütz(e)

Aberwitz ist keinem nütz.

Der sich selber unnütz ist, wem ist der nütz?

Geduld, Vernunft und Hafergrütze,
die sind zu allen Dingen nütze.

Gelehrter Witz ist selten nütz.

Spitz ist nichts nütz.

Vergrabener Schatz ist keinem nütze.
Von Geiz.

Was nichts nutz ist, ist geschenkt zu teuer.

Wo es der Hände bedarf, da sind Worte nichts nütze.

nutzen/nützen

Das ist ein guter Groschen, der einen Gulden nützt.

Ein leeres Glas, was nützt mir das.

Schaden kann jeder, aber nicht jeder nützen.

Was einem schadet, nützt dem andern.

Was heute nützt, kann morgen schaden.

Was man hat, muß man nützen.

Was nicht nützt, ist auch nicht recht.

Was nützen dem die Waffen, der sie nicht führen kann.

Was nützen fette Worte, wenn die Küche mager ist.

Was nützt aller Verstand, wenn die Butter auf dem Brot nicht kleben will.

Was nützt das Abtrocknen, wenn man nicht aus dem Regen geht.

Was nützt das beste Netz, wenn die Fische fehlen.

Was nützt das Korn, wenn's die Mäuse fressen.

Nicht angewandter Überfluß.

Was nützt das Schießen, wenn man nicht trifft.

Was nützt der Henkel, wenn der Krug entzwei ist.

Was nützt der Pelz, wenn der Winter vorbei ist.

Was nützt die Ehr', wenn der Beutel leer.

Was nützt die Kunkel ohne Flachs.

Was nützt die Scheune, wenn man nichts zu dreschen hat.

Was nützt ein Feld von Disteln, wenn man Weizen ernten will.

Was nützt ein guter Platz, wenn man nichts zu essen hat.

Was nützt ein Licht, das nicht leuchtet.

Was nützt ein Löffel ohne Suppe.

Was nützt ein schöner Krug, wenn er leer ist.

Was nützt es, wenn sich der Kahlkopf kämmt.

Was nützt, kann auch schaden.

Was nützt Weisheit, wo Dummheit Trumpf ist.

Wem das Herz fehlt, dem nützt der Degen nichts.

Wenig kann nützen und wenig kann schaden.

Wenn einer nützt, so nimmt man ihn vom Galgen.

Wer nicht nützt, der kann doch schaden.

Wer nicht sparen kann, dem nützt das Gewinnen nichts.

Wer nützt, ist ein willkommener Gast.

Wer schaden kann, kann oft auch nützen.

Wer sich nicht selber nimmt in acht,
bei dem nützt weder Hut noch Wacht.

Wer sich selbst schadet, wem soll der nützen?

Wie es nützt, so wird es geachtet.

Wie es nutzt, wird es geputzt.

Nutzen

Es ist kein Handwerk, es hat seinen Nutzen.

Es ist nichts so schlimm, es hat seinen Nutzen, und nichts so gut, es kann schaden.

Nutzen ist der größte Reichtum.

Viel Mühe, wenig Nutzen.

Wer den Nutzen hat, trägt auch den Schaden.

Zuviel Putz ist kein Nutz.

nützlich

Man muß das Nützliche mit dem Angenehmen verbinden.

O

oben

Alles Gute kommt von oben.

Scherzwort, wenn etwas von oben herabfällt, besonders Vogeldreck.

Beispiel von oben ist doppelt zu loben.

Das Leichte schwimmt oben.

Die Butter will oben sein.

Fett schwimmt oben.

Heute oben, morgen unten.

Immer oben ist nicht zu loben.

Narren sitzen gern oben.

Oben beglissen, unten beschissen.

Oben fix und unten nix.

Oben hui, unten pfui.

Von oben nimmt man nicht, was übrigbleibt.

↗ *unten*

obenan

Der Geschickteste sitzt selten obenan.

Er muß sich nicht hervortun.

Wer oben(an) sitzt, auf den sieht die Welt.

Wo der König sitzt, da ist's obenan.

obenaus

Obenaus und nirgends an
hat selten gut getan.

Wer obenaus will, der stößt sich den Kopf.

Wo man will obenaus,
da mangelt Brot im Haus.

Oblate

Oblaten machen nicht satt.

Obrigkeit

Obrigkeit ohne Gewalt wird nicht alt.

Obrigkeit ohne Macht wird verlacht.

Obst

Es ist nicht das schlechteste Obst, an dem die Wespen nagen.

Frühes Obst verwelkt bald.

Spätes Obst liegt lange.

Von ältlichen Mädchen.

Wenn das Obst reif ist, so fällt's ab.

Ochse

Alte Ochsen gehen hart.

Alte Ochsen haben steife Hörner.

Alte Ochsen lecken auch gern Salz.

Alte Ochsen machen gerade Furchen.

Auch ein Ochs kennt sein Maß.

Dem Ochsen gehört Haberstroh.

Den Mann nimmt man beim Wort, den Ochsen bei den Hörnern.

Ein alter Ochse trägt gern eine neue Schelle.

Ein hungriger Ochse sucht (findet) die Krippe.

Ein Ochse verläßt sich auf seine Hörner.

Ein rechtschaffener Ochse geht mitten durch den Dreck.

Ein richtiger Ochse bleibt auf seinem Wege.

Früher ein Kalb, später ein Ochs.

Geht ein Ochse aus, kommt ein Rind nach Haus.

Gott gibt einem wohl den Ochsen, aber nicht bei den Hörnern.

Große Hörner, schöne Ochsen.

Je fetter der Ochs, je schlechter das Fell.

Man kann auch einem Ochsen die Haut nur einmal abziehen.

Man kann von einem Ochsen nicht mehr verlangen als ein Stück Rindfleisch.

Man kauft den Ochsen nicht teurer, weil er bunt ist.

Man melkt die Kuh und nicht den Ochsen.

Man muß mit Ochsen pflügen, wenn man keine Pferde hat.

Man soll dem Ochsen, der da drischt, das Maul nicht verbinden.
Nach 5. Mose 25,4.

Man soll den Karren nicht vor die Ochsen spannen.

Mit fremden Ochsen ist gut pflügen.

Müde Ochsen treten hart.

Nicht jeder Ochs trägt ein Joch.

Ohne Joch lenkt der Ochs sich am bequemsten.

Was weiß der Ochs vom Sonntag.

Wem das Glück wohlwill, dem kalbt ein Ochse.

Wenn ein Ochse sprechen will, so brüllt er.

Wenn's gerät, so kälbert der Ochs.

Wenn sich der Frosch zum Ochsen bläst, so muß er platzen.

Wer den Karren schmiert, hilft seinem Ochsen.

Wer den Ochsen bekommt, bekommt auch seine Hörner.

Wer den Pflug hält, treibt die Ochsen.

Wer einen Ochsen kauft, kann keine Kuh melken.

Wer keine Ochsen hat, muß Esel treiben.

Wer keine Pferde hat, der ackert mit Ochsen.

Wer mit fremden Ochsen pflügt, hat eine magere Ernte.

Wer mit Ochsen fährt, kommt auch zu Markt.

Wer mit Ochsen schlafen geht, steht mit Hornvieh auf.

Wer mit Ochsen spricht, dem geben Ochsen Antwort.

Wie der Ochs brüllt, so muht auch die Kuh.

Williger Ochs macht gerade Furchen.

Wo der Ochse hinkommt, muß er den Pflug ziehen.

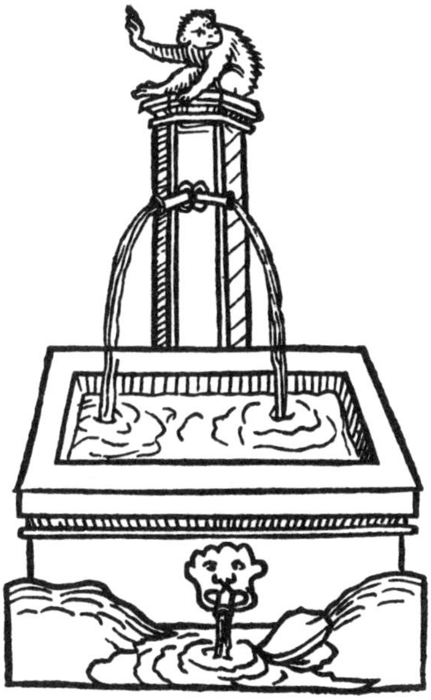

Narren sitzen gern oben.

Wo der Ochse König ist, da sind die Kälber Prinzen.

Wohin man den Ochsen wendet, dahin zieht er den Pflug.

Ofen

Alte Katzen liegen gern am Ofen.

Am kalten Ofen verbrennt man sich nicht.

Am warmen Ofen erfriert man nicht.

Ein kalter Ofen macht keine Stube warm.

Gegen den Ofen ist schlecht gähnen.

Hinter dem Ofen wachsen keine Lorbeeren.

Hinterm Ofen fängt man keinen Hasen.

Hinterm Ofen ist gut kriegen.

Je heißer der Ofen, je härter das Brot.

Je näher beim Ofen, desto wärmer.

Kalter Ofen bäckt kein Brot.

Man sucht keinen hinterm Ofen, man habe denn selber dahinter gesteckt.

Niemand herzt einen kalten Ofen.

Wie man den Ofen heizt, so wärmt er.

Wird der Ofen kalt, gehen die Freunde bald.

offen

Besser ein hölzernes Schloß als eine offene Tür.

Besser ein offener Feind als ein verstellter Freund.

Besser heimlicher Schade als offene Schande.

Des Teufels Arme sind immer offen.

Eine offene Stube hält wenig Hitze.

Wer viel redet, bei dem ist nicht viel dahinter.

Herr von Schenck findet überall offene Türen.

In einen offenen Kasten greift auch wohl eine ehrliche Hand.

Offene Hand macht offene Hand.

Offene Türen machen heimliche Diebe.

Offene Tür und offener Mund
bringen manchen auf den Hund.

Offene Tür verführt einen Heiligen.

Wo der Stall offen ist, laufen die Schweine heraus.

offenhalten

Der Kluge hält die Augen offen.

Es wachen nicht alle, die die Augen offenhalten.

offenlassen

Das Unglück kommt immer nur zu der Tür herein, die man ihm offengelassen hat.

offenstehen

Die Tür zur Hölle steht immer offen.

Scherzhafte Warnung vor dem Laster.

Spötters Tür steht immer offen.

öffentlich

Man schämt sich öffentlich und tut's heimlich.

Tadele heimlich, lobe öffentlich.

Was einer öffentlich nicht tun mag, das soll er auch heimlich lassen.

öffnen

Bescheidenheit öffnet alle Türen.

Ein goldener Schlüssel öffnet jede Tür.

Ist die Pforte für einen geöffnet, dann gehen bald hundert hindurch.

Wer sein Herz öffnet, gibt sich gefangen.

Wo kein Schlüssel paßt, da öffnet Geduld.

oft

Einmal ist nicht oft und zweimal nicht immer.

Gut kommt nicht zu oft.

Oft fehlt's an Rat, doch nie an Räten.

Oft schießen trifft einmal das Ziel.

Unverhofft kommt oft.

Was man zu oft sieht, achtet man nicht.

Wem man oft schenkt, der lernt fordern.

Wer oft anfängt, kann oft ausruhen.

Wer oft fällt, der muß oft aufstehen.

Wer zu oft kommt, ist selten willkommen.

ohne

Es ist nicht ganz ohne, was Herr Jedermann sagt.

Kein Garten ohne Nessel.

Ohne Fleiß kein Preis.

Ohne Frauen keine Freude.

Ohne Glück ist kein Gelingen.

Ohne Mühle gibt's kein Mehl.

Ohne Pulver ist die Flinte nur ein Stock.

Ohne Rauch kein Feuer,
ohne Mäuse keine Scheuer.

Wer Frauen ohne Fehler sucht
und Pferde ohne Mängel,
hat nie ein gutes Pferd im Stall,
im Bett nie einen Engel.

Ohnmacht

Es sind nicht alle krank, die in Ohnmacht fallen.

Zwietracht macht Ohnmacht.

Ohr

An den Ohren erkennt man den Esel.

Auch die Wände haben Ohren.

Wie man den Ofen heizt, so wärmt er.

Bei tauben Ohren ist jede Predigt verloren.

Das Herz hört feiner als die Ohren.

Das Ohr hat keine Türen.

Man kann es nicht verschließen.

Der Bauch hat keine Ohren.

Der Busch hat Ohren, das Feld hat Augen.

Geheimnisse muß man überall hüten.

Der Esel reckt die Ohren hervor.

Der Rücken hat keine Ohren.

Was einem nachgeredet wird, braucht man nicht zu beachten.

Der Tag hat Augen, die Nacht hat Ohren.

Die Augen glauben sich selbst, die Ohren andern Leuten.

Eine lose Rede schläft in dummen Ohren.

Es hören nicht alle, die Ohren haben.

Gescheite Leute haben keine Ohren.

Für üble Nachrede.

Lob kitzelt jedem in den Ohren.

Man kann viel hören, ehe einem ein Ohr abfällt.

Ein Unbescholtener braucht Verleumdungen nicht zu fürchten.

Man schmücke den Esel, er behält doch seine Ohren.

Tauben Ohren predigt man vergebens.

Wenn man sich hinter den Ohren kratzt, ist es zu spät.

Wenn Narren reden, haben kluge Ohren Feierabend.

Wer kranke Augen hat, braucht scharfe Ohren.

Wer auf die eine Art nichts erfährt, muß es auf die andere versuchen.

Wie die Ohren, so die Gerüchte.

Wer Ohren hat, zu hören, der höre.

Nach Matthäus 11,15.

Wie die Rede, so sind die Ohren.

Wo kein Ohr ist, da rede nicht.

Wollust hat keine Ohren.

Wüste Reden, wüste Ohren.

Zu einem Ohr hinein, zum andern heraus.

Ohrenbläser

Ohrenbläser lügen gern.

Ohrfeige

Eine ehrliche Ohrfeige ist besser als ein falscher Kuß.

Eine Ohrfeige ist kein Totschlag.

Öl

Man soll kein Öl ins Feuer gießen.

Nach Horaz, Satiren.

Ohne Öl verlöscht die Lampe.

oll (alt)

Je oller, je doller.

Opfer

Kein Pfaffe gibt ein Opfer wieder.

Wie der Glaube, so das Opfer.

Wenn es nicht nur auf Worte ankommt, zeigt sich, ob eine Überzeugung echt ist.

Wie der Heilige, so das Opfer.

opfern

Um einen Taler zu gewinnen, kann man schon einen Pfennig opfern.

Wer das Große will, muß das Kleine opfern.

Orden

Ein guter Name ist der schönste Orden.

ordentlich

Besser ein ordentlicher Regen als ein stetes Tröpfeln.

Ordnung

Ordnung hilft haushalten.

Ordnung im Haus ist halbes Sparen.

Ordnung ist das halbe Leben.

Ordnung muß sein.

Viel Ordnung, viel Unordnung.

Ort

Die an allen Orten wohnen, sind an keinem daheim.

Ein anderer Ort, ein anderer Mensch.

Jeder Ort hat seine Weise.

Nach jedem Orte geht ein Weg.

Ostern

Kommt Ostern nicht im März, so kommt's doch im April.

Was sicher ist, kann man ruhig erwarten.

P

Paar

Die viel liebeln, machen kein Paar.

Gleiche Jahre, die besten Paare.

Gleiche Paare geben den besten Tanz.

Zwei sind ein Paar, drei sind ein Haufen.

paaren

Was sich paart, das dreit sich gern.

Pack

Pack schlägt sich, Pack verträgt sich.

Päckchen

Jeder hat sein Päckchen (Päcklein) zu tragen.

Palme

Nach der Palme kann ein jeder ringen.

Papier

Ein schlechter Schreiber verdirbt viel gutes Papier.

Papier ist geduldig.

pappen

Wer gut pappt, der gut kackt.

Pappenstiel

Um einen Pappenstiel macht man keinen großen Prozeß.

Papst

Der Papst und ein Bauer wissen mehr als der Papst allein.

Es kann nur einer Papst sein.

Je näher dem Papst, je schlimmere Christen.

Man muß nicht päpstlicher sein als der Papst.

Neuer Papst, neue Freunde.

Wer den Papst zum Vetter hat, kann bald Kardinal werden.

Wo der Papst ist, da ist Rom.

Paradies

Im Paradies allein ist Pein.

Ins Paradies wird niemand getrieben.

Jedes Paradies hat seine Schlange.

Wer ins Paradies will, muß es mit der Wache nicht verderben.

Partie

Wer die Partie aufgibt, verliert sie.

passen

Einem hohen Roß paßt keine niedere Krippe.

Ein Hut paßt nicht auf alle Köpfe.

Ein Kleid, das nicht paßt, ist eine Last.

Ein neues Wams paßt nicht zu alten Hosen.

Geld paßt in alle Taschen.

Nicht jeder Rücken paßt zu jeder Last.

Was einem paßt, paßt dem andern nicht.

Wem der Schuh paßt, der zieht ihn sich an.

Wem die Mütze paßt, der setze sie auf.

Wem die Zeit nicht paßt, der passe sich in die Zeit.

Zu grauen Haaren passen keine grünen Gedanken.

passieren

Wenn etwas passieren soll, helfen die Steine auf der Straße dazu.

Pastete

Gibt Gott Moneten, so gibt er auch Pasteten.

Scherzwort.

Pastor

Dem einen gefällt der Pastor, dem andern die Pastorin.

Der Pastor predigt nicht zweimal (fürs selbe Geld).

Wenn man etwas eben Gesagtes wiederholen soll.

Einer hält es mit dem Pastor, der andere mit der Frau Pastorin.

Je ärger Student, je frömmer Pastor.

Was der Küster nicht weiß, das weiß der Pastor.

Was der Pastor nicht nimmt, das nimmt der Küster.

↗ *Pfarrer*

Pate

Wenn das Kind getauft ist, fehlt's nicht an Paten.

Pater

Frisch gewagt ist halb gewonnen,
sprach der Pater zu der Nonnen.

Paternoster

Kein Pfennig, kein Paternoster.

Patient

Der beste Arzt ist meist der schlechteste Patient.

Wie der Patient, so der Arzt.

Pause

Vom Schmause geht's zur Pause.

Wie: Voller Bauch studiert nicht gern.

Pech

Wer Pech angreift, besudelt sich.

Nach Jesus Sirach 13,1.

Wer Pech haben soll, bricht sich den Finger in der Nase.

Wer Pech hat, bricht den Finger im Arsch ab.

Pein

Ja und nein macht oft Pein.

Wer aus Liebe leidet, fühlt keine Pein.

Peitsche

Ein gutes Pferd trabt ohne Peitsche.

Man muß die Peitsche nicht eher kaufen als den Gaul.

Pelz

Der Arme fängt den Fuchs, der Reiche trägt den Pelz.

Ein alter Pelz ist selten ohne Läuse.

Ein fremder Pelz wärmt nicht.

In alten Pelzen geht die Laus auf Stelzen.

In alten Pelzen ist gut Läuse fangen.

Kein Pelz wärmt mehr, als den man anhat.

Man muß den Pelz nicht verteilen, ehe der Bär geschossen ist.

Wasch mir den Pelz, aber mach mich nicht naß.

Was nützt der Pelz, wenn der Winter vorbei ist.

Wer den Pelz voll Läuse hat, den beißen sie auch.

Wer nicht kommt, dem wird der Pelz nicht gewaschen.

Wie der Winter, so der Pelz.

Perle

Auch Perlen verlieren ihren Glanz.

Man soll die Perlen nicht vor die Säue werfen.

Nach Matthäus 7,6.

Person

Der Person Freund, der Sache Feind.
Von sachlicher Kontroverse.

Wer die Person nicht kennt, der kennt auch die Sache nicht.

Perücke

Große Perücken, kleine Köpfe.
Von Großtuern.

Unter einer schiefen Perücke ist oft ein recht gerader Kopf.

Pest

Man muß die Pest bekämpfen, aber nicht den Arzt.

Peter

Will Peter nicht, so will Paul.
Was einer nicht macht, tut der andere.

Petz

Bär und Petz ist eine Hetz.

Pfad

Gerad ist der kürzeste Pfad.

Pfaffe

Bei jungen Pfaffen beichten die Weiber gern.

Die Hölle ist nicht so heiß, wie sie der Pfaffe macht.

Jeder Pfaffe lobt sein Heiligtum.

Kein Pfaffe gibt ein Opfer wieder.

Pfäfflein

In jedem Pfäfflein steckt ein Päpstlein.

Pfand

Ein gutes Pfand löst seinen Herrn.

Ein heidnisches Pfand ist besser als ein christliches Versprechen.

Gut Freund, gut Pfand.

Ohne Pfand ist schlecht borgen.

Wer glaubt ohne Pfand, hat keinen Verstand.

Wer nicht borgt, der braucht kein Pfand.

Pfarre

Erst die Pfarre, dann die Quarre.
Erst sorge man für das Auskommen, dann für das Kind (Quarre).

Im Irrtum verharren führt in gute Pfarren.

Je größer Narr, je größer Pfarr'.
Von unverdientem Glück.

Pfarrer

Der Pfarrer predigt nur einmal.

Einmal vergibt's der Pfarrer.
Warnung, etwas noch einmal zu tun.

Wenn's auf den Pfarrer (Pastor) regnet, tröpfelt's auf den Küster.

Wie der Pfarrer singt, so antwortet der Küster.

Wie der Pfarrer, so die Absolution.

Pfau

Es meint mancher, er sei ein Adler, und ist nur ein Pfau.

Man kennt den Pfau an seinen Federn.

Man kennt den Pfau an seinen Federn.
Von Eitlen.

Pfeffer

Es ist nicht alles Pfeffer, was beißt.

Wer viel Pfeffer hat, der pfeffert auch sein Mus.

pfeffern

Gut gepfeffert ist halb verdaut.

Pfeife

Wer im Rohr sitzt, hat gut Pfeifen schneiden.

Wer nach jeder Pfeife tanzt, hat bald müde Beine.

pfeifen

Blüht der Markt, pfeifen die Krämer.

Dem ist leicht zu pfeifen, der Lust zu tanzen hat.

Der muß nicht pfeifen wollen, der den Mund nicht spitzen kann.

Erst gepfiffen, dann gesungen.

Lust lehrt pfeifen.

Maulspitzen gilt nicht, es muß gepfiffen sein.

Müden Beinen ist schwer pfeifen.

Wem das Glück pfeift, der hat gut tanzen.

Wie gepfiffen, so getanzt.

Pfeil

Ein goldener Pfeil trifft am sichersten.

Es verschießt mancher seine Pfeile umsonst.

Hast du Pfeile, so habe ich Lanzen.

Man muß nicht alle Pfeile auf einmal verschießen.

Von schlaffer Sehne fliegt kein Pfeil.

Wer keine Pfeile hat, muß nicht unter die Schützen gehen.

Wer mit der Dummheit kämpft, muß scharfe Pfeile haben.

Pfeiler

Sind die Pfeiler morsch, so bricht die Brücke.

Pfennig

Aus Pfennigen werden Taler.

Besser heute ein Pfennig als morgen ein Taler.

Der eigene Pfennig zahlt am besten.

Der König heißt, der Pfennig beißt.
Ohne Mittel kann einer viel befehlen; es wird nichts draus.

Der Pfennig hat hundert Wege.

Der Pfennig ist gern da, wo man ihn ehrt.

Der Pfennig ist gut angewandt, der einen Groschen erspart.

Des Talers Geheimnis sitzt im Pfennig.

Ein ehrlicher Pfennig ist besser als ein gestohlener Taler.

Ein ersparter Pfennig ist zweimal verdient.

Ein Pfennig macht kein Geläut.

Ein Pfennig zieht den andern aus dem Beutel.

Ein täglicher Pfennig gibt einen jährlichen Taler.

Es ist ein guter Pfennig, der hundert einbringt.

Frauen machen aus Pfennigen Taler, Männer aus Talern Pfennige.

Herr Pfennig geht voran.

In Pfennigen kommt's und in Talern geht's.

Küß-den-Pfennig kommt zum Taler.

Mancher geizt um Pfennige und wirft Taler weg.

Mancher sieht auf den Pfennig und läßt den Batzen fahren.

Man ehrt den Pfennig, nicht den Mann.
Von Besitzdenken.

Man muß mit Pfennigen anfangen, wo man mit Talern aufhören will.

Pfennig ist Pfennigs Bruder.

Pfennig kommt, Pfennig geht.

Pfennig zu Pfennig macht (am Ende) einen Taler.

Viele Pfennige machen einen Taler.

Vor dem Pfennig zieht man den Hut.

Wenn der Pfennig anklopft, ruft jedermann herein.

Wer den Pfennig nicht ehrt,
ist des Talers nicht wert.

Wer den Pfennig nicht spart, kommt nicht zum Groschen.

Wer einen Pfennig findet, hat für einen Taler Freude.

Wer keine Pfennige hat, lästert die Dukaten.

Auch von krittelnden Nichtskönnern.

Wer Pfennige hat, hat auch Freunde.

Wer Pfennige zählt, wird auch Taler zählen.

Wo der Pfennig spricht, hört man andere Rede nicht.

↗ *Paternoster*

Pfennigsalbe

Pfennigsalbe tut Wunder.

Pfennigseele

Bei einer Pfennigseele muß man nicht nach Großmut fragen.

Pferd

Alte Pferde haben steife Beine.

Auch das beste Pferd stolpert einmal.

Auf kleinen Pferden kann man auch reiten.

Besser eine alte Mähre als gar kein Pferd.

Besser ein lahmes Pferd als ein leeres Halfter.

Das Auge des Herrn putzt das Pferd.

Das beste Pferd wird einmal zur Mähre.

Das Denken soll man den Pferden überlassen, sie haben die größeren Köpfe.

Sprichwörtlicher Scherz.

Das hinkende Pferd kommt hintennach.

Die Reue folgt der Tat.

Das Pferd ist oft gescheiter als sein Reiter.

Das Pferd ist seines Futters wert.

Das Pferd kennt seine Stärke nicht.

Das Pferd kommt zur Krippe, aber die Krippe nicht zum Pferde.

Das Pferd leitet man an einer Leine, den Mann an einem Frauenhaar.

Das Pferd sieht immer nach der Krippe.

Das Pferd will wohl den Hafer, aber nicht den Sattel.

Das Pferd zieht nicht, aber der Hafer.

Dem Pferde den Hafer, dem Esel das Stroh.

Der eine sattelt das Pferd, der andere reitet es.

Des Herren Auge füttert das Pferd.

Die besten Pferde sucht man im Stall.

Die Pferde ziehen Weise und Narren.

Die rauhesten Fohlen geben die glattesten Pferde.

Ein blindes Pferd soll man nicht spornen.

Ein faules Pferd drückt jeder Sattel.

Ein goldener Zaum macht das Pferd nicht besser.

Ein gutes Pferd braucht keine Sporen.

Ein gutes Pferd findet bald einen Reiter.

Ein gutes Pferd kennt seinen Reiter.

Ein gutes Pferd trabt ohne Peitsche.

Ein gutes Pferd verkauft man aus dem Stall.

Ein hungriges Pferd macht eine leere Krippe.

Ein kleines Pferd ist bald gestriegelt.

Ein lahmes Pferd zieht sich keiner in den Stall.

Ein sanftes Wort zieht mehr als vier Pferde.

Ein schlechtes Pferd frißt so viel als ein gutes.

Ein trunkener Kutscher macht taumelnde Pferde.

Es ist ein armes Pferd, das sein Futter nicht verdient.

Es ist kein Pferd so gut, man muß es lenken.

Es kommt niemand gern vom Pferd auf den Esel.

Es sind gute Pferde, die ihr Futter fordern.

Der Tüchtige kennt seinen Wert.

Fremde Pferde laufen schnell.

Für den Neidischen.

Fremdes Pferd und eigner Sporn machen kurze Meilen.

Gleiche Pferde ziehen am besten.

Gleiches Pferd, gleicher Zaum.

Guter Wein macht muntere Pferde.

Gutes Pferd, kurzer Ritt.

Hundert Pferde, hundert Sättel.

Immer sachte mit den jungen Pferden.

Jeder Reiter lobt sein Pferd.

Kleines Pferd, kleine Last.

Man muß das Pferd und nicht den Reiter zäumen.

Man muß die Pferde nicht hinter den Wagen spannen.

Man muß (soll) das Pferd nicht beim Schwanze aufzäumen.

Man schätzt das Pferd nicht nach dem Sattel.

Pferde und Frauen muß man genau beschauen.

Pferd und Esel soll man nicht zusammenspannen.

Rasche Pferde passen nicht für einen alten Wagen.

Junge Mädchen nicht für alte Männer.

Scharfe Sporen machen willige Pferde.

Wäre nicht das Aber,
jedes Pferd hätt' seinen Haber.

Wem das Pferd gehört, der spannt es an.

Wenn das Pferd tot ist, kommt der Hafer zu spät.

Wenn der Reiter nichts taugt, hat das Pferd schuld.

Wenn der Wagen rollt, traben die Pferde.

Wenn's Pferd gestohlen ist, schließt man den Stall zu.

Wer auf fremdem Pferde reitet, kommt zu Fuß heim.

Wer das Pferd am Zügel führt, der geht zu seinem Vergnügen.

Wer das Pferd kauft, der kauft auch den Schwanz.

Wer ein blindes Pferd reitet, hat eine schlimme Reise.

Wer ein blindes Pferd verkaufen will, lobt die Füße.

Wer keine Pferde hat, der ackert mit Ochsen.

Wer kein Pferd hat, braucht keine Peitsche.

Wer mir das Pferd zeigt, braucht mir die Krippe nicht zu zeigen.

Wer sein eigenes Pferd reiten will, muß seinen eigenen Hafer füttern.

Für Privatsachen muß man auch selbst aufkommen.

Wer sich wehrt, behält sein Pferd.

Das Auge des Herrn putzt das Pferd.

Wer vom Pferde gefallen ist, muß keinen Esel reiten.

Wer zu Fuß geht, dem kann man's Pferd nicht nehmen.

Wie das Füllen, so das Pferd.

Wie das Pferd, so die Last.

Wie der Reiter, so das Pferd.

Wilde Füllen werden muntere Pferde.

Williges Pferd soll man nicht treiben.

Wo das Pferd liegt, da läßt es auch Haare.

Zu scharfe Sporen verderben das Pferd.

↗ *Pflug*

Pferdehandel

Im Pferdehandel gilt keine Freundschaft.

Pferdekauf

Freien ist kein Pferdekauf.

Freien ist wie Pferdekauf:
Freier, tu die Augen auf.

pfiffig

Allzu pfiffig ist nicht klug.

pflanzen

Wenn der Gärtner schläft, pflanzt der Teufel Unkraut.

Wer ohne Zaun pflanzt, erspart sich die Ernte.

Wer vieles pflanzt und es nicht hütet, dem wird die Mühe schlecht vergütet.

↗ *Pflaume*

Pflaster

Geduld ist ein Pflaster für alle Wunden.

Scharfe Pflaster heilen am besten.

Wie die Wunde, so das Pflaster.

pflastern

Der Weg zur Hölle ist mit lauter guten Vorsätzen gepflastert.

Mit Edelsteinen pflastert man nicht.

Pflaume

Der eine pflanzt den Baum,
der andre ißt die Pflaum'.

Die ersten Pflaumen sind madig.

Die ersten Gewinne beim Kartenspiel.

Pflege

Gutes Land will gute Pflege.

Zuviel Pflege tötet das Kind.

pflegen

Wer das wenige pflegt, hat viel.

Wer den Acker pflegt, den pflegt der Acker.

Pflicht

Die erste Gunst ist Gunst, die zweite schon Pflicht.

Gleiche Rechte, gleiche Pflichten.

Wo Pflicht ist zu sprechen,
ist Schweigen Verbrechen.

Pflug

Man muß den Pflug nicht vor die Pferde spannen.

Scharfe Pflüge machen tiefe Furchen.

Wer den Pflug hält, treibt die Ochsen.

Wer den Pflug nicht braucht, dem rostet er.

Wo der Ochse hinkommt, muß er den Pflug ziehen.

Wohin man den Ochsen wendet, dahin zieht er den Pflug.

pflügen

Einer pflügt, der andere erntet.

Je besser man pflügt, je reicher man fährt.

Je reicher die Ernte, die man einfahren kann.

Man muß mit den Pferden pflügen, die man hat.

Mit fremden Ochsen ist gut pflügen.

Pflügen und nicht säen,
lesen und nicht verstehen
ist halb müßiggehen.

Wer mit fremden Ochsen pflügt, hat eine magere Ernte.

Wer tief pflügt, muß tief düngen.

Pforte

Die Pforte zur Hölle steht immer offen.

Scherzhafte Warnung vor dem Laster.

Ist die Pforte für einen geöffnet, dann gehen bald hundert hindurch.

Pförtner

Ein schlimmer Pförtner, der alles einläßt.

Wer's mit dem Pförtner hält, findet bald Einlaß.

Pfründe

Die Pfründe deckt die Sünde.

Von einträglicher Scheinheiligkeit.

Viel Pfründen, viel Sünden.

Pfuhl

Aus dem Pfuhl kommt mancher in die Pfütze.

Wie aus dem Regen in die Traufe.

Wer sich in den Pfuhl legt, der hat bald Schweine zu Nachbarn.

pfui

Außen hui und innen pfui.

Oben hui, unten pfui.

Vorne hui, hinten pfui.

Pfund

Dreiviertel ist kein Pfund.

Ein Pfund Federn wiegt soviel wie ein Pfund Blei.

Wer ein Pfund haben will, muß um einen Zentner bitten.

Pfuscher

Der Pfuscher hat Brot und der Meister hat Not.

Wenn Gleisner besonderen Zulauf haben.

Je schwerer die Kunst, je mehr Pfuscher.

Pfuscher sind Huscher.

Pfütze

Auf einer Pfütze ist die Fliege ein Admiral.

Eigene Pfütze ist besser als fremder Teich.

Was man in die Pfütze wirft, schnattert die Ente wieder heraus.

Wo Pfützen sind, da sind auch Frösche.

↗ *Pfuhl*

Phantast

Zehn Phantasten geben erst einen Narren.

Philosoph

Alte Philosophen taugen nicht zu jungen Zofen.

Es sind nicht alles Philosophen, die lange Bärte tragen.

Philosophie

Mit Philosophie stillt man Zahnweh nie.

Wo gehandelt werden muß, soll man nicht theoretisieren.

Wo die Philosophie aufhört, da fängt die Medizin an.

Nach Luther, Tischreden.

picken

Wo man scharrt, muß man auch picken.

Wer arbeitet, muß auch essen.

Pilgerfahrt

Eine Pilgerfahrt macht nicht heilig.

Pille

Doof bleibt doof, da helfen keine Pillen.

Sprichwörtlicher Scherz.

Jeder Arzt hält seine Pillen für die besten.

Mit Arznei und Pillen
kann man keinen Hunger stillen.

Vergoldete Pillen sind auch bitter.

Pilz

Je giftiger der Pilz, je schöner die Kappe.

Pilze wachsen schneller als Eichen.
Das Solide braucht mehr Zeit.

Pinsel

Der muß einen kleinen Pinsel haben, der eine Laus anstreichen will.

pissen

Einem alten Hunde pißt der Fuchs an den Hals.

Was kann die Rose dafür, wenn der Hund daran pißt.

Wohin ein Hund pißt, dahin pissen alle.

Plage

Auf Plage folgen heitere Tage.

Ein ander Tag, ein ander Plag'.

Gemeinsame Plage drückt nur halb.

Jeder hat seine Plage, sagt Jemine,
der eine hat Läuse, der andere Flöh'.

Jedes Handwerk hat seine Plage.

Verdruß und Plage macht lange Tage.

plagen

Der Fleiß verjagt, was Faule plagt.

Jeder hat seinen Teufel, der ihn plagt.
Von Anfechtungen, scherzhaft auch vom Ehepartner.

Wer andere plagt, hat selbst keine Ruhe.

Plan

Ferne Pläne sind eitel Späne.

Planet

Je größer der Planet, je weiter von der Sonne.
Je kälter also.

plappern

Ein leerer Topf am meisten klappert,
ein leerer Kopf am meisten plappert.

Pläsier(chen)

Es gibt kein besseres Pläsier, als was man sich selber macht.

Jedem Tierchen sein Pläsierchen.

Je weiter von hier, je besser Pläsier.

Mit Pläsier, sagen die Bauern, wenn sie müssen.

Platte

Die Platte macht nicht den Mönch.

Platz

An einem runden Tische ist jeder Platz der erste.

Hat man erst einen Platz für die Wiege, zu einem Kinde kommt man leicht.

Alte Philosophen taugen nicht zu jungen Zofen.

Jeder Platz hat seinen Schatz, jeder Ort seinen Hort.

Was nützt ein guter Platz, wenn man nichts zu essen hat.

Wer auf seinem Platze bleibt, der verliert ihn nicht.

Wer weggeht, verliert seinen Platz.

Wo Platz ist zum Fliegen, da soll man nicht kriechen.

platzen

Wenn der Frosch platzen will, soll's ihm niemand wehren.

Wenn sich der Frosch zum Ochsen bläst, so muß er platzen.

plaudern

Vom Plaudern kocht keine Suppe.

Wer viel plaudert, lügt viel.
Von Klatscherei.

plumpsen

Je größer der Stein, je mehr plumpst es.
Von Skandalen.

plündern

Plündern macht nicht reich.

pochen

Einer pocht, der andere gibt nichts drauf.

Wer in der Ferne pocht, schweigt in der Nähe.

Pocher

Große Pocher schlagen nicht.

Pocher sind keine Fechter.
Von Prahlhänsen.

Poet

Beim Wein gibt's gute Poeten.

Es ist nicht gut, der Poet im Dorfe zu sein.

polieren

Der Stahl nimmt's nicht übel, wenn man ihn poliert.
Ein bißchen Ehrerbietung oder Schmeichelei kann nicht schaden.

Es ist kein Stein so hart, man kann ihn polieren.

poltern

Vom Poltern kommt nichts Gutes her.

Wie's fällt, so poltert es.

Porzellankiste

Vorsicht ist die Mutter der Porzellankiste.
Scherzhaftes Sprichwort.

Posaune

Ein guter Arzt bedarf keiner Posaune.

Je schlechter das Werk, je lauter die Posaune.

Pracht

Große Pracht, großer Betrug.

Große Pracht, kleine Macht.

Heute in Pracht, morgen veracht'.

Pracht, Gold und Ehr'
ist morgen oft nicht mehr.

prächtig

Prächtige Händel machen viele arme Leute.
Von Prozessieren.

prahlen

Der Tapfere versteht das Prahlen nicht.

Erst zahlen, dann prahlen.

Je mehr der Held mit Worten prahlt,
je schlechter er mit Taten zahlt.

Prahlen ist kein Geld.

Prahlen ist mein Reichtum.
Spott über einen Angeber.

Wer prahlt mit seinem Speck,
dem fällt er in den Dreck.

Prahler

Große Prahler, schlechte Zahler.

Prälat

Wie die Prälaten, so die Taten.

prassen

Jubeln und Prassen macht leere Kassen.

Prasser

Der Prasser gräbt sein Grab mit den Zähnen.

Praxis

Praxis macht den Meister.

predigen

Andern ist gut predigen.

Andern predigen ist leichter als selber tun.

Einem hungrigen Magen ist nicht gut predigen.

Einer nur kann predigen, aber viele können singen.

Lange Predigt, kurze Andacht.

Lange gepredigt, wenig studiert.

Wer sich auskennt, macht's kurz.

Man kann lange predigen, ehe der Bauch voll wird.

Man kann nicht alles auf dem Markte predigen.

Predigen gehört in die Kirche.

Wenn man Ermahnungen satt hat.

Tauben Ohren predigt man vergebens.

Verständigen Leuten ist gut predigen.

Voller Beutel hat gut predigen.

Was man dem Esel predigt, ist verloren.

Wenn der Fuchs predigt, so nimm die Hühner in acht.

Wer andern predigt, darf sich selbst nicht vergessen.

Wer immer predigt, kriegt leere Bänke.

Wer nicht hungert, kann gut vom Fasten predigen.

Wer nicht will, dem wird vergeblich gepredigt.

Wer predigt, soll auch amen sagen.

Man muß seine Sache zu Ende bringen.

Zweimal predigt der Pastor nicht.

Wenn jemand nicht zugehört hat.

Prediger

Der beste Prediger ist die Zeit.

Der ist ein guter Prediger, der seine eigenen Lehren befolgt.

Der Zuhörer Tränen sind des Predigers Ruhm.

Ein junger Prediger, eine neue Hölle.

Über jugendlichen Eifer.

Viel Prediger, wenig Lehrer.

Predigt

Dem Hungrigen hilft keine Predigt.

Der Bauch hört keine Predigt.

Ein Lot Hilfe ist mehr wert als ein Pfund Predigt.

Gutes Beispiel, halbe Predigt.

Je mehr Tränen, je schöner die Predigt.

Kurze Predigten sind die besten.

Kurze Predigt und lange Bratwürste haben die Bauern gern.

Lange Predigt, kurze Andacht.

Wen die Predigt nicht wärmt, den wärmen nicht die Kerzen.

Wer nicht in den Himmel will, braucht keine Predigt.

Wie der Mann, so die Predigt.

Preis (Belohnung)

Geduld und Fleiß erringt den Preis.

Ohne Fleiß kein Preis.

Preis (Kaufpreis)

Alles hat seinen Preis (sagte die Frau, die faule Äpfel verkaufte).

Maurerschweiß steht hoch im Preis.

Wie der Markt, so der Preis.

Man muß sich nach den Umständen richten.

Wie der Preis, so die Ware.

Wie die Ware, so der Preis.

preisen

Neues (Was neu ist) preist man, Altes zerreißt man.

Wer's hat, der preise sich glücklich.

prellen

Ein alter Fuchs läßt sich nicht prellen.

Priester

Ein Priester muß einen Teufel haben.

Ein Priester opfert dem andern nicht.

Wie der Priester, so die Absolution.

Probe

Lob ist der Narren Prob'.

proben

Erst prob's, dann lob's.

probieren

Probieren geht über Studieren.

Probieren ist kein Kunststück.

Probieren macht lüsterne Leute.

Prophet

Der Prophet gilt nichts in seinem Vaterlande.

Nach Matthäus 13,57.

Es weissagt mancher, der kein Prophet ist.

Faule Knechte sind gute Propheten.

Der Bequeme sagt immer Schwierigkeiten voraus.

Kleine Städte haben oft große Propheten.

Wenn der Berg nicht zum Propheten kommen will, muß der Prophet zum Berge gehen.

prost

Prost ist auch ein Trost.

Prozeß

Ein magerer Vergleich ist besser als ein fetter Prozeß.

Ein Prozeß um den Hut
bringt den Bauer um sein Gut.

Große Prozesse machen kleine Herren.

Mit einem Prozeß geht man aufs Gericht, mit zweien kommt man wieder.

Von Prozessen ist noch niemand reich geworden.

Wer den Prozeß verliert, bezahlt die Kosten.

Wer einen Prozeß führt um eine Kuh, verliert das Kalb dazu.

prüfen

Prüfe das Neue und das Alte,
und das Beste behalte.

Prügel

Jeder muß die Prügel behalten, die er bekommen hat.

Man bekommt mit dem eigenen Stock oft die schönsten Prügel.

Prügel vertreiben die Liebe.

Wer die Prügel hat, dem nimmt sie niemand ab.

Wer redet ohne Zügel, verdient seine Prügel.

prügeln

Man kann niemand zum Freunde prügeln.

Niemand läßt sich umsonst prügeln.

Psalter

Im Alter kommt der Psalter.

Von Frömmelei.

Es sind nicht alles Philosophen, die lange Bärte tragen.

Pudel

Ein nasser Pudel scheut das Wasser nicht.

Es gibt viel Hunde, die Pudel heißen.

Pulver

Ist Feuer im Herzen, so muß man kein Pulver in den Kopf tun.

Lunten genug, aber kein Pulver.

Man muß nicht ohne Pulver auf die Jagd gehen.

Ohne Pulver ist die Flinte nur ein Stock.

Wer kein Pulver riechen kann, der muß nicht in den Krieg ziehen.

Punkt

Einer macht den Kreis, der andere den Punkt.

Wer auf einem Punkte bohrt, macht bald ein Loch.

Pünktchen

Ein Pünktchen macht die ganze Ehre schwarz.

Pünktlichkeit

Pünktlichkeit ist die Höflichkeit der Könige.

Puppe

Jeder kleidet seine Puppe, wie es ihm gefällt.

Purpurbett

Auf Purpurbetten liegt man hart.

pusten

Besser pusten als das Maul verbrannt.

Gegen den Wind kann man nicht pusten.

Putz

Außen Putz, innen Schmutz.

Heut' im Putz, morgen im Schmutz.

Putz muß sein, und wenn man das Hemd verpfänden sollte.

Zuviel Putz ist kein Nutz.

putzen

Das Auge des Herrn putzt das Pferd.

Gut geputzt ist halb gefüttert.

Man soll sich erst selber putzen, ehe man andere scheuern will.

Putzen und Kehren kann niemand ernähren.

Wie etwas nutzt, so wird es geputzt.

Q

quaken

Der Frosch läßt sein Quaken nicht.

Qual

Wer die Wahl hat, hat die Qual.

quälen

Quäle nie ein Tier zum Scherz,
denn es fühlt wie du den Schmerz.

Wer andere quält, schläft selbst nicht gut.

Quark

Mancher denkt zu buttern und hat dann Quark im Faß.

Was keine Butter wird, gibt Quark.

Quelle

An der Quelle ist das Wasser am reinsten.

Aus einer bitteren Quelle fließt kein süßes Wasser.

Besser eine Quelle im Haus als an Nachbars Pumpe gehen.

Der Frosch läßt sein Quaken nicht.

Der Fluß kommt nach der Quelle.

Wenn die Quellen versiegen, vertrocknet auch das Meer.

Wer an der Quelle sitzt, braucht nicht zu dursten.

Wer dem Bächlein nachgeht, kommt zur Quelle.

Wie die Quelle, so das Wasser.

quellen

Wohl dem, dem's aus der Tasche quillt.

Quentchen

Ein Quentchen Gunst gilt mehr als ein Scheffel Recht.

Was einem zusteht, ist mitunter schwer durchzusetzen, aber mit Wohlwollen rasch erlangt.

Quentlein

Ein Quentlein Glück ist besser als ganze Fässer voll Weisheit.

quer

Wer's quer macht, dem geht es quer.

quirlen

Je mehr man quirlt, je mehr es schäumt.

quitt

Der ist noch nicht quitt, der den Rest noch schuldig ist.

Quittung

Nachsicht ist keine Quittung.

Auch wer lange wartet, will endlich bezahlt sein.

R

Rabbi (Rebbe)

Der Rebbe (Rabbi) darf.

Rabe

Beim Raben hilft kein Bad.

Dem Raben auf dem Dach und dem Fuchs vor der Tür ist nicht zu trauen.

Der Rabe hat der Krähe nichts vorzuwerfen.

Der Rabe ist nicht schwärzer als seine Flügel.

Man muß die Dinge nicht schlimmer sehen, als sie sind.

Was hilft's, daß der Rabe badet; er bleibt doch schwarz.

Weiße Raben sind seltene Vögel.

Weiße Raben und treue Freunde findet man selten.

Rache

Auf Rach' folgt Ach.

Blinde Rache, schlimme Sache.

Es gibt keine schönere Rache als Verzeihen.

Große Männer, kleine Rache.

Rache bleibt nicht ungerächt.

Rache heilt keine Wunden.

Rache ist neues Unrecht.

Rache ist süß (sagte die Schlange).

Rache ist süß, verzeihen süßer.

Schmach sucht Rach'.

Späte Rache rächt hart.

Vergeben ist die beste Rache.

Zur Rache sei langsam, zur Tugend schnell.

rächen

Was im Wald verbrochen, wird oft im Dorf gerochen.

Rachgier

Rachgier gibt bösen Lohn.

Rad

Brüchige Räder knarren am meisten.

Die Unzuverlässigsten schimpfen am meisten.

Das morsche Rad bricht zuerst.

Das schlimmste Rad am Wagen knarrt am ärgsten.

Es rennt ein Rad dem andern nach, aber es holt keins das andere ein.

Greif ans Rad, so geht der Karren.

Ungeschmierte Räder knarren.

Wenn der Wagen fällt, hat er fünf Räder.

Von Ausreden, die eigenes Ungeschick bemänteln.

Wer viel fährt, der muß viel Räder haben.

raffen

Der eine rafft die Steine, der andere wirft sie.

Rand

Am Rande des Glases tanzen böse Geister.

Besser am Rande sparen als am Boden.

Rang

Hoher Rang kommt nicht von Müßiggang.

Je höher Rang, je härter Zwang.

Um der Tugend willen jagt keiner dem andern den Rang ab.

Ränke

Alte Leute, alte Ränke,
junge Füchse, neue Schwänke.

Geschenke bringen Ränke.

ranzig

Fett wird leicht ranzig.

Rappe

Ein Schimmel trabt so gut als ein Rappe.

rappeln

Klingelt es nicht, so rappelt es doch.

Was neu ist, das klingt; das Alte rappelt.

Wenn es einem zu rappeln anfängt, dann fängt es oben im Kopf an.

rar

Was rar ist, das ist teuer.

rasch

Bergab geht's rasch.

Langsam zum Rat, aber rasch zur Tat.

Nahe Gefahr will rasche Hilfe.

Rasche Pferde passen nicht für einen alten Wagen.

Junge Mädchen nicht für alte Männer.

Rasch gewachsen, schnell verblüht.

Rasch zugreifen tut's.

Schlechte Nachrichten kommen rasch an.

Nämlich immer zu früh.

Viele Hände machen rasch ein Ende.

Was schnell warm wird, wird rasch kalt.

Raschmann

Raschmann kommt leicht zu Beulen.

rasen

Wer früh nicht rast, der rast spät.

Einmal schlägt man über die Stränge.

Wer nicht rast in der Jugend, der muß im Alter rasen.

rasseln

Ein leerer Wagen rasselt am meisten.

Rast

Nach der Last kommt die Rast.

Neidhart hat nicht Rast noch Ruh'.

Rast ist die halbe Mast.

rasten

Auf Rasten folgt Fasten.

Wer nicht arbeitet, hat nichts zu essen.

Wer rastet, der rostet.

Will er essen, will sie fasten;
will er gehn, so will sie rasten.

Von unharmonischen Ehen.

Rat (Ratgeber)

An seinen Räten erkennt man den Fürsten.

Ein Rat muß verschwiegen sein.

Oft fehlt's an Rat, doch nie an Räten.

Viel Räte, viel Irrwisch.

Wie der Fürst, so die Räte.

Jeder sucht sich seine Vertrauten selber aus.

Wie die Räte, so der Rat.

Man muß sich die Ratgeber ansehen.

Rat (Ratschlag)

Alle (Viele) wissen guten Rat,
nur der nicht, der ihn nötig hat.

Auch Arzt und Advokat brauchen fremden Rat.

Böser Rat tut niemand wohl.

Der beste Rat heißt: geradezu!

Der Dümmste gibt oft den besten Rat.

Der eine mit Rat, der andere mit Tat.

Der erste Rat ist der beste.

Der Rat ist bei den Alten.

Die Alten zum Rat, die Jungen zur Tat.

Die Ansicht eines Weisen
und den Rat eines Greisen
soll man nicht von sich weisen.

Die besten Räte und hinkende Pferde kommen gewöhnlich zuletzt.

Drei halten den besten Rat, wenn zwei nicht dabei sind.

Eine Handvoll guter Gelegenheit ist besser als ein Fuder guter Rat.

Ein guter Rat erstickt den andern.

Ein guter Rat ist besser als hundert Hände.

Ein Löffel voll Tat ist besser als ein Scheffel voll Rat.

Ein mutiges Herz hält nicht lange Rat.

Erst Rat, dann Tat.

Es ist leicht Rat finden, wenn eine Wurst zu lang ist.

Falscher Leute Rat führt auf schlimmen Pfad.

Guten Rat muß man nicht ausbieten wie Sauerbier.

Guter Rat ist teuer.

Guter Rat kommt nie zu spät.

Guter Rat kommt über Nacht.

Halte Rat vor der Tat.

Hölzerne Köpfe geben hölzerne Räte.

Jäher Rat hat Reue zum Gefährten.

Je schlauer Rat, je übler Tat.

Kein Rat ist gut, man befolge ihn denn.

Kommt Zeit, kommt Rat.

Kühner Rat ist oft der beste.

Kurzer Verstand, schneller Rat.

Langsam zum Rat, rasch zur Tat.

Man schlägt den Feind eher mit Rat als mit Tat.
Überlegtes Vorgehen ist am wirksamsten.

Mit Räten kann man Säue mästen.
Mit unnützen Ratschlägen.

Nach der Tat weiß jeder guten Rat.

Neuer Tag, neuer Rat.

Not sucht Rat (will kurzen Rat).

Nüchterne Räte sind die besten.

Rat bringt die Tat.

Rat ist besser als Glück.

Rat nach der Tat kommt zu spat.

Schneller Rat bringt selten gute Tat.

So manche Not, so mancher Rat.

Stillem Leiden ist guter Rat ein Trost.

Übler Rat ist Gebers Schad'.

Viele zum Rat, wenige zur Tat.

Viel Rat, viel Unrat.

Viel Rat, wenig Nutzen.

Vorbedacht hat Rat gebracht.

Vorrat ist der beste Rat.

Was soll guter Rat, wenn niemand folgt.

Wenn ein Ding geschehen ist, kommt guter Rat zu spät.

Wer Rat begehrt, dem ist zu helfen.

Wider Rotz und Spat ist kein Rat.

Wie der Rat, so die Tat.

Wo keine Hilfe ist, da braucht man keinen Rat.
Besserwisserische Ratschläge nützen nichts.

Wo Rat ist, da ist Hilfe.

Zorn und Liebe geben schlechten Rat.

Zum Rat weile, zur Tat eile.

↗ *Ratschlag*

raten

Das ist ein weiser Mann,
der sich selber raten kann.

Ein Narr läßt sich nicht raten.

Es ist leicht raten, wenn man selbst nicht in Gefahr ist.

Raten ist leichter als helfen.

Raten ist nicht zwingen.

Raten und Sorgen kommen aus einem Faß.

Ratet mir gut, sagte die Braut, aber ratet mir nicht ab.

Sich selbst zu raten ist selten einer klug genug.

Soll ich mit taten, so will ich mit raten.

Viele wollen raten, aber nur wenige helfen.

Wem (nicht) zu raten ist, dem ist (auch nicht) zu helfen.

Wer rät, der gibt nichts.

Wer sich selbst rät, hat allein zu weinen.

Wer sich selbst zu raten weiß, braucht keinen andern zu fragen.

Zu geschehenen Taten ist nicht mehr zu raten.

Ratgeber

Das Kopfkissen ist der beste Ratgeber.

Einen schwierigen Entschluß soll man überschlafen.

Der Bauch (Zorn) ist ein schlechter Ratgeber.

Eigensinn ist ein böser Ratgeber.

Es gibt keine bessere Ratgeberin als Erfahrung.

Flüchtlinge sind schlechte Ratgeber.

Von solchen, die überall nur Gefahr sehen.

Ratgeber tragen den Schaden nicht.

Wenn es gut geht, sind alle gute Ratgeber.

Wie der Ratgeber, so der Rat.

Rathaus

Wer vom Rathaus kommt, ist immer klüger als zuvor.

ratlos

Sorge macht ratlos.

Ratschlag

Ein guter Rat ist besser als ein Sack voll Ratschläge.

ratschlagen

Ratschlagen macht unschlüssig.

Rätsel

Was man weiß, ist kein Rätsel mehr.

Ratsmann

Ist's abgetan, ist jeder ein guter Ratsmann.

Ratte

Die Ratten verlassen das sinkende Schiff.

Die Ratte weiß viel, aber die Katze noch mehr.

Ratze

Gegen gute Ratzen gehören gute Katzen.

Raub

Ein schöner Raub macht kühnen Dieb.

Tausch ist kein Raub.

rauben

Finden und behalten ist so gut wie rauben.

Gegen gute Ratzen gehören gute Katzen.

Räuber

Wer nichts hat, ist vor Räubern sicher.

Rauch

Besser warmer Rauch als kalter Nebel.

Dem schadet kein Rauch mehr, der im Feuer umgekommen ist.

Der Rauch zeigt den Brand.

Die Esse fürchtet den Rauch nicht.

Die Hitze verfliegt mit dem Rauch.

Die mit Rauch handeln, kommen im Rauch um.

Eigener Rauch ist heller als fremdes Feuer.

Erst Rauch, dann Feuer.

Feiner Rauch macht auch schwarz.

Feuer im Herzen bringt Rauch in den Kopf.

Fremder Rauch beißt die Augen.

Großes Feuer, großer Rauch.

Jede Esse hat ihren Rauch.

Je grüner das Holz, je dicker der Rauch.

Je heller das Feuer, je weniger Rauch.

Von lauterer Leidenschaft.

Je mehr der Rauch aufsteigt, je mehr zergeht er.

Kein Rauch ohne Feuer.

Mach kein Feuer, so beißt dich kein Rauch.

Mancher flieht vor dem Rauch und fällt in die Flammen.

Man leidet den Rauch des Feuers wegen.

Ohne Rauch kein Feuer,
ohne Mäuse keine Scheuer.

Rauch genug, aber keine Wärme.

Viel Rauch, wenig Feuer.

Wer das Feuer schürt, muß den Rauch leiden.

Wer den Rauch fürchtet, kommt nicht zum Feuer.

Wer mit Rauch handelt, wird mit Dampf bezahlt.

Wer sich selber in die Esse hängt, der muß nicht über Rauch klagen.

Wer sich wärmen will, muß auch Rauch vertragen.

Wissen ohne Gebrauch ist Feuer ohne Rauch.

Wo ist ein Haus, durch das kein Rauch geht?

In welcher Ehe gäbe es nie Streit.

Wo Rauch ist, da ist auch Feuer.

rauchen

Eigener Fleiß macht den Schornstein rauchen.

Eine kalte Esse raucht nicht.

Erst raucht es, ehe es brennt.

Je mehr man heizt, je mehr es raucht.

Solange es noch raucht, ist das Feuer nicht gelöscht.

Starke Gluten rauchen nicht.

Wo der Schornstein raucht, ist gut freien.

Wenn jemand sich ins gemachte Nest setzt.

Wo's nicht brennt, da raucht's nicht.

räudig

Es ist keine Herde so klein, es stecken räudige Schafe darin.

Räudige Hunde haben zähes Leben.

Wer krätzig ins Bad geht, kommt räudig heraus.

Wohin man räudig geht, von da kommt man grindig wieder.

raufen

Es währt nicht ewig, daß zwei sich raufen.

Daher mische man sich nicht ein.

Wenn's ans Teilen geht, so geht's ans Raufen.

Wenn sich die Könige raufen, müssen die Bauern Haare lassen.

Wer sich mit dem Teufel rauft, muß Haare lassen.

Wo Haare sind, da kann man raufen.

rauh

Die rauhesten Fohlen geben die glattesten Pferde.

Zeigst du mir das Rauhe, so zeige ich dir das Grobe.

Räuplein

Rühme dich, Räuplein, dein Vater war ein Kohlwurm.

Rausch

Auf den Rausch folgt der Katzenjammer.

Besser ein Rausch als ein Fieber.

Im letzten Glase liegt der Rausch.

Wer im Rausch besonnen bleibt, der hat Verstand.

rauschen

Dem Furchtsamen rauschen alle Blätter.

'rauskommen

Wo was 'reinkommt, muß auch was 'rauskommen.

räuspern

Es haben nicht alle den Husten, die sich räuspern.

Rühme dich, Räuplein,
dein Vater war ein Kohlwurm.

Rebe

Wie die Rebe, so der Wein.

Rechen

Ein Rechen zeigt jedem die Zähne.

rechnen

Gerechnet ist nicht bezahlt.

Rechnen hilft haushalten.

Wer gut rechnen will, muß auf gar nichts rechnen.

Wer liebt, der rechnet nicht.

Wer nicht auf einen Heller rechnet, der rechnet auch nicht auf einen Taler.

Wer nicht rechnen kann, wird nicht reich; wer gut rechnen kann, wird nicht arm.

Wer zu früh rechnet, muß zweimal rechnen.

Rechnung

Alte Rechnungen machen neue Händel.

Der Hungrige fragt nicht nach der Rechnung.

Genaue Rechnung macht leichte Bezahlung.

Jeder macht seine Dummheiten auf eigene Rechnung.

Je kürzer die Rechnung, je länger die Freundschaft.

Klare Rechnung macht gute Freunde.

Kurze Rechnung, lange Freundschaft.
Man soll nicht lange borgen.

Man muß (soll) die Rechnung nicht ohne den Wirt machen.

Süße Wirte, saure Rechnung.

Was hilft richtige Rechnung, wenn man schlecht bezahlt.

Wer die Rechnung ohne den Wirt macht, der muß zweimal rechnen.

Zwischen ehrlichen Leuten bedarf's keiner Rechnung.

recht

Allen Menschen recht getan
ist eine Kunst, die niemand kann.

Das Gleiche sucht sich, das Rechte findet sich.

Das Gute tue gut, das Rechte recht.

Dem geschieht recht, der es anders nicht haben will.

Der rechte Weg ist nicht krumm.

Der rechte Weg ist wenig (am wenigsten) betreten.

Der tut recht, der jedem tut, was ihm gebührt.

Der Wachende behält recht.

Die Frauen haben immer anderthalbmal recht.

Eben recht ist nicht versalzen.

Ehrlich ist der rechte Weg.

Eine schöne Frau hat immer recht.

Ein neuer Knecht macht alles recht.

Es ist nicht alles recht, was dem Esel wohlgefällt.

Es ist recht, daß der Mist stinkt.

Etwas Rechtes hat nichts Schlechtes.

Geht es recht zu, so folgt das Kalb der Kuh.

Harte Hand behält recht.

Man kann es nicht allen Leuten recht machen, und wenn man sich die Nase abbeißt.

Recht getan ist wohlgetan.

Recht tun ist besser als recht haben.

Recht tun ist keine Sünde.

Recht tun läßt sanft ruhn.

Recht und schlecht sind verschiedene Dinge.

Schlecht ist eben recht.

Schlecht und recht ist gerade recht.

Tue recht, so hast du recht.

Tue recht und laß die Leute reden.

Tue recht und scheue niemand.

Was dem einen recht ist, ist dem andern billig.

Was nicht nutzt, ist auch nicht recht.

Wer auf dem rechten Wege ist, braucht sich nicht umzuschauen.

Wer genug getan, hat recht getan.

Wer kann, hat recht.

Wer nicht kommt zur rechten Zeit,
der muß nehmen, was übrigbleibt.

Wer nichts Unrechtes gemacht hat, der wird auch nichts Rechtes machen.

Wer recht handelt, braucht das Licht nicht zu scheuen.

Wer recht hat, hat niemand zu fürchten.

Wer recht tut, der schläft ohne Sorge.

Wer recht tut, kennt keine Furcht.

Wer's jedem recht machen wollte, müßte früh aufstehen.

Wer warten kann, dem kommt alles zur rechten Zeit.

Wer zuviel tut, tut nicht immer recht.

Wo man recht tut, da hängt man niemand.

Zu Hof ist recht, was dem Herrn gefällt.

Zur rechten Zeit schweigen ist eine Kunst.

Recht

Alt ist drum noch nicht Recht.

Altes Unrecht bleibt Unrecht.

Auch dem Teufel muß man sein Recht lassen.

Aus Gewohnheit wird zuletzt Recht.

Barmherzigkeit ist größer als Recht.

Besser mit Recht anklagen als mit Unrecht argwöhnen.

Besser wenig mit Recht als viel mit Unrecht.

Das Recht ist für jedermann.

Dem Recht will nachgeholfen sein.

Der Brauch muß dem Recht weichen.

Der erste in der Zeit, der erste im Rechte.

Der recht tut, wird Recht finden.

Die Juristen zerren das Recht, die Schuster das Leder.

Die Natur will ihr Recht.

Enges Recht ist ein weites Unrecht.

Es genügt nicht, Recht zu haben, man muß es auch bekommen.

Gegen das Recht gibt es kein Recht.

Geschieht einem sein Recht nicht, so geschieht ihm Unrecht.

Gewalt gibt kein Recht.

Gewalt soll dem Recht dienen.

Gewalt (Macht) geht vor Recht.

Nach Habakuk 1,3; von Willkür.

Gewohnheit will Recht haben.

Gleiche Rechte, gleiche Pflichten.

Gnade geht vor Recht.

Gunst geht vor Recht.

Gute Gewohnheit, gutes Recht.

Gutes Recht braucht gute Hilfe.

Eine gute Sache muß auch gut vertreten werden.

Gutes Recht ist gute Gewohnheit.

Hundert Jahre Unrecht ist keine Stunde Recht.

Im Schnabel der Henne hat der Wurm kein Recht.

In der Faust liegt kein Recht.

In der Wahrheit liegt das Recht.

Je mehr Gesetz, je weniger Recht.

Von kleinlichen Vorschriften.

Je weniger Gesetz, je besser Recht.

Kann man's nicht tun in Freundschaft, so muß man's tun mit Recht.

Landes Brauch ist Landes Recht.

Läßt Gewalt sich blicken,
geht das Recht auf Krücken.

Macht ist nicht Recht.

Man deutet ein Recht mit dem andern.

Man muß auch der Hölle ihr Recht lassen.

Mit Dünken verletzt man das Recht.

Niemand steht über dem Recht.

Recht geht über Verwandtschaft (Freundschaft).

Recht hat manchmal Hilfe nötig.

Recht ist gerade.

Wird es gebeugt, so ist es keins mehr.

Recht ist, was gilt.

Recht muß Recht bleiben.

Nach Psalm 94,15.

Schelten und Schlagen hat kein Recht.

Stärke ist kein Recht.

Strenges Recht verlangt viel Milde.

Unrecht ist auch Recht.

Von Recht zu Unrecht ist nur ein Schritt.

Wer das Recht biegt, bricht es.

Wer die Macht hat, der hat auch das Recht.

Von Willkür.

Wer Recht hat zu nehmen, der hat auch Recht zu behalten.

Wer sein Recht gebraucht, beleidigt niemand.

Wer sein Recht nicht benutzt, verliert es.

Wie der Richter, so das Recht.

Wie die Waage, so das Recht.

Willkür bricht Recht.

Wo einerlei Grund und Ursach ist, da soll auch einerlei Recht sein.

Man soll mit gleichem Maß messen.

Wo Gewalt herrscht, schweigen die Rechte.

Wo Gewalt Recht ist, hat das Recht keine Gewalt.

Wo keine Macht ist, da ist auch kein Recht.

Wo nichts ist, hat der Kaiser sein Recht verloren.

Wo Recht keine Gewalt hat, da wird Gewalt Recht.

Zuviel Recht ist Unrecht.

Von unvernünftiger Paragraphenreiterei.

Zuviel Recht schadet nicht.

Zuviel Rechtsansprüche.

Rechte, die (rechte Hand)

Was die Rechte gibt, laß die Linke nicht wissen.

Nach Matthäus 6,3.

rechten

An Rechten und Kriegen gewinnt niemand viel.

Rechten ist fechten.

Rechten und Borgen macht Kummer und Sorgen.

Wer rechtet um eine Kuh, geb' lieber eine zu.

Rechtfertigung

Die Anklage hören viele, die Rechtfertigung wenige.

recht(s)

Laß deine linke Hand nicht wissen, was die rechte tut.

Nach Matthäus 6,3.

Wenn dich dein Feind rechts schickt, so gehe links.

rechtschaffen

Nichts gleicht einem rechtschaffenen Menschen mehr als ein Schelm.

recken

Wenn man die Katze streichelt, reckt sie den Buckel (Schwanz).

Rede

An der Rede erkennt man den Mann.

Nach Jesus Sirach 27,8.

An der Rede erkennt man den Toren,
wie den Esel an den Ohren.

Armer Leut Rede gilt nicht.

Das ist eine gute Rede, die ein gutes Schweigen verbessert.

Die Reden sind gut, sagte der Fuchs, aber ins Dorf geh ich doch nicht.

Um jemandem zu sagen, daß man ihn durchschaut hat.

Die Rede von einem ist die Rede von keinem.

Man muß auch den anderen Part fragen.

Eine gute Rede findet eine gute Statt.

Sie fällt auf fruchtbaren Boden.

Eine lose Rede schläft in dummen Ohren.

Eine Rede ist kein Pfeil,
ein Furz kein Donnerkeil.

Von geringeren Beleidigungen und Rüpeleien, die man nicht überbewerten sollte.

Eines Mannes Rede ist keines Mannes Rede; man soll sie hören alle beede.

Ernste Rede ist kein Spaß.

Freche Rede, zage Tat.

Heilige Reden sind (noch) keine heiligen Werke.

Kluge Rede ehrt den Mann.

Kurze Rede, gute Rede.

Lange Reden machen kurze Tage.

Mit Reden macht man die Händel aus.

Worte führen zum Streit, schlichten ihn aber auch.

Nicht jede Rede verdient eine Antwort.

Reden und Federn treibt der Wind weg.

Sanfte Rede stillt den Zorn.

Stolze Leute, hochbeinige Reden.

Verständige Rede schützt vor Fehde.

Von Rede kommt Rede.

Wie das Herz, so sind die Reden.

Wie der Kopf (Verstand), so die Rede.

Wie die Leute, so ihre Reden.

Wie die Rede, so der Mann (die Antwort).

Wie die Rede, so sind die Ohren.

Wo der Pfennig spricht, hört man andere Rede nicht.

Wüste Reden, wüste Ohren.

reden

Beherzt geredet ist halb gefochten.

Besser viel wissen als viel reden.

Besser zuviel schweigen als zuviel reden.

Wie die Rebe, so der Wein.

Das Herz denkt oft anders, als der Mund redet.

Der kann nicht reden, der nicht schweigen kann.

Der Mund redet, wovon das Herz voll ist.

Der Narr redet, wenn der Kluge denkt.

Also ohne Überlegung.

Die Leute müssen was zu reden haben, die Hunde was zu bellen.

Einer hilft sich mit reden, der andere mit beißen.

Einer redet von Mose, der andere von den Propheten.

Der eine von diesem, der andere von jenem.

Ein jeder redet von seinem Handwerk.

Erst höre, dann rede.

Es ist nicht alles wahr, was die Leute reden.

Es läßt sich alles reden, aber Brot und Käse läßt sich essen.

Handfestes ist besser als leeres Gerede.

Es mag einer denken, was er will, aber reden muß er, was sich ziemt.

Es reden viele, aber nicht alle mit Verstand.

Es redet jeder nach seinem Kopfe.

Es sind kluge Leute, die nicht viel reden.

Es sind nicht die weisesten Leute, die am meisten reden.

Gelehrte reden viel Gutes, aber keiner tut es.

Geredet ist geredet, man kann's mit keinem Schwamm mehr abwischen.

Auch das unbedachte Wort gilt.

Geredet ist nicht gemacht.

Herren und Narren haben frei reden.

Hintennach ist leicht reden.

Jeder redet, wie er's versteht.

Je weniger man redet, je gesünder ist es.

Kluges Schweigen ist besser als dummes Reden.

Klug reden kann einer im Liegen.

Klug reden kann jeder, aber nicht bessermachen.

Klug reden kostet kein Geld.

Laß die Leute reden, Gänse können's nicht.

Man muß die Leute reden lassen.

Man redet so lange vom Feste, bis es kommt.

Man redet viel an einem langen Sommertage.

Man redet viel, wenn der Tag lang ist.

Man redet wohl von dem vielen Saufen (Trinken), aber nicht von dem großen Durst.

Scherzhafte Rechtfertigung der Trinkerei.

Mit dem Maul gewackelt ist nicht geredet.

Narren reden wie Narren.

Reden hat seine Zeit und Schweigen hat seine Zeit.

Nach Prediger Salomo 3,7.

Rede nicht, wo kein Ohr ist.

Reden ist Silber, Schweigen ist Gold.

Reden läßt sich alles.

Reden und Dreschen sind zwei verschiedene Dinge.

Gegen Polterer.

Reden und Tun ist zweierlei.

Rede, was wahr ist; trink, was klar ist; iß, was gar ist.

Rede wenig, höre viel.

Rede wenig, rede wahr,
zehre wenig, zahle bar.

Schwarz auf weiß redet noch, wenn's niemand weiß.

Vorzug des Schriftlichen als Beweis.

Schweigen ist gut, Reden ist besser.

Tu, was du sollst, und laß die Leute reden.

Tu, was du willst, die Leute reden doch.

Viel Reden macht Kopfweh.

Viel reden, viel irren (lügen).

Was der Mund redet, muß der Hals bezahlen.

Unüberlegtes Gerede muß man büßen.

Was der Nüchterne denkt, das redet der Volle.

Was die Zunge redet, muß der Rücken bezahlen.

Was einen schmerzt, davon redet man gern.

Was einer nicht weiß, davon soll er nicht reden.

Was geredet ist, ist geredet.

Was hinter dem Wein geredet wird, gilt nicht.

Was man nicht versteht, darüber muß man nicht reden.

Wenn der Schneider nicht von der Elle redet, so redet er vom Tuch.

Wenn die Börse redet, muß der Mund schweigen.

Wenn man vom Hunde redet, wedelt er mit dem Schwanze.

Wenn man vom Teufel redet, so ist er nicht weit (so kommt er).

Wenn jemand kommt, von dem man eben gesprochen hat.

Wenn Narren reden, haben kluge Ohren Feierabend.

Wer angenehm redet, dem hört man überall zu.

Wer bei Spöttern sitzt, muß nicht von Heiligen reden.

Weil den Spöttern nichts heilig ist.

Wer gegen die Sonne redet, richtet nichts aus.

Offenbare Tatsachen lassen sich nicht bestreiten.

Wer gibt, schweige; wer empfängt, rede.

Wer Gutes hören will, muß Gutes reden.

Wer Gutes weiß, soll nichts Böses reden.

Wer nicht redet, den kann man nicht hören.

Wer nicht schweigen kann, kann nicht reden.

Wer nicht zu reden weiß, der weiß auch nicht zu schweigen.

Wer redet, der sät; wer hört, der erntet.

Wer redet ohne Zügel, verdient seine Prügel.

Wer redet, tut gut; wer schweigt, tut besser.

Wer redet, was er nicht sollte,
muß hören, was er nicht wollte.

Wer redet, was ihm beliebt,
muß hören, was ihn betrübt.

Wer verständig redet, ist weise genug.

Wer viel redet, erfährt wenig.

Wer viel redet, lügt gern (viel).

Wer vom Handwerk ist, kann vom Handwerk reden.

Wer wenig redet, hat wenig zu verantworten.

Wer will, daß man Gutes von ihm rede, der rede nichts Schlechtes von anderen.

Wer zu dir von andern spricht, redet bei andern von dir.

Wie der Mann ist, so redet er.

Wie einer redet, so ist er.

Wo die Gunst redet, muß die Zunge schweigen.

Wo einer nicht hören will, da ist alles Reden umsonst.

Wo Geld redet, muß der Verstand schweigen.

Wo Gold das Wort führt, hilft alles Reden nichts.

Wo kein Ohr ist, da rede nicht.

Wo Reden den Hals kostet, ist Schweigen eine Tugend.

Wo reden nicht hilft, müssen Prügel helfen.

Zu bösen Sachen kann man nicht viel Gutes reden.

Zuviel reden und zuviel schweigen ist allen Narren eigen.

redlich

Bleibe im Lande und nähre dich redlich.

Nach Psalm 37,3.

Der ist mein Freund, der es redlich mit mir meint.

Von redlichen Leuten denkt man nichts Arges.

Redliche, der

Hassen und Neiden muß der Redliche leiden.

Man kümmere sich nicht um Mißgunst.

Redlichkeit

Redlichkeit wandert weit.

Ist überall gern gesehen.

Redner

Wein ist ein kühner Redner.

reformieren

Wer alles reformieren will, der soll bei sich selbst anfangen.

rege

Je reger der Mund, je träger die Hände.

Regel

Ausnahmen bestätigen die Regel.

Ein Exempel macht keine Regel.

Keine Regel ohne Ausnahme.

regen, sich

Sich regen bringt Segen.

Was jung ist, das regt sich.

Regen

Auf einen Sturm gehört auch ein Regen.

Auf Barschheit ein versöhnlicher Ton.

Auf Regen folgt Sonne.

Besser ein ordentlicher Regen als ein stetes Tröpfeln.

Der feine Regen verdirbt die Straße.

Die Kleinigkeiten machen oft den Ärger.

Der stärkste Regen fängt mit Tropfen an.

Die Wolken ziehen vorüber, aber der Regen bleibt.

Ein kleiner Regen macht nicht (auch) naß.

Feiner Regen dringt ein.

Gewitter ohne Regen ist ohne Segen.

Von Streit und Schelte.

Große Wolken, kleiner Regen.

Heute Regen, morgen Wind.

Im Regen ist schlecht Heu machen.

Je mehr Regen, je mehr Dreck.

Nach dem Regen kommt der Segen (nach dem Leide kommt die Freude).

Nach dem Regen scheint die Sonne.

Ohne Wolken kein Regen.

Sonnenschein und Regen bringt dem Menschen Segen.

Vom Regen wird man naß.

Was als Dunst aufsteigt, fällt als Regen nieder.

Was der Regen nicht tränkt, netzt der Tau.

Was nützt das Abtrocknen, wenn man nicht aus dem Regen geht.

Wer im Regen geht, wird naß.

Wer im Trockenen sitzt, lacht über den Regen.

Wer ins Wasser fällt, braucht den Regen nicht zu fürchten.

Wind ohne Regen kommt selten gelegen.

Regnet's nicht, so tröpfelt's doch.

regieren

Allzuklug regiert nicht gut.

Das Amt lehrt regieren.

Der ist ein Mann, der sich selbst regieren kann.

Der Kalte weiß die Warmen zu regieren.

Die Feder regiert das Schwert.

Die ihr Eigenes versäumen, haben viel zu regieren in ander Leut Häusern.

Es gehört Verstand dazu, Narren zu regieren.

Geld regiert die Welt.

Meist scherzhaft beim Spendieren u. dgl.

Gestrenge Herren regieren nicht lange.

Härte erreicht auf die Dauer nichts.

Herr Jedermann regiert die Welt.

Spöttisch von leerem Geschwätz.

In der Ehe mag kein Frieden sein,
regiert darin das Mein und Dein.

Wer andere regieren will, muß zuvor sich selbst beherrschen können.

Wer regieren will, der muß hören und nicht hören, sehen und nicht sehen.

Wer regieren will, muß einen freundlichen Kopf aufsetzen.

Wer regieren will, muß Leuten trauen.

Wer wenig regiert, behält viel Freunde.

Wo Kinder regieren, machen Narren die Gesetze.

Von Kindsköpfen.

Wo Lumpen regieren, machen die Kleider Leute.

Wo man übel regiert, da wird auch übel gehorcht.

↗ *Regiment*

Regiment

Regiment lehrt regieren.

Regiment muß Augen haben.

Wo kein Gehorsam ist, kann kein Regiment bestehen.

regnen

Besser regnen sehen als im Regen stehen.

Dem Spötter regnet es auch zuweilen in die Blumen.

Ehe es regnet, pflegt's zu tröpfeln.

Es ist alles möglich, aber es regnet kein Geld.

Es muß lange regnen, ehe eine Sintflut kommt.

Es muß regnen, wenn es tropfen soll.

Es regnet gern, wo es schon naß ist.

Es regnet nicht aus jeder Wolke.

Regnet's auf einen, so tropft es auf den andern.

Regnet's nicht hier, so regnet's dort.

Regnet's nicht, so tröpfelt's (tropft es) doch.

Unter den Bäumen regnet es zweimal.

Wenn es aufs Kloster regnet, tröpfelt es auf die Mönche.

Wenn es Brei regnet, hat man keine Schüsseln.

Wenn es Häute regnet, wird das Leder billig.

Wenn's auf den Pfarrer regnet, tröpfelt's auf den Küster.

Wenn's regnet, so wird's naß.

Wenn's regnet, sucht auch der Narr ein Dach.

Wer zwei Häuser hat, dem regnet's in eins.

Unklare Verhältnisse gehen nicht gut.

Wo es regnet, da trieft es auch.

reiben

An dem Schwachen will sich jeder reiben.

Ißt man nicht von der Schönheit, so reibt man sich gern daran.

Von Mißgunst.

Was sich zu nahe kommt, das reibt sich.

Wer mich reibt, den reib' ich auch.

Reibung

Ohne Reibung kein Feuer.

reich

Abends ohne Schulden ist morgens reich.

Arme Untertanen machen reiche Heilige.

Beim reichen Mann hinkt's auch manchmal.

Nirgends geht alles glatt.

Besser arm in Ehren als reich in Schanden.

Den Narren macht die Hoffnung reich.

Der Gesunde ist unwissend reich.

Der Istmirgleich wird niemals reich.

Der ist nicht reich, der nicht zufrieden ist.

Der ist reich, der Freunde hat.

Der Milde gibt sich reich, der Geizige nimmt sich arm.

Der Neid hat noch niemand reich gemacht.

Der reiche Mann hat nie genug.

Des Fleißigen Hand macht reich.

Ehrlich macht reich – aber langsam geht's her.

Ein Dieb stiehlt sich selten reich.

Ein Pfennig allein macht nicht reich.

Ein reicher Mann hat klingenden Verstand.

Ein reicher Mann kennt seine Freunde nicht.

Weil er von Schmeichlern umgeben ist.

Es freit sich niemand reich.

Es ist keiner so reich, er wünscht (es fehlt ihm) noch etwas.

Es müssen zehn verderben, ehe einer reich wird.

Fressen und Saufen macht die Ärzte reich.

Genügen ist ein reicher Tisch.

Heute reich, morgen ein Bettler.

Von unsicherem Glück.

Immer fröhlich ist selten reich.

Ist die Decke über dem Kopf, so sind die Eheleute gleich reich.

Je reicher, je ärmer.

Von Geiz.

Je reicher, je kärger.

Je reicher, je klüger.

Ironisch, wenn einem Wohlhabenden geschmeichelt wird.

Kein Handwerk macht lauter reiche Leute.

Lieber reich und gesund als arm und krank.

Sprichwörtlicher Scherz.

Man sorgt sich leichter krank als reich.

Reich an Gold, reich an Sorgen.

Reiche Leute haben fette Katzen.

Reiche Leute haben lachende Erben.

Reich ist schön genug.

Reich und dumm vertragen sich gut.

Reich und faul sind gern beisammen.

Selber arbeiten macht reich.

Versprechen macht nicht reich.

Versuch macht klug, aber selten reich.

Viel haben ist nicht reich.

Vom Schwitzen wird man nicht reich.

Von unkluger Mühe.

Vom Wünschen wird man nicht reich.

Wem man mit guten Worten lohnt, der wird nicht reich.

Wem nichts mangelt, der ist reich.

Wer den Pfennig nicht liebt, wird nicht reich.

Wer früh aufsteht, wird reich.

Wer früh Wein trinkt, wird spät reich.

Wer keinen Mangel leidet, ist reich genug.

Wer mit wenigem zufrieden ist, der ist reich.

Wer reich ist, der gilt.

Wer reich ist, hat viel Freunde.

Wer reich werden will in einem Jahr, der wird gehängt in sechs Monaten.

Wer reich werden will, muß den Teufel zum Vetter haben.

Wer weise ist, der ist mehr als reich.

Wer zufrieden ist, ist reich.

↗ *Retter*

Reich

Im Reiche der Blinden ist der Einäugige König.

Reiche, der

Armut ist des Reichen Kuh.

Dem Armen fehlt Brot, dem Reichen Appetit.

Dem Reichen ist alles verwandt.

Dem Reichen wiegt der Teufel die Kinder.

Sie geraten oft nicht.

Der Arme fängt den Fuchs, der Reiche trägt den Pelz.

Der Arme muß den Reichen erhalten.

Der Reiche hat seinen Gott im Kasten.

Nämlich das Geld.

Der Reiche stiehlt, und der Arme wird gehängt.

Der Reiche wird nicht ärmer, wenn man auf das Geld schilt.

Die Reichen haben überall das meiste Geld.

Scherzwort oder Spott, wenn jemand etwas Dummes gesagt hat.

Junge Reiser pfropft man nicht auf alte Stämme.

Eine Schöne ins Bett, eine Reiche in die Küche.

Nämlich eine, die reichhaltig zu kochen versteht.

Reichen gibt man, Armen nimmt man.

Was nützt es dem Reichen, wenn er sich mit einer goldenen Kugel erschießt.

Wenn die Reichen bauen, haben die Armen zu tun.

Bei Schiller: Könige / Kärrner.

Wer von der Gnade der Reichen leben will, bekommt fette Worte und magere Suppen.

reichen (ausreichen)

Wo der Löffel reicht, bedarf's der Kelle nicht.

reichen (reich werden)

Wer will reichen, darf nicht schleichen.

reichlich

Wer freundlich gibt, gibt reichlich.

Wer reichlich frühstückt, muß sparsam vespern.

Man kann alles nur einmal ausgeben.

Reichtum

Dicktun (Großtun) ist mein Reichtum, drei Pfennige mein Vermögen.

Von Prahlerei.

Genügen ist Reichtum.

Genügsamkeit ist mehr als Reichtum.

Gesundheit (Zufriedenheit) ist der größte Reichtum.

Großer Reichtum, wenig Schlaf.

Großtun (Prahlen) ist mein Reichtum, Nichtshaben mein Vetter.

Jäher Reichtum währt nicht lange.

Liebe ist der größte Reichtum.

Nutzen ist der größte Reichtum.

Reichtum gibt Ansehen.

Reichtum ist des Glückes Plunder.

Reichtum macht nicht reich (glücklich).

Reichtum macht Sorgen.

Schönheit geht vor Reichtum.

reif

Adamsäpfel werden nie reif.

Der reife Mist am schwersten ist.

Die Zeit bringt reifen Roggen.

Früh reif, früh faul.

Je früher reif, je früher faul.

Nach reifen Kirschen klettert man hoch.

Wenn man etwas gern hätte, scheut man keine Mühe.

Reife Früchte fallen in den Dreck.

Was bald reif, hält nicht steif.

Was bald reif wird, wird bald faul.

Was reif ist, das fault gern.

Wenn der Apfel reif ist, fällt er ab.

Wenn die Kirschen reif sind, muß man sie pflücken.

Von heiratsfähigen Mädchen.

Wenn die Trauben reif sind, hängen sich die Wespen dran.

Wenn man den reifen Halm schüttelt, so fallen die Körner heraus.

Reif

Liegt Reif auf den Bergen, so ist's kalt im Tal.

reifen

Mit der Zeit reift das Korn.

Reifen

Wenn die Reifen springen, zerfällt das Faß.

Reigen

Ein kurzer Reigen ist bald getanzt.

reimen

Die reimen gut, die schlecht hören.

Sie reimen sich's zusammen.

Reimt sich's nicht, so ist's doch wahr, sagte der Mann, da kriegte er von seiner Frau Schläge.

Reimt sich's nicht, so paßt es doch.

Es muß nicht alles vollkommen sein.

Was sich reimt, das schickt sich auch.

Zuviel gereimt ist ungereimt.

rein

An der Quelle ist das Wasser am reinsten.

Auch in der Ecke muß es rein sein.

Das Auge der Frau hält die Stube rein.

Dem Reinen ist alles rein.

Nach Titus 1,15.

Eine weiße Hand ist rein genug.

Ein reines Kleid ist ein guter Empfehlungsbrief.

Fließendes Wasser hält sich rein.

Lob des Tätigseins.

Man kann die Straße kehren, aber rein bleibt sie nicht.

Reine Hände braucht man nicht zu waschen.

Schadenfreude ist die reinste Freude.

Wer einmal sündigt, ist nicht mehr rein.

Wer im Sumpf badet, kommt nicht rein heraus.

Wer in Schmutz fällt, steht nicht rein wieder auf.

Wer rein ist, braucht sich nicht zu waschen.

Der Schuldlose muß seine Unschuld nicht erst nachweisen.

reinigen

Gewitter reinigen die Luft.

Sand reinigt den Magen.

'reinkommen

Wo nichts 'reinkommt, kommt auch nichts 'raus.

reinlich

Einer reinlichen Frau fehlt es nie an Wasser.

Reinlichkeit

Reinlichkeit ist das halbe Futter.

Reinlichkeit ist's halbe Leben (sagte die Bauersfrau, da drehte sie zu Neujahr ihr Hemd um).

reinwaschen

Mit Dreck wäscht man sich nicht rein.

Reis, das

Dürres Reis gibt rasches Feuer.

Von der Verliebtheit der Alten.

Ein Reis macht keinen Besen.

Junge Reiser pfropft man nicht auf alte Stämme.

Viel Reiser machen einen Besen.

Reise

Ferne Reisen, große Lügen.

Wenn einer eine Reise tut, so kann er was erzählen.

Nach Matthias Claudius, Urians Reise um die Welt.

Wer über die Schwelle ist, hat die Reise halb getan.

Reisegefährte

Ein mutiges Herz ist der beste Reisegefährte.

reisen

Lesen und Reisen macht klug.

Reisende Leute soll man nicht aufhalten.

Wer viel reist, erfährt viel.

Reisepaß

Ein ehrliches Gesicht ist der beste Reisepaß.

reißen

Es reißt zuerst, wo's dünn ist.

Was nicht halten will, muß reißen.

Wenn ein Strick reißt, so reißt auch bald der zweite.

Wo das Tau am dünnsten ist, reißt es gern.

Zu fein gesponnen reißt der Faden.

reiten

Auf kleinen Pferden kann man auch reiten.

Besser auf dem rechten Wege hinken als auf dem falschen reiten.

Besser gut geschritten als schlecht geritten.

Besser schlecht geritten als gut gelaufen.

Der eine sattelt das Pferd, der andere reitet es.

Es sind nicht alle gleich, die mit dem Kaiser reiten.

Früh gesattelt, spät geritten.

Rasch entschlossen, spät gehandelt; auch von Leuten, die früh aufbrechen wollen, aber einfach nicht fortkommen.

Hastige Leute müssen keinen Esel reiten.

Ist man erst im Sattel, dann ist das Reiten leicht.

Jeder reitet sein Steckenpferd.

Schlimme Boten reiten schnell.

Unglück kommt geritten, geht aber weg mit Schritten.

Wen der Teufel reitet, der muß wohl von der Stelle.

Wer auf fremdem Pferde reitet, kommt zu Fuß heim.

Wer das Reiten gewohnt ist, dem wird das Gehen sauer.

Wer gut sattelt, reitet gut.

Wer jung reitet, muß alt gehen.

Wenn etwas zu großspurig angefangen wird und dann mißrät.

Wer kein Geld hat, reitet zu Fuß.

Wer langsam reitet, kommt am weitesten.

Wer langsam reitet, muß früh satteln.

Wer sein eigenes Pferd reiten will, muß seinen eigenen Hafer füttern.

Für Privatsachen muß man auch selbst aufkommen.

Wer selten reitet, dem tut der Arsch bald weh.

Wer sich zum Gaul macht, den will jeder reiten.

Wer viel reitet, muß viel beschlagen.

Wer vom Pferde gefallen ist, muß keinen Esel reiten.

Wie man sattelt, so reitet man; wie man kocht, so ißt man.

Reiter

Der Gaul ist oft klüger als sein Reiter.

Ein guter Reiter läßt seinem Pferde auch etwas Verstand.

Ein guter Reiter vergißt die Sporen nicht.

Ein gutes Pferd findet bald einen Reiter.

Ein gutes Pferd kennt seinen Reiter.

Ein Reiter macht nicht viel Staub.

Einer allein richtet nicht viel aus.

Jeder Reiter lobt sein Pferd.

Man muß das Pferd und nicht den Reiter zäumen.

Wenn der Reiter nichts taugt, hat das Pferd schuld.

Wie der Reiter, so das Pferd.

↗ *Roß*

Reiz

Keine Schöne ohne Kreuz,
keine Häßliche ohne Reiz.

reizen

Das Verborgene (Verbotene) reizt.

Ein reizendes Gesicht hat viel Gewicht.

Man reizt den Hund so lange, bis er beißt.

Religion

Es streiten viele für die Religion, aber alle ums Geld.

Von Scheinheiligkeit.

Reliquie

Jeder Kaplan lobt seine Reliquien.

rennen

Wenn man den Esel nennt, kommt er gerennt.

Wenn jemand kommt, von dem man gerade gesprochen hat.

Wer rennen muß, hat Blei an den Füßen.

Renner

Geradeaus gibt gute Renner.

Ohne Umschweife kommt man schnell zum Ziel.

Rente

Sparsam sein ist eine gute Rente.

Rest

Der ist noch nicht quitt, der den Rest noch schuldig ist.

Der Rest ist für die Gottlosen.

Scherzhaft nach Psalm 75,9.

Viele Gäste machen Reste.

Wer kommt nach dem Feste,
muß vorliebnehmen mit dem Reste.

retten

Was man aus dem Schiffbruch rettet, ist Gewinn.

Man soll auch das Glück im Unglück sehen.

Wer gewarnt ist, ist halb gerettet.

Retter

Reicher Vetter, armer Retter.

Reue

Auf großen Zorn folgt große Reue.

Besser Scheu als Reu'.

Dem Zorn geht die Reue auf den Socken nach.

Die Reue kommt nach.

Frühe Laster, späte Reue.

Geht der Zorn, so kommt die Reue.

Geht Überlegung vor, folgt keine Reue nach.

Glauben und Meinen bringt Reue und Weinen.

Hast bringt Reue.

Nach der Tat kommt die Reue zu spat.

Neu macht oft Reu'.

Reue bringt Verlorenes nicht wieder.

Reue erniedrigt nicht.

Reue ist des Unrechts Gefährte.

Reue ist die Tugend der Toren.
Die nicht früh genug überlegen.

Reue straft sich selbst.

Späte Reue fruchtet nichts.

Späte Reue, lange Reue.

Späte Reu' ist selten treu.

Späte Reu' macht Schaden neu.

Untreue bringt Reue.

Wer viel Versprechen sät, erntet viel Reue.

Wo keine Reue ist, da ist keine Buße.

Wo Reue ist, da ist auch Gnade.

reuen

Die Strenge hat schon oft gereut, die Milde nie.

Einen jeden reut sein Schaden.

Ein Späßchen zur Zeit hat keinen gereut.

Es ist bald geschehen, was lange reut.

Herzlich gereut ist genug gebüßt.

Heute gefreit, morgen gereut.

Jung gefreit hat nie gereut.

Leihen bringt Reuen.

Schweigen hat selten gereut.

Was lange reut, ist schnell getan.

richten

Besser schlichten als richten.

Erst anklagen, dann richten.

Erst sieh auf dich, dann richte mich.

Können wir nicht dichten,
so können wir doch richten.
Kritisieren kann jeder.

Wer andere richtet, verurteilt sich selber.
Er wird von anderen mit dem gleichen Maße gemessen.

Wer ungerecht urteilt, richtet sich selbst.

Wer zwischen zwei Freunden richtet, verliert den einen.

Wo niemand klagt, braucht niemand richten.

Richter

Bist du nicht Richter, so sei auch kein Schlichter.
Man soll sich nicht in fremden Streit mischen.

Der Richter kann kein Kläger sein.

Der Schmerz ist kein gerechter Richter.

Ein blinder Richter hört's Geld auch klingen.

Ein Kläger ist kein Richter.

Gute Meinung ist der beste Richter.

Niemand kann Richter in eigener Sache sein.

Schöne Gesichter haben viel Richter.
Und zwar Neider, die etwas auszusetzen haben.

Unrecht Urteil trifft den Richter.

Vertraue keinem lachenden Richter.

Was man dem Richter nicht klagt, das darf er nicht richten.

Wer den Richter kennt, der kennt noch nicht das Gericht.

Wie der Richter, so das Recht (Urteil).

Wie die Gesetze, so die Richter.

Wo kein Kläger ist, da ist auch kein Richter.

richtig

Daß viele irregehen, macht den Weg nicht richtig.

Der richtige Mann kommt nie zu spät.

Richtig zählen, ehrlich messen
darf der Kaufmann nicht vergessen.

Was gestern richtig war, kann morgen falsch sein.

riechen

Böse Sachen riechen übel.

Die Tonne riecht immer nach Hering.

Eigene Fürze riechen angenehm.
Eigene Fehler sieht man nicht.

Eigenen Dreck riecht jedermann gern.

Einer riecht nach Knoblauch, der andere nach Zwiebeln.

Jeder hat seine Art.

Eine Sau riecht den Dreck über neun Zäune.

Von Verleumdern.

Gemalte Blumen riechen nicht.

Heimlichkeit riecht man weit.

Mancher will nicht riechen, wie er stinkt.

Ein blinder Richter hört's Geld auch klingen.

Von fremdem Schweiß riecht niemand.

Wer eigene Fürze hat, braucht fremde nicht zu riechen.

Wer mit Zwiebeln handelt, riecht sie nicht mehr.

Wie's riecht, so schmeckt's.

Wo's riecht, da stinkt's.

Riegel

Besser ein hölzerner Riegel als eine offene Tür.

Dem Gold ist kein Riegel zu stark.

Ein Schloß an der Straße muß gute Riegel haben.

Schloß und Riegel schaffen viel Ruh' im Haus.

Riemen

Aus fremden Häuten ist gut Riemen schneiden.

Riese

Aus hundert Zwergen läßt sich kein Riese heraussuchen.

Ein Zwerg sieht überall Riesen.

Jeder Zwerg ist ein halber Riese.

Von einem Gernegroß.

Unter Zwergen ist der Knirps ein Riese.

rieseln

Wo nichts ist, da rieselt's nicht.

Rind

Geht ein Ochse aus, kommt ein Rind nach Haus.

Rindvieh

Was von der Kuh geboren ist, bleibt ein Rindvieh.

Ring

Aus Ringen werden Ketten.

Bricht ein Ring, so bricht die ganze Kette.

Ein Ring macht keine Kette.

Eine schöne Hand braucht keine Ringe.

Herz um Herz, Ring um Ring.

Was hilft ein goldener Ring an der Nase?

ringen

Am Schlingen gehen mehr zugrunde als am Ringen.

Ein jeder ringt nach dem, was ihm behagt.

Erst gerungen, dann gesungen.

Man jubele nicht zu früh.

Nach der Palme kann ein jeder ringen.

Wie gerungen, so gelungen.

Wonach einer ringt, das ihm gelingt.

rinnen

Alte Fässer rinnen gern.

Von schwatzhaften Alten.

Ein rinnender Fluß läßt sich schwer aufhalten.

Rinnstein

Jeder gucke in seinen Rinnstein.

Und kehre dann vor seiner Tür.

Rippe

Es ist ein schlechter Tanz, wo man die Rippen bricht.

Riß

Ein kleiner Riß ist leichter zu flicken als ein großer.

Jedes Haus hat seine Risse.

Je fester die Naht, je größer der Riß.

Von Zerwürfnissen.

Je größer der Keil, je weiter der Riß.

Ritt

Gutes Pferd, kurzer Ritt.

Ritter

An einem Geschlagenen will jeder zum Ritter werden.

Der Harnisch macht den Ritter nicht.

Wo kein Harnisch ist, da ist auch kein Ritter.

Wo die Mittel fehlen, kann kein Anspruch erhoben werden.

Rock

Aus einem alten Rock läßt sich kein neuer Mantel machen.

Besser ein grober Rock als bloße Haut.

Das Hemd ist mir näher als der Rock.

Nach Plautus, Trinummus.

Der alte Rock gibt das Maß für den neuen.

Der weiße Rock macht keinen Müller.

Durch Flickerei wird ein alter Rock nicht neu.

Ein zerrissener Rock hat keinen Kredit.

Erst das Hemd und dann der Rock.

Es trauern nicht alle, die schwarze Röcke tragen.

In einem rauhen Rock kann man auch die Wahrheit predigen.

Läßt sich einer den Mantel nehmen, nimmt man ihm bald den Rock dazu.

Man macht den Rock nach dem Mann und nicht den Mann nach dem Rock.

Man sieht wohl auf den Rock, aber nicht auf den Bauch.

Verdienter Rock wärmt mehr als ein geliehener Mantel.

Wer zur Jacke geboren ist, kommt zu keinem Rock.

Wie das Tuch, so der Rock.

roden

Mit fremden Armen ist gut roden.

Rohr

Wer im Rohr sitzt, hat gut Pfeifen schneiden.

Röhre

Alte Röhren tropfen gern.

Von redseligen Alten.

rollen

Ein Stein, der ins Rollen kommt, ist schwer aufzuhalten.

Je besser der Weg, je mehr rollt der Wagen.

Wenn der Wagen rollt, traben die Pferde.

Rom

Alle Wege führen nach Rom (aber mancher eher als der andere).

Es führen viele Wege nach Rom.

Je näher Rom, je ärger Christen (je schlimmer Christ).

Rom ist nicht an einem Tage erbaut.

Alles braucht seine Zeit.

Schritt für Schritt kommt man nach Rom.

Wer nach Rom geht, lasse die Frömmigkeit zu Hause.

Wo der Papst ist, da ist Rom.

Rose

Aus Knospen werden Rosen.

Disteln wachsen schneller als Rosen.

Die Rosen verblühen, aber die Dornen bleiben.

Die schönsten Rosen welken zuerst.

Die schönste Rose duftet nicht für sich.

Die Zeit entblättert jede Rose.

Gemalte Rosen duften nicht.

Keine Rose ohne Dornen.

Man kann nicht immer auf Rosen gehen.

Rosen blühen, Dornen stechen.

Unter Dornen wachsen Rosen.

Verblühte Rosen bricht man nicht.

Was kann die Rose dafür, wenn ein Hund daran pißt.

Wegen der Rosen begießt man die Dornen.

Wenn die Rose sich schmückt, so schmückt sie auch den Garten.

Wer Rosen bricht, die Finger sticht.

Wo Rosen sind, da sind auch Dornen.

Roß

Auch das Roß des Kaisers hebt den Schwanz.

Auf ein Roß gehören nicht zwei Sättel.

Das Roß lenkt oft den Reiter.

Der Sporn macht das Roß traben.
Die Notwendigkeit.

Einem hohen Roß paßt keine niedere Krippe.

Ein gutes Roß braucht keinen Sporn.

Jedes Roß hat seine Tücke.

Je edler Roß, je ärger Laune.

Man zäumt das Roß und nicht den Reiter.

Roß und Mähre haben nicht die gleiche Ehre.

Roß und Reiter haben nicht den gleichen Sinn.

Trau nicht, so bleibt das Roß im Stall.

Wenn das Roß fällt, hat der Reiter den Schaden.

Wer aufs Roß kommt, zieht den Zaum an sich.

Wie die Rosse ziehen, so geht der Wagen.

Rost

Rost frißt Eisen, Sorge den Menschen (Weisen).

Rost macht ein Messer nicht besser.

Rost und Feile werden nie Freunde.

Wo Rost ansetzt, folgt Rost nach.

rosten

Alte Liebe rostet nicht.

Alte Schuld rostet nicht.

Das Eisen läßt sein Rosten nicht.

Wer den Pflug nicht braucht, dem rostet er.

Wer nicht ficht, dem rostet der Degen in der Scheide.

Wer rastet, der rostet.

rot

Auch weißer Wein macht eine rote Nase.

Graben und Hacken macht rote Backen.

Heute rot, morgen tot.

Trocken Brot macht Wangen rot (Schinkenbröter noch viel röter).

Wer immer lügt, wird nicht mehr rot.

Rotz

Wider Rotz und Spat ist kein Rat.
Von Pferdekrankheiten.

rotzig

Die rotzigsten Jungen werden die besten Kerle.

Rübe

Wie der Acker, so die Rüben,
wie der Vater, so die Büben.

Wie die Rübe, so das Kraut.

Rücken

Auf anderer Leute Rücken ist leicht tragen.

Dem Feigen zeigt das Glück den Rücken.

Der Rücken hat keine Ohren.

Auf Nachrede muß man nicht hören.

Ein alter Rücken krümmt sich.

Ein loses Maul braucht einen starken Rükken.

Es fällt mancher auf den Rücken und stößt sich dabei an die Nase.

Es fliehen nicht alle, die den Rücken wenden.

Freund unter Augen, Feind hinterm Rükken.

Gleiche Last bricht keinen Rücken.

Hinterm Rücken ist gut fechten.

Hinterm Rücken lernt man einen am besten kennen.

Mancher schneidet sich eine Gerte für den eigenen Rücken.

Man soll weder dem Feinde noch dem Freunde den Rücken kehren.

Nicht jeder Rücken paßt zu jeder Last.

Was der Mund zuviel ausgibt, bekommt der Rücken wieder.

Was die Zunge redet, muß der Rücken bezahlen.

Wer den Wind im Rücken hat, kommt schnell vorwärts.

Wer ein großes Maul hat, muß einen breiten Rücken haben.

Wer sich ein Haar krümmen läßt, dem krümmt man bald den Rücken.

Wer sich gern bückt, dem tut der Rücken nicht weh.

Rücksicht

Vorsicht nimmt Rücksicht.

rückwärts

Man muß rückwärts gehen, um gut zu springen.

Rückwärts kratzen die Hühner.

Wer rückwärts geht, läuft dem Teufel in die Arme.

Wer stillsteht, geht rückwärts.

Rüde

Solange man den Rüden füttert, wedelt er mit dem Schwanz.

Richtig zählen, ehrlich messen
darf der Kaufmann nicht vergessen.

Ruder

Der eine steht am Ruder, der andere am Bug.

Mit eigenem Ruder fährt sich's am besten.

Ruf

Der Ruf geht voran, der Ruhm folgt dem Mann.

Der Ruf macht die Sau feister, als sie ist.

Ein guter Ruf ist bald verloren.

Guter Ruf ist Goldes wert.

Wer einen schlechten Ruf hat, ist halb gehängt.

Wer im Ruf steht, früh aufzustehen, der kann schlafen bis Mittag.

↗ *ruinieren*

rufen

Es ruft sich nicht gut, wenn niemand antwortet.

Gehe nie zu deinem Fürst (Ferscht),
wenn du nicht gerufen wirst (werscht).

Sprichwörtlicher Scherz.

Man kann lange rufen, ehe das Echo schweigt.

Man ruft den Esel nicht anders zu Hofe, als wenn er Säcke tragen soll.

Wenn man den Satan ruft, so kommt er.

Wer den Furien in die Hände fällt, ruft umsonst nach Gnade.

Wer gern hört, dem ist leicht rufen.

Wer ruft: es brennt, hat halb gelöscht.

Wer umkommen will, ruft nicht um Hilfe.

Wie man in den Wald ruft, so schallt es heraus.

rüffeln

Wer nicht büffelt, wird gerüffelt.

Ruhe

Furcht hat keine Ruhe.

Ist die Kiste zu, hat die Seele Ruh'.

Mit Ruhe holt man einen Hasen ein.

Ruhe erzwingt, was sonst nicht gelingt.

Ruhe ist der Arbeit Tagelohn.

Ruhe ist halbes Futter.

Ruhe und Rast ist die halbe Mast.

Satte Kuh legt sich zur Ruh'.

Voller Magen will Ruhe haben.

Wer andere plagt, hat selbst keine Ruhe.

Wer eine Frau nimmt, verkauft seine Ruhe.

Wer in Frieden lebt, schläft in Ruhe.

Wo Verdacht einkehrt, nimmt die Ruhe Abschied.

Ruhekissen

Ein gutes Gewissen ist ein sanftes Ruhekissen.

ruhen

Bette dich weich, so ruhst du nicht hart.

Erst tun, dann ruhn.

Man soll die Toten ruhen lassen.

Erledigtes, Vergessenes soll man nicht wieder aufrühren.

Nach dem Essen soll man ruhn
oder tausend Schritte tun.

Nach getaner Arbeit ist gut ruhen.

Nach antikem Vorbild.

Rechttun läßt sanft ruhn.

Wer andere jagt, kann selbst nicht ruhen.

Wer müde ist, der ruht auf dem Mist.

Wer ruhen will, muß zuvor arbeiten.

Ruhm

Böser Ruhm macht bösen Glauben.

Der Ruf geht voran, der Ruhm folgt dem Mann.

Einem armen Mann läuft der Ruhm nicht nach.

Kommt der Ruhm, so schwindet das Gedächtnis.

Man kann noch so sehr mit Ruhm bedeckt sein, sagte der Kürschner, man friert im Winter ohne Pelz.

Ruhm stillt den Hunger nicht.

Viel Ruhm und wenig Tat.

Wer seinen Ruhm mehrt, der tötet ihn.

rühmen

Die sich großer Streiche rühmen, sind selten gute Fechter.

Lobe meine Werke, so rühm' ich deine Stärke.

Rühmt man dich, so halte dich danach.

Seines Fleißes darf sich jeder rühmen.

Nach Lessing, Hamburgische Dramaturgie.

Wenn der Baum gefällt ist, rühmt man seinen Schatten.

Wer bei den Frauen keine Gunst hat, kann sich leicht der Keuschheit rühmen.

Wer nicht beneidet sein will, muß sich seines Glücks nicht rühmen.

rühren

Fleiß rührt den Mörtel.

Je mehr man rührt, je mehr es stinkt.

Sich nicht rühren heißt verlieren.

Wer nicht will frieren,
der muß sich rühren.

Wer sich rührt, der kommt zu was.

rührig

Lob macht rührige Hand.

Rührige Hand macht aus Felsen Gartenland.

ruinieren

Ein täglicher Gast ruiniert die Küche.

Ist der Ruf erst ruiniert,
lebt es sich ganz ungeniert.

Sprichwörtlicher Scherz.

Mit starken Getränken
ruiniert man das Denken.

rumpeln

Es ist nicht alles Spuk, was in der Zelle einer Nonne rumpelt.

rümpfen

Hohn rümpft die Nase.

rund

An einem runden Tische ist jeder Platz der erste.

Was rund ist, will sich drehen.

Runzel

Auch ein neuer Spiegel glättet alte Runzeln nicht.

Viel Runzeln, viel Jahre.

rupfen

Alte Vögel lassen sich nicht gern rupfen.

Nämlich nicht gern etwas abschwatzen.

Eine Gans wird so lange gerupft, als sie Federn hat.

Ein Glatzkopf ist schwer zu rupfen.

Wo nichts ist, ist nichts zu holen.

Wenn die Großen sich rupfen, verlieren die Bauern die Haare.

Wer eine Gans rupfen will, fängt bei den Federn an.

Wer Federn hat, den kann man rupfen.

Ruß

Die Kohle wird vom Ruß nicht schwärzer.

Wer Ruß angreift, macht sich schwarz.

Rüssel

Wer mault mit der Schüssel, dem fehlt's am Rüssel.

rüstig

Der Winter macht rüstige Leute.

Rute

Man muß sich nicht selbst eine Rute auf den Rücken binden.

Was nicht geht im guten, geht mit Ruten.

rutschen

Viel rutschen macht schlechte Hosen.

Wer auf den Knien rutscht, kommt nicht weit.

S

Saat

Böse Saat trägt böse Frucht.

Gute Saat, gute Ernte.

Ohne Saat keine Ernte.

Taten sind Saaten.

Was man an der Saat spart, verliert man an der Ernte.

Wie die Saat, so die Ernte.

Zwischen Saat und Ernte kann viel geschehen.

Saatkorn

Wer das Saatkorn ißt, erspart sich den Erntewagen.

Sache

Aus einer kleinen Sache wird oft ein großes Geschrei.

Böse Sachen riechen übel.

Die Ladung ist der Sache Beginn.

Eine gute Sache braucht nicht viel Worte.

Gerechte Sache hilft sich selbst.

Große Sachen brauchen starke Arme.

In eigener Sache ist niemand klug.

In einer leichten Sache kann jeder Advokat sein.

Jeder spricht für seine Sache.

Man sei der Sachen Feind und des Mannes Freund.

Bei Meinungsverschiedenheiten.

Niemand kann Richter in eigener Sache sein.

Überm Bache verstehn sie auch die Sache.

Umstände verändern die Sache.

Unnütze Sachen sind immer zu teuer.

Wer die Person nicht kennt, der kennt auch die Sache nicht.

Wie man die Sache anfängt, so gerät sie.

Zu bösen Sachen kann man nicht viel Gutes reden.

Zur Sache, sagte der Bauer, was gilt der Wagen Mist?

sacht(e)

Immer sachte mit den jungen Pferden.

Sachte mit der Braut, sie ist noch jung.

Wer sachte fährt, kommt auch in die Stadt.

Wer sachte geht, geht sicher.

Sack

Alte Säcke brauchen viel Flecke.

Auf einen groben Sack gehört ein grober Fleck.

Aus einem leeren Sack kann der klügste Dieb nichts stehlen.

Aus eines andern Sack ist gut austeilen.

Aus leeren Säcken kann niemand Geld zählen.

Besser den Esel treiben als selbst Säcke tragen.

Den Sack aufhalten ist leichter als ihn füllen.

Den Sack schlägt man, den Esel meint man.

Nach Petronius Arbiter, Satiricon.

Einen Sack (voll) Flöhe hütet man leichter als ein junges Mädchen.

Ein leerer Sack steht nicht aufrecht.

Ein voller Sack streckt die Zipfel.

Es gehen viel Lügen in einen Sack.

Es greift mancher in einen leeren Sack.

Es ist gleichviel, ob der eine stiehlt und der andere den Sack aufhält.

Es ist mancher ein Esel, der keine Säcke trägt.

Es kann nichts aus dem Sack herauskommen, als was darin ist.

Genug geht viel in einen Sack.

Hat man nur erst Mehl, der Sack findet sich schon.

Hoffen und Wünschen geht viel in einen Sack.

In einem kleinen Sack
steckt oft ein großer Pack.

Klopft man auf den Sack, so klopft man auch auf den Esel.

Kurzer Haber, lange Säcke.
Wenig Lohn macht langsame Arbeiter.

Man kauft die Katze nicht im Sack.

Man muß sich oft bücken, ehe der Sack voll ist.

Versprechungen (Vertröstungen) füllen keinen Sack.

Viel Säcke sind des Esels Tod.

Was im Sack ist, das kommt wieder heraus.

Was nicht in den Leib geht, das geht in die Säcke.

Wen man im Sack findet, den schüttelt man heraus.

Wenn der Sack voll ist, bindet man ihn zu.

Wenn viele in einen Sack schütten, so wird er bald voll.

Wer auf dem Sack sitzt, der hat ihn.

Wer den andern vermag,
der steckt ihn in den Sack.

Wer den Sack auf die Schultern nimmt, der soll ihn auch tragen.

Wer sich zum Esel macht, der muß Säcke tragen.

Zuviel zerreißt den Sack.

Säckel

Das sind die besten Freunde, die man bei sich im Säckel trägt.

säen

Auf gepflügtem Felde ist gut säen.

Der eine sät, der andere erntet.

Es sät niemand, was er nicht ernten will.

Es wächst mehr im Garten, als man gesät hat.
Auf Überraschungen muß man gefaßt sein.

Gute Freunde sind dünn gesät.

Im stillen ist gut Hafer säen.

Man kann nicht zugleich säen und ernten.

Man sät, um zu ernten.

Sät einer Gutes, so schneidet er nichts Böses.

Was der Mensch sät, das wird er ernten.
Nach Galater 6,7.

Was spät gesät wird, das geht spät auf.

Wer Disteln sät, wird Stacheln ernten.

Wer Dornen sät, darf nicht barfuß gehen.

Wer (früh) sät, der (früh) mäht.

Wer Funken sät, wird Flammen ernten.

Wer Haß sät, kann nicht Liebe ernten.

Wer im Alter ernten will, muß in der Jugend säen.

Wer im Frühjahr nicht sät, wird im Herbst nicht ernten.
Von Jugend und Alter.

Wer kärglich sät, wird kärglich ernten.
Nach 2. Korinther 9,6.

Wer Narrheit sät, wird Torheit ernten.

Wer nicht sät, dem nützt das Düngen nichts.

Wer nicht sät, der kann nicht ernten.

Wer redet, der sät, wer hört, der erntet.

Wer Unkraut säen will, braucht den Boden nicht zu pflügen.

Wer Wind sät, wird Sturm ernten.
Nach Hosea 8,7.

Wer Wohltat sät, der erntet Dank.

Wie gesät, so geschnitten.

Wo Freude wachsen soll, da muß man Liebe säen.

Wo man nicht sät, da wächst nichts.

Säer

Karge Säer, arme Schnitter.

sagen

Darf's der eine tun, so darf's der andere sagen.

Das Gute sagt man, aber man tut's nicht; das Böse tut man und sagt's nicht.

Der Einfältige sagt's, der Kluge macht's.

Wie die Saat, so die Ernte.

Der ist kein Narr, der es sagt, sondern der ist ein Narr, der es glaubt.

Erst wäg's, dann sag's.

Es ist leicht gesagt, aber schwer getan.

Es ist nicht ganz ohne, was Herr Jedermann sagt.

Es ist nichts böse gesagt, wenn man's nicht böse nimmt.

Es ist nichts so gut gesagt, der Teufel legt es für sich aus.

Böser Wille dreht alles um.

Es läßt sich alles sagen, aber Butter und Brot läßt sich essen.

Gesagt ist gesagt.

Gesagt ist nicht getan.

Gewagt geht vor gesagt.

Gut gesagt ist halb getan.

Im Spaß gesagt, im Ernst gemeint.

Jeder kann zu seinem Stroh Heu sagen.

Jedermann sagt's, und niemand weiß es.

Von Gerüchten.

Man kann alles sagen, aber nicht alles essen.

Man kann wohl sagen, was man nicht weiß, aber nicht geben, was man nicht hat.

Man muß nicht einem jeden sagen, wo der Fuchs Eier legt.

Man sagt viel, und es wird kein Brot daraus.

Morgen, morgen, nur nicht heute,
sagen alle faulen Leute.

Nach C. F. Weiße, Der Aufschub.

Mündchen, was sagst du, Herzchen, was denkst du?

Von Doppelzüngigkeit.

(Narren,) Kinder und Betrunkene sagen die Wahrheit.

Narren sagen, was die Klugen denken.

Nüchtern gedacht, voll gesagt.

Sage mir, mit wem du umgehst, und ich sage dir, wer du bist.

Sagen und tun ist zweierlei.

Sag nicht alles, was du weißt; glaub nicht alles, was du hörst.

Sehen geht vor Sagen.

Vor Hörensagen.

Vom Hören und Sagen wird mancher aufs Maul geschlagen.

Von Sagen kommt Sagen.

Was man nicht sagen kann, mag man pfeifen.

Was niemand wissen soll, muß man niemand sagen.

Was schändlich ist zu tun, das ist auch nicht schön zu sagen.

Was wahr ist, darf man wohl sagen.

Wenn der Fuchs die Trauben nicht erreichen kann, so sagt er: sie sind sauer.

Wenn du hörst, was einer klagt,
so hör auch, was der andere sagt.

Wer alles sagt, was er will, muß oft hören, was er nicht will.

Wer A sagt, muß auch B sagen.

Wer das wenigste weiß, hat oft das meiste zu sagen.
Von Schwätzern.

Wer sagt, was ihm beliebt,
muß hören, was ihn betrübt.

Wer schweigt, sagt auch etwas.

Wer nichts sagt, lügt nicht.

Wer viel sagen will, der muß viel wissen.

Wer zuviel sagt, sagt nichts.

Wo sich zwei vertragen,
hat der Dritte nichts zu sagen.

Zwischen Tun und Sagen
geht ein breiter Wagen.

sagen (Sagwörter)

Alles hat seinen Preis, sagte die Frau, die faule Äpfel verkaufte.

Alles kommt an den Mann, sagte die Nonne, bloß ich nicht.

Alles mit Anstand, sagte der Teufel und nahm den Pfaffen im Ornat.

Alles mit Maßen, sagte der Schneider und schlug seine Frau mit der Elle tot.

Alles mit Überlegung, sagte die Frau und briet den Speck in Butter.

Besser ist besser, sagte der Teufel und nahm den Pfaffen gleich mit.

Besser was als gar nichts, sagte der Wolf, da fraß er eine Mücke.

Brätst du mir die Wurst, so lösch ich dir den Durst, sagte der Kellner zum Koch.

Dagegen hab' ich nichts, sagte der Bauer, als er sich loben hörte.

Dann und wann muß es Kurzweil geben, sagte der Mann, da kitzelte er seine Frau mit der Mistgabel.

Das hat seine Schwierigkeit, sagte der Dieb, als er einen Amboß stehlen wollte.

Das ist garstig, sagte die Eule, da sah sie ihre Jungen an.

Das kommt auf einen Versuch an, sagte der Schweinigel zum Hasen.

Das Kraut kenne ich, sagte der Teufel, da setzte er sich zwischen die Brennesseln.

Das läßt sich hören, sagte der Taube, da kriegte er eine Ohrfeige.

Das sind knappe Zeiten, sagte der Pfaffe, die Bauern machen ihre Kinder selber.

Das war ein Zug, sagte Harm, da zog er der Braut das Hemd aus.

Das zieht sich alles nach dem Leib, sagte der Schneider, da hatte er den Ärmel an die Tasche genäht.

Der Klügere gibt nach, sagte der Fuchs, als ihm der Jäger das Fell über die Ohren zog.

Der Starke weicht zurück, sagte der Teufel, als man ihn zur Tür hinauswarf.

Der Tabak ist gut, sagte der Bauer, wo ist der Dreck her?
Spöttisches Lob auf eine schlechte Sache.

Die Reden sind gut, sagte der Fuchs, aber ins Dorf geh ich doch nicht.
Um zu sagen, daß man es durchschaut hat.

Die Stadt ist gut, sagte der Bauer, aber die Leute taugen nichts.

Die Trauben sind mir zu sauer, sagte der Fuchs, als er sie nicht erlangen konnte.

Die Vernunft ist gut, sagte der Pfaffe, nur nicht in der Kirche.

Ehre, wem Ehre gebührt, sagte der Bauer und warf den Küster die Treppe hinab.

Ein jeder macht's, so gut er kann, sagte zur Braut der Bräutigam.

Einmal hat's die Mutter erlaubt, sagte das Mädchen.

Es geschieht nichts ohne Ursache, sagte die Magd, als ihr das Kleid zu eng wurde.

Geld gibt Ehre, sagte der Frosch und setzte sich auf einen Heller.

Geschehen ist geschehen, sagte die Nonne, als der Abt ging.

Gestochen ist gestochen, sagte die Nadel zum Degen.

Gottes Wort kommt in Schwung, sagte der Teufel und schmiß seiner Großmutter die Bibel an den Kopf.

Ich danke, sagte die Ziege, als der Wolf sie zum Mittagsmahl einlud.

Ich fürchte mich nicht, sagte die Spinne, aber es überläuft mich ein Schauer.

Spöttisch über lächerliche Ausreden.

Ich sitze ganz gut, sagte die Katze, da saß sie auf dem Speck.

Ich verlasse mich auf meine Füße, sagte der Hase.

Ich verlasse mich auf meine großen Hörner, sagte der Ziegenbock.

Ich wollte wohl, sagte der alte Mann, ich kann bloß nicht.

Immer noch einmal, sagte das Mädchen, meine Mutter schlägt mich doch.

Ja oder nein, sagte der Pfaffe zur Braut, der Bräutigam hat keine Zeit.

Kopfarbeit strengt an, sagte der Ochse, da zog er zum erstenmal am Pflug.

Langsam kommt auch, sagte die Schildkröte.

Leben und leben lassen, sagte der Knecht, als er zur Magd ins Bett stieg.

Man ist sein Lebtage nicht zu alt zum Lernen, sagte das alte Weib, da lernte sie noch hexen.

Man kann alles gebrauchen, sagte der Dieb und nahm eine goldene Uhr.

Man kann des Guten nicht zuviel tun, sagte die Frau und ertränkte sich im Weihwasser.

Man kann noch so sehr mit Ruhm bedeckt sein, sagte der Kürschner, man friert im Winter ohne Pelz.

Man muß sein Kreuz mit Geduld tragen, sagte der Mann, als er seine Frau auf den Rücken nahm.

Mehl ist Mehl, sagte die Maus und fraß vom besten.

Mit Pläsier, sagen die Bauern, wenn sie müssen.

Mit Verlaub, sagte der Bauer, da ließ er einen gehen.

Natur will ihren Lauf haben, sagte der Bock.

Nicht nachlassen gewinnt, sagte die Braut.

Nichts für ungut, sagte die Henne zum Regenwurm, da fraß sie ihn.

Not kennt kein Gebot, sagte der Teufel und rasierte sich mit der Feuerzange.

Nur Geduld, sagte der Wolf zum Esel.

Rache ist süß, sagte die Schlange.

Ratet mir gut, sagte die Braut, aber ratet mir nicht ab.

Reimt sich's nicht, so ist's doch wahr, sagte der Mann, da kriegte er von seiner Frau Schläge.

Reinlichkeit ist's halbe Leben, sagte die Bauersfrau, da drehte sie zu Neujahr ihr Hemd um.

Schiß ist Schiß, sagte der Dreckfeger, und wenn's auch von einem Edelmann ist.

Spaß muß sein, sagte die Katze zur Maus.

Spaß muß sein, sagte Neumann, da kitzelte er seine Frau tot.

Veränderung muß sein, sagte der Teufel und strich sich den Schwanz grün an.

Versuchen ist keine Schande, sagte die Magd.

Viel Geschrei und wenig Wolle, sagte der Teufel und schor eine Sau.

Viel Herren, viel Risse, sagte die Kröte, als die Egge über sie ging.

Was ich nicht weiß, das weiß mein Küster, sagte der Pastor.

Was kümmert's mich, was hinter meinem Rücken passiert, sagte der Junge, als er Schläge kriegte.

Was man genug hat, dessen ist man satt, sagte der Bauer, da war er drei Tage verheiratet.

Was sein muß, muß sein, sagte der Bursche und küßte der Sau den Arsch.

Was sich liebt, das neckt sich, sagte die Katze zur Maus und fraß sie.

Was soll's auch ewig halten, sagte der Maurer, da fiel ihm der Backofen über dem Kopf zusammen.

Wie man's treibt, so geht's, sagte der Bauer und nahm die Kuh beim Schwanz.

Wir sind alle gebrechlich, sagte die Äbtissin, da ging sie mit einem Kind.

Wir wollen's heimlich halten, sagte der Mönch zur Nonne.

Wo man singt, da laß dich fröhlich nieder, sagte der Bauer und setzte sich in den Bienenschwarm.

Zur Sache, sagte der Bauer, was gilt der Wagen Mist?

Sager, der

Große Sager, kleine Wager.

Saite

Andere Zeiten, andere Saiten.

Salbe

Es gibt eine Salbe für jede Wunde.

Salz

Alte Böcke (Ziegen) lecken auch gern Salz.

Ehe man jemand kennt, muß man erst einen Scheffel Salz mit ihm gegessen haben.

Eine alte Geiß leckt auch gern Salz.

Freundschaft ist des Lebens Salz.

Mit Salz und Spaß muß man's nicht übertreiben.

Salz würzt das Schmalz.

Tätigkeit ist das Salz des Lebens.

Vom Salz kommt der Geschmack.

Was im Salz liegt, verdirbt nicht.

salzen

Sei sparsam im Salzen,
doch nicht im Schmalzen.

Auch von Tadel und Lob.

Wie man's gesalzen hat, so muß man's essen.

↗ *schlachten*

Samen

Aus einem kleinen Samen wird ein großer Baum.

Guter Samen braucht guten Boden.

Guter Samen geht bald auf.

Wie der Samen, so die Frucht.

Das Beste am Schweinskopf ist die Sau.

sammeln, sich

Wo Aas ist, da sammeln sich die Geier.

Nach Matthäus 24,28; Lukas 17,37.

Wo Hengste sind, da sammeln sich die Stuten.

Samt

Amt bringt Samt.

samten

Mit samtenen Schuhen steigt man gut.

Spöttisch von Leisetretern.

Sand

Der eine fischt auf dem Sande, und der andere fängt im Wasser nichts.

Der Strom verrinnt, der Sand bleibt.

Freundschaft, die nicht traut, ist auf Sand gebaut.

Sand reinigt den Magen.

Wer auf Sand baut, hat umsonst gebaut.

Wer dem Glücke traut, hat auf Sand gebaut.

Wohltat schreibt man in den Sand, Übeltat in Stein.

sanft

Der kann sanft schlafen, der keine Sorgen hat.

Der schläft sanft, der nicht weiß, daß er hart liegt.

Ein gutes Gewissen ist ein sanftes Ruhekissen.

Ein sanftes Wort stillt großen Zorn.

Ein sanftes Wort zieht mehr als vier Pferde.

Rechttun läßt sanft ruhn.

Sanftes Gänschen, böse Gans.

↗ *spiegeln, sich*

Sanftmut

Mit Sanftmut wird der Bruch geheilt.

Sanftmut macht alles gut.

Sanftmut stillt den Zorn.

Zorn ist ein Mann, Sanftmut eine Frau.
Empfiehlt das Einlenken im Ehestreit.

Sang

Wie der Vogel, so sein Sang.

Sänger

Einem Sänger fehlt es nie an Liedern.

Gute Schreier sind böse Sänger.

Satan

Den Teufel jagt man heraus, der Satan kommt wieder herein.

Der Satan fährt zuletzt in die Säue.

Wenn man den Satan ruft, so kommt er.

Wo der Satan nicht selbst hinkann, schickt er seine Apostel.

satt

Aus einer Schüssel können viele satt werden.

Begierde wird nie satt.

Bei vollen Krippen ist gut satt werden.

Bin ich hungrig, häng' ich's Maul,
bin ich satt, so bin ich faul.

Das Amt macht wohl satt, aber nicht klug.

Der Koch wird vom Geruch satt.

Die fettesten Träume machen nicht satt.

Ein satter Hund spielt mit dem Brot.

Erfüllte Wünsche machen nicht satt.

Essen sehen macht nicht satt.

Ist der Magen satt, sind die Glieder matt.

Ist der Magen satt, wird das Herz fröhlich.

Liebe (Lob) macht nicht satt.

Man kann lange an den Nägeln kauen, ehe man satt ist.

Man wird von allem satt, aber eins schmeckt besser als das andere.

Satte Fliegen stechen nicht.

Satte Kuh legt sich zur Ruh'.

Satte Tauben lassen die besten Körner liegen.

Schöne Worte machen nicht satt.

Selber essen macht satt.

Ungegönnt Brot macht auch satt.

Vom Schwatzen (Sehen) wird man nicht satt.

Von der gestrigen Mahlzeit wird heute niemand satt.

Von einem schönen Tisch kann man nicht satt werden.
Äußerlichkeiten machen's nicht.

Von Lorbeeren wird man nicht satt.

Was man immer hat, dessen wird man satt.

Wenn die Maus satt ist, so ist das Mehl bitter.

Wenn die Schweine satt sind, stoßen sie den Trog um.

Wer in der Küche dient, wird vom Geruch satt.

Wer satt ist, den nötigt man umsonst.

Wer satt ist, lobt das Fasten.

Wer sich füttern läßt, wird langsam satt.

Wer sich nicht satt ißt, der leckt sich auch nicht satt.

Wo vier essen, wird auch der fünfte satt.

Zu satt macht Ekel (matt).

Man mißt gern fremdes Getreide mit seinem eigenen Scheffel.

Satte, der

Der Satte glaubt dem Hungrigen nicht.

Ein Satter weiß nicht, wie dem Hungrigen zumute ist.

Sattel

Auf eigenem Sattel reitet man sicher.

Auf ein Roß gehören nicht zwei Sättel.

Das Pferd will wohl den Hafer, aber nicht den Sattel.

Der Sattel wird dem Esel nicht angerechnet.

Die normale Belastung wird oft gar nicht gewürdigt.

Ein faules Pferd drückt jeder Sattel.

Ein kostbarer Sattel macht das Pferd nicht besser.

Auf Äußerlichkeiten soll man nichts geben.

Hundert Pferde, hundert Sättel.

Ist man erst im Sattel, dann ist das Reiten leicht.

Man muß die Schuld des Esels nicht auf den Sattel schieben.

Man muß in allen Sätteln gerecht sein.

Man schätzt das Pferd nicht nach dem Sattel.

Wenn der Sattel leer ist, kann man aufsitzen.

Wer die Zügel fahrenläßt, kommt bald aus dem Sattel.

Wer einen Fuß im Steigbügel hat, kommt leicht in den Sattel.

satteln

Der sattelt schlecht, der den Gaul beim Schwanze aufzäumt.

Einer sattelt das Pferd, und der andere reitet es.

Früh gesattelt, spät geritten.

Rasch entschlossen, spät gehandelt.

Gut gesattelt, schlecht geritten.

Die beste Vorbereitung nützt oft nichts.

Wenn man die Sau sattelt, wird noch lange kein Reitpferd draus.

Wer gut sattelt, reitet gut.

Wer langsam reitet, muß früh satteln.

Wie man sattelt, so reitet man; wie man kocht, so ißt man.

Sattessen

Behelfen ist kein Sattessen.

sättigen

Was nicht sättigt, macht hungrig.

Sau

Aus einem Ferkel wird eine Sau.

Um zu sagen, daß man Kindern nicht jedes Benehmen nachsehen kann.

Aus einer kleinen Sau wird bald eine große.

Das Beste am Schweinskopf ist die Sau.

Der fettesten Sau gehört allzeit der größte Dreck.

Die Faulsten beanspruchen stets das meiste.

Der Ruf macht die Sau feister, als sie ist.

Der Sau ist im Dreck am wohlsten.

Die mit Säuen umgehen, schweineln gern.

Die Sau geht dem Gestank nach.

Die Sau läßt das Wühlen nicht.

Die Sau weiß nicht, wovon sie fett wird.

Eine Sau riecht den Dreck über neun Zäune.

Von Verleumdern.

Jede Sau nennt ihre Ferkel schön.

Man achtet nicht, was die Sau auch schreit.

Man soll die Perlen nicht vor die Säue werfen.

Nach Matthäus 7,6.

Man verklagt keine Sau, die einen besudelt.

Um üble Nachrede soll man sich nicht kümmern.

Mit Räten kann man Säue mästen.

Mit unnützen Ratschlägen.

Sogar eine Sau grunzt, wenn sie vorbeigeht.

Wenn jemand nicht grüßt.

Unter dreien ist immer eine Sau.

Von der Sau lernen die Ferkel grunzen.

Was weiß die Sau vom Sonntag.

Wenn die Säue satt sind, stoßen sie den Trog um.

Wenn die Sau gebadet ist, legt sie sich wieder in den Dreck.

Wer sich unter die Kleie (Treber) mengt, den fressen die Säue.

Wie die Sau, so der Stall (so ist auch ihr Gestank).

sauber

Eine alte Geiß frißt sauber auf.

Es ist eine saubere Gesellschaft, in der der Teufel der Beste ist.

Wer ein sauberes Haus haben will, muß selber fegen.

sauer

Aus süßem Wein wird saurer Essig.

Aus Freundschaft oft Feindschaft.

Die Trauben sind mir zu sauer, sagte der Fuchs, als er sie nicht erlangen konnte.

Einer will sauer, der andere süß.

Eine schöne Wirtin verkauft auch saures Bier.

Heute süß und morgen sauer.

Je saurer verdient, je süßer genossen.

Muß ist ein saures Essen.

Sauer erworben, schnell verdorben.

Sauer macht lustig.

Sauer verdient, süß verzehrt.

Saure Arbeit, süßer Schlaf.

Saurer Schweiß macht süßen Zucker.

Süße Nächte machen saure Tage.

Süße Wirte, saure Rechnung.

Süß hat Sauer zum Gefährten.

Süß wird oft sauer.

Von sauren Trauben wird kein guter (süßer) Wein.

Was einem nicht sauer geworden, das achtet man nicht.

Was man gern trägt, wird einem nicht sauer.

Was nicht sauer wird, das wird auch nicht süß.

Wer tadeln will, findet auch den Zucker sauer.

Willst du das Süße, mußt du das Saure auch wollen.

Wozu einer Lust hat, das wird ihm nicht sauer.

Zu sauer und zu süß verderben das Gemüs'.

Sauerkohl

Sauerkohl und Speck hilft dem Bauer durch den Dreck.

Irgendwie wird es schon gehen.

säuern

Was nicht säuert, süßt auch nicht.

Von Lauheit.

Sauertopf

Junge Spaßmacher, alte Sauertöpfe.

Saufbruder

Saufbrüder, Laufbrüder.

Kumpanei hat keine Dauer.

saufen

Aus dem Gläschen noch so klein
kann man saufen wie ein Schwein.

Die ganze Nacht gesoffen ist auch gewacht.

Durch Saufen und Fressen
wird viel Weisheit vergessen.

Es saufen sich mehr zu Tode als vor Durst sterben.

Fressen und Saufen macht die Ärzte reich.

Mancher säuft, daß er schwitzt, und arbeitet, daß er friert.

Man redet wohl von dem vielen Saufen, aber nicht von dem großen Durst.

Scherzhafte Rechtfertigung der Trinkerei.

Trinken ist nicht Saufen.

Wenn die Ziege Wasser sieht, will sie saufen.

Was einem ins Auge sticht, will man auch haben.

Wer allzeit säuft und allzeit schlemmt,
behält zuletzt kein ganzes Hemd.

Wer dumm ist, muß Wasser saufen.

Wer gern säuft, wird nicht reich (alt).

Nach Jesus Sirach 19,1.

Wo Saufen eine Ehre ist, da ist Speien keine Schande.

↗ *Schlemmer*

Säufer

Beim Lahmen lernt man hinken, beim Säufer trinken.

Den Säufer erkennt man an der Nase.

Um zu sagen, daß man etwas durchschaut hat.

Junge Säufer, alte Bettler.

säumig

Säumige Lehrer, unwissende Schüler.

Saus

Im Saus gewonnen, im Braus zerronnen.

schäbig

Ein schäbiges Kleid hat wenig Kredit.

Schachtel

Leere Schachteln klappern am lautesten.

schade

Es ist schade ums Mehl, wenn der Sack ein Loch hat.

An etwas Unnützes soll man nichts wenden.

Es ist um die schönste Jungfer nicht schade.

Daß sie keine mehr wäre.

schaden

Blinder Eifer schadet nur.

Nach Lichtwer, Die Katzen und der Hausherr.

Dem fleißigen Hamster schadet der Winter nicht.

Dem schadet kein Rauch mehr, der im Feuer umgekommen ist.

Der Floh sticht zwar, aber er schadet nicht.

Kleinen Ärger muß man ertragen.

Der schadet sich, der sich selber betrügt.

Doppelte Sicherheit schadet nicht.

Ein bißchen zuviel schadet mehr als ein bißchen zuwenig.

Eine ehrliche Lüge schadet nicht.

Eine Notlüge.

Es ist nichts so schlimm, es hat seinen Nutzen, und nichts so gut, es kann schaden.

Es schadet nicht, wenn die Hunde bellen, wenn sie nur nicht beißen.

Hilft es nicht, so schadet es doch nicht.

Langsam schadet sich selbst.

Nützt es nicht viel, so schadet es nicht viel.

Schaden kann jeder, aber nicht jeder nützen.

Schweigen schadet selten.

Man soll zunächst zuhören.

Was dem einen nützt, das schadet dem andern.

Was heute nützt, kann morgen schaden.

Was nützt, kann auch schaden.

Was schadet's, wenn sich der Kahlkopf kämmt.

Was schadet versuchen; gerät's nicht, so ist's keine Schande.

Was Vorteil bringt, kann auch schaden.

Wenig kann nützen, und wenig kann schaden.

Wer schaden kann, kann oft auch nützen.

Wer sich selbst schadet, mag sich selbst beklagen.

Wer sich selbst schadet, wem soll der nützen?

Wer uns nicht schadet, ist nicht unser Feind.

Zorn schadet dem Zornigen.

Zuviel Recht schadet nicht.

Schaden

Aus anderer Leute Schaden ist gut klug werden.

Besser durch Schaden klug als durch Vorteil unklug.

Besser heimlicher Schade als offene Schande.

Das ist kein Gewinn, der den Schaden zum Gefährten hat.

Der Schaden kommt zum Schaden.

Des einen Schaden ist des andern Gewinn (Vorteil).

Durch Schaden wird man klug (aber selten reich).

Eigener Schaden tut am wehesten.

Einen jeden reut sein Schaden.

Einen Schaden verhüten ist besser als ihn heilen.

Ein Schaden bringt den andern.

Es ist kein Schaden so groß, man verschmerzt ihn endlich.

Fern vom Haus ist nahe beim Schaden.

Wo man sich nicht auskennt, ist Vorsicht am Platze.

Haar und Schaden wachsen alle Tage.

Hochmut geht voran, Spott und Schaden folgen nach.

Kein Nutzen ohne Schaden.

Lieber Schaden als Spott.

Nach dem Schaden macht (auch) der Narr Frieden.

Ratgeber tragen den Schaden nicht.

Schaden macht klug, aber zu spät.

Späte Reu' macht Schaden neu.

Verdeckte Schäden werden größer.

Von fremdem Schaden hinkt niemand.

Was des einen Gewinn, das ist des andern Schade.

Was man mit Schaden lernt, behält man lange.

Wenn das Roß fällt, hat der Reiter den Schaden.

Wer den Nutzen hat, trägt auch den Schaden.

Wer den Schaden hat, bekommt den Spott umsonst.

Wer den Schaden hat, braucht für den Spott nicht zu sorgen.

Wer die Lücke im Zaun hat, der hat auch den Schaden.

Wer durch Schaden klug wird, zahlt teures Lehrgeld.

Wer im Zorn aufsteht, setzt sich mit Schaden nieder.

Wer Schaden tut, muß Schaden wenden (bessern).

↗ *Schimpf*

Schadenfreude

Schadenfreude ist die reinste (schönste) Freude.

schadenfroh

Schadenfroh löscht keinen Brand.

schädlich

Unnütz ist schädlich.

Schaf

Am Geblök erkennt man die Schafe.

Aus Liebe frißt der Wolf das Schaf.
Über Heuchelei.

Barmherzigkeit gegen die Wölfe ist Unrecht gegen die Schafe.

Das ist ein dummes Schaf, das sich dem Wolf anvertraut (dem Wolf beichtet).

Das Schaf folgt der Herde.

Das Schaf macht auch Pillen und ist doch kein Apotheker.

Dem Schaf wächst die Wolle im Schlaf.

Den Wölfen soll man kein Schaf anvertrauen.

Der Wolf findet leicht eine Ursache, wenn er das Schaf fressen will.

Die Schafe weidet man, um sie zu scheren.

Ein gutes Lamm, ein dummes Schaf.

Ein Schaf folgt dem andern.

Ein Schaf schickt man, ein Kalb kommt wieder heim.

Es gehen viele geduldige Schafe in einen Stall.

Es ist um die Schafe geschehen, wenn der Hirt ein Wolf ist.

Es läuft überall ein schwarzes Schaf mit unter.

Gewohnheit macht's, daß ein Schaf dem andern folgt.

Je besser die Weide, je fetter die Schafe.

Je mehr Wölfe, desto weniger Schafe.

Lieber die Wolle verlieren als das Schaf.

Machst du dich selbst zum Schaf, so beißen dich die Hunde.

Mancher heißt Wolf und ist ein Schaf.

Man hält das Schaf der Wolle wegen.

Man kann das Schaf wohl scheren, aber man soll es nicht schinden.

Wenn man die Schafe schert, so zittern die Lämmer.

Wenn's dem Hirten schlecht geht, geht's den Schafen nicht gut.

Wer das Schaf hat, dem gehört auch die Wolle.

Wer die Schafe hütet, hütet auch die Wolle.

Wer sich zum Schaf macht, den fressen die Wölfe.

Wohin der Hammel geht, dahin gehen auch die Schafe.

Wo man blöken hört, da sind Schafe.

Wo Schafe sind, da sind auch Wölfe.

Schäfchen

Wer sein Schäfchen im trocknen hat, kann ruhig schlafen.

Schäfer

Es ist ein Unterschied zwischen dem Schäfer und seinem Hund.

schaffen

Der Teufel hat das Fragen geschaffen.

Eigene Kraft schafft.

Lerne was, so kannst du was; schaffe was, so hast du was.

Was Feuer geschaffen, kann auch Feuer fressen.

Wer geschäftig ist, dem macht jeder zu schaffen.

Wer schaffen will, muß fröhlich sein.
Nach Fontane, Lieder und Sprüche.

Wer schafft, hat keine Langeweile.

Wer sich gesellt zu Narren und Affen,
dem geben sie gar viel zu schaffen.

Schale

Der Kern ist unter der Schale.

Gute Kerne haben oft viel Schalen.

Je bitterer die Schale, je süßer der Kern.

Keine Nuß ohne Schale.

Unter der harten Schale ist oft ein süßer Kern.

Viel Schale, wenig Kern.

Wer Nüsse kauft, bekommt auch Schalen.

Schalk

Ein Schalk hält's mit dem andern.

Je ärger Schalk, je besser Glück.

Je besser Spiel, je ärger Schalk.

Kein Schalk ist so verlogen,
er wird wohl selbst betrogen.

Kleiner Vorteil macht große Schälke.

Wer zu einem Schalk in die Lehre geht, kann leicht Meister werden.

Schall

Am Schall erkennt man das Metall.

Je hohler der Boden, desto lauter der Schall.

Leere Tonnen geben großen Schall.

Scham

Ein hungriger Bauch hat keine Scham.

In einer Notlage sind Förmlichkeiten nicht am Platze.

Scham hindert Schande.

Scham ist dem Armen gram.

Von falscher Scham.

Wer keine Scham hat, der hat auch keine Ehre.

Wer keine Scham hat, was kümmert den die Schande.

Wo Wein eingeht, da geht die Scham aus.

schämen, sich

Besser geschämt als gegrämt.

Der Wein schämt sich nicht.

Es ist eine vornehme Katze, die sich zu mausen schämt.

Man schämt sich öffentlich und tut's heimlich.

Seines Handwerks braucht sich niemand zu schämen.

Wahrheit schämt sich nicht.

Wer sich nicht schämt, lebt desto besser.

Wer sich nicht schämt, wird nicht zuschanden.

Wer sich schämt zu essen, wird bald vergessen.

Zu Bett und Tisch soll man sich nicht schämen.

Zu lernen soll sich niemand schämen.

Schande

Alte Sünden machen neue Schande.

An etwas Schande stirbt man nicht.

Erst in der Scheune gilt das Korn.

Besser arm mit Ehren als reich mit Schanden.

Besser durch Schaden klug werden als durch Schande.

Besser heimlicher Schade als offene Schande.

Besser mit Ehren sterben als mit Schanden gelebt.

Besser mit Schanden geflohen als mit Ehren totgeblieben.

Scherzhafte Warnung vor allzu großem Risiko.

Der Horcher an der Wand hört seine eigne Schand'.

Ein Flicken ist keine Schande, aber ein Loch.

Ein Haus deckt viel Schande.

Es gibt kein Kleid, das Schand' und Laster decken kann.

Es ist keine Schande, etwas zu lernen.

Es ist keine Schande, daß man nicht kann, aber daß man nicht lernen will.

Es ist keine Schande, in den Dreck zu fallen, aber eine Schande ist's, im Dreck liegenzubleiben.

Fallen ist keine Schande, aber nicht wieder aufstehen.

Fragen ist keine Schande.

Gewonnen mit Schand' geht schnell von der Hand; gewonnen mit Ehr', das wird immer mehr.

Mancher will seine Schande abwaschen und macht den Fleck nur größer.

Mit seiner eigenen Schande macht niemand Staat.

Nichts wissen ist keine Schande, aber nichts lernen wollen.

Nimm den Schimpf und deck die Schande damit zu.

Stolz geht voran und Schande hintennach.

Versuchen ist keine Schande, sagte die Magd.

Wer seine eigene Schande nicht hören will, muß die seines Nachbarn nicht aufdecken.

Wo keine Ehre (kein Gewissen) ist, da ist auch keine Schande.

Wo keine Sünde ist, ist keine Schande.

↗ *Scham, schänden, speien*

schänden

Arbeit schändet nicht (ist keine Schande).

Nach Hesiod, Werke und Tage.

Armut schändet nicht.

Gut angefangen und schlecht geendet heißt das ganze Werk geschändet.

Niemand schändet sein eigen Gesicht.

Man darf seinen Ruf nicht aufs Spiel setzen.

Wer sich schänd't, der sich kennt.

Wer sich selber schändet, der gefällt niemand.

schändlich

Besser ehrlich gewichen als schändlich gefochten.

Ehrlos gelebt, schändlich gestorben.

Was schändlich ist zu tun, das ist auch nicht schön zu sagen.

scharf

Allzu scharf macht schartig.

Das Herz sieht schärfer als die Augen.

Der süßeste Wein gibt den schärfsten Essig.

Aus Liebe wird Haß.

Des Hausherrn Auge sieht scharf.

Die ungeschicktesten Zimmerleute brauchen die schärfsten Beile.

Ein böses Maul ist schärfer als ein Schwert.

Ein hungriger Wolf hat scharfe Zähne.

Früh scharf, früh stumpf.

Gar zu scharf gesehen macht böse Augen.

Je schärfer die Kanten, je größer die Funken.

Je schärfer die Spitze, je tiefer die Wunde.

Kein schärfer Schwert als böse Zunge.

Neid hat scharfe Augen.

Neue Messer haben scharfe Schneiden.

Not hat scharfe Zähne.

Scharfe Mahner, schlimme Zahler.

Scharfe Pflaster heilen am besten.

Scharfe Pflüge machen tiefe Furchen.

Scharfer Essig frißt das Faß.

Der Zänkische schadet sich selber.

Scharfer Mahner macht guten Zahler.

Scharfe Sporen machen willige Pferde.

Zu scharfe Sporen verderben das Pferd.

Zu scharf schneidet nicht, zu spitz sticht nicht.

schärfen

Eine Feile schärft die andere.

Mißgeschick schärft (trübt) den Blick.

Unglück schärft die Augen.

scharren

Auch die Henne scharrt nicht umsonst.

Das Kücken lehrt die Glucke scharren.

Die Henne läßt das Scharren nicht.

Die Hühner scharren überall rückwärts.

Jede Henne scharrt für sich.

Jeder scharrt die Kohlen um seinen Topf.

Scharrst du mir, so scharr' ich dir.

Umsonst scharrt keine Henne.

Wenn es der Geiß zu wohl ist, scharrt sie.

Wo man scharrt, muß man auch picken.

Wer arbeitet, muß auch essen.

schartig

Zu scharf gewetzt macht schartig.

↗ *scharf*

Schatten

Auch ein Haar hat seinen Schatten.

Ein kleiner Mann macht oft einen großen Schatten.

Hohe Bäume werfen lange Schatten.

Jeder Busch hat seinen Schatten.

Je höher die Sonne, je kleiner die Schatten.

Keine Sonne ohne Schatten.

Man muß sich vor dem Hunde hüten, sein Schatten beißt nicht.

Niemand kann über seinen eigenen Schatten springen.

Schatten macht nicht größer, Lob nicht besser.

Wenn der Baum gefällt ist, rühmt man seinen Schatten.

Wer im Schatten sitzen will, muß Bäume pflanzen.

Wer im Schatten steht, den blendet die Sonne nicht.

Wer in der Sonne geht, dem folgt der Schatten nach.

Wer nach dem Schatten greift, hat nichts in der Hand.

Wer Schatten sucht, muß nicht in die Sonne treten.

Wo (viel) Licht ist, da ist auch (viel) Schatten.

Schatz

Ein Groschen zum andern wird mit der Zeit ein Schatz.

Ein treuer Freund ist ein großer Schatz.

Nach Jesus Sirach 6,4.

Es ist selten ein Schatz ohne falsche Münze.

Es vergehen viel Jahre, ehe man einen Schatz findet.

Jeder Platz hat seinen Schatz, jeder Ort seinen Hort.

Je größer Schatz, je größer Sorge.

Schätze liegen tief.

Verborgener Schatz liegt sicher.

Vergrabener Schatz ist keinem nütz.

Wer den Frieden hütet, bewahrt einen teuren Schatz.

Wer ein gutes Buch verliert, verliert einen Schatz.

Wo ein Schatz liegt, da liegt auch eine Schlange.

Eigentlich ein Drache als Schatzwächter.

Wo Schätze sind, da sind auch Diebe.

schätzen

Die Gesundheit schätzt man erst, wenn man krank ist.

Man schätzt das Gute erst, wenn es dahin ist.

Man schätzt das Pferd nicht nach dem Sattel.

Teuer geschätzt ist nicht verkauft.

Was man selber für wertvoll hält, muß es für andere nicht sein.

schauen

Erst geschaut, dann getraut.

Erst schauen, dann bauen.

Mißtrauen macht fleißig schauen.

Schaue selbst nach deinen Dingen, sollen sie dir wohl gelingen.

Schau in die eigene Schüssel.

Trau, schau, wem.

Schaum

Träume sind Schäume.

Zwischen Schaum und Hefe ist das beste Bier.

schäumen

Je mehr man quirlt, je mehr es schäumt.

Schaumschlagen

Schaumschlagen ist keine Kunst.

scheel

Einäugig und scheel sind gern beieinander.

Ungleiches Teil macht scheele Augen.

Scheffel

Der Mensch gibt mit Löffeln,
das Glück mit Scheffeln.

Kommt es nicht mit Scheffeln, so kommt es doch mit Löffeln.

Mancher nimmt's mit Scheffeln und gibt mit Löffeln.

Man mißt gern fremdes Getreide mit seinem eigenen Scheffel.

Man muß sein Licht nicht unter den Scheffel stellen.

Nach Matthäus 5,15.

Man soll niemand zu seinem Freunde wählen, bis man einen Scheffel Salz mit ihm gegessen hat.

Also erst nach langer Zeit.

Wenn man mit Scheffeln ausgibt und mit Löffeln einnimmt, so währt es nicht lange.

Nach dem Mästen folgt das Schlachten.

scheffeln

Ist's nicht gescheffelt, so ist's doch gelöffelt.

Scheffelt's nicht, so löffelt's doch.

Scheibe

Große Fenster, große Scheiben.

scheiden

Scheiden bringt Leiden (Wiedersehen Freuden).

Scheiden tut weh.

Teilt sich das Bett, so scheiden sich die Herzen.

Schein

Der Schein trügt (der Spiegel lügt).

Sein geht über Schein.

scheinen

Die Sonne scheint auch auf den Dreck.
Lieber sein als scheinen.

Nach dem Regen scheint die Sonne.

Oft scheint, wer weint.

Scheint der Mann, so glänzt die Frau.

Was am Tage nicht scheint, leuchtet nachts.

Auch das Unbedeutende hat seinen Wert, wenn nichts Bedeutendes da ist.

Was nicht scheint, das gilt nicht.

Wem die Sonne (der Mond) scheint, der fragt nicht nach den Sternen.

Wenn die Sonne scheint, braucht man keine Laterne.

Wenn die Sonne scheint, verschwinden die Sterne.

scheißen

Akkurat scheißt kein Bauer.

Man soll es nicht zu genau nehmen.

Auch kluge Hühner scheißen sich ins Nest.

Wenn ein Gescheiter einen Fehler macht.

Der hat gut scheißen, der den Arsch bei sich hat.

Der Teufel scheißt auf keinen kleinen Haufen.

Der Teufel scheißt immer auf den größten Haufen.

Geschissen ist nicht gemalt.

Um zu sagen, daß etwas sehr verschieden ist.

Kein Vogel läßt sich ins Nest scheißen.

Kurz scheißt die Geiß.

Man glaubt an keinen scheißenden Heiligen.

Man sieht's an den Windeln, wenn das Kind geschissen hat.

Wem der Teufel auf dem Dache sitzt, dem scheißt er in die Esse.

Wenn der Hund nicht geschissen hätte, hätte er den Hasen gehabt.

Wer auf einen Steig scheißt, der scheißt nicht weit vom Wege.

Wenn etwas so gut wie getroffen ist.

Wer in sein eigenes Nest scheißt, der liegt im Dreck.

Scheitel

Dem grauen Scheitel dünkt alles eitel.

scheitern

Die Schiffe scheitern meist am Ufer.

↗ *Schiff*

Schelle

Ein alter Ochse trägt gern eine neue Schelle.

Große Narren, große Schellen.

Je größer der Narr, desto größer die Schelle.

Was soll die Schelle, wenn sie nicht klingt.

Wenn alle Leute klug wären, so verkaufte man keine Schellen.

Wer will der Katze die Schelle anhängen.

Wo Herren sind, da klingen die Schellen.

Schelm

Ein Schelm betrügt den andern.

Ein Schelm gibt mehr, als er hat.

Ein Schelm macht zehn andere.

Je ärger Schelm, je besser Glück.

Man soll lieber zehn ehrlich machen als einen zum Schelm.

Wie der Schelm, so die Prügel.

Schelmenstück

Ein ehrlicher Tausch ist kein Schelmenstück.

Schelte

Ehrliche Schelte ist besser als falsches Lob.

Schelte ist kein Ablaß.

schelten

Auf einen, der uns lobt, kommen zehn, die uns schelten.

Lob darf nicht blind machen.

Den Unglücklichen soll man nicht schelten.

Man soll ihm nicht noch Vorwürfe machen.

Ein Esel schilt den andern Langohr (Sackträger).

Ein Kahler schilt den andern Glatzkopf.

Gescholten ist leichter als vergolten.

Jeder schilt's und jeder tut's.

Schelten und Schlagen hat kein Recht.

Sieh erst auf dich und die Deinen,
dann schilt mich und die Meinen.

Vom Schelten wird keine Beule.

Was der eine lobt, schilt der andere.

Wenn man die Trauben nicht bekommen kann, schilt man sie sauer.

Wer das Werk schilt, schilt den Meister.

Wer einen andern schelten will,
geh' erst mit sich zu Rate still.

Wer heftig schilt, vergibt bald.

Wer helfen will, soll nicht schelten.

Wer schilt, wird wieder gescholten.

Wer über die Laterne fällt, muß das Licht nicht schelten.

Zu sehr gelobt ist halb gescholten.

Schenk

(Der alte) Schenk ist tot, und Gebert hat's Bein gebrochen.

Es gibt nichts umsonst.

Der Schenk ist tot, der Wirt lebt noch.

Und der Wirt verschenkt nichts.

Hans Schenk, den Herrn, sieht jeder gern.

Hans Schenk hat Gunst bei Hofe.

Herr von Schenk findet überall offene Türen.

Schenk und Umsonst sind gestern gestorben.

Wie der Schenk, so das Getränk.

Schenke

Keine Schenke ohne Trank, keine Ehe ohne Zank.

schenken

Aus vollen Taschen ist gut schenken.

Besser den Magen gekränkt (verrenkt)
als dem Wirt was geschenkt.

Besser schenken als borgen.

Das erste Mal ist's geschenkt.

Mehrmals wird nicht verziehen.

Eine Hand, die schenkt, wird nicht gekränkt.

Es wissen viele vom Verschwenden, aber nichts vom Schenken.

Gekauft ist nicht geschenkt.

Gekauft ist (oft) billiger als geschenkt.

Geschenkt ist geschenkt, wiederholen ist gestohlen.

Geschenkt ist schön (gut) genug.

Lange geborgt ist nicht geschenkt.

Schenken hat keinen Boden.

Schenken hat sein Bedenken.

Schenken heißt angeln.

Wenn Berechnung im Spiel ist.

Schenken tut niemand kränken.

Schenkt man einem die Kuh,
schenkt man ihm auch den Strick dazu.

Was dir schenkt der Feind, ist nicht gut gemeint.

Was nichts nutz ist, ist geschenkt zu teuer.

Wem man oft schenkt, der lernt fordern.

Wenn du mir den Hammel schenkst, so schenk' ich dir das Fell.

Wenn man dem Kutscher schenkt, so läuft der Gaul.

Wenn man selber nichts hat, hört's Schenken auf.

Wer mir ein Schwein schenkt, dem geb' ich gern eine Wurst.

Wer schenkt, der wuchert.

Wer sich gern schenken läßt, von dem ist schwer zu nehmen.

Warten ist nicht schenken.

Geliehen ist nicht geschenkt, auch wenn man nicht mahnt.

Schenker

Das Schenken pflegt's mit sich zu bringen, daß man des Schenkers Lied muß singen.

Der Schenker ist gestorben, der Geber ist verdorben, aber der Nehmer lebt noch.

Der Schenker ist gestorben, der Geizhals lebt noch.

Schenkung

Durch Schenkung und durch Gaben kann man alles haben.

Scherbe

An den Scherben sieht man, was ein Hafen gewesen.

An seinen Taten erkennt man den Menschen.

Besser ein alter Topf als ein neuer Scherben.

Eine schöne Schüssel gibt schöne Scherben.

Hübsche Mütter, hübsche Kinder.

Scherben bringen Glück.

Wo eine Töpferei ist, da liegen auch Scherben.

Schere

Der kahle Kopf braucht keine Schere.

scheren

Am Barte des Narren lernt man scheren.

Der Wolle wegen schert man die Schafe.

Ein kahler Kopf ist bald geschoren.

Es geht mancher zu scheren aus und kommt geschoren nach Haus.

Es wird mancher geschoren und weiß nicht, warum.

Gut eingeseift ist halb geschoren.

Was Wolle trägt, wird geschoren.

Wenn man die Schafe schert, so zittern die Lämmer.

Wie einer geboren, so wird er geschoren.

Wo Wolle ist, muß man scheren.

↗ *Schur*

Scherz

Auf Scherz folgt Schmerz.

Aus Scherz kann leicht Ernst werden.

Bekümmert Herz treibt selten Scherz.

Böser Scherz geht ans Herz.

Der Katzen Scherz, der Mäuse Tod.

Ehr' und Auge leiden keinen Scherz.

Ernst mit Scherz trifft das Herz.

Es ist ein armer Scherz, der nicht etwas Ernst enthält.

Es ist ein grober Scherz, der Taschen leert.

Im Scherz klopft man oft an,
und im Ernst wird aufgetan.

In Scherz und Ernst geht viel hin.

Kommt Freude, kommt Scherz.

Kurzer Scherz ist der beste.

Langer Scherz tut niemals gut.

Nicht jede Lüge ist ein Scherz.

Scherz und Spiel ist nicht des Lebens Ziel.

Wahrer Scherz, böser Scherz.

Wenn der Scherz am besten ist, soll man aufhören.

Wer aus Scherz ins Wasser springt, kann leicht darin ertrinken.

Wer die Hand zum Scherz in Feuer hält, wird sich im Ernst verbrennen.

Wer Scherz ausgibt, muß Scherz einnehmen.

↗ *Schimpf*

scherzen

Der Tod scherzt nicht.

Man soll sich nicht mutwillig gefährden.

Mancher scherzt über andere und verspottet sich selbst.

Mit Ernst ist nicht gut scherzen.

Mit großen Herren und Narren ist nicht gut scherzen.

Mit Toren ist schlecht scherzen.

Sie verstehen keinen Spaß.

Nicht jedermann läßt mit sich scherzen.

Spotten ist nicht scherzen.

Was jung ist, scherzt gern; was alt ist, brummt gern.

Wer scherzen will, muß sich erst die Leute ansehen.

Scheu

Besser Scheu als Reu'.

scheuen

Der Kessel scheut das Feuer nicht.

Der Wicht scheut's Licht.

Gebranntes Kind scheut das Feuer.

Wer das Feuer scheut, muß kein Schmied werden.

Wer den Staub scheut, bleibe von der Tenne.

Wer recht handelt, braucht das Licht nicht zu scheuen.

Scheuer

Der eine pflügt, der andere sät, und keiner weiß, wer's in die Scheuer fährt.

Eine leere Scheuer braucht kein Dach.

Es ist keine Scheuer so voll, es geht noch eine Garbe hinein.

In eine leere Scheuer kommt keine Maus.

Keine Scheuer ohne Stroh.

Wenn alte Scheuern brennen, hilft kein Löschen (ist kein Löschen mehr).

Bei verliebten alten Leuten gibt's kein Halten.

↗ *Scheune*

scheuern

Von Scheuern und Kehren kann niemand sich nähren.

Scheune

Eine Scheune voll Korn ist selten ohne Mäuse.

Erst in der Scheune gilt das Korn.

Nur was man sicher hat, nützt einem.

Was nützt die Scheune, wenn man nichts zu dreschen hat.

Wenn die Scheune brennt, ist das Haus in Gefahr.

↗ *Scheuer*

schicken

Das Unglück schickt keine Boten.

Wer Dreck schickt, kriegt Dreck wieder.

Wer einen Narren schickt, darf keinen Weisen erwarten.

schicken, sich

Die Liebe fragt nicht, ob sich's schickt.

Eines schickt sich nicht für alle.

Nach Goethe, Beherzigung (mit antikem Vorbild).

Es muß sich alles schicken in der Welt, wenn man zu was kommen soll.

Ein bißchen Glück gehört auch beim Tüchtigen dazu.

Muß es sein, so schick dich drein.

Was man hofft, schickt sich oft.

Was sich reimt, das schickt sich auch.

Wie sich einer schickt, so's ihm glückt, sagte der Bauer und lag unter dem Wagen.

Schicksal

Das Schicksal neckt sich auch mit Füchsen.

Auch mit Schlauen.

Der eine macht sich das Schicksal selber, der andere bekommt es fertig.

Seinem Schicksal kann niemand entgehen.

Was einem das Schicksal bestimmt, kann einem niemand nehmen.

Wer gegen das Schicksal kämpft, hat einen schlimmen Feind.

schieben

Was man schiebt, braucht man nicht zu ziehen.

schief

Auf einen schiefen Topf gehört ein schiefer Deckel.

Besser eine schiefe Nase als gar keine.

Ein bißchen schief ist ehrlich (Mode).

Es ist kein Topf so schief, er findet seinen Deckel.

Je schiefer, je lieber, eine Gerade hat jeder.

Schlafen bringt kein Brot ins Haus.

Wenn man auch schief sitzt, so muß man doch gerade sprechen.

Für Unaufrichtigkeit gibt es keine Ausrede.

Wer schief ladet, hat böse fahren.

schielen

Besser geschielt als ganz blind.

Ungleiche Schüssel macht schielende Brüder.

Schienbein

Ans Schienbein stoßen macht wache Augen.

schießen

Der eine schießt den Hasen, der andere ißt den Braten.

Einer fiedert den Bolzen, ein anderer schießt ihn.

Erst geschossen, dann genossen.

Man freue sich nicht zu früh.

Gut laden hilft nicht, man muß auch gut schießen.

Lange schießen trifft einmal ins Schwarze.

Mancher schießt ins Blaue und trifft ins Schwarze.

Oft schießen trifft einmal das Ziel.

Um die Ecke kann man nicht schießen.

Unmögliches kann man nicht verlangen.

Was nützt das Schießen, wenn man nicht trifft.

Wer schießen soll, muß laden; wer arbeiten soll, muß essen.

Schiff

Das Schiff gehört aufs Wasser.

Die Ratten verlassen das sinkende Schiff.

Ein Schiff kann's besser als ein Nachen.

Ein Schiff macht keine Flotte.

Große Schiffe, große Wasser.

Kleines Schiff, kleine Segel.

Wenn das Schiff gesunken ist, so ist jeder ein Steuermann.

Hinterher gibt es stets Besserwisser.

Wenn das Schiff leck ist, sind ihm alle Winde zuwider.

Wenn das Schiff scheitert, bekommt der Wind die Schuld.

Wenn ein Schiff scheitern soll, so gib ihm zwei Steuermänner.

Wer auf dem Schiff geboren ist, der fürchtet das Meer nicht.

Wie das Schiff, so die Segel.

↗ *scheitern*

Schiffbruch

Was man aus dem Schiffbruch rettet, ist Gewinn.

Man soll auch das Glück im Unglück sehen.

Schild (Aushängeschild)

Am Schilde erkennt man die Gilde.

Schlechtes Schild lockt keine Gäste.

Schöne Schilder, schlechte Ware.

Schild (Schutzschild)

Wo Schwerter sind, da sind auch Schilde.

Schilf

Wenn das Schilf schwankt, muß Wind gehen.

Schimmel

Einem lahmen Schimmel hilft ein guter Kümmel.

Ein Schimmel trabt so gut als ein Rappe.

Schimmer

Schimmer und Flimmer dauern nicht immer.

schimmern

Außen schimmert's, innen wimmert's.

Schimpf

Besser ein kleiner Schimpf als großer Schaden.

Nimm den Schimpf und deck die Schande damit zu.

Schimpf ist kein Scherz.

Schimpf und Pillen muß man nicht kauen.

Schimpf will Schaden haben.

schimpfen

Wer schimpft, der kauft.

Kritik zeigt Interesse.

schinden

Die haben gut schinden, die es nicht empfinden.

Fremde Haut ist leicht schinden.

Man kann das Schaf wohl scheren, aber man soll es nicht schinden.

Schinden und schaben wird mit begraben.

Der Geizhals hat bis zum Tode keinen Lohn für seine Mühe.

Schinder

Hat der Schinder das Pferd, so mag er auch den Zaum nehmen.

Wenn das Ganze verloren ist, nützt einem das Detail nichts mehr.

Schinder und Schaber sind Vettern.

Von Habgier und Geiz.

Wer nicht Schinder heißen will, der muß keiner werden.

Schinken

Der eine stiehlt den Schinken, und den anderen schlägt man mit der Schwarte.

Man muß die Wurst nach dem Schinken werfen.

Schiß

Je mehr man in einem Schiß rührt, je toller stinkt er.

Schiß ist Schiß, sagte der Dreckfeger, und wenn's auch von einem Edelmann ist.

Schlacht

Am Tage der Schlacht marschiert alles nach dem Kanonendonner.

Das Wichtigste kommt zuerst.

Es ist keine Schlacht so groß, daß nicht ein paar übrigbleiben.

Ironisch gegen Schwarzseherei.

Nach der Schlacht fehlt's nicht an tapferen Leuten.

Unbesonnen verliert die Schlacht.

Viele Feldherren verlieren die Schlacht.

Wie viele Köche den Brei verderben.

Wenn es zur Schlacht geht, will keiner der erste sein.

schlachten

Man muß nicht mehr schlachten, als man salzen kann.

Nach dem Mästen folgt das Schlachten.
Nicht jede Wohltat ist uneigennützig.

↗ *Schöps*

Schlächter

Ein Schlächter kauft dem andern keine Wurst ab.

Schlächter und Schwein stimmen nicht überein.

Schlaf

Den Seinen gibt's der Herr im Schlaf.
Ironisch, wenn jemand unverdientes Glück hat; nach Psalm 127,2.

Der hat einen schweren Schlaf, der von Schuld träumt.

Eine Stunde Schlaf vor Mitternacht ist so gut wie zwei danach.

Im Schlafe fängt die Katze keine Mäuse.

Im Schlaf vergißt man die Sorgen bis zum nächsten Morgen.

Saure Arbeit, süßer Schlaf.

schlafen

Auf harten Betten schläft sich's sanft.

Der kann sanft schlafen, der keine Sorgen hat.

Der muß sehr müde sein, der auf Nesseln schläft.

Der schläft sanft, der nicht weiß, daß er hart liegt.

Der schläft sicher, der nichts zu verlieren hat.

Der Teufel schläft nicht.

Es schlafen nicht alle, die die Augen zu haben.

Es schläft sich keiner zu einem großen Mann.

Es sind noch nicht alle schlafen gegangen, die heute eine böse Nacht haben sollen.

Geh mit den Hühnern schlafen, aber steh mit den Hähnen auf.

Gerücht schläft nicht.

Hüte dich vor Borgen,
so schläfst du ohne Sorgen.

Im eigenen Bett schläft sich's am besten.

Man darf nicht schlafen, wenn das Glück vor der Tür steht.

Man schläft nicht gut mit hungrigem Magen.

Man schläft sich nicht gelehrt.

Nachrede schläft nicht.

Schlafen bringt kein Brot ins Haus.

Man schläft sich nicht gelehrt.

Schlafende Hunde soll man nicht wecken.

Schlafen die Bauern, so wachen die Gänse.

Unter eigenem Dach schläft man am sichersten.

Wenn der Böse schläft, wiegt ihn der Teufel.

Wenn der Fuchs schläft, hält ihn die Welt für fromm.

Wenn der Gärtner schläft, pflanzt der Teufel Unkraut.

Wenn der Löwe schläft, ist ein Lamm König.

Wenn die Vernunft schläft, macht das Herz Schlingen.

Wenn die Wächter schlafen, haben die Diebe Kirchweih.

Wenn hundert Gulden vor dem Bett stehen, schläft sich's desto sanfter.

Wer allein schläft, bleibt lange kalt.

Wer andere quält, schläft selbst nicht gut.

Wer bei Tage schläft, muß des Nachts hungern.

Wer bei Tische schläft, steht hungrig auf.

Man darf die Gelegenheit nicht verstreichen lassen.

Wer gute Nachbarn hat, kann ruhig schlafen.

Wer gut schläft, den stört ein Flohstich nicht.

Wer gut schläft, liegt auch auf Steinen weich.

Wer im Gras schläft, hat grüne Träume.

Wer lange schläft, der gut läuft.

Er muß sich nämlich beeilen, das Versäumte nachzuholen.

Wer mit Ochsen schlafen geht, steht mit Hornvieh auf.

Wer nicht schlafen kann, klagt über das Bett.

Wer ohne Schulden schlafen geht, steht morgens reich auf.

Schulden hier auch im Sinne von noch unerledigten, drückenden Verpflichtungen.

Wer recht tut, der schläft ohne Sorge.

Wer schläft, fängt keine Fische.

Wer schläft, sündigt nicht.

Wer selbst schläft, kann andere nicht aufwecken.

Wer viel schläft, den schläfert viel.

Wer viel schläft, lernt wenig.

Wer viel schläft, träumt viel; wer viel spricht, lügt viel.

Wer zu lange schläft, wacht zu spät auf.

Wie man sich bettet, so schläft man.

↗ *Schäfchen; Schmollende, der*

schlaff

Schlaffe Herren machen träge Knechte.

Von schlechtem Vorbild.

Von schlaffer Sehne fliegt kein Pfeil.

schläfrig

Wer schläfrig ist, was soll der bei der Braut.

Schlag

Auf einen Schlag fällt kein Baum.

Besser auf Worte hören als auf Schläge warten.

Besser mit Worten als mit Schlägen.

Der schreit immer, der Schläge bekommt.

Ein Schlag ist noch kein Totschlag.

Harte Schläge lehren gut.

Auch böse Erfahrungen haben oft ihr Gutes.

Nicht alle Schläge treffen.

Nicht jeder Schlag gibt eine Beule.

Schlag auf Schlag zerreißt der (den) Sack.

Schläge machen keine Freundschaft.

Schläge machen (nicht) weise.

Von Schicksalsschlägen.

Schläge machen Striemen.

Schläge vertreiben die Liebe.

Soll der Hund Schläge haben, findet sich bald ein Stock.

Viele Schläge fällen den stärksten Baum.

Von vielen Schlägen wird die Axt stumpf.

Wer den Schlag erwartet, den trifft er nur halb.

Wer die Schläge bekommen hat, der muß sie behalten.

Wer Schläge austeilt, muß Schläge einnehmen.

Wer Worten folgt, braucht keine Schläge.

Wo kein Schlag ist, ist auch kein Vertrag.

↗ *schmieden*

schlagen

Auf fremden Arsch ist gut schlagen.

Besser ein Esel, der mich trägt,
als ein Pferd, das mich schlägt.

Das Herz schlägt den Mann, nicht die Faust.

Mut fürchtet keine Schwierigkeit.

Dem Glücklichen schlägt keine Stunde.

Nach Schiller, Piccolomini.

Den Sack schlägt man, den Esel meint man.

Nach Petronius Arbiter, Satiricon.

Die Trommel muß sich schlagen lassen.

Dünn geschlagen ist bald geschliffen.

Einer schlägt auf den Busch, der andere kriegt den Vogel.

Ein Flegel schlägt den andern.

Geschlagen ist geschlagen.

Große Keulen schlagen große Beulen.

Mancher trägt noch den Stecken, mit dem er geschlagen wird.

Man findet leicht einen Prügel, wenn man den Hund schlagen will.

Man kann nicht nach allen Mücken schlagen.

Man schlägt den Feind eher mit Rat als mit Tat.

Überlegtes Vorgehen ist am wirksamsten.

Man soll seine Feinde nicht zählen, sondern schlagen.

Man soll nicht ängstlich alle Schwierigkeiten und Gefahren registrieren.

Pack schlägt sich, Pack verträgt sich.

Schelten und Schlagen hat kein Recht.

Schlagen freundet nicht.

Schlagen ist verboten, aber das Wehren nicht.

Schlagen und Küssen ist zweierlei.

Roheit zerstört die Liebe.

Vom Hörensagen wurde schon manchem aufs Maul geschlagen.

Wenn die Stunde voll ist, schlägt's.

Wenn man den Hund schlagen will, so hat er Leder gefressen.

Wenn man den Kiesel schlägt, gibt er Funken.

Wer droht, der will nicht schlagen.

Wer flieht, der ist leicht geschlagen.

Wer mich schlägt, den schlag' ich wieder.

Wer schlagen will, muß selbst dabei sein.

Muß sich also selbst der Gefahr aussetzen.

Wer schlägt, wird (wieder) geschlagen.

Wer sich fürchtet, der ist halb geschlagen.

Wer sich nicht wehrt, ist leicht geschlagen.

Wer zwischen Hammer und Amboß kommt, wird geschlagen.

Wie man auf einen Stein schlägt, so gibt er Funken.

Wie man aufs Eisen schlägt, so klingt es.

Schläger

Schläger und alte Strümpfe haben immer Löcher.

Schlägerei

Zu einer Schlägerei kommt man immer zu früh.

Schlamm

Besser Schlamm als Flut.

Schlange

Die Schlange wechselt wohl die Haut, aber nicht die Giftzähne.

Eine Schlange legt kein Taubenei.

In der schönsten Haut steckt die gefährlichste Schlange.

Jedes Paradies hat seine Schlange.

Wer eine Schlange aufzieht, dem wird mit Gift gelohnt.

Wo ein Schatz liegt, da liegt auch eine Schlange.

Ein Scherz mit dem Märchenmotiv vom Drachen, der den Schatz bewacht.

Wo Eva gemalt steht, da ist die Schlange auch nicht weit.

Zahme Schlangen haben auch Gift.

schlau

Der Hund ist oft schlauer als sein Herr.

Der schlaueste Fuchs findet seinen Kürschner.

Je grauer, je schlauer.

Je schlauer Rat, je übler Tat.

Schlaue Füchse werden auch gefangen.

Schlauch

Junger Most sprengt alte Schläuche.

Nach Matthäus 9,17.

Volle Schläuche, dicke Bäuche.

Schlaue, der

Die Frauen sind die Schlauen.

Schlagen freundet nicht.

schlecht

Allzu gerecht macht's meist schlecht.

Auch nach einer schlechten Ernte muß man wieder säen.

Mißerfolge muß man ertragen.

Aus schlechten Haaren wird kein guter Pelz.

Bei gutem Winde gibt's keinen schlechten Steuermann.

Besser schlecht geritten als gut gelaufen.

Das Schlechte tadeln, heißt das Gute adeln.

Der Gutgenug macht's schlecht genug.

Der lebt schlecht, der sich nicht bessert.

Die reimen gut, die schlecht hören.

Von leichtfertigen Vermutungen.

Die schlechtesten Früchte sind es nicht, an denen die Wespen nagen.

Ein guter Tag vertreibt zehn schlechte.

Ein schlechter Fuhrmann, der nicht umkehren kann.

Ein schlechter Name ist halb gehängt.

Ein schlechter Schreiber verdirbt viel gutes Papier.

Ein schlechter Vater hat auch wohl ein gutes Kind.

Es gibt keinen schlechten Weg, wenn er zu Ende ist.

Es ist ein schlechter Brunnen, in den man Wasser tragen muß.

Es ist ein schlechter Handel, wo niemand gewinnt.

Es ist nicht allemal der schlechteste Stein, den der Maurer wegwirft.

Man soll niemanden zu schnell aufgeben.

Es ist nichts so schlecht, es findet seinen Herrn.

Irgendwer kann alles gebrauchen.

Es ist nichts so schlecht, es ist zu etwas gut.

Es wird keiner auf einmal schlecht.

Etwas Rechtes hat nichts Schlechtes.

Fleiß und Sparsamkeit hilft auch durch schlechte Zeit.

Große Prahler, schlechte Zahler.

Je fetter der Ochs, je schlechter das Fell.

Je schlechter das Werk, je lauter die Posaune.

Je schlechter der Jäger, je schlimmer der Hund.

Je schlechter die Leute, je größer das Glück.

Wenn man sich über unverdientes Glück anderer ärgert.

Kein Buch so schlecht, es steckt was Gutes drin.

Man muß sich nicht schlechter machen, als man ist.

Mit guten Worten verkauft man schlechte Waren.

Mit vollen Backen bläst sich's schlecht.
Von Korruption.

Neid frißt nichts Schlechtes.

Nichts ist so schlecht als ein schlechter Verlaß.

Schlechte (Böse) Beispiele verderben gute Sitten.
Nach 1. Korinther 15,33 und antikem Vorbild.

Schlechte Diener, schlechte Herren.

Schlechte Gewohnheit lohnt übel.

Schlechte Kleider sind leichter abzulegen als schlechte Sitten.

Schlechte Klötze geben oft gute Späne.

Schlechte Nachrichten kommen rasch an.

Schlechten Leuten mißfallen ist kein Unglück.

Schlechter Lohn macht schlechtes Tuch.

Schlechter wird's immer, besser wird's nimmer.
Um einen raschen Entschluß zu rechtfertigen.

Schlechte Wacht macht viele Diebe.

Schlechte Ware braucht viel Worte.

Schlecht ist besser als gar nicht.

Schlecht und recht ist gerade recht.

Schlecht und recht kommt selten vor Gericht.

Unter schlechten Wegen ist der kürzeste der beste.

Unwillig macht schlechte Arbeit.

Wem es nicht schlecht geht, dem geht's gut genug.

Wenn's dem Hirten schlecht geht, geht's den Schafen nicht gut.

Wenn's schlecht geht, lernt man die Freunde kennen.

Wer einen schlechten Ruf hat, ist halb gehängt.

Wer schlecht zahlt, bezahlt zweimal.

Schlechte, der

Wer die Schlechten schont, schadet den Guten.

Schlechtmachen

Durch Schlechtmachen lernt man das Rechtmachen.

Schlecker

Aus einem jungen Schlecker wird ein alter Lecker.

Schlegel

Zum Flegel gehört der Schlegel.

schleichen

Altes schleicht, Junges springt.

Wer will reichen, darf nicht schleichen.
Wer zu etwas kommen will.

Schleicher

Der Schleicher kommt mit dem Eiler.
Übereilung bringt nichts ein.

Hüte dich vor den Schleichern, die Raufer tun dir nichts.
Die heimlichen Gegner sind die gefährlichsten.

Schleichweg

Auf Schleichwegen hält der Bach das Maul.

Schleier

Die Schönheit bedarf keines Schleiers.

Schleife

Die Schleife kostet oft mehr als das Kleid.

Ist die Schleife ellenlang, ist die Liebe klafterlang.

schleifen

Ein Stein schleift den andern.

Glatt geschliffen ist bald gewetzt.

Glatt ist bald geschliffen.

Zu fein geschliffen hält nicht.

schlemmen

Viel Schlemmen macht kurze Tage.

Wer allzeit säuft und allzeit schlemmt, behält zuletzt kein ganzes Hemd.

Schlemmer

Der Schlemmer läßt das Saufen nicht.

Ein Laster bleibt selten allein.

Junger Schlemmer, alter Bettler.

schleppen

Schleppe mich, ich tu's gern.

Von Ziererei.

Was man nicht tragen kann, muß man schleppen.

schlicht

Aus schlichtem Haus sieht oft ein kluger Mann heraus.

Im schlichten Kleide ist auch Verstand.

schlichten

Besser schlichten als richten.

Schlichter

Bist du nicht Richter, so sei auch kein Schlichter.

Man mische sich nicht in fremden Streit.

schließen

Wenn der Markt vorüber ist, schließt man die Buden.

Wenn eine Tür sich schließt, tut eine andere sich auf.

Es gibt stets neue Möglichkeiten.

schlimm

Das Mittel ist oft schlimmer als die Krankheit.

Das Muß ist ein schlimmes Essen.

Das Schlimme kommt immer hintennach.

Das sind schlimme Zeiten, wo das Unkraut teurer ist als der Weizen.

Der lahme Teufel ist der schlimmste.

Die unmerkliche Verführung.

Die freundlichsten Hunde beißen am schlimmsten.

Die schlimmsten Zahler sind die besten Mahner.

Ein heimlicher Feind ist der schlimmste.

Ein schlimmer Wirt ist ein guter Gast.

Von Nassauern.

Es ist das schlimmste, wenn das Haus von innen brennt.

Es ist eine schlimme Rotte, wo der Teufel der Beste ist.

Es ist ein schlimmer Handel, wo der eine lacht und der andere weint.

Es ist nichts so schlimm, es hat seinen Nutzen, und nichts so gut, es kann schaden.

Es ist nichts so schlimm, es hat sein Gutes.

Es ist schlimm, wenn man seinem Arsche keinen Furz mehr anvertrauen kann.

Gar zu gut ist halb schlimm.

Jedes Paradies hat seine Schlange.

Gute Juristen sind schlimme Nachbarn.

Von kleinlicher Rechthaberei.

Hehlen ist so schlimm als stehlen.

Je älter, je schlimmer, je größer, je dümmer.

Je ärger der Mahner, je schlimmer der Zahler.

Je schlimmer es zugeht, je fröhlicher soll man sein.

Schwierigkeiten lassen sich mit Optimismus am ebesten überwinden.

Je schlimmer Mensch, je besser Glück.

Leiden währt nicht immer,
Ungeduld macht's schlimmer.

Man muß das Beste hoffen, das Schlimme kommt von selbst.

Nachbars Kinder sind immer die schlimmsten.

Andere beurteilt man oft kritischer als sich selbst.

Nichts ist schlimmer als böser Rat.

Schlimme Boten reiten schnell.

Schlimme Gedanken klopfen allezeit an.

Schlimme Nachrichten kommen immer zu früh.

Schlimmer wird's immer, besser wird's nimmer.

Häufig scherzhaft.

Schlimmes wird nur gut, wenn Schlimmeres kommt.

Schlimm sucht Schlemm.

Stiller Zorn, schlimmer Zorn.

Vorwitz hat schlimme Brüder.

Wer dem Teufel dienen will, hat einen schlimmen Herrn.

Wie man wächst, so wird man schlimmer.

Oft spöttisch über sich selbst.

Schlimmste, der

Der Schlimmste gibt oft den besten Rat.

Die Dümmsten sind überall die Schlimmsten.

Es will niemand gern der Schlimmste sein.

Schlinge

Wer andern Schlingen legt,
sich selbst darin zu fangen pflegt.

Wer mir die Schlinge zeigt, der ist mein Freund.

(Zu große) Neugier treibt den Vogel in die Schlinge.

schlingen

Am Schlingen gehen mehr zugrunde als am Ringen.

Schlinger

Junger Schlinger, alter Singer.

Schlitten

Erst muß man für den Schlitten sorgen, dann fürs Geläut.

Schloß (Adelsschloß)

In alten Schlössern spuken die Geister am liebsten.

Alte Leute haben manchmal wunderliche Einfälle.

Kein Schloß ohne Geist.

Um etwas Außergewöhnliches bilden sich leicht Legenden.

Mancher baut Schlösser in die Luft, der keine Hütte auf dem Lande bauen könnte.

Wenn die Schlösser stürzen, gibt's viel Staub.

Schloß (Verschluß)

Besser ein hölzernes Schloß als eine offene Tür.

Ein offenes Schloß verführt auch eine ehrliche Hand.

Man kann ein Schloß nicht hüten, zu dem jeder einen Schlüssel hat.

Man macht kein Schloß für ehrliche Leute.

Schloß und Riegel schaffen viel Ruh' im Haus.

Zu jedem Schloß gibt's einen Schlüssel.

↗ *Schlüssel*

schlottern

Etwas schlottert jedes Ei.

Jeder hat seine Mängel.

schluchzen

Schluchzen wird oft Juchzen.

Schluck

Schluck auf Schluck wird die Flasche leer.

schlucken

Der hat zuviel geschluckt, der daran erstickt.

Geschluckt ist nicht gestohlen.

Von sogenanntem Mundraub.

Pillen muß man schlucken, nicht kauen.

Schlummer

Sorge und Kummer rauben den Schlummer.

Schlund

Der Schlund richtet viele zugrund.

Schlupfwinkel

Es gibt nirgends mehr Schlupfwinkel als im menschlichen Herzen.

Schlüssel

Den Schlüssel zur Ehre darf man nicht verborgen.

Der Wein ist ein Schlüssel zum Herzen.

Ein goldener Schlüssel öffnet jede Tür (alle Tore).

Ein silberner Schlüssel findet leicht ein goldenes Schloß.

Ein Tor, zu dem jeder einen Schlüssel hat, kann offenstehen.

Ein offenes Geheimnis muß man nicht wahren.

Viel Schlüssel verderben das Schloß.

Wo kein Schlüssel paßt, da öffnet Geduld.

Wozu jeder einen Schlüssel hat, das ist schwer zu verwahren.

↗ *Schloß (Verschluß)*

Schmach

Schmach kommt nach.

Schmach sucht Rach(e).

schmal

Groß Geprahl, schmale Bissen.

Viel Erben machen schmale Teile.

Viele Teile machen schmale Bissen.

Wer breit schneidet, dem fällt schmal zu.

Zwischen Wahrheit und Lüge ist ein schmaler Pfad.

Schmalhans

Wo Schmalhans Koch (Küchenmeister) ist, da fallen die Bissen klein aus.

Schmalz

Wo Schmalz ist, kann man Butter sparen.

schmarotzen

Was nicht geht mit Trotzen, das geht mit Schmarotzen.

Schmarotzer

Schmarotzer kommen nie zu spät.

Schmaus

Heute Schmaus und morgen nichts zu Haus.

Nach dem Schmaus gehen die Freunde nach Haus.

Nach dem Schmaus ist die Freundschaft aus.

Vom Schmause geht's zur Pause.

schmausen

Borgen und Schmausen enden mit Grausen.

Mit viel läßt sich schmausen,
mit wenig läßt sich hausen.

schmecken

Am Faß und Brunnen schmeckt's am besten.

Ander Leut Brot schmeckt allzeit besser.

Aus fremder Küche schmeckt die Suppe gut.

Aus hölzernen Schüsseln schmeckt das Essen auch.

Aufs Äußere kommt es nicht immer an.

Das Bier schmeckt gern nach dem Faß.

Das Faß schmeckt nach dem Wein.

Dem hungrigen Bauch schmeckt alles gut.

Der ist nicht hungrig, dem Käs' und Brot nicht schmeckt.

Der Wein schmeckt nach dem Faß.

Wie das Herz, so ist die Rede.

Die Frucht schmeckt nach dem Baume.

Einem durstigen Gaumen schmeckt jeder Wein.

Einem Gesunden schmeckt auch eine Wassersuppe.

Es ist nur ein kurzer Weg, wo's gut schmeckt.

Es schmeckt nichts besser, als was man selbst ißt.

Hat man kein anderes Futter,
so schmeckt auch Brot und Butter.

In der Not schmeckt jedes Brot.

In Gesellschaft schmeckt's besser.

Je fetter die Ente ist, je besser schmeckt sie.

Je dicker die Lüge, desto glaubhafter erscheint sie oft.

Kocht man's wohl, so schmeckt man's wohl.

Man wird von allem satt, aber eins schmeckt besser als das andere.

Teuer erkauft schmeckt am besten.

Unversucht schmeckt nicht.

Besonders von ungewohnter Arbeit.

Verbotene Früchte schmecken am besten.

Vollem Bauch schmeckt alles bitter.

Vorgegessen Brot schmeckt bitter.

Was gut schmeckt, das nährt auch gut.

Was man gern ißt, schmeckt süß.

Was man selber ißt, schmeckt am besten.

Was mir nicht schmeckt, das schmeckt einem andern.

Was mir nicht schmeckt, das schmeckt meinem Freunde auch nicht.

Was nicht gegönnt war, schmeckt am besten.

Wem das Wasser nicht schmeckt, der hat keinen Durst.

Wenn die Maus satt ist, schmeckt das Mehl bitter.

Wenn's am besten schmeckt, soll man aufhören.

Wer die Suppe gekostet hat, weiß, wie sie schmeckt.

Erfahrung ermöglicht richtiges Urteilen.

Wer Galle im Munde hat, dem schmeckt alles bitter.

Wie man's kocht, so schmeckt's.

Wie's riecht, so schmeckt's.

Schmeichelei

Schmeicheleien brechen kein Bein.

Schmeichelei ist süßes Gift.

schmeicheln

Erst schmeicheln, dann kratzen,
das schickt sich für Katzen.

Man schmeichelt dem Hunde wegen des Herrn.

Wer dem Günstling schmeichelt, macht dem Fürsten den Hof.

Wer schmeichelt, der heuchelt.

Schmeichler

Dem Schmeichler und dem Wolf ist nicht zu trauen.

Schmeichler, Heuchler.

Wer dem Schmeichler zuhört, muß ihn füttern.

schmeißen

Schmeiß den Dreck an die Wand – klebt er, so klebt er.

Etwas bleibt hängen.

Wenn wir's weit schmeißen, müssen wir's weit holen.

Schmerz

Anderer Leute Schmerzen tun nicht weh.

Auf Scherz folgt Schmerz.

Der Schmerz ist kein gerechter Richter.

Die Zeit lindert jeden Schmerz.

Neugier treibt den Vogel in die Schlinge.

Ein Schmerz stillt den andern.

Leidtragende trösten einander.

Fremder Schmerz geht nicht ans Herz.

Geduld heilt alle Schmerzen.

Geteilter Schmerz ist halber Schmerz, geteilte Freude ist doppelte Freude.

Große Liebe, großer Schmerz.

Großer Schmerz ist stumm.

Je mehr Tränen, je leichter der Schmerz.

Lange Hoffnung, langer Schmerz.

Leichter Schmerz ist beredt.

Liebe ohne Schmerz bewegt kein Herz.

Man muß nicht jeden Schmerz zum Doktor tragen.

Man soll nicht über jede Kleinigkeit klagen.

Quäle nie ein Tier zum Scherz,
denn es fühlt wie du den Schmerz.

Weinen stillt den Schmerz.

Wer Schmerzen leidet, wird gesprächig.

Wer seine Schmerzen klagt, erleichtert sie.

Wo der Schmerz ist, da ist auch die Hand.

Man redet gern von seinen Wehwehchen.

schmerzen

Der Kranke weiß am besten, wo's ihn schmerzt.

Fremde Wunden schmerzen nicht.

Kleine Wunden schmerzen auch.

Was einen schmerzt, davon redet man gern.

Was herzt, das schmerzt.

Was zu Herzen geht.

Wo es schmerzt, da greift man hin.

schmerzlich

Herzlich geliebt, schmerzlich betrübt.

Schmetterling

Auch der Schmetterling war erst eine häßliche Raupe.

Schmied

Eh' ich zum Schmiedchen geh, geh ich zum Schmied.

Man wende sich immer an den rechten Mann, wenn man etwas erreichen will.

Ein guter Hammer macht einen guten Schmied.

Ein schlechter Schmied, der die Funken fürchtet.

Jeder ist seines Glückes Schmied.

Man geht besser zum Schmied als zum Schmiedlein.

Schmieds Hund schläft beim Amboß.

Gewohntes stört nicht.

Schmieds Kinder fürchten das Feuer nicht.

Wenn der Schmied vom Gaul träumt, so träumt er auch von den Hufeisen.

Wenn Schmieds Frau einen Nagel braucht, muß sie ihn beim Krämer kaufen.

Wer das Feuer scheut, muß kein Schmied werden.

Schmiede

Man soll immer vor die rechte Schmiede gehen.

Vor der rechten Schmiede wird man gut beschlagen.

Wer bei der Schmiede wohnt, gewöhnt sich ans Hämmern.

Wer die Schmiede wechselt, muß die alten Eisen bezahlen.

Man kann nicht neue Beziehungen eingehen, ohne auf frühere Vorteile zu verzichten.

Wer in die Schmiede kommt, macht sich schwarz.

schmieden

Durch Schmieden wird man ein Schmied.

Man kann wohl Waffen gegen die Feinde, aber nicht gegen die Furcht schmieden.

Man muß das Eisen schmieden, solange es heiß ist.

Schlag auf Schlag schmiedet man das Eisen.

Schmiede das Eisen, solange es glüht.

Schmiere

Gute Schmiere, gute Fähre.

schmieren

Mit Dank kann man keine Schuhe schmieren.

Schmieren macht linde Leute (Häute).

Schmieren und Salben hilft allenthalben.

Wenn man die Tür schmiert, so knarrt sie nicht.

Wer die Schuhe nicht schmiert, muß den Schuster schmieren.

Wer gut schmiert, der gut fährt.

Älter: Wer gut schmert ...

Wie man schmiert, so fährt man.

schmierig

An schmierigen Händen bleibt viel kleben.

Ein schmieriges Handwerk nährt auch.

Schminke

Die Wahrheit bedarf keiner Schminke.

Eine schöne Frau braucht keine Schminke.

Keine bessere Schminke als Gesundheit.

Schmollende, der

Der Schmollende schläft allein.

Schmuck

Eine schöne Braut gefällt ohne Schmuck.

Tugend ist der beste Schmuck.

schmücken

Wenn die Rose sich schmückt, so schmückt sie auch den Garten.

Wer sein Haus verkaufen will, schmückt es.

Schmuggler

Einem Schmuggler liegt nichts am Mondenschein.

Heimlichtuerei scheut das Licht.

Schmutz

Alten Schmutz soll man nicht aufrühren.

Alter Schmutz ist schwer wegzuwaschen.

Außen Putz, innen Schmutz.

Heut' im Putz, morgen im Schmutz.

Je mehr man im Schmutz rührt, je mehr stinkt er.

Kein Weg ohne Schmutz.

Schmutz und Dreck sind Vettern.

Von Verleumdung und Klatsch.

Wer in den Schmutz fällt, steht nicht rein wieder auf.

schmutzen

Was schmutzt, das putzt.

schmutzig

Je schmutziger die Lache, je wohler (ist) dem Frosch.

Schmutzige Arbeit, blanker Lohn.

Schmutzige Wäsche und Lügen sammeln sich an.

Wer sich mit Dreck abgibt, wird schmutzig.

Schnabel

Im Schnabel der Henne hat der Wurm kein Recht.

Jeder Vogel singt, wie ihm der Schnabel gewachsen ist.

Schnabel gegen Schnabel, so schlagen sich die Adler.

Meinungsverschiedenheiten sollten offen ausgetragen werden.

Schnabel macht Schnäbel.

schnabeln

Wer schnabeln will, muß erst gabeln.

Vor dem Genuß kommt die Mühe.

schnäbeln

Geschnäbelt ist noch nicht gebockt.

Schnack

Dummer Schnack gilt auch.

schnacken

Schnacken kostet kein Geld.

Schnaps

Dienst ist Dienst, und Schnaps ist Schnaps.

Schnapsglas

Im Schnapsglas ersaufen mehr als zur See.

schnarchen

Wenn man schnarcht, muß man noch lange nicht schlafen.

schnattern

Die Enten können nichts anderes als schnattern.

Die Gans läßt ihr Schnattern nicht.

Wenn die Gänse schnattern, schweigt die Nachtigall.

Dummes Geschwätz soll man meiden.

Schnecke

Eine Schnecke holt keinen Hasen ein.

Schnecke und Wurm machen keinen Sturm.

Schneckenhorn

Ein Schneckenhorn stößt keine Beulen.

Einen kleinen Puff muß man schon vertragen.

Schnee

An den alten Schnee denkt man nicht meh'.

Aus Schnee wird nichts als Wasser.

Der Schnee läßt sich nicht im Ofen backen.

Der Schnee verweht die Wege.

Wenn die Beziehungen abkühlen, lassen die Besuche nach.

Die Ehre ist wie der Schnee.

Jeder Fleck darauf ist zu sehen.

Es ist nicht alles Schnee, was weiß ist.

Auch beim alten Menschen muß das Gefühl nicht erkalten.

Im Winter ist der Schnee billig.

Schneide

Neue Messer haben scharfe Schneiden.

schneiden

Aus fremden Häuten ist gut Riemen schneiden.

Böse Zungen schneiden schärfer als ein Schwert.

Erst messen, dann schneiden.

Man muß den Rock nach dem Tuch schneiden.

Man muß dreimal messen, ehe man einmal schneidet.

Neue Messer schneiden gut.

Ungeschliffen schneidet nicht.

Was einmal geschnitten ist, wird nie wieder ganz.

Wer breit schneidet, dem fällt schmal zu.

Wer zuviel will, erhält wenig.

Wer das Messer für andere wetzt, schneidet sich meist selber in die Finger.

Wo was ist, da ist gut schneiden.

Schneider

Bleibt ein jeder bei seinem Fach,
fällt kein Schneider vom Dach.

Der Schneider trägt zerrissene Kleider.

Die Naht ist wie der Schneider.

Eine Nadel kann einen Schneider ernähren.

Auch das Kleine hat seinen Wert.

Es schickt sich nicht eine jede Faust zu einem guten Schneider.

Neue Schneider und frische Huren finden bald Zulauf.

Hämisch, wenn jemand rasch Anklang findet.

Was dem Schneider guttut, bringt den Schuster um.

Wenn der Schneider nicht von der Elle redet, so redet er vom Tuch.

schneidern

Der eine schneidert, der andere flickt.

schneien

Schneit es in den Dreck, so geht man drüber weg.

schnell

Besser eine kluge Antwort langsam als eine dumme schnell.

Böse Sitten lernt man schnell.

Das Maul ist schnell gefüllt, aber langsam das Auge.

Der Gedanke ist schneller, als das Auge sieht.

Die schnellste Hilfe ist die beste.

Die Zunge ist schneller als der Kopf.

Die Zunge soll nicht schneller sein als der Gedanke.

Doppelt gibt, wer schnell gibt.

Nach Publilius Syrus.

Ein Freund ist schneller verloren als gefunden.

Froher Sinn ist schnell dahin.

Gut handeln ist besser als schnell handeln.

Ins Wirtshaus geht's schnell, doch langsam heraus.

Je furchtsamer das Tier, je schneller läuft es.

Je schneller der Strom, je stärker die Wellen.

Kurzer Verstand, schneller Rat.

Lange erwogen, schnell getan.

Liebe im Herzen macht schnelle Füße.

Pilze wachsen schneller als Eichen.

Das Solide braucht mehr Zeit.

Rasch gewachsen, schnell verblüht.

Sauer erworben, schnell verdorben.

Schlechte Nachrichten wandern schnell.

Schneller Entschluß bringt viel Verdruß.

Schneller Rat bringt selten gute Tat.

Schnelle Wohltat ist doppelt wert.

Schnell gelernt ist schnell vergessen.

Schnell genug ist gut genug.

Schnell ist gut, sagte die Eidechse, langsam ist aber auch gut.

Schnell und gut sitzen nicht unter einem Hut.

Schnell zum Hut ist oft gut.

Was lange reut, ist schnell getan.

Was schnell entsteht, bald vergeht.

Was schnell warm wird, wird rasch kalt.

Wer den Wind im Rücken hat, kommt schnell vorwärts.

Wer schnell geht, wird bald müde.

Wer schnell steigt, fällt schnell.

Wohlgetan ist schnell getan.

Zu schnell fängt nichts.

Zu schnell macht müde Beine.

↗ *Sechser*

schneuzen

Hart schneuzen macht blutige Nasen.

Jeder schneuze seine eigene Nase.

Man muß sich nicht höher schneuzen, als die Nase ist.

Schniegel

Zu Haus ein Igel, draußen ein Schniegel.

schnippisch

Schnippisch mit dem Maul, sonst stinkend faul.

Schnitte

Andere Hände haben immer die fettesten Schnitten.

Neid vergrößert.

Schnitter

An Schnittern fehlt es nicht, wenn nur erst zu ernten ist.

↗ *Säer*

schnitzen

Wer viel schnitzt, der macht viel Späne.

schnupfen

Jeder schnupft, und niemand sagt, es stinkt.

Schnupfen

Hat der Herr den Schnupfen, so niesen die Knechte.

Weil einer den Schnupfen hat, soll die ganze Stadt niesen.

Wer's riecht, der hat den Schnupfen nicht.

Schnur

Was soll die Schnur, wenn man keine Perlen hat.

schnurren

Ein Kater schnurrt wie der andere.

Je mehr man den Kreisel peitscht, je mehr er schnurrt.

Schöffe

Wie die Schöffen, so das Urteil.

schön

Allzu schön wird bald vergehn.

Alte Kleider und schöne Frauen bleiben überall hängen.

An einem schönen Tage muß man nicht ohne Mantel ausgehen.

Umsicht schadet nie.

Auch der Teufel war schön, als er jung war.

Aus einem schönen Gesicht kann man keine Butter schlagen.

Von der Schönheit kann man nicht leben.

Das ist schön, was den Leuten gefällt.

Das Schöne findet man, das Wahre muß man suchen.

Der ist schön, den man im (von) Herzen liebt.

Die schönsten Rosen welken zuerst.

Die Trommel klingt am schönsten aus der Ferne.

Eine kleine Wolke kann den schönsten Tag verderben.

Eine schöne Blume steht nicht lange am Wege.

Eine schöne Frau hat immer recht.

Eine schöne Frau will jeder küssen.

Eine schöne Hand braucht keine Ringe.

Eine schöne Schüssel gibt schöne Scherben.

Hübsche Mütter, hübsche Kinder.

Eine schöne Wirtin macht einen teuren Gasthof.

Eine schöne Wirtin verkauft auch saures Bier.

Ein schöner Wintertag macht keinen lustigen Vogel.

Ein schönes Gesicht ist die beste Empfehlung.

Ein schönes Kleid empfiehlt die Leut.

Es gibt keinen schönen Kerker und keine häßliche Geliebte.

Es hat mancher schöne Zähne, weil er falsche hat.

Es ist nichts so schön, es hat seine Flecken.

Geld macht schöne Leute.

Geschenkt ist schön genug.

Man soll es nicht bemängeln.

Gewohnheit macht den Fehler schön.

Goldmanns Tochter findet jeder schön.

Große Hörner, schöne Ochsen.

Heiterer Morgen, schöner Tag.

Im schönsten Apfel sitzt der Wurm.

Ist nur die Wirtin schön, ist der Wein auch gut.

Jede Krähe hält ihre Jungen für schön.

Jedem ist sein Liebchen schön, wär's auch ohne Zähne.

Jeder hält seine Braut für die schönste.

Jeder Mutter Kind ist schön.

Ein goldener Schlüssel öffnet jede Tür.

Je dunkler (schwärzer) die Nacht, desto schöner der Tag.

Je giftiger der Pilz, je schöner die Kappe.

Je größer die Lüge, je schöner der Mantel.

Je mehr wird sie ausgeschmückt.

Je härter der Stein, je schöner die Funken.

Je mehr Tränen, je schöner die Predigt.

Je schöner die Wirtin, je teurer der Wein.

Je schöner, je ärger (lieber).

Je schöner Kind, je größer Liebe.

Was gefällt, findet Zuneigung.

Je später der Abend, je schöner die Gäste.

Jung (genug) ist schön genug.

Kornblumen sind schön, aber Ähren sind besser.

Liebes geht über Schönes.

Man läßt das Schöne nicht fromm sein.

Es wird oft aus Neid in Verruf gebracht.

Mit schönen Worten kocht man keinen Brei.

Motten kommen in das schönste Kleid.

Nicht was schön ist, ist Mode, sondern was Mode ist, ist schön.

Reich ist schön genug.

Schön Antlitz verkauft ein räudig Gesäß.

Schön brockt man nicht in die Schüssel.

Schöne Dinge behält man nicht lange.

Schöne Gesichter haben viel Richter.

Nämlich Neider, die etwas auszusetzen haben.

Schöne Gestalt verliert sich bald.

Schönem Mann steht alles an.

Schöne Pferde kosten Geld.

Schöne Schilder, schlechte Ware.

Schönes Gefieder, schlechte Lieder.

Schöne Vögel, schöne Federn.

Schöne Weiber, vergoldete Hörner.

Schöne Worte, böser Kauf.

Schöne Worte geben keine fette Suppe.

Schöne Worte machen nicht satt.

Schön hat der Teufel lieb.

Was gefällt, dem wird nachgestellt.

Schön ist in der Welt,
was dem Herzen gefällt.

Schön ist, was gefällt.

Vornehme Krähen haben schöne Jungen.

Was am schönsten blüht, wird am ersten welk.

Was am schönsten ist, das ist auch am schwersten.

Was gut ist, das ist schön genug.

Auf Äußerlichkeiten kommt es nicht mehr an, wenn die Sache insgesamt gefällt.

Was man liebt, das ist schön.

Was schön ist, bedarf keiner Vorhänge.

Was schön ist, das ist lieb.

Was schön ist, ist schwer zu behalten.

Wem ich gefalle, dem bin ich schön genug.

Wer ein schönes Weib hat, ist nie ohne Sorgen.

Wer in der Fremde ist, muß den schönsten Rock tragen.

Woanders wird man zunächst nach seinem Äußeren beurteilt.

Wer schön sein will, muß leiden.

↗ *Schminke, Schmuck, Socke*

schonen

Böse Zungen schonen niemand.

Schon mich, so schon' ich dich.

Wer den Wolf schont, der gefährdet die Schafe.

Wer geschont sein will, muß auch andere schonen.

↗ *Schlechte, der*

Schönheit

Alter geht vor Schönheit.

Meist scherzhaft.

An Schönheit und an Leim bleibt man sehr leicht kleben.

Ärger verdirbt die Schönheit.

Die Schönheit bedarf keines Schleiers.

Die Schönheit seiner Frau muß man nicht vor anderen loben.

Geborgte Schönheit dauert nicht.

Große Schönheit bleibt selten verborgen.

Ißt man nicht von der Schönheit, so reibt man sich gern daran.

Jugend entflieht, Schönheit verblüht.

Mit der Schönheit bringt man keinen Topf zum Kochen.

Schönheit bedarf keiner Schnörkel.

Schönheit bedarf keines Lobes.

Schönheit betrügt die Toren.

Schönheit brockt man nicht in die Schüssel.

Schönheit geht vor Reichtum.

Schönheit ist die beste Mitgift.

Schönheit ist kein Erbgut (Suppenkraut).

Schönheit kann man nicht essen.

Schönheit macht nicht satt.

Schönheit ohne Verstand ist eitel Tand.

Schönheit trägt die Nase hoch.

Schönheit und Torheit sind Geschwister.

Schönheit und Treue sind eine seltene Ehe.

Schönheit und Verstand gehen selten Hand in Hand.

Schönheit vergeht, Tugend besteht (sagte das alte Weib und lag im Rinnstein).

Schönheit zieht mehr als zehn Ochsen.

Spiegel geben keine Schönheit.

Von der Schönheit frißt man nichts herab.

Von der Schönheit kann man nicht leben.

Was an Schönheit fehlt, kommt an Verstand zu.

Wer auf Schönheit freit, hat gute Nächte, aber böse Tage.

Wer auf Schönheit traut, hat auf Sand gebaut.

Wer der Schönheit dient, wird leicht ihr Knecht.

Auch von übertriebener Putzsucht.

Schön(st)e, der/die

Der (Das) Schönste kommt aufs Dutzend.

Heute ironisch; ursprünglich vom Musterstück, das als ‚Ausbund' auf den Warenballen kam.

Die Schönste putzt das Licht.

Eine Schöne ins Bett, eine Reiche in die Küche.

Eine, die reichhaltig zu kochen versteht.

Keine Schöne ohne Kreuz,
keine Häßliche ohne Reiz.

schöpfen

Wenn man immer schöpft, wird auch der tiefste Brunnen leer.

Wer an der Quelle ist, kann selbst schöpfen.

Schoppen

Besser einen Schoppen zuviel bezahlt als zuviel getrunken.

Im Schoppen ist Wahrheit.

Schöps

Ehe man die Schöpse schlachtet, mästet man sie.

Von Dummenfang.

Ein Leithammel führt eine ganze Herde Schöpse an.

Schorf

An Schorf soll man nicht tasten.

Schorf lehrt krauen.

Schornstein

Eigener Fleiß macht den Schornstein rauchen.

Es ist leichter, einen Schornstein zu bauen, als einen Herd zu unterhalten.

Man kann den Schornstein nicht fegen, ohne sich die Hände schwarz zu machen.

Man muß nicht jedesmal Feuer schreien, wenn ein Schornstein raucht.

Wo der Schornstein raucht, ist gut freien.

Wenn jemand sich ins gemachte Nest setzt.

Schoß

Auf einen goldenen Schoß will sich jeder setzen.

Schote

Gibst du mir Schoten, so geb' ich dir Bohnen.

Schramme

Schrammen muß man nicht mit Wunden heilen.

Man muß das Übel nicht noch vergrößern.

Schrank

Ein leerer Schrank bringt Streit und Zank.

Schranke

Kommt man über die Schranken, bekommt man andere Gedanken.

Ist das Schlimmste überwunden, erscheinen einem die Schwierigkeiten nicht mehr so groß.

Träume und Gedanken kennen keine Schranken.

schrecken

Der muß laut schreien, der den Teufel schrecken will.

Kann man den Feind nicht schlagen, so muß man ihn schrecken.

Schreck(en)

Der Schrecken ist oft größer als die Gefahr.

Lieber ein Ende mit Schrecken als ein Schrecken ohne Ende.

Nach Ferdinand von Schill in Anlehnung an Psalm 73,19.

Mit Schrecken jagt man die Leute auch.

Schrecken jagt den Hasen aus dem Busch.

Schrecken macht verzagt.

Schreck wirft auch starke Leute in den Dreck.

Wer vor Schreck stirbt, wird mit Fürzen begraben.

Feiglinge verachtet man.

schreiben

Es steht geschrieben, es tun auch gelbe Rüben.

Es geht oft auch einfacher zu machen.

Es steht geschrieben, was nicht dein ist, das laß liegen.

Wer schreibt, der bleibt.

Mit Schriftlichem bleibt man im Recht.

Schreiber

Ein schlechter Schreiber verdirbt viel gutes Papier.

Es ist nicht jeder ein Schreiber, der an der Feder kaut.

Jeder Schreiber lobt seine Feder.

Wenn der Schreiber nichts taugt, gibt er der Feder die Schuld.

Wie der Schreiber, so das Buch.

schreien

Am Schreien erkennt man den Esel.

Besser einmal schreien als immer.

Wer dauernd klagt, wird lästig.

Das dümmste Vieh schreit am lautesten.

Der schreit immer, der Schläge bekommt.

Der schreit zu spät, den der Wolf erwürgt.

Der Vogel schreit zu spät, wenn er gefangen ist.

Die am lautesten schreien, haben den kleinsten Mut.

Die Faulen und die Dreisten schreien am meisten.

Es ist so leicht gelacht wie geschrien.

Je mehr es schreit, je eh'r es freit.

Zur Schau getragene Trauer (von Witwen und Witwern) hält nicht lange an.

Man achtet nicht, was die Sau auch schreit.

Schreiende Kinder machen singende Mütter.

Schreien hilft nicht aus der Not.

Schreie nicht juchhei, ehe du über den Graben bist.

Schreien löscht das Feuer nicht.

Schrei und schrei, der Wald hat keine Ohren.

Unschuldig Blut schreit zum Himmel.

Nach 1. Mose 4,10.

Wenn man das Ferkel anrührt, so schreit es.

Wer am besten schreien kann, das ist der beste Mann.

Wer gestochen wird, schreit.

↗ *schrecken*

Wer leicht schwört, der lügt auch leicht.

Schreier

Gute Schreier sind schlechte Sänger.

Schreiner

Jeder Schreiner hat 'n Hobel im Kopf.

Jeder urteilt aus seiner Sicht.

schreiten

Besser gut geschritten als schlecht geritten.

Schritt

Der erste Schritt ist der schwerste.

Der erste Schritt tut die andern mit.

Der schwerste Schritt ist der über die Schwelle.

Der Anfang kostet am meisten Überwindung.

Des Vaters Schritte sind des Sohnes Tritte.

Einsicht ist der erste Schritt zur Besserung.

Furcht macht lange Schritte.

Hüte dich vor dem ersten Schritt.

Je enger Schuh, je kürzer Schritt.

Von Gängelei.

Je länger der Weg, je kürzer der Schritt.

Lange Schritte machen den Weg kurz.

Man muß die Schritte nach den Beinen machen.

Sich nach seinen Möglichkeiten richten.

Nach dem Essen soll man ruhn
oder tausend Schritte tun.

Schritt für Schritt geht man auf bösem Wege mit.

Schritt für Schritt geht man meilenweit.

Schritt für Schritt kommt man nach Rom.

Schritt für Schritt kommt man weit.

Stolz geht ab im Ritt
und kommt zurück im Schritt.

Um nicht einen Schritt zu machen, macht der Faule zwei.

Unglück kommt geritten, geht aber weg mit Schritten.

Von Recht zu Unrecht ist nur ein Schritt.

Wer den ersten Schritt getan, bleibt selten dabei stehen.

Wer einen Schritt zur Hölle getan hat, der hat die Hälfte des Weges hinter sich.

Wer auf die schiefe Bahn gerät, sinkt oft immer tiefer.

Wer nicht Schritt halten kann, muß traben.

Wer zehn Schritte zurücklegen will, hat mit neunen noch nicht die Hälfte.

Schubs

Einer Wand, die fallen will, gibt jeder gern einen Schubs.

schüchtern

Schüchtern bleibt nüchtern.

Der Schüchterne erreicht nichts.

Schuh

Alte Schuhe wirft man weg.

Andere Jahre, andere Schuhe.

An des Armen Truh' wischt jeder die Schuh'.

Besser barfuß als in geborgten Schuhen.

Besser geflickte Schuhe als gar keine.

Der Neunte weiß nicht, wo den Zehnten der Schuh drückt.

Der Schuh weiß, wo der Strumpf Löcher hat.

Eheleute kennen gegenseitig ihre Schwächen.

Die schönsten Schuhe drücken am meisten.

Ein enger Schuh drückt, ein weiter schlottert.

Von zu strenger und zu milder Erziehung.

Ein Schuh paßt nicht für jeden Fuß.

Es gehört mehr zum Tanz als rote Schuhe.

In alten Schuhen geht man am bequemsten.

In engen Schuhen ist nicht gut tanzen.

Jeder weiß am besten, wo ihn der Schuh drückt.

Je enger Schuh, je kürzer Schritt.

Mit samtenen Schuhen steigt man gut.

Spöttisch von Leisetretern.

Mit Tanzen verdoppelt man die Schuhe nicht.

Verliert man die Schuhe, so behält man doch die Füße.

Was nicht auf meinen Leisten paßt, ist kein Schuh.

Von Selbstgerechtigkeit.

Wem der Schuh paßt, der zieht ihn sich an.

Wen der Schuh drückt, der schreit.

Wer auf anderer Leute Schuhe wartet, der muß lange barfuß gehen.

Von Erbschleichern.

Wer barfuß geht, den drückt kein Schuh.

Wer die silbernen Strümpfe hat, findet leicht die goldenen Schuhe.

Wie der Leisten, so der Schuh.

Wirf die alten Schuhe nicht weg, ehe du neue hast.

Wo kein Leder ist, da gibt's keine Schuhe.

Zu weite Schuhe sind besser als zu enge.

Milde ist besser als zu große Strenge.

↗ *Schuhmacher, Schuster*

Schuhmacher

Die Schuhmacher haben die schlechtesten Schuhe.

schuld

Der Niemand ist an allem schuld.

Wer läuft, hat schuld.

Rechtssprichwort: Wer floh, galt als schuldig.

Schuld

Auf Schuld folgt Strafe.

Der hat einen schweren Schlaf, der von Schuld träumt.

Die Schuld der Eltern soll man den Kindern nicht vorwerfen.

Die Schuld ist ein schlimmer Gesell.

Böses Gewissen peinigt.

Es wird nichts so leicht vergessen als eine Schuld.

Geduld vergibt alle Schuld.

Gleiche Schuld, gleiche Strafe.

Man muß die Schuld des Esels nicht auf den Sattel schieben.

Niemand ist ohne Schuld.

Mahnung vor Selbstgefälligkeit, die eigene Mängel nicht sieht.

Schuld bringt Ungeduld.

Das schlechte Gewissen äußert sich auch in Schroffheit.

Schuld tötet den Mann.

War es deine Schuld, so trag es mit Geduld.

Nämlich die Folgen.

Wer durch eigene Schuld fällt, klagt umsonst.

Wer seine Schuld auf andere wälzt, will sich nicht bessern.

Wer sich ohne Schuld weiß, der werfe den ersten Stein.

Nach Johannes 8,7.

Schuld(en)

Abends ohne Schulden ist morgens reich.

Alte Schulden, faule Schulden.

Alte Schuld rostet nicht.

Bezahlte Schuld ist die beste.

Für alte Schuld nimm Bohnenstroh.

Lieber etwas als gar nichts wiederbekommen.

Gram zahlt keine Schulden.

Klagen bezahlen keine Schulden.

Mit Worten zahlt man keine Schulden.

Schulden sind keine Hasen.

Sie laufen nicht davon.

Schulden wachen mit auf.

Schuld und Zank macht Müh' und Stank.

Schulden zerstören die häusliche Eintracht.

Tausend Sorgen bezahlen nicht einen Heller Schulden.

Versprechen macht Schulden.

Viel Schulden, viel Dulden.

Wer auf Schulden liegt, hat ein hartes Lager.

Wer den Groschen nicht ehrt wie den Gulden, der kommt bald zu Schulden.

Wer die Witwe freit, freit auch die Schulden.

Wer keinen Kredit hat, ist vor Schulden sicher.

Wer ohne Schulden schlafen geht, steht morgens reich auf.

Wer Schulden hat, hat auch Kredit.

Wer Schulden hat, hat Sorgen.

Wer Schulden macht mit Lust, wird sie mit Unlust bezahlen.

Wo Schulden sind und Streit,
ist das Elend auch nicht weit.

Zusage macht Schuld.

schulden

Wem man viel schuldet, dem muß man viel zahlen.

Auch von lästiger Dankesschuld.

Schuldenmacher

Einem Schuldenmacher ist nichts zu teuer.

schuldig

Bist du schuldig, so sei geduldig.

Man muß die Folgen tragen.

Der ist noch nicht quitt, der den Rest noch schuldig ist.

Einmal ertappt ist hundertmal schuldig.

Es ist nicht jeder schuldig, der angeklagt wird.

Flüchtiger Mann, schuldiger Mann.

Wer die Leiter hält, ist so schuldig wie der Dieb.

Wer flieht, gibt sich schuldig.

Altes Rechtssprichwort.

Wer nichts hat, der ist nichts schuldig.

Wer schuldig ist, der muß bezahlen.

Schuldige, der

Dem Schuldigen träumt bald vom Teufel.

Seinem Gewissen kann niemand entgehen.

Den Schuldigen erschreckt eine Maus.

Wer den Schuldigen losläßt, verurteilt den Unschuldigen.

Schuldner

Der Schuldner ist des Mahners Knecht.

Überfällige Schuld macht abhängig.

Gute Schuldner mahnen sich selber.

Heute ein Schuldner, morgen ein Zahler.

Schuldner sind Lügner.

Nicht jede Ausflucht soll man für wahr nehmen.

Vornehmer Schuldner, schlechter Zahler.

Schule

Die Schule ist unnütz, in der der Hahn krähen lernen soll.

Erfahrung ist eine teure Schule, aber Narren gehen in keine andere.

Manch einer wird nur durch Schaden klug.

Es ist keine gute Schule, aus der die Schüler satt herauskommen.

Eine gute Schule regt vielmehr an.

In der Schule der Geduld lernt man nie aus.

Niemand ist durch alle Schulen durch.

Was in der Schule gekocht wird, soll auch in der Schule gegessen werden.

Man soll nicht aus der Schule plaudern.

Wer lehren will, findet überall eine Schule.

Wie der Lehrer, so die Schule.

Schüler

Auch der Weise ist ein Schüler gewesen.

Der Schüler übertrifft den Meister.

Fleißige Schüler machen fleißige Lehrer.

Säumige Lehrer, unwissende Schüler.

Wie der Lehrer (Meister), so der Schüler.

Schulter

Auf der schwächsten Schulter ruht oft die schwerste Last.

Auf fremden Schultern ist leicht tragen.

Der Schüler tritt dem Meister auf die Schultern.

Ein Lastträger muß gute Schultern haben.

Jeder trägt nach seinen Schultern.

Wen man auf die Schulter steigen läßt, der will ganz auf den Kopf.

Wenn die Schultern es nicht tragen,
muß der Kopf sich auch mit plagen.

Wer viel tragen will, muß breite Schultern haben.

Wie die Schultern, so die Last.

schultern

Auf dem Wege schultert man die Bürde.

Einmal begonnen, wird alles leichter.

Schulze

Bei dem Herrn Schulzen richtet man mehr aus als beim Schulzen.

Mit Höflichkeit erreicht man mehr.

Des Schulzen Bauch drückt auf die ganze Gemeinde.

Von Korruption.

Des Schulzen Kuh und eines andern Kuh ist zweierlei.

Auch von Eingebildeten.

Einer kann nur Schulze sein im Dorf.

So seh' ich's an, sagte der Schulze, und damit basta.

Was andres ist des Schulzen Kuh!

Wer nicht tun kann, was die Leute verdrießt, gibt keinen Schulzen ab.

Schur

Nach der Schur ist nicht mehr viel scheren.

schüren

Mit fremden Händen ist gut Kohlen schüren.

Schürt man das Feuer, so brennt's.

Wer das Feuer schürt, muß den Rauch leiden.

Schurke

Junge Tagediebe, alte Schurken.

Nimm einen Schurken vom Galgen, und er wird dich daran hängen.

Wenn ein Schurke vorangeht, folgt bald ein Schurke nach.

Schürze

Die Frau kann mit der Schürze mehr aus dem Hause tragen, als der Mann mit dem Erntewagen einfährt.

Wer jeder Schürze nachläuft, bringt keine unter die Haube.

Wer vieles anfängt, endet nichts.

Schuß

Fern vom Schuß ist sicher.

Nicht jeder Schuß trifft.

Weit vom Schuß gibt alte Kriegsleut.

Weit vom Schuß ist gut lachen.

Schüssel

Aus einer Schüssel können viele satt werden.

Aus fremden Schüsseln schmeckt's immer am besten.

Aus hölzernen Schüsseln schmeckt das Essen auch.

Aufs Äußere kommt es nicht immer an.

Der erste an der Schüssel, der letzte heraus.

Die ersten Schüsseln sind die wärmsten.

Drei Schüsseln leer und in der vierten nichts.

Spott auf Knickrigkeit.

Hungrige Mäuler machen leere Schüsseln.

Kleine Schüsseln, kleine Löffel (wenig Suppe).

Leere Schüsseln locken niemand zu Tisch.

Schön brockt man nicht in die Schüssel.

Schüsseln genug, aber nichts darin.

Leere Versprechungen nützen nichts.

Ungleiche Schüssel macht scheele Augen.

Volle Schüssel findet viel Freunde.

Was hilft eine hübsche Schüssel, wenn nichts drin ist.

Was nützt alles Gerede, wenn man nichts zu sagen weiß.

Wenn der Magen nicht wär', blieb' die Schüssel leer.

Wenn's ausgegessen ist, sind die Schüsseln leer.

Wer mault mit der Schüssel, dem fehlt's am Rüssel.

Wer sich auf anderer Leute Schüssel verläßt, geht hungrig zu Bett.

Wer zu spät kommt, findet leere Schüsseln.

Wie die Gäste, so die Schüsseln.

Zuviel Schüsseln zerbrechen den Tisch.

↗ *schielen*

Schuster

Der Schuster trägt immer die schlechtesten Stiefel.

Die Frau des Schusters hat selten ganze Schuhe.

Schuster, bleib bei deinem Leisten!

Nach Plinius, Naturgeschichte.

Was dem Schneider guttut, bringt den Schuster um.

Wer die Schuhe nicht schmiert, muß den Schuster schmieren.

schütteln

Wenn man den reifen Halm schüttelt, so fallen die Körner heraus.

Wer keine Zähne hat, schüttle nicht die Mähne.

Schütze

Ein guter Schütze ist die beste Abwehr.

Ein guter Schütze zielt nicht lange.

Selbstvertrauen macht entschlossen.

Ein rechter Schütze hilft sich selbst.

Nach Schiller, Wilhelm Tell.

Geradezu gibt gute Schützen.

Je höher Ziel, je besser Schütz.

Viel Schützen, aber nur einer wird König.

Viel Schützen und wenig Treffer.

Vor schlechten Schützen ist man am sichersten am Ziel.

Kleine Neider braucht man nicht zu fürchten.

Wer einmal trifft, ist noch kein Schütze.

Wer keine Pfeile hat, muß nicht unter die Schützen gehen.

schützen

Alter schützt vor Torheit nicht.

Der Himmel schütze uns vor kleinen Feinden, vor großen nehmen wir uns wohl selber in acht.

Ein grauer Kopf schützt nicht vor einem närrischen Arsch.

Ein Groschen schützt den andern.

Besitz weiß sich zu verteidigen.

Ein weißes Kleid schützt nicht vor einem schwarzen Namen.

Gegen den Tod schützt kein Harnisch.

Genügsamkeit schützt vor Mangel.

Kühnheit schützt vor Kühnen nicht.

Verständige Rede schützt vor Fehde.

Vor Hausdieben kann man sich schwer schützen.

Was man voraussieht, davor kann man sich schützen.

Wen das Land ernährt, der soll das Land schützen.

Den Seinen gibt's der Herr im Schlaf.

schwach

Auch die Heiligen haben ihre schwachen Augenblicke.

Der Geist ist willig, aber das Fleisch ist schwach.

Nach Matthäus 26,41.

Der Zorn beherrscht nur schwache Leute.

Eine schwache Quelle ist bald erschöpft.

Es ist ein schwacher Trost, daß es andern auch schlecht geht.

Jeder hat seine schwache Seite.

Je stärker Fleisch, je schwächer Geist.

Wo der Faden am schwächsten ist, da reißt er.

↗ *Schulter, stark*

Schwache, der

An dem Schwachen will sich jeder reiben.

Bündnis macht die Schwachen stark.

Der Schwache findet überall seinen Herrn.

Der Schwächste muß das Kreuz tragen.

Der Zorn des Schwachen ist zum Verlachen.

Hoffnung macht den Schwachen stark.

Vereint sind auch die Schwachen mächtig.

↗ *Starke, der*

Schwäche

An fremden Gebrechen erkennt man eigne Schwächen.

Große Leute, kleine Schwächen.

Willst du stark sein, so erkenne deine Schwächen.

Schwager

Bei einem Schwager ist die Freundschaft mager.

Viel Schwäger, viel Spieße.

Von einer stattlichen Verwandtschaft.

Von der Schwäger Streit halte dich fern.

↗ *Schwester*

Schwägerei

Schwägerei ist Betrügerei.

Schwagerschaft

Schwagerschaft tut viel.

Von Vetternwirtschaft.

Schwalbe

Eine Schwalbe macht noch keinen Sommer.

Wenn die Schwalben fortfliegen, bleiben die Spatzen hier.

Man gebe sich mit Erreichbarem zufrieden.

Wenn die Schwalben fort sind, steht das Nest leer.

Schwamm

Einen Schwamm kann jedes Kind ausdrükken.

Den Dummen fragt man leicht aus.

Schwan

Die Gans lehrt den Schwan singen.

Sie glaubt es jedenfalls zu können. Von vorlauten Besserwissern.

Fremde Enten sind immer so groß wie Schwäne.

Jeder hält seine Gänse für Schwäne.

Wenn der Schwan beim Raben sitzt, ist er um so weißer.

schwanger

Ist eine auch schwanger, so hat sie noch kein Kind.

Von Hoffnung bis zur Erfüllung ist ein weiter Weg.

Schwank

Alte Leute, alte Ränke,
junge Füchse, neue Schwänke.

Je aufgelegter zum Schwank, desto plumper zur Lehre.

schwanken

An eine schwankende Wand muß man sich nicht lehnen.

Eine schwankende Wand ist bald umgestoßen.

Schwankender Sinn hat keinen Gewinn.

Wer schwankt, ist dem Fallen nah.

Schwanz

Auch das Roß des Kaisers hebt den Schwanz.

Beim Schwanz ist nicht beim Kopf.

Von unterschiedlichen Einflußmöglichkeiten.

Der sattelt schlecht, der den Gaul beim Schwanze aufzäumt.

Der schlimmste Hund hat den schönsten Schwanz.

Der Schwanz ist oft da, wo man den Kopf sucht.

Der Schwanz kann nicht mit dem Hunde wackeln.

Der Schwanz kommt immer zuletzt.

Der Schwanz muß dem Fuchs folgen.

Alles richtet sich nach der Hauptsache.

Der Tag kommt, an dem die Kuh den Schwanz braucht.

Manches sieht man erst später ein.

Haar für Haar reißt man dem Esel den Schwanz aus.

Je älter der Kater, je steifer der Schwanz.

Je älter, je eigensinniger.

Je mehr man die Katze streichelt, desto höher trägt (hebt) sie den Schwanz.

Kommt man über den Hund, so kommt man auch über den Schwanz.

Hat man das Schwerste geschafft, geht alles.

Man kennt den Fuchs am Schwanz.

Man kommt oft leichter über den Hund als über den Schwanz.

Man muß (soll) das Pferd nicht beim Schwanze aufzäumen.

Solange man den Rüden füttert, wedelt er mit dem Schwanz.

Was einen Kopf hat, muß auch einen Schwanz haben.

Wenn der Schwanz der Kuh auch wackelt, so fällt er doch nicht ab.

Wer das Pferd kauft, der kauft auch den Schwanz.

Wer mit dem Fuchs geht, muß mit dem Schwanze wedeln.

Schwarm

Eine Biene macht keinen Schwarm.

schwärmen

Wenn die Hummeln schwärmen,
da geht's nicht ohne Lärmen.

Schwärmerei

Schwärmerei und Schnupfen steckt an.

Schwarte

Speck und Schwart' sind von einer Art.

Wie das Schwein, so die Schwarte.

schwarz

Auch eine schwarze Kuh gibt weiße Milch.

Auch ein schwarzes Huhn legt weiße Eier.

Der Rabe ist nicht schwärzer als seine Flügel.

Man muß die Dinge nicht schlimmer sehen, als sie sind.

Der Teufel ist nicht so schwarz, wie man ihn malt.

Die Kohle wird vom Ruß nicht schwärzer.

Die Teufel sind alle schwarz.

Einem hungrigen Magen ist kein Brot zu schwarz.

Ein Pünktchen macht die ganze Ehre schwarz.

Es gibt nicht immer schwarze Flecken, wo der Teufel gesessen hat.

Es läuft überall ein schwarzes Schaf mit unter.

Es trauern nicht alle, die schwarze Röcke tragen.

Feiner Rauch macht auch schwarz.

Je schwärzer die Nacht, je schöner der Tag.

Schön schwarz ist auch sauber.

Schwarz auf weiß behält den Preis.

Schwarz auf weiß gilt.

Urkunden sind Beweis genug.

Schwarz auf weiß macht heiß.

Schwarz auf weiß redet noch, wenn's niemand weiß.

Schwarz auf weiß scheidet die Leute.

Beim Rechtsstreit.

Schwarz bleibt schwarz (ist nicht weiß).

Teufel bleibt Teufel, ob schwarz oder weiß.

Was hilft's, daß der Rabe badet; er bleibt doch schwarz.

Was man schwarz auf weiß besitzt, kann man getrost nach Hause tragen.

Nach Goethe, Faust.

Was schwarz ist, muß man nicht weiß nennen.

Wer andere schwarz macht, ist selber noch nicht weiß.

Von Denunzianten.

Wer in die Schmiede kommt, macht sich schwarz.

Wer Ruß angreift, macht sich schwarz.

Wer selber schwarz ist, muß andere nicht bleichen wollen.

Wer überall schwarz ist, bei dem sieht man keine Flecken.

↗ *schießen*

schwatzen / schwätzen

Aus dem Ehebett soll man nicht schwatzen.

Aus der Erfahrung ist gut schwatzen.

Es schwatzt einer den andern von der Bank und setzt sich dann selbst darauf.

Es schwätzt keiner gescheiter, als er ist.

Freude schwätzt gern.

Selbst ist der beste Bote.

Man kann lange schwatzen, ehe eine Suppe kocht.

Schwatzen ist keine Kunst, aber Reden.

Trunken geschwatzt, nüchtern vergessen.

Vom Schwatzen kommt Schwatzen.

Vom Schwatzen wird man nicht satt.

Wer übel schwatzt, verliert ein gutes Schweigen.

Wer viel ins Haus schwatzt, der schwatzt auch viel heraus.

Wer viel schwätzt, der lügt viel (gern).

Wer viel schwatzt, muß viel verantworten.

Wo man viel schwatzt, da gibt es viel Zank.

Schwätzer

Dem Schwätzer und dem Frosche
wackelt gern die Gosche.

Schwätzer sind keine Fechter.

Unter Schwätzern ist Schweigen das klügste.

Wenn die Schwätzer schweigen, kommen vernünftige Leute zu Wort.

↗ *Schweiger*

schweben

Was über allen schwebt, kann alle treffen.

schweigen

Besser geschwiegen als das Maul verbrannt.

Besser zuviel schweigen als zuviel reden.

Das ist eine gute Rede, die ein gutes Schweigen verbessert.

Das Schweigen ist des Narren Decke.

Der Wein schweigt nicht.

Der Weise schweigt, doch nur der Narr vergißt.

Der weiß viel, der zu schweigen weiß.

Die Not kann nicht schweigen.

Durch Schweigen verdirbt viel Freundschaft.

Einem schweigenden Munde ist nicht zu helfen.

Es schweigen mehr kluge Leute als dumme.

Kluges Schweigen ist besser als dummes Reden.

Klug reden ist schwer, klug schweigen noch mehr.

Lerne schweigen, so kannst du am besten reden.

Man kann lange rufen, ehe das Echo schweigt.

Mit Schweigen beleidigt man keinen.

Mit Schweigen verantwortet man viel.

Mit Schweigen verrät man sich nicht.

Reden hat seine Zeit und Schweigen hat seine Zeit.

Nach Prediger Salomo 3,7.

Reden ist Silber, Schweigen ist Gold.

Schweigen bricht Freundschaft.

Schweigen hat Frieden.

Schweigen ist auch eine Antwort.

Schweigen ist das beste Heilkraut.

Schweigen ist gut, Reden ist besser.

Schweigen ist leicht, wenn niemand fragt.

Schweigen ist nicht einwilligen.

Schweigen ist schwer zu verbessern.

Schweigen schadet selten.

Man soll zunächst zuhören.

Schweigen tut nicht immer gut.

Schweigen und Denken kann niemand kränken.

Im Unterschied zur unüberlegten Äußerung.

Schweigst du mir, so schweig' ich dir.

Sprechen ist leichter als schweigen.

Sprich gut von deinen Freunden und schweig von deinen Feinden.

Vom Schweigen tut dir die Zunge nicht weh.

Wenn der Dumme schweigt, gilt er für klug.

Wenn der Narr schweigt, so wird er weise.

Nach Sprüche Salomos 17,28.

Wer gibt, schweige; wer empfängt, rede.

Wer in der Ferne pocht, schweigt in der Nähe.

Wer klug ist, schweigt.

Nämlich dann, wenn es ihn nichts angeht.

Wer nicht schweigen kann, kann nicht reden.

Wer nicht zu reden weiß, der weiß auch nicht zu schweigen.

Wer redet, tut gut, wer schweigt, tut besser.

Wer schweigen kann, der ist der beste Mann.

Der Überlegende zeigt sich überlegen.

Wer schweigt, bejaht.

Wer schweigt, lügt nicht.

Wer schweigt, sagt auch etwas.

Wer schweigt, stimmt zu (willigt ein).

Wer schweigt, verredet sich nicht.

Wer übel schwatzt, verliert ein gutes Schweigen.

Wo die Augen sprechen, kann die Zunge schweigen.

Wo Geld redet, muß der Verstand schweigen.

Wo Gewalt herrscht, schweigen die Rechte.

Wo man selber spricht, schweigt das Gerücht.

Wo Pflicht ist zu sprechen,
ist Schweigen Verbrechen.

Wo Reden den Hals kostet, ist Schweigen eine Tugend.

Zur rechten Zeit schweigen ist eine Kunst.

Zuviel reden und zuviel schweigen ist allen Narren eigen.

↗ *Schwätzer*

Schweigende, der

Man fürchtet nur die Schweigenden.

Nämlich die heimlich Grollenden.

Schweiger

Ein kluger Schweiger ist besser als ein dummer Schwätzer.

Unter Schwätzern ist der Schweiger der Klügste.

Schwein

Auswendig fein, inwendig ein Schwein.

Das letzte Schwein kriegt den dicksten Trank.

Wenn einer von seiner Bequemlichkeit noch einen Vorteil hat.

Das Schwein fühlt sich im Dreck am wohlsten.

Dicker Trank macht fette Schweine.

Ein feistes Schwein entläuft dem Metzger nicht.

Der Schuldige entgeht seiner Strafe nicht.

Ein gutes Schwein frißt alles.

Scherzhaft, um zu sagen, daß gegessen wird, was auf den Tisch kommt.

Ein unruhiges Schwein wird nicht fett.

Hungrige Schweine wühlen am meisten.

Man kann nicht Speck haben und das Schwein behalten.

Viel Schweine machen den Trank dünn.

Je mehr Teile (Erben), je kleiner der Anteil.

Viel Schweine, viel Speck;
viel Tauben, viel Dreck.

Was ein Schwein ist, wird sein Leben kein Ochse.

Jeder muß so verbraucht werden, wie er ist.

Wenn der Trog leer ist, beißen sich die Schweine.

Wenn die Schweine satt sind, stoßen sie den Trog um.

Wenn die Schweine schlafen, träumt ihnen von Trebern.

Wenn du haderst um ein Schwein,
nimm eine Wurst und laß es sein.

Rat zum gütlichen Vergleich.

Wer mir ein Schwein schenkt, dem geb' ich gern eine Wurst.

Wer nichts gelernt hat, muß die Schweine hüten.

Wie das Schwein, so die Schwarte.

schweineln

Die mit Säuen umgehen, schweineln gern.

Schweinskopf

Das Beste am Schweinskopf ist die Sau.

Schweiß

Ehre will Schweiß.

Faule Leute kommen leicht in Schweiß.

Gute Tage fordern Schweiß.

Sie wollen erarbeitet sein.

Schweiß macht guten Mörtel.

Von fremdem Schweiß riecht niemand.

Vor den Erfolg haben die Götter den Schweiß gesetzt.

Nach Hesiod, Werke und Tage.

Wer Brot will, darf den Schweiß nicht scheuen.

Wer mit fremdem Schweiße düngt, dem trägt der Acker nur Disteln.

Um seine Angelegenheiten soll man sich selbst kümmern.

Schweizer

Keine Kreuzer, keine Schweizer.

Man kriegt nichts umsonst. Hergeleitet von den Schweizer Söldnern.

schwelgen

Abends geschwelgt, morgens gekelcht.

Lieber am eigenen Tische darben als an fremdem schwelgen.

Schwelgen und Gasten leert Keller und Kasten.

Schwelle

Die Schwelle ist der höchste Berg.

Der erste Schritt ist der schwerste.

Wer über die Schwelle ist, hat die Reise halb getan.

schwellen

Lobe den Narren, so schwillt er.

schwer

Aller Anfang ist schwer.

Altes Dach ist schwer zu flicken.

Am Verstande trägt man nicht schwer.

Auch ein leichtes Ding wird schwer, wenn man's ungern tut.

Auf einen schweren Tag gehört ein guter Abend.

Bauen ist schwerer als einreißen.

Das Lernen ist schwer, das Können leicht.

Das Schwere fällt, das Leichte steigt.

Dem Zugucker ist nichts zu schwer.

Der Arme hat's überall schwer.

Nach Ovid, Fasti.

Der erste Schritt ist der schwerste.

Der reife Mist am schwersten ist.

Der Seufzer des Glücklichen wiegt nicht schwer.

Eine Tatsache wiegt schwerer als ein Fuder Beweise.

Ein Glatzkopf ist schwer zu rupfen.

Wo nichts ist, ist nichts zu holen.

Ein schwerer Beutel macht (leicht) eitel.

Nach Abraham a Santa Clara.

Ein schwerer Kopf und ein leerer Beutel sind oft zusammen.

Es ist schwer, Hunde bellen zu lehren.

Wenn jemand etwas völlig Unnötiges versucht.

Es ist schwer, ohne Füße zu tanzen.

Es trägt einer schwer am frommen Mann.

Ansehen ist auch eine Bürde.

Glück ist schwer zu tragen.

Jeder hält seine Last für die schwerste.

Je näher dem Siege, je schwerer der Kampf.

Je schöner die Wirtin, je schwerer die Zeche.

Je schwerer die Kunst, je mehr Pfuscher.

Je schwerer die Last, desto leichter wirft man sie ab.

Je weiter das Ufer, je schwerer der Sprung.

Leichter Gewinn macht schwere Beutel.

Mit dem Munde trommeln ist nicht schwer.

Schwere Leiden haben keine Worte.

Verborgene Leiden sind doppelt schwer.

Vergeben ist leicht, vergessen ist schwer.

Was am schönsten ist, das ist auch am schwersten.

Was jedem gefällt, ist schwer zu hüten.

Was jedermann weiß, ist schwer zu verbergen.

Was man gern tut, kommt einem nicht schwer an.

Wer tragen muß, trägt schwer.

Zu schwere Last erdrückt den Esel.

Schwere, die

Ehre hat Schwere.

Schwermut

Wermut macht Schwermut.

Schwert

Auch wenig Schwerter sind genug, eine gerechte Sache zu verfechten.

Blanke Schwerter sind kein Kinderscherz.

Butter im Munde, Schwerter im Herzen.

Das Schwert kennt keinen Freund.

Mit Gefahr läßt sich nicht scherzen.

Ein böses Maul ist schärfer als ein Schwert.

Ein Schwert hält das andere in der Scheide.

Wer nicht schutzlos ist, braucht sich vor Anfeindungen nicht zu fürchten.

Ein Schwert wetzt das andere.

Von gegenseitigen Sticheleien, die zum Streit führen.

Es ist nicht jeder ein guter Streiter, der ein gutes Schwert trägt.

Hast du ein Schwert, so hab' ich einen Degen.

Nicht jeder läßt sich alles bieten.

Hunger ist ein scharfes Schwert.

Kein schärfer Schwert als böse Zunge.

Klingt das Schwert, so bricht der Herd.

Zwist zerstört die Ehe.

Mancher zückt das Schwert und zieht doch nicht vom Leder.

Scharfe Schwerter schneiden sehr,
scharfe Zungen noch viel mehr.

Wer das Schwert nimmt, wird durchs Schwert umkommen.

Nach Matthäus 26,52.

Wer fechten will, kann das Schwert nicht in der Scheide lassen.

Von Halbherzigkeit.

Wie die Hand, so das Schwert.

Wörter sind (keine) Schwerter.

Wo Schwerter sind, da sind auch Schilde.

Schwester

Wer einen Karren voll Schwestern hat, der hat einen Wagen voll Schwäger.

Schwiegermutter

Eine böse Schwiegermutter ist des Teufels Unterfutter.

Es gibt nur eine böse Schwiegermutter, aber jeder glaubt, er habe sie.

Schwierigkeit

Das hat seine Schwierigkeit, sagte der Dieb, als er einen Amboß stehlen wollte.

schwimmen

Der hat gut schwimmen, den man über Wasser hält.

Faule Eier schwimmen oben.

Fett schwimmt oben.

Fisch will schwimmen.

Nach Petronius Arbiter, Satiricon.

Gegen den Strom ist nicht gut schwimmen.

Man muß erst waten, ehe man schwimmen kann.

Wem das Wasser ins Maul läuft, der lernt schwimmen.

Wer das Wasser fürchtet, lernt nie schwimmen.

Wer nicht schwimmen kann, ertrinkt schon am Ufer.

Furcht lähmt.

Wer nicht schwimmen kann, muß nicht ins Wasser springen.

schwindlig

Hoch macht schwindlig.

Schwinge

Die Schwingen wachsen im Fluge.

Man wächst mit seinen Aufgaben.

schwitzen

Besser schwitzen als seufzen.

Mancher säuft, daß er schwitzt, und arbeitet, daß er friert.

Vom Schwitzen wird man nicht reich.

Mühe ohne Verstand tut's nicht.

Wer träumt, daß er schwitzt, kann noch frieren.

Es kommt vielfach anders, als man es sich selber ausmalt.

Schwitzer, der

Der Schwitzer kommt weiter als der Sitzer.

schwören

An der Diebe Schwören darf man sich nicht kehren.

Auf Freiers Schwören ist nicht zu hören.

Eide schwören ist nicht Rüben graben.

Gefurzt ist nicht geschworen.

Man schwört die Wahrheit ohne Sünde.

Schwören ist ehrlich, Halten beschwerlich.

Wenn's aufs Schwören ankommt, ist die Kuh unser.

Behaupten ist leicht.

Wer kein Gewissen hat, kann leicht schwören.

Wer leicht schwört, der lügt auch leicht.

Wer oft schwört, der sündigt oft.

Wer viel schwört, der bricht viel Schwüre.

Schwulst

Schwulst ist keine Kraft.

Schwur

Auf die Schwüre der Verliebten ist nicht viel zu bauen.

Hohe Schwüre haben die Lüge vor der Türe.

Vogel Sicher ist leicht zu fangen.

sechs

Wo sechs essen, spürt man den siebenten nicht.

Sechser

Ein schneller Groschen ist besser als ein langsamer Sechser.

See

Auf großen Seen sind große Wellen.

Auf hoher See wirft niemand Anker.

Lobe die See, aber bleib auf dem Lande.

Seele

Absicht ist die Seele der Tat.

Der Wein ist der Spiegel der Seele.

Die Augen sind der Spiegel der Seele.

Die Seele eines Verliebten ist nie zu Hause.

Ein Stock hat keine Seele.

Essen und Trinken hält Leib und Seele zusammen.

Ist die Kiste zu, hat die Seele Ruh.

Man kann die Seele nicht mit der Elle messen.

Verwandte Seelen finden sich.

Zwei Seelen, ein Gedanke.

Seemann

Einen guten Seemann erkennt man im Sturm.

Ein guter Seemann wird auch einmal naß.

Jeder trinkt mal einen über den Durst.

Segel

In die größten Segel fällt der meiste Wind.

Jeder fängt den Wind in seinem Segel.

Kleines Schiff, kleine Segel.

Man muß die Segel nach dem Winde richten.

Wer unter Segel gegangen ist, muß an Bord bleiben.

Wie das Schiff, so die Segel.

Wohin Segel nicht führen, dahin führen Ruder.

segeln

Mit gutem Winde (Vor dem Winde) ist gut segeln.

Ohne Wasser ist nicht gut segeln.

Wer segeln will, muß auch Wind machen.

Segen

Geduldig sein bringt Segen ein.

Gewitter ohne Regen ist ohne Segen.

Auf Streit und Schelte muß ein versöhnliches Wort folgen.

Nach dem Regen kommt der Segen, nach dem Leide kommt die Freude.

Sich regen bringt Segen.

Wer Segen aussät, wird Segen ernten.

Wo Frieden ist, da ist Segen.

Wo Unwissenheit ein Segen ist, da ist es Torheit, gescheit sein zu wollen.

segnen

Wer das Weihwasser hat, segnet sich zuerst.

sehen

Auch ein kleines Licht sieht man weit in der Nacht.

Besser einer, der's gesehen, als zwei, die's gehört.

Besser geblinzelt als gar nichts gesehen.

Besser gut gesehen als schlecht gehört.

Auf das Gesehene kann man vertrauen.

Das Herz sieht schärfer als die Augen.

Das Pferd sieht immer nach der Krippe.

Den Fleck auf dem eigenen Arsch will niemand sehen.

Des Hausherrn Auge sieht scharf.

Die Gestalt sieht man im Spiegel, aber das Herz sieht man im Wein.

Die Liebe kommt vom Sehen.

Eigene Fehler sieht man nicht.

Einem geschenkten Gaul
sieht man nicht ins Maul.

Ein Gast sieht mehr in einer Stunde als der Herr im Jahr.

Ein Schielender sieht mehr als zehn Blinde.

Erst sehen, dann gehen.

Erst sehen, dann verstehen.

Klagen soll man nicht unbesehen glauben.

Erst sieh auf dich, dann richte mich.

Erst sieh in dein Haus, dann guck heraus.

Es sieht niemand gern in einen Essigtopf.

Von einem mürrischen Partner.

Furcht sieht überall Gespenster.

Gar zu scharf gesehen macht böse Augen.

Jeder sieht durch seine eigene Brille.

Je länger man sieht, je größer wird das Auge.

Kein Auge sieht sich selbst.

Keiner ist blinder, als der nicht sehen will.

Kleine Leute sieht man nicht.

Scherz, wenn jemand übersehen wurde.

Liebesaugen sehen keine Flecke.

Man kann einem wohl ins Maul, aber nicht ins Herz sehen.

Man kann nicht allen Leuten ins Herz sehen.

Man kann nicht mit einem fremden Kopf aus dem Fenster sehen.

Ein anderer sieht die Dinge anders als man selber.

Man muß oft hinter sich sehen, wenn man vorwärtskommen will.

Man muß sehen, für wen man die Wurst brät.

Man muß weiter sehen, als die Nase geht.

Man sieht manchen auf der Gasse und weiß nicht, was er im Herzen hat.

Man sieht's am Nest, was für ein Vogel drin wohnt.

Man sieht's an den Windeln, wenn das Kind geschissen hat.

Man sieht uns nicht in den Magen, aber auf den Kragen.

Man sieht wohl den Splitter im fremden Auge, aber nicht den Balken im eigenen.

Nach Matthäus 7,3–5.

Man soll nicht auf die Gabe sehen, sondern auf die Hand.

Nicht sehen wollen ist die ärgste Blindheit.

Sehen geht vor Sagen (Hörensagen).

Sehen ist leichter als vorhersehen.

Sehen ist nicht kaufen (kostet kein Geld).

Sehen macht Wehen.

Nämlich Sehnsucht oder Verlangen.

Sehen tut den Augen wohl.

Sehen tut's halb, Hören ganz.

Vom bloßen Sehen kennt man einen Menschen noch nicht genau; man muß ihn auch sprechen hören.

Selten gesehen ist bald vergessen.

Sieh erst auf dich und die Deinen,
dann schilt mich und die Meinen.

Sieh selbst nach deinen Dingen,
wenn sie dir sollen wohl gelingen.

Sieh zuerst in dein Haus, danach hinaus.

Viel sehen, wenig sagen, das gehört zu guten Tagen.

Vier Augen sehen mehr als zwei.

Vom Sehen wird man nicht satt.

Von oben ist gut sehen, im Tale gut gehen.

Was das Auge sieht, glaubt das Herz.

Augenschein überzeugt.

Was ein Auge sieht, können auch zehn sehen.

Was ich sehe, das glaube ich.

Was man nicht gesehen hat, kann man nicht malen.

Was man nicht sieht, das will man nicht haben.

Was man selten sieht, ist bald vergessen.

Was man täglich sieht, hält man nicht hoch.

Wen man nicht sieht, den kann man nicht lieben.

Wenn die Ziege Wasser sieht, will sie saufen.

Was einem ins Auge sticht, will man auch haben.

Wer die Sonne nicht sieht, muß sehr blind sein.

Wer die Welt sehen will, muß Augen mitbringen.

Wer durch die Finger sehen kann, braucht keine Brille.

Wer hoch steht, den sieht man weit.

Wer kauft, was er sieht, muß verkaufen, was er hat.

Wer Lust hat, sieht einem andern in den Hintern.

Wer nicht sehen will, bringt die Augen nicht auf.

Wer nicht sehen will, dem hilft keine Brille.

Wer sehen will, muß gute Augen haben.

Wo Geld gezählt wird, sehen auch Blinde.

Zwei sehen mehr als einer.

Sehne

Von schlaffer Sehne fliegt kein Pfeil.

sehnen, sich

Was einer nicht kennt, danach sehnt er sich nicht.

Wer alle Tage Kuchen ißt, sehnt sich nach Brot.

Wer sich immer zu Hause gewärmt, sehnt sich nach fremdem Feuer.

Sehnsucht

Je weiter entfernt, je größer die Sehnsucht.

Seifenblase

Wer sich an Seifenblasen ergötzt, hat kurze Freude.

Seil

An einem morschen Seil darf man nicht zu stark ziehen.

Die Hoffnung ist ein langes Seil.

sein

Es fügt sich wohl, was sein soll.

Es liegt nicht am Meinen, sondern am Sein.

Gewesen ist gewesen.

Hast du was, so bist du was.

Laß jeden sein, der er ist,
so bleibst auch du, der du bist.

Lieber sein als scheinen.

Man muß die Leute nehmen, wie sie sind.

Man weiß wohl, was man ist, aber nicht, was man wird.

Muß es sein, so schick dich drein.

Sage mir, mit wem du umgehst, und ich sage dir, wer du bist.

Sein geht über Schein.

Sein geht vor Sagen.

Was einer ist, das kann man aus ihm machen.

Was nicht ist, kann noch werden.

Was nicht sein soll, soll nicht sein.

Was sein muß, muß sein (sagte der Bursche und küßte der Sau den Arsch).

Was sein soll, kann nicht ausbleiben.

Wenn's nicht sein soll, so hilft kein Bitten.

Wenn's sein soll, fällt man auf den Rücken und bricht sich die Schnauze ab.

Wer überall sein will, ist nirgends.

Wie einer ist, so ist sein Gott.

Der Selbstbewußte hat seinen eigenen Standpunkt.

Wie einer ist, so macht er Mist.

Wie ich bin, so ist mein Sinn.

Wo einer nicht gern ist, da bleibt er nicht lange.

Auf Regen folgt Sonne.

Seine, das

Jedem das Seine ist nicht zuviel.

Jedem das Seine (so hat der Teufel nichts).

Nach Cato.

Jeder lobt das Seine.

Wer das Seine bestellt, ist kein Narr.

Wer das Seine erhält, verliert nichts.

Wer das Seine verpraßt,
fällt andern zur Last.

Seinen, die

Den Seinen gibt's der Herr im Schlaf.

Ironisch, wenn jemand unverdientes Glück hat; nach Psalm 127,1.

Wer den Seinen nicht beisteht, wird Fremden nicht helfen.

Wer unter den Seinen ist, der ist daheim.

seinesgleichen

Ein jeder zu seinesgleichen,
arm zu arm, reich zu Reichen.

Grundsatz der Geldheirat.

Ein jedes Tier kennt seinesgleichen.

Es ist keiner so gut, er findet seinesgleichen.

Jeder messe sich mit seinesgleichen.

Jung zu jung, alt zu alt, jeder sich zu seinesgleichen halt'.

Wer freien will, der nehme seinesgleichen.

Seite

Jeder hat seine schwache Seite.

Jeder sieht's von seiner Seite an.

Jedes Ding hat zwei Seiten.

Man sucht oft etwas in der Weite
und hat's an seiner Seite.

selber / selbst

Andern soll man viel, sich selber nichts verzeihen.

Das Glück hilft keinem, der sich nicht selbst hilft.

Das ist ein weiser Mann, der sich selber raten kann.

Das Langsamgehen kommt von selbst.

Man kann es also dem Alter überlassen.

Der ärgste Feind ist in uns selber.

Die eigenen Schwächen.

Der beste Bote, wenn man selber geht.

Der brave Mann denkt an sich selbst zuletzt.

Nach Schiller, Wilhelm Tell.

Der Esel nennt sich selbst zuerst.

Der ist ein Mann, der sich selbst regieren kann.

Der ist leicht zu locken, der selber gern kommt.

Der sich selber unnütz ist, wem ist der nütz?

Die Dummheit straft sich selbst.

Die meisten Sorgen macht jeder sich selbst.

Die selber irren, können andere führen.

Ein armer Teufel muß das Holz zur Hölle selber tragen.

Es gibt kein besseres Pläsier, als was man sich selber macht.

Es ist leichter, für andere klug zu sein als für sich selber.

Gute Ware lobt sich selbst.

Herr von Selbst ist der beste Koch.

Hilf dir selbst, so hilft dir das Glück (Gott).

Jeder hat mit sich selbst genug zu tun.

Jeder ist sich selbst der Nächste.

Jeder nehme sich selbst bei der Nase.

Jeder muß seine Karten selber spielen.

Jeder sucht sich den Weg zum Abgrund selber.

Keiner vergißt sich selbst.

Liebe deinen Nächsten wie dich selbst.

Nach Galater 5,14; oft ironisch.

Man zählt nur sicher auf sich selbst.

Nach Schiller, Wilhelm Tell.

Narren loben sich selber.

Niemand hat einen größeren Feind als sich selbst.

Niemand kann sich vor sich selbst verbergen.

Niemand klagt sich selber an.

Schaue selbst nach deinen Dingen,
sollen sie dir wohl gelingen.

Selber arbeiten macht reich.

Selber essen macht fett.

Selber gehen erspart den Botenlohn.

Selber tun, selber haben.

Selbst eingebrockt, selbst ausgegessen.

Selbst gesponnen, selbst gewonnen.

Selbst getan ist bald getan (wohlgetan).

Selbst ist der beste Bote.

Selbst ist der Mann.

Sich selber kennen ist die größte Weisheit.

Sich selbst besiegen ist der größte Sieg.

Sich selbst betrügen ist die leichteste Arbeit.

Sich selbst zu raten ist selten einer klug genug.

Sprich wenig mit andern und viel mit dir selbst.

Was du selbst tun kannst, das überlasse nicht anderen.

Was einer selbst nicht hat, das kann er andern nicht geben.

Wer selbst nicht überzeugt ist, kann andere nicht überzeugen.

Was gut geht, tut der Bauer selbst.

Was man an anderen tadelt, muß man selber nicht tun.

Was man selber ißt, schmeckt am besten.

Was man sich selber singt, gefällt am besten.

Was man tut, tut man sich selbst.

Wenn du etwas getan haben willst, so gehe selber, wenn nicht, so schicke einen andern.

Wer alles reformieren will, der soll bei sich selbst anfangen.

Wer andere jagt, kann selbst nicht ruhen (wird selber müde).

Wer andere lehrt, lernt selbst dabei.

Wer andere regieren will, muß zuvor sich selbst beherrschen können.

Wer andern predigt, darf sich selbst nicht vergessen.

Wer den Acker betrügt, der betrügt sich selber.

Wer frei sein kann, mache sich nicht selber zum Knecht.

Wer gern lacht, der kitzelt sich selber.

Wer liebt, macht sich die Träume selber.

Wer mit sich selber kämpft, führt einen guten Kampf.

Wer nicht selbst da ist, dem wird der Kopf nicht gewaschen.

Wer selber läuft, den braucht man nicht zu treiben.

Wer selber nichts hat, muß keine Gäste laden.

Wer selber nichts taugt, sagt von andern auch nichts Gutes.

Wer selber von Eis ist, kann andere nicht wärmen.

Wer selbst einen Kopf hat, braucht keinen zu borgen.

Wer selbst schläft, kann andere nicht aufwecken.

Wer selbst stiehlt, hält jeden für einen Dieb.

Wer sich nicht selber nimmt in acht,
bei dem nützt weder Hut noch Wacht.

Wer sich sein Wetter selber machen kann,
der braucht den Hagel nicht zu fürchten.

Wer sich selber lästert, den lobt niemand.

Wer sich selber lobt, den hassen viele.

Wer sich selbst betrügt, der ist am ärgsten betrogen.

Wer sich selbst erhöht, der wird erniedrigt werden.

Nach Matthäus 23,12.

Wer sich selbst für klug hält, dem fehlt zum Narren nicht viel.

Wer sich selbst gefällt, gefällt einem Narren.

Wer sich selbst kennt, spottet nicht über andere.

Wer sich selbst kitzelt, der lacht, wann er will.

Wer sich selbst lobt, hat gewiß keinen Freund.

Wer sich selbst lobt, tadelt sich.

Wer sich selbst nichts taugt, taugt auch keinem andern.

Wer sich selbst schadet, wem soll der nützen?

Wer sich selbst verachtet, der ist nichts wert.

Wer sich selbst zum Schaf macht, den beißen die Hunde.

Wer zünden will, muß selber brennen.

Wo du nicht selbst bist, da sind keine Augen.

Wo man selber spricht, schweigt das Gerücht.

↗ *andere, der*

Selbsthilfe

Selbsthilfe ist die beste Nothilfe.

Selbstrecht

Selbstrecht ist Unrecht.

Selbstsucht

Undank ist die linke Hand der Selbstsucht.

selig

Es ist nicht jeder selig, der heilig erscheint.

Geben ist seliger denn Nehmen.

Nach Apostelgeschichte 20,35.

Nehmen ist seliger als Geben, sagen die Klosterherrn.

Spöttische Umkehrung des Bibelspruches Apostelgeschichte 20,35.

Wer's glaubt, wird selig.

Nach Markus 16,16, aber ironisch gewendet, um etwas als unglaubwürdig zu bezeichnen.

selten

Allermanns Wort lügt selten.

Ein alter Pelz ist selten ohne Läuse.

Ein Freund, der selten kommt, ist am angenehmsten.

Ein guter Hahn wird selten fett.

Es geschieht selten, daß Morgen und Abend zusammenkommen.

Es kommt selten was Besseres nach.

Eine Gelegenheit soll man nicht versäumen.

Ist nur Speck da,
die Mäuse finden sich schon.

Gern Gäste, selten Wirt.

Von Nassauern.

Hans Ungeschick hat selten Glück.

Immer fröhlich ist selten reich.

Meinen und Hoffen hat's selten getroffen.

Seltener Genuß erhöht das Vergnügen.

Selten gesehen ist bald vergessen.

Selten ist angenehm (allezeit willkommen).

Wer nicht zur Last fällt, ist gern gesehen.

Treue ist ein seltener Gast;
halt ihn fest, wenn du ihn hast.

Übermut tut selten gut.

Was man besonders gerne tut,
ist selten ganz besonders gut.

Nach Wilhelm Busch, Sprikker.

Weiße Raben sind seltene Vögel.

Wer selten kämmt, der kämmt hart.

Wer selten reitet, dem tut der Arsch bald weh.

Wer selten sündigt, bekommt bald Vergebung.

Wer zu oft kommt, ist selten willkommen.

Willst du was gelten, so komme selten.

Zweimal geht's selten gut.

Semmel

Haben wir keine Semmel, so haben wir doch Brot.

Man muß sich einzurichten wissen.

Wer Semmeln backen will, der braucht keinen Sauerteig.

Sense

Die Sense allein tut's nicht.

Grobe Mittel allein helfen nicht.

Die Sense düngt nicht.

Scharfe Maßnahmen schaffen kein Vertrauen.

Es kommt nicht nur auf die Sense an, sondern auch auf die Mäher.

Je höher das Gras, je näher die Sense.

Wie die Sense, so der Schnitt.

Sermon

Lange Bratwurst, kurzer Sermon.

Bei Festen liebt man keine langen Reden.

setzen (als Einsatz)

Wer nicht setzt, kann nicht gewinnen.

Wer viel setzt, verliert viel.

setzen, sich

Auf einen goldenen Schoß will sich jeder setzen.

Der Hintern setzt sich zuerst.

Es setzt sich niemand gern in die Nesseln.

Wer sich zwischen zwei Stühle setzt, kommt mit dem Arsch auf die Erde.

Wo es an Stühlen fehlt, setzt man sich auf die Erde.

Seuche

Neue Seuchen verlangen neue Arzneien.

seufzen

Besser schwitzen als seufzen.

Denken macht oft seufzen.

Viel Verdruß, viel Seufzen.

Seufzer

Aus einem fröhlichen Herzen kommen keine Seufzer.

Der Seufzer des Glücklichen wiegt nicht schwer.

Es gehören viel Seufzer dazu, eine Mühle zu treiben.

Man soll zupacken, nicht klagen.

Kein Trost ohne Seufzer.

Seufzer sprengen keine Steine.

sicher

An sichern Dingen ist der Zweifel gut.

Auf eigenem Sattel reitet man sicher.

Der schläft sicher, der nichts zu verlieren hat.

Der Wolf ist vor Wölfen sicher.

Gebahnter Weg ist sicher.

Im alten Geleise geht es sich sicher.

Je besser die Wache, je sicherer das Heer.

Mit alten Hunden ist die sicherste Jagd.

Erfahrene Helfer sind die besten.

Sicher ist sicher.

So sicher geht niemand, er tritt einmal fehl.

Unter eigenem Dach schläft man am sichersten.

Vogel Sicher ist leicht zu fangen.

Wer sich in Sicherheit wiegt, muß sich auf böse Überraschungen gefaßt machen.

Weit vom Schuß ist sicher.

Wer auf dem Glücksgaul reitet, ist vor dem Abwerfen nicht sicher.

Wer langsam geht, geht sicher.

Wer selber kommt, hat einen sicheren Boten.

Wer sich fürchtet, ist nirgends sicher.

Wer sich vor dem Teufel wahrt, ist vor den Engeln noch nicht sicher.

Wer sich warnen läßt, bleibt sicher.

sie

Will er essen, will sie fasten;
will er gehen, so will sie rasten.

Von unharmonischen Ehen.

↗ *er*

Sieb

Ein Sieb hält kein Wasser.

sieben

Es ist eine Kunst, aus sieben bösen Tagen einen guten herauszufinden.

Für den Fleißigen hat die Woche sieben Heute, für den Faulen sieben Morgen.

Man braucht sieben Lügen, um eine zu bestätigen.

Sieben warten nicht auf einen.

Sieben Zeugen sind sicherer als zwei.

Sieche, der

Die Siechen und Gesunden haben ungleiche Stunden.

Was der Sieche nicht mag, das mag der Gesunde.

sieden

Auch im Sieden der Eier ist Vernunft.

Liebe macht den Topf nicht sieden.

Siedet der Topf, so blüht die Freundschaft.

Sieg

Den Sieg erringt, wer sich bezwingt.

Der Sieg ist bei den Überwundenen.

Wer wirklich recht hat, stellt sich oft erst später heraus.

Ein Frieden ist besser als zehn Siege.

Es ist der schönste Sieg, an dem kein Blut klebt.

Goldene Waffen, sicherer Sieg.

Große Siege kosten viel Leute.

Je näher dem Siege, je schwerer der Kampf.

Kein Sieg ohne Kampf (Schweiß).

Man soll die Beute nicht vor dem Siege teilen.

Sich selbst besiegen ist der größte (schönste) Sieg.

Verzeihen ist der schönste Sieg.

siegen

Auch Helden siegen nicht immer.

Das Herz siegt oder bricht.

Der hat leicht siegen, der mit silbernen Lanzen ficht.

Es ist gut siegen, wenn niemand zurückschlägt.

Frechheit siegt.

Keiner siegt ohne des andern Niederlage.

Siegen macht verwegen.

Wer allein läuft, wird allemal siegen.

Wer sich mäßigt, siegt.

Sieger

Den Kranz bekommt nur der Sieger.

Der Sieger kann gut Frieden schließen.

Silber

Dem Silber und Gold ist jeder hold.

Gesundheit geht vor Silber und Gold.

Jeder hält sein Blei für Silber.

Reden ist Silber, Schweigen ist Gold.

silbern

Die Ferne macht aus einem silbernen Becher einen goldenen Kelch.

Ein silberner Hammer bricht ein eisernes Tor.

Ein silberner Schlüssel findet leicht ein goldenes Schloß.

Wer die silbernen Strümpfe hat, findet leicht die goldenen Schuhe.

Simpel

Jung ein Gimpel, alt ein Simpel.

Nach W. Busch, Sprikker.

singen

Besser singen als fluchen.

Der Hals ist bald trocken, wenn er umsonst singen soll.

Die einen singen vor Freude, und den andern bricht das Herz.

Die heute singen, können morgen weinen.

Die Lerche singt anders als die Krähe.

Einen Unglücksvogel hört niemand gern singen.

Warnende Stimmen sind oft nicht gern gehört.

Einer nur kann predigen, aber viele können singen.

Ein kurzes Lied ist bald gesungen.

Erst gepfiffen, dann gesungen.

Erst gerungen, dann gesungen.

Erst spring, dann sing.

Es ist schlecht singen, wenn's nicht von Herzen geht (kommt).

Hab ich, was klingt, so krieg ich, was singt.

Im Käfig lernt der Vogel singen.

Jeder singt sein eigen Lied.

Laß den Hund bellen, singen kann er nicht.

Lieben und Singen läßt sich nicht zwingen.

Man singt nicht gut mit leerem Magen.

Neue Lieder singt man gern.

Schreiende Kinder machen singende Mütter.

Vögel, die morgens singen, holt am Abend die Katze.

Vom Singen und vom Sagen kann man nichts zu Tische tragen.

Was man sich selber singt, gefällt am besten.

Wasser stillt wohl den Durst, aber singen lehrt es nicht.

Im Unterschied zum Wein.

Wenn der Vogel nicht singen kann, so kann er doch pfeifen.

Wer auf dem Markte singt, dem bellt jeder Hund ins Lied.

Wer beim Joche singt, mit dem Joche springt.

Was man mit Lust tut, fällt einem nicht schwer.

Wer fröhlich singt, sein Leid bezwingt.

Wer nicht singen kann, mag (muß) pfeifen.

Wer schlecht singt, singt viel.

Wer singen kann, der singe;
wer springen kann, der springe.

Wes Brot ich ess', des Lied ich sing'.

Wie der Pfarrer singt, so antwortet der Küster.

Wo Lerchen singen, hört man Krähen nicht.

Wo man singt, da laß dich fröhlich nieder, sagte der Bauer und setzte sich in den Bienenschwarm.

Wo man singt, da laß dich ruhig nieder;
böse Menschen haben keine Lieder.

Nach J. G. Seume, Die Gesänge.

↗ *Schnabel*

sinken

Auch am längsten Tage sinkt die Sonne.

Wenn das Schiff gesunken ist, so ist jeder ein Steuermann.

Hinterher gibt es stets Besserwisser.

Sinn

Aus den Augen, aus dem Sinn.

Böser Sinn stört den Beginn.

Ein ehrlicher Sinn, ein ehrliches Kleid.

Ehrlichkeit steht jedem gut an.

Einerlei Kinder, mancherlei Sinn.

Einerlei Sinn macht Freunde.

Ein Herz, ein Sinn.

Fleiß und kluger Sinn
bringt den sichersten Gewinn.

Frohem Sinn fehlt's nicht an Liedern.

Froher Sinn, halbes Leid.

Froher Sinn ist schnell dahin.

Gleiche haben gleichen Sinn.

In wenig Worten liegt oft ein tiefer Sinn.

Krause Haare, krauser Sinn.

Leute, die minnen, sind nicht recht bei Sinnen.

Lustiger Sinn macht leere Taschen.

Roß und Reiter haben nicht den gleichen Sinn.

Schwankender Sinn hat keinen Gewinn.

So mancher Mund, so mancher Sinn.

Soviel Köpfe, soviel Sinne.

Viele Worte, wenig Sinn.

Viel Köpfe, viel Sinne; viel Hasen, viel Sprünge.

Wie der Sinn, so das Leben.

Wie ich bin, so ist mein Sinn.

Williger Sinn macht leichte Füße.

sinnen

Je mehr man gewinnt,
je mehr man drauf sinnt.

Neues Spiel, neues Glück.

Sintflut

Es muß lange regnen, ehe eine Sintflut kommt.

Sitte

Am schönsten kleiden gute Sitten.

Andere Länder, andere Sitten.

Andere Zeiten, andere Sitten.

Böse Sitten lernt man schnell.

Edle Sitten sind der beste Adel.

Guter Umgang verbessert schlechte Sitten.

Höflichkeit und gute Sitten machen wohlgelitten.

Jedes Land hat seine Sitten.

Neu Amt, neue Sitten.

Schlechte (Böse) Beispiele verderben gute Sitten.

Nach 1. Korinther 15,33 und antikem Vorbild.

Schlechte Kleider sind leichter abzulegen als schlechte Sitten.

Sitte ist stärker als Recht.

Sitte wirkt mehr als alle Lehr'.

So mancher Mensch, so manche Sitte.

Wie das Land, so die Sitte.

sitzen

Auf harten Bänken ist nicht gut sitzen.

Auf hohen Stühlen sitzt man schlecht.

Bettelmännisch gesessen ist besser als edelmännisch gestanden.

Eine Krähe sitzt gern bei der andern.

Ein Goldscheißer (Dukatenscheißer) sitzt nirgends im Wege.

Es ist gleichviel, wo einer sitzt, wenn er nur etwas weiß.

Der Tüchtige setzt sich durch.

Es können nicht alle nahe am Feuer sitzen.

Es sägt niemand den Ast ab, auf dem er sitzt.

Gut gesessen ist halb gegessen.

Behaglichkeit gehört zum Wohlbefinden.

Ich sitze ganz gut, sagte die Katze, da saß sie auf dem Speck.

Man hat so viel vom Sitzen wie vom Stehen.

Narren sitzen gern oben.

Wärm dich, solange du beim Feuer sitzt.

Wenn man auch schief sitzt, so muß man doch gerade sprechen.

Für Unaufrichtigkeit gibt es keine Ausrede.

Wer auf dem Sack sitzt, der hat ihn.

Wer auf heißen Kohlen sitzt, kann nicht ruhig sein.

Wer bei Spöttern sitzt, muß nicht von Heiligen reden.

Wer bei Tisch sitzt, soll die Mahlzeit nicht verschlafen.

Wer im Glashaus sitzt, soll nicht mit Steinen werfen.

Wer obenan sitzt, auf den sieht die Welt.

Wer sich den Hintern verbrennt, muß auf den Blasen sitzen.

Wer warm sitzt, lasse das Rücken.

Wo eine Krähe sitzt, da sitzen bald zehn.

Wo ein Vogel sitzt, da sitzen bald mehr.

Sklave

Alle sind Herren, wer ist Sklave?

Spöttisch, wenn mehrere sich in den Vordergrund spielen wollen.

Der eine ist des Geldes Herr, der andere sein Sklave.

Lieber tot als Sklave.

Man soll sich nicht selber zum Sklaven machen.

Niemand ist seines Wortes Sklave.

Soviel Sklaven, soviel Feinde.

Wen man schlecht behandelt, von dem kann man keine Freundschaft erwarten.

Wer nachahmt, macht sich zum Sklaven.

Socke

Schöne Locken, schlechte Socken.

Von liederlichen Putzsüchtigen.

Sohle

Aus fremdem Felle kann man gut Sohlen schneiden.

Neue Sohlen hört man weit.

Sohn

Der Vater lügt, der Sohn betrügt.
Von schlechtem Vorbild.

Des Vaters Schritte sind des Sohnes Tritte.

Ein einziger Sohn, ein liebes Kind.

Hans ist des alten Hansen Sohn.

Wer Töchter hat, der kriegt wohl Söhne.

Wie der Vater, so der Sohn (wie die Mutter, so die Tochter).

Sold

Guter Sold schlägt den Feind.
Ohne Anerkennung keine Leistung.

Soldat

Alte Soldaten können das Pulver vertragen.
Der Erfahrene ist nicht so leicht zu verblüffen.

Der ist noch kein guter Soldat, der mit der Zunge fechten kann.

Ein Soldat ohne Schwert ist nicht viel wert.
Guter Wille allein richtet nichts aus.

Weit vom Schuß macht alte Soldaten.

sollen

Besser tun, was man nicht will, als tun, was man nicht soll.

Soll und muß ist ein bitteres Kraut.

Tu, was du sollst, und laß die Leute reden.

Was mancher tut, das soll er nicht, und was er soll, das tut er nicht.

Wenn man will, was man soll, kann man alles.

Wer nicht weiß, was er will, kann nicht tun, was er soll.

Wer redet, was er nicht sollte, muß hören, was er nicht wollte.

Wer tut, was er soll, ißt ruhig seinen Kohl.

Solltich

Auf Wolltich und Solltich borgt man kein Geld.

Sommer

Auf den Frühling folgt der Sommer.

Der Kluge kauft im Sommer seinen Pelz.

Der Sommer dauert nicht das ganze Jahr.

Der Sommer hat auch kalte Tage.
Nichts ist ohne jeden Mangel.

Des Sommers Blumen welken im Herbst.

Eine Schwalbe macht noch keinen Sommer.

Wer im Sommer nicht erntet, muß im Winter darben.

Sommertag

Man redet viel an einem langen Sommertag.

Sonne

An der Sonne öffnet sich die Rose.
Warmherzigkeit schafft Vertrauen.

Auch die Sonne hat ihre Flecken.

Auf Regen folgt Sonne.

Den einen wärmt die Sonne, den andern blendet sie.

Die Sonne bringt es an den Tag.

Die Sonne geht auf über Böse und Gute (scheint über Gerechte und Ungerechte).
Nach Matthäus 5,45.

Die Sonne scheint an die Berge zuerst.

Die Sonne scheint auch auf den Dreck.

Die Sonne scheint auch hinter den Wolken.

Die Sonne scheint den Armen wie den Reichen.

Es geschieht viel unter der Sonne, was kluge Leute nicht verstehen.

Je früher die Sonne aufgeht, desto später geht sie unter.

Je größer der Planet, je weiter von der Sonne
Je kälter also.

Je höher die Sonne, je heißer die Strahlen.

Je höher die Sonne, je kleiner die Schatten.

Keine Sonne ohne Schatten.

Mit der Sonne kommt der Tag.

Nach dem Regen scheint die Sonne.

Nicht jedes Licht kommt von der Sonne.

Nichts wird so fein gesponnen,
es kommt doch an die Sonnen.

Wem die Sonne scheint, der fragt nicht nach den Sternen.

Wenn die Sonne auf einen Misthaufen scheint, so antwortet er mit Gestank.

Wenn die Sonne scheint, braucht man keine Laterne.

Wer Butter auf dem Kopf hat, muß nicht in die Sonne gehen.

Wer den Star hat, glaubt nicht an die Sonne.

Wer die Sonne nicht sieht, muß sehr blind sein.

Wer gegen die Sonne redet, richtet nichts aus.

Offenbare Tatsachen sind nicht zu bestreiten.

Wer im Schatten steht, den blendet die Sonne nicht.

Wer in der Sonne geht, dem folgt der Schatten nach.

Wer neben der Sonne sitzt, der schwitzt leicht.

Wer Schatten sucht, muß nicht in die Sonne treten.

Wo die Sonne aufgeht, wird es Tag.

Wo Vernunft waltet.

Wo keine Sonne ist, da ist auch keine Wärme.

Von Dunkelmännertum.

Zwei Sonnen sind zuviel an einem Himmel.

Sonnenschein

Sonnenschein und Regen bringt dem Menschen Segen.

Wer bei Sonnenschein reist, braucht keine Laterne.

Sonntag

Alle Tage ist kein Sonntag.

Ein guter Sonntag will einen guten Montag haben.

Wer gut leben will, muß auch gut arbeiten.

Jede Woche hat ihren Sonntag.

Was weiß die Sau (Kuh) vom Sonntag.

Wer alle Tage feiert, fragt nicht nach dem Sonntag.

Sorge

Alle Morgen neue Sorgen.

Ander Amt, andre Sorge.

Andere Zeiten, andere Sorgen.

Ander Leut Gut, ander Leut Sorge.

Bei kleinem Glück ist kleine Sorge.

Borgen macht Sorgen.

Der Abend ist labend, der Morgen voll Sorgen.

Der gewinnt genug, der seine Sorgen verliert.

Die Sorge wächst mit dem Gut.

Eine Sorge bringt der Tag, die andere macht man sich selber.

Eine Sorge kommt nicht allein.

Ein Pfund Sorgen bezahlt kein Lot Borgen.

Fremde Sorgen hängt man an den Nagel.

Großes Glück, große Sorge.

Hüte dich vor Borgen, so schläfst du ohne Sorgen.

In großen Häusern stecken große Sorgen.

Je größer Schatz, je größer Sorge.

Je minder Sorge, je größer Gefahr.

Kleine Kinder, kleine Sorgen; große Kinder, große Sorgen.

Kleine Sorgen machen viel Worte, große sind stumm.

Klugheit macht Sorgen.

Die sich Dummheit nicht macht.

Mit einem Pfennig Frohsinn vertreibt man ein Pfund Sorge.

Mit Sorgen zerbricht man keinen Strohhalm.

Rechten und Borgen macht Kummer und Sorgen.

Reich an Gold, reich an Sorgen.

Sorge bringt nichts in die Küche.

Sorge frißt den Menschen.

Sorge frißt den Weisen wie Rost das Eisen.

Sorge macht das Leben schwer.

Sorge macht nicht satt.

Sorgen auf borgen und borgen auf Sorgen.

Sorgen behalte für dich, Freuden genieße mit andern.

Sorgen kommen ungeladen (über Nacht).

Sorgen und Jahre machen graue Haare.

Sorge und Fleiß bricht Eis.

Sorge und Klage wächst alle Tage.

Sorge und Kummer rauben den Schlummer.

Tausend Sorgen bezahlen nicht einen Heller Schulden.

Unnütze Sorge macht früh alt.

Verschieb die Sorgen bis übermorgen.

Man soll nach einer Lösung suchen.

Von Sorgen wird niemand fett.

Wenig Verstand, wenig Sorge.

Wenn man die Kleider auszieht, soll man auch die Sorgen ausziehen.

Wer ein Haus hat, hat Sorgen,
wer kein Geld hat, muß borgen.

Wer keine Sorgen hat, macht sich welche.

Wer lernt am Morgen, hat abends keine Sorgen.

Wer recht tut, der schläft ohne Sorge.

Wer Sorge hat, ist krank genug.

Wer Sorgen hat, hat auch Likör.

Scherzwort nach Wilhelm Busch, Fromme Helene.

Wer Sorge sucht, der findet sie.

Wo Sorge ist, kehrt Sorge ein.

Zuviel Sorge zerbricht das Glas.

sorgen

Der eine sorgt für die Wiege, der andere für das Kind.

Der Morgen sorgt, der Abend verzehrt.

Von Jugend und Alter.

Ehre kannst du nirgends borgen,
mußt schon selber dafür sorgen.

Erst muß man für den Schlitten sorgen, dann fürs Geläut.

Es ist dafür gesorgt, daß die Bäume nicht in den Himmel wachsen.

Mancher sorgt sich um einen Zentner und braucht kein Lot.

Man sorgt sich leichter krank als reich.

Sorg dich nicht um ungelegte Eier.

Sorge in der Zeit, so hast du in der Not.

Sorgen macht borgen.

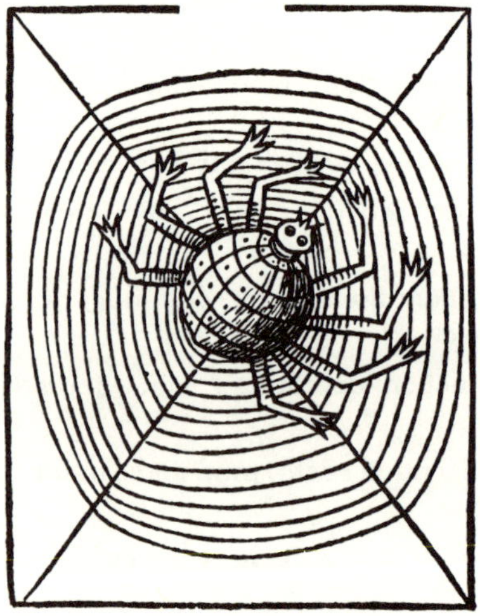

Die fleißige Spinne hat ein großes Netz.

Sorgen und Bangen vertreibt die Rosen von den Wangen.

Viel Sorgen und Wachen
vertreibt Freude und Lachen.

Wer sich Störche hält, muß auch für Frösche sorgen.

Wer wenig besitzt, hat wenig zu sorgen.

Sorglose, der

Der Sorglose trägt kein enges Wams.

Ihn bedrückt nichts.

Soße

Appetit ist die beste Soße.

soviel

Soviel Götzen, soviel Tempel.

Soviel Hunde, soviel Schwänze;
soviel Bräute, soviel Kränze.

spalten

Not spaltet Felsen.

Span

Es fällt kein Span ohne Hieb.

Es ist kein Span, es ist was dran.

Kein Gerücht ist ganz ohne Grund.

Ferne Pläne sind eitel Späne.

Gute Zimmerleute machen wenig Späne.

Ist kein Block im Wege, so fällt man über einen Span.

Schlechte Klötze geben oft gute Späne.

Ungeschickt haut grobe Späne.

Viel Späne machen auch ein Feuer.

Von groben Klötzen fallen grobe Späne.

Was unter den Hobel kommt, muß Späne lassen.

Wer Klötze hat, kann Späne machen.

Wer Späne hauen kann, ist noch kein Zimmermann.

Wer viel schnitzt, der macht viel Späne.

Wie man in einen Klotz hackt, so fallen die Späne.

Wo gehobelt wird, fallen Späne.

↗ *Stümper*

spannen

Man muß den Pflug nicht vor die Pferde spannen.

Man soll den Karren nicht vor die Ochsen spannen.

↗ *straff*

sparen

Am Zapfen sparen und am Spundloch wieder herauslaufen lassen, das spart nicht.

Auf der Neige ist nicht gut sparen.

Besser am Rande sparen als am Boden.

Also zur rechten Zeit.

Das ist ein guter Groschen, der einen Gulden spart.

Der spart zu spät, der nichts mehr hat.

Gewinnen und Sparen macht bald reich.

Hunger leiden ist kein Brot sparen.

Immer sparen heißt immer darben.

Kleiner Vorrat lehrt sparen.

Mit Kuchen kann man's Brot sparen.

Ordnung im Haus ist halbes Sparen.

Spare in der Zeit, so hast du in der Not.

Sparen ist verdienen.

Spare was, dann hast du was.

Spare, wenn du kannst, so hast du's, wenn du's brauchst.

Spart man's, so hat man's.

Spart's der Mund, so frißt's der Hund.

Was man sich ohne Not vom Munde abspart, nützt einem nichts.

Teurer Kauf spart.

Qualität lohnt ihren Preis.

Was man an der Saat spart, verliert man an der Ernte.

Was man spart, das hat man gewonnen.

Was man spart vom Mund,
frißt Katz' oder Hund.

Wenn's Faß leer ist, kommt's Sparen zu spät.

Wer den Pfennig nicht spart, kommt nicht zum Groschen.

Wer den Zwirn nicht spart, kommt sein Lebtag zu keinem Knäuel.

Wer einen Groschen spart, hat zwei verdient.

Wer erwirbt, tut viel; wer spart, tut mehr.

Wer heute etwas spart, wird morgen etwas haben.

Wer in der Jugend spart, ist im Alter bewahrt.

Wer Minuten spart, gewinnt Stunden.

Wer morgens was spart, hat abends was.

Wer nicht sparen kann, dem nützt das Gewinnen nichts.

Wer spart für morgen, spart für Mäuse.

Wer spart, hat doppelt.

Wo Schmalz ist, kann man Butter sparen.

Sparer

Jeder Sparer findet einen Zehrer.

Der das Gesparte dann wieder vertut.

Nach dem Sparer kommt ein Zehrer.

Sparnichts

Sparnichts und Habenichts wohnen unter einem Dach.

Sparren

Jeder hat einen Sparren, und wer's nicht glaubt, hat zwei.

Jeder hat seinen Sparren.

Verliebte und Narren haben immer einen Sparren.

Wo die Sparren faulen, stürzen bald die Säulen.

sparsam

Sparsam loben, karg tadeln.

Sparsam sein ist eine gute Rente.

Wer im Kleinen sparsam ist, kann im Großen freigebig sein.

Wer reichlich frühstückt, muß sparsam vespern.

Von Jugend und Alter.

Wer sparsam ist, kann viel sammeln.

Sparsamkeit

Fleiß ist des Glückes rechte Hand, Sparsamkeit die linke.

Fleiß und Sparsamkeit hilft auch durch schlechte Zeit.

Sparsamkeit erhält das Haus.

Wo Sparsamkeit haushält, da wächst der Speck an den Balken.

Sparschaft

Sparschaft gibt Barschaft.

Sparwas

Sparwas hat was (Frißauf hat nichts).

Spaß

Aus Spaß wird oft Ernst.

Der Spaß ist gut, wenn jeder lacht.

Ein hungriger Magen versteht keinen Spaß.

Ernste Rede ist kein Spaß.

Im Spaß gesagt, im Ernst gemeint.

Jeder Spaß findet seine Lacher.

Man muß keinen Spaß zu Tode hetzen.

Mit Salz und Spaß darf man's nicht übertreiben.

Spaß ist nicht Ernst.

Spaß muß getrieben werden, und wenn's unter dem Zudeck ist.

Spaß muß sein, sagte die Katze zur Maus.

Spaß muß sein, sagte Hans und kitzelte seine Grete mit der Mistgabel.

Spaß muß sein, sagte Neumann, da kitzelte er seine Frau tot.

Spiel will auch Spaß haben.

Wenn der Spaß am besten ist, soll man aufhören.

Wenn sich zwei zanken, so macht es wenigstens dem einen Spaß.

Wer keinen Spaß verstehen kann, soll nicht unter Leute gehen.

Wer zum Spaß stiehlt, wird im Ernst gehängt.

Späßchen

Ein Späßchen zur Zeit hat keinen gereut.

Spaßmacher

Junge Spaßmacher, alte Sauertöpfe.

spät

Besser eine Stunde zu früh als eine Minute zu spät.

Besser früh bedacht als spät bereut.

Besser spät als nie (gar nicht).

Besser zu früh als zu spät.

Das Sparen kommt zu spät,
wenn's auf die Neige geht.

Der kommt nicht zu spät, der schlechte Nachricht bringt.

Der richtige Mann kommt nie zu spät.

Der schreit zu spät, den der Wolf erwürgt.

Der spart zu spät, der nichts mehr hat.

Der Vogel schreit zu spät, wenn er gefangen ist.

Die zu sehr eilen, haben spät Feierabend.

Eileviel kommt spät ans Ziel.

Ein bißchen zu spät ist viel zu spät.

Es ist zu spät, den Brunnen zuzudecken, wenn das Kind ertrunken ist.

Etwas Gutes zu lernen ist es nie zu spät.

Ferne Gäste kommen spät.

Auf entfernte Bekannte oder Verwandte kann man in einer Notlage kaum rechnen.

Große Hast kommt oft zu spät.

Gutes tun ist nie zu spät.

Je länger hier, je später dort.

Je näher, je später.

Die es nicht weit haben, kommen oft zuletzt.

Je später der Abend, je schöner die Gäste.

Reue kommt nie zu spät.

Schaden macht klug, aber zu spät.

Sich bessern ist nie zu spät.

Späte Rache rächt hart.

Später Dank, schlechter Dank.

Späte Reue, lange Reue.

Späte Reu' ist selten treu (macht Schaden neu).

Spätes Obst liegt am längsten.

Spät ist besser als gar nicht.

Spät kommt auch.

Spät nieder und spät auf ist aller faulen Leute Brauch.

Was spät gesät wird, das geht spät auf.

Was zu spät kommt, ist keine Wohltat.

Wenn das Haus niedergebrannt ist, kommt die Spritze zu spät.

Wenn das Pferd tot ist, kommt der Hafer zu spät.

Wer gute Nachricht bringt, kommt nie zu spät.

Wer spät kommt, dem bleiben die Knochen.

Wer spät kommt, der kommt auch.

Wer zu lange schläft, wacht zu spät auf.

Wer zu sehr eilt, kommt gern zu spät (spät ans Ziel).

Wer zu spät kommt, findet leere Schüsseln.

Zu spät ist ein böses Wort.

Spaten

Fleißiger Spaten ist immer blank.

Spatz

Auch dem Spatz gefällt sein Gefieder.

Besser einen Spatz gefangen als müßiggegangen.

Besser ein Spatz in der Hand als eine Taube auf dem Dach.

Es gibt mehr Spatzen als Lerchen.

Wo ein Spatz sitzt, kann auch eine Lerche sitzen.

↗ *Sperling*

spazierengehen

Wer spazierengeht, dem ist jeder Weg der rechte.

Speck

Alte Mäuse fressen auch gern frischen Speck.

Wenn alte Leute nach jüngeren Partnern Ausschau halten.

Alter Speck macht fette Suppen.

Von Lebenserfahrung.

Anderer Leute Speck ist immer fetter.

Für den Mißgünstigen.

Die Katze liebt den Speck und die Sau den Dreck.

Die Maus in der Falle freut kein Speck.

Geträumter Speck ist mager.

Ich sitze ganz gut, sagte die Katze, da saß sie auf dem Speck.

Ist nur Speck da, die Mäuse finden sich schon.

Man braucht keinen Speck zum Speck.

Man jagt die Katze zu spät vom Speck, wenn er gefressen ist.

Mit Speck fängt man Mäuse.

Sauerkohl und Speck hilft dem Bauer durch den Dreck.

Irgendwie wird es schon gehen. Ursprünglich von der Nahrung im Winter.

Speck läßt nicht von der Schwarte.

Art nicht von Art.

Speck und Brot schlägt den Hunger tot.

Speck und Schwart' sind von einer Art.

Wem man den Speck gibt, dem soll man auch den Kohl geben.

Wer das eine will, muß das andere mögen.

Wer Speck schneidet, macht sich fettig.

↗ *Schwein, Sparsamkeit*

Speckfeld

Wer in Speckfeld wohnt, bekommt leicht einen Freund aus Weinheim.

Speicher

Großer Tisch macht leere Speicher.

Über volle Speicher klagt niemand.

speien

Wo Saufen eine Ehre ist, da ist das Speien keine Schande.

Speise

Neue Speise macht neuen Appetit.

Viel Speise und Trank
macht matt und krank.

Wie die Speise, so das Maul.

spendieren

Wer nur recht spendieren kann,
ist überall ein lieber Mann.

Sperling

Auf Sperlinge (Spatzen) schießt man nicht mit Kanonen.

Der Sperling in der Hand ist besser als die Taube auf dem Dach.

Ein Sperling schimpft den andern Dachscheißer.

Fliegt ein Sperling aus,
kommt ein Spatz nach Haus.

Wo Hecken sind, da sind auch Sperlinge.

Spesen

Ist der Kranke genesen,
zahlt er ungern die Spesen.

spicken

Eine feiste Gans muß man nicht spicken.

Spiegel

Am Spiegel ist keine Frau häßlich.

Auch ein neuer Spiegel glättet alte Runzeln nicht.

Der beste Spiegel ist ein alter Freund.

Der Spiegel der Geschichte ist der beste Wahrsager.

Der Spiegel lügt, der Schein betrügt.

Der Spiegel lügt nicht (sagt immer die Wahrheit).

Die Gestalt sieht man im Spiegel, aber das Herz sieht man im Wein.

Ein falscher Spiegel gibt kein richtiges Bild.

Es hat noch kein Spiegel einer Frau gesagt, daß sie häßlich ist.

Es steckt nicht im Spiegel, was man darin sieht.

Ist die Frau vor dem Spiegel,
so vergißt sie den Tiegel.

Je häßlicher das Gesicht, je falscher schilt man den Spiegel.

Spiegel geben keine Schönheit.

Was soll dem Blinden ein Spiegel?

Wenn man dich lobt, so sieh in den Spiegel.

Um zu prüfen, ob man's verdient.

Wenn nichts in den Spiegel hineinsieht, so sieht auch nichts heraus.

Wer einen guten Freund hat, braucht keinen Spiegel.

Wie der Spiegel, so die Gestalt.

↗ *Seele*

spiegeln, sich

Wer sich an anderen spiegelt, spiegelt sich sanft.

Spiel

Am Ende des Spiels wartet der Teufel.

Mit einem Spieler nimmt es kein gutes Ende.

Beim Spiel ist Aufhören das beste.

Das beste Spiel wird auch zuviel.

Dem Zuschauer ist kein Spiel zu hoch.

Der Jungen Spiel wird den Alten oft zuviel.

Der Katzen Spiel ist der Mäuse Tod.

Ein Spiel bringt das andere.

Es ist ein böses Spiel, wo der eine weint und der andere lacht.

Gutes Spiel wird leicht zuviel.

Im Spiel gibt's (gilt) keine Freundschaft.

Im Spiel lernt man die Leute kennen.

Je besser Spiel, je ärger Schalk.

Junge Mäuse sind der Katzen Spiel.

Unerfahrene fallen leicht herein.

Man muß gute Miene zum bösen Spiel machen.

Mischt der Zufall die Karten, so verliert der Verstand das Spiel.

Neues Spiel, neues Glück.

Scherz und Spiel ist nicht des Lebens Ziel.

Schnelles Spiel übersieht viel.

Spiel will auch Spaß haben.

Spiel will Augen haben.

Wortspiel: Auge als Zählwert der Karten und als Metapher für Wachsamkeit.

Tanz und Spiel will ein Ziel.

Trumpf ist die Seele des Spiels.

Unglück im Spiel, Glück in der Liebe.

Unter Gleichen ist das beste Spiel.

Wer das Spiel nicht versteht, der bleibe davon.

Wer dem Spiel zusieht, kann's am besten.

Von Krittelei.

Wer zögert, hat das Spiel halb verloren.

Zum Spiel gehören zwei.

Zuviel ist böses Spiel (verdirbt das Spiel).

spielen

Am besten spielt, wer gar nicht spielt.

Ein Narr will was zu spielen haben.

Es spielen sich eher zehn arm als einer reich.

Es spielen viele, aber nur einer kann gewinnen.

Gefiedelt ist nicht gespielt.

Hast du Geld, so spiel, hast du keins, so stiehl.

Jeder hat seine Puppe, mit der er spielt.

Man spielt sich nicht gelehrt.

Mit nichts spielt man, mit nichts gewinnt man.

Spielen ist keine Kunst, aber Aufhören.

Spielen ist nicht Schafe hüten.

Tanzen die Wanzen, spielen die Grillen.

Viele spielen, einer gewinnt.

Wenn das Feuer erloschen ist, spielen die Kinder mit der Asche.

Wenn die Gefahr vorbei ist, kann man leicht mutig sein.

Wer nicht spielt, hat schon gewonnen.

Wer spielt, verspielt.

Wo zwei spielen, da muß einer verlieren.

Spieler

Die Zuschauer sind die besten Spieler.

Ein Spieler ist des andern Säckelträger.

Man findet selten einen reichen Spieler.

Nicht jeder Spieler sprengt die Bank.

Je fauler der Stamm,
je wohler dem Wurm.

Spielzeug

Jedes Alter hat sein Spielzeug.

Kindern und Frauen muß man ihr Spielzeug lassen.

Spieß

Es sind nicht alles gute Landsknechte, die lange Spieße tragen.

Je älter der Spieß, je stumpfer die Spitze.

Mit langen Spießen ist gut kriegen.

Wenn man die rechten Mittel hat, erreicht man was.

Wer den Spieß kauft, bekommt den Krieg als Zugabe.

Spießrute

Es gibt mehr Spießruten als Lorbeeren.

Spinne

Auch im Traum fängt die Spinne Fliegen.

Die fleißige Spinne hat ein großes Netz.

Spinne am Abend, erquickend und labend; Spinne am Morgen bringt Kummer und Sorgen.

Scherzhaft-abergläubisch; eigentlich vom Spinnen als häusliche Nebenbeschäftigung.

spinnen

Es ist gut spinnen von fremdem Flachs.

Es ist nichts so fein gesponnen, es kommt doch endlich an die Sonnen.

Gut gehechelt ist halb gesponnen.

Selbst gesponnen, selbst gewonnen.

Spinnen lehrt spinnen.

Übung macht den Meister.

Wer nicht spinnt, behält seinen Flachs.

Wer nicht spinnt, der nicht gewinnt.

Wie man spinnt, so tucht es.

Zu fein gesponnen reißt der Faden.

spitz

Allzu spitz bricht.

Allzu spitz, das sticht nicht; allzu scharf, das schneidet nicht.

Spitz ist nichts nütz.

Was spitz anfängt, hört stumpf auf.

Was zu spitz ist, wird leicht stumpf.

Witz ist spitz.

Spitzbube

Ein Dieb nennt den andern Spitzbub.

Es sind nicht alle Spitzbuben, die von Hunden angebellt werden.

Spitze

Je schärfer die Spitze, je tiefer die Wunde.

Wenn man den Kopf des Nagels trifft, trifft man auch seine Spitze.

spitzen

Der muß nicht pfeifen wollen, der den Mund nicht spitzen kann.

Was stechen will, spitzt sich beizeiten.

Splitter

Man sieht wohl den Splitter im fremden Auge, aber nicht den Balken im eigenen.

Nach Matthäus 7,3.

Wo nur ein Splitter drin ist, kann man keinen Balken herausziehen.

Sporn

An den Sporen erkennt man den Hahn.

Der Sporn lehrt (macht) das Roß traben.

Eigene Sporen und fremde Pferde machen kurze Meilen.

Einer braucht den Zaum, der andere die Sporen.

Ein guter Reiter vergißt die Sporen nicht.

Ein gutes Pferd braucht keine Sporen.

Mit Hafer lockt man, mit Sporen fährt man.

Scharfe Sporen machen willige Pferde.

Zu scharfe Sporen verderben das Pferd.

spornen

Ein blindes Pferd soll man nicht spornen.

Wer zuviel spornt, kommt spät ans Ziel.

Spott

Allzu fromm ist Nachbars Spott.

Übertreibung schadet.

Falsches Lob ist sicherer Spott.

Lieber Schaden als Spott.

Mit Spott schmiert man die Schuhe nicht.

Spott bringt nicht schneller voran.

Spott tötet den Mann.

Spott und Hohn trägt schlimmen Lohn.

Spott wird mit Spott belohnt.

Wahrer Spott, schlimmer Spott.

Wer den Schaden hat, bekommt den Spott umsonst.

Wer den Schaden hat, braucht für den Spott nicht zu sorgen.

spotten

Solange man noch auf dem Stege ist, soll man nicht über den Graben spotten.

Spotte nicht mit Eulen, es sind auch Gottes Vögel.

Scherzhafte Warnung, es nicht zu weit zu treiben.

Spotten ist nicht scherzen.

Wer sich selbst kennt, spottet nicht über andere.

Spötter

Dem Spötter regnet's auch zuweilen in die Blumen.

Spötter essen auch Brot.

Spötters Haus brennt auch.

Spötters Tür steht immer offen.

Wer bei Spöttern sitzt, muß nicht von Heiligen reden.

Weil den Spöttern nichts heilig ist.

Spottvogel

Spottvogel hat selbst krumme Beine.

Sprache

Es ist eine schlechte Sprache, die niemand versteht.

sprechen

Anders spricht der Herr, anders der Knecht.

Besser zehnmal hören als einmal sprechen.

Denke zweimal, eh' du einmal sprichst.

Der eine spricht davon, und der andere tut daran.

Erst denken, dann sprechen.

Gesummt ist auch gesprochen.

Große Sprecher sind nicht immer große Täter.

Jeder spricht für seine Sache.

Jeder spricht nach seiner Weise.

Jeder spricht sein eigenes Latein.

Man kann lange sprechen, ohne etwas zu sagen.

Man spricht so lange von einem Dinge, bis es geschieht.

Man spricht von nichts, es kommt von etwas.

Am Gerede ist immer ein bißchen Wahres.

Sitze meinetwegen krumm, aber sprich gerade.

Sprechen ist leichter als schweigen.

Sprich gut von deinen Freunden und schweig von deinen Feinden.

Sprich nicht, wenn man dich nicht hören will.

Sprich, was wahr ist; trink, was klar ist; iß, was gar ist.

Dem Storch gefällt sein Klappern.

Sprich wenig mit andern und viel mit dir selbst.

Sprich wenig und höre viel.

Viel sprechen gibt viel zuzuhören.

Wer seine Meinung sagt, muß sich auf die Argumente der anderen gefaßt machen.

Viel sprechen macht Kopfzerbrechen.

Vom Guten spricht man wenig, vom Bösen desto mehr.

Was man gern tut, davon spricht man auch gern.

Wenn der Müller nicht vom Mehl spricht, so spricht er von Säcken.

Wenn ein Ochse sprechen will, so brüllt er.

Von Polterern.

Wenn man vom Teufel spricht, dann kommt er.

Scherzhaft, wenn jemand hereinkommt, von dem man gerade gesprochen hat.

Wer angenehm spricht, dem hört jeder gern zu.

Wer mit Hunden spricht, wird angebellt.

Wer mit Ochsen spricht, dem geben Ochsen Antwort.

Wer nicht spricht, den hört man nicht.

Wer beachtet sein will, muß sich äußern.

Wer nicht spricht, ist schwer zu widerlegen.

Wer (nicht) viel spricht, hat (nicht) viel zu verantworten.

Wer sprechen kann, ist überall zu Hause.

Wer spricht, sät; wer hört, erntet.

Wer spricht, was er will, muß hören, was er nicht will.

Wer viel spricht, der lügt auch viel.

Wer viel spricht, der muß viel hören.

Wer zu dir von andern spricht, redet bei andern von dir.

Wo der Magen spricht, da schweigt der Verstand.

Auch von Besitzstreben.

Wo der Pfennig spricht, hört man andere Rede nicht.

Wo die Augen sprechen, kann die Zunge schweigen.

Wo ein Herz spricht, da hört ein Herz.

Wo man selber spricht, schweigt das Gerücht.

Wo Pflicht ist zu sprechen,
ist Schweigen Verbrechen.

Wo viel gesprochen wird, hört man wenig Wahrheit.

sprengen

Unmaß sprengt das Faß.

Verstand sprengt Felsen.

Spreu

Des Königs Spreu gilt mehr als anderer Leute Korn.

Jedes Korn hat seine Spreu.

Man drischt das Korn nicht um der Spreu willen.

Viel Spreu, wenig Korn.

Wo keine Spreu ist, da sind auch keine Körner.

Sprichwort

Ein Sprichwort trügt nicht, der Himmel fällt nicht, Hochmut währt nicht.

Kein Sprichwort lügt, sein Sinn nur trügt.

Sprichwörter lehrt die Erfahrung.

Sprichwort, Wahrwort.

Wie das Land, so das Sprichwort.

springen

Altes schleicht, Junges springt.

Erst spring, dann sing.

Man darf nicht zu früh jubeln.

Es ist gehuppt wie gesprungen.

Man muß rückwärts gehen, um gut zu springen.

Niemand kann über seinen eigenen Schatten springen.

Voller Gaul springt.

Wer gehen kann, lernt auch springen.

Wer gut springt, dem gelingt.

Wer singen kann, der singe; wer springen kann, der springe.

Wer springen will, bückt sich.

Springer

Ein Springer ist noch kein Tänzer.

Zum Talent muß Ausbildung kommen.

Junger Springer, alter Stelzer.

Spritze

Die Spritze, die morgen kommt, löscht heute kein Feuer.

spröde

Allzu spröde taugt nicht.

Spröde Magd macht kühne Freier.

Sprosse

Bei der untersten Sprosse fängt die Leiter an.

Sprosse für Sprosse besteigt man die Leiter.

Wer die Leiter hinaufwill, muß bei der untersten Sprosse anfangen.

Spruch

Ein weiser Spruch ist ein Freund in Gefahr.

Sprung

Ein guter Anlauf ist der halbe Sprung.

Ein Sprung ist kein Sturz.

Je weiter das Ufer, je schwerer der Sprung.

Was in Sprüngen kommt, geht in Sprüngen wieder fort.

Wer einen großen Sprung tun will, der geht erst rückwärts.

Zu einem großen Sprung gehört ein großer Anlauf.

Spucke

Mit Geduld und Spucke
vertreibt man manche Mucke.

Spuk

Es ist nicht alles Spuk, was in der Zelle einer Nonne rumpelt (was in der Tochter Kammer geht).

spuken

In alten Schlössern spuken die Geister am liebsten.

Alte Leute haben manchmal wunderliche Einfälle.

Wo's spukt, da liebt (diebt) sich's.

sputen

Vom Sputen ist die Katze gestorben.

Hast bringt nichts ein.

Staat

Mit seiner eigenen Schande macht niemand Staat.

Viel Staat auf dem Kopf und nichts im Topf.

Stachel

Der Honig ist nicht weit vom Stachel.

Der Stachel macht keine Biene.

Im Munde den Honig, im Herzen den Stachel.

Jede Biene hat ihren Stachel.

Jeder Genuß hat seinen Stachel.

Wenn die Biene sticht, verliert sie den Stachel.

Wer Disteln sät, wird Stacheln ernten.

Wider den Stachel ist nicht gut lecken (löken).

Zorn ist der Stachel zu großen Taten.

Stadt

Alte Städte, alte Bräuche.

Die Stadt ist gut, sagte der Bauer, aber die Leute taugen nichts.

Große Stadt braucht große Tore.

Eine große Sache muß mit Großzügigkeit betrieben werden.

Große Städte, große Sünden.

In einer fremden Stadt geniert man sich nicht.

Jede Stadt muß ihren Narren haben.

Kleine Städte haben oft große Propheten.

Lieber der Erste im Dorf als der Letzte in der Stadt.

Man soll die Stadt nicht anzünden, ehe der Feind kommt.

Man soll nicht in Panik verfallen.

Weise und Narren machen eine Stadt.

Wenn's der Stadt wohl geht, so geht's den Bürgern auch wohl.

Die Lage des Ganzen bedingt auch die Situation des einzelnen.

Wer am Tor ist, hat nicht mehr weit in die Stadt.

Wer langsam (sachte) fährt, kommt auch in die Stadt.

Städtchen

Andre Städtchen, andre Mädchen.

Stahl

Der Stahl nimmt's nicht übel, wenn man ihn poliert.

Respektvolle Höflichkeit schadet nie.

Wie der Stahl, so die Funken.

Stall

Die besten Pferde sucht man im Stall.

Ein alter Ochse findet die Tür zum Stall.

Ein gutes Pferd verkauft man aus dem Stall.

Es gehen viel geduldige Schafe in einen Stall.

Gewalt führt die Kuh nicht in den Stall.

Im Stall ist der Hund am dümmsten.

Jeder miste seinen Stall.

Man muß die Ziege melken, die im Stall steht.

Wenn's Pferd gestohlen ist, schließt man den Stall zu.

Alte Städte, alte Bräuche.

Wie der Stall, so das Vieh.

Wo der Stall offen ist, laufen die Schweine heraus.

Zwei Böcke vertragen sich nicht in einem Stall.

Stamm

Alter Stamm hält stramm.

Von Rüstigkeit und Verläßlichkeit.

Alte Stämme, gute Früchte.

Wert der Erfahrung.

Der Apfel fällt nicht weit vom Stamm.

Je älter die Weide, je hohler der Stamm.

Je fauler der Stamm, je wohler dem Wurm.

Junge Reiser pfropft man nicht auf alte Stämme.

Stange

Hohe Stange steht nicht lange.

Stank

Außen blank, innen Stank.

Stank für Dank.

Von Undankbaren bekommt man nur üble Nachrede.

Stank ist des Teufels Dank.

Stänker

Zänker sind Stänker.

Star (Augenkrankheit)

Wer den Star hat, glaubt nicht an die Sonne.

Von geistiger Blindheit.

stark

Auf hohen Türmen wehen starke Stürme.

Bündnis macht die Schwachen stark.

Der Kopf ist stärker als die Hände.

Der Nacken der Gemeinde ist stark.

Einigkeit macht stark.

Ein loses Maul braucht einen starken Rükken.

Ein starkes Wort macht noch keinen Helden.

Es ist keine Eiche so stark,
das Beil dringt ihr ins Mark.

Gram bricht auch ein starkes Herz.

Große Sachen brauchen starke Arme.

Hartes Holz will eine starke Axt.

Hoffnung macht den Schwachen stark.

Je gröber Flachs, je stärker Faden.

Je größer die Fenster, je stärker das Licht.

Je näher die Mühle, je stärker das Klappern.

Je schneller der Strom, je stärker die Wellen.

Je stärker der Wein, je schwächer das Bein.

Je stärker der Wind, je größer die Wellen.

Je stärker die Zunge, je schwächer die Arme.

Von Maulhelden.

Je stärker getrunken, je schwächer geworden.

Man braucht starke Füße, um gute Tage zu ertragen.

Milde Hand, starke Hand.

Starke Bäume geben starke Balken.

Starke Gluten rauchen nicht.

Starke Güsse sind nicht von Dauer.

Starke Hand fackelt nicht.

Stark Getränk macht wilde Leut'.

Viele Streiche fällen die stärkste Eiche.

Vorsicht macht stark.

Willst du stark sein, so erkenne deine Schwächen.

Zorn macht stark.

Starke, der

Der Starke ist am mächtigsten allein.

Nach Schiller, Wilhelm Tell.

Der Stärkere hat immer recht.

Der Starke weicht zurück, sagte der Teufel, als man ihn zur Tür hinauswarf.

Der Starke zieht ins Feld.
Und läßt sich nicht einschüchtern.

Der Stärkste behält den Platz.

Der Stärkste bricht die Beine zuerst.

Der Stärkste ist Meister (hat recht).

Es ist keiner so stark, er findet einen Stärkeren.

Mit Stärkeren ist schlecht streiten.

Viel Schwache werden eines Starken Herr.

Wenn der Starke fällt, wanken auch die Schwachen.

Stärke

Das Pferd kennt seine Stärke nicht.

Frisch zu Werke, die beste Stärke.

Klugheit geht über Stärke.

Lobe meine Werke, so rühm' ich deine Stärke.

Stärke ist kein Recht.

Wo Stärke ist, da ist auch Gewalt.

Wo Stärke nicht hilft, muß man List versuchen.

stärken

Ein kleiner Zorn stärkt die Liebe.

Trägheit schwächt, Arbeit stärkt.

Statt

Die Statt macht den Dieb.

Statut

Was fragt der Wolf nach den Statuten!

Staub

Ein Reiter macht nicht viel Staub.
Einer allein richtet nicht viel aus.

Wenn die Schlösser stürzen, gibt's viel Staub.

Wer den Staub scheut, bleibe von der Tenne.

Wer in den Staub bläst, der hat die Augen bald voll.

Wo viele tanzen, da ist viel Staub.

Wo viel Wind ist, da ist selten Staub.

stechen

Der Floh sticht zwar, aber er schadet nicht.
Geringe Unannehmlichkeiten muß man ertragen.

Dorn und Distel stechen sehr,
falsche Zungen noch viel mehr.

Gestochen ist gestochen, sagte die Nadel zum Degen.

Gestochen ist nicht gehauen.

Großmauls Degen sticht nicht.

Rosen blühen, Dornen stechen.

Was stechen will, spitzt sich beizeiten.

Wer gestochen wird, schreit.

Wer in Dornen greift, sticht sich.

stecken

Nicht in jedem Hemde steckt ein Mann.

Viele Leute, viele Häute; aber jeder steckt in der eigenen.

Von einem Streiche fällt keine Eiche.

Stecken

Es ist kein Kinderspiel, wenn alte Leute auf Stecken reiten.

Jeder Stecken hat zwei Ecken.

Alles hat zwei Seiten.

Man findet bald einen Stecken, wenn man einen Hund schlagen will.

Steckenpferd

Ein Steckenpferd frißt mehr als zehn Ackergäule.

Jeder hat sein Steckenpferd,
das hält er über alles wert.

Steckenpferde reiten kostet Beine.

Stecknadel

Eine Stecknadel hat auch einen Kopf.

Steg

Solange man noch auf dem Stege ist, soll man nicht über den Graben spotten.

Wer einmal vom Steg gefallen ist, fürchtet sich auch, über eine Brücke zu gehen.

stehen

Auf einem Bein kann man nicht stehen.

Ein gewarnter Mann steht für zwei.

Je höher man steht, je tiefer man fällt.

Stehendes Wasser wird faul.

Stehen macht müde Beine.

Wahrmanns Haus steht am längsten.

Wer hoch steht, den sieht man weit.

stehenbleiben

Die Uhr bleibt stehen, aber die Zeit nicht.

stehenlassen

Wer den Tisch voll Braten hat, läßt die Grütze stehen.

Will's nicht gehen, so laß es stehen.

stehlen

Bei Dieben lernt man stehlen.

Das Kleine wird gestohlen, das Große genommen.

Der Dieb meint, sie stehlen alle.

Der letzte hat den Sack gestohlen.

Jedenfalls kriegt er die Schuld.

Der Niemand stiehlt am meisten.

Der Rabe läßt das Stehlen nicht.

Schlechte Gewohnheiten sind dauerhaft.

Der Reiche stiehlt, und der Arme wird gehängt.

Die Elster stiehlt, so gut sie schwatzt.

Ehrlich hat die Kuh gestohlen.

Spöttisch, wenn jemand seine Ehrlichkeit zu sehr betont.

Ein Dieb stiehlt sich selten reich.

Einmal gestohlen ist immer verloren.

Es ist eins, wenn der eine stiehlt und der andere den Sack aufhält.

Es stiehlt sich am besten, wenn man nicht weit langen muß.

Gelegenheit macht Diebe.

Finden und verhehlen ist so gut wie stehlen.

Gefällt dir das Stehlen, so laß dir auch das Hängen gefallen.

Geschenkt ist geschenkt, wiederholen ist gestohlen.

Gestohlen ist bald was.

Ein Fehler ist schnell geschehen.

Hehlen ist so schlimm als stehlen.

Jeder stiehlt auf seinen Hals.

Mit gestohlen, mit gehängt.

Stiehlst du nicht, so hängst du nicht.

Stiehlt der Knecht, so zahlt der Bauer.

Stiehlt mein Bruder, so hängt ein Dieb.

Stiehl, wo (was) du kannst, aber laß jedem das Seine.

Ablernen ist kein Diebstahl.

Trunken gestohlen, nüchtern gehängt.

Wer bei Nacht stiehlt, wird bei Tage gehängt.

Wer besoffen stiehlt, muß nüchtern hängen.

Wer das Lügen leidet, lehrt das Stehlen.

Wer einen Pfennig stiehlt, stiehlt auch wohl einen Gulden.

Wer einmal stiehlt, heißt immer (allezeit) ein Dieb.

Wer für andere stiehlt, wird für sich gehangen.

Wer gern findet, stiehlt gern.

Wer Liebe stiehlt, ist kein Dieb.

Wer mit Dieben stiehlt, muß mit Dieben laufen.

Wer nascht, der stiehlt auch.

Wer selbst stiehlt, hält jeden für einen Dieb.

Wer stehlen will, dem schmiedet der Teufel leicht einen Dietrich.

Wer zum Spaß stiehlt, wird im Ernst gehängt.

Wo alle stehlen, ist es schwer, einen Dieb zu fangen.

Stehler

Der Hehler ist so schlimm als der Stehler.

Stehler, Hehler und Befehler sind drei Diebe.

Wär' nicht der Hehler, so wär' auch nicht der Stehler.

steif

Alte Ochsen haben steife Hörner.

Alte Pferde haben steife Beine.

Je älter der Kater, je steifer der Schwanz.

Je älter, je eigensinniger.

Steig

Wer auf einen Steig scheißt, der scheißt nicht weit vom Wege.

Wenn etwas so gut wie getroffen ist.

Steigbügel

Wer den Steigbügel hält, ist so gut, als der hinaufsteigt.

steigen

Das Schwere fällt, das Leichte steigt.

Jedes Steigen hat sein Neigen.

Je höher man steigt, je tiefer kann man fallen.

Mancher steigt einen Zoll und fällt sieben Klafter.

Wen man auf die Schulter steigen läßt, der will ganz auf den Kopf.

Wer höher steigt, als er sollte,
fällt tiefer, als er wollte.

Wer schnell (hoch) steigt, fällt schnell (tief).

Steiger

Ein guter Steiger braucht auch Glück.

Hohe Steiger fallen tief.

Stein

Auf dem rollenden Stein wächst kein Moos.

Anerkennend von Fleißigen.

Böses schreibt man in Stein, Gutes in Sand.

Der eine rafft die Steine, der andere wirft sie.

Einen geworfenen Stein kann man nicht zurückrufen.

Eine Beleidigung kann man nicht einfach ungeschehen machen.

Ein kleiner Stein kann eine große Beule machen.

Ein schlechter Stein im Wege wirft einen großen Wagen um.

Ein Stein schleift den andern.

Es gibt Steine, über die auch ein Kluger fällt.

Es ist eine harte Sache, wenn man auf einen Stein beißt.

Es ist kein Stein so hart, man kann ihn polieren.

Es ist kein Stein so klein, er füllt ein Loch.

Es ist nicht allemal der schlechteste Stein, den der Maurer wegwirft.

Man soll niemanden zu schnell aufgeben.

Je größer der Stein, je mehr plumpst es.

Je härter der Stein, je schöner die Funken.

Man kann bald einen Stein finden, an dem man sich stößt.

Mit Mühe schlägt man Feuer aus dem Stein.

Not macht aus Steinen Brot.

Seufzer sprengen keine Steine.

Unmöglich ist härter als Stein.

Was fragt ein Stein nach harten Streichen.

Wen die Steine verdrießen, der muß keine Kirschen essen.

Wenn der Stein fällt, so fällt er auf den kranken Fuß.

Wer den Stein nicht heben kann, muß ihn wälzen.

Wer ohne Sünde ist, der werfe den ersten Stein.

Nach Johannes 8,7.

Wer (selbst) im Glashaus sitzt, soll nicht mit Steinen werfen.

Wie man auf einen Stein schlägt, so gibt er Funken.

Zwei harte Steine mahlen nicht reine.

Von Unverträglichen.

↗ *stet*

steinern

Steinerne Herzen machen keine nassen Augen.

Steiß

Wenn die Gans das Wasser sieht, so zappelt ihr der Steiß.

Stelle

Wen der Teufel reitet, der muß wohl von der Stelle.

Stelze

Dünkel geht auf Stelzen.

stelzen

Jung gestelzt, alt gehinkt.

sterben

Alle Tage weh stirbt nimmermeh'.

Spöttisch von Wehleidigen, die dauernd über ihre Krankheiten klagen.

An etwas Schande stirbt man nicht.

An Haß und Neid stirbt Heiterkeit.

Besser geflohen als gestorben.

Von Aussichtslosem soll man ablassen.

Besser mit Ehren sterben als mit Schanden gelebt.

Der ist lange tot, der vorm Jahr starb.

Der Mann stirbt, aber das Amt bleibt.

Der Schenker ist gestorben, der Geizhals lebt noch.

Die einen sterben, die andern erben.

Die Gerechtigkeit ist oft krank, aber sie stirbt nicht.

Ehrlos gelebt, schändlich gestorben.

Es sind schon Nachtwächter bei Tage gestorben.

Friß, Vogel, oder stirb.

Gestorben, begraben.

Geschehenes läßt sich nicht ändern.

Immerkrank stirbt nicht.

Lieber siebenmal verderben als einmal sterben.

Liebeskrank stirbt nicht gleich.

Man braucht nur sterben, um gelobt zu werden.

Mäßig wird alt, zuviel stirbt bald.

Neid stirbt nicht.

Stirbt der Fuchs, so gilt der Balg;
lebt er lang, so wird er alt.

Vom Drohen stirbt man nicht.

Wahrheit altert wohl, aber sie stirbt nicht.

Wer trinkt ohne Durst und ißt ohne Hunger, der stirbt desto junger.

Wer vor Schreck stirbt, wird mit Fürzen begraben.

Feiglinge verachtet man.

Zu Tode erschrocken ist auch gestorben.

Stern

Wem der Mond scheint, der fragt nicht nach den Sternen.

Sterne leuchten wohl, wärmen aber nicht.

stet

Besser ein ordentlicher Regen als ein stetes Tröpfeln.

Steter Tropfen höhlt den Stein.

Stetes Verlangen bleicht die Wangen.

stets

Wer allein läuft, wird stets Sieger.

Wer stets studiert, der lernt etwas.

Steuermann

Am Steuermann hängt das Schiff.

Bei gutem Winde gibt's keinen schlechten Steuermann.

Die besten Steuerleute sind an Land.

Spott auf Krittelei.

Im Sturm zeigt sich der Steuermann.

Viel Steuerleute bringen das Schiff zum Sinken.

Wenn das Schiff gesunken ist, so ist jeder ein Steuermann.

Hinterher gibt es stets Besserwisser.

Stich

Behalt etwas auf den letzten Stich.

Ein Stich mit der Zunge ist gefährlicher als ein Stich mit der Lanze.

Stiefel

Der Stiefel muß sich den Dreck gefallen lassen.

Hannemann (Hahnemann), geh du voran, du hast die größten Stiefel (Stiebeln) an.

Nach dem Schwank von den 7 Schwaben.

Wer keinen Stiefel vertragen kann, der ist kein braver Mann.

Wer keine Stiefel hat, muß in Pantoffeln gehen.

Stiefmutter

Geiz ist seine eigene Stiefmutter.

Was hilft's, sein Leid der Stiefmutter zu klagen.

Wer eine Stiefmutter hat, hat auch einen Stiefvater.

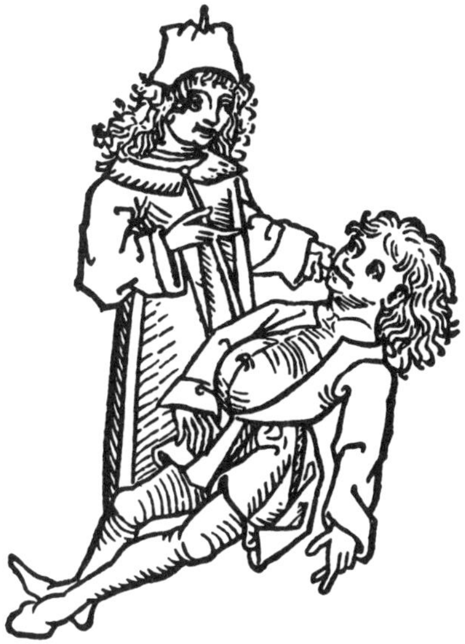

Ein voller Bauch studiert nicht gern.

Stiel

Als der Herr die Hacke schuf, da schuf er auch den Stiel.

Der Stiel ist länger als die Axt.

Geht's nicht mit dem Hammer, so nimmt man den Stiel.

Große Löffel haben lange Stiele.

Der Arm eines Einflußreichen reicht weit.

Jedem Löffel gefällt sein Stiel.

Wenn's keinen Schlegel gibt, so gibt's vielleicht einen Stiel.

Stier

Der Stier hat seine Hörner nicht umsonst.

Man soll Gefahren nicht unterschätzen.

Man muß den Stier bei den Hörnern packen.

still

Das Gute wirkt im stillen.

Im stillen ist gut Hafer säen.

Im stillen soll man Gutes tun, sagte die Nonne und küßte den Pater.

Lachende Erben lieben stille Begräbnisse.

Stille Gabe, lauter Dank.

Stillem Leiden ist guter Rat ein Trost.

Stiller Harm lähmt den Arm.

Stiller Wind macht schweigsame Wellen.

Stiller Zorn, schlimmer Zorn.

Stilles Glück verfolgt kein Neid.

Stille Wasser sind tief.

Trau keinem stillen Wasser und keinem stillen Mann.

stillen

Ein kleiner Bissen stillt großen Hunger.

Ein Schmerz stillt den andern.
Leidtragende trösten einander.

Geld stillt keinen Hunger.

Mit Philosophie stillt man Zahnweh nie.
Wo Zupacken nötig ist, nützen Betrachtungen nicht viel.

Nachgeben stillt viel Zorn.

Sanfte Rede stillt den Zorn.

Schlafen stillt den Hunger nicht.

Wasser stillt wohl den Durst, aber singen lehrt es nicht.

Weinen stillt den Schmerz.

Wohltat stillt den Zorn.

stillhalten

Wer nicht will, hält nicht still.

stillschweigen

Schweigst du stille, so ist's dein Wille.

stillsitzen

Wenn's Hemd brennt, ist schlecht stillsitzen.

stillstehen

Die Zeit steht nicht still.

Wer stillsteht, geht rückwärts.

Stimme

Eine Stimme, keine Stimme.
Man darf nicht nur eine Seite hören, wenn es um eine Beschuldigung geht.

Volkes Stimme, Gottes Stimme.
Nach Hesiod, Werke und Tage.

stinken

Alte Fürze stinken.

Der Fisch fängt am Kopf an zu stinken.

Eigen Dreck stinkt nicht.

Eigenlob stinkt.

Einer duftet, der andere stinkt.
Jeder hat seine Mängel.

Ein fauler Käse kann nur stinken.

Es ist recht, daß der Mist stinkt.

Fremder Atem stinkt immer.

Geld stinkt nicht.
Nach Cicero und Vespasian.

Herrendreck stinkt nicht.

Jeder hat etwas, wonach er stinkt.

Je mehr man im Schmutz rührt, je mehr stinkt er.

Je mehr man rührt, je mehr es stinkt.

Lieber Dreck stinkt nicht.

Mancher will nicht riechen, wie er stinkt.

Mist kann nichts als stinken.

Niemand stinkt nach anderer Leute Mist (Schweiß).

Undankbarkeit stinkt.

Was stinkt, das düngt.

Wenn die Lüge erkaltet, so stinkt sie.

Wenn man den Dreck auch vergoldet, er stinkt doch.

Wer da stinkt, der stinke.

Wo der Teufel ist, da stinkt es auch.

Wo es nicht stinken soll, muß man nicht furzen.

Wo es stinkt, da klingt es.

Wo man im Mist wühlt, stinkt es.

Wo's riecht, da stinkt's.

Stirn

Das Hirn sieht man nicht an der Stirn.

Eine eiserne Stirn stößt sich keine Beulen.

Leere Stirn ist immer heiter.

Stock

Der Stock lehrt den Hund parieren.

Ein Stock hat keine Seele.

Ein Stock hat zwei Enden.

Je größer Stock, je böser Hund.

Man bekommt mit dem eigenen Stock oft die schönsten Prügel.

Soll der Hund Schläge haben, findet sich bald ein Stock.

Wenn ein Stock gefragt wird, so antwortet ein Stock.

Stoff

Hat man nur erst den Stoff, das Messen ist leicht.

stöhnen

Stöhnen ist die halbe Arbeit.

stolpern

Auch der beste Gaul stolpert einmal.

Auch wer einen festen Schritt hat, kann stolpern.

Besser mit den Füßen stolpern als mit der Zunge.

Große Leute stolpern auch.

Stolpern fördert.

Aus Fehlern lernt man.

Stolpern ist besser als fallen.

Wer erst ins Stolpern kommt, ist nah dem Fall.

stolz

Der Hahn ist stolz auf seinem Mist.

Der Hund ist daheim am stolzesten.

Es gibt nichts Stolzeres als eine volle Tasche.

Je häßlicher die Leute, je stolzer der Gang.

Stolz auf der Gasse, keinen Heller in der Tasche.

Stolze Leute, hochbeinige Reden.

Wer zugrunde gehen soll, der wird zuvor stolz (und Hochmut kommt vor dem Fall).

Nach Sprüche Salomos 16,18.

Stolz

Den Stolz hat man umsonst, das Brot muß man kaufen.

Dummheit und Stolz wachsen auf einem (auf dem gleichen) Holz.

Je dicker die Bretter, je tiefer der Bolz;
je dümmer der Bengel, je größer der Stolz.

Je größer Narr, je größer Stolz.

Stolz geht ab im Ritt
und kommt zurück im Schritt.

Stolz geht voran und Schande hintennach.

Wenn Stolz und Eitelkeit sich zur Ehe nehmen, gibt's närrische Kinder.

Wo Stolz ist, da ist auch Schmach.

Nach Sprüche Salomos 11,2.

stopfen

Ein großes Maul ist schwer zu stopfen.

Wer das Löchlein nicht stopft, muß ein Loch zumachen.

Wer kann allen Leuten die Mäuler stopfen.

Storch

Dem Storch gefällt sein Klappern.

Der Storch hört sein Klappern gern.

Laß die Störche klappern, es ist ihr Gesang.

Wer sich Störche hält, muß auch für Frösche sorgen.

Wo Frösche sind, da sind auch Störche.

Stoß

Die Stöße der Jugend fühlt man im Alter.

Harte Stöße lehren gut.

stoßen

Ans Schienbein stoßen macht helle Augen.

Der Bock läßt sein Stoßen nicht.

Die Zunge stößt immer an den kranken Zahn.

Von seinen Wehwehchen redet man gern.

Man stößt sich immer an das wunde Knie.

Stoß nicht, ehe dir Hörner wachsen.

Was Hörner hat, will stoßen.

Was von selbst einfällt, muß man nicht stoßen.

Wem Hörner wachsen, der lernt auch stoßen.

Wer obenaus will, der stößt sich den Kopf.

Wer sich nicht stoßen will, muß nicht im Finstern gehen.

stößig

Wer stößig ist, den nennt man Bock.

Wird der Bock zu gut gefüttert, so wird er stößig.

Strafe

Auf süße Sünde folgt herbe Strafe.

Die Strafe haßt man, aber die Sünde liebt man.

Nach Luther, Tischreden.

Die Strafe soll nicht größer sein als die Schuld.

Gleiche Schuld, gleiche Strafe.

Keine Strafe, keine Furcht.

Allzuviel Nachsicht taugt auch nicht.

Man entgeht wohl der Strafe, aber nicht dem Gewissen.

Strafe muß sein.

Wie das Verbrechen, so die Strafe.

Falsche Milde schadet.

strafen

Das Böse straft sich selber.

Die Dummheit straft sich selbst.

Strafen ist leicht, bessern schwer.

Wen der Himmel strafen will, dem beschert er ein böses Weib.

Wer andere strafen will, muß bei sich selbst anfangen.

Wer Böses nicht straft, lädt es zu Hause.

Wer einen straft, droht hundert.

Strafe als Abschreckung.

Wer nicht strafen kann, der kann auch nicht verzeihen.

straff

Allzu straff gespannt zerspringt der Bogen.

Nach Schiller, Tell (zu einem alten Sprichwort).

Strahl

Je höher die Sonne, je heißer die Strahlen.

Strang

Wie man den Strang zieht, so läuten die Glocken.

Straße

Das Geld liegt auf der Straße.

Ein Schloß an der Straße muß gute Riegel haben.

Es führen viele Straßen nach Rom.

Krumme Wege sind oft die geradeste Straße.

Mancher ist auf der Straße und fragt nach dem Wege.

Man kann die Straße kehren, aber rein bleibt sie nicht.

Was die Kinder hören im Haus,
das plaudern sie auf der Straße aus.

Wer an der Straße wohnt, hat viel Anfechtung.

Wer sucht einen Holzweg, wenn die Straße gut ist.

Wer will bauen an der Straßen,
muß die Leute reden lassen.

Zur Armut führen viele Straßen.

straucheln

Es strauchelt auch ein Pferd und hat vier Beine.

Auch dem Vorsichtigen kann etwas passieren.

streben

Solange man lebt, so lange man strebt.

Wer nach dem Höchsten strebt, wird wenigstens das Hohe erreichen.

Wer nicht strebt, der nicht lebt.

strecken

Man muß sich nach der Decke strecken.

Muß sich der Lange bücken, so muß sich der Kurze strecken.

Streck dich nach der Deck'.

Streich (Hieb)

Auf den ersten Streich fällt kein Baum.

Die sich großer Streiche rühmen, sind selten gute Fechter.

Hüte dich vor dem ersten Streich.

Kein Streich macht den Amboß weich.

Viel Streiche fällen die Eiche.

Von einem Streiche fällt keine Eiche.

Was fragt ein Stein nach harten (derben) Streichen.

Streich (Unfug)

Einen dummen Streich muß man nicht zweimal machen.

Kluge Leute machen auch wohl dumme Streiche.

Wenn der Streich gelungen, dann wird er besungen.

Wie der Narr, so seine Streiche.

streicheln

Die Katze ist am liebsten, wo man sie streichelt.

Streichle mich, ich streichle dich.

Wenn man die Katze streichelt, reckt sie den Buckel.

Wer aus Liebe kratzt, streichelt.

Streit

Abgeredet vor der Zeit
gibt nachher keinen Streit.

Alter Streit ist bald erneut.

Auf den Streit folgt wieder Einigkeit.

Behutsamkeit gewinnt den Streit.

Das Glück im Streit ist ungewiß.

Wenn zwei sich streiten, freut sich der Dritte.

Der Liebenden Streit die Liebe erneut.

Durch Eigensinn und Neid
entsteht der meiste Streit.

Ehrgeiz und Neid erregen Streit.

Ein gedeckter Tisch stillt viel Streit.

Ein leerer Schrank bringt Streit und Zank.

Ein Streit bringt den andern.

Ein Streit ist bald angefangen, aber schwer geendet.

Erst im Streit bewährt sich ein gutes Schwert.

Was wirklich etwas taugt, zeigt sich erst in der Praxis.

Im Streit verliert man die Wahrheit.

Ja und nein ist ein langer Streit.

Keine Beute ohne Streit.

Kein Streit ohne Ursache.

Mein und dein macht allen Streit.

Mit Zank und Streit kommt man nicht weit.

Streit schafft Leid.

Vertrag bricht allen Streit.

Vorbedungen macht nachher keinen Streit.

Weit vom Streit gibt alte Kriegsleut.

Wer lustig ist zu Zank und Streit, der findet bald Gelegenheit.

Wer Streit sucht, findet bald eine Ursache.

Wer Streit sucht, kann Krieg finden.

Wo Schulden sind und Streit,
ist das Elend auch nicht weit.

Wo viel Streit ist, da halten die Advokaten Ernte.

streiten

Es ist ein Esel, der mit einem Esel streitet.

Es ist schlecht streiten mit harthörigen Leuten.

Es streiten viele für die Religion, aber alle ums Geld.

Von Scheinheiligkeit.

Über den Geschmack läßt sich nicht streiten.

Wenn Mann und Frau sich streiten, so bleibe du im Weiten.

Wenn (Wo) zwei sich streiten, freut sich der Dritte.

Wer mit dem Echo streitet, hat stets unrecht.

Wer viel besitzt, hat viel zu streiten.

Streiter

Es ist nicht jeder ein guter Streiter, der ein gutes Schwert trägt.

Der Leider überwindet den Streiter.

Geduld erreicht am meisten.

streng

Ein strenger Abt macht bußfertige Mönche.

Gar zu streng ist Unrecht.

Je strenger das Verbot, je süßer schmecken die Äpfel.

Strenges Recht verlangt viel Milde.

Unglück ist ein strenger Lehrmeister.

Wer der Mode dient, hat eine strenge Herrin.

Strenge

Die Strenge hat schon oft gereut, die Milde nie.

Große Strenge taugt nicht auf die Länge.

Wer sich durch Güte nicht bessern läßt, wird durch Strenge gewiß auch nicht besser.

streuen

Wo etwas ist, da streut's auch Körner.

Da fällt etwas für andere ab.

Strick

An einem goldenen Strick führt der Hase den Löwen.

Aus Fäden werden Stricke.

Im Hause des Gehängten redet man nicht vom Strick.

Je ärger Strick, je besser Glück.

Von unverdientem Glück.

Man zerreißt den Strick, wo er am dünnsten ist.

Wem das Kalb gehört, dem gehört auch der Strick.

Wenn ein Strick nicht hilft, so nimmt der Teufel hundert.

Wo alle Stricke reißen, ist viel Knüpfens.

Striegel

Neue Striegel sind scharf.

Stroh

Aus leerem Stroh läßt sich kein Weizen dreschen.

Dem Pferde den Hafer, dem Esel das Stroh.

Feuer und Stroh brennt lichterloh.

Jeder kann zu seinem Stroh Heu sagen.

Keine Scheuer ohne Stroh.

Nasses Stroh brennt nicht.

Viel Stroh und wenig (keine) Körner.

Was man nicht am Heu hat, hat man am Stroh.

Wer das Bett verhökert, muß auf Stroh schlafen.

Wer von Stroh ist, muß sich vor dem Feuer hüten.

Wo Heu mangelt, muß Stroh aushelfen.

Wo Stroh ist, da ist auch Korn.

Strohhalm

Auf die Länge drückt ein Strohhalm.

Der Ertrinkende klammert sich an einen Strohhalm.

Mit Sorgen bricht man keinen Strohhalm.

Wer jedem Strohhalm aus dem Wege geht, bricht zuerst ein Bein.

Übervorsicht schadet auch.

Wer schlecht geht, stolpert über einen Strohhalm.

Strohsack

Zwei Strohsäcke sind auch ein Bett.

Strom

Auch Ströme versiegen.

Das Wasser geht mit dem Strom.

Dem einen kommt's in Strömen, dem andern will's nicht tropfen.

Der Strom verrinnt, der Sand bleibt.

Ein Bach ist leichter aufzuhalten als ein Strom.

Ein friedlicher Strom hat blühende Ufer.

Es ist kein Strom, in den nicht trübe Bäche münden.

Gegen den Strom ist schlecht schwimmen.

Je schneller der Strom, je stärker die Wellen.

Mitten im Strom kann man die Pferde nicht wechseln.

Viele kleine Bäche machen einen großen Strom.

Wenn der Strom anschwillt, ist das Wasser trübe.

Wenn der Strom schwillt, geht er über die Ufer.

Wer dem Strome folgt, kommt ans Meer.

Wer gegen den Strom schwimmt, muß ersaufen.

Stube

Das Auge der Frau hält die Stube rein.

Eine offene Stube hält wenig Hitze.

Wer viel redet, bei dem ist nicht viel dahinter.

Ein kalter Ofen macht keine Stube warm.

Gemalte Fenster machen die Stube nicht hell.

Läßt du einen ins Haus, so kommt er dir bald in die Stube.

Träger Arm macht keine Stube warm.

Unterm Tisch ist auch in der Stube.

Wirf die Stube nicht zum Fenster hinaus.

Stück

Dem Großen ein Stück, dem Kleinen ein Stückchen.

Je ärger (loser) das Stück, je besser das Glück.

Langsam macht auch ein Stück.

Viel Stücke mehren den Haufen.

Wo alles in Stücken, ist nichts zu flicken.

Student

Je ärger Student, je frömmer Pastor.

studieren

Ein voller Bauch studiert nicht gern.

Es studieren nicht alle, die Bücher tragen.

Es studieren viele und werden nicht weise.

Lange gepredigt, wenig studiert.

Wer sich auskennt, macht's kurz.

Probieren geht über Studieren.

Stufe

Stufe für Stufe kommt man auf den Turm.

Wer die Treppe hinauf will, geht Stufe für Stufe.

Stuhl

Auf einem morschen Stuhl ist gefährlich sitzen.

Auf hohen Stühlen sitzt man schlecht.

Besser auf eigenen Füßen als auf fremden Stühlen.

Man fällt besser vom Stuhl als vom Dach.

Man kann nicht alle Stühle mit einem Arsch besetzen.

Wer auf beiden Achseln trägt, sitzt zwischen zwei Stühlen nieder.

Wer keinen Stuhl hat, muß auf der Bank sitzen.

Wer sich zwischen zwei Stühle setzt, kommt mit dem Arsch (Hintern) auf die Erde.

stumm

Besser stumm als dumm.

Die Fische sind stumm, aber die Fischweiber nicht.

Großer Schmerz ist stumm.

Kleine Sorgen machen viel Worte, große sind stumm.

Stumme Hunde beißen gern.

Von heimlich Grollenden.

Stümper

Die größten Stümper machen die meisten Späne.

Ein Stümper findet kein gutes Werkzeug.

Kein Handwerk ohne Stümper.

Probieren geht über Studieren.

stumpf

Alte Hunde haben stumpfe Zähne.

Früh scharf, früh stumpf.

Viel hauen macht stumpfe Beile.

Von vielen Schlägen wird die Axt stumpf.

↗ *spitz*

Stunde

Besser eine Stunde zu früh als eine Minute zu spät.

Dem Glücklichen schlägt keine Stunde.

Nach Schiller, Piccolomini.

Die Kranken und Gesunden haben ungleiche Stunden.

Eine Stunde bezahlt alles.

Eine Stunde gewährt, was die andere versagt.

Eine Stunde gewonnen (verloren), alles gewonnen (verloren).

Eine Stunde ist nicht wie die andere.

Hundert Jahre Unrecht ist keine Stunde Recht.

In einer Stunde heilt keine alte Wunde.

Keiner ist alle Stunden weise.

Man muß die Stunde nehmen, wie sie kommt.

Verlorene Stunde, verlorenes Leben.

Was eine Stunde nicht tut, tun zwei.
Man muß Geduld haben.

Sturm

Auf einen Sturm gehört auch ein Regen.
Auf Streit muß Versöhnung folgen.

Ehe der Sturm kommt, warnt ein (kleiner) Wind.

Ein Sturm verjagt viel Spreu.

Im Sturm verkriecht sich der Wurm.

Im Sturm zeigt sich der Steuermann.

Je größer die Stürme, desto fester wurzelt die Eiche.

Stürme halten sich an Türme.

Was kann der Sturm den Stoppeln tun.

Wer im Zorn handelt, geht im Sturm unter Segel.

Wer Wind sät, wird Sturm ernten.
Nach Hosea 8,7.

Sturmglocke

Der ist außer Gefahr, der die Sturmglocke läutet.

Sturmwind

Einen Sturmwind hat man bald satt.
Allzuviel Betriebsamkeit stört.

Sturz

Ein Sprung ist kein Sturz.

Sprung und Sturz sind Vettern.

stürzen

Was Hände bauten, können Hände stürzen.
Nach Schiller, Wilhelm Tell.

Stute

Wo Hengste sind, da sammeln sich die Stuten.

stützen

Auf einen Stab können sich zwei nicht stützen.

suchen

Auf ebenem Wege soll man keine Hügel suchen.
Keinen Streit.

Das Gleiche sucht sich, das Rechte findet sich.

Das Glück sucht nur, wen es will.

Das Schöne findet man, das Wahre muß man suchen.

Das Wasser sucht sich seinen Weg.

Der Schwanz ist oft da, wo man den Kopf sucht.

Der Teufel hat das Suchen erfunden und seine Großmutter das Warten.

Der viel sucht, dem geht viel ab.

Die Vögel muß man im Nest suchen.

Es suchen viele, aber nur wenige finden.

Gleich sucht sich, gleich find't sich.

Jeder Hund sucht seinen Herrn.

Jeder sucht sich den Weg zum Abgrund selber.

Mancher sucht, was er schon gefunden hat.

Man sucht oft etwas in der Weite und hat's an seiner Seite.

Neid sucht böse Wege.

Not sucht Rat.

Suchet, so werdet ihr finden.

Nach Matthäus 7,7.

Was dem Herzen gefällt, das suchen die Augen.

Was der Teufel in der Bibel sucht, das findet er.

Was du nicht haben willst, das suche nicht.

Was man am weitesten wegwirft, muß man am ersten suchen.

Was man achtlos abtut, hat man oft am nötigsten.

Was man im Feuer verloren, muß man in der Asche suchen.

Was sich sucht, das findet sich.

Wer das Knäuel sucht, muß dem Faden folgen.

Wer des Feuers bedarf, der sucht es in der Asche.

Von Streitsucht.

Wer des Wassers bedarf, sucht es im Brunnen.

Wer dich meidet, den suche nicht.

Wer die Gefahr sucht, geht darin unter.

Wer eine Ausrede sucht, findet zehn.

Wer Elend sucht, braucht keine Brille.

Wer finden soll, braucht nicht suchen.

Wer finden will, muß suchen.

Wer mit den Händen wegwirft, muß mit den Füßen suchen.

Wer nichts sucht, der findet nichts.

Wer nicht wagt, der nicht gewinnt,
wer nicht sucht, der nicht find't.

Wer sein Glück nicht sucht, versäumt es.

Wo man nichts verloren hat, da soll man nichts suchen.

summen

Gesummt ist auch gesprochen.

Sumpf

In einem Sumpfe muß man kein klares Wasser suchen.

Wer im Sumpf badet, kommt nicht rein heraus.

Wer im Sumpf steckt, möchte auch andere hineinziehen.

Sünde

Alle Sünden geschehen freiwillig.

Alte Sünden machen neue Schande.

Auch von schlechten Gewohnheiten.

Alte Sünden, neue Buße.

Armut ist eine Sünde, die der Reiche nie vergibt.

Auf Sünde folgt Schande.

Aus kleinen Sünden werden große.

Buße gehört auf die Sünd'
wie die Laus auf den Grind.

Die Pfründe deckt die Sünde.

Von einträglicher Scheinheiligkeit.

Eine kleine Sünde ist auch eine Sünde.

Eine Sünde tut der andern die Tür auf.

Es ist keiner ohne Sünde.

Es ist keine Sünde so groß, sie kann vergeben werden.

Es sind nur die kleinen Sünden, die man beichtet.

Geheime Sünde ist halb verziehen.

Wenn sie kein Aufsehen erregt.

Gleiche Sünde, gleiche Strafe.

Große Städte, große Sünden.

In viel Worten ist viel Sünde.

Jede Sünde hat ihren eigenen Stachel.

Keine Sünde läßt sich gern bloß sehen.

Laster bemäntelt man gern.

Kleine Sünden kaut man, große verschluckt man ganz.

Lieben ist keine Sünd',
und Küssen macht kein Kind.

Man beichtet seine Sünden und nicht seine guten Werke.

Man schwört die Wahrheit ohne Sünde.

Neue Sünde, neue Buße (Schande).

Rechttun ist keine Sünde.

Trägheit ist die Mutter der Sünde.

Unwissenheit ist keine Sünde.

Von unwissentlichen Verfehlungen.

Verbesserung ist keine Sünde.

Viel Pfründen, viel Sünden.

Was keine Sünde ist, ist keine Schande.

Wenn alle Sünden alt werden, wird der Geiz jung.

Wenn's Sünde wäre, täten's die Pfaffen nicht.

Wer kleine Sünden meidet, fällt nicht in große.

Wer ohne Sünde ist, der werfe den ersten Stein.

Nach Johannes 8,7.

Wer sich der Sünde rühmt, sündigt doppelt.

Wie die Sünde, so die Vergebung.

Zur Sünde eilt man, zur Tugend schleicht man.

↗ *Strafe*

Sünder

Alter Sünder tut fromm.

Es gibt mehr Sünder als Heilige.

Große Sünder, große Büßer.

sündigen

Adam sündigt im Paradies, Luzifer im Himmel.

Auf den Ort kommt es dabei nicht an.

Der Wille sündigt, nicht die Hand.

Mit gesündigt, mit gebüßt.

Niemand sündigt mit Unwillen.

Notlüge sündigt nicht.

Trunken gesündigt, nüchtern gebüßt.

Unwissend sündigt nicht.

Was Großhans sündigt, muß Kleinhans büßen.

Wenn der Maurer gesündigt hat, soll man nicht den Zimmermann hängen.

Wer auf Gnade sündigt, dem wird mit Zorn gelohnt.

Wer sich auf die Gutmütigkeit anderer verläßt, bekommt den Zorn zu spüren.

Wer einmal sündigt, ist nicht mehr rein.

Wer lange lebt, der sündigt viel.

Meist scherzhaft.

Wer leicht zürnt, sündigt leicht.

Wer nichts tut, sündigt genug.

Wer oft schwört, der sündigt oft.

Wer schläft, der sündigt nicht.

Wer selten sündigt, bekommt bald Vergebung.

Wer trunken sündigt, muß nüchtern büßen.

Suppe

Alte Hennen geben fette Suppen.

Erfahrung ist viel wert.

Arme Leute kochen dünne Suppen.

Auch in dem Sinne, daß man mit unzureichenden Mitteln nur wenig erreicht.

Guter Gewinn macht fette Suppen.

Man kann lange schwatzen, ehe eine Suppe kocht.

Man muß die Suppe erst kosten, ehe man sie lobt.

Man muß die Suppe nicht heißer anrichten, als man sie essen kann.

Schöne Worte geben keine fette Suppe.

Suppe essen ist keine Kunst.

Viel Löffelei, aber schlechte Suppen.

Viel Aufwand und nichts dahinter.

Viel Suppe, wenig Fleisch.

Warme Suppe, warme Freundschaft.

Was nützt die Suppe, wenn der Löffel fehlt.

Wenig Fett gibt magere Suppen.

Wer (sich) die Suppe eingebrockt hat, muß sie auch ausessen.

Wie der Fisch, so die Suppe.

Wo Suppe ist, da ist auch Löffelei.

Zur Suppe braucht man keine Zähne.

suppen

Man kann nicht suppen und blasen zur gleichen Zeit.

Wer lange suppt, lange huppt.

Scherzhaft von langem Leben.

süß

Arbeit macht das Leben süß.

Nach G. W. Burmann.

Auf süße Worte ist nicht zu bauen.

Aus süßem Wein wird saurer Essig.

Aus Freundschaft oft Feindschaft.

Es ist nicht alles Zucker, was süß ist.

Hast du Lust zum Süßen, laß dich das Bittre nicht verdrießen.

Heute süß und morgen sauer.

Hoffen ist ein süßes Leiden.

Je bitterer die Wurzel, je süßer die Frucht.

Je saurer verdient, je süßer genossen.

Laster haben einen süßen Anfang, aber ein bitteres Ende.

Nicht alles, was süß ist, ist Honig.

Nicht wie süß, sondern wie gut.

Man soll nicht nach dem ersten Reiz urteilen.

Rache ist süß (sagte die Schlange).

Rache ist süß, verzeihen süßer.

Saure Arbeit, süßer Schlaf.

Süßer Anfang, saures Ende.

Süße Wirte, saure Rechnung.

Süß getrunken, sauer bezahlt.

Süß hat Sauer zum Gefährten.

Verbotene Früchte sind süß.

Wäre der Honig nicht süß, man leckte ihn nicht.

Was nicht sauer wird, das wird auch nicht süß.

Willst du zum Süßen, laß dich das Saure nicht verdrießen.

T

Tabak

Der Tabak ist gut, sagte der Bauer, wo ist der Dreck her?

Spöttisches Lob auf eine schlechte Sache.

Tadel

Der Tadel des Weisen ist besser als das Lob des Narren.

Gerechter Tadel ist besser als falsches Lob.

Lieber ein kluger Tadel als ein dummes Lob.

Lob macht nicht groß und Tadel nicht klein.

Lob wirkt mehr als Tadel.

Tadel ist des Faulen Tagelohn.

tadeln

Das Schlechte tadeln heißt das Gute adeln.

Sparsam loben, karg tadeln.

Tadele heimlich, lobe öffentlich.

Tadeln ist leichter als bessermachen.

Viel tadeln und wenig leisten können die meisten.

Was man an anderen tadelt, muß man selber nicht tun.

Wer etwas tadeln will, der findet wohl Ursache.

Wer getadelt sein will, muß heiraten; wer gelobt sein will, muß sterben.

Wer sich selbst lobt, tadelt sich.

Wer tadeln will, findet auch den Zucker sauer.

Wer tadelt, will kaufen.

Der Neidische redet abfällig von dem, was er gern hätte.

Tag

Alles in der Welt läßt sich ertragen,
nur keine Reihe von guten Tagen.

Alle Tage einen Faden macht des Jahres ein Hemd.

Alle Tage einen Stich macht im Jahr noch keinen Schuh.

Alle Tage findet sich bei einem alten Mann etwas Neues.

Nämlich ein neues Gebrechen.

Alle Tage ist kein Sonntag.

Alle Tage voll macht das Haus leer.

Alle Tag weh stirbt nimmermeh'.

Wer dauernd klagt, ist oft gar nicht so krank.

Am Jüngsten Tage wird man sehen, wer den größten Arsch hat.

Am Schluß wird abgerechnet.

Am Tage errungen, am Abend verschlungen.

An einem schönen Tage muß man nicht ohne Mantel ausgehen.

Man soll rechtzeitig vorsorgen.

Auch am längsten Tage sinkt die Sonne.

Auf einen bösen (schweren) Tag gehört ein guter Abend.

Ein versöhnlicher Ausklang gleicht vieles aus.

Auf einen bösen Tag folgt selten eine gute Nacht.

Auf frohe Tage ein guter Trunk
macht alte Leute wieder jung.

Auf Plage folgen heitere Tage.

Bei Tage braucht man kein Licht aufzustekken.

Bescheidenes Glück kommt alle Tage.

Besser ein Tag bei einem Weisen als ein Jahr bei einem Narren.

Besser zwei Tage zu früh als einen zu spät.

Das war ein Tag, sagte Hans und zog der Braut das Hemd aus.

Der Abend lobt den Tag.

Der gestrige Tag kommt nicht wieder.

Der Heilige des Tages ist der größte unter den Heiligen des Himmels.

Der heutige Tag ist der Jünger des gestrigen.

Der längste Tag hat auch seinen Abend.

Der letzte Tag ist der klügste.

Der Tag hat Augen, die Nacht hat Ohren.

Der Tag kommt, an dem die Kuh den Schwanz braucht.

Manches sieht man erst später ein.

Der Tag weiß nicht, was die Nacht bringen will.

Der Tag will einen Abend haben.

Die sich des Tags zanken, lecken sich des Nachts.

Die Sonne bringt es an den Tag.

Die Welt ist auch nicht an einem Tage erschaffen.

Mahnung zu ruhigem Vorgehen in einer Sache.

Ein ander Tag, ein ander Plag'.

Eine versäumte Stunde ist oft ein versäumter Tag.

Ein guter Tag fängt morgens an.

Ein guter Tag vertreibt zehn schlechte.

Ein Tag gewonnen ist oft ein Jahr gewonnen.

Ein Tag ist keine Ewigkeit.

Ein Tag lehrt den andern.

Es ist nicht ein Tag wie der andere.

Es ist noch nicht aller Tage Abend.

Faule haben lange Tage.

Faule Tage sind schwer zu tragen.

Gute Tage fordern Schweiß.

Sie wollen erarbeitet sein.

Gute Tage kosten Geld.

Jeder Tag bringt neue Lehre.

Nämlich neue Erkenntnis und Erfahrung.

Jeder Tag hat seine Plage.

Nach Matthäus 6,34.

Je dunkler die Nacht, desto schöner der Tag.

Je größer Licht, je heller Tag.

Je kürzer die Tage, desto länger die Nächte.

Alles hat auch eine zweite Seite.

Lange Gespräche (Reden) machen kurze Tage.

Mancher Tag hat zwölf Stunden und dreizehn Unglücke.

Man kann alle Tage jagen, aber nicht alle Tage fangen.

Man lernt alle Tage etwas Neues.

Man redet viel, wenn der Tag lang ist.

Man soll den Tag nicht vor dem Abend loben.

Nach Schiller, Wallensteins Tod.

Man wird auch der guten Tage überdrüssig.

Morgen ist auch ein Tag.

Neuer Tag, neuer Rat.

Niemand weiß, was der morgige Tag bringt.

Nutze den Tag.

Nach Horaz, Oden.

Rom ist (auch) nicht an einem Tage erbaut.

Schöne Tage lobt man abends, schöne Frauen morgens.

Verreist du für einen Tag, nimm Brot für eine Woche.

Viel Schlemmen macht kurze Tage.

Vornehme Glocken klingen nicht alle Tage.

Wenn ein Eingebildeter sich rar macht.

Was am Tage nicht scheint, leuchtet nachts.

Auch das Unbedeutende hat seinen Wert.

Wenn der Tag zu Ende,
regt der Faule die Hände.

Wenn die Mägde sich zanken, kommt die Wahrheit an den Tag.

Wer alle Tage feiert, fragt nicht nach dem Sonntag.

Wer am Tage ausgeht, bedarf keiner Laterne.

Wer am Tage Gutes tut,
hat am Abend frohen Mut.

Wer bei Tage schläft, muß des Nachts hungern.

Wer den Morgen verschläft, kommt um den ganzen Tag.

Wenn der Bär auch brummt,
tanzen muß er doch.

Wer die guten Tage nicht ertragen kann, nehme ein Weib.

Wer einen guten Tag haben will, muß ihn sich machen.

Wer in der Nacht tanzt, hat am Tage müde Beine.

Wer keine guten Tage hat, kann doch gute Nächte haben.

Wo die Sonne aufgeht, wird es Tag.
Wo Vernunft waltet.

Tagedieb

Aufschieb ist ein Tagedieb.

Junge Tagediebe, alte Schurken.

tagen

Früh aufstehen macht nicht eher tagen.

täglich

Alte Leute haben täglich neue Leiden.

Ein Pfennig täglich ist ein Taler im Jahr.

Ein täglicher Gast ruiniert die Küche.

Was täglich geschieht, das achtet man nicht.

Wer täglich sieht nach seinem Feld,
findet täglich ein Stück Geld.
Das Feld dankt die ständige Pflege.

Tal

Es gibt nicht bloß Berge, es müssen auch Täler sein.

Je höher der Berg, je tiefer das Tal,
je größer der Mann, je tiefer der Fall.

Lobe die Berge und bleibe im Tal.
Ironisch von Furchtsamen.

Wer die Freude auf Bergen sucht, verliert sie im Tal.
Nämlich im Alltag.

Taler

Aus Pfennigen werden Taler.

Besser heute ein Pfennig als morgen ein Taler.

Des Talers Geheimnis sitzt im Pfennig.

Ein angerissener Taler ist ein verlorener Taler.

Eine gute Ausrede ist einen Taler wert.

Ein ehrlicher Groschen ist besser als ein gestohlener Taler.

Ein ersparter Taler ist zweimal gewonnen.

Ein erworbener Taler ist besser als zehn ererbte.

Ein geschenkter Pfennig ist besser als ein versprochener Taler.

Ein Groschen von Herzen ist besser als ein Taler von der Hand.

Ein täglicher Pfennig gibt einen jährlichen Taler.

Ein Taler heute ist besser als hundert morgen.

Ein verlorener Taler gilt nicht mehr als ein verlorener Pfennig.

Es ist ein guter Batzen, der einen Taler erspart.

Es ist ein Unterschied zwischen einen Taler versprechen und einen Pfennig geben.

Frauen machen aus Pfennigen Taler, Männer aus Talern Pfennige.

In Pfennigen kommt's und in Talern geht's.

Küß-den-Pfennig kommt zum Taler.

Mancher geizt um Pfennige und wirft Taler weg.

Man muß mit Pfennigen anfangen, wo man mit Talern aufhören will.

Pfennig zu Pfennig macht einen Taler.

Um einen Taler zu gewinnen, kann man schon einen Pfennig opfern.

Viel Pfennige machen auch einen Taler.

Wer den Pfennig ehrt, dem wird der Taler beschert.

Wer den Pfennig nicht ehrt, ist des Talers nicht wert.

Wer einen Taler findet, hat für zwei Taler Freude.

Unerwartetes Glück erfreut doppelt.

Wer nicht auf einen Heller rechnet, der rechnet auch nicht auf einen Taler.

Wer Pfennige zählt, wird auch Taler zählen.

Wie die Taler pfeifen, so tanzen die Dreier.

Wo man die Taler läßt, da bleibt auch die Freundschaft.

Wo Taler liegen, da rollen Taler hin.

Tand

Jedes Land hat seinen Tand.

Jeder hat seine Eigentümlichkeiten.

Wissen ohne Verstand ist Tand.

Tanne

Eine Tanne macht keinen Wald.

Tanz

Der Kehraus ist der letzte Tanz.

Einer allein macht keinen Tanz.

Es gehört mehr zum Tanz als rote Schuhe.

Was man anfängt, muß man auch mit Lust tun.

Es ist ein schlechter Tanz, wo man die Rippen bricht.

Gleiche Paare geben den besten Tanz.

Nüchtern wird kein Tanz.

Tanz und Spiel will ein Ziel.

Vor dem Essen wird kein Tanz.

Zum Tanz gehören zwei.

tanzen

Dem ist leicht gefiedelt, der (selber) gerne tanzt.

Ein kurzer Reigen ist bald getanzt.

Es tanzt mancher, der lieber weinte.

Freien geht vor Tanzen, sagte das Mädchen, da nahm sie einen Lahmen.

Für Geld kann man den Teufel tanzen lassen.

Hänschen tanzt, wie Hans bläst.

In der Not tanzt man mit Huren.

In engen Schuhen ist nicht gut tanzen.

Jeder Hans tanzt mit seiner Trine.

Je kürzer der Fasching, je mehr wird getanzt.

Man kann nicht auf zwei Hochzeiten zugleich tanzen.

Nach des Teufels Pfeife ist auch gut tanzen.

Laster sind verführerisch.

Not lehrt auch den Lahmen tanzen.

Ohne Füße ist schlecht tanzen.

Ohne Geige tanzt man nicht.

Tanzen die Wanzen, spielen die Grillen.

Tanzt die Frau, so hüpft die Magd.

Wem das Glück aufspielt, der tanzt auf einem Bein.

Wem das Glück pfeift, der hat gut tanzen.

Wem's in den Füßen juckt, der tanzt ohne Musik.

Wenn dem Esel zu wohl ist, geht er aufs Eis tanzen.

Wenn der Bär auch brummt, tanzen muß er doch.

Wenn die Braut nicht tanzen will, ist alles Fiedeln umsonst.

Wenn die Katze aus dem Haus ist, dann tanzen die Mäuse.

Wer abends geigt, kann morgens tanzen.

Wer Krücken braucht, soll nicht tanzen gehen.

Wer nach jeder Pfeife tanzt, hat bald müde Beine.

Wer nicht tanzen kann, gehe nicht auf den Ball.

Man mische sich nicht in Dinge, von denen man nichts versteht.

Wer tanzen will, dem ist gut geigen.

Wer ungern tanzt, tanzt auch.

Wenn einer mitmacht, fragt man nicht warum.

Wie gepfiffen, so getanzt.

Wo viele tanzen, da ist viel Staub.

Tänzer

Ein Springer ist noch kein Tänzer.

Wie der Tänzer, so der Tanz.

tapfer

Beim Bier gibt's viel tapfere Leute.

Ein tapferer Mann braucht keinen langen Degen.

Es sind viele tapfer, wenn die Feinde fort sind.

Je tapferer Mann, je kürzer Degen.

Nach der Schlacht fehlt's nicht an tapferen Leuten.

Wenn der Feind flieht, ist es leicht tapfer sein.

Wer sich gedulden kann, ist ein tapferer Mann.

Wo keine Gefahr ist, da sind alle tapfer.

Tapfere, der

Der Tapfere fürchtet den Tod nicht.

Der Tapfere versteht das Prahlen nicht.

Tapferkeit

Vorsicht ist der bessere Teil der Tapferkeit.

Nach Shakespeare, Heinrich IV.

Tasche

Aus einer fremden Tasche ist gut zahlen.

Aus einer leeren Tasche verliert man nichts.

Aus leeren Taschen ist nicht gut zahlen.

Aus vollen Taschen ist gut schenken.

Besser eine leere Tasche als ein leerer Kopf.

Besser in der Tasche kein Geld
als ohne Freund in dieser Welt.

Das letzte Hemd hat keine Taschen.

Der Geizige hat nichts von seinem Reichtum.

Einem nackten Mann kann man nicht in die Tasche fassen.

Ein Freund bei der Flasche leert deine Tasche.

Es ist ein grober Scherz, der Taschen leert.

Geld paßt in alle Taschen.

In der Tasche eines armen Mannes verdirbt viel Weisheit.

Wer nichts gilt, dessen Rat gilt auch nichts.

Wie gepfiffen, so getanzt.

Lustiger Sinn macht leere Taschen.

Naschen macht leere Taschen.

Not leert volle Taschen.

Volle Flaschen machen leere Taschen.

Vor leeren Taschen bückt sich niemand.

Wer aus fremder Tasche wenig gibt, der gibt aus eigener nichts.

Wer liebt, hat alle Taschen voller Hoffnung.

Wohl dem, dem's aus der Tasche quillt.

Tat

Absicht ist die Seele der Tat.

Auf Worte kommt's nicht an, die Tat macht den Mann.

Aus bösen Gedanken entspringen böse Taten.

Böse Tat bleibt nicht verborgen.

Böse Tat trägt böse Frucht.

Das Angesicht verrät die Tat.

Dem Wort folgt die Tat.

Der eine mit Rat, der andere mit Tat.

Die Alten zum Rat, die Jungen zur Tat.

Die Tat tötet den Mann.

Handlungen, nicht Gedanken sind strafbar.

Einen jeden kleidet seine Tat.

Ein Freund in der Not ist ein Freund in der Tat.

Ein Löffel voll Tat ist besser als ein Scheffel voll Rat.

Erst Rat, dann Tat.

Große Worte, kleine Taten.

Guter Wille, gute Tat.

Gute Taten leuchten auch im Dunkeln.

Man muß sie daher nicht prahlerisch ins rechte Licht rücken.

Halte Rat vor der Tat.

Jeder ist ein Erbe seiner Taten.

Je mehr da beraten, je dümmer die Taten.

Je schlauer Rat, je übler Tat.

Langsam zum Rat, aber rasch zur Tat.

Man kann keine Tat ungeschehen machen.

Man schlägt den Feind eher mit Rat als mit Tat.

Überlegtes Vorgehen ist am wirksamsten.

Nach der Tat ist jeder klug.

Nach der Tat kommt die Reue zu spat.

Nach der Tat weiß jeder guten Rat.

Rat bringt die Tat.

Schneller Rat bringt selten gute Tat.

Tat bringt Rat.

Wo schnell gehandelt werden muß, darf man nicht lange zögern.

Taten sind Saaten.

Taten sprechen mehr als Worte.

Viele zum Rat, wenige zur Tat.

Viel Geschwätz, wenig Tat.

Vor der Tat halte Rat.

Was von der Tat verwundet ist, läßt sich nicht mit Worten heilen.

Wie der Rat, so die Tat.

Wie die Prälaten, so die Taten.

Wie die Tat, so der Lohn.

Wo kein Rat ist, da ist keine Tat.

Worte sind keine Taten.

Wo Taten sprechen, bedarf es keiner Worte.

Wo viel Worte sind, da ist wenig Tat.

Zorn ist der Stachel zu großen Taten.

Zu geschehenen Taten ist nicht mehr zu raten.

Zum Rat weile, zur Tat eile.

Täter

Große Sprecher sind nicht immer große Täter.

Tatsache

Eine Tatsache wiegt schwerer als ein Fuder Beweise.

Tatsachen sind harte Nüsse.

Tatsachen sind stärker als Worte.

Tatze

Naschende Katzen kriegen was auf die Tatzen.

Tau, das

Kein Tau ist so lang, man findet ein Ende.

Tau, der

Was der Regen nicht tränkt, netzt der Tau.

taub

Besser taub als blind.

Lieber Gehörtem (Gerede) nicht trauen als Gesehenem.

Der ist sehr taub, der nicht hören will.

Gaben machen taub.

Keine Garbe ohne taube Ähren.

Tauben Ohren predigt man vergebens.

Wenn der Kropf voll ist, sind die Hühner taub.

Taube, der

Was der Taube auch hört, er reimt sich's zusammen.

Was nützt dem Tauben die Nachtigall?

Taube, die

Adler brüten keine Tauben.

Der Spatz (Sperling) in der Hand ist besser als die Taube auf dem Dach.

Die Tauben müssen Federn lassen.

Der allzu Sanftmütige hat das Nachsehen.

Gebratene Tauben fliegen einem nirgends ins Maul.

Nicht jede Taube bringt einen Ölzweig.

Satte Tauben lassen die besten Körner liegen.

Wer den Habicht hegt, ist kein Freund der Tauben.

Wo Tauben sind, da fehlt es nicht an Habichten.

Wo Tauben sind, da fliegen Tauben zu.

Wo was ist, kommt noch mehr dazu.

Taubheit

Wo Taubheit herrscht, ist das Anklopfen umsonst.

taufen

Wenn das Kind getauft ist, fehlt's nicht an Paten.

Wenn man den Teufel getauft hat, ist es der alte Teufel.

taugen

Alle Hast taugt nichts.

Allzu fein taugt nicht.

Allzu gut taugt auch nichts.

Allzu kurz taugt kein Schurz.

Allzu spröde taugt nicht.

Alte Philosophen taugen nicht zu jungen Zofen.

Der Bock taugt nicht zum Gärtner.

Der Gutgenug hat sein Lebtag nichts getaugt.

Die beste Krankheit taugt nichts.

Die Stadt ist gut, sagte der Bauer, aber die Leute taugen nichts.

Ein bellender Hund taugt nicht zur Jagd.

Mit Leuten, die alles ausplaudern, läßt sich nichts unternehmen.

Es taugt nichts unversucht.

Man soll nichts loben, ohne es erprobt zu haben.

Gut genug taugt selten viel.

Junges Alter ist gut, alte Jugend taugt nicht.

Subtil taugt nicht viel.

Was hilft's, daß der Teufel groß ist, wenn er sonst nichts taugt.

Was nichts kostet, taugt auch nichts.

Was nichts taugt, ist umsonst zu teuer.

Was taugt unversucht? (sprach der Abt zur Jungfrau).

Wenn der Mut weg ist, taugt der Mann nichts.

Wenn der Reiter nichts taugt, hat das Pferd schuld.

Wenn der Schreiber nichts taugt, gibt er der Feder die Schuld.

Wer selber nichts taugt, sagt von andern auch nichts Gutes.

Wer zu allem taugt, taugt zu nichts.

Wo die Wurzel nichts taugt, da ist auch die Frucht nichts wert.

Tausch

Beim Tausch kommt immer einer zu kurz.

Ehrlicher Tausch ist kein Schelmenstück.

Tausch ist kein Raub.

tauschen

Beim Tauschen laß niemand lauschen.

Getauscht ist getauscht.

Handeln und tauschen ohne Not
nimmt die Butter vom Brot.

Kannst du wechseln, so kann ich tauschen.

Wer Lust hat zu tauschen, hat auch Lust zu betrügen.

Wer tauschen will, will betrügen.

täuschen

Der ist leicht zu täuschen, der leicht glaubt.

Mit Worten täuscht man die Leute.

Wer gern tauscht, täuscht gern.

Wer viel hofft, täuscht sich oft.

tausend

Es gibt tausend Krankheiten, aber nur eine Gesundheit.

Hundert, die wollen, sind stärker als tausend, die müssen.

Tausend können mehr als einer.

Wer von seinem Leben noch einen Zoll übrig hat, der hat noch tausend Geschäfte.

Tee

Wer krank ist, dem will jeder Tee kochen.
An guten Ratschlägen fehlt es in einer Notlage nicht.

Teer

Mit Teer kann man den Ruß nicht abwaschen.

Teich

In einem großen Teich gibt's viel Fische.

Wer den Teich hat, der hat auch die Fische.

Wer ertrinken will, kann's im nächsten Teich.

Teig

Nur Teig läßt sich kneten.

Teig ist noch kein Brot.
Talent muß erst ausgebildet werden.

Wie der Teig, so das Brot.

Wie die Hefe, so der Teig.

Teil

Besser einen Teil verlieren als das Ganze.

Der Teil ist oft mehr als das Ganze.

Man höre auch den andern Teil.

Viel Erben machen schmale Teile.

Viele Teile machen schmale Bissen.

Viele Teile, schmale Brocken.

Ungleiches Teil macht scheele Augen.

teilen

Mit dem Löwen ist nicht gut Beute teilen.

Teilt sich das Bett, so scheiden sich die Herzen.

Wenn du teilst, so teile gleich.

Wenn's ans Teilen geht, so geht's ans Raufen.

Teilung

Jedem (et)was ist eine gute Teilung.

Teller

Je lieber der Gast, je voller der Teller.

Tempel

Soviel Götzen, soviel Tempel.

Viel Tempel, wenig Gottesdienst.

Äußerlichkeiten ersticken das Wesentliche.

Tenne

Gute Tenne, gute Drescher.

Wer den Staub scheut, bleibe von der Tenne.

Testament

Ein fettes Leben macht ein mageres Testament.

teuer

Das Futter ist teurer als das Pferd.

Die Folgekosten wollen überlegt sein.

Das Teuerste ist nicht immer das Beste.

Dem Borg (Einem Schuldenmacher) ist nichts zu teuer.

Die Apotheke ist eine teure Küche.

Eine leere Tasche ist eine teure Tasche.

Eine schöne Wirtin macht einen teuren Gasthof.

Erbeten ist oft teuer erkauft.

Es ist eine teure Gesundheit, die man beim Arzt kauft.

Es ist nichts teurer, als was man mit Bitten kauft.

Guter Rat ist teuer.

Je schöner die Wirtin, je teurer der Wein.

Je teurer, je lieber.

Je weiter, je teurer; je teurer, je lieber.

Man kauft den Ochsen nicht teurer, weil er bunt ist.

Maurerschweiß ist teuer.

Selten kauft man teuer.

Das Seltene ist begehrt.

Teuer geschätzt ist nicht verkauft.

Was man selber für wertvoll hält, muß es für andere nicht sein.

Teurer Kauf spart.

Unnütze Sachen sind immer zu teuer.

Was gut ist, bezahlt man nicht zu teuer.

Was man bereuen muß, ist um jeden Preis zu teuer.

Was man teuer kauft, ist gut.

Mühsam Erworbenes schätzt man.

Was nichts nutz ist, ist geschenkt zu teuer.

Was teuer ist, das ist angenehm.

Was teuer ist, schmeckt am besten.

Wer auf Borg kauft, kauft teuer.

Wo Geld fehlt, da ist das Brot teuer.

Der eine Teufel ist immer ärger als der andere.

Teuerung

Neuerung macht Teuerung.

Von unüberlegter Neuerungssucht.

Teufel

Aber, wenn und gar sind des Teufels War'.

Alter Teufel kriecht zu Kreuz.

An armer Leute Hoffart wischt der Teufel den Arsch.

Der Hochmut des Nichtskönners ist lächerlich.

Argwohn ist des Teufels Hure.

Auch dem Teufel muß man sein Recht lassen.

Auch der Teufel kann bis drei zählen.

Man soll keinen Gegner für dumm halten.

Auch der Teufel war schön, als er jung war.

Auch der Teufel weiß nicht alles.

Auf der Gasse ein Engel, zu Hause ein Teufel.

Aus einem Teufel werden leicht zwei.

Das Beste holt der Teufel zuerst.

Das Liebste verliert man immer zu früh.

Dem Reichen wiegt der Teufel die Kinder.

Sie sollen selten geraten.

Dem Schuldigen träumt bald vom Teufel.

Den Himmel möchte mancher erben, aber er will's auch nicht mit dem Teufel verderben.

Von Rückversicherern.

Den Teufel braucht man nicht rufen, er kommt wohl von selbst.

Den Teufel jagt man heraus, der Satan kommt wieder herein.

Den Teufel kennt man an den Klauen.

Der alte Teufel lebt noch.

Der eine Teufel ist immer ärger als der andere.

Der lahme Teufel ist der schlimmste.

Die langsame, unmerkliche Verführung.

Der muß häßlich tun, der den Teufel schrecken will.

Der Teufel feiert nicht.

Der Teufel hat das Suchen erfunden und seine Großmutter das Warten.

Der Teufel hat mehr als zwölf Apostel.

Der Teufel hilft seinem Volk.

Wenn ein Unredlicher unverdientes Glück hat.

Der Teufel ist nicht so schwarz, wie man ihn malt.

Der Teufel kennt seine Leute.

Der Teufel klopft wohl an, aber der Mensch ruft herein.

Der Teufel muß alles getan haben.

Man sucht gern einen Sündenbock, dem man alles zutraut.

Der Teufel scheidet immer mit Gestank.

Was schlecht ist, zeigt sich am Ende auch so.

Der Teufel scheißt auf keinen kleinen Haufen (immer auf den größten Haufen).

Der Teufel scheißt nirgends lieber hin, als wo gedüngt ist.

Der Teufel schläft nicht.

Der weiße Teufel ist schlimmer als der schwarze.

Des Teufels Arme sind immer offen.

Die Teufel sind alle schwarz.

Ein armer Teufel muß das Holz zur Hölle selber tragen.

Ein böser Mann ist ein Teufel, ein böses Weib eine Hölle.

Eine Frau sei noch so klein,
sie stellt dem Teufel ein Bein.

Sie läßt sich nicht so leicht unterkriegen.

Einen Müßigen mietet der Teufel.

Einer ist des andern Teufel.

Wo keine Verträglichkeit herrscht.

Ein gescheiter Teufel ist besser als ein dummer Engel.

Ein großer Teufel braucht eine große Hölle.

Ein junger Engel wird wohl ein alter Teufel.

Ein Priester muß einen Teufel haben.

Ein Teufel tut dem andern nichts.

Ganoven halten zusammen.

Es fahren viel Leute vor großer Andacht zum Teufel.

Es gibt nicht immer schwarze Flecken, wo der Teufel gesessen hat.

Es ist besser, wir betrügen den Teufel, als daß der Teufel uns betrügt.

Es ist eine saubere Gesellschaft, in der der Teufel der Beste ist.

Es ist nichts so gut gesagt, der Teufel legt es für sich aus.

Bosheit dreht alles um.

Für Geld kann man den Teufel tanzen lassen.

Geduld frißt den Teufel.

Gib dem Teufel einen Finger, und er greift nach der ganzen Hand.

Hat der Teufel erst einen Finger, dann kriegt er auch die Hand.

Holt der Teufel das Pferd, holt er den Zaum dazu.

In der Not frißt der Teufel Fliegen.

Ein Priester muß einen Teufel haben.

In Teufels Küche kommt man immer noch früh genug.

Jeder hat seinen Teufel, der ihn plagt.

Von Anfechtungen, scherzhaft auch vom Ehepartner.

Jeder hält seinen Teufel für einen Engel.

Je mehr der Teufel hat, je mehr will er haben.

Je näher der Freund, je ärger der Teufel.

Wenn die Freundschaft zu Bruch gegangen ist.

Keine Kirche so klein, der Teufel baut eine Kapelle daneben.

Niedertracht kommt überall vor.

Kommt der Teufel in die Kirche, so will er auch auf den Altar.

Lügen sind des Teufels Wahrheiten.

Male den Teufel nicht an die Wand, sonst sitzt er dir im Nacken.

Man braucht dem Teufel keinen Boten zu schicken.

Mancher hat das Evangelium im Munde und den Teufel im Herzen.

Redet Gutes und sinnt auf Schlechtes.

Man kann lange mit den Zähnen klappern, bis der Teufel weint.

Man muß es nehmen wie der Teufel die Bauern.

Nämlich wie's gerade kommt.

Man muß nicht den Teufel mit Beelzebub austreiben.

Man darf nicht zu Mitteln greifen, die alles nur noch verschlimmern; nach Matthäus 12,24.

Man muß (soll) den Teufel nicht an die Wand malen.

Man schlägt sieben Teufel hinein, wenn man einen herausschlagen will.

Man zündet auch wohl dem Teufel ein Lichtlein an.

Mancher hält sich ein Hintertürchen offen.

Mit einem alten Weibe führt der Teufel keinen Prozeß.

Nach des Teufels Pfeife ist auch gut tanzen.

Nach jedermanns Genügen
kann sich kein Teufel fügen.

Schön hat der Teufel lieb.

Was gefällt, dem wird nachgestellt.

Solange man am Abgrund steht, muß man sich mit dem Teufel gut stellen.

Stank ist des Teufels Dank.

Von großer Undankbarkeit.

Teufel bleibt Teufel, ob schwarz oder weiß.

Veränderung muß sein, sagte der Teufel und strich sich den Schwanz grün an.

Vor der verschlossenen Tür kehrt der Teufel um.

Was der Teufel in der Bibel sucht, das findet er.

Was der Teufel nicht weiß, das weiß ein altes Weib.

Was einem lieb ist, holt der Teufel am ersten.

Was hilft's, daß der Teufel groß ist, wenn er sonst nichts taugt.

Was zum Teufel will, das läßt sich nicht aufhalten.

Weit von der Arbeit, nah beim Teufel.

Wem bange ist, den beißt der Teufel.

Wem der Teufel auf dem Dache sitzt, dem scheißt er in die Esse.

Wem der Teufel einheizt, der friert nicht.

Wen der Teufel holen soll, dem braucht man nicht zu fluchen.

Wen der Teufel reitet, der muß wohl von der Stelle.

Wen der Teufel treibt, der hat Eile.

Wenn der Gärtner schläft, pflanzt der Teufel Unkraut.

Wenn der Teufel alt wird, will er Mönch werden.

Wenn der Teufel das Pferd holt, holt er auch den Zaum dazu.

Wenn ein Strick nicht hilft, so nimmt der Teufel hundert.

Wenn ein Teufel weggeht, kommt der andere wieder.

Wenn es dem Teufel an Jüngern fehlt, erklärt er die Bibel.

Wenn es nicht anders geht, muß man zum Teufel auch Vetter sagen.

Wenn man den Teufel getauft hat, ist es der alte Teufel.

Von nutzlosen Bemühungen.

Wenn man den Teufel nennt, kommt er gerennt.

Wenn man vom Teufel spricht, dann kommt er (ist er nicht weit).

Scherzhaft, wenn jemand hereinkommt, von dem man gerade gesprochen hat.

Wenn's keine Engel gibt, machen wir Teufel draus.

Wer dem Teufel dienen will, hat einen schlimmen Herrn.

Wer dem Teufel traut, wird beschissen.

Wer den Teufel betrügen will, muß sehr klug sein.

Wer den Teufel fürchtet, den holt er.

Wer den Teufel geladen hat, muß ihm auch Arbeit geben.

Wer den Teufel geladen hat, muß ihn auch fahren.

Wer den Teufel zu Gast bittet, zu dem kommt er.

Wer den Teufel zum Freunde haben will, der zündet ihm eine Fackel an.

Wer den Teufel zum Freunde hat, der hat die Hölle umsonst.

Wer den Teufel zum Freunde hat, hat's gut in der Hölle.

Wer Gönner hat, kommt voran.

Wer ein böses Weib hat, braucht keinen Teufel.

Wer Geld hat, dem geht der Teufel aus dem Wege.

Wer mit dem Teufel essen will, muß einen langen Löffel haben.

Wer reich werden will, muß den Teufel zum Vetter haben.

Wer rückwärts geht, läuft dem Teufel in die Arme.

Wer sich fürchtet, den beißt der Teufel.

Wer sich mit dem Teufel gut steht, kriegt den besten Platz in der Hölle.

Wer sich mit dem Teufel rauft, muß Haare lassen.

Wer sich mit Engeln die Hüfte verrenkt, muß nicht mit dem Teufel kämpfen.

Wer sich vor dem Teufel verwahrt, ist vor den Engeln noch nicht sicher.

Wer stehlen will, dem schmiedet der Teufel leicht einen Dietrich.

Wer vor der Hölle wohnt, muß den Teufel zum Freunde haben.

Wer zum Teufel betet, den kann Gott nicht erhören.

Man kann nicht alles auf einmal haben.

Wer zum Teufel fahren will, läßt sich nicht aufhalten.

Wie der Teufel, so der Gestank.

Wo die Bosheit Gast ist, da ist der Teufel Wirt.

Wo der Teufel genannt wird, da will er sein.

Wo der Teufel ist, stinkt es auch.

Wo der Teufel nicht hinmag (hinkann), schickt er ein altes Weib.

Wo der Zaun am niedrigsten ist, da springt der Teufel hinüber.

Wo die Götter walten, sind die Teufel nicht fern.

Wo die Karten auf dem Tische sind, da ist der Teufel darunter.

Wo Lärm ist, spricht der Teufel amen.

Wo lauter Grunzen ist, da wohnt der Teufel.

Wo man mit Feuerbränden wirft, bläst der Teufel in die Asche.

Wo was ist, da ist der Teufel; wo nichts ist, da ist er zweimal.

Jeder hat seinen Teufel, der ihn plagt.

Zuwenig und zuviel ist des Teufels Spiel.

↗ *Trab*

Teufelchen

Jeder hat sein Teufelchen im Leibe.

Teufelslohn

Teufelsarbeit, Teufelslohn.

teuflisch

Je heiliger, je teuflischer.

Von Bigotterie.

Thron

Lieber eine Hütte auf der Erde als einen Thron in den Wolken.

Wenn ein Thron fällt, gibt's viel Staub.

tief

Hohe Steiger fallen tief.

Je höher Amt, je tiefer Fall.

Je höher man steigt, je tiefer kann man fallen.

Je schärfer die Spitze, je tiefer die Wunde.

Je tiefer im Walde, je dichter das Holz.

Je mehr man vorankommt, je mehr Probleme.

Je weiter wir graben, je tiefer wir kommen.

Man erschöpft auch den tiefsten Brunnen.

Scharfe Pflüge machen tiefe Furchen.

Stille Wasser sind tief.

Tiefe Flüsse gehen langsam.

Von besonnenen, bedächtigen Menschen.

Tiefe Wunden heilen langsam.

Vom hohen Dach fällt man tief.

Was nicht tief wurzelt, wipfelt auch nicht hoch.

Wer tief pflügt, muß tief düngen.

Tier

Andere Tiere, andere Köder.

Ein jedes Tier kennt seinesgleichen.

Ein Tier weiß, wann es genug hat.

Der Prasser dagegen nicht.

Jedes Tier hält sich zu seinesgleichen.

Jedes Tier wehrt sich seiner Haut.

Je furchtsamer das Tier, je schneller läuft es.

Quäle nie ein Tier zum Scherz,
denn es fühlt wie du den Schmerz.

Tierchen

Jedem Tierchen (Jedes Tierchen hat) sein Pläsierchen.

Tinte

Blut ist dicker als Tinte.

Verwandtschaft bindet mehr als Übereinkunft.

Tisch

An einem runden Tische ist jeder Platz der erste.

An fremden Tischen schmeckt es gut.

Bei Tische soll die Freude den Vorsitz führen.

Besser an eigenem Tische darben als an fremdem schwelgen.

Eigener Tisch ist der beste.

Ein gedeckter Tisch stillt viel Streit.

Es ist nicht für jeden der Tisch gedeckt.

Genügen ist ein reicher Tisch.

Großer Tisch macht leere Speicher.

Mancher sitzt am Tisch und versäumt die Mahlzeit.

Säßen wir alle zu Tisch,
wer brächte uns dann den Fisch.

Wo nur Ansprüche gestellt werden.

Überfüllter Tisch macht Ekel.

Unterm Tisch ist auch in der Stube.

Volle Tische machen leere Kasten.

Vom Singen und Sagen kann man nichts zu Tische tragen.

Von einem schönen Tisch kann man nicht satt werden.

Äußerlichkeiten machen's nicht.

Wenn die Not am Tisch sitzt, braucht man für Freunde nicht zu decken.

Weil sie sich nicht sehen lassen.

Wenn drei an einem Tische sitzen, findet auch der vierte Platz.

Wer bei Tische schläft, steht hungrig auf.

Man darf die Gelegenheit nicht verstreichen lassen.

Wer den Tisch besorgt (deckt), verhungert nicht.

Wer den Tisch voll Braten hat, läßt die Grütze stehen.

Wer unter dem Tisch sitzt, wird nicht beneidet.

Zu Bett und Tisch soll man sich nicht schämen.

Zuviel Schüsseln zerbrechen den Tisch.

tischen

Wer lange tischt, lebt lange.

Tischgebet

Das beste Tischgebet macht nicht satt.

Titel

Besser ein Titel zuviel als einer zuwenig.

Wenn man jemanden für sich einnehmen will, soll man besonders höflich sein.

Titel kosten kein Geld.

Was ist (nützt) ein Titel ohne Mittel.

Tochter

Alle Frauen sind Evas Töchter.

Aus einer Tochter kann man nicht zwei Frauen machen.

Dem einen gefällt die Mutter, dem andern die Tochter.

Die Geschmäcker sind verschieden.

Der Mutter schenk' ich, der Tochter denk' ich.

Es ist nicht immer ein Gespenst, was in der Tochter Kammer geht.

Goldmanns Tochter findet jeder schön.

Schöne Töchter machen alte Mütter.

Man beachtet die Mütter dann nicht.

Was soll der Tochter die Arznei, wenn der Mutter der Magen verdorben ist.

Wer die Tochter haben will, muß die Mutter streicheln.

Wer Töchter hat, der kriegt wohl Söhne.

Wie die Mutter, so die Tochter.

Willst du die Tochter han, sieh vorher die Mutter an.

Tod

Alles für Geld, umsonst ist nur der Tod.

Arm oder reich, der Tod macht alles gleich.

Der Katzen Spiel ist der Mäuse Tod.

Der Tod hat noch keinen vergessen.

Der Tod ist gewiß, doch ungewiß die Stunde.

Der Tod kommt ungeladen.

Der Tod scherzt nicht.

Man soll sich nicht mutwillig gefährden.

Der Tod versöhnt.

Der Tod will eine Ursache haben.

Der Tod zahlt alle Schulden.

Des einen Tod, des andern Brot.

Ein unnützes Leben ist ein früher Tod.

Gegen den Tod ist kein Kraut gewachsen.

Honig ist der Mücke Tod.

Kein Harnisch schützt gegen den Tod.

Lange Trennung ist der Liebe Tod.

Trägheit ist der halbe Tod.

Umsonst ist nur der Tod (nicht einmal der Tod, denn er kostet das Leben).

Viele Hunde sind des Hasen Tod.

Viel Säcke sind des Esels Tod.

Warm ist das Leben, kalt ist der Tod.

Wer den Tod nicht fürchtet, der fürchtet nichts.

Nach Publilius Syrus.

Wer wohltut, lebt nach dem Tode.

Wo die Ärzte streiten, da erntet der Tod.

Zwei Tode kann niemand sterben.

↗ *Tapfere, der*

Töffel

Jeder Töffel findet seine Grete.

toll

Ein toller Kopf macht den Füßen Arbeit.

Groll macht toll.

Je toller, je besser.

Je toller Kerl, je besser Glück.

Je voller, je toller.

Trunkenheit macht tolle Leut.

Viel Hab und Gut macht tolles Blut.

Voller Kropf, toller Kopf.

Voller Mann, toller Mann.

tollkühn

Tollkühn ergreift das Glück.

Ton (Klang)

Der Ton macht die Musik.

Süße Töne bekommt man auch satt.

Ton (Tonerde)

Guter Ton gibt gute Töpfe.

Tonne

Die Tonne riecht immer nach Hering.

Leere Tonnen geben großen Schall.

Volle Tonnen klingen nicht.

Topf

Besser ein alter Topf als ein neuer Scherben.

Besser eine Maus im Topf als gar kein Fleisch.

Ein kleiner Topf braucht wenig Feuer.

Ein leerer Topf am meisten klappert,
ein leerer Kopf am meisten plappert.

Es ist kein Topf so schief, er findet seinen Deckel.

Hohle Töpfe klingen gut.

In jeder Küche gibt's zerbrochene Töpfe.

Jeder Topf findet seinen Deckel.

Kleine Töpfe haben auch Henkel.

Kleine Töpfe laufen bald über.

Liebe macht den Topf nicht sieden.

Neue Töpfe kochen gut.

Siedet der Topf, so blüht die Freundschaft.

Viel Staat auf dem Kopf und nichts im Topf.

Voller Topf, voller Kropf.

Wenn der Topf voll ist, läuft er über.

Wer den Topf zerbrochen hat, mag ihn auch bezahlen.

Wie der Topf, so der Deckel.

Wie der Topf, so die Pfanne;
wie der Hans, so die Hanne.

Zerbrochene Töpfe werden nicht mehr ganz.

Von erloschener Liebe und Freundschaft.

Zersprungener Topf klingt nicht.

Von einer unharmonischen Ehe.

↗ *Ton (Tonerde)*

Töpfchen

Die schlechten ins Kröpfchen,
die guten ins Töpfchen.

Nach dem Märchen vom Aschenbrödel.

Töpfer

Jeder Töpfer lobt sein Geschirr.

Töpferei

Wo eine Töpferei ist, da liegen auch Scherben.

Tor, das

Die Gans bückt sich, wenn sie durchs Tor geht.

Der Hochmütige eckt dagegen an.

Ein Tor, zu dem jeder einen Schlüssel hat, kann offenstehen.

Ein offenes Geheimnis muß man nicht wahren.

Goldener Hammer bricht eisernes Tor.

Große Stadt braucht große Tore.

Großes will großzügig behandelt werden.

Wem der Hof gehört, dem gehört auch das Tor.

Wer am Tor ist, hat nicht mehr weit in die Stadt.

Tor, der

An den Worten erkennt man den Toren (wie den Esel an den Ohren).

Das Herz des Toren ist auf seiner Zunge.

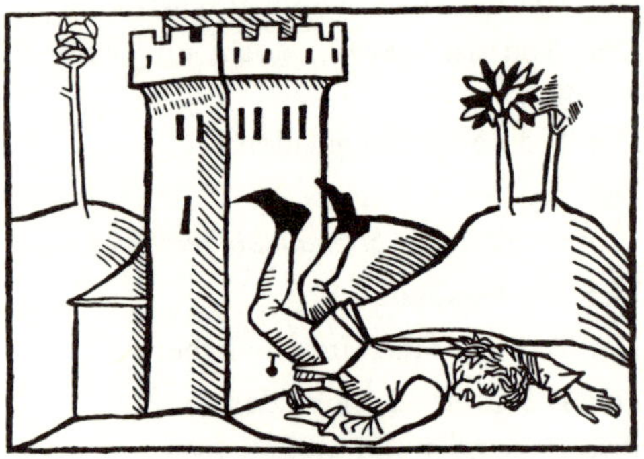

Hohe Steiger fallen tief.

Der Pfennig macht die Toren weise.

Die beste Klugheit lernt man von den Toren.

Indem man aus deren Schaden klug wird.

Die Feindschaft des Weisen ist besser als die Freundschaft des Toren.

Die Jahre helfen nicht an den Toren.

Ein Tor hat seinen Teller zuerst leer.

Er lebt in den Tag hinein.

Ein Tor kann mehr fragen, als hundert Gescheite beantworten.

Ein Tor will allezeit weise sein.

Es ist kein Tor so groß, es gibt noch einen größeren, der ihn bewundert.

Es ist niemand so weise, er wird von den Toren betrogen.

Für Toren gibt es keine guten Gründe.

Fürwitz macht viel Toren.

Glückliche Toren haben keine Weisheit vonnöten.

Im Zorn erkennt man den Toren.

Man findet so leicht einen alten Toren wie einen jungen.

Mit Toren ist schlecht scherzen.

Sie verstehen keinen Spaß.

Reue ist die Tugend der Toren.

Die nicht früh genug überlegen.

Toren braucht man nicht zu säen, sie wachsen von selbst.

Wer einen Toren schickt, dem kommt ein Narr wieder.

Wer Verstand sucht bei den Toren,
der hat seine Mühe verloren.

↗ *Törin*

Torheit

Alter schützt vor Torheit nicht.

Der sich klug dünkt, dem hängt Torheit an.

Der Weise begeht keine kleine Torheit.

Die kürzesten Torheiten sind die besten.

Eine Torheit ist bald begangen.

Es ist nicht eine Torheit wie die andere.

Jedem vertrauen ist Torheit, niemandem vertrauen Narrheit.

Sich selbst vergessen ist der Anfang der Torheit.

Torheit ist die schwerste Krankheit.

Unnütze Klugheit ist doppelte Torheit.

Viel Kunst, viel Torheit.

Von Alleskönnern.

Wächst die Ehre spannenlang,
wächst die Torheit ellenlang.

Wer Narrheit sät, wird Torheit ernten.

Zorn beginnt mit Torheit und endet mit Reue.

töricht

Allzu weise ist töricht.

Wer in der Jugend nicht töricht war, wird im Alter nicht weise sein.

Törin

Wer eine Törin nimmt, der hat eine.

Torte

Wer immer Torte ißt, sehnt sich nach Schwarzbrot.

tot

Auch ein toter Hecht hat noch Zähne.

Der alte Schenk ist tot, und Gebert hat's Bein gebrochen.

Um einem lästigen Bittsteller zu sagen, daß man nichts zu verschenken hat.

Der ist lange tot, der vorm Jahr starb.

Eine tote Katze fängt keine Maus.

Ein toter Mann furzt nicht mehr.

Wenn von jemandem keine Gefahr mehr zu erwarten ist.

Es ist mancher tot und merkt (weiß) es nicht.

Heute rot, morgen tot.

Hin ist hin und tot ist tot.

Immer krank und nimmer tot.

Lieber tot als Sklave.

Ohne Wein und Brot ist die Liebe tot.

Tote Hunde beißen nicht.

Wenn der Götze tot ist, so wirft man ihn in den Dreck.

Tote, der

Das Klagen hilft den Toten nicht.

Verlorenem soll man nicht nachtrauern.

Die Toten haben immer unrecht.

Sie können sich gegen Anwürfe nicht mehr verteidigen.

Laß die Toten ihre Toten begraben.

Nach Matthäus 8,22.

Man soll die Toten ruhen lassen.

Erledigtes, Vergessenes soll man nicht wieder aufrühren.

Von Toten soll man nur Gutes reden.

Nach Chilon.

töten

Das Gerücht (Der Leumund) tötet den Mann.

Der Buchstabe tötet (der Geist macht lebendig).

Nach 2. Korinther 3,6.

Der Mund betet und die Hand tötet.

Von Heuchelei.

Genuß tötet die Liebe.

Lächerlichkeit tötet.

Neue Liebschaft tötet die alte.

Schuld tötet den Mann.

Das böse Gewissen richtet den Schuldigen zugrunde.

Wer seinen Ruhm mehrt, der tötet ihn.

Zuviel Pflege tötet das Kind.

totlaufen, sich

Der Fleißige läuft sich tot, der Faule trägt sich tot.

Fleißige gehen eher zu oft, wo der Faule alles auf einmal schleppen möchte.

totmachen

Wer lange droht, macht dich nicht tot.

Totschlag

Eine Ohrfeige ist kein Totschlag.

Unbedeutende Kränkungen soll man verzeihen und nicht noch aufbauschen.

Ein Notschlag ist kein Totschlag.

totschlagen

Branntwein und Not schlägt die Leute tot.

Es ist nicht der Donner, der die Leute totschlägt.

Mit Worten totschlagen ist auch gemordet.

Trab

Der Trab eines Esels dauert nicht lange.

Wer im Galopp lebt, fährt im Trabe zum Teufel.

Ein schlimmes Leben nimmt ein böses Ende.

traben

Der Sporn macht das Roß traben.

Die Not lehrt den Esel traben.

Ein gutes Pferd trabt ohne Peitsche.

Wenn der Wagen rollt, traben die Pferde.

Wer nicht galoppieren kann, muß traben.

trachten

Der Löwe trachtet nicht nach Mäusen.

Wer nach fremdem Gut trachtet, verliert das seine.

träge

Ein träger Wolf hat nicht viel zu beißen.

Je reger der Mund (die Zunge), je träger die Hände.

Schlaffe Herren machen träge Knechte.

Träger Arm macht keine Stube warm.

Träge, der

Der Träge macht sich viele Wege.

Des Trägen Taschen sind voll Wenn und Aber.

Ich kann nicht, sagt der Träge.

tragen

Am Verstande (Wissen) trägt man nicht schwer.

An guter Lehr' trägt keiner schwer.

Auf anderer Leute Rücken (Auf fremden Schultern) ist leicht tragen.

Auf vielen Achseln ist gut tragen.

Besser den Esel treiben als selbst Säcke tragen.

Besser ein Esel, der mich trägt,
als ein Pferd, das mich schlägt.

Das Ende muß die Last tragen.

Das Herz hat oft schwerer zu tragen als der Rücken.

Das sind die besten Freunde, die man bei sich im Säckel trägt.

Der Gemeindeesel hat viel zu tragen.

Der hat gut tragen, den es nicht drückt.

Der ist nicht frei, der seine Ketten mit sich trägt.

Den Esel kennt man bei den Ohren und bei den Worten den Toren.

Die guten Jahre müssen die schlechten tragen.

Die Länge trägt die Last.

Einer trage des andern Last.

Nach Galater 6,2.

Ein jeder hat sein Kreuz (Päcklein) zu tragen.

Es ist mancher ein Esel, der keine Säcke trägt.

Es müssen starke Beine sein, die gute Tage tragen.

Es trägt einer schwer am frommen Mann.

Großes Ansehen ist auch eine Bürde.

Faule Tage sind schwer zu tragen.

Geduld hilft Bürde tragen.

Glück ist schwer zu tragen.

Gut gehoben ist halb getragen, und gut gebunden ist halb gefahren.

Kann man ein Übel nicht verjagen,
so muß man's mutig tragen.

Leichter trägt, was er trägt,
wer Geduld zur Bürde legt.

Man muß sich nicht mehr aufladen, als man tragen kann.

Man ruft den Esel nicht anders zu Hofe, als wenn er Säcke tragen soll.

Soll die Erde tragen, so muß man sie plagen.

Viele tragen leichter als einer.

War es deine Schuld, so trag es mit Geduld.

Was alle nicht tragen können, das kann auch einer allein nicht tragen.

Was ein fauler Esel ist, der trägt sich auf einmal zu Tode.

Was man gern trägt, wird einem nicht sauer.

Was man nicht tragen kann, muß man schleppen.

Was man nicht vermeiden kann,
muß man tragen als ein Mann.

Was man tragen kann, bricht den Hals nicht.

Was man trägt, soll man nicht hassen.

Notwendige Lasten werden sonst nur schwerer.

Wem die Last leicht ist, der trägt nicht schwer.

Wenn die Schultern es nicht tragen,
muß der Kopf sich auch mit plagen.

Wen's nicht drückt, der hat gut tragen.

Wer das Kalb trägt, dem lädt man die Kuh auf.

Wer den Mehlsack trägt, den hält man für den Müller.

Wer den Nutzen hat, trägt auch den Schaden.

Wer den Sack auf die Schultern nimmt, der soll ihn auch tragen.

Wer gern trägt, dem ladet jeder auf.

Wer sich zum Esel macht, der muß Säcke tragen.

Wer tragen muß, trägt schwer.

Wer viel tragen will, muß breite Schultern haben.

Wer wenig hat, trägt desto leichter.

Wer zu mir trägt, trägt auch von mir.

Von Zuträgerei.

Trägheit

Hoffnung ist der Trägheit Tochter.

Trägheit geht langsam voran, Armut schnell hinterdrein.

Trägheit ist der halbe Tod.

Trägheit ist des Teufels Kopfkissen.

Trägheit schwächt, Arbeit stärkt.

Träne

Besser Tränen als Gähnen.

Lieber kleine Mißhelligkeiten als Langeweile.

Der Erben Tränen sind oft ein heimliches Lachen.

Nach Publilius Syrus.

Es kommen nicht alle Tränen aus dem Herzen.

Fremde Tränen können eigene ersparen.

Wenn man aus fremdem Mißgeschick lernt.

Je mehr Tränen, je leichter der Schmerz.

Je mehr Tränen, je schöner die Predigt.

Tränen machen das Herz leicht.

Tränen stillen keine Not.

Tränen tun's nicht.

Reue allein macht Unrecht nicht wieder gut.

Tränen wecken keinen Toten auf.

Verlorenen Dingen soll man nicht nachtrauern.

Viel Herzen, viel Tränen.

Wenn eine Mutter weint, so sind die Tränen echt.

Wer die Hand in Blut wäscht, muß sie in Tränen baden.

Wer um Verlorenes weint, verschwendet seine Tränen.

Wo Weh ist, da sind Tränen.

Trank

Das letzte Schwein kriegt den dicksten Trank.

Dicker Trank macht fette Schweine.

Viel Schweine machen den Trank dünn.

Je mehr Erben, je kleiner der Anteil.

Traube

Die süßesten Trauben hängen am höchsten.

Die Trauben sind mir zu sauer, sagte der Fuchs, als er sie nicht erlangen konnte.

Disteln tragen keine Trauben.

Viel Blätter, wenig Trauben.

Von sauren Trauben wird kein guter Wein.

Wenn man die Trauben nicht bekommen kann, schilt man sie sauer.

Wer die Trauben auspreßt, dem bleiben auch die Hülsen.

Wer die Trauben nicht preßt, bekommt keinen Wein.

Wo Trauben sind, da sind auch Trester.

trauen (vertrauen)

Dem Raben auf dem Dach und dem Fuchs vor der Tür ist nicht zu trauen.

Einem frommen Mantel ist nicht zu trauen.

Der Schein trügt oft.

Einem trauen ist genug,
keinem trauen ist nicht klug.

Einmal trauen ist nötig, zweimal trauen ist töricht, dreimal trauen ist närrisch.

Erst geschaut, dann getraut.

Hofhunden ist nicht zu trauen.

Man kann dem Strom eher trauen als dem Bach.

Soll ich trauen, so komm morgen,
heute will ich nicht borgen.

Trauen, hoffen und harren
machen manchen Narren.

Trau keinem stillen Wasser und keinem stillen Mann.

Trau nicht, so bleibt das Roß im Stall.

Trau niemand, du habest denn ein Malter Salz mit ihm gegessen.

Trau, schau, wem.

Vertraue, aber schau erst, wem.

Versöhnter Feindschaft und geflickter Freundschaft ist nicht zu trauen.

Wehe der Gans, die dem Fuchs traut.

Wer auf Hoffnung traut, hat auf Eis gebaut.

Wer dem Glücke traut, hat auf Sand gebaut.

Wer dem Teufel traut, wird beschissen.

Wer gar nicht traut, dem ist nicht zu trauen.

Wer keinem traut, ist selbst untreu.

Wer leicht dem andern traut,
dem schläft man bei der Braut.

Wer leicht traut, wird leicht betrogen.

Wer nicht traut, dem traue nicht.

Wer nicht traut, nimmt Pfand.

Wer nicht traut, wird nicht betrogen.

Wer niemand traut, steckt selber in keiner guten Haut.

Wer regieren will, muß Leuten trauen.

Wer seinem Feinde traut, ist sein eigener Feind.

Wer wenig traut, bleibt unbetrogen.

↗ *trauern*

Trauer

Große Trauer ist nicht von Dauer.

Gemeint ist die zur Schau getragene Trauer.

trauern

Allzeit trauern kann nicht dauern.

Aus trauen wird oft trauern.

Es ist eine Zeit zum Lustigsein und eine Zeit zum Trauern.

Es trauern nicht alle, die schwarze Röcke tragen.

Kurz trauern ist lang leben.

Man soll sich nicht in den Schmerz verbeißen.

Wenn das Haupt krank ist, so trauern alle Glieder.

Traufe

Wer sich unter die Traufe stellt, muß nicht über das Naßwerden klagen.

Traum

Auch im Traum fängt die Spinne Fliegen.

Auf den Traum ist nicht zu bauen.

Die fettesten Träume machen nicht satt.

Ein dummer Mann hat dumme Träume.

Ein Traum gewährt, was man wachend begehrt.

Im Traum gewonnen, im Traum zerronnen.

Narren haben närrische Träume.

Träume sind Schäume.

Träume und Gedanken kennen keine Schranken.

Wem das Glück lacht, der gewinnt im Traum.

Wenn alle Träume wahr wären, bliebe keine Nonne fromm.

Wer liebt, macht sich die Träume selber.

Wie der Mann, so sind seine Träume.

↗ *Träumer*

Die Länge trägt die Last.

träumen

Der Fuchs träumt gern von Gänsen.

Der hat einen schweren Schlaf, der von Schuld träumt.

Der Kluge träumt nur, wenn er schläft, der Dumme auch, wenn er wacht.

Hoffen und Träumen läßt vieles versäumen.

Vom Träumen kommt Versäumen.

Wachende Leute träumen nicht.

Was einer gern hätte, davon träumt ihm.

Wenn die Katze träumt, so ist's von Mäusen.

Wenn die Schweine schlafen, träumt ihnen von Trebern.

Wer träumt, daß er schwitzt, kann noch frieren.

Es kommt oft anders, als man es sich ausmalt.

Wer viel schläft, träumt viel; wer viel spricht, lügt viel.

Träumer

Wie der Träumer, so der Traum.

traurig

Ein trauriges Herz ist immer durstig.

Ironisch über ausgiebiges Trinken beim Leichenschmaus.

Fröhlich, wenn ich kann, traurig, wenn ich muß.

Heute fröhlich, morgen traurig.

Junge Frau und alter Mann
sind ein trauriges Gespann.

Traurige, der

Beim Traurigen ist immer Nacht.

Mit Fröhlichen soll man fröhlich sein, mit Traurigen traurig.

Trauwohl

Trauwohl reitet das Pferd weg.

Trauzubald

Trauzubald kommt um Feld und Wald.

Treber

Wer sich unter die Treber mengt, den fressen die Säue.

treffen

Der Blitz trifft eher einen Turm als eine Hütte.

Ein goldener Pfeil trifft am sichersten.

Geradezu trifft am ersten.

Gleichzu trifft am besten.

Mancher schießt ins Blaue und trifft ins Schwarze.

Meinen und Hoffen hat's selten getroffen.

Mit Harren und Hoffen hat's mancher getroffen.

Nahebei ist nicht getroffen.

Nicht jede Kugel trifft (ins Ziel).

Was einen treffen kann, kann alle treffen.

Was nützt das Schießen, wenn man nicht trifft.

Was über allen schwebt, kann alle treffen.

Wer den Schlag erwartet, den trifft er nur halb.

Wer einmal trifft, ist noch kein Schütze.

Wer gut zielt, trifft gut.

Wer oft schießt, der trifft endlich einmal.

Wer sich getroffen fühlt, der meldet sich.

Treffer

Viel Schützen und wenig Treffer.

treiben

Einer kann's so treiben, daß ihn seine eigenen Hunde beißen.

Man kann sich's auch mit allen verderben.

Ein Wasser treibt viele Mühlen.

Es ist kein Weg zu weit, wenn die Liebe treibt.

Ins Paradies wird niemand getrieben.

Jeder treibe sein Handwerk.

Not treibt den Hund an die Kette.

Treib's, so geht's.

Was man gelernt hat, das soll man auch treiben.

Was man treibt, gewinnt man lieb.

Wen der Teufel treibt, der hat Eile.

Wenn der Gaul von selber läuft, muß man ihn nicht treiben.

Wer andere treiben will, muß selber laufen.

Wer den Pflug hält, treibt die Ochsen.

Wer sich anspannen läßt, muß sich auch treiben lassen.

Wie man's treibt, so geht's (sagte der Bauer und nahm die Kuh beim Schwanz).

Wie man's treibt, so hat man's.

Williges Pferd soll man nicht treiben.

Treiber

Der Treiber und der Esel denken nicht dasselbe.

Die Herde folgt dem Treiber.

Trennung

Die Trennung frischt die Liebe auf.

Lange Trennung ist der Liebe Tod.

Lange Trennung verändert die Freunde.

Treppe

Je höher Treppe, je schwerer Fall.

Von hohen Treppen fällt man hart.

Wenn man die Treppe kehrt, fängt man oben an.

Wer die Treppe hinauf will, geht Stufe für Stufe.

treten

Auch der Wurm krümmt sich, wenn er getreten wird.

Müde Ochsen treten hart.

Was keine Henne ist, muß sich nicht treten lassen.

Wem das Glück nicht wohlwill, den tritt es mit Füßen.

Wer dir auf den Fuß tritt, wird dir bald auf den Kopf treten.

treu

Alte Hunde, treue Hunde.

Das Glück ist keinem treu.

Ein treuer Freund ist ein großer Schatz.
Nach Jesus Sirach 6,4.

Späte Reu' ist selten treu.

Treuer Liebe Band hält über Meer und Land.

Weiße Raben und treue Freunde findet man selten.

Wer nicht treu im kleinen ist, der ist es noch weniger im großen.

Treue

Falsche Treue, falsches Geld.

Gekaufte Treue hat wenig Wert.

Treue ist eine Schwester der Liebe.

Treue ist ein seltener Gast;
halt ihn fest, wenn du ihn hast.

Treue wächst aus Treue.

Wo (keine) Liebe ist, ist (keine) Treue.

triefen

Wo es regnet, da trieft es auch.

trillern

Am Trillern erkennt man die Lerche.

trinken

Auf den Zorn ist nicht gut trinken.

Aus leeren Krügen ist nicht gut trinken.

Beim Trinken und Essen
wird der Kummer vergessen.

Besser einen Schoppen zuviel bezahlt als zuviel getrunken.

Essen und Trinken hält Leib und Seele zusammen.

Es trinkt sich niemand weise.

Je mehr einer trinkt, je mehr ihn dürstet.

Je mehr man trinkt, je mehr man hinkt.

Je stärker getrunken, je schwächer geworden.

Mancher trinkt heimlich und ist öffentlich besoffen.

Man soll nicht aus jeder Lache trinken.
Nicht jedes Gerücht aufgreifen.

Man spricht wohl vom vielen Trinken, aber nicht vom großen Durst.

Sprich, was wahr ist; trink, was klar ist; iß, was gar ist.

Trinken ist nicht Saufen.

Trinken macht Freundschaft.
Schafft ungute Vertraulichkeit.

Was einer braut, muß er auch trinken können.

Was hilft's Trinken, wenn's den Durst nicht löscht.

Wen der Kellner liebt, der trinkt oft.

Wer an der Quelle trinkt, der hat das Wasser rein.

Wer auf Borg trinkt, betrinkt sich zweimal.

Wer getrunken hat, muß auch zahlen.

Wer trinkt ohne Durst und ißt ohne Hunger, der stirbt desto junger.

Wer viel trinkt, muß viel Durst leiden.

Wo Trinken eine Ehre ist, ist Speien keine Schande.

Trinker

Der Trinker bessert sich immer morgen.

trocken

Auf dem Trocknen ist nicht gut fischen.

Der Hals ist bald trocken, wenn er umsonst singen soll.

Trocken Brot macht Wangen rot.

Trockene Zunge erzählt nicht gern.

Wer im Trockenen sitzt, lacht über den Regen.

Wer mich naß macht, macht mich auch wieder trocken.

Wo es stets hinregnet, da wird es nicht trokken.

Wo man oft hinspuckt, wird es nicht trokken.

↗ *tröpfeln*

trocknen

An einem nassen Sack kann man sich nicht trocknen.

Wer viel wäscht, muß viel trocknen.

Die süßesten Trauben hängen am höchsten.

Trog

Man läuft wohl vom Hofe, aber nicht vom Troge.

Wenn die Schweine satt sind, stoßen sie den Trog um.

Wo der Trog leer ist, beißen sich die Schweine.

Trommel

Die Trommel klingt am schönsten aus der Ferne.

Die Trommel muß sich schlagen lassen.

trommeln

Mit dem Munde trommeln ist nicht schwer.

Vorn getrommelt und hinten keine Soldaten.

Was mit Trommeln gewonnen wird, geht mit Pfeifen wieder dahin.

Tropf

Soviel Köpfe, soviel Tröpfe.

tröpfeln

Besser ein ordentlicher Regen als ein stetes Tröpfeln.

Es tröpfelt, ehe es regnet.

Regnet's nicht, so tröpfelt's doch.

Wenn es aufs Kloster regnet, tröpfelt es auf die Mönche.

Wenn's auf den Pfarrer regnet, tröpfelt's auf den Küster.

Wo's immer tröpfelt, wird's nicht trocken.

tropfen

Alte Röhren tropfen gern.

Von schwatzhaften Alten.

Auf Narren tropft es überall.

Dem einen kommt's in Strömen, dem andern will's nicht tropfen.

Es muß regnen, wenn es tropfen soll.

Regnet's auf einen, so tropft es auf den andern.

Solang es tropft, versiegt es nicht.

Wo es naß ist, da tropft was.

Tropfen

Das Meer besteht aus Tropfen.

Ein Tropfen macht das Meer nicht voller.

Ein Tropfen Maurerschweiß kostet einen Taler.

Lieber ein Tropfen Weisheit als ein Abgrund voll Glück.

Steter Tropfen höhlt den Stein.

Wenn der Topf voll ist, läuft er von einem Tropfen über.

Wer sich vor den Tropfen hütet, der wird nicht naß.

Trost

Es ist ein schwacher Trost, daß es andern auch schlecht geht.

Fremder Trost ist gut, doch besser ist eigener Mut.

Kein Trost ohne Seufzer.

Prost ist auch Trost.

trösten

Der Glückliche hat gut trösten.

Gemeinsames Leid (Unglück) tröstet.

Trösten ist leichter als leiden.

Wer die Wahrheit nicht leiden kann, der muß sich mit der Lüge trösten.

Tröster

Viel Tröster, wenig Helfer.

trotzen

Was nicht geht mit Trotzen, das geht mit Schmarotzen.

trübe

Alte Häuser haben trübe Fenster.

Alte Leute sehen manchmal mehr die Schattenseiten.

Auf einen trüben Morgen folgt ein heiterer Tag.

Eigenliebe macht die Augen trübe.

Es ist kein Strom, in den nicht trübe Bäche münden.

Heller Morgen, trüber Tag.

In trüben Wassern (Im Trüben) ist gut fischen.

Je mehr Fische, je trüber das Wasser.

Lustige Nächte machen trübe Tage.

Trübes Wasser treibt die Mühle auch.

Wer trübe Fenster hat, dem erscheint alles grau.

Von Schwarzsehern.

trüben

Auch eine kleine Wolke kann den Himmel trüben.

Mißgeschick trübt den Blick.

Streit trübt die Wahrheit.

Trübsal

Wo Trübsal zum Fenster heraussieht, sehen keine Freunde hinein.

trügen

Der Schein trügt.

Erfahrung trügt nicht.

Wer tausendmal trügt, wird auch wohl einmal selbst betrogen.

Trumpf

Trumpf ist die Seele des Spiels.

Was nützt Weisheit, wo Dummheit Trumpf ist.

Trunk

Auf einen guten Bissen gehört ein guter Trunk.

Beim Trunk erkennt man die Narren.

Guter Trunk macht Alte jung.

Ist der Trunk im Manne, dann ist der Verstand in der Kanne.

Wer seinen Witz im Trunk verliert, muß ihn im Dreck suchen.

trunken

Ein trunkener Kutscher macht taumelnde Pferde.

Trunkene Freud, nüchternes Leid.

Trunken ein Weiser und nüchtern ein Narr.

Trunkener Mund meldet des Herzens Grund.

Trunkener Mund, wahrer Mund.

Trunken geschwatzt, nüchtern vergessen.

Trunken gestohlen, nüchtern gehängt.

Trunken gezecht, nüchtern geblecht.

Wer trunken sündigt, muß nüchtern büßen.

Trunkene, der

Des Trunkenen Freude ist des Nüchternen Ärger.

Einem Trunkenen gehört die ganze Welt.

Wenn der Trunkene fällt, muß er dem Wein keine Vorwürfe machen.

Trunkenheit

Trunkenheit macht tolle Leut.

Tuch

Am feinsten Tuch täuscht man sich am meisten.

An Tuch und Worten geht viel ein.

Aus grober Wolle wird nie feines Tuch.

Grobes Tuch gibt keine feinen Kleider.

Gutes Garn gibt gutes Tuch.

Man muß den Rock nach dem Tuch schneiden.

Schlechter Lohn macht schlechtes Tuch.

Wenig Tuch gibt keinen großen Mantel.

Wenn der Schneider nicht von der Elle redet, so redet er vom Tuch.

Wer das Tuch zum Mantel stiehlt, dem gibt der Teufel das Unterfutter.
Wer sich auf Unrechtes einläßt, kommt leicht ganz auf die schiefe Bahn.

Wie das Tuch, so der Rock.

Wie die Wolle, so das Tuch.

Tüchtige, der

Glück hat auf die Dauer nur der Tüchtige.

Tücke

Jedes Roß hat seine Tücke.

Je größer Tück, je größer Glück.

Tugend

Alles vergeht, Tugend besteht.

Arme Tugend ist besser als reiche Schande.

Auch die Tugend hat ihre Helden.
Nach Schiller, Wallenstein.

Besser Tugend als Tugenden.

Der Tugend ist kein Ziel zu hoch.

Der Weg zur Tugend ist keinem verschlossen.

Die Laster stehlen der Tugend die Kleider.

Die Tugend leuchtet wohl, aber sie glänzt nicht.

Die Tugend trägt ihren Lohn in sich selbst.

Ehre ist der Tugend Lohn.

Es ist schon Tugend, das Laster zu meiden.

Große Tugenden, große Fehler.

Im Glück ist Tugend leicht.

Jugend hat keine Tugend.

Eigentlich Rechtssprichwort, das der Jugend ihre Unbesonnenheit zugute hält.

Kein Feuer ohne Rauch, keine Tugend ohne Neid.

Man muß aus der Not eine Tugend machen.

Nach dem Kirchenvater Hieronymus.

Niemand besitzt alle Tugenden.

Schönheit vergeht, Tugend besteht, sagte das alte Weib und lag im Rinnstein.

Tugend besteht, wenn Schönheit vergeht.

Tugend hat Mühe.

Tugend ist der beste Schmuck (Adel).

Tugend ist nicht ohne Neid.

Tugend kennt sich selber nicht.

Tugend macht nicht reich.

Anständigkeit soll ohne Berechnung sein.

Um der Tugend willen jagt keiner dem andern den Rang ab.

Wenn sich das Laster erbricht, setzt sich die Tugend zu Tisch.

Wer die Tugend malen soll, muß beim Laster nicht die Farben borgen.

Wild in der Jugend bringt im Alter Tugend.

Wo Bosheit lacht, muß Tugend weinen.

Wo kein Laster, da ist keine Tugend.

Wo Tugend herrscht, gibt's nichts zu schämen.

Zur Rache sei langsam, zur Tugend schnell.

Zur Sünde eilt man, zur Tugend schleicht man.

Zur Tugend eile, zum Laster kommst du noch früh genug.

tun

Allein getan, allein gebüßt.

Allen Menschen recht getan
ist eine Kunst, die niemand kann.

Alles getan mit Bedacht
hat niemand ins Unglück gebracht.

Andern predigen ist leichter als selber tun.

Auch des Guten kann man zuviel tun.

Bald (Selbst) getan ist wohlgetan.

Besser tun, was man nicht will, als tun, was man nicht soll.

Darf's der eine tun, so darf's der andere sagen.

Denken und tun ist zweierlei.

Der eine spricht davon, und der andere tut daran.

Der Fleißige hat immer etwas zu tun.

Der gute Wille tut viel.

Der Niemand hat alles getan.

Der tut auch etwas, der die Hühner füttert.

Der Zufall kann große Dinge tun.

Die am wenigsten zu tun haben, haben immer die größte Eile.

Die beste Abbitte ist nicht mehr tun.

Eine Frauenhand findet immer zu tun.

Ein Exempel tut mehr als viele Lehr'.

Ein fleißiges Huhn findet auf jedem Mist zu tun.

Einmal betroffen, neunmal getan.

Erst tun, dann ruhn.

Es ist bald getan, was lange reuen kann.

Es ist nicht genug, zu wissen, was gut ist, man muß das Gute auch tun.

Es liegt nicht an viel Worten, sondern an viel tun.

Frisch angefangen ist halb getan.

Gelehrte reden viel Gutes, aber keiner tut es.

Gern tun macht leichte Arbeit.

Gesagt ist nicht getan.

Geschwind getan, geschwind bereut.

Getan ist getan.

Gute Leute können viel tun.

Gutes tun ist nie zu spät.

Gutes tun soll heimlich geschehen.

Jeder kann, soviel er tut.

Jeder schilt's und jeder tut's.

Je mehr man lernt, je mehr muß man tun.

Je weniger die Hände tun, desto mehr tut die Zunge.

Jung gewohnt, alt getan.

Kann man's nicht tun in Freundschaft, so muß man's tun mit Recht.

Laß deine linke Hand nicht wissen, was die rechte tut.

Nach Matthäus 6,3.

Liebe tut alles.

Mancher tut viel und richtet nichts aus.

Man darf wohl alles wissen, aber nicht alles tun.

Man muß (soll) das eine tun und das andere nicht lassen.

Nach Matthäus 23,23.

Man muß tun, wie man kann, und nicht, wie man mag.

Man schämt sich öffentlich und tut's heimlich.

Niemand tut alles, niemand tut nichts.

Rasch zugreifen tut's.

Recht tun ist besser als recht haben.

Sagen ist leichter als tun.

Sag, was du weißt, und tu, was du kannst.

Schwagerschaft tut viel.

Selbst getan ist bald getan (wohlgetan).

Selbst tun, selbst haben.

So getan, so gegangen.

Tue Gutes und sieh dich nicht um.

Tue nichts Böses, so widerfährt dir nichts Böses.

Nach Jesus Sirach 7,1.

Tue recht, so hast du recht.

Tue, so wird's getan.

Tun geht vor Meinen.

Tun und Tun ist zweierlei.

Tut man's einmal, tut man's mehr.

Tu, was du kannst, und lerne, was du nicht weißt.

Tu, was du sollst, und laß die Leute reden.

Tu, was du willst, die Leute reden doch.

Übermut weiß selten, was er tut.

Übles ist bald getan.

Ungern getan ist gar nicht getan.

Was der Bauer nicht muß, das tut er nicht.

Was der Herr (man selber) tut, ist wohlgetan.

Sein eigenes Tun hält man immer für richtig.

Was der Mensch tut, das tut er sich selber.

Was der Wolf tut, gefällt der Wölfin.

Was die Linke tut, laß die Rechte nicht wissen.

Was du nicht willst, daß man dir tu', das füg auch keinem andern zu.

Nach Tobias 4,16.

Was du selbst tun kannst, das überlasse nicht anderen.

Was du tust, bedenke das Ende.

Nach Jesus Sirach 7,40.

Was du tust (tun willst), das tue bald.

Nach Johannes 13,27.

Was einer gern tut, das ist keine Last.

Was einer muß, das tut er mit Verdruß.

Was einer öffentlich nicht tun mag, das soll er auch heimlich lassen.

Was getan ist, muß getan bleiben.

Was Hänschen getan, klebt Hansen an.

Was häßlich ist zu tun, ist auch häßlich zu sagen.

Was ich selber tu, trau ich andern zu.

Was jeder tun soll, tut keiner.

Allgemeine Erwartungen fruchten wenig.

Was lange reut, ist schnell getan.

Was Liebe tut, ist alles gut.

Was man an anderen tadelt, muß man selber nicht tun.

Was man besonders gerne tut,
ist selten ganz besonders gut.

Nach Wilhelm Busch, Sprikker.

Was man den Narren verbietet, das tun sie.

Was man gern tut, davon spricht man auch gern.

Was man gern tut, geht leicht von der Hand.

Was man nicht gern tut, soll man zuerst tun.

Was man nicht tut, das weiß man nicht.

Davon versteht man nichts.

Was man tun muß, das tue man beizeiten.

Was man tut in Eile,
bereut man mit Weile.

Was man verbeut, das tun die Leut.

Was schändlich ist zu tun, das ist auch nicht schön zu sagen.

Was verboten ist, tut man am liebsten.

Reiz des (moralisch) Verpönten.

Wem die Hände gebunden sind, der kann wenig tun.

Wenn die Könige bauen, haben die Kärrner zu tun.

Nach Schiller, Xenien.

Wenn du etwas getan haben willst, so gehe selber, wenn nicht, so schicke einen andern.

Wenn ich darf, wie ich will, so tue ich, wie ich will.

Wenn man etwas nicht tun kann, so ist lassen das beste.

Wenn zwei dasselbe tun, so ist es nicht dasselbe.

Wer alles tun will, tut nichts recht.

Wer Böses denkt, hat's halb getan.

Wer das Mögliche tut, der tut genug.

Wer etwas tut, dem wird die Zeit nicht lang.

Wer fürchtet, er tue zuviel, der tut immer zuwenig.

Wer gern arbeitet, dem fehlt's nicht an zu tun.

Wer gern zu tun hat, der macht sich zu tun.

Wer Großes will, hat's halb getan.

Wer Gutes tun will, besinne sich nicht lange.

Wer Gutes tut, hat frohen Mut.

Wer immer zu tun hat, der ist nicht allemal der Fleißigste.

Von leerer Geschäftigkeit.

Wer keine Angst hat, dem tun die Hunde auch nichts.

Wer nicht mehr tut als ein anderer, der ist auch nicht besser als ein anderer.

Auch im Traum fängt die Spinne Fliegen.

Wer nichts Gutes tut, kann nichts Gutes erwarten.

Wer nichts tut, dem mißlingt nichts.

Wer nichts tut, tut Böses genug.

Wer nichts zu tun hat, macht sich zu tun.

Wenn jemand sich durch Ungeschick Arbeit macht.

Wer nicht tun kann, was die Leute verdrießt, gibt keinen Schulzen ab.

Wer nicht vollendet, hat nichts getan.

Wer recht tut, kennt keine Furcht.

Wer's nicht in der Jugend tut, der tut's im Alter.

Einmal muß man über die Stränge schlagen.

Wer tut, was er kann, der tut genug.

Wer tut, was er nicht sollte,
dem widerfährt, was er nicht wollte.

Wer tut, was er soll, ißt ruhig seinen Kohl.

Wer tut, was er will, der muß leiden, was er nicht will.

Wer viel kann, muß viel tun.

Wer warten kann, hat viel getan.

Wer will, findet immer etwas zu tun.

Wer zuviel tut, der tut oft zuwenig.

Wie der Mann, so wird ihm getan.

Wie du tust, wird dir auch getan.

Wie einer tut, so hat er Glück.

Wie gewohnt, so getan.

Wissen ist leichter als tun.

Worte tun's nicht.

Zwischen Tun und Sagen
geht ein breiter Wagen.

Tunichtgut

Hans Tunichtgut ist überall daheim.

Tür

Bescheidenheit öffnet alle Türen.

Besser ein hölzerner Riegel als eine offene Tür.

Der Hund bellt vor der eigenen Tür.

Man soll über Familienangelegenheiten woanders nicht zuviel ausplaudern.

Der letzte macht die Tür zu.

Die Tür zur Hölle steht immer offen.

Laster sind verführerisch.

Eine gute Nachricht geht durch geschlossene Türen.

Eine offene Tür führt auch die Heiligen in Versuchung (verführt auch einen Heiligen).

Eine Sünde tut der andern die Tür auf.

Ein goldener Schlüssel öffnet jede Tür.

Es geht nicht, daß man mit dem Arsch zuerst durch die Tür rennt.

Es kommt auf eins hinaus, draußen oder vor der Tür.

Freunden ist keine Tür verschlossen.

Geht der Fleiß zur Tür hinaus, steigt die Not zum Fenster hinein.

Gold öffnet alle Türen.

Große Türen brauchen große Klöppel.

(Hans) Unvernunft fällt mit der Tür ins Haus.

Herr von Schenk findet überall offene Türen.

Hohe Türen fallen hart.

Hunde und Herren machen keine Tür zu.

Von Unhöflichkeit.

Jeder kehre vor seiner eigenen Tür.

Jedes Haus hat seine Tür.

An Ausflüchten mangelt es niemandem.

Jede Tür hat ihren Klöppel.

Es gibt immer einen Weg.

Je niedriger die Tür, je mehr muß man sich bücken.

Kann man mit dem Kopf nicht durch die Wand, so kann man durch die Tür.

Man darf nicht schlafen, wenn das Glück vor der Tür steht.

Offene Türen machen heimliche Diebe.

Offene Tür lockt den Dieb.

Offene Tür und offener Mund
bringen manchen auf den Hund.

Spötters Tür steht immer offen.

Voller Hand öffnet sich jede Tür.

Vor der Tür ist draußen.

Vor der verschlossenen Tür kehrt der Teufel um.

Vor einer Tür gibt man nicht zweimal.

Wenn jemand mit Bitten lästig fällt.

Vor fremden Türen kehren die Leute am liebsten.

Wenn eine Tür sich schließt, tut eine andere sich auf.

Es gibt stets neue Möglichkeiten.

Wenn jeder vor seiner Tür kehrt, so werden alle Gassen rein.

Wenn man die Tür schmiert, so knarrt sie nicht.

Wer die Geiß im Hause hat, dem kommt der Bock vor die Tür.

Wer eine niedrige Tür hat, muß sich bükken.

Wer sich zwischen Tür und Angel legt, klemmt sich.

Wer zuletzt kommt, macht die Tür zu.

Wer zur Tür hinaus ist, hat die Hälfte der Reise getan.

Weil der erste Schritt der schwerste ist.

Wo der Wirt vor der Tür steht, da sind nicht viel Gäste.

Wo etwas aufdringlich angepriesen wird, muß man aufpassen.

Wo einer hinwill, da tut ihm das Glück die Tür auf.

Turm

Auf hohen Türmen wehen starke Stürme.

Der Blitz trifft eher einen Turm als eine Hütte.

Es ist nicht zum Lachen, wenn einer vom Turm fällt.

Je höher der Turm, je näher beim Wetter.

Stürme halten sich an Türme.

Türschwelle

Die Türschwelle ist der höchste Berg.

Wer über die Türschwelle ist, hat die Reise halb getan.

Der erste Schritt fällt am schwersten.

Tyrann

Der Wahn ist der schlimmste Tyrann.

Wer als Tyrann lebt, stirbt als Tyrann.

U

übel

Je schlauer Rat, je übler Tat.

Übel erworben ist bald verdorben.

Wer sich selber Übles tut, wird anderen nicht wohltun.

Wo man übel regiert, da wird auch übel gehorcht.

Von Laschheit oder zu großer Strenge.

Übel

Alte Übel sind schwer zu heilen.

Besser ein Übel als zwei.

Dem Übel soll man entgegengehen.

Man soll den Problemen nicht ausweichen.

Ein Übel, das man nicht kennt, kann man nicht heilen.

Ein Übel ruft das andere.

Kann man ein Übel nicht verjagen, so muß man's mutig tragen.

Kein Übel ohne Trost.

Ungeduld hilft dem Übel nicht ab.

Wer das Übel flieht, dem läuft es nach.

übelnehmen

Der Stahl nimmt's nicht übel, wenn man ihn poliert.

Ein bißchen Ehrerbietung kann nicht schaden.

üben, sich

Früh übt sich, was ein Meister werden will.

Nach Schiller, Wilhelm Tell.

über

Über sich hinaus kann niemand.

überall

Auf Narren tropft es überall.

Der Schwache findet überall seinen Herrn.

Die Dümmsten sind überall die Schlimmsten.

Die Gänse gehen überall barfuß.

Die Reichen haben überall das meiste Geld.

Scherzwort oder Spott, wenn jemand etwas Dummes gesagt hat.

Ein ehrlicher Mann ist überall daheim.

Nämlich überall gern gesehen.

Ein Esel hat überall Vettern.

Ein Herkules findet überall eine Keule.

Ein Lahmer findet überall eine Krücke.

Irgendeine Ausrede gibt es immer.

Ein Zwerg sieht überall Riesen.

Es gibt überall Hunde, die einen anbellen.

Es wird überall nur mit Wasser gekocht.

Falsche Münze gibt's überall.

Furcht sieht überall Gespenster.

(Hans) Überall ist nirgends.

Herr von Schenk findet überall offene Türen.

In die Hölle ist es überall gleich weit.

Mit guten Sitten ist man überall gelitten.

Natur guckt überall hervor.

Überall ist's gut sein, aber zu Hause ist's am besten.

Wer bringt, ist überall willkommen.

Wer einen lahmen Fuß hat, stößt überall an.

Wer Geld hat, wird überall verstanden.

Wer gern Händel hat, findet sie überall.

Wer nur recht spendieren kann,
ist überall ein lieber Mann.

Wer sich ertränken will, findet überall Wasser.

Wer überall schwarz ist, bei dem sieht man keine Flecken.

Wer überall wohnt, der wohnt nirgends.

Überdruß

Der Hunger kostet wenig, der Überdruß viel.

Überfluß bringt (macht) Überdruß.

überdrüssig

Auch des Guten wird man überdrüssig.

Man wird auch der guten Tage überdrüssig.

übereilen

Nichts übereile, gut Ding braucht Weile.

Übereilen bringt Verweilen.

übereinkommen

Harte Köpfe kommen selten überein.

Morgenrede und Abendrede kommen selten überein.

Wer heute ja sagt und morgen nein,
der kommt mit niemand überein.

übereinstimmen

Schlächter und Schwein stimmen nicht überein.

überfließen

Ein kleiner Graben fließt bald über.

Überfluß

Überfluß bringt mehr um als Mangel.

Überfluß ist besser als Mangel.

Überfluß leert den Beutel.

Überfluß macht Ekel.

Überfluß verdirbt den Genuß.

Überfluß zerreißt den Sack.

Wo viel Überfluß, da ist viel Einbuße.

↗ *Überdruß*

überfressen, sich

Wer sich überfrißt, muß wieder von sich geben.

überkochen

Junges Blut kocht bald über.

überladen

Überladen bricht den Wagen.

überlassen

Was du selbst tun kannst, überlasse nicht andern.

Wer Glück haben will, darf nichts dem Glück überlassen.

überlaufen

Wenn der Krug voll ist, so läuft er über.

Wenn der Topf voll ist, läuft er von einem Tropfen über.

überlegen

Besser zweimal überlegt als einmal verpfuscht.

Erst überlegt, dann gut gefegt.

Wo man zu lange überlegt, wird nicht gefegt.

Zehnmal überlegt und dann nicht getan.

Überlegung

Alles mit Überlegung, sagte die Frau und briet den Speck in Butter.

Geht Überlegung vor, folgt keine Reue nach.

Übermaß

Übermaß hat keine Dauer.

übermorgen

Wer gern bis morgen wartet, kommt auch übermorgen noch nicht dran.

Übermut

Geld und Gut macht Übermut.

Übermut Schaden tut.

Übermut tut selten (niemals) gut.

Übermut verliert den Hut.

übernehmen, sich

Übernommen ist nicht gewonnen.

Wer sich übernimmt, der überwirft sich gern.

überreden

Es liegt viel am Überreden.

Überredung

In einem Goldstück liegt viel Überredung.

überreif

Überreife Früchte fallen von selbst ab.

überschlagen

Überschlag's und dann wag's.

übersehen

Die hoch stehen, müssen viel übersehen.

Kleine Leute übersieht man.

Scherz, wenn jemand übersehen wurde.

Schnelles Spiel übersieht viel.

Übersehen ist auch geschehen (verspielt).

Übersehen stillt viel Zorn.

Wer gar nichts übersehen will, mehrt seine Sorgen.

überspringen

Ein niedriger Zaun ist bald übersprungen.

übertreffen

Der Schüler übertrifft den Meister.

übertreiben

Mit Salz und Spaß muß man's nicht übertreiben.

Übertretung

Je mehr Gesetz, je mehr Übertretung.

Wo kein Gesetz ist, da ist auch keine Übertretung.

überwinden

Der ist bald überwunden, der nicht widersteht.

Der Leider überwindet den Streiter.

Ein geschlagener Feind ist noch nicht überwunden.

Erst überwunden, dann gebunden.

Es ist kein Unglück so groß, Geduld kann es überwinden.

Fleiß überwindet alles.

Geduld (Liebe) überwindet alles.

Sich selbst überwinden ist der größte Sieg.

Wer aushält, überwindet.

Wer sich selbst überwindet, siegt zweimal.

Wer überwinden will, lerne vertragen.

Überwindung

Nur der erste Schritt kostet Überwindung.

überzeugen

Klingende Beweise überzeugen am meisten.

Nur wer selber brennt, kann überzeugen.

übrig

Fleiß hat immer etwas übrig.

Nach dem Fest ist ein Narr übrig.

Was übrig ist, fressen die Mäuse.

Wer von seinem Leben noch einen Zoll übrig hat, der hat noch tausend Geschäfte.

übrigbleiben

Es ist keine Schlacht so groß, daß nicht ein paar übrigbleiben.

Ironisch gegen Schwarzseherei.

Wer nicht kommt zur rechten Zeit, muß nehmen, was übrigbleibt.

Übung

Übung macht den Meister.

Übung tut mehr als aller Meister Lehr'.

Übung und Fleiß vermag alles.

Ufer

Die Schiffe scheitern meist am Ufer.

Die Ufer halten das Wasser.

Ein friedlicher Strom hat blühende Ufer.

Jedes Meer hat seine Ufer.

Je weiter das Ufer, je schwerer der Sprung.

Wer nicht schwimmen kann, ertrinkt schon am Ufer.

Wat den eenen sin Uhl, is den annern sin Nachtigall.

Uhl (Eule)

Wat den eenen sin Uhl, dat is den annern sin Nachtigall.

Uhr

Die Uhr bleibt stehen, aber die Zeit nicht.

Die Uhr ist für die Dummen; die Klugen wissen ihre Zeit.

Frauen, Pferde und Uhren soll man nicht verleihen.

Je einfacher die Uhr, je besser geht sie.
Spitzfindigkeiten richten wenig aus.

Wie die großen Uhren schlagen, so folgen die kleinen.

Zwischen zwölf Uhr und Mittag kann noch viel geschehen.

umbringen

Beinahe bringt keine Mücke um.

Den Narren bringt sein eigenes Glück um.

Die Küche bringt mehr um als das Schwert.

Die Lüge bringt sich selber um.

Überfluß bringt mehr um als Mangel.

Was dem Schneider guttut, bringt den Schuster um.

Zorn bringt den Narren um.

umdrehen

Dreh's zehnmal um, gerad wird nicht krumm.

Umgang

An seinem Umgang erkennt man den Menschen.

Es hat nicht immer den besten Umgang, der nur mit sich selber umgeht.

Guter Umgang verbessert schlechte Sitten.

Umgang gibt Erfahrung.

Umgang schleift ab.

umgehen

Die mit Säuen umgehen, schweineln gern.

Gehst du weit um, so gehst du weit irre.

Mit guten Leuten ist gut umgehen.

Sage mir, mit wem du umgehst, und ich sage dir, wer du bist.

Wer mit Köhlern umgeht, der wird rußig.

Wer mit Leuten umgeht, lernt Leute kennen.

Wer mit Pech umgeht, beschmiert sich die Hände.

Womit man umgeht, das hängt einem an.

umkehren

Ein schlechter Fuhrmann, der nicht umkehren kann.

Kehr's um, so wird's krumm.

Fehler muß man korrigieren.

Umgekehrt ist auch gefahren.

Umgekehrt ist auch was wert.

Umkehren ist besser als irregehen.

Wer auf halbem Wege umkehrt, der geht nicht ganz irre (der irrt nur zur Hälfte).

umkommen

Dem schadet kein Rauch mehr, der im Feuer umgekommen ist.

Die mit Rauch handeln, kommen im Rauch um.

Wer sich in Gefahr begibt, kommt darin um.

Nach Jesus Sirach 3,27.

Wer umkommen will, ruft nicht um Hilfe.

umschauen

Wer auf dem rechten Wege ist, braucht sich nicht umzuschauen.

umsehen

Tue Gutes und sieh dich nicht um.

Wer flieht, sieht sich nicht viel um.

umsonst

Das Besehen (Fragen) hat man umsonst.

Den Stolz hat man umsonst, das Brot muß man kaufen.

Der Hund wedelt nicht umsonst mit dem Schwanze.

Der ist leichtfertig, der umsonst lügt.

Der Stier hat seine Hörner nicht umsonst.

Eins ums andere, nichts umsonst.

Es hütet keiner die Gänse umsonst.

Gunst bekommt man nicht umsunst.

Hunde und Wirte schmeicheln nicht umsonst.

Kunst ficht nirgends (oft) umsunst.

Niemand läßt sich umsonst prügeln.

Ohne Angel fischt man umsonst.

Schenk und Umsonst sind gestern gestorben.

Umsonst ist der Tod (und der kostet auch noch das Leben).

Umsonst ist immer genug.

Umsonst scharrt keine Henne.

Umsonst wird kein Altar gedeckt.

Was man mit Bitten kauft, hat man nicht umsonst.

Was man nicht gebraucht, besitzt man umsonst.

Was man umsonst gibt, ist gut genug.

Was nichts taugt, ist umsonst zu teuer.

Wenn die Braut nicht tanzen will, ist alles Fiedeln umsonst.

Wer den Furien in die Hände fällt, ruft umsonst nach Gnade.

Wer den Schaden hat, bekommt den Spott umsonst.

Wer den Teufel zum Freund hat, der hat die Hölle umsonst.

Wer durch eigene Schuld fällt, klagt umsonst.

Wer satt ist, den nötigt man umsonst.

Wer umsonst böse wird, wird auch wieder umsonst gut.

Wo einer nicht hören will, da ist alles Reden umsonst.

Wo es Verliebte gibt, wird die Tür umsonst verschlossen.

Wo keine Gnade ist, da ist alles Bitten umsonst.

Umstand

Etwas Umstände machen ist anständig.

Mit den Feinen hab' ich die meisten Umstände, sagte der Teufel, die Groben kommen allein.

Umstände verändern die Sache.

umstoßen

Eine schwankende Wand ist bald umgestoßen.

Wenn der Wagen wankt, so stößt ihn der Teufel wohl ganz um.

Wenn die Schweine satt sind, stoßen sie den Trog um.

Umweg

Kurze Wege sind oft Umwege.

umwerfen

Der beste Fuhrmann wirft einmal um.

Wer nicht umwirft, lernt nicht fahren.

Wo man umwirft, da ladet man wieder auf.

Kleine Fehler soll man nicht überbewerten.

Zuviel wirft den Wagen um.

umziehen

Dreimal umziehen (umgezogen) ist so gut wie einmal abgebrannt.

Nach Benjamin Franklin, Way to wealth.

unachtsam

Unachtsam hat leichten Mut.

unbedacht

Unbedacht hat manches schon ans Licht gebracht.

Unbedacht wird ausgelacht.

unbegonnen

Lieber unbegonnen als unbeendet.

unbekannt

Unbekannt, ungenannt (unbeneidet).

Unbekannte, der

Den Unbekannten bellt der Hund an.

Fremdes wird beargwöhnt.

unbelohnt

Wer ungebeten zur Arbeit kommt, geht unbelohnt davon.

unbequem

Was neu ist, das ist angenehm,
was alt ist, das ist unbequem.

unbescheiden

Unbescheiden läßt sich in Seide kleiden.

unbesonnen

Unbesonnen verliert die Schlacht.

Unbill

Unbill macht Unwill.

Wer es so haben will, dem geschieht kein Unbill.

Undank

Dankbarkeit gefällt, Undank haßt die ganze Welt.

Undank ist der Welt Lohn.

Undank haut der Wohltat den Zapfen ab.

Undank ist die linke Hand der Selbstsucht.

unehrlich

Unehrlich hat volle Keller,
und Ehrlich hat keinen Heller.

Wenn es nicht nach Verdienst zugeht.

Uneinigkeit

Einigkeit vermehrt, Uneinigkeit verzehrt.

uneins

Wenn deine Feinde uneins sind, so sei guten Mutes.

unersetzlich

Kein Mensch (Niemand) ist unersetzlich.

Unfall

Des Narren Unfall ist des Weisen Warnung.

Unfall macht weit umsehen.

Unfriede

Friede ernährt, Unfriede verzehrt.

Unfriede zerstört, Friede ernährt.

ungebeten

Das Unglück kommt ungebeten.

Ein guter Freund kommt ungebeten.

Gern gesehen kommt ungebeten.

Ungebetener Dienst ist nicht dankenswert.

Wer ungebeten kommt, geht ungedankt davon.

↗ *unbelohnt*

ungeboren

Ungeboren, ungeschoren.

Ungeduld

Leiden währt nicht immer,
Ungeduld macht's schlimmer.

Schuld bringt Ungeduld.

Schlechtes Gewissen äußert sich in Schroffheit.

Ungeduld hilft dem Übel nicht ab.

Ungeduld macht alles Übel ärger.

ungefähr

Nichts kommt von ungefähr,
alles kommt von etwas her.

ungeladen

Der Teufel kommt ungeladen ins Haus.

Liebe Gäste kommen ungeladen.

Ungeladen geht man nicht zur Hochzeit.

ungemessen

Ungemessen wird auch gegessen.

ungeniert

Ist der Ruf erst ruiniert,
lebt es sich ganz ungeniert.

Sprichwörtlicher Scherz.

ungeraten

Die besten Eltern haben oft ungeratene Kinder.

ungerecht

Besser ungerächt als ungerecht.

Ungerechte, der

Der Ungerechte borgt, der Gerechte bezahlt.

Ungerechtigkeit

Die größte Gerechtigkeit ist die größte Ungerechtigkeit.

Von pedantischer Paragraphenreiterei.

Wer Ungerechtigkeit sucht, braucht keine Laterne.

ungereimt

Zuviel gereimt ist ungereimt.

ungern

Gern gewähren, ungern bitten.

Ist der Kranke genesen,
zahlt er ungern die Spesen.

Ungern getan ist gar nicht getan.

Ungern hilft nicht.

Wer ungern tanzt, tanzt auch.

Wenn einer mitmacht, fragt man nicht warum.

ungerufen

Das Alter kommt ungerufen.

Wer ungerufen kommt, geht ungedankt davon.

ungeschehen

Geschehenes kann man nicht ungeschehen machen.

Man kann keine Tat ungeschehen machen.

Ungeschick

Ungeschick hat selten Glück.

ungeschickt

Die ungeschicktesten Zimmerleute brauchen die schärfsten Beile.

Ungeschickt haut grobe Späne.

Ungeschickt lebt lange.

Man wird sich noch oft darüber ärgern können.

Ungeschickt macht krumme Furchen.

Ungeschickte, der

Der Ungeschickte hat bald Feierabend.

ungeschliffen

Ungeschliffen schneidet nicht.

ungeschoren

Wer zum Barbier geht, bleibt nicht ungeschoren.

↗ *ungeboren*

ungestört

Wer alles läßt, so wie es ist,
bleibt ungestört auf seinem Mist.

ungesund

Allzuviel (Allzugut) ist ungesund.

Ein loser Mund ist ungesund.

ungewiß

Das Glück im Streit ist ungewiß.

Ein Gewisses ist besser als zehn Ungewisse.

Es ist ungewiß, auf ungelegte Eier zu hoffen.

Gewiß betrügt niemand, aber Ungewiß trügt alle Welt.

Ungewisses kauft man nicht fürs Geld.

Wer's Ungewisse will nach Hause führen,
kann's Gewisse vom Wagen verlieren.

ungewohnt

Ungewohnt macht bald müde.

ungleich

Die Gesunden und Kranken
haben ungleiche Gedanken.

Die Kranken und Gesunden
haben ungleiche Stunden.

Sehr ungleich geht's auf Erden zu,
ich heut', der gestern, morgen du.

Ungleiche Schüssel macht schielende Brüder.

Ungleiches Teil macht scheele Augen.

Ungleich Gespann macht krumme Furchen.

Ungleich Getier bringt nichts herfür.

Ungleich trennt Freundschaft.

Ungleich weicht dem Streich.

Wie geht's so ungleich in der Welt; einer (der eine) hat den Beutel, der andere das Geld.

Zwei Ungleiche machen ein Gerades.

Unglück

An vergangenes Unglück ist gut denken.

Auf Unglück ist Geduld das beste Pflaster.

Bei gutem Glück fürchte das Unglück.

Bei jedem Unglück ist auch ein Glück.
Einen tröstenden Umstand gibt es immer.

Böser Nachbar, täglich Unglück.

Den Unglücklichen soll man nicht schelten.

Das Unglück ist kein Kostverächter.
Es kann jeden treffen.

Das Unglück kommt immer nur zu der Tür herein, die man ihm offengelassen hat.

Das Unglück kommt mit Haufen.

Das Unglück kommt ungebeten.

Das Unglück lauert am Wege.

Das Unglück schickt keine Boten.

Das Unglück zeigt den großen Mann.

Dem Unglück sind keine Mauern zu hoch.

Des einen Unglück ist des andern Glück.

Eile geht dem Unglück entgegen.

Ein jeder denkt, sein Unglück sei das größte.

Ein Unglück ist kein Vergehen.

Ein Unglück kommt selten allein.

Ein Unglück öffnet dem andern die Tür.

Es gibt viele Wege ins Unglück.

Es ist eine Kunst, über sein Unglück zu lachen.

Es ist kein Unglück so groß, Geduld kann es überwinden.

Es ist kein Unglück, wenn ein Floh auf ein weißes Tuch hustet.

Feuer prüft das Gold, Unglück das Herz.

Fremdes Unglück vergißt man schnell.

Geduld bewährt sich im Unglück.

Gemeinsames Unglück tröstet.

Gleiches Unglück macht Freundschaft.

Glück erwirbt Freunde, Unglück bewährt sie.

Hochmütig im Glück, mutlos im Unglück.

Im Unglück beweist sich der Mann.

Im Unglück fliehen die Freunde.
Die falschen jedenfalls.

Im Unglück zeigt sich der Freund.

Jeder ist seines Unglücks Schmied.

Kein Unglück ist so groß, es ist ein Glück dabei.

Mancher Tag hat zwölf Stunden und dreizehn Unglücke.

Mein und dein bringt alles Unglück herein.

Nach Unglück braucht man nicht zu laufen.

Schlechten Leuten mißfallen ist kein Unglück.

Unglück bringt seltsame Freunde.

Unglück hat breite Füße.
Es kann viel niedertrampeln.

Unglück im Spiel, Glück in der Liebe.

Unglück ist bald bei der Hand.

Unglück ist der beste Leim.
Gemeinsames Unglück verbindet.

Unglück ist eine bittere Arznei.

Unglück ist ein strenger Lehrmeister.

Unglück kommt geritten und weicht mit Schritten.

Unglück lehrt die Augen auftun.

Unglück schärft die Augen.

Unglück wächst über Nacht.

Vierzehn Handwerke, fünfzehn Unglücke.

Wenn das Unglück anklopft, schlafen die Freunde.

Wenn's Unglück dem Reichen bis ans Knie geht, geht's dem Armen bis an den Hals.

Wenn's Unglück sein soll, kann man sich den Finger in der Nase abbrechen.

Wer ausharrt, ermüdet das Unglück.

Wer Hilfe sucht im Glück, der findet sie im Unglück.

Wer vorm Unglück flieht, den jagt es.

Zum Unglück kommt man immer früh genug.

Zuviel Glück ist Unglück.

↗ *Unheil*

unglücklich

Der ist glücklich genug, der keine Zeit hat, unglücklich zu sein.
Der tätige Mensch also.

Unglückliche, der

Den Unglücklichen soll man nicht schelten.
Man soll ihm nicht noch Vorwürfe machen.

Unglücksvogel

Einen Unglücksvogel hört niemand gern singen.
Warnende Stimmen sind oft nicht gern gehört.

ungut

Nichts für ungut, sagte die Henne zum Regenwurm, da fraß sie ihn.

Unheil

Blankes Geld macht viel Unheil in der Welt.

Narrenzunge stiftet viel Unheil.

Wer Unheil sät, erntet Unglück.

unklug

Besser durch Schaden klug als durch Vorteil unklug.

Unkraut

Auf gutem Acker wächst auch Unkraut.

Unkraut läßt vom Garten nicht.

Unkraut trägt das Feld, wenn man's nicht recht bestellt.

Unkraut vergeht nicht.

Unkraut wächst auch ungesät.

Unkraut wächst in jedermanns Garten.

Wenn der Gärtner schläft, pflanzt der Teufel Unkraut.

Wer Unkraut säen will, braucht den Boden nicht zu pflügen.

Unlust

Auf Lust folgt Unlust.

Überfluß macht Unlust.

Wer Schulden macht mit Lust, wird sie mit Unlust bezahlen.

Unmaß

Unmaß sprengt das Faß.

unmöglich

Allzeit fröhlich ist unmöglich.

Der Liebe ist kein Ding unmöglich.

Unmöglich ist härter als Stein.

Unmut

Es wird viel Unmut verschlafen.

unnütz

Die Schule ist unnütz, in der der Hahn krähen lernen soll.

Ein unnützes Leben ist ein früher Tod.
Nach Goethe, Iphigenie.

Unnütze Klugheit ist doppelte Torheit.

Unnütze Sachen sind immer zu teuer.

Unnütze Sorge macht früh alt.

Unnütz ist schädlich.

Wer sich selber unnütz ist, wem ist der nütz?

Unordnung

Die Unordnung ist ein teurer Hausgenosse.

Viel Ordnung, viel Unordnung.

Unrat

Viel Hausrat, viel Unrat.

Viel Rat, viel Unrat.

unrecht

Allzu gerecht tut unrecht.

Die Abwesenden haben unrecht.

Ist es nicht verboten, so ist es auch nicht unrecht.

Man kann auch dem Teufel unrecht tun.

Unrecht Gut gedeiht nicht.
Nach Sprüche Salomos 10,2.

Unrecht Gut tut nimmer gut.

Was dem einen recht ist, das muß dem andern nicht unrecht sein.

Wenn der Wolf will, so hat das Lamm unrecht.

Wer dich einmal betrügt, tut dir unrecht; wer dich zweimal betrügt, tut dir recht.

Wer einem unrecht tut, der droht vielen.

Wer mit dem Echo streitet, hat stets unrecht.

Wer nicht da ist, hat immer unrecht.

Wer nichts Unrechtes gemacht hat, der wird auch nichts Rechtes machen.

Wer unrecht hat, klagt zuerst.

Von gehässigen Vorwürfen.

Wer zu früh kommt, der kommt auch unrecht.

Unrecht

Barmherzigkeit gegen die Wölfe ist Unrecht gegen die Schafe.

Enges Recht ist weites Unrecht.

Es ist bald zerronnen,
was mit Unrecht begonnen.

Gar zu streng ist Unrecht.

Geschieht einem sein Recht nicht, so geschieht ihm Unrecht.

Hundert Jahre Unrecht ist keine Stunde Recht.

Lieber Unrecht leiden als Unrecht tun.

Rache ist neues Unrecht.

Reue ist des Unrechts Gefährte.

Selbstrecht ist Unrecht.

Unrecht ist auch Recht.

Unrecht läßt sich nicht verbergen.

Alle Bemäntelungen nützen nichts.

Unrecht schlägt seinen eigenen Herrn.

Es schlägt auf den Urheber zurück.

Von Recht zu Unrecht ist oft nur ein Schritt.

Was heute Unrecht ist, kann morgen Recht sein.

Wer's so haben will, dem geschieht kein Unrecht.

Wer Unrecht tut, dem widerfährt Unrecht.

Zuviel Recht ist Unrecht.

Von unvernünftiger Paragraphenreiterei.

unreif

Unreif fault bald.

Von unreifen Menschen und unausgereiften Plänen.

Unruhe

Großes Haus, große Unruhe.

unruhig

Ein unruhiges Schwein wird nicht fett.

unschlüssig

Ratschlagen macht unschlüssig.

Unschuld

Unschuld muß viel leiden.

unschuldig

Unschuldig Blut schreit zum Himmel.

Nach 1. Mose 4,10.

Unschuldige, der

Der Unschuldige muß Haare lassen.

Wer den Schuldigen losläßt, verurteilt den Unschuldigen.

unsicher

Heute ist heute; morgen ist ein unsicherer Tag.

Man verschiebe nichts unnötig.

Unsinn

Wo die Natur aufhört, fängt der Unsinn an.

Unkraut wächst in jedermanns Garten.

Unsterblichkeit

Unsterblichkeit erwirbt man nicht im Federbette.

unten

Einmal oben, einmal unten.

Von oben geleckt, von unten bedreckt.

Was fällt, fällt immer nach unten.

Wer hinaufsteigen will, muß unten anfangen.

Wer unten bleibt, fällt nicht hoch.

Wer unten liegt, auf dem will jedermann sitzen.

Wer unten liegt, ist auch ein Kerl.

Auch der Tüchtige kann einmal unterliegen.

↗ *oben*

Untergang

Müßiggang bringt Untergang.

untergehen

Wenn Hochmut aufgeht, geht Glück unter.

Wer die Gefahr sucht, geht darin unter.

Wer untergehen will, ruft nicht um Hilfe.

unternehmen

Wer viel unternimmt, hat wenig Ruhe.

Wer zuviel unternimmt, richtet wenig aus.

Unterschied

Es ist ein Unterschied zwischen dem Schäfer und seinem Hund.

Es ist ein Unterschied zwischen einen Taler versprechen und einen Pfennig geben.

Es ist ein Unterschied zwischen Küssen und Beißen.

Es ist ein Unterschied zwischen Menschen und Menschen.

Es ist ein Unterschied zwischen Sagen und Tun.

Gerechtigkeit macht Unterschied(e).

Man soll Umstände berücksichtigen.

unter(st)

Bei der untersten Sprosse fängt die Leiter an.

Wer das Unterste aus der Kanne trinkt, dem fällt der Deckel auf die Nase.

Wer's zu genau wissen will, erfährt oft Unangenehmes.

Wer die Leiter hinauf will, muß bei der untersten Sprosse anfangen.

Untertan

Arme Untertanen machen reiche Heilige.

Der Narrenkönig hat die meisten Untertanen.

unterwegs

Wer unterwegs ist, muß fort.

Wenn man angefangen hat, soll man auch weitermachen.

untreu

Untreu vertraut niemand.

Untreue

Untreue bringt Reue.

Untreue schlägt ihren eigenen Herren.

Wer Vertrauen verliert, hat alles verloren.

Untreue und Geiz gedeiht nicht.

Wer andere betrügt, muß nicht über Untreue klagen.

Wer der Untreue dient, wird mit Untreue bezahlt.

Untugend

Untugend lernt von sich selbst.

unverdrossen

Unverdrossen hat's oft genossen.

unvergessen

Das Gute bleibt unvergessen.

unverhofft

Unverhofft kommt oft.

unverloren

Angeboren ist unverloren.

Es ist unverloren, was man guten Freunden gibt.

Guter Dienst bleibt unverloren.

Unvernunft

Unvernunft fällt mit der Tür ins Haus.

Unvernunft ist eine große Zunft.

unverschämt

Unverschämt lebt besser.

Unverschämt wird ein guter Bettler.

unversehens

Unversehen(s) ist bald geschehen.

Unversehens ist einer leicht betrogen.

Unverstand

Unverstand bläht sich.

Durch Unverstand hat sich's gewandt.

unverständig

Je unverständiger, je hartnäckiger.

unversucht

Es taugt nichts unversucht.

Man soll nichts loben, ohne es erprobt zu haben.

Unversucht ist unerfahren.

Unversucht schmeckt nicht.

Was taugt unversucht? (sprach der Abt zur Jungfrau).

unverworren

Unverworren gibt gutes Garn.

Unverworren ist gut haspeln.

unverzagt

Unverzagt hat's oft gewagt.

unvollendet

Besser unbegonnen als unvollendet.

unvorsichtig

Besser furchtsam als unvorsichtig.

Unwillen

Freundlich versagen ist besser als mit Unwillen geben.

Niemand sündigt mit Unwillen.

unwillig

Unwillig macht schlechte Arbeit.

unwissend

Ein unwissender Fürst ist ein gekrönter Esel.

Je unwissender, umso kecker.

Je weniger einer von der Sache versteht, je dreister führt er sich oft auf.

Säumige Lehrer, unwissende Schüler.

Unwissend entschuldigt nicht.

Unwissend sündigt nicht.

Unwissenheit

Unwissenheit ist keine Sünde.

Unwissenheit ist kühn.

Weil sie die Folgen nicht bedenkt.

Wo Unwissenheit ein Segen ist, da ist es Torheit, gescheit sein zu wollen.

Unze

Besser eine Unze geben als einen Zentner versprechen.

Unzufriedene, der

Der Unzufriedene hat nie genug (hat oft zuviel, aber nie genug).

Ursache

Alles hat seine Ursache.

Der Wolf findet leicht eine Ursache, wenn er das Schaf fressen will.

Es geschieht nichts ohne Ursache, sagte die Magd, als ihr das Kleid zu eng wurde.

Kein Streit ohne Ursache.

Kleine Ursachen, große Wirkungen.

Ursachen kann man von jedem Zaune brechen.

Wenn man einem was am Zeuge flicken will, so ist bald eine Ursache gefunden.

Wer ohne Ursache zürnt, der versöhnt sich ohne Grund.

Wer Streit sucht, findet bald eine Ursache.

Urteil

Auf das Urteil des Narren braucht niemand zu warten.
Denn der ist bald fertig mit seinem Urteil.

Es kann nicht sein ein recht Gericht,
wo der Pfennig das Urteil spricht.

Unrecht Urteil trifft den Richter.

Wie der Richter, so das Urteil.

urteilen

Man muß erst hören, ehe man urteilt.

Man soll nie urteilen, ohne siebenmal abgewogen zu haben.

Wer gern urteilt, kennt sich selber nicht.
Von selbstgefälligen Kritikern.

Wer ungerecht urteilt, richtet sich selbst.

V

Vater

Arger Vater, ärger Kind.

Von schlechtem Vorbild.

Das Kind muß einen Vater haben.

Der Vater lügt, der Sohn betrügt.

Des Vaters (Der Eltern) Segen baut den Kindern Häuser.

Des Vaters Schritte sind des Sohnes Tritte.

Ein schlechter Vater hat auch wohl ein gutes Kind.

Ein Vater kann eher zehn Kinder ernähren als zehn Kinder einen Vater.

Jeder Vater lobt sein Kind.

Mit Vatern ist nicht gut brudern.

Plumpe Vertraulichkeit stößt ab.

Mit Vater und Mutter soll man nicht streiten.

Stiehlt mein Vater, so hängt ein Dieb.

Vater werden ist nicht schwer,
Vater sein dagegen sehr.

Nach Wilhelm Busch, Tobias Knopp/Julchen.

Was der Mutter ans Herz geht, geht dem Vater nur bis an die Knie.

Wie der Acker, so die Rüben,
wie der Vater, so die Büben.

Wie der Vater, so der Sohn (wie die Mutter, so die Tochter).

Vaterland

Der Prophet gilt nichts in seinem Vaterlande.

Nach Matthäus 13,57.

Man trägt das Vaterland nicht an den Sohlen fort.

Vaterunser

Ein aufrichtiges Donnerwetter ist besser als ein falsches Vaterunser.

Eine gute Frau betet nur ein Vaterunser.

Ein Wortspiel für die Treue zu ihrem Mann.

Kannst du den Glauben, so kann ich das Vaterunser.

Venus

Ohne Wein und Brot leidet Venus Not.

Wenn Bacchus das Feuer schürt, sitzt Venus beim Ofen.

Wer liebt, dem ist jeder Tintenfleck eine Venus.

verachten

Die kleinen Dinge soll man nicht verachten.

Ein gutes Gewissen verachtet falsche Zungen.

Ein schlechter Krämer, der seine Ware verachtet.

Es ist leichter veracht' als besser gemacht.

Heute in Pracht, morgen veracht'.

Verachte keinen Feind, so schlecht er dir auch scheint.

Im Sinne des Unterschätzens.

Verachte nicht mich und die Meinen,
bedenk zuvor dich und die Deinen.

Wer das Geringe verachtet, dem wird das Große nicht gebracht.

Wer sich selbst verachtet, der ist nichts wert.

Wer verachtet, was alle erfreut,
der hat's wohl zum Narren nicht weit.

Zu gelinde ist verachtet geschwinde.

Verachtung

Verachtung ist schlimmer als Haß.

Verachtung schlägt tiefe Wunden.

veralten

Lob und Ehr' veralten sehr.

verändern

Die Ehre verändert den Menschen.

Man verändert sich oft, aber bessert sich selten.

Wer den Ort verändert, verändert das Glück.

Veränderung

Veränderung macht Leben.

Veränderung muß sein, sagte der Teufel und strich sich den Schwanz grün an.

verantworten

Mit Schweigen verantwortet man viel.

Wer viel schwatzt, muß viel verantworten.

verarmen

Erbarmen läßt nicht verarmen.

Zuviel Erbarmen macht verarmen.

verbergen

Bei Narren, Kindern und Wein
kann nichts lange verborgen sein.

Böse Tat bleibt nicht verborgen.

Es ist nichts so verborgen, die Zeit bringt es ans Licht.

Liebe und Husten lassen sich nicht verbergen.

Niemand kann sich vor sich selbst verbergen.

Unter dem Mantel der Liebe verbirgt sich viel Haß.

Wahrheit läßt sich nicht verbergen.

Was der Klöppel erzählt, bleibt nicht verborgen.

Was an die große Glocke gehängt wurde.

Was jedermann weiß, ist schwer zu verbergen.

Wer sich verbergen will, sucht sich einen Winkel.

Verbesserung

Verbesserung ist keine Sünde.

verbieten

Die Luft kann einem niemand verbieten.

Bei kleinlichen Vorschriften und Verboten.

Ist es nicht verboten, so ist es auch nicht unrecht.

Man kann den Hunden das Bellen nicht verbieten.

Sich zu bessern ist keinem verboten.

Was man den Narren verbietet, das tun sie.

Was man verbeut, das tun die Leut.

Verbeut = verbietet.

Was nicht verboten ist, ist erlaubt.

Was verboten ist, tut man am liebsten.

Reiz des (moralisch) Verpönten.

Wiederschlagen ist nicht verboten.

Wohltun ist niemand verboten.

verbinden

Erfolg verbindet, Mißerfolg trennt.

verblühen

Die Rosen verblühen, aber die Dornen bleiben.

Jugend entflieht, Schönheit verblüht.

Verblühte Rosen bricht man nicht.

Was einmal verblüht ist, knospet nicht mehr.

verborgen (versteckt)

Das Verborgene reizt.

Verborgene Krankheit kann niemand heilen.

Verborgene Leiden sind doppelt schwer.

Verborgener Schatz liegt sicher.

Verbot

Das Auge kennt kein Verbot.

Je strenger das Verbot, je süßer schmecken die Äpfel.

Verbot macht Lust.

verboten

Verbotene Früchte sind süß.

Verbrechen

Je größer das Verbrechen, je weniger glaubt man daran.

Wie das Verbrechen, so die Strafe.
Falsche Nachsicht schadet.

verbrennen

Am kalten Ofen verbrennt man sich nicht.

Das Maul ist leicht verbrannt.

Der wärmt sich zu nah, der sich verbrennt.

Je näher dem Feuer, je eher verbrannt.

Mancher will sich wärmen und verbrennt sich dabei.

Vorsicht verbrennt sich nicht.

Wer die Hand zum Scherz ins Feuer hält, wird sich im Ernst verbrennen.

Wer sich den Hintern verbrennt, muß auf den Blasen sitzen.

Wer sich einmal verbrannt hat, der bläst hernach in die Suppe.

Wer sich oft verbrennt, wird endlich scheu.

verbürgen

Wer sich für andere verbürgt, wird für andere gewürgt.

Verdacht

Ein falscher Verdacht hat Teufelsmacht.

Wo Verdacht einkehrt, nimmt die Ruhe Abschied.

verdauen

Ein guter Magen verdaut auch harte Brokken.

Ein leerer Magen verdaut keine Hoffnung.
Vertröstungen nützen nichts.

Es gehört ein starker Magen dazu, großes Glück zu verdauen.

Gut gekaut ist halb verdaut.

Was der Mund mag, muß der Magen verdauen.

Wer gut verdaut, braucht keine Pillen.

↗ *verschlingen*

verderben

Allzugut verdirbt's ganz.

Der feine Regen verdirbt die Straße.
Kleinigkeiten machen oft den größten Ärger.

Durch Schweigen verdirbt viel Freundschaft.

Eine Fliege kann viel verderben.

Eine kleine Wolke kann den schönsten Tag verderben.

Ein faules Ei verdirbt den Brei.

Ein Handwerk läßt seinen Meister nicht verderben.

Ein Loch im Dache verdirbt das ganze Haus.

Ein Narr verdirbt den andern.

Ein schlechter Schreiber verdirbt viel gutes Papier.

Ein übles Kraut verdirbt die ganze Suppe.

Ein Wort zuviel verdirbt die beste Sache.

Es ist leicht verdorben, was man mit Müh' erworben.

Es müssen zehn verderben, ehe einer reich wird.

Es verdirbt viel Weisheit in eines armen Mannes Tasche.

Fleiß erwirbt, Faulheit verdirbt.

Fröhlichkeit verdirbt kein Gelage.

Früh zum Wein, früh verdorben,
früh betrunken, früh gestorben.

Immer Kuchen verdirbt den Appetit.

Leicht erworben, leicht verdorben.

Lieber siebenmal verderben als einmal sterben.

Sauer erworben, schnell verdorben.

Schlechte (Böse) Beispiele verderben gute Sitten.

Nach 1. Korinther 15,33 und antikem Vorbild.

Überfluß verdirbt den Genuß.

Viele Köche verderben den Brei.

Viel Handwerke verderben den Meister.

Alleskönner sind meistens Nichtskönner.

Was bald grünt, verdirbt bald.

Was im Salz liegt, verdirbt nicht.

Wer ins Kloster geht, darf's nicht mit dem Abt verderben.

Wer ins Paradies will, muß es mit der Wache nicht verderben.

Zuviel verdirbt das Spiel.

Gut ausgelegt ist halb verkauft.

verdienen

Ausdauer verdient den Preis.

Der eine verdient es, der andere kriegt es.

Ein ersparter Pfennig ist zweimal verdient.

Es ist nicht so leicht verdient als vertan.

Je saurer verdient, je süßer genossen.

Mit Dank verdient man Dank.

Nicht jede Rede verdient eine Antwort.

Sauer verdient, süß verzehrt.

So verdient, so gelohnt.

Sparen ist verdienen.

Verdienen ist besser als Wünschen.

Wer redet ohne Zügel, verdient seine Prügel.

Verdienst, das

Die Jugend ist kein Fehler und das Alter kein Verdienst.

Ein kleines Versehen verdunkelt oft ein großes Verdienst.

Verdienste sind die besten Ahnen.

Nicht Herkunft, sondern eigene Leistung macht den Wert eines Menschen aus.

Wer seine Verdienste im Kleide hat, dem fressen sie die Motten.

Wo Neid wuchert, kann Verdienst nicht aufkommen.

verdoppeln

Auf schlechtem Wege verdoppelt man die Schritte.

verdorren

Wenn die Zweige verdorren, verdorrt auch der Baum.

verdrießen

Es verdrießt den Alten, daß man ihn am Barte zupft.

Man reize niemanden unnötig.

Halb und halb entschlossen
ist bald ganz verdrossen.

Wer nicht tun kann, was die Leute verdrießt, gibt keinen Schulzen ab.

Willst du zum Süßen, laß dich das Saure nicht verdrießen.

verdrießlich

Aus einem verdrießlichen Arsch fährt kein fröhlicher Furz.

Es ist ein verdrießlich Ding um eine böse Zunge.

Verdruß

Besser ein kleiner Verdruß als ein großer Schaden.

Der eine hat den Verdruß, der andere den Genuß.

Ohne Verdruß ist kein Genuß.

Schneller Entschluß bringt viel Verdruß.

Verdruß bezahlt die Schulden nicht.

Verdruß und Plage macht lange Tage.

Viel Verdruß, viel Seufzen.

Was einer muß, das tut er mit Verdruß.

verdunkeln

Ein großes Licht verdunkelt das kleine.

vereint

Vereint sind auch die Schwachen mächtig.

Ähnlich bei Schiller, Wilhelm Tell.

verfechten

Auch wenig Schwerter sind genug, eine gerechte Sache zu verfechten.

Wer alles verfechten will, darf das Schwert nie einstecken.

Wer alles will verfechten, hat allezeit zu rechten.

Verfolger

Der Flüchtige hat einen Weg, der Verfolger hundert.

verführen

Ein offenes Schloß verführt auch eine ehrliche Hand.

Exempel verführen manchen Mann.

Mit Worten verführt man die Leute.

Offene Tür verführt einen Heiligen.

vergangen

An vergangenes Unglück ist gut denken.

vergänglich

Endlich ist vergänglich.

vergeben

Andern vergib viel, dir selbst nichts.

Einmal vergibt's der Pfarrer.

Warnung, etwas noch einmal zu tun.

Geduld vergibt alle Schuld.

Vergeben ist die beste Rache.

Vergeben ist leicht, vergessen ist schwer.

Vergeben ist nicht vergessen.

Wer heftig schilt, vergibt bald.

vergebens

Mit der (Gegen) Dummheit kämpfen Götter selbst vergebens.

Nach Schiller, Jungfrau von Orleans.

Tauben Ohren predigt man vergebens.

vergeblich

Man kämmt vergeblich, wo kein Haar ist.

Wer mit leeren Händen kommt, bittet vergeblich.

Wer nicht helfen kann, den bittet man vergeblich.

Vergebung

Wer selten sündigt, bekommt bald Vergebung.

Wie die Sünde, so die Vergebung.

vergehen

Allzu schön wird bald vergehn.

Die Zeit vergeht, der Narr besteht.

Der Unbelehrbare ändert sich nicht.

Haß entsteht, wenn Liebe vergeht.

Schönheit vergeht, Tugend besteht.

Unkraut vergeht nicht.

Was bald kommt, vergeht auch bald.

Was bald vergeht, das währt nicht lange.

Was vergangen ist, soll man vergessen und das Künftige richtig messen.

Vergehen (Verfehlung)

Versehen (Ein Unglück) ist kein Vergehen.

vergelten

Gescholten ist leichter als vergolten.

Von Undankbaren.

Gruß soll man mit Gruß vergelten.

Man soll nicht Gleiches mit Gleichem vergelten.

Wohltat will vergolten sein.

vergessen

Beim Trinken und Essen wird der Kummer vergessen.

Der Magen läßt sich nicht vergessen.

Der Weise schweigt, doch nur der Narr vergißt.

Die Kuh vergißt, daß sie ein Kalb gewesen ist.

Mancher vergißt, daß er selbst einmal jung war.

Eine gute Mahlzeit läßt die schlechten vergessen.

Ein guter Reiter vergißt die Sporen nicht.

Ein rechter Narr, der sich selbst vergißt.

Essen läßt sich nicht vergessen.

Der Hunger meldet sich von selber.

Es wird nichts so leicht vergessen als eine Schuld.

Fremdes Leid ist bald vergessen.

Fressen, vergessen.

Von Undankbarkeit.

Glücklich ist, wer vergißt,
was nicht mehr (doch nicht) zu ändern ist.

Sprichwörtlich nicht erst seit der „Fledermaus" von J. Strauß.

Herren können lange denken, aber schlecht vergessen.

Von Nachtragenden.

Ist die Frau vor dem Spiegel,
so vergißt sie den Tiegel.

Jeder nur zu oft vergißt, daß er allein nicht jeder ist.

Keiner vergißt sich selbst.

Man vergißt bald, was man nicht gern tut.

Man vergißt nichts schneller als Wohltaten.

Man vergißt viel Leid in vierundzwanzig Stunden.

Mit der Zeit vergißt man's Leid.

Neue Liebe macht die alte vergessen.

Niemand vergißt, wo was zu holen ist.

Not ist bald vergessen.

Schnell gelernt ist schnell vergessen.

Schnell versprochen, bald vergessen.

Selten gesehen ist bald vergessen.

Sich selbst vergessen ist der Anfang der Torheit.

Trunken geschwatzt, nüchtern vergessen.

Vergeben ist leichter als vergessen.

Was man als Kind gelernt, vergißt man nicht mehr.

Was man jung nicht lernt, braucht man alt nicht zu vergessen.

Wenn die Gefahr vorüber ist, wird das Gelübde vergessen.

Oft zieht Sorglosigkeit wieder ein.

Wenn die Henne zum Hahn kommt, vergißt sie die Kücken.

Wenn Neues kommt, vergißt man das Alte.

Wer andern predigt, muß sich selbst nicht vergessen.

Wer den Flegel ergreift, muß die Harfe vergessen.

Wer Eltern bald vergessen kann,
nimmt sich der Kinder auch nicht an.

Wer fortgeht, ist bald vergessen.

Wer neue Freunde sucht, vergesse nicht die alten.

Wer nicht viel lernt, hat nicht viel zu vergessen.

Wer sich schämt zu essen, wird bald vergessen.

Wohltat wird leicht vergessen, Missetat lang zugemessen.

Zum Essen wird sich keiner vergessen.

↗ *vergeben*

Vergessenheit

Es ist nichts so neu, als was in Vergessenheit geriet.

Vergleich

Ein guter Vergleich erhält die Freundschaft.

Man soll Streit gütlich schlichten.

Ein magerer Vergleich ist besser als ein fetter Prozeß.

Vergleiche hinken.

Vergnügen

Betrügen macht nur kurz Vergnügen.

Erst die Arbeit, dann das Vergnügen.

Kein Vergnügen ohne Keile.

Kurzes Vergnügen, langer Jammer.

Seltener Genuß erhöht das Vergnügen.

Wer das Pferd am Zügel führt, der geht zu seinem Vergnügen.

Wo kein Vergnügen ist, da ist auch kein Glück.

vergnügt

Vergnügt sein geht über Reichtum.

vergolden

Wenn man den Dreck auch vergoldet, er stinkt doch.

vergrößern

Furcht vergrößert die Gefahr.

verhehlen

Finden und verhehlen ist so gut wie stehlen.

Verhehlen ist schwerer als erzählen.

verheilen

Narben bleiben zurück, wenn auch die Wunden verheilen.

Verheißung

Je größer die Verheißung, je weniger ist darauf zu bauen.

verhindern

Die kleinste Zehe verhindert oft die größte Reise.

verhöhnen

Heute gekrönt, morgen verhöhnt.

Popularität ist wandelbar.

verhungern

Wer sich selbst darben läßt, der läßt seinen Nachbarn verhungern.

Von Geizigen.

verhüten

Besser verhütet als beklagt.

Einen Schaden verhüten ist besser als ihn heilen.

Ein Grenzstein verhütet viel Streit.

verirren

Auch auf breitem Wege kann man sich verirren.

Ist man verirrt, wird man verwirrt.

verjagen

Fleiß verjagt, was Faule plagt.

Zorn verjagt die Leute.

verkaufen

Ein gutes Pferd verkauft man aus dem Stall.

Gut ausgelegt ist halb verkauft.

Guter Wein verkauft sich selbst.

Mit guten Worten verkauft man schlechte Waren.

Teuer geschätzt ist nicht verkauft.

Was man selber für wertvoll hält, muß es für andere nicht sein.

Verkaufen ist nicht schenken.

Was den Leuten gefällt, ist leicht verkauft.

Was man verkaufen will, das muß man loben.

Wenn man die Kuh verkauft, geht das Euter mit.

Wer auf Borg verkauft, wird viel los.

Wer das Kalb verkauft, bringt sich um eine Kuh.

Wer ein blindes Pferd verkaufen will, lobt die Füße.

Wer kauft, hat hundert Augen nötig, wer verkauft, nur eins.

Wer nimmt, verkauft sich.

Wer sein Haus verkaufen will, schmückt es.

Wer will kaufen, was er sieht, muß verkaufen, was er hat.

Wer wohlfeil verkauft, hat bald aufgeräumt.

Wo verkauft wird, da wird gelogen.

Wozu die Haut abziehen, wenn man sie nicht verkaufen will.

↗ *verschenken*

verkehrt

Es ist verkehrt, wenn die Säcke den Esel tragen.

Je gelehrter, je verkehrter.

Wie man's macht, macht man's verkehrt.

verklagen

Man verklagt keine Sau, die einen besudelt.
Auf üble Nachrede muß man nichts geben.

verkriechen, sich

Im Sturm verkriecht sich der Wurm.

verlachen

Der Zorn des Schwachen ist zum Verlachen.

Einer acht's, der andere verlacht's.

Was man verlacht, bessert sich nicht.

verlangen

Stetes Verlangen bleicht die Wangen.
Unerfüllte Sehnsucht.

Was du niemand geben willst, sollst du auch von niemand verlangen.

Was kann man von einem Ochsen mehr verlangen als ein Stück Rindfleisch.

Wer heftig verlangt, dem geschieht alles zu langsam.

Wer nichts verlangt, bekommt auch nichts.

Wer (zu)viel verlangt, bekommt gar nichts.

Wer zuviel verlangt, verliert noch, was er hat.

Verlaß

Auf Liebe und Wetter ist kein Verlaß.

Nichts ist so schlecht als ein schlechter Verlaß.

verlassen

Die Ratten verlassen das sinkende Schiff.

Wen das Glück verläßt, den verlassen auch die Freunde.

Wenn das Glück uns verläßt, so bleibt uns die Hoffnung.

Wenn dich der Teufel nicht verlassen will, so verlaß du den Teufel.

Wer den Hof verläßt, den verläßt der Hof.

Wer seinen Platz verläßt, verliert ihn.

verlassen, sich – auf

Ein Ochse verläßt sich auf seine Hörner.

Ich verlasse mich auf meine Füße, sagte der Hase.

Ich verlasse mich auf meine großen Hörner, sagte der Ziegenbock.

Wer sich auf anderer Leute Schüssel verläßt, geht hungrig zu Bett.

Wer sich auf andere verläßt, ist verlassen genug.

Wer sich verläßt aufs Erben, mag als Narr verderben.

Verlaub

Mit Verlaub, sagte der Bauer, da ließ er einen gehen.

Mit Verlaub zieht man dem Bauern die Kuh aus dem Stall.

Verlegenheit

Gelegenheit macht Verlegenheit.

↗ *Verwegenheit*

verleihen

Frauen, Pferde und Uhren soll man nicht verleihen.

Was man verleiht, das bessert sich nicht.

verleiten

Böse Gesellen verleiten zur Höllen.

verletzen

Leicht verletzt, was ergötzt.

Von üblen Scherzen.

Mit Dünken verletzt man das Recht.

Verletzen ist leichter als heilen.

Verletzen ist leicht, helfen schwer.

verlieben, sich

Verliebe dich oft, verlobe dich selten, heirate nie.

verliebt

Ein verliebter Greis ist ein junger Narr.

Verliebter Zorn ist bald verlorn.

Wo es verliebte Mädchen gibt, wird die Tür umsonst verschlossen.

Verliebte, der

Auf die Schwüre der Verliebten ist nicht viel zu bauen.

Die Seele eines Verliebten ist nie zu Hause.

Ein Verliebter und ein Narr geben ein gutes Paar.

Verliebte und Narren haben immer einen Sparren.

verlieren

Aus einer leeren Tasche verliert man nichts.

Bald gewonnen, bald verloren.

Bei guten Leuten verliert man nichts.

Besser am Dreck gewinnen als am Weihrauch verlieren.

Besser das Dach verloren als das Haus.

Besser den Bart (Hut) verloren als den Kopf.

Besser einen Teil verlieren als das Ganze.

Der eine gewinnt, der andere verliert.

Der gewinnt genug, der seine Sorgen verliert.

Der Glückliche verliert das Gedächtnis.

Der schläft sicher, der nichts zu verlieren hat.

Die Maus ist verloren, die mit der Katze spielt.

Ehre verloren, alles verloren.

Ehre wird schwer erworben und bald verloren.

Eine Mutter kann man verlieren, aber nicht wiederfinden.

Ein Freund ist leichter verloren als gefunden.

Ein guter Ruf ist bald verloren.

Einmal gestohlen ist immer verloren.

Ist der Wein im Manne,
so ist der Verstand in der Kanne.

Es ist alles verloren, was man in einen löcherigen Topf gießt (in alte Säcke schüttet).

Es ist närrisch, eine Woche zu verlieren, um einen Tag zu gewinnen.

Gewinnen ist der Abend vor dem Verlieren.

Gutes Korn geht nicht verlorn.

Gut verloren, viel verloren, Zeit verloren, mehr verloren.

Hab' ich nicht viel, so verlier' ich nicht viel.

Im Streit verliert man die Wahrheit.

Im Zorn geht Freundschaft verlorn.

Kopf verloren, alles verloren.

Kopflosigkeit verdirbt alles.

Lieber das Hemd verloren als die Haut.

Lieber die Wolle verlieren als das Schaf.

Mancher verliert, wenn er gewinnt, und mancher gewinnt, wenn er verliert.

Man kann nicht mehr verlieren als sich selbst.

Mischt der Zufall die Karten, so verliert der Verstand das Spiel.

Sich nicht rühren heißt verlieren.

Übermut verliert den Hut.

Unbesonnen verliert die Schlacht.

Verlieren ist leichter als finden.

Verliert man die Schuhe, so behält man doch die Füße.

Trost bei erträglichen Verlusten.

Viele Feldherren verlieren die Schlacht.

Wie viele Köche den Brei verderben.

Wagen gewinnt, wagen verliert.

Was einer nicht hat, das kann er nicht verlieren.

Was man an der Saat spart, verliert man an der Ernte.

Was man aufgibt, ist verloren.

Bei Schiller, Maria Stuart: Was man nicht aufgibt, hat man nie verloren.

Was man dem Esel predigt, ist verloren.

Was man im Feuer verloren, muß man in der Asche suchen.

Was man wiederfinden kann, ist nicht verloren.

Wenn der Hund bellt, verliert er den Knochen.

Wenn der Wagen umfällt, so geht etwas verloren.

Wenn die Großen sich rupfen, verlieren die Bauern die Haare.

Wer das Ganze will, verliert das Ganze.

Wer das Vertrauen verloren hat, hat nichts mehr zu verlieren.

Wer den Finger nicht heilt, verliert die Hand.

Wer die Freiheit verloren hat, der hat nichts mehr zu verlieren.

Wer die Freude auf Bergen sucht, verliert sie im Tal.

Wer die Partie aufgibt, verliert sie.

Wer einen Prozeß führt um eine Kuh, verliert das Kalb dazu.

Wer ein gutes Buch verliert, verliert einen Schatz.

Wer gewinnen will, muß auch verlieren können.

Wer gewinnt, genieße;
wer verliert, der büße.

Wenn der Prozeß zu Ende ist.

Wer nach fremdem Gut trachtet, verliert das seine.

Wer nachgibt, verliert nicht immer.

Wer nicht haben soll, verliert das Brot aus der Tasche.

Wer nichts hat, hat nichts zu verlieren.

Wer nichts wünscht, verliert nichts.

Wer nicht verlieren will, der spiele nicht.

Wer seinen Witz im Trunk verliert, muß ihn im Dreck suchen.

Wer weggeht, verliert seinen Platz.

Wer zögert, hat das Spiel halb verloren.

Wer zuerst gewinnt, verliert zuletzt.

Wer zuviel verlangt, verliert noch, was er hat.

Wer zwischen zwei Freunden richtet, verliert den einen.

Wo man nichts verloren hat, da soll man nichts suchen.

Wo nichts ist, hat der Kaiser sein Recht verloren.

Wo zwei spielen, muß einer verlieren.

↗ *verschenken*

verloben

Es verlobt sich mancher, der nicht Hochzeit macht.

Angefangen ist nicht vollendet.

Verlobt ist noch nicht verheiratet.

↗ *verlieben, sich*

Verlöbnis

Heimlich Verlöbnis stiftet keine Ehe.

verlogen

Kein Schalk ist so verlogen,
er wird wohl selbst betrogen.

verloren

Besser ein gutes Wort als einen verlorenen Freund.

Eine verlorene Freundschaft ist eine gewonnene Feindschaft.

Ein verlorener Taler gilt nicht mehr als ein verlorener Pfennig.

Verlorene Ehr' kommt nimmermehr.

Verlorene Stunde, verlorenes Leben.

Vertane Zeit ist nicht gelebt.

Verlorene Zeit kommt niemals wieder.

Wer um Verlorenes weint, verschwendet seine Tränen.

verlorengehen

In einem guten Haushalt geht nichts verloren.

Verlust

Ein kleiner Gewinn ist kein Verlust.

Es ist kein größerer Verlust, als wenn der Mensch sich selbst verliert.

vermeiden

Lieber die Gefahr vermeiden
als Schmerz und Elend leiden.

Man kann nicht jede Gefahr vermeiden.

Was man nicht vermeiden kann,
muß man tragen als ein Mann.

vermieten

Wer sich einem andern vermietet, muß auch seinen Mist fahren.

vermögen

Arbeit vermag alles.

Guter Wille (Ein gutes Wort) vermag viel.

Was Gewalt nicht vermag,
das steckt List in den Sack.

Vermögen

Großtun ist mein Reichtum, drei Pfennig mein Vermögen.

Wie das Vermögen, so die Steuer.

Jeder nach seinen Kräften.

vermuten

Wo man es am wenigsten vermutet, springt ein Fuchs heraus.

Vermutung

Vermutung ist nicht Gewißheit.

Vernunft

Auch im Sieden der Eier ist Vernunft.

Man soll nicht für unvernünftig halten, was man nicht versteht.

Brauch und Zunft kennen keine Vernunft.

Die Vernunft ist gut, sagte der Pfaffe, nur nicht in der Kirche.

Geduld, Vernunft und Hafergrütze,
die sind zu allen Dingen nütze.

Mit Vernunft, Geduld und Spucke geht alles.

Wenn die Vernunft schläft, macht das Herz Schlingen.

Wo Eigensinn bei Dummheit ficht,
wird durch Vernunft nichts ausgericht'.

vernünftig

Eine kluge Frau macht erst den Mann vernünftig.

Nichts sieht einem vernünftigen Menschen ähnlicher als ein Narr, der das Maul hält.

verpassen

Hast hat's oft verpaßt.

verpflanzen

Einen alten Baum soll man nicht verpflanzen.

verpfuschen

Besser zweimal überlegt als einmal verpfuscht.

verprassen

Wer das Seine verpraßt,
fällt andern zur Last.

Verrat

Man liebt den Verrat, nicht den Verräter.
Nach Julius Cäsar.

Verrat lauert im verborgenen.

verraten

Das Angesicht verrät die Tat.

Das Nest verrät den Vogel.

Der Gestank verrät das Aas.

Der Mund verrät des Herzens Grund.

Mit Schweigen verrät man sich nicht.

Verräter

Das Herz hat viel Verräter.

Der Verräter schläft nicht.

Vom Verräter frißt kein Rabe.

↗ Verrat

verrechnen

Verrechnet ist nicht betrogen.

verreisen

Verreist du für einen Tag, nimm Brot für eine Woche.

verrenken

Lieber den Magen verrenkt
als dem Wirt was geschenkt.

verrichten

Erdichtet ist nicht verrichtet.

Menschenhände können viel verrichten.

verrückt

Wenn einer verrückt wird, so fängt's im Kopfe an.

Verrückte, der

Einem Verrückten soll man keinen Degen geben.

Nicht jeder Verrückte zerreißt seine Kleider.
Die Narrheit sieht man jemandem nicht unbedingt gleich an.

versagen (abschlagen)

Freundlich versagen ist besser als mit Unwillen geben.

versauern

Lieber verbauert als versauert.

versäumen

Die ihr Eigenes versäumen, haben viel zu regieren in ander Leut Häusern.

Einmal versäumt ist für immer versäumt.

Hoffen und Träumen läßt vieles versäumen.

Was Hänschen versäumt, holt Hans nicht mehr ein.

Wer sein Glück nicht sucht, der versäumt es.

Wer sich versäumt, der hat den Schaden.

versäumt

Eine versäumte Stunde ist oft ein versäumter Tag.

verschenken

Es ist leicht verschenken, was man nicht verkaufen kann.

Wohl verschenkt ist nicht verloren.

Da Geschenke die Freundschaft erhalten.

verschieben

Ein Tag verschoben wird oft ein Jahr verschoben.

Verschieb die Sorgen bis übermorgen.

Man soll lieber morgen nach einer Lösung suchen.

Verschiebe nicht auf morgen,
was du heute kannst besorgen.

verschieden

Die Gaben sind verschieden.

Die Geschmäcker sind verschieden.

Recht und schlecht sind verschiedene Dinge.

verschlafen

Man verschläft viel Ungemach (Unmut).

Wer den Morgen verschläft, kommt um den ganzen Tag.

Wer die Jugend verschläft, muß im Alter wachen.

verschließen

Freunden ist keine Tür verschlossen.

Leere Kisten braucht man nicht zu verschließen.

Wer sein Gut will genießen,
muß es gut verschließen.

Wo viel Zugreifens ist, da muß man gut verschließen.

verschlingen

Am Tage errungen, am Abend verschlungen.

Die Augen verschlingen viel, aber sie füllen den Magen nicht.

Verschlingen ist leichter als verdauen.

Wer die Weisheit verschlingt, verdaut sie nicht.

verschlossen

Verschlossener Mund und offene Augen haben noch niemandem geschadet.

Man handle mit Bedacht und Umsicht.

Vor der verschlossenen Tür kehrt der Teufel um.

verschlucken

Eine Fliege ist leicht verschluckt.

Kleine Sünden kaut man, große verschluckt man ganz.

verschmähen

Man findet eher einen, der Geld tadelt, als den, der es verschmäht.

Wer die Gabe verschmäht, verachtet den Geber.

verschmerzen

Was nicht zu heilen ist, muß man verschmerzen.

verschonen

Ein böses Maul verschont niemand.

verschulden

Bald gutgemacht ist nur halb verschuldet.

Es müssen oft viele leiden, was einer verschuldet hat.

Was wir verschulden, müssen wir erdulden.

verschweigen

Es ist nichts leichter zu verschweigen, als was man nicht weiß.

Man hat sich eher verredet als verschwiegen.

Man kann nicht jeden Schmerz verschweigen.

Man muß dem Freunde nicht verschweigen, was der Feind weiß.

Verschweige, was du tun willst, so kommt dir niemand dazwischen.

Was andere verschweigen sollen, muß man selber nicht ausplaudern.

verschwenden

Es wissen viele vom Verschwenden, aber nichts vom Schenken.

Wer beginnt und nicht beendet,
hat seine Kraft verschwendet.

Verschwender

Dem Verschwender fehlt viel, dem Geizigen alles.

verschwiegen

Ein Rat muß verschwiegen sein.

Verschwiegener Mund, ein goldener Mund.

Verschwiegen Leid heilt nur die Zeit.

Verschwiegenheit

Verschwiegenheit spart Streit (Leid).

versehen

Versehen ist auch verspielt.

Versehen ist bald geschehen.

Wer es versieht, muß es entgelten.

↗ *Vergehen*

versehren

Was versehrt, das lehrt.

versiegen

Auch Ströme versiegen.

Solange es tröpfelt, versiegt es nicht.
Besser wenig als gar nichts.

Wenn die Quellen versiegen, vertrocknet auch das Meer.

versöhnen

Der Tod versöhnt.

Wer ohne Ursache zürnt, der versöhnt sich ohne Grund.

verspielen

Übersehen ist auch verspielt.

Wagen gewinnt, wagen verspielt.

Wer spielt, verspielt.

Wer verspielt, kann auch wieder gewinnen.

↗ *verzagen*

verspotten

Alten Wolf verspotten die Hunde.

Ein Narr verspottet den andern.

Mancher scherzt über andere und verspottet sich selbst.

Man soll nicht verspotten den lahmen Mann, wenn man selber nur hinken kann.

versprechen

Besser nicht versprochen als nicht gehalten.

Die am meisten versprechen, pflegen am wenigsten zu halten.

Ein heidnisches Pfand ist besser als ein christliches Versprechen.

Eins geben ist besser als zwei versprechen.

Es ist leichter versprochen als gehalten.

Es ist nicht alles versprochen, was auf dem Markt verkündigt wird.

Es verspricht mancher goldene Berge und ist keinen Heller wert.

Es wiegt nichts leichter als ein Versprechen.

Es wird mehr versprochen als gegeben.

Leicht versprochen, leicht gebrochen.

Man muß nicht versprechen, was man nicht halten kann.

Versprechen füllt den Magen nicht.

Versprechen ist ehrlich, halten beschwerlich.

Versprechen ist herrisch, halten bäurisch.

Versprechen ist kein Verbrechen.
Aufs Halten kommt es an.

Versprechen ist leicht, es kostet nur ein paar Worte.

Versprechen kann man viel.

Versprechen macht nicht reich.

Versprechen soll man nicht brechen.

Versprechen und halten steht Jungen und Alten.

Versprechen will ein Halten haben.

Viel versprechen, wenig halten
läßt die Freundschaft bald erkalten.

Was man verspricht in Eile, bereut man mit Weile.

Wer nichts verspricht, braucht nichts zu halten.

Wer schnell verspricht, der bald vergißt.

Wer sein Wort nicht hält, kann leicht versprechen.

Wer selber hungert, muß andern keine Suppe versprechen.

Wer viel verspricht, gibt (hält) wenig.

versprechen, sich

Wer sich verspricht, beleidigt noch nicht.

Versprechung

Versprechungen füllen keinen Sack.

Versprechungen und Pilze wachsen schnell.

Wer auf Versprechungen traut, hat auf Sand gebaut.

Wer Versprechungen für bare Münze nimmt, kann leicht ein reicher Mann werden.

Spöttisches Wortspiel.

Wer von Versprechungen lebt, wird nicht fett.

versprochen

Ein geschenkter Pfennig ist besser als ein versprochener Taler.

Ein versprochener Gulden ist keinen halben wert.

Ein versprochenes Geschenk ist ein gegebenes.

Verstand

Am Verstande trägt man nicht schwer.

Dem Narren fehlt nichts als der Verstand.

Der Verstand ist im Kopfe, nicht in den Jahren.

Der Verstand ist nicht immer zu Hause.

Der Verstand kommt mit den Jahren (und geht mit den Jahren).

Die am wenigsten Verstand besitzen, haben am meisten zu verkaufen.

Drei Kluge haben zusammen keinen Verstand.

Durch Weisheit wird ein Haus gebaut und durch Verstand erhalten.

Nach Sprüche Salomos 24,3.

Ein feiner Verstand ist besser als eine grobe Faust.

Ein reicher Mann hat klingenden Verstand.

Es gehört Verstand dazu, Narren zu regieren.

Es hat keiner zuviel Verstand.

Es ist leicht, ein Narr zu sein, wenn man keinen Verstand hat.

Es reden viele, aber nicht alle mit Verstand.

Gott gibt den Verstand, der Hopfen nimmt ihn.

Handel ohne Verstand, Schaden vor der Hand.

Im schlichten Kleide ist auch Verstand.

In einem vollen Kopfe ist wenig Verstand.

Ist der Wein im Manne, so ist der Verstand in der Kanne.

Je mehr Verstand, je weniger Worte.

Je weniger Verstand, desto mehr Glück.

Je weniger Verstand, je mehr Dünkel.

Kurzer Verstand, schneller Rat.

Lange Haare, kurzer Verstand.

Ein sprichwörtliches Vorurteil.

Liebe und Verstand gehen selten Hand in Hand.

Macht ohne Verstand hat keinen Bestand.

Man kann keinen Verstand in den Kopf hineinschlagen.

Mut ohne Verstand hat sich oft verrannt.

Nach dem Kleide wird man empfangen, nach dem Verstande entlassen.

Plumper Verstand hält fest.

Schönheit ohne Verstand ist eitel Tand.

Unter dem Gürtel ist kein Verstand.

Verstand ist das beste Kapital.

Verstand kommt nicht über Nacht.

Verstand läßt sich nicht einprügeln.

Verstand schafft Leiden.

Nach Gribojedow.

Verstand sprengt Felsen.

Verstand will freie Hand.

Viel Verstand hat wenig Glück.

Was an Schönheit fehlt, kommt an Verstand zu.

Was der Verstand nicht heilt, das heilt die Zeit.

Was nützt aller Verstand, wenn die Butter auf dem Brot nicht kleben will.

Wem Gott ein Amt gegeben, dem gibt er auch Verstand.

Wenig Verstand, wenig Sorge.

Wenn das Glück anklopft, muß man um Verstand bitten.

Wer auf die Leiter will, muß den Verstand in den Füßen haben.

Wer den Verstand beim Krämer kauft, dem läuft der Kopf nicht über.

Wer den Verstand in den Fingern hat, der kann ihn nicht im Kopfe haben.

Scherzhaftes Lob der Geschicklichkeit.

Wer glaubt ohne Pfand, hat keinen Verstand.

Wer Glück hat, braucht keinen Verstand; wer Verstand hat, braucht kein Glück.

Wer keinen Verstand hat, kann keinen verlieren.

Wer Verstand hat, dem ist gut predigen.

Wer Verstand sucht bei den Toren,
der hat seine Mühe verloren.

Wie der Verstand, so die Rede.

Wissen ohne Verstand ist Tand.

Wo der Magen spricht, da schweigt der Verstand.

Auch von Besitzstreben.

Wo der Verstand aufhört, fängt das Glück an.

Wo der Zorn einkehrt, muß der Verstand ausziehen.

Wo Geld redet, muß der Verstand schweigen.

Wo's Glück einkehrt, wandert der Verstand aus.

Wo Verstand nicht Mode ist, da lacht man den Weisesten aus.

Wo Wein eingeht, da geht der Verstand aus.

Viel fährt man auf dem Wagen.

verständig

Verständigen Leuten ist gut predigen.

Verständige Rede schützt vor Fehde.

Wo es an verständigen Männern fehlt, steigen die Narren im Kurse.

Versteck

Aus einem Versteck ist gut schießen.

verstehen

Ein hungriger Magen versteht keinen Spaß.

Ein Schwätzer versteht den andern am besten.

Erst sehen, dann verstehen.

Es geht, wie man's versteht.

Es geschieht viel unter der Sonne, was kluge Leute nicht verstehen.

Es ist eine schlechte Sprache, die niemand versteht.

Es versteht sich am Rande, daß der Pfannkuchen rund ist.

Jeder redet (macht's), wie er's versteht.

Lesen und nicht verstehen ist halbes Müßiggehen.

Man muß nicht alles verachten, was man nicht versteht.

Überm Bache verstehn sie auch die Sache.

Was einer selber nicht versteht, das kann er andere nicht lehren.

Was man nicht versteht, darüber muß man nicht reden (urteilen).

Was man nicht versteht, soll man nicht verdammen.

Wenn etwas geschehen ist, versteht's auch der Narr.

Wer das Spiel nicht versteht, der bleibe davon.

Wer falsch verstanden hat, kann nicht richtig antworten.

Wer Geld hat, wird überall verstanden.

Wer's nicht versteht, dem's nicht gerät.

Wer's nicht versteht, der bleibe davon.

Wer Winke nicht versteht, wird durch Prügel nicht klüger.

↗ *verzeihen*

versteigen, sich

Wer sich versteigt, bricht den Hals.

Versuch

Das kommt auf einen Versuch an, sagte der Schweinigel zum Hasen.

Versuch macht klug (aber selten reich).

versuchen (ausprobieren)

Versuchen ist keine Schande.

Versuch's, so geht's.

Was schadet versuchen; gerät's nicht, so ist's keine Schande.

Was soll der wissen, der nichts versucht hat.

Wer nichts versucht, der weiß auch nichts.

Wer's versucht, der wird's erfahren.

versuchen (verlocken)

Wer nicht versucht wird, kann leicht fromm bleiben.

Versuchung

Eine offene Tür führt auch die Heiligen in Versuchung.

vertauschen

Man vertauscht oft ein einäugiges Pferd gegen ein blindes.

verteidigen

Der kann sich leicht verteidigen, der nicht angegriffen wird.

Wer sich verteidigt, klagt sich an.

verteilen

Man muß den Pelz nicht verteilen, ehe der Bär geschossen ist.

Vertrag

Die Klage ändert nichts am Vertrage.
    Abgemacht ist abgemacht.

Vertrag bricht allen Streit.

Wo kein Schlag ist, ist auch kein Vertrag.

vertragen

Ein guter Magen kann viel vertragen.

Man muß einen Stoß vertragen können.

Pfaffenmagen kann alles vertragen.

Wer nur ein Kännchen vertragen kann, muß keine Kanne trinken.

Wer sich wärmen will, muß auch den Rauch vertragen.

Wer überwinden will, lerne vertragen.

vertragen, sich

Katz und Hund verträgt sich nicht.

Pack schlägt sich, Pack verträgt sich.

Reich und dumm vertragen sich gut.

Vergleichen und vertragen ist besser als streiten und klagen.

Wer drei Feinde hat, muß sich mit zweien vertragen.

Wo sich zwei vertragen,
hat der Dritte nichts zu sagen.

Zwei Gockel in einem Hof vertragen sich nicht.

vertrauen

Jedem vertrauen ist töricht, keinem vertrauen ist dumm.

Liebe will Vertrauen.

Ungetreu vertraut nicht.

Vertraue keinem lachenden Richter.

Vertrauen ist gut, Vorsicht (Kontrolle) ist besser.

Vertrauen macht Freunde.

Vertrauen weckt Vertrauen.

Was man dir vertraut, das laß mit dir sterben.

Wen man nicht kennt, dem muß man nicht vertrauen.

Wer das Vertrauen verloren hat, hat nichts mehr zu verlieren.

Wer leicht vertraut, wird leicht betrogen.

Wer nicht vertraut, dem ist nicht zu trauen.

Wo kein Vertrauen ist, da ist auch keine Treue.

Wo Liebe ist, da ist auch Vertrauen.

vertraut

Höflich gegen alle, aber mit wenigen vertraut.

vertreiben

Böses muß man mit Bösem vertreiben.

Der Wein vertreibt die Grillen (Sorgen).

Ein guter Tag vertreibt zehn schlechte.

Ein Übel vertreibt das andere.

Fröhlichkeit vertreibt das Leid.

List muß man mit List vertreiben.

Mit einem Pfennig Frohsinn vertreibt man ein Pfund Sorge.

Mit Geduld und Spucke vertreibt man manche Mucke.

Prügel vertreiben die Liebe.

vertun

Erbgut ist bald vertan.

Es ist leichter, ein Dorf zu vertun, als eine Hütte zu gewinnen.

Hat man viel, so vertut man auch viel.

Vertun ist leichter als verdienen.

Viel vertun und wenig erwerben
ist der nächste Weg zum Verderben.

Wer seine Habe vertut, der greift leicht zu fremdem Gut.

Zeit vertan, Geld vertan.

verurteilen

Wer andere richtet, verurteilt sich selber.

Wer den Schuldigen losläßt, verurteilt den Unschuldigen.

verwahren

Besser verwahrt als beklagt.

Wer den Garten nicht verwahrt, pflanzt umsonst.

verwandt

Dem Reichen ist alles verwandt.

Je näher verwandt, je feinder einand'.

Verwandte, der

Mit Verwandten soll man trinken und essen, aber nicht zählen und messen.

So recht von Herzen hundsgemein,
das können nur Verwandte sein.

Sprichwörtlicher Scherz.

Viel Verwandte, wenig Freunde.

Verwandtschaft

Etwas Verwandtschaft macht gute Freundschaft.

Nachbarschaft ist halbe Verwandtschaft.

Recht geht über Verwandtschaft.

Verwandtschaft geht über Bekanntschaft.

verwechseln

Man verwechselt wohl die Handschuhe, aber nicht die Arschbacken.

verwegen

Siegen macht verwegen.

Verwegen wird nicht verlegen.

Verwegenheit

Verwegenheit hilft oft aus Verlegenheit.

verwehren

Bitten ist niemand verwehrt.

Ein Küßchen in Ehren kann niemand verwehren.

Eins gewährt, eins verwehrt.

Man muß nicht jeden Wunsch erfüllen.

verweigern

Was man einem verweigert, das will er erst haben.

Wer nicht gern gibt, der findet leicht (immer) eine Ursache, zu verweigern.

Wer viel fordert, dem wird viel verweigert.

verweilen

Übereilen bringt verweilen.

Verweilen ist besser als eilen.

verwerfen

Verwirf das Schlechte nie, ehe du was Besseres hast.

verwunden

Besser eine Lüge, die heilt, als eine Wahrheit, die verwundet.

Ein gutes Wort verwundet nicht.

Hilfreiche Kritik ist nicht verletzend.

Verwunden ist leichter als heilen.

Wenn der Mann verwundet ist, soll man nicht die Frau pflastern.

Viel Körner machen einen Haufen.

verzagen

Schrecken macht verzagt.

Verzagen macht bänger als alle Plagen.

Wer verzagt ist, der ist verloren.

Wer verzagt ist im Bitten, macht beherzt im Abschlagen.

Zu früh verzagt ist auch verspielt.

↗ *verzweifeln*

verzagt

Aus einem verzagten Halse kommt kein lustiges Lied.

verzehren

Arbeit ernährt, Müßiggang verzehrt.

Eintracht vermehrt, Zwietracht verzehrt.

Es läßt sich geschwind verzehren, was man langsam erworben hat.

Freunde verzehren, Feinde verheeren.

Friede ernährt, Unfrieden verzehrt.

Krieg verzehrt, was Friede beschert.

Langsam erspart ist bald verzehrt.

Sauer verdient, süß verzehrt.

Wenn die Beute verzehrt ist, frißt ein Wolf den andern.

verzeihen

Alles verstehen heißt alles verzeihen.

Andern soll man viel, sich selber nichts verzeihen.

Ein klein Verzeihen bringt groß Gedeihen.

Geheime Sünde ist halb verziehen.

Wenn sie kein Aufsehen erregt.

Man verzeiht, solange man liebt.

Nach La Rochefoucauld, Reflexionen.

Verzeihen ist der schönste Sieg.

Verzeihen ist die beste Rache.

Wer nicht strafen kann, der kann auch nicht verzeihen.

Verzug

Eine Stunde Verzug bringt oft ein Jahr Aufschub.

verzweifeln

Verzweifle nicht, mein frommer Christ, bevor du nicht gehangen bist.

Scherzhaft, um zu sagen, daß nichts so heiß gegessen wird, wie es gekocht ist.

Wer verzagt ist in der Jugend, verzweifelt im Alter.

vespern

Wer reichlich frühstückt, muß sparsam vespern.

Vetter

Arme Leute haben wenig Vettern.

Arme Vettern gelten wenig.

Dem Glücklichen fehlt's an Vettern nicht.

Der eigene Mund ist der nächste Vetter.

Der Spötter findet seinen Vetter.

Ein armer Mann hat keine reichen Vettern.

Von einem Erfolglosen zieht man sich zurück.

Ein Esel hat überall Vettern.

Ein guter Freund ist mehr wert als hundert Vettern.

Je mehr Vettern, je mehr Schelme.

Von Vetternwirtschaft.

Reicher Vetter, armer Retter.

Schmutz und Dreck sind Vettern.

Von Verleumdung und Klatsch.

Sprung und Sturz sind Vettern.

Viel Vettern, wenig Freunde.

Wenn es nicht anders geht, muß man zum Teufel auch Vetter sagen.

Wer nichts hat, dem helfen seine Vettern wenig.

Wer reich werden will, muß den Teufel zum Vetter haben.

vettern

Wo sich's vettert, da muhmt sich's auch.

Vieh

Auf fremder Weide ist immer das fetteste Vieh.

Für den Mißgünstigen.

Das dümmste Vieh schreit am lautesten.

Das Vieh ist wie der Stall.

Eisernes Vieh stirbt nicht.

Sachwerte sind weniger gefährdet als lebendes Inventar.

Gibst du deinem Vieh, so gibt es dir wieder.

Vieh bleibt Vieh.

Wer sich zum Vieh macht, muß Heu fressen.

viel

Am vielen Lachen erkennt man den Narren.

Auf einen Weisen kommen viele Narren.

Aus viel kann wenig werden und aus wenig viel.

Das Glück hat viel Neider.

Dem Gesunden fehlt viel, dem Kranken nur eins.

Dem Verschwender fehlt viel, dem Geizigen alles.

Dem vielen fehlt das viel.

Wer von vielem etwas kann, kann meist nicht viel.

Der Gemeindeesel hat viel zu tragen.

Der Gerechte muß viel leiden.

Meist spöttisch.

Die Jahre ändern viel.

Die Nacht kann viel erzählen.

Die viel liebeln, machen kein Paar.

Ein guter Kuchen findet viel Freunde.

Ein Narr macht viel Worte.

Ein Wasser treibt viele Mühlen.

Es begibt sich viel zwischen Löffel und Gaumen.

Dazwischenkommen kann immer noch etwas.

Es gehen viel geduldige Schafe in einen Stall.

Es kann viel geschehen
in einem Handumdrehen.

Es kommt viel zwischen Bolzen und Ziel.

Es liegt viel am Überreden.

Fange viel an, richte wenig aus.

Genug geht viel in einen Sack.

Guter Wille vermag viel.

Hast du viel, so brauchst du mehr.

Hast du viel, so gib reichlich.

Nach Tobias 4,9.

Hat man viel, so vertut man auch viel.

In einem großen Teich gibt's viel Fische.

In ein kleines Haus gehen viele Freunde.

In viel Worten ist viel Sünde.

Lerne viel, sage wenig, höre alles.

Mancher hat viel und kann's nicht gebrauchen.

Man redet viel an einem langen Sommertag.

Man sagt viel, und es wird kein Brot daraus.

Mit klarem Ziel gewinnt man viel.

Mit vielem hält man haus,
mit wenigem kommt man aus.

Mit vielem läßt sich schmausen,
mit wenigem läßt sich hausen.

Viel ausgeben macht leere Beutel.

Viel Bergleute, viel Arschleder.

Viel Blätter, wenig Trauben.

Viel Blüten, wenig Früchte.

Viel Borsten machen einen Besen.

Viel Brühe, wenig Fleisch.

Viel Bücher, viel Irrtum.

Viel danken heißt heimlich mehr bitten.

Viele Ärzte sind des Kranken Tod.

Viele Bächlein geben einen Bach.

Viele Freier, wenig Nehmer.

Viel Ehre, viel Last.

Viel Eier machen große Kuchen.

Viele Gäste machen Reste.

Viele Hände machen rasch ein Ende.

Viele Hunde sind des Hasen Tod.

Viele Kleine machen ein Großes.

Viele Köche verderben den Brei.

Viele Leute, viele Häute; aber jeder steckt in der eigenen.

Viel Erben machen schmale Teile.

Viele Streiche fällen die stärkste Eiche.

Viele Teile machen schmale Bissen.

Viele Wege führen nach Rom.

Viele Worte, viel Lügen (Sünde).

Viel fährt man auf dem Wagen.

Viel Flinten und nichts dahinten.

Viel Früchte, viel Maden.

Viel Gegacker und wenig Eier.

Viel Geld schellt.

Viel Geld, viel Freunde.

Viel Geschäfte, wenig Gewinn.

Viel Geschrei und wenig Wolle (sagte der Teufel und schor eine Sau).

Geschrei ist eigentlich Geschererei, d. h. Scheren.

Viel Geschwätz füllt wenig Maul.

Viel Geschwätz, wenig Glauben.

Nämlich wenig Glaubhaftes.

Viel Gesetz, viel Gezänk.

Viel gewinnt, wer frisch beginnt.

Viel Glocken, viel Geläut.

Was viele erfahren, weiß am Ende jeder.

Viel Götter, wenig Nothelfer.

Viel Greise und wenig Weise.

Viel Gut, wenig Herz.

Viel haben ist nicht reich.

Viel Halsen, wenig Herzen.

Viel Häupter, viel Sinne.

Viel Herzen, viel Tränen.

Viel hilft viel.

Viel Hörer, wenig Folger.

Viel Jahr, viel Bürden.

Viel Käufer machen die Ware teuer.

Viel Käufer, wenig Zahler.

Von leeren Versprechungen.

Viel Klappern, aber wenig Mehl.

Viel Komplimente, wenig Herzlichkeit.

Viel Köpfe, viel Sinne; viel Hasen, viel Sprünge.

Viel Körner machen einen Haufen.

Viel Kreuzer machen einen Gulden.

Viel Kühe, viel Mühe.

Viel Kunst, viel Torheit.

Von Alleskönnern.

Viel Läuse, viel Jucken.

Viel Maulwerk, wenig Herz.

Viel Mönche machen arme Klöster.

Viel Münder beißen viel hin.

Viel Mundwerk, wenig Handwerk.

Viel muß man haben, mit wenig behilft man sich auch.

Viel Nähen macht den Zwirn kurz.

Viel Narren, viel Kappen.

Viel Pfennige machen auch einen Taler (geben auch einen Gulden).

Viel Pfründen, viel Sünden.

Viel Prediger, wenig Lehrer.

Viel Läuse, viel Jucken.

Viel Rauch, wenig Feuer.

Viel reden, viel irren (lügen).

Viel Runzeln, viel Jahre.

Viel Säcke sind des Esels Tod.

Viel Schlemmen macht kurze Tage.

Viel Schwache werden eines Starken Herr.

Viel Schweine machen den Trank dünn.

Je mehr Teile, je kleiner der Anteil.

Viel Schweine, viel Speck;
viel Tauben, viel Dreck.

Viel Späne machen auch ein Feuer.

Viel Spreu, wenig Korn.

Viel Tröster, wenig Helfer.

Viel und fein, das kann nicht sein.

Viel und gut ist selten beisammen.

Viel Verdruß, viel Seufzen.

Viel versprechen, wenig halten
läßt die Freundschaft bald erkalten.

Viel Verstand, aber wenig Vernunft.

Viel Wein macht dumme Leute.

Viel Wein, viele Hochzeiten.

Viel Werg, wenig Flachs.

Viel wird auch alle.

Viel wissen tut's nicht.

Weil es auch aufs Handeln ankommt.

Viel Ziegen, viel Hörner.

Wenn einer eine Reise tut, dann kann er viel erzählen.

Nach M. Claudius, Urians Reise.

Wenn vieles nicht wär', wär' vieles nicht.

Wer am Wege baut, hat viel Meister.

Wer sich viel bückt, stößt wenig an.

Wer viel anfängt, endet wenig.

Wer viel begehrt, dem geht viel ab.

Wer viel besitzt, hat viel zu streiten.

Wer viel Eier hat, macht viel Schalen (Dotter).

Wer viel einrührt, muß viel auslöffeln.

Wer viel einträgt, trägt viel aus.

Wer viel erfährt, der muß viel leiden.

Wer vieles bringt, wird jedem (manchem) etwas bringen.

Nach Goethe, Faust.

Wer viel fragt, bekommt viel Antwort.

Wer viel fragt, wird viel gewiesen.

Wer viel glaubt, irrt viel.

Wer viel hat, dem traut man viel.

Wer viel hat, will mehr haben.

Wer viel kann, muß viel tun.

Wer viel kann, von dem wird viel gefordert.

Wer viel lernt, muß viel treiben.

Wer viel reitet, muß viel beschlagen.

Wer viel schläft, träumt viel; wer viel spricht, lügt viel.

Wer viel schnitzt, der macht viel Späne.

Wer viel spricht, der muß viel hören.

Wer viel tragen will, muß breite Schultern haben.

Wer viel trinkt, muß viel Durst leiden.

Wer viel unternimmt, hat wenig Ruhe.

Wer viel verspricht, gibt wenig.

Wer viel wäscht, muß viel trocknen.

Wer viel weiß, kann auch irren.

Wo viele Köpfe sind, da ist keiner.

Wo viel Geschwätz ist, da fehlt es auch an Narren nicht.

Wo viel ist, sammelt sich immer noch mehr.

Wo viel ist, will viel hin.

Wo viel Licht ist, da ist auch viel Schatten.

Wo viel Wind ist, da ist selten Staub.

Wo viel Worte sind, ist wenig Herz.

Zu bösen Sachen kann man nicht viel Gutes reden.

Zu einem frommen Mann gehört viel.

Spöttisch, wenn einer seine Ehrlichkeit zur Schau trägt.

↗ *wenig*

viele

Daß viele irregehen, macht den Weg nicht richtig.

Der Schlund richtet viele zugrund.

Der vielen dient, dient niemand.

Einer nur kann predigen, aber viele können singen.

Es können viele aus einer Schüssel essen.

Es sind viele tapfer, wenn die Feinde fort sind.

Es suchen viele, aber nur wenige finden.

Viele haben zuviel, niemand (wenige) genug.

Viele jagen den Bären, aber niemand will ihn stechen.

Viele können einem helfen, aber einer kann nicht vielen helfen.

Viele können mehr als einer.

Viele können (wissen) viel, niemand alles.

Viele sehen mehr als einer.

Viele sind berufen, (aber) wenige sind auserwählt.

Nach Matthäus 20,16 und 22,14.

Viele sind wohl geladen, aber nicht alle erwischen den Braten.

Viele spielen, einer gewinnt.

Viele tragen leichter als einer.

Viele wissen viel, aber keiner hat ausgelernt.

Viele wollen raten, aber nur wenige helfen.

Viele zum Rat, wenige zur Tat.

Viel können viel.

Was viele begehren, ist schwer zu hüten.

Wer einem unrecht tut, der droht vielen.

Wo viele tanzen, da ist viel Staub.

vielleicht

Vielleicht sind anderthalb Lügen.

Von unsicheren Vertröstungen.

vier

Vier Augen sehen mehr als zwei.

Vier ist nicht immer gerade.

Wer vier hat und fünf ausgibt, braucht keinen Geldbeutel.

Wo vier essen, wird auch der fünfte satt.

Vogel

Alte Vögel lassen sich nicht gern rupfen.

Nicht gern etwas abschwatzen.

Alte Vögel sind nicht leicht zu fangen.

An den Federn erkennt man den Vogel.

Besser ein Vogel in der Hand als zehn über Land.

Böser Vogel, böses Ei.

Aus Schlechtem folgt nichts Gutes.

Das ist ein sauberer Vogel, der das eigene Nest beschmutzt.

Das Nest verrät den Vogel.

Den Vogel kennt man am Gesang.

Der eine klopft auf den Busch, der andere fängt den Vogel.

Der frühe Vogel fängt den Wurm.

Der Vogel schreit zu spät, wenn er gefangen ist.

Die Fliege will auch ein Vogel sein.

Die Flügel sind dem Vogel keine Last.

Die Krähe ist auch ein Vogel.

Die Vögel muß man im Nest suchen.

Ein großer Vogel braucht ein großes Nest.

Ein jeder Vogel liebt sein eigenes Nest.

Ein junger Vogel wird leicht gefangen.

Ein schöner Wintertag macht keinen lustigen Vogel.

Erst den Käfig, dann den Vogel.

Alles der Reihe nach.

Es fliegt kein Vogel so hoch, er muß wieder auf die Erde.

Es ist nicht jeder Vogel ein Falke.

Fauler Vogel, fauler Gesang.

Friß, Vogel, oder stirb.

Von einer Zwangslage.

Frühe Vögel kriegt die Katze.

Gleiche Vögel, gleicher Sang.

Große Vögel fressen keine kleinen Körner.

Haben wir nicht den Vogel, so braten wir's Nest.

Im Käfig lernt der Vogel singen.

Je älter der Vogel, je fester sitzen die Federn.

Jedem Vogel gefällt sein Nest.

Jeder Mensch hat seinen Vogel.

Jeder Vogel hält sein Nest für schön.

Jeder Vogel ist gern in seinem Nest.

Jeder Vogel singt, wie ihm der Schnabel gewachsen ist.

Je kleiner der Vogel, je kleiner das Nest.

Kein Vogel läßt sich ins Nest scheißen.

Kluge Jäger streuen den Vögeln Körner.

Lieber ein freier Vogel als ein gefangener König.

Mancherlei Vogel, mancherlei Gesang.

Man sieht's am Nest, was für ein Vogel drin wohnt.

Mit der Klapper fängt man keine Vögel.

Wer seine Pläne ausplaudert, dem gelingen sie nicht.

Nach und nach macht der Vogel sein Nest.

Nicht jeder Vogel ist ein Adler (Pfau).

Schönes Gefieder macht schöne Vögel.

Schöne Vögel, schöne Federn.

Vögel, die morgens singen, holt am Abend die Katze.

Was nicht am Vogel ist, ist an den Federn.

Wenn der Vogel nicht singen kann, so kann er doch pfeifen.

Wenn die Vögel flügge sind, fliegen sie aus.

Wer Vögel fangen will, muß nicht mit Prügeln dreinwerfen.

Wie der Vogel, so sein Sang.

Wie der Vogel, so das Ei (Nest).

Wie der Vogel, so sein Sang.

Wo ein Vogel ist, da hocken bald mehr.

Vogelscheuche

Geld macht aus Vogelscheuchen Grazien.

Vöglein

Junge Vöglein, glatte Schnäblein.

Krankes Vöglein läßt die Flügel hängen.

Volk

Der Teufel hilft seinem Volk.

Wenn ein Unredlicher unverdientes Glück hat.

Jedes Volk hat seine Lieder.

Volkes Stimme, Gottes Stimme.

Nach Hesiod, Werke und Tage.

voll

Abends vull, morgens null.

Aus vollen Taschen ist gut schenken.

Bei vollem Magen ist gut fasten.

Bei vollen Flaschen fehlt's an Freunden nicht.

Bei vollen Krippen ist gut satt werden.

Das Maul voll nehmen kann jeder.

Der Mund ist eher voll als das Auge.

Ein fauler Hund ist voller Flöhe.

Ein Tropfen macht das Meer nicht voller.

Ein voller Beutel hat viel Freunde.

Ein voller Sack streckt die Zipfel.

Es ist keine Scheuer so voll, es geht noch eine Garbe hinein.

In einem vollen Kopf ist wenig Verstand.

Je lieber der Gast, je voller der Teller.

Je voller, je toller.

Je voller Magen, je leerer Kopf.

Man kann lange predigen, ehe der Bauch voll wird.

Man muß sich oft bücken, ehe der Sack voll ist.

Man soll den Mund nicht zu voll nehmen.

Mit vollem Munde ist schlecht blasen.

Von Korruption.

Not leert volle Taschen.

Nüchtern gedacht, voll gesagt.

Schwere Ähren und volle Köpfe neigen sich.

Über volle Speicher klagt niemand.

Voll bringt Groll.

Volle Fässer brauchen starke Reifen.

Volle Flaschen machen leere Taschen.

Volle Kammern machen kluge Frauen.

Vollem Bauch schmeckt alles bitter.

Voller Bauch studiert nicht gern.

Voller Beutel hat gut predigen.

Voller Gaul springt.

Voller Hand öffnet sich jede Tür.

Voller Kasten gibt nicht gern.

Voller Kropf, toller Kopf.

Voller Magen lobt das Fasten.

Voller Magen will Ruhe haben.

Voller Mann, toller Mann.

Voller Topf, voller Kropf.

Volle Schläuche, dicke Bäuche.

Volle Schüssel findet viel Freunde.

Volles Faß hat keinen Klang.

Volle Tische machen leere Kasten.

Voll macht faul.

Vom Abfluß wird kein Meer voll.

Wenn der Kropf voll ist, sind die Hühner taub.

Wenn der Krug voll ist, so läuft er über.

Wenn viele in einen Sack schütten, so wird er bald voll.

Wer liebt, hat alle Taschen voller Hoffnung.

Wer lobt, hat eine volle Kirche.

Wes das Herz voll ist, des (dem) geht der Mund über.

Nach Matthäus 12,34.

Volle, der

Was der Nüchterne denkt, das redet der Volle.

Was weiß der Volle, wie der Hunger tut.

vollenden

Wer nicht vollendet, hat nichts getan.

vollkommen

Es ist nichts vollkommen (auf der Welt).

vollziehen

Erst wohl erwogen, dann rasch vollzogen.

vor

Wer nicht vor sich geht, der geht hinter sich.

Vor dem Essen wird kein Tanz.

Vor der Hochzeit Küsse, nach der Hochzeit Schmisse.

Wie vor, so nach.

voran

Die Narren sind jederzeit voran.

Stets voran ist selten willkommen.

vorangehen

Der erste geht voran.

Der Esel geht voran.

Der Ruf geht voran, der Ruhm folgt dem Mann.

Die Nase geht immer voran.

Hannemann, geh du voran, du hast die größten Stiefel an.

Nach dem Schwank von den 7 Schwaben.

Herr Pfennig geht voran.

Hochmut geht voran, Spott und Schaden folgen nach.

Stolz geht voran und Schande hintennach.

Trägheit geht langsam voran, Armut schnell hinterdrein.

Vorangehen macht Nachgehen.

Wenn ein Schurke vorangeht, folgt bald ein Schurke nach.

Wer recht vorangeht, dem geht man recht nach.

voraussehen

Was man voraussieht, davor kann man sich schützen.

vorbauen

Der kluge Mann baut vor.

Nach Schiller, Wilhelm Tell.

vorbedacht

Vorbedacht hat Rat gebracht.

Vorbedacht mißrät selten.

vorbei

Dicht daneben ist auch vorbei.

Ist das Fest vorbei, kommt wieder Erbsenbrei.

Was vorbei ist, ist vorbei.

Wenn das Fest vorbei ist, fängt das Kopfkratzen an.

Wenn die Gefahr vorbei ist, wird der Heilige ausgelacht.

Gute Vorsätze werden schnell vergessen.

vorbeigehen

Sogar eine Sau grunzt, wenn sie vorbeigeht.

Wenn jemand nicht grüßt.

Vorbereitung

Gute Vorbereitung ist das halbe Werk.

vorbeugen

Vorbeugen ist besser als heilen.

Vorbild

Vorbilder sind gute Lehrmeister.

Vorfahr

Unsere Vorfahren waren auch keine Narren.

Vorfreude

Nachfreude ist besser als Vorfreude.

Vorfreude ist die beste Freude.

Vorgänger

Guter Vorgänger macht gute Nachtreter.

vorgehen

Das Alter geht vor (sagte Eulenspiegel, da stieß er seine Mutter die Treppe hinunter).

Die ältesten Briefe gehen vor.

Die ältesten Rechtsansprüche.

Eigen Blut geht vor.

Wer nicht vorgehen will, gehe mit.

Wer recht vorgeht, dem geht man recht nach.

Wohl vorgehen macht wohl folgen.

Vorgeher

Wie der Vorgeher, so der Nachgeher.

Vorhang

Was hinter dem Vorhang bleiben will, soll man nicht hervorziehen.

Was schön ist, bedarf keiner Vorhänge.

vorher

Besser ein Wort vorher als zwei danach.

Mancher belacht vorher, was er nachher beweint.

Vorher Bescheid gibt nachher keinen Streit.

Wer alles vorher wüßte, könnte leicht reich werden.

vorhersehen

Sehen ist leichter als vorhersehen.

vorig

Das vorige Jahr war immer besser.

Vorkräher

Ein guter Vorkräher macht gute Nachkräher.

vorliebnehmen

Wer das Gute genossen hat, muß mit dem Schlechten auch vorliebnehmen.

Wer nichts Besseres hat, muß mit seiner Frau vorliebnehmen.

vormittags

Vormittags ein Narr und nachmittags nicht gescheit.

Was man vormittags weggibt, das ist nachmittags nicht mehr unser.

Wo ein Vogel ist,
da hocken bald mehr.

Vormund

Naher Freund, naher Vormund.

vorn

Hüte dich vor den Katzen,
die vorne lecken, hinten kratzen.

Vorn beglissen, hinten beschissen.

Vorn fix, hinten nix.

Vorn gleiß' ich, hinten beiß' ich.

↗ *hinten*

vornehm

Vornehm geht die Welt zugrunde.

Vornehme, der

Der Vornehmen Eile braucht geraume Weile.

Auch spöttisch, wenn jemand mit dem Ankleiden nicht fertig wird.

Faulheit ist eine vornehme Dame.

Sie ist sich nämlich zu gut zum Arbeiten.

Vornehme Glocken klingen nicht alle Tage.

Wenn ein Eingebildeter sich rar macht.

Vornehme Krähen haben schöne Jungen.

vornehmen, sich etwas

Die sich zuviel vornehmen, führen wenig aus.

Nimm dir nichts vor, dann schlägt dir nichts fehl.

Wer sich vornimmt, was er nicht kann, der ist ein geschlagener Mann.

Vorrat

Guter Vorrat schadet dem Keller nicht.

Kleiner Vorrat ist bald aufgezehrt.

Kleiner Vorrat lehrt sparen.

Über Vorrat stolpert man nicht.

Vorrat ist der beste Rat.

Wer Vorrat hat, kann leicht auftischen.

Vorrecht

Alter hat Vorrecht.

Der größte Feind des Rechts ist das Vorrecht.

Nach Ebner-Eschenbach, Aphorismen.

Vorrede

Besser Vorrede als Nachrede.

Vorrede bringt keine (erspart) Nachrede.

Vorherige Abrede.

Vorsatz

Der Vorsatz allein sprengt keinen Stein.

Der Weg zur Hölle (Die Hölle) ist mit guten Vorsätzen gepflastert.

Vorschlag

Guter Vorschlag, guter Nachschlag.

vorschnell

Vorschnell gefreit selten gedeiht.

vorsehen

Besser vorgesehen als nachbereut.

Sieh dich vor, wenn alte Hunde bellen.

Vorsehen ist besser als nachsehen.

Wenn es dir gut geht, sieh dich vor.

Vorsicht

Je mehr Gefahr, je mehr Vorsicht.

Vorsicht geht dem Zufall aus dem Wege.

Vorsicht geht nicht zugrunde.

Vorsicht ist besser als Nachsicht.

Vorsicht ist der bessere Teil der Tapferkeit.
Nach Shakespeare, Heinrich IV.

Vorsicht ist der Weisheit Mutter,
Reue schmeckt wie alte Butter.

Vorsicht ist die Mutter der Porzellankiste.
Scherzhaftes Sprichwort.

Vorsicht macht stark.

Vorsicht nimmt Rücksicht (übt Nachsicht).

Vorsicht verbrennt sich nicht.

Wo Vorsicht fehlt, nützt alle Weisheit nicht.

Zuviel Vorsicht zerbricht das Glas.

vorsichtig

Auch in vorsichtige Augen fallen Splitter.

Ein lahmer Fuß macht vorsichtig.

Je vorsichtiger, desto sicherer.

Vorsorge

Besser Vorsorge als Nachsorge.

Vorsorge verhütet Nachsorge.

Vorspiel

Böses Vorspiel macht böses Nachspiel.

Vorteil

Besser durch Schaden klug als durch Vorteil unklug.

Der Vorteil ist Meister.

Die Fleißigen haben den Vorteil.

Geringe Vorteile machen große Diebe.

Kein Vorteil ohne Nachteil.

Kleiner Vorteil macht große Schälke.

Vorteil eint, Vorteil entzweit.

Vorteil geht vor Stärke.

Vorteil hat bald Feierabend.

Vorteil schlägt die Leute.

Vorteil treibt das Handwerk.

Was Vorteil bringt, kann auch schaden.

Wer den Vorteil hat, soll auch den Nachteil leiden.

vortun

Vortun ist besser als vorsagen.

vorüber

Was vorüber ist, ist vorüber.

Wenn der Markt vorüber ist, schließt man die Buden.

Wenn die Gefahr vorüber ist, wird das Gelübde vergessen.
Sorglosigkeit kommt rasch zurück.

Vorurteil

Wenn man das Vorurteil zur Tür hinausjagt, so kommt es zum Fenster wieder herein.

Vorwand

An Vorwand fehlt es keinem, wenn er betrügen will.

vorwärts

Die zu hastig vorwärts treiben,
müssen am Ende hinten bleiben.

Vorwärts gehen und rückwärts sehen.

Wer nicht vorwärts geht, geht zurück.

vorwärtskommen

Man muß oft hinter sich sehen, wenn man vorwärtskommen will.

Wer den Wind im Rücken hat, kommt schnell vorwärts.

Wer nicht vorwärts kommt, bleibt zurück.

vorwerfen

Der Rabe hat der Krähe nichts vorzuwerfen.

Die Schuld der Eltern soll man den Kindern nicht vorwerfen.

Vorwitz

Vorwitz bricht den Hals.

Vorwitz hat schlimme Brüder.

vorwitzig

Vorwitzig ist nicht witzig.

vorzeiten

Vorzeiten war's anders.

Vorzug

Kein Vorzug ohne Nachzug.

W

Waage

Man muß nicht jeden Furz auf die Waage bringen.

Wie die Waage, so das Recht.

Wache

Ein guter Nachbar ist die beste Wache.

Je besser die Wache, je sicherer das Heer.

Wer ins Paradies will, muß es mit der Wache nicht verderben.

Wer den Partner erzürnt, kann nicht auf Ehefreuden rechnen.

wachen

Es wachen nicht alle, die die Augen offenhalten.

Mit Wachen und Wagen kann man's Glück erjagen.

Wenn der Wächter nicht wacht, so wacht der Dieb.

Wer die Jugend verschläft, muß im Alter wachen.

Wachs

Gibt's nicht Honig, gibt's doch Wachs.

Wer von Wachs ist, muß nicht zum Feuer kommen.

wachsen

Auch an steilen Felsen wächst Moos.

Das eine wächst, das andere fällt.

(Das Kräutlein) Geduld wächst nicht in allen Gärten.

Der Geiz wächst mit dem Gelde.

Die Dummen wachsen von selbst.

Die Sorge wächst mit dem Gut.

Disteln wachsen schneller als Rosen.

Dummheit und Stolz wachsen auf einem Holz.

Es ist dafür gesorgt, daß die Bäume nicht in den Himmel wachsen.

Es soll keiner fliegen, es seien ihm denn Flügel gewachsen.

Ohne die nötigen Mittel gelingt keine Unternehmung.

Es wächst mehr im Garten, als man gesät hat.

Faules Fleisch wächst gern.

Bequemlichkeit nimmt ständig zu.

Für den Tod ist kein Kraut gewachsen.

Gegen die Liebe ist kein Kraut gewachsen.

Glück und Haar wächst alle Jahr.

Im Fluge wachsen die Schwingen.

Man wächst mit seinen Aufgaben.

Mit dem Kamel wächst auch sein Buckel.

Mit der Hoffnung wächst der Mut.

Pilze wachsen schneller als Eichen.

Das Solide braucht mehr Zeit.

Rasch gewachsen, schnell verblüht.

Sorge und Klage wächst alle Tage.

Stoß nicht, ehe dir Hörner wachsen.

Versprechungen und Pilze wachsen schnell.

Unkraut wächst auch ungesät.

Wächst die Ehre spannenlang,
wächst die Torheit ellenlang.

Was langsam wächst, hält lange.

Was wächst, macht keinen Lärm.

Von ruhiger Entwicklung.

Was zu Flachs gewachsen ist, muß sich auch durch die Hechel ziehen lassen.

Wer kann das Gras wachsen hören!

Wie man wächst, so wird man schlimmer.

Spöttisch über sich selbst.

Wo es feucht ist, da wächst es gut.

Wo Freude wachsen soll, da muß man Liebe säen.

Wo jedermann geht, da wächst kein Gras.

Wo man das Gute hegt, da wächst es.

Wo man nicht sät, da wächst nichts.

Wo Sparsamkeit haushält, da wächst der Speck an den Balken.

Wacht

Schlechte Wacht macht viele Diebe.

Wer sich nicht selber nimmt in acht,
bei dem nützt weder Hut noch Wacht.

Wächter

Wenn die Wächter schlafen, haben die Diebe Kirchweih.

wackeln

Mit dem Maul gewackelt ist nicht geredet.

Nicht alles, was wackelt, fällt ein.

Wenn auch der Kuhschwanz wackelt, so fällt er doch nicht ab.

Waffe

Die Frau hat ihre Waffen bei sich.

Goldene Waffen, sicherer Sieg.

Man kann wohl Waffen gegen die Feinde, aber nicht gegen die Furcht schmieden.

Was nützen dem die Waffen, der sie nicht führen kann.

Zorn leiht Waffen.

Nämlich alles, was sich gerade anbietet.

wagen

Frisch gewagt ist halb gewonnen.

Gewagt geht vor gesagt.

Gewonnen wagt alles.

Der Gewinner wird waghalsig.

Überschlag's und dann wag's.

Unverzagt hat's oft gewagt.

Wagen gewinnt, wagen verliert (verspielt).

Wagen hat Glück.

Wagen ist besser als wägen.

Wagen macht gewinnen, zagen macht zerrinnen.

Wag was, so wirst du was.

Wer den Wurm nicht wagt, wird den Fisch nicht fangen.

Wer es einmal wagt, der wagt es mehrmals.

Wer Großes will, muß Großes wagen.

Wer hoffen will, muß wagen.

Wer nichts wagt, hat nichts zu hoffen.

Wer nicht wagt, der nicht gewinnt (wer nicht sucht, der nicht find't).

Wer sagt, der wagt.

Wer wagt, gewinnt.

Wer zuviel wagt, verliert alles.

↗ *wachen, wägen*

Wagen

Der Wagen geht, wohin ihn die Rosse führen.

Ein leerer Wagen rasselt am meisten.

Ein ungeschmierter Wagen knarrt.

Geschmierter Wagen spart ein Pferd.

Je besser der Weg, je mehr rollt der Wagen.

Knarrende Wagen fahren am längsten.

Man muß nicht mehr auf den Wagen laden, als die Pferde ziehen können.

Mit einem Wagen voll Sorgen wird nicht ein Pfennig abgezahlt.

Überladen bricht den Wagen.

Wenn der Wagen fällt, hat er fünf Räder.

Von Ausreden, die eigenes Ungeschick bemänteln.

Wenn der Wagen rollt, traben die Pferde.

Wenn der Wagen zerbrochen ist, fehlt's nicht an Wegweisern.

Wenn der Wagen zum Pferde kommt, ist's Zeit anzuspannen.

Wer auf dem Wagen der Hoffnung fährt, hat die Armut zum Gefährten.

Wer auf dem Wagen ist, kann auch leicht darunter kommen.

Wer den Wagen überladet, zerbricht ihn.

Wer einen Karren voll Schwestern hat, der hat einen Wagen voll Schwäger.

Wer keinen Wagen hat, muß mit dem Karren fahren.

Wer seinen Wagen gut schmiert, hilft seinen Pferden.

Wie die Rosse ziehen, so geht der Wagen.

Zuviel wirft den Wagen um.

wägen

Erst wäg's, dann wag's.

Wahl

Wer die Wahl hat, hat die Qual.

Wer die Wahl hat, muß sich nicht das Schlechteste nehmen.

Wer muß, hat keine Wahl.

wählen

Nur die allergrößten Kälber
wählen ihre Metzger selber.

Unter Wölfen ist schlecht wählen.

Wer freien will, muß nicht lange wählen.

Wer lange wählt, bekommt das Schlimmste.

Wahn

Wahn ist eine blinde Kuh.

Der Wahn ist kurz, die Reue ist lang.
Nach Schiller, Lied von der Glocke.

Wo viel Wahn, da ist wenig Wahrheit.

wähnen

Wähnen ist leichter als wissen.

wahr

Beweisen macht wahr.

Das Schöne findet man, das Wahre muß man suchen.

Den wahren Freund erkennt man in der Not.

Es ist nicht alles wahr, was die Leute reden.

Je wahrer, je klarer.

Reimt sich's nicht, so ist's doch wahr, sagte der Mann, da kriegte er von seiner Frau Schläge.

Sprich, was wahr ist; trink, was klar ist; iß, was gar ist.

Wo man nicht sät, da wächst nichts.

Trunkener Mund, wahrer Mund.

Wahre Freud' währt allezeit.

Wahrer Scherz, böser Scherz.

Wahrer Spott, schlimmer Spott.

Was wahr ist, darf man wohl sagen.

Was wahr ist, muß wahr bleiben.

Wenn alle Träume wahr wären, bliebe keine Nonne fromm.

währen

Ehrlich währt am längsten.

Es währt nicht ewig, daß zwei sich raufen.

Frieden nur so lange währt,
als dein Nachbar ihn begehrt.

Fromm aus Zwang währt nicht lang.

(Gewalt und) Zwang währt nicht lang.

Hauszank währt nicht lang.

Jäher Reichtum währt nicht lange.

Was bald vergeht, das währt nicht lange.

Was lange währt, wird endlich gut.

Wahrheit

Auf grobe Lüge derbe Wahrheit.

Aus einem Körnchen Wahrheit bäckt die Lüge einen Laib Brot.

Besser eine Lüge, die heilt, als eine Wahrheit, die verwundet.

Das Gerücht ist immer größer als die Wahrheit.

Der Spiegel sagt immer die Wahrheit.

Die Frauen sagen wohl die Wahrheit – aber nie ganz.

Die Lüge geht, die Wahrheit besteht.

Die Wahrheit bedarf keiner Schminke.

Die Wahrheit bleibt oben.

Die Wahrheit braucht keinen Advokaten.

Die Wahrheit braucht nicht viel Worte, die Lüge kann nie genug haben.

Die Wahrheit geht mit verbundenem Kopf.
Da sie oft verletzt wird.

Die Wahrheit ist der beste Advokat.

Die Wahrheit liegt in der Mitte.

Die Wahrheit nimmt kein Blatt vor den Mund.

Drei sagen die Wahrheit: Kinder, Narren und Volle.

Ein alter Irrtum hat mehr Freunde als eine neue Wahrheit.

Es ist nicht immer gut, die Wahrheit zu sagen.
Auch Wahrheit kann verletzen.

Heuchelei bekommt's Geld, und Wahrheit geht betteln.

Im Streit verliert man die Wahrheit.

Im Wein liegt Wahrheit.

In der Wahrheit liegt das Recht.

In einem rauhen Rock kann man auch die Wahrheit predigen.

Kindermund tut Wahrheit kund.

Kinder und Narren (Betrunkene) sagen die Wahrheit.

Lachend sagt der Narr die Wahrheit.

Lügen sind des Teufels Wahrheiten.

Man schwört die Wahrheit ohne Sünde.

Mit der Wahrheit kommt man am weitesten.

Soviel Wahrheit, soviel Glauben.

Streit trübt die Wahrheit.

Wahrheit altert wohl, aber sie stirbt nicht.

Wahrheit besteht, Lügen vergeht.

Wahrheit bleibt sich immer gleich.

Wahrheit gibt kurzen Bescheid, Lüge macht viel Redens.

Wahrheit ist die beste Waffe.

Wahrheit ist Wahrheit.

Wahrheit kann man nicht kaufen.
Nur die Lüge ist käuflich.

Wahrheit läßt sich nicht verbergen.

Wahrheit, Rarheit.

Wahrheit schämt sich nicht.

Was ist Wahrheit, fragt Pilatus.

Wen die Wahrheit trifft, der haßt sie.

Wenn die Mägde sich zanken, kommt die Wahrheit an den Tag.

Wer andern die Wahrheit sagt, soll dabei sich selbst nicht vergessen.

Wer der Wahrheit nicht gehorcht, muß der Lüge glauben.
Von Selbstbetrug.

Wer die Wahrheit geigt, dem schlägt man die Fiedel an den Kopf.

Wer die Wahrheit nicht leiden kann, der muß sich mit der Lüge trösten.

Wer einmal lügt, dem glaubt man nicht, und wenn er auch die Wahrheit spricht.

Wo die Wahrheit einkehrt, kann die Lüge nicht bleiben.

Zum Begräbnis der Wahrheit gehören viel Schaufeln.

Zwischen Wahrheit und Lüge ist ein schmaler Pfad.

↗ *Wahn*

Wahrmann

Wahrmanns Haus steht am längsten.

Wahrsager

Der Spiegel der Geschichte ist der beste Wahrsager.

Waise

Der Witwer findet leicht eine Frau, aber die Waisen schwer eine Mutter.

Wald

Auch im schönsten Walde fehlt es nicht an verkrüppeltem Holz.

Der muß nicht in den Wald gehen, der vor jedem Ast erschrickt.

Der Wald hat Ohren, das Feld hat Augen.

Ein Geheimnis darf man nirgends ausplaudern.

Eine Tanne macht keinen Wald.

Es ist selten ein Wald ohne Gimpel.

Dumme und Angeber gibt's überall.

Es stehen nicht in jedem Walde Tannen.

Im Walde regnet's zweimal.

Je tiefer im Walde, je dichter das Holz.

Je tiefer in den Wald, je mehr Bäume.

Wenn sich bei einer Arbeit die Schwierigkeiten häufen, je mehr man vorankommt.

Was im Wald verbrochen, wird oft im Dorf gerochen.

Wenn der Löwe brüllt, zittert der Wald.

Wer das Laub fürchtet, bleibe aus dem Walde.

Wer einen Wald anlegen will, muß Bäume pflanzen.

Wer sich vor dem Busch fürchtet, kommt nie in den Wald.

Wie man in den Wald hineinruft, so schallt es heraus.

wallfahren

Wer viel wallfahrtet, kommt selten heiliger nach Hause.

Äußerlichkeiten bedeuten wenig.

Wams

Ein neues Wams paßt nicht zu alten Hosen.

Nachgerade kommt Hans ins Wams.

Wand

An eine schwankende Wand muß man sich nicht lehnen.

Der Horcher an der Wand hört seine eigne Schand'.

Einer Wand, die fallen will, gibt jeder gern einen Schubs.

Eine schwankende Wand ist bald umgestoßen.

Es liegt nicht immer am Nagel, wenn die Wand nicht hält.

Guter Nachbar an der Wand ist besser als ein Freund über Land.

Kann man mit dem Kopf nicht durch die Wand, so kann man durch die Tür.

Male den Teufel nicht an die Wand, sonst sitzt er dir im Nacken.

Man soll den Teufel nicht an die Wand malen.

Narrenhände beschmieren Tisch und Wände.

Schmeiß den Dreck an die Wand – klebt er, so klebt er.

Dem Verleumder ist jedes Mittel recht.

Was hilft's, wenn man mit dem Kopf gegen die Wand rennt.

Wandel

Handel hat Wandel.

Neue Gedanken bringen neuen Wandel.

wandern

Einen lieben Weg wandert man leicht.

Redlichkeit wandert weit.

Ist überall gern gesehen.

Schlechte Nachrichten wandern schnell.

Wer weit wandert, kann weit zurücksehen.

Langes Leben bringt Lebenserfahrung.

Wange

Stetes Verlangen bleicht die Wangen.

Trocken Brot macht Wangen rot (Butterbröter noch viel röter).

wanken

Wenn der Starke fällt, wanken auch die Schwachen.

Wenn der Wagen wankt, so stößt ihn der Teufel wohl ganz um.

Wanze

Tanzen die Wanzen, spielen die Grillen.

Wo Wanzen sind, da kriechen Wanzen zu.

Wappen

Am Wappen erkennt man die Münzen.

Ware

Alte Ware gilt nichts.

Am Handel erkennt man die Ware.

Bargeld ist gute Ware.

Beste Ware, bester Kauf.

Danach Geld, danach Ware.

Gute Ware lobt sich selbst.

Jeder Krämer lobt seine Ware.

Kein Geld, keine Ware.

Mit guten Worten verkauft man schlechte Waren.

Schlechte Ware braucht viel Worte.

Schöne Schilder, schlechte Ware.

Viel Käufer machen die Ware teuer.

Wer die Ware lobt, der kauft sie nicht.

Wer die Ware tadelt, will sie kaufen.

Der Neidische redet abfällig von dem, was er gern hätte.

Wie die Ware, so das Geld (der Preis).

warm

Alte Leute sitzen gern warm.

Am warmen Ofen erfriert man nicht.

Die ersten Schüsseln sind die wärmsten.

Dreck hält warm.

Ein geborgter Mantel hält nicht warm.

Ein kalter Ofen macht keine Stube warm.

Halt dich warm, so friert dich nicht.

In einer warmen Küche fehlt's an Fliegen nicht.

Kalte Hände, warme Liebe.

Da Alter vor Liebe nicht schützt.

So neu, so alt, so warm, so kalt.

Träger Arm macht keine Stube warm.

Warme Suppe, warme Freundschaft.

Warm ist das Leben, kalt ist der Tod.

Was schnell warm wird, wird rasch kalt.

Wer warm sitzt, lasse das Rücken.

Wärme

Rauch genug, aber keine Wärme.

Wärme ist das halbe Futter.

Wenn man Kinder großzieht.

Wo keine Sonne ist, da ist auch keine Wärme.

wärmen

Das Kleid wärmt nur den, der's trägt.

Den einen wärmt die Sonne, den andern blendet sie.

Der wärmt sich zu nah, der sich verbrennt.

Eigen Kleid wärmt am besten.

Ein fremder Pelz wärmt nicht.

Geborgte Kleider wärmen nicht lange.

Kein Pelz wärmt mehr, als den man anhat.

Man wärmt sich bald bei großem Feuer.

Sterne leuchten wohl, wärmen aber nicht.

Verdienter Rock wärmt mehr als ein geliehener Mantel.

Wärm dich, solange du beim Feuer sitzt.

Wen die Predigt nicht wärmt, den wärmen nicht die Kerzen.

Wenn der Mond nicht wärmt, so leuchtet er doch.

Wer allein schläft, bleibt lange kalt, zwei wärmen einander bald.

Wer einen kalten Herd hat, der wärmt sich gern in fremden Küchen.

Wer selber von Eis ist, kann andere nicht wärmen.

Wer sich bei einem Geizigen wärmen will, muß das Feuer mitbringen.

Wer sich immer zu Hause gewärmt, sehnt sich nach fremdem Feuer.

Wie man den Ofen heizt, so wärmt er.

warnen

Ehe der Sturm kommt, warnt ein Wind.

Ein guter Freund warnt.

Wer gewarnt ist, ist halb gerettet.

Wer gewarnt ist, kann es mit zweien aufnehmen.

Wer sich warnen läßt, bleibt sicher.

warten (pflegen)

Den Garten muß man warten.

warten – auf

Auf das Urteil des Narren braucht niemand zu warten.

Auf ein gutes Mahl und eine gute Frau wartet man nicht zu lange.

Auf versprochenen Kuchen muß man lange warten.

Der Teufel hat das Suchen erfunden und seine Großmutter das Warten.

Die warten kann, kommt auch noch an (kriegt auch 'nen Mann).

Die Zeit wartet auf niemand.

Mag das Fleisch auch noch so hoch hängen, der Hund wartet auf die Knochen.

Mit Warten erreicht man viel.

Sieben warten nicht auf einen.

Wart ein Weilchen ist auch ein Dorf.

Warten ist nicht schenken.

Geliehen ist nicht geschenkt, auch wenn man nicht mahnt.

Wer auf anderer Leute Schuhe wartet, muß lange barfuß gehen.

Wer gern bis morgen wartet, kommt auch übermorgen noch nicht dran.

Wer lange genug wartet, kann König werden.

Wer nicht warten kann, muß laufen.

Wer warten kann, bekommt guten Wind.

Wer warten kann, dem kommt alles zur rechten Zeit.

Wer warten kann, hat viel getan.

Warter, der

Der Warter tut oft mehr als der Eiler.

Wartmann

Wartmann kommt weiter als Eilesehr.

warum

Alles hat sein Warum.

Auch ein Esel fragt: Warum schlägst du mich?

Es lacht mancher und weiß nicht warum.

Gnade (Hilfe) hat kein Warum.

Wer helfen will, fragt nicht lange.

Jedes Warum hat sein Darum.

was (etwas)

Bei allem ist was, und bei was ist noch was.

Alles hat seine Schwierigkeiten, und meist kommen noch mehr dazu.

Besser was als gar nichts, sagte der Teufel und aß die Buttermilch mit der Mistgabel.

Besser was als gar nichts, sagte der Wolf, da fraß er eine Mücke.

Es ist kein Was ohne Weil.

Nichts ohne Grund.

Jedem was ist eine gute Teilung.

Jedem was, so gibt's keinen Haß.

Wo was gewesen ist, kommt wohl was wieder.

Wo was ist, da ist der Teufel; wo nichts ist, da ist er zweimal.

Wo was ist, da ist gut schneiden.

Wo was ist, da muß auch wieder was dazukommen.

Wenn die Wächter schlafen, haben die Diebe Kirchweih.

Wäsche

Man muß die schmutzige Wäsche nicht auf dem Markt ausbreiten.

Schmutzige Wäsche und Lügen sammeln sich an.

waschen

Das Wasser, das andere wäscht, wird selbst trübe.

Eine Hand wäscht die andere.

Nach Epicharmos.

Reine Hände braucht man nicht zu waschen.

Wasch du mich, so wasch ich dich, so sind wir beide schöne Buben.

Wasch mir den Pelz, aber mach mich nicht naß.

Wenn die Weiber waschen und backen, haben sie den Teufel im Nacken.

Wer nicht kommt, dem wird der Pelz nicht gewaschen.

Wer viel wäscht, muß viel trocknen.

Wasser

Alle Wasser laufen ins Meer.

Nach Prediger Salomo 1,7.

An der Quelle ist das Wasser am reinsten.

Aus einer bitteren Quelle fließt kein süßes Wasser.

Aus Schnee wird nichts als Wasser.

Von der Leidenschaft der Alten.

Das Schiff gehört aufs Wasser.

Das Wasser fließt fort, auch wenn der Müller schläft.

Das Wasser geht mit dem Strom.

Das Wasser läuft nicht den Berg hinauf.

Unmögliches kommt nicht zustande.

Das Wasser muß seinen Lauf haben.

Das Wasser nimmt alles weg.

Das Wasser sucht sich seinen Weg.

Der hat gut schwimmen, den man über Wasser hält.

Der Krug geht so lange zu Wasser, bis er bricht.

Die Ufer halten das Wasser.

Durst macht aus Wasser Wein.

Einer reinlichen Frau fehlt es nie an Wasser.

Einer will Feuer, der andere Wasser.

Ein großes Schiff braucht viel Wasser.

Ein kleiner Regen gibt auch Wasser.

Ein nasser Pudel scheut das Wasser nicht.

Ein Sieb hält kein Wasser.

Ein Wasser treibt viele Mühlen.

Entferntes Wasser löscht keinen nahen Brand.

Es wird überall nur mit Wasser gekocht.

Feuer verzehrt, Wasser ernährt.

Fließendes Wasser hält sich rein.

Lob des Tätigseins.

Gestohlenes Wasser ist Wein.

Große Schiffe, große Wasser.

Hat man kein Wasser, so löscht man mit Mist.

In der Fremde fließt das Wasser bergauf.

Wenn man denen glauben wollte, die davon erzählen.

In einem Sumpfe muß man kein klares Wasser suchen.

In großen Wassern fängt man große Fische.

In schönen Wassern kann man auch ertrinken.

In trüben Wassern ist gut fischen.

Ist das Wasser faul, so mag es kein Gaul.

Jeder leitet das Wasser auf seine Mühle.

Je mehr Fische, je trüber das Wasser.

Kein Feuer so heiß, ein Wasser kann es löschen.

Kleine Wasser fließen in die großen.

Mancher lobt das Wasser und bleibt auf dem Lande.

Man nimmt immer das nächste Wasser zum Löschen.

Ohne Wasser ist nicht gut segeln.

Stehendes Wasser wird faul.

Stille Wasser sind tief.

Trau keinem stillen Wasser und keinem stillen Mann.

Trübes Wasser treibt die Mühle auch.

Vom Wasser verdirbt der beste Wein.

Wasser bei der Hand löscht den Brand.

Wasser hat keine Balken.

Wasser in Frieden ist besser als Wein in Zank.

Wasser stillt wohl den Durst, aber singen lehrt es nicht.

Im Unterschied zum Wein.

Wasser und Feuer werden nicht Freunde.

Wem das Wasser ins Maul läuft, der lernt wohl schwimmen.

Wem das Wasser nicht schmeckt, der hat keinen Durst.

Wenn das Herz brennt, muß der Kopf Wasser holen.

Wenn das Wasser fließt, so geht die Mühle.

Wenn der Brunnen trocken ist, schätzt man erst das Wasser.

Wenn der Strom anschwillt, ist das Wasser trübe.

Wenn des Nachbars Haus brennt, so trägt man Wasser zum eigenen.

Wenn die Gans das Wasser sieht, so zappelt ihr der Steiß.

Stille Wasser sind tief.

Wenn die Ziege Wasser sieht, will sie saufen.

Was einem ins Auge sticht, will man haben.

Wer an der Quelle trinkt, der hat das Wasser rein.

Wer aus Scherz ins Wasser springt, kann leicht darin ertrinken.

Wer das Wasser scheut, muß sich nicht baden.

Wer das Wasser fürchtet, lernt nie schwimmen.

Wer des Wassers bedarf, sucht es im Brunnen.

Wer dumm ist, muß Wasser saufen.

Wer ins Wasser fällt, braucht den Regen nicht zu fürchten.

Wer keinen Geschmack hat, trinkt Wasser für Wein.

Wer keinen Wein hat, muß Wasser trinken.

Wer kein Wasser hat, der löscht mit Dreck.

Wer nicht schwimmen kann, muß nicht ins Wasser springen.

Wer sich ertränken will, findet überall Wasser.

Wer Wasser trinkt, hat keinen Wein zu bezahlen.

Wer zum Meer will, gehe den Wassern nach.

Wie die Quelle, so das Wasser.

Wo Frösche sind, da ist auch Wasser.

Wo kein Wasser ist, kann kein Kalb trinken.

Wo Wasser wegfließt, da fließt es auch wieder hin.

Wo Weiden sind, da ist auch Wasser.

Zufrieden sein macht Wasser zu Wein.

Zuviel Wasser ertränkt den Müller.

wässern

Gut gewässert ist halb gebleicht.

waten

Man muß erst waten, ehe man schwimmen kann.

Wechsel

Der Wechsel ist angenehm.

Viel Wechsel macht nicht fett.

wechseln

Gewechselt kriegt man eher als geborgt.

Kannst du wechseln, so kann ich tauschen.

Wer die Schmiede wechselt, muß die alten Eisen bezahlen.

wecken

Liebe weckt Liebe.

Schlafende Hunde soll man nicht wecken.

Wecke nicht den Leuen,
es könnte dich gereuen.

wedeln

Der Hund wedelt nicht umsonst mit dem Schwanze.

Wenn der Hund einen Knochen sieht, wedelt er mit dem Schwanz.

Wer mit dem Fuchs geht, muß mit dem Schwanze wedeln.

weg

Wenn der Lack weg ist, sieht man die Wurmstiche.

Wenn der Mut weg ist, taugt der Mann nichts.

Weg

Alle Wege führen nach Rom (aber mancher eher als der andere).

Alte Wege und alte Freunde sind allezeit die besten.

Auch auf breitem Wege kann man sich verirren.

Auf bekanntem Wege ermüdet man nicht.

Auf dem Wege, den viele gehen, wächst kein Gras.

Auf dem Wege schultert man die Bürde.

Auf ebenem Wege soll man keine Hügel suchen.

Auf geradem Wege ist gut Fuhrmann sein.

Auf schlechtem Wege verdoppelt man die Schritte.

Besser auf dem rechten Wege hinken als auf dem falschen reiten.

Betretener Weg ist glatt.

Daß viele irregehen, macht den Weg nicht richtig.

Der Arme ist überall im Wege.

Der Flüchtige hat einen Weg, der Verfolger hundert.

Der gerade Weg ist der kürzeste.

Der längste Weg ist oft der kürzeste.

Der Liebe ist kein Weg zu weit.

Der rechte Weg ist nicht krumm.

Der rechte Weg ist wenig betreten.

Der Ochse findet den Weg zur Krippe.

Der Pfennig hat hundert Wege.

Der Schnee verweht die Wege.

Wenn die Beziehungen abkühlen, lassen die Besuche nach.

Der Träge macht sich viele Wege.

Der Weg will Leute haben.

Der Weg zur Hölle ist breit.

Der Weg zur Hölle ist mit lauter guten Vorsätzen gepflastert.

Der Weg zur Tugend ist keinem verschlossen.

Ehrliche Leute gehen keine krummen Wege.

Ehrlich ist der rechte Weg.

Einem Flüchtling ist alles im Wege.

Einen besseren Weg einschlagen ist nie zu spät.

Ein Goldscheißer sitzt nirgends im Wege.

Ein guter Weg um ist nicht immer dumm.

Manchmal ist der Umweg besser als der gerade.

Ein richtiger Ochse bleibt auf seinem Wege.

Erfahrung ist ein langer Weg.

Es führen viele Wege nach Rom.

Es führt mehr als ein Weg ins Holz.

Es gibt keinen schlechten Weg, wenn er zu Ende ist.

Es gibt viele Wege ins Unglück.

Es ist kein Weg so eben, man kann darauf straucheln.

Es ist kein Weg zu weit, wenn die Liebe treibt.

Es ist nur ein kurzer Weg, wo's gut schmeckt.

Falschheit liebt die geraden Wege nicht.

Fremde Leute, fremde Wege.

Gebahnter Weg ist sicher.

Geradezu ist der nächste Weg.

Herunterzukommen gibt's viel Wege.

Je besser der Boden, je schlechter der Weg.

Je besser der Weg, je mehr rollt der Wagen.

Jeder bleibe auf seinem Wege.

Jeder sucht sich den Weg zum Abgrund selber.

Je länger der Weg, je kürzer der Schritt.

Je näher der Herberge, je länger der Weg.

Das letzte Stück fällt schwer.

Krumme Wege sind oft die geradeste Straße.

Kurze Wege sind oft Umwege.

Lange Schritte machen den Weg kurz.

Mancher ist auf der Straße und fragt nach dem Wege.

Nach jedem Orte geht ein Weg.

Narren und Heiligen muß man aus dem Wege gehen.

Nebenhin ist auch ein Weg.

Neid sucht böse Wege.

Unter schlechten Wegen ist der kürzeste der beste.

Wer alle Wege wüßte, der ginge nicht irre.

Wer am Wege baut, hat viel Meister.

Wer auf dem rechten Wege ist, braucht sich nicht umzuschauen.

Wer am Wege baut, hat viele Meister.

Wer auf einen Steig scheißt, der scheißt nicht weit vom Wege.

Wenn etwas so gut wie getroffen ist.

Wer auf halbem Wege umkehrt, der geht nicht ganz irre (irrt nur zur Hälfte).

Wer fragt, weiß den Weg nicht.

Wer Geld hat, dem geht der Teufel aus dem Wege.

Wer jedem den Weg zeigen will, kommt selbst nicht ans Ziel.

Wer jedem Strohhalm aus dem Wege geht, bricht zuerst ein Bein.

Übervorsicht schadet auch.

Wer jeden Weg geht, erreicht kein Ziel.

Wo ein gerader Weg ist, da geht man keinen krummen.

Wo ein Wille ist, da ist auch ein Weg.

Zu guten Freunden ist der Weg nicht weit.

↗ *wandern*

weggeben

Was man vormittags weggibt, das ist nachmittags nicht mehr unser.

Was man weggibt, das ist man los.

weggehen

Man weiß wohl, wann man weggeht, man weiß aber nicht, wann man wiederkommt.

Schneit es in den Dreck, so geht man drüber weg.

Wenn ein Teufel weggeht, kommt der andere wieder.

Wer mit einer Glatze weggeht, kommt kahlköpfig zurück.

Wer nicht kommt, der geht nicht wieder weg.

Wer weggeht, verliert seinen Platz.

wegholen

Keck holt die Braut weg.

weglaufen

Läuft Kunz weg, so kommt Hinz wieder.

weglegen

Wer nichts weggelegt hat, kann auch nichts finden.

wegschicken

Wer einen Narren wegschickt, bekommt einen Narren wieder.

wegwaschen

Alter Schmutz ist schwer wegzuwaschen.

Wegweiser

Alte Fuhrleute sind gute Wegweiser.

Wegweiser gehen nicht mit.

wegwerfen

Es ist nicht allemal der schlechteste Stein, den der Maurer wegwirft.

Man soll niemanden zu schnell aufgeben.

Mancher geizt um Pfennige und wirft Taler weg.

Was der eine wegwirft, hebt der andere auf.

Was man am weitesten wegwirft, muß man am ersten suchen.

Was man achtlos abtut, hat man oft am nötigsten.

Wer mit den Händen wegwirft, muß mit den Füßen suchen.

Wer sein Gut wegwirft, muß nicht über den Bettelstab klagen.

Wer sich selbst wegwirft, den heben auch die andern nicht auf.

Wirf die alten Schuhe nicht weg, ehe du neue hast.

wegwischen

Was dir nicht gehört, das wischt eine Maus mit dem Schwanz weg.

weh/Weh

Alle Tag weh stirbt nimmermeh'.

Wer dauernd klagt, ist meist gar nicht so krank.

Anderer Leute Schmerzen tun nicht weh.

Armut tut weh, Elend noch meh'.

Auf Weh und Ach folgt Freude nach.

Das Abc macht das meiste Weh.

Eigener Schaden tut am wehesten.

Eine böse Ehe ist ein stetes Wehe.

Hunger tut weh.

In hundert Jahren tut uns kein Zahn mehr weh.

Jeder fühlt sein Weh am meisten.

Kurze Lust, langes Weh.

Liebe und Ehe ist voll Honig und Wehe.

Loben tut nicht weh.

Man hat die Hände gern, wo es weh tut.

Man redet gern von seinen Problemen.

Nicht alle Schläge tun weh.

Niemand glaubt, daß einem andern weh ist.

Ohne Wehe keine Ehe.

Scheiden tut weh.

Was einer nicht weiß, das tut ihm nicht weh.

Was man gern tut, das tut nicht weh.

Was weh tut, das lehrt.

Von schmerzlicher Erfahrung.

Wenn einem weh ist, dann schreit er.

Wer es nicht achtet, dem tut es nicht weh.

Wer gesund werden will, muß sagen, wo es ihm weh tut.

Wer Rat und Hilfe braucht, muß es zeigen.

Wer heilen will, muß weh tun.

Wo Weh ist, da sind Tränen.

wehe

Wehe der Gans, die dem Fuchs traut.

Wehe, die

Keine Geburt ohne Wehen.

Sehen macht Wehen.

Nämlich Sehnsucht oder Verlangen.

wehen

Auf hohen Türmen wehen starke Stürme.

Wehr

Guter Mut ist die sicherste Wehr.

wehren

Was man uns (ver)wehrt, das wollen wir haben.

Wehre den Anfängen.

Nach Ovid, Heilmittel gegen die Liebe.

Wenn der Frosch platzen will, soll's ihm niemand wehren.

wehren, sich

Jeder Ochse wehrt sich seiner Haut.

Schlagen ist verboten, aber das Wehren nicht.

Wer sich nicht ums Ganze wehrt, muß ums Halbe fechten.

Wer sich nicht wehrt, ist leicht geschlagen.

Wer sich seiner Haut nicht wehrt, dem wird sie abgezogen.

Wer sich warnt, wehrt sich.

Wer sich wehrt, behält sein Pferd.

Weib

Altes Geld und junge Weiber
sind gute Zeitvertreiber.

Alte Weiber und Frösche quaken viel.

Auf Eiern tanzen und mit Weibern umgehen will gelernt sein.

Bad, Wein und Weib erquicken den Leib.

Bei jungen Pfaffen beichten die Weiber gern.

Der ein reiches Weib genommen, ist um seine Freiheit gekommen.

Die Weiber heißen alle Eva.

Dreier Weiber Gezänk macht einen Jahrmarkt.

Ein böser Mann ist ein Teufel, ein böses Weib eine Hölle.

Einem Weibe fehlt es nie an Tränen.

Ein schönes Weib braucht keine Schminke.

Ein schönes Weib hat den Teufel im Leib.

Es ist kein Mann so klug, das Weib macht ihn zum Narren.

Flinke Jäger sind die Weiber,
jagen ohne Schuß und Treiber.

Ich strafe mein Weib nur mit guten Worten, sagte jener und warf ihr die Bibel an den Kopf.

Junges Weib gibt Zeitvertreib.

Mann und Weib sind ein Leib.

Scheiden tut weh.

Mit einem alten Weibe führt der Teufel keinen Prozeß.

Schöne Weiber, vergoldete Hörner.

Was der Teufel nicht weiß, das weiß ein altes Weib.

Was kümmert's den Markt, wenn die Weiber zanken.

Wem Gott ein Weib gibt, dem gibt er auch Geduld.

Wem zu wohl ist, der nehme ein Weib.

Wenn die Weiber waschen und backen, haben sie den Teufel im Nacken.

Wenn's zum Feste geht, hört ein lahmes Weib auf zu hinken.

Wer ein böses Weib hat, braucht keinen Teufel.

Wer ein böses Weib hat, der hat sein Fegefeuer im Hause.

Wer ein junges Weib und ein altes Haus hat, hat genug zu flicken.

Wer ein schönes Weib hat, ist nie ohne Sorgen.

Wer ein Weib nimmt, darf nicht müßig sein.

Wer kein Weib hat, der hat auch kein Haus.

Wo der Teufel nicht hinmag (hinkann), schickt er ein altes Weib.

Zehn alte Weiber, elf Krankheiten.

Weiberhaar

Ein Weiberhaar zieht stärker als ein Glockenseil.

weich

Bette dich weich, so ruhst du nicht hart.

Es fallen nicht alle weich, die hoch sitzen.

In den weichsten Betten sitzen die Flöhe am liebsten.

Kein Streich macht den Amboß weich.

Wer gut schläft, liegt auch auf Steinen weich.

weichen

Besser ehrlich gewichen als schändlich gefochten.

Das Alte muß dem Neuen weichen.

Der Brauch muß dem Recht weichen.

Ein Kopf weicht selten dem andern.

Von seinesgleichen muß man nicht weichen.

Wenn Lieber kommt, muß Leider weichen.

Wer nicht kann deichen, der muß weichen.
Wer das Seine nicht schützt.

Weide (Viehweide)

Auf fremder Weide ist immer das fetteste Vieh.

Je besser die Weide, je fetter die Schafe.

Je kleiner die Herde, desto besser die Weide.

Weide (Weidenbaum)

Alte Weiden haben dicke Köpfe.
Alte Leute sind starrköpfig.

Je älter die Weide, je hohler der Stamm.

weiden

Bei viel Hirten wird übel geweidet.

Die Schafe weidet man, um sie zu scheren.

Weiher

In fremden Weihern ist gut fischen.

Weihrauch

Besser am Dreck gewinnen als am Weihrauch verlieren.

Wer keinen Weihrauch hat, opfert Sägemehl.

Wie der Heilige, so der Weihrauch.

Zuviel Weihrauch beleidigt die Nase.
Lobhudelei stinkt.

Weihwasser

Wer das Weihwasser hat, segnet sich zuerst.

Weile

Der Vornehmen Eile braucht geraume Weile.
Auch spöttisch, wenn jemand mit dem Ankleiden nicht fertig wird.

Eile mit Weile (den Tag eine Meile).

Gut Ding will Weile haben.

Heiraten in Eile bereut man mit Weile.

Wer kauft in Eil', bereut in Weil'.

Wein

Alte Freunde und alter Wein sind am besten.

Alter Wein ist mild.
Alte Leute.

Auch weißer Wein macht eine rote Nase.

Aus Most wird Wein.

Aus süßem Wein wird saurer Essig.
Aus Freundschaft wird oft Feindschaft.

Bei Brot und Wein kann man fröhlich sein.

Beim Wein erkennt man die Leute.

Beim Wein geht die Zunge auf Stelzen.

Beim Wein gibt's gute Poeten.

Beim Wein lernt man trinken,
bei den Lahmen hinken.

Der eine hat den Wein getrunken, der andere muß die Zeche zahlen.

Der Wein erfreut des Menschen Herz.
Nach Psalm 104,15.

Der Wein folgt dem Zapfen.

Der Wein hält nichts geheim.

Der Wein ist gut, der fröhlich macht.

Der Wein löst die Zunge.

Der Wein macht böse (muntere) Leute.

Der Wein macht die Alten beritten.

Der Wein macht kluge Leute zu Narren.

Der Wein schämt sich nicht.

Der Wein schmeckt nach dem Faß.
Wie das Herz, so ist die Rede.

Der Wein vertreibt die Grillen (Sorgen).

Die Gestalt sieht man im Spiegel, aber das Herz sieht man im Wein.

Einem durstigen Gaumen schmeckt jeder Wein.

Es ertrinken mehr im Wein als im Wasser.

Frauen und Wein wollen mit Maß genossen sein.

Früh zum Wein, früh verdorben,
früh betrunken, früh gestorben.

Guter Wein, lang Geschwätz.

Guter Wein macht böse Köpfe.

Guter Wein macht muntere Pferde.

Im Wein ist Wahrheit.

Ist der Wein im Manne, so ist der Verstand in der Kanne.

Ist nur die Wirtin schön, ist der Wein auch gut.

Je mehr Wein, je mehr Gespenster.

Je mehr Wein, je weniger Kopf.

Je schöner die Wirtin, je teurer der Wein.

Je stärker der Wein, je schwächer das Bein.

Kein Wein ohne Hefe.

Neuer Freund, neuer Wein.

Nicht aus jeder Traube preßt man Wein.

Ohne Frauen und Wein kann niemand fröhlich sein.

Ohne Wein und Brot leidet Venus Not.

Viel Wein macht dumme Leute.

Viel Wein, viele Hochzeiten.

Von sauren Trauben wird kein guter Wein.

Was hinter dem Wein geredet wird, gilt nicht.

Wein auf Bier, das rat' ich dir;
Bier auf Wein, das laß sein.

Wein ist ein kühner Redner.

Wein macht gescheite Köpfe.

Wein macht Worte, und Worte machen Zank.

Wein macht zum Schwein.

Wenn der Trunkene fällt, muß er dem Wein keine Vorwürfe machen.

Wenn der Wein eingeht, geht der Mund auf.

Wenn der Wein gärt, muß man das Faß nicht verstopfen.

Wer die Trauben nicht preßt, bekommt keinen Wein.

Wer früh Wein trinkt, wird spät reich.

Wer nicht liebt Wein, Weib und Gesang,
der bleibt ein Narr sein Leben lang.

Nach Luther (unverbürgt).

Wie die Rebe, so der Wein.

Zieht der Wein ein, zieht das Geheimnis aus.

Zuviel Wein macht Durst.

↗ *Wasser*

weinen

Auf Lachen folgt Weinen.

Auf Weinen folgt Lachen.

Das gute Meinen macht manchen weinen.

Der eine weint, der andere lacht.

Der Erben Weinen ist heimliches Lachen.

Nach Publilius Syrus.

Die gern lachen, weinen auch gern.

Die heute singen, können morgen weinen.

Es ist ein schlimmes Lachen, wobei ein anderer weint.

Es lacht mancher, der lieber weinen möchte.

Es weint mancher, und es fehlt ihm nichts.

Glauben und Meinen bringt Reu' und Weinen.

Lachen und Weinen sind in einem Sack.

Leicht gelacht, leicht geweint.

Man kann lange mit den Zähnen klappern, bis der Teufel weint.

Oft scheint, wer weint.

Weinende Braut, lachende Frau.

Weinen stillt den Schmerz.

Wenn der Hund lacht, so weint der Hase.

Wer am Morgen lacht, weint am Abend.

Wer sich selbst rät, hat allein zu weinen.

Wer um Verlorenes weint, verschwendet seine Tränen.

Wo Bosheit lacht, muß Tugend weinen.

Weinheim

Wer in Speckfeld wohnt, bekommt leicht einen Freund aus Weinheim.

weise

Allzu weise ist töricht.

Auch ein weiser Mann hat Grillen.

Das ist ein weiser Mann, der sich selber raten kann.

Der ist nicht weise, der nicht einmal ein Narr sein kann.

Der ist weise, der seinem Verstande nicht zuviel traut.

Der Morgen ist weiser als der Abend.
Der nächste Morgen.

Der Pfennig macht die Toren weise.

Der wäre wohl weise, der alles zuvor wüßte.

Die Zeit macht greis, aber nicht weis'.

Eines weisen Mannes Ernte dauert das ganze Jahr.

Ein weiser Mann lächelt, ein Narr lacht.

Es ist leichter, für andere weise zu sein als für sich selber.

Es ist Narrheit, allein weise sein zu wollen.

Es ist niemand so weise, er wird von den Toren betrogen.

Es studieren viele und werden nicht weise.

Es trinkt sich niemand weise.

Hans ohne Fleiß wird niemals weis'.

Im alten Geleise wird niemand weise.

Jeder ist weise im eigenen Hause.

Je weiser, je bescheidener.

Mit anderer Leute Schaden ist gut weise werden.

Niemand ist allzeit weise.

Niemand ist weise in seiner eigenen Sache.

Weise Leute geben kurzen Bescheid.

Wenn der Narr schweigt, so wird er weise.
Nach Sprüche Salomos 17,28.

Wer in der Jugend nicht töricht war, wird im Alter nicht weise sein.

Wer ist hinterher nicht weise?

Wer weise ist, der ist mehr als reich.

Wo einer weise ist, sind zwei glücklich.

Zehn wollen weise sein, einer will es werden.

Weise, der

An drei Dingen erkennt man den Weisen: Schweigen, wenn Narren reden; denken, wenn andere glauben; und handeln, wenn Faule träumen.

Auf einen Weisen kommen viel Narren.

Bei Weisen weise, bei Narren ein Narr.

Besser mit den Weisen weinen als mit Narren lachen.

Bücher machen Narren und Weise, sagte Töffel und las die Bibel rückwärts.

Dem Weisen genügt ein Wort.

Der Narr ist zufrieden mit sich, der Weise mit der Welt.

Wer die Trauben nicht preßt, bekommt keinen Wein.

Der Tadel des Weisen ist besser als das Lob des Narren.

Der Weise (Ein weiser Mann) begeht keine kleine Torheit.

Der Weise schweigt, doch nur der Narr vergißt.

Der Weise sucht dic Weisheit, der Narr hat sie gefunden.

Der Weise wird nur einmal betrogen.

Die Ernte des Weisen dauert das ganze Jahr.

Die Feindschaft des Weisen ist besser als die Freundschaft des Toren.

Die Pferde ziehen Weise und Narren.

Die Weisen, die Unweisen.

Die Weisen lernen mehr von den Narren als die Narren von den Weisen.

Die Weisen sind oft die Toren selber.

Ein Narr kann mehr fragen,
als sieben Weise sagen.

Geschenke machen die Weisen blind.

Mit Dummen dumm, mit Weisen weis'.

Trunken ein Weiser und nüchtern ein Narr.

Viel Greise und wenig Weise.

Weise und Narren machen eine Stadt.

Wem es an Weisen fehlt, der muß sich mit Narren behelfen.

Wer einen Narren schickt, darf keinen Weisen erwarten.

Wo die Weisen narren, haben die Toren keine Schuld.

Weise, die

Alten muß man ihre Weise lassen.

Des Landes Weise ist des Landes Ehre.

Die Weise vom Lande ist keine Schande.

Einem jeden gefällt seine Weise.

Jeder lebt (spricht) nach seiner Weise.

Jeder macht's auf seine Weise, der eine laut, der andre leise.

Jeder Ort hat seine Weise.

Jedes Alter hat seine Weise.

Neue Weise hört man gern.

Weisheit

Die höchste Weisheit ist, nicht allzeit weise zu sein.

Durch Weisheit wird ein Haus gebaut und durch Verstand erhalten.

Nach Sprüche Salomos 24,3.

Ein Quentlein Glück ist besser als ganze Fässer voll Weisheit.

Es gilt auch als Zeichen der Weisheit, seine Narrheit zu verbergen.

Es verdirbt viel Weisheit in eines armen Mannes Tasche.

Wo es an Mitteln fehlt, sind gute Ideen nicht gefragt.

Geduld ist die Schwester der Weisheit.

Glückliche Narren bedürfen keiner Weisheit.

Grauem Haar steht Weisheit wohl.

In jedem Kopf ist etwas Weisheit.

Jugend schadet der Weisheit nicht.

Lieber ein Tropfen Weisheit als ein Abgrund voll Glück.

Sich selber kennen ist die größte Weisheit.

Vom Narren lernt der Kluge seine Weisheit.

Wenn er aus den Fehlern anderer lernt.

Was nützt Weisheit, wo Dummheit Trumpf ist.

Was Weisheit nicht bindet, löst Torheit leicht auf.

Weisheit beschirmt.

Weisheit ist besser als Gewalt.

Weisheit ist ein hartes Lager.

Weisheit kommt nicht vor den Jahren.

Weisheit macht glückliche Hand.

Weisheit schüttelt man nicht aus dem Ärmel.

Wer die Weisheit freien will, muß sie jung lieben.

Wer die Weisheit verschlingt, verdaut sie nicht.

Wo die Weisheit aufhört, fängt die Narrheit an.

Wo Vorsicht fehlt, nützt alle Weisheit nicht.

Zuviel Weisheit ist Torheit.

weiß

Der eine sagt weiß, der andere schwarz.

Der weiße Rock macht keinen Müller.

Ein weißes Kleid schützt nicht vor einem schwarzen Namen.

Es ist nicht alles Schnee, was weiß ist.

Auch beim alten Menschen muß das Gefühl nicht erkalten.

Schwarz auf weiß scheidet die Leute.

Beim Rechtsstreit.

Was schwarz ist, muß man nicht weiß nennen.

Weiße Raben sind seltene Vögel.

Wenn der Schwan beim Raben sitzt, ist er um so weißer.

Wer andere anschwärzt, ist darum nicht weiß.

weissagen

Es weissagt mancher, der kein Prophet ist.

weißwaschen

Den Raben kann man nicht weißwaschen.

weit

Allgemach kommt man auch weit.

Der Apfel fällt nicht weit vom Stamm.

Der gute Wille sieht weit.

Der hat gut lügen, der von weit her ist.

Der Himmel ist hoch und der Kaiser ist weit.

Der Honig ist nicht weit vom Stachel.

Der Schwitzer kommt weiter als der Sitzer.

Die einander kennen, grüßen sich von weitem.

Die Späne fallen nicht weit vom Klotz.

Ehrlichkeit bringt's weit.

Enges Recht ist weites Unrecht.

Es stiehlt sich am besten, wenn man nicht weit langen muß.

Gelegenheit macht Diebe.

Faulheit kommt nicht weit.

Gehst du weit um, so gehst du weit irre.

Haushalten hat ein weites Maul.

Heimlichkeit riecht man weit.

Je größer der Keil, je weiter der Riß.

Je größer der Planet, je weiter von der Sonne.

Je kälter also.

Je länger man lernt, je weiter man kommt.

Je weiter das Ufer, je schwerer der Sprung.

Je weiter das Ziel, je mehr Abwege.

Je weiter entfernt, je größer die Sehnsucht.

Je weiter von hier, je besser Pläsier.

Je weiter man gräbt, je tiefer man kommt.

Meinen liegt nicht weit von Lügen.

Mit der Wahrheit kommt man am weitesten.

Mit eigenen Füßen läuft man am weitesten.

Mit Geduld und Zeit kommt man weit.

Mit Zank und Streit kommt man nicht weit.

Neid kommt nicht weit.

Schritt für Schritt kommt man weit.

Weit vom Schuß ist gut lachen (ist sicher).

Weit vom Streit (Schuß) gibt alte Kriegsleut.

Weit von der Arbeit, nah beim Teufel.

Wenn man vom Teufel spricht, ist er nicht weit.

Wenn jemand hereinkommt, von dem man gerade gesprochen hat.

Wenn man weit geht, so wird man weit gewiesen.

Wenn wir's weit schmeißen, müssen wir's weit holen.

Wer am Tor ist, hat nicht mehr weit in die Stadt.

Wer auf den Knien rutscht, kommt nicht weit.

Wer hoch steht, den sieht man weit.

Wer langsam reitet, kommt am weitesten.

Wer leise geht, geht weit.

Von Behutsamkeit.

Wo die Kirche ist, da ist auch der Krug nicht weit.

Zu weite Schuhe sind besser als zu enge.

Milde ist besser als zu große Strenge.

Weite

Man sucht oft etwas in der Weite
und hat's an seiner Seite.

Aus der Weite ist gut lügen.

weither

Was nicht weither ist, gilt nicht viel.

Weizen

Aus leerem Stroh läßt sich kein Weizen dreschen.

Dem ist gut Gerste borgen, der Weizen genug hat.

Der Weizen auf dem Feld ist noch kein Geld.

Nachbars Weizen steht immer besser.

Was nützt ein Feld von Disteln, wenn man Weizen ernten will.

welken

Die schönsten Rosen welken zuerst.

Welle

Auf großen Seen sind große Wellen.

Eine Welle treibt die andere.

Je stärker der Wind, je größer die Wellen.

Wer aufs Meer geht, darf die Wellen nicht fürchten.

Welt

Alles in der Welt läßt sich ertragen,
nur keine Reihe von guten Tagen.
Nach Goethe, Sprichwörtlich.

Anderswo ist die Welt auch nicht mit Brettern vernagelt.

Besser in der Tasche kein Geld
als ohne Freund in dieser Welt.

Dem Mutigen gehört die Welt.

Die Welt hat ihren eigenen Kopf.

Die Welt ist rund und will sich drehen.

Die Welt will betrogen sein.

Einem Trunkenen gehört die ganze Welt.
Einem Begeisterten.

Ein junges Herz lacht die ganze Welt an.

Es ist nicht jeder ein Apostel, der hingeht in alle Welt.

Hat der Bauer Geld, hat's die ganze Welt.

Lieber aus der Welt als aus der Mode.

Nobel geht die Welt zugrunde.

So geht es in der Welt:
Der eine steigt, der andre fällt.

Undank ist der Welt Lohn.

Was aus der Mode ist, ist aus der Welt.

Wenn der Fuchs schläft, hält ihn die Welt für fromm.

Wer die Welt sehen will, muß Augen mitbringen.

Wer zugreift, dem gehört die Welt.

Wie geht's so ungleich in der Welt; der eine hat den Beutel, der andere das Geld.

Weltschmerz

Zahnschmerz geht über Weltschmerz.

wenden

Durch Unverstand hat sich's gewandt.

Es fliehen nicht alle, die den Rücken wenden.

Was geschehen ist, kann man nicht wenden.

Wer Schaden tut, muß Schaden wenden.

Wohin man den Ochsen wendet, dahin zieht er den Pflug.

wenig

Auch wenig Schwerter sind genug, eine gerechte Sache zu verfechten.

Bei großem Geschrei ist wenig Klugheit.

Beim Geiz ist wenig Glück.

Besser wenig als nichts.

Besser wenig mit Liebe (Recht) als viel mit Fäusten (Unrecht).

Besser wenig und gut als viel und schlecht.

Der Hunger kostet wenig, der Überdruß viel.

Der rechte Weg ist wenig betreten.

Die am wenigsten wissen, wollen immer am klügsten sein.

Die am wenigsten zu tun haben, haben immer die größte Eile.

Die sich zuviel vornehmen, führen wenig aus.

Die viel geloben, halten wenig.

Die Ziege, die am meisten meckert, gibt die wenigste Milch.

Eine offene Stube hält wenig Hitze.

Wer viel redet, bei dem ist nicht viel dahinter.

Ein kleiner Herd braucht wenig Holz.

Ein schäbiges Kleid hat wenig Kredit.

Ein wenig zu spät ist viel zu spät.

Von sauren Trauben wird kein guter Wein.

Es braucht wenig Zeit, viel Gutes zu tun, aber auch wenig Zeit, viel Böses zu stiften.

Es haben viele zuviel, aber wenige genug.

Faul bekommt wenig ins Maul.

Für leichtes Gepäck ist wenig nötig.

Gemein mit wenigen, freundlich mit allen.

Groß mit Worten, wenig in der Tat.

Gute Zimmerleute machen wenig Späne.

Heute König, morgen wenig.

In einem vollen Kopf ist wenig Verstand.

Je heller das Feuer, je weniger der Rauch.

Von lauterer Leidenschaft.

Je mehr Gesetz, je weniger Recht.

Je mehr Wölfe, desto weniger Schafe.

Je weniger die Hände tun, desto mehr tut die Zunge.

Je weniger einer weiß, desto höher trägt er die Nase.

Je weniger Gesetz, je besser Recht.

Man soll nicht zuviel vorschreiben.

Je weniger Kühe, je weniger Milch.

Je weniger man redet, je gesünder ist es.

Je weniger Verstand, je mehr Dünkel.

Je weniger zu essen, desto mehr Appetit.

Lange Gebete haben wenig Andacht.

Lange Ermahnungen fruchten wenig.

Lange gepredigt, wenig studiert.

Wer sich auskennt, macht's kurz.

Mit viel läßt sich schmausen,
mit wenig läßt sich hausen.

Rede wenig, höre viel.

Rede wenig, rede wahr,
zehre wenig, zahle bar.

Sprich wenig mit andern und viel mit dir selbst.

Viel Geld, wenig Verstand.

Viel singen, wenig denken.

Viel tadeln und wenig leisten können die meisten.

Viel Wenig machen ein Viel.

Vom Guten spricht man wenig, vom Bösen desto mehr.

Wem das wenige nicht genügt, dem ist nichts genug.

Wer sich nicht einzurichten weiß, kommt nie zurecht.

Wem die Hände gebunden sind, der kann wenig tun.

Wem viel erlaubt ist, der soll sich am wenigsten erlauben.

Wenig Fett gibt magere Suppen.

Wenig gedeiht, zuviel zerstreut.

Wenig Geld, wenig Sorge.

Wenig haben ist bald gezählt.

Wenig hilft wenig (und schadet wenig).

Wenig kann nützen und wenig kann schaden.

Wenig und gut bringt frohen Mut.

Wenig und gut ist besser als viel und schlecht.

Wenig und oft macht auch reich.

Wenig Verstand, wenig Sorge.

Wenig Werk, viel Geschwätz.

Wenig zu wenig macht zuletzt viel.

Wer das Wenige nicht weiß, weiß das Viele gewiß nicht.

Wer das Wenige pflegt, hat viel.

Wer das wenigste weiß, hat oft das meiste zu sagen.
Von Schwätzern.

Wer mit wenigem zufrieden ist, der ist reich.

Wer nichts hat, dem helfen seine Vettern wenig.
Man soll sich auf Hilfe in der Not nicht allzusehr verlassen.

Wer sich am wenigsten zeigt, wird am meisten gesucht.

Wer wenig aushält, hält nicht lange aus.

Wer wenig gibt, kann oft geben (gibt ebensogern).

Wer wenig hat, kann wenig missen.

Wer wenig hat, trägt desto leichter.

Wer wenig nicht ehrt, ist mehr (viel) nicht wert.

Wer wenig regiert, behält viel Freunde.

Wer wenig traut, bleibt unbetrogen.

Wer wenig weiß, kann wenig lehren.

Wer zuviel unternimmt, richtet wenig aus.

Wo wenig ist, da tropft wenig ab.

Zwei Gründe sind weniger als einer.

Zwei Kleine machen ein Großes, zwei Wenig machen ein Viel.

↗ *viel*

wenn

Aber, wenn und gar sind des Teufels War'.

Des Trägen Taschen sind voll Wenn und Aber.

Wenn das Wörtchen wenn nicht wär',
wär' mein Vater Millionär.

Wer das Wenn erstiegen, sieht das Aber liegen.

Wennich

Der Wennich und der Hättich sind zwei arme Brüder.

werben

Wer will erben, der muß werben.

werden

Aus nichts wird nichts.

Man weiß wohl, was man ist, aber nicht, was man wird.

Was bald wird, vergeht auch bald.

Was nicht ist, kann noch werden.

Wo nichts ist, kann nichts werden.

werfen

Der eine rafft die Steine, der andere wirft sie.

Einen schweren Stein kann man nicht weit werfen.

Man muß die Wurst nach dem Schinken (der Speckseite) werfen.

Man soll die Perlen nicht vor die Säue werfen.
Nach Matthäus 7,6.

Wenn der Götze tot ist, so wirft man ihn in den Dreck.

Wenn man Knüppel unter die Hunde wirft, dann meldet sich, wer getroffen wird.

Wenn man mit einem Knochen nach dem Hunde wirft, so bellt er nicht.

Wenn man Prügel hat, braucht man nicht mit Bratwürsten zu werfen.

Wer im Glashaus sitzt, soll nicht mit Steinen werfen.

Wer keinen Knüppel hat, muß mit Bratwürsten um sich werfen.

Was im bösen nicht erreichbar ist, ist es vielleicht im guten.

Wer ohne Sünde ist, der werfe den ersten Stein.

Nach Johannes 8,7.

Wer sich zu Dreck macht, den wirft man auf den Mist.

Wie man den Ball wirft, so fliegt er.

Wirf nur mit Dreck, es bleibt was kleben.

Werk

An den Werken kann man's merken.

Böse Werke geben bösen Lohn.

Das Ende (Der Ausgang) krönt das Werk.

Das Werk lobt seinen Meister.

Nach Jesus Sirach 9,24.

Das Werk lobt sich selber.

Frisch zu Werke, die beste Stärke.

Gewohntes Werk, geschickter Meister.

Gute Werke haben keinen Namen.

Nach Luther, Tischreden.

Wer in ein Wespennest sticht, bleibt nicht ungestochen.

Je größer Eil', je minder Werk.

Je schlechter das Werk, je lauter die Posaune.

Lobe meine Werke, so rühm' ich deine Stärke.

Wenig Werk, viel Geschwätz.

Wer das Werk schilt, schilt den Meister.

Wie das Werk, so der Lohn.

Wie der Mann, so das Werk.

Werkzeug

Ein Stümper findet kein gutes Werkzeug.

Gutes Werkzeug gibt einen guten Arbeiter.

Wermut

Jede Freude enthält einen Tropfen Wermut.

Wermut macht Schwermut.

wert

Das Lob, das man hört, ist nicht viel wert.

Die beste Nuß ist keinen Zahn wert.

Eigener Herd ist Goldes wert.

Ein Dienst ist des anderen wert.

Eine Liebe ist der andern wert.

Ein guter Freund ist mehr wert als hundert Verwandte.

Ein guter Hund ist seines Futters wert.

Ein (Jeder) Arbeiter ist seines Lohnes wert.

Nach Lukas 10,7.

Ein Soldat ohne Schwert ist nicht viel wert.

Guter Wille allein richtet nichts aus.

Ein versprochener Gulden ist keinen halben wert.

Jede Hand ist fünf Finger wert.

Umgekehrt ist auch was wert.

Wer das Alter nicht ehrt, ist des Alters nicht wert.

Wer das Kleine nicht ehrt, ist des Großen nicht wert.

Wer den Pfennig nicht ehrt, ist des Talers nicht wert.

Wespennest

Wer in ein Wespennest sticht, bleibt nicht ungestochen.

wett

Im Bett ist alles wett.

wetten

Wer wetten will, muß einsetzen.

Wer wetten will, will betrügen.

Wetten bringt um Haus und Betten.

Wo zwei wetten, muß einer verlieren.

Wetter

Auf Liebe und Wetter ist kein Verlaß.

Bei gutem Wetter kann jeder Steuermann sein.

Bei schönem Wetter nimm den Mantel mit.

Vorsorge bewahrt vor Schaden.

Das Wetter läßt sich nicht drechseln.

Es kann nicht immer schönes Wetter sein.

Je ärger das Wetter heute, desto schöner das Wetter morgen.

Auf Streit folgt Aussöhnung.

Je heißer das Wetter, desto mehr stechen die Fliegen.

Je höher der Turm, je näher beim Wetter.

Je näher den Wolken, je näher dem Wetter.

Kräht der Hahn auf dem Mist, ändert sich das Wetter, oder es bleibt, wie es ist.

Schlechtes Wetter ist besser als gar keins.

Unfreundliche Worte sind besser als wortlose Nichtachtung.

Wer sich sein Wetter selber machen kann, der braucht den Hagel nicht zu fürchten.

Wer's Wetter scheut, kommt niemals weit.

Wetter und Wind ändern sich geschwind.

Wie das Wetter, so die Laune.

Wo Mars das Wetter macht, verdirbt das Glück.

Wo Streit herrscht.

↗ *Wind*

wetzen

Ein Messer (Schwert) wetzt das andere.

Nach Sprüche Salomos 27,17; von Sticheleien, die zum Streit führen.

Glatt geschliffen ist bald gewetzt.

Wer das Messer für andere wetzt, schneidet sich meist selber in die Finger.

Zu scharf gewetzt macht schartig.

Wicht

Der Wicht scheut's Licht.

wichtig

Wer sich wichtig macht, wird ausgelacht.

widerfahren

Tue nichts Böses, so widerfährt dir nichts Böses.

Nach Jesus Sirach 7,1.

Was einem widerfährt, kann dem andern auch geschehen.

Wer Unrecht tut, dem widerfährt Unrecht.

widerlegen

Wer nicht spricht, ist schwer zu widerlegen.

widersprechen

Wer nicht widerspricht, stimmt zu.

widerstehen

Der ist bald überwunden, der nicht widersteht.

wie

Wie du mir, so ich dir.

Wie einer ist, so tut er auch.

Wie gebettet, so geschlafen.

Wie man's einbrockt, muß man's essen.

Wie man's treibt, so geht's.

Wie sich's leiden mag, so soll man's loben.

wieder

Gleich wieder ist die beste Bezahlung.

wiederbringen

Reue bringt das Verlorene nicht wieder.

wiederfinden

Was man wiederfinden kann, ist nicht verloren.

wiederholen

Geschenkt ist geschenkt, wiederholen ist gestohlen.

wiederkehren

Was hin ist, kehrt nicht wieder.

wiederkommen

Läuft Kunz weg, so kommt Hinz wieder.

Verlorene Zeit kommt niemals wieder.

Was ans Brot gewöhnt ist, kommt wieder.

Was dahin ist, kommt nicht wieder.

Wenn man ein Kalb fortschickt, kommt ein Ochse wieder.

Wo was gewesen ist, kommt wohl was wieder.

wiederkriegen

Wer Dreck schickt, kriegt Dreck wieder.

Wie du ausgibst, so kriegst du wieder.

wiederschlagen

Wiederschlagen ist nicht verboten.

Wiedersehen

Wiedersehen macht Freude.

Wiege

Das Kind findet sich leichter als die Wiege.

Der eine sorgt für die Wiege, der andere für das Kind.

Ein Kind braucht mehr als eine Wiege.

Erst das Kind und dann die Wiege.

Hat man erst einen Platz für die Wiege, zu einem Kinde kommt man leicht.

Von der Wiege bis zur Bahre: Formulare, Formulare.

Scherzhaft von Bürokratie.

Von der Wiege bis zur Bahre
sind die schönsten Lebensjahre.

Sprichwörtlicher Scherz.

Was man in der Wiege lernt, das bleibt (bis zum Grabe).

wiegen (Gewicht haben)

Der Seufzer des Glücklichen wiegt nicht schwer.

Eine Tatsache wiegt schwerer als ein Fuder Beweise.

Ein Mann wiegt soviel wie hundert Leute.

Ein Pfund Federn wiegt soviel wie ein Pfund Blei.

Es wiegt nichts leichter als ein Versprechen.

wiegen (sanft schaukeln)

Dem Reichen wiegt der Teufel die Kinder.

Sie sollen selten geraten.

Wenn der Böse schläft, wiegt ihn der Teufel.

Wiese

Ein Grashalm macht keine Wiese.

Wie die Wiese, so das Gras; wie das Gras, so das Heu.

wild

Die wildesten Fohlen werden die besten Pferde.

Früh wild, früh zahm.

In der Jugend wild, im Alter mild.

Je wilder er, je milder sie.

Empfehlung an die Ehefrauen von Hitzköpfen.

Mit Güte macht man wilde Tiere zahm.

Stark Getränk macht wilde Leut'.

Wilde Bären muß man nicht ins Haus begehren.

Wild in der Jugend bringt im Alter Tugend.

Wild

Der eine jagt das Wild, der andere ißt den Braten.

Wo kein Wild ist, gibt's auch keine Wilderer.

Wo kein Wild ist, kann man nicht jagen.

Wille

Der beste Wille ist der feste Wille.

Der gute Wille tut viel.

Der Wille sündigt, nicht die Hand.

Des Menschen Wille ist sein Himmelreich.

Eigener Wille bringt in die Hölle.

Von Eigenwilligkeit.

Guter Wille braucht keine Brille.

Guter Wille findet bald Gelegenheit.

Guter Wille, gute Tat.

Guter Wille hat geschwinde Füße.

Guter Wille ist genug.

Guter Wille macht das Herz warm.

Guter Wille macht kein Recht.

Kinder mit'm Willen, die kriegen was an die B(r)illen.

Statt Billen ‚Hinterbacken' heißt es oft Brillen.

Man muß den guten Willen für die Tat nehmen.

Mein Wille ist mein Gesetz.

Aus dem Vorsatz folgt gut oder böse.

Schweigst du stille, so ist's dein Wille.

Wem's nicht geht nach seinem Willen,
den stechen leicht die Grillen.

Wer freien Willen hat, der kann dem Unglück keine Schuld geben.

Wider Willen gibt böses Blut.

Wille ist nicht Landrecht.

Wo ein Wille ist, da ist auch ein Weg.

Zwang ist kein Wille.

Willfährigkeit

Willfährigkeit macht Freunde.

willig

Der Geist ist willig, aber das Fleisch ist schwach.

Nach Matthäus 26,41.

Einem willigen Esel packt jeder auf.

Ein Tor ist immer willig, wenn eine Törin will.

Nach Heine, Sei mir gegrüßt.

Ein williges Herz (Williger Sinn) macht leichte Füße.

Gesetze machen noch keinen willigen Gehorsam.

Niemand ist willig untertänig.

Scharfe Sporen machen willige Pferde.

Wer willig ist, den kann man leicht bitten.

Williger Ochs macht gerade Furchen.

Williges Pferd soll man nicht treiben.

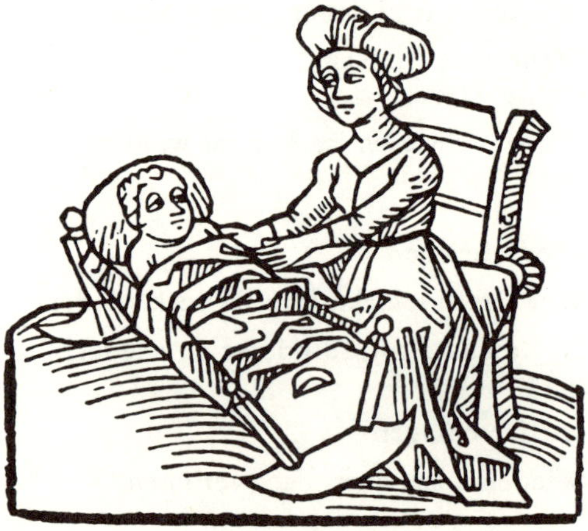

Erst das Kind und dann die Wiege.

Willige, der

Dem Willigen geschieht keine Gewalt.

Dem Willigen kann man leicht winken.

Den Willigen kann man mit einem Haar herbeiziehen.

willkommen

Das Willkommen des Wirts muß man mit bezahlen.

Eine kleine Gabe ist auch willkommen.

Je geringer der Gast, je kürzer der Willkommen.

Selten ist allezeit willkommen.

Wer nicht zur Last fällt, ist gern gesehen.

Wer etwas kann, ist überall willkommen.

Wer gute Nachricht bringt, ist stets willkommen.

Wer haben will, ist selten willkommen.

Wer nützt, ist ein willkommener Gast.

Wer überall hinkommt, ist nirgends willkommen.

Wer zu oft kommt, ist selten willkommen.

Wie das Willkommen, so der Abschied.

Willkommen ist, wer bringt.

Willkür

Willkür bricht Recht.

Wind

Ander Wind, ander Wetter.

Bei gutem Winde gibt's keinen schlechten Steuermann.

Das Glückskind hat immer guten Wind.

Dem Wind und dem Narren muß man seinen Lauf lassen.

Den eignen Wind riecht jeder gern.

Der Liebe ist kein Wind zu kalt.

Ehe der Sturm kommt, warnt ein Wind.

Ein hoher Baum fängt viel Wind.

Fehlt's am Winde, so greif zum Ruder.

Gegen den Wind kann man nicht pusten.

Geschwind kommt oft ein andrer Wind.

Große Feuer bläst der Wind nicht aus.

Guter Wind, gute Fahrt.

Heute Regen, morgen Wind.

In die größten Segel fällt der meiste Wind.

Jeder fängt den Wind in seinem Segel.

Je mehr der Wind geht, je mehr klappern die Mühlen.

Je stärker der Wind, je größer die Wellen.

Man muß die Segel nach dem Winde richten.

Mit gutem (Vor dem) Winde ist gut segeln.

Stiller Wind macht schweigsame Wellen.

Wem der Wind ins Gesicht weht, der lernt die Nase drehen.

Wenn das Schiff scheitert, bekommt der Wind die Schuld.

Wenn das Schilf schwankt, muß Wind gehen.

Man sollte auf Anzeichen achten.

Wer den Wind im Rücken hat, kommt schnell vorwärts.

Wer gegen den Wind brunzt, macht nasse Hosen.

Wer segeln will, muß auch Wind machen.

Wer warten kann, bekommt guten Wind.

Wer Wind sät, wird Sturm ernten.

Nach Hosea 8,7.

Wie der Wind weht, so biegen sich die Bäume.

Wind ohne Regen kommt selten gelegen.

Wo viel Wind ist, da ist selten Staub.

Wink

Wer Winke nicht versteht, wird durch Prügel nicht klüger.

Winkel

Jeder Winkel hat seinen Dünkel.

Kein Haus ohne Winkel.

Alles hat seine dunklen Seiten.

Kein Winkel ohne Ecke.

Winkelchen

Heimchen kennen die Winkelchen.

Winter

Dem fleißigen Hamster schadet der Winter nicht.

Denk an den Winter, solange es noch Sommer ist.

Der Winter hat ein großes Maul.

Der Winter macht rüstige Leute.

Der Winter verzehrt, was der Sommer beschert.

Im Winter ist der Schnee billig.

Im Winter lutscht der Bär an den Pfoten.

Was nützt der Pelz, wenn der Winter vorbei ist.

Wer im Winter keine Reusen flicht, kann im Sommer keinen Fischzug halten.

Wer zur Ernte schläft, wacht im Winter auf.

Nämlich vor Hunger.

Wie der Winter, so der Pelz.

wintern

Es lenzt nicht, ehe es gewintert.

Wintertag

Ein schöner Wintertag macht keinen lustigen Vogel.

Wirkung

Gleiche Ursachen, gleiche Wirkungen.

Keine Wirkung ohne Ursache.

Kleine Ursachen, große Wirkungen.

wirr

Ein wirrer Kopf macht wirre Leute.

Wirt

Besser den Magen gekränkt als dem Wirt was geschenkt.

Das ist ein schlimmer Gast, der seinen Wirt austreibt.

Den Wirt muß man nicht fragen, ob er guten Wein hat.

Der Schenk ist tot, der Wirt lebt noch.

Und der Wirt verschenkt nichts.

Ein freundlicher Wirt – das beste Gericht.

Ein fröhlicher Wirt macht fröhliche Gäste.

Ein guter Wirt fragt seine Gäste nicht.

Wer fragt, gibt nämlich nicht gern.

Ein schlimmer Wirt ist ein guter Gast.

Eins denkt der Gast, der Wirt das andere.

Gern Gäste, selten Wirt.

Gruß freut den Gast und ehrt den Wirt.

Hunde und Wirte schmeicheln nicht umsonst.

Lieber den Darm verrenkt als dem Wirt einen Tropfen geschenkt.

Man darf die Zeche (Rechnung) nicht ohne den Wirt machen.

Süße Wirte, saure Rechnung.

Sei mein Wirt, ich bin dein Gast.

Wenn die Wirte lachen, dann gib acht auf deine Sachen.

Wer die Rechnung ohne den Wirt macht, der muß zweimal rechnen.

Wer Gast ist, muß auch Wirt sein.

Wie die Gäste, so ist der Wirt.

Wo der Wirt ein Fresser ist, bleibt den Gästen nicht viel.

Wo der Wirt vor der Tür steht, da sind nicht viel Gäste.

Wo etwas aufdringlich angepriesen wird, muß man aufpassen.

Wirtin

Eine schöne Wirtin macht einen teuren Gasthof.

Eine schöne Wirtin verkauft auch saures Bier.

Ist nur die Wirtin schön, ist der Wein auch gut.

Je schöner die Wirtin, je schwerer die Zeche.

Wenn es einem gefällt, sitzt das Geld locker.

Je schöner die Wirtin, je teurer der Wein.

Wirtshaus

Im Wirtshaus lernt man die Leute kennen.

Im Wirtshaus lernt man nichts Gutes.

Ins Wirtshaus geht's schnell, doch langsam heraus.

Wo ein Wirtshaus steht, kann kein Backhaus stehen.

Was man vertrunken hat, fehlt am Essen.

wissen

Allzuviel wissen macht Kopfweh.

Am Wissen trägt man nicht schwer.

Auch der Teufel weiß nicht alles.

Besser wissen als wähnen.

Der Esel weiß auch was.

Von vorlauten Reden.

Der Fleiß weiß.

Der Fleißige stellt sich nicht dumm an.

Der Mann muß wohl alles essen, aber nicht alles wissen.

Der Mann weiß, die Frau weiß besser.

Der Neunte weiß nicht, wo den Zehnten der Schuh drückt.

Der Papst und ein Bauer wissen mehr als der Papst allein.

Der Tag weiß nicht, was die Nacht bringen will.

Der weiß viel, der zu schweigen weiß.

Die alles wissen wollen, wissen wohl gar nichts.

Die am wenigsten wissen, wollen immer am klügsten sein.

Die Jahre wissen mehr als die Bücher.

Die Jugend weiß nicht, das Alter kann nicht.

Die Ratte weiß viel, aber die Katze noch mehr.

Eine kluge Maus weiß mehr als ein Loch.

Einer kann nicht alles wissen.

Erfahr's, so weißt du's.

Es gehört viel Wissen zum Glauben.

Gegen unbegründete Annahmen.

Es ist gleichviel, wo einer sitzt, wenn er nur etwas weiß.

Der Tüchtige setzt sich durch.

Es ist mancher tot und weiß es nicht.

Es ist nicht genug, das Gute zu wissen.

Man muß es auch tun.

Es läßt sich nicht raunen, was jedermann weiß.

Es würd' ein jeder Doktor sein,
wenn's Wissen einging' wie der Wein.

Freier wissen wohl, was sie begehren, aber nicht, was sie bekommen.

Habe gehabt ist ein armer Mann, habe gewußt ein dummer.

Jedermann sagt es, niemand weiß es.

Von Gerüchten.

Jeder weiß am besten, wo ihn der Schuh drückt.

Je mehr der Mensch weiß, je mehr will er wissen.

Keiner weiß alles allein.

Laß deine linke Hand nicht wissen, was die rechte tut.

Nach Matthäus 6,3.

Man darf wohl alles wissen, aber nicht alles tun.

Man kann nicht wissen, wie der Hase läuft.

Willkommen ist, wer bringt.

Man kann wohl sagen, was man nicht weiß, aber nicht geben, was man nicht hat.

Man muß dem Freunde nicht verschweigen, was der Feind weiß.

Man muß wissen, wen man treibt, wenn man einen Esel vor sich hat.

Man sieht manchen auf der Gasse und weiß nicht, was er im Herzen hat.

Man weiß wohl, was man hat (ist), aber nicht, was man bekommt (wird).

Meinen ist nicht wissen; wer's nicht merkt, wird beschissen.

Meinen und Wissen liegen auf zwei Kissen.

Also nicht auf demselben.

Nach der Tat weiß jeder guten Rat.

Narren wissen alles.

Nichts wissen ist keine Schande, aber nichts lernen wollen.

Niemand kann alles wissen.

Niemand weiß, was der Abend bringt.

Sag, was du weißt, und tu, was du kannst.

Sich zu helfen wissen ist besser als viel wissen.

Soll ich's nicht genießen, so will ich's auch nicht wissen.

Sorgfalt ersetzt viel Wissen.

Tu, was du kannst, und lerne, was du nicht weißt.

Viele wissen viel, aber keiner hat ausgelernt.

Viele wissen viel, niemand alles.

Viel wissen ist besser als viel reden (haben).

Viel wissen macht Kopfweh.

Viel wissen tut's nicht.

Viel Wissen, viel Gewissen.

Was der Küster nicht weiß, das weiß der Pastor.

Was der Teufel nicht weiß, das weiß ein altes Weib.

Was drei wissen, das erfahren hundert.

Was du weißt allein, nur das ist dein.

Was einer nicht weiß, das tut ihm nicht weh.

Was einer nicht weiß, davon soll er nicht reden.

Was hilft's, daß einer gelehrt ist, und es weiß keiner.

Was ich nicht weiß, macht mich nicht heiß.

Was im Kuhstall geschieht, weiß der Ratsschreiber nicht.

Was jedermann weiß, das weiß ich auch.

Was jedermann weiß, ist schwer zu verbergen.

Was man nicht tut, das weiß man nicht.

Davon versteht man nichts.

Was niemand wissen soll, muß man niemand sagen.

Was soll der wissen, der nichts versucht hat.

Was weiß das Schwein, wovon es fett wird.

Was weiß der Ochs vom Sonntag!

Wenn mancher Mann wüßt', wer mancher Mann wär', gäb' mancher Mann manchem Mann manchmal mehr Ehr'.

Wenn's die Klugen nicht wissen, so frage die Narren.

Wer alle Dinge wüßte, der täte nie unrecht.

Wer alles vorher wüßte, könnte leicht reich werden.

Wer alles weiß, dem mangelt nichts.

Wer alles weiß, wird auch betrogen.

Wer das Wenige nicht weiß, weiß das Viele gewiß nicht.

Wer einen hört, weiß ein Ding halb; wer zwei hört, weiß es ganz.

Wer Gutes weiß, soll nichts Böses reden.

Wer nichts versucht, der weiß auch nichts.

Wer nichts weiß, glaubt leicht.

Wer nichts weiß, kann nicht vergessen.

Wer nicht weiß, was er will, kann nicht tun, was er soll.

Wer's weiß, braucht nicht zu fragen.

Wer viel weiß, kann auch irren.

Wer viel weiß, muß viel leiden.

Wer weiß, daß er wenig weiß, weiß viel.

Wer zuviel weiß, dem mangelt's an Weisheit.

Wissen geht über Glauben.

Wissen ist leichter als tun.

Wissen macht bescheiden.

Wissen ohne Gebrauch ist Feuer ohne Rauch.

Wissen ohne Verstand ist Tand.

Wissen und meinen ist zweierlei.

Zuletzt weiß man alles.

Zwei wissen mehr als einer.

Wissende, der

Die Wissenden sind nicht immer die Habenden.

Wissenschaft

Alles hat seine Wissenschaft (ausgenommen das Flöhefangen, das ist eine Geschicklichkeit).

Glaube ist nicht Wissenschaft.

Wissenschaft ist der beste Reichtum.

Wissenschaft ist eine gute Erbschaft.

Wissenschaft liegt nicht auf weichem Bette.

Wissenschaft will Jugendkraft.

Witwe

Einer jungen Witwe weiß jeder einen Klecks anzuhängen.

Wer die Witwe freit, freit auch die Schulden.

Witwer

Der Witwer findet leicht eine Frau, aber die Waisen schwer eine Mutter.

Witz

Alter Witz hinkt.

Gelehrter Witz ist selten nütz.

Klugheit und Witz sind guter Besitz.

Wer seinen Witz im Trunk verliert, muß ihn im Dreck suchen.

Witz ist spitz.

Witz kommt mit den Jahren.

witzig

Allzu spitzig ist nicht witzig.

Hitzig ist nicht witzig.

Woche

Die ganze Woche krank und am Sonntag keine Leiche.

Wenn jemand dauernd klagt, ohne ernstlich krank zu sein.

Eine Woche hat nicht drei Sonntage.

Für den Fleißigen hat die Woche sieben Heute, für den Faulen sieben Morgen.

Jede Woche hat ihren Sonntag.

Wöchnerin

Jede Wöchnerin ist eitel.

D. h. jeder, der etwas hervorgebracht hat.

wohl

Der Maus ist wohl in ihrem Loch.

Von Heimlichkeiten.

Der Sau ist im Dreck am wohlsten.

Geht es wohl, so gibt man Zoll.

In alten Kleidern und bei alten Freunden ist einem am wohlsten.

Je fauler der Stamm, je wohler dem Wurm.

Je schmutziger die Lache, je wohler ist dem Frosch.

Ohne Ehe ist einem weder wohl noch wehe.

Solange es einem wohl geht, heißt er klug.

Wem es wohl geht, der hat gut fröhlich sein.

Wem es wohl geht, der singt keine Klagelieder.

Wenn dem Esel zu wohl ist, geht er aufs Eis tanzen.

Wenn den Liebenden zu wohl ist, heiraten sie sich.

Wenn es der Geiß zu wohl ist, scharrt sie.

Wenn es dir wohl geht, sieh dich vor.

Wenn's der Stadt wohl geht, so geht's den Bürgern auch wohl.

Die Lage des Ganzen bedingt auch die Situation des einzelnen.

Wo einem wohl ist, da ist man gern.

Wohl dem, dem's nicht an Freunden fehlt; weh dem, der zu sehr auf sie zählt.

Wohl geflohen, wohl gefochten.

Wenn sich einer mit Anstand aus der Affäre zieht.

wohlbedacht

Wohlbedacht gerät oft übel.

wohlfeil

Bargeld kauft wohlfeil.

Wohlfeil leert den Beutel.

Wer wohlfeil verkauft, hat bald aufgeräumt.

wohlgelitten

Höflichkeit und gute Sitten machen wohlgelitten.

Wohlleb

Wohlleb, Dummert und Faulert sind Brüder.

Wohlleb hat das Spinnrad nicht erfunden.

wohlmeinen

Wohlmeinen hat oft Undank zum Lohn.

Wohltat

Schnelle Wohltat ist doppelt wert.

Späte Wohltat ist nicht angenehm.

Undank haut der Wohltat den Zapfen ab.

Was zu spät kommt, ist keine Wohltat.

Wer mit Wohltat prahlt, hat sich selber bezahlt.

Er hat auf Dank keinen Anspruch.

Wer Wohltat sät, der erntet Dank.

Wohltat bringt Zinsen.

Wohltaten lähmen.

Wohltat hat keinen Dank.

Wohltat ist keine Herrschaft.

Der Gebende soll sich nicht zum Vormund aufwerfen.

Wohltat schreibt man in den Sand, Übeltat in Stein.

Wohltat stillt den Zorn.

Wohltat will vergolten sein.

Wohltat wird leicht vergessen, Missetat lang zugemessen.

Auch dem besten Hirten frißt der Wolf ein Schaf.

wohltätig

Erst gerecht, dann wohltätig.

wohltun

Bald (Recht) getan ist wohlgetan.

Borgen tut nur einmal wohl.

Böser Rat tut niemand wohl.

Es ist nicht wohlgetan, daß man den trägt, der selber gehen kann.

Geehrt werden und kitzeln tut wohl.

Mit wohltun gewinnt man den ärgsten Feind.

Sehen tut den Augen wohl.

Selbst getan ist wohlgetan.

Tust du wohl, so wird dir wohl.

Viel tun und wohltun ist nicht einerlei.

Was der Herr tut, ist wohlgetan.

Sich selber kritisiert man nicht.

Wer wohltut, lebt nach dem Tode.

Wohlgetan ist schnell getan.

Wohltun ist die Rache des Edlen.

Auch ironisch.

Wohltun ist niemand verboten.

Wohltun trägt Zinsen.

wohlwollen

Wem das Glück nicht wohlwill, den tritt es mit Füßen.

Wem das Glück wohlwill, dem kalbt ein Ochse.

Wem das Glück zu wohl will, den macht es zum Narren.

Wenn man einem wohlwill, so ist ihm leicht geholfen.

wohnen

Die an allen Orten wohnen, sind an keinem zu Hause.

Hinter dem Berge wohnen auch Leute.

Man sieht's am Nest, was für ein Vogel drin wohnt.

Neid und Haß wohnen in einem Faß.

Wer bei der Schmiede wohnt, gewöhnt sich ans Hämmern.

Wer überall wohnt, der wohnt nirgends.

Wer vor der Hölle wohnt, muß den Teufel zum Freunde haben.

Wo Habichte wohnen, schlagen keine Nachtigallen.

Wo lauter Grunzen ist, da wohnt der Teufel.

Wolf

Als der Wolf gefangen war, da wollte er fromm werden.

Von scheinheiligen Reuebekenntnissen.

Alten Wolf verspotten die Hunde.

Auch dem besten Hirten frißt der Wolf ein Schaf.

Aus einem Wolf wird kein Lamm.

Aus Liebe frißt der Wolf das Schaf.

Gegen Heuchelei.

Barmherzigkeit gegen die Wölfe ist Unrecht gegen die Schafe.

Bei Wölfen und Eulen lernt man heulen.

Dem Schmeichler und dem Wolf ist nicht zu trauen.

Den Wölfen soll man kein Schaf anvertrauen.

Der Hunger treibt den Wolf ins Dorf.

Der schreit zu spät, den der Wolf erwürgt.

Der Wolf ändert wohl sein Haar,
aber er bleibt, wie er war.

Der Wölfe Tod ist der Schafe Leben.

Der Wolf findet leicht eine Ursache, wenn er das Schaf fressen will.

Der Wolf frißt die Schafe, wenn der Hirt nicht dabei ist.

Der Wolf ist vor Wölfen sicher.

Der Wolf trägt keine Glocke.

Man kann nicht darauf rechnen, daß sich Gefahren vorher ankündigen.

Der Wolf wird wohl älter, aber nicht besser.

Ein hungriger Wolf hat scharfe Zähne.

Ein träger Wolf hat nicht viel zu beißen.

Es ist gefährlich, den Wolf bei den Ohren zu halten.

Jedermanns Esel hat der Wolf vorm Jahr gefressen.

Je mehr Wölfe, desto weniger Schafe.

Mancher heißt Wolf und ist ein Schaf.

Man macht den Wolf immer größer, als er ist.

Man muß den Wolf erst fangen, ehe man ihm das Fell abziehen kann.

Mit den Wölfen muß man heulen.

Nur Geduld, sagte der Wolf zum Esel.

Unter Wölfen ist schlecht wählen.

Unter mehreren Übeln.

Was der Wolf tut, gefällt der Wölfin.

Was fragt der Wolf nach den Statuten.

Willkür achtet kein Recht.

Wenn der Wolf alt wird, so reiten ihn die Krähen.

Wenn der Wolf begraben wird, tanzen die Schafe.

Wenn der Wolf Hunger hat, darf das Schaf nicht blöken.

Wenn der Wolf im Dorfe ist, ist keine Zeit, Hunde zu füttern.

Wenn der Wolf will, so hat das Lamm unrecht.

Wenn die Beute verzehrt ist, frißt ein Wolf den andern.

Wenn die Hirten sich zanken, hat der Wolf gewonnenes Spiel.

Wenn du mit Wölfen essen willst, mußt du mit Wölfen heulen.

Wenn man den Wolf nennt, so kommt er gerennt.

Wenn man den Wolf zum Hirten macht, ist die Herde in Gefahr.

Wer dem Wolf dient, kann der Herde nicht dienen.

Wer den Wolf schont, der gefährdet die Schafe.

Wer einen Wolf großzieht, wird zum Dank von ihm gefressen.

Wer einen Wolf zum Freund hat, braucht einen Hund zum Wächter.

Wer sich zum Lamm macht, den jagen (fressen) die Wölfe.

Wo Schafe sind, da sind auch Wölfe.

Wolke

Auch eine kleine Wolke kann den Himmel trüben.

Die Sonne scheint auch hinter den Wolken.

Die Wolken ziehn vorüber, aber der Regen bleibt.

Eine kleine Wolke kann den schönsten Tag verderben.

Es regnet nicht aus jeder Wolke.

Große Wolken, kleiner Regen.

Je näher den Wolken, je näher dem Wetter.

Kein Himmel ohne Wolken.

Lieber eine Hütte auf der Erde als einen Thron in den Wolken.

Nach düstern Wolken scheint die Sonne am klarsten.

Ohne Wolken kein Regen.

Wolle

Aus grober Wolle wird nie ein feines Tuch.

Dem Schaf wächst die Wolle im Schlaf.

Der Wolle wegen schert man die Schafe.

Eigene Wolle wärmt am besten.

Was man selbst geschaffen hat, erscheint einem fehlerfrei.

Lieber die Wolle verlieren als das Schaf.

Mancher geht nach Wolle aus
und kommt geschoren nach Haus.

Man hält das Schaf der Wolle wegen.

Man muß nicht das Fell geben, wenn man mit der Wolle zahlen kann.

Man nimmt kein Schaf ohne Wolle.

Viel Geschrei und wenig Wolle, sagte der Teufel und schor eine Sau.

Was Wolle trägt, wird geschoren.

Wer das Schaf hat, dem gehört auch die Wolle.

Wer die Schafe hütet, hütet auch die Wolle.

Wie die Wolle, so das Tuch.

Wo Wolle ist, muß man scheren.

wollen

Besser tun, was man nicht will, als tun, was man nicht soll.

Das Pferd will wohl den Hafer, aber nicht den Sattel.

Der Fuß muß gehen, wohin der Kopf will.

Die am wenigsten können, wollen am meisten.

Einer will Gesottenes, der andere Gebratenes.

Ein Mann, der will, kann mehr als zehn, die müssen.

Es geht nicht immer, wie man will.

Es geht, wie es mag, und nicht, wie es will.
Nur das Mögliche ist erreichbar.

Es mag einer denken, was er will, aber reden muß er, was sich ziemt.

Hundert, die wollen, sind stärker als tausend, die müssen.

Ich wollte wohl, sagte der alte Mann, ich kann bloß nicht.

Je mehr man hat, je mehr man will.

Kann ich nicht, was ich will, so will ich, was ich kann.

Können geht über Wollen.

Mancher kann, der nicht will, und mancher will, der nicht kann.

Man muß nicht wollen, was man nicht haben kann.

Man muß oft dulden, was man nicht will, um zu bekommen, was man will.

Nicht wie wir wollen, sondern wie wir sollen.

Was du nicht willst, daß man dir tu',
das füg auch keinem andern zu.
Nach Tobias 4,16.

Was einer will, das kriegt er nicht, und was er kriegt, das will er nicht.

Was Liebe will, das will sie bald.

Wen man nicht will, dem hält man nicht still.

Wenn es nicht will, so buttert es nicht.

Wenn ich darf, wie ich will, so tue ich, wie ich will.

Wenn man will, was man soll, kann man alles.

Wer alles will, erhält nichts.

Wer das eine will, muß das andere mögen.

Wer das Ganze will, verliert das Ganze.

Wer das Große will, muß das Kleine opfern.

Wer den Zweck will, muß auch die Mittel wollen.

Wer ernsthaft will, der leistet viel.

Wer Großes will, hat viel Feinde.
Man darf Schwierigkeiten nicht fürchten.

Wer Großes will, muß Großes wagen.

Wer hat, was er will, der frißt, was er mag.

Wer mich nicht will, der guckt daneben.

Wer nicht hat, was er will, muß wollen, was er hat.

Wer nicht mag, wie er will, der muß tun, wie er kann.

Wer nicht sehen will, bringt die Augen nicht auf.

Wer nicht weiß, was er will, kann nicht tun, was er soll.

Wer nicht will, dem wird vergeblich gepredigt.

Wer nicht will, der hält nicht still.

Wer nicht will, der hat schon.

Wer nicht will, der kann auch nicht.

Wer nicht will, was er kann, der kann auch nicht, was er will.

Wer redet, was er will, muß hören, was er nicht will.

Wer sich selbst kitzelt, der lacht, wann er will.

Wer's so haben will, dem geschieht kein Unrecht.

Wer's so will, der mag's so haben.

Wer tut, was er nicht sollte,
dem widerfährt, was er nicht wollte.

Wer will, der kann; wer nicht will, der muß.

Wer will, findet immer etwas zu tun.

Wer will, ist König.

Wer zuviel will, erreicht nichts.

Will einer nicht, so will der andere.

Will er essen, will sie fasten;
will er gehn, so will sie rasten.

Will nicht Hinz, so muß Kunz.

Will Peter nicht, so will Paul.

Was einer nicht macht, tut der andere.

Will's nicht gehen, so laß es stehen.

Willst du Frieden, so gib Frieden.

Willst du zum Süßen, laß dich das Saure nicht verdrießen.

Wollen ist können.

Wolltich

Auf Wolltich und Solltich borgt man kein Geld.

Wollust

Wollust fällt den stärksten Held.

Wollust hat keine Ohren.

Wort

Allermanns Wort lügt selten.

Allzu gute Worte haben wenig Glauben.

An den Worten erkennt man den Toren (wie den Esel an den Ohren).

An Tuch und Worten geht viel ein.

Auch ein Narr kann einmal ein kluges Wort reden.

Betrug schleift glatte Worte.

Auf das erste Wort soll man achtgeben.

Auf närrische Worte gehören taube Ohren.

Auf schöne Worte ist nicht zu bauen.

Auf Worte kommt's nicht an, die Tat macht den Mann.

Aus kaltem Herzen kommt kein warmes Wort.

Aus kleinen Worten wird oft großer Zank.

Aus Worten werden Taten, aus Taten Worte.

Beispiele tun oft mehr
als viele Wort' und Lehr'.

Besser auf Worte hören als auf Schläge warten.

Besser ein gutes Wort als einen verlorenen Freund.

Besser ein lebendes Wort als hundert tote.

Ein Besuch oder ein Gespräch ist mehr wert als viele Briefe.

Besser ein Wort vorher als zwei danach.

Besser mit Worten als mit Schlägen.

Betrug schleift glatte Worte.

Das Echo behält das letzte Wort.

Das letzte Wort gilt.

Dem klugen Kopfe genügt ein Wort.

Dem Wort folgt die Tat.

Den Mann nimmt man beim Wort, den Ochsen bei den Hörnern.

Der Bauch läßt sich mit Worten nicht abspeisen.

Der Mann ist nicht besser als sein Wort.

Des Mannes Wort, des Mannes Ehre.

Die Wahrheit braucht nicht viel Worte, die Lüge kann nie genug haben.

(Die) Worte sind gut, aber Hühner legen Eier.

Taten sind besser als schöne Reden.

Ehrliche Leute brauchen nicht viel Worte.

Ein Bild ist besser als tausend Wörter.

Ein bitteres Wort kommt aus bitterem Herzen.

Eine gute Sache braucht nicht viel Worte.

Ein großes Herz macht wenig Worte.

Ein gutes Wort bleibt lange im Gedächtnis.

Ein gutes Wort bringt eine gute Antwort.

Ein gutes Wort findet einen guten Ort.

Ein gutes Wort führt die Kuh in den Stall.

Ein gutes Wort ist besser als eine große Gabe.

Ein gutes Wort ist halbes Futter.

Ein gutes Wort vermag viel.

Ein gutes Wort verwundet nicht.
Hilfreiche Kritik ist nicht verletzend.

Ein kühnes Wort macht Mut.

Ein Mann, ein Wort (eine Frau, ein Wörterbuch).

Ein Narr macht viel Worte.

Ein offenes Wort hilft hier und dort.

Ein sanftes Wort stillt großen Zorn.

Ein sanftes Wort zieht mehr als vier Pferde.

Ein starkes Wort macht noch keinen Helden.

Ein Wort gibt das andere.

Ein Wort ist ein Wind.

Ein Wort ist kein Beinbruch.
Eine hingeworfene Äußerung darf man nicht überbewerten.

Ein Wort muß ein Wort sein.

Ein Wort und einen Furz kann man nicht zurücknehmen.

Ein Wort zuviel verdirbt die beste Sache.

Es liegt nicht an viel Worten, sondern an viel tun.

Es muß ein schlechtes Wort sein, das sich nicht reden und schreiben läßt.

Für Geld und gute Worte kann man alles haben.

Große Worte, kleine Taten.

Gute Gedanken brauchen wenig Worte.

Gutes Wort hilft fort.

Gute Worte, böse Tücke (schlimmer Kauf).

Gute Worte kosten nichts.

Höfliche Worte binden niemand.

In viel Worten ist viel Sünde.

In wenig Worten liegt oft ein tiefer Sinn.

Je mehr Verstand, je weniger Worte.

Kleine Sorgen machen viel Worte, große sind stumm.

Leere Worte, falsche Herzen.

Lügen braucht viel Worte.

Mit dem Wort verändert sich das Haus.
Mit dem Ton, der im Hause herrscht.

Mit glatten (guten) Worten fängt man die Leute.

Mit guten Worten verkauft man schlechte Waren.

Mit schönen Worten kocht man keinen Brei.

Mit Worten (ab)speisen ist wohlfeil.

Mit Worten schlägt man kein Loch in den Kopf.

Mit Worten täuscht (verführt) man die Leute.

Mit Worten totschlagen ist auch gemordet.

Mit Worten zahlt man keine Schulden.

Niemand ist seines Wortes Sklave.

Sanfte Worte stillen den Zorn.

Schlechte Ware braucht viel Worte.

Schöne Worte, böser Kauf.

Schöne Worte geben keine fette Suppe.

Schöne Worte machen nicht satt.

Schwere Leiden haben keine Worte.

So manches Wort, so manche Antwort.

Taten sprechen mehr als Worte.

Tatsachen sind stärker als Worte.

Tugend besteht nicht in Worten.

Viele Worte bleiben ohne Antwort.

Viele Worte, viel Lügen (Sünde).

Viele Worte, wenig Herz (Sinn).

Viel Frauen, viel Worte.

Von Worten wird der Bauch nicht voll.

Von Worten zu Werken ist ein weiter Weg.

Was nützen fette Worte, wenn die Küche mager ist.

Was von der Tat verwundet ist, läßt sich nicht mit Worten heilen.

Wem man mit guten Worten lohnt, der wird nicht reich.

Wenn das Wort heraus ist, gehört's einem andern.

Wer Gedanken hat, dem fehlt's auch nicht an Worten.

Wer seinen Kummer klagt, dem fehlt's an Worten nicht.

Wer sein Wort nicht hält, kann leicht versprechen.

Wer von der Gnade der Reichen leben will, bekommt fette Worte und magere Suppen.

Wer von Worten stirbt, den soll man mit Fürzen begraben.

Wer Worten folgt, braucht keine Schläge.

Wie Klotz, so Span; wie Wort, so Mann.

Wo es der Hände bedarf, da sind Worte nichts nütze.

Wo Gold das Wort führt, hilft alles Reden nichts.

Wo man fröhlich ist, muß man die Worte nicht zählen.

Worte füllen den Beutel nicht.

Worte haben Flügel.

Worte hin, Worte her.

Worte kosten kein Geld.

Worte machen den Handel.

Wörter sind (keine) Schwerter.

Worte sind keine Taler (Taten).

Worte sind Wind, vom Drohen stirbt kein Kind.

Worte sind Zwerge, aber Beispiele sind Riesen.

Worte tun's nicht.

Wort ohne Tat ist ein Acker ohne Saat.

Wo Taten sprechen, bedarf es keiner Worte.

Wo viel Worte sind, da hört man den Narren.

Wo viel Worte sind, da ist wenig Tat.

Zu spät ist ein böses Wort.

wühlen

Die Sau läßt das Wühlen nicht.

Hungrige Schweine wühlen am meisten.

Wo man im Mist wühlt, stinkt es.

wund

Außen gesund und innen wund.

Man stößt sich immer an das wunde Knie

Wunde

Alte Wunden bluten leicht.

Alte Wunden sind schwer zu heilen.

Alte Wunden soll man nicht aufreißen.

Auch geheilte Wunden lassen Narben zurück.

Das Geld heilt alle Wunden.

Eigentlich Rechtssprichwort: Körperverletzungen konnten mit Geldbußen gesühnt werden.

Die Wunden, die man heilen will, muß man erst aufdecken.

Eine frische Wunde ist schnell geheilt.

Es gibt für alle Wunden Pflaster.

Es gibt mehr heimliche Wunden als offene.

Fremde Wunden schmerzen nicht.

Geduld ist ein Pflaster auf alle Wunden.

Heimliche Wunden bluten nicht.

In einer Stunde heilt keine alte Wunde.

Je schärfer die Spitze, je tiefer die Wunde.

Keine größere Wunde als ein falscher Freund.

Kleine Wunden schmerzen auch.

Krieg schlägt Wunden.

Man muß nicht Schrammen mit Wunden heilen.

Narben sind auch Wunden.

Rache heilt keine Wunden.

Tiefe Wunden heilen langsam.

Verachtung schlägt tiefe Wunden.

Wer alte Narben aufreißt, schafft neue Wunden.

Wie die Wunde, so das Pflaster.

Wo die Wunde, da die Hand.

Wo Krieg ist, da sind Wunden.

Wunden machen gesunden.

Wunder

Auch Wunder ermüden zuletzt.

Die nahen Heiligen tun keine Wunder.

Erstaunliches ist leichter aus der Ferne zu berichten.

Die Wunder geraten am besten im Finstern.

Bei Licht besehen sind sie nämlich keine.

Die Zeit tut Wunder.

Ein Wunder lockt das andere.

Es tun nicht alle Heiligen Wunder.

Gottes Wunder sind groß, sagte der fromme Greis, als sein junges Weib alljährlich ein Kind bekam.

Not tut Wunder.

Pfennigsalbe tut Wunder.

Wer den Heiligen auf seiner Seite hat, der hat das Wunder.

Bei großer Förderung kommt man rasch voran.

Wer gern lügt, macht gern Wunder.

Wie der Heilige, so das Wunder.

Wunder hören niemals auf.

Wunderkind

Wunderkinder werden selten Wundermenschen.

wunderlich

Alte Leute sind wunderlich; wenn es regnet, wollen sie Heu machen.

Der liebe Gott hat wunderliche Kostgänger.

Wunsch

Der Wunsch ist der Vater des Gedankens.

Nach Shakespeare, Heinrich IV.

Erfüllte Wünsche machen nicht satt.

Es gehen viel Wünsche in einen Sack.

Es geht alles nach Wunsch, wenn man zufrieden ist.

Es ist nicht alles gut, was nach Wunsch geht.

Je mehr man hat, je mehr man will,
nie schweigen unsre Wünsche still.

Wer die Karten mischt, dem fallen die Blätter nach Wunsch.

Wünsche füllen den Sack nicht.

wünschen

Hoffen und Wünschen geht viel in einen Sack.

Verdienen ist besser als Wünschen.

Vom Wünschen wird man nicht reich.

Was der Mensch wünscht, das hofft er.

Was man in der Jugend wünscht, hat man im Alter genug.

Was man nicht wünscht, hat wenig Wert.

Was man wünscht, das glaubt man gern.

Wenn man in die eine Hand wünscht und in die andere pfeift, so hat man in beiden gleich viel.

Wer nichts wünscht, verliert nichts.

Wer viel wünscht, dem fehlt viel.

Würde

Auf die Würde kommt die Bürde.

Ehren beschweren, Würden sind Bürden.

Keine Würde ohne Bürde.

Würde bringt Bürde.

Würden ändern die Sitten.

Würfel

Was der Würfel gewonnen, ist bald zerronnen.

Wo der Abt die Würfel gibt, da dobbeln die Mönche.

würgen

Bürgen soll man würgen.

Wer sich für andere verbürgt, wird für andere gewürgt.

Wurm

Auch der Wurm krümmt sich, wenn er getreten wird.

Der frühe Vogel fängt den Wurm.

Im Schnabel der Henne hat der Wurm kein Recht.

Im schönsten Apfel sitzt der Wurm.

Im Sturm verkriecht sich der Wurm.

Jedes Holz hat seinen Wurm.

Je mehr Füße ein Wurm hat, je langsamer geht er.

Viele Beteiligte machen eine Sache nur noch schwerfälliger.

Wer den Wurm nicht wagt, wird den Fisch nicht fangen.

Wurmstich

Wenn der Lack weg ist, sieht man die Wurmstiche.

Wurst

Alles hat ein Ende, nur die Wurst hat zwei.

Brätst du mir die Wurst, so lösch ich dir den Durst (sagte der Kellner zum Koch).

Das Jahr ist immer länger als die Wurst.

Die nach fremden Würsten hinken,
verlieren drob die eigenen Schinken.

Eine Wurst hat zwei Zipfel

Es gibt nicht nur eine Möglichkeit.

Eine Wurst über den Zaun und eine Wurst herüber erhält die Freundschaft.

Es ist leicht Rat finden, wenn eine Wurst zu lang ist.

Gott die Ehre und dem Pfaffen die Wurst.

Von geschäftstüchtiger Scheinheiligkeit.

Wer mir ein Schwein schenkt, dem geb' ich gern eine Wurst.

Wie der Mann ist, so wird ihm die Wurst gebraten.

Wurst wider Wurst.

Ursprünglich vom dörflichen Brauch, sich beim Schlachten gegenseitig mit Wurst zu beschenken.

Würze

Arbeit ist des Lebens Würze.

Frisches Fleisch braucht nicht viel Würze.

Jugend hat Reiz genug.

In der Kürze liegt die Würze.

Wie die Würze, so der Braten.

Wurzel

Ist die Wurzel heilig, so sind auch die Zweige heilig.

Je bitterer die Wurzel, je süßer die Frucht.

Wenn die Wurzeln vertrocknen, so stirbt der Baum.

Wo die Wurzel nichts taugt, da ist auch die Frucht (der Stamm) nichts wert.

Wo die Wurzeln stehen, da wird es wieder grün.

wurzeln

Je größer die Stürme, desto fester wurzelt die Eiche.

Was nicht tief wurzelt, wipfelt auch nicht hoch.

wüst

Recht wüst ist auch schön.

Wüste Reden, wüste Ohren.

Wüstes Maul, wüstes Herz.

Wut

In der Wut tut niemand gut.

wütend

Vor seiner Hütte ist der Hund am wütendsten.

Z

Z

Wer A sagt, kommt zuletzt bis zum Z.

Zacke

Je älter der Hirsch, je mehr Zacken.

zag

Zag hat kein Glück.

zagen

Wagen macht gewinnen, zagen macht zerrinnen.

zahlen

Aus einer fremden Tasche ist gut zahlen.

Aus leeren Taschen ist nicht gut zahlen.

Bürgen müssen zahlen.

Der eigene Pfennig zahlt am besten.

Der Tod zahlt alle Schulden.

Erst zahlen, dann prahlen.

Gram zahlt keine Schulden.

Rede wenig, rede wahr,
zehre wenig, zahle bar.

Stiehlt der Knecht, so zahlt der Bauer.

Wem man viel schuldet, dem muß man viel zahlen.

Auch Dankesschuld kann eine lästige Verpflichtung werden.

Wer borgt, muß zahlen.

Wer für andere bürgt, muß selber zahlen.

Wer gut zahlt, wird gut bedient.

Wer kein Geld hat, der zahlt mit der Haut.

Galt einst wörtlich, da man sich von Körperstrafen freikaufen konnte.

Wer mit gegessen hat, muß auch mit zahlen.

Wer nicht zahlen kann, muß laufen.

Wer schlecht zahlt, bezahlt zweimal.

Zahlen macht ledig.

Frei von Verpflichtungen.

↗ *Zeche, zechen*

zählen

Arme Leute zählen ihre Schäflein zweimal.

Auch der Teufel kann bis drei zählen.

Man halte keinen Gegner für dumm.

Man soll seine Feinde nicht zählen, sondern schlagen.

Schwierigkeiten muß man beherzt angehen.

Richtig zählen, ehrlich messen
darf der Kaufmann nicht vergessen.

Wenig haben ist bald gezählt.

Wer Pfennige zählt, wird auch Taler zählen.

Wer seine Herde zählt, ist arm.

Wo Geld gezählt wird, sehen auch Blinde.

Zahler

Dem guten Zahler ist leicht borgen.

Die schlimmsten Zahler sind die besten Mahner.

Große Prahler, schlechte Zahler.

Gute Borger, schlechte Zahler.

Guter (Scharfer) Mahner macht guten Zahler.

Gute Zahler brauchen keine Bürgen.

Gute Zahler kaufen billig.

Heute ein Schuldner, morgen ein Zahler.

Je ärger der Mahner, je schlimmer der Zahler.

Viel Käufer, wenig Zahler.

Von leeren Versprechungen.

zahm

Ein feiges Herz macht zahm.

Früh wild, früh zahm.

Mit Güte macht man wilde Tiere zahm.

zähmen

Was zähmt, das lähmt.

Zahn

Alte Hunde haben stumpfe Zähne.

Altes Brot will gute Zähne.

Auge um Auge, Zahn um Zahn.

Nach 2. Mose 21,24.

Der bissige Hund zeigt seine Zähne nicht.

Die Zähne zeigen ist noch nicht lachen.

Die Zunge stößt immer an den kranken Zahn.

Von seinen Wehwehchen erzählt man gern.

Einer guten Egge fehlt kein Zahn.

Ein hungriger Wolf hat scharfe Zähne.

Ein Rechen zeigt jedem die Zähne.

Es frieren mehr, als mit den Zähnen klappern.

Es hat mancher schöne Zähne, weil er falsche hat.

Es möchte mancher beißen, wenn er nur Zähne hätte.

Hast du keine Zähne, schüttle nicht die Mähne.

In hundert Jahren tut uns kein Zahn mehr weh.

Jedem ist sein Liebchen schön, und wär's auch ohne Zähne.

Mancher hat Zähne und kein Brot, mancher Brot und keine Zähne.

Man kann lange mit den Zähnen klappern, bis der Teufel weint.

Man muß die Zähne nicht eher zeigen, bis man beißen will.

Mit fremden Zähnen kann man nicht kauen.

Not hat scharfe Zähne.

Wer keine Zähne hat, muß Brei essen.

Wer sich morgens die Zähne ausbeißt, kann am Abend nicht kauen.

Zähne, die Brot kauen, sind auch Zähne.

Auch der Friedfertige weiß sich zu wehren, wenn man ihn reizt.

Zur Suppe braucht man keine Zähne.

Zahnschmerz

Zahnschmerz geht über Weltschmerz.

Zahnweh

Mit Philosophie stillt man Zahnweh nie.

Wo gehandelt werden muß, hilft kein Theoretisieren.

Nichts und nichts macht Zahnweh.

Nämlich Hunger.

Zank

Alten Zank soll man nicht aufrühren.

Alter Zank ist bald erneuert.

Aus kleinen Worten wird oft großer Zank.

Ein leerer Schrank bringt Streit und Zank.

Je mehr Hirten, je mehr Zank.

Keine Schenke ohne Trank, keine Ehe ohne Zank.

Mit Zank und Streit kommt man nicht weit.

Schuld und Zank macht Müh' und Stank.

Wer lustig ist zu Zank und Streit,
der findet bald Gelegenheit.

zanken

Die sich am Tage zanken, lecken sich des Nachts.

Man zankt sich leicht um die leere Krippe.

Vergleichen und Vertragen ist besser als Zanken und Klagen.

Was kümmert's den Markt, wenn die Weiber zanken.

Wenn die Hirten sich zanken, hat der Wolf gewonnenes Spiel.

Wenn die Mägde sich zanken, kommt die Wahrheit an den Tag.

Wenn sich zwei zanken, so macht es wenigstens dem einen Spaß.

Wenn zwei sich zanken, so freut sich der Dritte.

Wer allein zankt, zankt nicht lange.

Ohne einen Partner, der mitmacht, gibt es keinen Streit.

Wo zwei zanken, da sei nicht der Dritte.

Zum Zanken gehören immer zwei.

Zänker

Zänker sind Stänker.

Zankerei

Bleib zu Haus und koch den Brei,
so kommst du nicht in Zankerei.

Zapfen

Der Wein folgt dem Zapfen.

Man spart am Zapfen und läßt's am Spundloch auslaufen.

zaudern

Im Zorn ist Zaudern das beste.

Wer mit der Gabe zaudert, hat den Dank schon eingenommen.

Zaudern bringt Gefahr.

Zaum

Einer braucht den Zaum, der andere die Sporen.

Ein goldener Zaum macht das Pferd nicht besser.

Gleiches Pferd, gleicher Zaum.

Sich selbst im Zaume halten ist die größte Herrschaft.

Wenn der Teufel das Pferd holt, holt er auch den Zaum dazu.

Wer aufs Roß kommt, zieht den Zaum an sich.

zäumen

Man zäumt das Roß und nicht den Reiter.

Zaun

Die Blumen machen den Garten, nicht der Zaun.

Eine Hecke macht keinen Zaun.

Einer hilft dem andern über den Zaun.

Ein niedriger Zaun ist bald übersprungen.

Ein Zaun dazwischen mag die Liebe erfrischen.

Gevatter über den Zaun, Gevatter wieder her.

Hinterm Zaun wohnen auch noch Leute.

Kein Zaun ohne Stecken,
kein Mensch ohne Flecken.

Liebe deinen Nächsten (Nachbar), reiß aber den Zaun nicht nieder.

Liebe geht durch Zaun und Hecke.

Man grüßt den Zaun des Gartens wegen.

Mit guten Nachbarn hebt man den Zaun auf.

Ursachen kann man von jedem Zaune brechen.

Wer die Lücke im Zaun hat, der hat auch den Schaden.

Wer einen guten Nachbar hat, braucht keinen Zaun.

Wer ohne Zaun pflanzt, erspart sich die Ernte.

Wo der Zaun am niedrigsten ist, da springt der Teufel hinüber (da will jedermann über).

Auf seine schwachen Seiten muß man besonders achtgeben.

Zeche

Auf das Gelage folgt die Zeche.

Der eine hat den Wein getrunken, der andere muß die Zeche zahlen.

Jeder zahle seine Zeche.

Kleine Zeche, große Freundschaft.

Mit Liedern zahlt man keine Zeche.

Mit Klageliedern.

Wer die Zeche ohne den Wirt macht, muß zweimal rechnen.

zechen

Abends zechen, morgens ratschlagen.

Aus fremdem Beutel ist gut zechen.

Trunken gezecht, nüchtern geblecht.

Wer nicht mit zecht, braucht nicht mit zahlen.

Zecher

Der Zecher denkt anders als der Schenk.

Zeh(e)

Besser eine Zehe verlieren als den ganzen Fuß.

Die kleinste Zehe verhindert oft die größte Reise.

Wenn dir die Zehen schmerzen, so tritt anderen nicht auf die Füße.

zehn

Auf einen Lober kommen zehn Schelter.

Eine Mutter (Ein Vater) kann eher zehn Kinder ernähren als zehn Kinder eine Mutter (einen Vater).

Ein Frieden ist besser als zehn Siege.

Ein Heute ist besser als zehn Morgen.

Ein Mann, der will, kann mehr als zehn, die müssen.

Ein Narr kann mehr befehlen, als zehn Kluge ausrichten können.

Ein Schaf braucht nicht zehn Hirten.

Ein Schelm macht zehn andere.

Es müssen zehn verderben, ehe einer reich wird.

Es spielen sich eher zehn arm als einer reich.

Man soll lieber zehn ehrlich machen als einen zum Schelm.

Gegen vorschnellen Verdacht.

Wer eine Ausrede sucht, findet zehn.

Wer einen erwürgt, darf zehn ermorden.

Wer zehn Schritte zurücklegen will, hat mit neunen noch nicht die Hälfte.

Wo eine Krähe sitzt, da sitzen bald zehn.

Zehn alte Weiber, elf Krankheiten.

Zehn Phantasten geben erst einen Narren.

Zehn wollen weise sein, einer will es werden.

Je älter der Hirsch, je mehr Zacken.

zehnmal

Einmal gesehen ist besser als zehnmal gehört.

zehren

Gram zehrt im stillen.

Viel zehren und gasten
leert Keller und Kasten.

Wer wenig zehrt, hat lange zu zehren.

Zehrer, der

Jeder Sparer findet einen Zehrer.

Der das Gesparte (Erbe) dann wieder vertut.

Zehrgeld

Guter Mut ist halbes Zehrgeld.

zeigen

Am Ende wird sich's zeigen.

Das Unglück zeigt den großen Mann.

Dem Feigen zeigt das Glück den Rücken.

Der Rauch zeigt den Brand.

Die Runzeln zeigen das Alter.

Die Zähne zeigen ist noch nicht lachen.

Im Unglück zeigt sich der Freund.

In der Beschränkung zeigt sich erst der Meister.
Nach Goethe, Was wir bringen.

Wenn einer ein Narr ist, so zeigt er es.

Wer mir das Pferd zeigt, braucht mir die Krippe nicht zu zeigen.

Wer mir die Schlinge zeigt, der ist mein Freund.

Wer sich am wenigsten zeigt, wird am meisten gesucht.

Zeigst du mir das Rauhe, so zeige ich dir das Grobe.

Zeit

Abgeredet vor der Zeit gibt nachher keinen Streit.

Alles (Ein jegliches) hat seine Zeit.
Nach Prediger Salomo 3,1.

Alles zu seiner Zeit.

Andere Zeit, andere Freud'.

Andere Zeit, andere Lehre.

Andere Zeit, andere Leut.

Andere Zeit, anderes Geschmeid.

Andere Zeiten, andere Lieder (Gedanken).

Andere Zeiten, andere Sitten (Saiten).

Andere Zeiten, andere Sorgen.

Arbeiten hat seine Zeit und Feiern hat seine Zeit.

Das sind knappe Zeiten, sagte der Pfaffe, die Bauern machen ihre Kinder selber.

Das sind schlimme Zeiten, wo das Unkraut teurer ist als der Weizen.

Der erste in der Zeit, der erste im Rechte.

Der Fleißige hat stets Zeit genug, der Faule nie.

Der ist glücklich genug, der keine Zeit hat, unglücklich zu sein.
Der tätige Mensch also.

Der Kluge wartet die Zeit ab.

Die alte Zeit war immer besser.
Spöttisch über verklärende Erinnerung.

Die Uhr bleibt stehen, die Zeit nicht.

Die Uhr ist für die Dummen; die Klugen wissen ihre Zeit.

Die Zeit bringt alles an den Tag.

Die Zeit bringt reifen Roggen.

Die Zeiten ändern sich und wir mit ihnen.

Die Zeit entblättert jede Rose.

Die Zeit heilt alles Leid (alle Wunden).

Die Zeit lindert jeden Schmerz.

Die Zeit macht auch den Narren klug.

Die Zeit macht gescheit.

Die Zeit macht greis, aber nicht weis.

Die Zeit steht nicht still.

Die Zeit tut Wunder.

Die Zeit vergeht, der Narr besteht.
Der Unbelehrbare ändert sich nicht.

Die Zeit wartet auf niemand.

Ein Späßchen zur Zeit hat keinen gereut.

Es braucht wenig Zeit, viel Gutes zu tun, aber auch wenig Zeit, viel Böses zu stiften.

Es ist eine Zeit zum Lustigsein und eine Zeit zum Trauern.

Es kommt alles zu seiner Zeit, wer es nur erwarten kann.

Gute Zeit macht keine Langeweile.

Heute ist die beste Zeit.

In langer Zeit kann viel geschehen.

Je dürrer die Zeit, je grüner die Hoffnung.

Kommt Zeit, kommt Rat.

Man muß der Zeit auch etwas überlassen.

Man muß der Zeit und der Gelegenheit die Hände bieten.

Mit Geduld und Zeit kommt man weit.

Mit der Zeit reift das Korn.

Mit der Zeit vergißt man's Leid.

Mit der Zeit wird die Magd gefreit.

Niemand ist zu allen Zeiten weise.

Nimm dir Zeit und nicht das Leben.

Nimmermehr ist eine lange Zeit.

Reden hat seine Zeit und Schweigen hat seine Zeit.

Nach Prediger Salomo 3,7.

Spare in der Zeit, so hast du in der Not.

Über gute Zeiten beklagt man sich nicht.

Verlorene Zeit kommt niemals wieder.

Verschwiegen Leid heilt nur die Zeit.

Wem die Zeit aufspielt, der muß tanzen.

Wem die Zeit nicht paßt, der passe sich in die Zeit.

Wenn's Zeit ist, soll man melken.

Wer das Leben liebt, vergeudet die Zeit nicht.

Wer der Zeit dient, dient ehrlich.

Wer nicht kommt zur rechten Zeit, muß nehmen, was übrigbleibt.

Wer sein Gold hütet, hat eiserne Zeit.

Der Geiz gönnt sich selber nichts.

Wer sich Zeit nimmt (läßt), kommt auch.

Wer warten kann, dem kommt alles zur rechten Zeit.

Wer Zeit gewinnt, gewinnt viel.

Nämlich neue Möglichkeiten.

Wer Zeit nutzt, hat Zeit gewonnen.

Wie die Zeit, so ändern sich die Leut.

Zeit bringt Leid.

Zeit frißt Eisen.

Zeit gewonnen, alles gewonnen; Zeit verloren, viel verloren.

Zeit gibt Bescheid.

Zeit ist Geld.

Zeit kann man nicht kaufen.

Zeit macht Heu.

Zeit vertan, Geld vertan.

Zeit zu schweigen, Zeit zu reden, Zeit aufzuhören.

Zu gelegener Zeit seine Meinung ändern ist Weisheit.

Opportunistenweisheit.

Zur rechten Zeit schweigen ist eine Kunst.

zeitig

Ein zeitiger Morgen macht einen langen Tag.

Zeitvertreib(er)

Junges Weib gibt Zeitvertreib.

Seibernde Pfeifen und keifende Weiber sind schlechte Zeitvertreiber.

Zentner

Besser eine Unze geben als einen Zentner versprechen.

Mancher sorgt sich um einen Zentner und braucht kein Lot.

Wer ein Pfund haben will, muß um einen Zentner bitten.

zerbrechen

Der eine zerbricht Häfen, der andere Krüge.

Wer den Wagen überladet, zerbricht ihn.

Zuviel Schüsseln zerbrechen den Tisch.

Zuviel Vorsicht (Sorge) zerbricht das Glas.

zerbrochen

In jeder Küche gibt's zerbrochene Töpfe.

Zerbrochene Töpfe werden nicht mehr ganz.

Von erloschener Liebe und Freundschaft.

zerreißen

Man zerreißt den Strick, wo er am dünnsten ist.

Überfluß zerreißt den Sack.

Wer zu sehr zieht, zerreißt das Seil.

zerrinnen

Erst löffelweis gewonnen,
dann scheffelweis zerronnen.

Es ist bald zerronnen, was mit Unrecht begonnen.

Geld zerrinnt, wie man's gewinnt.

Im Saus gewonnen, im Braus zerronnen.

Im Traum gewonnen, im Traum zerronnen.

Leicht gewonnen, leicht zerronnen.

Wie gewonnen, so zerronnen.

zerrissen

Ein zerrissener Rock hat keinen Kredit.

Zerrissener Rock macht keinen Gelehrten.

Zerrissene Schuhe geben nasse Füße.

zerspringen

Allzu straff gespannt zerspringt der Bogen.

Nach Schiller, Wilhelm Tell (zu einem alten Sprichwort).

Heute gelungen, morgen zersprungen.

zersprungen

Zersprungener Topf klingt nicht.

zerstören

Krieg (Unfriede) zerstört, Friede ernährt.

Liebe mehrt, Haß zerstört.

Zerstören ist leichter als aufbauen.

zerstreuen

Je mehr du zerstreust, je mehr du bereust.

zertreten

Wer sich treten läßt, wird zertreten.

Zettel

Bettel hat langen Zettel.

Zeug

Wenn man einem was am Zeuge flicken will, so ist bald eine Ursache gefunden.

Zeuge

An falschen Zeugen fehlt es nie.

Briefe sind besser als Zeugen.

Altes Rechtssprichwort (Schwabenspiegel).

Das Auge ist ein treuer Zeuge.

Was man mit eigenen Augen gesehen hat, braucht sonst keinen Beweis.

Der Gast im Hause ist ein Zeuge gegen dich.

Durch der Zeugen Mund geht oft ein Mensch zugrund'.

Von falschen oder leichtfertigen Aussagen.

Ein Zeuge ist einäuge.

Ein Zeuge, kein Zeuge.

Falsche Zeugen gelten nicht.

Sieben Zeugen sind sicherer als zwei.

Wer Zeugen hat, der hat schon halb gewonnen.

Wer seine Herde zählt, ist arm.

Zeugnis

Augenschein ist aller Welt Zeugnis.

Zicklein

Aus Zicklein werden Böcke.

Dem Zicklein werden die Hörner schon wachsen.

Ziege

Die Ziege, die am meisten meckert, gibt die wenigste Milch.

Von unproduktiven Nörglern.

Es ist keine Ziege so alt, sie leckt noch gern Salz.

Ist kein Hund da, so nimmt man die Ziege zur Jagd.

Man muß sich immer zu helfen wissen.

Magere Ziegen geben die meiste Milch.

Man muß die Ziege melken, die im Stall steht.

Viel Ziegen, viel Hörner.

Wenn die Ziege Wasser sieht, will sie saufen.

Was einem ins Auge sticht, möchte man auch haben.

Wer Ziegen im Haus hat, der hat den Bock auf der Hecke.

Wo die Ziege angebunden ist, da muß sie grasen.

Ziegel

Der eine brennt Ziegel, der andere deckt sein Haus damit.

ziehen

Das Pferd zieht nicht, aber der Hafer.

Der Finger einer Frau zieht stärker als ein Paar Ochsen.

Die Peitsche lehrt das Pferd ziehen.

Die Pferde ziehen Weise und Narren.

Ein Frauenhaar zieht stärker als ein Glokkenseil.

Ein Glückshaar zieht mehr als hundert Pferde.

Ein Pfennig zieht den andern aus dem Beutel.

Ein sanftes Wort zieht mehr als vier Pferde.

Es hat jeder seinen Karren zu ziehen.

Gleiche Pferde ziehen am besten.

Magere Pferde ziehen gut.

Man kommt fort, auch wenn bloß Ochsen ziehen.

Man muß nicht mehr auf den Wagen laden, als die Pferde ziehen können.

Mit Verlaub zieht man dem Bauern die Kuh aus dem Stall.

Schönheit zieht mehr als zehn Ochsen.

Was man schiebt, braucht man nicht zu ziehen.

Wer mitgehen will, ist leicht zu ziehen.

Wer sich anspannen läßt, muß ziehen (der muß auch ziehen).

Wie die Rosse ziehen, so geht der Wagen.

Wie man den Strang zieht, so läuten die Glocken.

Wo der Ochse hinkommt, muß er den Pflug ziehen.

Wohin man den Ochsen wendet, dahin zieht er den Pflug.

Ziel

Beharrlichkeit führt zum Ziel.

Der Tugend ist kein Ziel zu hoch.

Eileviel kommt spät ans Ziel.

Es kommt viel zwischen Bolzen und Ziel.

Je höher Ziel, je besser Schütz.

Je weiter das Ziel, je mehr Abwege.

Langsam kommt auch ans Ziel.

Mit klarem Ziel gewinnt man viel.

Oft schießen trifft einmal das Ziel.

Wegebessern führt auch ans Ziel.

Weit vom Ziel ist sicher vorm Schuß.

Wer jedem den Weg zeigen will, kommt selbst nicht ans Ziel.

Wer jeden Weg geht, erreicht kein Ziel.

Wer nicht nachläßt, kommt ans Ziel.

Wer zuviel spornt, kommt spät ans Ziel.

Wie die Kraft, so das Ziel.

zielen

Blitze zielen nicht.

Ein guter Schütze zielt nicht lange.
Selbstvertrauen macht entschlossen.

Erst zielen, dann abdrücken.

Gut gezielt und schlecht getroffen.

Wer gut zielt, trifft gut.

Wer schlecht zielt, der hat verspielt.

Zielen ist gut, aber Treffen gilt.

ziemen, sich

Es mag einer denken, was er will, aber reden muß er, was sich ziemt.

Zier(de)

Bescheidenheit ist eine Zier,
doch weiter kommt man ohne ihr.

Dem Liebenden ist auch der Kropf eine Zierde.

zieren

Anstand ziert und kostet nichts.

Auswendig geziert, inwendig geschmiert.

Dankbarkeit ziert allezeit.

Das Kleid ziert den Mann,
wer es hat, der ziehe es an.

Höflichkeit ziert den Mann.

Wie geziert, so ästimiert.

Zimmermann

Die Axt im Haus erspart den Zimmermann.
Nach Schiller, Wilhelm Tell.

Die Zimmerleut' und die Maurer,
das sind die rechten Laurer;
eine Stunde tun sie essen,
eine Stunde tun sie messen,
eine Stunde rauchen sie Tabak,
und so vergeht der halbe Tag.

Die ungeschicktesten Zimmerleute brauchen die schärfsten Beile.

Gute Zimmerleute machen wenig Späne.

Wenn der Maurer gesündigt hat, soll man nicht den Zimmermann hängen.

Wer Späne hauen kann, ist noch kein Zimmermann.

Zins

Was man seinem Felde leiht, bekommt man mit Zinsen wieder.

Wohltun trägt Zinsen.

zischeln

Wer viel zischelt, lügt viel.

Wo man zischelt, ist der Teufel nicht fern.

zittern

Es zittert mancher, der droht.

Für den Frost hilft kein Zittern.
Angst wendet ein Unheil nicht ab.

Was nützt das Leben dem, der stets vor dem Tode zittert.

Wenn der Löwe brüllt, zittert der Wald.

Wenn man die Schafe schert, so zittern die Lämmer.

Zofe

Alte Philosophen taugen nicht zu jungen Zofen.

zögern

Wer nicht gern kommt, zögert lange.

Wer zögert, hat das Spiel halb verloren.

Zoll

Ein Zoll zu kurz ist soviel wie eine Elle zu kurz.

Mancher steigt einen Zoll und fällt sieben Klafter.

zollfrei

Gedanken sind zollfrei.

Zorn

Auch im Lamm ist Zorn.

Auf den Zorn ist nicht gut trinken.

Auf großen Zorn folgt große Reue.

Besser kleiner Zorn als großer Schaden.

Der Zorn beherrscht nur schwache Leute.

Der Zorn des Schwachen ist zum Verlachen.

Der Zorn ist blind (wirft blinde Junge).

Der Zorn kann auch lachen.

Ein kleiner Zorn stärkt die Liebe.

Geht der Zorn, so kommt die Reue.

Gute Antwort bricht den Zorn.

Im Zorn geht Freundschaft verlorn.

Im Zorn wird alles zur Waffe.

Nachgeben stillt viel Zorn.

Sanftmut (Sanfte Rede) stillt den Zorn.

Stiller Zorn, schlimmer Zorn.

Verliebter Zorn ist bald verlorn.

Wer auf Gnade sündigt, wird mit Zorn gelohnt.

Wer im Zorn aufsteht, setzt sich mit Schaden nieder.

Wer im Zorn handelt, geht im Sturm unter Segel.

Wer seinen Zorn bezwingt, hat einen Feind besiegt.

Wo der Zorn einkehrt, muß der Verstand ausziehen.

Zorn beginnt mit Torheit und endet mit Reue.

Zorn bringt den Narren um.

Zorn ist ein Mann, Sanftmut eine Frau.

Zorn ist ein schlechter Ratgeber.

Zorn leiht Waffen.

Zorn macht stark.

Zorn ohne Macht wird ausgelacht.

Zorn und Kaffee müssen warm genossen sein.

Zorn und Liebe geben schlechten Rat.

Zorn und Übermut tun selten gut.

Zorn verjagt die Leute.

↗ *zaudern*

zornig

Zornige Leute kommen bald zu einer Beule.

Zucht

Wer ohne Zucht aufwächst, stirbt ohne Ehre.

Wie die Zucht, so die Frucht.

zücken

Frisch gezückt ist halb geglückt.

Mancher zückt das Schwert und zieht doch nicht vom Leder.

Zucker

Es ist nicht alles Zucker in der Liebe.

Saurer Schweiß macht süßen Zucker.

Zucker im Munde, Pfeffer im Herzen.

Zudeck

Spaß muß getrieben werden, und wenn's unter dem Zudeck ist.

zudecken

Wenn das Kind ertrunken ist, deckt man den Brunnen zu.

Wenn das Kind in den Brunnen gefallen ist, deckt man ihn zu.

zuerst

Allzuklug stößt sich zuerst an die Nase.

Das Beste holt der Teufel zuerst.

Das morsche Rad bricht zuerst.

Der Esel nennt sich selbst zuerst.

Der Hintern setzt sich zuerst.

Der Stärkste bricht die Beine zuerst.

Die schönsten Rosen welken zuerst.

Sieh zuerst in dein Haus, danach hinaus.

Wer jedem Strohhalm aus dem Wege geht, bricht zuerst ein Bein.

Übervorsicht schadet auch.

Wer zuerst einsteigt, badet zuerst aus.

Wer zuerst kommt, mahlt zuerst.

Wer zuerst nimmt, hat die Auswahl.

Zuerst gewonnen, zuletzt verspielt.

Zufall

Der Zufall kann große Dinge tun.

Mischt der Zufall die Karten, so verliert der Verstand das Spiel.

Vorsicht geht dem Zufall aus dem Wege.

Wirf das Netz aus, der Zufall bringt die Fische.

zufließen

Wo es abfließt, da muß es auch wieder zufließen.

Man grüßt den Zaun des Gartens wegen.

zufrieden

Der ist noch nicht reich, der nicht zufrieden ist.

Der Narr ist zufrieden mit sich, der Weise mit der Welt.

Einem zufriedenen Herzen scheint die Sonne überall.

Es geht alles nach Wunsch, wenn man zufrieden ist.

Glücklich ist, wer zufrieden ist.

Iß und trink und sei zufrieden.
Nach Lukas 12,19.

Jeder ist mit sich zufrieden, aber keiner mit seinem Nachbarn.

Mit leeren Löffeln ist kein Drescher zufrieden.

Wer mit wenigem zufrieden ist, der ist reich.

Wer zufrieden ist, hat immer genug.

Wer zufrieden ist mit dem Ei,
braucht die Henne nicht dabei.

Zufrieden sein macht Wasser zu Wein.

zufriedengeben, sich

Der Teufel gibt sich nicht zufrieden.

Zufriedenheit

Zufriedenheit geht über Reichtum.

Zufriedenheit ist mein Vergnügen,
alles andre lass' ich liegen.

Zufriedenheit macht froh.

Zufriedenheit macht reiche Leut.

zufügen

Was du nicht willst, daß man dir tu',
das füg auch keinem andern zu.
Nach Tobias 4,16.

Zugabe

Wer den Spieß kauft, bekommt den Krieg als Zugabe.

zugeben

Wie man ausspielt, so wird zugegeben.

zugehen

Bei ehrlichen Leuten geht's ehrlich zu.

Geht es recht zu, so folgt das Kalb der Kuh.

Je schlimmer es zugeht, je fröhlicher soll man sein.
Schwierigkeiten lassen sich mit Optimismus am ehesten überwinden.

Sehr ungleich geht's auf Erden zu,
ich heut', der gestern, morgen du.

So geht es in der Welt zu; einer geht barfuß,
der andre trägt die Schuh'.

Zügel

Es lenken nicht alle, die die Zügel halten.

Wer die Zügel fahrenläßt, kommt bald aus dem Sattel.

Wer redet ohne Zügel, verdient seine Prügel.

zugleich

Man kann nicht Fuchs und Hase zugleich sein.

Man kann nicht zugleich säen und ernten.

zugreifen

Greif zu, solange es Zeit ist.

Wer nicht zugreift, bekommt nichts.

Wer zugreift, dem gehört die Welt.

Wo viel Zugreifen ist, da muß man gut verschließen.

zugrunde

Am Schlingen gehen mehr zugrunde als am Ringen.

Beredter Mund geht nicht zugrund.

Der Schlund richtet viele zugrund.

Nobel (Vornehm) geht die Welt zugrunde.

Vorsicht geht nicht zugrunde.

Wer zugrunde gehen soll, der wird zuvor stolz.

Nach Sprüche Salomos 16,18.

Zwischen Hand und Mund geht viel zugrund.

zugucken

Zugucken macht nicht müde.

Zugucker

Dem Zugucker ist nichts zu schwer.

zuhören

Viel sprechen gibt viel zuzuhören.

Wer seine Meinung sagt, muß sich auf Antwort gefaßt machen.

Wer angenehm spricht, dem hört jeder gern zu.

Wer dem Schmeichler zuhört, muß ihn füttern.

Zuhören ist leichter als tun.

Zuhörer

Aus einem guten Zuhörer wird ein guter Erzähler.

Neugierige klatschen auch gern.

Der Zuhörer Tränen sind des Predigers Ruhm.

Fleißige Zuhörer machen fleißige Lehrer.

zulangen

Wer etwas haben will, muß zulangen.

Man muß die Gelegenheit beim Schopfe packen.

Zulauf

Billiger Verkauf hat viel Zulauf.

Neue Schneider und frische Huren finden bald Zulauf.

Hämisch, wenn etwas rasch Anklang findet.

zulegen

Je mehr man zulegt, desto stärker brennt es.

zuletzt

Der brave Mann denkt an sich selbst zuletzt.

Nach Schiller, Wilhelm Tell.

Der Schwanz kommt immer zuletzt.

Die besten Räte und hinkende Pferde kommen gewöhnlich zuletzt.

Spöttisch von Besserwissern.

Die Last drückt zuletzt am meisten.

Wer zuerst gewinnt, verliert zuletzt.

Wer zuletzt kommt, macht die Tür zu.

Wer zuletzt kommt, sitzt hinter der Tür.

Wer zuletzt lacht, lacht am besten.

Zuletzt weiß man alles.

↗ *zumachen*

zumachen

Mach den Mund zu, so kommt keine Fliege hinein.

Schweigen erspart oft Unannehmlichkeiten.

Wer zuletzt kommt, macht die Tür zu.

zünden

Wer zünden will, muß selber brennen.

zunehmen

Was bald zunimmt, das nimmt bald ab.

Was zunimmt, nimmt auch ab.

Wo Hochmut zunimmt, da nimmt Glück ab.

Zunft

Brauch und Zunft kennen keine Vernunft.

Zunge

Beliebt macht eine süße Zunge.

Alles, was man sagt, wird für gut gehalten.

Besser mit den Füßen stolpern als mit der Zunge.

Böse Zunge, böses Herz.

Böse Zunge bricht den Hals.

Den eigenen oder den fremden, weil Verleumdung auf jeden Fall Schaden anrichtet.

Böse Zungen schneiden schärfer als ein Schwert.

Böse Zungen schonen niemand.

Das Herz des Toren ist auf seiner Zunge.

Der ist noch kein guter Soldat, der mit der Zunge fechten kann.

Der Wein löst die Zunge.

Die Hand muß klüger (langsamer) sein als die Zunge.

Die Zunge ist glatt.

Reden läßt sich viel.

Die Zunge ist oft schneller als der Kopf.

Die Zunge soll nicht schneller sein als der Gedanke.

Die Zunge stößt immer an den kranken Zahn.

Von seinen Wehwehchen redet man gern.

Dorn und Distel stechen sehr,
falsche Zungen noch viel mehr.

Eine kluge Hand macht nicht alles, was eine närrische Zunge schwatzt.

Ein Geheimnis juckt auf der Zunge.

Falsche Zungen sind wohlfeil.

Je feiger Herz, je größer Zunge.

Je leerer der Kopf, desto geschwätziger die Zunge.

Je stärker die Zunge, je schwächer die Arme.

Von Maulhelden.

Je weniger die Hände tun, desto mehr tut die Zunge.

Kein schärfer Schwert als böse Zungen.

Scharfe Schwerter schneiden sehr,
scharfe Zungen noch viel mehr.

Trockene Zunge erzählt nicht gern.

Was die Zunge redet, muß der Rücken bezahlen.

Wer seine Zunge weiß zu zähmen, braucht anderer Leute Mäuler nicht zu fürchten.

Wo die Augen sprechen, kann die Zunge schweigen.

Wo die Gunst redet, muß die Zunge schweigen.

Zwei Zungen in einem Mund sind nicht gesund.

zürnen

Die langsam zürnen, zürnen lang (schwer).

Ein guter Mensch zürnt nicht lange.

Wer leicht zürnt, sündigt leicht.

Wer ohne Ursache zürnt, der versöhnt sich ohne Grund.

Wer zürnt, dem reiche kein Messer.

zurückbleiben

Ein Freund im Glück bleibt in der Not zurück.

Wer nicht vorwärts geht, der bleibt (geht) zurück.

zurückkommen

Stolz geht ab im Ritt und kommt zurück im Schritt.

Wer mit einer Glatze weggeht, kommt kahlköpfig zurück.

Wer nach Händeln ausgeht, kommt mit Beulen zurück.

zurücknehmen

Ein Wort und einen Furz kann man nicht zurücknehmen.

zurückschlagen

Es ist gut siegen, wenn niemand zurückschlägt.

zurückweichen

Der flieht nicht, der zurückweicht, sagte der Bauer und schmierte seine Stiefeln mit Hasenfett.

Der Starke weicht zurück, sagte der Teufel, als man ihn zur Tür hinauswarf.

Zusage

An Zusagen und rohem Tuch geht viel ein.

Zusage macht Schuld.

zusagen

Freundlich abgeschlagen ist halb zugesagt.

Zusagen ist ehrlich, halten ist beschwerlich.

Zusagen ist keine Kunst, sondern Halten.

Viel zusagen, wenig halten.

zusammenfügen

Was Gott zusammengefügt hat, das braucht der Schreiner nicht zu leimen.

zusammengehören

Was nicht zusammengehört, soll man nicht zusammenzwingen.

zusammenhalten

Essen und Trinken hält Leib und Seele zusammen.

zusammenkommen

Hart und hart kommt oft zusammen.

Wenn Holz und Feuer zusammenkommen, dann brennt es.

zusammenpassen

Graue Köpfe und blonde Gedanken passen nicht zusammen.

Starkes Bier und schwache Köpfe passen nicht zusammen.

zusammenreimen

Was der Taube auch hört, er reimt sich's zusammen.

zusammenspannen

Pferd und Esel soll man nicht zusammenspannen.

zusammenstoßen

Wenn zwei Kieselsteine zusammenstoßen, gibt es Feuer.

zuschauen

Wer zuschaut, dem ist keine Arbeit zu schwer.

Zuschauer

Dem Zuschauer ist kein Spiel zu hoch.

Die Zuschauer sind die besten Spieler.

Man kann arbeiten wie ein Ackergaul,
für Zuschauer ist man immer zu faul.

zuschließen

Der letzte schließt die Tür zu.

Wenn's Pferd gestohlen ist, schließt man den Stall zu.

zusehen

Nicht zusehen, sondern probieren macht den Koch.

Vom Zusehen wird man nicht satt.

Wer dem Feuer zusieht, den frißt es.

Zusehen ist halbe Arbeit.
Wenn man dabei lernt.

zustimmen

Wer schweigt, stimmt zu.

zustoßen

Was einem zustößt, kann auch dem andern begegnen.

zutragen

Mancher trägt andern Wasser zu und läßt sein Haus brennen.

Wo viel Leute sind, da trägt man viel zu.

zutrauen

Alles, was ich denk' und tu',
trau' ich auch dem andern zu.

Zuversicht

Zuversicht ist nah dem Falle.

zuviel

Allen glauben ist zuviel, keinem glauben zuwenig.

Auch des Guten kann man zuviel tun.

Besser einen Schoppen zuviel bezahlt als zuviel getrunken.

Besser zuviel schweigen als zuviel reden.

Besser zuviel (tun) als zuwenig.

Gute Zimmerleute machen wenig Späne.

Das beste Spiel wird auch zuviel.

Das Glück gibt vielen zuviel, aber niemandem genug.

Dem Willigen lege nicht zuviel auf.

Der Jungen Spiel wird den Alten oft zuviel.

Die sich zuviel vornehmen, führen wenig aus.

Ein bißchen zuviel schadet mehr als ein bißchen zuwenig.

Einer hat zuviel, der andere zuwenig, aber keiner genug.

Ein Feind ist zuviel, hundert Freunde sind nicht genug.

Ein Wort zuviel verdirbt die beste Sache.

Es hat keiner zuviel Verstand.

Genug ist besser als zuviel.

Genug ist genug, zuviel ist böses Spiel.

Gutes Spiel wird leicht zuviel.
Erfolg verführt.

Jedem das Seine ist nicht zuviel.

Man gibt oft zuviel aus, wenn man nicht genug ausgibt.
Von Sparen am falschen Platz.

Man kann des Guten nicht zuviel tun, sagte die Frau und ertränkte sich im Weihwasser.

Mäßig wird alt, zuviel stirbt bald.

Viele haben zuviel, niemand genug.

Was zuviel ist, ist zuviel (erst geprügelt, dann auch noch geküßt).

Wer gar zuviel bedenkt, wird wenig leisten.
Nach Schiller, Wilhelm Tell.

Wer meint, er tue zuviel, der tut gewiß zuwenig.

Wer zuviel begehrt, bekommt am Ende gar nichts.

Wer zuviel fordert, dem wird viel verweigert.

Wer zuviel sagt, sagt nichts.

Wer zuviel tut, der tut oft zuwenig.

Wer zuviel tut, tut nicht immer recht.

Wer zuviel unternimmt, richtet wenig aus.

Wer zuviel verlangt, verliert noch, was er hat.

Wer zuviel wagt, verliert alles.

Wer zuviel weiß, dem mangelt's an Weisheit.

Wer zuviel will, erreicht nichts.

Zuviel beschwert den Magen.

Zuviel Demut ist halber Stolz.

Zuviel Erbarmen macht verarmen.

Zuviel gereimt ist ungereimt.

Zuviel Glück ist Unglück.

Zuviel hat keine Ehre.

Zuviel hat manch einer,
genug jedoch hat keiner.

Zuviel Hitze verdirbt den Braten.

Zuviel ist bitter, und wenn's lauter Honig wär'.

Zuviel ist böses Spiel (verdirbt das Spiel).

Zuviel ist nicht genug.

Zuviel ist zuviel, und zu wenig ist nicht genug.

Zuviel Leim hält nicht.

Zuviel Pflege tötet das Kind.

Zuviel Putz ist kein Nutz.

Zuviel Recht ist Unrecht.

Von unvernünftiger Paragraphenreiterei.

Zuviel Recht schadet nicht.

Viele Rechtsansprüche.

Zuviel reden und zuviel schweigen ist allen Narren eigen.

Zuviel Sorge zerbricht das Glas.

Zuviel Wasser ertränkt den Müller.

Zuviel Wein macht Durst.

Zuviel Weisheit ist Torheit.

Zuviel wirft den Wagen um.

Zuviel zerreißt den Sack.

↗ *zerbrechen, zuwenig*

zuvor

Der wäre wohl weise, der alles zuvor wüßte.

zuweilen

Der ist noch nicht klug, der nicht zuweilen ein Narr sein kann.

zuwenig

Hier zuwenig, dort zuviel.

Nicht zuwenig, nicht zuviel.

Wer zuviel will, bekommt zuwenig.

Zuwenig oder gar nichts ist eins.

Zuwenig und zuviel ist aller Narren Ziel.

Zuwenig und zuviel ist des Teufels Spiel.

Zuwenig und zuviel verdirbt alles Spiel.

↗ *zuviel*

Zwang

Fromm aus Zwang währt nicht lang.

Von erzwungenem Wohlverhalten.

Je höher der Rang, je härter der Zwang.

Zwang hat keinen Klang.

Zwang ist kein guter Wille.

Zwang macht bang.

Zwang währt (hält) nicht lang.

Zweck

Der Zweck heiligt (nicht) die Mittel.

Nach Macchiavelli.

Große Zwecke, große Mittel.

Wer den Zweck will, muß auch die Mittel wollen.

zwei

Alles hat ein Ende (nur die Wurst hat zwei).

Auf einen Stab können sich nicht zwei stützen.

Auf ein Roß gehören nicht zwei Sättel.

Aus einem Teufel werden leicht zwei.

Aus einer Tochter kann man nicht zwei Frauen machen.

Besser einen haben als zwei kriegen.

Besser ein Wort vorher als zwei danach.

Besser zwei Tage zu früh als einen zu spät.

Daheim ist ein Mann zwei.

Drei halten den besten Rat, wenn zwei nicht dabei sind.

Einem zu eng, dreien zu weit, zweien gerecht.

Ein Geheimnis.

Eine Wurst hat zwei Zipfel.

Es gibt immer mehrere Möglichkeiten.

Ein gewarnter Mann steht für zwei.

Ein Haus leidet nicht zwei Herren.

Unklare Verhältnisse sind nicht gut.

Ein Jetzt ist besser als zwei Dann.

Eins geben ist besser als zwei versprechen.

Es währt nicht ewig, daß zwei sich raufen.

Jedes Ding hat zwei Seiten.

Man kann nicht auf zwei Hochzeiten (zugleich) tanzen.

Mit einem Prozeß geht man aufs Gericht, mit zweien kommt man wieder.

Niemand kann zweien Herren dienen.

Nach Matthäus 6,24 und Lukas 16,13.

Um nicht einen Schritt zu machen, macht der Faule zwei.

Was einer nicht kann, das vermögen zwei.

Was eine Stunde nicht tun kann, tun zwei.

Was für zwei ist, ist nicht für drei.

Was zwei wissen, erfahren hundert.

Wenn (Wo) zwei sich streiten, freut sich der Dritte.

Wenn zwei beieinanderliegen, so wärmen sie sich.

Nach Prediger Salomo 4,11.

Wenn zwei beieinanderstehen,
pflegt's über den Dritten herzugehen.

Wenn zwei dasselbe tun, so ist es nicht dasselbe (das gleiche).

Nach Terenz, Adelphoe.

Wenn zwei wollen, ist der Dritte ein Narr.

Wer drei Feinde hat, muß sich mit zweien vertragen.

Wer einen Groschen spart, hat zwei verdient.

Wer gewarnt ist, kann es mit zweien aufnehmen.

Wer mit einer Hand einnimmt und mit zweien ausgibt, wird bald fertig sein.

Wer nach zweien greift, bekommt nicht eins.

Wer zwei Häuser hat, dem regnet's in eins.

Man muß klare Verhältnisse schaffen, sonst geht es nicht gut aus.

Wo einer weise ist, sind zwei glücklich.

Wo sich zwei vertragen,
hat der Dritte nichts zu sagen.

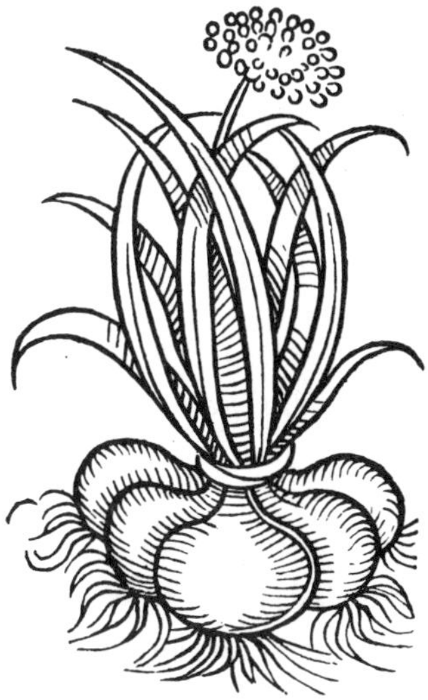

Eine Zwiebel hat viel Häute.

Wo zwei in einem Haus sind, da bleiben sie selten eins.

Wo zwei den Herren spielen wollen.

Wo zwei spielen, da muß einer verlieren.

Wo zwei sich zanken, da sei nicht der Dritte.

Zum Heiraten gehören zwei.

Zum Kauf gehören immer zwei.

Zwei Gleiche werden schwer gefunden.

Zwei Gründe sind weniger als einer.

Zwei Hähne auf einem Mist vertragen sich nicht.

Zwei Halbe machen ein Ganzes.

Zwei Herren im Haus, muß einer hinaus.

Zwei Kleine machen ein Großes, zwei Wenig machen ein Viel.

Zwei Kluge können keinen fetten Ochsen teilen.

Sie werden sich nicht einig.

Zwei können den Dritten an den Galgen lügen.

Von betrügerischer Kumpanei.

Zwei Krücken sind noch lange kein gesundes Bein.

Zwei Narren machen leicht den dritten.

Zwei sehen (wissen) mehr als einer.

Zwei sind ein Paar, drei sind ein Haufen.

Zwei Sonnen sind zuviel an einem Himmel.

Zwei Tode kann niemand sterben.

Zwei Ungleiche machen ein Gerades.

zweien, sich

Was sich zweit, das dreit sich gern.

zweierlei

Allerlei ist zweierlei.

Ändern und bessern ist zweierlei.

Denken und tun ist zweierlei.

Haben und kriegen ist zweierlei.

Leute und Leute sind zweierlei.

Mein Hund und dein Hund sind zweierlei Hund.

Schlagen und Küssen ist zweierlei.

Roheit zerstört die Liebe.

Tun und Tun ist zweierlei.

Versprechen und halten ist zweierlei.

Wissen und meinen ist zweierlei.

zweifach

Nimm's zweifach, ist's einfach zu lang.

Scherzwort bei langem Warten.

Zweifel

An sichern Dingen ist der Zweifel gut.

Bei Hoffnung ist immer Zweifel.

Glaube leidet keinen Zweifel.

Meinen ist Zweifel.

Auf bloße Vermutung darf sich keine Aussage gründen.

Zweifel ist des Glaubens Feind.

zweifeln

Bei alten Münzen zweifelt niemand.

Gewohntes erregt keinen Argwohn.

Besser zu Tode gehofft als zu Tode gezweifelt.

Die Mutter sagt es, der Vater glaubt es, ein Narr zweifelt daran.

Wer nicht zweifeln kann, ist ein dummer Mann.

Wer zweifelt, muß wagen (steht am Kreuzweg).

Zweig

Der Zweig dünkt sich klüger als der Baum.

Ist die Wurzel heilig, so sind auch die Zweige heilig.

Wenn die Zweige verdorren, verdorrt auch der Baum.

Wer den Zweig nicht biegt, der wird den Ast nicht biegen.

zweimal

Besser zweimal fragen als einmal irregehen.

Besser zweimal überlegt als einmal verpfuscht.

Denke zweimal, eh' du einmal sprichst.

Der ist ein Narr, der sich zweimal an demselben Stein stößt.

Der Pastor predigt nicht zweimal.

Wenn man etwas eben Gesagtes wiederholen soll.

Einen dummen Streich muß man nicht zweimal machen.

Ein ersparter Pfennig ist zweimal verdient.

Einmal ist genug und zweimal von Übel.

Einmal ist nicht oft und zweimal nicht immer.

Im Walde regnet's zweimal.

Könnte man alles zweimal machen,
so stünd' es besser in allen Sachen.

Man hängt keinen zweimal.

Vor einer Tür gibt man nicht zweimal.

Wem man zweimal gibt, der fordert.

Wer dich einmal betrügt, tut dir unrecht; wer dich zweimal betrügt, tut dir recht.

Wer die Rechnung ohne den Wirt macht, der muß zweimal rechnen.

Wer zu früh rechnet, muß zweimal rechnen.

Zweimal geht's selten gut.

Zwerg

Aus hundert Zwergen läßt sich kein Riese heraussuchen.

Ein Zwerg sieht überall Riesen.

Jeder Zwerg ist ein halber Riese.

Je kleiner der Zwerg, je größer der Hut.
Von einem Gernegroß.

Unter Zwergen ist der Knirps ein Riese.

Zwiebel

Eine Zwiebel hat viel Häute.

Nach Knoblauch riecht der eine, der andere nach Zwiebeln.
Seine unangenehmen Seiten hat jeder.

Zwietracht

Eintracht baut das Haus, Zwietracht reißt es nieder.

Eintracht ernährt, Zwietracht verzehrt.

Zwietracht macht Ohnmacht.

Zwietracht mehrt oft Eintracht.

zwingen

Die Natur läßt sich nicht zwingen.

Lieben und Singen läßt sich nicht zwingen.

Liebe zwingt auch den Esel durch's Feuer.

Raten ist nicht zwingen.

Sich selber zwingen ist die größte Kunst.

Zur Furcht kann man die Leute zwingen, ihre Liebe muß man gewinnen.

Zwirn

Feiner Zwirn hält nicht.

Guter Zwirn gibt feste Naht.

Viel Nähen macht den Zwirn kurz.

Wer den Zwirn nicht spart, kommt sein Lebtag zu keinem Knäuel.

Zwist

Ein kleiner Zwist bringt oft die Herzen näher.

Zwist unter Liebesleuten hat nicht viel zu bedeuten.

zwitschern

Wie die Alten sungen, so zwitschern die Jungen.

Anhang

I. Bibliographien

Bonser, Wilfried und T. A. Stephens: Proverb Literature, London 1930

Mieder, Wolfgang: Das Sprichwort in der deutschen Prosaliteratur des neunzehnten Jahrhunderts, München 1976. – Proverbs in Literature. An International Bibliography, Bern 1978

Moll, Otto E.: Sprichwörterbibliographie, Frankfurt a. M. 1958

Nopitsch, Christian Conrad: Literatur der Sprichwörter, Nürnberg 1822; Neudruck Leipzig 1974

II. Sammlungen

Bis zum 19. Jh. sind jeweils Erstausgaben mit nachgewiesen, auch wenn spätere Abdrucke benutzt wurden. Lateinische Ausgaben (Bebel u. a.) sind nicht angeführt, ebenso die Sammlungen von Gartner, Schellhorn, Tappius, Wagener, die für Auswahl und Vergleich nicht beschaffbar waren.

Agricola, Johannes: Drey hundert Gemeyner Sprichwörter der wir Deutschen vns gebrauchen, vnd doch nicht wissen woher sie kommen, Hagenau 1529. – Das Ander teyl gemeyner Deutscher sprichwörter, mit yhrer außlegung, Hagenau 1529. – Sybenhundert und Fünfftzig Teütscher Sprichwörter, Hagenau 1534; Neudruck hrsg. von Mathilde Hain, Hildesheim 1970. – Fünfhundert Gemainer Newer Teütscher Sprüchwörter, Augsburg 1548. – Johannes Agricola. Die Sprichwörtersammlungen, hrsg. von Sander L. Gilman, 2 Bde., Berlin 1971 (Abdruck der Ausgaben von 1534 und 1548)

Betz, Werner: Deutsche Sprichwörter. Weisheiten der Völker 12, Wiesbaden 1972

Binder, Wilhelm: Sprichwörterschatz der deutschen Nation. Aus mündlichen und schriftlichen Quellen gesammelt, Stuttgart 1873

Borchardt, Wilhelm: Die sprichwörtlichen Redensarten im deutschen Volksmund, Leipzig 1888; 7. Aufl. (Borchardt-Wustmann-Schoppe) bearb. von Alfred Schirmer, Leipzig 1954

Böttcher, Kurt, Karl Heinz Berger, Kurt Krolop, Christa Zimmermann: Geflügelte Worte. Zitate, Sentenzen und Begriffe in ihrem geschichtlichen Zusammenhang, Leipzig 1981

Braun, J. M.: Sechs Tausend deutsche Sprüchwörter und Redensarten, Stuttgart 1840

Brettschneider, Rudolf: Zitaten-Lexikon, Wien–München–Zürich 1960

Büchmann, Georg: Geflügelte Worte. Der Zitatenschatz des deutschen Volkes, Berlin 1864; 33. Aufl. neubearb. von Winfried Hofmann, Berlin 1981

Cato, Otto: Deutsche Sprichwörter, Leipzig 1924

Dove, N. R. (= Karl Friedrich Wilhelm Wander): Politisches Sprichwörterbrevier. Tagebuch eines Patrioten der fünfziger Jahre, zur Charakteristik jener Zeit, Leipzig 1872

Düringsfeld, Ida von und Otto von Rheinsberg-Düringsfeld: Sprichwörter der germanischen und romanischen Sprachen vergleichend zusammengestellt, 2 Bde., Leipzig 1872–75; Neudruck Hildesheim 1973

Eckart, Rudolf: Niederdeutsche Sprichwörter und volkstümliche Redensarten, Braunschweig 1893. – Stand und Beruf im Volksmund. Eine Sammlung von Sprichwörtern und sprichwörtlichen Redensarten, Göttingen 1900

Egenolff, Christian: Sprichwörter, Schöne, Weise Klugreden, Frankfurt a. M. 1548; Neudruck (der Ausgabe von 1552) hrsg. von Hans Henning, Leipzig 1968

Eichelberger, Ursula: Zitatenlexikon, Leipzig 1981

Eiselein, Josua: Sprichwörter und Sinnreden des deutschen Volkes in alter und neuer Zeit. Zum erstenmal aus den Quellen geschöpft, Donaueschingen 1838; Freiburg 1840; Neudruck Leipzig 1980

Eyering, Eucharius: Proverbium Copia. Etlich viel Hundert Lateinischer und Teutscher ... Sprichwörter, 3 Bde., Eisleben 1601–03

Franck, Sebastian: Sprichwörter, Schöne, Weise, Herrliche Clugreden, vnnd Hoffsprüch, Frankfurt a. M. 1541; Neudruck Darmstadt 1972. –

Ander teyl der Sprichwörter, Frankfurt a. M. 1541. – Sebastian Francks erste namenlose Sprichwörtersammlung vom Jahre 1532, hrsg. von Friedrich Latendorf, Pößneck 1876; Neudruck Hildesheim 1970

Frischbier, Hermann: Preußische Sprichwörter und volksthümliche Redensarten, Königsberg 1864; 2. verm. Aufl. Berlin 1865; Zweite Sammlung Berlin 1876

Graf, Adolf Eduard: 6000 deutsche und russische Sprichwörter, Halle 1956

Graf, Eduard und Mathias Dietherr: Deutsche Rechtssprichwörter, Nördlingen 1864

Grundmann, Günter, Michael Strich, Werner Richey: Rechtssprichwörter, Leipzig 1980

Grunow, Alfred: Weisheiten der Welt, 2 Bde., 7. Aufl. Berlin 1966

Hellwig, Gerhard: Junckers kleines Sprichwörterbuch, Berlin 1960. – Zitate und Sprichwörter von A–Z, Gütersloh–Berlin–Wien 1974.

Henisch, Georg: Teutsche Sprach und Weißheit, Augsburg 1616; Neudruck hrsg. von Peter Wiesinger, Hildesheim 1971

Hetzel, S.: Wie der Deutsche spricht. Phraseologie der volkstümlichen Sprache, Ausdrücke, Redensarten, Sprichwörter und Citate, Leipzig 1896

Kainis, Dr. (Pseud.): Die Derbheiten im Reden des Volkes, Leipzig 1872

Kirchhofer, Melchior: Wahrheit und Dichtung. Sammlung schweizerischer Sprüchwörter, Zürich 1824

Körte, Wilhelm: Die Sprichwörter und sprichwörtlichen Redensarten der Deutschen, Leipzig 1837; 2. verm. Aufl. Leipzig 1861

Kunze, Horst, Mitarbeit Renate Gollmitz: Irren ist menschlich, sagte der Igel … Alte und neue Beispielsprichwörter, Berlin 1973

Lehmann, Christoph: Florilegium politicum oder Politischer Blumengarten, o. O. 1630; Lübeck 1639. – Florilegium Politicum auctum, 4 Tle., Frankfurt a. M. 1662. – Christoph Lehmanns Blumengarten frisch ausgejätet, Berlin 1879

Leineweber, Heinrich: Die Weisheit auf der Gasse. Neue Sprichwörter-Sammlung nebst Zusammenstellung und kurzer Erklärung sprichwörtlicher Redensarten, Paderborn 1897; 3. Aufl. besorgt von Anselm Leineweber, Paderborn 1922

Lipperheide, Franz von: Spruchwörterbuch, Berlin 1907; 5. Aufl. Berlin 1965

Luther, Martin: Luthers Sprichwörtersammlung. Nach seiner Handschrift zum ersten Mal hrsg. von Ernst Thiele, Weimar 1900. – Martin Luthers Sprichwortsammlung, hrsg. von Rudolf Große, Leipzig 1983

Mackensen, Lutz: Zitate, Redensarten, Sprichwörter, 2. Aufl. Wiesbaden 1981

Marbach, Gotthard Oswald: Sprichwörter und Spruchreden der Deutschen, Leipzig o. J. (1847)

Meier-Pfaller, Josef: Das große Buch der Sprichwörter, München–Eßlingen 1970

Mejsner, Ernst: Einhundert Drey und dreyssig Gotteslästerliche, gottlose, schändliche und schädliche, auch unanständige, und theils falsche teutsche Sprüchwörter … samt … Wiederlegung, Jena 1705; Neudruck Leipzig 1976

Meyer, Hans: Der richtige Berliner in Wörtern und Redensarten, Berlin 1869; 10. Aufl. bearb. von Walther Kiaulehn, München–Berlin 1966

Mieder, Wolfgang: Antisprichwörter, Bd. 1, Wiesbaden 1982

Müller-Hegemann, Anneliese und Luise Otto: Das kleine Sprichwörterbuch, 11. Aufl. Leipzig 1981

Neumann, Gisela und Siegfried: Geduld, Vernunft un Hawergrütt. Volksweisheit im Sprichwort, Rostock 1979

Oschilewski, Walther G.: Deutsche Sprichwörter, Jena 1924

Peltzer, Karl und Reinhard von Normann: Das treffende Zitat. Gedankengut aus drei Jahrtausenden und fünf Kontinenten, 7. Aufl. Thun 1979

Peters (Petri), Friedrich: Der Teutschen Weißheit, Hamburg 1604–05; Neudruck hrsg. von Wolfgang Mieder, Bern–Frankfurt a. M. 1983

Rauch, Karl: Sprichwörter der Völker, Düsseldorf–Köln 1963

Richter, Albert: Deutsche Redensarten. Sprachlich und kulturgeschichtlich erläutert, Leipzig 1889; 5. Aufl. hrsg. von Oskar Weise, Leipzig 1930

Röhrich, Lutz: Lexikon der sprichwörtlichen Redensarten, 2 Bde., Freiburg–Basel–Wien 1973

Sailer, Johann Michael: Die Weisheit auf der Gasse, oder Sinn und Geist deutscher Sprichwörter, Augsburg 1810

Sanders, Daniel: Zitatenlexikon, Leipzig 1899; 4. Aufl. Leipzig 1922

Sandvoss, Franz: So spricht das Volk. Volksthümliche Redensarten und Sprichwörter, Berlin 1860

Schaeffler, Julius: Der lachende Volksmund. Scherz und Humor in unseren Sprichwörtern, Wörtern und Redensarten, Berlin–Bonn 1931

Scheffel, Fritz: Der gepfefferte Sprüchbeutel. Alte deutsche Spruch-Weisheit, Erfurt 1937; 5. Aufl. Berlin 1968

Schottel, Justus Georg: Ausführliche Arbeit von der Teutschen HaubtSprache, Braunschweig 1663; Neudruck Tübingen 1967
Schrader, Herman: Der Bilderschmuck der deutschen Sprache in Tausenden volksthümlicher Redensarten, Berlin 1886
Seiler, Friedrich: Die kleineren deutschen Sprichwörtersammlungen der vorreformatorischen Zeit, in: Zs. f. dt. Philologie 47, 1918, S. 241 ff. und 380 ff.; 48, 1920, S. 81 ff.
Simrock, Carl Joseph: Die deutschen Sprichwörter, Frankfurt a. M. 1846; Neudruck Dortmund 1978
Singer, Samuel: Sprichwörter des Mittelalters, 3 Bde., Bern 1944–47
Tetzner, Franz: Deutsches Sprichwörterbuch, Leipzig 1903
Tunnicius, Antonius: Monosticha, Köln 1513; Neuausgabe: Die älteste niederdeutsche Sprichwörtersammlung, hrsg. von August Heinrich Hoffmann von Fallersleben, Berlin 1870; davon Neudruck Amsterdam 1967
Ullrich, Karl-Heinz: Zitate von A–Z. Ein Lexikon der Zitate, Sprichwörter und Redensarten, München 1969
Wächter, Oskar: Altes Gold in Deutschen Sprüchwörtern, Stuttgart 1883
Wander, Karl Friedrich Wilhelm: Deutsches Sprichwörter-Lexikon. Ein Hausschatz für das deutsche Volk, 5 Bde., Leipzig 1867–80; Neudruck Darmstadt 1964. – Siehe auch Dove, N. R.
Winkler, Leonhard: Deutsches Recht im Spiegel deutscher Sprichwörter. Ein Lese- und Lernbuch für das deutsche Volk, Leipzig 1927; Neudruck Leipzig 1977
Wittstock, Albert: Reim-Spruchbuch der deutschen Volksweisheit, Leipzig 1899
Wolle, Helmut: Von der Weisheit der Sprüche. Aphorismen, Zitate, Sprichwörter, Berlin 1981
Zingerle, Ignaz Vinzenz von: Die deutschen Sprichwörter im Mittelalter, Wien 1864; Neudruck Walluf 1972
Zoozmann, Richard: Zitatenschatz der Weltliteratur, 9. Aufl. Berlin 1956.

III. Sekundärliteratur

Neben einer Auswahl einführender und zusammenfassender Werke sind weitere Arbeiten genannt, die für die Einleitung benutzt wurden.

Agricola, Erhard: Wortverbindungen und Redewendungen, in: Die deutsche Sprache (s. d.), Bd. 1, S. 580 ff.
Bausinger, Hermann: Formen der „Volkspoesie“, Berlin 1968
Burger, Harald: Idiomatik des Deutschen, Tübingen 1973. – Harald Burger, Annelies Buhofer, Ambros Sialm: Handbuch der Phraseologie, Berlin 1982
Černyševa, I. I.: Feste Wortkomplexe des Deutschen in Sprache und Rede, Moskau 1980
Coulmas, Florian: Routine im Gespräch. Zur pragmatischen Fundierung der Idiomatik, Wiesbaden 1981
Die deutsche Sprache. Kleine Enzyklopädie, hrsg. von Erhard Agricola, Wolfgang Fleischer und Helmut Protze unter Mitw. von Wolfgang Ebert, 2 Bde., Leipzig 1969–70
Faulseit, Dieter und Gudrun Kühn: Stilistische Mittel und Möglichkeiten der deutschen Sprache, 6. Aufl. Halle 1975
Fleischer, Wolfgang: Phraseologie der deutschen Gegenwartssprache, Leipzig 1982
Grau, Heinz-Dieter: Die Leistung Johannes Agricolas als Sprichwortsammler, Diss. Tübingen 1968
Hain, Mathilde: Sprichwort und Volkssprache. Eine volkskundlich-soziologische Dorfuntersuchung, Gießen 1951. – Das Sprichwort, in: Ergebnisse der Sprichwörterforschung (s. Mieder), S. 13 ff.
Häusermann, Jürg: Phraseologie. Hauptprobleme der deutschen Phraseologie auf der Basis sowjetischer Forschungsergebnisse, Tübingen 1977
Herzog, Annelies: K. F. W. Wander als Sammler und Bearbeiter des deutschen Sprichwörterschatzes, Diss. Dresden 1957
Hofmann, Winfried: Das rheinische Sagwort, Siegburg 1959
Jolles, André: Einfache Formen. Legende, Sage, Mythe, Rätsel, Spruch, Kasus, Memorabile, Märchen, Witz, Halle 1930
Kanyó, Zoltán: Sprichwörter – Analyse einer einfachen Form, Budapest–Den Haag 1981
Koller, Werner: Redensarten. Linguistische Aspekte, Vorkommensanalysen, Sprachspiel, Tübingen 1977
Krauss, Werner: Die Welt im spanischen Sprichwort, 2. Aufl. Leipzig 1971
Kuusi, Matti: Parömiologische Betrachtungen, Helsinki 1957. – Towards an International Type-System of Proverbs, Helsinki 1972
Liebsch, Helmut: Zur Erforschung und Anwendung des Sprichwortes durch K. F. W. Wander, in: LS/ZISW, A 56, 1979, S. 81 ff.
Mackensen, Lutz (Hrsg.): Gutes Deutsch in Schrift und Rede, Gütersloh 1969
Meisser, Ulrich: Die Sprichwörtersammlung Sebastian Francks von 1541, Amsterdam 1974

Mieder, Wolfgang: Das Sprichwort in unserer Zeit, Frauenfeld 1975. – (Hrsg.) Ergebnisse der Sprichwörterforschung, Bern 1978. – (Hrsg.) Deutsche Sprichwörter und Redensarten. Arbeitstexte für den Unterricht, Stuttgart 1979. – Sprichwörter unterm Hakenkreuz, in: Muttersprache 93, Wiesbaden 1983, S. 1 ff. – Siehe auch Röhrich, Lutz

Neumann, Siegfried: Das Sagwort in Mecklenburg um die Mitte des 19. Jahrhunderts im Spiegel der Mundartdichtungen Reuters und Brinkmanns, in: Dt. Jahrb. f. Volkskunde 12, Berlin 1966, S. 49ff.

Petsch, Robert: Spruchdichtung des Volkes, Halle 1938

Peukes, Gerhard: Untersuchungen zum Sprichwort im Deutschen. Semantik, Syntax, Typen, Berlin 1977

Pfeifer, Wolfgang: Volkstümliche Metaphorik, in: Bausteine zur Sprachgeschichte des Neuhochdeutschen, hrsg. von Günter Feudel, Bd. 58, Berlin 1978, S. 87 ff.

Pilz, Klaus Dieter: Phraseologie. Redensartenforschung, Stuttgart 1981

Proverbium. Bulletin d'informations sur les recherches parémiologiques, Heft 1ff., Helsinki 1965 ff.

Redlich, Friedrich: Sprichwort, in: Deutsche Volksdichtung. Eine Einführung, Leipzig 1979, S. 221 ff.

Riesel, Elise: Der Stil der deutschen Alltagsrede, Leipzig 1970

Röhrich, Lutz und Wolfgang Mieder: Sprichwort, Stuttgart 1977. – Lutz Röhrich: Gebärde – Metapher – Parodie. Studien zur Sprache und Volksdichtung, Düsseldorf 1967

Scheibe, Siegfried: Sprichwort und Redensart, in: Die deutsche Sprache, Bd. 1, S. 590ff.

Schmidt, Wilhelm: Deutsche Sprachkunde, 8. Aufl. Berlin 1978

Seiler, Friedrich: Das deutsche Sprichwort, Straßburg 1918. – Das deutsche Lehnsprichwort, 4 Bde., Halle 1921–24 (= Die Entwicklung der deutschen Kultur im Spiegel des deutschen Lehnworts, Bd. 5–8). – Deutsche Sprichwörterkunde, München 1922; Neudruck München 1967

Strobach, Hermann (Hrsg.): Geschichte der deutschen Volksdichtung, Berlin 1981

Taylor, Archer: The Proverb, Cambridge (Mass.) 1931

Telija, W. N.: Die Phraseologie, in: Allgemeine Sprachwissenschaft, hrsg. von B. A. Serébrennikow, Berlin 1975, Bd. 2, S. 374 ff.

Voigt, Günther: K. F. W. Wander und sein ‚Politisches Sprichwörterbrevier', in: Dt. Jahrb. f. Volkskunde 2, Berlin 1956, S. 80 ff.

Whiting, Bartlett Jere: The Origin of the Proverb, in: Harvard Studies and Notes in Philology and Literature 13, 1931, S. 47 ff. – The Nature of the Proverb, in: Harvard Studies usw. 14, 1932, S. 273 ff.

IV. Bildquellen

Die Holzschnitte sind rein illustrativ verwendet und meist keinem bestimmten Stichwort zugeordnet. Sie illustrieren die als Unterschrift beigegebenen Sprichwörter nach dem Bildgehalt, nicht deren Sinn. Die ursprüngliche, von den Quellen her gegebene Aussage der Abbildungen blieb dabei unberücksichtigt.

Reproduktionen: F. Schindler, R. Kunze. Retusche: P. Vogel, H. Schuricht. Vorlagen: BI-Archiv, Deutsche Bücherei (Leipzig), Buch- und Schriftmuseum (Leipzig), VEB Max Niemeyer Verlag (Halle), Privatbesitz. – Seitenangaben beziehen sich im folgenden auf dieses Lexikon, nicht auf die Stellung der Abbildungen in den nachgewiesenen Quellenwerken.

Johannes Angeli: Astrolabium, Augsburg 1488. S. 565

Augsburgs Ursprung, um 1480. S. 555

Ulrich Boner: Der Edelstein, Bamberg um 1464. S. 76, 220, 251, 276, 335, 390, 397, 429, 453, 457, 531, 680, 699

Bernhard von Breidenbach: Reise ins Heilige Land, Mainz 1486. S. 91, 235, 313

Buch der Weisheit, um 1484. S. 486

Buch der Weisheit der alten Weisen, Urach 1481. S. 81, 262

Guillaume Caoursin: Stabilimenta Rhodiorum militum, Ulm 1496. S. 659

Chronik von Köln, Köln 1499. S. 71

Petrus de Crescentiis: Ruralia commoda, Speyer 1493. S. 55, 60, 102, 151, 243, 267, 279, 280, 286, 293, 296, 348, 382, 395, 400, 413, 444, 468, 481, 491, 510, 557, 568, 614, 665, 703

Einblattdruck, Augsburg um 1475. S. 36

Hortus sanitatis, Mainz 1491. S. 25, 28, 31, 33, 43, 47, 64, 88, 94, 97, 121, 128, 130, 133, 141, 148, 157, 164, 177, 179, 182, 184, 190, 204, 213, 216, 223, 229, 256, 271, 301, 304, 308, 316, 321, 327, 329, 330, 341, 353, 356, 371, 374, 377, 407, 422, 425, 426, 435, 437, 441, 451, 459, 465, 476, 484, 506, 523, 544, 550, 552, 561, 575, 591, 601, 621, 633, 636, 639, 642, 645, 671, 692, 695, 705

Heinrich von Laufenberg: Versehung des Leibes, Augsburg 1491. S. 67, 84, 136, 224, 290, 403, 416, 501, 534, 626, 674

Johannes Lichtenberger: Prognosticatio, Mainz 1492. S. 583

Nicolaus de Lyra: Postilla, Nürnberg 1481. S. 227

Maximilian I., Stuttgart 1486. S. 325